Dieter Medicus
Bürgerliches Recht

Bürgerliches Recht

Eine nach Anspruchsgrundlagen geordnete Darstellung zur Examensvorbereitung

Von

Professor Dr. Dr. h.c. Dieter Medicus, München

21., neu bearbeitete Auflage

Carl Heymanns Verlag 2007

Bibliografische Information der Deutschen Bibliothek

Die Deutsche Bibliothek verzeichnet diese Publikation in der Deutschen Nationalbibliografie; detaillierte bibliografische Daten sind im Internet über http://dnb.ddb.de abrufbar.

© Carl Heymanns Verlag GmbH · Köln · Berlin · München 2007
Ein Unternehmen von Wolters Kluwer Deutschland

E-Mail: info@wolterskluwer.de
www.wolterskluwer.de

ISBN 978-3-452-26430-5

Satz: John + John, Köln
Druck und buchbinderische Verarbeitung: Gallus Druckerei KG Berlin

Gedruckt auf säurefreiem und alterungsbeständigem Papier

Vorwort zur 21. Auflage

Diese Neuauflage bringt das Buch auf den Stand von Mai 2007. Im Einzelnen habe ich mich viel stärker als bisher den Problemen zugewendet, die infolge der Schuldrechtsreform entstanden sind und zunehmend als Examensstoff in Betracht kommen. Dabei habe ich die Verweise auf das alte Recht stark vermindert. Insbesondere zitiere ich ganz überwiegend nur noch die neuen Vorschriften. Das tue ich schweren Herzens meist auch bei der Schilderung und Besprechung älterer Entscheidungen, wenn die dort behandelten Vorschriften sachlich den neuen entsprechen. Dieser Anachronismus soll die Verständlichkeit für diejenigen Leser erhöhen, welche die alten Vorschriften nicht mehr kennen und nicht selten auch kaum noch nachschlagen können. Weiter soll es der besseren Lesbarkeit des Textes dienen, daß die im Fortgang der Auflagen entstandenen Zitatennester in Fußnoten verbannt worden sind.

Zum Zweck und zur Benutzung dieses Buches sei wiederholt: Kein Leser soll alle dort genannten Einzelheiten lernen; das ist weder möglich noch sinnvoll. Gelernt und geprüft werden soll vielmehr das Verständnis. Dieses setzt freilich einiges Wissen voraus. Aber hieraus kann man durch die Verbindung mit dem Gesetz Weiteres herleiten: zwar nicht unbedingt die sog. herrschende Meinung, aber doch die Probleme und die Möglichkeiten und Argumente zu ihrer Lösung.

Solche Herleitungen will dieses Buch lehren, indem es an klassischen oder aktuellen Problemen das richtige Vorgehen zeigt. Gemessen an diesem Ziel dürfte die zum Durcharbeiten diese Buches nötige Zeit nicht unangemessen lang sein.

Vielen aufmerksamen Lesern bin ich für förderliche Hinweise zum Dank verpflichtet. Ganz besonderen Dank schulde ich aber Herrn Professor Dr. Jens Petersen (Potsdam), der die Betreuung dieses Buches (wie schon des »Grundwissens«) mehr und mehr übernehmen wird. Diese Auflage verdankt ihm bereits viele Hinweise zur Verbesserung und Aktualisierung des Textes; die mühevolle Bearbeitung der umfangreichen Register ist allein sein Verdienst. Hier hoffe ich ebenso wie beim »Grundwissen«, Herrn Petersen in der nächsten Auflage schon als Mitverfasser nennen zu können.

Tutzing, Juni 2007   *Dieter Medicus*

Aus dem Vorwort zur 1. Auflage (1968)

Dieses Buch setzt ein bestimmtes Grundlagenwissen im bürgerlichen Recht voraus. Adressat ist also der Vorgerückte: Ihm soll die Möglichkeit gegeben werden, im Examen besonders häufig vorkommende Einzelfragen auf knappem Raum beieinander zu finden. Dazu war naturgemäß eine Auswahl nötig, die durch meine eigenen Vorstellungen und Erfahrungen beeinflußt worden ist. Konzentriert habe ich mich vor allem auf die Fragen, deren Lösung dem Gesetzeswortlaut nicht ohne weiteres entnommen werden kann. Gerade deshalb aber bildet das Gesetz die unentbehrliche Basis für das Verständnis des Buches: Das sorgfältige Nachschlagen der angeführten Vorschriften kann dem Leser nicht warm genug ans Herz gelegt werden.

Meine Ziele sind Wiederholung und Vertiefung. Der Vertiefung insbesondere soll es dienen, daß der Stoff ohne Rücksicht auf die Einteilung des BGB und mit Übergriffen in das Handelsrecht dargeboten wird. Dadurch ergeben sich Parallelen und Vergleichsmöglichkeiten zwischen Institutionen, die im Gesetz und deshalb oft auch in den systematischen Vorlesungen und Lehrbüchern weit voneinander entfernt stehen.

Zur Veranschaulichung sollen die zahlreichen eingestreuten Fälle dienen, die ich möglichst der neueren Rechtsprechung entnommen habe. Aber diese Fälle sind immer nur als Beispiele zu verstehen: Mir scheint die Gefahr allzu groß, daß die oft nur dunkle Erinnerung an den irgendwo schon einmal gehörten oder gelesenen Fall den Blick auf das Gesetz verstellt. Die nicht seltene Erscheinung, daß sich die in den Klausuren erzielten Noten mit fortschreitendem Studium verschlechtern, dürfte hiermit zusammenhängen. Daher habe ich mich bemüht, auch die systematischen Zusammenhänge hervortreten zu lassen.

Bei den Zitaten aus der Rechtsprechung habe ich die Sachverhalte, die den besprochenen Entscheidungen zugrunde liegen, vielfach vereinfacht und bisweilen auch geändert. Das war nötig, um die Sachfragen klarer hervortreten zu lassen.

Dieter Medicus

Inhaltsübersicht

Inhalt

Abkürzungen und abgekürzt zitierte Literatur

Paragraphen ohne Gesetzesangabe sind solche des BGB.

A., Anm.	Anmerkung
aaO.	am angegebenen Ort
Abs.	Absatz
AbzG	Gesetz betreffend die Abzahlungsgeschäfte v. 16.5.1894
AcP	Archiv für die civilistische Praxis
a.F.	alter Fassung
AG	Aktiengesellschaft, in Zitaten Amtsgericht
AGB	Allgemeine Geschäftsbedingungen
AGBG	Gesetz zur Regelung des Rechts der Allgemeinen Geschäftsbedingungen v. 31.10.1976
AGG	Allgemeines Gleichbehandlungsgesetz v. 14.8.2006
AktG	Aktiengesetz
AnfG	Gesetz betreffend die Anfechtung von Rechtshandlungen eines Schuldners außerhalb des Insolvenzverfahrens v. 5.10.1994
Art.	Artikel
AtomG	Bundesgesetz über die friedliche Verwendung der Kernenergie und den Schutz gegen ihre Gefahren idF v. 15.7.1985
Aufl.	Auflage
BAG(E)	Bundesarbeitsgericht (Entscheidungssammlung)
Baur/Stürner	*Jürgen F. Baur – Rolf Stürner*, Lehrbuch des Sachenrechts, 17. Aufl. 1999
BayObLG	Bayerisches Oberstes Landesgericht
BB	Der Betriebsberater
BBeamtenG	Bundesbeamtengesetz
BeamtenRRG	Beamtenrechtsrahmengesetz
Betr.	Der Betrieb
BFH	Bundesfinanzhof
BGB	Bürgerliches Gesetzbuch
BGH(Z)	Bundesgerichtshof (Entscheidungen des Bundesgerichtshofs in Zivilsachen, herausgegeben von den Mitgliedern des BGH und der Bundesanwaltschaft)
BImSchG	Bundesimmissionsschutzgesetz idF v. 26.9.2002
BinnSchG	Gesetz betreffend die privatrechtlichen Verhältnisse der Binnenschiffahrt v. 15.6.1895 idF v. 15.6.1898
BJagdG	Bundesjagdgesetz idF v. 29.9.1976
Blomeyer	*Arwed Blomeyer*, Allgemeines Schuldrecht, 4. Aufl. 1969
BNotO	Bundesnotarordnung v. 24.2.1961
Bork	*Reinhard Bork*, Allgemeiner Teil des Bürgerlichen Gesetzbuchs, 2. Aufl. 2006

Brehm/Berger	*Wolfgang Brehm* – Christian Berger, Sachenrecht, 2000
Brox	*Hans Brox*, Erbrecht, 20. Aufl. 2002
Brox/Walker AT	*Hans Brox – Wolf-D. Walker*, Allgemeiner Teil des BGB, 30. Aufl. 2006
Brox/Walker	*Hans Brox – Wolf-D. Walker*, Zwangsvollstreckungsrecht, 6. Aufl. 1999
BSHG	Bundessozialhilfegesetz idF v. 24.5.1983, jetzt SGB XII
Bsp.	Beispiel
BVerfG(E)	Bundesverfassungsgericht (Entscheidungssammlung)
BVerwG	Bundesverwaltungsgericht
Canaris	*Claus-Wilhelm Canaris*, Die Vertrauenshaftung im deutschen Privatrecht, 1971
Canaris HaR	*Claus-Wilhelm Canaris*, Handelsrecht, 24. Aufl. 2006
c.i.c.	culpa in contrahendo
Dauner-Lieb	*Barbara Dauner-Lieb*, Schuldrecht aktuell, Entwicklungstendenzen und Problemschwerpunkte zwei Jahre nach der Schuldrechtsreform, 2003
ders., dies.	derselbe, dieselbe
DJT	Deutscher Juristentag
EBV	Eigentümer-Besitzer-Verhältnis
EFZG	Gesetz über die Fortzahlung des Arbeitsentgelts an Feiertagen und im Krankheitsfall
EGBGB	Einführungsgesetz zum Bürgerlichen Gesetzbuch
Esser/Eike Schmidt I und II	*Josef Esser – Eike Schmidt*, Schuldrecht I, Allgemeiner Teil, 8. Aufl. 1995/2000
Esser/Weyers I und II	*Josef Esser – Hans-Leo Weyers*, Schuldrecht II, Besonderer Teil, 8. Aufl. 1998/2000
EV	Eigentumsvorbehalt
f. (ff.)	folgende (mehrere folgende) Seiten oder Paragraphen
FamRZ	Ehe und Familie im privaten und öffentlichen Recht. Zeitschrift für das gesamte Familienrecht
FGG	Gesetz über die Angelegenheiten der freiwilligen Gerichtsbarkeit
Fikentscher/ Heinemann	*Wolfgang Fikentscher – Andreas Heinemann*, Das Schuldrecht, 10. Aufl. 2006
Flume	*Werner Flume*, Allgemeiner Teil des bürgerlichen Rechts II: Das Rechtsgeschäft, 3. Aufl. 1979, Nachdruck 1992
Flume, JurPers	*Werner Flume*, Allgemeiner Teil des bürgerlichen Rechts I 2: Die juristische Person, 1983
Flume, PersGes	*Werner Flume*, Allgemeiner Teil des bürgerlichen Rechts I 1: Die Personengesellschaft, 1977
FS	Festschrift
G	Gesetz
GBO	Grundbuchordnung
GenG	Gesetz betr. die Erwerbs- und Wirtschaftsgenossenschaften
GenTG	Gentechnikgesetz v. 20.6.1990
Gernhuber/Coester-Waltjen	*Joachim Gernhuber – Dagmar Coester-Waltjen*, Lehrbuch des Familienrechts, 5. Aufl. 2006

Gernhuber, BR	*Joachim Gernhuber*, Bürgerliches Recht, ein systematisches Repetitorium für Fortgeschrittene, 3. Aufl. 1991 (bleibt neben den späteren Auflagen wichtig!)
Grunewald	*Barbara Grunewald*, Bürgerliches Recht, ein systematisches Repetitorium, 7. Aufl. 2006
GewO	Gewerbeordnung idF v. 22.2.1999
GG	Grundgesetz für die Bundesrepublik Deutschland
GG (nur im § 7)	Geschäftsgrundlage
GmbH	Gesellschaft mit beschränkter Haftung
GmbHG	Gesetz betreffend die Gesellschaften mit beschränkter Haftung
GoA	Geschäftsführung ohne Auftrag
GSZ	Großer Senat für Zivilsachen
GVG	Gerichtsverfassungsgesetz
GW	*Dieter Medicus*, Grundwissen zum Bürgerlichen Recht, 7. Aufl. 2006
GWB	Gesetz gegen Wettbewerbsbeschränkungen idF v. 16.7.2005
HaftpflG	Haftpflichtgesetz v. 4.1.1978
Halbs.	Halbsatz
HWiG	G über den Widerruf von Haustürgeschäften und ähnlichen Geschäften v. 29.6.2000
Heck, SchuldR (SaR)	*Philipp Heck*, Grundriß des Schuldrechts, 1929, Nachdruck 1958; Grundriß des Sachenrechts, 1930, Nachdruck 1960
HGB	Handelsgesetzbuch
h.M.	herrschende Meinung
Hübner, AT	*Heinz Hübner*, Allgemeiner Teil des BGB, 2. Aufl. 1996
idF	in der Fassung
InsO	Insolvenzordnung v. 5.10.1994
i.S.v.	im Sinne von
JA	Juristische Arbeitsblätter
JGG	Jugendgerichtsgesetz
JR	Juristische Rundschau
Jura	Juristische Ausbildung
JuS	Juristische Schulung
JZ	Juristenzeitung
Kipp-Coing	*Enneccerus/Kipp/Wolff*, Lehrbuch des bürgerlichen Rechts, Erbrecht, 14. Bearbeitung 1990 von Helmut Coing
KG	Kommanditgesellschaft, in Zitaten Kammergericht
KO	Konkursordnung
Koppensteiner-Kramer	*Hans-Georg Koppensteiner – Ernst A. Kramer*, Ungerechtfertigte Bereicherung, 2. Aufl. 1988
KSchG	Kündigungsschutzgesetz v. 25.8.1969
KTS	Zeitschrift für Konkurs-, Treuhand- und Schiedsgerichtswesen
Heinr. Lange/Kuchinke	*Heinrich Lange – Kurt Kuchinke*, Lehrbuch des Erbrechts, 4. Aufl. 1995
Larenz/Wolf	*Karl Larenz – Manfred Wolf*, Allgemeiner Teil des deutschen bürgerlichen Rechts, 9. Aufl. 2004

Larenz I, II	*Karl Larenz*, Lehrbuch des Schuldrechts I: Allgemeiner Teil, 14. Aufl. 1987; II 1: Besonderer Teil, Halbband 1, 13. Aufl. 1986
Larenz-Canaris II 2	*Karl Larenz – Claus-Wilhelm Canaris*, Lehrbuch des Schuldrechts II 2: Besonderer Teil, Halbband 2, 13. Aufl. 1994
LG	Landgericht
LM	*Lindenmaier/Möhring*, Nachschlagewerk des Bundesgerichtshofs in Zivilsachen
LohnfortzahlungsG	Gesetz über die Fortzahlung des Arbeitsentgelts im Krankheitsfalle v. 27.7.1969
LPartG	Gesetz über die Eingetragene Lebenspartnerschaft v. 16.2.2001
LuftVG	Luftverkehrsgesetz idF v. 27.3.1999
MDR	Monatsschrift für Deutsches Recht
Medicus, AT	*Dieter Medicus*, Allgemeiner Teil des BGB, 9. Aufl. 2006
Medicus, SAT	*Dieter Medicus*, Schuldrecht I: Allgemeiner Teil, 17. Aufl. 2006
Medicus, SBT	Dieter Medicus, Schuldrecht II: Besonderer Teil, 14. Aufl. 2007
Mot.	Motive zum BGB
MünchKomm (-Bearbeiter)	*Kurt Rebmann – Franz-Jürgen Säcker*, Münchener Kommentar zum BGB, 4. Aufl. 2001 ff., Bd. 1 schon 5. Aufl. 2007
Mugdan	*Mugdan*, Die gesamten Materialien zum Bürgerlichen Gesetzbuch, 1899/1900
n.F.	neue Fassung
NJW	Neue Juristische Wochenschrift
NJW-RR	NJW Rechtsprechungsreport Zivilrecht
Nr.	Nummer
NZV	Neue Zeitschrift für Verkehrsrecht
OGH(Z)	Oberster Gerichtshof für die britische Zone (Entscheidungen in Zivilsachen, herausgegeben von den Mitgliedern des Gerichtshofes und der Staatsanwaltschaft beim OGH)
OHG	Offene Handelsgesellschaft
OLG(Z)	Oberlandesgericht (Entscheidungen der Oberlandesgerichte in Zivilsachen, herausgegeben von *Deisenhofer* und *Jansen*)
OVG	Oberverwaltungsgericht
Palandt (-Bearbeiter)	*Otto Palandt*, Bürgerliches Gesetzbuch, 66. Aufl. 2007
PartGG	Gesetz über Partnerschaftsgesellschaften freier Berufe v. 25.7.1994
ProdHaftG	Gesetz über die Haftung für fehlerhafte Produkte (ProdukthaftungsG) v. 15.11.1989
PWW (-Bearbeiter)	*Hans Prütting – Gerhard Wegen – Gerd Weinreich*, BGB-Kommentar, 2. Aufl. 2007
RabelsZ	Zeitschrift für ausländisches und internationales Privatrecht, begründet von *Ernst Rabel*
Rdnr.	Randnummer(n)

RG(Z)	Reichsgericht (Entscheidungen des Reichsgerichts in Zivilsachen, herausgegeben von den Mitgliedern des Gerichtshofes und der Reichsanwaltschaft)
Rspr.	Rechtsprechung
RVO	Reichsversicherungsordnung v. 19.7.1911 idF v. 15.12.1924
S.	Seite; bei Gesetzeszitaten Satz
Schlechtriem/Schmidt-Kessel, SAT	*Peter Schlechtriem – Martin Schmidt-Kessel,* Schuldrecht Allgemeiner Teil, 6. Aufl. 2006
Schlechtriem, SBT	*Peter Schlechtriem,* Schuldrecht Besonderer Teil, 6. Aufl. 2003
K. Schmidt, HaR	*Karsten Schmidt,* Handelsrecht, 5. Aufl. 1999
Schumann	*Ekkehard Schumann,* Die ZPO-Klausur, 3. Aufl. 2006
SGB	Sozialgesetzbuch
SiG	Sicherungsgeber
SiGS	Sicherungsgrundschuld
SiN	Sicherungsnehmer
SiÜ	Sicherungsübereignung
SiZess.	Sicherungszession
SMG	SchuldrechtsmodernisierungsG. v. 26.11.2001
Staudinger (-Bearbeiter)	*J. von Staudingers* Kommentar zum BGB, 13. Aufl. 1994 ff.
StGB	Strafgesetzbuch
StPO	Strafprozeßordnung
StVG	Straßenverkehrsgesetz
StVO	Straßenverkehrsordnung
StVZO	Straßenverkehrszulassungsordnung
UmweltHG	Umwelthaftungsgesetz v. 10.12.1990
UrheberRG	Gesetz über Urheberrecht und verwandte Schutzrechte v. 9.9.1965
UWG	Gesetz gegen den unlauteren Wettbewerb
v.	von (vom)
VerbrKrG	Verbraucherkreditgesetz idF v. 29.6.2000
VersR	Versicherungsrecht (Zeitschrift)
vgl.	vergleiche
Vieweg/Werner	*Klaus Vieweg – Almuth Werner,* Sachenrecht, 2. Aufl. 2005
VP	Verkehrspflicht
VVG	Versicherungsvertragsgesetz v. 30.5.1908
WEG	Gesetz über Wohnungseigentum und Dauerwohnrecht v. 15.3.1951
Westermann (-Bearbeiter)	*Harry Westermann,* Sachenrecht: I, fortgeführt von *Harm Peter Westermann, Karl-Heinz Gursky, Dieter Eickmann,* 7. Aufl. 1998
WG	Wechselgesetz
WHG	Wasserhaushaltsgesetz idF v. 12.11.1996
Wieling I	*Hans Josef Wieling,* Sachenrecht I, 2. Aufl. 2006
Wieling SaR	*Hans Josef Wieling,* Sachenrecht, 5. Aufl. 2007
Wilhelm	*Jan Wilhelm,* Sachenrecht, 3. Aufl. 2007
WM	Wertpapiermitteilungen

Wolff-Raiser	*Enneccerus-Kipp-Wolff*, Lehrbuch des bürgerlichen Rechts, Sachenrecht, 10. Bearbeitung 1957 von *Martin Wolff* und *Ludwig Raiser*
z.B.	zum Beispiel
ZGR	Zeitschrift für Unternehmens- und Gesellschaftsrecht
ZGS	Zeitschrift für das gesamte Schuldrecht
ZHR	Zeitschrift für das gesamte Handelsrecht und Wirtschaftsrecht
ZIP	Zeitschrift für Wirtschaftsrecht (früher: Zeitschrift für die gesamte Insolvenzpraxis, daher die Abkürzung)
Zöllner-Loritz	*Wolfgang Zöllner – Karl-Georg Loritz*, Arbeitsrecht, 5. Aufl. 1998
ZPO	Zivilprozeßordnung
ZS	Zivilsenat
ZVG	Gesetz über die Zwangsversteigerung und die Zwangsverwaltung
ZZP	Zeitschrift für Zivilprozeß

Einleitung Aufbaufragen

Aufbaufragen sollen hier aus zwei Gründen vorweg kurz besprochen werden: Einmal weil sich die Gliederung dieses Buches an der Reihenfolge orientiert, in der die Fragen des materiellen Rechts im Rahmen des Anspruchsaufbaus auftauchen. Zum anderen und vor allem aber deshalb, weil die wahre Grundlage der Aufbauschemata nicht selten verkannt wird: Diese Grundlage bildet **das materielle Recht selbst.**

§ 1 Der Anspruchsaufbau

Welche Überlegungen zur Lösung einer juristischen Aufgabe nötig sind, folgt aus der **Frage am Ende der Fallerzählung** (des Sachverhalts). Wenn sich diese Frage auf ein Ziel richtet, das Gegenstand eines Anspruchs sein kann (z.B. Herausgabe, Schadensersatz, Lieferung usw.), ist der sogenannte »Anspruchsaufbau« angebracht. Für ihn ist zweierlei kennzeichnend: Erstens geht die Erörterung von einer **Anspruchsnorm** (Anspruchsgrundlage) aus, und zweitens sollen mehrere Anspruchsnormen in einer bestimmten **Reihenfolge** geprüft werden[1].   **1**

I. Die Anspruchsnorm als Ausgangspunkt

1. Ziel des Anspruchsaufbaus

Die Erörterung soll stets von einer Anspruchsnorm ausgehen. Dann ergeben nämlich die Tatbestandsmerkmale dieser Norm die zu erörternden Einzelfragen, sie bestimmen also die »entscheidungserheblichen Umstände«. Hierdurch wird einerseits die Prüfung *aller* wesentlichen Fragen gewährleistet. Andererseits wird aber auch die Befassung mit Dingen vermieden, welche die Beantwortung der Fallfrage nicht fördern. Vgl. GW Rdnr. 15: Die Lösung von Fällen muß **vollständig, ökonomisch und gedanklich einfach** sein.   **2**

---

1 Vgl. auch zum Technischen *Früh,* JuS 1991, 656 ff.; 742 ff., zum Grundsätzlichen *Schapp,* JuS 1992, 537 ff.

Bsp.: Es ist falsch (weil vielleicht überflüssig), die Prüfung eines Schadensersatzanspruchs wegen Nichtleistung (§§ 280 III, 281, 283) mit der Frage nach dem Verschulden zu beginnen. Denn nach § 280 I 2 kommt es auf das Vertretenmüssen an, und dieses ist nach § 276 I 1 nicht mit dem Verschulden identisch. Wer richtig von diesen Vorschriften ausgeht, erkennt das Verschulden zutreffend als bloß einen möglichen Haftungsgrund.

2.   Das Finden der Anspruchsnorm

3   **a)** Welche Normen sich im Einzelfall als Anspruchsgrundlage eignen, hängt in erster Linie von der Rechtsfolge ab, auf die sich die Fallfrage richtet. Wenn etwa nach Schadensersatz gefragt ist, kommen nur Normen mit der Rechtsfolge »Schadensersatz« in Betracht. Die erste Vorauswahl der zu prüfenden Normen geht also logisch nicht von der Tatbestands-, sondern von der **Rechtsfolgeseite** aus[2].

Für einen Herausgabeanspruch etwa eignen sich von der Rechtsfolgeseite her Ansprüche aus Vertrag (z.B. § 604) oder ähnlicher Sonderverbindung (etwa § 2130), die §§ 681 S. 2, 667, weiter die §§ 2018, 985, 861, 1007, aber auch die §§ 823 (mit § 249 I) und 812 (auch als condictio possessionis).

Eine weitere Auswahl muß dann die **Tatbestandsseite** der Norm berücksichtigen. Dabei werden von den Normen mit passender Rechtsfolge diejenigen ausgeschieden, deren Tatbestandsmerkmale im Sachverhalt nicht vorliegen. Diese Prüfung ist die eigentliche »Subsumtion«.

4   **b)** Das eben geschilderte Verfahren, das erst die Rechtsfolge und dann den Tatbestand der Norm berücksichtigt, ist aber bloß ein Ideal. Nach ihm kann nämlich nur vorgehen, wer alle Anspruchsnormen mit einer bestimmten Rechtsfolge kennt. Das erforderte aber eine unnötige und unvernünftige Belastung des Gedächtnisses. Man wird daher in der Wirklichkeit den Tatbestand schon früher ins Spiel bringen.

Man wird also, wenn etwa nach Herausgabe gefragt ist, zwar *zunächst* von der Rechtsfolge her an einige typische Herausgabenormen denken (z.B. §§ 667, 681 S. 2, 2018, 985, 861, 1007, 812). Man wird sich dann aber weiter **vom Sachverhalt her** fragen, welche speziellen Rechtsinstitute vorliegen können. Und man wird endlich die gesetzliche Regelung dieser Institute daraufhin durchsehen, ob sich dort noch andere Anspruchsnormen mit der Rechtsfolge »Herausgabe« finden. So wird man etwa in einem Fall, in dem

---

2 Vgl. für Ansprüche auf Geld *Medicus*, JuS 1985, 897 ff.; *K. Schmidt*, JuS 1984, 737 ff.; für Ansprüche auf Herausgabe *Medicus*, JuS 1985, 657 ff.; für Ansprüche auf Schadensersatz *ders.*, JuS 1986, 665 ff. (jetzt freilich teilweise durch das SMG überholt); für Rückgewähransprüche *Büdenbender*, JuS 1998, 38 ff., 135 ff., 227 ff., 325 ff.

die Beteiligten Nacherbe und Vorerbe sein können, bei der Durchsicht der §§ 2100 ff. auf § 2130 stoßen.

3. Mehrheit von Anspruchszielen

Häufig beschränkt sich die Fallfrage nicht auf eine bestimmte Rechtsfolge, **5** sondern lautet etwa: »*Was kann G von S verlangen?*« Hier ist zunächst zu prüfen, welche **wirtschaftlichen Ziele** für G dem S gegenüber in Betracht kommen. Dann muß man diese Ziele zu Rechtsfolgen konkretisieren. Endlich sind für diese Rechtsfolgen die passenden Anspruchsnormen zu suchen.

Bsp. einer Aufgabe: Infolge grober Fahrlässigkeit seines Architekten A hat N sein Haus 1m auf das Nachbargrundstück des E hinübergebaut. Was kann E von N verlangen?

Hier kann E wirtschaftlich zwei Ziele verfolgen: den Überbau zu beseitigen oder ihn sich nutzbar zu machen. Juristisch eignet sich für das erste Ziel ein Beseitigungsanspruch (§§ 1004, 862, aber Duldungspflicht des E aus § 912 I?). Für das zweite Ziel kommen mehrere Wege in Betracht: die Feststellung, daß der überbaute Hausteil dem E gehört (vgl. unten Rdnr. 18), sowie Ansprüche auf Geldrente (§ 912 II), Abkauf (§ 915 I), Schadensersatz (§ 823 I) oder Wertersatz (§ 812 I 1 Fall 2 – Eingriffskondiktion – mit § 818 II).

4. Die Frage nach der Rechtslage

Bei noch allgemeineren Fragen (etwa »Wie ist die Rechtslage?«) muß die **6** Lösung zunächst durch eine **Aufgliederung in Zweipersonenverhältnisse** vorbereitet werden. Man muß also fragen, welche im Sachverhalt genannte Person von welcher anderen überhaupt etwas wünschen kann.

Bsp.: In der eben genannten Aufgabe möge gefragt sein: Wie ist die Rechtslage? Dann ist zu bedenken: Beeinträchtigt ist zunächst E; er kann Ansprüche haben gegen N und A. N seinerseits kann Ansprüche gegen A haben (auf Schadensersatz), aber möglicherweise auch Gegenansprüche gegen E (auf Verwendungsersatz, wenn E Eigentümer des überbauten Hausteils geworden ist). Für A endlich kommen wenigstens zunächst keine Ansprüche in Betracht.

Nach dieser Zerlegung in Zweipersonenverhältnisse müssen dann für jedes die **denkbaren Anspruchsziele** und die **geeigneten Anspruchsnormen** gefunden werden. Über den möglichen weiteren Inhalt der Frage nach der Rechtslage vgl. unten Rdnr. 19.

Insgesamt ergibt sich also eine **dreifache Gliederung**: in Zweipersonen-verhältnisse, nach Anspruchszielen und nach Anspruchs- oder Einwendungsnormen (vgl. GW Rdnr. 20–22). Davon bedeuten die beiden ersten Stufen eine Aufbereitung des Stoffes für den Zivilprozeß (vgl. *Medicus,* AcP 174, 1974, 313/314 ff.): Dieser findet als Zweipersonenprozeß (zwischen Kläger und Beklagtem) über bestimmte, die Ziele des Klägers bezeichnende Anträge (§ 253 II Nr. 2 ZPO) statt. Das sind die Ansprüche im Sinne der ZPO, die ihrerseits den Streitgegenstand ergeben. Die Anspruchs- und Einwendungsnormen des materiellen Rechts bestimmen dann schließlich, inwieweit die Parteien »Recht haben«, also ihre Anträge begründet sind.

II.   Die Reihenfolge der Prüfung von Anspruchsnormen

1.   Ziel der Reihenfolge

7   In welcher Reihenfolge die wie eben angedeutet ermittelten Anspruchs-normen geprüft werden, ist zwar für das Ergebnis ohne Bedeutung. Für die Einhaltung einer bestimmten Reihenfolge spricht aber ein Gesichtspunkt der **Zweckmäßigkeit**: Fragen aus dem Bereich einer Anspruchsnorm sollen nicht weithin zu Vorfragen für andere Normen werden, so daß sich die Prüfung verschachtelt. Die Erörterung soll also möglichst **unbelastet von Vorfragen** bleiben (vgl. GW Rdnr. 18).

Bsp.: V hat eine Sache, die er für H unentgeltlich verwahrt, leicht fahrlässig beschädigt. Wer hier mit dem Deliktsanspruch H–V aus § 823 I beginnt, würde dabei auf die Frage stoßen müssen, ob V deliktisch auch dann für jede Fahrlässigkeit haftet, wenn er unentgeltlicher Verwahrer ist. Damit würden die Fragen der vertraglichen Haftung (§§ 690, 277) zur Vorfrage der Deliktshaftung, weil ein milderer vertraglicher Haftungsmaßstab regelmäßig (vgl. unten Rdnr. 639 f.) auch eine konkurrierende Deliktshaftung beeinflußt. Man müßte also schon bei dem Deliktsanspruch praktisch alles prüfen, was der Fall überhaupt enthält: Ob zwischen H und V ein Verwahrungsvertrag oder nur ein Gefälligkeitsverhältnis besteht; wie sorgfältig V in eigenen Angelegenheiten ist (wenn der Sachverhalt dazu Angaben enthält); gegebenenfalls, ob § 690 (oder der Gedanke von §§ 521, 599) auch bei einem Gefälligkeitsverhältnis mit Verwahrungscharakter gilt (vgl. unten Rdnr. 365 ff.). Das alles verwirrt bei § 823 I nur den Aufbau.

2.   Regeln für die Reihenfolge

8   Dieser Zweckmäßigkeitsgesichtspunkt ergibt für die Reihenfolge bei der Prüfung der häufigsten Anspruchsnormen folgendes (nicht erwähnt sind hier z.B. Aufopferungs- und Unterhaltsansprüche):

a) Vertrag

An erster Stelle sind vertragliche Anspruchsnormen zu prüfen. Denn der Vertrag, der ihre Grundlage bildet, stellt die speziellste Regelung dar und kann daher auf alle anderen Anspruchsnormen einwirken:

aa) Für Ansprüche aus *Geschäftsführung ohne Auftrag* ist er Vorfrage, weil § 677 erfordert, daß der Geschäftsführer das Geschäft im Verhältnis zum Geschäftsherrn unbeauftragt und auch sonst unberechtigt führt. Daran fehlt es, wenn ein wirksamer Vertrag (oder ein gesetzliches Schuldverhältnis, z.B. die elterliche Vermögenssorge nach § 1626 I 2) über die Geschäftsführung vorliegt.

bb) Gegenüber *Ansprüchen aus den §§ 985 ff.* sind Verträge vorrangig, weil sie ein Recht zum Besitz (§ 986) geben können: Es fehlt dann die sog. *Vindikationslage* (vgl. unten Rdnr. 582 f.). Daher ist § 985 selbst mit allen seinen Folgeansprüchen aus §§ 987 ff. ausgeschlossen. Sogar ein – etwa durch Rücktritt – beendeter Vertrag kann hier noch die §§ 987 ff. verdrängen (vgl. unten Rdnr. 587 ff.).

cc) Im Verhältnis zu *Deliktsansprüchen* können Verträge das Maß des rechtlich erheblichen Verschuldens beeinflussen (vgl. oben Rdnr. 7). Sie können auch einen Rechtfertigungsgrund bilden: § 538 etwa rechtfertigt die Verschlechterungen der Mietsache durch den vertragsgemäßen Gebrauch.

dd) Gegenüber *Bereicherungsansprüchen* endlich ist der Vorrang des Vertrages besonders deutlich: Dieser kann Rechtsgrund für eine Vermögensverschiebung sein. Sogar von Anfang an unwirksame Verträge haben hier Bedeutung: Sie bestimmen nämlich, ob und im Verhältnis zwischen welchen Personen eine Leistung vorliegt. Damit werden regelmäßig die Parteien der Leistungskondiktion festgelegt (unten Rdnr. 666 ff.), und eine Kondiktion wegen Bereicherung in sonstiger Weise kann durch das Leistungsverhältnis ausgeschlossen sein (unten Rdnr. 727 ff.).

b) Culpa in contrahendo

Nach den Vertragsansprüchen kann man gleich Schadensersatzansprüche **8a** aus culpa in contrahendo (§ 311 II und III in Verbindung mit §§ 280 I, 311a) prüfen: Die dafür nötige Anbahnung von Vertragsverhandlungen wird ja regelmäßig bei der Prüfung von Vertragsansprüchen schon erörtert worden sein. C.i.c. muß jedenfalls vor dem Deliktsrecht erörtert werden, weil eine mildere Haftung auch aus einem bloß beabsichtigten und nicht wirksam abgeschlossenen Vertrag den deliktischen Haftungsmaßstab zu beeinflussen vermag (vgl. unten Rdnr. 199).

Bisweilen hat übrigens die c.i.c. selbst dann Bedeutung, wenn es zu einem wirksamen Vertragsabschluß gekommen ist. Denn das Vertragsrecht erfaßt häufig Schädigungen nicht, die schon vor oder gerade in dem Vertragsschluß liegen. Das wichtigste Beispiel bildet der Schaden aus der Herbeiführung eines ungünstigen Vertrages: Dann gewährt die h.M. aus c.i.c. mit § 249 I einen Anspruch auf Aufhebung dieses Vertrages (vgl. unten Rdnr. 150).

c) Geschäftsführung ohne Auftrag

9   An nächster Stelle stehen Ansprüche aus Geschäftsführung ohne Auftrag. Denn die berechtigte Geschäftsführung wirkt ganz ähnlich wie ein Vertrag: Sie kann ein Recht zum Besitz und einen Rechtfertigungsgrund geben; die Haftungsmilderung aus § 680 beeinflußt die Deliktshaftung (unten Rdnr. 433); Geschäftsführung ohne Auftrag kann einen Rechtsgrund für Vermögensverschiebungen bilden oder ein Leistungsverhältnis kennzeichnen (vgl. unten Rdnr. 685).

Bsp.: Der Arzt A behandelt den bewußtlosen B nach einem Unfall leicht fahrlässig falsch. Wer hier mit Schadensersatzansprüchen B–A aus § 823 I beginnt, muß wegen der Haftungsmilderung aus § 680 die §§ 677 ff. schon im Deliktsrecht prüfen. Umgekehrt darf im Verhältnis A–B nicht mit einem Vergütungsanspruch aus §§ 812, 818 II begonnen werden. Denn damit würde die Frage verfehlt, ob Dienstleistungen ausnahmsweise als Aufwendungen nach den §§ 683, 670 zu vergüten sind (vgl. unten Rdnr. 430).

d) Dingliche Ansprüche

10   An vierter Stelle stehen üblicherweise die sogenannten »dinglichen Ansprüche« (vgl. unten Rdnr. 436, zur Abgrenzung unten Rdnr. 452). Das trifft jedenfalls für die §§ 2018 ff., 985 ff., 1007 zu: Diese Normen enthalten für Schadensersatz und Nutzungen eine Spezialregelung, welche die allgemeinen Regeln in §§ 823 I, 812 weithin ausschließt (vgl. unten Rdnr. 595 f.). Für einige andere Ansprüche, die gleichfalls hier geprüft zu werden pflegen (etwa aus §§ 861 f.), besteht ein solcher Vorrang gegenüber dem Delikts- und Bereicherungsrecht zwar nicht. Aber sie hier zu erörtern ist deshalb sachgerecht, weil auch sie von der dinglichen Rechtslage abhängen.

e) Delikt und ungerechtfertigte Bereicherung

11   Übrig sind Ansprüche aus Delikt (im weitesten Sinn, also einschließlich der Gefährdungshaftung) und aus ungerechtfertigter Bereicherung. Diese beiden Anspruchsgruppen beeinflussen sich gegenseitig nicht, so daß zwischen ihnen auch kein Vorrang besteht. Man beginnt hier mit derjenigen An-

spruchsgrundlage, die am ehesten vorliegt. Das wird bei Schadensersatzansprüchen das Deliktsrecht und bei Herausgabeansprüchen das Bereicherungsrecht sein.

3. Mehrere Normen in einer Gruppe

a) Innerhalb jeder dieser Hauptgruppen können wieder mehrere Normen 12
als Anspruchsgrundlage in Betracht kommen. Auch insoweit kann das
materielle Recht für die Prüfung eine bestimmte **Reihenfolge** als zweckmäßig ergeben.
So ist ein Anspruch aus Bereicherung durch Leistung vor einem Anspruch aus Bereicherung in sonstiger Weise zu erörtern (vgl. unten
Rdnr. 727 ff.). Und im Deliktsrecht werden regelmäßig die beiden Absätze
des § 823 vor dem schwieriger zu begründenden § 826 geprüft, bei § 823 oft
auch Abs. 1 vor Abs. 2 (jedenfalls sind diese beiden Absätze streng getrennt
zu halten!).

b) Zweifelhaft kann sein, wie weit **nach Bejahung eines Anspruchs** noch 13
andere Anspruchsgrundlagen mit demselben Ziel zu prüfen sind. Das ist
jedenfalls dann nötig, wenn der weitere Anspruch mehr bringen kann, z.B.
der Vertragsanspruch eine dem Gläubiger günstigere Regelung der Verantwortlichkeit für Gehilfen (§ 278 statt § 831). Auch kann der weitere Anspruch tatsächlich weniger voraussetzen, z.B. der Deliktsanspruch weder
einen Vertrag noch den Eintritt in Vertragsverhandlungen. Aber bei Fehlen
solcher Vorteile wird man wenigstens in Klausuren solche »nutzlosen«
weiteren Ansprüche am ehesten weglassen oder nur kurz erwähnen dürfen
(z.B. oft § 823 II in Verbindung mit einem Schutzgesetz gegenüber § 823 I).
Jedenfalls darf die Behandlung voraussetzungs- und ergebnisgleicher Ansprüche nicht dazu führen, daß die Zeit zur Erörterung wichtigerer Fragen
fehlt. Nicht selten muß der Prüfer geradezu den Eindruck gewinnen, die
nutzlosen Ausführungen zu konkurrierenden Ansprüchen sollten »Seiten
füllen«, weil sich der Kandidat zu den schwierigeren Fragen der Aufgabe
noch nicht entscheiden konnte.
Derselbe ungünstige Eindruck eines Mangels an Entscheidungsvermögen
droht übrigens auch bei denjenigen Arbeiten, die zunächst seitenlang offensichtlich nicht zutreffende Anspruchsgrundlagen behandeln (z.B. Vertrag
und Geschäftsführung ohne Auftrag bei reinen Deliktsfällen). Dieses Vorgehen ist nur dramaturgisch, aber nicht juristisch zweckmäßig: Es erhöht
zwar die Spannung, läßt aber darauf schließen, daß dem Bearbeiter der
Blick für das Wesentliche fehlt.

4. Probleme beim Vertragstyp

14 Nicht selten fällt es schwer, einen als Anspruchsgrundlage in Betracht kommenden Vertrag dem Typ nach einzuordnen. Dann kann man notfalls die Frage nach dem Typ offenlassen und statt dessen begründen, daß der Anspruch bei jeder in Betracht kommenden Einordnung besteht oder nicht (vgl. GW Rdnr. 76). Auch die Praxis verfährt bisweilen so.

BGH NJW 1972, 150 ff.: Die Ehefrau F stellt zum Einkaufen den Pkw Jaguar ihres Mannes M in der Tiefgarage des Warenhauses W ab. Der von F einem Automaten entnommene Parkschein schließt die Haftung von W aus und verweist auf eine Versicherung. F findet den Pkw zerkratzt wieder. Die Versicherung ersetzt 200,– DM. M fordert von W aus eigenem Recht und aus abgetretenem Recht der F weitere 1700,– DM für von der Versicherung nicht zu ersetzende Mietwagenkosten und ähnliches.

Hier hat der BGH nicht nur die Frage nach der Wirksamkeit des Haftungsausschlusses vermieden (Wirkung gegen M? Wurde M von F wirksam vertreten? Jetzt wäre zudem an § 309 Nr. 7b zu denken). Das Gericht hat auch offengelassen, ob der von F und W geschlossene Vertrag *Miete* (dann Haftung von W höchstens für die Eignung des Stellplatzes, § 536 I) oder *Verwahrung* war (dann Haftung wegen schuldhafter Verletzung einer Aufsichtspflicht denkbar): Jedenfalls habe W eine etwa bestehende Pflicht durch den Abschluß der (im allgemeinen ausreichenden) Versicherung mit einem Anspruch des Kunden direkt gegen den Versicherer erfüllt.

5. Logischer Vorrang von Tatbestandsmerkmalen

15 Für die Reihenfolge der Darstellung kann endlich noch der logische Vorrang eines Tatbestandsmerkmals Bedeutung haben. So darf man etwa bei § 823 I das Verschulden erst prüfen, wenn zuvor die Rechtswidrigkeit bejaht worden ist. Entsprechend erfordert bei Sonderverbindungen das Vertretenmüssen (§§ 276, 278) eine Pflichtverletzung (vgl. § 280 I). Doch braucht man einen solchen Vorrang nicht zu beachten, wenn man das logisch nachrangige Tatbestandsmerkmal *verneinen* will. Denn mit einer solchen recht schnellen Verneinung gewinnt man Zeit für die übrigen Probleme der Aufgabe.

Bsp.: Beim Eingriff in den eingerichteten und ausgeübten Gewerbebetrieb bereitet die Feststellung von objektivem Tatbestand und Rechtswidrigkeit oft große Schwierigkeiten. Man kann einen Anspruch aus § 823 I dann womöglich einfacher mit der Begründung verneinen, jedenfalls fehle ein Verschulden des Eingreifenden. Freilich wird sich das meist schwer feststellen lassen, wenn man nicht zuvor die Pflichten des Eingreifenden ermittelt hat.

Oder auch: *Joch,* JuS 1969, 285 ff. bringt einen Fall, in dem eine Bürgschaft nach § 418 I 1 erloschen ist. Hier sollte man die mit der Entstehung der Bürgenschuld zusammenhängenden Fragen bestenfalls kurz erwähnen (anders *Joch* aaO. 287 A. 12): Sofern die Anwendbarkeit von § 418 I 1 sicher ist, kann es auf diese Fragen nicht ankommen. Wenn ein verständiger Prüfer sie behandelt sehen will, wird er den Fall so stellen, daß sie erheblich sind.

In manchen Examensaufgaben findet sich der Hinweis, es sei »zu *allen* aufgeworfenen Fragen Stellung zu nehmen« oder ähnlich. Auch damit wird aber die Erörterung von Fragen, auf die es nicht ankommt, nur ausnahmsweise verlangt, nämlich wenn die Aufgabe ohne ein Hilfsgutachten von Problemen entleert würde. Zudem ist stets auf das Parteivorbringen einzugehen. Darüber hinaus rechtfertigt der Hinweis die Erörterung unerheblicher Rechtsfragen aber nicht: Gerade in der Trennung des Erheblichen vom Unerheblichen besteht ein guter Teil der Aufgabe des Juristen; die unerheblichen Fragen sind eben durch die Aufgabe nicht »aufgeworfen«!

III. Die Prüfung von Einwendungen

16 Bisweilen liegen die Schwierigkeiten einer Aufgabe statt bei den Anspruchsgrundlagen teilweise oder auch ganz bei den Einwendungen (dazu unten Rdnr. 731 ff.). So verhält es sich stets, wenn die Aufgabe einen Anspruch als entstanden oder gar bestehend angibt (etwa: »K schuldet dem V 100 Euro als Kaufpreis«). Dann beschränkt sich die Prüfung auf die Verteidigungsmöglichkeiten des Schuldners, nämlich auf **rechtsvernichtende und rechtshemmende** Einwendungen (vgl. GW Rdnr. 144).

Rechtshindernde Einwendungen dagegen kommen hier nicht in Betracht. Denn sie führen dazu, daß der Anspruch erst gar nicht entsteht (so z.B. die Nichtigkeitsgründe für Vertragsansprüche). Sie betreffen also die Anspruchsgrundlage und können nicht vorliegen, wenn die Aufgabe den Anspruch als entstanden angibt.

Bestimmte Regeln für eine Reihenfolge bei der Prüfung mehrerer Einwendungen gibt es kaum. Man kann höchstens sagen, das dem Schuldner **günstigste Verteidigungsmittel** solle zuerst erörtert werden. Unter diesem Gesichtspunkt kann eine (dauernd) rechtshemmende Einwendung auch einmal gegenüber einer rechtsvernichtenden vorrangig sein: Die Aufrechnung (rechtsvernichtend) etwa kostet den Schuldner seine Forderung, während die Erhebung der (rechtshemmenden) Verjährungseinrede ihm kein Opfer abverlangt; hier sollte man also zunächst die Verjährung prüfen. Soweit es zur Ausübung der Verteidigungsmöglichkeit einer Handlung bedarf (z.B. einer Anfechtungs- oder Aufrechnungserklärung), ist deren Vornahme bei solchen »einwendungsbetonten« Aufgaben stets anzunehmen (vgl. unten Rdnr. 19). Man darf also etwa die Prüfung der Verjährung nicht mit der Begründung unterlassen, der Schuldner habe die Einrede nach § 214 I nicht erhoben.

§ 2 Grenzen des Anspruchsaufbaus

Das eben geschilderte Verfahren ist nur da geeignet, wo sich das Ziel der   **17**
Fallfrage mit Ansprüchen erreichen läßt. Ungeeignet ist der Anspruchsauf-
bau dagegen, wo die Fallfrage auf etwas anderes abzielt. Auch prozessuale
Vorfragen stehen außerhalb des Anspruchsaufbaus.

I. Andere Fallfragen

1. Fragen nach der dinglichen Rechtslage

Bisweilen zielen Fallfragen auf die dingliche Rechtslage ab, etwa: »*Wer ist*   **18**
Eigentümer?«, »*Ist das Grundbuch richtig?*«, »*Wer ist Erbe?*«. Der in solchen Fällen regelmäßig anzuwendende **Aufbau** wird als der »**historische**«
bezeichnet. Bei ihm sucht man sich zunächst einen zeitlichen Ausgangspunkt, für den die Rechtslage feststeht. Von dort aus werden dann die Änderungen der Rechtslage in ihrem historischen Ablauf verfolgt. Auch hier
darf aber keineswegs alles, was die Fallerzählung als geschehen angibt,
ziellos hintereinander untersucht werden. Vielmehr wird der Rahmen stets
durch die Fallfrage abgesteckt: Zu prüfen ist nur, was für die erfragte
Rechtsfolge erheblich sein kann.

> *Bsp.:* Die Aufgabe möge sagen, daß E seine Sache an K veräußert und diese Veräu-
> ßerung später angefochten hat; gefragt sei nach dem Eigentum. Hier ist der Aus-
> gangspunkt mit bestimmter Rechtslage die Zeit vor der Veräußerung: Damals war E
> Eigentümer. Zu prüfen ist dann, ob E dieses Eigentum durch die Veräußerung verlo-
> ren und ob er es durch die folgende Anfechtung zurückgewonnen hat. Wäre die
> Sache vor der Anfechtung durch einen Dritten D beschädigt worden, so hätte das
> für die Eigentumsfrage außer Betracht zu bleiben. Denn es gibt keinen rechtlichen
> Gesichtspunkt, unter dem die Beschädigung die Eigentumsverhältnisse geändert
> haben könnte.

An die Stelle der Anspruchsnormen treten hier also diejenigen Vorschriften, deren Rechtsfolge eine Änderung des zu untersuchenden Rechts in der
fraglichen Richtung darstellt: beim Eigentum also etwa die Vorschriften
über Eigentumserwerb und Eigentumsverlust.

Diese historische Methode eignet sich insbesondere auch für **dingliche
Vorfragen im Rahmen des Anspruchsaufbaus**, nämlich wenn die dingliche Rechtslage zum Tatbestand einer Anspruchsnorm gehört (etwa bei
§§ 894, 985). Denn auch hier lautet das Denkschema: Hat der, dessen Anspruch aus dinglichem Recht in Frage steht, dieses Recht einmal gehabt
(oder erworben)? Hat er es später verloren? Hat er es endlich vielleicht

wiedergewonnen? Für die Anspruchsnormen §§ 894, 985 sind die Vorschriften über Erwerb und Verlust des Eigentums dann **Hilfsnormen** (vgl. GW Rdnr. 16).

Bei der **Frage nach der Erbenstellung** ist freilich zu beachten: Weil das Testament den Erblasser regelmäßig nicht bindet, wird die Rechtslage hier erst durch den Erbfall fixiert. Man braucht also von mehreren Testamenten nicht zunächst das älteste und dann die in zeitlicher Folge jüngeren zu erörtern. Vielmehr erledigt ein wirksames jüngeres Testament, soweit seine Regelung reicht, nach §§ 2253 f. alle älteren. Eine Ausnahme gilt nur für Erbverträge (§ 2289 I 2, II) und das bindend gewordene gemeinschaftliche Testament (§ 2271): Sie gehen jüngeren Verfügungen von Todes wegen vor. Danach ist für den Aufbau zu unterscheiden. Für die Zeit nach dem Erbfall jedoch können die späteren Veränderungen der Rechtslage durch Ausschlagung, Anfechtung usw. ohne Einschränkung chronologisch geprüft werden.

2. Rechtsgestaltung und -durchsetzung

19 **a)** Manchmal lautet die Fallfrage: *»Was kann X unternehmen?«* oder *»Was ist X zu raten?«*. Bisweilen ist hiermit nur die Geltendmachung von Ansprüchen oder Einreden gemeint, weil andere Mittel für X nicht in Betracht kommen. Dann ist der gewöhnliche Anspruchsaufbau zu verwenden. Häufig zielen solche Fragen jedoch ab auf eine erst noch herbeizuführende Veränderung der Rechtslage, insbesondere auf die **Ausübung eines Gestaltungsrechts** durch einen der Beteiligten.

Auch die allgemeine **Frage nach der Rechtslage** (vgl. oben Rdnr. 6) deutet nicht selten darauf hin, daß solche Gestaltungsrechte berücksichtigt werden sollen. Überhaupt ist auf eine Gestaltungsmöglichkeit immer dann einzugehen, wenn sie für die Lösung erheblich ist. Auch wenn sich die Fallfrage bloß auf Ansprüche richtet, wäre es falsch, etwa die Vertragsansprüche G–S darzustellen, aber zu verschweigen, daß S den ihn belastenden Vertrag nach § 119 anfechten kann. Nur legt eine Frage wie »Was kann X unternehmen?« das Bestehen einer solchen Möglichkeit noch besonders nahe.

Auch bei Bestehen einer Gestaltungsmöglichkeit ist aber zunächst zu prüfen, wie sich die Rechtslage des Gestaltungsberechtigten vor der Ausübung seines Rechts darstellt. Hierfür ist der gewöhnliche Anspruchsaufbau zu wählen, wenn sich die Rechtslage in Ansprüchen erschöpft; andernfalls der historische Aufbau. Es darf also nicht gleich unterstellt werden, das Gestaltungsrecht sei bereits ausgeübt. Erst aus der Prüfung der Ausgangssituation wird sich in der Regel auch ergeben, wogegen das Gestaltungsrecht zu richten und ob seine Ausübung zweckmäßig ist.

Bsp.: Der Verkäufer V hat den Käufer K über eine Eigenschaft der Kaufsache getäuscht. Hier wäre eine Anfechtung des Kaufvertrags durch K nach § 123 unzweckmäßig: Sie würde den Vertrag und damit den Vertragsanspruch des K aus §§ 280, 281 auf Schadensersatz statt der Leistung zerstören; K könnte nur noch nach §§ 823 II BGB, 263 StGB einen dem negativen Interesse entsprechenden Schadensersatz fordern (vgl. *BGH* NJW 1998, 983 f.).

b) Mit der Frage »Was kann X unternehmen?« kann aber auch auf **andere Möglichkeiten** abgezielt werden als auf die Ausübung von Gestaltungsrechten. Insbesondere kann damit die **prozessuale Durchsetzung** erfragt werden einschließlich der Möglichkeit, einen Anspruch durch Arrest oder einstweilige Verfügung zu sichern. Wenn zwei Fallbeteiligte gegenüber einem Dritten einig sind, kann auch einmal der Abschluß oder die Aufhebung eines Vertrages gemeint sein. Das muß sich stets aus der besonderen Situation des Falles ergeben; Regeln lassen sich hierfür nicht aufstellen.

II. Prozessuale Vorfragen

1. Zulässigkeit und Begründetheit

Nicht selten gibt die Fallerzählung an, ein Beteiligter habe mit einem bestimmten Antrag Klage erhoben; die Fallfrage lautet dann: *»Wie ist zu entscheiden?«*. Bei solchen Aufgaben brauchen nicht immer prozessuale Vorfragen behandelt zu werden, nämlich dann nicht, wenn der Sachverhalt keine Tatsachen zu ihrer Entscheidung mitteilt.　**20**

Bsp.: Ausführungen über die örtliche oder sachliche Zuständigkeit etwa sind sinnlos, wenn der Sachverhalt nicht sagt, bei welchem Gericht die Klage erhoben worden ist. Hier bleibt nur die materiellrechtliche Frage, ob die Klage begründet ist. Das ist dann gemäß dem Anspruchsaufbau zu prüfen.

Soweit sich aber tatsächliche Angaben finden, die für die Zulässigkeit der Klage erheblich sein können, ist die **Zulässigkeit regelmäßig vor der Begründetheit** zu prüfen. Denn die Zulässigkeit der Klage entscheidet darüber, ob die Sachfragen überhaupt erörtert werden dürfen. (Darum heißen die Zulässigkeitserfordernisse auch »Sachurteilsvoraussetzungen«.) Daran ist mit *Berg*, JuS 1979, 123 ff. gegen etwa von *Rimmelspacher* und *Gursky* vertretenen Ansichten festzuhalten[3]. Doch kann z.B. vor Zuständigkeitsfra-

---

3 So ausführlich *H.-J. Sauer,* Die Reihenfolge der Prüfung von Zulässigkeit und Begründetheit einer Klage im Zivilprozeß (1974), dazu *Lindacher,* ZZP 90 (1977) 289 ff., gegen *Rimmelspacher* auch *Jauernig,* FS Schiedermair (1976) 69 f.; *Baumgärtel/Laumen/Prütting,* Der Zivilprozeßrechtsfall (8. Aufl. 1995) 112 ff. – Seltene Ausnahmen bei *P. Schlosser,* Jura 1981, 648, 658.

gen zu erörtern sein, um welche Art von Anspruch es sich handelt (etwa wegen § 32 ZPO). Und bei **Rechtsmittelklausuren** (bei denen schon eine Entscheidung vorliegt und sich die Aufgabe auf ein hiergegen gerichtetes Rechtsmittel bezieht) ist vor den allgemeinen Sachurteilsvoraussetzungen die Zulässigkeit des Rechtsmittels zu prüfen[4].

21 In Klausuren kommen relativ häufig vor die Fragen nach der Zulässigkeit des eingeschlagenen **Rechtsweges** (dazu *Lüke*, JuS 1980, 644 ff.) sowie nach der sachlichen und örtlichen **Zuständigkeit** des angerufenen Gerichts (dazu *E. Schumann*, Rdnr. 172 ff.). Insbesondere bei Feststellungsklagen ist zudem stets auf das **Rechtsschutzbedürfnis** zu achten: Dieses fehlt regelmäßig, wenn die Möglichkeit zur Leistungsklage besteht und vom Beklagten nicht zu erwarten ist, daß er schon auf ein Feststellungsurteil hin leistet. Zulässig ist eine Feststellungsklage dagegen, solange sich ein Schaden noch in der Entwicklung befindet und daher nicht beziffert werden kann (*BGH* NJW-RR 1988, 445).

Ob bei der Prüfung verschiedener Sachurteilsvoraussetzungen eine **bestimmte Reihenfolge** beachtet werden muß[5], ist streitig. *Pohle*, ZZP 81 (1968) 161 ff. vertritt folgende Reihenfolge: Zunächst sei zu prüfen die ordnungsmäßige Klageerhebung. Dann sei auf die eine Partei und anschließend auf die das Gericht betreffenden Sachurteilsvoraussetzungen einzugehen; danach seien alle übrigen zu erörtern. *Berg*, JuS 1969, 123 (126 f.) teilt die Sachurteilsvoraussetzungen ein in *allgemeine* (vor allem deutsche Gerichtsbarkeit, ordnungsmäßige Klageerhebung und ggf. Rechtsmitteleinlegung, Partei- und Prozeßfähigkeit, gesetzliche Vertretung und Postulationsfähigkeit) und *qualifizierte* (etwa Rechtsweg, örtliche und sachliche Zuständigkeit, Zulässigkeit einer Klageänderung oder einer besonderen Prozeßart). Dabei sollen die allgemeinen vor den qualifizierten Sachurteilsvoraussetzungen zu prüfen sein, zumal bei den qualifizierten oft der Klagegrund zu erörtern sei.

Harms, ZZP 83 (1970) 167 ff. hat ausführlich begründet, daß es wirklich zwingende Gründe für einen Vorrang nicht gibt; elastisch formulieren daher auch *Baumgärtel/Laumen/Prütting*, Der Zivilrechtsfall aaO. 112 f.; *E. Schumann*, Rdnr. 146, 226; *P. Schlosser*, Jura 1981, 648, 658 f. Ausnahmsweise ist aber die Zulässigkeit des gewählten Rechtswegs vorab auszusprechen oder zu entscheiden, § 17 III GVG.

---

4 Vgl. *E. Schumann*, Rdnr. 148.
5 Dazu *Schmitz*, JuS 1976, 441 ff., 731 ff.; 1977, 33 ff.; *E. Schumann*, Rdnr. 146 ff.

2. Die unzulässige Klage

Eine andere Frage ist, ob man sich in der schriftlichen Arbeit mit dem Er- **22**
gebnis zufriedengeben darf, eine Klage sei als unzulässig abzuweisen. Das
wird jedenfalls dann nicht genügen, wenn – wie häufig – der prozessuale
Mangel geheilt werden kann (etwa durch Verweisung an das zuständige
Gericht, § 281 ZPO, oder in einen anderen Rechtsweg, § 17a II 2 GVG).
Hier wird man zunächst darlegen, welche Heilungsmöglichkeiten bestehen,
und sie gegeneinander abwägen (vgl. *E. Schumann*, Rdnr. 219, auch 35).
Auf dieser Grundlage wird man dann oft eine der Heilungsmöglichkeiten
empfehlen können.

Wo aber die Aufgabe ersichtlich darauf abzielt, daß auch die materiellrechtlichen Fragen behandelt werden, reicht die prozessuale Erörterung
allein noch nicht aus. Man sollte dann, wenn der Zulässigkeitsmangel beho-
ben werden kann, die nächstliegende Heilung unterstellen. So kann man die
Aufgabe bis zum Sachurteil weiter verfolgen. Und bei Fehlen einer Hei-
lungsmöglichkeit darf man sich mit einem Eventualgutachten für den Fall
behelfen, daß das Gericht in der Zulässigkeitsfrage zu einem anderen, nämlich positiven Ergebnis gelangt.

3. Vorrangige materiellrechtliche Fragen

Ausdrücklich gewarnt sei endlich noch vor dem Irrglauben, alle prozessua- **23**
len Fragen müßten gegenüber den materiellrechtlichen vorrangig sein. Das
ist etwa dann nicht richtig, wenn zwar ein rechtskräftiges Urteil bereits
vorliegt, dieses sich aber nur auf eine **Vorfrage** des nun zu entscheidenden
Streites bezieht. Hier hindert die Rechtskraft eine neue Sachentscheidung
keinesfalls, sondern fördert diese sogar. Denn die rechtskräftige Entscheidung über jene Vorfrage vermag den neuen Prozeß zu entlasten.

Bsp.: Der Käufer K hat gegen den Verkäufer V ein rechtskräftiges Urteil auf Lieferung eines gekauften Pkw erzielt. Später klagt K auf den Ersatz von Verzugsschaden:
Infolge verspäteter Lieferung durch V habe er, K, sich einen Ersatzwagen mieten
müssen. Hier ist der gewöhnliche Anspruchsaufbau zu wählen, also von den §§ 280,
286 auszugehen. Nur muß eine Prüfung der Frage, ob V dem K wirklich den Pkw
schuldete, durch einen Hinweis auf das rechtskräftige Urteil ersetzt werden.

Die **Interventionswirkung** (§§ 68, 74 III ZPO), die im Umfang meist
weiter reicht als die Bindung an ein rechtskräftiges Urteil, kann einem erneuten Sachurteil sogar nie im Wege stehen; sie bereitet dieses immer nur
vor.

Vollends bei der »**Anwaltsklausur**« (im Gegensatz zur »Richterklausur«:
Erfragt wird keine richterliche Entscheidung, sondern was ein Anwalt raten

oder unternehmen wird, vgl. GW Rdnr. 3 f.) ist das materielle Recht regelmäßig vor dem Prozeßrecht zu prüfen: Der Anwalt muß ja zunächst die materielle Rechtslage klären, ehe er den besten Weg für die prozessuale Durchsetzung suchen kann (vgl. etwa *E. Schumann*, Rdnr. 27).

I. Abschnitt   Ansprüche aus Vertrag

Auch bei der Prüfung von Vertragsansprüchen ist stets von einer An-   **24**
spruchsnorm auszugehen (z.B. von § 280, vgl. oben Rdnr. 2). Die Vorschriften über das Zustandekommen von Verträgen sind als »Hilfsnormen« also
erst im Rahmen dieser »Hauptnorm« zu prüfen (vgl. GW Rdnr. 16). Daß
ich im folgenden trotzdem das Zustandekommen von Verträgen (unten
Rdnr. 45 ff.) vor den vertraglichen Anspruchsgrundlagen (unten
Rdnr. 204 ff.) behandle, soll nur eine allzu weite Abweichung vom Üblichen vermeiden und so das Verständnis erleichtern: Entsprechend dem
BGB-System wird auch hier das Allgemeine, nämlich die Regelung des
Vertragsabschlusses, »vor die Klammer« gezogen, in der die Ansprüche aus
den besonderen Schuldverträgen und dem allgemeinen Schuldrecht stehen.

§ 3   Verpflichtende und verfügende Verträge

Beim Anspruchsaufbau wird üblicherweise gesagt, an erster Stelle seien   **25**
Ansprüche aus Verträgen zu prüfen (oben Rdnr. 8). Dabei ist aber mit »Vertrag« nicht jede Vereinbarung zwischen zwei Personen gemeint, sondern
nur der verpflichtende Vertrag (**Schuldvertrag**). Er unterscheidet sich
scharf von der **Verfügung** (geläufige Definition: Veräußerung, Aufgabe,
Belastung oder Inhaltsänderung eines Rechts; nicht dagegen der Erwerb!).
Viele Verfügungen enthalten zwar auch einen »dinglichen Vertrag«. Dieser
ist aber nur ganz ausnahmsweise Anspruchsgrund. Insbesondere die »dinglichen Ansprüche« (unten Rdnr. 436) beruhen nicht auf dem dinglichen
Vertrag, sondern auf einem dinglichen Recht: so der Herausgabeanspruch
aus § 985 auf dem Eigentum. Dieses Recht kann aber außer durch dingli-
chen Vertrag (ergänzt durch Übergabe oder Eintragung) auch auf andere
Weise (durch Gesetz oder Staatsakt) erworben werden, vgl. GW
Rdnr. 244 ff.

Als Anspruchsgrundlagen aus einer Verfügung kommen ausnahmsweise bloß die
§§ 402, 403 in Betracht: Für die dort geregelten Ansprüche des Neugläubigers gegen
den Altgläubiger kann man wirklich sagen, sie stammten aus der Abtretung, also aus
einer Verfügung.

I.   Unterschiede zwischen Verpflichtung und Verfügung

1.   Schuldrecht und Sachenrecht

26   Anfänger setzen den Gegensatz Verpflichtung – Verfügung oft mit dem Gegensatz Schuldrecht – Sachenrecht gleich. Das mag daran liegen, daß die Regeln über die Verfügung meist in der Vorlesung und den Lehrbüchern zum Sachenrecht behandelt werden (vgl. etwa *Baur/Stürner* § 4). In Wahrheit gibt es aber auch im Schuldrecht zahlreiche Verfügungen wie etwa Erlaß, Aufrechnung, Forderungsabtretung und nach einer Ansicht überdies die Leistungsannahme (Verfügung über die Forderung; dagegen *Esser/Eike Schmidt* § 17 II 2).

Auch diese Verfügungen des Schuldrechts sind abstrakt, und auch für sie gilt das **Spezialitätsprinzip** (Bestimmtheitsgrundsatz). Das zeigt sich etwa bei der Kreditsicherung: Die Sicherungszession ist ebenso unwirksam wie die Sicherungsübereignung, wenn sich ihr Gegenstand (die zedierte Forderung) nicht bestimmen läßt (vgl. unten Rdnr. 521 ff.).

Nur eine Regel ist den sachenrechtlichen Verfügungen eigentümlich: das – in der Rechtswirklichkeit freilich stark aufgeweichte – **Publizitätsprinzip**. Nach ihm muß zu der Einigung noch mindestens ein weiterer, nach außen sichtbarer Umstand (etwa Übergabe oder Eintragung) hinzutreten, damit die Verfügung vollendet ist.

Bisweilen grenzt freilich das Gesetz die schuldrechtliche Verfügung etwas willkürlich von der sachenrechtlichen ab. So ist die Abtretung einer Forderung im Schuldrecht geregelt, ihre Verpfändung dagegen im Sachenrecht: Für die Abtretung reicht nach § 398 die Einigung zwischen Alt- und Neugläubiger, für die Verpfändung ist nach § 1280 zudem als Publizitätselement die Anzeige an den Schuldner nötig. Das hat dazu geführt, daß die Sicherungszession die Verpfändung von Forderungen weithin verdrängt hat (vgl. unten Rdnr. 492).

2.   Die materiellrechtliche Zuständigkeit

27   **a)** Für **Verfügungen** kennt das Gesetz eine Zuständigkeit, die als **Verfügungsbefugnis** bezeichnet wird. Diese steht regelmäßig dem Inhaber des Rechtes zu, über das verfügt werden soll. Ausnahmsweise kann freilich statt des Rechtsinhabers oder neben ihm auch ein anderer zu Verfügungen berechtigt sein; Rechtsinhaberschaft und Verfügungsbefugnis können also auseinanderfallen. So bleibt bei Testamentsvollstreckung die Rechtsinhaberschaft beim Erben, während die Verfügungsbefugnis dem Testamentsvollstrecker zusteht (vgl. § 2205).

Das prozessuale Gegenstück zur Verfügungsbefugnis ist die **Prozeßführungsbefugnis**: Das ist die rechtliche Zuständigkeit zur Prozeßführung im eigenen Namen. Auch sie trennt sich nur ausnahmsweise von der (hier angeblichen) Rechtsinhaberschaft. Bei einer solchen Trennung spricht man von **Prozeßstandschaft**. Ein Beispiel hierfür sind die §§ 1368, 1369 III: Auch derjenige Ehegatte, der nicht Rechtsinhaber ist, kann die Rechte gerichtlich geltend machen, die sich aus der Unwirksamkeit einer Verfügung des anderen Ehegatten ergeben. Außerhalb einer gesetzlichen Anordnung kann eine **gewillkürte Prozeßstandschaft** bei Vorliegen eines eigenen berechtigten Interesses des Ermächtigten an der Durchsetzung des fremden Rechts auch durch Vereinbarung begründet werden (vgl. etwa *BGHZ 96, 151/152 f.* mit Belegen).

Fehlt dem Verfügenden die Verfügungsbefugnis, so ist seine Verfügung regelmäßig unwirksam. Sie kann aber wirksam sein oder werden, wenn die Voraussetzungen von § 185 oder für den redlichen Erwerb vom Nichtberechtigten (dazu unten Rdnr. 536) vorliegen.

Dabei behandelt § 185 seinem Wortlaut nach nur die Verfügung eines Nichtberechtigten, nicht auch die Verfügung des Berechtigten ohne Verfügungsbefugnis. § 185 wird aber auf diesen Fall entsprechend angewendet.

Bsp.: Der durch die Einsetzung eines Verwaltungsvollstreckers (§ 2205) beschränkte Erbe verfügt über eine Nachlaßforderung durch Abtretung. Diese Verfügung ist zunächst nach § 2211 I unwirksam. Sie kann aber entsprechend § 185 II 1 Fall 1 wirksam werden, wenn der Testamentsvollstrecker sie genehmigt.

b) Für **Verpflichtungen** dagegen gibt es keine besondere rechtliche Zuständigkeit: Sich selbst verpflichten kann jeder (daß er es durch *eigene* Willenserklärung kann, erfordert freilich ebenso wie die Wirksamkeit einer Verfügung Geschäftsfähigkeit). Dagegen stellt das Gesetz für Verpflichtungen die ganz andere Frage, ob dem Schuldner die Erfüllung **möglich** ist. Und selbst wenn dieses Leistungsvermögen fehlt, braucht die Verpflichtung keineswegs unwirksam (§ 275 I) oder durch eine Einrede entkräftbar (§ 275 II und III) zu sein. Vielmehr wird dann sehr häufig eine Haftung auf Schadensersatz statt der Leistung (§§ 280, 283) eintreten, die bei Verfügungen kein Gegenstück kennt.

Bsp.: G glaubt irrig, eine Forderung gegen S zu haben. G verkauft diese Forderung dem Z und »überträgt« sie ihm. Hier ist die Verfügung (§ 398) unwirksam. Die Verpflichtung (Kaufvertrag) dagegen ist wirksam. Das zeigt sich daran, daß G dem Z bei Vertretenmüssen nach § 311a II 1 auf Schadensersatz statt der Leistung haftet.

28

19

29   Manche[1] behaupten die Zulässigkeit einer **Verpflichtungsermächtigung:** Eine Ermächtigung sei mit der Folge möglich, daß der Ermächtigte den Ermächtigenden durch Handeln *im eigenen Namen* verpflichten kann. Das würde bedeuten, daß man § 185 I auf die Verpflichtung so anwendet, als gäbe es eine Zuständigkeit zur Verpflichtung: Diese Zuständigkeit würde mit Hilfe der Verpflichtungsermächtigung auf den Ermächtigten erstreckt.

Bsp.: Der Vermieter V sagt dem Mieter M, dieser solle bestimmte Reparaturen an der Mietwohnung ausführen lassen. M schließt im eigenen Namen einen entsprechenden Vertrag mit dem Klempner K ab. Kann K die ihm geschuldete Vergütung direkt von V verlangen?

Die Frage wäre zu bejahen, wenn V den M wirksam ermächtigt hätte, ihn – also den V – dem K gegenüber zu verpflichten. Die h.M. lehnt aber die Möglichkeit einer solchen Verpflichtungsermächtigung mit Recht ab[2]. Denn nach dieser besteht kein Bedürfnis. Wenn der Handelnde (im Bsp. M) nicht selbst verpflichtet werden will, mag er sich Vertretungsmacht einräumen lassen und dann in fremdem Namen auftreten. Bei Handeln in eigenem Namen dagegen wird er selbst verpflichtet (und auch berechtigt). Wenn das in fremdem Interesse geschehen ist, muß der Ausgleich dem Innenverhältnis zu dem Interessierten überlassen bleiben (**mittelbare Stellvertretung**). Alles andere würde die vom Gesetz streng eingehaltene Grenze zwischen der unmittelbaren und der mittelbaren Stellvertretung verwischen. Die Beachtung dieser Grenze ist – anders als bei Verfügungen über einen bestimmten Gegenstand – bei Verpflichtungen auch sinnvoll (vgl. *Flume* § 57, 1d).

So kann etwa im Bsp. M aus Auftrag (§ 670; unter Umständen auch schon aus § 536a II) von V Ersatz dessen verlangen, was er an K zahlen mußte. Nach § 257 kann M von V auch fordern, daß dieser ihn von seiner Verbindlichkeit dem K gegenüber befreie. Endlich hätte M von V sogar nach § 669 einen Vorschuß verlangen können.

30   c) Nicht mit der Verpflichtungsermächtigung zu verwechseln ist die **Einziehungsermächtigung**. Sie ist sicher in dem Sinne wirksam, daß der Gläubiger einen Dritten ermächtigen kann, die Leistung vom Schuldner mit befreiender Wirkung anzunehmen. Das folgt schon aus § 185 I, wenn man die Leistungsannahme als Verfügung über die Forderung ansieht, jedenfalls jedoch aus § 362 II.

---

1 Dazu ausführlich *Doris,* Die rechtsgeschäftliche Ermächtigung bei Vornahme von Verfügungs-, Verpflichtungs- und Erwerbsgeschäften (1974) 81 ff., weiter *Katzenstein,* Jura 2004, 1 ff., ein Überblick über die Erweiterungen des § 185 bei *Medicus,* AT Rdnr. 1005 ff.; *Bork* Rdnr. 1731 ff.
2 *Flume* § 57, 1d; *Gernhuber,* BR § 5 V 2c; *Larenz/Wolf* § 46 Rdnr. 27.

Fraglich ist bei der Einziehungsermächtigung aber, ob sie auch Maßnahmen zur Durchsetzung der Forderung (wie Mahnung und Einklagung) decken soll. Diese Handlungen sind gewiß selbst keine Verfügungen. Praktisch spricht gegen eine derart weite Einziehungsermächtigung, daß man so zu einer **Verdoppelung der Gläubigerstellung** kommt: Der Ermächtigende hat ja nicht aufgehört, Gläubiger zu sein. Der Schuldner sähe sich also gleichsam zwei Gläubigern gegenüber, was nach §§ 398 ff. nicht eintreten kann.

Entgegen der h.M.[3] halte ich daher eine über die Empfangsermächtigung (§§ 362 II, 185) hinausgehende Einziehungsermächtigung regelmäßig für unwirksam: Wer eine Forderung durch einen anderen einziehen lassen will, soll ihm entweder Vertretungsmacht erteilen oder ihm die Forderung durch Inkassozession abtreten. Bei dem häufigsten Fall der Einziehungsermächtigung gelten meine Bedenken freilich nicht, nämlich bei der Einziehungsermächtigung im Rahmen des **verlängerten Eigentumsvorbehalts** (dazu GW Rdnr. 248): Der Vorbehaltsverkäufer ermächtigt den Vorbehaltskäufer zur Geltendmachung der im voraus abgetretenen Forderung aus dem Weiterverkauf. Denn da der Schuldner dieser Forderung (der Zweitkäufer) von der Abtretung nichts weiß, hält er den Ermächtigten ohnehin noch für seinen Gläubiger und darf das auch (§ 407 I). Und mit der Offenlegung der Abtretung erlischt regelmäßig auch die Einziehungsermächtigung (vgl. ausführlich *Medicus* AT Rdnr. 1009).

3. Die Bindung

Ein weiterer wesentlicher Unterschied zwischen Verfügung und Verpflichtung besteht hinsichtlich der durch sie erzeugten Bindung. **31**

a) Die **Einigung über einen Schuldvertrag** ist nach § 311 I – und zwar bei Fehlen einer Sondervorschrift formlos – bindend: Wenn nicht besondere Gründe – etwa für Rücktritt, Kündigung oder Widerruf – vorliegen, kann sich keine Partei einseitig von dem Vertrag lösen. Schon die Vorstufe des Schuldvertrages, nämlich der **Antrag**, kann eine ähnliche Bindung erzeugen (§§ 145 bis 148). Und selbst nach Ablauf der Zeit für diese Bindung an den Antrag bleibt noch der in § 149 angeordnete Rest, den man mit dem Pflichtenrest nach Ablauf eines Vertrages vergleichen kann (*Schulbsp.:* Der Vermieter muß das Hinweisschild auf die neue Anschrift des ausgezogenen Arztes dulden). Die Verletzung dieses Pflichtenrestes wird als culpa post contractum finitum bezeichnet (vgl. unten Rdnr. 308).

---

3 Etwa *BGHZ 4, 153/164 f.; 82, 50/59* (zur Auslegung); mit Einschränkungen auch *Esser/Eike Schmidt* § 37 I 5c; ähnlich *Gernhuber,* Die Erfüllung und ihre Surrogate (2. Aufl. 1994) § 24 I 2.

32 b) Ganz anders verhält es sich bei der **Verfügung**: Diese bindet nicht für die Zukunft, sondern **sie wirkt**. So kann man etwa bei der Forderungsabtretung regelmäßig nicht die Frage stellen, ob der Altgläubiger an sie gebunden sei. Denn wenn die (unbedingte und unbefristete) Einigung über die Zession einer bestehenden Forderung einmal zustande gekommen ist, geht die Forderung auf den Neugläubiger über. Einer Bindung des Altgläubigers bedarf es hier regelmäßig nicht, weil die Einigung sich mit ihrem Zustandekommen verwirklicht hat: Sie hat die Zuständigkeit des Altgläubigers für die Forderung beendet.

Abweichendes gilt freilich für die **Vorauszession** einer künftigen Forderung: Diese Zession kann ja erst mit der späteren Entstehung der Forderung wirken. Trotzdem soll aber nach *BGHZ 32, 367 ff.* die Einigung sofort binden.

Die Frage nach einer **Bindung des Verfügenden** kann nur da auftauchen, wo zwischen der Einigung und dem Wirksamwerden der Verfügung eine gewisse Zeit vergeht. Das trifft vor allem zu bei den sachenrechtlichen Verfügungen (vgl. oben Rdnr. 26), für deren Wirkung außer der Einigung noch ein Publizitätsvorgang nötig ist: Liegt hier die Einigung vor der Erfüllung dieses weiteren Erfordernisses, kann man sinnvoll fragen, von welchem Zeitpunkt an die Einigung bindet (etwa die Einigung bei § 929 S. 1 schon vor der Übergabe).

Das Gesetz beantwortet diese Frage für das **Immobiliarsachenrecht** hinsichtlich des Verhältnisses Einigung – Eintragung in § 873 II. Für das **Mobiliarsachenrecht** deutet § 929 S. 1 die Antwort (keine Bindung) dadurch an, daß er nicht genügen läßt, daß die Parteien sich einmal geeinigt haben, sondern das Einigsein auf den Zeitpunkt der Übergabe bezieht. Endlich läßt § 956 I 2 die **Aneignungsgestattung** nur bindend sein, solange der Gestattungsempfänger den ihm überlassenen Besitz der Muttersache hat und der Gestattende zu der Gestattung verpflichtet ist.

33 c) Während die Bindung an die Einigung in den §§ 873 II, 956 I 2 klar geregelt ist, besteht **für § 929 S. 1 Streit**, weil diese Vorschrift sich weniger eindeutig ausdrückt.

aa) *Westermann/H.P. Westermann* § 38, 4; *Wieling I* § 1 III 2b halten im Anschluß an *Heck*, SaR § 55, 7 den nichtbindenden Charakter der dinglichen Einigung für eine Fehlentscheidung des Gesetzgebers, die bei § 929 berichtigt werden könne: Die einmal erklärte Einigung sei hier auch vor Übergabe schon für bindend zu halten (ebenso im Ergebnis *Wank/Kamanabrou*, Jura 2000, 154 ff.). Wenn ein Rechtsgrund für die Einigung fehle, könne diese aber kondiziert werden.

34 bb) Die h.M. (etwa *Baur/Stürner* § 5 Rdnr. 36 f.; § 51 Rdnr. 11) glaubt sich an die Entscheidung des Gesetzes gebunden, die sich dem Wortlaut von § 929 S. 1 und dem Gegenschluß aus §§ 873 II, 956 I 2 entnehmen lasse. Sie verneint daher bei § 929 eine Bindung an die Einigung: Diese soll bis zur Übergabe widerrufen werden können. Freilich müsse der Widerruf dem anderen Teil erkennbar sein (*BGH* NJW 1978, 696/697; gemeint ist wohl Zugang der Widerrufserklärung). Ein solcher Widerruf wird selbst dann für möglich gehalten, wenn er gegen eine schuldrechtliche Verpflichtung verstößt.

BGHZ 7, 111/115 folgert hieraus, daß es auch für die Sittenwidrigkeit der Einigung auf den Zeitpunkt der Übergabe ankomme: Die Sicherungsübereignung künftig anzuschaffender Sachen müsse daher nach der Situation im Zeitpunkt der Anschaffung daraufhin beurteilt werden, ob sie zur Knebelung oder Gläubigertäuschung führe.

Später hat der BGH zwar die Sittenwidrigkeit einer Verfügung nicht mehr nach den Verhältnissen im Zeitpunkt ihres Wirksamwerdens beurteilt (so *BGHZ 20, 71 ff.* für das Testament: Es soll für § 138 auf die Verhältnisse zur Zeit der Errichtung ankommen, auch *BGHZ 72, 308/314* für die Sicherungsabtretung). Aber gegen diese Ansicht spricht: Erstens bewertet sie anstelle der Verfügung das Verhalten der Parteien (vgl. *Flume* § 18, 1; 2a; 6). Und zweitens führt sie in Fällen der folgenden Art zu einem unannehmbaren Ergebnis: M ist mit F verheiratet und hat G als Geliebte; diese setzt er als Alleinerbin ein. Später stirbt F; M heiratet G. Hier kann nach dem BGH, weil er auf den Zeitpunkt der Errichtung abstellt, das Testament nichtig sein, obwohl es bei dem Tod des M eine Erbeinsetzung seiner Ehefrau bedeutet!

Freilich wird nach der neueren Rspr. zum **Mätressentestament** ein sexuelles Motiv für die Zuwendung nicht mehr vermutet, *BGHZ 53, 369/375 ff.; BGH* NJW 1973, 1645 (gegen *BGH* JZ 1968, 466). Auch das Testament zugunsten der Geliebten ist daher häufig wirksam, sofern sich nicht Sittenwidrigkeit aus der kränkenden Art der Zurücksetzung naher Angehöriger des Erblassers ergibt.

cc) Vereinzelt hat das RG (*RGZ 83, 223/230*, vgl. unten Rdnr. 392) das **35** Erfordernis des Einigseins in § 929 S. 1 sogar noch strenger ausgelegt: Die Einigung sei nicht nur widerruflich, sondern müsse faktisch noch bei der Übergabe vorhanden sein (ähnlich *Wolff/Raiser* § 66 I 4).

In dem vom RG entschiedenen Fall sollte nach Ansicht des RG eine Einigungsofferte des Erblassers mit dessen Tod unwirksam werden, wenn der Erbe, ohne einen Widerruf auszusprechen, bloß tatsächlich mit der Übereignung nicht einverstanden war.

dd) Nach meiner Ansicht wird zwar die h.M. (oben Rdnr. 34) durch die **36** Ausführungen von *Schödermeier/Woopen*, JA 1985, 622 ff. mit guten Gründen in Frage gestellt. Insbesondere überzeugt der von der h.M. verwendete Gegenschluß aus § 873 II nicht: Dort kann die Bindung auch bloß deshalb an besondere Voraussetzungen geknüpft sein, weil bei Immobilien Übereilungsschutz gewährt werden sollte. Trotzdem läßt sich die h.M. halten: Für sie spricht nicht bloß der Wortlaut des § 929 S. 1 (*Einigsein* statt Einigung), sondern auch der Umstand, daß die §§ 932 ff. für das Erfordernis des guten Glaubens gleichfalls regelmäßig auf den Zeitpunkt der Übergabe abstellen. Diesem kommt also doch besondere Bedeutung zu (vgl. *Otte*, Jura 1993, 643 f.).

Aus der h.M. folgt für die Sicherungsübereignung erst künftig anzuschaffender Sachen, daß sie bis zur Anschaffung einseitig widerrufen werden kann, also praktisch keinen Schutz gewährt (so im Ergebnis auch *BGHZ 7, 111/115*).

II.   Verpflichtung, Verfügung und causa

1.   Der Ausgangspunkt

37   In grober Vereinfachung kann man sagen: Der **Schuldvertrag** schafft eine Verpflichtung zu einer Leistung. Daß der Schuldner diese Verpflichtung mit seiner Leistung erfüllt, berechtigt den Gläubiger zum Behalten des Leistungsgegenstandes. Der Anspruch aus dem Schuldvertrag verwandelt sich also mit seiner Erfüllung in eine causa für das Behaltendürfen.

Die **Verfügung** dagegen schafft weder eine causa noch einen Anspruch. Sie ist auch in ihrer Wirkung davon unabhängig, ob mit ihr ein Anspruch erfüllt worden ist und ob der Empfänger einen Grund für das Behaltendürfen des durch die Verfügung Erworbenen hat: Die Verfügung ist **abstrakt** (vgl. GW Rdnr. 37). Soweit die Verfügung eine Leistung darstellt, bedarf sie jedoch zu ihrer bereicherungsrechtlichen Beständigkeit einer causa. Diese folgt vielfach aus einem Schuldvertrag (oder aus einem anderen Schuldverhältnis). Die durch die Verfügung erfüllte Verpflichtung bildet also den Rechtsgrund der Verfügung.

2.   Korrekturen

Dieses grobe Schema bedarf aber in mehrfacher Hinsicht der Ergänzung.

a)   Schuldverträge ohne klagbare Erfüllungsansprüche

38   Nicht jeder Schuldvertrag erzeugt (klagbare) Ansprüche. Vielmehr gibt es einige Ausnahmen:

aa) Beim **Bargeschäft (Handgeschäft)** fallen Verpflichtung und Erfüllung zeitlich zusammen. Man kann den Unterschied zwischen dem Bargeschäft und dem gewöhnlichen Schuldvertrag dadurch konstruktiv beseitigen, daß man zwischen Verpflichtung und Erfüllung eine »juristische Sekunde« einschiebt. Ohne diesen Kunstgriff aber entspricht das Bargeschäft regelmäßig von vornherein einem erfüllten Verpflichtungsgeschäft: Der Schuldvertrag bildet nur eine causa für das Behaltendürfen. Daneben zeigt sich jedoch die verpflichtende Funktion auch des sofort erfüllten Schuldvertrages bei Erfüllungsmängeln: Gewährleistungsansprüche wegen Lieferung einer mangelhaften Sache etwa gibt es beim Barkauf genauso wie bei jedem anderen Kauf.

bb) Einige Schuldverträge erzeugen von vornherein nur eine »unvoll- **39** kommene« (oder gar keine) Verbindlichkeit. Diese Fälle werden bisweilen – terminologisch oft nicht einheitlich – als **Naturalobligationen** bezeichnet. Hier sind die Erfüllungsansprüche zumindest nicht klagbar. Werden sie dennoch erfüllt, kann aber das Geleistete nicht als indebitum kondiziert werden. So etwa §§ 656, 762; hier ist auch eine Sicherung (z.B. durch Bürgschaft oder Pfand) unmöglich und ein abstraktes Schuldversprechen oder -anerkenntnis unwirksam. Gleiches muß für das Verbot in § 115 II GewO gelten, wonach ein Arbeitgeber seinen Arbeitern Waren nicht auf Kredit verkaufen darf[4].

Alle diese Fälle unterscheiden sich hinsichtlich des Behaltendürfens von dem bloßen Kondiktionsausschluß bei einer gewöhnlichen Nichtschuld durch § 814 Fall 1: Bei §§ 656 usw. kann das Geleistete auch dann nicht kondiziert werden, wenn der Leistende sich irrtümlich für verpflichtet gehalten hat; § 814 Fall 1 dagegen läßt dann die Kondiktion zu.

cc) Ähnlich sind diejenigen **formunwirksamen Schuldverträge, die durch** **40** **Erfüllung wirksam werden.** Das steht vor allem in §§ 311b I 2, 518 II, 766 S. 3, 494 II, 502 III 2 (Verbraucherdarlehen), ansatzweise auch in § 312 III Nr. 2 (Haustürgeschäft): Hier kann der Gläubiger gleichfalls nicht auf Erfüllung klagen. Er darf aber die Leistung (aufgrund des als causa wirksam gewordenen Schuldvertrages) selbst dann behalten, wenn der Leistende sich für verpflichtet gehalten hat und daher nicht schon von § 814 an einer Kondiktion gehindert wird.

dd) Steht einem Anspruch eine **dauernde Einrede** (z.B. §§ 275 II und III, **41** 821, 853, beschränkte Erbenhaftung) entgegen, kann der Schuldner die Geltendmachung des Anspruchs durch Erhebung der Einrede verhindern. Und regelmäßig kann er auch kondizieren, was er in Unkenntnis der Ein-

---

4 Vgl. *BAG* NJW 1974, 1887 f.; Betr. 1979, 1848 ff., zum Gesetzeszweck *Zöllner/Loritz* § 15 VIII 2: Zusammenhang mit dem »Truckverbot«, also dem Verbot der Entlohnung in Naturalien und insbesondere in den eigenen Produkten des Arbeitgebers (weil sonst der Arbeitnehmer mit deren Absatz belastet würde).

rede (§ 814 gilt entsprechend!) geleistet hat, § 813 I 1. Schwächer ist insoweit nur die Einrede der Verjährung (§ 214 I): Ihr Bestehen begründet die Kondiktion des gleichwohl Geleisteten nicht, §§ 214 II, 813 I 2. Denn die Verjährung soll Rechtsfrieden schaffen und nicht umgekehrt eine schon durch Erfüllung »beruhigte« Rechtslage wieder in Frage stellen.

42   ee) In den genannten Fällen gilt der Ausschluß von Ansprüchen aber zunächst nur wegen der *Erfüllung*. **Ansprüche wegen anderer Pflichtverletzung (Schlechtleistung)** sind dagegen in den Fällen aa), cc) und dd) unbedenklich möglich. Der BGH hat sie sogar auch bei bb) zugelassen.

BGHZ 25, 124 ff.: Der Ehemakler E hatte seine Klientin K mit einem mehrfach – darunter wegen Bigamie – vorbestraften Metzger M bekanntgemacht. K hatte dem M ihre Ersparnisse anvertraut und diese so eingebüßt. Deswegen klagt K gegen E, der die Vorstrafen des M gekannt hatte, auf Schadensersatz. Der BGH hat die Klage teilweise (§ 254!) für begründet gehalten: § 656 verhindere nur Ansprüche auf Erfüllung und Schadensersatz wegen Nichterfüllung, nicht aber wegen Schlechterfüllung.

Ansprüche wegen **Verzuges** freilich müssen ausgeschlossen sein: Wer kraft Gesetzes nicht zu erfüllen braucht, kann auch nicht in Schuldnerverzug geraten. Allerdings mag es nötig sein, daß er die den Erfüllungszwang abwehrende Einrede wenigstens nachträglich erhebt (vgl. unten Rdnr. 219 ff.).

b)   Abstrakte Verpflichtungen

43   Zwar bildet jeder Schuldvertrag eine causa für die Leistungen, die zu seiner Erfüllung erbracht worden sind. Es gibt aber auch abstrakte Schuldverträge, das sind solche, **die ihrerseits noch einer causa bedürfen**. Die bekanntesten und häufigsten Fälle dieser Art sind Schuldversprechen und Schuldanerkenntnis nach §§ 780, 781 sowie die forderungsrechtlichen Wertpapiere: Die durch sie begründete weitere (§ 364 II) Verbindlichkeit ist zwar in dem Sinne abstrakt, daß sie auch dann entsteht, wenn der Schuldner zu ihrer Eingehung nicht verpflichtet war. Diese weitere Verbindlichkeit kann aber regelmäßig kondiziert werden, wenn ein Rechtsgrund für sie fehlt. Denn wenn nach § 812 II schon die bloße Anerkennung des Bestehens einer Verbindlichkeit eine kondizierbare Leistung darstellt, muß das erst recht für die Eingehung einer abstrakten Verbindlichkeit gelten.

Bsp.: K schuldet dem V 100,– Euro als Kaufpreis. Für diesen Betrag akzeptiert K einen von V ausgestellten Wechsel. Dann ist die Kaufpreisschuld durch das Wechselakzept im Zweifel noch nicht erfüllt, § 364 II. V muß freilich zunächst versuchen, sich aus dem Wechsel zu befriedigen; auf seine Kaufpreisforderung kann er jedenfalls nur dann zurückgreifen, wenn er den Wechsel zurückgibt.

Ist hier die Kaufpreisforderung nicht entstanden oder (etwa durch Rücktritt oder Widerruf) wieder weggefallen, so steht der Wechselforderung zumindest[5] die Einrede aus § 821 entgegen. Denn causa für das Wechselakzept sollte die Sicherung der Kaufpreisforderung sein, und diese besteht nicht mehr. Überdies kann man regelmäßig sogar den Vereinbarungen zwischen V und K entnehmen, daß V den Wechsel zurückgeben soll, wenn K zahlt. Auch hierauf kann K sich einredeweise berufen (exceptio pacti). Die abstrakten Verpflichtungen sind also nicht wegen ihrer Abstraktheit gefährlich. Denn diese bewirkt nicht, daß dauernde Einreden verlorengehen. Vielmehr können solche Einreden zumindest auf dem Umweg über das Bereicherungsrecht auch gegen die abstrakte Verpflichtung gerichtet werden (Ausnahme § 814). Sonst bewirkt der Umweg über das Bereicherungsrecht daher allenfalls eine **Umkehr der Beweislast**: Gegenüber der abstrakten Verpflichtung muß regelmäßig der Schuldner beweisen, daß der Rechtsgrund fehlt. Gefährlich sind abstrakte Verpflichtungen vielmehr hauptsächlich deshalb, weil ihre Übertragung regelmäßig die meisten Einreden abschneidet (vgl. dazu unten Rdnr. 760 ff.).

c)   Bloße Zweckabreden

Causa für eine dieser gewöhnlich abstrakten Verpflichtungen braucht aber **44** nicht stets ein Schuldvertrag zu sein. Vielmehr kommt auch eine (selbst keine Ansprüche erzeugende) Zweckabrede in Betracht.

BGHZ 45, 210 ff.: G klagt gegen S aus Wechseln, die dieser akzeptiert hat. S wendet ein: Er habe die Wechsel als Sicherheit für eine Forderung des G gegen einen Dritten gegeben. Den Wechseln liege also eine Bürgschaft zugrunde. Seine Bürgschaftserklärung sei nicht schriftlich erteilt worden und daher formnichtig; deshalb sei G um die Wechsel ungerechtfertigt bereichert.

Der BGH hat der Klage mit Recht stattgegeben und damit den Bereicherungseinwand des S verworfen (vgl. *Rehfeldt*, JuS 1967, 203): Rechtsgrund für die Wechselakzepte sollte hier nicht eine Bürgschaft sein, aus der sich G auch ohne die Akzepte an S hätte halten können. Vielmehr liegt eine die Wechselschuld einschränkende Zweckabrede vor. Deren Wirkung hätte sich etwa gezeigt, wenn der Hauptschuldner seine Schuld bei G beglichen hätte: Dann hätte S die Wechsel von G kondizieren können. Da der Hauptschuldner aber nicht gezahlt hatte, konnte S aus der Zweckabrede nichts für sich herleiten. Zweifeln konnte man nur, ob die Verabredung des Bürgschaftszwecks nicht entsprechend § 766 der Schriftform bedurft hatte. Das

---

5 Ob gegenüber einer Wechsel- oder Scheckforderung direkt auf Einreden aus dem Grundverhältnis zurückgegriffen werden kann, ist str.: bejahend *BGHZ 85, 346 ff.* für §§ 320, 322 und *BGH* NJW 1986, 1872 f. für § 478 a.F. (jetzt § 438 IV 2). Dieser letzten Entscheidung stimmt zu *Tiedtke*, ZIP 1986, 953 ff. Dagegen hält *Canaris*, JZ 1986, 684 ff. mit guten Gründen nur die Bereicherungseinrede für gegeben, anders *Flume*, NJW 1986, 2482 f.

hat der BGH mit Recht verneint, weil die Einhaltung der Wechselform einen mindestens gleichwertigen Übereilungsschutz gewährt wie § 766.

Bei einer Verpflichtung mit der Zweckabrede einer **Schenkung** wäre freilich anders zu entscheiden. Das braucht man nicht erst daraus zu folgern, daß die Form des Schenkungsversprechens (§ 518 I) strenger ist als die Wechselform und daher durch diese nicht ersetzt werden kann. Vielmehr ergibt sich das Formerfordernis für eine schenkweise eingegangene Verbindlichkeit aus §§ 518 I 2, 2301 I 2. So verlangt *BGHZ 64, 340 ff.* für die Gültigkeit der schenkweisen Hingabe eines Schecks mit Recht die notarielle Beurkundung des Begebungsvertrags (zu ihm *Stöcker/Heidinger,* NJW 1992, 880 ff.); Vollzug (§ 518 II) sei erst die Einlösung des Schecks (vgl. unten Rdnr. 373).

1. Kapitel   Das Zustandekommen von Schuldverträgen

§ 4   Der Vertragsschluß

Die Grundregeln über den Abschluß von Schuldverträgen darf ich voraus-   **45**
setzen (vgl. GW Rdnr. 50 ff.): Nötig sind regelmäßig Antrag und rechtzeitige Annahme. Beide müssen die Voraussetzungen einer wirksamen Willenserklärung erfüllen. Zudem müssen sie sich decken. Ob diese **Kongruenz**
vorliegt, wird nötigenfalls durch **Auslegung** ermittelt. Maßgeblich für die
Auslegung ist der **Empfängerhorizont** (vgl. GW Rdnr. 56). Er ergibt, was
der Empfänger bei verständiger Würdigung als den Willen des Erklärenden
auffassen konnte (vgl. *Medicus*, AT Rdnr. 323 ff.). Fehlt die Kongruenz, so
ist offener oder versteckter Dissens gegeben, §§ 154, 155; zur Abgrenzung
vom Irrtum vgl. unten Rdnr. 125.

Daneben stellt *Leenen* (AcP 188, 1988, 381 ff.) eine andere Sicht der Dinge vor: Außer der Vertragsschlußtechnik durch Antrag und Annahme gebe
es noch eine weitere. Bei dieser werde von den Kontrahenten (z.B. Großun-
ternehmen) zunächst (z.B. durch die Rechtsabteilungen) ein Vertragsent-
wurf ausgearbeitet. Den Vertragsschluß bewirke dann die beiderseitige
Zustimmung der vertretungsberechtigten Unternehmensorgane zu diesem
Entwurf. Diese Beobachtung ist sicher richtig. Dagegen scheint mir die
Folgerung fraglich, die *Leenen* daran knüpft: Die §§ 145–153 paßten nur
für den durch Antrag und Annahme und die §§ 154, 155 nur für den durch
beiderseitige Zustimmung geschlossenen Vertrag. Offenbar gelangt man so
zu erheblichen Gesetzeslücken, was am Ansatz zweifeln läßt.

Weitere Schwierigkeiten bereiten mehrere Einzelfragen, die im Gesetz
nicht ausreichend geregelt sind. Von ihnen sei auf die folgenden eingegangen (vgl. auch unten Rdnr. 77–81 zum Boten):

I.   Zugangsprobleme

1.   Zugangserfordernisse

Willenserklärungen, also auch Antrag und Annahme, sind in der Regel   **46**
einem anderen gegenüber abzugeben. Wirksam werden sie in diesem Fall
bei Abwesenheit des Empfängers erst dann, wenn sie diesem zugegangen
sind, § 130 I 1. »Zugang« erfordert jedenfalls weniger als Kenntnisnahme:
Nach h.M. genügt, daß **die Erklärung in den Bereich des Empfängers
gelangt ist und von ihm nach der Verkehrsauffassung die Kenntnis-**

nahme erwartet werden konnte. Ein Brief, der in einem Geschäftsraum am Samstag eingeworfen wird, geht demnach regelmäßig erst am Morgen des folgenden Montag zu, wenn nicht der Adressat ihn schon vorher zur Kenntnis nimmt (vgl. *Medicus*, AT Rdnr. 276).

Demgegenüber will *Flume*, § 14, 3b trennen: Der Zugang soll schon mit dem Eintritt in den Empfängerbereich vollendet sein; nur für Fragen der Rechtzeitigkeit soll zusätzlich der Zeitpunkt der zumutbaren Kenntnisnahme beachtet werden. Danach könnte der am Samstag nachmittag eingeworfene Brief nicht mehr durch einen zweiten, am Sonntag eingeworfenen widerrufen werden (§ 130 I 2). Ich sehe hierzu aber keine Notwendigkeit.

2. Erklärung unter Anwesenden

47 § 130 I 1 bestimmt das Zugangserfordernis nur für Willenserklärungen an einen Abwesenden. Für Willenserklärungen an einen Anwesenden fehlt eine gesetzliche Regelung. Auch hier kann aber die Frage nach dem Wirksamwerden auftreten.

RGZ 61, 414 ff.: G will dem S dessen Schuld stunden, wenn sich F, die Ehefrau des S, verbürgt. F unterzeichnet daraufhin eine Bürgschaftsurkunde. In diesem Augenblick erschießt sich S im Nebenzimmer. G entfernt sich bestürzt, ohne die auf einem Tischchen liegende Urkunde an sich genommen zu haben. Diese bleibt später verschwunden.

Hier hielt F der Klage des G aus der Bürgschaft entgegen, ihre Bürgschaftserklärung sei nicht zugegangen. Das *RG* ist dem beigetreten: § 130 sei auch auf Erklärungen unter Anwesenden anwendbar; der Zugang setze die tatsächliche Verfügungsgewalt des Adressaten über das die Erklärung enthaltende Schriftstück voraus. Dem ist zuzustimmen.

3. Nichtverkörperte Erklärungen

48 Besonderes gilt jedoch für die *nichtverkörperte Willenserklärung (John,* AcP 184, 1984, 385/403 ff. spricht vom Fehlen einer »Speicherung«). Hierhin gehört insbesondere das (auch telefonisch) gesprochene, nicht auf Tonband aufgenommene Wort. Hier soll es nach einer verbreiteten Ansicht (vgl. *Flume* § 14, 3 f.) nicht ausreichen, daß vom Empfänger zu erwarten war, er werde das Gesagte hören. Vielmehr soll die Erklärung nur insoweit wirksam werden, als der Empfänger sie *akustisch* wirklich *vernommen* hat. Freilich wollen manche diese »strenge Vernehmenstheorie« modifizieren: Es soll genügen, daß der Erklärende nach den ihm erkennbaren Umständen annehmen durfte, der Empfänger habe das Erklärte richtig vernommen (etwa *Larenz/Wolf* § 26 Rdnr. 36; *Palandt/Heinrichs* § 130 Rdnr. 14). Doch

mag das im Interesse einer gerechten Risikoverteilung abzuschwächen sein (vgl. *Neuner*, NJW 2000, 1822, 1825). Jedenfalls kann man auch die so sich ergebenden Voraussetzungen für das Wirksamwerden der Erklärung »Zugang« nennen. Dann gilt auch für nichtverkörperte Willenserklärungen der Satz, daß sie erst durch Zugang wirksam werden.

Bsp.: A erklärt am Telefon, er wolle verkaufen. B versteht, A wolle kaufen, und sagt zu. Hier gilt nichts: Daß A verkaufen wolle, ist nicht zugegangen; daß A kaufen wolle, ist nicht erklärt.

4. Zugang und Auslegung

Der Unterschied zwischen verkörperter und nichtverkörperter Willenserklärung ist wichtig für die Auslegung. Denn ihr Gegenstand kann ja immer nur sein, was erklärt und durch Zugang wirksam geworden ist. Die **Frage nach dem Zugang geht daher der Auslegung vor!** Auszulegen ist also bei der verkörperten Willenserklärung die zugegangene verkörperte Erklärung (etwa der Text des Briefes), bei der nichtverkörperten dagegen das, was der Adressat von dem Gesagten vernommen hat. **49**

Zugang und Auslegung müssen schon deswegen getrennt werden, weil bei beiden ein verschiedener Maßstab gilt: Auf das, was hätte verstanden werden können, kommt es zwar regelmäßig für die Auslegung an, dagegen für den Zugang nur in Ausnahmefällen.

5. Zugangsverzögerung

Praktisch wichtig ist die Zugangsverzögerung: Die Kündigung etwa erreicht den Adressaten verspätet, weil er verzogen ist. Hier hat man früher mit einer Zugangsfiktion gearbeitet: Die Erklärung sollte als zugegangen gelten, sobald sie den Empfänger ohne das von ihm geschaffene Hindernis erreicht hätte. Heute wird jedoch überwiegend eine andere Ansicht vertreten (vgl. *Flume* § 14, 3e; *Larenz/Wolf* § 26 Rdnr. 46): Zugegangen ist die Erklärung erst, *wenn sie wirklich in den neuen Bereich des Empfängers gelangt ist*; jedoch **kann der Empfänger sich auf die von ihm selbst verursachte Verspätung des Zugangs nicht berufen.** Der wesentliche Unterschied zwischen beiden Ansichten ist: Nach der älteren ist die Erklärung kraft der Fiktion des Zugangs in jeder Hinsicht wirksam geworden; der Erklärende ist also gebunden. Nach der neueren Ansicht ist der Erklärende dagegen zunächst Herr seiner Erklärung geblieben: Er kann sich entweder weiter um wirklichen Zugang bemühen, der dann hinsichtlich der Rechtzeitigkeit zurückwirkt; er kann aber auch auf weitere Bemühungen verzichten und so die Erklärung ungeschehen sein lassen (*BGHZ 137, 205 ff.*). **50**

Bsp.: Mieter M kündigt dem Vermieter V durch Einschreiben zur Übergabe (Gegensatz: zum Einwurf); der Brief kommt aber, weil V verreist ist, zurück. Nach der älteren Auffassung wäre die Kündigung wirksam; nach der neueren liegt es bei M, ob er sie (mit Rückwirkung) wirksam werden lassen will. Will er das, muß er sich freilich erneut um Zugang bemühen.

51   Ob die Zugangsverzögerung **verschuldet** ist, spielt regelmäßig keine Rolle. Doch darf man einerseits den Erklärenden im Einzelfall für verpflichtet halten, auf ein ihm bekanntes Zugangshindernis auf der Seite des Empfängers Rücksicht zu nehmen (z.b. Kündigung eines Arbeitnehmers im Urlaub; hier muß der Arbeitgeber mit der Kündigungserklärung warten, bis der Arbeitnehmer wieder erreichbar ist: *BAG* NJW 1981, 1470, anders freilich *BAG* NJW 1989, 606 f.: Rechtzeitigkeit des Zugangs, aber u.U. nachträgliche Zulassung der Kündigungsschutzklage nach § 5 KSchG). Umgekehrt kann es aber auch dem Empfänger nach § 242 obliegen, ein für ihn bei der Post hinterlegtes –und damit zunächst nicht zugegangenes – Schriftstück abzuholen. Unterläßt er das, obwohl er mit einer solchen Mitteilung zu rechnen hatte, muß er sich so behandeln lassen, als sei sie zugegangen (*BGHZ 67, 271,* stark abgeschwächt durch *BGHZ 137, 205 ff.*: Regelmäßig müsse der Absender sich um erneuten Zugang bemühen; anders bei Arglist des Adressaten). Dasselbe Ergebnis folgt übrigens auch aus einer Analogie zu § 162 I.

II.   Das Schweigen nach bürgerlichem Recht

52   Schweigen (es muß unterschieden werden von einem konkludenten Erklärungsverhalten, vgl. GW Rdnr. 57) bedeutet in der Regel weder Zustimmung noch Ablehnung; es ist **überhaupt keine Willenserklärung.** Rechtliche Bedeutung erlangt die Frage nach der Qualität des Schweigens als Willenserklärung erst, wo das Gesetz ausnahmsweise an das Schweigen Rechtsfolgen knüpft (vgl. *Petersen,* Jura 2003, 687 ff.). Dann wird nämlich fraglich, ob die Vorschriften über Willenserklärungen (§§ 104 ff., 116 ff.) auf das Schweigen direkt oder entsprechend anwendbar sind. Für die Antwort ist zu unterscheiden (vgl. *Flume* § 10, 2):

1.   Das Schweigen als Ablehnung

53   Wo das Schweigen als Ablehnung gilt (z.B. in §§ 108 II 2, 177 II 2, 415 II 2), wirken Mängel der Geschäftsfähigkeit des Schweigenden nach § 131: Die Frist, nach deren Ablauf das Schweigen Ablehnung bedeutet, beginnt ja erst mit dem Zugang einer Erklärung der anderen Partei. Und soweit diese Frist nach § 131 erst seit dem Zugang an den gesetzlichen Vertreter läuft, spielt vorher das Schweigen keine Rolle.

Im übrigen sind nach richtiger Ansicht die Regeln über Willenserklärungen nicht einmal entsprechend anwendbar: Die Rechtsfolge des Schweigens tritt unvermeidbar auch dann ein, wenn ein erklärtes »Nein« nichtig oder anfechtbar wäre. Denn auch die Nichtigkeit oder Anfechtung eines ausdrücklich erklärten »Nein« würden noch kein »Ja« bedeuten, sondern erst den Weg dahin frei machen. Zu einem »Ja« ist es aber in den gesetzlich geregelten Fällen nach Ablauf der Frist zu spät.

2.   Das Schweigen als Zustimmung

In wenigen Ausnahmefällen gilt das Schweigen als Zustimmung (vgl. ausführlich *Kramer*, Jura 1984, 235 ff., auch *Ebert*, JuS 1999, 754 ff.): so in §§ 416 I 2, 455 S. 2, 516 II 2; nach § 613a VI gehört hierhin auch der Fall von § 613a, weil ein Widerspruch des Arbeitnehmers den Übergang des Arbeitsverhältnisses auf den Betriebserwerber hindert. Und nach *BGH* BB 1995, 694 f. soll ein Schweigen auf einen Antrag regelmäßig dessen Annahme bedeuten, wenn dieser in allen wichtigen Punkten dem Ergebnis von Vorverhandlungen entspricht. Doch wird man in solchen Fällen dem Antragenden oft noch eine Vergewisserung zumuten dürfen.   **54**

Im Unterschied zu den Fällen von oben Rdnr. 53 wird man auf das Schweigen mit Zustimmungsbedeutung die Regeln über Willenserklärungen entsprechend anwenden können: Es ist nicht einzusehen, warum der Schweigende an sein Schweigen stärker gebunden sein soll als der Redende an ein ausdrücklich erklärtes »Ja«. Für einen praktisch wichtigen Fall des rechtserheblichen Schweigens (**Erbschaftsannahme** durch Verstreichenlassen der Ausschlagungsfrist) ist die Anfechtbarkeit in § 1956 sogar ausdrücklich angeordnet. Nur kann eine Irrtumsanfechtung nicht darauf gegründet werden, daß der Schweigende die seinem Schweigen vom Gesetz zuerkannte Bedeutung nicht gekannt habe. Denn § 119 will den fehlerfreien *Willen* zur Geltung bringen (vgl. unten Rdnr. 123); die *gesetzlich* angeordnete Rechtsfolge des Schweigens beruht aber gerade nicht auf dem Willen des Schweigenden (vgl. auch unten Rdnr. 129). In solchen Fällen beziehen sich Nichtigkeit oder Anfechtbarkeit nicht auf das Schweigen selbst, sondern auf das Rechtsgeschäft, das durch Schweigen zustande gekommen ist (*Flume* § 36, 7).

3.   Sonderfälle

55   Nicht in diesen Zusammenhang gehört das Schweigen auf einen Antrag in den §§ 151, 663.

In § 151 (vgl. GW Rdnr. 58) bringt nicht schon das Schweigen den Vertrag zustande. Vielmehr bedarf es einer Annahmeerklärung; nur verzichtet das Gesetz auf zweierlei: darauf, daß die Annahme*erklärung* an den Antragenden gerichtet ist, und darauf, daß sie ihm zugeht (h.M., etwa *BGH* NJW 2004, 287 f., anders *Flume* § 35 II 3, der schon den nicht erklärten Entschluß zur Annahme genügen läßt, dazu ausführlich *Repgen*, AcP 200, 2000, 533 ff.). Sonst sind die Vorschriften über Willenserklärungen aber unbeschränkt – und zwar direkt – anwendbar.

§ 663 dagegen hat überhaupt nichts mit einer Willenserklärung zu tun. Vielmehr bestimmt die Vorschrift nur eine Obliegenheit zur Ablehnung des Antrags. Die Folgen ihrer Verletzung sind also nicht das Zustandekommen eines Vertrages. Vielmehr geht es um einen Fall des Verschuldens bei Vertragsverhandlungen. Rechtsfolge ist deshalb bei Vertretenmüssen ein Anspruch auf Schadensersatz, und zwar des negativen Interesses, §§ 311 II, 280 I. Daher sind die §§ 104 ff., 116 ff. hier nicht einmal entsprechend anwendbar.

III.   Das Schweigen im Handelsrecht

1.   Schweigen mit Erklärungswirkung

56   Bei § 362 HGB gilt Schweigen (anders als bei § 663 BGB) als Annahme des Antrags (dazu *K. Schmidt*, HaR § 19 II 2; *Canaris*, HaR § 23 I). Ähnlich gilt nach §§ 75 h, 91a HGB (anders § 177 II 2 BGB) das Schweigen des unberechtigt Vertretenen als Genehmigung. Fraglich ist die Wirkung von Willensmängeln auf das nach diesen Vorschriften rechtserhebliche Schweigen. Bedeutsam wird diese Frage etwa, wenn der Kaufmann auf einen Antrag schweigt (und ihn so annimmt), weil er ihn nur oberflächlich gelesen und daher eine falsche Vorstellung von seinem Inhalt hat.

Auch hier ist es wenig sinnvoll, den schweigenden Kaufmann fester zu binden als denjenigen, der ausdrücklich mit »Ja« geantwortet hat. Denn das Schweigen kann bei der anderen Partei kein stärkeres Vertrauen erwecken als die ausdrückliche Bejahung. Daher muß man wenigstens das oben Rdnr. 54 Gesagte ins Handelsrecht übernehmen. Doch kann man auch die Anfechtung eines ausdrücklichen »Ja« einschränken. Dazu gibt es zwei Möglichkeiten:

a) Flume § 21, 9c (ihm folgend *Kramer*, Jura 1984, 235, 249) will dem   **57**
Kaufmann ganz allgemein, also auch über die §§ 75 h, 91a, 362 HGB hin-
aus, die Berufung auf einen durch sorgfältiges Lesen vermeidbaren Irrtum
verwehren. Aber ein Handelsbrauch dieses Inhalts, auf den sich *Flume* zur
Begründung beruft, wird kaum nachweisbar sein; für Anfechtbarkeit auch
K. Schmidt, HaR § 19 II 2e bb; *Canaris*, HaR § 23 Rdnr. 6 und die h.M.

b) Jedoch scheint mir bedeutsam, daß die §§ 75 h, 91a, 362 HGB von dem   **58**
Kaufmann eine **unverzügliche Antwort** verlangen. Damit soll die andere
Partei so schnell Gewißheit erhalten, wie das ohne Verschulden des Kaufmanns möglich ist. Daraus möchte ich folgern: Bei den genannten Vorschriften berechtigt ein *schuldhafter* Irrtum weder bei ausdrücklichem »Ja«
noch bei Schweigen zur Anfechtung. Denn diese Anfechtung würde es dem
Kaufmann in beiden Fällen erlauben, trotz seines Verschuldens der anderen
Partei ihre schon begründete Gewißheit des »Ja« wieder zu nehmen, und
das widerspricht dem Gesetzeszweck. Ebenso hat *BGH* NJW 1972, 45 für
den Spezialfall des Schweigens auf ein kaufmännisches Bestätigungsschreiben entschieden (s. sofort). Dagegen stellt *Canaris*, HaR § 23 Rdnr. 5 mit
ähnlichen Ergebnissen auf die Risiken eines kaufmännischen Betriebs ab.

2.   Schweigen auf ein kaufmännisches Bestätigungsschreiben

Wichtigster unkodifizierter Fall des rechtserheblichen Schweigens ist das   **59**
Schweigen auf ein kaufmännisches Bestätigungsschreiben[1]. Infolge dieses
Schweigens gilt der Vertrag mit dem Inhalt als abgeschlossen, den das un-
widersprochen gebliebene Bestätigungsschreiben angibt. Doch soll nach
BGHZ 67, 378/381 der Nachweis weiterer, dem Bestätigungsschreiben
nicht widersprechender Abreden dem Absender offenstehen (zweifelhaft,
vgl. auch unten Rdnr. 66).
  Hinsichtlich der Wirkung des Bestätigungsschreibens ist es müßig zu fragen, wie das Unterlassen des Widerspruchs den Vertrag zustande bringt
oder seinen Inhalt ändert (vgl. *Flume* § 36, 3; *Diederichsen* aaO.): Die Frage,
ob der Vertrag schon vorher bestanden hat oder zunächst einen anderen
Inhalt hatte, soll nach dem Zweck der Regelung (Klarheit) gerade nicht
mehr gestellt werden dürfen.
  Voraussetzungen für den Eintritt dieser Rechtsfolge sind im einzelnen:

a) Es müssen **Verhandlungen vorausgegangen** sein, deren Ergebnis das   **60**
Schreiben als endgültigen Vertragsschluß wiedergibt (*BGH* NJW 1972,

---

1 Dazu ausführlich *Diederichsen*, JuS 1966, 129 ff.; *Thamm/Detzer*, Betr. 1997,
  213 ff.; *Deckert*, JuS 1998, 121 ff.; *Flume* § 36; *K. Schmidt*, HaR § 19 III; *Canaris*,
  HaR § 23 Rdnr. 8 ff., ablehnend *Kramer*, Jura 1984, 235, 246 ff.

820 f., einschränkend *Canaris*, HaR § 23 Rdnr. 19). Meist werden diese Verhandlungen mündlich, telefonisch, durch Fax oder im Internet stattfinden, so daß Unklarheiten über ihr Ergebnis entstehen können, die das Bestätigungsschreiben ausräumen soll. Dagegen ist es bei schriftlichem Vertragsschluß regelmäßig unnötig, weil dort der Vertragsinhalt ohnehin festliegt (zu Ausnahmen *Canaris*, HaR § 23 Rdnr. 20 f.).

BGHZ 54, 236 ff. betrifft den Grenzfall eines Bestätigungsschreibens von der Partei, deren **telefonische Offerte schriftlich angenommen** worden war. Der *BGH* wendet auch hier die Regeln über das kaufmännische Bestätigungsschreiben an. Denn das Bedürfnis nach Klarstellung bestehe jedenfalls für die Partei, die sich bisher noch nicht schriftlich geäußert habe: Die einseitige schriftliche Erklärung der Gegenpartei genüge nicht, um den Vertragsinhalt ausreichend festzulegen.

Dieser Entscheidung hat *Lieb* (JZ 1971, 135 ff.) entgegengehalten: Entweder habe der Absender der Bestätigung geglaubt, das Annahmeschreiben der Gegenpartei decke sich mit dem telefonischen Antrag. Dann sei der Vertragsinhalt schon durch das Annahmeschreiben fixiert gewesen, und für ein Bestätigungsschreiben bleibe kein Raum mehr. Oder der Absender der Bestätigung habe eine Differenz zwischen seinem Antrag und der Annahme erkannt. Dann habe er den Vertrag nicht für geschlossen halten können (§ 150 II) und habe gleichfalls keinen Anlaß für eine Bestätigung gehabt. Richtig ist die Ansicht des *BGH* aber wenigstens dann, wenn das Annahmeschreiben nach Meinung seines Empfängers den Inhalt des telefonischen Antrags nur unvollständig wiedergibt (Extremfall: Es lautet einfach »Ja«): Dann ist es sinnvoll, auch den Rest noch schriftlich festzuhalten.

61   Zweifelsfrei kein kaufmännisches Bestätigungsschreiben ist die Annahme eines Antrags, auch wenn sie als »Auftragsbestätigung« bezeichnet wird: Hier wird der Vertrag nicht als geschlossen vorausgesetzt, sondern er soll erst geschlossen werden. Wo eine solche Annahme vom Antrag abweicht (§ 150 II), ist also kein Widerspruch nötig, *BGHZ 18, 212 ff.* Doch sind Grenzfälle denkbar, nämlich wenn ein Vertragsabschluß zweifelhaft ist; dann gelten die Regeln über das kaufmännische Bestätigungsschreiben (*BGH* NJW 1974, 991 ff.).

62   **b)** Der Absender des Schreibens **muß redlich sein**, das heißt, er muß glauben und glauben dürfen, daß das Schreiben die Vereinbarungen korrekt wiedergibt oder doch nur solche Abweichungen enthält, die der Empfänger billigt (vgl. *Walchshöfer*, BB 1975, 719 ff.; ausführlich *Canaris*, HaR § 23 Rdnr. 25 ff.). Insbesondere kann daher eine Eigenschaftszusicherung durch einen in dem Bestätigungsschreiben erklärten Gewährleistungsausschluß nicht unwirksam gemacht werden, *BGHZ 93, 338/343. BGHZ 40, 42 ff.* rechnet dem Absender mit Recht das Wissen seines Vertreters zu (vgl. § 166).

c) Der Empfänger des Schreibens **muß Kaufmann sein**, wobei sich die 63
dafür nötigen Voraussetzungen durch die Neufassung des HGB v.
22.6.1998 geändert haben (vgl. etwa *K. Schmidt*, NJW 1998, 2161 ff.; JZ
2003, 585 ff.). *BGHZ 11, 1 ff.* hat genügen lassen, daß jemand »einen Betrieb führt, der in größerem Umfang am Verkehrsleben teilnimmt«. Auch
ein Architekt kommt als Empfänger in Betracht (*OLG Köln*, OLGZ 1974,
8 ff.). Die Entwicklung läuft hin zu einem *unternehmerischen* Bestätigungsschreiben.

d) Die nötige **Qualifikation des Absenders** ist fraglich. Hier kann jeden- 64
falls ein großzügigerer Maßstab angelegt werden als beim Empfänger, weil
dem Absender ja regelmäßig keine Nachteile drohen. *BGHZ 40, 42 ff.*
verlangt, daß der Absender wenigstens ähnlich einem Kaufmann am Geschäftsleben teilnimmt. Entsprechend § 362 HGB will *Flume* § 36, 2 sogar
jedermann genügen lassen. Zutreffend schränkt *K. Schmidt*, HaR § 19 III
2b das jedoch dahin ein, erforderlich sei jedenfalls die »spezifisch handels-
rechtliche Verkehrsschutzsituation«.

e) Dem Schreiben darf **nicht unverzüglich widersprochen** worden sein. 65
Dabei sind an einen Kaufmann strenge Anforderungen zu stellen. So hält
RGZ 105, 389 f. einen Widerspruch acht Tage nach Eingang des Schreibens
schon für verspätet, obwohl der Empfänger gerade während dieser acht
Tage verreist war (er hätte für Nachsendung oder Vertretung sorgen müssen). Für die entsprechende Anwendung der Vorschriften über Willenserklärungen auf das Schweigen gilt das oben Rdnr. 56–58 Gesagte: Insbesondere berechtigt ein schuldhafter Irrtum nicht zur Anfechtung.

Teilweise anders *Diederichsen*, JuS 1966, 136 f.: Der Schweigende soll anfechten
können, wenn er etwa wegen flüchtigen Lesens über den Inhalt des Schreibens (und
damit auch des Vertrages) im Irrtum war; dagegen nicht, wenn er dessen Inhalt trotz
Zugangs nicht erfahren hatte. Aber mir scheint es sachgerechter, beide Fälle gleich
zu behandeln und über die Anfechtbarkeit das Verschulden entscheiden zu lassen.

f) Ein Sonderproblem entsteht bei **sich kreuzenden Bestätigungsschrei-** 66
ben: Beide Parteien bestätigen sich gegenseitig den Abschluß, aber mit
verschiedenem Inhalt. Dann ist regelmäßig kein Widerspruch nötig: Jede
Partei weiß ja schon aus dem Schreiben der anderen, daß diese einen abweichenden Vertraginhalt behauptet.

BGH NJW 1966, 1070 f.: V hatte an K ein gebrauchtes Kraftfahrzeug verkauft. V
und K sandten sich gegenseitig Bestätigungsschreiben; dasjenige des V enthielt einen
Ausschluß der Sachmängelhaftung, das des K nicht. Der *BGH* hat hier ausnahmsweise angenommen, bei Nichtwiderspruch des K werde der Haftungsausschluß
wirksam: Beide Schreiben hätten nicht in »offenem Widerspruch« zueinander gestanden; das Schreiben des V habe lediglich einen »zusätzlichen Vorbehalt« enthal-

ten. Daß K mit diesem nicht einverstanden gewesen sei, habe sich seinem Schreiben nicht entnehmen lassen.

Ich halte diese Entscheidung für bedenklich: Wenn K den Haftungsausschluß nicht erwähnt hatte, meinte er offenbar einen Kauf nach der gesetzlichen Regelung. Und demgegenüber ist der Ausschluß im Schreiben des V nicht nur ein »zusätzlicher Vorbehalt«, sondern das glatte Gegenteil. Daher ergeben die Bestätigungsschreiben hier keine Einigung hinsichtlich der Sachmängelhaftung. Insoweit ist Vertragsinhalt also das ursprünglich Vereinbarte, das mit anderen Mitteln bewiesen werden muß. Allerdings breiten sich in der Praxis immer stärker sog. **konstitutive Bestätigungsschreiben** aus (vgl. *K. Schmidt*, HaR § 19 III 3). Bei ihnen soll nach dem Parteiwillen überhaupt nur das schriftlich Bestätigte gelten: Dann läge bei einem Widerspruch zwischen den Bestätigungsschreiben beider Seiten Dissens vor.

IV. Allgemeine Geschäftsbedingungen

1. Problematik und Anwendungsbereich der §§ 305 ff.

67 Allgemeine Geschäftsbedingungen (AGB) sind vorformulierte Regelungsentwürfe für eine Vielzahl von Einzelverträgen. Die AGB sollen dort das dispositive Gesetzesrecht durch Bestimmungen ersetzen, die den Bedürfnissen des Verwenders besser entsprechen. Das kann legitim sein, weil die Typenverträge des BGB sehr verschiedene Möglichkeiten umfassen und sich nicht für alle Anwendungen in gleicher Weise eignen. Das wird am deutlichsten beim Werkvertrag: Was für einen Vertrag über den Bau eines Hauses paßt, kann für den (gleichfalls den §§ 631 ff. unterfallenden) Beförderungsvertrag ganz unangemessen sein. Aber etwa auch beim Kauf bedarf es oft einer stärkeren Differenzierung, als das BGB sie vornimmt: Nach ihm werden Tomaten und Diesellokomotiven nach denselben Vorschriften verkauft! Sogar beinahe ganz unentbehrlich sind AGB für Verträge, die im Besonderen Schuldrecht nicht vertypt sind, wie etwa das Leasing.

AGB werden aber nicht bloß zu solchen legitimen Zwecken verwendet, sondern auch zu rücksichtsloser einseitiger Interessenverfolgung mißbraucht (etwa durch die Einfügung von Haftungsausschlüssen oder Befugnissen zu einseitiger Preiserhöhung). Das gelingt schon deshalb besonders leicht, weil die andere Partei von den Einzelheiten umfangreicher AGB meist nicht Kenntnis nimmt. Doch hatte die Rspr. schon vor dem Erlaß des AGBG solchem Mißbrauch zunehmend Widerstand geleistet, und zwar im wesentlichen auf zwei Wegen: Erstens sollten besonders unbillige (und daher »**überraschende**«) **Klauseln** nur unter sehr engen Voraussetzungen Vertragsinhalt werden (sog. **Einbeziehungskontrolle**). Und zweitens sind seit *BGHZ 22, 90 ff.* AGB nicht bloß nach § 138 auf ihre Sittenwidrigkeit hin geprüft, sondern nach § 242 noch einer eigenen **Billigkeitskontrolle** unterworfen worden (sog. **Inhaltskontrolle**).

Seit dem 1.4.1977 galt für den überwiegenden Teil der schuld- und sa- **68** chenrechtlichen Verträge (vgl. § 23 I AGBG) eine gesetzliche Regelung durch das **AGBG** v. 9.12.1976. Dieses Gesetz beruhte weithin auf den schon vorher von der Rspr. erarbeiteten Regeln. Sachlich galt es (was vorher zweifelhaft war) nicht bloß für die außerhalb des eigentlichen Vertragstextes (etwa auf der Rückseite) stehenden AGB. Vielmehr erfaßte das Gesetz auch **Formularverträge**, bei denen die Individualvereinbarungen in einen gedruckten Text eingefügt werden (z.B. Mietvertragsformulare). Weiter unterfielen dem Gesetz auch Anschläge, sogar ganz kurze (z.B. »Haftung ausgeschlossen«). Nur gegenüber dem individuell Vereinbarten war das AGBG unanwendbar (§ 1 AGBG). Inzwischen ist das AGBG mit einigen Änderungen in die §§ 305 ff. BGB übernommen worden.

Für ein »Aushandeln« (§ 305 I 3) ist erforderlich, daß der Verwender den »gesetzesfremden Kerngehalt« seiner AGB inhaltlich ernsthaft zur Diskussion stellt; es müsse auch dem Gegner real möglich sein, »die inhaltliche Ausgestaltung der Vertragsbedingungen zu beeinflussen« (so oder ähnlich *BGHZ 85, 305/308; 104, 232/236; BGH* NJW 1992, 2759/2760). Zudem erfaßt das »Aushandeln« dann nicht die ganzen AGB, sondern nur die Klauseln, hinsichtlich derer die genannten Voraussetzungen erfüllt sind. Ganz ungenügend ist eine Aufforderung im Text des Formulars, nicht gewollte Passagen zu streichen (*BGH* NJW 1987, 2011): Eine solche Aufforderung kann ja nur wirken, wenn sie wirklich gelesen worden ist. Ausnahmsweise soll freilich ein Aushandeln auch ohne Textänderung zu bejahen sein, »wenn der andere Teil nach gründlicher Erörterung von der Sachgerechtigkeit der Regelung überzeugt wird« (*Palandt/Heinrichs* § 305 Rdnr. 22 mit Belegen, anders wohl *BGH* NJW 1992, 2759/2760). Zum »Aushandeln« kann es auch genügen, daß dem Verhandlungspartner das Ausfüllen von Leerstellen in dem Formular ohne die Beschränkung auf nur wenige Wahlmöglichkeiten überlassen wird (etwa die Angabe der Vertragslaufzeit, *BGH* NJW 1998, 1066 ff.).

2.   Einführung in den Einzelvertrag

a) Nach § 305 II erfordert die Einbeziehung von AGB in den Einzelvertrag **69** dreierlei: Der Gegner des Verwenders muß auf die AGB – regelmäßig ausdrücklich – **hingewiesen werden** (vgl. GW Rdnr. 68); er muß von ihrem **Inhalt in zumutbarer Weise Kenntnis nehmen können**; er muß mit ihrer Geltung **einverstanden sein**. Aber auch bei Erfüllung dieser Voraussetzungen sind **überraschende Klauseln** ausgenommen (§ 305c I), und **Individualvereinbarungen** gehen vor (§ 305b).

Entgegen § 139 führt das Nichtwirksamwerden der AGB oder einzelner Klauseln aber nicht zur Unwirksamkeit des ganzen Vertrages. Vielmehr gilt dieser regelmäßig zu den Bedingungen des Gesetzesrechts (§ 306). Nach h.M. (etwa *BGHZ 107, 273/277*) ist eine **geltungserhaltende Reduktion** unwirksamer Klauseln regelmäßig ausgeschlossen: Ein nach § 309 Nr. 7 unzulässiger Haftungsausschluß kann also auch nicht insoweit aufrechterhalten werden, als er nach dieser Vorschrift zulässig wäre. Anders verfährt der BGH freilich, wenn sich inhaltlich sinnvolle Teile einer Klausel **sprachlich trennen lassen**. So kann etwa ein (zulässiger) Ausschluß der Aufrechnung neben einem unwirksamen Ausschluß von Zurückbehaltungsrechten wirksam bleiben (*BGHZ 107, 185/190 f.*, vgl. *Larenz/Wolf* § 43 Rdnr. 84 f.).

§ 305 II gilt nach § 305a Nr. 1 nicht für bestimmte **Beförderungsbedingungen**. Hier, wo regelmäßig die öffentliche Hand beteiligt ist (die auch sonst mit ihren Benutzungsbedingungen oft ein schlechtes Vorbild gibt), kann also die bisher übliche nachlässige Publikationspraxis fortgesetzt werden. Immerhin bleibt hier aber eine gewisse (Ausnahme jedoch § 309 Nr. 7) Inhaltskontrolle möglich (vgl. auch unten Rdnr. 190 zum »erhöhten Beförderungsentgelt«).

§ 305 II gilt nach § 310 I gleichfalls nicht für **Unternehmer** und bestimmte Personen des öffentlichen Rechts. Aber deswegen werden AGB auch ihnen gegenüber nicht ohne weiteres Vertragsinhalt. Vielmehr gelten hier die Voraussetzungen der **allgemeinen Rechtsgeschäftslehre**: Der Verwender muß dem Kunden erkennbar (vgl. oben Rdnr. 45) erklärt haben, er wolle die AGB in den Vertrag einführen, und das Verhalten des Kunden muß das Einverständnis hiermit bedeuten. Dabei hat es die ältere Rspr. genügen lassen, wenn im Rahmen einer auf Dauer angelegten kaufmännischen Geschäftsverbindung die eine Partei in ihren Rechnungen mehrfach auf die AGB hingewiesen und die andere Partei hierzu geschwiegen hatte. Das dürfte auch jetzt noch ausreichen. Doch genügen solche Hinweise nicht auf **Lieferscheinen**, da diese häufig nicht zur Kenntnis der für den Abschluß weiterer Verträge zuständigen Personen gelangen.

70 b) Aber auch soweit die AGB Vertragsinhalt geworden sind, gilt für ihre Auslegung die **Unklarheitenregel** (ambiguitas contra stipulatorem, § 305c II, ein Bsp. in *BGH* NJW 1969, 1708/1710, wo sich ein Haftungsausschluß eines Automobilhändlers nicht deutlich auch auf ein Verschulden bei der Ablieferungsinspektion bezog): Solche Unklarheiten oder Widersprüche gehen zu Lasten des Verwenders, der sie hätte vermeiden sollen. Die Rspr. hatte den alten § 5 AGBG im Rahmen von § 9 AGBG sogar zu einem umfassenden *Transparenzgebot* ausgeweitet, das jetzt in § 307 I 2, III 2 übernommen worden ist (vgl. unten Rdnr. 74).

3. Inhaltskontrolle der AGB

a) Für die Inhaltskontrolle der AGB und bestimmter Verbraucherverträge 71
(§ 310 III) gilt außer den allgemeinen Vorschriften in §§ 134, 138 nach den
§§ 307–309 zu Lasten des Verwenders eine strengere Regelung. Diese unterscheidet zwischen einer umfangreichen Aufzählung *einzelner verbotener
Klauseln* in den §§ 308, 309 und einer recht unbestimmten *Generalklausel*
in § 307. Dabei sollte man regelmäßig zuerst die spezielleren Klauselverbote
in den §§ 308, 309 prüfen und erst, wenn man dort nichts gefunden hat, die
Generalklausel erwägen. **Unternehmer** und gleichgestellte Personen des
öffentlichen Rechts werden allerdings nach § 310 I durch die §§ 308, 309
nicht geschützt; hier bleibt also nur § 307. Doch stellt § 310 I 2 klar, daß
auch eine in den §§ 308, 309 speziell verbotene Klausel noch unter das allgemeine Verbot in § 307 fallen kann. So darf nach *BGHZ 95, 170/182 f.*
auch gegenüber einem Unternehmer die Haftung für Gehilfen (§ 309 Nr. 7)
nicht ohne Einschränkung ausgeschlossen werden. In der Tendenz wendet
die Rspr. den § 307 immer häufiger an.

b) Für die **speziellen Klauselverbote** ist zu erwähnen: Hier ist mit der 72
Prüfung der genauer bestimmten Klauseln in § 309 zu beginnen (*Löwe*, JuS
1977, 421/425). Bedeutsam sind dort vor allem:
Nr. 1 (Ausschluß von Preiserhöhungen für vier Monate; wichtig im Kfz-
Handel!). Unzulässig ist also nach *BGHZ 82, 21 ff.* die sog. »Tagespreis-
klausel« (der Käufer soll den am Tag der Lieferung geltenden Listenpreis
bezahlen müssen), einschränkend aber *BGHZ 90, 96 ff.*: An die Stelle der
gestrichenen Klausel tritt nicht etwa der Listenpreis bei Vertragsabschluß,
sondern nur ein (durch ergänzende Vertragsauslegung gewonnenes) Rücktrittsrecht des Käufers bei unverhältnismäßigen Preiserhöhungen (vgl.
P. Schlosser, Jura 1984, 637 ff.; *J. Hager*, JuS 1985, 264 ff.),
Nr. 5/6 (Beschränkung der Zulässigkeit von Schadenspauschalierungen
und Vertragsstrafenversprechen),
Nr. 7b (die Haftung für Vorsatz und grobe Fahrlässigkeit sogar eines Erfüllungsgehilfen kann nicht ausgeschlossen werden; anders §§ 276 III, 278
S. 2). Zusätzlich verbietet jetzt § 309 Nr. 7a für Körper- und Gesundheits-
schäden einen Haftungsausschluß auch bei leichter Fahrlässigkeit. Ähnlich
sind nach § 309 Nr. 8a bestimmte Rechtsfolgen auch bei jedem Vertretenmüssen nicht abdingbar.
Nr. 8b (Erhaltung der Gewährleistungsrechte einschließlich der Nacher-
füllungsansprüche).

c) Dagegen sind manche der in § 308 ausgesprochenen Klauselverbote 73
unbestimmter, weil sie wertende Begriffe enthalten (»unangemessen lang«,
»nicht hinreichend bestimmt«, »sachlich gerechtfertigter Grund«, »zumut-

bar« usw.). Hier gerät man also schon in die Nähe der Generalklausel des § 307.

74   **d)** Diese **Generalklausel** verbietet Bestimmungen, die den anderen Teil »entgegen den Geboten von Treu und Glauben unangemessen benachteiligen«. Das wird durch zwei Vermutungen des § 307 II konkretisiert: Unter den dort genannten – etwas bestimmter, aber immer noch generalklauselartig umschriebenen – Voraussetzungen soll im Zweifel Unangemessenheit vorliegen. Das ist keine reine Beweislastregel im sonst üblichen Sinn, weil der durch § 307 II zu behebende Zweifel nicht im (dem Beweis zugänglichen) tatsächlichen Bereich liegen muß, sondern auch die Wertung betreffen kann. Maßstab der Wertung ist nach § 307 II Nr. 1 das **dispositive Gesetzesrecht**: Dieses soll regelmäßig eine **Ordnungs- oder Leitbildfunktion** haben. § 307 II Nr. 2 fügt dem – wesentlich unbestimmter – die »**Natur des Vertrages**« hinzu. Das paßt vor allem für atypische Verträge, für die es kein vertragsspezifisches dispositives Gesetzesrecht gibt. Doch werden durch die Nr. 2 auch bei Typenverträgen die **vertragswesentlichen Pflichten** (auch: **Kardinalpflichten**) einer Abbedingung durch AGB entzogen. So kann sich eine Bank nicht von der Pflicht freizeichnen, den Überweisungsbetrag dem Konto des Empfängers gutzubringen (*BGH* VersR 1974, 590); das folgt jetzt weithin schon aus den §§ 676a I 1, 676c III.

Aus § 307 I 2 ergibt sich das sog. **Transparenzgebot**: Der Verwender müsse »die Rechte und Pflichten seines Vertragspartners möglichst klar und durchschaubar darstellen«. Dagegen verstößt etwa eine Bank, wenn sie die zinssteigernde Wirkung einer Zinsabrechnungsklausel nicht deutlich macht (*BGHZ 106, 42/49*). Mehr als der Gesetzgeber an Klarheit schaffen kann, sollte aber billigerweise auch von einem AGB-Verwender nicht verlangt werden (vgl. *BGHZ 112, 115/119*).

4.   Die beiderseitige Verwendung Allgemeiner Geschäftsbedingungen

75   Es bleibt noch ein durch die AGB-Regelung nicht erfaßtes Problem. Vor allem im Verkehr zwischen Unternehmern versuchen nämlich oft beide Seiten, ihre eigenen AGB in den Einzelvertrag einzuführen[2]: K bestellt etwa »zu seinen Einkaufsbedingungen«, V liefert daraufhin »zu seinen Verkaufsbedingungen«. Hier ginge es an der Wirklichkeit vorbei, mit **Dissens** zu arbeiten, soweit die beiden AGB nicht übereinstimmen. Denn wenn V liefert und K die Lieferung annimmt, zeigen beide, daß sie den Streit um die

---

2 Dazu etwa *Flume* § 37, 3; *Schlechtriem,* FS Wahl (1973) 67 ff.; *von Westphalen,* Betr. 1976, 1317 ff.; *Striewe,* JuS 1982, 728 ff.

unterschiedlichen AGB nicht austragen, sondern sich so verhalten wollen, als liege eine Einigung vor.

Ebensowenig sollte man, wie die Rspr. es früher getan hat, § 150 II anwenden, also die Annahme zu den abweichenden eigenen AGB als neuen Antrag ansehen. Denn diese Ansicht zwingt die Parteien zu ständig neuen Protesten gegen die AGB der anderen, obwohl letztlich beide einen wirksamen Vertrag wollen.

Zuzustimmen ist vielmehr *Flume* § 37, 3: Bei dem nicht ausgetragenen Streit um einander widersprechende AGB gelten diese jeweils nur insoweit, als sie der anderen Partei günstig sind (z.b. der Verkäufer räumt dem Käufer Skonto ein) oder sich nicht auf den Schuldvertrag beziehen (z.b. ein einfacher Eigentumsvorbehalt, über den ja keine Einigung nötig ist, vgl. *BGH* NJW 1982, 1749 f., dazu *de Lousanoff* ebenda 1727 ff.)[3]. Im übrigen gilt das **dispositive Gesetzesrecht** (vgl. auch § 306 II). Letztlich ist das ein Anwendungsfall der Regel von der Unwirksamkeit einer **protestatio facto contraria**: Das Faktum der Ausführung des Vertrages wiegt rechtlich schwerer als der bloß verbale Streit darum, wessen AGB gelten sollen (doch vgl. unten Rdnr. 191).

Auch der BGH hat seit *BGHZ 61, 282 ff.* diese Auffassung im wesentlichen übernommen: Allerdings falle die durch den Hinweis auf eigene AGB modifizierte »Auftragsbestätigung« (= Annahme) unter § 150 II und bringe daher allein den Vertrag noch nicht zustande. Aber durch die Vertragsausführung zeigten die Parteien, daß sie den Bestand des Vertrages nicht an der Frage scheitern lassen wollten, wessen AGB gelten sollten. Daher müsse der Vertrag gemäß dem dispositiven Gesetzesrecht erfüllt werden. *BGH* NJW 1995, 1671 f. macht freilich erhebliche Ausnahmen von der Geltung des dispositiven Gesetzesrechts.

5.   Inhaltskontrolle notarieller Verträge

Unzweifelhaft bleiben die §§ 305 ff. anwendbar, wenn der die AGB enthaltende Vertrag notariell beurkundet wird. Dagegen passen die §§ 305 ff. nicht, wenn der beurkundende Notar ohne Veranlassung durch eine Partei von sich aus auf von ihm üblicherweise verwendete Klauseln zurückgreift; dann sind sie von der einen Partei nicht der anderen »gestellt« worden. Doch hat der VII. ZS des *BGH* seit *BGHZ 74, 204/211* auch für solche Fälle eine Inhaltskontrolle installiert, weil durch den »Sog des Vorformulierten« ein »Anschein der Rechtmäßigkeit, Vollständigkeit und Ausgewogenheit« entstehe. Diese Klauseln sollen daher nur nach einer gründlichen

75a

---

3 Vgl. zu dem Sonderfall, daß der Käufer in seinen AGB eine »Abwehrklausel« hat, *BGH* NJW 1985, 1838 und *de Lousanoff*, ebenda 2921 ff.

»Erörterung und Belehrung« Vertragsinhalt werden (so zuletzt *BGHZ 108, 164 ff.,* seitdem freilich anscheinend nicht mehr).

Eine solche »Erörterung und Belehrung« könnte aber praktisch nur von dem Notar kommen. Und § 19 BNotO sieht bei der Verletzung von Notarspflichten nicht die Unwirksamkeit des Beurkundeten vor, sondern eine Schadensersatzpflicht des Notars. Schon deshalb ist die neuere Rspr. abzulehnen (vgl. *Medicus,* AT Rdnr. 406a mit Belegen).

Nach § 310 III gilt aufgrund einer EG-Richtlinie freilich Abweichendes für **Verbraucherverträge,** bei denen ein Verbraucher (§ 13) einem Unternehmer (§ 14) entgegensteht: Dann gelten die Bedingungen als von dem Unternehmer gestellt, wenn nicht der Verbraucher sie in den Vertrag eingeführt hat (also auch etwa, wenn sie von einem **Notar** stammen). Zudem genügt im Gegensatz zu § 305 I 1 (»Vielzahl«) schon die Absicht zu einmaliger Verwendung. § 310 III behandelt also auch solche Bedingungen als AGB, die nach § 305 I 1 keine AGB sind.

§ 5   Die Stellvertretung[1]

Eine beim Vertragsabschluß häufig vorkommende Variante ist die Einschal- **76** tung eines Stellvertreters (dazu GW Rdnr. 59 ff.). Die rechtliche Beurteilung kompliziert sich dann insofern, als der Konsens zwischen dem Vertreter und dem Geschäftspartner allein nicht ausreicht, um die Vertragswirkungen für und gegen den Vertretenen eintreten zu lassen. Vielmehr müssen zusätzlich noch Entstehung, Ausübung und Rechtsbeständigkeit der Vertretungsmacht geprüft werden. Schematisch:

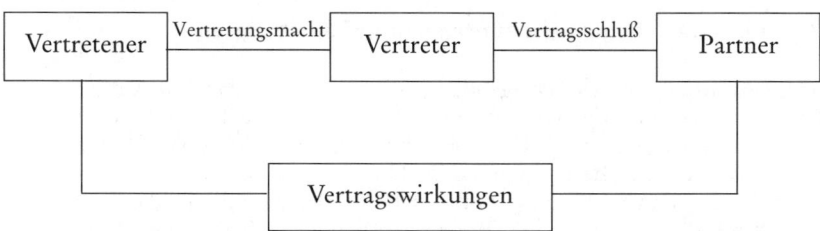

I.   Abgrenzung der Stellvertretung

1.   Botenschaft

Die übliche Formel zur Abgrenzung der Stellvertretung von der Boten- **77** schaft lautet: Der Vertreter erklärt eigenen Willen, der Bote übermittelt eine fremde Willenserklärung.

Das ist besonders deutlich bei der *verkörperten* Willenserklärung: Der Vertreter schreibt den Brief selbst, der Bote überbringt meist (aber nicht notwendig) einen fremden.

Der Vertreter hat also regelmäßig einen eigenen Entscheidungsspielraum, der Bote nicht. Daher ist für den Vertreter im Gegensatz zum Boten wenigstens beschränkte Geschäftsfähigkeit nötig, § 165. Ob im Einzelfall Stellvertretung oder Botenschaft vorliegt, entscheidet die h.M. nicht nach dem Innenverhältnis, sondern nach dem erkennbaren Auftreten (vgl. *Flume* § 43, 4; *Larenz/Wolf* § 46 Rdnr. 75 ff.). Dabei sind folgende **Komplikationen** denkbar:

---

1 Dazu *Gernhuber,* BR § 5; *Grunewald* § 7; *Joussen,* Abgabe und Zugang von Willenserklärungen unter Einschaltung von Hilfspersonen, Jura 2003, 577 ff.; *Petersen,* Bestand und Umfang der Vertretungsmacht, Jura 2003, 310 ff.

78   a) Der **Bote geriert sich als Vertreter.** Erklärt er das, was ihm aufgetragen ist, wird man seine Erklärung dem Auftraggeber zurechnen dürfen. Weicht er aber von dessen Weisung ab, so gelten nicht die Regeln über den Boten ohne Botenmacht (unten Rdnr. 80), sondern die §§ 177 ff. direkt.

79   b) Der **Vertreter geriert sich als Bote.** Auch hier wird man die Erklärung des als Bote Auftretenden dem Vertretenen zurechnen dürfen, wenn sie durch die Vertretungsmacht gedeckt wäre. Ist diese dagegen überschritten, gelten die Regeln über den Boten ohne Botenmacht (unten Rdnr. 80), nicht die §§ 177 ff. direkt.

2.   Einzelheiten zur Falschübermittlung[2] durch Boten

80   a) Übermittelt der **Erklärungsbote** etwas anderes als das ihm Aufgetragene (dazu gehört auch die Übermittlung an eine falsche Person), so gibt das Gesetz eine Regel nur in § 120: Das Übermittelte wirkt zunächst, kann aber durch Anfechtung beseitigt werden. Diese Regelung ist jedoch nicht erschöpfend. Denn § 120 setzt voraus, daß der, von dem die Erklärung angeblich stammt, den angeblichen Boten wirklich zur Übermittlung verwendet hat. Wird der »Bote« ohne solche Veranlassung tätig, so kann seine Erklärung unzweifelhaft keiner anderen Person zugerechnet werden. Doch schränkt eine verbreitete Ansicht den Anwendungsbereich des § 120 – wohl zu Unrecht – noch weiter ein: Die Vorschrift soll nur gelten, wenn der Bote subjektiv richtig übermittelt[3]. Danach wäre § 120 unanwendbar, wenn der angebliche Bote wissentlich falsch übermittelt. Dann würde die Erklärung nicht gegen den angeblichen Absender wirken; eine Anfechtung wäre unnötig. Daß der falsche Bote selbst entsprechend § 179 haftet, wäre dann wohl zu bejahen.

81   b) Bei falscher Übermittlung durch den **Empfangsboten** (zur Abgrenzung vom Erklärungsboten vgl. GW Rdnr. 59) ist zu unterscheiden: Hat der Empfangsbote eine unverkörperte Willenserklärung akustisch nicht richtig verstanden, so ist die Erklärung nicht zugegangen (oben Rdnr. 48). In allen anderen Fällen liegt Zugang vor, wenn nur der Bote Botenmacht durch den Empfänger hat. Der Empfänger muß dann also die zugegangene Willenserklärung gegen sich gelten lassen, obwohl er von ihr womöglich nichts erfahren hat. § 120 ist hier unanwendbar, weil die Vorschrift eine den Erklärenden (nicht den Erklärungsempfänger) bindende Falschübermitt-

---

2 Zur Verspätung und dem Unterlassen der Übermittlung vgl. GW Rdnr. 60 f.
3 *Flume* § 23, 3; *Larenz/Wolf* § 36 Rdnr. 18; *Palandt/Heinrichs* § 120 Rdnr. 4, dagegen mit überwiegenden Gründen *Marburger,* AcP 173 (1973) 137 ff.; ihm folgend MünchKomm-*Kramer* § 120 Rdnr. 4; *Bork* Rdnr. 1361.

lung voraussetzt. Eine Irrtumsanfechtung durch den Empfänger kommt also erst dann in Betracht, wenn er selbst aufgrund des falsch Übermittelten eine Erklärung abgibt.

Bsp.: V erklärt: »Ich will für hundert verkaufen.« Der Empfangsbote des K übermittelt diesem: »V will für fünfzig verkaufen.« K erklärt nun an V: »Ich nehme an.« Damit ist ein Kaufvertrag zum Preis von hundert zustande gekommen. K kann aber seine Annahmeerklärung nach § 119 I Fall 1 (Inhaltsirrtum) anfechten.

3.   Handeln unter fremdem Namen

Gegenüber dem Handeln unter fremdem Namen ist die Stellvertretung wie folgt abzugrenzen: Der Vertreter macht regelmäßig deutlich, daß er für einen anderen handeln will, also daß er mit dem anderen nicht identisch ist (Handeln in fremdem Namen). Daran fehlt es aber schon, wenn der Vertreter mit dem Namen des Vertretenen unterschreibt, ohne auf die Nichtidentität hinzuweisen. In diesen Fällen, in denen der Vertreter den Anschein erweckt, als sei er der Vertretene, spricht man von Handeln unter fremdem Namen. Auf dieses werden die Regeln über die Stellvertretung direkt oder entsprechend angewendet. *BGHZ 45, 193 ff.* wendet sie dann nur entsprechend an, wenn ein Vertretungswille des Handelnden fehlt. Doch dürfte der bloß interne Wille des Handelnden für die Stellvertretung überhaupt unerheblich sein; man kommt dann stets zur direkten Anwendung (*Flume* § 44 IV, vgl. auch *Larenz/Wolf* § 46 Rdnr. 57).

RGZ 145, 87 ff.: Der Geschäftsführer G hatte das Akzept seines Dienstherrn D gefälscht und die Wechsel mit diesem gefälschten Akzept bei B diskontieren lassen. B fragt bei D an, ob die Wechsel in Ordnung seien. D bejaht das, damit der gute Ruf seines Hauses nicht durch die Aufdeckung der Fälschungen leide. Hierin liegt eine Genehmigung der gefälschten Akzepte nach § 177; D muß die Wechsel einlösen. Bloßes Schweigen des D auf die Anfrage von B wäre dagegen regelmäßig keine Genehmigung. *BGHZ 47, 110 ff.* erwägt aber einen Schadensersatzanspruch B–D aus § 826.

4.   Handeln unter falscher Namensangabe

Beim Handeln unter falscher Namensangabe ist der Name rechtlich gleichgültig; es kommt nur auf die Person des Handelnden an. Dieser wird ohne weiteres berechtigt und verpflichtet; der Namensträger kann das Geschäft nicht nach § 177 an sich ziehen.

Bsp.: A bestellt im Hotel für sich ein Zimmer, gibt seinen Namen aber als B an. Dann steht der Anspruch auf das Zimmer unentziehbar dem A zu; § 177 ist unanwendbar.

82

83

5. **Die Organschaft**

84 Die Organschaft reicht weiter als die Stellvertretung: Der juristischen Person werden nicht nur Willenserklärungen ihrer Organe zugerechnet (vgl. § 164 I 1), sondern über § 278 oder § 31 etwa auch Vertragsverletzungen und Delikte (vgl. unten Rdnr. 779). Soweit aber das Organ Willenserklärungen für die juristische Person abgibt oder empfängt, besteht zur Stellvertretung kein prinzipieller Unterschied (*Gernhuber*, BR § 9 IV 2d). Insbesondere sind die §§ 177 bis 179 anwendbar, wenn die »Organmacht« fehlt oder überschritten wird.

6. **Die Partei kraft Amtes**

85 Ob die »Partei kraft Amtes« überhaupt anzuerkennen ist, bildet den Gegenstand einer bekannten Kontroverse (z.B. für den Insolvenzverwalter oder den Testamentsvollstrecker). Aber auch die Anhänger dieser Rechtsfigur behaupten keinen Unterschied zur Stellvertretung, soweit die Bindung des Vertretenen durch die Willenserklärungen des Amtswalters in Frage steht.

Auch in anderer Hinsicht können Vertretungsvorschriften auf die Partei kraft Amtes wenigstens entsprechend anwendbar sein. So etwa *BGHZ 51, 209/213 ff.*: Ein Testamentsvollstrecker hatte sich mit der Stimme des zum Nachlaß gehörenden Geschäftsanteils selbst zum Geschäftsführer einer GmbH gewählt und auch über den Inhalt seines Anstellungsvertrages mitgestimmt. Der BGH wendet § 181 analog an: Die Stimmabgabe in eigener Angelegenheit sei durch das Amt nur bei besonderer Gestattung durch den Erblasser oder die Erben gedeckt.

II. **Der Offenheitsgrundsatz**

1. **Die Regel**

86 Die direkte Stellvertretung des BGB[4] ist regelmäßig offene Stellvertretung: Der Vertreter muß ausdrücklich erklären, oder es muß sich aus den Umständen ergeben, daß vom Vertreter im Namen des Vertretenen erklärt werden soll, § 164 I. Eine wichtige Fallgruppe, in der sich die Fremdwirkung aus den Umständen ergibt, bilden die **Geschäfte mit dem Inhaber eines Gewerbebetriebs**, die **unternehmensbezogenen Geschäfte**.

---

4 Zu der vor allem im Handelsrecht häufigen indirekten oder mittelbaren Stellvertretung *Schwark*, JuS 1980, 777 ff., auch *Petersen*, Unmittelbare und mittelbare Stellvertretung, Jura 2003, 744 ff.

OLG Bremen, NJW 1970, 1277 f. mit Anm. *E. Lorenz*: M, der später geschiedene Ehemann der F, bestellt bei V Backwaren. Diese werden an das Geschäft der F geliefert. M bezahlt die an ihn gerichtete Rechnung des V nicht. Daher klagt V seinen Kaufpreisanspruch gegen F ein.

Für solche Fälle ist seit *RGZ 30, 77 ff.*[5] anerkannt: Wer für einen Gewerbebetrieb auftritt (also etwa für den Betrieb bestellt oder aus dem Betrieb verkauft), handelt dabei regelmäßig namens des Inhabers. Deutlich zu machen braucht er nicht diesen Regelfall, sondern daß er ausnahmsweise für sich selbst handeln will. Unschädlich sind auch falsche Vorstellungen des Geschäftspartners über den Inhaber des Gewerbebetriebs: Selbst wenn V den M für den Inhaber gehalten hätte, würde ihm doch der Wille zum Kontrahieren mit dem wirklichen Inhaber (der F) unterstellt.

In dem Fall von *OLG Bremen* aaO. scheitert eine Verpflichtung der F also nicht an dem Offenheitsgrundsatz. Vielmehr hängt sie nur von der Vertretungsmacht des M für F ab: Bei Vertretungsmacht (etwa durch die Duldung früherer Bestellungen des M, vgl. unten Rdnr. 98) ist F verpflichtet; andernfalls haftet M aus § 179.

Regelmäßig gilt jedoch: Wird das Vertreterhandeln nicht als solches offengelegt, so tritt keine Fremdwirkung ein. Vielmehr treffen die Folgen allein den Handelnden. Das wird durch § 164 II nicht etwa noch einmal wiederholt, sondern verschärft: Der Mangel des Willens zum Eigenhandeln soll überhaupt unerheblich sein, also auch nicht durch Anfechtung geltend gemacht werden können. **87**

Bsp.: A hat als Vertreter für B einen Kaufvertrag schließen wollen, aber seinen Willen, für B zu handeln, nicht deutlich gemacht. Dann ist A, wie schon aus § 164 I zu folgern ist, selbst verpflichtet. Nach § 164 II kann er aber auch nicht mit der Begründung anfechten, er habe sich über den Inhalt seiner Erklärung (§ 119 I), nämlich darüber geirrt, daß er seinen Willen zum Fremdhandeln nicht deutlich genug erklärt habe.

2. Abweichungen

Ausnahmsweise treten aber Rechtsfolgen einer Willenserklärung für einen Dritten auch ohne Offenlegung eines Vertretungsverhältnisses ein. **88**

---

5 Vgl. etwa noch *RGZ 67, 148 f.; BGHZ 64, 11 ff.; BGH* NJW 1984, 1347 f.; 1986, 1675; 1990, 2678 ff.; *Flume* § 44; *K. Schmidt*, HaR § 5 III 1; 2a; *Canaris*, HaR § 10 Rdnr. 2 f.

a)   § 1357 BGB

Solche Offenlegung ist unnötig, wenn nach § 1357 ein Ehegatte bei »Geschäften zur angemessenen Deckung des Lebensbedarfs der Familie« den anderen Ehegatten mitverpflichtet und mitberechtigt. Bei gleichgeschlechtlichen Lebensgemeinschaften soll das nach § 8 II LPartG entsprechend gelten.

BGHZ 94, 1/5 ff. versteht diesen Lebensbedarf weit im Sinne des Unterhalts der §§ 1360, 1360a. Insbesondere wird eine Beschränkung auf Geschäfte des täglichen Lebens, über die eine Verständigung der Ehegatten gewöhnlich als unnötig angesehen werde, abgelehnt. Daher soll § 1357 auch Verträge über kostspielige ärztliche Behandlungen umfassen können (vgl. weiter *KG NJW* 1985, 682). *BGHZ 116, 184 ff.* (dazu *Henrich,* JZ 1992, 587 f.; *Peter,* NJW 1993, 1949) schränkt das jedoch durch eine Rücksicht auf die **Tragbarkeit der Kosten** für die Familie selbst dann ein, wenn es um eine medizinisch indizierte, unaufschiebbare Behandlung (Chemotherapie) geht.

Bei § 1357 bedarf es im Gegenteil gerade der Offenlegung, wenn die Fremdwirkung im Einzelfall nicht eintreten soll, § 1357 I 2 am Ende. Nach *BGHZ 94, 1/4* soll dazu nicht schon genügen, daß der eine Ehegatte nicht im eigenen Namen aufgetreten ist, sondern von vornherein als Vertreter des anderen (zweifelhaft, vgl. *Holzhauer,* JZ 1985, 684). Allerdings ist § 1357 schon deshalb, weil die Geschäftswirkungen auch den Handelnden treffen, kein echter Fall der (direkten) Stellvertretung. Auch als »Organ der Familie« (so *Büdenbender,* FamRZ 1976, 662/666) wird man den handelnden Ehegatten kaum bezeichnen können. Am ehesten bestimmt § 1357 eine Fremdwirkung eigener Art.

89   Die jetzt geltende Neufassung des § 1357 ist hervorgegangen aus der »Schlüsselgewalt«. Diese hatte zunächst nur der Ehefrau zugestanden, der nach § 1356 a.F. die Haushaltsführung übertragen war: Durch die dazu nötigen Geschäfte sollte sie den Ehemann verpflichten können (ursprünglich allein, seit dem GleichberechtigungsG mit subsidiärer Eigenhaftung der Frau). Als die Doppelverdienerehen und die Ehen mit Rollentausch häufiger wurden, ist dann fraglich geworden, ob eine entsprechende Schlüsselgewalt auch dem den Haushalt führenden Ehemann zustehen solle (Darstellung in der 7. Aufl.). Dieser Streit ist durch die Neufassung des § 1357 beendet worden: Die (nach dem neuen § 1356 nun nicht mehr vom Gesetz vorgegebene, sondern einverständlich zu regelnde) Rollenverteilung bei der Haushaltsführung spielt jetzt für den Eintritt der Fremdwirkung keine Rolle mehr.

Dabei hat sich zugleich die **Funktion des § 1357** tiefgreifend (und rechtspolitisch zweifelhaft: *Gernhuber,* Neues Familienrecht 1977, 130 ff.) geändert: Statt der Ehefrau zu einer gewissen Eigenständigkeit bei der Haus-

haltsführung zu helfen, dient § 1357 jetzt einem (in diesem Umfang über-
triebenen) **Gläubigerschutz**: Der Gläubiger erhält nämlich, ohne daß er es
wollen oder auch nur von der Ehe wissen müßte, einen weiteren Schuldner
(das ist verfassungsgemäß nach *BVerfG* NJW 1990, 175 f.). Auf die Eigentumsvermutung aus § 1362 ist der Gläubiger hierdurch insoweit nicht mehr
angewiesen, weil er einen Titel gegen beide Ehegatten erwirken und dann
auch die Zwangsvollstreckung gegen beide richten kann. Welchem der
Ehegatten die Sache gehört, in die vollstreckt werden soll, bleibt deshalb
gleich.

Trotz dieses Gläubigerschutzes muß andererseits die Handlungsfreiheit
jedes Ehegatten erhalten bleiben. Das bringt Besonderheiten für die nach
§§ 1357 I 2, 427, 421 eintretende **gesamtschuldnerische Haftung**: Entgegen der Regel von § 425, nämlich der dort bestimmten Einzelwirkung, wird
man den Ehegatten, der an der Begründung des Schuldverhältnisses unbe-
teiligt war, nicht dem handelnden Ehegatten gleichstellen können. Vielmehr
ist mit *Gernhuber/Coester-Waltjen* § 19 Rdnr. 63 nur demjenigen Gatten,
von dem das Schuldverhältnis stammt, eine Einwirkungsbefugnis auf dieses
(etwa durch Widerruf nach § 312d) einzuräumen. Der andere Ehegatte
haftet ohne solche Befugnis nur gleichsam akzessorisch (vgl. *Schanbacher*,
NJW 1994, 2335 ff.).

Für die nach § 1357 I 2 auf der Gläubigerseite eintretende **Mitberechti-
gung** der Ehegatten ist streitig, ob sie eine Gesamtgläubigerschaft nach
§ 428 oder eine Mitgläubigerschaft nach § 432 bewirkt[6]. Der Unterschied
zeigt sich insbesondere bei der **Erfüllung**: Nach § 428 kann diese problem-
los an den handelnden Ehegatten allein erfolgen; dieser erwirbt dann auch
allein den Erfüllungsgegenstand (wenn nicht § 1370 eingreift). Dagegen
müßte nach § 432 regelmäßig an beide Ehegatten gemeinsam geleistet werden. Daraus wäre im Zweifel gemeinschaftlicher Erwerb zu folgern (hiergegen *Walter*, JZ 1981, 601 ff.). Erfüllung durch Leistung an einen Gatten
allein käme nur in Betracht, soweit dieser (mit Vertretungsmacht oder kraft
§ 1357) auch bei der Leistungsannahme für den anderen handeln kann. Ich
selbst ziehe § 428 vor: Die Gesamtgläubigerschaft ist hier einfacher. Auch
vermeidet sie im gesetzlichen Güterstand den Konflikt mit § 1363 II 1,
demzufolge der Erwerb eines Ehegatten gerade nicht gemeinschaftlich
werden soll (was natürlich erst recht für die Gütertrennung gilt). Nach
BGHZ 114, 74 ff. (dazu *Kick*, JZ 1992, 219 f.; *Brötel*, Jura 1992, 470 ff.) soll
jedoch bei Hausrat gemeinschaftlicher Erwerb zwar nicht als Folge von
§ 1357 eintreten, aber doch das regelmäßig Gewollte bilden.

---

6 Vgl. *Gernhuber/Coester-Waltjen* § 19 Rdnr. 64 f.; *Wacke*, FamRZ 1980, 13 ff.;
   Medicus, JuS 1980, 697, 702 f.

b)   Geschäft für den, den es angeht

90   Das »Geschäft für den, den es angeht« ist eine außerhalb des Gesetzes entwickelte Ausnahme vom Offenheitsgrundsatz. Dieser Geschäftstyp wird allerdings von *Flume* § 44 II für den Fall, daß nicht bloß die Person des Vertretenen offenbleibt, prinzipiell abgelehnt, zustimmend *Larenz/Wolf* § 46 Rdnr. 44 ff. Voraussetzung ist jedenfalls, daß es dem Geschäftspartner gleichgültig ist, mit wem das Geschäft zustande kommt (*BGHZ 154, 276/279*).

Erscheinungsformen des »Geschäftes für den, den es angeht« lassen sich häufig im **Schuldrecht** finden. So ist etwa der Kauf in Warenhäusern anonym: Eine Festlegung der Person des Käufers findet nicht statt, und das Verkaufspersonal würde sich für die Offenlegung eines Vertretungsverhältnisses auch gar nicht interessieren. Hier wird vielmehr als Käufer behandelt, wer Ware und Kassenzettel hat: Er kann also zurücktreten oder mindern. Insoweit ist das »Geschäft für den, den es angeht« nur eine Erklärungshilfe für das, was sich in der Praxis anstandslos vollzieht.

Erörtert wird das »Geschäft für den, den es angeht« aber überwiegend im **Sachenrecht** (etwa *BGHZ 154, 276/279; Baur/Stürner* § 51 Rdnr. 43; *Westermann – H.P. Westermann* § 43 IV 3; *Wieling I* § 9 VII 5; *Vieweg/Werner* § 4 Rdnr. 9): Bei Bargeschäften des täglichen Lebens (nach *BGHZ 114, 74/80* auch bei Kreditkäufen unter Eigentumsvorbehalt) soll das Eigentum nicht von dem Handelnden erworben werden, sondern unmittelbar von demjenigen, für den der Handelnde erwerben will. Dabei vermittelt das »Geschäft für den, den es angeht« freilich nur die Einigung zwischen dem Veräußerer und dem »Hintermann« des Handelnden (der mit dem Erwerb einverstanden sein muß, *OLG Düsseldorf*, NJW 1992, 1706). Weitere Voraussetzung für den Eigentumserwerb des Hintermanns ist dann, daß dieser Besitz erhält (durch ein Besitzmittlungsverhältnis mit dem Handelnden oder weil dieser sein Besitzdiener ist).

Unter diesen Voraussetzungen wird regelmäßig auch ein indirekter Erwerb des Hintermanns möglich sein: Zumindest mittelbaren Besitz hat er ja. Und eine Einigung zwischen dem Handelnden und dem Hintermann könnte entweder schon vorliegen (antizipierte Einigung) oder durch erlaubtes Selbstkontrahieren des Handelnden (§ 181) zustande kommen. So könnte das zunächst vom Handelnden erworbene Eigentum sofort weiter auf den Hintermann übertragen werden. Das »Geschäft für den, den es angeht« dient also nicht dazu, dem Hintermann den Eigentumserwerb überhaupt erst zu ermöglichen. Vielmehr wird damit nur vermieden, daß der Handelnde zunächst Durchgangseigentum erwirbt. Folglich ist das »Geschäft für den, den es angeht« nur dort von Bedeutung, wo es auf Durchgangseigentum ankommt.

Bsp.: Der Mieter M kauft gegen bar einen ihm an der Wohnungstür angebotenen Staubsauger. Er tut das für seine Tochter T und in deren Auftrag. Bei indirektem Erwerb der T könnte der Staubsauger in der »juristischen Sekunde«, in der er dem M gehört, von einem Vermieterpfandrecht nach § 562 erfaßt werden, bei Direkterwerb der T dagegen nicht, wenn diese nicht auch selbst Mieterin ist.

Das Bsp. zeigt aber schon, daß der Fall nicht oft vorkommen wird (*H.P. Westermann* aaO.: »Verhältnismäßig seltene Fälle«): Sachen, die man für einen anderen erwerben soll, werden kaum je an der Haustür angeboten. Hätte M den Staubsauger dagegen in einem Laden gekauft, so hätte auch indirekter Erwerb der T schon stattfinden können, bevor M das Gerät in die Mietwohnung eingebracht hatte.

c)   **Dingliche Surrogation**

Endlich findet Eigentumserwerb durch einen Hintermann in den Fällen der   **91** dinglichen Surrogation statt, ohne daß der als Erwerber Auftretende ein Vertretungsverhältnis offenlegen müßte. Indessen sind dies meist schon deshalb keine Fälle der Stellvertretung, weil die Fremdwirkung sogar gegen einen etwa beim Erwerb erklärten Willen des Handelnden kraft Gesetzes eintritt. Hierhin gehören im Sachenrecht z.B. die §§ 949 S. 2, 3; 1075; 1247 S. 2; 1287, im Recht der Zugewinngemeinschaft § 1370 und im Erbrecht die §§ 2019; 2041; 2111 (vgl. unten Rdnr. 603a ff.). Anders liegt es bei der **Mittelsurrogation** nach § 1646: Eltern erwerben mit Mitteln des Kindes bewegliche Sachen. Hier wird das Kind Eigentümer, wenn nicht die Eltern (erkennbar) für sich selbst erwerben wollen. Bei § 1646 muß also anders als bei § 164 I nicht der Wille zum Handeln mit Fremdwirkung offengelegt werden, sondern der zum Handeln mit Eigenwirkung.

III.   **Die Vertretungsmacht**

Das Bestehen von Vertretungsmacht (vgl. GW Rdnr. 64 ff.) ist neben der   **92** Offenlegung das zweite Erfordernis dafür, daß die Willenserklärungen des Vertreters für den Vertretenen wirken. Vertretungsmacht kann **auf Gesetz oder auf Rechtsgeschäft** beruhen; im zweiten Fall heißt sie **Vollmacht**, § 166 II 1. Aus dem Problemkreis der Vertretungsmacht sollen hier fünf häufiger auftauchende Spezialfragen behandelt werden, die freilich mit Ausnahme der letzten beiden regelmäßig nur bei der Vollmacht vorkommen.

1.   Erteilung und Erlöschen der Vollmacht

93   Je nach dem Adressaten der Bevollmächtigung sind zu unterscheiden:

a) Die Innenvollmacht wird durch Erklärung des Vertretenen an den Vertreter erteilt, § 167 I Fall 1. Hier verläßt sich der Dritte also für das Bestehen der Vollmacht regelmäßig (Ausnahmen unten Rdnr. 95) auf das Wort des Vertreters. Daher kann die Vollmacht auch unbedenklich ohne Sichtbarmachung nach außen erlöschen (§ 168). Nur kann der Vertreter selbst wegen § 179 II schutzbedürftig sein, wenn die Vollmacht anders als durch eine an ihn gerichtete Erklärung endet. Diesen Schutz bewirken die §§ 674, 729: Sie lassen das Grundverhältnis (nämlich die Geschäftsführungsbefugnis aus Auftrag oder Gesellschaft) und damit auch die Vollmacht (vgl. § 169) für den redlichen Vertreter fortbestehen. Nach § 169 soll daraus jedoch ein unredlicher Dritter keinen Vorteil ziehen: Ihm gegenüber bedarf der Vertreter keines Schutzes, weil er nach § 179 III 1 nicht als falsus procurator haftet.

Bsp.: E hat seinen Anwalt A zur Vermögensverwaltung beauftragt; dieser Auftrag soll auf die Lebenszeit des E begrenzt sein. Dann erlischt die mit dem Auftrag verbundene Innenvollmacht regelmäßig mit dem Tod des E, § 168 S. 1. Solange A davon nichts wissen kann, bestehen jedoch Auftrag (§ 674) und Vollmacht fort. Kontrahiert aber A für E mit D, der den Tod des E und die Begrenzung der Vollmacht kennt, so bleibt das Geschäft wirkungslos, wenn die Erben des E es nicht nach § 177 I genehmigen: Die Erben haften mangels Vertretungsmacht des A nicht, und dieser selbst ist schon wegen § 179 III 1 nicht verpflichtet.

94   **b) Die Außenvollmacht** entsteht durch eine Erklärung des Vertretenen an den Dritten, § 167 I Fall 2. Hier hat der Dritte also das Wort des Vertretenen selbst. Daher endet die Vollmacht auch erst durch Anzeige an den redlichen (§ 173) Dritten, § 170.

95   **c)** Ein Sonderfall ist schließlich **die nach außen kundgemachte Innenvollmacht**, §§ 171 I, 172 I. Sie ist unproblematisch bei einer zutreffenden Kundmachung, also wenn die Innenvollmacht wirklich vorliegt. Bei Fehlen der Innenvollmacht, also bei Unrichtigkeit der Kundmachung, wird der redliche (§ 173 analog) Dritte dagegen durch die §§ 171 I, 172 I geschützt. Und gleichen Schutz gewähren ihm die §§ 171 II, 172 II für die Beendigung der Vollmacht: Diese kann mit Wirkung gegen Dritte nur durch einen Konträrakt in gleicher Form wie die Kundmachung erlöschen.

2. Willensmängel bei der Bevollmächtigung

a) Die ausgeübte Innenvollmacht

Da Innen- und Außenvollmacht durch empfangsbedürftige Willenserklä- **96**
rung erteilt werden, müßte eine Anfechtung nach § 143 III 1 jeweils gegenüber dem Erklärungsgegner erfolgen. Das ist bedenklich bei der *Innenvollmacht*, wenn der Vertreter sie schon zum Geschäftsabschluß mit einem
Dritten verwendet hat. Denn hier scheint es, als könne der Vertretene die
Vollmacht durch Anfechtung gegenüber dem Vertreter rückwirkend (§ 142
I) beenden. Damit würde dem Dritten, ohne daß er davon erfahren müßte,
sein schon begründeter Anspruch gegen den Vertretenen entzogen.

Bsp.: E erteilt dem V schriftlich Innenvollmacht. Dabei vergißt die Sekretärin des
E jedoch den von diesem diktierten Zusatz »bis zum Betrag von 1000,– Euro«, und
E übersieht das Fehlen dieses Zusatzes bei seiner Unterschrift. V kontrahiert daraufhin namens des E mit D über 5000,– Euro. Nach §§ 143 III 1, 119 I scheint E dem V
gegenüber anfechten zu können, wenn dieser die Vollmachtsurkunde dem D nicht
vorgelegt hat (sonst § 172).

Dann wäre E nur dem V (und nicht dem D) nach § 122 I zum Ersatz des
Vertrauensschadens verpflichtet. Freilich müßte V seinerseits dem D nach
§ 179 II Ersatz leisten[7]. Aber diese »Anspruchskette« D (§ 179 II) – V
(§ 122 I) – E versagt, wenn V oder E in Insolvenz geraten: Fällt E in Insolvenz, dann erhält V von ihm nur die Quote und muß voll an D zahlen. Und
wird V insolvent, dann kann sein Insolvenzverwalter voll von E fordern
und braucht an D nur die Quote zu zahlen.

Diese Konsequenz vermeidet *Flume* § 52, 5c: Ein Angriff gegen die Vollmacht, aufgrund derer der Vertreter bereits ein Geschäft abgeschlossen
habe, bedeute rechtlich einen Angriff gegen dieses Geschäft. Dem ist zu
folgen. Daher muß E *im Bsp.* dem D gegenüber anfechten und hat ihm den
Vertrauensschaden zu ersetzen: Die Innenvollmacht wird hier wie eine
Außenvollmacht behandelt (im Ergebnis ebenso *Larenz/Wolf* § 47
Rdnr. 36, vermittelnd *Petersen*, AcP 201, 2001, 375 ff.). Daß darüber hinaus
die »betätigte« Vollmacht weithin überhaupt nicht soll angefochten werden
können, vertreten mit guten Gründen *Eujen/Frank*, JZ 1973, 232 ff., ähnlich *Brox/Walker*, AT Rdnr. 574, anders jetzt *Schwarze*, JZ 2004, 588 ff.

---

7 Anders *Flume* § 47, 3c: Der Vertreter sei nicht ersatzpflichtig, wenn der Mangel
   der Vertretungsmacht nicht in seiner Sphäre liege; ähnlich *Ostheim*, AcP 169
   (1969) 193/203 ff.; *Hübner*, AT Rdnr. 647. Dagegen aber *Larenz/Wolf* § 49
   Rdnr. 24.

b) Die kundgemachte Innenvollmacht

97 Zweifelhaft ist auch die Wirkung von Willensmängeln bei der Kundmachung einer Innenvollmacht (vgl. oben Rdnr. 95).

> *Bsp.:* E teilt seinen Kunden mit, er habe V Vollmacht erteilt. Daraufhin kontrahiert D mit V, der namens des E abschließt. Kann E seine Mitteilung wegen Irrtums anfechten? Wie verhält es sich, wenn E bei Bevollmächtigung und Mitteilung unerkennbar geisteskrank war?

Streng genommen ist diese Mitteilung nicht **Willens**erklärung, sondern **Wissens**erklärung. Daher trennen manche die Kundmachung nach §§ 171, 172 streng von der Außenvollmacht und erklären die Verpflichtung des Vertretenen nach diesen Vorschriften als Rechtsscheinhaftung[8]. Manche verneinen deshalb die Anfechtbarkeit der Mitteilung. Und bei Geisteskrankheit des E gelangen sie zu der zweifelhaften Frage, ob nur der zurechenbar veranlaßte Rechtsschein wirkt (dazu *Nitschke*, JuS 1968, 541 ff., auch *K. Schmidt*, JuS 1990, 517 ff.). Dagegen stellt *Flume* § 49, 2c die unrichtige Mitteilung von der erteilten Innenvollmacht der Erteilung einer Außenvollmacht gleich.

Im Ergebnis ist *Flume* zu folgen[9]: Es wäre sinnlos, den Empfänger einer Kundmachung nach §§ 171, 172 stärker zu schützen als denjenigen, dem gegenüber Außenvollmacht erteilt worden ist. Daher muß auch die Kundmachung dann wirkungslos oder anfechtbar sein, wenn eine Außenvollmacht dies wäre.

3. Vollmacht, Rechtsschein und Verschulden

a) Gleichsetzung von Duldungs- und Anscheinsvollmacht

98 Nach einer verbreiteten Ansicht (etwa *BGH* NJW 1966, 1915 ff.) soll in bestimmten Fällen zugunsten eines redlichen Dritten die fehlende Vollmacht durch einen Rechtsscheintatbestand ersetzt werden. Dabei unterscheidet man: Eine **Duldungsvollmacht** soll vorliegen, wenn der Vertretene weiß, daß ein anderer für ihn handelt, aber zurechenbarerweise nichts dagegen unternimmt (also das Auftreten des Dritten bewußt duldet).

> *Bsp.* dafür *BGH* aaO.: Die Ehefrau hat sich von ihrem Kohlenhandel zurückgezogen; sie duldet aber, daß ihr Ehemann, der den Offenbarungseid geleistet hat und daher nicht selbst hervortreten will, den Handel unter ihrem Namen weiterführt.

---

8 So *Enneccerus/Nipperdey* § 184 II 3; *Canaris* S. 33 ff.
9 Ebenso wohl *Hübner*, AT Rdnr. 1248 und trotz teils anderen Ausgangspunkts auch *Larenz/Wolf* § 48 Rdnr. 9; *Canaris* S. 35, 435 ff.; *Frotz*, Verkehrsschutz im Vertretungsrecht (1972) 325.

Dagegen genügt es nach *BGH* NJW 1988, 1199 f. nicht, daß bloß einer von mehreren gesamtvertretungsberechtigten Geschäftsführern einer GmbH das unberechtigte Auftreten kennt und duldet: Die Duldung steht eben einer Willenserklärung nahe, zu der ein Gesamtvertreter allein nicht berechtigt ist.

Eine **Anscheinsvollmacht** soll vorliegen, wenn der Vertretene das Auftreten des anderen zwar nicht kennt, es aber bei pflichtgemäßer Sorgfalt hätte kennen und verhindern können, und wenn so für einen Dritten der Schein entsteht, der Vertretene kenne und dulde dieses Auftreten. Dafür soll es regelmäßig einer gewissen Häufigkeit und Dauer des Auftretens bedürfen, *BGH* VersR 1992, 989/990, zuletzt *BGHZ 166, 369/374 f. Rdnr. 17*; dort wird zugleich (Rdnr. 19) eine erweiterte Haftung der Eltern für ihre Kinder bei **Telefondienstleistungen** anerkannt (unbefugte Annahme von R-Gesprächen).   **99**

Jedenfalls viel zu weit geht *OLG Köln*, NJW 1973, 1798 ff. mit abl. Anm. *Picker*: Der redliche Rechtsverkehr sehe in der Beauftragung eines Architekten den Rechtsschein einer Vollmachtserteilung zum Abschluß der im Rahmen des Bauvorhabens liegenden Bauverträge. Dem steht schon entgegen, daß der übliche Einheitsvertrag für Architekten gerade keine solche Vollmacht enthält.

Diese Ansicht versieht also Duldungsvollmacht und Anscheinsvollmacht mit den gleichen Rechtsfolgen: In beiden Fällen liege keine wirkliche Vollmacht vor. Der Vertretene müsse sich aber so behandeln lassen, als habe er eine Vollmacht erteilt.

b)   Die neuere Unterscheidung

Ganz anders *Flume* § 49, 3; 4. Er trennt zwischen Duldungsvollmacht und Anscheinsvollmacht: Die **Duldungsvollmacht** bedeute Vollmachtserteilung durch konkludentes Verhalten; sie sei wie die Vollmachtskundgabe nach §§ 171, 172 entsprechend der Außenvollmacht zu behandeln. Demgegenüber liege bei der **Anscheinsvollmacht** kein einer Vollmachtserteilung gleichzusetzendes rechtsgeschäftliches Verhalten des Vertretenen vor, sondern nur Nachlässigkeit. Diese könne die Vollmachtserteilung nicht einfach ersetzen: Verschulden sei noch keine Willenserklärung. Die von der bisher h.M. unter dem Stichwort »Anscheinsvollmacht« zusammengefaßten Fälle seien daher nicht nach dem Recht der Vollmacht zu behandeln, sondern nach den Regeln der culpa in contrahendo.   **100**

Das bedeutet: Nur bei der Duldungsvollmacht kommt ein Vertrag zwischen dem Vertretenen und dem Dritten zustande; nur hier erhält also der Dritte Erfüllungsansprüche gegen den Vertretenen. In den Fällen der Anscheinsvollmacht dagegen ist der Dritte auf Ansprüche gegen den Vertreter aus § 179 und gegen den Vertretenen aus culpa in contrahendo (§§ 280 I, 311 II und III) mit § 278 beschränkt. Dieser

Anspruch gegen den Vertretenen geht nur auf das negative Interesse und ist gegebenenfalls einer Kürzung nach § 254 ausgesetzt.

101 Diese Ansicht *Flumes* ist vorzugswürdig[10]. Das gilt zunächst für die Behandlung der Duldungsvollmacht. Denn wenn man die Vollmachtskundgabe nach §§ 171, 172 der Außenvollmacht gleichsetzt (oben Rdnr. 97), ist es nur konsequent, den Schutz durch die Duldungsvollmacht nicht weiter reichen zu lassen: Wer bloß geduldet hat, kann nicht unvermeidlich an die Vollmacht gebunden sein, wenn eine ausdrücklich erteilte Außenvollmacht wegen eines Willensmangels anfechtbar oder nichtig wäre. Sachgerecht ist auch die Ungleichbehandlung von Duldungsvollmacht und Anscheinsvollmacht: Willenserklärung und Verschulden sind verschiedene Kategorien. Nur die Willenserklärung führt zu vertraglichen Primäransprüchen auf Erfüllung; das Verschulden bei Vertragsverhandlungen dagegen führt auch sonst nur zur Haftung auf Ersatz des Vertrauensschadens. Es gibt keinen stichhaltigen Grund dafür, bei der Anscheinsvollmacht beide Kategorien zu vermengen und aus culpa in contrahendo regelwidrig einen Erfüllungsanspruch zu folgern. Eine Ausnahme gilt außer im Privatversicherungsrecht (vgl. etwa *BGH* VersR 1986, 329 f.) nur für das **Handelsrecht**: Dort führt veranlaßter Rechtsschein in weiterem Umfang zur Erfüllungshaftung (ebenso insbesondere *Canaris* 191 ff.; HaR § 14 Rdnr. 17 f., vgl. unten Rdnr. 106 f.).

c) Zusammenfassung

102 Danach ergibt sich folgende Zusammenfassung der Reihe von Tatbeständen, die in Verbindung mit der Vollmacht gebracht werden:
Innen- und Außenvollmacht sind unzweifelhaft Willenserklärungen.
Die **Vollmachtskundgabe** nach §§ 171, 172 ist nicht *Willens*erklärung, sondern ausdrückliche *Wissens*erklärung. Die wohl h.M. behandelt die

---

10 Im Ergebnis weithin ähnlich auch *BGHZ 65, 13* (ausführlicher in NJW 1975, 2101); *Canaris* S. 48 ff.; kritisch aber *Lüderitz*, JuS 1976, 765/769 f. mit weiteren Angaben, dazu noch *F. Peters*, AcP 179 (1979) 214 ff. Der überwiegenden Rspr., die Duldungs- und Anscheinsvollmacht gleichstellt, stimmen etwa zu *Larenz/ Wolf* § 48 Rdnr. 30; *Bork* Rdnr. 1565. In *BGHZ 86, 273* (dazu *Herrmann*, NJW 1984, 471, ähnlich *BGHZ 97, 224/230*) werden zwar bei Anscheinsvollmacht Vertretungswirkungen bejaht (daher soll die Eigenhaftung des Vertreters nach § 179 ausgeschlossen sein). Doch ergibt die Entscheidung nicht klar, wann eine Anscheinsvollmacht angenommen werden soll. Noch anders *Hübner*, AT Rdnr. 1289: Im bürgerlichen Recht sollen Vertretungsfolgen nur bei grobfahrlässiger Verursachung eines Anscheins eintreten. Aber das BGB kennt das Kriterium der groben Fahrlässigkeit im Vertretungsrecht und überhaupt im Recht der Willenserklärung nicht.

Haftung des Kundgebenden bei Unrichtigkeit der Kundgabe als Rechtsscheinhaftung. Nach *Flume* dagegen ist die Bindung des Kundgebenden an seine unrichtige Kundgabe auf eine konkludent erteilte Außenvollmacht zurückzuführen. Sie ist also ebenso wie diese nichtig oder anfechtbar. Die **Duldungsvollmacht** entsteht aus bewußter Duldung des Vertreterhandelns durch den Vertretenen. Die h.M. nimmt auch hier Rechtsscheinhaftung an; *Flume* stellt die Duldungsvollmacht der Außenvollmacht gleich. Die **Anscheinsvollmacht** beruht auf unbewußt fahrlässiger Duldung. Viele (insbesondere überwiegend der BGH) behandeln die Anscheinsvollmacht ebenso wie die unrichtige Vollmachtskundgabe und die Duldungsvollmacht, kommen also über Rechtsscheinhaftung zu einem Erfüllungsanspruch gegen den Vertretenen. *Flume* lehnt hier Vollmachtswirkungen ab; gegen den Vertretenen sollen nur Ansprüche aus culpa in contrahendo (auf das negative Interesse) gegeben sein. Das findet in der Literatur wenigstens für die Fälle außerhalb des Handelsrechts einigen Beifall.

4. Handelsrechtlicher Vertrauensschutz

Mehrere Sonderregeln gelten im Handelsrecht. Allerdings beschränken sie   **103**
sich nicht auf Fragen der Vertretungsmacht, sondern erfassen auch andere Umstände (etwa die Zugehörigkeit zu einer OHG mit der Haftungsfolge aus § 128 HGB). Da es aber bei den handelsrechtlichen Regeln häufig um die Vertretungsmacht geht, seien sie hier kurz dargestellt[11].

a) Scheinkaufmann

Im Anschluß an § 5 HGB ist der Satz entwickelt worden (etwa *BGHZ 17,*   **104**
13 ff.): Wer den Anschein erweckt, er sei Kaufmann (Vollkaufmann, Gesellschafter einer OHG), muß sich von redlichen Dritten so behandeln lassen, als entspräche dieser Schein der Wirklichkeit. Wer dem Schein nach Kaufmann ist, kann also etwa wegen § 350 HGB aus einer formlosen Bürgschaft in Anspruch genommen werden (einschränkend aber *K. Schmidt*, HaR § 10 VIII 2d; ausführlich *Canaris*, HaR § 6 Rdnr. 7 ff., kritisch *von Olshausen*, FS Raisch, 1995, 147 ff.).

Dagegen ist der sehr viel engere § 5 HGB selbst kein Fall des Vertrauensschutzes: Er setzt kein Vertrauen des Dritten voraus und wirkt nach h.M. überdies sogar auch *zugunsten* des fälschlich Eingetragenen. Doch hat die Vorschrift durch die HGB-

---

11 Vgl. dazu *K. Schmidt*, HaR § 14; *ders.*, JuS 1977, 209 ff.; *Canaris*, HaR § 5;
     P. Hofmann, JA 1980, 264 ff.; *Kreutz*, Jura 1982, 626 ff.; *M. Reinicke*, JZ 1985,
     272 ff.; *Schilken*, AcP 187 (1987) 1 ff.; *J. Hager*, Jura 1992, 57 ff.

Reform von 1998 stark an Bedeutung verloren (»Mauerblümchen«: *K. Schmidt*, JZ 2003, 585/589).

b) Negative Publizität des Handelsregisters

105 Nach § 15 I HGB kann einem redlichen Dritten eine eintragungsbedürftige Tatsache nicht entgegengehalten werden, solange Eintragung ins Handelsregister und Bekanntmachung nicht erfolgt sind. Dies ist die sogenannte »negative Publizität« des Handelsregisters: Seinem Schweigen darf man trauen, nicht aber seinem Reden. Nach h.M. (etwa *OLG Stuttgart*, NJW 1973, 806) soll dieser Schutz bei einer Veränderung eintragungspflichtiger Umstände sogar dann gelten, wenn schon der unveränderte Umstand selbst nicht eingetragen worden war (z.B. soll sich ein Gesellschafter einer OHG auf sein nicht eingetragenes Ausscheiden selbst dann nicht berufen dürfen, wenn sein Eintritt in die Gesellschaft nicht eingetragen worden war; dagegen mit Recht *Canaris* 152 und einschränkend jetzt HaR § 5 Rdnr. 12 mit Nachweisen: Eintragung des Ausscheidens ist nur dann nötig, wenn der nicht eingetragene Eintritt sonst wie bekannt geworden ist; *John*, ZHR 140, 1976, 234 ff.). Jedoch soll nach *BGH* NJW 1983, 2258 ff. (mit abl. Anm. *K. Schmidt*) die unbeschränkte Haftung des Kommanditisten aus § 176 II HGB selbst dann eintreten, wenn dieser den Anteil durch Abtretung erworben hatte und daher selbst nicht eingetragen war (vgl. *K. Schmidt*, ZIP 2002, 420 ff.). Trotz dieser h.M. ist der durch § 15 I HGB bewirkte Verkehrsschutz aber sehr eng, insbesondere viel enger als beim Grundbuch.

Bsp.: Der unerkannt geschäftsunfähige Kaufmann K bestellt P zum Prokuristen; die Prokura wird eingetragen und bekanntgemacht (vgl. § 53 HGB). Der redliche D schließt im Vertrauen auf diese Eintragung mit P, der für K handelt, einen Vertrag: kein Schutz des D nach § 15 I HGB. Geschützt wäre D nur, wenn der Widerruf (§ 52 I HGB) einer zunächst wirksam erteilten Prokura nicht eingetragen worden wäre.

c) Ergänzendes Gewohnheitsrecht

106 Wegen der Schwäche von § 15 I HGB hatte sich zu seiner Ergänzung folgende Regel entwickelt: Wer eine ihn betreffende unrichtige Eintragung ins Handelsregister veranlaßt hat, soll sich von redlichen Dritten so behandeln lassen müssen, als wäre die Eintragung richtig. Dasselbe soll für denjenigen gelten, der zurechenbarerweise die Beseitigung einer ihn betreffenden unrichtigen Eintragung im Handelsregister versäumt hat. Diese letzte Regel hat Bedeutung wegen § 130 II FGG: Eintragungen ins Handelsregister werden dem (hier: angeblichen) Antragsteller mitgeteilt, so daß er regelmäßig alsbald ihre Löschung veranlassen kann.

Damit war im Ergebnis eine gewisse positive Publizität der Eintragungen ins Handelsregister gesichert: Wer etwa die Eintragung einer Prokura (§ 53 HGB) veranlaßt hatte, konnte gutgläubigen Dritten nicht das Fehlen einer wirksamen Vollmacht entgegenhalten. Damit gelangte das Handelsrecht auch in Fällen der Anscheinsvollmacht (und sogar noch darüber hinaus, weil Verschulden unnötig ist) zu einem Erfüllungsanspruch gegen den Vertretenen. *Canaris* 191 ff. will daher im Handelsrecht in allen Fällen der Anscheinsvollmacht den Erfüllungsanspruch gewähren, diese also insoweit der Duldungsvollmacht gleichstellen. Mich hat das überzeugt (vgl. oben Rdnr. 101).

Das Nebeneinander der negativen Registerpublizität (oben Rdnr. 105)   106a
und des gewohnheitsrechtlichen Vertrauensschutzes (oben Rdnr. 106) wird deutlich in *BGHZ 115, 78 ff.* (dazu *K. Schmidt*, JuS 1991, 1002 ff.): Der **Geschäftsführer** G einer GmbH war **geschäftsunfähig** geworden und hatte dann für diese einen Wechsel akzeptiert. Für den Wechselanspruch unterscheidet der BGH: Die Organstellung des G sei mit dem Verlust der Geschäftsfähigkeit erloschen, § 6 II 1 GmbHG. Das habe nach § 39 I GmbHG ins Handelsregister eingetragen werden müssen. Wegen des Fehlens dieser Eintragung habe der Wechselerwerber nach § 15 I HGB auf die *Vertretungsmacht* des G vertrauen dürfen. Davon sei aber zu unterscheiden, daß die Willenserklärung des geschäftsunfähigen G selbst dann nach §§ 105 I, 165 nichtig sei, wenn sie in fremdem Namen abgegeben werde: Über die Fortdauer der *Geschäftsfähigkeit* (nicht der Organstellung!) sage das Handelsregister ja nichts. Doch könne der Rechtsverkehr erwarten, daß die Gesellschafter einer GmbH einen erkennbar geschäftsunfähig gewordenen Geschäftsführer alsbald ablösten. Wenn das unterblieben sei, hafte die GmbH für das schuldhafte Versäumnis ihrer Gesellschafter (offenbar auf Einlösung des Wechsels).

d) Positive Publizität des Handelsregisters

Seit dem 1.9.1969 ist in § 15 III HGB die positive Publizität auch gesetzlich   107
angeordnet. Aber diese Regelung, die auf eine EG-Richtlinie zurückgeht, ist vor allem aus zwei Gründen mißglückt: Erstens knüpft § 15 III HGB den Vertrauensschutz nur an die Bekanntmachung und nicht (auch) an die Eintragung, und zweitens geht dieser Schutz viel zu weit: Er tritt nämlich nach dem Gesetzeswortlaut auch dann ein, wenn der Betroffene weder die Bekanntmachung veranlaßt hat noch ihr überhaupt entgegentreten konnte.

Freilich ist etwa auch der Redlichkeitsschutz durch das **Grundbuch** unabhängig von Veranlassung oder Hinderungsmöglichkeit. Aber durch Grundbuchfehler kann man schlimmstenfalls sein Immobiliarsachenrecht verlieren. Wer dagegen fälschlich als Gesellschafter einer OHG bekanntgemacht wird oder eine Prokura gegen sich gelten lassen muß, kann in Schulden von unbegrenzter Höhe geraten.

Angesichts dessen besteht weitgehend Einigkeit darüber, daß § 15 III HGB einschränkend auszulegen ist; grundlegend *von Olshausen*, BB 1970, 137 ff. Die am stärksten vertretene, beifallswürdige Ansicht setzt dafür bei folgender Formulierung des § 15 III HGB an: Das Bekanntgemachte soll demjenigen entgegengehalten werden können, »in dessen Angelegenheiten die Tatsache einzutragen war«. Einzutragen sei, so sagt die h.M., nur in dessen Angelegenheit etwas, **der einen Antrag gestellt hat.** § 15 III HGB wirkt also nicht gegen den, der keine Eintragung beantragt oder sonstwie veranlaßt hat[12]; das läuft auf das **Veranlassungsprinzip** hinaus (ebenso *Canaris*, HaR § 5 Rdnr. 51 f., vgl. auch § 6 Rdnr. 4 ff.).

So verstanden bringt die Vorschrift gegenüber der alten gewohnheitsrechtlichen Regel (oben Rdnr. 106) nur eine geringfügige Verschärfung: Nach dieser Regel mußte die Veranlassung gerade durch einen *unrichtigen* Antrag erfolgt sein, während nach § 15 III HGB auch ein *richtiger Antrag* genügt (der dann erst durch einen Fehler des Registergerichts zu einer unrichtigen Bekanntmachung geführt hat). Aber diese Verschärfung ist tragbar: Wer überhaupt einen Antrag zum Handelsregister gestellt hat, mag die daraufhin erfolgende Bekanntmachung auf ihre Richtigkeit kontrollieren. Daher halte ich eine weiterreichende Einschränkung des § 15 III HGB für unbegründet. Doch dürfte der Schutz des nicht voll Geschäftsfähigen dem Schutz durch § 15 III HGB vorgehen (z.B. bei Fehlen der nach § 1822 Nr. 11 zu einer Prokura-Erteilung nötigen vormundschaftsgerichtlichen Genehmigung, vgl. *Canaris*, HaR § 5 Rdnr. 5 mit Nachweisen).

Neben dieser Vorschrift braucht man die **alte Regel** (oben Rdnr. 106) außer für den Fall von oben Rdnr. 106a noch hauptsächlich in zwei Fallgruppen: Erstens, wenn nur die (von § 15 III HGB nicht erfaßte) *Eintragung unrichtig* ist. Und zweitens, wenn der von der unrichtigen Bekanntmachung Betroffene zwar keinen Antrag gestellt hatte, aber doch diese Bekanntmachung *hätte verhindern oder korrigieren können.*

Bsp.: P hat durch Fälschungen erreicht, daß er als Prokurist des K ins Handelsregister eingetragen worden ist. K erhält die Mitteilung über diese Eintragung, unternimmt aber nichts dagegen. Der redliche D schließt mit P ein Geschäft, aus dem er K in Anspruch nehmen will: K haftet.

e)   Unterschiede zwischen Eintragung und Bekanntmachung

108   Daß *Eintragung und Bekanntmachung voneinander abweichen*, hindert einen Redlichkeitsschutz nicht. Vielmehr gilt hier dasselbe wie im Handels-

---

12 So etwa *von Olshausen*, aaO.; *Canaris* S. 165 ff.; insoweit auch *Beuthien*, FS Reinhardt (1972) 199/201, etwas anders *Steckhan*, DNotZ 1971, 211 ff., mit ihm sympathisierend *K. Schmidt*, HaR § 14 III 2d: § 15 III HGB betreffe nur wirklich registerpflichtige Unternehmen sowie deren Träger und Gesellschafter.

recht auch sonst beim Widerspruch zwischen mehreren Rechtsscheinträgern.

BGH JZ 1971, 334 f. (dazu *Gotthardt,* JZ 1971, 312 ff.): A erweckt den Anschein, als sei er persönlich haftender Gesellschafter einer KG. In Wahrheit ist A nur Geschäftsführer der Komplementär-GmbH in der KG; A haftet also für die Schulden der KG nicht persönlich. Das ist auch richtig im Handelsregister eingetragen und bekanntgemacht. Kann angesichts dessen ein Dritter D noch auf den Schein einer persönlichen Haftung des A vertrauen?

Der BGH hat diese Frage mit Recht bejaht. Jedoch sollen erheblicher Umfang des beabsichtigten Geschäfts und Mehrdeutigkeit des Verhaltens des A zu einer Prüfungsobliegenheit des D führen. Ihre Mißachtung schließe den Redlichkeitsschutz aus. Nach *BGH* BB 1976, 1479 f. soll aber ein solcher Schutz vereinzelt selbst da in Betracht kommen, wo § 15 II HGB Kenntnis oder fahrlässige Unkenntnis der eingetragenen und bekanntgemachten Tatsache unwiderleglich vermutet. Andererseits braucht nach *BGH* NJW 1981, 2569 f. bei mündlichen Abschlüssen der GmbH-Zusatz nicht stets verwendet zu werden.

f) Die Vertretungsmacht von Ladenangestellten

Außer durch die Genehmigungsfiktionen in §§ 75 h, 91a HGB schützt das **109** Handelsrecht das Vertrauen auf das Bestehen von Vertretungsmacht schließlich noch durch § 56 HGB: Der Ladenangestellte soll als zu den gewöhnlichen »Verkäufen und Empfangnahmen« (nicht auch Ankäufen: *BGH* NJW 1988, 2109 f.) ermächtigt gelten. Die Auslegung beschränkt diesen Schutz auf den redlichen Partner (§ 54 III HGB analog): So kann etwa der Schein einer Ermächtigung zur Zahlungsannahme durch das Vorhandensein einer besonderen Kasse ausgeschlossen sein *(Canaris* 190; HaR § 16 Rdnr. 9). Dann befreit in einem Warenhaus nur eine Zahlung an der Kasse und nicht an eine anderswo tätige Verkaufsperson.

g) Abgrenzung

Die bisher genannten Fälle sind scharf zu scheiden von der sog.»fehlerhaf- **110** ten Gesellschaft« (vgl. unten Rdnr. 193): Diese wirkt auch (und gerade) im Innenverhältnis, etwa zu den übrigen Gesellschaftern. Dagegen betrifft insbesondere der Schutz durch das Handelsregister und ähnliche Rechtsscheinträger nur das Außenverhältnis. Und auch dort beschränkt sich der Vertrauensschutz im wesentlichen auf den rechtsgeschäftlichen Verkehr, ähnlich wie beim redlichen Erwerb vom Nichtberechtigten (unten Rdnr. 548 f.). So haftet etwa der Scheingesellschafter regelmäßig nicht für neu entstandene Steuerschulden der OHG (*BFH* NJW 1978, 1944) oder

einen Deliktsanspruch gegen sie (so *BGHZ 82, 209/215* für § 176 HGB).
Zu Einzelheiten vgl. *Ballerstedt*, JuS 1965, 272 ff.

5.   § 181 BGB und Mißbrauch der Vertretungsmacht

111   Während es in den bisher erörterten Fällen darum ging, ob überhaupt eine
Vertretungsmacht vorlag, handelt es sich bei § 181 und dem Mißbrauchstat-
bestand um ihre **Begrenzung**. Diese ist besonders bedeutsam für Fälle einer
weitreichenden gesetzlichen Vertretungsmacht (etwa der Eltern für ihre
Kinder) und für die Vollmacht mit gesetzlich bestimmtem Umfang (z.B.
§§ 49 f. HGB Prokura, 81 ff. ZPO Prozeßvollmacht).

a)   Insichgeschäfte

112   Eine gesetzliche Begrenzung enthält § 181 für das Insichgeschäft (vgl.
H. Honsell, JA 1977, 55 ff.): Der Vertreter kann regelmäßig ein Rechtsgeschäft im Namen des Vertretenen weder mit sich selbst (**Selbstkontrahieren**) noch als Vertreter eines Dritten (**Mehrvertretung**) abschließen. Den
Grund für dieses Verbot bildet die Gefahr einer Interessenkollision, die sich
äußerlich in dem Fehlen eines Geschäftspartners zeigt.

> *Bsp.* für das Insichgeschäft: P, der Prokurist des K, betreibt auch selbst ein Han-
> delsgeschäft. Namens des K kontrahiert P mit seiner eigenen Firma. *Bsp.* für die
> Mehrvertretung: S und T, die Kinder des V, sind Erben des D. V vollzieht die Erb-
> auseinandersetzung zwischen S und T.

113   aa) Zweifelhaft wird die Anwendbarkeit von § 181, wenn die **Personen-
gleichheit** durch die Einschaltung eines weiteren Vertreters **künstlich aufgehoben** ist.

> *Bsp.:* P, der auch ein eigenes Geschäft betreibende Prokurist des K, will namens
> des K von seinem eigenen Geschäft Ware kaufen. Damit ihm das trotz § 181 gelingt,
> könnte P zweierlei versuchen: *Entweder* für sich selbst einem Dritten D Vollmacht
> erteilen; dann kontrahieren P für K mit D für P. *Oder* P könnte dem D Hand-
> lungsvollmacht für K erteilen; dann kontrahieren D für K mit P für sich selbst. In
> beiden Fällen stehen sich also verschiedene Personen gegenüber.

> *RGZ 108, 405 ff.* hat § 181 in einem solchen Fall wegen der Personenver-
> schiedenheit nicht angewendet. Dagegen tritt man heute (etwa *Flume* § 48,
> 4; *Larenz/Wolf* § 46 Rdnr. 131 ff.) überwiegend für analoge Anwendung
> ein. Dem ist zuzustimmen: Die für § 181 kennzeichnende Personenidentität
> wird hier nur durch einen Kunstgriff behoben, der an der für § 181 maß-
> geblichen Interessenkollision nichts ändert (so auch *BGH* NJW 1991,
> 691/692; *OLG Hamm*, NJW 1982, 1105).

bb) Davon zu unterscheiden sind die Fälle der Interessenkollision, in de- **114**
nen sich **von vornherein verschiedene Personen** gegenüberstehen.

RGZ 71, 219 ff.: Die Mutter M erteilt ihrem Sohn S Generalvollmacht. S übernimmt namens der M seinem eigenen Gläubiger G gegenüber eine Bürgschaft. Daraus klagt G gegen M; diese beruft sich auf § 181.

Hier hat S bei der Bürgschaft namens der M mit G und daher nicht mit
sich selbst kontrahiert. Zwar besteht auch in solchen Fällen eine Interessenkollision, nämlich weil S bei der Bürgschaft eher seine eigenen Interessen wahrnehmen wird als diejenigen der vertretenen M. Aber diese Gefahr
allein genügt der Rspr. und der überwiegenden Literatur (vgl. *Flume* § 48, 5;
Larenz/Wolf § 46 Rdnr. 139 f.) nicht für eine Analogie zu § 181: Diese Vorschrift hat die von ihr verordnete Begrenzung der Vertretungsmacht im
Interesse der Rechtssicherheit bewußt formalisiert. Doch vgl. unten
Rdnr. 116.

cc) Bei den beiden Fallgruppen von oben Rdnr. 113 und Rdnr. 114 geht es **115**
darum, ob § 181 auf Interessenkollisionen ohne Personenidentität angewendet werden kann. Daneben gibt es auch die umgekehrte Konstellation:
Personenidentität ohne Interessenkollision. Auch hier hat die Rspr. zunächst nur den Wortlaut des § 181 beachtet. Folglich ist die bloß auf die
Personenidentität abstellende Vorschrift in solchen Fällen trotz Fehlens der
Interessenkollision angewendet worden.

BGHZ 56, 97 ff. von 1971 hat jedoch einen Wandel angebahnt: Zwar will
der BGH nicht in jedem Einzelfall für die Anwendung von § 181 einen
Interessenkonflikt fordern; eine solche für Dritte unerkennbare Voraussetzung müsse die Verkehrssicherheit gefährden. Wohl aber sei § 181 unanwendbar, wenn seine Zielsetzung **für eine geschlossene Fallgruppe** nach
der dort bestehenden Rechts- und Interessenlage **niemals zum Zuge
kommen könne.** Das hat *BGHZ 56, 97* für den Fall angenommen, daß der
geschäftsführende Alleingesellschafter einer GmbH namens der Gesellschaft mit sich selbst kontrahiert. Gerade dieser Fall ist aber durch einen
neuen § 35 IV GmbHG abweichend geregelt worden: § 181 soll für Geschäfte zwischen dem Alleingesellschafter und der allein durch ihn vertretenen Gesellschaft stets gelten. Erhalten geblieben ist nur die zweite von der
Rechtsprechung entwickelte Ausnahme von § 181: Danach soll die Vorschrift unanwendbar sein auf Insichgeschäfte, die dem Vertretenen **lediglich
rechtlichen Vorteil bringen** (*BGHZ 59, 236 ff.; 94, 232 ff.*). Dieselbe Einschränkung hat *BGH NJW 1975, 1885* alsbald auf das Vertretungsverbot
nach § 1795 I Nr. 1 übertragen.

b)   Mißbrauch der Vertretungsmacht

116 Wo § 181 nicht angewendet wird, kann bei Interessenkollision bisweilen die seit langem praeter legem anerkannte[13] Regel vom Mißbrauch der Vertretungsmacht helfen: Wenn der Dritte einen solchen Mißbrauch erkennt oder erkennen muß, wird der Vertretene nicht gebunden; die Vertretungsmacht versagt.

> Daher könnte in *RGZ 71, 219* (vgl. oben Rdnr. 114) M dem G nicht verpflichtet sein. Denn dem G mag die Interessenkollision für S und die daraus folgende Gefahr eines Mißbrauchs der Vollmacht offengelegen haben.

Bisweilen bezweifelt wird nur, ob schon **Kennenmüssen** des Dritten von dem Mißbrauch der Vertretungsmacht ausreicht, um die Vertretungswirkungen nicht eintreten zu lassen. Dieser Streit verliert aber stark an Gewicht, wenn man folgendes bedenkt: »Kennenmüssen« bedeutet hier nicht, daß den Dritten eine Pflicht zu Nachforschungen über das Innenverhältnis treffen soll. Wer etwa mit einem Prokuristen kontrahiert, braucht sich nicht beim Prinzipal nach dessen Einverständnis mit der Erklärung des Prokuristen zu erkundigen. Vielmehr meint »Kennenmüssen« hier wie etwa auch in §§ 169, 173, 179 III nur die **Evidenzfälle**, in denen jeder Vernünftige den Mißbrauch der Vertretungsmacht erkannt hätte. Man gelangt so zu einer prozessualen Erleichterung für den Vertretenen: Er braucht nur zu beweisen, daß der Mißbrauch der Vertretungsmacht evident war; nicht auch (was kaum beweisbar wäre), daß der Dritte den Mißbrauch wirklich erkannt hat[14]. *BGHZ 127, 239/241* verlangt »eine massive Verdachtsmomente voraussetzende objektive Evidenz des Mißbrauchs«; ähnlich etwa *BGH* NJW 2002, 1497/1498.

c)   Unbeschränkbare Vertretungsmacht

117 *BGHZ 50, 112 ff.* (ausführlicher in NJW 1968, 1379 ff., dazu *Heckelmann*, JZ 1970, 62 ff.) ergänzt die Lehre vom Mißbrauch der Vertretungsmacht um zwei Nuancen:

aa) Wo das Gesetz die *Unbeschränkbarkeit der Vertretungsmacht* gegenüber Dritten bestimme (etwa §§ 50 I, 126 II HGB, 82 AktG), wirke die Vertretungsmacht nur dann nicht, wenn der Vertreter **bewußt** zum Nachteil des Vertretenen handele und das evident sei. Danach wäre also auch ein

---

13 Etwa *BGHZ 127, 239/241 f.*; *BGH* NJW 1966, 1911; 1984, 1461 f.; *BAG* BB 1978, 964 f.; *Rob. Fischer*, FS Schilling (1973) 3 ff.; *H.P. Westermann,* JA 1981, 521 ff., zuletzt *Larenz/Wolf* § 46 Rdnr. 141 ff.

14 So *Flume* § 45 II 3 und *Larenz/Wolf* § 46 Rdnr. 142, ähnlich für den Konkursverwalter *BGH* NJW 1971, 701/703.

evidenter Mißbrauch ohne Schädigungsabsicht noch gedeckt (ebenso *Fischer*, aaO. 20). Doch sollte der Schutz des Geschäftsgegners nicht vom Verschulden des Vertreters abhängig gemacht werden (ebenso *Bork* Rdnr. 1582). Das hat *BGH* NJW 1988, 3012 f. für die Vertretungsmacht mit rechtsgeschäftlich bestimmtem Inhalt auch ausdrücklich anerkannt.

bb) Sogar wenn die Vertretungsmacht nach der Regel oben aa) nicht wirke, dürfe der Dritte geltend machen, der Vertretene habe den Mißbrauch erst durch **unzureichende Kontrolle des Vertreters** ermöglicht. Die nachteiligen Folgen des Geschäfts seien dann entsprechend § 254 zu teilen.   118

Das ist schon im Ansatz nicht klar: Meint der BGH hier Teilgültigkeit der Vertretungsmacht und damit auch des Geschäfts, oder will er dem Dritten bloß einen ggf. nach § 254 geminderten Schadensersatzanspruch aus culpa in contrahendo gegen den Vertretenen geben? Für die erste Auffassung spricht in dem Urteil der Satz, die Ansprüche aus dem Geschäft könnten ggf. nur zu einem Bruchteil begründet sein. Aber Ansprüche auf eine unteilbare Leistung (etwa auf Lieferung einer Maschine) kann man nicht nach § 254 teilen[15]. Für den Anspruch aus c.i.c. dagegen bleibt unklar, warum der Vertretene nur für eigenes Verschulden und nicht auch nach § 278 für den Vorsatz seines Vertreters soll einstehen müssen.

Der richtige Lösungsansatz dürfte bei der **Evidenz** liegen. Denn soweit die verkehrsübliche Kontrolle unterbleibt, kann der Anschein entstehen, der Vertretene dulde das Vertreterhandeln und billige es also. Dann fehlt es an der Evidenz des Mißbrauchs: Der Schein begründet hier nicht etwa eine Anscheinsvollmacht (oben Rdnr. 99), sondern hindert nur die sonst wegen eines evidenten Mißbrauchs eintretende Beschränkung der wirklich vorhandenen Vollmacht.

In *BGHZ 50, 112 ff.* hatten Prokuristen einer Bank über längere Zeit hinweg bankunübliche Wechselgeschäfte betrieben und zum Teil auch die sich daraus ergebenden Verpflichtungen erfüllt. Hier ist denkbar, daß die ersten Geschäfte nicht gegen die Bank wirkten, weil der Mißbrauch noch evident war. Dagegen könnte die Evidenz für die späteren Geschäfte fehlen, weil die Häufung und die Zahlungen zur Erfüllung auf eine Billigung schließen ließen. Man kommt derart also nicht zu einer Teilung der einzelnen Geschäfte nach § 254, sondern zu einer zeitlichen Differenzierung.

---

15 Gegen die Anwendung von § 254 an dieser Stelle auch *Heckelmann*, JZ 1970, 62 ff.; *Larenz/Wolf* § 46 Rdnr. 144.

IV. Schadensersatz bei Vertretung ohne Vertretungsmacht[16]

119 Bei Fehlen der Vertretungsmacht, also wenn insbesondere auch weder die §§ 171, 172 noch die Duldungsvollmacht (noch unter Umständen die Anscheinsvollmacht) eingreifen, bleiben die Vertretungswirkungen aus. Die Willenserklärung des Vertreters wirkt also nicht für und gegen den Vertretenen, wenn dieser sie nicht genehmigt (§ 177); ein Vertrag zwischen dem Vertretenen und dem Dritten kommt nicht zustande. Durch diesen Ausfall von Erfüllungsansprüchen gegen den Vertretenen erleidet der Dritte häufig einen Schaden.

1. Ansprüche gegen den Vertreter

120 Ersatzansprüche des Dritten gegen den machtlosen Vertreter regelt § 179. Dabei ergibt sich für den Erfüllungsanspruch (Abs. 1 Fall 1) folgendes Problem:

Bsp.: V hat als machtloser Vertreter für A mit B einen Vertrag geschlossen; A hat die Genehmigung verweigert. Noch vor der Fälligkeit der Ansprüche aus dem Vertrag wird A insolvent. Kann hier B von V Erfüllung verlangen, obwohl der Vertrag dem B bei Vorliegen von Vertretungsmacht keinen Nutzen gebracht hätte?

Für die Schadensersatzansprüche nach § 179 I Fall 2, II tritt diese Frage nicht auf: Für sie ist in solchen Fällen von vornherein klar, daß B kein positives Interesse hat. *Flume* § 47, 3b will das auf den Erfüllungsanspruch ausdehnen: Dieser soll wegfallen oder sich mindern, soweit er auch gegen den Vertretenen undurchsetzbar gewesen wäre (mir zweifelhaft, weil B sonst das Risiko der Zahlungsunfähigkeit von *V und A* trüge, vgl. *Medicus*, AT Rdnr. 987 sowie *N. Hilger*, NJW 1986, 2237 f.).

2. Ansprüche gegen den Vertretenen

121 § 179 ist keine erschöpfende Regelung; er schließt daher Schadensersatzansprüche des Dritten *gegen den Vertretenen* nicht aus. Diese folgen aus *§ 831*, wenn der machtlose Vertreter als Verrichtungsgehilfe des Vertretenen ein Delikt gegenüber dem Dritten (z.B. Betrug) begangen hat. Außerdem ist eine Haftung des Vertretenen aus *culpa in contrahendo* denkbar (§§ 280 I, 311 II). Sie kann sich stützen auf Eigenverschulden des Vertretenen; ein Beispiel dafür bildet die Behandlung der Anscheinsvollmacht durch *Flume* (oben Rdnr. 100). Ohne solches Eigenverschulden kommt nur eine Haftung

---

16 Dazu etwa *Larenz/Wolf* § 49 Rdnr. 17 ff.; *Prölss,* JuS 1985, 577 ff.; 1986, 169 ff.

für das Verschulden des Vertreters über § 278 in Betracht. Sie setzt aber voraus, daß der Vertretene sich des Vertreters dem Dritten gegenüber bedient, also den Vertreter wenigstens in die Vertragsverhandlungen als Verhandlungsgehilfen eingeschaltet hat[17].

17 Vgl. auch unten Rdnr. 797 und *Canaris,* JuS 1980, 332 ff. (zu *BGH* NJW 1980, 115 über die Haftung einer Gemeinde für ihren Bürgermeister, der seine Vertretungsmacht überschritten hatte, dazu auch *BGHZ 142, 51*).

§ 6   Willensmängel

122 Der Vertragsschluß beruht regelmäßig auf Willenserklärungen. In ihnen unterscheidet die traditionelle Lehre ein objektives (**Erklärung**) und ein subjektives Element (**Wille**). Dabei muß die Rechtsordnung ihre Folgen primär an die Erklärung als den sichtbaren Teil knüpfen. Sekundär berücksichtigt sie dann aber, ob hinter der Erklärung ein entsprechender Wille steht. Diese Berücksichtigung trägt dem Gedanken der **Privatautonomie** Rechnung: Die Erklärung hat Rechtsgeltung, weil sie auf dem Willen beruht.

Diese durch *von Savigny* geprägte Auffassung liegt den §§ 116 ff. zugrunde. Demgegenüber setzt eine neuere Lehre (etwa *Larenz/Wolf* § 24 Rdnr. 29 ff.) die Akzente etwas anders: Sie sieht die Erklärung als Regelungsakt an und spricht von Geltungserklärung. Ich sehe hierin keinen wesentlichen Vorteil.

I.   Abgrenzungsfragen zu §§ 119–122

1.   Primat der Auslegung

123 Voraussetzung für die Anfechtung nach § 119 ist die Inkongruenz von Wille und Erklärung. Hierfür muß zunächst durch Auslegung der rechtliche Sinn der Erklärung ermittelt werden (vgl. oben Rdnr. 45). Die Auslegung ist daher vor der Frage nach der Anfechtbarkeit zu erörtern: Wenn die Erklärung schon durch Auslegung dem Willen angepaßt werden kann, kommt eine Anfechtung wegen Irrtums nicht in Betracht.

2.   Falsa demonstratio

124 Nur einen Sonderfall der Auslegung bildet die falsa demonstratio (dazu *Martinek*, JuS 1997, 136 ff.). Die empfangsbedürftige Willenserklärung wird selbst gegen ihren eindeutigen Wortlaut im Sinne des Gewollten ausgelegt, wenn der Empfänger dieses Gewollte richtig verstanden hat (*BGH* NJW 1994, 1528; 2006, 3139/3140 Rdnr. 13). Auch bei der falsa demonstratio wird also § 119 unnötig, weil der Wille schon durch Auslegung zur Geltung kommt.

Hauptfall der falsa demonstratio ist die **Parzellenverwechslung**: Käufer und Verkäufer sind sich über die zu verkaufende Parzelle einig, benennen aber irrtümlich im Kaufvertrag eine andere. Hier ist nicht die genannte, sondern die beiderseits gewollte Parzelle verkauft. Auch auf die notarielle Form der Erklärung des Gewollten wird dabei verzichtet (*BGHZ 87, 150 ff.*). Denn der Normzweck von § 311b I (früher § 313) ist ja erreicht worden (vgl. unten Rdnr. 185). Ebenfalls wirksam im Sinne des Gewollten ist die Auflassung, an der gleichfalls nur Verkäufer und Käufer beteiligt sind (*BGH* NJW 2002, 1038, 1039 f.).

Anderes gilt aber, wenn Dritte im Spiel sind, die das Gewollte nicht erkennen können. Bedarf z.B. der Grundstückskauf einer behördlichen Genehmigung, so bleibt der Vertrag trotz deren Erteilung unwirksam. Denn die Genehmigung betrifft nur die genannte Parzelle, nicht die der Behörde unerkennbar gewollte. Die Genehmigung ihrerseits ist gleichfalls unwirksam, weil gegenstandslos. Auch die Anträge an das Grundbuchamt und die Eintragung können nicht nach den Regeln über die falsa demonstratio korrigiert werden.

3.   Dissens

In der Nachbarschaft von Irrtum und Auslegung steht auch der Dissens **125** (doch vgl. oben Rdnr. 45 zu der neuen Ansicht von *Leenen*). Das gilt allerdings nicht für den **offenen** Dissens, § 154: Hier wissen die Parteien, daß sie sich nicht geeinigt haben. Wohl aber nimmt beim **versteckten** Dissens (§ 155) mindestens eine Partei eine solche Einigung an; sie befindet sich also insoweit im Irrtum. Dabei ist kennzeichnend für den Dissens, daß sich die *ausgelegten* Erklärungen nicht miteinander decken.

Irrtum nach § 119 I bedeutet also Inkongruenz von Wille und Erklärung; Dissens bedeutet Inkongruenz zweier ausgelegter Erklärungen. Daher ist Irrtum auch bei der einseitigen Willenserklärung möglich, Dissens dagegen nur beim Vertragsschluß.

Ein freilich seit der Einführung des Euro nicht mehr zeitgerechtes Schulbsp. für den Dissens ist der Vertragsschluß zwischen einem Schweizer und einem Franzosen in einem dritten Land über »Franken«, wenn jeder seine Heimatwährung gemeint hat. Hier mag sich nämlich durch Auslegung nicht feststellen lassen, welche Währung gelten soll.

Ist dagegen eine solche Feststellung möglich (z.B. bei Vertragsschluß in der Schweiz oder Vereinbarung der Zahlung auf ein Schweizer Konto), gilt der Vertrag mit diesem Inhalt. Die Partei, die etwas anderes gewollt hat, muß nach § 119 I anfechten. Heute ist der Fall etwa mit der Währung »Dollar« möglich, wenn der US-amerikanische oder der kanadische gemeint sein kann.

Bei dem von einer Partei **verschuldeten Dissens** nimmt die h.M. seit *RGZ 104, 265 ff.* eine Ersatzpflicht wegen culpa in contrahendo an; anders *Flume* § 34, 5. Ihm ist zuzugeben, daß tatsächlich oft kein Verschulden feststellbar sein wird; im Prinzip sollte aber die Ersatzpflicht nicht geleugnet werden.

II.   Nichtigkeit wegen Willensmängeln

1.   Scheingeschäft und fiduziarisches Geschäft

126   Von den gesetzlichen Nichtigkeitsgründen der §§ 116 S. 2–118 sei hier behandelt das Scheingeschäft (§ 117). Es ist bisweilen nicht leicht abzugrenzen zum fiduziarischen Geschäft (vgl. unten Rdnr. 488 ff.): Bei diesem erhält ja der Treunehmer mehr Rechtsmacht, als er wirklich soll gebrauchen dürfen. Daher kann man zweifeln, ob die Einräumung einer so weiten Rechtsmacht ernstlich gewollt ist.

(1) *OGHZ 4, 105 ff.*: G überträgt seinem Freund F einen GmbH-Anteil, um diesen seinen mit Pfändung drohenden Gläubigern zu entziehen.

(2) *BGHZ 36, 84 ff.*: E baut auf seinem Grundstück. Die Bauhandwerker verlangen Sicherungshypotheken (§ 648 I). Um den ersten Rang zur Sicherung eines erwarteten Baudarlehens freizuhalten, bestellt E seinem Sohn S eine Hypothek für eine Forderung aus von S angeblich geleisteten Bauarbeiten. E und S sind darüber einig, daß eine solche Forderung nicht besteht. Erst nach der Hypothek für S werden die Sicherungshypotheken für die Bauhandwerker eingetragen. In der Zwangsversteigerung beanspruchen die Bauhandwerker den Versteigerungserlös für sich, da die erstrangig eingetragene Hypothek nicht entstanden sei.

Bei Fall (2) ist mangels einer Forderung sicher keine Hypothek für S entstanden. Wohl aber hätte E nach §§ 1163 I 1, 1177 I eine Eigentümergrundschuld erworben haben können. Die aus dem ersten Rang verdrängten Bauhandwerker machten dagegen geltend, die Erklärung des E (als Teil der Einigung E–S) sei nach § 117 I nichtig. Der BGH ist dem nicht gefolgt: Der von E beabsichtigte Erfolg sei die Freihaltung der ersten Rangstelle gewesen. Das habe sich nur durch die Begründung einer *wirksamen* Eigentümergrundschuld erreichen lassen. Daher sei die Erklärung des E insoweit ernst gemeint gewesen und nicht nach § 117 I nichtig; kritisch zu dieser Begründung aber *Michaelis*, FS Wieacker (1978) 444, 455 f.

Entsprechend hat der OGH in Fall (1) entschieden: Wenn G mit Pfändungen seiner Gläubiger gerechnet habe, habe er diesen nur durch die *wirksame* Übertragung des GmbH-Anteils auf F begegnen können. Dann sei die Wirksamkeit der Übertragung gewollt, und § 117 I scheide aus. Ein nichtiges Scheingeschäft liege nur dann vor, wenn G gehofft habe, seine Gläubiger schon durch den *Schein* einer wirksamen Übertragung von Pfändungsversuchen abzuhalten.

Dasselbe muß im Fall (2) gelten: Ein Scheingeschäft wäre nur dann gegeben, wenn E die Bauhandwerker durch den Schein einer hohen Vorbelastung von der Durchsetzung ihres Anspruchs auf Sicherungshypotheken überhaupt abbringen wollte. Davon kann aber keine Rede sein: E hatte diese Hypotheken ja gerade bewilligt.

Daraus ergibt sich also folgende Abgrenzung (ebenso die h.M.): § 117 I greift nur dann ein, wenn die Beteiligten ihr **Ziel durch den bloßen Schein eines wirksamen Rechtsgeschäfts erreichen wollen.** Dagegen liegt ein fiduziarisches Rechtsgeschäft vor, wenn die Beteiligten die Wirksamkeit des nicht in allen Konsequenzen gewollten Geschäfts (und nicht nur den Glauben Dritter an das Geschäft) für ihr Ziel benötigen und daher in ihrem Willen aufzunehmen. Hier ist § 117 I unanwendbar; freilich können andere Nichtigkeitsnormen (etwa §§ 134, 138) eingreifen.

2. Strohmanngeschäfte

Einen Sonderfall der fiduziarischen Geschäfte bilden die Strohmanngeschäfte: Eine oder mehrere Personen werden nur formal eingeschaltet, weil der wirtschaftlich an dem Geschäft Interessierte den Erfolg nicht oder nicht allein erreichen kann. Auch hier wird bisweilen die Abgrenzung zu § 117 I fraglich. Das galt bis 1980 insbesondere für das bekannteste Geschäft dieser Gruppe, nämlich die Gründung einer *Einmann-Gesellschaft*. **127**

BGHZ 21, 378 ff.: Der Fabrikant F will die persönliche Haftung für die Schulden aus seinem Betrieb vermeiden. Er läßt daher durch seine Freunde A und B eine GmbH gründen und übernimmt von ihnen noch am selben Tag vereinbarungsgemäß sämtliche Geschäftsanteile.

Der BGH hat solche Gründungen mit Recht nicht nach § 117 I für nichtig gehalten: Der von F verfolgte Zweck erfordere gerade eine wirksame Gründung durch A und B. Übrigens hat der BGH auch keine Nichtigkeit nach §§ 134 BGB, 2 GmbHG (der einen Gesellschafts*vertrag* und also mindestens zwei Personen forderte) angenommen. Inzwischen ist die Einmann-GmbH im Rahmen der GmbH-Reform ausdrücklich zugelassen worden (vgl. § 1 GmbHG:»... durch eine oder mehrere Personen errichtet werden«)[1].

Den Gegenfall zu solchen wirksamen Geschäften bildet etwa **128**

OLG Karlsruhe, NJW 1971, 619 f.: Der vorbestrafte V will als Versicherungsagent angestellt werden. Da die Versicherungsgesellschaft jedoch Vorbestrafte ablehnt, vereinbart V mit der Bezirksdirektion: Formal solle sein Sohn S angestellt werden, tätig sein wolle jedoch allein er, V. Gegen wen hat die Versicherung Ansprüche aus dem Anstellungsvertrag?

Hier hat das OLG den **Scheincharakter bejaht**: Dem V sollte eine Beschäftigung verschafft werden. Dazu war aber nicht eine wirksame Anstellung des S nötig, sondern nur dessen makelloses Führungszeugnis. Das

1 Dazu kritisch *P. Ulmer,* BB 1980, 1001 ff., gegen ihn aber *Flume,* Betr. 1980, 1781 ff.

OLG hat das Einverständnis der Bezirksdirektion mit der bloß simulierten Anstellung des S der Versicherungsgesellschaft über § 166 I zugerechnet und ist so zur Bejahung des § 117 I für einen Vertrag mit S gelangt. Für falsch halte ich freilich die weitere Annahme des OLG, die dissimulierte Anstellung des V sei nach § 117 II wirksam. Denn hier lag nicht bloß evidenter Vollmachtsmißbrauch vor (vgl. oben Rdnr. 116), sondern sogar **Kollusion** zwischen V und der Bezirksdirektion. Daher war die Versicherungsgesellschaft ohne Genehmigung (§ 177 I) an den Vertrag mit V nicht gebunden. Auch ein faktisches Arbeitsverhältnis dürfte hier wenigstens an der Kollusion scheitern (vgl. unten Rdnr. 195).

Wirksam ist der Vertrag mit dem Strohmann dagegen, wenn dieser selbst die Rechte und Pflichten aus dem Vertrag haben und die Geschäftsfolgen nur im Innenverhältnis auf seinen Hintermann abwälzen soll: *BGH* NJW 1982, 569.

3. Mindestanforderungen an die Willensgrundlage

129 Aber auch bei Nichtvorliegen der Nichtigkeitsgründe nach §§ 116 S. 2 bis 118 kann ein Willensmangel nicht bloß Anfechtbarkeit begründen. Vielmehr müssen, damit Nichtigkeit vermieden bleibt, einige weitere Mindestvoraussetzungen hinsichtlich der Willensgrundlage erfüllt sein. Doch ist an diesen gesetzlich ungeregelten Nichtigkeitsgründen manches streitig (vgl. *Flume* § 4, 2; *Larenz/Wolf* § 24 Rdnr. 3 ff., zur Gefälligkeit auch *Bork* Rdnr. 674 ff.). Man wird sagen dürfen:

a) Handlungswille

Die Erklärungshandlung muß überhaupt auf einem Willen des Erklärenden beruhen (Handlungswille). Fehlt es daran (z.B. Bewegungen im Schlaf), so liegt nur der rechtsunwirksame Schein einer Erklärung vor. Meist greift in solchen Fällen zudem § 105 II ein.

Unnötig ist der Handlungswille aber, wo das Gesetz die Rechtsfolgen einer Willenserklärung an das Schweigen knüpft: Bei § 362 HGB wird auch der schlafende Kaufmann Vertragspartner.

b) Erklärungswille

130 Der die Erklärungshandlung tragende Wille muß auch darauf gerichtet sein, mit der Erklärung Rechtsfolgen herbeizuführen, also das Geschäft dem Recht zu unterstellen (**Rechtsbindungs-** oder **Rechtsfolgewille**). Daran fehlt es bei Erklärungen bloß auf der **gesellschaftlichen Ebene** (Gefälligkeiten, vgl. unten Rdnr. 366 ff.). Weiter gehören hierhin das **gentlemen's**

agreement und Fälle der **unzumutbaren Bindung** sowie des **Fehlens des Erklärungsbewußtseins**; dazu GW Rdnr. 85 ff.

Speziell die Rechtsfolgen aus dem Fehlen eines solchen Erklärungsbewußtseins sind streitig: Viele (etwa *Wieacker*, JZ 1967, 385/389; *Thiele*, JZ 1969, 405/407) haben in Analogie zu § 118 Nichtigkeit angenommen. Demgegenüber wird die Tragfähigkeit dieser Analogie jetzt immer häufiger geleugnet: Die Erklärung ohne Erklärungsbewußtsein soll regelmäßig (*Flume* §§ 20, 3; 23, 1) oder doch jedenfalls dann unter § 119 I fallen, wenn der Handelnde ihre rechtliche Bedeutung hätte erkennen können[2]. Zu diesem Streit hat sich geäußert

BGHZ 91, 324 ff.[3]: Der Gläubiger G hatte von seinem Schuldner S eine Bankbürgschaft verlangt. Wenig später schrieb die Sparkasse D an G, sie habe für S eine Bürgschaft übernommen. G erklärte die Annahme. Dann schrieb D an G, eine Bürgschaftsübernahme sei nicht beabsichtigt gewesen; das entsprechende Schreiben beruhe auf einem Irrtum. G nimmt D aus der Bürgschaft in Anspruch.

Der BGH hat hier die eben an letzter Stelle genannte Ansicht angewendet: Die Erklärung sei der D als Bürgschaftserklärung zuzurechnen, da D hätte erkennen können, daß G die Erklärung so verstehen werde (anders *Canaris*, aaO.: Die Erklärung, eine Bürgschaft übernommen zu haben, bedeute nicht ohne weiteres, sie jetzt übernehmen zu wollen). Zwar könne D das Fehlen des Erklärungswillens nach § 119 I geltend machen; hier sei jedoch die Anfechtung nicht unverzüglich (§ 121 I) erfolgt. Daher ist D verurteilt worden. *BGHZ 109, 171/177 f.* hat die Ansicht von *BGHZ 91, 324/327* auf schlüssiges Verhalten ohne Erklärungsbewußtsein erweitert (die irrige Ansicht, es bestehe eine Bürgschaft, war wie eine Bürgschaftsübernahme formuliert worden). Doch soll nach *BGH* NJW 1995, 953 (dazu *Habersack*, JuS 1996, 585 ff.) ein Verhalten ohne Erklärungsbewußtsein die Position des »Erklärenden« nicht verbessern können (so allgemein nicht richtig).

Ich halte die von *BGHZ 91, 324* vorausgesetzte Ablehnung der Analogie zu § 118 für richtig. Denn bei der nicht ernstlich gemeinten Willenserklärung hat der Erklärende die Nichtgeltung gewollt und soll daher auch nicht die Möglichkeit haben, das Geschäft durch Unterlassen der Anfechtung gelten zu lassen. Dagegen hat sich der Erklärende ohne Erklärungswillen über das Geschäft zunächst keine Meinung gebildet: Er mag deshalb wie der Irrende noch nachträglich über die Geltung entscheiden dürfen.

---

2 *Bydlinski*, JZ 1975, 1 ff., ähnlich *Gudian*, AcP 169 (1969) 232 ff., vgl. noch *Henrich*, RabelsZ 1971, 55 ff.
3 Dazu *Canaris*, NJW 1984, 2279 ff.; *Ahrens*, JZ 1984, 986 f.; *Schubert*, JR 1985, 15 f.; *Brehmer*, JuS 1986, 440 ff.

Eine beschränkte Ähnlichkeit hiermit hat auch der Fall des Boten ohne Botenmacht (oben Rdnr. 80): Über dessen Erklärung kann der angebliche Absender ja gleichfalls noch entscheiden, obwohl er die Erklärung in keiner Weise veranlaßt zu haben braucht. Freilich wird hier nicht entschieden durch unverzügliche Anfechtung, sondern entsprechend § 177 durch nachträgliche Genehmigung (vgl. *Canaris*, NJW 1974, 521/528 Fn. 44).

Fraglich ist allerdings, ob man entgegen dem BGH Nichtigkeit statt Anfechtbarkeit wenigstens dann annehmen soll, wenn der Erklärende die Bedeutung seiner Erklärung hätte erkennen können: Nur der Schuldlose sollte das Geschäft gelten lassen dürfen; das entspricht der Ansicht von *Flume.*

c)   Geschäftswille?

131   Neben Handlungs- und Erklärungswillen wird als Erfordernis für die zunächst wirksame Willenserklärung bisweilen noch der Geschäftswille genannt. Er könnte aber vom Erklärungswillen nur dann unterschieden werden, wenn man ihn auf ein bestimmtes Geschäft gerichtet sein läßt (z.B. Unterschrift unter eine andere Urkunde statt unter einen Wechsel: *BGH* NJW 1968, 2102 f.). Daß dieser Wille nicht mit der Erklärung übereinstimmt, gehört sicher zu § 119 I und bewirkt daher keine Nichtigkeit.

III.   Irrtumsfälle nach § 119 I

1.   Die gesetzliche Regelung

132   Der Inhalt jeder Erklärung muß zunächst durch Auslegung bestimmt werden (vgl. oben Rdnr. 123). § 119 I betrifft nur die Inkongruenz zwischen dem so ermittelten Erklärungsinhalt und dem Willen des Erklärenden. Dagegen betrifft § 119 I nicht die (viel häufigeren) Fälle, in denen der Wille zwar die Erklärung deckt, aber auf fehlerhafter Grundlage gebildet worden ist (meist Motivirrtum genannt). § 119 I betrifft also nur die Fehlerhaftigkeit der **Willensäußerung** (und § 120 der **Willensübermittlung**), aber nicht der **Willensbildung**.

Gegenüber diesem Unterschied hat die Unterscheidung zwischen den (ohnehin ineinander übergehenden) Fällen des § 119 I nur zweitrangige Bedeutung: Beim **Erklärungsirrtum** (Irrung) setzt der Erklärende ein anderes Erklärungszeichen, als er gewollt hat (Versprechen, Verschreiben; § 119 I Fall 2). Beim **Inhaltsirrtum** dagegen wird zwar das gewollte Erklärungszeichen gesetzt, doch bedeutet dieses etwas anderes, als der Erklärende gemeint hat, § 119 I Fall 1 (auch Bedeutungsirrtum genannt).

Beide Fälle werden ja in § 119 I auch gleich behandelt. Daher sind lange Ausführungen darüber, welcher Fall vorliegt, bloß Zeitverschwendung. Wichtig ist allein, daß der Irrtum nicht nur die Willensbildung betrifft!

Unter § 119 I gehört insbesondere auch folgender Fall: Ein **Notar** nimmt 132a in eine Urkunde zusätzlich eine **nicht verabredete Klausel** auf. Die betroffene Partei bemerkt das beim Verlesen der Urkunde nicht und erklärt daher die Genehmigung. Hier hatte die ältere Rspr. die Genehmigung nicht auf die hinzugefügte Klausel bezogen und diese folglich für nichtig gehalten. Doch hat *BGHZ 71, 260 ff.* das mit Recht nicht übernommen: Die Genehmigung decke objektiv auch die zusätzliche Klausel; die Bindung könne daher nur durch Anfechtung wegen Irrtums über die Bedeutung der Genehmigung beseitigt werden. Ähnlich ist auch die **Unterschrift** unter eine Urkunde anfechtbar, über deren Inhalt der Unterschreibende eine unrichtige Vorstellung hatte, *BGH* NJW 1995, 190/191.

Nach *BGH* NJW 2005, 976 (dazu *Spindler,* JZ 2005, 793) soll ein Erklärungsirrtum auch dann vorliegen, wenn das richtig in einen Computer Eingegebene durch eine fehlerhafte Software verändert wird (z.B. Preis für ein Notebook 245 statt richtig 2650 Euro).

2. Weitere Fallgruppen

Die nur durch § 119 II gemilderte Unbeachtlichkeit des Motivirrtums nach 133 dem BGB wird oft für unbefriedigend gehalten. Daher hat schon das RG den § 119 I auf (im einzelnen nicht klar abgegrenzte) Irrtumsgruppen erweitert:

a) Rechtsfolgeirrtum[4]

BGH NJW 2006, 3353 ff.: E hat eine ihm angefallene Erbschaft durch Verstreichenlassen der Ausschlagungsfrist (§ 1944) angenommen (§ 1943). Er ficht diese Annahme wegen Irrtums mit folgender Begründung an: Die Erbschaft sei so stark mit Vermächtnissen belastet, dass ihm als Erbe weniger bleibe als der Wert seines Pflichtteils (§ 2303). Er habe nämlich geglaubt, die Erbschaft annehmen zu müssen, weil er sonst sein Pflichtteilsrecht verliere. Die entgegenstehende Regel des § 2306 I 2 habe er nicht gekannt. Der Streit geht darum, ob das ein unbeachtlicher Motivirrtum oder ein nach § 119 I Alt. 1 erheblicher Inhaltsirrtum ist.

Der BGH (S. 3355) läßt entscheidend sein, ob das vorgenommene Rechtsgeschäft wesentlich andere als die beabsichtigten Wirkungen erzeugt; nur dann liege ein beachtlicher Irrtum vor. Unerheblich sei dagegen der

---

4 Dazu etwa *Flume* § 23, 4d; *Larenz/Wolf* § 36 Rdnr. 81 ff.; *Brox/Walker,* AT Rdnr. 423; *Medicus,* AT Rdnr. 750 f.; *Bork* Rdnr. 831.

nicht erkannte Eintritt zusätzlicher oder mittelbarer Rechtswirkungen, die zu den gewollten und eingetretenen Folgen hinzuträten. Das BayObLG hatte in einer früheren Entscheidung angenommen, die Erbschaftsannahme verfolge unmittelbar nur das Ziel, die Stellung als Erbe einzunehmen; der Verlust des Rechtes aus § 2306 I 2 sei bloß eine mittelbare Folge. Dagegen hatte das *OLG Düsseldorf* umgekehrt gemeint, der Wegfall des Pflichtteilsanspruchs sei eine (ungewollte) Hauptfolge der Annahme. Dieser Ansicht hat sich der *BGH* (S. 3356) angeschlossen: Die Erklärung der Erbschaftsannahme und der Verlust des Rechtes aus § 2306 I 2 seien gleichrangige Erklärungsfolgen: Beide seien »zwei Seiten derselben Medaille«.

Daran ist richtig, daß man wegen der Unkenntnis zusätzlicher Nebenfolgen nicht anfechten kann. So darf etwa der Verkäufer nicht geltend machen, er habe seine strenge Gewährleistungshaftung nach den §§ 437 ff. nicht gekannt: Diese Haftung gilt von Gesetzes wegen und ohne Rücksicht auf den nicht erklärten Willen des Verkäufers. Dagegen liegt es in dem vom BGH entschiedenen Fall anders: Dort ist dem Erben durch § 2306 I 2 die Wahl zwischen dem Pflichtteil und dem (belastenden) Erbteil eröffnet. Die Annahme der Erbschaft (gleich ob durch Erklärung oder bloßes Verstreichenlassen der Ausschlagungsfrist, vgl. § 1956) bedeutet also zugleich den Verzicht auf den Pflichtteil. Beides ist nach dem Gesetz gleichrangig. Damit bildet der ungewollt miterklärte Verzicht keine zusätzliche Nebenwirkung, sondern er gehört zum Inhalt der Erklärung. Wenn dieser Teil nicht gewollt war, handelt es sich also um einen Erklärungsirrtum.

Noch deutlicher wird das, wenn die weitere Rechtsfolge in die Erklärung selbst aufgenommen worden ist: Dann wird, wenn der andere Partner zugestimmt hat und die Rechtsfolge möglich ist, diese selbst Vertragsinhalt. Sonst ist die Erklärung wegen inneren Widerspruchs (**Perplexität**) unwirksam, wenn sich der Widerspruch nicht durch Auslegung beheben läßt (was der Richter zunächst versuchen muß, *BGH* NJW 1986, 1035 f.).

Beispiel (ähnlich *RGZ 88, 278 ff.*): Auf dem Grundstück des E sind drei Hypotheken eingetragen. Die erstrangige ist zur Eigentümergrundschuld geworden. E beantragt beim Grundbuchamt, diese Eigentümergrundschuld zu löschen und statt dessen die dritte Hypothek im ersten Rang einzutragen. Das ist rechtlich unmöglich: Bei wirksamer Löschung der Eigentümergrundschuld rückt die zweite Hypothek kraft Gesetzes nach (Prinzip des gleitenden Ranges).

Das RG hat hier angenommen, E habe mit dem Löschungsantrag konkludent auch die Aufgabe seiner Eigentümergrundschuld nach § 875 I erklärt. Das habe er nicht tun wollen, daher gelte § 119 I. Richtiger *Flume* S. 468: Die Erklärung des E enthält zwei miteinander unvereinbare Rechtsfolgen (Aufhebung der Eigentümergrundschuld; Nichtnachrücken der zweiten Hypothek). Die Erklärung ist daher ohne Anfechtung wirkungslos; ebenso die Löschung im Grundbuch, weil die nach § 875 I nötige wirksame Aufgabeerklärung des Berechtigten fehlt.

Ein neueres Bsp. für Perplexität bietet *BGHZ 102, 237/240 f.*: Ein Vorpachtberechtigter übt sein Recht mit dem Zusatz aus, er nehme an, daß eine in dem Pachtvertrag vereinbarte Bierbezugsverpflichtung ihn nicht treffe: Die Erklärung ist unwirksam, wenn die Bezugspflicht gegen den Erklärenden wirkt.

b) Kalkulationsirrtum[5]

(1) Bei einem Bauvertrag errechnet der Unternehmer U die für sein Angebot **134** maßgeblichen Kosten richtig. Er verschreibt sich jedoch beim Angebot und bietet für 120000,– Euro anstatt für 210000,– Euro.

(2) Die Kalkulation des U ist rechnerisch richtig; auch entspricht sein Angebot dem Rechnungsergebnis. Aber die Kalkulationsgrundlage ist falsch (z.b. U hat Fließsand an der Baustelle nicht berücksichtigt, der eine besonders aufwendige Fundamentierung erfordert).

(3) U hat zwar die richtige Kalkulationsgrundlage, er verrechnet sich aber und bietet aufgrund des Rechenfehlers zu niedrig an.

Hier liegt bei (1) ein nach § 119 I beachtlicher **Erklärungsirrtum** vor. Das RG (z.b. *RGZ 64, 266 ff.*) hat aber auch bei (2) und (3) einen nach § 119 I beachtlichen Irrtum (Kalkulationsirrtum) angenommen, wenn die Kalkulation zum Gegenstand der Vertragsverhandlungen gemacht und das geforderte Entgelt als Ergebnis der Kalkulation dargestellt worden war (sog. **offener Kalkulationsirrtum**). Das ist von *BGHZ 139, 177 ff.* mit Recht nicht mehr übernommen worden und wird auch sonst überwiegend abgelehnt. Denn beim Kalkulationsirrtum decken sich Wille und Erklärung, nur ist der Wille fehlerhaft gebildet worden. Daher liegt bloß ein Motivirrtum vor. In Betracht kommt freilich eine Pflicht des Erklärungsgegners, den Erklärenden auf den vor dem Vertragsabschluß erkannten Kalkulationsirrtum hinzuweisen (mögliche Verletzungsfolge: ein Schadensersatzanspruch aus culpa in contrahendo). Der Empfänger ist aber zu einer Überprüfung des Angebots nicht verpflichtet: *BGHZ 139, 177/184 ff.*; regelmäßig darf auch der Anbietende den Irrtum nicht selbst bemerken können, *BGH NJW 2006, 3139/3141*. – Auch im Ergebnis war die Argumentation des RG bedenklich: Soll etwa bei einem Rechenfehler die Hilfe für U wirklich davon abhängen, ob er die Kalkulation zum Gegenstand der Vertragsverhandlungen gemacht hat? Vielmehr wird zu unterscheiden sein:

5 Dazu etwa *Flume* § 23, 4e; *Larenz/Wolf* § 36 Rdnr. 58 ff.; *Brox/Walker*, AT Rdnr. 420; *Medicus*, AT Rdnr. 757 ff.; *Wieser*, NJW 1972, 708 ff.

Bei (2) kann § 119 II vorliegen (Irrtum über eine wesentliche Eigenschaft des zu errichtenden Werkes). Es kann auch ein Anspruch aus **culpa in contrahendo** (§§ 311 II, 280 I) gegen den Besteller in Betracht kommen, wenn dieser schuldhaft falsche Angaben über den Bauplatz gemacht hat. Notfalls ist endlich an das Fehlen der Geschäftsgrundlage zu denken (vgl. unten Rdnr. 151 ff.).

Bei (3) ist die Erklärung schon ohne Anfechtung wegen **Perplexität** nichtig, wenn die falsche Rechnung miterklärt worden ist (z.B. »Ich muß 100 cbm Erdreich bewegen. Jeder cbm kostet 100,– Euro. Daher biete ich für 1000,– Euro an.«). In einem derart krassen Fall (anders der Fall von *BGH* NJW 2006, 3139) kommt sogar eine **Auslegung** in Richtung auf das richtige Rechenergebnis in Betracht (vgl. unten Rdnr. 154). Andernfalls läßt sich wieder nur mit der Lehre vom Fehlen der Geschäftsgrundlage helfen (was im Gegensatz zur Anwendung von § 119 I bedeutet, daß der Rechenfehler bloß bei Unzumutbarkeit beachtlich ist, vgl. unten Rdnr. 166).

IV.   Irrtumsfälle nach § 119 II

135   Bei § 119 II decken sich Wille und Erklärung. Bei der **Willensbildung** ist aber insofern ein Fehler unterlaufen, als ein Irrtum über eine verkehrswesentliche Eigenschaft einer Person oder Sache vorliegt. Daher weicht das wirtschaftliche Ergebnis der Erklärung vom Gewollten ab[6].

1.   Einzelheiten

Im einzelnen ist zu § 119 II zu beachten:

136   a) »Sache« in § 119 II ist nicht in dem engen Sinne von § 90 zu verstehen. Vielmehr ist die Vorschrift unstreitig zu erweitern auf Rechte (z.B. Grundschuld, Forderung) und auf Gesamtheiten von Sachen, Rechten und Schulden (z.B. Erbschaft: *RGZ 149, 235 ff.*).

137   b) § 119 II spricht von »Eigenschaften **der** Person oder **der** Sache«. Gemeint sind damit nur die Personen oder Gegenstände, auf die sich die Willenserklärung bezieht. Bei den **Personen** ist das stets der Geschäftsgegner, ausnahmsweise aber auch ein Dritter: der Leistungsempfänger beim Vertrag zugunsten Dritter, der Bürge beim Hauptgeschäft. So kann etwa der Gläubiger seine Kreditzusage an den Schuldner wegen eines Irrtums über die

---

6 Dazu *Flume* § 24; *Larenz/Wolf* § 36 Rdnr. 34 ff.; *Brox/Walker,* AT Rdnr. 416 ff.; *Medicus,* AT Rdnr. 764 ff.; *Bork* Rdnr. 845 ff.

Solvenz des Bürgen anfechten. Und bei den **Sachen** beschränkt § 119 II sich auf den Geschäftsgegenstand.

Bsp.: K kauft bei V ein Fertighaus, um es auf einem bestimmten Grundstück aufzustellen. Jedoch verweigert die Baubehörde die dazu nötige Genehmigung, weil das Haus nicht die in dieser Gegend vorgeschriebene Dachform habe. Eine Anfechtung des Kaufes durch K nach § 119 II kommt hier nur in Betracht, wenn K sich über die Dachform des gekauften Hauses geirrt hat, dagegen nicht bei einem Irrtum über die für das Grundstück geltenden Bauvorschriften.

c) Der Irrtum muß eine **Eigenschaft** der Person oder Sache betreffen.   **138**

aa) Zu diesem Merkmal »Eigenschaft« gibt es eine verzweigte und im einzelnen oft unklare **Rspr.** Sie zählt zu den Eigenschaften außer den körperlichen Eigenarten auch solche tatsächlichen oder rechtlichen Verhältnisse des Vertragsgegenstandes, die vermöge ihrer Dauer wesentlichen Einfluß auf die Wertschätzung des Gegenstandes auszuüben pflegen. Unerheblich bleiben sollen dagegen die nur mittelbar die Bewertung beeinflussenden Umstände, ebenso der Wert selbst. Kurz: Nach § 119 II erheblich sind nur diejenigen dauerhaften Faktoren, die den Wert unmittelbar wesentlich zu bestimmen pflegen.

So soll nach *RGZ 149, 235 ff.* beim Kauf einer Hypothek (genauer: der hypothekengesicherten Forderung) oder Grundschuld die Ertragsfähigkeit des belasteten Grundstücks keine Eigenschaft des gekauften Rechtes sein. (Die Ertragsfähigkeit ist unmittelbar eine Eigenschaft des Grundstücks selbst; für das Recht an dem Grundstück ist sie nur eine mittelbare Eigenschaft.) Das RG hat dann freilich entsprechend seinen Regeln über den Kalkulationsirrtum die Anfechtung nach § 119 I zugelassen, weil die Ertragsfähigkeit zum Gegenstand der Vertragsverhandlungen gemacht worden war.

bb) Diese Rspr. muß aber schon deshalb auf Zweifel stoßen, weil das Be-   **139** griffspaar unmittelbar – mittelbar fast immer unscharf und mehrdeutig ist (vgl. *Weyers*, JZ 1991, 999 ff.). So kann man bei *RGZ 149, 235* die Dinge auch anders sehen: Das Pfandrecht ist hier ein Sicherungsmittel; wieviel Sicherheit es gibt, hängt unter anderem von der Ertragsfähigkeit des belasteten Grundstücks ab. Von der für den Käufer wesentlichen Sicherheit her gesehen betrifft sein Irrtum also eine Eigenschaft des Pfandrechts selbst.

Daher hat *Flume* § 24, 2 b–d eine **andere Abgrenzung** vorgeschlagen: Ein Eigenschaftsirrtum sei dann beachtlich, wenn sich das Rechtsgeschäft »auf die Sache oder Person als eine solche mit der bestimmten Eigenschaft bezieht« (S. 477). Diese Beziehung könne sich entweder aus den Erklärungen der Parteien oder aus dem Geschäftstyp ergeben. Der nach § 119 II beachtliche Irrtum erscheint so als »Irrtum über die Sollbeschaffenheit«.

Nach *Flume* könnte also in dem Fall von *RGZ 149, 235* § 119 II eingreifen: Die Frage ist nur, welches Maß an Sicherheit nach dem Kauf vorausgesetzt war. Das wird sich oft aus der Höhe des Kaufpreises schließen lassen. Als Indiz kann auch dienen, daß die Ertragsfähigkeit Verhandlungsgegenstand war.

140   cc) Im ganzen halte ich die Ansicht *Flumes* für vorzugswürdig (anders die h.M., etwa *Bork* Rdnr. 861 ff., auch *Larenz/Wolf* § 36 Rdnr. 45 f., eine Annäherung an *Flume* aber in Rdnr. 43, wo auf den »Zweck des jeweiligen Geschäfts« abgestellt wird). Denn sie trägt am besten dem Gedanken der Privatautonomie Rechnung: Die Parteien selbst können bestimmen, auf was es ihnen ankommt. Andererseits müssen sie das aber auch wirklich tun, soweit ihnen nicht das dispositive Gesetzesrecht diese Aufgabe abnimmt. Damit wird vermieden, daß bloße Motive über § 119 II Erheblichkeit gewinnen, die nicht Geschäftsinhalt geworden sind.

141   **d)** Daraus folgt für das letzte Tatbestandsmerkmal des § 119 II, nämlich für die **Verkehrswesentlichkeit** der Eigenschaft: Sie reduziert sich auf die **Geschäftswesentlichkeit**. Das leuchtet ein: Der Verkehr beurteilt eben die Wesentlichkeit einer Eigenschaft nur in Bezug auf ein bestimmtes Geschäft. So sind etwa Vorstrafen wegen Urkundenfälschung für eine Anstellung als Buchhalter wesentlich, für eine Anstellung als Hilfsarbeiter dagegen unwesentlich.

2.   Ausschluß von § 119 II BGB

142   § 119 II wird verhältnismäßig oft durch gesetzliche Sonderregelungen ausgeschlossen. So gehen beim **Kauf** und ähnlichen Verträgen die §§ 434 ff. vor, vgl. unten Rdnr. 283 ff. Beim **Verlöbnis** kann nach h.M. der Irrtum über wesentliche Eigenschaften des Partners nur einen wichtigen Grund für den Rücktritt bilden, § 1298 (ähnlich bei einigen Dauerschuldverhältnissen, vgl. unten Rdnr. 193). Ausgeschlossen muß § 119 II auch bei **spekulativen Geschäften** sein, also wenn das Vorliegen der Eigenschaft als fraglich erkannt worden ist (z.B. Kauf eines Bildes von zweifelhafter Echtheit, oder *BGHZ 16, 54 ff.*: Heilwirkung eines neuartigen Ultraschallgeräts).

Flume S. 490 will dem **Bürgen** die Anfechtung nach § 119 II wegen eines Irrtums über die Zahlungsfähigkeit des Hauptschuldners versagen, weil das Gesetz dieses Risiko dem Bürgen zuweise. Große praktische Bedeutung hat die Frage nicht: Regelmäßig muß der Bürge den Ausfall des Gläubigers beim Hauptschuldner über § 122 decken, wenn man die Anfechtung zuläßt.

143   Streitig war das Verhältnis zwischen § 119 II und § 321 a.F., wenn beim Kreditgeschäft der Vorleistungspflichtige über die Kreditwürdigkeit der anderen Partei irrt. Nach dem Gesetz galt § 119 II, wenn der Vermögensverfall schon bei Vertragsschluß vorgelegen hat, und § 321 a.F., wenn er erst später eingetreten ist. *Flume* S. 487 (ebenso *Lindacher*, MDR 1977, 797 ff.)

wollte § 321 auch auf den ersten Fall anwenden. Das ist jetzt in den neuen § 321 I übernommen worden: Dort wird auf das »Erkennbarwerden« der Gefährdung abgestellt; wann diese eingetreten ist, bleibt gleich. Freilich sollte **§ 119 II neben § 321 gelten**: Wenn die Voraussetzungen von § 119 II vorliegen und bewiesen werden können, mag der Vorleistungspflichtige das Geschäft über § 119 ganz beseitigen (ebenso MünchKomm-*Emmerich* § 321 Rdnr. 35).

V. Irrtumsfolgen

Die unverzügliche (§ 121) Anfechtung (dazu *Leenen*, Jura 1991, 393 ff.) **144**
vernichtet das Geschäft rückwirkend, § 142. Nach der heute ganz h.M.
(vgl. *Flume* § 21, 6; *Larenz/Wolf* § 36 Rdnr. 113; *Bork* Rdnr. 954 f.) soll der
Irrende sich aber an dem festhalten lassen müssen, was er **wirklich gewollt**
hat (anders ohne überzeugende Gründe *Spieß*, JZ 1985, 593 ff.).

> *Bsp.*: K verschreibt sich und macht V einen Kaufantrag zu 110, während er nur
> 100 bieten wollte (Erklärungsirrtum). Wenn V den Kauf zu 100 gelten lassen will, ist
> K nach der genannten Ansicht hieran gebunden. Das ist richtig: Der Irrende soll
> nach § 119 nur von den Folgen seines Irrtums befreit, aber nicht noch freier gestellt
> werden. Auch bei falsa demonstratio, also wenn V den K richtig verstanden hätte,
> wäre K ja an das Gewollte gebunden.

Die Anfechtung führt zur **Schadensersatzpflicht** nach § 122. Das ist kein **145**
»echter« Fall der culpa in contrahendo, weil § 122 eine Veranlassungshaf-
tung begründet, die kein Verschulden des Irrenden voraussetzt. Auch der
Anspruchsausschluß nach § 122 II weicht von dem sonst geltenden § 254
ab.

> Raum bleibt neben § 122 II für § 254 jedoch, wo es um den Umfang und nicht um
> den Grund des Anspruchs geht: etwa soweit der Anfechtungsgegner die Höhe seines
> Vertrauensschadens selbst verschuldet hat (z.B. durch Unterlassen eines rechtzeiti-
> gen Deckungsgeschäfts). Übrigens meint auch das den Anspruch ausschließende
> »Kennenmüssen« in § 122 II nur die Evidenzfälle, vgl. oben Rdnr. 116.

Der Irrende haftet, weil er durch seine Erklärung das Vertrauen des anderen Teils *veranlaßt* hat. Nun kann aber dieser andere Teil zunächst seinerseits den Irrtum des Anfechtenden veranlaßt haben (z.B. in dem Fall von
unten Rdnr. 329). Das soll auch bei Schuldlosigkeit des anderen Teils entsprechend § 254 zu berücksichtigen sein, weil der Anfechtende gleichfalls
schon bei schuldloser Veranlassung hafte. So *BGH* NJW 1969, 1380; mir ist
das zweifelhaft: Der in § 122 geregelten Veranlassung gerade durch eine
Willenserklärung kann nicht einfach jede andere, vielleicht weniger vertrau-
enswürdige Veranlassung gleichgestellt werden.

VI. Sonderregelungen des Irrtums

146 Solche Sonderregelungen finden sich außer etwa als Grund für die Aufhebung einer Ehe (§ 1314 II Nr. 2) vor allem im *Erbrecht*[7]. Die wichtigsten Sonderregeln, die nicht nur die Form der Anfechtung betreffen, sind die folgenden:

1. §§ 2078 ff., 2281 ff. BGB

Im Erbrecht sind Verkehrs- und Vertrauensschutz weniger dringlich als bei Rechtsgeschäften unter Lebenden. Zudem sind Testamente regelmäßig frei widerruflich (§ 2253); insoweit ist ein Anfechtungsrecht für den Erblasser unnötig. Endlich leiden unter einem Irrtum des Erblassers meist Dritte, nämlich die Personen, die ohne den Irrtum bedacht worden wären. Daher bedarf es für Verfügungen von Todes wegen weithin einer Sonderregelung. Dabei betreffen die §§ 2078 ff. die Anfechtung durch eine Person, die durch den Irrtum des Erblassers benachteiligt worden ist, und die §§ 2281 ff. die Anfechtung durch den Erblasser selbst. Diese ist nur sinnvoll, wo der Erblasser nicht frei widerrufen kann, also in erster Linie beim Erbvertrag. Doch sind die §§ 2281 ff. trotz ihrer Einordnung in das Recht des Erbvertrages auch beim gemeinschaftlichen Testament (§ 2265) anzuwenden, soweit dieses nach § 2271 bindend geworden ist.

Bsp.: Die Eheleute M und F haben sich in einem gemeinschaftlichen Testament gegenseitig zu Erben und das gemeinsame Kind K zum Erben des Letztversterbenden (also zum Schlußerben) eingesetzt, vgl. § 2269 I. M stirbt. Wenn F jetzt nicht die Erbschaft nach M ausschlägt, ist sie an die Einsetzung des K gebunden, § 2271 II. Sie kann aber nach §§ 2281 I, 2079, 2303 II ihre Verfügung (also die Erbeinsetzung von K) anfechten, wenn sie erneut heiratet. Dann wird freilich nach § 2270 auch die Verfügung des M hinfällig: F ist jetzt nicht mehr Alleinerbin des M, sondern dieser wird kraft Gesetzes beerbt.

Im einzelnen ist die erbrechtliche Irrtumsregelung vielfach großzügiger als diejenige durch §§ 119 ff.:

a) Auch jeder **Motivirrtum** ist beachtlich.

b) Erheblich sind sogar **unbewußte Erwartungen**, also bloßes Nichtbedenken eines Umstandes, vgl. § 2079.

c) Die »verständige Würdigung des Falles« (§ 119 I) spielt keine Rolle: Von Todes wegen darf man **unverständig** sein.

---

7 Dazu *Bork* Rdnr. 963 ff.; *Schubert/Czub,* Die Anfechtung letztwilliger Verfügungen, JA 1980, 257 ff., 334 ff.

d) Die **Anfechtungsfristen** sind nach §§ 2082, 2283 (vgl. aber § 2285) günstiger als nach § 121 I (»unverzüglich«).

e) Die **Schadensersatzpflicht** nach § 122 gilt nicht, § 2078 III, nicht einmal beim Erbvertrag oder beim gemeinschaftlichen Testament.

2. § 1949 BGB

§ 1949 I läßt bei der Annahme der Erbschaft den bloßen Motivirrtum über den Berufungsgrund zur Nichtigkeit führen. **147**

§ 1949 I braucht man übrigens nicht bei einer Annahme durch bloßes Verstreichenlassen der Ausschlagungsfrist, § 1943. Denn diese Frist beginnt nach § 1944 II erst mit der Kenntnis des wahren Berufungsgrundes.

Gleichfalls Nichtigkeit bewirkt § 1949 II für die Ausschlagung, da diese sich im Zweifel nur auf die dem Erben bekannten Berufungsgründe erstreckt. § 1949 beruht jedoch auf einer unbedachten Übernahme gemeinen Rechts (wo Irrtum noch zur Nichtigkeit führte). Man sollte die verfehlte Vorschrift dadurch einschränken, daß man sie nicht anwendet, wenn der Berufungsgrund dem Erben gleichgültig ist: Dann fehlt die Kausalität des Irrtums für die Ausschlagung (MünchKomm-*Leipold* § 1949 Rdnr. 5).

3. §§ 1954, 2308 BGB

§ 1954 enthält keine Sonderregelung hinsichtlich des Anfechtungsgrundes, sondern nur hinsichtlich der Fristen: Diese sind den Ausschlagungsfristen in § 1944 I, III angepaßt. **148**

Wichtiger Fall von § 1954: Anfechtung der Annahme (auch bei bloßer Versäumung der Ausschlagungsfrist, § 1956; entsprechend auch bei Annahme durch schlüssiges Verhalten, sog. pro herede gestio) wegen **Irrtums über die Überschuldung des Nachlasses.** Ein solcher Irrtum wird seit *RGZ 149, 235 ff.* (vgl. *RGZ 158, 50 ff.*) als nach § 119 II beachtlich angesehen, so etwa auch *BGHZ 106, 359 ff.*

Nicht dagegen genügt für § 119 II der Irrtum über Beschränkungen oder Beschwerungen des Erben (vgl. § 2306); diese bilden keine Eigenschaft *des Nachlasses.* Hier hilft aber § 2308 dem Pflichtteilsberechtigten: Dieser soll die Ausschlagung der Erbschaft anfechten können, wenn sie auf der irrtümlichen Annahme einer solchen Beschränkung oder Beschwerung beruht.

Bsp.: Der Witwer W hat sein einziges Kind K, das nach der gesetzlichen Erbfolge Alleinerbe wäre, zwar zu ¾ als Erbe eingesetzt, aber Testamentsvollstreckung angeordnet. (Wäre K nur zu ½ als Erbe eingesetzt, wäre die Anordnung der Testamentsvollstreckung nach § 2306 I 1 unwirksam.) K schlägt deshalb nach § 2306 I 2 aus, um den Pflichtteil zu erhalten. Zur Zeit der Ausschlagung war aber, was K nicht wußte, der Testamentsvollstrecker gestorben; nach § 2225 war daher die Testamentsvollstreckung erloschen. K kann jetzt die Ausschlagung der Erbschaft nach § 2308 I anfechten: Er erhält dann die ihm zugewendeten drei Viertel ohne Beschränkung, während er ohne die Anfechtung nur den Wert der Hälfte der Erbschaft erhielte, §§ 2306 I 2, 2303 I 2, 1924, 1930.

VII. Probleme des § 123 BGB

149   Von den bei § 123 auftretenden Fragen (dazu GW Rdnr. 111 ff.) seien hier zwei herausgegriffen: die nach dem »Dritten« bei § 123 II BGB und die nach dem Verhältnis der Anfechtung zu einem Schadensersatzanspruch aus Verschulden bei Vertragsverhandlungen.

1.   »Dritter« bei § 123 BGB

Eine durch **Drohung** veranlaßte Willenserklärung kann unabhängig davon angefochten werden, von wem diese Drohung stammt, § 123 I. Bei der **arglistigen Täuschung** gilt Gleiches nur für die nicht empfangsbedürftige Willenserklärung. Eine empfangsbedürftige Willenserklärung dagegen kann wegen einer von einem Dritten verübten Täuschung nach § 123 II 1 nur dann angefochten werden, wenn der Erklärungsgegner die Täuschung kannte oder kennen mußte. Hieraus folgt die praktisch bedeutsame Frage, wer in diesem Sinne Dritter ist. Das zeigen die folgenden Beispiele:

(1) *BGHZ 33, 302 ff.*: Verkäufer V und Käufer K vereinbaren einen von der Bank B zu finanzierenden Ratenzahlungskauf. Dabei stehen V und B für solche Finanzierungen in dauernder Geschäftsverbindung. Infolge einer arglistigen Täuschung durch V gibt K in dem an B gerichteten Darlehensantrag wahrheitswidrig an, V habe die gekaufte Ware bereits geliefert. B nimmt den Antrag an und zahlt das Darlehen für Rechnung des K dem V aus. Dieser liefert nicht und wird insolvent. B verlangt von K Rückzahlung des Darlehens; K ficht demgegenüber den Darlehensvertrag wegen der arglistigen Täuschung durch V an.

(2) *BGH* LM § 123 Nr. 30: S erbittet von G ein Darlehen. Dieser verlangt jedoch die Beibringung eines Bürgen. S schwindelt dem D erhebliches Vermögen vor und veranlaßt diesen so zur Übernahme der Bürgschaft. Von G in Anspruch genommen, will D seine Bürgschaftserklärung wegen der arglistigen Täuschung durch S anfechten.

In beiden Fällen hängt die Entscheidung davon ab, ob man den Täuschenden (V oder S) im Verhältnis zum Erklärungsempfänger (B oder G) als Dritten ansieht: Nur wenn man das nicht tut, kann sich jeweils der Beklagte seiner vertraglichen Zahlungspflicht durch Anfechtung nach § 123 entledigen.

Unzweifelhaft ist »Dritter« nicht etwa jeder außer dem Erklärungsempfänger. So ist nicht Dritter der Vertreter des Erklärungsempfängers; das gilt nach Genehmigung auch für den Vertreter ohne Vertretungsmacht *(RGZ 76, 107 ff.).* Wenn ein solcher Vertreter getäuscht hat, kann der Erklärende also in jedem Fall anfechten. Überhaupt schränkt die neuere Rspr. den Begriff des »Dritten« immer stärker ein und erweitert so die Anfechtungsmöglichkeit nach § 123: Dritter soll nicht sein, wer **Vertrauensperson des Erklärungsempfängers** ist (ähnlich *Schubert,* AcP 168, 1968, 470 ff.) oder diesem sonst nach Treu und Glauben zugerechnet wird *(BGH* NJW 1978, 2144 f., fortentwickelt von *BGH* NJW 1979, 1593 ff.). So hat der *BGH* im Fall (1) den Verkäufer V im Verhältnis zu der finanzierenden Bank B nicht als Dritten angesehen und daher die Anfechtung durch K zugelassen. Später haben *BGHZ 47, 224 ff.; BGH* NJW 1970, 701 ff. in solchen Fällen sogar auch auf das zunächst geforderte Merkmal einer dauernden Geschäftsbeziehung zwischen B und V verzichtet (vgl. *Stötter,* NJW 1983, 1302 ff.).

Man kommt so beim **fremdfinanzierten Abzahlungskauf** (B-Geschäft) zu einem recht wirksamen Käuferschutz. Andere Wege hierhin eröffnen für den Widerruf § 358 und für Einwendungen § 359 (vgl. unten Rdnr. 776) oder die Annahme von Aufklärungspflichten der Bank gegenüber dem Käufer: Wenn sich die Bank zur Erfüllung dieser Pflichten des Verkäufers als ihres Gehilfen bedient, haftet sie für dessen Verschulden nach den §§ 280 I, 278. Dieser letzte Weg hat aber den Nachteil, daß die Haftung grundsätzlich abdingbar ist (einschränkend aber § 309 Nr. 7). Doch hilft er nicht bei der Verletzung von Pflichten, die nur dem Verkäufer und nicht auch der Bank oblegen, z.B. regelmäßig zur Aufklärung über die mit dem Kredit zu finanzierende Anlage.

Der *BGH* hat sogar im Fall (2) den Hauptschuldner S im Verhältnis zum Bürgen D als Vertrauensperson des Gläubigers G erwogen. Aber das geht zu weit[8]. Denn S und G stehen auf verschiedenen Seiten. Insbesondere nimmt S, wenn er sich um einen Bürgen bemüht, nicht die Interessen des G wahr, sondern eigene: Wenn sich kein Bürge findet, erhält S den Kredit nicht.

2. Verhältnis von § 123 BGB und culpa in contrahendo

a) Fraglich ist auch das Verhältnis zwischen § 123 und Ersatzansprüchen aus culpa in contrahendo: Diese Ansprüche entstehen ja regelmäßig schon aus bloß fahrlässigem Verhalten und unterliegen der gewöhnlichen Verjäh-

150

---

8 So *Flume* § 29, 3; *Larenz/Wolf* § 37 Rdnr. 18 und später auch der *BGH* selbst: LM
§ 123 BGB Nr. 31; NJW 1968, 986 f.

rung nach den §§ 195, 199 I, IV. Danach scheint es, als könne so der durch fahrlässige Irreführung zum Vertragsschluß Veranlaßte aus c.i.c. über § 249 I bis zu zehn Jahre lang die Aufhebung des Vertrages fordern. Der BGH (etwa NJW 1984, 2014/2015; NJW-RR 1988, 744, für rechtswidrige Drohung auch *BGH* NJW 1979, 1983 f.) hat das in der Tat für das alte Verjährungsrecht zugelassen (anders zutreffend *OLG Hamm,* NJW-RR 1995, 205). Andererseits hat er bei fahrlässig falschen Angaben oder Nichtangaben über eine Eigenschaft der *verkauften* Sache einen auf c.i.c. gestützten Schadensersatzanspruch abgelehnt: Die §§ 459 ff. a.F. und insbesondere § 463 a.F. seien insoweit abschließend (*BGHZ 60, 319 ff.*: Der Verkäufer verschweigt, daß ein zusammen mit dem verkauften Grundstück eingefriedeter Uferstreifen nicht zu diesem gehört). Die Literatur zur »fahrlässigen Täuschung« war uneinheitlich: *Larenz,* FS Ballerstedt (1975) 397/411 hat den Schadensersatzanspruch aus c.i.c. auf Rückgängigmachung des Vertrages als Rechtsfortbildung gebilligt; ohne Stellungnahme dagegen *Larenz/ Wolf* § 37 Rdnr. 21. *Schubert,* AcP 168 (1968), 504 ff. wollte den Ersatzanspruch dadurch mit § 123 vereinbaren, daß er einen verschiedenen Schutzzweck angenommen hat: § 123 schütze die Willensfreiheit, der Ersatzanspruch dagegen das Vermögen (was nicht zutrifft: Der auf Naturalrestitution nach § 249 I gerichtete Ersatzanspruch ist von einem *Vermögens*schaden unabhängig, arg. § 253 mit unten Rdnr. 821). *Lieb,* FS Rechtswiss. Fak. der Univ. Köln (1988) 251 ff. wollte den Getäuschten auf einen Geldanspruch beschränken. Der *BGH* hat (NJW 1998, 302 ff.) einen Anspruch aus culpa in contrahendo nur dann bejaht, wenn die Täuschung zu einem *Vermögens*schaden geführt hat. Hiergegen ist aber dasselbe zu sagen wie eben gegen die Ansicht von *Schubert*: Die Naturalrestitution nach § 249 I verlangt keinen Vermögensschaden; kritisch auch *St. Lorenz,* ZIP 1998, 1053 ff.

Dazu ist zu sagen[9]: Zunächst darf man mit *BGHZ 63, 382/388* Arglist auch bei **Angaben »ins Blaue hinein«** bejahen und damit den Anwendungsbereich von § 123 ausweiten (und zugleich den von § 438 beschränken): so wenn der Verkäufer eines Pkw »Unfallfreiheit« zusichert, obwohl er weder den Wagen untersucht noch sich nach dessen Vorgeschichte erkundigt hat. Darüber hinaus wird c.i.c. dann zu bejahen sein, wenn den fahrlässig eine unrichtige Auskunft gebenden Vertragspartner eine **besondere Auskunftspflicht** trifft. Diese kann sich namentlich auch daraus ergeben, daß er die »Beratung« als Werbeargument verwendet.

Eine anders begründete Auskunftspflicht bietet der Fall von *BGH* NJW 1978, 41 f.: Ein Erdölunternehmen wollte seine Abwässer nach einem neuen Verfahren beseitigen. Daher vereinbarte es mit dem Bauern B, daß es die

---

9 Zurückhaltender bis zur 7. Aufl. und in JuS 1965, 209 ff., dem *BGH* im wesentlichen zustimmend *Canaris,* AcP 200 (2000) 273/304 ff.

Abwässer gegen ein geringes Entgelt in Sickerbrunnen auf dem Land des B leiten durfte. Das Abwasser schädigte den Boden. Hier hat der BGH mit Recht angenommen, E sei wegen seiner **besonderen Sachkunde** dem B zur Aufklärung über die mögliche Gefahr verpflichtet gewesen.

Nur sollte man eine Aufklärungspflicht nicht schon schlechthin aus dem »Eintritt in Vertragsverhandlungen« herleiten, sondern sie an eine Art Garantenstellung knüpfen: Sonst würden die Grenzen der §§ 123, 124 völlig niedergerissen, ohne daß die strengen Erfordernisse einer richterlichen Gesetzeskorrektur (nicht bloß Lückenfüllung!) so allgemein vorlägen. Auch nach dem SMG bedeutet die Verweisung auf § 241 II in § 311 II am Anfang keineswegs, daß Verhandlungspartner allemal einander zur Information verpflichtet wären (so jetzt auch *BGH* NJW 2006, 3139/3141 Rndr. 18).

Wieder etwas anders liegt der Fall von *BGH* NJW 1969, 1625 f. Dort hatte ein Makler die Erteilung eines Alleinauftrages durch einen zögernden Kunden mit der Beteuerung erreicht, dieser Alleinauftrag sei nur Formsache; er – der Makler – sei gar nicht so. Später verlangte der Makler aber doch strikte Durchführung. Auch hier hat der BGH dem Kunden bei bloßer Fahrlässigkeit des Maklers (worin soll diese liegen?) mit einem Ersatzanspruch aus c.i.c. helfen wollen. Aber das ist unnötig: In solchen Fällen ergibt schon die *Auslegung*, daß der Alleinauftrag den Kunden nicht bindet, wo das eine Härte bedeutete.

b) Die **Berechnung des Schadens** aus einem unerwünschten Vertrag führt zu Schwierigkeiten. Sicher nicht verlangen kann der Geschädigte eine Anpassung des Vertragsinhalts an denjenigen, der bei vollständiger Aufklärung vereinbart worden wäre (*BGH* NJW 2006, 3139/3141 Rndr. 21; 28). Vielmehr soll der Geschädigte den anderen Teil an dem ungünstigen Vertrag festhalten und zusätzlich Ersatz seines Vertrauensschadens verlangen müssen. Das bedeutet den Ersatz des Betrages, um den er zu teuer gekauft hat (*BGH* aaO. Rndr. 22); das läuft auf eine Minderung hinaus. Ausnahmsweise soll auch das positive Interesse zu ersetzen sein, wenn der Geschädigte nachweist, bei ordnungsmäßiger Aufklärung wäre der Vertrag mit dem für ihn günstigen Inhalt zustande gekommen (*BGH* aaO. Rndr. 23). Die zweifelhafte Voraussetzung hierfür ist freilich, daß aus bloßer Schutzpflichtverletzung der Ersatz des Leistungs(Erfüllungs)interesses verlangt werden kann. Vgl. kritisch *Theisen*, NJW 2006, 3102 ff. mit Darstellung des Streitstandes.

150a

§ 7 Die Geschäftsgrundlage[1]

I. Vorfragen

1. Entstehung der Lehre

151 Die Lehre von der Geschäftsgrundlage (GG) wird im Privatrecht unter verschiedenen Bezeichnungen seit mehr als 150 Jahren diskutiert (spätestens seit *Windscheid,* Die Lehre des röm. Rechts von der Voraussetzung, 1850). Bis zum Inkrafttreten des neuen § 313 gab es eine große Zahl von Spielarten dieser Lehre, die sich allerdings in den Formulierungen stärker unterschieden haben als in den Ergebnissen. Einigkeit bestand und besteht jedenfalls darüber, daß der allgemeinen Billigkeitslehre von der GG gesetzliche Sonderregeln vorgehen (etwa *Gernhuber,* BR § 35 VI 1a): Jedes voreilige Heranziehen dieser Lehre würde die Grenzen der speziellen Rechtsbehelfe verfehlen (vgl. unten Rdnr. 153 ff.).

2. Große und kleine Geschäftsgrundlage

152 Die Lehre von der GG unterscheidet bisweilen zwei Fallgruppen: die »große« und die »kleine« GG. Dabei versteht man unter »großer GG« die Auswirkungen von Sozialkatastrophen (Kriegs-, Inflationsfolgen usw.; doch braucht es sich, wie die deutsche Wiedervereinigung zeigt, keineswegs immer um »Katastrophen« zu handeln!). *Flume* § 26, 6 spricht allgemein von »Änderungen der Sozialexistenz«. Anläßlich solcher Fälle ist die Beachtlichkeit des Wegfalls der GG von den Gerichten zuerst in weitem Umfang anerkannt worden (etwa die Aufwertungsrspr. des RG seit 1923). Doch geht es hier meist nur darum, die Zeit bis zum Eingreifen des Gesetzgebers zu überbrücken.

So sind etwa viele Folgen des Zweiten Weltkrieges nach und nach geregelt worden durch die Gesetze über Lastenausgleich, Währungsumstellung, Wertpapierbereinigung, Vertragshilfe, Investitionshilfe und andere; ähnlich verhält es sich jetzt mit der Wiedervereinigung.

Allerdings sind die Grenzen zur »kleinen« GG – schon angesichts der weltwirtschaftlichen Verflechtung und der fortlaufenden Geldentwertung –

1 Vgl. *Gernhuber,* BR § 35; *Chiotellis,* Rechtsfolgenbestimmung bei Geschäftsgrundlagenstörungen in Schuldverträgen (1981; auch gute Übersichten zu anderen Fragen der GG); *Wieling,* Entwicklung und Dogmatik der Lehre von der Geschäftsgrundlage, Jura 1985, 505 ff., ausführlich zum neuen Recht *Ehmann/ Sutschet,* Modernisiertes Schuldrecht (2002) § 6 IV; *Larenz/Wolf* § 38.

fließend geworden. Daher bringt die Unterscheidung zwischen den beiden Formen der GG wenig. Sie ist auch nicht in den neuen § 313 aufgenommen worden.

II. Abgrenzung der Geschäftsgrundlage

1. Vorrangige Sonderregeln

Die Abweichung der Wirklichkeit von den Vorstellungen oder Erwartungen der Parteien wird in vielen Einzelvorschriften berücksichtigt. Beispiele sind die §§ 311 a, 321, 434 I 2 Nr. 1, 490, 519, 528, 530, 775 I Nr. 1 und 2, 779, 1614 II, 2077, 2079. Als zunächst nur in Spezialbestimmungen (§§ 626, 723 I 2; 3), jetzt aber zudem allgemein in § 314 geregelter Fall ist auch das Kündigungsrecht aus wichtigem Grund bei Dauerschuldverhältnissen zu nennen; vgl. auch § 60 VerwaltungsverfahrensG für öffentlich-rechtliche Verträge. Im – möglicherweise durch Analogie erweiterten – Anwendungsbereich dieser Vorschriften hat die Lehre von der GG nichts zu suchen. Hier erübrigt sich auch die Frage, ob diese Fälle »eigentlich« solche des Fehlens oder Wegfalls der GG sind. **153**

2. Vorrang der Auslegung

Auch durch Auslegung kann ein Vertrag der Wirklichkeit angepaßt werden. Wo das möglich ist, bleibt für die Lehre von der GG kein Raum. **154**

RGZ 105, 406 ff. (Rubelfall, dazu *Pfeifer*, Jura 2005, 774): G hat dem S 1920 in Moskau 30 000 Rubel als Darlehen gegeben. Beide gingen davon aus, ein Rubel sei nach dem geltenden Umrechnungskurs 25 Pfennig wert. Daher stellte S dem G Schuldscheine über 7500,– M aus. In Wahrheit entsprach der Rubel damals aber nur etwa einem Pfennig. Das *RG* hat die Anfechtbarkeit der Schuldscheine nach § 119 I bejaht. Später ist der Fall bisweilen als Bsp. für das Fehlen der GG genannt worden.

Möglich und vorzugswürdig ist aber folgende Lösung (vgl. *Flume* § 26, 4a): Die Parteien haben hier eine zweiteilige Vereinbarung getroffen. Es sollte nämlich einerseits das Darlehen zum richtigen Kurswert des Rubels in deutscher Währung zurückgezahlt werden; andererseits wurde dieser Kurswert falsch angenommen und so ein Rückzahlungsbetrag von 7500,– M festgesetzt. Beide Teile widersprechen sich. In solchen Fällen ist durch Auslegung zu ermitteln, welcher der beiden widersprüchlichen Teile den Vorrang haben soll. Das ist hier die Rückzahlung zum wirklichen Kurswert. S schuldet also nur 300,– M.

Allerdings kann diese Auslegung nicht auch die »Schuldscheine« ergreifen, wenn diese abstrakte Schuldversprechen darstellen. Aber sie sind, soweit sie 300,– M übersteigen, rechtsgrundlos geleistet. Insoweit können sie, weil durch keine Kausalabrede gedeckt, kondiziert werden; einer Klage aus ihnen steht die Einrede nach § 821 entgegen (vgl. unten Rdnr. 741).

3. Perplexität

155 Wenn die Auslegung für keinen der beiden widersprüchlichen Teile einen Vorrang ergibt, ist das Rechtsgeschäft regelmäßig wegen Perplexität nichtig (vgl. oben Rdnr. 133). Die Lehre von der GG braucht man auch hier nicht.

BGHZ 47, 376 ff.: G hat einer KG eine Forderung unter dem Vorbehalt erlassen, daß er deren Komplementär S auch weiter in Anspruch nehmen wolle. Der BGH hat aber die Möglichkeit eines solchen auf die Gesellschaft beschränkten Erlasses trotz § 423 verneint: Damit würde nämlich die Stellung des weiterhaftenden Gesellschafters verschlechtert, weil dieser sich nun entgegen §§ 161 II, 129 HGB nicht mehr auf die Einwendungen und Gestaltungsrechte der Gesellschaft berufen könne.

Wenn man dieser Auffassung des *BGH* folgt[2], ist der Erlaßvertrag in sich widersprüchlich: Die Befreiung der Gesellschaft und die Forthaftung des Gesellschafters passen nicht zusammen. Wenn dann die Auslegung nicht weiterhilft, muß man ihn wegen Perplexität für nichtig halten.

Der *BGH* aaO. 381 hat Fehlen der GG angenommen. Demgegenüber spricht aber für das Vorliegen eines Nichtigkeitsgrundes schon, daß hier eine Aufrechterhaltung des Vertrages mit geändertem Inhalt (vgl. unten Rdnr. 168) sinnlos wäre. Im Ergebnis hat denn auch der *BGH* die Unwirksamkeit des Erlasses bejaht.

4. Abgrenzung zur Unmöglichkeit

156 Auch anfängliche und nachträgliche Unmöglichkeit gehen den Regeln über die GG vor. Allerdings bestehen hier mannigfache Berührungspunkte. Dabei lassen sich drei Fallgruppen unterscheiden: Leistungserschwerung, Zweckstörung und Äquivalenzstörung.

---

2 Differenzierend, aber überwiegend dem *BGH* zustimmend *Flume,* PersGes § 16 II 2b S. 291 ff., im wesentlichen auch *D. Reinicke,* NJW 1969, 2117 ff.; *ders.,* FS H. Westermann (1974) 487 ff. Gegen den BGH jedoch *Buchner,* JZ 1968, 622 ff.; *Tiedtke,* Betr. 1975, 1109 ff.

a) Leistungserschwerung

Bei der (freilich oft mit der Äquivalenzstörung vermengten) Leistungserschwerung ist die Leistung dem Schuldner mühsamer als vorausgesehen, jedoch nicht wirklich unmöglich. Hier kann man nach dem Grund der Erschwernis weiter unterscheiden:

aa) Die Erschwernis kann **immaterielle Gründe** haben (vgl. etwa *Medicus*, SAT Rdnr. 447). Ein Schulfall dafür ist die Sängerin, die an dem versprochenen Auftreten durch eine schwere Erkrankung ihres Kindes gehindert wird. Die h.M. hat hier mit einem aus § 242 hergeleiteten Einwand gearbeitet: Die unzumutbare Leistung darf verweigert, muß aber auf Verlangen des Gläubigers später erbracht werden. Jetzt wird der Fall von § 275 III erfaßt, durch den der Schuldner eine Einrede erhält: Was der Schuldner mit seinem Gewissen nicht mehr vereinbaren kann, muß er zunächst selbst sagen. So mag die Sängerin trotz der Erkrankung ihres Kindes auftreten wollen, um die Operationskosten zu verdienen. Eine Schadensersatzpflicht des die Leistung verweigernden Schuldners kommt nur bei Verschulden in Betracht. **157**

Etwas anders kann man das Problem im *Arbeitsrecht lösen*. So war im Fall von *BAG* NJW 1990, 203 ff. ein angestellter Arzt für die Mitarbeit an der Entwicklung eines Medikaments eingesetzt worden, das (auch) in einem Atomkrieg verwendet werden konnte. Das *BAG* prüft diese Ausübung des Direktionsrechts durch den Arbeitgeber nach § 315 III: Eine das Gewissen des Arbeitnehmers mißachtende Weisung könne unbillig und daher unverbindlich sein. Kaum glauben kann man freilich, daß ein solches Medikament einen Atomkrieg wirklich wahrscheinlicher macht.

bb) Die Erschwernis kann auf **wirtschaftlichen Gründen** beruhen. Hier gibt es zwei rechtlich verschieden zu behandelnde Untergruppen. Dabei kann die Leistungserschwerung so weit gehen, daß die technisch noch mögliche Leistungserbringung als wirtschaftlich sinnlos erscheint. Solche Fälle haben sich durch den Fortschritt der Technik stark vermehrt. Denn dieser macht Dinge möglich, die früher physisch unmöglich waren. So könnte man heute Schillers »Becher« auch dann wieder heraufholen, wenn er »ins Bodenlose gefallen« wäre, und hat das im Ernstfall praktiziert (von den USA bei im Atlantik verlorenen Atombomben!). Nur wird ein solcher Aufwand regelmäßig nicht geschuldet. Wenn derart die Leistung mit den vertragsgemäßen Mitteln nicht erbracht werden kann, ist Unmöglichkeitsrecht anzuwenden. Dieser Fall unterfällt jetzt dem Abs. 1 oder Abs. 2 von § 275 je nachdem, ob dem Schuldner noch an der Leistungserbringung gelegen sein kann (dann Abs. 2) oder nicht (dann Abs. 1). Denn das durch die Einrede nach Abs. 2 gewährte Wahlrecht ist für den Schuldner nur im ersten Fall sinnvoll, also wenn er die Leistung noch mit einem nicht ge- **158** schuldeten Aufwand erbringen (und dadurch die Gegenleistung verdienen) kann.

An die Grenze zwischen § 275 II und einer Störung der GG gelangt man, wenn das Leistungshindernis noch auf andere Weise (etwa durch eine Erhöhung der Gegenleistung) entschärft werden kann.

Bsp. (vgl. oben Rdnr. 134): Ein Unternehmer U verspricht ein Bauwerk zu einem Festpreis. Bei der Ausführung stellt sich jedoch zur Überraschung beider Parteien heraus, daß der Baugrund eine besonders aufwendige Fundamentierung nötig macht. Die Kosten für U steigen daher stark; der vereinbarte Preis wird unzureichend. Hier kann man an ein Leistungsverweigerungsrecht des U nach § 275 II denken. Doch passen eher die Regeln über das Fehlen der GG. Denn mit Hilfe der GG läßt sich der Vertrag noch dadurch retten, daß der Gläubiger an den Mehrkosten beteiligt wird.

b)   Zweckstörung

Bei der Zweckstörung[3] lassen sich gleichfalls zwei Untergruppen bilden:

159   aa) Die geschuldete **Leistungshandlung kann nicht mehr vorgenommen werden**, vor allem weil der Leistungserfolg anderweitig eingetreten ist **(Zweckerreichung)**. Es sei etwa das aufgelaufene Schiff, dessen Freischleppen geschuldet wird, bei einer Sturmflut von selbst freigekommen. Hier führt nach meiner Ansicht kein Weg am Unmöglichkeitsrecht vorbei. Eine Vergütung kann man dem Bergungsunternehmer etwa über § 326 II verschaffen, wenn man die Verantwortlichkeit des Gläubigers der Bergungsleistung entsprechend weit faßt (vgl. unten Rdnr. 269). Sonst bleibt noch der Weg, schon die Vorbereitungsmaßnahmen des Schuldners als entgeltpflichtige (§ 323 V I) »Teilleistung« zu verstehen[4]. Beim Werkvertrag hilft auch § 645 I (vgl. unten Rdnr. 269). Am besten eignet sich wohl eine Analogie zu Spezialvorschriften (§§ 645, 615, 537): Der Schuldner soll das Vergütungsrisiko nicht für leistungshindernde Umstände tragen, die beim Gläubiger liegen.

160   bb) Die geschuldete **Leistungshandlung** vermag zwar noch vorgenommen zu werden, doch **kann** sie den **vertragsmäßigen Erfolg nicht mehr erreichen**. Der Motor eines Autos etwa versagt; vor Eintreffen des herbeigerufenen Abschleppwagens ist er jedoch wieder angesprungen. Die Lösung dieser Fallgruppe ist heftig umstritten (vgl. etwa *Larenz* I § 21 II

---

3 Dazu ausführlich *Beuthien,* Zweckerreichung und Zweckstörung im Schuldverhältnis (1969); *Köhler,* Unmöglichkeit und Geschäftsgrundlage bei Zweckstörungen im Schuldverhältnis (1971); *Willoweit,* Störung sekundärer Vertragszwecke, JuS 1988, 833 ff.

4 *Beuthien,* aaO. S. 119 ff.; 212 ff.; *Esser/Eike Schmidt* § 23 III 1b.

S. 326 ff., der Wegfall der »objektiven« [vgl. unten Rdnr. 165] GG annimmt).

Man muß hier sicher zunächst alle Fälle ausscheiden, in denen der Erfolg den Schuldner der sinnlos gewordenen Leistung nichts angeht. So berührt es regelmäßig den Verkäufer einer als Hochzeitsgeschenk bestimmten Sache nicht, daß die Hochzeit nicht stattfindet: Dieses ihm ganz fremde Risiko hat er nicht vertraglich übernehmen wollen. Wo aber der Erfolg wirklich Vertragsinhalt geworden ist, paßt wieder das Unmöglichkeitsrecht. Das wird beim absoluten Fixgeschäft, das nur einen Sonderfall dieser Gruppe bildet, auch allgemein befolgt (vgl. unten Rdnr. 297): Nach Fristablauf ist die Leistung unmöglich.

So lassen sich etwa auch die vieldiskutierten Krönungszugfälle lösen: Miete eines Fensters, um den Festzug zu sehen; dieser fällt aber aus. Hier schuldete zwar der Vermieter nicht die Veranstaltung des Festzugs. Aber daß dieser stattfindet, ist doch mehr als bloß GG; zumindest würde § 536 I (»vertragsmäßiger Gebrauch«) anzuwenden sein (anders *Larenz* I § 21 II S. 327): Der Mieter braucht nicht zu zahlen.

c) Äquivalenzstörung

Den eigentlichen Anwendungsbereich der Lehre von der GG bildet die **161** dritte Fallgruppe, nämlich die Äquivalenzstörung.

RGZ 100, 129 ff.: V hat an M gewerbliche Räume vermietet und zugleich die Abgabe von Wasserdampf zu einem festen Preis versprochen. Dieser Preis wird infolge der Inflation von 1922/23 völlig unzureichend.

Hier ist die Leistungshandlung des V gleichgeblieben: Der technische Vorgang der Dampfbereitung hat sich nicht verändert. Auch die Störung des individuellen Vertragszwecks liegt nicht vor. Gestört ist wegen der Entwertung auf der Geldseite nur das mit gegenseitigen Verträgen ganz allgemein beabsichtigte angemessene Verhältnis des Leistungsaustauschs: Hier kann bloß die Lehre von der GG helfen.

5. Motivirrtum

Der Motivirrtum überdeckt sich mit den Fällen des Fehlens der GG, wo **162** diese in bewußten Vorstellungen über gegenwärtige Umstände besteht. Soweit es hier für den Motivirrtum eine spezialgesetzliche Regelung gibt (etwa nach §§ 119 II, 123, 2078 f. – dort sogar für Erwartungen! –), geht diese den allgemeinen Regeln über das Fehlen der GG vor.

Bestritten wird das häufig für den **beiderseitigen Irrtum** (vgl. *Larenz/Wolf* § 38 Rdnr. 5): Hier sei ein Vorrang der §§ 119 ff. unbillig. Denn es beruhe auf Zufall, wer zuerst anfechte und damit nach § 122 zum Ersatz des negativen Interesses verpflichtet werde. Aber das ist so allgemein nicht richtig: Anfechten wird stets der, zu dessen Nachteil die Wirklichkeit von der gemeinsamen Vorstellung abweicht, weil nur er den Vorteil von der Anfechtung hat. Dann ist es auch nicht unbillig, wenn er diesen Vorteil mit der Pflicht zum Ersatz des negativen Interesses bezahlt (vgl. *Flume* § 24, 4 S. 488; *Hübner*, AT Rdnr. 806 ff.). Denn im Rahmen der Privatautonomie ist regelmäßig jede Partei Hüter ihrer eigenen Interessen; was sie dabei zu ihrem Nachteil versäumt hat, mag sie auch selbst durch Anfechtung wieder in Ordnung bringen.

> *Bsp.:* V verkauft an K einen Ring als »vergoldet«. Später stellt sich heraus, daß er aus massivem Gold besteht. Hier hätte V darauf achten müssen, daß der Ring nicht wertvoller als angegeben ist; mag er mit der Folge von § 122 anfechten (§ 119 II, vgl. *BGH* NJW 1988, 2597 ff., dazu *H. Honsell*, JZ 1989, 44 f.; *Köhler/Fritzsche*, JuS 1990, 16 ff.). Nur V hat ja auch ein Interesse an der Anfechtung; daß gerade er anficht, ist also keineswegs »zufällig«.

Eine wesentliche Rolle spielen denn auch bei der Lehre von der GG gar nicht die Fälle eines gemeinsamen nach § 119 beachtlichen Irrtums. Vielmehr geht es überwiegend um gemeinsame, nach § 119 unbeachtliche *Motivirrtümer* oder um Fälle, in denen nur die allgemeine Vorstellung der Parteien von der Fortdauer der bestehenden Verhältnisse enttäuscht worden ist.

6.   Kondiktion wegen Zweckverfehlung

163   Endlich ist noch die condictio ob rem (§ 812 I 2 Fall 2) von der GG zu trennen. Dieser Bereicherungsanspruch beschränkt sich auf die Fälle der Leistung ohne vorangegangene Verpflichtung: Der Erfolg, den der Leistende mit seiner Leistung vereinbarungsgemäß bezweckt, bleibt endgültig aus (vgl. unten Rdnr. 691 f.). Hier ist also der Erfolgseintritt Inhalt des Rechtsgeschäfts geworden. Dagegen sind die Umstände, die zur GG gerechnet werden, gerade außerhalb des Rechtsgeschäfts geblieben: Geschäfts*grundlage* und Geschäfts*inhalt* schließen sich aus. Wegen dieser Verschiedenheit der Tatbestände können beide Institute streng genommen nicht miteinander konkurrieren (anders wohl *BAG* NJW 1987, 918: Die Lehre von der GG gehe vor).

III.   Die Prüfung der Geschäftsgrundlage

164   Soweit nicht nach dem eben Gesagten eine Sonderregelung eingreift, muß die Abweichung der Wirklichkeit von den Vorstellungen oder Erwartungen mindestens einer Partei unter dem Gesichtspunkt des (ursprünglichen) Fehlens oder (nachträglichen) Wegfalls der GG geprüft werden. Diese Prüfung geschieht am besten in drei Schritten, die sich der Sache nach jetzt auch in § 313 I finden:

1. Ist der Punkt, in dem Vorstellung oder Erwartung und Wirklichkeit nicht übereinstimmen, zur GG geworden?
2. Wiegt die Abweichung der Wirklichkeit von dieser GG so schwer, daß man sagen kann, die GG habe gefehlt oder sei weggefallen?
3. Welche Rechtsfolgen ergeben sich aus Fehlen oder Wegfall der GG?

Nach diesem Schema richtet sich die folgende Erörterung.

1.   Was ist Geschäftsgrundlage?

a)   Objektive und subjektive Geschäftsgrundlage

Larenz hatte unterschieden zwischen objektiver und subjektiver GG. So **165** sollte ein beiderseitiger Irrtum als subjektive GG gelten. Dagegen würden Umstände, deren Vorhandensein oder Fortdauer im Vertrag *sinngemäß* vorausgesetzt wird, als objektive GG verstanden. Aber die Grenzen zwischen beiden Arten verschwimmen: Auch über die objektive GG ist ein gemeinsamer Irrtum möglich (und häufig). Zudem verleitet die objektive GG zur Annahme »gemeinsamer Parteizwecke«. Dabei ist jedoch Vorsicht geboten: Beim gewöhnlichen Austauschvertrag (anders bei der Gesellschaft, § 705!) verfolgt regelmäßig jede Partei nur ihre eigenen Zwecke. Daher verzichte ich im folgenden auf die Unterscheidung zwischen objektiver und subjektiver GG; auch bei *Larenz/Wolf* § 38 Rdnr. 12 ff. ist die Unterscheidung inzwischen aufgegeben worden, und der neue § 313 weiß von ihr nichts (anders *Brox/Walker*, Schuldrecht I § 27 Rdnr. 4, 9).

b)   Elemente der Geschäftsgrundlage

Annäherungsweise dürfte für die GG folgende Formel gelten, die auch in **165a** § 313 vorausgesetzt wird (Abs. 1: »... Umstände, die zur Grundlage des Vertrags geworden sind«): GG ist ein Umstand,

a) den mindestens eine Partei beim Vertragsschluß vorausgesetzt hat,
b) der für diese Partei auch so wichtig war, daß sie den Vertrag nicht oder anders abgeschlossen hätte, wenn sie die Richtigkeit ihrer Voraussetzung als fraglich erkannt hätte, und
c) auf dessen Berücksichtigung die andere Partei sich redlicherweise hätte einlassen müssen.

Diese Formel setzt sich aus drei Elementen zusammen: Einem realen (a), einem hypothetischen (b) und einem normativen (c). Schwierigkeiten bereitet das normative Element, weil es mit »redlicherweise« auf Treu und Glauben verweist. Diese Verweisung muß durch **Auslegung** konkretisiert werden: Jeder Vertrag verteilt Risiken zwischen den Parteien. Das kann durch spezielle Vereinbarungen (z.b. die Zusage eines Festpreises für einen langen Zeitraum) oder – häufiger – durch das dispositive Gesetzesrecht geschehen (z.b. durch §§ 446, 447)[5]. Insoweit ist der Vertrag bindend; das meint auch die »vertragliche oder gesetzliche Risikoverteilung« von § 313 I. Doch ergibt sich der Umfang des übernommenen Risikos nicht allein aus dem Vertrags**wortlaut**: Dieser ist hinsichtlich der nicht vorausgesehenen Wirklichkeit ja bloß zufällig. Erst die **Auslegung** (§§ 157, 242) kann daher die angemessene Grenze der Risikoübernahme ergeben. Wesentliche Gesichtspunkte hierfür sind neben der Verkehrssitte die Höhe der (auch als Risikoprämie aufzufassenden) Gegenleistung und die der anderen Partei erkennbare Kalkulation. Das spielt vor allem bei Äquivalenzstörungen eine Rolle. Auch die herrschende Rechtsprechung kann ein solcher Umstand sein; eine Änderung soll wenigstens den Pflichten aus einem Prozeßvergleich die Geschäftsgrundlage entziehen können *(BGHZ 148, 368/377 ff.)*.

c)   Regelmäßig unbeachtliche Umstände

165b   Nicht zur GG gehört aber regelmäßig die weitere Verwendbarkeit des Vertragsgegenstands für den Empfänger, auch wenn die andere Partei die Zwecke des Empfängers kennt (vgl. *BGHZ 83, 283*).

Bsp.: K kauft bei V Wäsche, um sie seiner Tochter als Ausstattung (§ 1624) zu geben. Die als bevorstehend angenommene Heirat der Tochter zerschlägt sich jedoch: Hier sind die Erfordernisse a und b der oben angegebenen Formel erfüllt. Aber c trifft nicht zu: V hatte nach Kaufrecht allenfalls Wäsche zu liefern, die sich generell als Ausstattung eignet; mit der Heirat dagegen hatte er nichts zu tun. Das Zustandekommen der Ehe ist daher nicht GG geworden. Hätte K es rechtlich erheblich machen wollen, so hätte er es als Bedingung in den Kauf einfügen müssen.

Oder *BGH* JZ 1966, 409 f. (dazu *Stötter*, JZ 1967, 147 ff.): K hat bei V Fertighäuser gekauft. Die behördliche Genehmigung zum Aufstellen der Fertighäuser auf dem dafür von K gepachteten Land wird jedoch versagt. Hier hatte V selbst eingeräumt, daß auch er den Kauf nicht abgeschlossen hätte, wenn er die Verweigerung der Genehmigung gekannt hätte. Der *BGH* hat daher die Genehmigung zur GG gerechnet. Mir ist das zweifelhaft: Bei einem normalen Kaufvertrag fällt die Verwendbarkeit der Kaufsache in den Risikobereich des K. Im Ergebnis hat der *BGH* auch

---

5   Hierzu vor allem *Flume* § 26, 5 und für Spezialfälle *Fikentscher*, Die GG als Frage des Vertragsrisikos (1971, Bauvertrag); *Stötter*, NJW 1971, 2281 ff. (Miete); *P. Ulmer*, AcP 174 (1974) 167 ff. (staatliche Lenkungsmaßnahmen).

den K nicht aus dem Vertrag entlassen, sondern ihn auf ein anderes Grundstück verwiesen.

Oder *BGH* NJW 1985, 2693 ff.: G betreibt auf einem Pachtgrundstück eine Gastwirtschaft. Für diese schließt er mit der Brauerei B einen langfristigen Getränkebezugsvertrag. Der Verpächter kündigt: Das fällt regelmäßig in den Risikobereich des G; dieser bleibt also der B verpflichtet.

Ausnahmsweise kann aber auch dieser Zweck Bedeutung haben, so im Fall von *BGH* NJW 1976, 565 ff. (dazu *Dörner*, JuS 1977, 225 ff.): Ein Regionalligaverein hatte von einem Fußballverein der Bundesliga einen Spieler übernommen und dafür 40000,– DM als Ablösung bezahlt. Der Spieler wurde dann, noch ehe er nennenswert eingesetzt werden konnte, wegen seiner Verwicklung in die »Bestechung« durch Arminia Bielefeld gesperrt. Hier hat der *BGH* die Einsatzfähigkeit des Spielers mit Recht zur GG gerechnet und der Klage auf Rückzahlung der Ablösesumme stattgegeben: Der Mangel des Spielers gehöre in den Risikobereich des alten Vereins, in dessen Sphäre er entstanden sei. Anders wäre dagegen zu entscheiden gewesen, wenn der Spieler bei dem neuen Verein alsbald wegen einer Verletzung ausgefallen wäre.

Zu dem Sonderfall von Zuwendungen unter Ehegatten oder in nichtehelichen Lebensgemeinschaften, wenn es zur Trennung kommt, vgl. unten Rdnr. 690 a.

2. Wann fehlt die Geschäftsgrundlage oder ist sie weggefallen?

Nicht jede Abweichung der Wirklichkeit von einer zur GG gewordenen Voraussetzung ist rechtserheblich. Vielmehr muß diese Abweichung – und dadurch kommt in die Lehre von der GG ein weiteres Unsicherheitsmoment – so gewichtig sein, daß sie **nach Treu und Glauben Berücksichtigung verdient**: Dem benachteiligten Vertragspartner muß die Erfüllung **unzumutbar** geworden sein; so jetzt der Sache nach auch § 313 I (die »Berücksichtigung aller Umstände des Einzelfalls« soll über die Zumutbarkeit entscheiden). Fraglich ist das vor allem bei der Äquivalenzstörung, etwa in dem Bsp. oben Rdnr. 161: Wie stark müssen sich die Kosten für die Herstellung des Dampfes seit Vertragsschluß vermehrt haben, damit man Wegfall der GG annehmen kann? **166**

Diese Frage läßt sich nicht allgemein beantworten (das geltende Recht kennt eben keine laesio enormis; vgl. Mot. bei *Mugdan* II 178). Vielmehr ist auch für die quantitative Frage nach der Grenze des Risikorahmens wieder die **Auslegung des Einzelvertrags** von Bedeutung. Immerhin lassen sich aber doch zwei allgemeinere Gesichtspunkte nennen: Erstens spricht es gegen die Berücksichtigung einer Veränderung, daß sie **voraussehbar** war, insbesondere wenn das Geschäft spekulativen Charakter hatte. Wer etwa heute, also bei erfahrungsgemäß sinkendem Geldwert, langfristige Verträge schließt, kann dieses Sinken daher in weiten Grenzen nicht als Wegfall der GG geltend machen (so etwa *BGHZ 86, 167/169*). Doch ist für Erbbauzinsvereinbarungen bei einem Kaufkraftschwund von mehr als 60% mehrfach ein Wegfall der GG bejaht worden[6]. § 9a ErbbauVO regelt denn auch eine Vereinbarung über die Verpflichtung zur Anpassung des Erbbauzinses.

Zweitens wird man die Berücksichtigung einer Äquivalenzstörung eher zulassen können, wenn die im Wert gesunkene Leistung einem **Versorgungszweck** dienen sollte: Hier bildet die Eignung der vereinbarten Summe zur Versorgung einen Teil der GG. Daher darf eine Pensionszusage eher dem gesunkenen Geldwert angepaßt werden als ein Pachtzins.

BGH NJW 1966, 105 f.: Eine Bergbaugesellschaft gewinnt auf fremden Grundstücken Kali. Als Entschädigung für die Grundeigentümer ist 1901 eine nach der Fördermenge bemessene Vergütung vereinbart worden. Seitdem hatte sich der Geldwert bis 1963 auf ein Drittel vermindert. Trotzdem hat der BGH gemeint, die GG sei noch nicht weggefallen (mit der eben genannten neueren Rspr. kaum vereinbar).

Für diese Entscheidung spricht, daß die Vergütung hier keinen Versorgungscharakter hat. Gegen sie ist jedoch einzuwenden, daß die Vereinbarung aus einer Zeit stammt, in der noch allgemein mit Stabilität des Geldwertes gerechnet werden konnte (anders als bei dem 1954 vereinbarten Erbbauzins von *BGHZ 86, 167*). Heute würde man die Vergütung wohl eher dem Wert der Kaliförderung anpassen.

167   Das Gegenstück zu dem Kalifall bilden die vom *BAG* entschiedenen **Ruhegeldzusagen** an Arbeitnehmer aus den Jahren um 1950 (NJW 1973, 959 ff.). Diese Zusagen stammen zwar aus einer Zeit, in der die Erinnerung an zwei Inflationen noch wach war. Andererseits dienen sie aber eindeutig dem Versorgungszweck. Daher hat das *BAG* mit Recht schon aus einer 40prozentigen Steigerung der Lebenshaltungskosten einen Anspruch auf Anpassung (vgl. unten Rdnr. 169) abgeleitet. Entsprechend hat bald darauf *BGHZ 61, 31 ff.* für die Pension eines ehemaligen Vorstandsmitglieds einer AG entschieden[7]. Inzwischen ist das spezielle Problem der betrieblichen Altersversorgung durch § 16 des G zur Verbesserung der betrieblichen Altersversorgung v. 19.12.1974 im Sinne der Überprüfungs- und Anpassungspflicht des Arbeitgebers geregelt worden. Freilich hat die gutgemeinte Anpassung zu einem Rückgang der Versorgungszusagen geführt. Der Versorgungszweck hat auch *BGHZ 79, 187/194 ff.; 97, 52/61 ff.* dazu veran-

---

6 *BGHZ 90, 227 ff.; 91, 32 ff.; 94, 257 ff.; 96, 371 ff.; 97, 171 ff.*, zur Berechnung *BGHZ 119, 220 ff.*

7 Vgl. zu diesen und ähnlichen Ansätzen einer nicht konsequent fortgeführten »Aufwertungsrechtsprechung« etwa *Reuter*, ZHR 137 (1973) 482 ff.; *Medicus*, Betr. 1974, 759 ff.; *Papier*, JuS 1974, 477 ff.

läßt, bei der Bemessung einer nach § 843 III gewährten **Kapitalabfindung** wegen Erwerbsunfähigkeit die voraussichtlich kommende Geldentwertung zu berücksichtigen.

3.   Rechtsfolgen aus Fehlen und Wegfall der Geschäftsgrundlage

a) In erster Linie ist das durch Fehlen oder Wegfall der GG beeinträchtigte **168** Schuldverhältnis **der Wirklichkeit anzupassen** (etwa *BGHZ 47, 48/52*). Dabei wird man meist diejenige Regelung zu ermitteln suchen, welche die Parteien bei richtiger Kenntnis der Wirklichkeit vereinbart hätten (vgl. *Medicus*, FS Flume I, 1978, 629 ff.). Häufig hat man gefragt, ob diese Anpassung von selbst eintritt (so für die obligatorische Ebene *BGHZ 133, 271/296*) und vom Richter nur zu erkennen ist, oder ob hier richterliche Gestaltung vorliegt. § 313 I hat das jetzt im zweiten Sinn entschieden (»so kann Anpassung des Vertrags verlangt werden«, vgl. *Dauner-Lieb/Dötsch*, NJW 2003, 921 ff.). Doch wird man in geeigneten Fällen jede Partei für berechtigt halten dürfen, direkt auf die ihr nach der Anpassung zustehende Leistung zu klagen.

Flume § 26, 4b hat demgegenüber für manche Fälle eine andere Lösung vertreten: Wo der Vertrag zwei voneinander abweichende Regelungen enthält und sich durch Auslegung nicht eine als die allein gültige erkennen läßt, soll jede Partei Erfüllung nur nach der ihr ungünstigen Regelung verlangen können. Diese Lösung ist evident praktisch. Denn sie zwingt nicht dem Richter eine Neugestaltung des Vertrages auf, sondern nötigt die Parteien selbst dazu. Das stößt jedoch auf Schwierigkeiten, wenn eine Partei bereits mit der Erfüllung begonnen und dafür Opfer gebracht hat: Dieser Partei ist wenig damit gedient, daß sie nur die ihr ungünstigen Bedingungen soll beanspruchen können. Auch hilft in schriftlichen Arbeiten der von *Flume* gezeigte Weg nicht recht weiter, weil die Annahme einer bestimmten Einigung der Parteien leicht als willkürliche Unterstellung gewertet werden könnte.

Einen noch anderen Weg geht das *BAG* in seinen **Ruhegeldurteilen** **169** (oben Rdnr. 167): Der Arbeitgeber (also entgegen § 316 der Schuldner) soll zu Verhandlungen und bei deren Ergebnislosigkeit zu einer einseitigen Neuregelung verpflichtet sein. Diese Regelung soll nach § 315 III durch die Gerichte überprüft (oder auch ersetzt) werden können. Die Begründung des BAG beruht jedoch auf den Besonderheiten der Ruhegeldzusagen und dürfte daher kaum zu verallgemeinern sein. Auch *BGHZ 61, 31/40 f.* hat in einem Fall besonderer Eilbedürftigkeit (Kläger in hohem Alter!) die Rente selbst angepaßt.

b) Wo eine solche Anpassung unmöglich oder einer Partei unzumutbar **170** ist, gewährt § 313 III ein **Rücktritts- oder Kündigungsrecht.** Das gilt vor allem, wenn der Vertrag bei Kenntnis der Wirklichkeit auch nicht mit anderem Inhalt geschlossen worden wäre. Weiter zu erwägen ist dann, ob der andere Teil Aufwendungsersatz oder gar sein negatives Interesse soll verlangen können.

§ 8 Fragen des Minderjährigenrechts[1]

I. »Lediglich rechtlicher Vorteil«

Nach § 107 kann der Minderjährige solche Willenserklärungen allein abge- 171
ben, die ihm lediglich rechtlichen Vorteil bringen[2]. Gleiches gilt für Volljäh-
rige, die einem **Einwilligungsvorbehalt** unterliegen, § 1903 III 1. Hierzu
gibt es unter anderem die folgenden Probleme (dabei ist § 107 erheblich
schwieriger, als es auf den ersten Blick scheinen mag!):

1. Leistungen an den Minderjährigen

Bei Leistungen an den Minderjährigen (oder den unter einer Betreuung mit
Einwilligungsvorbehalt stehenden Volljährigen nach § 1903 III 1; er ist im
folgenden stets mitgemeint) ergibt sich die Frage der **Empfangszuständig-
keit**.

Bsp.: Der Minderjährige M hat von S 100,– Euro zu fordern. S zahlt das Geld an
M, ohne daß dessen gesetzlicher Vertreter zustimmt. Ist die Forderung M–S erloschen? Hat M Eigentum an dem gezahlten Geld erworben?

Hier bringt der Erwerb des Geldes, für sich betrachtet, dem M nur rechtlichen Vorteil. Dieser Erwerb müßte also nach § 107 wirksam sein. Andererseits führt aber die Erfüllung nach § 362 I zum Erlöschen der Forderung;
das wäre ein rechtlicher Nachteil. Daher muß man entweder auch den Eigentumserwerb für zustimmungsbedürftig halten, oder man muß die Erfül-
lungswirkung von ihm trennen. Eine dritte, in neuerer Zeit mehrfach vertretene Meinung bejaht Eigentumserwerb *und* Erfüllung, weil das Geschäft
insgesamt dem Minderjährigen nur Vorteil bringe[3].
Die h.M. (etwa *Bork* Rdnr. 1006 f.) geht den zweiten Weg, trennt also Erfüllung und Eigentumserwerb: Obwohl M Gläubiger sei, fehle ihm doch
die Zuständigkeit für die Annahme der Leistung. Diese »Empfangszustän-
digkeit« komme vielmehr nur dem gesetzlichen Vertreter zu. Daher könne
M das Eigentum an dem Leistungsgegenstand erwerben. Denn seine Forderung erlösche erst dann durch Erfüllung, wenn der Leistungsgegenstand an
den gesetzlichen Vertreter gelangt sei.

---

1 Vgl. GW Rdnr. 89 ff. sowie *Köhler*, Das Minderjährigenrecht, JuS 1979, 789 ff.
2 Dazu *Stürner*, AcP 173 (1973) 402 ff.; *Coester-Waltjen*, Jura 1994, 668 ff.
3 So etwa *Harder*, JuS 1977, 149 ff. und im Ergebnis auch *van Venrooy*, BB 1980,
   1017 ff., jetzt zudem *Larenz/Wolf* § 25 Rdnr. 21. Dagegen aber zutreffend *Wacke*,
   JuS 1978, 80 ff. und *Gernhuber*, BR § 50 II 3.

Wenn M das Geld verbraucht, muß S also nochmals leisten. S kann aber gegen M einen Gegenanspruch aus Leistungskondiktion haben. Wegen dieses Anspruchs kann S Aufrechnung oder bei ungleichem Inhalt der Ansprüche Zurückbehaltung (§ 273 I) geltend machen. Das Problem liegt hier beim Wegfall der Bereicherung (§ 818 III, vgl. unten Rdnr. 176; 231).

2. Annahme von Schenkungen

172 a) Die Annahme einer Schenkung bringt dem Minderjährigen regelmäßig nur rechtlichen Vorteil. Probleme entstehen aber, wenn der geschenkte Gegenstand schon **belastet** ist, oder wenn der Schenker sich die Bestellung einer Belastung vorbehält.

BGHZ 161, 170 ff.: Das von der Mutter M an das minderjährige Kind K geschenkte Grundstück ist mit einer Grundschuld belastet; auch hatte sich M einen lebenslangen Nießbrauch und unter bestimmten Voraussetzungen einen Rücktritt von der Schenkung vorbehalten.

Diese Schenkung scheint dem K wegen des Vorbehalts nicht bloß rechtlichen Vorteil zu bringen. M selbst könnte wegen § 181 nicht einwilligen. Auch der Vater ist hier nach §§ 1629 II, 1795 I Nr. 1 von der Vertretung ausgeschlossen. Dann bliebe nur die Bestellung eines Ergänzungspflegers, § 1909 I 1.

In solchen Fällen nimmt man aber überwiegend ein für K lediglich vorteilhaftes Geschäft an: Entscheidend für § 107 sei, daß K nichts von seinem vor der Schenkung vorhandenen Vermögen aufgebe und dieses auch nicht belaste. Daher bedeute eine schon bestehende dingliche Belastung des geschenkten Gegenstandes keinen rechtlichen Nachteil, wenn K nicht auch persönlich haften solle. Ebenso liege es, wenn die Belastung erst mit dem Erwerb des K entstehe. Dem ist zuzustimmen. Anders dürfte freilich zu entscheiden sein, wenn die Belastung erst später zu bestellen wäre: Dann haftet K in der Zwischenzeit für die Bestellung, und diese Haftung kann (etwa über die §§ 280 II, 286) auch den Wert des Geschenks übersteigen.

Der Rücktrittsvorbehalt der M könne bei seiner Ausübung zwar dem K Pflichten bringen, die über eine bloße Herausgabe des Geschenks hinausgingen (z. B. Schadensersatzansprüche nach §§ 346 IV, 280 ff.). Das betreffe aber allein die obligatorische Schenkung. Eine Gesamtbetrachtung von Schenkung und Auflassung (vgl. unten Rdnr. 172 a) komme wenigstens dann nicht in Frage, wenn das Kausalgeschäft schon bei isolierter Betrachtung nachteilhaft sei. Das beeinträchtige aber die Wirksamkeit der abstrakten Auflassung nicht.

Für die **öffentlich-rechtlichen Lasten** des geschenkten Grundstücks (z.B. Grundsteuer) haftet K zwar allemal persönlich. Aber diese treffen den Erwerber *kraft Gesetzes* und bilden deshalb keinen rechtlichen Nachteil *aus der Willenserklärung* (skeptisch zu dieser Begründung *Larenz/Wolf* § 25 Rdnr. 23). Auch *Bork* Rdnr. 1001 fordert eine »wertende« – also doch wohl auch wirtschaftliche – Betrachtungsweise. *BGHZ 161, 170/179* hat sich dem in der Sache angeschlossen: Die gewöhnlich zu erwartenden öffentlichen Abgaben seien in ihrem Umfang so begrenzt, dass sie regelmäßig aus den laufenden Erträgen des Grundstücks gedeckt werden könnten. Sie führten daher typischerweise zu keiner Vermögensgefährdung. Ob das auch für außerordentliche Lasten (z.b. Erschließungskosten) gelte, bleibe offen.

b) Problematisch ist auch die Schenkung von **Wohnungseigentum** an einen Minderjährigen: Dieser wird ja nach §§ 10 ff. WEG Mitglied der Gemeinschaft der Wohnungseigentümer, und daraus können erhebliche Verpflichtungen folgen. *BGHZ 78, 28/32* hält eine solche Schenkung jedenfalls dann für (auch) rechtlich nachteilhaft, wenn die Gemeinschaftsordnung die Wohnungseigentümer noch weitergehend belastet, als es das Gesetz tut. Dabei hat der *BGH* genügen lassen, daß sich diese Haftung erst aus dem Vollzug des Geschäfts ergab, nämlich aus dem Eintritt des Beschenkten in die Gemeinschaft der Wohnungseigentümer: Die Frage des rechtlichen Vorteils sei aus einer **Gesamtbetrachtung** des schuldrechtlichen und des dinglichen Vertrages heraus zu beurteilen[4]. 172a

c) Ohne eine solche Gesamtbetrachtung läßt es *BGH* NJW 2005, 1430/1431 als rechtlichen Nachteil genügen, daß der minderjährige Erwerber nach §§ 561, 581 II, 593 b in die über das Grundstück bestehenden **Miet- oder Pachtverträge** eintritt. Das soll auch dann gelten, wenn der Veräußerer sich einen Nießbrauch vorbehalten hatte und daher zunächst der Veräußerer in solche Verträge eintrat. 172b

3. Nichtberechtigte Verfügung

Problematisch unter dem Gesichtspunkt des »rechtlichen Vorteils« sind endlich auch nichtberechtigte Verfügungen Minderjähriger, also wenn diese über fremde Gegenstände verfügen (vgl. dazu unten Rdnr. 540). 172c

---

4 Dem BGH zustimmend *Gitter/Schmitt,* JuS 1982, 253 ff., kritisch dagegen *Jauernig,* JuS 1982, 576 f.; vgl. *Medicus,* AT Rdnr. 565.

II.   Die Einwilligung des gesetzlichen Vertreters

1.   Arten der Einwilligung

173   Die bei nicht nur rechtlich vorteilhaften Geschäften nötige Einwilligung des gesetzlichen Vertreters kann in zwei Grundformen erteilt werden: **speziell** (etwa zum Kauf eines bestimmten Buches) oder **generell** (etwa zu einer Reise; sie deckt dann die mit dieser Reise zusammenhängenden Geschäfte). Oft liegen solche Einwilligungen in der Überlassung der nötigen Geldmittel (z.B. der Minderjährige erhält 500,– Euro Reisegeld). Dann gilt der meist viel zu eng als »**Taschengeldparagraph**« bezeichnete § 110 (dazu *Leenen*, FamRZ 2000, 863 ff.): Das Geschäft wird erst wirksam, wenn der Minderjährige es mit dem ihm überlassenen Geld erfüllt; die Wirksamkeit der Verpflichtung ist also durch die Erfüllung bedingt. Damit bleibt vermieden, daß der Minderjährige zunächst Schuldner wird und so sein Vermögen in Gefahr bringt. Insbesondere werden Verträge, in denen sich der Minderjährige zu **Ratenzahlungen** verpflichtet, erst mit Zahlung der letzten Rate wirksam. Sogar ein Bewirken von Leistung *und* Gegenleistung verlangt jetzt § 105a bei volljährigen Geschäftsunfähigen für geringwertige Geschäfte des täglichen Lebens.

Die gesetzliche Wertung von § 110 darf nicht unterlaufen werden, indem man die Zweckbestimmung bei der Geldüberlassung als sofort wirksame Einwilligung nach § 107 ansieht.

Bsp.: Der Minderjährige M erhält von seinen Eltern 200,– Euro zum Kauf eines Plattenspielers. M kauft ein solches Gerät, stellt aber im Laden fest, daß er die 200,– Euro verloren hat. Dann ist der Kauf nicht wegen einer elterlichen Einwilligung wirksam, sondern nach § 107 schwebend unwirksam.

2.   Geschäfte über das Surrogat

174   Vor allem bei der generellen Einwilligung einschließlich der Überlassung von Geld zu freier Verfügung ist oft fraglich, ob auch Geschäfte über das Surrogat gedeckt werden.

Bsp.: Der Minderjährige M kauft von seinem Taschengeld Schallplatten. Nach einiger Zeit mag er sie nicht mehr hören und tauscht sie mit seinem Freund F gegen andere.

Oder RGZ 74, 234 ff.: M kauft sich von 3,– Mark (Goldmark!) Taschengeld ein Los, das 4000,– Mark gewinnt. Hiervon kauft M jetzt für 3200,– Mark ein Auto und bezahlt bar.

Der Tausch der Schallplatten und der Kauf des Autos bringen zugleich rechtlichen Nachteil. Sie sind also nur wirksam, wenn die mit der Überlassung des Taschengeldes ausgesprochene bedingte Einwilligung auch Geschäfte über das mit dem Taschengeld Erlangte deckt. Das ist eine Frage der **Auslegung**. Diese wird mangels besonderer Anhaltspunkte dahin führen, daß das zweite Geschäft mitkonsentiert ist, wenn es auch gleich als erstes mit dem Taschengeld hätte vorgenommen werden können. Damit ist der Schallplattentausch wirksam (M hätte die später von F erhaltenen Platten gleich kaufen können), der Autokauf dagegen nicht (das Taschengeld war viel geringer als der Kaufpreis für das Auto).

III. Außervertragliche Haftung

Das Erfordernis der elterlichen Einwilligung schützt den Minderjährigen 175 vor unbedachter rechtsgeschäftlicher Bindung. Fraglich kann sein, inwieweit die diesem Minderjährigenschutz zugrunde liegende Wertung auf außervertragliche Haftungsgründe übertragen werden muß.

1. Deliktshaftung

Für die Deliktshaftung hatte diese Frage früher hauptsächlich bei Autounfällen Bedeutung: Ein Minderjähriger, der mit Einwilligung seiner Eltern die Fahrerlaubnis erworben hatte, mietete ohne diese Einwilligung einen Pkw und beschädigte ihn dann fahrlässig. Hier war der Mietvertrag nach § 108 unwirksam, so daß vertragliche Ersatzansprüche des Vermieters gegen den Minderjährigen ausschieden. Dagegen kamen deliktische Ersatzansprüche nach §§ 823 I, 828 II a.F. (jetzt III) in Betracht. Hierfür war umstritten, welche Bedeutung das Fehlen der elterlichen Einwilligung hatte: Nach *OLG Stuttgart*, NJW 1969, 612 ff. sollten Deliktsansprüche wegen Rechtsmißbrauchs des Vermieters ausgeschlossen sein, *BGH* NJW 1973, 1790 ff. dagegen wollte sie nur nach § 254 mindern, zustimmend *Medicus*, JuS 1974, 221/224 f.

Seit der Herabsetzung des Volljährigkeitsalters von 21 auf 18 Jahre ist aber jetzt regelmäßig schon volljährig, wer die Fahrerlaubnis hat. Damit entfällt der für die Anwendung von § 254 maßgebliche Vorwurf an den Vermieter, er setze sich durch die Überlassung des Kraftfahrzeugs über das Fehlen der elterlichen Einwilligung hinweg und greife so in das elterliche Erziehungsrecht ein. Ausnahmsweise kann aber auch heute noch ein Minderjähriger die Fahrerlaubnis haben (vgl. jetzt die Fahrerlaubnis-VO v. 18.8.1998, *Schönfelder*-Ergänzungsband Nr. 35 d). Dann können die eben behandelten Fragen noch auftauchen; sie sind ebenso wie dort zu entscheiden: Die Einwilligung der Eltern in den Erwerb der Fahrerlaubnis bedeutet nicht auch das Einverständnis mit der Miete von Kraftfahrzeugen. Und das

Nichtvorliegen der elterlichen Einwilligung zu der Miete wirkt gegen Ersatzansprüche des Vermieters nur mindernd nach § 254, aber nicht als anspruchsausschließende Verwirkung.

2. Bereicherungshaftung

176 Für die Bereicherungshaftung außerhalb des Eigentümer-Besitzer-Verhältnisses (innerhalb seiner vgl. unten Rdnr. 602) wird der Minderjährigenschutz fraglich in dem folgenden, viel behandelten **Flugreisefall**[5].

BGHZ 55, 128 ff.: Der fast 18jährige M flog auf einen gültigen Flugschein mit einer Maschine der Lufthansa von München nach Hamburg. Von dort gelang ihm – nun ohne gültigen Flugschein – der Weiterflug mit derselben Maschine nach New York. Als ihm dort die Einreise in die USA verweigert wurde, beförderte ihn die Lufthansa noch am selben Tag zurück. Sie verlangt jetzt von M den tariflichen Flugpreis für Hin- und Rückflug (etwa 2200,– DM). Der gesetzliche Vertreter des M verweigert die Genehmigung.

Der *BGH* hält die Klage in vollem Umfang für begründet. Hinsichtlich des Rückflugs stützt er sie auf die §§ 683, 670: Die schnelle Rückkehr des M nach Hause habe dem mutmaßlichen Willen des gesetzlichen Vertreters entsprochen. Daß die Lufthansa sich dem M zur Rückbeförderung verpflichtet glaubte oder eine Pflicht gegenüber den US-Behörden erfüllen wollte, mache nichts aus (dazu kritisch unten Rdnr. 410–414). Wichtiger ist hier die Begründung für den Anspruch wegen des **Hinflugs**:
Dabei lehnt der *BGH* zunächst eine Verpflichtung des M aus **unerlaubter Handlung** mangels eines Schadens der Lufthansa ab (anders wohl *Larenz* I § 29 I b: Der gemeine Wert des entzogenen Guts, nämlich des Sitzplatzes, stelle den stets zu ersetzenden Mindestschaden dar). Bejaht wird dagegen ein Anspruch aus **ungerechtfertigter Bereicherung**: Allerdings sei M durch die Reise nicht eigentlich bereichert. Aber wenn M rechtsgrundlos Geld erhalten und damit den Flug bezahlt hätte, würde er dem Geldgeber bei Kenntnis vom Mangel der Rechtsgrundlage nach § 819 I ohne Rücksicht auf den Fortbestand der Bereicherung haften. Und § 819 I liege hier vor, da es wenigstens in Fällen wie diesem auf die Kenntnis des deliktsfähigen Minderjährigen selbst ankomme. Was danach für einen späteren Wegfall der Bereicherung gelte, sei erheblich auch für die Frage, ob eine Bereicherung überhaupt eingetreten sei. Letztlich behandelt der *BGH* den M als

---

5 Dazu etwa *Kellmann,* NJW 1971, 862 ff.; *Lieb,* ebenda 1289 ff.; *Batsch,* NJW 1972, 611 ff.; *Canaris,* JZ 1971, 560 ff.; *Medicus,* FamRZ 1971, 250 ff.; *Teichmann,* JuS 1972, 247 ff.; *Gursky,* JR 1972, 247 ff.; *Koppensteiner/Kramer* 11 Fn. 5; *Hombrecher,* Jura 2004, 250 ff.

bereichert, weil dieser sich auf einen Wegfall der Bereicherung nicht hätte berufen dürfen.

Mir ist zweifelhaft, ob man das **Entstehen** einer Bereicherung wirklich nach § 819 I beurteilen kann. Jedenfalls aber halte ich hier die Anwendung der §§ 819 I, 828 II a.f. (jetzt III) und damit auch die Verurteilung des M für falsch: Nach *BGH* NJW 1970, 1038 ff. soll für die Deliktsfähigkeit schon die Einsicht in die Verantwortlichkeit genügen; nicht nötig sein soll (anders als bei § 3 S. 1 JGG) dagegen die Fähigkeit, sich entsprechend dieser Einsicht zu verhalten. Die so verstandene **Deliktsfähigkeit** mag der richtige Maßstab für den Ausgleich von **Schäden** sein, die der Jugendliche verschuldet hat. Wo dagegen ein Schaden fehlt, sind die Interessen der anderen Seite (hier: das Entgeltsinteresse der Lufthansa) weniger schützenswert. Deshalb muß in solchen Fällen wenigstens für die Leistungskondiktion die Wertung der §§ 106 ff. wirksam bleiben: So wenig wie der Minderjährige mit vertraglichen Vergütungsansprüchen belastet werden darf, darf er auch belastet werden mit Bereicherungsansprüchen auf Wertersatz (§ 818 II), denen keine wertgleiche Bereicherung entspricht. Denn die Leistungskondiktion ist durch den Schutzzweck der die Vertragswirksamkeit hindernden Norm beschränkt[6]. Hier muß also die **haftungsverschärfende Kenntnis** (§ 819 I) bei dem gesetzlichen Vertreter vorliegen (ebenso *Larenz/Canaris* II 2 § 73 II 2a). Dagegen wird man bei der deliktsähnlichen Eingriffskondiktion auf die Kenntnis des Minderjährigen selbst abstellen und diese analog § 828 III beurteilen dürfen.

3. Haftung für culpa in contrahendo

Ein Verschulden von Minderjährigen bei Vertragsverhandlungen kommt praktisch meist in der Form vor, daß der Minderjährige sich als volljährig bezeichnet oder wahrheitswidrig das Vorliegen der elterlichen Einwilligung behauptet.   **177**

Hier darf man sicher nicht einfach die §§ 276 I 2, 828 III 1 anwenden: Sonst könnte schon ein Siebenjähriger nach Vertragsrecht (also auch für reine Vermögensverletzungen!) auf das negative Interesse haften. *Canaris,* NJW 1964, 1987 ff. will daher die Haftung aus c.i.c. auf den Fall beschränken, daß der gesetzliche Vertreter wenigstens den Eintritt in Vertragsverhandlungen konsentiert hatte. Das folge aus einer Analogie zu § 179 III 2. Aber dieser Schluß ist unsicher: § 179 III 2 ergibt nicht deutlich, daß nur

---

6 Das betont auch *BGH* BB 1978, 1184/1186 (zu § 56 I Nr. 6 GewO), vgl. noch unten Rdnr. 231 und gegen die Entscheidung des Flugreisefalls durch *BGHZ 55, 128* auch MünchKomm-*Lieb* § 819 Rdnr. 7.

die Übernahme der Vertretung konsentiert sein müsse und nicht auch die konkrete Überschreitung der Vertretungsmacht.

Daher dürften die Folgen einer c.i.c. Minderjähriger noch enger zu begrenzen sein: Wenigstens für den in § 109 II geregelten Fall mag diese Vorschrift eine abschließende Regelung darstellen[7]. Die Deliktshaftung (etwa wegen eines Betruges) freilich kommt bei Deliktsfähigkeit (§ 828 III) stets in Betracht; für die bei § 823 II anzuwendenden Strafvorschriften wie § 263 StGB entscheidet die Strafmündigkeit.

---

7 Einschränkend auch *Frotz*, Gedenkschr. Gschnitzer (1969) 163, 176 f.

§ 9 Formfragen

I. Formbedürftigkeit

Vgl. zunächst zu den Arten der Formen GW Rdnr. 94 ff.

1. Umfang des Formerfordernisses

Soweit ein Vertrag einer Form bedarf, erstreckt sich dieses Erfordernis auf 178
seinen ganzen wesentlichen Inhalt. Wo die Form dagegen nur für die *Erklä-rung eines Vertragsteils* nötig ist, kann fraglich werden, was diese Erklärung enthalten muß: Genügt insbesondere schon ein »Ja« auf die von dem anderen Vertragsteil formulierte Erklärung?

BGHZ 57, 53 ff.: S nimmt die Dienste des Rechtsanwalts A in Anspruch. Als Ge-genleistung bescheinigt S schriftlich, dem A 25000,– DM zu schulden. Das dem A nach der damals geltenden BundesrechtsanwaltsgebührenO (BRAGO) zustehende Honorar hätte nur 1670,– DM betragen.

Nach § 3 I 1 BRAGO (seit dem 1.7.2004 § 4 I 1 RVG) kann eine höhere als die gesetzliche Gebühr wirksam vereinbart werden, wenn die Erklärung des Auftraggebers *schriftlich* abgegeben wird. Hier ist fraglich, ob das den Verpflichtungsgrund nicht erwähnende abstrakte Schuldanerkenntnis des S (die Schriftform nach § 781 ist gewahrt) diesem Erfordernis genügt. Der *BGH* hat das wegen des Schutzzwecks von § 3 I 1 BRAGO (jetzt § 4 I 1 RVG) mit Recht verneint: Der Mandant solle sich nicht unüberlegt zu mehr als der gesetzlichen Gebühr verpflichten können. Daher müsse aus seiner schriftlichen Erklärung wenigstens hervorgehen, daß eine Gegenleistung für *anwaltliche* Tätigkeit versprochen werde (denn hierauf beschränkt sich die BRAGO bzw. das jetzt geltende RVG). Noch besser würde der Schutz-zweck freilich erreicht, wenn auch der Wille zur Überschreitung der gesetz-lichen Gebühr schriftlich erklärt werden müßte.

Entsprechend muß aus der schriftlichen (§ 766) **Bürgschaftserklärung** der Wille hervorgehen, für fremde Schuld einzustehen *(BGHZ 26, 142/147)*; ebenso der Name des Gläubigers *(BGH* LM Nr. 6/7 zu § 766 BGB) und die Hauptschuld. Eine **Blan-kobürgschaft**, die nach mündlicher Absprache erst durch den Gläubiger vervoll-ständigt werden soll, ist formunwirksam: *BGHZ 132, 119 ff.* (dazu *Bülow*, ZIP 1996, 1694 ff.).

2.   Form von Maklerverträgen über ein Grundstück

179   Praktisch wichtig ist die Frage nach der Anwendbarkeit des § 311b I auf Maklerverträge: Diese ist erstens zu bejahen, wenn der Auftraggeber sich *verpflichtet*, sein Grundstück zu bestimmten Bedingungen an jeden vom Makler zugeführten Interessenten zu verkaufen (*BGH* NJW 1970, 1915 ff. und für eine Kaufverpflichtung *BGH* NJW-RR 1990, 57): Dann verpflichtet eben schon der Maklervertrag mittelbar zur Übertragung oder zum Erwerb von Grundstückseigentum. Zweitens ist § 311b I auch anwendbar, wenn der Auftraggeber sich zwar nicht zum Verkauf verpflichtet, aber doch zur Provisionszahlung bei Verweigerung des Verkaufs. Denn *BGH* NJW 1971, 557 f. sieht hierin ein uneigentliches Strafversprechen nach § 343 II, und dieses ist nach § 344 ebenso unwirksam (§§ 311b I, 125), wie es das Leistungsversprechen wäre. Dagegen sei eine Verpflichtung des Auftraggebers zum Aufwendungsersatz und auch zu einer mäßigen Vergütung für die erfolglos gebliebene Tätigkeit des Maklers formlos möglich: Das Formerfordernis beginne erst da, wo die Zahlungspflicht für den Auftraggeber einen »unangemessenen Druck in Richtung auf die Grundstücksveräußerung« bedeute. *BGH* NJW 1980, 1622 f. bejaht einen solchen unangemessenen Druck bereits, wenn die neben dem Unkostenersatz versprochene Tätigkeitsvergütung etwa 20% der Provision für die erfolgreiche Vermittlung ausmacht; *OLG Frankfurt,* Betr. 1986, 1065 f. läßt bei absolut hohen Beträgen auch geringere Prozentsätze genügen.

Im gleichen Sinn entscheidet außerhalb des Maklerrechts auch *BGH* NJW 1979, 307 f.: Dort sollte die Anzahlung eines Kaufanwärters für ein Grundstück als Schadensersatz verfallen sein, wenn dieser den Kauf nicht binnen bestimmter Frist abschloß. Der *BGH* hat die Verfallklausel mit Recht dem § 313 (jetzt § 311b I) unterstellt, weil der drohende Verlust der Anzahlung (es ging um 40000,– DM) die Entschlußfreiheit des Kaufanwärters erheblich beeinträchtigte. Ebenso ist die notarielle Form nötig, wenn sich im Makler eine Vertragsstrafe für den Fall versprechen läßt, daß der Kunde den Hauptvertrag nicht abschließt. Doch soll hier nach *BGH* NJW 1987, 1628 die Nichtigkeit bereits durch die formgerechte Beurkundung des Hauptvertrages geheilt werden (vgl. § 311b I 2).

II.   Mangel der durch Gesetz bestimmten Form (§ 125 S. 1 BGB)

180   Beim Fehlen der durch Gesetz bestimmten Form ordnet § 125 S. 1 Nichtigkeit an. Diese Rechtsfolge gilt selbst dann, wenn die Parteien den nicht formgerechten Vertrag als wirksam behandeln wollen.

BGH JR 1969, 102 = Betr. 1969, 301 f.: Das Bauunternehmen V verkauft an K ein Eigenheim durch einen privatschriftlichen »Kaufanwartschaftsvertrag«. K verpflichtet sich darin zur Zahlung nach Maßgabe des Baufortschritts; notarielle Beurkundung und Auflassung sollen später geschehen. Aus diesem Vertrag klagt V eine Kaufpreisrate ein. K verteidigt sich nicht mit § 125, sondern macht ein Zurückbehaltungsrecht wegen eines Nachbesserungsanspruchs geltend. Der *BGH* hat hier die Klage des V zu Recht abgewiesen, ohne auf den Gegenanspruch des K einzugehen: § 125 S. 1 ist Einwendung und daher von Amts wegen zu beachten. Anders *F. Baur,* FS Bötticher (1969) 1 ff.: Parteivereinbarungen über präjudizielle Rechtsverhältnisse sollten den Richter im Rahmen des ordre public binden.

Trotzdem versucht die Rspr. vielfach, der Nichtigkeitsfolge auszuweichen: Teils wird die »Berufung auf den Formmangel« nach § 242 für unzulässig erklärt, teils wird mit Schadensersatzansprüchen aus culpa in contrahendo oder § 826 gearbeitet und teils schließlich eine gesetzliche Vertrauenshaftung angenommen. Man muß wohl **drei Fallgruppen** unterscheiden:

1. Bewußte Nichtbeachtung der Form

Die erste Fallgruppe ist dadurch gekennzeichnet, daß der durch die Vertragsnichtigkeit Geschädigte trotz Kenntnis des Formerfordernisses dieses nicht beachten wollte oder nicht hat durchsetzen können. **181**

RGZ 117, 121 ff. (»Edelmannfall«): S verspricht dem G als Belohnung für geleistete Dienste die Übereignung eines Grundstücks. Auf das Verlangen des G nach notarieller Beurkundung (damals § 313 S. 1, jetzt § 311b I, unter Umständen auch § 518 I) entgegnet S: Er sei von Adel; bei ihm herrschten keine jüdischen Gepflogenheiten; sein Edelmannswort genüge.

Hier hat das *RG* dem G keinen Erfüllungsanspruch gewährt. Zur Begründung treffend *Flume* § 15 III 4c bb: Wer sein Geschäft bewußt nicht dem Recht unterstellt, sondern einem Edelmannswort, dem hilft das Recht auch nicht (ähnlich *BGHZ 45, 376 ff.*: Wer eine ihm bekannte Formvorschrift nicht beachtet, dem fehlt der Rechtsfolgewille). In Betracht kommt dann außer einem Vergütungsanspruch nach § 612 allenfalls ein Schadensersatzanspruch (§§ 826, 823 II BGB mit 263 StGB). Dieser richtet sich aber nur auf das negative Interesse und versagt vollends, wenn der Versprechende zunächst erfüllungsbereit gewesen ist, also nicht betrogen hat.

Leider ist der (frühere) V. ZS des *BGH* von diesen klaren Regeln immer stärker abgewichen. Zunächst hatte er nur in begrenzten Lebensbereichen Vertragswirksamkeit nach § 242 auch dann bejaht, wenn die Parteien die ihnen bekannte Form nicht beachtet hatten (Höferecht: *BGHZ 23, 249 ff.,* vgl. unten Rdnr. 186, 192; Siedlungsrecht: *BGHZ 16, 334 ff.*). In *BGHZ 48, 396 ff.* hat er diese Grenzen jedoch gesprengt und Wirksamkeit für einen dem »Edelmannfall« fast genau entsprechenden Sachverhalt angenommen[1]

---

1 Dagegen mit Recht *D. Reinicke,* NJW 1968, 39 ff.; zustimmend jedoch *Larenz/ Wolf* § 27 Rdnr. 73; differenzierend *Canaris,* S. 352 ff.

(mit dem einzigen Unterschied, daß die Bekräftigung nun durch den Hinweis auf kaufmännische Ehrbarkeit statt auf den Adel erfolgte).

Eine Frucht der durch die großzügige Anwendung von § 242 geschaffenen Rechtsunsicherheit dürfte folgender Fall sein:

BGH (V. ZS) NJW 1969, 1167 ff. mit Anm. D. *Reinicke*: Ein Wohnungsbauunternehmen hatte einen privatschriftlichen Kaufanwartschaftsvertrag durch eine ebensolche Zusatzvereinbarung folgenden Inhalts ergänzt: »Käufer erklärt ausdrücklich, darüber belehrt zu sein, daß ein solcher Vertrag (Kaufanwartschaftsvertrag) zwar erfüllbar, aber nicht in jedem Fall erzwingbar ist (§ 313). Verkäuferin wird und kann sich auf diese Rechtsvorschrift nicht berufen. Ihr würde durchschlagend die Arglisteinrede entgegengestellt werden können.« Später verklagte das Unternehmen den Käufer wegen der Formnichtigkeit des Vertrages auf Räumung.

Da der V. ZS hier die Wirkung der Nichtigkeit nicht für »schlechthin untragbar« hielt (vgl. unten Rdnr. 183), hat er der Klage stattgegeben. Das mag deshalb richtig sein, weil die Kenntnis des Käufers von der Nichteinhaltung der Formvorschrift nicht durch den schwammigen Hinweis auf die Arglisteinrede aufgewogen wird. Doch hätte hier besonderer Anlaß bestanden, die Schutzbedürftigkeit der Klägerin zu prüfen (vgl. unten Rdnr. 185).

2.   Täuschung über die Formbedürftigkeit

182   Das andere Extrem bilden die Fälle der arglistigen Täuschung über die Formbedürftigkeit. Hier hilft ein Schadensersatzanspruch des Getäuschten aus § 826 allein noch nicht viel weiter: Dieser Anspruch geht ja nur auf das, was der Getäuschte ohne die Täuschung hätte. Und da diese regelmäßig gerade verdecken soll, daß der Täuschende nicht verpflichtet werden wollte (§ 116 S. 1 hilft hier nicht direkt, weil es nicht um die Wirksamkeit einer Willenserklärung geht), führt § 826 nur zum negativen Interesse. Dennoch gibt die ganz h.M. (etwa *Larenz/Wolf* § 27 Rdnr. 71 f.; *Bork* Rdnr. 1081) hier einen Erfüllungsanspruch.

Man darf das aber nicht im Sinne einer Vollwirksamkeit des Vertrages deuten. Denn dann müßte auch der Täuschende selbst gegen den Willen des Getäuschten Erfüllung verlangen können, was sicher unhaltbar ist. Richtig vielmehr *Flume* § 15 III 4c cc: Der Getäuschte kann darüber entscheiden, ob der Vertrag als wirksam behandelt werden soll oder nicht. Zum gleichen Ergebnis führt es, wenn man mit *Canaris* 276 ff. Vertrauenshaftung kraft Gesetzes bejaht (vgl. dazu aber unten Rdnr. 185).

Auf die Ausübung dieses Wahlrechts kann man wohl die §§ 124, 143 f. entsprechend anwenden. Denn § 123 behandelt gleichsam den spiegelbildlichen, im wesentlichen gleichliegenden Fall: Dort hat die Täuschung den wirksamen Vertrag herbeigeführt, und der Getäuschte soll wählen dürfen, ob er es bei dieser Wirksamkeit belassen will.

3. Versehentliche Nichtbeachtung der Form

Die letzte, häufigste Fallgruppe liegt zwischen diesen beiden Extremen: Die **183**
Nichteinhaltung der Form ist auf fahrlässige Unkenntnis zurückzuführen,
oder die Einhaltung der bekannten Form ist versehentlich unterblieben.

> *BGH* NJW 1965, 812 ff.: Ein gemeinnütziges Wohnungsbauunternehmen überließ
> Interessenten Kaufeigenheime gegen privatschriftliche Vereinbarungen, in denen
> sich die Übernehmer zur Kaufpreiszahlung verpflichteten; ein endgültiger Vertrag
> sollte später geschlossen werden. Das ist dann jedoch unterblieben.

a) Die Rspr. hat in solchen Fällen lange dazu geneigt, unter Berufung auf
§ 242 Wirksamkeit anzunehmen. Demgegenüber hat der *BGH* aaO. betont,
ein Abweichen von § 125 S. 1 sei nur statthaft, wenn es »nach den Bezie-
hungen der Beteiligten und nach den gesamten Umständen mit Treu und
Glauben unvereinbar wäre, vertragliche Vereinbarungen wegen Formmangels unausgeführt zu lassen«. Ein hartes Ergebnis genüge nicht; es müsse
vielmehr **schlechthin untragbar** sein (ebenso etwa *BGHZ 92, 164/172*;
BGH NJW 1975, 43 f.). Dafür reiche nicht schon aus, daß die den Formmangel geltend machende Partei diesen in Unkenntnis der Rechtslage selbst
veranlaßt habe (*BGH* NJW 1977, 2072 f.).

Auch in NJW 1965, 812 ff. hat der *BGH* solche Untragbarkeit nicht angenommen. Er hat dem Kaufinteressenten aber aus culpa in contrahendo einen Anspruch
auf das positive Interesse in Geld gegeben, wenn der Vertrag bei Hinweis auf die
nötige Form notariell abgeschlossen worden wäre. Wegen dieses Anspruchs sollte
der Kaufinteressent die Herausgabe des Grundstücks (§ 985) nach § 273 I verweigern können. Zurückhaltend bei der Verschuldensfrage dann aber *BGH* NJW 1975,
43 f.

b) In der Literatur überwiegt zu dieser Fallgruppe heute die Ansicht, der **184**
Vertrag sei nie wirksam. Vielmehr müsse die Partei, auf deren Fahrlässigkeit
der Formmangel zurückgehe, Schadensersatz aus culpa in contrahendo
leisten. Dabei kommt nach richtiger Ansicht nur das negative Interesse in
Betracht[2].

c) Demgegenüber habe ich (JuS 1965, 214 f., ähnlich *W. Lorenz*, JuS **185**
1966, 429 ff.) **Bedenken**, ob die culpa in contrahendo hier regelmäßig sachgerecht ist. Denn erstens leuchtet nicht ein, warum eine Partei der anderen
ohne weiteres zur Sorge um die Einhaltung der Form verpflichtet sein soll.

---

2 Vgl. vor allem *Flume* § 15 III 4c dd; *Larenz*, FS Ballerstedt (1975) 397/405, auch
Medicus, FS Herm. Lange (1992) 539 ff. Die Gewährung des positiven Interesses
würde nämlich einem Kontrahierungszwang nahekommen, den es allein aus dem
Eintritt in Vertragsverhandlungen nicht gibt.

Und zweitens braucht auch das negative Interesse, auf das Ansprüche aus c.i.c. gehen, keineswegs unter dem positiven zu liegen.

Bsp.: Ein Bürge B hat sich formnichtig (§ 766) verbürgt; der Gläubiger G hat daraufhin den Kredit an den Hauptschuldner ausgezahlt. Das hätte G nicht getan, wenn er die Nichtigkeit der Bürgschaft gekannt hätte. Bei Insolvenz des Hauptschuldners besteht das von B zu ersetzende negative Interesse hier also in der Erfüllung seiner (nichtigen) Bürgenschuld. *BGHZ* 142, 51 hat das anerkannt.

Je mehr das negative Interesse der Erfüllung gleicht, um so stärker kann durch den Anspruch aus culpa in contrahendo der hauptsächliche Zweck der Formvorschriften vereitelt werden: einer Partei Schutz vor Übereilung zu gewähren. Man kann diesen Schutz in Einzelfällen für unangebracht halten. So hat der Gesetzgeber mit § 311b I gewiß nicht gemeinnützige Wohnungsbauunternehmen schützen wollen (vgl. die erwähnten Fälle *BGH* NJW 1965, 812 ff.; 1969, 1167 ff.). § 56 I des 2. WohnungsbauG v. 27.6.1956 hatte für einige solche Fälle auch eine *gesetzliche* Übereignungspflicht bestimmt (ein Bsp. dazu: *BGHZ 70, 227 ff.*). Bei Fehlen solcher Sondervorschriften sollte man die **Schutzunwürdigkeit** des Verkäufers im Einzelfall begründen, statt die hierzu nötigen und aufzudeckenden Wertungen hinter der pauschalen Berufung auf die culpa in contrahendo zu verstecken. Vgl. *Esser/Eike Schmidt* § 10 III 2c: Es komme darauf an, welchen Zweck die Formvorschrift habe und ob dieser auf andere Weise gewahrt sei. Darüber hinaus ist derjenige Verhandlungspartner aus culpa in contrahendo ersatzpflichtig, der dem anderen **Betreuung schuldet** (ähnlich *Esser/Eike Schmidt* § 29 II 2c).

Nicht zustimmen kann ich freilich *Canaris* 289 ff.; 412/465 ff., auch 276 ff.: Soweit eine Erfüllungshaftung zu bejahen sei, beruhe diese auf Gesetz; die nur für Rechtsgeschäfte geltenden Formvorschriften (und folglich auch § 125) paßten daher überhaupt höchstens analog. Denn *Canaris* will ja bei Gewährung eines Erfüllungsanspruchs auch den ganzen übrigen Vertragsinhalt gelten lassen einschließlich solcher Einzelpunkte, bezüglich derer die Voraussetzungen für einen Vertrauensschutz nicht erfüllt sind. Letztlich geht es damit *Canaris* eben doch um die Wirksamkeit des Rechtsgeschäfts.

4.   Formmangelhafte Verfügungen

186   Überhaupt unanwendbar sind die eben genannten Regeln auf Verfügungen (ebenso *Bork* Rdnr. 1079). Hier kann es keine aus § 242 abgeleitete Hilfe gegen einen Formmangel geben. Denn Verfügungen sind nicht einfach ein auf Gläubiger und Schuldner begrenztes Zweipersonenverhältnis. Vielmehr ändern sie absolut, also in einer von jedermann zu achtenden Weise, die Rechtszuständigkeit. Hier paßt daher allenfalls der allgemeinere Maßstab der guten Sitten (§§ 138, 826). Die Unanwendbarkeit von § 242 auf formmangelhafte Verfügungen entspricht auch der h.M. (etwa *Flume* § 15 III 4a). Anders aber der V. ZS des *BGH* in seiner Rspr. zur formlosen Hoferbenbestimmung: Diese bewirke den dinglichen Rechtsübergang auf den formlos zum Erben Bestimmten (*BGHZ 23, 249 ff.*, dazu schon oben Rdnr. 181 und unten Rdnr. 192).

Meist ist bei Verfügungen das Formproblem auch gar nicht so dringend: Wenn eine wirksame Verpflichtung zu der Verfügung vorliegt, muß diese eben noch formwirksam nachgeholt werden. Und wenn umgekehrt eine wirksame Verpflichtung zu der Verfügung fehlt, unterliegt das durch sie verschaffte Recht ohnehin meist der Leistungskondiktion. Anders verhält es sich nur, wo eine wirksame Verfügung die Unwirksamkeit der Verpflichtung heilen könnte (vgl. oben Rdnr. 40), ferner im Anwendungsbereich von § 814 sowie bei Verfügungen von Todes wegen.

III. Mangel der durch Rechtsgeschäft bestimmten Form (§ 125 S. 2 BGB)

1. Vorkommen von Formvereinbarungen

Für Vereinbarungen, die nach dem Gesetz formlos getroffen werden kön- **187** nen, wird oft durch Vertrag eine Form (meist die Schriftform, vgl. § 127) bestimmt. Solche Bestimmungen finden sich insbesondere in Formularverträgen (einschränkend § 309 Nr. 13, im Ergebnis auch § 305 b). Häufig denken die Parteien dann aber später nicht mehr an die von ihnen vereinbarte Form und lassen sie daher unbeachtet.

Bsp.: Vermieter V und Mieter M haben vereinbart, daß Änderungen und Ergänzungen ihres Geschäftsraummietvertrages (daher nicht § 568!) sowie eine Kündigung nur bei Wahrung der Schriftform wirksam sein sollen.

(1) V und M vereinbaren mündlich eine Herabsetzung der Monatsmiete. Später verlangt V den ungekürzten Mietzins, da die Vereinbarung nach § 125 S. 2 unwirksam sei.

(2) M kündigt das Mietverhältnis mündlich; V nimmt diese Kündigung unbeanstandet entgegen. Später verlangt er aber von M unter Hinweis auf § 125 S. 2 auch weiterhin den Mietzins.

2. Unterschiede zum Mangel der gesetzlichen Form

Beim Mangel einer solchen vereinbarten Form ist die Rechtslage wesentlich **187a** anders als beim Mangel einer gesetzlich bestimmten. Der Unterschied zeigt sich schon in § 125 S. 2, der bei Fehlen der vereinbarten Form die Nichtigkeit nur »im Zweifel« eintreten läßt. Vor allem aber können die Parteien die Vereinbarung der Form wieder aufheben: Diese Aufhebungsvereinbarung selbst bedarf nach h.M. regelmäßig keiner Form. Nach *BGHZ 66, 378 ff.* soll jedoch eine Ausnahme gelten, wenn unter Kaufleuten speziell für diese Aufhebungsvereinbarung Schriftform verabredet worden war; mir scheint die Beschränkung auf Kaufleute zweifelhaft, vgl. AT Rdnr. 641 und *Larenz/Wolf* § 27 Rdnr. 85 Fn. 85. *BAG* Betr. 2003, 2339 anerkennt die »doppelte Schriftformklausel« (nach der Schriftform auch für die Aufhebung der Schriftformklausel nötig sein soll) auch im Arbeitsrecht.

Danach wären in dem Bsp. Mieterabsetzung und Kündigung wirksam, wenn V und M zunächst durch Vereinbarung die Schriftformklausel aufgehoben oder doch für den Einzelfall suspendiert hätten. Eine solche Annahme würde bei (1), also bei einer vertraglichen Abrede, leichter fallen als bei der einseitigen Kündigung von (2). Ihr stünde aber stets im Wege, daß ein Wille zu einer Vereinbarung über die Klausel voraussetzt, daß die Parteien überhaupt an diese gedacht haben. Daran wird es meist fehlen; zumindest wird der Nachweis schwerfallen.

Der *BGH* (NJW 1965, 293; JZ 1967, 287 f.; *BGHZ 49, 364 ff.*) sieht sogar von der Notwendigkeit einer besonderen Aufhebungsvereinbarung ab. Es soll also nicht schaden, wenn die Parteien an die Schriftformklausel nicht gedacht haben. Vielmehr soll auch jede formlose Vereinbarung gelten, wenn die Parteien sie nur neben dem Urkundeninhalt gewollt haben. Ebenso etwa *Flume* § 15 III 2.

Danach wäre im Bsp. bei (1) die Mieterabsetzung wirksam. Die Kündigung bei (2) ist zwar keine Vereinbarung, sondern einseitige Gestaltungserklärung. Aber man könnte auch hier wegen der unbeanstandeten Entgegennahme durch V eine Vereinbarung annehmen.

Bedenken erweckt allerdings, daß die weitherzige Auslegung von § 125 S. 2 fast nichts mehr übrigläßt. Insbesondere die von den Parteien mit der Schriftformklausel meist beabsichtigte Sicherung des Beweises geht weithin verloren[3]. Daher sind zumindest an den Beweis einer formlosen Vereinbarung strenge Anforderungen zu stellen. Doch kann jedenfalls eine in AGB enthaltene Schriftformklausel nach § 305b gegenüber einer speziellen mündlichen Individualvereinbarung zurücktreten müssen (etwa *Palandt/Heinrichs* § 305b Rdnr. 5; die dort genannte Rspr. ist uneinheitlich).

---

3 Dazu *Kötz*, JZ 1967, 288 ff. und *Larenz/Wolf* § 27 Rdnr. 85; kritisch auch *Böhm*, AcP 179 (1979) 425 ff.

3. Vorbehalt schriftlicher Bestätigung

Nicht mit § 125 S. 2 verwechselt werden darf die häufige Klausel, schriftli- **187b**
che Bestätigung der mit einem Vertreter getroffenen Vereinbarung bleibe
vorbehalten. Das betrifft die **Vertretungsmacht**: Das mit dem Vertreter
Vereinbarte ist ohne die Bestätigung für den Vertretenen nicht bindend;
letztlich hat also der Vertreter keine Abschlußvollmacht. Doch kann nach
den eben genannten Regeln unter Umständen auch eine mündliche Bestätigung durch den Vertretenen wirksam sein.

§ 10   Vertragsansprüche ohne Vertrag[1]

188 Wo nicht alle Erfordernisse für den Vertragsschluß erfüllt sind oder Nichtigkeitsgründe vorliegen, gibt es anscheinend auch keine Vertragsansprüche. Diese Folgerung ist aber nur mit erheblichen Einschränkungen richtig. Dabei muß unterschieden werden zwischen Ansprüchen auf Erfüllung und solchen auf Schadensersatz.

I.   Erfüllungsansprüche

189 Erfüllungsansprüche ohne wirksamen Vertrag können sich zunächst bei § 179 I (vgl. oben Rdnr. 120) und in bestimmten anderen Fällen des Vertrauensschutzes (etwa oben Rdnr. 182) ergeben. Weitere Anwendungsfälle wollte die Lehre vom **faktischen Vertrag** begründen. Dabei haben sich zwei Fallgruppen herausgebildet.

1.   Sozialtypisches Verhalten

Ein faktischer Vertrag sollte nach manchen entstehen durch sozialtypisches Verhalten (dazu *K. Schreiber*, Jura 1988, 219 ff.). Kennzeichnend für die hierhin gerechneten Fälle waren die Stichwörter **Daseinsvorsorge** und **Massenverkehr**: In diesen Bereichen sollte ein Vertrag (und damit die Verpflichtung zur Zahlung des tariflichen Entgelts) unabhängig von einer Willenserklärung des Benutzers schon durch Inanspruchnahme der Leistung zustande kommen.

BGHZ 21, 319 ff. hat diese Lehre in dem berühmten »Hamburger Parkplatzfall« übernommen: Die Hamburger Behörden hatten einen Teil des Rathausmarktes zum bewachten, gebührenpflichtigen Parkplatz erklärt. Ein Benutzer meinte, das Parken dort gehöre auch weiter zum Gemeingebrauch, und verweigerte die Zahlung der Gebühr. Er ist dazu verurteilt worden, obwohl man hier schon daran zweifeln kann, ob überhaupt ein sozialtypisches Verhalten des Parkers vorlag: Er hatte nur unter ausdrücklichem Protest gegen die Zahlungspflicht geparkt, was jedenfalls in Deutschland gewiß unüblich ist. Später (FamRZ 1971, 247 ff., in *BGHZ 55, 128 ff.*

---

1 Dazu *Litterer*, Vertragsfolgen ohne Vertrag (1979); *von Bar*, Vertragliche Schadensersatzansprüche ohne Vertrag?, JuS 1982, 637 ff. In größeren Zusammenhängen auch *Stoll*, Vertrauensschutz bei einseitigen Leistungsversprechen, FS Flume I (1978) 741 ff.; *Köndgen*, Selbstbindung ohne Vertrag (1981); *Picker*, Positive Forderungsverletzung und culpa in contrahendo – Zur Problematik der Haftungen »zwischen« Vertrag und Delikt, AcP 183 (1983) 369 ff.

insoweit nicht abgedruckt) hat der *BGH* seine Ansicht jedoch eingeschränkt: Sie betreffe nur den Massenverkehr; dessen besondere Verhältnisse seien derzeit im Flugverkehr zumindest noch nicht gegeben. Ob dieses Argument von 1971 heute noch zutrifft, darf bezweifelt werden.

a) Bedenken

Dieser Teil der Lehre vom faktischen Vertrag ist abzulehnen (und von *La-* **190** *renz* später auch aufgegeben worden). In den meisten Fällen dieser Gruppe liegt nämlich schon eine wirksame Willenserklärung des Benutzers vor. Sie ist zwar oft (z.b. bei der Straßenbahnfahrt) stark abgekürzt (»Umsteigen«) oder wird auch nur durch konkludentes Verhalten ausgedrückt (Betätigen von Automaten). Aber sie ist eben doch noch vorhanden und reicht für die Annahme eines »klassischen« Vertragsschlusses (notfalls über § 151) völlig aus. Daß dabei weithin kein Spielraum für Verhandlungen über den Vertragsinhalt besteht, hat insoweit keine Bedeutung: Bei den Geschäften des täglichen Lebens wird jedenfalls in Mitteleuropa schon seit alters nicht gefeilscht (*Flume* § 8, 2). Auch wer Semmeln kauft, handelt nicht um den Preis, sondern sagt nur die gewünschte Anzahl. Trotzdem paßt das Vertragsrecht. Und wo ausnahmsweise bei der Willenserklärung ein Wirksamkeitshindernis vorliegt, kann die Lehre vom faktischen Vertrag nicht begründen, warum dennoch Vertragswirkungen eintreten sollen. Das Schlagwort von der »Daseinsvorsorge« wird hier dazu mißbraucht, dem zu versorgenden Einzelnen vertragliche Pflichten aufzubürden, vor denen das Gesetz ihn schützen wollte. Vorgesorgt wird also nicht für das Dasein des zu Versorgenden, sondern für das Dasein des Versorgers. An dieser Verkehrung ändert auch das Zauberwort »sozial« nichts.

LG Bremen, NJW 1966, 2360 f.: Ein achtjähriger Junge benutzt ohne Wissen seiner Eltern die Straßenbahn mit einem ungültigen Fahrausweis zu einer Spazierfahrt. Das LG hat ihn nicht nur zur Zahlung des Fahrpreises verurteilt, sondern auch zu einer in den Allgemeinen Beförderungsbedingungen vorgesehenen Buße. Damit wird in unzulässiger Weise der vom Gesetz gewollte Minderjährigenschutz aus den Angeln gehoben[2].

Daran ändern auch einige Spezialvorschriften nichts: Nach § 9 einer »Verordnung über die Allgemeinen Beförderungsbedingungen für den Straßenbahn- und Obusverkehr sowie den Linienverkehr mit Kraftfahrzeugen« v. 27.2.1970 (BGBl. I 230, ähnlich § 12 EisenbahnverkehrsO) soll von Fahrgästen ohne gültigen Fahrausweis ein **erhöhtes Beförderungsentgelt** verlangt werden können. Geltung und Bedeutung dieser Vorschrift sind aus mehreren Gründen nicht ganz zweifelsfrei. Jedenfalls aber dürfte

---

2 Gegen das *LG Bremen* etwa *Medicus*, NJW 1967, 354 f.; *Berg*, MDR 1967, 448 f.; *Metzger*, NJW 1967, 1740 f. sowie *Larenz/Wolf* § 30 Rdnr. 21 ff.

man auch mit ihr nicht dazu kommen, den Minderjährigenschutz des BGB auszuschalten. Denn weder ergibt § 9 aaO. klar eine solche Absicht, noch dürfte sie durch die Ermächtigung (§ 57 PersonenbeförderungsG) gedeckt sein: Dort spricht Abs. 1 Nr. 5 nur von »einheitlichen Allgemeinen Beförderungsbedingungen«. Daß dies auch eine Verpflichtung Minderjähriger soll umfassen können, darf schon angesichts der Abneigung von Art. 129 III GG gegen gesetzesändernde Verordnungen kaum angenommen werden. Vgl. *Medicus,* AT Rdnr. 252 mit Angabe der uneinheitlichen Rechtsprechung und ausführlich *Weth,* JuS 1998, 795/798 f. *Larenz/Wolf* § 30 Rdnr. 27 bejahen dagegen die Zahlungspflicht, weil sie auf Gesetz und nicht Vertrag beruhe. Die Frage ist doch aber gerade, ob die genannten Vorschriften eine solche Zahlungspflicht begründen wollten oder konnten.

b)   Andere Lösungsmöglichkeiten

191   In den Fällen dieser Gruppe braucht man auch die Lehre vom faktischen Vertrag gar nicht. Denn bei **voll Geschäftsfähigen** hilft mittelbar die Regel von der Unbeachtlichkeit der **protestatio facto contraria**. Ohne weiteres paßt diese Regel allerdings nicht. Denn *Teichmann* (FS Michaelis, 1972, 295 ff.) hat überzeugend dargetan, daß die Regel allein nicht die Wirkungslosigkeit des verbalen Protestes begründen kann: Ein solcher Protest hindert, wenn er rechtzeitig kommt und hinreichend deutlich ist, sehr wohl regelmäßig die Annahme des üblichen Erklärungsinhalts der Leistungsannahme und damit den Vertragsschluß. Zwar kann man bei der Auslegung allgemein diejenige Möglichkeit vorziehen, die zu rechtmäßigem Verhalten der Beteiligten führt. Aber das gilt nur bei Zweifeln und nicht gegenüber einem deutlich erklärten oder sonstwie erkennbaren entgegengesetzten Willen. Daher bedeutet die diebische Wegnahme in einem Selbstbedienungsladen keinen Antrag zum Abschluß eines Kaufvertrages oder die Annahme eines von dem Geschäftsinhaber gemachten Antrags. Auch in dem Parkplatzfall ist es denkbar, daß der gegen die Vergütungspflicht protestierende Benutzer erkennbar das Risiko rechtswidrigen Handelns übernehmen wollte.

Aber gerade für den typisierten Massenverkehr kann man die Unbeachtlichkeit der verbalen Verwahrung gegen die Vergütungspflicht aus einer anderen Erwägung ableiten (vgl. *Teichmann,* aaO. 314). Man kann nämlich die protestatio-Regel als eine Einschränkung der Privatautonomie auffassen: Der Handelnde verliert unter bestimmten Umständen das Recht, einseitig die Folgen seines Handelns zu bestimmen. Fälle dieser Art sind die §§ 612, 632: Dienstberechtigter und Besteller können bei Annahme der Leistung nicht durch einseitige Erklärung ihre Vergütungspflicht ausschließen. Dieselbe Folge paßt auch für die Inanspruchnahme von Leistungen des typisierten Massenverkehrs als Ausgleich dafür, daß der Versorgungsträger diese Leistungen jedermann anbieten muß (ebenso jetzt *Larenz/Wolf* § 30 Rdnr. 26).

Gegenüber **nicht voll Geschäftsfähigen** hilft bisweilen das Recht der *Eingriffskondiktion*: Wer in den Zuweisungsgehalt fremden Rechts eingreift, muß den Wert des so Erlangten vergüten (unten Rdnr. 704 ff.). Endlich kommt unter den oben Rdnr. 176 genannten Voraussetzungen ein Schadensersatzanspruch nach *Deliktsrecht* in Betracht.

c) Ausweitungen der Lehre vom sozialtypischen Verhalten

Weitergehende Rechtsfolgen eines »faktischen Vertrages« werden in den **192** Fällen dieser Gruppe denn auch heute ganz überwiegend abgelehnt[3]. Daher ist auf die irreführende Bezeichnung »faktischer Vertrag« zu verzichten.

Die Gefahren einer über das Gesagte hinausgehenden Ansicht bestehen auch gar nicht so sehr in der »Jurisprudenz der Straßenbahnfahrt« (*Flume* aaO.). Besonders gefährlich ist vielmehr, daß so in weiten Rechtsgebieten contra legem entschieden werden kann. Das hat der (frühere) V. ZS des *BGH* in seiner schon mehrfach (oben Rdnr. 181; 186) erwähnten Rspr. zur **formlosen Hoferbenbestimmung** eindrucksvoll bewiesen.

BGHZ 23, 249/261 unter Hinweis auf *BGHZ 21, 319 ff.*: »Die im Bauernstand seit langem verbreitete Übung, die Erbfolge in den Hof schon bei Lebzeiten bindend zu regeln, legt eine Übertragung der Gedankengänge von den Erscheinungen des Massenverkehrs auf typische Vorgänge auf dem Gebiet des Höferechts nahe. Auch wenn man davon ausgeht, daß jeder Bauer ... heute weiß, daß er seinen Hofnachfolger nur durch formbedürftiges Rechtsgeschäft bestimmen kann, so kann doch ein Sachverhalt gegeben sein, der die Annahme einer vertraglichen Bindung rechtfertigt. Die Tatsache, daß beide Beteiligten gewußt haben, daß eine Bindung des Hofeigentümers grundsätzlich den Abschluß eines formgerechten Vertrages voraussetzt, steht deshalb der Annahme, daß gleichwohl eine Bindung eingetreten sein könne, nicht entgegen.«

Aber auch der vom *BGH* zitierte »Bauernstand« wird kaum glauben, daß man die Gedankengänge über den Parkgroschen (selbst wenn sie richtig wären) auf Höfe übertragen kann. Zwar hat *BGHZ 87, 237 ff.* die Schutzwirkung der formlosen Hoferbenbestimmung nach § 242 auf Abkömmlinge des Hofeigentümers beschränkt. Aber auch das läßt sich für das BGB nicht halten. Abweichendes gilt nur in den Ländern der ehemaligen britischen Zone nach der Höfeordnung: Deren §§ 6, 7 enthielten eine bindende Bestimmung der gesetzlichen Hoferben auch durch Ausbildung oder Beschäftigung auf dem Hof.

---

3 Etwa *Flume* § 8, 2; *Larenz/Wolf* § 30 Rdnr. 25 ff.; *Fikentscher/Heinemann* Rdnr. 75 f.; *Gudian*, JZ 1967, 303 ff.; *Köhler*, JZ 1981, 464 ff.

2.   Ausgeführte Eingliederungsverhältnisse auf mangelhafter Vertragsgrundlage

a)   Verdrängung der Unwirksamkeitsnorm

193   Den zweiten Anwendungsbereich der Lehre vom »faktischen Vertrag« bildeten die ausgeführten Eingliederungsverhältnisse (insbesondere: Eintritt in eine **Gesellschaft** oder ein **Arbeitsverhältnis**) auf mangelhafter Vertragsgrundlage.

Bei einem solchen **fehlerhaften Rechtsverhältnis**[4] würde die Rückabwicklung erhebliche Schwierigkeiten bereiten. Denn wenn etwa eine Gesellschaft längere Zeit faktisch bestanden hat, werden oft überaus viele, im einzelnen gar nicht mehr feststellbare Vermögensverschiebungen zwischen den Beteiligten stattgefunden haben. Für solche Fallgruppen ist daher die *Regel anerkannt:* Das Faktum der Erfüllung wiegt für die Vergangenheit schwerer als die Unwirksamkeitsnorm; die Unwirksamkeit kann daher *nur für die Zukunft* geltend gemacht werden *(BGHZ 55, 5 ff.)*. *Flume*, PersGes § 2 III S. 17 ff. stellt neben solche pragmatischen Erwägungen den personenrechtlichen Aspekt der Gesellschaft: Diese sei mit dem Vollzug als Personengemeinschaft vollendet, und deshalb seien Anfechtungs- und Nichtigkeitsgründe ausgeschlossen (insoweit kritisch *Rob. Fischer*, ZGR 1978, 251/256 ff.). *BGHZ 103, 1 ff.* erweitert die Regeln über die fehlerhafte Gesellschaft noch auf einen nichtigen, aber durchgeführten Beherrschungs- und Gewinnabführungsvertrag.

Zweifelhaft ist freilich, ob die Unwirksamkeit erst durch eine Kündigung herbeigeführt werden muß und ob *jeder* Unwirksamkeitsgrund zugleich einen Kündigungsgrund bildet. *BGHZ 3, 285 ff.* beantwortet das für einen Dissensfall (unbewußt lückenhafte Gesellschaftsverhältnisse sind recht häufig) wie folgt: Die Unwirksamkeit kann nur durch Kündigung (bei der OHG und KG regelmäßig durch Klage nach §§ 133 f., 161 II HGB) geltend gemacht werden; diese führt zur Abwicklung durch Liquidation (§§ 145 ff. HGB). Als Kündigungsgrund reicht aber der Unwirksamkeitsgrund aus; ein »wichtiger Grund« im Sinne von § 133 I HGB ist also unnötig. Dem wird man zustimmen können (anders aber *Flume*, PersGes aaO. S. 22 f.). Bei einer **Publikums-KG** (eine große Zahl von Kommanditisten ist – re-

---

4   Dazu etwa *BGH* NJW 1992, 1501/1502 und *Flume* § 8, 3; PersGes § 2 III; *Gernhuber*, BR § 7; *P. Ulmer*, FS Flume I (1978) 301 ff.; *Wiedemann*, Gesellschaftsrecht I (1980) 147 ff.; *Kübler/Assmann*, Gesellschaftsrecht (6. Aufl. 2006) § 26; *Schwintowski*, NJW 1988, 937 ff.; *K. Schmidt*, Gesellschaftsrecht (4. Aufl. 2002) § 6, auch *P. Schwerdtner*, Anfechtbarkeit und Nichtigkeit von Dauerschuldverhältnissen, Jura 1989, 642 ff. und jetzt *C. Schäfer*, Die Lehre vom fehlerhaften Verband (2002).

gelmäßig aus steuerlichen Gründen – nur kapitalmäßig beteiligt[5]) hat *BGHZ 63, 338/345* statt der umständlichen Auflösungsklage sogar ein Ausscheiden des arglistig getäuschten Kommanditisten durch **fristlose Kündigung** zugelassen (vgl. jetzt § 131 III 1 Nr. 3 HGB). Doch folgt hieraus bei solchen Gesellschaften ein Recht zu außerordentlicher Kündigung nicht auch bei Unerreichbarkeit des Gesellschaftszwecks: *BGHZ 69, 160/162*.

Ähnlich wie der *BGH* im Gesellschaftsrecht entscheidet für **Arbeitsverträge** auch das *BAG* (etwa Betr. 1974, 1531 f.): Zwar läßt es unter Umständen neben der außerordentlichen Kündigung noch eine (regelmäßig nicht rückwirkende) Anfechtung zu. Dafür verlangt es zudem nach § 242, daß der Anfechtungsgrund (etwa die Krankheit des eingestellten Arbeitnehmers) auch weiterhin die Durchführung des Arbeitsverhältnisses behindern müsse. Doch bedeutet dies weniger als das Vorliegen eines wichtigen Grundes nach § 626 I. Vereinzelt ist sogar die Rückwirkung zugelassen worden (etwa *BAG* Betr. 1984, 2707).

b) Einschränkungen

Ein trotz eines Nichtigkeitsgrundes nach Vertragsrecht zu behandelndes **194** (fehlerhaftes) Rechtsverhältnis darf in solchen Fällen aber doch nur mit drei Einschränkungen angenommen werden.

aa) Es muß **überhaupt** eine – wenngleich nach allgemeinen Regeln unwirksame – **Vereinbarung** vorliegen (*BGHZ 3, 285 ff.; 11, 190 ff.*, zudem *BGH* NJW 1988, 1321 ff.). Denn was soll sonst auch gelten? Wie hoch sollen etwa die Einlagepflichten oder die Gewinnbeteiligung eines faktischen Gesellschafters bemessen werden? Ein rein faktisches Zusammenwirken ohne jede Vertragsgrundlage kann daher nicht genügen.

BGHZ 17, 299 ff. ist wohl nur eine scheinbare Ausnahme: Miterben hatten 17 Jahre lang eine Schuhfabrik unter der alten Firma fortgeführt, ohne einen Gesellschaftsvertrag zu schließen. Sie hatten aber immerhin vereinbart, ihre volle Arbeitskraft dem Unternehmen zu widmen. Nur insoweit hat denn der *BGH* hier auch eine Verpflichtung des einen Gesellschafters angenommen, die Arbeit des auf einer Dienstreise verunglückten anderen Gesellschafters ohne besondere Vergütung mitzuerledigen. Im Grunde wird hier also nur die Vereinbarung zwischen den Parteien in Anlehnung an das Recht der OHG ergänzt.

bb) Der **Zweck der Unwirksamkeitsnorm darf** der faktischen Wirksam- **195** keit des Vertrages **nicht entgegenstehen.** So kann eine durch arglistige Täuschung erschlichene Vertragsklausel (etwa über eine besonders hohe

---

5 Vgl. *Hüffer,* JuS 1979, 457 ff.; *Loritz,* NJW 1981, 369 ff. (zum Ausscheiden aus wichtigem Grund).

Beteiligung am Gewinn und Liquidationserlös) dem Betrüger weder für die Vergangenheit noch für die Zukunft zugute kommen (wohl aber anderen Gesellschaftern, denen der Betrug nicht zuzurechnen ist: *BGH* NJW 1973, 1605 ff.). An die Stelle solcher schlechthin unwirksamer Klauseln muß das dispositive Gesetzesrecht treten. Ein Gesetzesverstoß (§ 134) macht die Gesellschaft regelmäßig im ganzen unheilbar nichtig *(BGHZ 62, 234/241 f.).* Auch der Schutz des vorübergehend geistig Gestörten aus § 105 II bleibt erhalten, *BGH* NJW 1992, 1503 ff.

> *Weiteres Bsp.:* A hat als Arbeitgeber mit dem minderjährigen M einen von den Eltern nicht konsentierten Arbeitsvertrag geschlossen. Hier kann M für seine im voraus geleistete Arbeit den Lohn verlangen. Hat aber umgekehrt A im voraus den Lohn gezahlt, braucht M die entsprechende Arbeit nicht zu leisten: A ist hier auf die Leistungskondiktion des Gezahlten angewiesen (vgl. oben Rdnr. 171 zur Empfangszuständigkeit des M).

196   cc) Für fehlerhafte **Änderungen** eines Gesellschaftsvertrages gelten die Regeln über die fehlerhafte Gesellschaft meist nicht, weil hier die Nichtigkeitsfolgen leichter erträglich sind: Man hat ja den wirksamen unveränderten Gesellschaftsvertrag *(BGHZ 62, 20 ff.).* Ebensowenig gelten sie bei der fehlerhaften Abtretung eines Gesellschaftsanteils *(BGH* NJW 1990, 1915 f. wegen §§ 67 II AktG, 16 I GmbHG).

c)   Zusammenfassung

197   Die Bezeichnung »faktischer Vertrag« übertreibt also auch hier: Der Unwirksamkeitsgrund wird keineswegs völlig ausgeschaltet. Vielmehr kann man eher umgekehrt sagen, daß nur einige der Nichtigkeitswirkungen nicht eintreten. So spricht denn auch der BGH etwa seit 1964 von der »fehlerhaften« statt von der »faktischen« Gesellschaft (vgl. *Flume,* PersGes § 2 III S. 16). Dagegen redet etwa *BAG* NJW 1986, 2133 noch vom »faktischen Arbeitsverhältnis«; berechtigte Kritik bei *Zöllner/Loritz* § 11 II 1b.

II.   Ansprüche auf Schadensersatz

198   Was für Erfüllungsansprüche gilt, muß ebenso für die an deren Stelle tretenden (etwa nach §§ 280, 281, 311a II 1) Ansprüche auf **Schadensersatz statt der Leistung** gelten: Auch diese sind bei Vertragsnichtigkeit ausgeschlossen. Ganz anders verhält es sich dagegen mit **Ersatzansprüchen wegen** Verletzung von Pflichten zum Schutz **des Erhaltungsinteresses** (§ 241 II): Diese sind weithin unabhängig vom Vorliegen eines wirksamen Vertrages.

Eine ähnliche Erscheinung war schon oben Rdnr. 42 begegnet: Auch aus der Nichterfüllung einer unklagbaren Naturalobligation können wegen eines außerhalb des Erfüllungsinteresses liegenden Schadens klagbare Ersatzansprüche entstehen.

1.   Culpa in contrahendo

Unabhängig vom Zustandekommen eines wirksamen Vertrages sind zunächst Ansprüche aus culpa in contrahendo[6]. So hatte schon eine frühe Entscheidung zu diesem Rechtsinstitut die Verletzung einer Kundin vor Kaufabschluß durch eine umfallende Linoleumrolle betroffen *(RGZ 78, 239 ff.)*: Hier kann die Haftung offenbar nicht davon abhängen, daß die Kundin das Linoleum nach dem Unfall noch kauft. Haftungsgrund ist vielmehr, daß eine Partei ihre Rechtsgüter wegen des geplanten Vertragsschlusses besonderen Gefahren aussetzt, die der Sphäre der anderen Partei entstammen (deutlich an solche Fälle denkt jetzt § 311 II Nr. 2). Und dieser Haftungsgrund dauert auch nach der Abwicklung der Leistungspflichten (= Vertragserfüllung) nicht selten noch mit teilweise anderem Inhalt fort (z.B. bis die Kundin den Laden mit der eingekauften Ware wieder verlassen hat).

199

Die Anbahnung eines Vertrages ist sogar mit einer gewissen **Schutzwirkung für Dritte** ausgestattet worden: In *BGHZ 66, 51 ff.* hatte eine minderjährige, selbst nicht einkaufswillige Tochter ihre Mutter in einen Selbstbedienungsladen begleitet. Dort war die Tochter auf einem Gemüseblatt ausgerutscht und dabei verletzt worden. Nachdem Deliktsansprüche verjährt waren (§ 852 a.F.), hat der *BGH* einen eigenen Anspruch der Tochter aus c.i.c. gegen den Ladeninhaber bejaht: Wenn der abgeschlossene Vertrag Schutzwirkung für Dritte entfaltet hätte (vgl. unten Rdnr. 844 ff.), könne das auch schon für den Eintritt in Vertragsverhandlungen zutreffen. Ich stimme dem prinzipiell zu[7], halte freilich das vom *BGH* verfolgte Ziel einer Ausschaltung des untadeligen § 852 a.F. für rechtspolitisch verfehlt. Dieses Ziel hat sich inzwischen auch durch das SMG erledigt, doch hat die Konstruktion noch für die Gehilfenhaftung Bedeutung, vgl. sofort.

Die hier der c.i.c. zugrundeliegende Pflicht zum Schutz vor Körper- (und Eigentums-)verletzungen ähnelt stark den **deliktischen Verkehrssicherungspflichten** (vgl. unten Rdnr. 641 ff.). Nachdem diese zu dem jetzt

---

6 Lit. überaus zahlreich, Angaben bei *Medicus,* SAT § 14, etwa *Larenz,* FS Ballerstedt (1975) 397 ff.; *Nirk,* FS Möhring (1975) 71 ff.; *Stoll,* FS Flume I (1978) 741 ff., auch *Picker,* AcP 183 (1983) 369 ff.; *Horn,* JuS 1995, 377 ff.; *S. Lorenz,* Der Schutz vor dem unerwünschten Vertrag (1997); *Fleischer,* Informationsasymetrie im Vertragsrecht (2001).
7 Vgl. aber – teils kritisch – *Kreuzer,* JZ 1976, 778 ff.; *Strätz,* JR 1976, 458 f.; *Hohloch,* JuS 1977, 302 ff.; *Dahm,* JZ 1992, 1167 ff.

erreichten Zustand ausgebaut worden sind, bedarf es bei solchen Verletzungen der c.i.c. nur noch sehr beschränkt: Diese kann Härten ausgleichen, zu denen das Deliktsrecht vor allem bei der Gehilfenhaftung führen mag. Doch kann ohnehin u.U. auch der konkurrierende Deliktsanspruch geprüft werden müssen, weil nur er Ansprüche aus den §§ 844 f. gewährt. Nach der derzeit zu beobachtenden Ersetzung des § 831 durch § 823 I (»Organisationsverschulden«) sollte sich die c.i.c. hauptsächlich auf andere Anwendungsfälle zurückziehen, nämlich auf (etwa durch falsche Informationen verursachte) **Vermögensverletzungen.** Das ist in GW Rdnr. 216 ff. und SAT Rdnr. 105 ff. ausführlich dargestellt worden.

Dabei geht es

(1) entweder um **Schäden aus dem Fehlen eines wirksamen Vertrages** (wie in den §§ 122, 179 II und in oben Rdnr. 183 ff.), einen Spezialfall bildet der **Abbruch von Vertragsverhandlungen;** oder

(2) um **Schäden aus der Bindung an einen nachteiligen Vertrag;** der geschuldete Schadensersatz besteht hier nach h.M. regelmäßig in der Auflösung dieses Vertrages. Dann konkurriert die c.i.c. ggf. mit § 123 (vgl. oben Rdnr. 150).

Trotz der Unabhängigkeit der c.i.c. vom Zustandekommen eines wirksamen Vertrages hat aber die berechtigte Tendenz bestanden, den Ersatzanspruch aus c.i.c. dem Recht des intendierten Vertrages anzupassen. So sollte eine kürzere *Verjährung,* die für Erfüllungsansprüche gelten würde, auch für diesen Ersatzanspruch gelten *(BGHZ 57, 191 ff.).* Auch jetzt noch wird man bei der c.i.c. die Haftungsmilderungen aus dem intendierten Vertrag weithin anwenden müssen[8].

2.   Haftung Dritter

a)   Vertreter bei Vertragsverhandlungen

200 Regelmäßig trifft die Haftung aus c.i.c. denjenigen, der Partner des intendierten Vertrages werden soll. Ausgehend von Sonderfällen hat aber schon das *RG* ausnahmsweise eine Eigenhaftung des Vertreters bei Vertragsverhandlungen angenommen[9].

RGZ 120, 249 ff.: Der eingetragene Eigentümer E verkauft sein Grundstück an V. Dieser will das Grundstück alsbald an K weiterverkaufen und tritt dabei gegenüber E zunächst im eigenen Namen auf. Da aber das Grundstück direkt von E auf K

8 Vgl. *Gerhardt,* JuS 1970, 597/602 f.; JZ 1970, 535 ff., differenzierend *Strätz,* FS Bosch (1976) 999/1008 ff. Vgl. auch unten Rdnr. 209a zu *BGHZ 93, 23 ff.*
9 *Vgl. Nirk,* FS Hauss (1978) 267 ff.; *Medicus,* FS Steindorff (1990) 725 ff.; *Larenz* I § 9 I 4, II am Ende und zur Konkurrenz mit § 179 *Crezelius,* JuS 1977, 796 ff. Bei Zusicherungen hilft mit § 179 z.B. *BGHZ 103, 275 ff.*

umgeschrieben werden soll, schließt V den Kaufvertrag endlich als Vertreter des E. K zahlt den Kaufpreis, erhält aber den Besitz an dem Grundstück nicht, weil der dritte Besitzer D ein dinglich wirkendes Zurückbehaltungsrecht hat. E ist vermögenslos. K verlangt daher von V, der das Zurückbehaltungsrecht des D verschwiegen hatte, Schadensersatz.

Das *RG* hat einen solchen Anspruch aus c.i.c. bejaht: V habe nur aus formalen Gründen als Vertreter des E abgeschlossen. In Wahrheit aber sei er an dem Verkauf selbst interessiert gewesen, weil sonst er das Grundstück hätte abnehmen und bezahlen müssen.

Das dogmatische Fundament für diese Lehre hat *Ballerstedt*[10] gelegt: Die Haftung für c.i.c. beruhe auf der Inanspruchnahme von Vertrauen. Dieses Vertrauen gelte regelmäßig dem Vertretenen. Wo es sich aber ausnahmsweise auf den Vertreter selbst beziehe, müsse dieser haften (so insbesondere auch *Eike Schmidt*, AcP 170, 1970, 502/517 ff. für den gesetzlichen Vertreter). Daß der Dritte Vertrauen gerade **für sich selbst** (und nicht für den Vertretenen) in Anspruch genommen haben muß, findet sich jetzt auch in § 311 III.

b) **Erweiterungen**

Der BGH hatte die Haftung Dritter aus c.i.c. alsbald über den Fall von *RGZ 120, 249* hinaus erweitert. Dabei sind zwei Situationen in den Vordergrund getreten. **200a**

Bei der ersten ist der handelnde Dritte an dem Vertrag **persönlich wirtschaftlich interessiert** (z.B. als Gesellschafter der den Vertrag anstrebenden GmbH, oder weil er als Bürge für deren Schulden haftet). Hier paßt aber schon die eben genannte Inanspruchnahme von Vertrauen nicht: Die Angaben eines Gehilfen oder Vertreters, der ein solches besonderes persönliches Interesse an dem Vertragsschluß hat, gelten keineswegs als besonders vertrauenswürdig. Vielmehr kann ein solches Interesse im Gegenteil eher zu Mißtrauen veranlassen. Dieses Kriterium ist daher seit *BGHZ 126, 181 ff.* (lesenswert!) im wesentlichen aufgegeben worden; es wird jetzt auch in § 311 III absichtlich nicht erwähnt. Eine Eigenhaftung des Dritten mag aber in Fällen bleiben, die dem von *RGZ 120, 249* ähneln.

Als zweiter Grund für eine Eigenhaftung kommt entsprechend dem Vorschlag von *Ballerstedt* (oben Rdnr. 200 am Ende) die **Inanspruchnahme besonderen Vertrauens** in Betracht. Dieses Vertrauen muß sich gerade auf den handelnden Dritten beziehen (vgl. jetzt § 311 III), etwa wegen dessen außergewöhnlicher Sachkunde oder besonderer persönlicher Zuverlässigkeit: Er muß ein »zusätzliches, von ihm selbst ausgehendes Vertrauen auf die Vollständigkeit und Richtigkeit seiner Erklärungen« hervorgerufen **200b**

---

10 AcP 151 (1951) 501 ff., teils kritisch *Larenz*, FS Ballerstedt (1975) 397 ff.

haben *(BGHZ 126, 181/189).* Nicht genügen könnte es dagegen, wenn der Verhandelnde nur denjenigen, der Vertragspartner werden soll, als besonders zuverlässig bezeichnet, also nur »normales Verhandlungsvertrauen« beansprucht. So haftet etwa der Geschäftsführer einer GmbH nicht persönlich aus c.i.c., wenn er bloß die GmbH als zahlungskräftig hinstellt. Eine Haftung des Geschäftsführers kommt dann nur aus § 179 oder aus Delikt (etwa §§ 823 II BGB, 263 StGB) in Betracht, nicht aber aus c.i.c. Vgl. etwa wieder *BGHZ 126, 181/189 f.*

200c   Außerhalb dieser beiden Gründe hat die Rspr. noch eine Haftung wegen unrichtiger Angaben in **Prospekten über Kapitalanlagen** (insbesondere durch Beteiligung an einer Publikums-KG) begründet[11]. Diese ähnelt der strengen Prospekthaftung nach dem Börsengesetz für die Ausgabe von Aktien. *BGHZ 83, 222* (dazu etwa *Liesegang,* NJW 1982, 1514 ff.) hat auch die Verjährung solcher Ansprüche an den Vorschriften des Börsengesetzes ausgerichtet. Außerdem ist hier § 264a StGB über falsche oder unvollständige Angaben bei der Werbung für Kapitalanlagen zu beachten, der in Verbindung mit § 823 II zu einer Deliktshaftung führt. Bei dieser Prospekthaftung geht es um »typisiertes Vertrauen« *(BGHZ 71, 284/287; 123, 106/109).* Dazu kommen Vorschriften des Gesetzes über den Wertpapierhandel (WpHG) v. 26.7.1994 idF v. 9.9.1998.

3.   Schlechtleistung ohne Vertrag

201   Auch Ersatzansprüche aus Schlechtleistung (vgl. unten Rdnr. 247a ff.) wird man bisweilen unabhängig vom Vorliegen eines wirksamen Vertrages anerkennen müssen.

BGH BB 1953, 956 f. (dazu *Gerhardt,* JZ 1970, 535/537 f.): K ist bei G als Kraftfahrer angestellt und hat Vollmacht, den Kraftwagen des G nötigenfalls reparieren zu lassen. Wegen eines Loches im Kraftstofftank bringt K den Wagen zu S, der alle Haftung wegen Gehilfenverschuldens ausschließt (jetzt nach § 309 Nr. 7 nur noch durch Individualvertrag möglich). L, ein Lehrling des S, schweißt an dem mit Kraftstoff gefüllten Tank. G verlangt wegen des zerstörten Wagens von S Ersatz; S beruft sich auf den Haftungsausschluß.

Der *BGH* hat hier angenommen, die Vollmacht des K habe einen derart weitreichenden Haftungsausschluß zu Lasten des G nicht gedeckt. Daher fehlte zwischen G und S ein wirksamer Vertrag. Beide haben sich auch

---

11 Etwa *BGHZ 71, 284 ff.; 72, 382 ff.; BGH* Betr. 1979, 296 f.; 1219 ff.; VersR 1986, 699 f.; ZIP 1986, 562 ff. – *BGHZ 77, 172 ff.* läßt auch einen Rechtsanwalt für die Unrichtigkeit eines Werbeprospektes haften, bestätigend *BGH* NJW 1984, 865 f. Dagegen verneint *BGHZ 88, 67 ff.* für bloße Angestellte regelmäßig eine eigene Sachwalterhaftung. Aus der Lit. etwa *Pleyer/Hegel,* ZIP 1986, 681 ff.

nicht mehr in Vertragsverhandlungen befunden, so daß kein Anspruch aus c.i.c. in Betracht kam. Vielmehr ist der Schaden bei der (schlechten) Leistung auf den vermeintlich wirksamen Vertrag eingetreten. Das paßt zur Schlechtleistung, und ihretwegen (in Verbindung mit § 278) ist S denn auch verurteilt worden. Grund hierfür ist die Verletzung von Schutzpflichten aus dem scheinbaren Vertragsschluß: Man darf auch bei Nichtbestehen von Leistungspflichten nicht in gefährlicher Weise schlecht leisten. Ebenso *Canaris*, JZ 1965, 475 ff., freilich mit einem weiterreichenden Lösungsansatz (vgl. unten Rdnr. 203). Auch der neue § 241 II setzt nicht voraus, daß die Schutzpflichten *neben* Leistungspflichten bestehen. Daher paßt nach neuem Recht am ehesten § 280 I in Verbindung mit § 311 II Nr. 3.

4. Drittschutz aus unwirksamem Vertrag

Endlich kann man auch bei der *vertraglichen Schutzwirkung für Dritte*   202
(vgl. unten Rdnr. 844 ff.) von dem Erfordernis eines wirksamen Vertrages absehen: Der Schutz des Dritten (z.B. eines Angehörigen des Mieters) muß auch nach dem Vertragsschluß unabhängig von der Vertragswirksamkeit sein[12].

5. Einheitliches gesetzliches Schuldverhältnis?

Wenn man die Vertragsunabhängigkeit dieser Ersatzpflichten anerkennt,   203
liegt es nahe, dem auch dogmatisch Rechnung zu tragen. Das geschieht, wenn man diese Ersatzpflichten nicht als vertragliche bezeichnet, sondern sie auf ein Schutzpflichten (§ 241 II) erzeugendes gesetzliches Schuldverhältnis zurückführt: Dieses entsteht, sobald mit dem Eintritt in Vertragsverhandlungen ein Partner seine Rechtsgüter den Gefahren aussetzt, die aus der Sphäre des anderen Partners stammen. Und es endet erst dann, wenn diese Gefährdung wieder beseitigt ist: sei es wegen des erkannten Scheiterns der Vertragsverhandlungen, sei es wegen der vollständigen Abwicklung des Vertrages. Inhalt dieses gesetzlichen Schuldverhältnisses wäre die Sorge für die gefährdeten Rechtsgüter des anderen Partners und der bei Vertragswirksamkeit in gleicher Weise zu schützenden Personen. C.i.c., Schlechtleistung und Vertrag mit Schutzwirkung für Dritte wären so in einem einzigen Haftungsgrund vereint[13]. Soweit daneben noch (was nicht nötig ist) vertragliche

---

12 So *Canaris*, JZ 1965, 475 ff., ähnlich *U. Müller*, NJW 1969, 2169 ff.
13 So *Canaris* aaO., weitere Autoren bei *Larenz* I § 9 II A.42, dazu noch *K. Schmidt*, JuS 1977, 722 f.; offengelassen von *BGHZ 66, 51/56 f.*

Leistungspflichten bestehen, kann man von einem **gesetzlichen Begleit-schuldverhältnis** sprechen.

Diese Konstruktion hat auf den ersten Blick die Attraktivität des Einfachen. Bei genauerem Überdenken sind aber doch Einschränkungen nötig (vgl. auch *Larenz* I § 9 II S. 120; *Medicus,* JuS 1986, 665/ 668 ff.). Berücksichtigt werden müssen nämlich die Bedeutung des Vertrages und die Gründe seines Scheiterns: Die Bedeutung des Vertrages besteht regelmäßig darin, daß er eine Gegenleistung auch für die Belastung mit besonderen, über die allgemeine Verkehrssicherungspflicht hinausreichenden Schutzpflichten verschaffen soll. Wenigstens die Intensität dieser Pflichten darf daher nicht ohne weiteres von der Vertragswirksamkeit unabhängig sein (vgl. *Eike Schmidt,* JA 1978, 597 ff. gegen die unbedachte Belastung einer Partei mit kostenerheblichen ergänzenden Vertragspflichten, aber auch S. 604 zu den Schutzpflichten). Und der Grund für das Scheitern eines wirksamen Vertragsschlusses kann gerade auch die Belastung mit besonderen Schutzpflichten hindern wollen (Andeutungen dazu bei *Canaris,* JZ 1965, 475/481 f.): Ein Minderjähriger etwa soll durch die §§ 106 ff. nicht nur vor der Verpflichtung zur Gegenleistung bewahrt werden, sondern auch vor Schutzpflichten, deren Verletzung über das Deliktsrecht hinaus zum Schadensersatz verpflichtet.

Die nötige Rücksicht auf diese beiden Gesichtspunkte kompliziert die Lehre vom einheitlichen gesetzlichen Schutzpflichtverhältnis. Überdies ist für sie zu bedenken, daß der **Inhalt der Pflichten zum Schutz bloßer Vermögensinteressen weithin verschieden** sein kann: Vor dem Vertragsschluß wird in erster Linie Aufklärung zur Entscheidung über den Abschluß des geplanten Vertrages geschuldet, nach dem Vertragsschluß dagegen geht es um andere, mit der Erfüllung zusammenhängende Informationen (z.B. über den gefahrlosen Gebrauch der gelieferten Sache). Wenigstens der Inhalt des behaupteten Schuldverhältnisses wäre also abhängig von der Wirksamkeit und dem Grad der Ausführung des Vertrages. Daher sollte man Ersatzansprüche aus bloßen Vermögensverletzungen regelmäßig nicht ohne weiteres auf ein von dem Vertrag losgelöstes gesetzliches Schuldverhältnis stützen.

2. Kapitel   Die Wirkung von Schuldverträgen

§ 11   Übersicht über die Pflichten aus Schuldverträgen[1]

Das im 1. Kapitel behandelte Zustandekommen von Schuldverträgen ist bei 204
der Lösung von Fällen regelmäßig nur Vorfrage für die Annahme bestimmter Rechtswirkungen (ausnahmsweise treten manche von ihnen freilich
auch ohne Vertrag ein, oben Rdnr. 188 ff.). Solche Wirkungen sind die dem
Schuldvertrag entspringenden Ansprüche oder – als ihre Kehrseite – Pflichten. Sie lassen sich unter mehreren Gesichtspunkten unterscheiden.

I.   Primär- und Sekundärpflichten

Die Primärpflichten (dazu GW Rdnr. 45; 47 f.) sind auf eine Leistung ge- 205
richtet (§ 241 I). Sie ergeben sich aus dem Vertrag, ohne daß weitere Umstände hinzutreten müssen; ihre Erfüllung ist das eigentliche Ziel des Vertrages. Demgegenüber folgen die Sekundärpflichten (dazu GW Rdnr. 46;
49) oft erst aus der Störung von Primärpflichten. Die Sekundärpflichten
können dann an die Stelle der gestörten Primärpflichten treten (z.B. Schadensersatz statt der Leistung aus §§ 280 III, 281) oder auch neben sie (z.B.
der Anspruch auf Ersatz des Verzögerungsschadens nach den §§ 280 II,
286). Das Kernstück des Schuldrechts, nämlich die Lehre von den Leistungsstörungen (unten Rdnr. 236 ff.), ist weithin nichts anderes als die
Lehre davon, ob und inwieweit die Störungen von Primärpflichten Sekundärpflichten erzeugen.

Bei der Lösung von Fällen sind beide Arten von Pflichten schon deshalb
streng zu unterscheiden, weil zur Entstehung von Sekundärpflichten oft
Vertretenmüssen nötig ist, dessen es für Primärpflichten nicht bedarf.

Bsp.: Mieter M hat die Mietwohnung erheblich abgenutzt; Vermieter V fordert ihn
daher zur Durchführung von Reparaturen auf. Wenn die Reparaturen Primärpflicht
des M sind (weil M sich dazu verpflichtet hat, z.B. durch Übernahme der »Schönheitsreparaturen«), ist die Forderung des V ohne weiteres begründet. Wenn dagegen
eine solche Primärpflicht des M nicht besteht, kann V die Reparaturen nur als (se-
kundären) Schadensersatz verlangen, soweit nämlich die Abnutzung auf die zu
vertretende (vgl. § 538) Verletzung der Primärpflicht zur sorglichen Behandlung der
Mietsache zurückgeht.

---

1 Vgl. *Gernhuber*, BR § 14; *Grunewald* §§ 9 ff.

Daraus folgt: Stets muß **zuerst** geprüft werden, ob den in Anspruch Genommenen eine **Primärpflicht** zu der verlangten Leistung trifft. Wenn das zu bejahen ist, kommt es auf Vertretenmüssen nicht an. Erst danach wird die Prüfung von Sekundärpflichten sinnvoll. Insbesondere die Schlechtleistung (vgl. unten Rdnr. 247a) wird von Studenten oft viel zu früh herangezogen.

Bsp.: M hat eine Wohnung im Hause des V gemietet. Im Erdgeschoß betreibt ein anderer Mieter G eine Gastwirtschaft, die viel Lärm verursacht. M verlangt von V, dieser solle den Lärm abstellen. Hier wäre es falsch, zuerst zu prüfen, ob die Vermietung an einen Gastwirt oder der Lärm eine Pflichtverletzung gegenüber M darstellen, und ob etwa V das Verhalten des G nach § 278 zu vertreten hat. Vielmehr besteht schon eine Primärpflicht des V nach § 535 I zur Gewährung des ungestörten Mietgebrauchs (vgl. aber § 536 b); jedes Eingehen auf Vertretenmüssen und § 278 ist also sinnlos, soweit § 535 I eingreift.

Zur Abgrenzung von Primär- und Sekundärpflichten bei Personengesellschaften (§ 128 HGB) vgl. unten Rdnr. 210 ff.

II.   Haupt- und Nebenpflichten

206 Die Einteilung in Haupt- und Nebenpflichten hat mit der eben genannten in Primär- und Sekundärpflichten nichts zu tun; insbesondere sind Primärpflichten nicht notwendig Hauptpflichten.

So ist etwa die Pflicht des Vermieters zur Beleuchtung des Treppenhauses zwar Nebenpflicht, aber doch Primärpflicht.

Überhaupt ist die Einteilung in Haupt- und Nebenpflichten nur dann sinnvoll möglich, wenn man sich über die Rechtsfolgen einig ist, die an diese Unterscheidung geknüpft werden sollen. Hierüber herrscht viel Unklarheit. Nach meiner Ansicht kommen – abgesehen von den vertragswesentlichen Pflichten nach § 307 II Nr. 2 (Kardinalpflichten) – **zwei Gesichtspunkte** in Betracht (ähnlich *Schlechtriem/Schmidt-Kessel*, SAT Rdnr. 166 f.):

1.   Vertragstypik von Pflichten

Entweder kann man als Hauptpflichten die vertragstypischen und als Nebenpflichten die vertragsuntypischen Pflichten bezeichnen. Dabei meint »vertragstypisch«: Die Pflicht kennzeichnet den Vertragstyp; ein Fehlen der Pflicht würde den Vertrag zu einem anderen Typ gehören lassen.

So ist etwa die Zahlungspflicht des Käufers oder des Mieters vertragstypisch: Ohne diese Pflicht lägen nicht Kauf oder Miete vor, sondern Schenkung oder Leihe.

Umgekehrt ist die Pflicht des Verkäufers oder Vermieters zur Gewährleistung bei Sachmängeln nicht vertragstypisch: Auch wo sie abbedungen ist, bleibt der Vertrag Kauf oder Miete.

2. Eingliederung in das Gegenseitigkeitsverhältnis

Oder man kann die Einteilung in Haupt- oder Nebenpflichten auf den **207** gegenseitigen Vertrag beschränken: Nebenpflichten sind dann die nicht synallagmatischen (vgl. unten Rdnr. 213 ff.). Bedeutung hatte das **nach altem Schuldrecht** vor allem für § 326 a.F.: Wegen des Verzugs hinsichtlich solcher Nebenpflichten konnte der Gläubiger nicht nach § 326 a.F. vorgehen.

RGZ 53, 161 ff.: Der Käufer hatte trotz Mahnung die Kaufsache nicht abgenommen. Der Verkäufer konnte dann nicht eine Nachfrist mit Ablehnungsandrohung setzen und nach deren fruchtlosem Ablauf zwischen Rücktritt und Schadensersatz wegen Nichterfüllung wählen, weil die Abnahme regelmäßig nur Nebenpflicht war. Der Verkäufer konnte also nur auf Abnahme klagen, Verzugsschaden ersetzt verlangen (§ 286 I a.F.) oder wegen Annahmeverzugs nach §§ 372 ff. vorgehen. Zahlte der Käufer auch den Preis nicht, so durfte der Verkäufer freilich *aus diesem Grunde* von den Rechten aus § 326 a.F. Gebrauch machen: Die Pflicht zur Kaufpreiszahlung war Hauptpflicht. Hauptpflicht war nach *BGH* NJW 1977, 36 f. auch die Pflicht des Mieters zur Ausführung von Schönheitsreparaturen und zur Wiederherstellung des früheren Zustandes der durch Umbauten veränderten Mieträume.

Dabei konnten aber stets die Parteien Abweichendes bestimmen. So konnte die Abnahmepflicht des Käufers als (synallagmatische) Hauptpflicht gestaltet werden, etwa beim Verkauf eines Hauses auf Abbruch: Dann durfte der Verkäufer den Vertrag über § 326 a.F. lösen, wenn der Käufer das Grundstück schuldhaft nicht rechtzeitig abräumte.

Nichts mit dieser Einteilung zu tun hat dagegen die Frage der **Klagbarkeit**. Denn klagbar sind auch nichtsynallagmatische Nebenpflichten zumindest dann, wenn sie Leistungspflichten sind (vgl. sofort und *BGH* NJW 1975, 344 ff.: Die dem Grundstückskäufer auferlegte Nebenpflicht, nicht über eine bestimmte Höhe hinaus zu bauen, ist [klagbare] vertragliche Leistungspflicht und kann daher nach § 328 auch zugunsten des höherliegenden Nachbarn bestehen).

Nach neuem Schuldrecht spielt die Unterscheidung der Pflichten danach, ob sie im Gegenseitigkeitszusammenhang stehen oder nicht, nur noch eine geringere Rolle. Denn für das Rücktrittsrecht nach den §§ 323 ff. kommt es auf einen solchen Zusammenhang der verletzten Pflichten nicht an. Nur für die §§ 320–322, wo von »Leistung« und »Gegenleistung« gesprochen wird, dürfte die Eingliederung in das Gegenseitigkeitsverhältnis weiter nötig sein (vgl. unten Rdnr. 219 ff.).

III.   Leistungs- und Verhaltenspflichten (Schutzpflichten)

208 Neben den Leistungspflichten gibt es noch eine weitere Pflichtenkategorie: die aus § 242 abgeleiteten und jetzt in § 241 II auch ausdrücklich genannten Verhaltens-, Schutz- oder auch (mißverständlich) Nebenpflichten (im Gegensatz zu den Neben*leistungs*pflichten). Vgl. *Larenz* I § 2 I; *Esser/Eike Schmidt* § 5 II (dort »Begleitpflicht« genannt); *Schlechtriem/Schmidt-Kessel*, SAT Rdnr. 163 ff. Diese Pflichten richten sich auf die **Beachtung derjenigen Rechtsgüter und Interessen** des anderen Teils, die von der Leistung unabhängig sind: Der für die Renovierung der Wände bestellte Maler soll nicht bloß ordentlich malen, sondern auch Schäden am Inventar des Bestellers vermeiden. In anderen Fällen kann aber die Abgrenzung zur **ordentlichen** Erbringung der (durch die Leistungspflichten bestimmten) Leistung zweifelhaft sein. Im Verhandlungs- wie im Erfüllungsstadium bilden diese Schutzpflichten das von manchen angenommene gesetzliche Begleitschuldverhältnis (dazu oben Rdnr. 203).

Die Formulierungen dieses Schutzverhältnisses in Gestalt einzelner Verhaltenspflichten konkretisieren im Erfüllungsstadium weithin, was zur ordentlichen Erbringung der Leistung gehört (z.B. den Käufer vor Gefahren aus der gekauften Maschine zu warnen). Doch umschreibt die Verletzung solcher Pflichten nicht etwa genau den Anwendungsbereich der §§ 282, 324 (vgl. unten Rdnr. 247 b). Denn dort ist zusätzlich Unzumutbarkeit der Leistung für den Gläubiger nötig. Diese folgt nicht allemal aus der Verletzung einer Schutzpflicht. Das zeigt sich etwa am Schulbeispiel des Malergehilfen, der durch unvorsichtigen Umgang mit der Leiter Inventar des Bestellers zertrümmert. Wenn daraufhin der sorgsame Meister die Ausführung selbst übernimmt, kann dem Besteller das Festhalten an dem Auftrag durchaus zumutbar sein.

209 Alle **Schutzpflichten** sind in einem bestimmten Sinn **nichtsynallagmatisch:** Ihre folgenlose Verletzung berührt den Anspruch auf die Gegenleistung nicht (Ausnahmen nach § 324). So kann etwa zwar der Gläubiger die ihm nachts angebotene Leistung zurückweisen. Aber er muß sie voll bezahlen, wenn er sie annimmt. Doch bedeutet eine solche teilweise Nichtgeltung des Synallagma keine Eigenart der Schutzpflichten; vielmehr kommt sie auch bei Nebenleistungspflichten vor (vgl. oben Rdnr. 207). So bleibt etwa die Verletzung einer Pflicht des Verkäufers V zu ordentlicher Verpackung folgenlos, wenn die Ware trotzdem beim Käufer K unversehrt ankommt.

Übrigens entscheidet allemal letztlich die **Vertragsauslegung** über die Nichtgeltung des Synallagma. Wenn etwa V dem K die Verpackung besonders in Rechnung stellt, braucht K nur zu bezahlen, was V wirklich aufgewendet hat. Bedeutung hat es auch, wenn die Verpackung Teil der Ware und für den Käufer wichtig ist, weil dieser gerade die **verpackte Ware** weiterverkaufen will: Hier bedeutet der Mangel der

Verpackung einen Mangel der Kaufsache mit den Folgen der §§ 438 ff. (z.B. Zigarren werden in schadhaften Kisten an den Einzelhändler geliefert).

Zweifelhaft ist, ob für die Leistungspflichten geltende Haftungsmilde- **209a**
rungen auch auf die Schutzpflichten anzuwenden sind.

BGHZ 93, 23 ff. (dazu *Stoll,* JZ 1985, 384 ff.; *Schlechtriem,* BB 1985, 1356 ff.; *Schubert,* JR 1985, 324; *Medicus,* FS Odersky, 1996, 589 ff.): S stellt Kartoffelchips her. Dabei entsteht als Abfall flüssige Kartoffelpülpe. Diese überläßt S dem Landwirt G kostenlos als Viehfutter. G verfüttert die Pülpe so reichlich an seine Bullen, daß diese eingehen. Er verlangt von S Schadensersatz, weil er nicht über die mögliche Schädlichkeit der Pülpe aufgeklärt worden sei.

Die hier verletzte Aufklärungspflicht sollte nicht das Leistungsinteresse des G schützen (Ernährung seines Viehs), sondern das Interesse an der Erhaltung der schon vorhandenen Rechtsgüter; die Aufklärungspflicht ist hier also Schutzpflicht. Da S aber allenfalls leichte Fahrlässigkeit zur Last fällt, war die Anwendbarkeit des (in erster Linie für Leistungspflichten geltenden) § 521 zu prüfen. Der *BGH* (aaO. S. 27 mit Angaben zum Streitstand, auch *Medicus,* SBT Rdnr. 283) hat in dem Pülpefall die Anwendbarkeit von § 521 bejaht: Die Haftungsmilderung müsse auch für solche Schutzpflichten gelten, »die im Zusammenhang mit dem Vertragsgegenstand stehen« (hier: mit der vertragsgemäß vorausgesetzten Verfütterung der Pülpe, ebenso *OLG Celle,* VersR 1995, 547 f.). Zugleich hat der *BGH* die Haftungsmilderung auch auf die konkurrierenden Deliktsansprüche (aus § 823 I) erstreckt. Die Klage ist also abgewiesen worden. Dagegen wäre § 521 wohl nicht anzuwenden, wenn beispielsweise das Lieferfahrzeug des S auf dem Hof des G ein Huhn überfahren hätte. Das bedeutet zwar gleichfalls die Verletzung einer Schutzpflicht, doch hängt diese weniger eng mit dem Vertragszweck zusammen. Weitergehend scheint *OLG Köln,* VersR 1988, 381 f. eine vertragliche Haftungsbeschränkung für *alle* Schutzpflichten gelten lassen zu wollen (vgl. noch *Grundmann,* AcP 198, 1998, 457, 461 ff.). Zum Ersatz des Erfüllungsinteresses bei der Verletzung bloßer Schutzpflichten vgl. oben Rdnr. 150 a.

IV. Primär- und Sekundärpflichten bei der OHG (§ 128 HGB)[2]

210   *RGZ 136, 266 ff.*: Eine OHG, bestehend aus A und B, hat einen Teil des Gesellschaftsgrundstücks an D zum Betrieb einer Tankstelle verpachtet und sich in einem bestimmten Umkreis zur Unterlassung von Wettbewerb verpflichtet. A und B erwerben nun für sich persönlich das Nachbargrundstück und betreiben dort eine Tankstelle. Kann D von A und B Unterlassung verlangen?

BGHZ 23, 302 ff.: Eine OHG schuldet einem Gläubiger G Rechnungslegung. Kann G von X, dem einzigen geschäftsführenden Gesellschafter der OHG, persönlich die Rechnungslegung verlangen?

In beiden Fällen wird die Primärleistung (Unterlassen von Wettbewerb oder die Rechnungslegung) sicher von der OHG geschuldet. Bedeutet nun das »Haften« (»die Gesellschafter haften für die Verbindlichkeiten der Gesellschaft ... persönlich«) in § 128 HGB, daß auch die Gesellschafter diese Primärleistungen persönlich schulden? Das führte, wie der Fall von *RGZ 136, 266 ff.* zeigt, zu einer Ausweitung der Leistungspflicht: Nicht nur die OHG müßte Wettbewerb unterlassen, sondern auch jeder einzelne Gesellschafter. Oder soll der Gesellschafter nur bei Pflichtverletzung durch die OHG haften? Die Frage läuft darauf hinaus, ob den Gesellschafter persönlich auch die Primärpflichten der OHG treffen oder nur die Sekundärpflichten. Hierzu gibt es neben zwei inzwischen wohl überwundenen »extremen« Ansichten (unten 1 und 2) eine Reihe von vermittelnden Lösungen (unten 3).

1. Gleichheit von Gesellschafts- und Gesellschafterschuld

211   Manche verstehen »haften« wie »schulden«; der einzelne Gesellschafter soll also den Primärpflichten der OHG genauso unterworfen sein wie diese selbst. Begründet wird das damit, daß die OHG keine juristische Person sei; die Pflichten der OHG könnten daher nur die Pflichten der einzelnen Gesellschafter sein. Indessen berücksichtigt diese Ansicht nicht hinreichend, daß die Gesellschafter nach dem Gesellschaftsvertrag regelmäßig nur bestimmte Einlagen zu leisten haben (§§ 705–707 BGB). Man darf also das danach »gesellschaftsfrei« bleibende Vermögen der Gesellschafter nicht einfach ebenso behandeln wie das Gesellschaftsvermögen.

---

2 Dazu sehr ausführlich *Lindacher*, Grundfälle zur Haftung bei Personengesellschaften, JuS 1981, 431 ff., 578 ff., 818 ff.; 1982, 36 ff., 349 ff., 504 ff., 592 ff.; *K. Schmidt*, Gesellschaftsrecht (4. Aufl. 2002) § 49 III, zudem etwa noch *Flume*, FS Reinhardt (1972) 223 ff. und PersGes § 16 III 3, 4 (hierzu *R. Fischer*, ZGR 1979, 251/269 f.); *A. Hueck*, Das Recht der OHG (4. Aufl 1971) § 21 II; *Raisch*, JuS 1966, 195 ff. Zu *Hadding* und *Wiedemann* vgl. im Text unten Rdnr. 211b.

2.   Gesellschafterhaftung nur auf Schadensersatz?

Die *Gegenmeinung* will daher die einzelnen Gesellschafter nur für diejeni-   **211a**
gen Sekundäransprüche (auf Schadensersatz) haften lassen, die gegen die
OHG entstanden sind. Damit aber würden die Rechte des Gläubigers unzumutbar verkürzt: Er müßte zunächst immer nur gegen die OHG vorgehen; Ansprüche gegen die einzelnen Gesellschafter könnte er erst dann
geltend machen, wenn er seinen Primäranspruch gegen die OHG etwa nach
§§ 280 III, 281 in einen Sekundäranspruch übergeleitet hat. Damit erhielte
der Gesellschafter so etwas wie eine »Einrede der Vorausklage gegen die
Gesellschaft«, die dem Gesetz fremd ist.

3.   Vermittelnde Lösungen

Angesichts der Schwächen der »extremen« Ansichten bedarf es einer ver-   **211b**
mittelnden Lösung. Diese war zunächst überwiegend durch einen **Rückgriff auf das Innenverhältnis** zwischen der Gesellschaft und dem haftenden Gesellschafter begründet worden: Der Gesellschafter soll immer dann
auf die Primärleistung und nicht bloß auf Geld haften, wenn er auch der
Gesellschaft zu der Primärleistung verpflichtet ist. So hat *BGHZ 23,
302/306* den verklagten Gesellschafter persönlich zur Rechnungslegung
verurteilt: Weil er allein geschäftsführungsberechtigt war, schuldete er die
Rechnungslegung auch der Gesellschaft.

Die Schwäche dieser Ansicht besteht jedoch darin, daß sie die Stellung
des dritten Gläubigers von dem – ihn sonst regelmäßig nicht berührenden –
Innenverhältnis zwischen der Gesellschaft und dem Gesellschafter abhängig
macht; dieses könnte ja z.B. auch ohne Mitwirkung des Gläubigers geändert werden. Daher hat **BGHZ 73, 217 ff.** die Haftung des Gesellschafters
auf die Primärleistung erweitert: Diese Haftung soll jedenfalls dann eintreten, »wenn die Erfüllung den Gesellschafter in seiner gesellschaftsfreien
Privatsphäre **nicht wesentlich mehr als eine Geldleistung beeinträchtigt**«.
An einer solchen Beeinträchtigung fehle es etwa, wenn der Gesellschafter
den Anspruch gegen die Gesellschaft »ohne persönlichen Einsatz durch
Aufwendung von Geld und Beauftragung eines anderen Unternehmens
erfüllen kann« (konkret bejaht bei dem Anspruch auf Nachbesserung eines
Fertighauses). Das entspricht etwa der von *Flume* aaO. für nichtpersonen-
bezogene Leistungen vertretenen Ansicht und ist auch von *Hadding* (ZGR
1981, 577 ff.) begrüßt worden[3]; dem dürfte zu folgen sein.

In dem Tankstellenfall von *RGZ 136, 266* dürfte danach die Unterlassungspflicht nur
dann auf die Gesellschafter zu erstrecken sein, wenn Anhaltspunkte für eine solche

---

3 Ablehnend freilich *Wiedemann*, JZ 1980, 195 ff., teils kritisch auch *K. Schmidt*,
   Gesellschaftsrecht (oben Fn. 2) § 49 III 1.

Auslegung des Pachtvertrags bestehen: Die Unterlassung auch durch die Gesellschafter fordert ja deren »persönlichen Einsatz«.

4. Dingliche Ansprüche gegen den Besitzer

212 Besonderes gilt für dingliche Ansprüche gegen den Besitzer (vgl. unten Rdnr. 447), etwa aus § 985. Hier kommt es wenigstens zunächst nicht auf § 128 HGB an, sondern darauf, wer Besitzer ist.

BGH JZ 1970, 105 f. mit Anm. *Steindorff:* E ist Eigentümer eines Manuskripts, das er einer Verlags-KG übergeben hat. Nach Beendigung des Verlagsvertrags verklagt E die KG und deren einzigen persönlich haftenden Gesellschafter G auf Herausgabe.

Der BGH hat den Herausgabeanspruch auch gegen G bejaht, und zwar direkt aus § 985: Eine Sache im **Besitz der KG** stehe im **Mitbesitz der Gesellschafter.** Und von G als einem Mitbesitzer könne nach § 985 Herausgabe verlangt werden, wenn er die »tatsächliche Verfügungsgewalt« habe (was der BGH für G anscheinend wegen § 164 HGB annimmt: Die Kommanditisten können G nicht an der Ausübung der Sachherrschaft hindern).

Dem ist insoweit zuzustimmen, als der *BGH* die Möglichkeit von Besitz einer Personengesellschaft bejaht[4]. Dagegen hat *Steindorff* der Verurteilung des G entgegengehalten, ein Mitbesitzer schulde regelmäßig nur die Herausgabe seines Mitbesitzanteils. Denn eine Verpflichtung zur Herausgabe der Sache schlechthin sei ohne die Zustimmung der übrigen Mitbesitzer (= Gesellschafter) nur durch verbotene Eigenmacht und daher rechtlich nicht erfüllbar. Zudem sei ein Herausgabeanspruch gegen einzelne Gesellschafter überhaupt nutzlos. – Dem stimme ich darin zu, daß man einen Gesellschafter, der nur Mitbesitzer ist, allein nicht zur Herausgabe der Sache (also zur Übertragung des Alleinbesitzes) verurteilen kann. Nur dürfte in dem vom BGH entschiedenen Fall G als einziger persönlich haftender Gesellschafter die alleinige Sachherrschaft und damit Alleinbesitz gehabt haben.

Für eine **BGB-Gesellschaft** beurteilen *BGHZ 86, 300/306 ff.; 340/344* die Besitzlage wie folgt: Hier werde der Besitz nicht von einem Gesellschaftsorgan ausgeübt, sondern stehe den Gesellschaftern als gleichberechtigten Mitbesitzern zu. Dieser Mitbesitz genüge für einen Pfandrechtserwerb nach § 1206. Fragen muß man jetzt freilich, ob die Rechtslage nicht durch die Zuerkennung einer Teilrechtsfähigkeit an bestimmte Außengesellschaften bürgerlichen Rechts durch *BGHZ 146, 341* anders zu beurteilen ist (im Sinne einer Bejahung des Besitzes solcher Gesellschaften, der durch die Organe ausgeübt werden muß; in diese Richtung *Habersack*, BB 2001, 477/479).

---

4 Dazu *Flume,* Freundesgabe Hengeler 1972, 76 ff. und PersGes § 6 III; *K. Schmidt,* GesR aaO. § 60 II 3.

§ 12   Das Synallagma (Gegenseitiger Vertrag)[1]

Unter den Schuldverträgen sind weitaus am häufigsten und wichtigsten die   **213**
gegenseitigen: Jede Partei verpflichtet sich, weil und damit sich auch die
andere verpflichtet. Dem trägt die Rechtsordnung Rechnung, indem sie die
Pflichten aus solchen Verträgen durch das Synallagma miteinander ver-
knüpft. Seinen wesentlichsten Ausdruck bilden die §§ 320 ff.

Innerhalb eines gegenseitigen Vertrages brauchen aber nicht alle Pflichten synallagmatisch zu sein, vgl. oben Rdnr. 207 (Nebenpflichten). Nicht synallagmatisch
sind auch die Schutzpflichten nach § 241 II (vgl. § 324).

I.   Anwendungsbereich des Synallagma

1.   Gegenseitige Verträge

Gegenseitige Verträge sind stets Kauf, Tausch, Miete, Pacht, Dienstvertrag,   **214**
Werkvertrag; nach dem Parteiwillen kann das Gegenseitigkeitsverhältnis
etwa auch vorliegen bei verzinslichem Darlehen oder entgeltlicher Bürgschaft. Auch untypische Verträge können gegenseitig sein (z.B. ein entgeltlicher Garantievertrag, ebenso die »modernen« Geschäftstypen Leasing,
Factoring und Franchising). Zwar als entgeltlichen, aber nicht als gegenseitigen Vertrag hat das BGB den Maklervertrag gestaltet, § 652 (der Makler
selbst schuldet nichts), doch wird freilich oft eine Tätigkeitspflicht vereinbart (was auch durch AGB möglich ist).

2.   Die Gesellschaft

Problematisch ist die Gesellschaft, §§ 705 ff.   **215**

Bsp.: Eine Gesellschaft besteht aus A, B und C. A hat seine Einlage geleistet. Kann
B die von ihm geschuldete Einlage nach § 320 verweigern, weil auch C seine Einlage
noch nicht geleistet hat? Oder: Gilt § 326, wenn dem B die Leistung seiner Einlage
unmöglich geworden ist (z.B. das einzubringende Patent ist für nichtig erklärt worden)?

Das Problem bei § 320 besteht offenbar darin, daß eine Leistungsver-
weigerung durch B auch den vertragstreuen A treffen würde. Und gegen
die Anwendung von § 326 beim Unmöglichwerden einer Einlagepflicht

---

1   Dazu *Gernhuber*, BR §§ 14, 15; *Grunewald* § 17.

spricht, daß der Gesellschaftszweck gleichwohl erreichbar bleiben kann; § 726 sieht aber nur dessen Unerreichbarkeit als Endigungsgrund an.

So mag sich im Bsp. der Gesellschaftszweck auch ohne das für nichtig erklärte Patent erreichen lassen. Übrigens kommt hier in Betracht, daß der Gesellschafter, der das Patent einbringen sollte, nach §§ 453, 435, 437, 439 ff. wie ein Verkäufer haftet.

Daher können die §§ 320 ff. auf die Gesellschaft höchstens beschränkt angewendet werden. **Für § 320** formuliert *K. Schmidt,* GesR aaO. § 20 III 2 wie folgt: Die Vorschrift sei anwendbar bei schuldrechtlichen Innengesellschaften und bei BGB-Gesellschaften »ohne eine von der Gesellschaftergesamtheit abgehobenen Organisation«. Dagegen seien bei **organisierten Verbänden** (also regelmäßig) die Organe zur Einforderung der Beiträge berufen; hier trete an die Stelle von § 320 die Pflicht zur Gleichbehandlung der Gesellschafter.

Für Leistungsstörungen unterscheidet *K. Schmidt* aaO. § 20 III 3; 5 zwischen dem Beitrags- und dem Verbandsverhältnis: Für das Beitragsverhältnis (also das Verhältnis zwischen der Gesellschaft und dem beitragspflichtigen Gesellschafter) sollen die §§ 275 ff. gelten. Dagegen käme ein Rücktritt (etwa weil die Einlage unmöglich geworden oder mangelhaft sei) für das Verbandsverhältnis (also das »Gesellschaftsverhältnis im ganzen«) nicht in Frage: Es würde durch die besonderen gesellschaftsrechtlichen Lösungsmöglichkeiten verdrängt (etwa §§ 723 BGB, 133 HGB).

3. Verträge mit einem verfügenden Teil

216 Die §§ 320 ff. betreffen nur den gegenseitig *verpflichtenden* Vertrag. Sie sind daher zumindest nicht direkt anwendbar, wenn in einem Vertrag sich nur eine Partei verpflichtet, während die andere ohne Verpflichtungsgeschäft unmittelbar verfügt. Solche teils verfügenden, teils verpflichtenden Verträge sind vor allem der Erbvertrag und der Erbverzichtsvertrag, sofern in ihnen ein Entgelt vereinbart wird.

a) Typ eines **entgeltlichen Erbvertrages** ist der **Verpfründungsvertrag:** Der durch den Vertrag eingesetzte Erbe verpflichtet sich, dem Erblasser als Entgelt Zahlungen zu leisten. Bleiben diese Zahlungen aus, so kann der Erblasser dem Erben nicht ohne weiteres nach § 323 I eine Nachfrist setzen und nach fruchtlosem Fristablauf von dem Vertrag zurücktreten. Das folgt schon aus den §§ 2294, 2295, die das gesetzliche Rücktrittsrecht des Erblassers anders regeln als die §§ 323, 326. Insbesondere § 2295 betrifft nur den Fall, daß eine Pflicht zu wiederkehrenden Leistungen *aufgehoben* wird (etwa durch Erlaß oder Unmöglichkeit). Wenn Geldleistungen nur einfach nicht erbracht werden, sind also die Voraussetzungen für diesen besonderen erbvertraglichen Rücktritt nicht erfüllt. Hier helfen aber die §§ 2281, 2078:

Die Erbeinsetzung beruht regelmäßig auf der Erwartung des Erblassers, der Bedachte werde die versprochene Gegenleistung erbringen. Wird diese Erwartung enttäuscht, so kann der Erblasser seine Leistung – die Erbeinsetzung – durch Anfechtung beseitigen.

b) Komplizierter liegen die Dinge beim entgeltlichen Erbverzicht.   **217**

Bsp.: Ein Kind ist von seinen Eltern durch gemeinschaftliches Testament zum Schlußerben nach § 2269 eingesetzt worden. Nach dem Tode eines Elternteils nimmt der andere die Erbschaft an und wird so nach § 2271 II an diese Erbeinsetzung gebunden. Jetzt verzichtet das Kind auf seinen Erbteil (Wirkung: § 2346 I 2). Dagegen verpflichtet sich der überlebende Elternteil zur Übereignung eines Grundstücks; diese bleibt aber aus oder wird unmöglich.

Auch hier sind wieder eine Verfügung und eine Verpflichtung in einem Vertrag verbunden; die §§ 320 ff. passen daher wenigstens nicht direkt[2]. Für den Erbverzicht fehlt aber in den §§ 2346 ff. jede den §§ 2294 f. entsprechende Rücktrittsregelung. Auch kann der Verzichtende nicht nach § 2078 anfechten, weil der Verzicht keine letztwillige Verfügung ist und eine Verweisung auf die §§ 2078 ff. beim Erbverzicht fehlt. Dem Verzichtenden bleibt daher nur § 119; dort aber ist eine fehlgeschlagene Erwartung höchstens unbeachtlicher Motivirrtum.

Angesichts dieser Schwierigkeiten besteht Streit um die Frage, wie der Verzichtende seinen Erbverzicht bei Ausbleiben der versprochenen Gegenleistung beseitigen kann. Zweckmäßig ist jedenfalls, die Erbringung der Gegenleistung zur aufschiebenden Bedingung des Verzichts zu machen. Dann wird der Verzicht nicht wirksam, wenn die Gegenleistung ausbleibt. Wo eine solche Bedingung aber versäumt worden ist, kann man sie nicht einfach unterstellen: Die Vertragsurkunde (§ 2348) hat die Vermutung der Vollständigkeit für sich. Zu helfen sein dürfte am ehesten mit einer wenigstens **entsprechenden Anwendung der §§ 323, 326**: Mit der Beurkundung des Erbverzichts soll regelmäßig auch eine inhaltsgleiche, sofort zu erfüllende Verpflichtung begründet werden[3].

Die §§ 320–322 passen deshalb überhaupt nicht, weil dem Verzicht als einer Verfügung keine Einrede entgegengehalten werden kann: Der Erbverzicht wirkt mit Abschluß des Vertrages; der hierdurch begünstigte Erblasser hat also keinen Anlaß zur Klageerhebung.

---

2 Anders bei einem Vertrag, in dem eine Gegenleistung für die bloße Verpflichtung zum Abschluß eines Erbverzichtsvertrags versprochen, der Verzicht aber noch nicht vorgenommen wird, vgl. MünchKomm-*Strobel* § 2346 Rdnr. 22.

3 Vgl. etwa *Kipp/Coing* § 82 VId; *Heinr. Lange/Kuchinke* § 7 V 2b; *Brox* Rdnr. 293; zur bloßen Verpflichtung auch *Kuchinke*. NJW 1983, 2385 ff.

II.   Wirkungen des Synallagma

1.   Genetisches Synallagma

218   Unter genetischem Synallagma versteht man, daß die gegenseitigen Pflichten **in ihrer Entstehung** voneinander abhängen: Wenn die eine nicht entsteht, entsteht auch die andere nicht. Eine solche Regel gibt es im deutschen Recht nicht mit der Beschränkung auf gegenseitige Verträge. Vielmehr sichert das BGB die genetische Abhängigkeit auch bei nicht gegenseitigen Pflichten: So betrifft etwa die Nichtigkeit nach § 134 den Vertrag (nicht nur den gegenseitigen) im ganzen, obwohl regelmäßig nur die Erfüllung einer von mehreren Pflichten verboten ist. Ähnlich wirkt es, wenn nach § 105 Willenserklärungen von Geschäftsunfähigen nichtig sind: Daran scheitert der ganze Vertrag und nicht bloß die Verpflichtung des Geschäftsunfähigen. Entsprechendes gilt nach § 108 für den Minderjährigen. Ein besonderes genetisches Synallagma ist daher unnötig[4].

2.   Funktionelles Synallagma

219   Das funktionelle Synallagma bedeutet, daß die gegenseitigen Pflichten auch **in Durchsetzung und Fortbestand** voneinander abhängen. Das regeln die §§ 320 ff.

a)   Abhängigkeit bei der Durchsetzung

Die Abhängigkeit bei der Durchsetzung ergibt sich aus den §§ 320 bis 322. Dabei geht § 320 schon seinem Wortlaut nach in zwei Punkten über den sonst anwendbaren § 273 hinaus: Die Einrede des nicht erfüllten Vertrages kann nicht durch Sicherheitsleistung abgewendet werden, § 320 I 3: Mit dieser Einrede soll eben gerade die Gegenleistung und nicht bloß Sicherheit erzwungen werden. Zudem wirkt § 320 regelmäßig vollständig auch gegenüber Teilleistungen (§ 320 II) und bei Leistungen an mehrere Gläubiger (§ 320 I 2).

Darüber hinaus wird in der Literatur (etwa *Larenz* I § 15 I S. 206 f.) gesagt, § 320 sei keine echte (rechtsgestaltende) Einrede wie § 273, sondern mache nur eine von vornherein bestehende Einschränkung der Ansprüche aus gegenseitigem Vertrag sichtbar. Noch weitergehend meint *Blomeyer* § 21 IV 2 (vgl. *Kirn,* JZ 1969, 325ff.), im Synallagma sei der Anspruch auf die Leistung bedingt durch das Angebot der Gegenleistung (ebenso im

---

4 Ebenso *Rittner*, FS Heinr. Lange (1970) 213 ff., einschränkend aber *Gernhuber*, 1. FS Larenz (1973) 455/476 ff.; BR § 15 II.

Ergebnis *Esser/Eike Schmidt* § 16 II 2c). Bedeutung hat das vor allem für die Frage, ob der durch § 320 geschützte Schuldner in Verzug geraten kann, wenn er die Einrede nicht geltend gemacht hat.

Bsp.: V und K haben einen beiderseits noch unerfüllten Kaufvertrag geschlossen. V mahnt den K zur Zahlung des Kaufpreises. Muß K seit dieser Mahnung Verzugszinsen zahlen (§ 288), obwohl V noch nicht geliefert hat?

b)   Einrede und Schuldnerverzug im allgemeinen

Gehen wir aus von der allgemeineren Frage, wie schon das bloße Bestehen einer Einrede den Verzugseintritt beeinflußt. Hierüber herrscht Streit[5]. Als **Regel** wird man mit *Larenz* I § 23 I c sagen können: Schon das Bestehen einer Einrede wirkt verzugshindernd. Denn wer seine Verurteilung durch eine Einrede abwehren kann, braucht auch nicht zu leisten oder hat wenigstens die Nichtleistung nicht zu vertreten (§ 286 IV). Da eine Einrede aber nicht von Amts wegen zu beachten ist, bleibt sie im Prozeß in jeder Hinsicht unbeachtet, wenn der Beklagte sie nicht erhebt (anders für § 320 *Esser/Eike Schmidt* aaO.). Daher muß der Schuldner die Einrede irgendwann einmal – spätestens in der letzten Tatsachenverhandlung vor Gericht – geltend machen. Unterläßt er das, so kann er nicht nur unbeschränkt in die Leistung selbst verurteilt werden, sondern auch in die Verzugsfolgen. Beruft er sich aber auf die Einrede, so ist diese hinsichtlich der Hauptleistung und der Verzugsfolgen zu beachten, und zwar mit Rückwirkung auf den Zeitpunkt, an dem die Einrede entstanden ist *(BGHZ 113, 232/236).*

219a

Bsp.: G hat gegen S eine verjährte Forderung von 100,– Euro. G mahnt den S und klagt ein Jahr später. Hier wird S in 106,95 bzw. 109,95 Euro (§§ 288, 247) verurteilt, wenn er sich nicht auf die Verjährung beruft. Macht er dagegen die Einrede geltend, so wird die Klage in vollem Umfang abgewiesen.

c)   Besonderheiten

Aber von der eben dargestellten **Regel** gibt es Ausnahmen in zwei entgegengesetzten Richtungen.

220

aa) Bei § 320 kommt der Schuldner nach h.M. durch die Mahnung nur dann in Verzug, wenn der Gläubiger seinerseits zu der Gegenleistung bereit und imstande ist sowie dem Schuldner die Gegenleistung anbietet *(BGHZ 116, 244/249).* Seine Fähigkeit und Bereitschaft zur Gegenleistung muß der Gläubiger als materielle Verzugsvoraussetzung im Prozeß selbst behaupten

---

5 Vgl. ausführlich *Herb. Roth,* Die Einrede des Bürgerlichen Rechts (1988) 150 ff.; 169 ff.; 185 f.; 234 ff., auch *Gröschler,* AcP 201 (2001) 48 ff.

und notfalls beweisen. Ob der Schuldner sich auf § 320 beruft, hat dann Bedeutung nur für die Hauptleistung und nicht für die Verzugsfolgen.

Danach ergeben sich für den Ausgangsfall (Mahnung des Verkäufers bei beiderseits unerfülltem Kaufvertrag) folgende Lösungen:

(1) Der Verkäufer hat seine eigene Leistungsbereitschaft behauptet und notfalls bewiesen (oder die von ihm geschuldete Leistung angeboten):

a) Der Käufer beruft sich auf § 320: Er wird hinsichtlich des Kaufpreises zur Leistung Zug um Zug gegen Lieferung der Ware verurteilt. Hinsichtlich der aufgelaufenen Verzugszinsen schützt ihn der rückwirkende Wegfall des Verzugs (vgl. *BGHZ 113, 232/236*).

b) Der Käufer beruft sich nicht auf § 320: Er wird hinsichtlich des Kaufpreises und der Verzugszinsen unbeschränkt verurteilt (anders *Esser/Eike Schmidt*, aaO.).

(2) Der Verkäufer hat seine eigene Leistungsbereitschaft nicht durch ein Angebot an den Schuldner deutlich gemacht: Hier schuldet der Käufer in keinem Fall Verzugszinsen. Verurteilt werden kann er nur hinsichtlich des Kaufpreises: Bloß zur Leistung Zug um Zug aber dann, wenn der Käufer sich auf § 320 beruft (anders *Esser/Eike Schmidt*, aaO.).

Nach § 323 kommt es jetzt freilich auf Schuldnerverzug nicht mehr an; es genügt, dass der Schuldner die Leistung trotz Fristsetzung nicht oder nicht vertragsgemäß erbringt.

221   bb) Andererseits gibt es aber auch entgegengesetzte Ausnahmen von der allgemeinen Regel über das Verhältnis von Verzug und Einrede: In diesen Fällen **beseitigt die Erhebung der Einrede den Verzug nur für die Zukunft.** *BGH* NJW 1969, 1110 bejaht das für § 410 I 2, mit Recht: Daß der Schuldner die Mahnung des Zessionars erst verspätet zurückweist, kann ihm nicht die gleichen Vorteile bringen wie die in § 410 I 2 verlangte unverzügliche Zurückweisung. Nur für die Zukunft wirken soll nach h.M. auch § 273: Das Recht des Gläubigers zur Sicherheitsleistung nach § 273 III soll nicht durch eine Rückwirkung der Einrede beschränkt werden. Nach *BGH* NJW 1971, 421 f. soll zudem nicht schon die Erhebung der Einrede den Verzug beenden, sondern erst das Angebot der Leistung Zug um Zug.

d)   Abhängigkeit beim Fortbestehen

222   Im Fortbestehen sind die synallagmatischen Forderungen insofern voneinander abhängig, als nach § 326 I 1 der Gegenanspruch entfällt, wenn der Anspruch nach § 275 nicht erfüllt zu werden braucht. Wer seine Leistung nicht erbringen muß, soll also auch die Gegenleistung nicht mehr fordern dürfen und das, was er schon erhalten hat, nach den §§ 326 IV, 346 I zurückgewähren. Diese Regel ist freilich durchbrochen, wenn der Gläubiger der unmöglich gewordenen Leistung bereits die Gegenleistungsgefahr

(Preisgefahr) trägt (vgl. unten Rdnr. 271 ff.) oder für die Unmöglichkeit nach § 326 II selbst verantwortlich ist.

3.   Das Synallagma bei der Rückabwicklung

a)   Rücktritt

Außer bei der planmäßigen (oben Rdnr. 219 ff.) und der durch Unmög-   **223** lichwerden gestörten (oben Rdnr. 222) Abwicklung des gegenseitigen Vertrages wirkt das Synallagma sogar auch bei der Rückabwicklung. Das gilt zunächst nach § 348 für den Rücktritt.

§ 348 ist insofern seltsam, als er auf die §§ 320, 322 verweist, obwohl er auch den Rücktritt von einem nicht gegenseitigen Vertrag betrifft. Bei einem solchen Vertrag scheint also die Rückabwicklung synallagmatisch zu sein, während die Abwicklung es nicht wäre. Man mag das korrigieren, indem man § 348 als Rechts*grund*verweisung auffaßt und für die Rückabwicklung nichtsynallagmatischer Pflichten nur § 273 anwendet.

b)   Bereicherungsrecht (Saldotheorie)[6]

Darüber hinaus soll aber das Synallagma in bestimmtem Umfang selbst   **224** dann wirken, wenn der Vertrag nichtig ist und daher die gegenseitigen Leistungen nach *Bereicherungsrecht* zurückzugewähren sind. Eine Ausprägung dieses »faktischen Synallagma« bildet die sogenannte Saldotheorie (im Gegensatz zur Zweikondiktionentheorie).

aa)   *Saldierung gleichartiger Leistungen*

Nichts mit dem Synallagma zu tun hat freilich eine bisweilen in die Saldotheorie einbezogene **erste Aussage**: Soweit sich gleichartige Bereicherungsansprüche gegenüberstehen, werden sie ohne Aufrechnungserklärung ipso iure saldiert (vgl. *Larenz/Canaris* II 2 § 73 I 4a). Und bei ungleichartigen Leistungen kann über die Rückforderung der einen Leistung nicht ohne

---

6 Dazu etwa *Koppensteiner(/Kramer)* 137 ff.; 184 f.; *Wieling*, JuS 1973, 397 ff.; *Beuthien*, Jura 1979, 532 ff.; *Braun*, JuS 1981, 813 ff., sehr kritisch auch Münch-Komm-*Lieb* § 818 Rdnr. 87 ff.; *Reuter/Martinek*, Ungerechtfertigte Bereicherung (1983) § 17 III 3; *K. Schmidt*, JuS 1992, 965 f. und später vor allem *Canaris*, FS W. Lorenz (1991) 19 ff. sowie *Larenz/Canaris* II 2 § 73 III 1. Zur Ansicht von *Flume* vgl. alsbald im Text.

Rücksicht auf die Gegenleistung entschieden werden (seit *RGZ 54, 137*). *Flume* spricht hier von der »verfahrensrechtlichen Saldotheorie«[7].

Bsp.: V und K haben einen nichtigen Kaufvertrag durchgeführt. K möge 100 als Kaufpreis gezahlt und aus der Kaufsache Gebrauchsvorteile im Wert von 20 gezogen haben. An sich könnte dann K von V 100 verlangen: umgekehrt hätte V von K 20 (§ 818 I; II) und die Kaufsache zu fordern. Durch Saldierung der gleichartigen Ansprüche kann K von V nur 80 und V von K nur die Kaufsache verlangen.

bb) Saldierung bei Bereicherungswegfall

225 Während es sich hierbei nur um eine Abwicklungsmodalität handelt, ist die **zweite Aussage** der Saldotheorie bedeutungsvoller (nach *Flume:* »materiellrechtliche Saldotheorie«). Ist eine Partei nach § 818 III nicht mehr zur Rückgewähr der von ihr empfangenen Leistung verpflichtet, so wird der Wert dieser Leistung von dem eigenen Bereicherungsanspruch des Entreicherten abgezogen. **Der Wert der Entreicherung wird also zum Abzugsposten.** Zweifelhaft ist dabei, wann der Empfänger das Risiko tragen soll, daß die Leistung bei ihm ersatzlos weggefallen ist.

Bsp.: V hat eine Sache (Wert 50) für 70 nichtig an K verkauft. V hat geliefert und K bezahlt. Solange hier nicht § 818 III vorliegt, können V von K die Sache und K von V den Kaufpreis zurückverlangen. Beide Ansprüche sind nur durch die (den § 273 ergänzende) verfahrensrechtliche Saldotheorie miteinander verbunden. Das Geltendmachen einer Einrede ist also unnötig (so letztens *BGHZ 147, 152/157*).

Diese Verbindung versagt aber, wenn die Sache bei dem redlichen und unverklagten K ersatzlos untergegangen ist (§ 818 III): V hat jetzt keinen Gegenanspruch mehr und könnte sich deshalb gegen das Rückzahlungsverlangen des K nicht verteidigen. Dieses Risiko der Entreicherung des K will die Saldotheorie dem V abnehmen: V darf 50 als Wert der von ihm erbrachten Leistung von den 70 abziehen, die er dem K ohne die Saldotheorie schuldet.

Diese Aussage der Saldotheorie läßt sich **bei beiderseits ausgeführten gegenseitigen Verträgen als Einschränkung des § 818 III** auffassen. Dagegen begründet sie nicht etwa einen Anspruch gegen den Entreicherten.

Wäre eine Sache im Wert von 70 für 50 nichtig verkauft worden, und wäre diese Sache wiederum bei dem redlichen K ersatzlos untergegangen, so könnte K von V nichts verlangen. Da aber der Sachwert 70 nur ein Abzugsposten ist, könnte V von K gleichfalls nichts fordern.

---

7 So zuletzt JZ 2002, 321/322, vorher ZIP 2001, 1621/1622, ausführlicher in: 50 Jahre BGH, Festgabe aus der Wissenschaft (2000) I 525/536 ff., vgl. auch *BGH NJW* 1999, 1181.

cc)   Einseitig ausgeführte Verträge

Nicht zu helfen vermag die so formulierte Saldotheorie freilich bei nur   **226**
einseitig ausgeführten Verträgen.

Bsp.: V verkauft eine Sache für 100 an K und liefert sie unter Kreditierung des
Kaufpreises. Alsbald geht die Sache bei dem redlichen K ersatzlos unter. Danach
stellt sich der Kauf als nichtig heraus, so daß K auch nicht mehr zahlt. Hier hat K
gegen V keinen Anspruch, von dem der Wert der untergegangenen Sache abgezogen
werden könnte.

Die Unanwendbarkeit der wie üblich formulierten Saldotheorie in solchen Fällen ist beanstandet worden. So hat *Flume* (FS Niedermeyer, 1953,
103 ff., vgl. auch in JZ 2002, 321/324) hier mit seiner Kritik angesetzt: Die
Gefahrtragung durch den Leistungsempfänger beruhe darauf, daß er aufgrund seiner eigenen vermögensmäßigen Entscheidung die Leistung und
die mit ihr verbundenen Gefahren übernehmen wollte. Folglich müsse er
die Gefahren des weiteren Schicksals der Leistung tragen; ihr Wegfall ände-
re nichts daran, daß der Empfänger sie zunächst erhalten habe und daher
(noch) bereichert sei. Das stimmt teilweise überein mit einer neuen Lehre,
nach der die Gegenleistung auch in Vorleistungsfälle ersetzt werden soll:
Entgegen § 818 III soll V gegen K einen Anspruch auf den Wert der untergegangenen Sache erhalten, wenn der Untergang dem K zurechenbar ist[8].
Denn K habe sich zu dem Umgang mit der Sache nur durch seinen Glauben
an die Wirksamkeit des Vertrages für berechtigt halten dürfen; dann hätte er
aber auch den Kaufpreis zahlen müssen. Allerdings dürfe der von K geschuldete Wertersatz nicht über den Kaufpreis hinausgehen: Mehr als diesen brauchte K ja nach seiner Ansicht für die Sache nicht zu opfern.

c)   Bedenken gegen die Saldotheorie

Die eben genannte Ansicht bedeutet eine weitgehende Veränderung, wohl   **227–229**
sogar die Aufgabe der Saldotheorie. Letztlich führt sie zu dem eigenen Typ
einer **Gegenleistungskondiktion** (so *Canaris*, FS W. Lorenz, aaO., auch
S. 62, sowie *Larenz/Canaris*, II 2 § 73 III 7).

d)   Saldotheorie und Normzweck

Wenigstens darf die Saldotheorie nicht in Widerspruch zum Zweck von   **230**
Normen treten, auf denen die Nichtigkeit des Rechtsgeschäfts und damit
die Anwendbarkeit des Bereicherungsrechts beruht. Das kann man mit

---

8 So letztens *Canaris*, FS W. Lorenz (1991) 19/23 ff. und *Larenz/Canaris* II 2 § 73
   III 2d; 7a; vgl. etwa auch *Wieling*, AcP 169 (1969) 137/150 ff.

Flume (zuletzt JZ 2002, 321/324) damit begründen, dem Leistungsempfänger sei seine »vermögensmäßige Entscheidung« nicht zuzurechnen. Dies gilt erstens für den Minderjährigen (*BGHZ 126, 105 ff.*, im Ergebnis ebenso *Larenz/Canaris* II 2 § 73 III 5b mit II 2a).

Bsp.: Das Kind K hat ohne die nötige Zustimmung seines gesetzlichen Vertreters Süßigkeiten gekauft und diese aufgegessen. Bei der Kondiktion des Kaufpreises durch K wird der Wert der Süßigkeiten nicht abgezogen. Andernfalls wäre nämlich K gerade bei solchen Geschäften schutzlos, die ihm keinen bleibenden Vorteil gebracht haben, vor denen K also geschützt werden soll.

Zweitens soll die Saldotheorie auch nicht denjenigen begünstigen, der den anderen Teil beim Abschluß des Rechtsgeschäfts arglistig getäuscht hat (*BGHZ 57, 137 ff.*). Das betrifft etwa den Verkäufer eines gebrauchten Pkw, der arglistig einen Mangel des Wagens verschweigt: Hier soll der Untergang des Wagens den Anspruch auf Preisrückzahlung nicht beeinträchtigen (der *BGH* argumentiert freilich nicht überzeugend, vgl. die 18. Aufl. Rdnr. 230).

Drittens soll die Saldotheorie unanwendbar sein zugunsten einer Partei, die durch ein wucherähnliches und daher nach § 138 I nichtiges Geschäft benachteiligt worden ist (*BGHZ 146, 298*, kritisch hierzu *Flume*, JZ 2002, 321, 324).

Zudem können viertens auch **andere Gesichtspunkte** – etwa dingliche oder insolvenzrechtliche Wertungen – bestimmte Posten von der Saldierung ausschließen. So muß bei einem nichtigen Grundstückskauf der Käufer die Kosten der Löschung einer für ihn eingetragenen (unwirksamen) Auflassungsvormerkung schon deshalb ohne Ausgleich tragen, weil er diese Störung nach § 1004 zu beseitigen hat[9]. Und in der Insolvenz des Bereicherungsschuldners darf die Saldierung nicht dazu führen, daß der Bereicherungsgläubiger für seine sonst nur mit der Quote durchsetzbaren Forderung praktisch in voller Höhe Befriedigung erhält (*BGH* NJW 2005, 884/887).

231   e) Saldotheorie und Rücktritt

aa) Im Recht der Rücktrittsfolgen ist vor allem § **346 III 1 Nr. 3** umstritten. Danach soll beim gesetzlichen Rücktrittsrecht die Pflicht zum Wertersatz (§ 346 II) für eine Leistung entfallen, die nicht mehr zurückgewährt werden kann, »wenn die Verschlechterung oder der Untergang[10] beim Berechtigten eingetreten ist, obwohl dieser diejenige Sorgfalt beobachtet hat, die er in

---

9 Vgl. *Canaris*, JZ 1992, 1114 ff.; *Kohler*, NJW 1992, 3145 ff. zu *BGHZ 116, 251 ff.* (dort im Ergebnis ebenso entschieden).
10 Gleichzustellen ist der Verlust, z.B. durch Diebstahl.

eigenen Angelegenheiten anzuwenden pflegt«. Das bedeutet etwa beim **Kauf einer mangelhaften Sache**: Der Käufer kann nach einem Rücktritt wegen des Mangels zwar den Kaufpreis zurückverlangen, er braucht aber wegen der Kaufsache, die bei ihm trotz Anwendung der eigenüblichen Sorgfalt untergegangen ist, keinen Wertersatz zu leisten. Damit springt infolge des Rücktritts die Preisgefahr auf den Rücktrittsgegner zurück. Das wurde und wird von Vielen als ungerecht empfunden, weil die Sache sich bei ihrer Beeinträchtigung schon im Gefahrenbereich des Käufers befunden hat. Doch hatte bereits vor dem SMG § 350 a. F. im wesentlichen zum selben Ergebnis geführt.

Aber § 346 III 1 Nr. 3 ist keineswegs so ungerecht, wie das auf den ersten Blick scheinen mag. Der Gesetzgeber des SMG (BT-Drs. 14/6040 S. 196) hat die Vorschrift wie folgt begründet: Immerhin beruhe der Rücktritt des Käufers auf einer (freilich vielleicht unverschuldeten) Pflichtverletzung des Verkäufers, nämlich auf der mangelhaften Lieferung. Hier dürfte der Verkäufer nicht darauf vertrauen, der Gefahrübergang (§ 446 S. 1) sei endgültig. Es stünden sich also zwei womöglich schuldlose Parteien gegenüber, von denen eine den Verlust tragen müsse. In diesem Dilemma bestehe kein hinreichender Anlaß zu einer Änderung der alten Rechtslage. Und das Abstellen auf die eigenübliche Sorgfalt des Käufers sei deshalb gerechtfertigt, weil dieser ja zunächst Eigentümer geworden sei.

bb) Freilich ergibt diese Begründung zugleich eine **sachgerechte Eingrenzung** des § 346 III 1 Nr. 3: Zwar durfte der Käufer wenigstens bis zur Entdeckung des Mangels als Eigentümer mit der Sache nach seinem Belieben verfahren und sie auch Risiken aussetzen. Aber spätestens mit dem Rücktritt endet dieser Zustand: Jetzt weiß der Käufer nämlich, daß er die Sache zurückgewähren muß. Daher haftet er hinfort nach §§ 346 IV, 280 ff., 276 wegen einer zu vertretenden Verletzung seiner Rückgabepflicht unzweifelhaft auf Schadensersatz; auch die Beschränkung dieser Haftung auf die Nichtbeachtung der eigenüblichen Sorgfalt paßt dann nicht mehr. Zweifeln kann man nur für den Zeitraum zwischen der Entdeckung des Mangels und der Erklärung des Rücktritts: Hier besteht zwar die Rückgewährpflicht noch nicht, doch führt der Käufer diese Pflicht durch die Wahl des Rücktritts statt der Minderung selbst herbei. Daher wird man auch für diesen Zeitraum schon die Haftung nach den §§ 346 IV, 280 ff., 276 bejahen müssen. Vgl. ausführlich mit Nachweisen *Heinrichs*, Liber amicorum Eike Schmidt, 2005, 159 ff.; *S. Lorenz*, NJW 2005, 1889/1893.

231a

cc) Zugleich ergibt die oben Rdnr. 231 genannte Gesetzesbegründung noch eine **weitere Einschränkung** für die Anwendbarkeit des § 346 III 1 Nr. 3: Die Vorschrift paßt nur, wenn der Rücktritt auf einer Pflichtverletzung des Rücktrittsgegners beruht. Daran fehlt es z. B. wenigstens regelmäßig bei Störungen der Geschäftsgrundlage (§ 313 III).

231b

231c   dd) In der Literatur besteht Streit darüber, ob eine **Wertungseinheit** zwischen dem eben geschilderten Rücktrittsfolgenrecht und der **Saldotheorie** des Bereicherungsrechts anzustreben ist[11]. Eine solche Übereinstimmung besteht jedenfalls darin, daß auch bei der Rückabwicklung nach Bereicherungsrecht der Rückgewährungsgläubiger regelmäßig den Schaden daraus trägt, daß die Sache untergeht oder verschlechtert wird (§ 818 III), vgl. oben Rdnr. 231. Das sollte man im Bereicherungsrecht nicht durch die Saldotheorie einschränken, wenn das nicht den Wertungen des § 346 IV entspricht. Diese gelten freilich nur bei einer Pflichtverletzung des Herausgabegläubigers (vgl. oben Rdnr. 231, 231 b).

Anderseits paßt etwa der **Gedanke von § 346 III 1 Nr. 2** auch im Bereicherungsrecht: Die Saldotheorie ist unanwendbar, wenn die Beeinträchtigung der herauszugebenden Sache auf einem vom Gläubiger stammenden Umstand beruht (so auch *BGHZ 78, 216/223:* Die Verschlechterung der herauszugebenden Mähmaschine beim Käufer beruht auf einem vom Verkäufer stammenden Sachmangel, vgl. *Grunewald,* FS Hadding, 2004, 33/36). Umgekehrt stimmt es mit § 819 I überein, wenn schon die Kenntnis von dem Rücktrittsgrund zu der Haftungsverschärfung nach allgemeinem Schadensersatzrecht führen soll (oben Rdnr. 231 sub bb; *Thier,* FS Heldrich, 2005, 439 ff.).

f) **Zusammenfassung**

232   Zusammenfassend kann man daher sagen: Die Saldotheorie ergibt erstens eine Saldierung wechselseitiger gleichartiger Bereicherungsansprüche (oben Rdnr. 224). Zweitens ist sie dahin zu präzisieren, daß der nach § 818 III Entreicherte sich den Wert der Entreicherung von seinem eigenen Bereicherungsanspruch abziehen lassen muß (oben Rdnr. 225), wenn der Abzug weder dem Schutzzweck der Nichtigkeitsnorm (oben Rdnr. 230) noch vergleichbaren Wertungen im Rücktrittsrecht widerspricht.

Zu ähnlichen Ergebnissen führt die neue Lehre von *Canaris:* Nach ihr soll der Bereicherte das Risiko eines zurechenbaren Verlustes des Empfangenen tragen, weil er nicht darauf vertrauen durfte, dieses ohne Gegenleistung behalten zu dürfen. Die Einschränkungen der Saldotheorie lassen sich bei dem Erfordernis der »Zurechenbarkeit« des Verlustes entsprechend den §§ 818 IV, 819 I berücksichtigen. Zudem ergibt diese Ansicht unter Umständen auch einen Anspruch dessen, der eine Vorleistung erbracht hat (vgl. oben Rdnr. 226). Sie läßt sich kurz so formulieren: Beim gegenseitigen Vertrag ist der Bereicherungsschuldner bis zur »Opfergrenze« des Wertes der von ihm zu erbringenden Leistung so zu behandeln, als hätte er das

---

11 Dazu letztens *Fest,* Der Einfluß rücktrittsrechtlicher Wertungen auf die bereicherungsrechtliche Rückabwicklung nichtiger Verträge (2006); *Bockholdt,* AcP 206 (2006) 769 ff.; *J. Kohler,* AcP 206 (2006) 683 ff.

Fehlen des Rechtsgrundes gekannt *(Canaris* aaO. S. 45, ebenso bei *Larenz/Canaris* II 2 § 73 III 2–6). Zusätzlich will *Canaris* (aaO. S. 46 f.) freilich noch Aufwendungen auf den Bereicherungsgegenstand berücksichtigen.

4.   Das Synallagma in der Insolvenz

Das Synallagma wirkt schließlich auch dann noch, wenn die Abwicklung **233** eines gegenseitigen Vertrages durch die Insolvenz einer Partei gestört wird. Das steht jetzt in den §§ 103 ff. InsO. Ich beschränke mich hier auf die allgemeine Regel in § 103 I InsO (dazu *M. Huber*, JuS 1998, 644 ff.).

a)   Die Grundregel

Die Bedeutung von § 103 I InsO ergibt sich aus folgendem: Ohne eine Schutzvorschrift müßte der Partner des Gemeinschuldners die diesem geschuldete Leistung noch voll in die Masse erbringen, wäre aber wegen der Gegenleistung auf die Quote angewiesen. Demgegenüber bedeutet § 103 I InsO eine **Fortwirkung des Synallagma in das Insolvenzverfahren hinein:** Der Partner des Gemeinschuldners soll das, was er bei der Verfahrenseröffnung noch schuldet, nur dann noch in die Masse leisten müssen, wenn sein Anspruch auf die Gegenleistung vorzugsweise befriedigt wird. Allerdings ist diese Art der Abwicklung von einer entsprechenden Entscheidung des Verwalters abhängig. Wählt dieser die Erfüllung nicht, so muß der Partner des Gemeinschuldners der Masse nur denjenigen Leistungsteil vergüten, den er schon erhalten hat.

b)   Voraussetzung: keine vollständige Erfüllung

§ 103 I InsO verlangt, daß der gegenseitige Vertrag noch von keiner Seite **234** vollständig erfüllt ist. Das stellt im Grunde nichts weiter dar als eine notwendige Folgerung aus dem eben geschilderten Schutzzweck: Hat der Gemeinschuldner schon vollständig geleistet, so paßt § 103 I InsO nicht. Denn die andere Partei hat ja die ihr gebührende Leistung voll erhalten und wird daher nicht geschädigt, wenn sie auch ihrerseits voll in die Masse leisten muß. Hat dagegen diese andere Partei schon vollständig erfüllt, so hat sie selbst auf die synallagmatische Abwicklung nach §§ 320, 322 verzichtet. Diese Partei ist daher nicht schutzwürdiger als jeder andere Kreditgeber des Gemeinschuldners.

In diesem Rahmen ergibt sich die Frage, wie es sich bei einer **Lieferung unter Eigentumsvorbehalt** verhält. Denn einerseits hat der Verkäufer hier alles getan, was er zur Erfüllung zu tun verpflichtet war. Andererseits erwirbt aber der Käufer das Eigentum erst durch Zahlung der letzten Kaufpreisrate. Dieser Erfüllungserfolg ist insolvenzrechtlich ausschlaggebend (vgl *Häsemeyer*, Insolvenzrecht, 2. Aufl. 1998, Rdnr. 20, 28 ff.). Im einzelnen gilt (vgl. *M. Huber*, JuS 1998, 644/647): Wählt der Verwalter bei **Insolvenz des Käufers** Erfüllung, so werden die noch ausstehenden Kaufpreisraten zur Masseschuld, §§ 103, 55 I Nr. 2 InsO. Bei **Insolvenz des Verkäufers** sind die restlichen Raten an die Masse zu zahlen; mit Restzahlung wird der Käufer Eigentümer.

Lehnt dagegen der Verwalter die Erfüllung ab, so erlöschen bei **Insolvenz des Käufers** die beiderseitigen Erfüllungsansprüche. Zugleich erlischt auch das Anwartschaftsrecht des insolventen Käufers: Er muß die Kaufsache an den Verkäufer zurückgeben; dieser muß umgekehrt die schon geleisteten Kaufpreisraten zurückzahlen und hat Ersatzanspüche nur als Insolvenzgläubiger, § 103 II 1 InsO. Bei **Insolvenz des Verkäufers** gibt § 107 I InsO dem Käufer einen Anspruch auf Erfüllung (der Verwalter kann die Erfüllung also nur im Einverständnis mit dem Käufer ablehnen). Folglich behält der Käufer auch sein etwa erworbenes Anwartschaftsrecht und erwirbt mit Zahlung der letzten Kaufpreisrate das Eigentum.

c)   Wiederkehrschuldverhältnisse

235 § 105 InsO bringt im Gegensatz zum alten Recht (§§ 17, 59 I Nr. 2 KO) jetzt eine Regelung, die sowohl für Sukzessivlieferungsverträge wie auch für Wiederkehrschuldverhältnisse[12] gilt (vgl. *M. Huber*, JuS 1998, 644/647): Der Gläubiger des insolventen Schuldners ist wegen der schon vor Verfahrenseröffnung erbrachten Teilleistungen bloß Insolvenzgläubiger, selbst wenn der Verwalter von ihm wegen der noch ausstehenden Teile Erfüllung verlangt. Das bedeutet eine (rechtspolitisch fragwürdige, vgl. *Häsemeyer*, aaO. Rdnr. 20, 27) **Durchbrechung des** in § 103 InsO vorausgesetzten **Synallagma**. Es muß also etwa die Telekom den Vertrag über einen Fernsprechanschluß mit der Masse fortsetzen, obwohl sie wegen der offenen Rechnungen für die Vergangenheit nur als gewöhnlicher Insolvenzgläubiger (also nur mit einer Quote) befriedigt wird.

---

12 Das sind z.B. Verträge auf wiederkehrende Leistungen wie Strom, Wasser oder Telefon. Man sollte auf die Bezeichnung »Wiederkehrschuldverhältnis« ganz verzichten: Hinter ihr steht eine durch das alte Konkursrecht veranlasste, überaus künstliche Vorstellung, jede einzelne Inanspruchnahme der Leistung bedeute einen neuen Vertragsschluss. Vgl. *M. Huber*, JuS 1998, 644/647.

§ 13 Allgemeines Leistungsstörungsrecht

I. Einteilung

1. Pflichtverletzung und Rechtsfolgen

Den alle Leistungsstörungen umfassenden Oberbegriff bildet jetzt die **236** **Pflichtverletzung** (etwa § 280 I). Bei Verträgen spricht das Gesetz spezieller davon, der Schuldner habe die fällige Leistung nicht oder nicht vertragsgemäß erbracht (etwa § 323 I). Bei den **Rechtsfolgen** geht es vor allem um die folgenden:

(1) die **Befreiung** des Schuldners von seiner Primärleistungspflicht, § 275;

(2) die Verpflichtung des Schuldners, statt oder neben der primär geschuldeten Leistung eine andere Leistung (hauptsächlich **Schadensersatz**) erbringen zu müssen (§§ 278–292; 311a II 1);

(3) die Möglichkeit einer Partei, von einem gegenseitigen Vertrag **zurückzutreten** (§§ 323–326). Hierdurch werden die noch nicht erfüllten Leistungspflichten beseitigt; das schon Geleistete kann zurückverlangt werden (§§ 346 ff.).

2. Insbesondere der Schadensersatz

Für den Schadensersatz als Folge einer Pflichtverletzung sind zwei Arten **237** zu unterscheiden (zu Einzelheiten vgl. unten Rdnr. 241 ff.):

a) Der **Schadensersatz statt der Leistung** (etwa § 280 III, 281, 284, 285 II), früher Schadensersatz wegen Nichterfüllung, tritt an die Stelle der Leistung und ersetzt diese also. Dabei geht es um das **positive Interesse** (Äquivalenzinteresse im gegenseitigen Vertrag) des Gläubigers. Vgl. im einzelnen unten Rdnr. 241 ff.

b) Der **Schadensersatz neben der Leistung** kommt in § 280 II als Scha- **238** densersatz wegen einer Verzögerung der Leistung vor; er ist als **Verzugsschaden** nach § 286 zu ersetzen, und zwar neben der Leistung. Daneben gibt es aber auch die sog. **Begleitschäden**, die insbesondere als Folge einer fehlerhaften Leistung eintreten; sie sind nach § 280 I ebenfalls neben der Leistung ohne weiteres zu ersetzen (Bsp.: Das mangelhafte Öl zerstört die Maschine des Käufers). Zu denken ist weiter an den Schaden aus der **Verletzung einer Schutzpflicht** (§ 241 II), der unabhängig von einer fehlerhaften Leistung eintreten kann (Bsp.: Der Maler zerstört durch ungeschickten

Abbau seines Gerüsts eine Vase des Bestellers). Hier geht es um das **Integritätsinteresse** des Gläubigers, also um das Interesse an der Unversehrtheit seines sonstigen, nicht mit der Leistung zusammenhängenden (leistungsfernen) Vermögens. Auch hier gründet sich der Ersatz auf § 280 I. Vgl. im einzelnen unten Rdnr. 245 ff., 247 a, b.

II. Grundzüge

239 Die Grundzüge des Rechts der Leistungsstörungen[1] gehören zum Grundwissen. Hier soll daher nur noch eine kurze Zusammenfassung stehen (vgl. GW Rdnr. 149 ff.).

1. Nichterbringung der Leistung

240 **a)** Wenn der Schuldner die Leistung nicht erbringt, mag das darauf beruhen, daß er sie nicht erbringen kann. Dann schuldet er sie auch nicht (**Befreiungsfunktion der Unmöglichkeit**). Diese Folge tritt ohne weiteres nach § 275 I ein, wenn die Leistung dem Schuldner schlechthin unmöglich ist (z.B. der verkaufte Schrank ist verbrannt, das verkaufte Pferd gestorben). Wenn die Leistung zwar möglich bleibt, aber nur mit unverhältnismäßigem oder unzumutbarem Aufwand, kann der Schuldner sich nach den Abs. 2 und 3 von § 275 durch eine Einrede schützen (z.B. die verkaufte Maschine ist mit dem sie transportierenden Schiff im Mittelmeer versunken; die Sängerin tritt nicht auf, weil ihr Kind im Sterben liegt).

241 **b)** Der Schuldner schuldet aber regelmäßig statt der unmöglichen Leistung **Schadensersatz statt der Leistung**, §§ 280 I 1, 281, 283 (dazu *Grigoleit/Riehm*, AcP 203, 2003, 727 ff.). Das gilt nur dann nicht, wenn er beweisen kann, daß er den die Unmöglichkeit herbeiführenden Umstand nicht zu vertreten hat, § 280 I 2 (Ausnahme bei der Beweislastverteilung für den Arbeitnehmer in § 619a). Dieser Schadensersatz wird insbesondere auch dann geschuldet, wenn die Leistung schon beim Vertragsabschluß unmöglich war; der Verschuldensvorwurf betrifft dann die Kenntnis oder das Kennenmüssen der Unmöglichkeit durch den Schuldner, § 311a II 2 (diese Vorschrift stellt nach h.M. eine eigene Anspruchsgrundlage dar; gegen die

---

1 Grundlegend *U. Huber,* Leistungsstörungen I und II (1999), weiter *Emmerich,* Recht der Leistungsstörungen (5. Aufl. 2003); *Gernhuber,* BR §§ 31, 32, 37; *Grunewald* §§ 49 ff. Zum neuen Recht außer den Gesamtdarstellungen vor allem *Canaris,* JZ 2001, 499 ff.; *Medicus,* JuS 2003, 521 ff.

teils heftige Kritik an dieser Vorschrift etwa *Canaris*, FS Heldrich, 2005, 11 ff.).

»Schadensersatz statt der Leistung« klingt wie eine Übernahme der **Surrogationstheorie** (und damit wie eine Ablehnung der **Differenztheorie**). Das ist aber nicht nötig: § 325 zeigt, daß der Schadensersatz nicht allemal mit einer Rückgewähr der Gegenleistung verbunden sein muß. Ähnlich gibt es bei mangelhafter Leistung nicht bloß den »**großen Schadensersatz**«, der zur Rückgabe des mangelhaften Leistungsgegenstandes zwingt. Vielmehr kann der Gläubiger diese Leistung auch behalten und Schadensersatz nur wegen des Minderwerts verlangen (»**kleiner Schadensersatz**«), vgl. § 281 I 3, wo die Möglichkeit eingeschränkt wird, den großen Schadensersatz zu fordern.

c) Statt des Schadensersatzes kann der Gläubiger in bestimmten Grenzen   **242** auch den **Ersatz seiner frustierten Aufwendungen** fordern, die er im Vertrauen auf die Leistung gemacht hat, § 284. Das ist aber weniger als das negative Interesse. Dieses kann nämlich auch den Gewinn umfassen, den der Gläubiger aus einem anderen Geschäft hätte machen können, das er ohne das Vertrauen auf den Erhalt der Leistung abgeschlossen hätte.

BGHZ 163, 381: Nachdem der Käufer eines Fahrzeugs wegen fehlgeschlagener Mängelbeseitigung vom Kaufvertrag zurückgetreten ist, streiten die Parteien über Zulassungs- und Überführungskosten sowie die Kosten der Zusatzausstattung.

Nach Ansicht des BGH steht dem Anspruch aus § 284 der engere § 347 II nicht entgegen, da dies mit § 325 unvereinbar wäre. Auch ohne gesetzliche Grundlage kann der Gläubiger den Aufwendungsersatz jedoch nur gegen Herausgabe der Zusatzausstattung beanspruchen, da der Aufwendungsersatz nicht zu einer Bereicherung führen darf (*Gsell*, NJW 2006, 125/127).

d) Unabhängig von einem Vertretenmüssen des Schuldners kann der   **243** Gläubiger das sog. **stellvertretende Kommodum** verlangen, § 285.

e) Im **gegenseitigen Vertrag** muß der Gläubiger die Gegenleistung nicht   **244** mehr erbringen, wenn der Schuldner nicht zu leisten braucht, § 326 I 1. Im Fall von § 326 I 2 steht dem Gläubiger nach § 326 V ein Rücktrittsrecht zu (regelmäßig wahlweise statt des Rechts zur Minderung).

2.   Leistungsverzögerung

a) Den neben der Leistung zu ersetzenden **Verzögerungsschaden** hat der   **245** Schuldner nach § 280 II nur bei Vorliegen aller Voraussetzungen des Schuldnerverzugs zu leisten, § 286. Gleiches gilt für die **Verzugszinsen** nach den §§ 288, 247.

246   **b) Schadensersatz statt der Leistung** kann der Gläubiger nur nach den §§ 280 III, 281 verlangen. Hierzu bedarf es regelmäßig zunächst einer Fristsetzung nach § 281 I (Ausnahmen § 281 II); eine Ablehnungsandrohung ist nach neuem Recht nicht mehr nötig. Erst das Verlangen von Schadensersatz statt der Leistung (also nicht schon der Fristablauf) läßt den primären Leistungsanspruch erlöschen, § 281 IV.

247   **c)** Von einem gegenseitigen Vertrag **zurücktreten** kann der Gläubiger nach § 323 I, unter Umständen sogar schon vor Fälligkeit der Leistung, § 323 IV (sog. **antizipierter Vertragsbruch**). Auch dieses Rücktrittsrecht setzt aber regelmäßig den erfolglosen Ablauf einer angemessenen Nachfrist voraus, § 323 I und II. Eine Ablehnungsandrohung ist hier wieder unnötig. Auch § brauchen die Voraussetzungen des Schuldnerverzugs (insbesondere das Vertretenmüssen) nicht vorzuliegen: Wenn der Schuldner (gleich aus welchem Grund) nicht leistet, soll der Gläubiger sich anderswo eindecken dürfen.

3.   Andere Pflichtverletzungen

247a   Hinsichtlich der anderen Pflichtverletzungen unterscheidet das neue Schuldrecht zwei Arten.

a) Erstens kann die Pflichtverletzung **sich auf die Leistung beziehen**, so daß diese nicht pflichtgemäß ist (Schlechtleistung). Hier gibt es für den Gläubiger spezielle (d.h. im besonderen Schuldrecht geregelte) Rechtsbehelfe, vor allem in den §§ 434 ff. für den Kauf (vgl. unten Rdnr. 281 ff.). Nicht geregelt ist dort aber vielfach der Schadensersatz. Doch können Leistungsmängel zu Folgeschäden führen, die durch Nacherfüllung, Minderung oder Rücktritt nicht zu beseitigen sind (z.B. ein Reifen des gekauften Pkw platzt; der Käufer wird verletzt). Solche Schäden sind bei Vertretenmüssen des Schuldners nach § 280 I zu ersetzen. Möglich ist aber auch, daß der Gläubiger die mangelhafte Leistung nicht haben und statt dessen Schadensersatz statt der Leistung verlangen will. Das gelingt nach erfolgloser Fristsetzung gemäß den §§ 280, 281. Für den gegenseitigen Vertrag stellt § 325 jetzt klar, daß auch der nach § 323 I mögliche Rücktritt den Schadensersatz nicht ausschließt (wohl aber einschränkt, weil der Gläubiger durch den Rücktritt ja die Gegenleistung einspart).

247b   **b)** Die Pflichtverletzung kann aber auch **leistungsfern** sein: Bei Gelegenheit der Leistungserbringung wird eine Schutzpflicht nach § 241 II verletzt. Es möge etwa der bestellte Maler zwar pünktlich kommen und auch gut malen, aber durch den ungeschickten Umgang mit seiner Leiter eine Vase des Gläubigers zerstören. Dann ist der Schaden an der Vase nach § 280 I zu ersetzen. Es bleibt aber die Frage, ob der Gläubiger auch Schadensersatz statt der Leistung verlangen kann. Das bejaht § 282 nur, wenn die Leistung dem Schuldner nicht mehr zuzumuten ist. Das wäre im Beispiel nur dann zu bejahen, wenn der Maler seine Leistung noch nicht vollständig erbracht und der Gläubiger noch weitere gefährdete Sachen hat. Beim gegenseitigen Vertrag besteht dann nach § 324 für den Gläubiger ein Rücktrittsrecht.

III. Stückschuld, Gattungsschuld, Geldschuld

Das Recht der Leistungsstörungen im Allgemeinen Schuldrecht des BGB   248
geht von der Stückschuld aus. Demgegenüber wird die wirtschaftlich mindestens ebenso wichtige Gattungsschuld nur in wenigen verstreuten Einzelvorschriften behandelt. Dies sind die §§ 243, 300 II. Ähnliches gilt für die Geldschuld; einzelne sie betreffende Fragen sind in den §§ 244–248, 270, 272 geregelt. Diese Reihenfolge im Gesetz verdunkelt die wesentlichen Unterschiede, die zwischen den genannten Schuldarten gerade hinsichtlich der Leistungsstörungen bestehen:

1. Geldschuld

a) Unmöglichkeit

Bei der Geldschuld kann **objektive** Unmöglichkeit in normalen Zeiten   249
nicht eintreten: Irgendwer wird immer Geld haben. Nur bei der **Geldsortenschuld** (die praktisch kaum vorkommt) ist objektive Unmöglichkeit denkbar, wenn die geschuldete Sorte nicht mehr im Verkehr ist. Aber hier streicht § 245 in Abweichung von der allgemeinen Unmöglichkeitsregelung die Vereinbarung über die Sorte und ermöglicht so die Leistung.

Subjektive Unmöglichkeit (Unvermögen) ist bei der Geldschuld zwar   250
denkbar: Der Schuldner hat den geschuldeten Betrag nicht und kann ihn sich auch nicht beschaffen. Aber solches Unvermögen bleibt materiellrechtlich regelmäßig ohne Bedeutung (wichtigste Ausnahme: die nur den Leistungsfähigen treffende Unterhaltspflicht, § 1603). Denn weder wird der Schuldner nach § 275 II frei, noch verwandelt sich die Geldschuld nach §§ 280, 281 in eine Sekundärverbindlichkeit. Eine solche Umwandlung wäre nämlich sinnlos, weil die Sekundärverbindlichkeit gleichfalls nur auf Geld lauten könnte. Vielmehr wird das Unvermögen des Schuldners erst in der Zwangsvollstreckung durch den Vollstreckungsschutz (§§ 811, 850 ff. ZPO) berücksichtigt (vgl. *Medicus*, AcP 188, 1988, 489 ff.; ZIP 1989, 817 ff.). Abweichendes gilt für den Anspruch aus § 667 auf Herausgabe von Geld: Hier besteht unter Umständen nur eine Verschuldenshaftung (vgl.

Coing, JZ 1970, 245, und *Ostler*, NJW 1975, 2273 ff. für die Verpflichtung des Anwalts zur Herausgabe von Fremdgeldern, auch *Medicus*, JuS 1983, 897/901 f.).

b)   Schlechtleistung

251   Auch Schlechtleistung ist bei der Geldschuld jedenfalls kaum als Leistung schlechter Stücke denkbar: Die Leistung weniger wertvollen Geldes infolge der inflationären Kaufkraftverschlechterung (vgl. unten Rdnr. 255) läßt sich nicht als sonstige Pflichtververletzung erfassen. Und auch die Zahlung mit Falschgeld gehört regelmäßig nicht hierher: Sie ist keine Erfüllung und steht der Nichtleistung gleich. Nur muß nach § 363 der Gläubiger, der das Falschgeld zunächst angenommen hat, im Streitfall die Fälschung beweisen.

An einen Schadensersatzanspruch aus sonstiger Pflichtverletzung kann man allenfalls in folgendem Bsp. denken: S zahlt an G mit Falschgeld, das S als gefälscht hätte erkennen können. G entgeht ein günstiger Geschäftsabschluß, weil sein Partner das Falschgeld erkennt und nun das Vertrauen in G verloren hat.

Ob man den Schaden hieraus wirklich mit einem Anspruch aus § 280 I zwischen S und G verteilen soll (wobei auch § 254 zu beachten wäre), ist mir aber sehr fraglich. Denn man könnte es bei der Sanktion aus §§ 823 II BGB, 263 (oder auch § 147) StGB belassen: S haftet nur, wenn er das Geld als falsch erkannt hat. Überdies kommt natürlich auch eine Haftung wegen Verzuges (§§ 280, 286) in Betracht, wenn (nach § 286 II oder § 242) keine Mahnung nötig war.

c)   Schuldnerverzug

252   Bei der Geldschuld bleibt daher als Leistungsstörung im wesentlichen nur der Schuldnerverzug. Er setzt nicht voraus, daß der Schuldner seinen Mangel an Geld verschuldet hat. In Schuldnerverzug gerät also etwa auch, wer nicht zahlen kann, weil er unverschuldet seinen Arbeitsplatz verloren hat, oder weil sein Geld von einem anderen Gläubiger gepfändet worden ist. Hinsichtlich von Geld trägt also der Schuldner das Beschaffungsrisiko, § 276 I 1. Andererseits darf man aber nicht sagen, der Geldschuldner gerate bei Nichtleistung nach Mahnung oder in den Fällen von § 286 II stets in Verzug. Denn auf Verschulden kommt es nur da nicht an, wo der Schuldner geltend macht, er habe die nötige Summe nicht (vgl. unten Rdnr. 265).

d)   Ausnahme: Entlastung bei Unvermögen

253   Sonst dagegen gelten die §§ 286 IV, 276. So gerät ein Ersatzschuldner in der Zeitspanne nicht in Verzug, die er zur Prüfung der gegen ihn erhobenen

Forderung benötigt. Entlastend wirkt etwa auch, daß der Schuldner durch eine plötzliche Erkrankung gehindert war, das geschuldete Geld rechtzeitig abzusenden.

Ausnahmsweise kann freilich auch Geldmangel den Schuldner dem Gläubiger gegenüber entlasten, wenn dieser unter Verletzung einer Fürsorgepflicht den Schuldner über die zu erwartende Belastung nicht hinreichend aufgeklärt hat. So erwägt *BGH* NJW 1974, 849/851 f. einen Schadensersatzanspruch aus **culpa in contrahendo** gegen ein Wohnungsbauunternehmen, das einen Geschäftsungewandten über die Höhe der Dauerbelastung im unklaren gelassen hatte. Dieser Ersatzanspruch ginge dann auf Rückgängigmachung des die Geldschuld begründenden Vertrages (vgl. oben Rdnr. 199) und damit auch auf die Beseitigung aller Verzugsfolgen. In anderen Ausnahmefällen kann die Verschlechterung der Verhältnisse des Schuldners auch einen **Wegfall der Geschäftsgrundlage** bedeuten (vgl. *Medicus*, AcP 188, 1988, 489/503 ff.).

Darüber hinaus kommt in Betracht, daß schon die Vereinbarung einer Geldverbindlichkeit gegen die guten Sitten verstößt und daher nach § 138 nichtig ist. Das soll einmal für den sog. **wucherähnlichen Verbraucherkredit** gelten: Das wurde seit *BGHZ 80, 153/160 ff.* regelmäßig angenommen, wenn der vereinbarte Zins (einschließlich weiterer Kosten) den von der Deutschen Bundesbank ausgewiesenen Schwerpunktzins um mindestens 100% überschritt (vgl. dazu etwa noch *BGHZ 98, 174 ff.; 104, 102 ff.* sowie kritisch *Koziol*, AcP 188, 1988, 183 ff.). Das VerbrKrG hatte diese Kernfrage des Verbraucherdarlehens gerade nicht geregelt, ebensowenig tun das jetzt die §§ 491 ff. **253a**

Ein Vergleich von Leistung und Gegenleistung versagt bei **Sicherungsgeschäften**, vor allem bei Bürgschaft und Schuldbeitritt. Hier ist heftig über die Sittenwidrigkeit gestritten worden, wenn etwa eine Bürgschaft für einen Betrag gelten soll, der das gegenwärtige und das für die Zukunft absehbare Leistungsvermögen des Bürgen weit überschreitet. In solchen Fällen kann der Bürge für den Rest seines Lebens auf den pfändungsfreien Teil seines Einkommens beschränkt sein. Der IX. ZS des BGH hat hier regelmäßig Sittenwidrigkeit verneint und den Bürgen auf den Pfändungsschutz verwiesen (etwa *BGHZ 106, 269 ff.; 107, 92 ff.*). Dagegen hatte der XI. ZS des BGH einen milderen Standpunkt vertreten. Doch hat auch dieser Senat klargestellt (*BGHZ 120, 272 ff.*, ebenso der IX. ZS in *BGHZ 128, 230/232*): Sittenwidrigkeit kann sich regelmäßig nicht schon daraus ergeben, daß der aufzubringende Betrag Einkommen und Vermögen des Sichernden übersteigt. Vielmehr soll eine **unlautere Einwirkung auf den Vertragswillen des sich Verpflichtenden** hinzutreten müssen. Beispiele sind eine Überrumpelung (doch vgl. dazu auch die §§ 312 f.), die Ausnutzung einer seelischen Zwangslage (etwa aus Ehe oder Verwandtschaft) oder die Bagatellisierung der Gefahren aus der Verpflichtung (»bloße Formsache«). Eine

Überforderung wird angenommen, wenn der Schuldner nicht einmal die Zinsen der übernommenen Verpflichtung aus seinem laufenden pfändbaren Einkommen aufbringen kann (etwa *BGH* NJW 2005, 973/975). Doch sollen selbst solche Umstände für die Sittenwidrigkeit nicht genügen, wenn der Kredit auch dem Bürgen unmittelbar zugute kommt. Die strengere Praxis des IX. ZS ist auch durch das *BVerfG* gerügt worden.

e)   Geldentwertung

254   Das allgemeinste Problem der Geldschuld jedoch wird von der BGB-Regelung nicht erfaßt, nämlich der ständige (von Zeit zu Zeit deutlicher werdende) Kaufkraftschwund der DM, die sich beim Euro fortsetzt. Insoweit muß man zwei Arten der Geldschuld unterscheiden:

aa) Die **Geldwertschuld** ist in ihrer Höhe an den Preis bestimmter Leistungen gebunden. Hier erhöht sich der geschuldete Betrag also, wenn der Preis dieser Leistung steigt; eine besondere Sicherung gegen den Kaufkraftschwund ist daher unnötig. Das gilt z.B. für den Geldanspruch nach § 249 II: Erhöhen sich etwa die Heilungskosten, so erhöht sich auch der als Ersatz geschuldete Geldbetrag. Gleiches gilt etwa für Unterhaltsansprüche.

255   bb) Anders bei der weit häufigeren **Geldsummenschuld** (Nennbetragsschuld): Hier ist die geschuldete Summe von vornherein auf einen bestimmten Betrag festgelegt (z.B. Kaufpreis, Darlehensrückzahlung). Den Nachteil aus dem Kaufkraftschwund trägt dann also der Gläubiger, und zwar um so spürbarer, je mehr Zeit bis zur Fälligkeit vergeht. Diesem Nachteil kann zwar bei der Bemessung des Zinses Rechnung getragen werden, indem dabei außer den beiden »klassischen« Faktoren (Entgelt für Kapitalüberlassung, Risikoprämie) auch der Kaufkraftschwund berücksichtigt wird. Aber die Entwicklung der Kaufkraft läßt sich nicht sicher voraussehen. Zudem muß der Gläubiger den Zins *im ganzen* (also auch den bloß die Geldentwertung ausgleichenden Teil) als Einkommen versteuern[2].

Wegen dieser Unzulänglichkeit des Zinses wird bei der Geldsummenschuld immer wieder versucht, dem Kaufkraftschwund in anderer Weise auszuweichen (vgl. *Larenz* I § 12 V; VII; *Medicus,* SAT Rdnr. 166 ff.). Das direkteste Mittel hierzu waren **Gleitklauseln**: Sie haben den geschuldeten Betrag an einen Index (z.B. der Lebenshaltungskosten) oder den Preis einer bestimmten Leistung gebunden. Damit wurde aus der Geldsummenschuld eine Geldwertschuld. Aber die Wirksamkeit solcher Klauseln war von einer

---

2 So mehrfach der *BFH,* etwa in NJW 1974, 2335 ff. für das Jahr 1971 (dagegen *Kröger,* ebenda 2305 ff.), und für die Jahre 1971 bis 1974 auch *BVerfG* NJW 1979, 1151 ff. mit ausführlicher, aber wenig überzeugender Begründung; vgl. *K. Vogel,* ebenda 1158 f. und *Kröger,* JZ 1979, 631 ff.

Genehmigung durch die Bundesbank oder eine Landeszentralbank abhängig, und solche Genehmigungen wurden nicht ohne weiteres erteilt. Hier hat die Rspr. (etwa *BGH* NJW 1969, 91 f.) als wichtigsten Ausweg den genehmigungsfreien **Leistungsvorbehalt** zugelassen: Der geschuldete Betrag verändert sich bei ihm nicht (wie bei der Gleitklausel) automatisch, sondern soll durch *Neuvereinbarung* den veränderten Verhältnissen angepaßt werden. Eine ähnliche Regelung für den Euro findet sich jetzt in § 2 I des Preisangaben- und Preisklauselgesetzes. Beim **Zugewinnausgleich** (§§ 1372 ff.) hat die Rspr. (etwa *BGHZ 109, 89/95 f.*) einen nur auf der Geldentwertung beruhenden, bloß scheinbaren Zugewinn ohne weiteres herausgerechnet.

2.   Gattungsschuld vor der Konkretisierung

a)   Objektive Unmöglichkeit

Auch bei der gewöhnlichen Gattungsschuld ist objektive Unmöglichkeit   **256** regelmäßig kaum denkbar: Voraussetzung wäre ja der Untergang der ganzen Gattung. Häufiger begegnet die objektive Unmöglichkeit bloß bei der **Vorratsschuld.** Hier braucht der Schuldner nur aus einem Vorrat oder aus der eigenen Produktion zu leisten. Folglich tritt auch Unmöglichkeit schon dann ein, wenn der Vorrat untergeht oder die Produktion undurchführbar wird.

Eine Vorratsschuld ergibt sich regelmäßig durch Vertragsauslegung, wenn ein Produzent Ware der Gattung verkauft, die er selbst herstellt. So etwa, wenn ein Bauer, der selbst Kartoffeln anbaut, Kartoffeln verkauft: Er braucht dann nur aus seiner eigenen Ernte zu leisten. Umgekehrt hat er aber im Zweifel auch nicht die Möglichkeit, mit Kartoffeln aus fremder Ernte zu erfüllen.

Vermindert sich der Vorrat, aus dem mehreren Gläubigern geschuldet wird, so ist der Schuldner notfalls zur anteilsmäßigen Kürzung der Forderungen berechtigt, aber auch verpflichtet.

Bsp.: S hat von seinen 80 Ferkeln 40 an G und 20 an H verkauft; 20 will S selbst behalten. Vor Lieferung sterben 40 Ferkel ohne Verschulden des S.

Hier hat sich der Vorrat, aus dem zu leisten ist, auf die überlebenden 40 Ferkel beschränkt. S muß also alle diese Ferkel an G und H verteilen; er darf regelmäßig nicht etwa, seinem ursprünglichen Plan entsprechend, ein Viertel (gleich jetzt zehn Ferkel) für sich behalten. S darf aber auch nicht einen Gläubiger voll beliefern und den Schaden ganz auf den anderen abwälzen. Vielmehr stehen die Gläubiger hinsichtlich des Vorrats in einer **Gefahrengemeinschaft**: Ihre Lieferungsansprüche mindern sich verhältnismäßig so, daß sie den Vorrat erschöpfen *(RGZ 84, 125 ff.).*

Im Bsp. muß S also an G 27 und an H 13 Ferkel liefern. Tut er das, so haftet er weder G noch H nach den §§ 280, 283 auf Schadensersatz. Allerdings brauchen die Gläubiger nach § 326 I 1 regelmäßig auch nur die gelieferten Ferkel zu bezahlen.

Hätte S dagegen alle 40 Ferkel an G geliefert, so könnte H für 13 Ferkel Schadensersatz statt der Leistung verlangen und nach § 326 I 1 die Gegenleistung verweigern.

b) Andere Leistungsstörungen

257 Demgegenüber sind die anderen Arten der Leistungsstörung (Unvermögen, Schuldnerverzug und andere Leistungsverzögerung, Schlechtleistung) bei der Gattungsschuld denkbar. Bloß kommt das Unvermögen hier seltener vor als bei der Stückschuld: Wenn die vom Gattungsschuldner zur Erfüllung vorgesehenen Stücke untergegangen sind, wird es regelmäßig noch andere Stücke der Gattung geben. Ob und woher der Schuldner sich solche beschaffen muß, ist dann eine Frage der Vertragsauslegung.

RGZ 57, 116 ff.: V hat an K 300t Baumwollsaatenmehl Marke »Eichenlaub« verkauft. Dieses Mehl wird nach einem Geheimverfahren nur in der Mühle des D hergestellt, die kurz nach Vertragsschluß mit allen Vorräten durch Zufall abbrennt. V hätte aber vielleicht noch die Mengen kaufen können, die D kurz vor dem Brand an andere Abnehmer ausgeliefert hatte.

Hier wird man eine Beschränkung der Beschaffungspflicht auf den noch nicht ausgelieferten Teil der Produktion annehmen können. Dann hat der Brand wohl nach § 275 I zur Unmöglichkeit geführt. Zumindest aber wollte V nicht zum Kauf bei anderen Abnehmern verpflichtet sein, so daß er mit der geschuldeten Anstrengung nach § 275 II nicht zu erfüllen braucht.

3. Konkretisierung der Gattungsschuld

258 Eine Beschaffungspflicht des Schuldners erlischt bei der Gattungsschuld erst mit der Konkretisierung (Konzentration). Diese tritt ein, wenn der Schuldner das zur Leistung einer erfüllungstauglichen (§§ 243 I BGB, 360 HGB) Sache seinerseits Erforderliche getan hat, § 243 II. Das Schicksal des Schuldverhältnisses hängt dann von dem Stück ab, auf das Konkretisierung eingetreten ist: Die Rechtsordnung sieht davon ab, daß der Schuldner sich noch andere erfüllungstaugliche Stücke beschaffen könnte. Folglich wird er nach der Konkretisierung trotz § 276 I 1 (Beschaffungsrisiko) gemäß § 275 I frei, wenn der Gegenstand der Leistungshandlung ohne zurechenbares Verschulden (§§ 276, 278) untergeht.

a) Bring-, Schick- und Holschuld

Bei der Frage, was der Schuldner für die Konkretisierung zu tun hat, unterscheiden sich Bring-, Schick- und Holschuld. Je weiter danach die Pflicht des Schuldners reicht, um so schwerer erlangt er den Vorteil der Konkretisierung.

Der Unterschied zwischen diesen Schuldtypen beruht auf der Unterscheidung zwischen **Leistungs- und Erfolgsort**: Am Leistungsort soll der Schuldner seine Leistungshandlung vornehmen, am Erfolgsort soll der schuldgerechte Erfolg eintreten. Im einzelnen liegen bei der

Bringschuld Leistungs- und Erfolgsort beim Gläubiger: Dorthin muß der Schuldner kommen, um zu leisten, und dort tritt auch der Erfolg ein;

Schickschuld der Leistungsort beim Schuldner (seine Leistungshandlung besteht im Absenden) und der Erfolgsort beim Gläubiger (wenn die Leistung dort ankommt, ist erfüllt);

Holschuld Leistungs- und Erfolgsort beim Schuldner: Dort sollen die Leistungshandlung vorgenommen werden und der Leistungserfolg eintreten.

b) Konkretisierung bei der Geldschuld

Für die Geldschuld bringt jedoch § 270 I eine dem Schuldner ungünstige **259** Ausnahme von §§ 243 II, 275: Obwohl die Geldschuld Schickschuld ist (vgl. § 270 I, IV), trägt hier der Schuldner die Leistungsgefahr noch bis zur Ankunft beim Empfänger. Der Schuldner wird also nicht frei, wenn das richtig abgesendete Geld unterwegs verlorengeht. Die Konkretisierung hat daher nur bei verspäteter Ankunft (kein Verzug) und in dem Sonderfall von § 270 III Bedeutung.

Bsp. für den Unterschied Gattungsschuld – Geldschuld: S schuldet dem G als Schickschuld 10 Zentner Koks und 100,– Euro. S verlädt den Koks mit einem Lkw an G und gibt dem Fahrer auch einen 100-Euro-Schein mit. Unterwegs gerät der Lkw in Brand; der Koks und das Geld gehen verloren. Hier braucht S keinen neuen Koks zu liefern, §§ 243 II, 275 I. Dagegen bleibt er zur Zahlung der 100,– Euro verpflichtet, § 270 I.

c) Konkretisierung beim Kauf

Ein Sonderfall der Konkretisierung ergibt sich beim **Gattungskauf**. Hier **260** genügt die Lieferung einer *mangelhaften* Sache nicht für § 243 II, weil diese Vorschrift eine dem § 243 I entsprechende, also mangelfreie Sache meint. Gleichwohl kann der Käufer nach § 439 als Nacherfüllung die Beseitigung des Mangels verlangen. Tut er das, so kann er keine andere Ware mehr fordern; sein Anspruch hat sich also auf die gelieferten Stücke konkretisiert. Verlangt der Käufer dagegen die Nachlieferung fehlerfreier Ware, so bleibt sein gattungsmäßiger Erfüllungsanspruch (freilich mit der Verjährung nach § 438 I, doch vgl. §§ 203, 212 I Nr. 1) bestehen. Folglich legt § 439 die Entscheidung über die Konkretisierung ausnahmsweise in die Hand des Gläubigers (Käufers).

d) Konkretisierung und Annahmeverzug

261 Die Konkretisierung bewirkt bei der Gattungsschuld den Übergang der **Leistungsgefahr** auf den Gläubiger. Dasselbe tritt nach § 300 II im Annahmeverzug des Gläubigers ein. In § 300 II muß nämlich die Leistungsgefahr gemeint sein, weil die Gegenleistungs-(Preis-)gefahr im Gläubigerverzug durch § 326 II 1 Fall 2 (früher § 324 II a.F.) geregelt wird. Allerdings ist der Anwendungsbereich von § 300 II nach h.M.[3] äußerst beschränkt: Regelmäßig ist nämlich die Leistungsgefahr schon vor dem Annahmeverzug nach §§ 243 II, 275 auf den Gläubiger übergegangen. Für § 300 II bleiben im wesentlichen nur zwei Fallgruppen:

aa) Für den Annahmeverzug genügt nach § 295 S. 1 ein **wörtliches Angebot des Schuldners**, wenn der Gläubiger ihm erklärt hat, er werde die Leistung nicht annehmen. Mit diesem wörtlichen Angebot hat der Schuldner bei der Bring- und Schickschuld noch nicht das zur Leistung seinerseits Erforderliche im Sinne von § 243 II getan: Die Schuld ist ja nicht etwa zur Holschuld geworden. Daher liegt noch keine Konkretisierung vor. Folglich ist der Schuldner hier auf § 300 II angewiesen, um frei zu werden, wenn die für den Gläubiger bereitgestellte Ware ohne Vorsatz und grobe Fahrlässigkeit (§ 300 I) des Schuldners untergeht.

bb) Bei der **Geldschuld** gilt § 243 II, der den § 300 II sonst abdeckt, wegen § 270 I weithin nicht (oben Rdnr. 259). Hier könnte also § 300 II wirken.

Bsp.: S will dem G die geschuldeten 100,– Euro vereinbarungsgemäß (vgl. § 299!) am Abend des 2.5. bringen. Er trifft G jedoch nicht an; auf dem Rückweg wird das Geld dem S geraubt.

Hier ist S nach § 300 II jedenfalls dann freigeworden, wenn man in der Geldschuld einen Unterfall der Gattungsschuld sieht. Aber auch wenn man die Geldschuld für einen eigenen Schuldtyp hält, ist § 300 II wenigstens entsprechend anzuwenden.

---

3 Anders vor allem *von Caemmerer*, JZ 1951, 743 f.; *U. Huber*, FS Ballerstedt (1975) 327, 339.

e)   Bindung an die Konkretisierung

Fraglich ist im Zusammenhang mit der Konkretisierung endlich, ob diese   **262**
den Schuldner auch zu seinem Nachteil bindet.

Bsp.: V hat an K 10 Sack Mehl verkauft. Als V das Mehl bei K abliefern will, trifft
er diesen nicht an. V liefert daher die zunächst für K bestimmten 10 Säcke an einen
anderen Kunden. K verweigert nun die Annahme anderer Säcke, weil diese nicht die
geschuldeten seien: Die Gattungsschuld habe sich durch das erste Angebot auf die
damals angebotenen Säcke konzentriert.

Manche arbeiten hier mit § 242: K verstoße gegen Treu und Glauben,
wenn er die Annahme anderer, aber gleichwertiger Ware ablehne. Richtiger
dürfte es sein zu sagen: Der Schuldner ist an die Konkretisierung nicht
gebunden, sondern kann sie durch anderweitige Verfügung über die Ware
wieder rückgängig machen. Damit verliert er freilich auch den Vorteil der
Konkretisierung: Die Gattungsschuld wird wieder unbeschränkt, so daß
der Schuldner erneut die volle Gefahr der Leistung aus der Gattung trägt[4].

4.   Stückschuld

Neben Geldschuld und Gattungsschuld (vor und nach der Konkretisie-   **263**
rung) bleibt schließlich die Stückschuld. Sie ist das Modell der gesetzlichen
Regelung der Leistungsstörungen. Daher passen die gesetzlichen Vorschriften, insbesondere die §§ 275, 276, 280, auf sie ohne besondere Schwierigkeit.

Zweifelhaft geworden ist die Abgrenzung zur Gattungsschuld beim
mangelhaft erfüllten Stückkauf: Kann hier der Käufer als Nacherfüllung
nach § 439 I die Lieferung eines anderen, mangelfreien Stücks verlangen?
Der Streitstand hierzu findet sich bei *BGH* NJW 2006, 2839/2840 f. Der
BGH selbst hat dort die Frage im Anschluss an *Canaris* (JZ 2003, 831)
grundsätzlich bejaht, freilich mit erheblichen Einschränkungen z.B. für den
Kauf eines vorher besichtigten Gebrauchtwagens. Dem ist zuzustimmen
(*Herb. Roth*, NJW 2006, 2953 ff.). Der Einwand, dadurch werde der Stück-
kauf abgeschafft, übertreibt maßlos.

---

4 So etwa *Blomeyer* § 12 IV 2; *Esser/Eike Schmidt* § 13 I 2c; *Fikentscher/*
Heinemann Rdnr. 249; *Larenz* I § 11 I S. 154; *Medicus,* JuS 1966, 297 ff., teils anders aber *U. Huber,* FS Ballerstedt (1975) 327/339 ff.; *van Venrooy,* WM 1981,
890 ff.

IV.   Vertretenmüssen

264 Welche Sanktionen den Schuldner aus einer Leistungsstörung treffen, hängt weithin davon ab, ob dieser die Störung zu vertreten hat (insbesondere §§ 280 I, 286 IV). Beim gegenseitigen Vertrag wird in den §§ 323 VI Fall 1, 326 II 1 Fall 1 zudem die vom Gläubiger zu verantwortende Unmöglichkeit geregelt. Denkbar, aber vom Gesetz übergangen ist endlich auch der Fall einer sowohl vom Gläubiger wie vom Schuldner zu verantwortenden Unmöglichkeit.

1.   Vertretenmüssen des Schuldners

265 Der Schuldner hat regelmäßig zu vertreten nach § 276 eigenes Verschulden und nach § 278 (dazu unten Rdnr. 798 ff.) auch das Verschulden seiner Erfüllungsgehilfen und gesetzlichen Vertreter (zu ändernden Abreden vgl. GW Rdnr. 167 f.). Kraft Gesetzes gibt es gegenüber der Verschuldenshaftung von §§ 276, 278 *zwei Verschärfungen.*

a)   Geldmangel

Geldmangel entlastet den Schuldner regelmäßig nicht; für das Vorhandensein der nötigen Geldmittel besteht also eine Garantiehaftung (doch vgl. dazu oben Rdnr. 253 und *BGH* ZIP 2000, 501/503). Das wird zwar im BGB nirgendwo ausdrücklich ausgesprochen, es folgt aber wenigstens aus einer Analogie zu der Regelung das Beschaffungsrisikos in § 276 I 1 und aus der Gesetzesgeschichte (vgl. *Medicus*, AcP 188, 1988, 489 ff.).

Diese Garantiehaftung hat Bedeutung vor allem bei der Geldschuld. Sie kann aber – was oft übersehen wird – auch bei der Gattungs- oder Stückschuld Bedeutung erlangen, sofern das Leistungshindernis auf Geldmangel zurückgeht.

RGZ 75, 335 ff.: S schuldet dem G Aktien einer Gesellschaft, die S erst gründen soll. Die Gründung unterbleibt aber, weil S nicht das nötige Kapital aufbringt: Hier hat S das Fehlen von Geldmitteln, das ihm die Leistung unmöglich macht, auch ohne Verschulden zu vertreten: Insoweit paßte als Begründung eine Analogie zu dem (richtig verstandenen, vgl. unten Rdnr. 266 f.) § 279 a.F.

b)   Gattungsschuld

266/7 Wer die zu versprechende Ware noch nicht hat, kann sie regelmäßig nur gattungsmäßig bezeichnen (z.B. 1110 t einer bestimmten Kohlensorte). Denn er kann ja nicht wissen, welche konkreten Stücke er beschaffen wird. Die Gattungsschuld ist also **regelmäßig Beschaffungsschuld**. Für die Art der Beschaffung und der beschafften Stücke hat der Schuldner daher (im Rahmen des § 243 I) freie Hand. Als Ausgleich für diese Freiheit bestimmt § 276 I 1 eine garantieartige, verschuldensunabhängige Einstandspflicht für das Gelingen der Beschaffung. Man kann diese Vorschrift als Auslegungsregel für Beschaffungsschulden ansehen (*Canaris*, FS Wiegand, 2005, 179/217).

Die **Reichweite der Garantie** muß aber stets durch eine Auslegung des **268** konkreten Vertrages ermittelt werden. Das zeigt der folgende, viel erörterte Fall.

RGZ 99, 1 ff.: S hatte dem G bis zum 12.11.1914 galizische Eier nach Berlin zu liefern; er mußte aber am 8.11.1914 vor den einrückenden russischen Truppen nach Krakau flüchten. Dieser Teil Galiziens blieb unbesetzt.

Das *RG* hat hier gesagt, § 279 a.F. schließe die Berücksichtigung des »unvorhergesehenen Eintritts höherer Gewalt nicht aus«, wenn § 242 deren Berücksichtigung fordere. Das ist aber sehr unbestimmt. Ich möchte so formulieren: S hat hier zwar eine Beschaffungspflicht übernommen. Ihre Erfüllung ist auch nicht unmöglich geworden (aus dem unbesetzten Teil Galiziens hätte ja noch beschafft werden können). Aber die nach § 276 I 1 anzunehmende Garantie des S deckt nur die **typischen Beschaffungshindernisse** und nicht auch persönliche Umstände (wie eine Verhinderung durch Flucht oder Krankheit). Ähnlich entscheidet *BGH* NJW 1994, 515/516: Die Haftung soll entfallen, wenn unvorhersehbare Umstände zu so erheblichen Leistungshindernissen geführt haben, daß dem Schuldner die Beschaffung nicht mehr zugemutet werden kann. Dabei nennt der BGH die Parallele zum Wegfall der Geschäftsgrundlage: Bei einer vertraglichen Verpflichtung kann man also auch mit dieser Rechtsfigur helfen.

In der Praxis wird eine Beschaffungspflicht insbesondere durch AGB nicht selten ausgeschlossen. So bedeutet etwa die Klausel »**Selbstbelieferung vorbehalten**«: Der Verkäufer braucht nur nachzuweisen, daß er selbst die versprochene Ware gekauft hat. Wird er dann von seinem eigenen Schuldner im Stich gelassen, so schuldet er keine anderweitige Beschaffung. Vielmehr wird er nach § 275 frei und braucht nur nach § 285 die eigenen Ersatzansprüche gegen seinen Schuldner an den Käufer abzutreten. Im Ergebnis ist also die Gattungsschuld des Verkäufers auf die Ware beschränkt, die er aus seinem Deckungsgeschäft zu fordern hat. So hat *BGHZ 49, 388 ff.* entschieden; zur Vereinbarkeit der Selbstbelieferungsklausel (regelmäßig zu bejahen) mit § 308 Nr. 3, vgl. *BGHZ 92, 396 ff.*

c) **Bezugspunkt des Vertretenmüssens**

Erbringt der Verkäufer einer mangelhaften Sache die Nacherfüllung nicht, stellt sich beim **Schadensersatz statt der Leistung** (§ 437 Nr. 3) die Frage, worauf sich das Vertretenmüssen des Verkäufers bezieht: auf den Sachman gel (§ 433 I 2) oder auf die Nichterbringung der Nacherfüllung (§ 281 I). Nach *U. Huber* (FS Schlechtriem, 2003, 521/530) genügt es, wenn der Verkäufer entweder den Mangel oder seine Nichtbeseitigung zu vertreten hat (a.A. *S. Lorenz*, FS U. Huber, 2006, 423: Unterlassen der Nacherfüllung).

2. Die Verantwortung des Gläubigers

269 Was der Gläubiger zu verantworten hat, sagt das Gesetz nirgendwo, insbesondere nicht in § 276 I 1. Trotzdem sprechen die §§ 323 VI Fall 1, 326 II Fall 1 ganz naiv von durch den Gläubiger (der gestörten Verbindlichkeit) zu verantwortenden Umständen. Sicher zu verantworten hat der Gläubiger jede Unmöglichkeit, die er durch schuldhaften Verstoß gegen Mitwirkungspflichten oder durch schuldhaft rechtswidriges Handeln herbeigeführt hat (vgl. etwa *Blomeyer* § 26 III 2). Man wird aber noch darüber hinausgehen und auch § 278 und die Verschärfungen in § 276 I 1 entsprechend anwenden müssen. So gelangt man zu einer **beschränkten Risikoverantwortlichkeit** des Gläubigers. Wo ihre Grenzen liegen, zeigt für den Werkvertrag § 645.

Bsp.: Der Unternehmer U hat sich dem Besteller B verpflichtet, auf dem Grundstück des B ein Hochhaus zu bauen. Als die Arbeiten schon weit fortgeschritten sind, stellt sich heraus, daß das Grundstück an der Baustelle kein Hochhaus trägt (wenn auf dem ganzen Grundstück ein Hochhaus überhaupt nicht errichtet werden kann, wäre der Werkvertrag nach § 311a abzuwickeln). Hier ist wegen § 645 I 1 zunächst zu fragen, ob U zur Prüfung des Baugrundes verpflichtet war und diese Pflicht schuldhaft verletzt hat. Dann steht ihm keine Vergütung zu. Andernfalls kann er nach § 645 I Teilvergütung verlangen, auch wenn den B kein Verschulden an dem Zustand des Baugrundes und der verspäteten Aufklärung trifft.

§ 645 (und jetzt auch § 651 S. 3) geht also von einer Verantwortlichkeit des Bestellers für das von ihm gelieferte Material aus. Die Vorschrift bleibt aber in ihrer Rechtsfolge (Teilvergütung) hinter derjenigen von §§ 323 VI, 326 II (regelmäßig volle Vergütung) zurück. »Zu vertreten« hat der schuldlose Gläubiger also die Leistungseignung seiner Sphäre nicht schlechthin: Hierfür braucht man die besonderen Zurechnungsgründe aus §§ 278, 276 I 1.

Im Bsp. kann daher nach meiner Ansicht U volle Vergütung (abzüglich ersparter Aufwendungen) nach § 323 VI Fall 1 oder § 326 II Fall 1 verlangen, wenn ein von B mit der Prüfung des Baugrundes beauftragter Dritter D diese Prüfung schuldhaft schlecht besorgt hat. Denn dann hat B dem U gegenüber für das Verschulden des D entsprechend § 278 einzustehen.

3. Vertretenmüssen von Schuldner und Gläubiger

Der Fall, daß eine Leistungsstörung sowohl vom Schuldner als auch vom **270**
Gläubiger zu vertreten ist, bereitet bei der **einseitigen Verbindlichkeit**
keine Schwierigkeiten: Der Ersatzanspruch des Gläubigers (§§ 280, 286)
mindert sich dann verhältnismäßig nach § 254. Beim **gegenseitigen Vertrag**
jedoch entstand die im Gesetz nicht geregelte Frage, ob von § 323, § 324 I
oder von § 325 (jeweils a.f.) auszugehen war. Jetzt verkürzt sich das auf die
Frage nach dem Verhältnis zwischen Rücktritt und Schadensersatzansprüchen.

Bsp. (ähnlich *RGZ 94, 140 ff.*): V verkauft seinen Fuhrbetrieb an K und bietet diesem mehrfach die Übergabe an. K bestreitet aber zu Unrecht den Kaufabschluß und verweigert Übernahme und Kaufpreiszahlung. Endlich veräußert V den Betrieb zu einem geringeren Preis an D.

Mit dieser Veräußerung hätte V den Vertrag mit K unter zwei Voraussetzungen nicht verletzt: Einmal, wenn V zuvor nach § 323 wegen Erfüllungsverweigerung von dem Vertrag mit K zurückgetreten wäre (vgl. unten Rdnr. 293), und zum anderen, wenn die Erfordernisse für einen Selbsthilfeverkauf (§§ 383 BGB, 373 II HGB) vorgelegen hätten. Ist keine dieser Voraussetzungen gegeben, so hat V sein Unvermögen gegenüber K objektiv pflichtwidrig herbeigeführt. Das hat V auch zu vertreten, wenn er nicht bloß leicht fahrlässig gehandelt hat (§ 300 I). Andererseits hat auch K durch seine grundlose Abnahmeverweigerung das Unvermögen in zu vertretender Weise mit herbeigeführt.

Die **Rechtsprechung** hatte in solchen Fällen schon die Ausgangsvorschrift je nach dem Verhältnis des beiderseitigen Verschuldens gewählt (vgl. etwa *OLG Oldenburg*, NJW 1975, 1788 ff., dazu kritisch *Teubner*, ebenda 2295 f.). Danach sei von § 323 a.F. auszugehen, wenn das Vertretenmüssen auf beiden Seiten etwa gleich schwer wiege. Im Bsp. könnten dann V und K nichts voneinander verlangen. Bei Überwiegen des Vertretenmüssens des Schuldners der gestörten Leistung (im Bsp. V) würde von § 325 a.F. ausgegangen, jedoch das Mitverschulden des Gläubigers nach § 254 berücksichtigt: Der Schadensersatzanspruch des K mindert sich gemäß dessen Verschuldensbeteiligung. Überwiegt endlich das Vertretenmüssen des Gläubigers der gestörten Leistung (im Bsp. K), ist *RGZ 94, 140* von § 324 I a.F. ausgegangen, jedoch modifiziert durch § 254: V konnte grundsätzlich den von K versprochenen Kaufpreis abzüglich des von D gezahlten Preises verlangen. Dieser Restanspruch sollte sich jedoch im Verhältnis der von V zu vertretenden Unvermögensgründe nach § 254 mindern.

Nachdem ich in der Voraufl. der Ansicht von *Huber* II § 57 gefolgt war, hat inzwischen *Canaris* (FS E. Lorenz, 2004, 147 ff.) eine aus dem neuen Schuldrecht abzuleitende, wenigstens im Ansatz einfachere Lösung entwikkelt. Danach hat der Gläubiger der unmöglich gewordenen Leistung (im Ausgangsfall K) gegen den Schuldner einen nach § 254 geminderten Ersatzanspruch aus den §§ 280 III, 283. Zugleich entfällt nach § 326 I 1 der Anspruch des Schuldners auf die Gegenleistung. *Canaris* (aaO. S. 158 f.) verwirft auch (entgegen vieler Autoren) eine Analogie zu § 326 II. Vielmehr spricht er dem Schuldner einen (ebenfalls nach § 254 zu kürzenden) Ersatzanspruch aus § 280 I zu (aaO. S. 159 ff.): Der Gläubiger habe eine Schutzpflicht aus § 241 II verletzt, darauf gerichtet, das Leistungsvermögen des Schuldners nicht zu beeinträchtigen (also im Ausgangsfall dasjenige des V). Diese Lösung dürfte vorzugswürdig sein.

V.   Gefahrtragung

1.   Arten der Gefahr

271   Endlich sind Leistungshindernisse denkbar, die weder vom Gläubiger noch vom Schuldner zu vertreten sind. Hier ist der Schuldner, wenn er kein stellvertretendes Kommodum erzielt hat (§ 285), nach § 275 von seiner Leistungspflicht völlig frei. Im gegenseitigen Vertrag kann er dann aber auch nach § 326 I 1 die Gegenleistung nicht verlangen und muß die schon erhaltene nach Rücktrittsrecht zurückgeben. Hier zeigt sich das **funktionelle Synallagma** (vgl. oben Rdnr. 222). Diese Regel ist aber durchbrochen, wenn der Gläubiger der gestörten Leistung bereits die **Gegenleistungs-(Preis-)gefahr** trägt.

Andere Arten der Gefahr sind die Leistungsgefahr und die Sachgefahr. Die **Leistungsgefahr** spielt bei Gattungs- und Geldschulden eine Rolle: Sie bedeutet das Risiko des Schuldners, seine Leistungsanstrengungen bis zum Eintritt des Leistungserfolges wiederholen zu müssen. Sie endet erst nach § 243 II oder § 300 II; hiervon war bereits die Rede (oben Rdnr. 258 ff.). Die **Sachgefahr** kommt in § 644 I 3 vor: Der Besteller soll den Schaden aus dem zufälligen Untergang des von ihm gelieferten Stoffes nicht auf den Unternehmer abwälzen können. Das ist nur eine konkrete Ausprägung der allgemeinen Regel casum sentit dominus (= den Zufall spürt der Eigentümer). Vgl. *Coester-Waltjen*, Jura 2006, 829 ff.

Die Preisgefahr ist im Gesetz terminologisch von der Leistungsgefahr nicht unterschieden. Der Gesetzgeber hatte nämlich den dahinter stehenden begrifflichen Unterschied selbst noch nicht klar erkannt. Daher muß man sich merken: In den §§ 270 I, 300 II meint »Gefahr« die Leistungsgefahr; sonst ist regelmäßig die Preisgefahr gemeint! Vgl. noch unten Rdnr. 277 f. zu §§ 644, 615 ff.

2. Bedeutung der Preisgefahr

Die Preisgefahr kommt also nur beim gegenseitigen Vertrag als Ausnahme **272**
von § 326 I 1 vor. Sie bedeutet das Risiko einer Partei, ihre Leistung erbringen zu müssen, obwohl sie die Gegenleistung nicht erhält. Die Preisgefahr darf immer erst dann erörtert werden, wenn feststeht, daß weder die Leistung selbst noch ein Surrogat für sie (also auch nicht Schadensersatz statt der Leistung) gefordert werden kann. Denn andernfalls ist auch die Preisgefahr als Ausnahme von § 326 I 1 gegenstandslos. Das wird oft verkannt.

Bsp.: V hat an K eine bestimmte Sache verkauft und die Versendung übernommen. Infolge mangelhafter Verpackung kommt die Sache bei K zerbrochen an. V verlangt gleichwohl Zahlung des Kaufpreises.

Bei dem Stichwort »Versendungskauf« denken viele Studenten sofort an § 447 I. Sie kommen damit zur Zahlungspflicht des K. Zunächst muß jedoch geprüft werden, ob nicht der Sachuntergang (und damit beim Stückkauf die Unmöglichkeit) von V zu vertreten ist. So liegt es hier, wenn V oder seine Gehilfen (§ 278) den Mangel der Verpackung verschuldet haben. Dann ergibt sich die Rechtsfolge nicht aus § 447, sondern aus den §§ 280, 281, 283: K kann Schadensersatz statt der Leistung verlangen. Daß K den Kaufpreis nicht zu zahlen braucht, ergibt sich nur aus der Anwendung der sog. Differenztheorie.

3. Übergang der Preisgefahr

Im einzelnen trägt der Gläubiger der gestörten Leistungspflicht die Preisge- **273**
fahr in folgenden Fällen:

a) Annahmeverzug

Die Leistung wird unmöglich, während sich der Gläubiger im Verzug mit der Annahme der geschuldeten Leistung befunden hat, §§ 323 VI Fall 2, 326 II Fall 2. Diese Vorschriften können, obwohl sie die allgemeinste von § 326 I 1 abweichende Sonderregel über die Preisgefahr bilden, wegen ihres etwas abgelegenen Standorts leicht übersehen werden.

Bsp.: B bestellt für einen Betriebsausflug 40 Mittagessen im Gartenlokal des U. Infolge eines unverschuldeten Unfalls wird der Autobus mit den Betriebsangehörigen mehrere Stunden aufgehalten und kann das Lokal nicht mehr erreichen. Das bereitgestellte Essen verdirbt. Kann U von B trotzdem Bezahlung verlangen? Kann B verlangen, daß U zu einem späteren Zeitpunkt nochmals 40 Portionen bereitstellt?

Hier war B nach § 296 S. 1 auch ohne wörtliches Angebot durch U in Annahmeverzug. Denn B hat die ihm obliegende Mitwirkungshandlung, das Abholen des Essens (vgl. § 296 S. 1), nicht rechtzeitig vorgenommen.

Für U ist die von ihm geschuldete Leistung auch unmöglich geworden: Zwar könnte er neues Essen bereiten. Aber dazu ist er nicht verpflichtet, weil er einmal das zur Leistung seinerseits Erforderliche getan hat, § 243 II. Zum selben Ergebnis führt § 300 II. Nach diesen Vorschriften trägt B also die Leistungs- und nach § 326 II auch die Preisgefahr: B muß bezahlen, ohne neues Essen verlangen zu können. Wenn man auf diesen (gemischten) Vertrag Werkvertragsrecht anwendet, kommt man zum selben Ergebnis einfacher auch über § 644 I 2 (vgl. unten Rdnr. 278).

b) Kaufrecht

274 Mehrere Sondervorschriften über die Preisgefahr finden sich im Kaufrecht (dazu *Coester-Waltjen,* Jura 2007, 110 ff.):

aa) Nach § 446 genügt zum Übergang der Preisgefahr auf den Käufer bereits die **Übergabe** vor Einigung.

275 bb) § 447 I läßt beim **Versendungskauf** (nach h.M. auch innerhalb desselben Ortes, sog. **Platzgeschäft**) die Preisgefahr schon mit der Übergabe der Kaufsache an die Transportperson auf den Käufer übergehen. Besonders zu beachten sind in dieser Vorschrift die Worte »auf Verlangen des Käufers«. § 447 I paßt also nicht etwa für **Versandunternehmen** (anders aber viele, zuletzt *BGH* NJW 2003, 3341/3342 sowie 2003, 3493/3494 für einen Kauf über »ebay«): Hier bietet ja schon der Verkäufer die Versendung an. Unanwendbar ist § 447 auch beim Verbrauchsgüterkauf, § 474 II (wodurch die Versandhäuser ohnehin ganz überwiegend ausgeschlossen sind).
Streitig ist die Rechtslage, wenn der Verkäufer eigene Leute zum Transport einsetzt.

RGZ 96, 258 ff.: Der Verkäufer V hat die Versendung zum Käufer K durch die Bahn übernommen. V läßt die Ware durch einen seiner Angestellten mit einem Handwagen zum Bahnhof bringen. Dort wird der Wagen mit der Ware vor Ablieferung am Schalter gestohlen.

Das *RG* hat hier § 447 und damit die Preiszahlungspflicht des K bejaht: Der Verkäufer, der eine ihm an sich nicht obliegende Leistung (den Transport) übernehme, solle billigerweise die Preisgefahr nicht länger tragen müssen. Zum Transport gehöre auch das Hinschaffen zum Bahnhof. Daher gebühre dem Verkäufer auch hierfür schon der Schutz des § 447 I. Ebenso entscheidet die h.M. (etwa *Larenz* II 1 § 42 II c). Allerdings stellt sie an die Annahme eines Versendungskaufs strenge Anforderungen. *Esser/Weyers* § 8 III 3c und *Larenz* aaO. wollen den Verkäufer auch für ein Verschulden seiner Leute nach § 278 haften lassen (so daß im Fall von *RGZ 96, 258* § 447 nicht eingriffe, wenn den Angestellten des V ein Verschulden träfe).

Doch paßt § 278 nur, soweit der Verkäufer den Transport (und nicht bloß das Absenden) schuldet. Demgegenüber meine ich: § 446 behandelt den Regelfall, daß die Ware vom Verkäufer ohne Einschaltung einer Zwischenperson zum Käufer gelangt. Dann soll die Preisgefahr auf den Käufer übergehen, wenn die Ware den Gefahrenbereich des Verkäufers verlassen hat. § 447 I dagegen regelt den komplizierteren Fall der Einschaltung einer Zwischenperson. Hier wird der Gefahrenbereich der Zwischenperson dem Verkäufer nicht mehr zugerechnet. Das paßt aber nur für eine selbständige Transportperson, weil beim Transport durch eigene Leute des Verkäufers sich die Ware noch in seinem Machtbereich befindet. Für einen solchen Transport gilt § 447 I also nicht. Daher ist entgegen *RGZ 96, 258 ff.* die Preisgefahr erst mit Ablieferung der Sache am Bahnschalter auf K übergegangen (zustimmend *Eike Schmidt*, AcP 175, 1975, 165/167).

cc) §§ 2380 BGB, 56 S. 1 ZVG lassen die Preisgefahr ausnahmsweise **276** schon mit dem **Abschluß des Kaufvertrages** auf den Käufer übergehen.

c) Werkvertrag und Dienstvertrag

Erwähnt sei schließlich für den Werkvertrag noch § 644. Er enthält drei **277** Fälle. (1): § 644 I 1 entspricht § 446 S. 1 im Kaufrecht, setzt aber an die Stelle der Übergabe die Abnahme oder Vollendung des Werkes (vgl. § 646). (2): § 644 II mit seiner Verweisung auf § 447 bringt ebenfalls eine Angleichung an das Kaufrecht. (3): § 644 I 2 endlich erscheint wie eine überflüssige Wiederholung von § 323 VI Fall 2 und § 326 II 1 Fall 2. Zu § 644 ist jedoch zweierlei bemerkenswert:

aa) § **644 I 1** geht aus von dem typischen Ablauf, bei dem das Werk bis zur Abnahme oder Vollendung den Gefahren aus der Sphäre des Unternehmers ausgesetzt ist. Daher paßt die Vorschrift nicht, wo es sich im Einzelfall anders verhält.

BGHZ 40, 71 ff.: B ließ sich von U eine Scheune bauen und benutzte diese mit Einverständnis des U schon vor Fertigstellung und Abnahme. Durch Selbstentzündung des von B eingebrachten Heus brannte die Scheune ab. U fordert Zahlung des Werklohns, die B verweigert.

Hier scheint § 644 I 1 dem B recht zu geben, und dementsprechend hatte auch die Vorinstanz die Klage des U abgewiesen. Demgegenüber hat der BGH § 645 analog angewendet und B zur Vergütung des schon geleisteten Teils der Bauarbeiten verurteilt: Den in § 645 I 1 genannten Fällen seien andere das Werk gefährdende Handlungen des Bestellers gleichzuachten. Dem ist zuzustimmen.

278   bb) Die drei Fälle von § 644 regeln bei **wiederholbaren** Werkleistungen außer der Preisgefahr auch die **Leistungsgefahr:** Wenn der Besteller die Preisgefahr trägt, braucht der Unternehmer das untergegangene Werk nicht erneut auszuführen.

Bsp: U hat für B eine Brücke errichtet; B befindet sich im Verzug der Annahme (etwa weil er den vereinbarten Abnahmetermin versäumt, § 296). Die Brücke wird durch ein Erdbeben zerstört. Hier würde § 326 II 1 Fall 2 allein den Vergütungsanspruch des U nicht retten. Denn die Vorschrift setzt Unmöglichkeit voraus; die Brücke könnte aber neu errichtet werden. Dem U könnte insoweit nur der Gedanke von § 243 II oder § 300 II helfen (vgl. oben Rdnr. 273). Der Gebrauch dieser Vorschriften wird durch § 644 I 2 unnötig: Dort ist vorausgesetzt, daß U keine neue Brücke zu errichten braucht, weil er die Bezahlung der alten ohne weiteres soll verlangen dürfen. Die Vorschrift verschlechtert also gegenüber § 644 I 1 (Maßgeblichkeit der Abnahme) die Position des Bestellers.

Eine ähnliche Funktion haben die **§§ 615 ff. im Dienstvertragsrecht:** Sie stellen klar, daß die durch Annahmeverzug oder zeitweiliges Unvermögen versäumte Arbeit nicht nachgeleistet zu werden braucht, auch wenn das möglich wäre. Das Gesetz bestätigt hier dem Dienstverpflichteten: Zeit ist Geld.

VI. Die Reihenfolge der Prüfung von Leistungsstörungen

279   Bei der Prüfung von Leistungsstörungen ist eine bestimmte Reihenfolge einzuhalten:

An erster Stelle ist die **Unmöglichkeit** zu prüfen. Denn daß der Schuldner die Leistung überhaupt nicht erbringen kann oder sie mit Recht verweigert, schließt Verzug aus. Und die sonstige Pflichtverletzung muß hinter der Unmöglichkeit zurückstehen, weil der Ausschluß einer Pflicht durch § 275 deren Verletzung hindert.

An zweiter Stelle sind zu prüfen **Schuldnerverzug** und die (mangels Vertretenmüssens oder Mahnung) keinen Schuldnerverzug bildende **einfache Leistungsverzögerung.** Andernfalls kann man nämlich die Prüfung des § 286 verpassen, auf den § 280 II noch eigens hinweist.

Erst an letzter Stelle darf also die **sonstige Pflichtverletzung** erörtert werden.

Die Notwendigkeit hierzu wird etwa durch folgende Überlegung deutlich: Ein Anspruch auf Ersatz von Verzögerungsschaden (§ 280 I, II, 286) setzt Schuldnerverzug und damit regelmäßig auch Mahnung (§ 286 I) voraus. Hier gründet sich also die Ersatzpflicht des Schuldners nicht schon einfach auf zu vertretende Pflichtverletzung. Wer sonstige Vertragsverletzung vor Verzug prüft, könnte aber dennoch zu einer Bejahung der Ersatzpflicht ohne Mahnung kommen: Das wäre regelmäßig falsch (vgl. auch oben Rdnr. 205 am Ende und unten Rdnr. 309 ff.).

§ 14   Einzelne Vertragstypen

Die eben in § 13 dargestellten Regeln des allgemeinen Leistungsstörungs-   **280**
rechts gelten im Prinzip auch für die in den §§ 433 ff. geregelten »Einzelnen
Schuldverhältnisse«. Das SMG hat dieses Prinzip sogar strenger durchgeführt, als es das alte BGB getan hatte. So fehlt etwa jetzt beim Kauf eine
eigene Schadensersatznorm, wie sie in den §§ 463, 480 II a.F. gestanden
hatte: Schadensersatzansprüche des Käufers richten sich eben nach den
§§ 276 ff., 280 ff. Auch die spezielle Wandlung des BGB (§§ 462, 464 ff.
a.F.) ist im allgemeinen Rücktrittsrecht aufgegangen, § 437 Nr. 2. Trotzdem
bleiben bei den »Einzelnen Schuldverhältnissen« viele Sonderregeln; gerade
beim Kauf sind durch das SMG viele wichtige Änderungen eingetreten.
Darum sollen einige spezielle Schuldverhältnisse im folgenden kurz dargestellt werden.

I.   Der Kauf

1.   Vom alten zum neuen Recht

a) Das alte BGB hatte den Kauf in den §§ 433–514 a.F. ziemlich breit darge-   **281**
stellt. Das ist im neuen Recht gekürzt worden, vor allem durch das Weglassen der sachlich überholten und kaum reformfähigen Regeln über den
Viehkauf; der Kauf beansprucht jetzt nur mehr die §§ 433–479. Diese Kürzung ist im ganzen gelungen (Ausnahme der zu knappe § 453). Trotzdem
enthält das neue Recht in den §§ 474–479 eine dem alten Recht unbekannte
Regelung für den Verbrauchsgüterkauf (dazu unten Rdnr. 309 ff.).
   Diese Sonderregelung geht auf eine EG-Richtlinie 1999/44/EG vom
25.5.1999 zurück, die bis zum 31.12.2001 in deutsches Recht umgesetzt
werden mußte. Doch hat diese Richtlinie ebenso wie das Wiener UN-
Kaufrecht (CISG) auch das allgemeine Kaufrecht (§§ 433–453) stark beeinflußt: Der deutsche Gesetzgeber hat verhindern wollen, daß nicht bloß
ausnahmsweise (§§ 474–479) zwei verschiedene zivile Kaufrechte nebeneinander stehen.

b) Sachlich geht es außer der Sonderregelung für den Verbrauchsgüter-   **282**
kauf vor allem um die folgenden Änderungen:
   (1) Die Unterscheidung zwischen Sach- und Rechtsmängeln ist weithin
aufgegeben worden.
   (2) Der Käufer hat jetzt einen Anspruch auf sach- und rechtsmängelfreie
Lieferung, §§ 433 I 2, 439, während ein solcher Anspruch nach den
§§ 459 ff. a.F. gefehlt hat.

(3) Die Definition des Sachmangels ist ausgeweitet worden, § 434, vor allem auch im Hinblick auf eine Bindung an die Werbung (§ 434 I 3) und auf die Einbeziehung von Aliud- und Minuslieferungen (§ 434 III).

(4) Rücktritt (früher Wandlung) und Minderung sind Gestaltungsrechte des Käufers geworden; den »Anspruch auf Wandlung oder auf Minderung« (§ 477 I a.F.) gibt es nicht mehr.

(5) Die Verjährungsfristen für die Mängelgewährleistung (§ 438) sind erheblich verlängert worden; bei beweglichen Sachen regelmäßig von sechs Monaten auf zwei Jahre (§ 438 I Nr. 3). Sie gelten auch für Schadensersatzansprüche, §§ 438 I mit 437 Nr. 3. Dadurch sind viele Konkurrenzprobleme entfallen. Für Rücktritt und Minderung gilt die Verjährung auf dem Umweg über § 218, so § 438 IV und V (vgl. unten Rdnr. 307).

(6) Beim Kauf unter Eigentumsvorbehalt bewirkt erst ein Rücktritt (der auch das Anwartschaftsrecht des Käufers vernichtet, vgl. unten Rdnr. 479) des Verkäufers vom Kaufvertrag, daß der Verkäufer seine Sache zurückverlangen (also auch vindizieren) kann, § 449 II.

(7) Der Kauf von Rechten und sonstigen Gegenständen wird in § 453 nur ganz kurz durch Verweisung auf die Vorschriften über den Sachkauf geregelt; Vorschriften wie die §§ 437, 438 a.F. gibt es nicht mehr. Das ist nach meiner Ansicht wenig befriedigend.

(8) Der neue § 651 erweitert die Anwendung des Kaufrechts auf Kosten des Werkvertragsrechts.

c) Diese Änderungen betreffen zum größten Teil das Recht der Schlechtlieferung durch den Verkäufer. Hierzu sind einige Einzelheiten besonders zu behandeln.

2.   Gleichstellung von Sach- und Rechtsmängelhaftung

283   Die Sach- und die Rechtsmängelhaftung stammen historisch aus sehr verschiedenen Situationen und Notwendigkeiten. Sie waren im alten BGB ganz verschieden geregelt: Für Sachmängel sollte nach § 459 a.F. der Verkäufer zwar haften müssen, aber er brauchte nicht nachzubessern. Bei Rechtsmängeln gab es nach den §§ 433, 434 a.F. zwar Erfüllungsansprüche. Wenn aber die Erfüllung unmöglich war (z.B. der Verkäufer konnte sich das fehlende Eigentum nicht verschaffen), dann haftete er nach den §§ 440 I, 325 a.F. auf Schadensersatz wegen Nichterfüllung, und zwar nach h.M. aufgrund einer Garantiehaftung (vgl. die 18. Aufl. Rdnr. 281 f.). Die Unterschiede, die zu einer derart verschiedenen Behandlung geführt haben, sind inzwischen weniger bedeutsam geworden. Auch hat sich die Abgrenzung zwischen beiden Mängelarten zunehmend als schwierig erwiesen (z.B. bei Mängeln der Bebaubarkeit eines Grundstücks).

Auch nach neuem Recht werden Sach- und Rechtsmängel noch verschie-   **284**
den definiert (einerseits § 434, andererseits §§ 435 f.). Aber bei den Rechtsfolgen gibt es kaum mehr Unterschiede. Insbesondere kann auch wegen
eines Rechtsmangels gemindert werden (§ 441, z.B. wenn nur ein kleiner
Teil des Kaufgrundstücks mit dem Wegerecht eines Dritten belastet ist).
Daher spielt die Unterscheidung jetzt eine geringere Rolle (außer bei § 438
I Nr. 1, vgl. unten Rdnr. 302). Das bedeutet eine Vereinfachung.

3.   Die Definition des Sachmangels

a) § 434 enthält in Anlehnung an die EG-Richtlinie eine ausführliche Defi-   **285**
nition des Sachmangels (oder genauer: der Freiheit von Sachmängeln). Sie
entspricht im wesentlichen dem subjektiven Fehlerbegriff, der sich im deutschen Recht durchgesetzt hatte (vgl. 18. Aufl. Rdnr. 329 ff.).
    (1) Die Kaufsache muß die **vereinbarte Beschaffenheit** haben, § 434 I 1.
So muß z.B. ein Kraftfahrzeug die angegebene Höchstgeschwindigkeit auch
wirklich erreichen, vgl. *Tröger*, JuS 2005, 503 ff.;
    (2) Bei Fehlen einer solchen speziellen Vereinbarung muß die Kaufsache
sich für die **im Vertrag vorausgesetzte** (d.h. nach richtiger Ansicht: vereinbarte) **Verwendung eignen**, § 434 I 2 Nr. 1. So muß ein als »Bauland«
verkauftes Grundstück auch wirklich bebaubar sein;
    (3) Endlich muß die Kaufsache sich für die **gewöhnliche Verwendung
eignen** und so beschaffen sein, wie das üblich ist und vom Käufer erwartet
werden kann, § 434 I 2 Nr. 2. Daher muß sich ein Wohnwagen auch zur
Übernachtung eignen und auch bei den üblichen Minusgraden bewohnbar
bleiben. Wenn er für eine Reise nach Sibirien gekauft wird, kann der Käufer
nach § 434 I 2 Nr. 1 sogar eine bessere als die bei uns übliche Wärmeisolie-
rung erwarten.

b) Als **Spezialfälle** von § 434 I 2 Nr. 2 werden in § 434 I 3 noch die Ei-   **286**
genschaften genannt, die der Käufer nach der **Werbung** nicht nur des Verkäufers selbst, sondern auch des Herstellers, des Importeurs oder einer
beauftragten Werbeagentur erwarten kann. Dabei genügt, daß der Verkäufer diese Werbung kennen mußte und daß sie die Kaufentscheidung beeinflussen konnte. Unnötig ist, daß Verkäufer und Käufer den Inhalt der Werbung in ihren Vertragswillen aufgenommen haben. Die Vorschrift hat also
eine stark käuferschützende Wirkung, wenn man zudem den Nacherfüllungsanspruch des Käufers berücksichtigt.
    Es möge etwa in der Herstellerwerbung für ein Automodell der Benzin-
verbrauch mit 5 l/100 km angegeben worden sein. Dann ist der Wagen
mangelhaft, wenn er 6 l verbraucht; wenn eine Nacherfüllung nicht möglich
ist, kann der Käufer also zurücktreten oder den Kaufpreis mindern. Bei

Vertretenmüssen des Verkäufers kann sogar Schadensersatz verlangt werden, § 280 I. Der Käufer kann dann also den Betrag verlangen, den er wegen des höheren Verbrauchs mehr aufwenden muß (vgl. unten Rdnr. 294 ff.).

287   c) § 434 II rechnet zu den Sachmängeln auch bloße **Montagemängel** (es ist also nicht bloß die Montage mangelhaft, sondern die Kaufsache!). Das gilt nach Satz 1 etwa, wenn ein an sich fehlerfreies Küchenregal durch Gehilfen des Verkäufers nicht waagerecht an der Wand montiert wird. Satz 2 behandelt dann die Montage durch den Käufer selbst, die wegen eines Fehlers der Montageanleitung mißlingt (sog. **IKEA-Klausel**). Nach dem Ende von Satz 2 (»es sei denn«) soll aber kein Mangel vorliegen, wenn die Montage trotz der mangelhaften Anleitung gelingt. Dabei leuchtet ein, daß der Käufer dann keine Sachmängelbehelfe mehr haben kann. Aber der Ersatz der Aufwendungen, die für ein Gelingen der Montage nötig waren, sollte dem Käufer nicht verwehrt werden. Das tut die mißglückte Gesetzesfassung jedoch, weil sie einen Sachmangel und damit eine Pflichtverletzung des Verkäufers leugnet. Ein Mangel der in § 434 nicht erwähnten **Gebrauchsanweisung** begründet stets einen Sachmangel.

288   d) Nach § 434 III soll es einem Sachmangel gleichstehen, wenn eine andere als die verkaufte Sache (**aliud**) oder eine zu geringe Menge (**minus**, dazu *Windel*, Jura 2003, 793 ff.) geliefert wird. Damit soll die schwierige Abgrenzung zwischen Sachmangel, aliud und minus unnötig werden. Das hatte für das Handelsrecht schon der gleichzeitig aufgehobene § 378 HGB erreichen wollen, freilich mit der Einschränkung, die gelieferte Ware dürfe nicht offensichtlich von der bestellten so erheblich abweichen, daß der Verkäufer eine Genehmigung des Käufers für ausgeschlossen halten mußte. Eine solche Einschränkung steht zwar in § 434 III nicht. Trotzdem ist aber fraglich, ob man wirklich jede noch so grobe Abweichung dem Sachmängelrecht unterstellen soll (bejahend etwa *Musielak*, NJW 2003, 89 ff.; Extremfall: Statt des bestellten Rotweins wird ein Pferd geliefert). Denn zumindest die verhältnismäßige Minderung des Kaufpreises (§ 441) läßt sich hier nicht durchführen. In solchen Extremfällen ist zu erwägen, daß der Erfüllungsanspruch auf die geschuldete Sache bestehen bleibt; dann muß die gelieferte Sache nach § 812 zurückgegeben werden (anders die h.M., vgl. *Lettl*, JuS 2002, 866/868 f.). Dagegen wird man auch die Lieferung eines anderen Stücks als des gekauften (sog. »**Identitätsaliud**«) in geeigneten Fällen dem § 434 III unterstellen können (str., vgl. *Dauner-Lieb*, S. 23; *Thier*, AcP 203, 2003, 399).

Von einer aliud-Lieferung abzugrenzen ist aber der Fall von *RGZ 99, 147 ff.*; dieses Urteil betrifft also außer der falsa demonstratio, zu der es meist zitiert wird, noch eine weitere Frage: V verkauft an K die Ladung

eines bestimmten Dampfers. V und K glauben, der Dampfer habe Walfischfleisch geladen. Die Ladung besteht aber aus Haifischfleisch.
Hier kann nach den Regeln über die falsa demonstratio (vgl. oben
Rdnr. 124) nur Walfischfleisch geschuldet werden. Demgegenüber stellt
Haifischfleisch ein aliud dar (auch Qualifikationsaliud genannt); § 434 III
scheint also anwendbar zu sein. Doch gibt es ein Hindernis: Die Dampferladung, die verkauft sein sollte, bestand aus Haifischfleisch; Walfischfleisch
konnte aus *diesem* Dampfer nicht geliefert werden. Das kann als anfängliche objektive Unmöglichkeit gedeutet werden. Nach alten Recht wäre der
Kauf dann nichtig gewesen (§ 306 a.F.). Nach neuem Recht dagegen ist er
gültig und führt zu einer Schadensersatzpflicht des V nach § 311a II, weil V
die von ihm verkaufte Dampferladung hätte kennen müssen. Eine nach
§ 254 erhebliche Fahrlässigkeit auch des K scheidet regelmäßig aus, weil
dieser mit dem Dampfer nichts zu tun hatte. Der Ersatzanspruch K – V ist
Schadensersatz statt der Leistung, umfaßt also das positive Interesse (vgl.
oben Rdnr. 241).

4. Der Nacherfüllungsanspruch des Käufers

a) Da der Käufer nach § 433 I 2 mangelfreie Lieferung verlangen kann, muß   **289**
er bei Vorliegen eines Mangels einen Anspruch auf Nacherfüllung haben.
Hierfür stellt § 439 dem Käufer zwei Wege zur Wahl: **Beseitigung des
Mangels** (also Reparatur) oder **Nachlieferung einer mangelfreien Sache**
(im Austausch gegen die mangelhafte). Beide Wege stehen im Verhältnis
elektiver Konkurrenz zueinander (vgl. *BGH* NJW 2006, 1198 f.), das heißt
ein Wahlrecht zwischen verschiedenen Rechtsbehelfen. Es liegt also **keine
Wahlschuld** (§ 262) vor (a.A. *Büdenbender*, AcP 205, 2005, 387 ff.). Das
Wahlrecht wird allerdings durch § 439 III wesentlich **eingeschränkt:** Der
Verkäufer soll eine unverhältnismäßig kostspielige Art der Nacherfüllung
verweigern dürfen. Es möge etwa der Käufer die Reparatur eines billigen
Kaufhausweckers verlangen, wenn schon die (vom Verkäufer zu tragenden,
§ 439 II) Kosten des Hin- und Hersendens den Kaufpreis übersteigen und
der Erfolg der Fehlersuche ungewiß bleibt: Der Verkäufer kann dann die
Lieferung eines gleichen, aber mangelfreien Weckers anbieten. Umgekehrt
ergibt sich ein Verweigerungsrecht des Verkäufers aber auch, wenn Ersatz-
lieferung für den verkauften Pkw nur deshalb verlangt wird, weil das Auto-
radio nicht funktioniert. Hier muß der Käufer (regelmäßig zwei, § 440 S. 2)
Nachbesserungsversuche hinnehmen.

b) Das Verweigerungsrecht des Verkäufers kann auch **beide Arten der**   **290**
Nacherfüllung umfassen, § 439 III 3. Zudem kommt **Unmöglichkeit der**

Nacherfüllung in Betracht, § 275 (etwa beim Verkauf eines gefälschten Gemäldes).

291   c) Der Anspruch auf Nacherfüllung nützt aber nicht nur dem Käufer. Vielmehr entspricht ihm ein **Recht des Verkäufers zur zweiten Andienung:** Der Käufer kann auf Rücktritt, Minderung oder Schadensersatz statt der Leistung regelmäßig erst zurückgreifen, wenn die Nacherfüllung verweigert wird oder mißlingt. Dieser **Vorrang der Nacherfüllung** steht zwar nicht deutlich im BGB (am ehesten in § 440). Er folgt aber eindeutig aus den Gesetzesmaterialien und der EG-Richtlinie. Er ist also stets vor anderen Mängelbehelfen zu erörtern.

Heftig umstritten war und ist der Fall, dass der Käufer **von sich aus nachbessert**, ohne dem Verkäufer vorher eine angemessene Frist zur Nacherfüllung gesetzt zu haben. *BGHZ 162, 219 ff.* verweigert hier dem Käufer jeden Rechtsbehelf: Schadensersatz, Minderung, Ansprüche aus GoA und ungerechtfertigter Bereicherung (anders *Oechsler*, NJW 2004, 1825 f.). Damit verstärkt der BGH das vom Gesetzgeber gewollte Recht des Verkäufers zur zweiten Andienung. Die vielfach vertretene Gegenposition gründet sich u. a. auf eine Analogie zu § 326 II 2: Der Käufer solle wenigstens verlangen können, was der Verkäufer durch die Befreiung von seiner Pflicht zur Nacherfüllung erspart habe (so etwa *S. Lorenz*, NJW 2002, 2497/2499). Inzwischen hat das BVerfG (ZGS 2006, 470 ff.) entschieden, ein Ersatzteilkauf durch den Käufer (hier: ein neuer Kühler) bedeute keine Selbstvornahme der Nacherfüllung.

5.   Rücktritt und Minderung

292   **a)** Einen eigenen **Rücktrittsgrund** gibt es im Kaufrecht nicht mehr. Vielmehr stützt sich der Rücktritt, wie das auch in § 437 Nr. 2 steht, auf die §§ 440, 323 und 326 V. Dabei ergibt § 440 S. 1, daß eine sonst nach § 323 I nötige Nachfristsetzung bei Sachmängeln wegen des vorgeschalteten Nacherfüllungsverfahrens regelmäßig unnötig ist. Freilich kann der Käufer wegen eines bloß unerheblichen Mangels nicht zurücktreten, § 323 V 2. Doch soll nach *BGHZ 167, 19 ff.* (mit Anm. *Herb. Roth* in JZ 2006, 1026) bei Arglist des Verkäufers Unerheblichkeit regelmäßig zu verneinen sein.

Die **Einzelheiten** des Rücktritts ergeben sich aus den §§ 346 ff. Nach § 346 I schuldet der Käufer regelmäßig die Rückgabe der mangelhaften Kaufsache, notfalls nach Abs. 2 Wertersatz. Nach § 346 II Nr. 3 hat der Käufer aber die Wertminderung nicht auszugleichen, die durch die bestimmungsgemäße Ingebrauchnahme der Kaufsache entstanden ist. Diese Sache geht also nicht nur als mangelhafte, sondern auch (ohne Wertausgleich, abgesehen von der Nutzungsherausgabe nach § 346 I) als gebrauchte an den

Verkäufer zurück. Meist sind aber die Verkäufer auf den Absatz gebrauchter Ware nicht eingerichtet. Daher ist der Rücktritt bei ihnen besonders unbeliebt; hier kann sich das Recht zur zweiten Andienung bewähren. Übrigens ist auch die erwähnte Pflicht zur Nutzungsherausgabe bei Nachlieferung (§ 439 IV) umstritten: *BGH* NJW 2006, 3200 (mit Anm. *S. Lorenz*, vgl. weiter *Witt*, NJW 2006, 3322 ff.) hat dem *EuGH* die Frage vorgelegt, ob diese Pflicht beim Verbrauchsgüterkauf mit den Vorgaben der EG vereinbar ist.

b) Anders als der Rücktritt ist die **Minderung** nicht im Allgemeinen Schuldrecht geregelt (sie soll nämlich nicht auch für den Dienstvertrag gelten). Daher war § 441 nötig. Ein Problem kann sich aber daraus ergeben, daß die Minderung jetzt als Gestaltungsrecht erscheint: Was soll gelten, wenn der Käufer den Kaufpreis um 50% mindert, während nur eine Minderung um 25% gerechtfertigt ist? Man wird das durch Auslegung der Erklärung des Käufers zu entscheiden haben: Geht es dem Käufer gerade um hälftige Herabsetzung, so ist seine Minderung unwirksam (weil ohne ausreichende Rechtsgrundlage); sind dagegen die 50% nur als für die Wirksamkeit unmaßgebliche Schätzung gemeint, so ist um 25% gemindert. **293**

6. Schadensersatzansprüche des Käufers

Schadensersatzansprüche des Käufers können auf Gründen beruhen, die **mit einem Mangel nichts zu tun** haben: Als Schadensersatz statt der Leistung wegen ursprünglicher Unmöglichkeit der Leistung (§ 311a II) oder wegen Nichtlieferung trotz Fristsetzung (§§ 280 III, 281); als Verzögerungsschaden wegen Schuldnerverzugs (§§ 280 II, 286). Daneben gibt es aber auch Ersatzansprüche, die **mit einem Mangel zusammenhängen**. Sie haben die eigentliche Plage des alten Kaufrechts gebildet. Denn dort waren in den §§ 463, 480 II a.F. nur das Fehlen einer zugesicherten Eigenschaft und das arglistige Verschweigen geregelt. Dagegen fehlte eine Regelung für den dazwischen liegenden Fall der Fahrlässigkeit des Verkäufers. Deshalb waren das Bestehen solcher Ansprüche und deren Verjährung überaus umstritten. **294**

a) Solche mit einem Sachmangel zusammenhängende Ersatzansprüche bestehen **in mehreren Konstellationen**: Der Käufer verunglückt, weil die Bremsen des gekauften Pkw nicht funktionieren; er muß während der Reparaturzeit einen Mietwagen bezahlen; er hat das Vertrauen in den gekauften Wagen verloren und will einen anderen kaufen, der aber mehr kostet. In allen diesen Fällen gründet sich der Ersatzanspruch auf die zentrale Norm in § 280. **295**

296   **b)** Voraussetzung hierfür ist nach § 280 I 1 zunächst, daß der Verkäufer eine **Pflicht verletzt** hat. Dies ist wegen § 433 I 2 mit der Lieferung einer fehlerhaften Sache gegeben. Nach § 280 I 2 muß der Verkäufer die Pflichtverletzung aber auch **zu vertreten**, also in der Regel vorsätzlich oder fahrlässig gehandelt haben, § 276 I 1. In dem Beispiel bedeutet das konkret: Der Verkäufer hätte den mangelhaften Zustand der Bremsen feststellen müssen. Das setzt eine **Untersuchungspflicht des Verkäufers** voraus.

Ob eine solche Pflicht besteht, läßt sich nicht allgemein sagen. Sie ist zu verneinen, wenn die Ware (etwa ein Fernsehgerät) vom Hersteller verpackt ist und der Käufer die Unversehrtheit dieser Verpackung erwartet: Dann kann er mit einer Überprüfung durch den Verkäufer ohnehin nicht rechnen. Ein Verschulden des Verkäufes käme dann nur in Betracht, wenn dieser etwa wegen Reklamationen anderer Kunden mit der Fehlerhaftigkeit von Geräten dieser Serie rechnen muß und das dem Käufer verschweigt. Aber auch außerhalb solcher Verpackungsfälle wird der Verkäufer oft nur als jemand auftreten, der die Ware bloß ungeprüft weiterreicht. Dann fehlt es insoweit an einem Verschulden.

Anders verhält es sich, wenn der Verkäufer zugleich Hersteller der Kaufsache oder mit deren Pflege befaßt ist: Hier darf der Verkehr mit einer gewissen Kontrolle rechnen. In dem Beispiel des Pkw würde das etwa für einen Verkäufer zutreffen, der zugleich eine Werkstatt betreibt, besonders wenn ein Pkw derjenigen Marke verkauft ist, die der Verkäufer in seiner Firma führt.

297   **c)** Weder Vorsatz noch Fahrlässigkeit sind für die Haftung nötig, wenn der Verkäufer eine Eigenschaft oder das Fehlen eines Mangels **zugesichert** hat. Das folgt aus § 276 I 1: Die Zusicherung kann sich als Übernahme einer Garantie darstellen (etwa für die Betriebstauglichkeit des Wagens). Dann haftet der Verkäufer ohne weiteres für die Schäden aus seiner Zusicherung. Beispiele:

(1) *BGH* NJW 1968, 2238 ff.: V verkauft an K Dieselkraftstoff, den V von einem Dritten direkt an K liefern läßt. Infolge DIN-widriger Beschaffenheit verdirbt der Kraftstoff die Motoren des K. Dieser verlangt von V Schadensersatz.

(2) *BGHZ 59, 158 ff.* (dazu *Graf von Westphalen*, BB 1972, 1071; *Hüffer*, JuS 1973, 607 ff.): K stellt Holzfenster her und will sie neuestens auch selbst lackieren. Daher wendet er sich an die Lackfabrik V. Diese führt mit dem von K verwendeten Holz Versuche durch und empfiehlt dann ihren X-Lack; V überwacht auch zunächst gelegentlich die Lackierung bei K. Später verderben viele Fenster durch Braunfäule, weil der dichte Lack den Austritt von Feuchtigkeit aus dem Holz hindert.

Daß in beiden Fällen die gelieferte Ware nicht dem entsprach, was der Käufer erwarten durfte, ist klar. Sie ist daher mangelhaft, so daß dem Käufer die Sachmängelbehelfe zur Verfügung stehen (§ 433 I 2). Aber mit Rücktritt oder Minderung allein ist dem Käufer hier nicht geholfen; er will (sogar in erster Linie) **Schadensersatz** wegen der verdorbenen Motoren oder Fenster. **Nach altem Recht** war das mit § 463 S. 1 a.F. zu erreichen, wenn man eine vom Verkäufer auch ohne Verschulden zu verantwortende Zusicherung annahm. Der *BGH* hat aber *bei (1)* eine solche Zusicherung verneint und eine bloße Beschaffenheitsangabe angenommen. Dagegen hat er *bei (2)* die auf Versuche gegründete Empfehlung als Zusicherung angesehen, der Lack sei geeignet.

Im neuen Kaufrecht fehlt eine dem § 463 S. 1 a.F. entsprechende Vorschrift. Denn Eigenschaftszusicherungen gibt es ja nicht nur beim Kauf, sondern etwa auch bei Miete und Werkvertrag. Daher ist die Haftungsgrundlage an eine **allgemeinere Stelle** gesetzt worden, nämlich nach § 276 I 1 (**»Übernahme einer Garantie«**). Damit wird die Abgrenzung zur bloßen Beschaffenheitsangabe schon terminologisch deutlicher: Mit der Beschaffenheitsangabe offenbart der Schuldner nur sein Wissen hinsichtlich der Ware, während die Garantieübernahme das uneingeschränkte Versprechen des Einstehenwollens für eine Behauptung bedeutet. Ein solches Versprechen wird man nur unter besonderen Voraussetzungen annehmen können, wie sie hier *bei (2)* vorliegen. Der Garantierende haftet dann für den Schaden nach den §§ 280 I, 276 I 1 (der das »Vertretenmüssen« in § 280 I 2 ausfüllt).

d) Im einzelnen gilt für die drei Fälle von oben Rdnr. 295: Wenn das Vertretenmüssen durch den Verkäufer nicht auszuschließen ist (er trägt die Beweislast nach § 280 I 2), haftet er für den **Körperschaden** des Käufers aus dem Unfall ohne weiteres nach § 280 I. **298**

Für den **Nutzungsausfall** und die daraus folgenden Kosten (sog. **Betriebsausfallschaden**) für den Mietwagen kann man deshalb zweifeln, weil ja der Verkäufer zunächst zur Nacherfüllung nicht bloß verpflichtet, sondern auch berechtigt (§§ 433 I 2, 439, vgl. oben Rdnr. 291) ist. Daraus folgt aber nicht, daß der Verkäufer in dieser Nacherfüllungszeit die Nutzbarkeit der Sache noch nicht schuldete; er wird nur einstweilen vor Rücktritt und Minderung geschützt (vgl. oben Rdnr. 289). Daher sind nach § 280 I auch die Mietwagenkosten zu ersetzen. Der Vorwurf gegen den Verkäufer stützt sich auch nicht etwa darauf, daß dieser mit der Nachbesserung in Verzug wäre, so daß es auf die §§ 280 II, 286 ankäme. Denn der Schaden beruht hier nicht darauf, daß der Pkw zu spät geliefert worden wäre, sondern auf der (womöglich rechtzeitigen) Lieferung in mangelhaftem Zustand. Vgl. *Medicus*, JuS 2003, 521/528f; *Canaris*, ZIP 2003, 321/326. **299**

Es bleibt noch der dritte Fall: Der Käufer hat das Vertrauen verloren und will statt des gekauften Wagens Geld. Hier geht jetzt die Nacherfüllung durch den Verkäufer vor: Erst wenn sie verweigert wird oder mißlingt, kommt ein solcher Anspruch des Käufers in Betracht. Zugleich ist dann **300** eine Nachfristsetzung (die nach § 281 regelmäßig nötig ist) überflüssig; gleiches gilt bei Unzumutbarkeit der Nacherfüllung für den Käufer. Diese Unzumutbarkeit wird man aber nur unter engen Voraussetzungen annehmen dürfen.

7. Die Verjährung

301   a) Die Verjährung der Rechtsbehelfe des Käufers wegen Sachmängeln würde sich ohne Sonderregelung aus den §§ 195, 199 ergeben, also bei einer Körperverletzung u.U. erst nach 30 Jahren eintreten (§ 199 II), frühestens aber nach drei Jahren zum Jahresende (§§ 195, 199 I). Diese Fristen wären zwar konsequent gewesen (es handelt sich ja um eine Pflichtverletzung des Verkäufers); sie haben sich aber angesichts der früher viel kürzeren Fristen (§ 477 I a.F.) gegen den Widerstand der Wirtschaft nicht durchsetzen lassen. Vielmehr gilt das Folgende.

302   aa) Nach § 438 I **Nr. 1 gibt** es für viele Rechtsmängel eine Frist von 30 Jahren. Sie hängt damit zusammen, daß der Käufer wegen § 197 I Nr. 1 nach dem Kauf noch 30 Jahre lang mit der Vindikation eines dritten Eigentümers rechnen muß.

303   bb) Nach § **438 I Nr. 2** beträgt die Verjährungsfrist fünf Jahre bei einem Bauwerk (also insbesondere einem gekauften Hausgrundstück) und unter bestimmten Umständen auch bei Baustoffen. Diese letzte Regel will einen Mißstand des alten Rechts abstellen, der sich etwa in folgendem Fall zeigt: Der Bauhandwerker H kauft bei dem Baustoffhändler B einen Heizkessel, um ihn in das Haus des E einzubauen. Nach diesem Einbau stellt sich heraus, daß der Kessel mangelhaft ist. Dann hatte H gegen B Gewährleistungsansprüche, die nach § 477 a.F. in sechs Monaten nach der Lieferung an H verjährten. Dagegen war H Ansprüchen des E ausgesetzt, gegen die nach § 638 I a.F. Verjährung erst fünf Jahre nach der Abnahme durch E eingewendet werden konnte. Dem H war daher regelmäßig ein Rückgriff gegen B abgeschnitten; H saß in einer »Verjährungsfalle«. Das wird jetzt durch § 438 I Nr. 2 zwar nicht völlig vermieden (die Fristen beginnen verschieden!), aber doch stark abgemildert.

304   cc) Nach § **438 I Nr. 3** gilt »im übrigen« eine Verjährungsfrist von zwei Jahren. Das betrifft fast alle beweglichen Sachen und unbebaute Grundstücke.

305   dd) Beim **arglistigen Verschweigen** eines Mangels soll aber in den Fällen von § 438 I Nr. 2 und 3 die gewöhnliche Verjährungsfrist gelten, § 438 III, also nach den §§ 195, 199, jedoch bei § 438 I Nr. 2 mindestens so lange wie dort geregelt.

b) Alle genannten **Fristen beginnen** nach § 438 II bei Grundstücken mit   **306**
der Übergabe, sonst bei Ablieferung der Kaufsache. Ob der Käufer den
Mangel in der Frist erkannt hat oder überhaupt auch nur hätte erkennen
können, spielt keine Rolle. Daher können auch jetzt noch die Ansprüche
wegen eines Mangels schon verjährt sein, bevor dieser überhaupt erkennbar
geworden ist.

c) Schon oben bei Rdnr. 282 unter (5) angedeutete Probleme entstehen   **307**
für **Rücktritt und Minderung.** Diese sind ja im neuen Recht als Gestaltungsrechte ausgebildet; sie unterliegen daher nicht der auf Ansprüche
beschränkten (§ 194 I) Verjährung. Folgerichtig werden sie auch in § 438 I
nicht genannt. Trotzdem sollen natürlich auch sie nicht ewig dauern. Das
erreicht das Gesetz über § 218, auf den in § 438 IV und V ausdrücklich
verwiesen wird. Nach § 218 I 1 soll nämlich ein Rücktritt wegen nicht vertragsgemäß erbrachter Leistung (= Lieferung der mangelhaften Sache) unwirksam sein, wenn der Nacherfüllungsanspruch (§ 439) verjährt ist und
der Schuldner (= Verkäufer) sich hierauf beruft. Nach § 218 I 2 erstreckt
das auf die Fälle, in denen ein nur fiktiver Nacherfüllungsanspruch verjährt
wäre. Im Ergebnis kann daher die wirkliche oder fiktive Verjährung das
Nacherfüllungsanspruchs Rücktritt oder Minderung des Käufers ausschließen.

Eingeschränkt wird das freilich durch Satz 2 von § 438 IV: Soweit der
Käufer den Kaufpreis noch nicht bezahlt hat, soll er ihn auch trotz Unwirksamkeit seines Rücktritts nicht mehr zu zahlen brauchen. Allerdings
soll dann nach Satz 3 der Verkäufer seinerseits vom Vertrag zurücktreten
(und die Kaufsache zurückverlangen) können.

8. Verjährung und Ersatzansprüche aus anderem Rechtsgrund

Nicht genannt werden in § 438 Ersatzansprüche, die nicht auf dem Kauf-   **307a**
vertrag beruhen. Sie kommen aus zwei Gründen in Betracht.

a) Erstens ist nach altem Recht nicht selten ein neben dem Kaufvertrag
bestehender **Auskunftsvertrag** angenommen worden. Ein Beispiel bildet
etwa

BGH NJW 1985, 2472 f.: V verkauft an K für dessen Wäscherei einen gasbeheiz-
ten Wäschetrockner. Dieser benötigt zum Funktionieren einen Kamin mit mindestens 380 qcm Querschnitt. Der dem K zur Verfügung stehende Kamin ist aber
kleiner. Daher kam es im Winter, als der Kamin auch die Abgase der Wohnungshei-
zungen aufnehmen mußte, zu erheblichen Störungen. Schließlich war K gezwungen,
seine Wäscherei stillzulegen. Deshalb verlangt er von V Schadensersatz.

Hier kann man fragen, ob der Schaden auf einem Mangel des Wäsche-
trockners oder auf einer ungenügenden Größe des Kamins beruht. Dabei
kommt man nur mit Bejahung der ersten Annahme zur Bejahung eines
Mangels *der Kaufsache*. Der *BGH* ist dieser Alternative ausgewichen und
hat nach altem Recht eine Beratungspflicht des V über die Verwendbarkeit
des Trockners angenommen. Ansprüche wegen einer Verletzung dieser
Pflicht sollten dann erst in 30 Jahren (§ 195 a.F.) verjähren. Vgl. zu der Frage auch *BGHZ 156, 371 ff.*

Nach neuem Recht hat dieser Lösungsweg wegen der Verlängerung der
kaufrechtlichen Verjährung stark an Bedeutung verloren. Trotzdem bleibt
aber denkbar, daß der Verkäufer nach seinem Auftreten gegenüber dem
Käufer eine Beratungspflicht übernimmt.

Verletzt er diese Pflicht, so kann man § 434 I 2 Nr. 1 bejahen, weil sich
die Sache nicht für die vertraglich vorausgesetzte Verwendung eignet. Man
gelangt dann, weil Nacherfüllung unmöglich sein dürfte (§§ 439, 275), zu
einem sofort wirkenden Rücktrittsrecht des Käufers. Dieses stammt dann
aus dem Kaufvertrag und verjährt daher nach den §§ 438 I Nr. 3, 218 in
zwei Jahren. Diese Frist dürfte auch meist genügen, um die Unrichtigkeit
der Beratung festzustellen. Und wenn der Verkäufer den Beratungsfehler
zu vertreten hat, haftet er zusätzlich nach den §§ 280, 276 auf Schadenersatz
statt der Leistung. Freilich verjährt auch dieser Anspruch grundsätzlich
nach § 438 I Nr. 3. Zu einem Ersatzanspruch mit der normalen Verjährung
(§§ 195, 199) gelangt man nur, wenn man einen neben dem Kaufvertrag
herlaufenden eigenen Auskunftsvertrag annimmt. Doch wird das nur unter
ganz besonderen Umständen möglich sein.

307b   Ein weiterer, viel diskutierter Fall ist

BGHZ 107, 249 ff.: K, ein Kfz-Vertragshändler, bezog von V Treibstoff. V füllte
versehentlich das Superbenzin in den für Normalbenzin bestimmten Tank und das
Normalbenzin in den für Superbenzin bestimmten. Hieraus entstanden dem K
erhebliche Schäden. Diese verlangt er mehr als vier Jahre später von V ersetzt.

Auch hier geht es wieder um die Verletzung einer Nebenpflicht des Verkäufers und die Verjährung des Anspruchs. Die **Nebenpflicht** zur Abfül-
lung in den »richtigen« Tank ist nach neuem Recht ebenso zu bejahen wie
nach altem. Fraglich ist jedoch abermals die Verjährung. Das *OLG Frank-
furt/M.* hatte als Vorinstanz § 477 I a.F. angewendet und die Klage abgewiesen: Die Pflichtverletzung des V habe zu einem Sachmangel geführt, weil
das Superbenzin im falschen Tank nur als Normalbenzin verwendbar gewesen sei. Anders der *BGH*: Die Einfüllung in den falschen Tank bedeute
keine Eigenschaft des Benzins; kritisch *Köhler*, JZ 1990, 43 f.; *Evangelou-
Muscheler*, BB 1989, 1439 f.

Doch wirkt hier, wo die Parteien beim Abfüllen des Benzins vielleicht gar nicht miteinander gesprochen haben, die Annahme eines eigenen Beratungsvertrages noch gewaltsamer. Daher wird K wegen seines Schadens nur nach § 438 I Nr. 3 verjährende Ansprüche haben, weil das falsche Einfüllen eine Verletzung *kaufrechtlicher* Pflichten darstellt.

b) Die zweite Möglichkeit zur Vermeidung der abgekürzten kaufrechtlichen Verjährung ergibt sich aus einem **deliktischen Schadensersatzanspruch** (vgl. *Ebert* NJW 2003, 3025 ff.). Ein solcher Anspruch kommt insbesondere in Betracht, wenn durch die mangelhafte Lieferung beim Käufer (oder auch einem Dritten) eines der Schutzgüter des § 823 I verletzt wird. So möge in dem Trocknerfall von oben Rdnr. 307a ein Brand entstanden sein oder in dem Benzinfall (oben Rdnr. 307 b) möge die falsche Kraftstoffart Motoren verdorben haben. Diese Schäden ähneln den Weiterfresserschäden von unten Rdnr. 650 b. Die hieraus folgenden Deliktsansprüche werden von § 438 nicht erfaßt; sie verjähren nach den §§ 195, 199 (str., vgl. *Dauner-Lieb* S. 25 f.). Diese Lösung verhindert, dass der Käufer wegen der Sonderverbindung schlechter steht als ein vertragsfremder Dritter (*Canaris*, Karlsruher Forum 2002, 97)

307c

9. Ansprüche des Verkäufers

Der Verkäufer kann nach § 433 nach wie vor Kaufpreiszahlung und Abnahme der Kaufsache verlangen. Probleme entstehen hier beim **Kauf unter Eigentumsvorbehalt** für die Frage, ob der Kaufpreisanspruch trotz Ausübung des Eigentumsvorbehalts (also trotz Rücknahme der Kaufsache nach § 985) fortbesteht[1].

308

a) Sonderregeln

Hierdurch geriete der Käufer in die Gefahr, die Nutzung der Kaufsache zu verlieren und trotzdem die Preisraten weiter bezahlen zu müssen. Davor wollte schon § 5 AbzG (von 1894!) den Nichtkaufmann schützen. Das ist später für den Verbraucherkauf in § 13 III VerbKrG übergegangen. Seit dem SMG verhindert schon der neue § 449 II die Rücknahme der Kaufsache ohne Rücktritt vom Kaufvertrag. Zudem bestimmt jetzt an ziemlich versteckter Stelle § 503 II 4 für Verbrauchergeschäfte, es solle regelmäßig als Rücktritt gelten, wenn der Verkäufer die Kaufsache wieder an sich nehme. Damit hängen zwei Fragen zusammen.

---

1 Dazu ausführlich *Müller-Laube,* Die »Rücktrittsfiktion« beim Abzahlungskauf, JuS 1982, 797 ff. (noch zu § 5 AbzG), jetzt *Habersack/Schürnbrand*, JuS 2002, 833 ff.

b)   Freiwilliger Besitzverlust des Käufers

309   Schon § 5 AbzG ist von der Rechtsprechung sehr weit ausgelegt worden, und das dürfte regelmäßig auf § 503 II 4 zu übertragen sein. Ein besonders deutliches Bsp. hierfür war *BGHZ 45, 111 ff.*:

> K betreibt in Räumen, die er von G gepachtet hat, eine Gastwirtschaft. Das Inventar hat er von der Brauerei B unter Eigentumsvorbehalt gekauft; der Kaufpreis soll durch einen Zuschlag je hl Bier bezahlt werden. Nachdem so erst ein kleiner Teil des Kaufpreises getilgt worden ist, gibt K die Gastwirtschaft auf. G verpachtet jetzt die Räume an D. Dieser verhandelt mit B über die Übernahme des von K zurückgelassenen Inventars. Eine Einigung über den Kaufpreis erfolgt zunächst nicht, doch zahlt D bereits einen Zuschlag je hl Bier. Nun verklagt B den K auf Zahlung des Restkaufpreises.

Der *BGH* hat diese Klage wegen § 5 AbzG abgewiesen: Allerdings habe K den Besitz an dem Inventar freiwillig aufgegeben und nicht auf Veranlassung von B verloren. Das reiche im allgemeinen für § 5 AbzG nicht. Hier komme aber hinzu, daß B mit D in Verhandlungen über den erneuten Verkauf des Inventars eingetreten sei. Damit habe B das Inventar im Sinne des § 5 AbzG wieder an sich genommen, da K den Besitz nicht mehr ergreifen könne. § 503 II 4 würde hier freilich nicht gelten, wenn es sich (was naheliegt) um keinen Verbraucherkredit nach §§ 499 I, II handelt.

c)   Vollstreckung des Verkäufers in die Kaufsache

310   Die Tendenz zur Erweiterung der Rücktrittsfiktion hat sich auch in folgendem Fall gezeigt:

> Der Abzahlungskäufer K gerät mit den Raten in Verzug. Daraufhin besorgt sich der Verkäufer V wegen seiner Restkaufpreisforderung gegen K einen Titel. Mit diesem vollstreckt V in die verkaufte Sache (was vollstreckungsrechtlich zulässig ist; vgl. *E. Schumann*, § 87: Die öffentlich-rechtliche Verstrickung entsteht jedenfalls. Fraglich ist nur, ob V an seiner eigenen Sache ein Pfändungspfandrecht erwerben kann). Liegt in dieser Vollstreckung ein Rücktritt, und welcher Teil der Vollstreckung stellt einen solchen Rücktritt dar?

Hier bedeutet die Zwangsvollstreckung nicht eigentlich, daß V die Kaufsache »wieder an sich nimmt«. Trotzdem hat die Rspr. den § 5 AbzG in solchen Fällen entsprechend angewendet, und dasselbe muß jetzt für § 503 II 4 gelten. Das ergibt sich aus dem Schutzzweck der Vorschrift: K soll auch dann nicht zur Kaufpreiszahlung verpflichtet bleiben, wenn er die Sache durch die Vollstreckung des V verloren hat (und zwar gleichgültig ob an V oder einen Dritten: *BGHZ 55, 59 ff.*). Aus dieser Begründung folgt zugleich, daß der Rücktritt nicht schon in der Pfändung liegt, sondern frühestens in der Wegnahme der Sache durch den Gerichtsvollzieher. Die Pointe dieser Rücktrittsfiktion besteht darin, daß sie den titulierten Kaufpreisanspruch vernichtet, dessentwegen die Vollstreckung erfolgt ist (vgl. *Müller-Laube*, JuS 1982, 797, 804 f.). Das kann der Käufer nach § 767 ZPO geltend machen. Zwar schuldet er dann noch die Nutzungsvergütung nach § 346 I am Ende (vgl. etwa *BGHZ 15, 241 ff.*). Diese wird aber von dem Kaufpreistitel nicht erfaßt. Die Zwangsvollstreckung kann also nicht einmal teilweise wegen der Nutzungsvergütung fortgesetzt werden.

10. Der Verbrauchsgüterkauf

In den §§ 474–479 finden sich einige Sonderregeln für den Verbrauchsgüterkauf; sie beruhen auf der oben Rcnr. 281 genannten EG-Richtlinie. **311**

a) § 474 I 1 **definiert** zunächst **den Verbrauchsgüterkauf**: Ein Verbraucher kauft von einem Unternehmer eine (beliebige) bewegliche Sache (die also nicht verbrauchbar i.S.v. § 92 sein muß). Dabei gelten für die Begriffe »Verbraucher« und »Unternehmer« die Definitionen in den §§ 13 und 14. Doch ist eine natürliche Person nicht schlechthin das eine oder das andere. Vielmehr werden beide Begriffe auf den **Abschluß von Rechtsgeschäften** bezogen: Wer gerade kein Rechtsgeschäft abschließt, sondern nur etwa in der Sonne sitzt oder ein Delikt begeht, ist also weder Verbraucher noch Unternehmer. Die Frage taucht vielmehr erst auf, wenn ein Rechtsgeschäft abgeschlossen (oder vorbereitet, §§ 241a, 661a) wird: Dann ist derjenige Verbraucher, der mit dem Geschäft einen Zweck verfolgt, der weder seiner gewerblichen noch seiner selbständigen beruflichen Tätigkeit zugerechnet werden kann. Dagegen ist Unternehmer, wer als juristische oder gleichgestellte Person (§ 14 II) oder zu einem gewerblichen oder selbständigen beruflichen Zweck abschließt. Die §§ 474 ff. erfassen nur Kaufverträge, bei denen als Verkäufer ein Unternehmer und als Käufer ein Verbraucher auftritt. Nicht erfaßt werden Verträge zwischen zwei Unternehmern oder zwischen zwei Verbrauchern, gleichfalls nicht Verkäufe von einem Verbraucher an einen Unternehmer (etwa ein Kunstsammler verkauft eines seiner Gemälde an einen Kunsthändler)

b) Die wichtigste Vorschrift für den Verbrauchsgüterkauf ist § 475: Mit **312** Ausnahme der Normen über Schadensersatzansprüche werden die Vorschriften über die Sachmängelhaftung als zugunsten des Verbrauchers **einseitig zwingendes Recht** festgelegt. Nur bei der Verjährung (§ 438) ist eine Ausnahme insofern zugelassen, als die Frist bei gebrauchten Sachen auf ein Jahr verkürzt werden kann. Das bedeutet zumal für den Handel mit gebrauchten Kraftfahrzeugen einen tiefen Eingriff in den früher üblichen Geschäftsverkehr: Dieser arbeitete weithin mit der Klausel »gekauft ohne Gewährleistung wie besichtigt und probegefahren«. Das geht jetzt im Verhältnis Unternehmer – Verbraucher nicht mehr. Daher wird entweder der Verkäufer gezwungen, sein Produkt gleichsam schlechtzureden: So wird die Sollbeschaffenheit nach § 434 I derart abgesenkt, daß selbst erhebliche Mängel noch dem vertragsgemäßen Zustand entsprechen. Ein genereller Ausschluß der Gewährleistung durch einen Verkauf als »Schrott« oder als »Bastlerauto« kann aber unwirksam sein (vgl. *OLG Oldenburg,* ZGS 2004, 75 ff.).

Oder aber man wird versuchen, ohne die Einschaltung eines Unternehmers auszukommen. So wird etwa der gewerbliche Kfz-Händler, der beim Verkauf eines Neuwagens einen gebrauchten in Zahlung nehmen muß, diesen nicht selbst weiterverkaufen. Vielmehr wird er nur als Vertreter seines Kunden auftreten, so daß der Vertrag zwischen zwei Verbrauchern geschlossen wird. Dieses Verfahren (sog. **Agenturvertrag**) hat es auch früher schon zur Vermeidung der Umsatzsteuer gegeben. Ein den Verbraucherschutz unberührt lassendes **Umgehungsgeschäft** bildet der Agenturvertrag nur ausnahmsweise, nämlich wenn letztlich der Kfz-Händler die Geschäftsrisiken zu tragen hat (*BGH* NJW 2005, 1039 f., vgl. *K. Schmidt,* JuS 2006, 1/6).

313 **c) Verschärft** wird der einseitig zwingende Charakter des Kaufrechts noch durch § 476: Wenn sich innerhalb von sechs Monaten seit dem Gefahrübergang (§§ 446) ein Sachmangel zeigt, wird (widerleglich) vermutet, dieser sei schon beim Gefahrübergang vorhanden gewesen (und habe deshalb die Gewährleistungshaftung des Verkäufers ausgelöst). Die Verantwortlichkeit des Verkäufers für die Mangelfreiheit bei der Übergabe kommt so in die Nähe einer **Haltbarkeitsgarantie** für die Dauer von sechs Monaten. Daß dies nach der Art der Sache (z.B. Tomaten) oder des Mangels (z.B. ein offenbarer Blechschaden an dem gekauften Kfz) nicht zu passen braucht, wird im letzten Satzteil des § 476 freilich eingestanden. In solchen Fällen gilt die Vermutung also nicht.

BGHZ 159, 215 ff. hat § 476 noch weiter eingeschränkt: Bei einem Gebrauchtwagen war binnen sechs Monaten seit dem Verkauf der Motor durch einen überspringenden Zahnriemen zerstört worden. Ursache konnte entweder ein Materialfehler des Riemens oder ein Bedienungsfehler sein. Der BGH hat dem Käufer den Beweis dafür auferlegt, daß die Ursache ein Materialfehler gewesen sei; dieser werde durch § 476 nicht vermutet (überwiegend kritisch *Herb. Roth,* ZIP 2004, 2025; *S. Lorenz,* NJW 2004, 3020). Einschränkend hat dann aber *BGH* NJW 2005, 3490 ff. entschieden. Dort ging es bei dem gekauften Gebrauchtwagen um einen Karosserieschaden, der entweder schon bei der Lieferung vorgelegen oder auch erst später vom Käufer verursacht worden sein konnte. Der BGH hat hier auf die Erkennbarkeit des Schadens abgestellt: § 476 sei nur dann nicht anwendbar, wenn es sich um eine äußerliche Beschädigung handle, die auch dem fachlich nicht versierten Käufer hätte auffallen müssen. Vgl. *Mautzsch*, NJW 2006, 3091 ff., weiter zum Tierkauf *BGHZ 167, 40 ff.*

d) § 477 enthält weitreichende Bestimmungen über den Inhalt von **Ga-** **314** **rantieerklärungen** an einen Verbraucher. Diese Vorschrift kann aber eher unlauteren Wettbewerb verhindern als wirklich einzelne Verbraucher schützen; auch eine Garantieerklärung, die dem § 477 nicht genügt, ist ja wirksam (Abs. 3). Besser hilft dem Verbraucher die Unklarheitenregel von § 305c II.

e) Die §§ 478, 479 endlich betreffen nicht das Verhältnis zwischen Unter- **315** nehmer und Verbraucher, sondern zwischen zwei Unternehmern. Geregelt wird nämlich das Verhältnis des Letztverkäufers zu seinem Vormann (also Großhändler oder Hersteller): Der Letztverkäufer soll gegen seinen Vormann in der Lieferkette **Rückgriff nehmen** können, wenn dieser die Ware schon mangelhaft geliefert hatte. Hierfür bestimmt § 478 II einen eigenen Ersatzanspruch des Letztverkäufers wegen der Aufwendungen, die er im Verhältnis zu seinem Käufer (dem Verbraucher) zu tragen hat. Vor allem aber wird weitgehend verhindert, daß der Rückgriff durch eine Verjährung der Mängelrechte scheitert: § 479 II läßt die Ansprüche des Letztverkäufers gegen seinen Vormann frühestens zwei Monate nach dem Zeitpunkt verjähren, zu dem der Letztverkäufer die Ansprüche des Verbrauchers erfüllt hat. Eine Versäumung der handelsrechtlichen Rüge (§ 377 HGB, vgl. sofort) soll aber schaden, § 478 VI. Entsprechendes gilt nach den §§ 478 V, 479 III auch zwischen den weiteren Gliedern der Lieferkette, wenn die Schuldner Unternehmer sind. Im einzelnen knüpfen sich an den Regreß viele Probleme, vgl. *Dauner-Lieb* S. 17; 30 f.

11. Der Handelskauf

a) Gleichsam das Gegenstück zum Verbraucherkauf bildet der Handelskauf **315a** nach §§ 373 ff. HGB. Von diesen Vorschriften ist weitaus am wichtigsten § 377 HGB: Der Käufer muß **Mängel der Ware unverzüglich rügen.** Hierzu bedarf es einer Untersuchung auf die schon bei Lieferung erkennbaren Mängel (§ 377 I HGB); erst später erkennbar werdende sind unverzüglich nach der Entdeckung zu rügen (§ 377 III HGB). Unterbleibt die danach gebotene Rüge, so gilt die Ware als genehmigt (§ 377 II, III HGB) und folglich als mangelfrei (anders bei Arglist des Verkäufers, Abs. 5).

b) Wird ständig die (anscheinend) gleiche Ware bezogen, kann man dem **315b** Käufer kaum bei jeder neuen Lieferung eine **erneute Untersuchung** zumuten. Vielmehr hat dann der Verkäufer die Pflicht, auf eine Änderung der Ware hinzuweisen; unterläßt er das, so braucht der Käufer entsprechend

§ 377 III HGB erst zu rügen, wenn er den Mangel wirklich entdeckt hat, *BGHZ 132, 175/178.* Bei einer Nachlieferung nach § 439 muß der Käufer erneut prüfen und ggf. rügen. Das ist auch für Mängel möglich, die bei der ersten Lieferung nicht gerügt worden waren. Vgl. *Mankowski,* NJW 2006, 886/889.

315c   **c)** Zweifelhaft sein kann dagegen die Wirkung der Genehmigungsfiktion auf **konkurrierende Ansprüche.**

> *BGH* NJW 1975, 2011 f.: K bestellt für die Errichtung eines Flachdachs auf dem Anbau seiner Bäckerei (§ 343 HGB!) beim Baustoffhändler V Wellstegträger, die 40 cm hoch sein sollen. V liefert versehentlich Träger von nur 32 cm Höhe. Diese sind so schwach, daß sich das Dach durchbiegt. K verlangt von V Schadensersatz.

Die Vorinstanz (*OLG Oldenburg*) hatte hier angenommen, die – unterbliebene – Mängelrüge sei entbehrlich gewesen, weil V eine Genehmigung für ausgeschlossen halten mußte. Dagegen hat der *BGH* die Erforderlichkeit einer Rüge bejaht und deshalb die Klage für unbegründet gehalten: Zwar sei die Abweichung schwerwiegend. Doch habe V ein berechtigtes Interesse daran, daß K durch Prüfung und Mängelrüge das Verkäuferrisiko einer Ersatzpflicht für Mängelfolgeschäden mindere. Daß K als Bäcker von Statik nichts verstanden habe, spiele keine Rolle: Wenn er die Träger selbst bestellt habe, hätte er eine sachkundige Person mit der Prüfung der gelieferten Träger betrauen müssen. Da also die Genehmigungsfiktion von § 377 II HGB eingriff, hatte K auch etwa bestehende Schadensersatzansprüche verloren (anders *BGHZ 66, 208 ff.; BGH* NJW 1992, 912 ff.; VersR 1992, 966 f.,* wenn der Verkäufer zugleich eine vertragliche Nebenpflicht verletzt; diese Unterscheidung ist überaus zweifelhaft). Deliktische Schadensersatzansprüche bleiben nach *BGHZ 101, 337 ff.* jedoch unberührt. Das wird nach neuem Recht ebenso zu entscheiden sein (ebenso *Canaris* HaR § 29 Rdnr. 76 ff.).

12.   Grenzen des Kaufrechts

315d   Zutreffend **nicht auf Kaufrecht** stützt sich dagegen *BGHZ 70, 356 f.*[2]:
Dort hatte ein entgeltlich gelieferter **Börseninformationsdienst** bei einer Aktienempfehlung grobfahrlässig unvollständige und falsche Angaben gemacht. Ein Kunde hatte der Empfehlung vertraut und dabei über 200.000,– DM verloren. Der *BGH* hat hier die Einrede der kaufrechtlichen Verjährung (§ 477 a.F.) verworfen: Die Richtigkeit oder Unrichtigkeit der Empfehlung sei keine Eigenschaft des Informationsbriefs als Sache gewe-

---

2 Dazu *Roll,* BB 1978, 981 f.; *Köndgen,* JZ 1978, 389 ff.; kritisch *J. Schröder,* NJW 1980, 2279 ff.

sen. Vielmehr bilde die Beratungspflicht eine nicht nach Kaufregeln zu beurteilende Pflicht eigener Art (§ 311 I); für sie gelte § 195 (vgl. dazu und zu anderen Fehlern in Druckwerken *Röhl,* JZ 1979, 369 ff.).

Entsprechendes muß auch im neuen Recht gelten: also Verjährung nach den §§ 195, 199 I, III statt nach § 433 I Nr. 3.

II. Andere Schuldverhältnisse

Der Kauf ist eben aus drei Gründen sehr ausführlich dargestellt worden: (1) **316** Seine Regelung hat sich durch das SMG besonders stark geändert. (2) Er kommt in der Rechtswirklichkeit wie auch im Examen am häufigsten vor. (3) Die dort entwickelten Rechtsbehelfe finden sich – teils freilich mit einzelnen Abweichungen – auch bei anderen Schuldverhältnissen. Von diesen sollen im folgenden die wichtigsten vor allem mit ihren wesentlichen Abweichungen vom Kaufrecht kurz dargestellt werden.

1. Werkvertrag

Nach § 633 I hatte der Unternehmer beim Werkvertrag (nicht zu verwech- **317** seln mit dem Unternehmer von § 14!) schon immer eine **Pflicht zu mangelfreier Herstellung.** Dabei ähneln die Abs. 2 und 3 von § 633 der kaufrechtlichen Beschreibung des Sachmangels in § 434. Wenn ein Mangel vorliegt, muß der Besteller (wie jetzt auch der Käufer) zunächst Nacherfüllung verlangen, § 635. Wenn diese nicht zum Erfolg führt, kann der Besteller zurücktreten (§§ 636, 323, 326 V) oder den Werklohn mindern (§ 638). Zusätzlich zu den kaufrechtlichen Behelfen kann der Besteller den Mangel auch **selbst beseitigen** und von dem Unternehmer dazu einen Vorschuß und Kostenersatz verlangen, § 637. Besondere Grundlagen für werkvertragliche Schadensersatzansprüche (früher § 635 a.F.) gibt es nicht mehr; es gelten also ebenso wie beim Kauf die §§ 276 ff., 280 ff. mit § 636 (vgl. § 634 Nr. 4), und außerdem kommen wie beim Kauf (oben Rdnr. 307c) Deliktsansprüche in Betracht.

Durch die Einführung des Nacherfüllungsanspruchs für den Käufer (§ 439, vgl. oben Rdnr. 289 ff.) ist der **Kaufvertrag dem Werkvertrag angenähert** worden. Unterschiede gibt es aber bei der Verjährung (§ 438 gegen § 634 a); eine werkvertragliche Besonderheit bildet auch die **Abnahme** (§ 640) mit Bedeutung für die Fälligkeit der Werklohnforderung, für den Verjährungsbeginn und für die Gefahrtragung.

Für das Grenzgebiet zwischen beiden Vertragstypen hatte § 651 a.F. den **318** **Werklieferungsvertrag** teils nach Kauf- und teils nach Werkvertragsrecht geregelt. Er lag vor, wenn der Unternehmer das Werk aus von ihm zu beschaffenden Stoffen herzustellen hatte, § 651 a.F. Demgegenüber geht der neue § 651 viel weiter: Kaufrecht soll auf alle Verträge anzuwenden sein, die auf die Lieferung herzustellender oder zu erzeugender beweglicher Sachen abzielen. Es kommt also nicht mehr darauf an, von wem das zu verwendende Material stammt: Auch wenn der Besteller sich einen Maßanzug aus von ihm selbst beschafftem Stoff schneidern läßt, gilt prinzipiell Kaufrecht. Allerdings sollen bei nicht vertretbaren Sachen (die der Unternehmer also nicht ohne weiteres anderswo absetzen kann) einige werkvertragliche Vorschriften gelten. Dieses Vordringen des Kaufrechts infolge des neuen § 651 hängt mit der zwingenden Regelung für den Verbrauchsgüterkauf zusammen: Diese soll nicht durch ein Ausweichen in einen Verbrauchsgüterwerkvertrag (den es als eigenen Typ nicht gibt) unwirksam gemacht werden können.

2. Reisevertrag

319 Die im Jahr 1979 eingeführte und seitdem mehrfach geänderte Regelung über den Reisevertrag (§§ 651a–651m) dient dem Schutz der Reisenden (vgl. § 651m). Sie bildet im wesentlichen eine Abwandlung des Werkvertragsrechts für die Besonderheiten des Reisevertrags (§ 651a I 1: »Gesamtheit von Reiseleistungen«). Bei Mängeln der Reise muß der Veranstalter Abhilfe schaffen, § 651c II. Nach erfolgloser Fristsetzung kann auch der Reisende selbst für Abhilfe sorgen und die Kosten vom Veranstalter ersetzt verlangen, § 651c III. Für die Dauer des Mangels mindert sich der Reisepreis von selbst, ohne daß es dazu einer Gestaltungserklärung des Reisenden bedarf, § 651d I. Voraussetzung hierfür ist freilich eine Anzeige des Mangels durch den Reisenden, § 651d II. Nach dem erfolglosen Ablauf einer dem Veranstalter zur Abhilfe gesetzten Frist kann der Reisende fristlos kündigen, § 651e I, II. Der Veranstalter muß dann für den Rücktransport des Reisenden sorgen, § 651e IV. Neben der Minderung oder der Kündigung kann der Reisende Schadensersatz verlangen, es sei denn der Veranstalter habe den Mangel nicht zu vertreten, § 651f I. Dieser Ersatz kann auch eine angemessene Geldentschädigung wegen nutzlos aufgewendeter Urlaubszeit umfassen, § 651f II (dazu unten Rdnr. 830).

Weitere Besonderheiten der Regelung für den Reisevertrag betreffen die Gestellung einer Ersatzperson (§ 651b), Haftungsbeschränkungen des Reiseveranstalters (§ 651h), die Vertragsbeendigung durch den Reisenden oder wegen höherer Gewalt (§§ 651i, j) und die Sicherstellung der vom Reisenden geleisteten Vorauszahlung (§ 651k).

3. Dienstvertrag

Der Dienstvertrag (§§ 611–630) weicht von dem Schema der bisher erörter- **320** ten Vertragstypen wesentlich ab. Vor allem **fehlen nämlich Sonderregeln für die mangelhafte Dienstleistung.** Daher bleibt außer den Rechtsbehelfen des Allgemeinen Schuldrechts nur die bloß für die Zukunft wirkende Kündigung (§§ 620 ff.), insbesondere die fristlose aus wichtigem Grund (§§ 626 f.). Inwieweit daneben noch Raum für die rückwirkende Anfechtung oder den Rücktritt nach §§ 323 ff. bleibt, ist zweifelhaft (dazu *BGH NJW* 2002, 1870 ff.).

Schadensersatzansprüche nennt das Dienstvertragsrecht nur in den **321** §§ 618 III, 627 II 2 und 628 II, dazu kommt jetzt § 15 AGG. Hier geht es aber nirgendwo um mangelhafte Dienstleistungen. Für diese folgt daher ein Schadensersatzanspruch des Dienstberechtigten nur aus § 280 I; die schlechte Dienstleistung muß also zu einem Schaden geführt haben. Wenn der Dienstvertrag ein Arbeitsverhältnis darstellt (also bei unselbständiger Arbeit), hilft dem Arbeitnehmer § 619a: Im Gegensatz zu § 280 I 2 soll das Vertretenmüssen nicht vermutet werden, sondern vom Arbeitgeber zu beweisen sein.

4. Miete

Der Vermieter schuldet dem Mieter die Überlassung des vertragsgemäßen **322** Gebrauchs der Mietsache, § 535 I. Für Unmöglichkeit und Verzug bei der Gebrauchsüberlassung gelten die Regeln des Allgemeinen Schuldrechts (§§ 280, 281, 283, 286). Eine mietrechtliche Sonderregelung findet sich aber für den Fall, daß ein Sach- oder Rechtsmangel von Anfang an vorliegt oder während der Mietzeit eintritt. Dann kann der Mieter nach § 536a I Schadensersatz verlangen: für einen anfänglichen Mangel auch ohne Vertretenmüssen des Vermieters, für einen nachträglich eintretenden nur bei Vertretenmüssen. Diese Unterscheidung ist bei der Mietrechtsreform aus § 538 a.F. übernommen worden, obwohl eine Garantiehaftung für anfängliche Mängel nicht mehr zum SMG paßt. Unter bestimmten Umständen kann der Mieter den Mangel auch selbst beseitigen und die Kosten vom Vermieter ersetzt verlangen, § 536a II. Allerdings muß der Mieter einen nachträglich eintretenden Mangel dem Vermieter anzeigen, § 536c. Solange der Mangel besteht, mindert sich der vom Mieter geschuldete Mietzins von selbst (§ 536, wie nach § 651d I beim Reisevertrag).

Von einem Rücktrittsrecht des Mieters wegen eines Mangels weiß das **323** Mietrecht ebensowenig wie das Dienstvertragsrecht. Vielmehr gibt es nur das Recht zur Kündigung (§§ 542 ff.), und zwar für beide Parteien. Insbesondere kann also auch der Vermieter kündigen, wenn der Mieter den

Mietzins (das BGB sagt jetzt »die Miete«) nicht bezahlt, § 543 II Nr. 3. Die meisten Vorschriften des Mietrechts beziehen sich auf die Miete von Wohnraum (§§ 549–577 a); für die Miete anderer Sachen sind nur die §§ 578–580a bestimmt. Dabei geht es aber meist um Verweisungen. Die Vorschriften über die Miete von Wohnungen beschäftigen sich zum guten Teil mit der Höhe des Mietzinses (§§ 556 ff.) und der Kündigung (§§ 568 ff.). Hierin zeigt sich die besondere soziale Bedeutung der Wohnungsmiete, bei der es sich ähnlich verhält wie bei dem freilich überwiegend außerhalb des BGB geregelten Arbeitsvertrag: Das Ungleichgewicht der Parteien wird hier womöglich noch stärker betont als beim Verbrauchsgüterkauf (vgl. oben Rdnr. 311 ff.).

§ 15 Verbraucherschutzrecht

I. Ausgangspunkt

Eine der Aufgaben jedes Zivilrechts ist der Schutz des Schwächeren; *Cana-* **324** *ris* (AcP 200, 2000, 273 ff.) spricht hier von einer »Materialisierung des Zivilrechts«. Dabei geht es in den Zweipersonenverhältnissen des Schuldrechts um denjenigen, der *gegenüber dem anderen Teil* schwächer ist, also um eine **relative Schwäche**. Doch wäre es mit der vom Recht gleichfalls anzustrebenden Verkehrssicherheit unvereinbar, wenn diese Schwäche für jedes einzelne Schuldverhältnis individuell festgestellt werden sollte. Daher muß das Schutzbedürfnis durch abstrakt gefaßte Merkmale bestimmt werden. Das führt zu einer ziemlich groben Typisierung (etwa im Verhältnis Wohnungsmieter – Vermieter). In den letzten Jahrzehnten hat sich – vor allem wegen der Zuständigkeit und der Aktivitäten der EG – das Gegensatzpaar Verbraucher – Unternehmer in den Vordergrund geschoben; so ist ein eigenes Verbraucherschutzrecht entstanden.

II. Regelungsorte

1. Entwicklung

Geregelt war das Verbraucherschutzrecht zunächst in vielen, meist auf EG- **325** Richtlinien zurückgehenden **Spezialgesetzen** (vor allem HWiG, VerbrKrG und FernabsG). Seit dem SMG steht mit Wirkung ab dem 1.1.2002 der Inhalt dieser Gesetze und einiger weiterer **im BGB**. Die (z.B. in Österreich verwirklichte) Alternative wäre ein eigenes Verbraucherschutzgesetz gewesen, das eine Überfrachtung des BGB mit neuen, teils gräßlich kasuistischen und besonders änderungsanfälligen Normen vermieden hätte. Doch hat auch die Aufnahme ins BGB Vorteile: Insbesondere wird durch sie verhindert, daß sich gerade die simplen Alltagsfälle allein mit dem BGB nicht mehr lösen lassen.

Einzelne verbraucherrechtliche Vorschriften sind freilich **außerhalb des BGB geblieben,** so etwa das Fernunterrichtsschutzgesetz v. 24.8.1976. Auch das ProdHaftG enthält ein Stück Verbraucherschutz: Nach § 1 II 2 ProdHaftG soll die Beschädigung anderer Sachen durch das fehlerhafte Produkt nur dann zu einem Ersatzanspruch führen, wenn diese ihrer Art nach »gewöhnlich für den privaten Ge- oder Verbrauch bestimmt und hierzu vom

Geschädigten hauptsächlich verwendet worden sind«. Selbst in § 414 III HGB erscheint der Verbraucher: Er soll dem Frachtführer Schäden und Aufwendungen nur bei Verschulden ersetzen müssen. In § 312e über die Pflichten im elektronischen Geschäftsverkehr findet sich zwar der »Unternehmer«; doch wird der andere Teil nicht als »Verbraucher« bezeichnet. Die Vorschrift gehört also nicht zum Verbraucherschutzrecht.

Ganz **eigene Regelungskomplexe** für den Schutz des typischerweise Schwächeren bilden das Recht der Wohnungsmiete (§§ 549 ff.), das Reisevertragsrecht (§§ 651a ff.) und das Arbeitsrecht (nur in Ansätzen in den §§ 611 ff.). Hier wird auch terminologisch nicht von Verbrauchern und Unternehmern gesprochen.

2. Regelungen im BGB

326   Im BGB findet sich Verbraucherrecht verstreut an vielen Stellen. Vgl. dazu kritisch etwa *Adomeit*, NJW 2004, 579 ff.; *Dauner-Lieb* S. 12 ff.; Kurzlehrbuch: *Bülow/Artz*, Verbraucherprivatrecht (2003).

a) In den §§ 13 und 14 werden die Grundbegriffe **Verbraucher und Unternehmer** (ziemlich ungenau) definiert (vgl. oben Rdnr. 311). Dabei ist nochmals zu betonen, daß niemand allemal und schlechthin das eine oder das andere ist. Vielmehr kommt es für natürliche Personen auf die Rolle an, in der sie gerade auftreten: Entscheidend ist, daß es sich nicht um ihre gewerbliche oder selbständige berufliche Tätigkeit handelt. Bloß eine juristische Person kann nicht Verbraucher sein.

327   **b)** Konkret abgestellt auf das Verhältnis Unternehmer – Verbraucher wird zunächst in § 241 a: **Unbestellt erbrachte Leistungen,** die von einem Unternehmer stammen, soll der Verbraucher weder zu vergüten noch zurückzugeben brauchen, also unentgeltlich behalten dürfen. Das soll in erster Linie Unternehmer davon abhalten, andere mit solchen Leistungen zu belästigen. Auf die irrtümliche Zusendung eines aliud an den Käufer (vgl. § 434 III) ist § 241a aber nicht anzuwenden (*Palandt-Heinrichs* § 241a Rdnr. 4, str.).

328   **c)** Die nächste Erwähnung von Verbraucherrecht findet sich in § 310 III: Die Schutzvorschriften für die **Kunden eines AGB-Verwenders** sollen auf Verbraucherverträge (also auf Verträge zwischen einem Unternehmer und einem Verbraucher) in weiterem Umfang angewendet werden.

329   **d)** Alsdann enthalten die §§ 312, 312a den wesentlichen Inhalt des alten HWiG: Der Verbraucher soll durch ein nicht abdingbares (§ 312 f.) Widerrufsrecht gegen **Überrumpelung** bei der Anbahnung eines Vertrages an einem unüblichen Ort geschützt werden.

e) Daran knüpfen sich die §§ 312b bis d. Sie betreffen den **Fernabsatz** 330 durch Verträge, die zwischen einem Unternehmer und einem Verbraucher »unter ausschließlicher Verwendung von Fernkommunikationsmitteln abgeschlossen werden«, § 312b I. Hier folgt das Schutzbedürfnis des Verbrauchers nicht (wie bei § 312) aus einem Fehlverhalten des Unternehmers, sondern aus der Unsichtbarkeit des Vertragspartners und des Produkts; die Wahlfreiheit des Verbrauchers soll gesichert werden (vgl. *Martinek*, NJW 1998, 207 ff., ausführlicher etwa *Herb. Roth*, JZ 2000, 1013 ff.). Der Schutz soll erreicht werden durch Informationspflichten des Unternehmers (§ 312 c) und ein Widerrufsrecht des Verbrauchers (§ 312 d).

f) Alsdann enthalten die §§ 355–359 allgemeine Vorschriften über das 331 (dem Grunde nach anderswo geregelte) **Widerrufs- und Rückgaberecht** des Verbrauchers. Neben Sonderbestimmungen findet sich in § 357 I eine Verweisung auf das Recht des gesetzlichen Rücktrittsrechts, also auf die §§ 346 ff. Wichtig und problematisch sind die §§ 358, 359 über »Verbundene Verträge« (vgl. unten Rdnr. 776 ff.). Dabei geht es um die Verbindung zwischen einem Absatz- (etwa Kauf) und einem Kreditgeschäft (Verbraucherdarlehen).

g) Dem **Verbrauchsgüterkauf** sind die §§ 474–479 gewidmet. Sie sind 332 schon oben Rdnr. 311 ff. dargestellt worden.

h) Die §§ 481–487 behandeln **Teilzeit-Wohnrechteverträge**. Hier sollen 333 Informationspflichten (§§ 482 f.), ein Schriftformerfordernis (§ 484) und ein Widerrufsrecht (§ 485) dem Schutz des Verbrauchers dienen. Sachlich geht es vor allem um Teilzeitrechte an Ferienimmobilien. Soweit diese in einem nicht an die EG-Richtlinien gebundenen Ausland liegen, sollen die §§ 481 ff. nach Art. 29a II EGBGB gleichwohl anwendbar sein.

i) In den §§ 499–507 folgen nach den Bestimmungen über das Gelddarle- 334 hen (§§ 488 ff.): Vorschriften über **Finanzierungshilfen und Ratenlieferungsverträge** zwischen einem Unternehmer und einem Verbraucher. Hier finden sich große Teile des VerbrKrG wieder. Der Verbraucher wird vor allem durch umfangreiche Informationspflichten des Unternehmers (§§ 492, 494, 502, teils eingekleidet in Formvorschriften) sowie ein (von der EG-Richtlinie nicht vorgesehenes) Widerrufsrecht geschützt. Leicht übersehen kann man die in § 507 ausnahmsweise angeordnete Anwendung der Vorschriften auf **Existenzgründer**, die also zur Aufnahme einer gewerblichen oder selbständigen beruflichen Tätigkeit kontrahieren. Freilich gilt das nur für Verträge bis zu einem Betrag von 50 000 Euro.

j) Eine letzte Bezugnahme auf das Verhältnis zwischen Unternehmer und 335 Verbraucher findet sich in § 661a: **Gewinnzusagen** (dazu *BGH* NJW 2006, 230) eines Unternehmers an einen Verbraucher sind so einzuhalten, wie der

Verbraucher sie verstehen konnte. Hier geht es ähnlich wie bei § 241a (oben Rdnr. 327) letztlich um die Lauterkeit des Geschäftsverkehrs.

III. Einzelprobleme

336   Unter den vielen Problemen, die sich bei der Anwendung des Verbraucherrechts herausgestellt haben, seien hier wenigstens drei dargestellt (vgl. auch oben Rdnr. 311 ff. zum Verbrauchsgüterkauf und unten Rdnr. 776 b ff. zum fremdfinanzierten Immobilienerwerb).

1. Überrumpelung

BGH ZIP 2004, 365 ff.: K hat auf einer »Verbraucherausstellung« einen Kaufvertrag über eine Messe-Einbauküche unterschrieben. Er meint, sich von diesem Vertrag durch einen Widerruf lösen zu können.

Diese Ansicht wäre nach § 312 I 1 Nr. 2 begründet, wenn man die Verbraucherausstellung als »**Freizeitveranstaltung**« verstehen könnte. Zwar besucht man eine solche Ausstellung regelmäßig in seiner Freizeit. Aber nach dem Gesetzeszweck paßt »Freizeitveranstaltung« nicht. Denn es fehlt an einer Überrumpelung: Daß auf einer Verkaufsausstellung Geschäfte abgeschlossen werden sollen, ist in keiner Weise überraschend. Daran ändert auch ein gleichzeitig angebotenes Unterhaltungsprogramm nichts. »Freizeitveranstaltung« meint daher nur Veranstaltungen, bei denen der gewerbliche Charakter verschleiert oder zumindest verdrängt wird, weil ein anderer Zweck in den Vordergrund gestellt worden ist (wie bei einer Kaffeefahrt, auf der dann auch Waren angeboten werden). So hat denn auch der BGH ein Widerrufsrecht des K verneint.

337   Auf einem anderen Grund beruht die Ablehnung eines Widerrufsrechts in

LAG Hamm ZGS 2003, 232 f.: K war bei B als Vertriebsbeauftragter angestellt. Eines Tages wurde er in das Büro seines Vorgesetzten gebeten. Dort wurde ihm mitgeteilt, man wolle sich von ihm trennen. K unterzeichnet einen von B vorbereiteten Auflösungsvertrag; er will widerrufen.

Es ist diskutiert worden, ob ein **Arbeitnehmer** im Verhältnis zum Arbeitgeber »Verbraucher« sein kann. Diese Frage braucht aber wenigstens für Fälle wie den vorliegenden nicht entschieden zu werden. Denn erstens steht § 312 unter der Überschrift »Besondere Vertriebsformen« und paßt schon deshalb nicht für Arbeitsverträge. Zweitens kann man zweifeln, ob ein **Aufhebungsvertrag** eine »entgeltliche Leistung« zum Gegenstand hat. Drittens und vor allem aber liegen zwar »mündliche Verhandlungen am

Arbeitsplatz« (so § 312 I 1 Nr. 1 Alt. 2) vor. Aber für Geschäfte, die sich auf das Arbeitsverhältnis beziehen, ist dies der normale Abschlußort. Die auf den Verhandlungsort »Arbeitsplatz« sich gründende Vermutung einer Überrumpelung trifft daher nicht zu. So hat auch *BAG* NJW 2004, 2401 entschieden.

Problematisch ist bei einer **Vertragsanbahnung durch Dritte**, wer sich   337a
in der Haustürsituation befunden haben muß. Dabei ist zu unterscheiden:
(1) Der **Unternehmer** führt diese Situation häufig nicht selbst herbei, sondern läßt die Anbahnung durch Dritte besorgen. Wenn diese Vertreter sind oder Vertretern i.S.v. § 123 II gleichstehen (vgl. oben Rdnr. 149), hatte der BGH dem Unternehmer die Überrumpelung zugerechnet (Angaben bei *BGH* ZIP 2006, 2210/2211 Rdnr. 10). Der *EuGH* (ZIP 2005, 1965 ff.) hat ein solches Zurechnungserfordernis jedoch für richtlinienwidrig erklärt. Daraufhin hat auch der BGH (zuletzt aaO. Rdnr. 11) auf ein solches Erfordernis verzichtet. – (2) Wenn dagegen für den **Verbraucher** ein Vertreter gehandelt hat, kommt es auf die Überrumpelungssituation bei diesem handelnden Vertreter an. Der Verbraucher kann allenfalls die Vertretungsmacht widerrufen, wenn er bei deren Erteilung überrumpelt worden ist.

2. Fernabsatz

§ 312d enthält in den Absätzen 3 bis 5 weitreichende Ausnahmen von dem   338
Widerrufsrecht.

BGHZ 154, 239 ff.: K hat bei V ein ihm telefonisch angebotenes Notebook mit bestimmten Zusatzkomponenten bestellt. Dieses wurde nach den Wünschen des K ausgestattet und konfiguriert. K widerrief den Kauf jedoch nach der Vorgängervorschrift des § 312 d. V will diesen Widerruf nicht gelten lassen, weil die Ware »nach Kundenspezifikation angefertigt« worden sei (jetzt § 312d IV Nr. 1).

Der *BGH* hat den Widerruf trotzdem für wirksam gehalten: Das Gesetz wolle den Widerruf nur bei Waren ausschließen, die der andere Teil anderweit nicht oder nur unter unzumutbaren Preisabschlägen absetzen könne. Daran fehle es hier. Denn das Notebook sei aus **vorgefertigten Standardbauteilen** zusammengesetzt, die mit verhältnismäßig geringem Aufwand (ca. 5 % des Preises) wieder getrennt werden könnten. Das sei für V zumutbar.

3. Die Stellung des Verbrauchers nach dem Widerruf

a) Nach der Grundidee des Widerrufsrechts müßte sich der Verbraucher   339
von dem widerrufenen Geschäft ohne verbleibende Nachteile wieder zurückziehen können. Er müßte also so stehen, als habe er das Geschäft nicht

abgeschlossen. Das wird aber nur mit erheblichen Einschränkungen erreicht (vgl. *Dauner-Lieb* S. 13 ff.).

340 **b)** Klar ist zwar der **Ausgangspunkt**: § 357 I 1 verweist vorbehaltlich anderer Bestimmungen auf die Vorschriften über den gesetzlichen Rücktritt. Daher sind nach § 346 I die ausgetauschten Leistungen zu zurückzugewähren und die gezogenen Nutzungen herauszugeben. Das setzt aber voraus, daß die Leistungen noch unverändert vorhanden sind.

341 **c)** Beim Kauf trifft das aber regelmäßig nur auf die vom Käufer (= Verbraucher) erbrachte Geldleistung zu. Dagegen wird die **Sachleistung des Verkäufers** oft Gebrauchsspuren aufweisen (zumindest ist die Fabrikverpackung aufgerissen!), die sie erheblich entwerten. Die Ware kann auch beschädigt oder untergegangen sein. Nach Rücktrittsrecht bleiben dann beim Käufer erhebliche Nachteile: Bei Verschlechterung (außer durch die bestimmungsgemäße Ingebrauchnahme) oder bei Untergang schuldet er nach § 346 II 1 Nr. 3 Wertersatz, der gemäß § 346 II 2 nach dem Kaufpreis zu berechnen ist. Dann steht womöglich seinem Anspruch auf Kaufpreisrückgewähr ein gleich hoher Anspruch auf Wertersatz gegenüber. Freilich macht § 346 III 1 Nr. 3 davon eine Ausnahme, wenn der Käufer die eigenübliche Sorgfalt beachtet hat. Aber wenn das nicht der Fall ist oder § 277 vorliegt, hat der Käufer trotz des Widerrufs womöglich Kaufpreis und Kaufsache eingebüßt. Zudem kann der Verkäufer ggf. nach § 346 IV, 280 noch einen überschießenden Schadensersatzanspruch haben. *Arnold/Dötsch*, NJW 2003, 187 ff. wollen diese Härten mildern, doch ist das mit dem Gesetz kaum vereinbar.

342 Gegenüber dem Rücktrittsrecht wird die Lage des Widerrufenden sogar noch durch § 357 III verschlechtert: Danach soll der Verbraucher abweichend von § 346 II 1 Nr. 3 Wertersatz auch für eine Verschlechterung leisten müssen, die durch die bestimmungsgemäße Ingebrauchnahme (außer durch die bloße Prüfung) entstanden ist, wenn er hierauf und auf eine Möglichkeit hingewiesen worden ist, diese Rechtsfolge zu vermeiden. Dieser Hinweis kann aber oft nur aus dem Rat bestehen, die Ingebrauchnahme ganz zu unterlassen (so auch das amtliche Muster der Widerrufsbelehrung, vgl. PWW-*Medicus* § 355 Rdnr. 14). Aber was nutzt dem Käufer die sofortige Lieferung dann noch?

Zudem wird auch das **Haftungsprivileg** von § 346 III 1 Nr. 3 (eigenübliche Sorgfalt) für den Widerruf noch durch § 357 II 3 **eingeschränkt**: Es soll nicht gelten, wenn der Verbraucher über sein Widerrufsrecht ordnungsgemäß belehrt worden ist oder hiervon anderweitig erfahren hat. Dann trifft den Verbraucher die Wertersatzpflicht aus § 346 II 1 Nr. 3 also schon bei jeder leichten Fahrlässigkeit, so daß er die Kaufsache bis zum Ablauf der Widerrufsfrist mit aller Sorgfalt behandeln muß.

d) Kosten und Gefahr der Rücksendung trägt nach § 357 II 1 der Unter- 343–363
nehmer (den Verbraucher trifft nur die Mühe der Rücksendung durch un-
freies Paket). Doch können bei einer Bestellung bis zu 40 Euro dem Verbraucher die Rücksendungskosten vertraglich auferlegt werden. Das entspricht einem Wunsch vor allem des Versandbuchhandels, der gefürchtet
hat, der Käufer werde die Bücher in der Widerrufsfrist von zwei Wochen
(§ 355 I 2) lesen und dann auf Kosten des Verkäufers zurücksenden.

§ 16   Unentgeltliche Geschäfte

364 Bei unentgeltlichen Schuldverträgen entfällt die Gegenleistung. Daher tauchen hier auch alle die Probleme nicht auf, die mit dem Synallagma zusammenhängen: Insbesondere gelten bei Leistungsstörungen nur die §§ 275 ff., nicht die §§ 320 ff. Dafür treten bei unentgeltlichen Geschäften andere Probleme auf: Oft ist der rechtsgeschäftliche Charakter solcher Geschäfte, bisweilen ist ihre Unentgeltlichkeit fraglich. Überdies ist die Position des unentgeltlichen Erwerbers gegenüber dem Schenkenden wie auch gegenüber Dritten schwach.

I.   Abgrenzung Rechtsgeschäft – Gefälligkeitsverhältnis[1]

365 *BGHZ 21, 102 ff.:* G betreibt ein Transportgeschäft. Infolge eines Unfalls ist einer seiner Fahrer ausgefallen. Da G einen dringenden Transport durchzuführen hat, bittet er den Transportunternehmer T, durch Überlassung eines Fahrers auszuhelfen. A, ein Angestellter des T, schickt daraufhin den F. Dieser war erst seit drei Wochen bei T angestellt und hatte noch keinen Lastzug selbstverantwortlich gefahren. Infolge der Unerfahrenheit des F blieb der Lkw des G liegen und mußte abgeschleppt werden. G verlangt von T Schadensersatz.

Der Anspruch kann hier nicht darauf gestützt werden, daß T für ein Verschulden des F bei der Bedienung des Lkw nach § 278 einzustehen habe. Denn T schuldete dem G nicht die Führung dieses Lkw; F war daher nicht Erfüllungsgehilfe des T. Eine Haftung ist aber deshalb denkbar, weil A den F schuldhaft schlecht ausgesucht hat; insoweit könnte T für A nach § 278 einstehen müssen. Das setzt aber voraus, daß zwischen G und T ein Vertrag über die Überlassung eines zuverlässigen Fahrers (**Dienstverschaffungsvertrag**) zustande gekommen war. Fraglich ist das hier wegen der Unentgeltlichkeit.

Dieselbe Frage ergibt sich auch sonst häufig: A bittet den B, für kurze Zeit auf sein Kind (*BGH* JZ 1969, 232 f. mit Anm. *Deutsch*) oder seinen Koffer zu achten, ihn in einem Kraftfahrzeug unentgeltlich mitzunehmen usw. Unproblematisch ist dagegen die bei Ärzten übliche Behandlung eines Kollegen ohne Honorar (*BGH* NJW 1977, 2120): Hier liegt sicher ein Rechtsgeschäft vor. Man kann sogar an der Unentgeltlichkeit zweifeln, weil der Behandelnde ggf. ein gleiches Entgegenkommen erwartet.

---

1 Dazu *Willoweit*, JuS 1984, 909 ff.; 1986, 96 ff.; *Grundmann*, AcP 198 (1998) 457/461 ff.; *K. Schreiber*, Jura 2001, 810 ff.; umfassend *M. Fischer*, Die Unentgeltlichkeit im Zivilrecht, 2002.

1. Die Fragestellung

Das BGB nimmt zu den unentgeltlichen Geschäften in unterschiedlicher **366** Weise Stellung. Es hat nämlich einerseits einige unentgeltliche Geschäfte als **Typenverträge** ausgebildet und dabei die Haftung des unentgeltlich Handelnden gemildert (§ 521 Schenkung, § 599 Leihe, § 690 unentgeltliche Verwahrung). Andererseits hat es aber für den **Beauftragten**, der gleichfalls unentgeltlich handelt, kein Haftungsprivileg vorgesehen.

Die meisten Gefälligkeiten des täglichen Lebens (auch die Überlassung des Fahrers in *BGHZ 21, 102/107*) fallen nicht unter die privilegierten Typen. Sie scheinen daher der vollen Haftung nach Auftragsrecht zu unterliegen, wenn man sie überhaupt als Rechtsgeschäfte ansieht. Hierüber gibt es einen Meinungsstreit:

a) Rechtsbindungswille

Die h.M. (vgl. *BGH* aaO.) hat die Lösung der Haftungsfrage auf dem Boden der Alternative »kein Rechtsgeschäft – Auftrag« gesucht: Ein Rechtsgeschäft (und damit meist Auftrag) sollte vorliegen, wenn die Partner sich rechtsgeschäftlich binden wollten. Hierüber machen sich die Partner aber regelmäßig keine Gedanken. Daher hat die h.M. einen bunten Strauß von Indizien entwickelt, denen sie den Rechtsbindungswillen (vgl. oben Rdnr. 130) entnehmen wollte. So sagt *BGHZ 21, 107*:

»Die Art der Gefälligkeit, ihr Grund und Zweck, ihre wirtschaftliche und rechtliche Bedeutung, insbesondere für den Empfänger, die Umstände, unter denen sie erwiesen wird, und die dabei bestehende Interessenlage der Parteien« könnten auf den Bindungswillen schließen lassen. Weiter hält der *BGH* für erheblich den »Wert einer anvertrauten Sache, die wirtschaftliche Bedeutung einer Angelegenheit, das erkennbare Interesse des Begünstigten und die nicht ihm, wohl aber dem Leistenden erkennbare Gefahr, in die er durch eine fehlerhafte Leistung geraten kann.«

Nach diesen Regeln hat der *BGH* auch den Ausgangsfall entschieden: Vor allem wegen des hohen Wertes des zu führenden Lkw sei der Wille zu rechtlicher Bindung anzunehmen. Daher liege ein Rechtsgeschäft vor, aus dem T für jede Fahrlässigkeit hafte. Das Ergebnis überrascht: Hätte T nicht einen Fahrer »verliehen«, sondern einen Lkw, wäre er nach § 599 nur bei grober Fahrlässigkeit ersatzpflichtig geworden.

b) Erweiterung gesetzlicher Haftungsmilderungen

Flume (§ 7, 5–7) kritisiert den Bindungswillen der h.M. als abzulehnende **367** Fiktion; Gefälligkeiten des täglichen Lebens seien nie Rechtsgeschäfte. Allerdings entstünden auch aus ihnen Sorgfaltspflichten. Indessen müsse für die Verletzung dieser Pflichten entsprechend §§ 521, 599 die Beschränkung der Haftung auf grobe Fahrlässigkeit gelten: Wenn das Gesetz eine solche Beschränkung schon für unentgeltliche Rechtsgeschäfte anordne, müsse sie um so mehr für unentgeltliche Geschäfte gelten, die nicht einmal Rechtsgeschäfte seien (anders unzutreffend *OLG Stuttgart*, VersR 1994, 867/868).

Nur für **Kaufleute** will *Flume* eine Ausnahme machen: Sie sollen stets auch für leichte Fahrlässigkeit haften. Daher hält *Flume* die Entscheidung in *BGHZ 21, 102 ff.* im Ergebnis für richtig. Ich kann dem nicht folgen: Auch wo ein Kaufmann schenkt oder verleiht, haftet er nach §§ 521, 599 privilegiert. Dasselbe muß bei anderen Gefälligkeiten gelten. Richtig ist nur, daß Unentgeltlichkeit bei einem Kaufmann viel seltener vorkommen wird (vgl. § 354 HGB).

c)   Einschränkung des Auftragsrechts

368   Noch anders ist die früher von *Esser* (vgl. jetzt *Esser/Weyers* § 35 I 1c) vertretene Position. Sie gründet sich auf eine Ungereimtheit im BGB: Dort erscheine der Auftrag zwar als das umfassende unentgeltliche Gegenstück zu Dienst- und Werkvertrag. Doch zeigten die Verweisungen anderer Rechtsgebiete auf das Auftragsrecht (§§ 27 III, 48 II, 713, 1978 I 1, 2218 I), daß es sich dort stets um Tätigkeiten mit wirtschaftlicher Bedeutung und einer gewissen Selbständigkeit handele. Das entspreche dem engen Geschäftsbegriff, den die h.M. bei § 675 I annehme. Nur dieses »Treuhandelement im Auftrag« rechtfertige auch die Haftung für jede leichte Fahrlässigkeit. Für unselbständige und wirtschaftlich wenig bedeutsame Tätigkeiten paßten die §§ 662 ff. und die unbegrenzte Haftung dagegen nicht recht.

2.   Teilfragen

369   Sachlich dürfte es vor allem auf die drei folgenden Probleme ankommen:

a)   Haftungsmaßstab

Erstens hat Bedeutung die Frage nach dem Haftungsmaßstab (vgl. *Grundmann*, AcP 198, 1998, 457/461 ff.; *Gehrlein*, VersR 2000, 415 ff.; *D.J. Maier*, JuS 2001, 746 ff.). Da paßt in der Tat die unbegrenzte Haftung des Auftragsrechts nicht für unentgeltliche Tätigkeiten ohne Treuhandcharakter, also insbesondere nicht für Gefälligkeiten des täglichen Lebens. Insoweit besteht also eine Gesetzeslücke, die in Analogie zu den §§ 521, 599, 690 zu füllen ist: Der unentgeltlich Tätige haftet regelmäßig nur für grobe Fahrlässigkeit. Ausnahmsweise haftet er für die Sorgfalt in eigenen Angelegenheiten dann, wenn er (wie regelmäßig bei § 690) die gleiche Tätigkeit auch im eigenen Interesse ausführt (so im Fall von *BGH JZ 1969, 232 f.*: gleichzeitige Beaufsichtigung eigener und fremder Kinder). Zur Erstreckung der Haftungsmilderung auf Schutzpflichten vgl. oben Rdnr. 209 a.

Die Rspr. verneint freilich meist eine Haftungsmilderung, etwa *RGZ 145, 390/394 f.* (vorsichtiger aber *BGHZ 21, 102/110*): S hat G unentgeltlich in seinem Kraftwagen mitgenommen. In diesem war sogar ein Schild angebracht »Sie fahren in diesem Wagen auf eigene Gefahr«, das G gelesen hatte (nach geltendem Recht würde ein solcher Haftungsanschluß übrigens schon an § 309 Nr. 7a scheitern). Trotzdem hat das *RG* der vollen Delikthaftung des S zugeneigt; insoweit zustimmend *BGHZ 21, 110*[2]. Dagegen hat der *BGH* später mehrfach **einen »stillschweigenden« Ausschluß der Haftung** für leichte Fahrlässigkeit des Fahrers angenommen (NJW 1979, 414 f., 643 ff.; 1980, 1681 ff.; VersR 1980, 384 ff.). Doch handelte es sich hier um besondere Umstände; insbesondere fehlte dem Schädiger meist der Versicherungsschutz. Zumindest die Begründung dieser Entscheidungen scheint mir wenig glücklich; gleiches gilt für *OLG Dresden*, VersR 1998, 1027 f. Auch die Ausgangsentscheidung *BGHZ 21, 102/110* lehnt die Annahme einer Haftungsbeschränkungsabrede als »mehr oder minder fiktiv« ab.

b) Ausführungsanspruch

Die zweite Frage betrifft die Entscheidung darüber, ob ein Anspruch auf Ausführung der zugesagten Tätigkeit besteht. Hierfür ist zu bedenken, daß nach § 671 selbst der Beauftragte jederzeit kündigen kann und nur bei Kündigung zur Unzeit Schadensersatz schuldet. Eine dauerhaftere Bindung kann auch bei einem bloßen Gefälligkeitsverhältnis nicht angenommen werden: Ein Ausführungsanspruch (und damit auch ein Schadensersatzanspruch wegen Nichtausführung) fehlt regelmäßig, wenn der Gefällige seine Zusage (gegebenenfalls konkludent) aufkündigt. Dagegen wird man bei Kündigung zur Unzeit ohne wichtigen Grund (dazu *BGH* NJW 1986, 978/980) entsprechend § 671 II 2 eine Schadensersatzpflicht anzunehmen haben.

Bsp.: Der Student S lädt seine Freundin F zu einer Autofahrt ein. Läßt S die F mitten im Wald ohne wichtigen Grund sitzen, so schuldet er ihr die Kosten der Heimfahrt.

c) Haftung bei Ausführung

Die dritte Frage endlich betrifft diejenigen Verhältnisse, in denen nach dem oben b Gesagten kein Ausführungsanspruch besteht: Wenn hier gleichwohl

370

371

---

2 Ebenso *BGH* VersR 1967, 157, zuletzt *OLG Oldenburg*, VersR 2003, 1262/ 1263 f.

ausgeführt wird, haftet der Ausführende dann wegen zu vertretender Schlechtleistung aus § 280 I nach dem Recht der Sonderverbindung?

Eine solche Haftung für Schlechtleistung trotz Fehlens eines klagbaren Erfüllungsanspruchs kommt ja auch sonst vor (vgl. oben Rdnr. 42; 201).

Bedeutung hat das vor allem wegen § 278 und bei bloßen Vermögensverletzungen. Hauptfall für letztere ist die **unrichtige Auskunft** außerhalb eines ohnehin bestehenden Vertrages, etwa wenn eine Bank einen Nichtkunden berät oder wenn ein Rechtsanwalt einen Dritten über die Kreditwürdigkeit eines Mandanten unterrichtet *(BGH* NJW 1972, 678 ff.). Nicht genügt dagegen eine private Äußerung, *BGH* NJW 1991, 352 f. Dazu ausführlich *W. Lorenz,* 1. FS Larenz (1973) 575 ff.; *Müssig,* NJW 1989, 1697 ff.; *Strauch,* JuS 1992, 897 ff., knapp *Prinz zu Hohenlohe-Öhringen,* BB 1986, 894 f.

Die Rspr. (etwa *BGH* Betr. 1979, 1219 ff. [Anlageberater]; NJW 1979, 1595 ff. [Bank]; *BGHZ 100, 117 ff.* [Sparkasse]; NJW 1990, 513 f. [Bausparkasse]; NJW 1993, 3073/3075) arbeitet in solchen Fällen trotz § 675 II mit einem **Vertrag auf sorgfältige Auskunft:** Ein solcher liege vor, wenn der Befragte erkenne, daß der Fragende von der Auskunft wichtige Maßnahmen (insbesondere Vermögensdispositionen) abhängig machen wolle, und zwar selbst dann, wenn der Befragte einen Vertragsschluß ablehne *(BGHZ 7, 371/374 f.).* Damit wird für die Frage nach Schadensersatzansprüchen das Erfordernis eines Rechtsbindungswillens (vgl. oben Rdnr. 366) der Sache nach aufgegeben: Der Befragte haftet nicht wo er *will,* sondern wo er *soll.* Eine Regelung für Auskunftspflichten beim Handel mit Wertpapieren enthalten die §§ 31 f. des Wertpapierhandelsgesetzes v. 6.7.1994.

Die **Scheckeinlösungszusage** einer Bank begründet nach *BGHZ 77, 50 ff.* sogar eine selbständige (d.h. auch verschuldensunabhängige) Garantiehaftung (einschränkend aber *BGHZ 110, 263 ff.).* Und nach *BGH* JZ 1985, 951 f. (mit abl. Anm. *H. Honsell)* sollen in den **Schutzbereich** des angeblichen Auskunftsvertrags **auch Dritte einbezogen** sein können (so daß diese möglicherweise Schadensersatz verlangen können, obwohl ihnen die Auskunft nicht erteilt worden war). Das ist für die Auskünfte Sachverständiger inzwischen gefestigte Rspr. (vgl. unten Rdnr. 845 a).

Etwas anders liegt der Fall von *BGHZ 56, 204 ff.* G hatte 1949 im Einverständnis mit dem Ostbüro der SPD in der Ostzone politische Propaganda betrieben. Für seine Strafhaft von zwölf Jahren verlangte er dann von der SPD Schadensersatz (§ 670, vgl. unten Rdnr. 428 f.). Die Vorinstanz hatte einen Rechtsbindungswillen bejaht und der Klage stattgegeben. Hier wird man mit dem *BGH* (S. 209) sagen können, daß eine rechtliche Bindung des G nach Auftragsrecht kaum gewollt war: Die SPD hätte ja auch keinen Schadensersatz wegen Nicht- oder Schlechterfüllung fordern können.

3. Der Lottofall

Bisweilen scheint auch der BGH die starre Alternative zwischen keiner **372** oder voller rechtsgeschäftlicher Bindung auflockern zu wollen.

BGH NJW 1974, 1705 ff.: A, B, C, D und E hatten eine Lottospielgemeinschaft verabredet. Dabei sollte A wöchentlich von jedem Teilnehmer 10,– DM einziehen und den so erlangten Betrag von 50,– DM auf bestimmte Zahlenkombinationen setzen. Einmal veränderte A eigenmächtig die Zahlenkombination. Bei dieser Ziehung wäre auf die verabredeten Zahlen ein Gewinn von über 10000,– DM entfallen. B, C und D verlangten Ersatz für den ihnen entgangenen Anteil.

Der *BGH* verneint hier ausdrücklich, daß sich in solchen Fällen ein Parteiwille zur Frage einer rechtsgeschäftlichen Bindung feststellen lasse (kritisch *Kornblum*, JuS 1976, 571 ff.; *Plander*, AcP 176, 1976, 424 ff.). Daher müsse die Bindung nach § 242 ermittelt werden. Hiermit sei zwar eine Rechtspflicht der Mitspieler zur Leistung der vereinbarten Beiträge und eine Rechtspflicht des geschäftsführenden A zur Verteilung der erzielten Gewinne vereinbar. Dagegen sei eine möglicherweise existenzbedrohende Schadensersatzpflicht des A für entgangene Gewinne unzumutbar. Deshalb ist die Ersatzklage abgewiesen worden.

4. Der Pillenfall

Überdeckt wird die Frage nach dem Parteiwillen von einer weiteren Erwä- **372a** gung auch in

BGHZ 97, 372 ff. (dazu etwa *Fehn*, JuS 1988, 602 ff.): M und F leben in nichtehelicher Gemeinschaft. Sie verabreden, daß F empfängnisverhütende Mittel (»die Pille«) anwenden soll. F unterläßt das aber von einer bestimmten Zeit an, ohne dies dem M zu sagen. Dieser verlangt von F Ersatz für den Unterhalt, den er seinem daraufhin geborenen Kind zahlen muß.

Hier hat der *BGH* primär einen **Rechtsbindungswillen** (und folglich einen Anspruch des M wegen Verletzung der »Pillenabrede«) abgelehnt: Eine nichteheliche, freie Partnerschaft solle regelmäßig eben gerade nicht nach Rechtsregeln geordnet werden. Dahinter steht noch eine andere Erwägung: Über Fragen des engsten persönlichen Bereichs sei eine vertragliche Bindung gar nicht möglich (insoweit **fehlt die Privatautonomie**). Übrigens hat der *BGH* hier auch einen Ersatzanspruch des M aus § 826 verneint (worüber man eher streiten kann).

II. Abgrenzung bei der Schenkung

373 Fragen nach der Abgrenzung der Schenkung tauchen nicht nur wegen des Haftungsprivilegs nach § 521 auf, sondern auch wegen der zahlreichen anderen Sondervorschriften über die Schenkung und den schenkweisen Erwerb.

1. Die Vermögenszuwendung bei der Schenkung

Nicht jede unentgeltliche Zuwendung eines Vorteils bei Einigsein über die Unentgeltlichkeit ist Schenkung. Das folgt schon aus § 517 sowie daraus, daß mehrere solcher Zuwendungen einem eigenen Typ außerhalb der §§ 516 ff. angehören: Leihe, unentgeltliche Verwahrung, unverzinsliches Darlehen, Auftrag. Wie aber, wenn ein solcher Typ fehlt?

Bsp.: B verspricht dem Schuldner S, sich für ihn bei dessen Gläubiger G zu verbürgen, ohne daß S ein Entgelt zahlen soll.

Hier bedarf das Versprechen B–S der Form des § 766, obwohl es noch nicht die dort genannte Bürgschaftserklärung selbst darstellt: Andernfalls würde der von § 766 bezweckte Übereilungsschutz für B illusorisch. Aber ist darüber hinaus die Form von § 518 nötig?

Daß das Versprechen des B eine Schenkung sein könnte, kommt überhaupt nur im Verhältnis zu S in Betracht. Denn im Verhältnis zu G scheidet Unentgeltlichkeit sicher aus: Dessen Gegenleistung an S deckt auch die Bürgschaft. Aber auch im Verhältnis zu S nimmt die Rspr. (*BGH* LM Nr. 2 zu § 516) Schenkung nur dann an, wenn B auf seinen Rückgriff (§ 774) gegen S verzichtet. Die mit der Schenkung beabsichtigte **Mehrung des Vermögens** des Beschenkten muß also eine **dauernde** sein.

Soweit ein Versprechen auf solche dauernde Vermögensmehrung abzielt, also Schenkung sein kann, ist seine Abgabe noch nicht »Bewirkung der versprochenen Leistung« im Sinne von § 518 II. Das folgt für ein schenkweise erteiltes Schuldversprechen oder Schuldanerkenntnis nach §§ 780, 781 aus §§ 518 I 2, 2301 I 2 (vgl. *BGH* NJW 1980, 1158 f.).

Bei einem schenkweise gegebenen **Wechsel oder Scheck** bedarf nach *BGHZ 64, 340 ff.* der Begebungsvertrag der notariellen Beurkundung (vgl. oben Rdnr. 44). Dagegen wird durch die §§ 656 II, 762 II die Unverbindlichkeit des Grundgeschäfts auf die für dieses eingegangenen abstrakten Verpflichtungen übertragen.

2.   »Schenkung« und Gegenleistung

Nicht selten wird die Unentgeltlichkeit einer Zuwendung fraglich, weil **374**
diese aus einem bestimmten Grund oder zu einem eigennützigen Zweck
erfolgt. So liegt es etwa bei Gratifikationen an Arbeitnehmer »für treue
Dienste«. Oder die Eltern mögen ihrem Kind ein Haus »schenken« gegen
die Gewährung von Kost und Unterkunft auf Lebenszeit. Hier sind folgende rechtliche Gestaltungen möglich:

a)   Gegenseitiger Vertrag

Wird die eigene Leistung um der Gegenleistung willen versprochen, dann
liegt keine Schenkung vor, sondern ein gegenseitiger Vertrag: Beide Parteien
können Erfüllung verlangen; bei Leistungsstörungen gelten die §§ 320 ff.
Diese Gestaltung ist regelmäßig anzunehmen, wenn die Parteien beide
Leistungen gleich bewerten.

So könnte die eingangs erwähnte »Schenkung« durch die Eltern in Wahrheit ein
Verkauf des Hauses mit anderstypischer Gegenleistung (Miete, Dienstvertrag) sein.

b)   Schenkung unter Auflage

Davon zu unterscheiden ist die Schenkung unter Auflage, §§ 525 ff. Sie ist **375**
im Zweifel anzunehmen, wenn die Gegenleistung aus dem Wert des Geschenks erbracht werden soll (etwa das Altenteil aus dem Ertrag des geschenkten Hofes), vgl. § 526 und *BGHZ 107, 156/160.* Hier ist der Schenker vorleistungspflichtig, § 525 I. Nach Erbringung seiner Leistung kann er
zwar Vollziehung der Auflage verlangen. Doch hat er bei Undurchsetzbarkeit dieses Verlangens nur beschränkte Rechte, § 527 I.

Nach dem SMG setzt der den Rücktritt regelnde § 323 kein Vertretenmüssen des
Rücktrittsgegners mehr voraus. Daher ist ein Rücktritt allemal möglich. Doch bleiben die beiden anderen Beschränkungen in § 527 I zu beachten (Rückabwicklung
nur nach Bereicherungsrecht und bloß, soweit das Geschenk zur Erfüllung der
Auflage verwendet werden sollte).

c)   Bedingte Schenkung

Weiter kann die Schenkung durch die Erbringung einer Gegenleistung **376**
bedingt sein. Dann kann der Schenker die Gegenleistung zwar nicht verlangen. Er kann aber das ganze Geschenk zurückfordern, wenn die Gegenleistung ausbleibt. Hierfür hat er die Leistungskondiktion (als condictio ob
causam finitam, § 812 I 2 Fall 1, unten Rdnr. 690), wenn bloß der obligatorische Teil der Schenkung bedingt war. Zunehmend wird aber die Rückfor-

derung bei Eintritt einer auflösenden Bedingung statt auf § 812 auf das Kausalgeschäft selbst gestützt, nach meiner Ansicht mit Recht (vgl. *Medicus,* AT Rdnr. 840): Die Verabredung einer solchen Bedingung läßt sich dahin auslegen, daß bei ihrem Eintritt die Leistung zurückgewährt werden soll. Wenn auch das dingliche Vollzugsgeschäft bedingt ist (beachte aber § 925 II), kommen für die Rückforderung zudem die §§ 894, 985 in Betracht.

d)   Zweckschenkung

377   Auch bei der Zweckschenkung kann der Schenker die erwartete Leistung des Beschenkten nicht verlangen. Für die Rückforderung kommt hier nur die Leistungskondiktion (als condictio ob rem, § 812 I 2 Fall 2, unten Rdnr. 691 ff.) in Betracht. Für die Geschenke unter Verlobten verweist § 1301 ausdrücklich auf die Anwendung des Bereicherungsrechts.

Eine Zweckschenkung (und nicht eine Bedingung) wird besonders dann vorliegen, wenn der Schenker die Erreichung des Zwecks nicht für zweifelhaft gehalten und daher an eine Bedingung nicht gedacht hat. Bisweilen (etwa in *BGH* NJW 1977, 950) erscheint der Zweck auch als Geschäftsgrundlage einer Schenkung.

e)   Unerhebliche Zweckangabe

378   Die Angabe eines Schenkungszwecks kann aber auch rechtlich bedeutungslos sein. So liegt es, wenn die Auslegung ergibt, daß es dem Schenker auf den genannten Zweck letztlich nicht ankommt.

Bsp.: Der Bauherr gibt den Bauarbeitern Geld »für Zigaretten«. Sie kaufen aber Bier: keine Rückforderung, weil es dem Schenker gar nicht um die Zigaretten ging, sondern um willigere Arbeitsleistung.

f)   Belohnende Schenkung

379   Angaben über den Grund einer Zuwendung können die Unentgeltlichkeit ausschließen, wenn sie die Zuwendung als Zusatzleistung zu einer geschuldeten Vergütung erscheinen lassen. So liegt es bei der **Gratifikation** an den Arbeitnehmer: Auch wo diese nicht geschuldet wird, ist sie rechtlich Entgelt für die Arbeitsleistung; die Zusage bedarf daher nicht der Form von § 518.

In Sonderfällen wird der Schenkungscharakter selbst dann geleugnet, wenn die Anknüpfung der Belohnung an eine geschuldete Vergütung fehlt.

RGZ 98, 176 ff.: Ein Leutnant L hatte mit einer Kellnerin K jahrelang ein Liebesverhältnis, aus dem auch drei Kinder hervorgingen. K trug wesentlich zu den Kosten des Zusammenlebens bei. Nach sechs Jahren versprach L der K privatschriftlich, weiter für sie zu sorgen, ihr aber für den Fall seiner anderweitigen Verheiratung 15000 M zu zahlen. Als L nach weiteren sieben Jahren heiratete, verlangte K von ihm 15000 M.

Anspruchsgrundlage ist § 780. Aber das Schuldversprechen wäre trotz seiner Abstraktheit (vgl. oben Rdnr. 354) bei schenkweiser Erteilung nach §§ 125, 518 I 2 nichtig. Doch hat das RG hier eine Schenkung mit Recht verneint: Das Versprechen habe die K für die erlittenen Nachteile entschädigen sollen, so daß die Parteien über die Unentgeltlichkeit nicht einig gewesen seien (vgl. dagegen in einem ähnlichen Fall den Schenkungscharakter bejahend *BGH* NJW 1984, 797 f.). Entsprechend verneint *BGH* NJW 1972, 580 eine Schenkung bei **Zuwendungen an den Ehegatten** zur gemeinsamen Altersversorgung. Auch eine lebzeitige Zuwendung zum **Ausgleich des Zugewinns** soll bei in Gütertrennung lebenden Ehegatten im Zweifel keine Schenkung darstellen (*BGH* JZ 1977, 341 f.). Schwer abgrenzen lassen sich solche Fälle allerdings gegenüber der **Pflicht- und Anstandsschenkung**, die nach § 534 mit gewissen Modifikationen dem Schenkungsrecht untersteht (vgl. W. *Lorenz*, Ius Privatum Gentium, FS Rheinstein, 1969, 547/554 ff.).

In *RGZ 98, 176 ff.* war weiter fraglich die Anwendbarkeit von § 138. Das *RG* hat sie verneint: K habe nicht für ihre Liebesdienste entschädigt werden sollen, sondern für andere Opfer und Leistungen. Ähnlich sollen nach *BGH* NJW 1984, 797 f. finanzielle Zuwendungen im Rahmen einer **nichtehelichen Lebensgemeinschaft** regelmäßig nicht sittenwidrig sein.

3. Die gemischte Schenkung

Gemischte Schenkung ist eine dauernde Vermögenszuwendung, bei der sich die Partner darüber einig sind, daß sie teils entgeltlich und teils unentgeltlich erfolgen soll. Die rechtliche Behandlung, insbesondere die Anwendbarkeit des Schenkungsrechts, ist sehr umstritten. **380**

Bsp.: V »verkauft« seinem Freund K einen Pkw, dessen Wert beide auf 10000,– Euro ansetzen, für 5000,– Euro. Ist die Form von § 518 nötig? Gelten bei Sach- oder Rechtsmängeln die §§ 523 f., oder gilt Kaufrecht? Haftet V nach § 521 nur für grobe Fahrlässigkeit? Kann V bei eigener Verarmung (§§ 528 f.) zurückfordern oder bei grobem Undank des K widerrufen (§§ 530 ff.)? Ist der Erwerb des K auch dann endgültig wirksam, wenn V nur Vorerbe ist (§ 2113 II)?

a) Hierfür gibt es im wesentlichen drei Theorien. Zunächst die oft vom RG vertretene **Trennungstheorie**: Nach ihr soll das Geschäft nach Schenkungsrecht nur insoweit behandelt werden, als die Partner es als unentgeltlich wollten; im übrigen soll das Recht des nebenher laufenden entgeltlichen Typenvertrages (etwa Kauf) anzuwenden sein. Dagegen will die in der

Literatur (*Esser/Weyers* § 12 I 3, differenzierend *Larenz/Canaris* II 2 § 63 III 1) vertretene gemilderte Trennungs- oder **Zweckwürdigungstheorie** diejenigen Vorschriften anwenden, die im Einzelfall dem Zweck oder dem Parteiwillen am besten entsprechen. Endlich die **Theorie der Abschlußschenkung**: Nach ihr soll Gegenstand der Schenkung der Abschluß eines günstigen Kaufs sein. Damit sind zwei Rechtsgründe (Schenkung und Kauf) hintereinandergeschaltet: Der Abschluß des Kaufs ist Erfüllung der Schenkung. Die vorgelagerte Schenkcausa bleibt aber über die §§ 528, 530 für den Kauf wirksam. Auch kann dem Abschluß des Kaufs ein Schenkverbot (etwa § 2205 S. 3) entgegenstehen.

381   **b)** In der Tat wird man die Frage, ob Schenkungsrecht oder das Recht des entgeltlichen Typenvertrages anwendbar ist, **nicht einheitlich entscheiden können**. So wird man etwa bei der Rechts- und Sachmängelhaftung zu trennen haben: Beide gelten nur für den entgeltlichen Teil des Geschäfts (nach *Larenz/Canaris* II 2 § 63 III 1b soll aber der Rücktritt stets im ganzen wirken). Für die nicht derart teilbare Frage nach der Form (§ 518) wird man Formbedürftigkeit schon immer dann annehmen müssen, wenn nicht eindeutig der entgeltliche Charakter überwiegt. Nach den §§ 528, 530 darf der Schenker nur den Wert des unentgeltlichen Teiles seiner Leistung zurückverlangen, und Entsprechendes hat bei den §§ 2113 II, 2287 zu gelten. Nach *BGHZ 107, 156/159* soll der geschenkte Gegenstand selbst nach § 530 nur zurückverlangt werden können, wenn der unentgeltliche Charakter des Geschäfts überwiegt; dann ist die Gegenleistung Zug um Zug zurückzuerstatten.

Ebenso wie eine gemischte Schenkung gibt es übrigens auch eine gemischte Leihe usw. (etwa Vermietung zum Freundespreis).

III.   Die Schwächen des unentgeltlichen Erwerbs

382   Das BGB regelt ausführlich die Schwächen des unentgeltlichen Geschäfts **zwischen den Parteien**, indem es zugunsten des unentgeltlich Leistenden erweiterte Möglichkeiten zur Auflösung gewährt (etwa §§ 519, 528, 530, 605 Nr. 1, 671). Diese Vorschriften sind klar und bedürfen hier keiner Erörterung. Darüber hinaus ist die Position des unentgeltlichen Erwerbers aber auch in mehrfacher Hinsicht **gegenüber Dritten** schwach: Ein Dritter kann unentgeltlichen Erwerb herausverlangen, wo er entgeltlichen Erwerb nicht angreifen könnte. Die Vorschriften dieser Gruppe gewähren zwar keine Ansprüche aus Schuldvertrag, doch sollen sie wegen des Sachzusammenhangs mit der Schenkung hier besprochen werden.

1. Unentgeltliche Verfügung eines Nichtberechtigten

Die wichtigste Vorschrift dieser Art ist § 816 I 2. Diese Bestimmung bedeu- **383** tet eine schuldrechtliche Korrektur der dinglichen Vorschriften über den Erwerb vom Nichtberechtigten kraft Redlichkeit (unten Rdnr. 531 ff.). Bei den §§ 892 f., 932 ff., 1138, 1207 wird ja nicht darauf abgestellt, ob der Redliche für seinen Erwerb ein Opfer erbracht hat; auch der Beschenkte kann vom Nichtberechtigten erwerben. § 816 I 2 macht das unentgeltlich erworbene Recht aber kondizierbar: Der Rechtsverlierer soll letztlich doch stärker geschützt sein als der unentgeltliche Erwerber.

Bsp.: Der Grundstückseigentümer E hat eine Buchhypothek an den Gläubiger G zurückbezahlt; die Berichtigung des Grundbuchs ist aber unterblieben. Schenkt nun G seine angebliche Forderung mit der Hypothek dem redlichen D, so erwirbt dieser nach §§ 892, 1138 das dingliche Recht. Nach § 816 I 2 kann E aber Rückübertragung an sich verlangen.

Hat dagegen D bereits an X weiterverschenkt, so versagt § 816 I 2 im Verhältnis E–X; D hat ja über die Hypothek (genauer: über die angebliche Forderung, für welche die inzwischen redlich erworbene Hypothek besteht) als sachenrechtlich Berechtigter verfügt.

2. Unentgeltliche Verfügung eines berechtigten Bereicherungsschuldners

Bei unentgeltlichen Verfügungen eines Berechtigten setzt aber § 822 ein **384** (dazu *Knütel*, NJW 1989, 2504 ff.): Soweit durch die Verfügung ein Bereicherungsanspruch gegen den Veräußerer wegen § 818 III erloschen ist, haftet der Erwerber nach Bereicherungsrecht.

So ist im Bsp. bei Rdnr. 383 ein Anspruch E–X aus § 822 gegeben, wenn die Haftung des D aus § 816 I 2 nach § 818 III erloschen ist, also wenn D bei seiner Verfügung dem E nicht schon aus §§ 818 IV, 819 ohne Rücksicht auf die Fortdauer seiner Bereicherung haftete.

Dabei verlangt § 822, daß der Anspruch gegen den Verfügenden erloschen ist; bloße Undurchsetzbarkeit soll nicht genügen (so etwa *BGH* NJW 1969, 605 f., zuletzt NJW 1999, 1026/1028). Das führt zu der wenigstens auf den ersten Blick seltsamen Konsequenz, daß der unentgeltliche Erwerb, den ein berechtigter, aber nach § 819 I unredlicher Vormann vermittelt hat, nur wegen dieser Unredlichkeit bereicherungsrechtlich unangreifbar ist. Freilich können dann die §§ 11, 4 AnfG helfen (vgl. unten Rdnr. 389 und *Kornblum*, JuS 1970, 437/441 f.).

Bsp.: Der Dieb D hat von gestohlenem Geld des E bei J Schmuck gekauft und ihn seiner Freundin F geschenkt. Hier ist die Verfügung des D über das Geld nach § 932 wegen § 935 II wirksam. D hat auch den Schmuck nach § 929 zu Eigentum erworben, müßte ihn aber nach h.M. an E übereignen, § 816 I 1. Da diese Pflicht des D sich wegen § 819 I durch die Schenkung an F in einen Schadensersatzanspruch (§§ 818 IV, 292 I, 989, 990 I) verwandelt hat, kann E von F nach § 822 nichts verlangen. Die F steht also besser, wenn ihr Veräußerer unredlich war, so daß diesem § 818 III nicht hilft! Hiergegen mit guten Gründen MünchKomm-*Lieb* § 822 Rdnr. 6; *Larenz/Canaris* II 2 § 69 IV 1a.

Verschenkt der Bereicherungsschuldner nicht das Erlangte selbst, sondern ein **Surrogat** (z.b. den mit dem rechtsgrundlos erlangten Geld gekauften Kraftwagen), so wird § 822 ebenfalls angewendet. Doch geht der Anspruch gegen den Drittempfänger nicht auf diesen Kraftwagen, sondern nach § 818 II auf den Wert; der Dritte soll sich aber durch Herausgabe des Wagens befreien können: so *BGHZ 158, 63 ff.*, dazu *Bockholdt*, JZ 2004, 796).

3.   Unentgeltlich erlangter Besitz

385   Nach § 988 muß sogar der redliche Besitzer bei unentgeltlich erlangtem Besitz dem Eigentümer die gezogenen Nutzungen herausgeben. Auch hier soll verhindert werden, daß der unentgeltliche Erwerber Vorteile behalten darf, die er aus fremdem Recht erlangt hat (vgl. unten Rdnr. 600 ff.).

Dabei ist § 988 seinem Wortlaut nach in einer Hinsicht unzweifelhaft zu eng: Er spricht nur vom Eigenbesitzer und demjenigen Fremdbesitzer, der zur Ausübung eines Nutzungsrechts *an der Sache* besitzt. Das trifft nur ein dingliches Recht. Ebenso muß aber auch der Fremdbesitzer behandelt werden, der nur ein obligatorisches Nutzungsrecht (Leihe) hat: *BGHZ 71, 216/225 f.*

4.   Bösliche Schenkungen des gebundenen Erblassers oder des Ehegatten

386   Ähnlichkeit mit § 822 hat § 2287. Diese Vorschrift behandelt Schenkungen durch den Erblasser in der Absicht, den Vertragserben zu benachteiligen (sog. bösliche Schenkungen). Diese Absicht wird durch ein lebzeitiges Eigeninteresse nicht allemal ausgeschlossen (dazu *BGHZ 59, 343 ff.* mit *Teichmann*, JZ 1974, 32 ff. sowie *H. Dilcher*, Jura 1988, 72 ff.). Solche Schenkungen sind von dem Beschenkten nach Bereicherungsrecht (Rechtsfolgeverweisung) zurückzugewähren. Das gilt nach allgemeiner Ansicht (etwa *Kipp/Coing* § 35 III 4e) entsprechend bei böslichen Schenkungen des durch gemeinschaftliches Testament nach § 2271 II gebundenen überlebenden Ehegatten (nicht dagegen, wenn der andere Ehegatte noch lebt: *BGHZ 87, 19 ff.*). In beiden Fällen ist die Schenkung wie bei § 822 obligatorisch

und dinglich wirksam, auch hat der Erwerb vom Berechtigten stattgefunden. Dennoch soll der unentgeltliche Erwerber dem Beeinträchtigten weichen müssen.

Auf den ersten Blick liegt bei § 2287 nahe, einen Anspruch nicht gegen den (vielleicht redlichen) Beschenkten zu gewähren, sondern (entsprechend § 826) gegen den böslichen Schenker. Aber das geht – im Gegensatz zum Fall des § 2288 – nicht: Der Schenker ist ja tot, und der Beeinträchtigte ist sein Erbe, so daß Konfusion einträte. Bei § 2287 ist also ausnahmsweise die Rechtsstellung des Erben stärker als diejenige seines Erblassers. Auch ein Anspruch des Erben aus § 826 gegen den beschenkten Dritten besteht nicht: *BGHZ 108, 73 ff.*

Eine ähnliche Unbeständigkeit von Schenkungen und anderen Rechtshandlungen, die mit Benachteiligungsabsicht vorgenommen worden sind, regelt § 1390: Hier kann sich derjenige Ehegatte, dessen Anspruch auf **Zugewinnausgleich** verkürzt worden ist, nach Bereicherungsrecht an den dritten Empfänger halten.

5. Schenkungen mit Nachteil für einen Pflichtteilsberechtigten

Ähnlich verhält es sich bei § 2329 (wo es freilich auf eine Benachteiligungs- **387** absicht des Schenkers nicht ankommt): Hier ist die Schenkung des Erblassers an den Dritten gleichfalls obligatorisch und dinglich wirksam, und der Beschenkte hat auch vom Berechtigten erworben. Dennoch soll er das Geschenk nach Bereicherungsrecht (ebenfalls Rechtsfolgeverweisung) herausgeben, soweit sonst der Pflichtteilsergänzungsanspruch verkürzt würde, weil der Erbe (etwa wegen §§ 2328, 1975, 1990) ihn nicht zu erfüllen braucht oder der Ergänzungsberechtigte selbst Erbe ist.

6. Dinglich unwirksame Schenkung

Einen anderen Weg gehen die §§ 1425 I, 1641, 1804, 2113 II, 2205 S. 3: Sie **388** lassen die Schenkung dinglich unwirksam werden (§ 2113 II) oder sein (§§ 1425 I, 1641, 1804, 2205 S. 3). Die Vermögensinhaber können also die verschenkte Sache vindizieren oder die schenkweise erlassene Forderung geltend machen; bei § 1425 I gehört der verschenkte Gegenstand weiter zum Gesamtgut.

7. Anfechtbarkeit von Schenkungen

Endlich wird die Wirkung des unentgeltlichen Erwerbs zugunsten der **389** Gläubiger des Schenkers geschwächt: Solcher Erwerb kann in der Insolvenz des Schenkers (§ 134 InsO, vgl. *M. Huber*, JuS 1998, 830 ff.), aber auch sonst bei dessen Zahlungsunfähigkeit (§ 4 AnfG) leichter angefochten werden. Dabei bedeutet »Anfechtung« hier aber, anders als nach § 142, keineswegs eine Vernichtung des obligatorischen oder des dinglichen Teils der Schenkung. Vielmehr wird mit der Anfechtung nach §§ 143 InsO, 11 AnfG lediglich ein Anspruch auf Rückgewähr geltend gemacht (das sagt genauer § 11 AnfG) und nach § 9 AnfG eine Einrede. Der Grundgedanke der Schenkungsanfechtung ist: Niemand soll schenken, bevor er seine Gläubiger befriedigt hat *(nemo liberalis nisi liberatus).* Dabei gehen die Interessen der Gläubiger denen der Beschenkten vier Jahre lang vor.

IV. Rechtsgrundlos = unentgeltlich?

1. Das Problem

390 Vor allem bei den §§ 816 I 2, 988 fragt es sich, ob rechtsgrundloser Erwerb dem unentgeltlichen gleichzustellen ist. Mit anderen Worten: Kann der rechtsgrundlose Erwerber wie ein unentgeltlicher behandelt werden, weil er für seinen Erwerb kein Opfer zu bringen brauchte?

> Bei den anderen oben in Rdnr. 363–370 genannten Vorschriften taucht diese Frage nicht in gleicher Schärfe auf. Bei § 822 ist nämlich die Haftung des Erstbereicherten nicht erloschen, solange ihm noch die Leistungskondiktion gegen den rechtsgrundlosen Zweiterwerber zusteht. Denn dann schuldet der Erstbereicherte die Abtretung dieser Kondiktion oder den Ersatz des Wertes der Leistung (vgl. unten Rdnr. 673). Bei § 2287 gehört der Bereicherungsanspruch zum Nachlaß und kann von dem Vertragserben geltend gemacht werden. Bei § 1390 vermehrt der Wert des Bereicherungsanspruchs das Vermögen des ausgleichspflichtigen Ehegatten, so daß der Ausgleichsanspruch nicht an § 1378 II scheitert. Ähnlich ist bei § 2329 der Wert des Nachlasses durch den Bereicherungsanspruch des Erben erhöht. Bei § 134 InsO gehört der Bereicherungsanspruch zur Masse; der Insolvenzverwalter kann ihn realisieren. Bei § 4 AnfG endlich kann der Gläubiger den Bereicherungsanspruch seines Schuldners pfänden. Schwierigkeiten entstehen nur, wenn die Leistungskondiktion nach §§ 814, 815 nicht durchgesetzt werden kann.

2. Die Gleichstellung bei § 816 I 2 BGB

390a Die Gleichstellung von rechtsgrundlos und unentgeltlich hat begonnen mit *RGZ (GS) 163, 348 ff.* bei § 988; darauf wird noch zurückzukommen sein (vgl. unten Rdnr. 600 ff.). Ich beschränke mich hier auf § 816 I 2.

Bsp.: V hat eine Sache des E aufgrund nichtigen Kaufvertrages an den gutgläubigen K veräußert, der nach § 932 Eigentümer geworden ist. Kann E von K nach § 816 I 2 die Übereignung fordern?

Hätte die Sache dem V gehört, so könnte dieser von K wegen der Nichtigkeit des Kaufvertrages Rückübereignung nach § 812 I 1 Fall 1 verlangen. Diesem Anspruch könnte K aber den etwa von ihm bereits gezahlten Kaufpreis entgegenhalten. Im Verhältnis zu V bräuchte K die Sache also nur gegen Rückzahlung des Kaufpreises herauszugeben. Da V aber eine Sache des E veräußert hat, kommt dieses Recht des K in Gefahr, wenn er durch entsprechende Anwendung von § 816 I 2 einem Anspruch des E ausgesetzt wäre. Denn ob K diesem gegenüber die an den nichtberechtigten V erbrachte Gegenleistung als Wegfall der Bereicherung (§ 818 III) geltend machen könnte, ist zumindest sehr zweifelhaft (vgl. unten Rdnr. 725).

Nach richtiger Ansicht[3] paßt daher § 816 I 2 auf rechtsgrundlosen Erwerb jedenfalls dann nicht entsprechend, wenn der Erwerber tatsächlich ein Vermögensopfer erbracht hat. Das hat auch *BGHZ 37, 363/368* angedeutet (dazu etwa *P. Schlosser,* JuS 1963, 141 ff.).

Allerdings dürfte der BGH in dem dort entschiedenen Fall ein Vermögensopfer zu Unrecht verneint haben: Ein Angestellter hatte unterschlagenes Geld auf Grund nichtigen Spielvertrages bei einer Spielbank verspielt. Der *BGH* hat dem früheren Eigentümer des Geldes analog § 816 I 2 einen Anspruch gegen den Träger der Spielbank gegeben. Aber in der dem Spieler durch die Bank eingeräumten Gewinnchance kann ein Opfer auch dann gesehen werden, wenn diese Chance sich nicht verwirklicht hat. An der Unentgeltlichkeit zweifelt dann auch *BGHZ 47, 393 ff.* (er verneint sie bei gültigem Spielvertrag).

Im Ausgangsfall muß E daher, wenn K an V gezahlt hatte, gegen V vorgehen. Nach § 816 I 1 kann E von V dessen Bereicherung fordern, nämlich mindestens die Abtretung des Bereicherungsanspruchs V–K (doch vgl. unten Rdnr. 673). Erst diesen Anspruch kann E dann gegen K geltend machen. Dabei muß er sich aber nach § 404 alle Einreden des K gegen V entgegenhalten lassen, insbesondere also die aus § 273 wegen des Kaufpreises sowie etwa noch weiterreichende Einschränkungen (vgl. oben Rdnr. 225).

V. Die Schenkung von Todes wegen

Kaum an einem anderen Punkt ist die Rspr. des *RG* so uneinheitlich gewesen wie bei § 2301 (vgl. *K. Schreiber,* Jura 1995, 159 ff.). Das liegt vor allem daran, daß sich in § 331 eine weitere Vorschrift über Zuwendungen auf den   **391**

---

3 Vgl. *Koppensteiner(/Kramer)* 97 ff.; MünchKomm-*Lieb* § 816 Rdnr. 44 f.; 52.

Todesfall findet, deren Verhältnis zu § 2301 unklar ist. Auch bereitet die Frage des Vollzuges nach § 2301 II immer wieder Schwierigkeiten.

1.   Funktion des § 2301 BGB

392   Für sich betrachtet stellt § 2301 eine **Verschärfung gegenüber der Schenkungsform** dar.

RGZ 83, 223 ff. (Bonifatiusfall, dazu *Otte,* Jura 1993, 643 ff.; *Martinek/Röterborn,* JuS 1994, 473 ff.; 564 ff.): Der Pfarrer E hatte kurz vor seinem Tod dem Pfarrkuraten P Wertpapiere übergeben, die dieser dem Weihbischof F für den Bonifatiusverein B bringen sollte. E wollte B die Papiere schenken. P übergibt sie dem F aber erst vier Tage nach dem Tode des E. Dessen Erbin K verlangt die Papiere von B heraus.

a) Gäbe es § 2301 nicht, so wäre dieses Verlangen unbegründet. Denn P überbrachte als Bote des E dem F zugleich mit dem Besitz an den Papieren auch eine Schenkungs- und Übereignungsofferte. Beide Offerten wurden nach § 130 II durch den Tod des E nicht unwirksam. Nach § 153 konnten sie auch trotz des Todes des E noch angenommen werden; auf die Erklärung dieser Annahme ihm gegenüber hatte E nach § 151 verzichtet. Daher wären sowohl die Schenkung (§ 518 II) wie die Übereignung wirksam vereinbart worden; K hätte die Papiere weder kondizieren noch vindizieren können.

Anders könnte man nur dann entscheiden, wenn man bei § 929 fordert, daß die Einigung im Zeitpunkt der Übergabe noch tatsächlich besteht. So in der Tat *RGZ 83, 223/230:* Im Zeitpunkt der Übergabe P-F sei E tot gewesen, und die neue Eigentümerin habe die Übereignung nicht gewollt. Anders schon *Wolff/Raiser* § 66 I 4: Die Übergabehandlung müsse Ausdruck des Übereignungswillens sein. Das wäre hier wohl noch zu bejahen. Gewiß aber ist der Eigentumserwerb von B nach der h.M. (etwa *Baur/Stürner* §§ 5 Rdnr. 36 f.; 51 Rdnr. 11): Diese läßt die Einigung (und entsprechend auch eine Einigungsofferte) schon vor der Übergabe zu; sie wirkt dann fort, bis sie widerrufen wird. Danach wäre ein Widerruf der Übereignungsofferte des E durch K hier zwar möglich gewesen. Da ein solcher Widerruf aber bis zur Übergabe der Papiere an F nicht erfolgt ist, vollendet sich der Eigentumserwerb von B nach § 929 S. 1 durch diese Übergabe (vgl. auch oben Rdnr. 33 ff.).

393   **b)** E hatte die Schenkung jedoch in der sicheren Annahme gemacht, daß er demnächst sterben werde. Daher greift § 2301 ein.

Zwar fehlt es hier im technischen Sinne an einer »Bedingung, daß der Beschenkte den Schenker überlebt« (§ 2301 I 1), weil das Überleben des Bonifatiusvereins (juristische Person) sicher war. Doch ist § 2301 nach richtiger Ansicht auch auf Fälle anzuwenden, in denen der Schenker seinen nahen Tod erwartet und das Überleben des Beschenkten für gewiß hält. Die Einzelheiten sind str., vgl. etwa MünchKomm-*Musielak* § 2301 Rdnr. 11. Die Rspr. ist uneinheitlich: einerseits verzichtet *BGHZ 99, 97/100 f.* auf eine ausdrückliche Überlebensbedingung (dazu *Leipold,* JZ 1987,

362 ff.; *Olzen*, JR 1987, 372 f.). Andererseits will *BGH* NJW 1988, 2731/2732 (dazu *Bork*, JZ 1988, 1059 ff.) mit der geltungserhaltenden Auslegung nach § 2084 von § 2301 wegkommen. Nach meiner Ansicht darf allein entscheiden, ob der Erblasser das in der Schenkung liegende Opfer auch für den Fall seines Überlebens bringen will.

§ 2301 I erklärt die Vorschriften über Verfügungen von Todes wegen für anwendbar. Danach bedarf es für eine vertragliche Zuwendung, wie sie eine Schenkung darstellt, der Form des **Erbvertrages**, §§ 2276 I, 2231 ff. Diese Form (notarielle Beurkundung) wird praktisch nie erfüllt sein. Dann kommt freilich immer noch die Umdeutung der vertraglichen Schenkung in ein *einseitiges* **Vermächtnis** in Betracht. Doch ist hierfür wenigstens die Form von § 2247 (eigenhändiges Testament) nötig. Im Bonifatiusfall und in den meisten anderen praktisch vorkommenden Fällen ist aber auch sie nicht eingehalten. Und eine Konvaleszenz formunwirksamer Verfügungen von Todes wegen gibt es anders als bei § 518 II nicht (deutlich *BGH* NJW 1988, 2731/2732).

Deshalb hängt alles von § 2301 II ab, nämlich davon, ob der Schenker die Schenkung noch **vollzogen** hat. Das ist richtig dahin zu verstehen, daß noch der Erblasser selbst und nicht erst der Erbe das Vermögensopfer bringt (*Kipp/Coing* § 81 III 1c). Daran fehlt es im Bonifatiusfall: Der Erblasser hatte das Eigentum an den Wertpapieren nicht mehr verloren. Dieses war vielmehr zunächst noch auf seine Erbin übergegangen, so daß der Eigentumserwerb des Bonifatiusvereins erst für diese ein Opfer bedeutet hätte. Auch eine den Erblasser bindende Offerte zur Übereignung lag noch nicht vor.

Anders *Brox* Rdnr. 750 ff.: Er folgt für § 929 der Ansicht von *Wester-mann* § 38, 4, nach der die Einigung bei dieser Vorschrift unwiderruflich sein soll (vgl. oben Rdnr. 33). Entsprechend sei auch die Einigungsofferte nur nach § 130 I 2 widerruflich. Danach wäre der Erblasser jedenfalls dann gebunden (und hätte daher schon ein Vermögensopfer gebracht), wenn er die Einigung einem Empfangsvertreter oder -boten *des zu Beschenkenden* erklärt hätte. *Brox* geht aber noch weiter: Wegen der §§ 130, 168 sei Vollzug auch bei einem Vertreter oder Boten *des Erblassers* zu bejahen, wenn nicht dem Erben noch ein rechtzeitiger Widerruf gelinge[4]. *BGH* NJW 1988, 2731 f. (dazu *Bork*, JZ 1988, 1059) betont jetzt aber zutreffend: Nach dem Erbfall kann ein Bevollmächtigter des Erblassers den Vollzug nicht mehr wirksam herbeiführen. Gleiches sollte für einen Boten gelten.

---

4 Noch anders aber *Bühler*, NJW 1976, 1727 f. (erlaubtes Insichgeschäft), hiergegen *Harder/Welter*, NJW 1977, 1139 ff.

2.   Schenkungen durch Vertrag mit einem Dritten

394 Es bleibt die Frage, wie § 331 mit § 2301 zu vereinbaren ist. Denn § 331 erwähnt die erbrechtlichen Formen nicht. Er geht vielmehr davon aus, daß ein Leistungsversprechen zugunsten eines Dritten auch dann wirksam ist, wenn die Leistung erst nach dem Tod des Versprechensempfängers erfolgen soll. Gemeint sind dabei Leistungen, die der Erblasser durch eine andere Person (den Versprechenden) an den begünstigten Dritten erbringt.

a)   Vorrang des Erbrechts?

Eine in der Literatur vertretene Ansicht (vgl. *Kipp/Coing* § 81 V 1; 2c) wendet § 2301 auch im Rahmen von § 331 dann an, wenn im Verhältnis Versprechensempfänger (= Erblasser) – Dritter (= Begünstigter) Schenkung vorliegt. In diesen Fällen soll also die Zuwendung formfrei nur bei lebzeitigem Vollzug durch den Schenker wirksam sein, nämlich wenn dieser »selbst, nicht der Erbe, das Vermögensopfer bringt« (*Kipp/Coing* § 81 V 2).

BGHZ 46, 198 ff.: Die Erblasserin E hatte auf den Namen ihrer Enkelin K ein Sparbuch anlegen lassen und darauf Geld eingezahlt. E hatte das Sparbuch aber behalten und der K nichts davon gesagt. Es wird im Nachlaß der E gefunden.

Hier stand nach Ansicht des BGH das Sparguthaben der E bis zu ihrem Tod zu. Bei Anwendung von § 2301 greift dann diese Vorschrift ein. Denn im Verhältnis E–K kommt nur Schenkung in Betracht. Diese war zu Lebzeiten der E noch nicht vollzogen, weil E die Verfügungsmacht über das Sparbuch behalten hatte (E hätte jederzeit selbst wieder Geld abheben können). Folglich bedarf die Zuwendung an K eines erbrechtlichen Grundes (unklar insoweit *Kipp/Coing* aaO.: ein nach Schuldrecht wirksames Vermächtnis). Da ein solcher fehlt, hat K die Forderung (und damit nach § 952 auch das Eigentum an dem Sparbuch) entweder überhaupt nicht oder doch bloß rechtsgrundlos erworben.

b)   Verdrängung des Erbrechts durch § 331 BGB?

395 Anders aber der *BGH* aaO.[5] Er faßt nämlich, ebenso wie schon in früheren Entscheidungen (etwa *BGHZ 41, 95 ff.;* NJW 1965, 1913 f.), noch weitergehend § 331 **als Sondervorschrift gegenüber** § 2301 auf, der vollständig

---

5 Bestätigend *BGH* NJW 1984, 480/481. Dem *BGH* widerspricht zwar *Brox* Rdnr. 768, doch hält er die abweichende Rspr. schon für Gewohnheitsrecht. Teils anders *Harder*, Zuwendungen unter Lebenden auf den Todesfall (1968) 154 ff., noch anders *Finger*, JuS 1968, 309 ff. Fortführend (gegen die Anwendung von Erbrecht) aber *BGH* NJW 2004, 767 ff.

verdrängt werden soll: Der Erblasser brauche nämlich zu Lebzeiten noch kein Opfer gebracht zu haben, wenn er den Weg über § 331 wähle, also wenn er dem Begünstigten einen Anspruch gegen einen Dritten einräume. Das soll insbesondere auch dann gelten, wenn der Anspruch gegen den Dritten für den Begünstigten erst mit dem Erbfall entsteht und wenn die zugrunde liegende Schenkung sogar erst nach dem Erbfall konvalesziert (§ 518 II) oder erst danach überhaupt zustande kommt.

Im einzelnen konstruiert *BGHZ 46, 198 ff.* wie folgt: In der Anlegung des Sparbuchs durch E auf den Namen der K liege ein Antrag der E an K zum Abschluß einer Schenkung. Diesen Antrag könne K nach §§ 130 II, 153 noch nach dem Tod der E annehmen. Eine Form sei hierfür gemäß § 518 II nicht nötig, weil die Schenkung sich mit dem Tod der E (§ 331 I) dadurch vollziehe, daß K die in dem Sparbuch verbriefte Forderung gegen die Sparkasse, also den Gegenstand der Schenkung, erwerbe. *BGH* NJW 1984, 480/481 fügt freilich hinzu, der Erwerb des Anspruchs gegen den Versprechenden müsse auch von dessen Vertragswillen erfaßt sein (im Bsp. also von demjenigen der Sparkasse).

c) Lösungsvorschlag

Der Unterschied zwischen den beiden Ansichten a und b ist also groß. Nach meiner Auffassung verdient die Ansicht a entschieden den Vorzug, und zwar aus zwei Gründen: **396**

aa) Einmal führt die Ansicht b zu einer weitreichenden **Aushöhlung der erbrechtlichen Formen.** Denn sie macht es möglich, Zuwendungen auf den Todesfall durch bloß mündlichen Vertrag zwischen dem Erblasser und einer anderen Person zuwege zu bringen. Damit wird nicht nur der Widerstand verringert, den die erbrechtlichen Formvorschriften jedem Abweichen von der präsumtiv vernünftigen gesetzlich vorgesehenen Verteilung des Nachlasses entgegensetzen. Vielmehr werden damit auch die Beweisschwierigkeiten vergrößert, denen diese Formvorschriften zuvorkommen sollen: Der Streit um eine solche Zuwendung findet ja stets erst dann statt, wenn der eine Beteiligte, nämlich der Erblasser, nicht mehr lebt. Darum besteht das Erbrecht mit gutem Grund auf der Einhaltung der Formen.

bb) Zum anderen und vor allem aber steht neben dem Formproblem auch das **Einordnungsproblem** (vgl. *Kipp/Coing* § 81 II 1b). Die Nachlaßverbindlichkeiten stehen untereinander in einer durch die §§ 39, 325 ff. InsO bestimmten festen Rangfolge. Diese sieht, soweit sie hier interessiert, folgendermaßen aus: Zunächst sind die gewöhnlichen Nachlaßgläubiger zu befriedigen. Dann kommen die Forderungen aus einer Freigiebigkeit des Erblassers unter Lebenden. An nächster Stelle stehen die Pflichtteilsansprüche, und erst danach folgen die Forderungen aus Vermächtnissen und Auflagen. **397**

Klassifiziert man nun die Zuwendungen nach § 331 als Zuwendungen unter Lebenden, so gerät diese Rangordnung völlig durcheinander: Die durch solche Zuwendungen Begünstigten rangieren auf einmal noch vor den Pflichtteilsberechtigten. Es bleibt dann nur die umständliche Hilfe über die §§ 2325, 2329. In dem Fall von *BGHZ 46, 198 ff.* ist die Sache sogar noch schlimmer: Hier ist ja nach Ansicht des *BGH* das Guthaben des Erblassers mit dem Erbfall wirksam aus dem Nachlaß ausgeschieden. Es wäre damit zunächst sogar den gewöhnlichen Nachlaßgläubigern entzogen und müßte notfalls erst durch eine Anfechtung (oben Rdnr. 389) zurückgeholt werden[6]. Alle diese Schwierigkeiten werden vermieden, wenn man § 2301 auf jeden *schenkweisen* Erwerb von Todes wegen anwendet, selbst wenn er über das Vermögen eines anderen erfolgt. Auch *BGHZ 98, 226/232 f.* (zu § 2325) befürchtet »schwerwiegende Fehlentwicklungen« durch die Möglichkeit für den Erblasser, »sein Vermögen unter Benachteiligung aller, einzelner oder auch nur eines einzelnen Pflichtteilsberechtigten … am Nachlaß vorbei ohne für ihn fühlbares eigenes Vermögensopfer weiterzuleiten«. Gerade dem soll der hier vertretene Standpunkt entgegenwirken.

Wegen der Einordnung als Zuwendung unter Lebenden verneint *BGHZ 66, 8 ff.* (dazu *K. Schmidt,* JuS 1976, 395 f.) konsequent auch einen Verstoß gegen § 2289 I 2, wenn der Schenker durch Erbvertrag oder gemeinschaftliches Testament gebunden war. Vielmehr könne der Empfänger der Zuwendung dem Erben lediglich nach § 2287 haften.

d)   Neuere Rechtsprechung

398   Bisweilen hat allerdings der BGH selbst seine Ansicht wesentlich eingeschränkt.

BGH NJW 1975, 382 ff.: Der Erblasser G hatte seine Bank B beauftragt, nach seinem Tod zu Lasten seines Kontos einem Dritten D 5000,– DM gutzuschreiben. Noch bevor dieser Auftrag nach dem Erbfall ausgeführt worden war, widerrief ihn der Erbe E. D verlangt von E die Zustimmung zur Gutschrift der 5000,– DM.

Der *BGH* hat diese Klage für unbegründet gehalten: Allerdings habe D mit dem Erbfall nach § 331 einen Anspruch gegen B erworben. Dieser Erwerb bedürfe jedoch, um bereicherungsrechtlich beständig zu sein, einer schuldrechtlichen Grundlage, nämlich eines Schenkvertrages. Und für dessen Zustandekommen fehle die nötige Einigung: B könne sie nach dem Widerruf des Auftrages durch E (§§ 671, 168) nicht mehr erklären. Nach dieser Ansicht hängt der Erwerb des D im Ergebnis davon ab, ob E von

---

6 Anders insoweit *Kipp/Coing* § 81 V 2: Die Zuwendung sei als Vermächtnis zu behandeln; der Zuwendungsgegenstand falle in den Nachlaß.

dem Auftrag noch vor der Ausführung erfährt und daher rechtzeitig widerrufen kann (ein Fall, in dem das dem Erben nicht gelungen ist: *BGH* NJW 1978, 2027, auch *BGH* NJW 1995, 953). Und nach *BGHZ 127, 239/243 ff.* soll die Bank weder berechtigt noch verpflichtet sein, dem Erben einen Widerruf zu ermöglichen. Damit erlangt der Zufall eine große Bedeutung; ich ziehe deshalb weiterhin die den Zufall ausschaltende Anwendung des § 2301 vor (oben Rdnr. 396 f.).

3.   Auftrag und Vollmacht über den Tod hinaus

Der eben erörterte Fall leitet schon über zu den Problemen von Auftrag   **399** und Vollmacht über den Tod hinaus.

BGH NJW 1969, 1245 ff.: Die Erblasserin E hatte ihre Nichte N »ermächtigt«, nach dem Erbfall Teile des zum Nachlaß gehörenden Grundvermögens dem Bruder B der N zu übertragen. Dabei sollte B nur den (damals weit unter dem Verkehrswert liegenden) steuerlichen Einheitswert bezahlen müssen. N führte das einen Monat nach dem Tod der E aus. Gesetzliche Erben der E sind N, B und D. D verlangt von B Grundbuchberichtigung dahin, daß als Eigentümer der fraglichen Grundstücke die Erbengemeinschaft eingetragen werde.

Der Anspruch ist aus §§ 2039, 894 begründet, wenn die Grundstücke nicht wirksam aus dem Nachlaß ausgeschieden sind. Solche Unwirksamkeit ist unter zwei Gesichtspunkten möglich:
Erstens könnte N die Vertretungsmacht zu der Veräußerung gefehlt haben. Zwar waren Auftrag und Vollmacht (das bedeutet die »Ermächtigung«) nach §§ 672 S. 1, 168 S. 1 über den Tod der E hinaus wirksam. Aber ihre Ausübung durch N könnte eine Verletzung der Pflichten aus dem Auftrag und sogar einen evidenten **Vollmachtsmißbrauch** (vgl. oben Rdnr. 116) darstellen, wenn seit dem Erbfall die Interessen des Miterben D zu berücksichtigen waren.
Und zweitens könnte die Wirksamkeit an § 2301 scheitern, wenn man in dem Verkauf zum Einheitswert eine gemischte Schenkung (oben Rdnr. 380 f.) sieht. Denn auch hier hatte die E noch kein lebzeitiges Opfer erbracht.
Der *BGH* hat gleichwohl die Klage des Miterben abgewiesen: Vollmachten über den Tod hinaus sollten nach ihrem Zweck gerade unabhängig vom Willen der Erben sein (ähnlich *BGH* NJW 1995, 953). Aber dabei bleibt die Frage offen, ob die Rechtsordnung eine solche Unabhängigkeit erlaubt: Seit dem Erbfall können Herr der vom Vertreter geschlossenen Geschäfte nur noch die Erben sein; ihre Interessen hat der Vertreter also zu beachten. Der Erblasser kann seinen Willen über den Tod hinaus nur in den Formen des Erbrechts (oder durch eine Stiftung) zur Geltung bringen. Diesen vom

Gesetz gezogenen Rahmen der »Herrschaft der Toten über die Lebenden« sollte man nicht überschreiten[7].

Auch hierzu gibt es aber wohl noch einen etwas abweichenden, strengeren Standpunkt des *BGH* (vgl. schon oben Rdnr. 398): Der Erblasser hatte dem zu Beschenkenden eine unwiderrufliche Vollmacht unter Befreiung vom Verbot des § 181 erteilt, damit er das zu schenkende Grundstück auf sich übertragen lassen könne. Zudem hatte der Erblasser dem zu Beschenkenden eine Auflassungsvormerkung eintragen lassen. Damit habe der Erblasser zwar, so meint *BGH* NJW 1974, 2319 ff. (mit Anm. *Finger*, NJW 1975, 535 f.), alles zur Leistung seinerseits Erforderliche getan. Trotzdem stelle das aber noch nicht die Leistung im Sinne von § 2325 III dar; dazu bedürfe es mindestens der Auflassung an den Erwerber. Zur Begründung stellt der *BGH* richtig auf den Schutz des Pflichtteilsberechtigten ab. Entsprechende Erwägungen müssen dann aber auch bei § 2301 gelten; sie finden sich in *BGHZ 87, 19 ff.* (dazu *Kuchinke*, FamRZ 1984, 109 ff.) sowie in *BGHZ 99, 97 ff.*; *BGH* NJW 1988, 2731 f. Danach bedeutet also die bloße Erteilung einer Vollmacht zur Verfügung über ein schenkungshalber versprochenes Bankguthaben keinen Vollzug nach § 2301 II.

Hierzu wenig hilfreich scheint mir *BGH* FamRZ *1985*, 693 ff. Dort hatte eine Erblasserin ihre Freundin bevollmächtigt, nach dem Erbfall über Konten und Wertpapierdepots des Nachlasses zu eigenen Gunsten (also zu Lasten des Erben) zu verfügen. Die Freundin hatte das getan; der Erbe verlangt Herausgabe der so dem Nachlaß entzogenen Werte. Der *BGH* räumt hier ein, der Vollzug der Vollmacht könne rechtsmißbräuchlich und daher unwirksam sein. Hierfür sei jedoch nicht einseitig auf die Interessen des Erben abzustellen, sondern auch auf diejenigen des Erblassers, die fortwirkten (ähnlich *BGHZ 127, 239/245*). Der Erblasser (bzw. sein Bevollmächtigter) und der Erbe haben aber hier diametral entgegegesetzte Interessen; wenn man beide berücksichtigen will, kommt man daher zu keinem klaren Urteil über die Wirksamkeit der Vollmacht. Richtigerweise muß es daher beim Vorrang des lebenden Erben vor dem toten Erblasser sein Bewenden haben (vgl. oben bei Fn. 7).

4.   Die Lebensversicherung

400   Besonderes gilt für die Lebensversicherung (geregelt in den §§ 159–178 VVG). Bei ihr begibt sich der Versicherungsnehmer zu Lebzeiten der Verfügungsmöglichkeit über den Anspruch gegen den Versicherer nicht, § 166

---

7 Vgl. dazu *Flume* § 51, 5b (wie hier) und *Finger*, NJW 1969, 1624 ff., dazu noch *Harder*, Festgabe von Lübtow (1971) 515/517 f. (wie *Flume* unter Hinweis auf § 666); *Hopt*, ZHR 133 (1970) 305 ff. (gegen *Flume*).

I VVG: Bei der Kapitalversicherung kann der Versicherungsnehmer im Zweifel auch dann die Bezugsberechtigung neu regeln, wenn er zunächst eine bestimmte Person benannt hatte. Überdies hat der Versicherungsnehmer ein unentziehbares Kündigungsrecht, §§ 165, 178 VVG. Nach dem oben Rdnr. 394 Gesagten ist also die (meist schenkweise) Zuwendung der Versicherungssumme an den Begünstigten lebzeitig noch nicht vollzogen. Trotzdem kann hier das **Formgebot** von § 2301 nicht angewendet werden; die §§ 159 ff. VVG gehen insoweit vor. Das ist unstreitig (etwa *BGHZ 156, 350/353*).

Fraglich ist dagegen das **Einordnungsproblem**: Soll die Lebensversicherungssumme als Nachlaßbestandteil angesehen werden und damit dem Zugriff der Nachlaßgläubiger offenstehen? Die h.M. hat das zunächst verneint: Sie ließ den Anspruch auf die Versicherungssumme nicht in den Nachlaß fallen, wenn der Erblasser einen Begünstigten bestimmt hatte. Als Schenkung an diesen Begünstigten wurde auch nicht die Versicherungssumme selbst angesehen, sondern der Betrag der vom Erblasser gezahlten Prämien. Danach sollte den Pflichtteilsberechtigten wegen der vom Erblasser in den letzten zehn Jahren (§ 2325 III) vor seinem Tod gezahlten Prämien ein Ergänzungsanspruch gegen die Erben (§ 2325) oder hilfsweise gegen den Begünstigten zustehen, § 2329 *(BGHZ 7, 134 ff.).* Die Nachlaßgläubiger hatten nach h.M. sogar nur die zeitlich regelmäßig auf früher ein Jahr, später vier Jahre beschränkte Anfechtungsmöglichkeit (vgl. oben Rdnr. 389). **401**

Diese Schwierigkeiten hat aber *BGHZ 156, 350/355 ff.* mit überzeugender Begründung beseitigt: Nach den §§ 134, 143 InsO müsse der Begünstigte den erhaltenen Gegenstand an die Masse abführen, und das sei die **Versicherungssumme**.

5. Nachfolge in eine Personengesellschaft

a) Fortsetzung oder Auflösung der Gesellschaft

Nach der alten Regelung des HGB (§§ 131 Nr. 4, 161 II a.F.) führte der Tod eines persönlich haftenden Gesellschafters in der OHG und der KG regelmäßig zur **Auflösung der Gesellschaft**. Das ist durch das HandelsrechtsreformG v. 22.6.1998 (dazu etwa *K. Schmidt*, NJW 1998, 2161 ff.) geändert worden: Jetzt bewirkt nach § 131 III 1 Nr. 1 HGB der Tod eines persönlich haftenden Gesellschafters nur noch dessen **Ausscheiden**. Damit sollte der Fortbestand von Gesellschaften gesichert werden. Doch scheitert das, wenn kein weiterer persönlich haftender Gesellschafter übrigbleibt: Dann muß die Gesellschaft liquidiert werden. In den übrigen Fällen wird die Gesellschaft mit den verbleibenden Gesellschaftern fortgeführt; die Erben des Verstorbenen erhalten nach den §§ 105 III HGB, 738 I 2 BGB das Ausein- **402** andersetzungsguthaben. Für dessen Berechnung kann der Gesellschaftsvertrag **Abfindungsklauseln** enthalten. Inwieweit mit ihnen die Ansprüche der Erben verkümmert werden können (z.b. Berechnung nur nach dem Buchwert), ist jetzt ebenso zweifelhaft, wie es früher gewesen ist (vgl. die 18. Aufl.).

b)   Nachfolgeklauseln

Häufig wird in Gesellschaftsverträgen bestimmt, die Gesellschaft solle mit den Erben des verstorbenen Gesellschafters oder mit anderen namentlich benannten Personen fortgesetzt werden (vgl. *Deckert*, NZG 1998, 43 ff.).

aa) Das ist nahezu unproblematisch, soweit **Gesellschaftsvertrag und Erbrecht übereinstimmen**, weil nämlich dieselben Personen mit gleichen Anteilen Nachfolger in die Gesellschaft und Erben werden. Hier kommt man ohne weiteres mit der Annahme aus, der Gesellschaftsanteil gehe nach Erbrecht über; auch entstehen keine Ausgleichsfragen. Zu beachten ist bloß, daß nach h.M. (etwa *BGHZ 68, 225/237*; *BGH* NJW 1983, 2376) mehrere Erben nicht in ihrer Verbundenheit als Erbengemeinschaft Gesellschafter werden, sondern einzeln (Prinzip der **Einzelnachfolge**). Entsprechend kann nach § 139 I HGB »jeder Erbe« für sich die Einräumung der Kommanditistenstellung fordern.

bb) Schwierigkeiten entstehen aber, wenn **Erbrecht und Gesellschaftsrecht teilweise auseinandergehen**. Wichtigster Fall ist, daß von mehreren Erben (etwa der Witwe und mehreren Kindern) nur einer (etwa der älteste Sohn) im Gesellschaftsvertrag als Nachfolger des Erblassers in die Gesellschaft bestimmt wird. Wie dieser Nachfolger den Gesellschaftsanteil des Erblassers erhalten soll, war zweifelhaft. *BGHZ 68, 225/229 ff.* hat sich für den **Erwerb nach Erbrecht** entschieden, und zwar für einen Erwerb **unmittelbar und ganz**. Trotz dieser Sondererbfolge gehört der Gesellschaftsanteil aber zum Nachlaß (und unterliegt daher grundsätzlich einer Testamentsvollstreckung), *BGHZ 98, 48 ff.*

Mit diesem Verständnis sind zwei andere Lösungswege verworfen worden: Erstens nämlich die Konstruktion eines Erwerbs durch Geschäft unter Lebenden, insbesondere nach §§ 328 ff. Und zweitens hat *BGHZ 68, 225/237 f.* die früher von *BGHZ 22, 186 ff.* vertretene, umständliche Ansicht aufgegeben, der Nachfolger erwerbe den Gesellschaftsanteil unmittelbar nur in Höhe seiner Erbquote und im übrigen erst auf dem Umweg über die anderen Gesellschafter.

Weiter bestätigt *BGHZ 68, 225/237 ff.* auch die Maßgeblichkeit des Erbrechts für die Verteilung des Nachlasses **dem Werte nach**: Der als Nachfolger bestimmte Miterbe muß also, soweit er gesellschaftsrechtlich mehr erhält als ihm hinsichtlich des Gesellschaftsanteils nach seiner Erbquote gebührt, den übrigen Miterben einen **Ausgleich** leisten (bei der Verteilung des Restnachlasses oder auch aus seinem weiteren Vermögen). Für diesen Ausgleichsanspruch läßt sich keine bestimmte Vorschrift als Grundlage angeben, weil er auf Richterrecht beruht (*Wiedemann*, JZ 1977, 689/691).

cc) Noch anders liegen die Dinge, wenn **Erbrecht und Gesellschaftsrecht völlig auseinandergehen,** weil der im Gesellschaftsvertrag als Nachfolger Bestimmte erbrechtlich überhaupt nicht bedacht worden ist. Dann kommt ein erbrechtlicher Erwerb des Gesellschaftsanteils nicht in Betracht. Vielmehr muß die Benennung im Gesellschaftsvertrag als **Eintrittsklausel** verstanden werden *(BGHZ 68, 225/233):* Der Benannte ist aus dem Gesellschaftsvertrag, also durch Rechtsgeschäft unter Lebenden berechtigt, an die Stelle des Erblassers in die Gesellschaft rechtsgeschäftlich einzutreten. Die Erben erhalten dann einen Abfindungsanspruch gegen die Gesellschaft.

II. Abschnitt Ansprüche aus Geschäftsführung ohne Auftrag[1]

§ 17 Übersicht über die Geschäftsführungsverhältnisse

I. Arten der Geschäftsführung

Geschäftsführung im weitesten Sinne ist jedes Handeln mit wirtschaftlichen **403** Folgen, das sich nicht auf ein bloßes Geben beschränkt. Soweit der Geschäftsführer nur seine **eigenen Angelegenheiten** besorgt (etwa eine eigene Sache verkauft), treffen die Folgen dieses Handelns ohnehin ihn selbst. Daher braucht die Rechtsordnung nicht einzugreifen: Es gibt keinen Dritten, auf den die Vor- und Nachteile einer solchen Geschäftsführung abgewälzt werden könnten.

Anders verhält es sich bei der Besorgung **fremder Angelegenheiten:** Hier muß das Gesetz die Vor- und Nachteile, die bei dem Handelnden oder bei demjenigen entstanden sind, um dessen Angelegenheiten es geht, gerecht verteilen. Diesem Zweck dienen zahlreiche Vorschriften.

1. Spezialregelungen

Besteht zwischen dem Geschäftsführer und dem Geschäftsherrn *ein beson-* **404** *deres Rechtsverhältnis* (aus Vertrag oder Gesetz), so regelt dieses die Verteilung. Solche *vertraglichen Verhältnisse* sind etwa die Gesellschaft, der Auftrag einschließlich der entgeltlichen Geschäftsbesorgung (§ 675 I) und mehrere Vertragstypen des Handelsrechts (etwa Kommission und Spedition). Dies sind zugleich typische Innenverhältnisse der mittelbaren Stellvertretung. *Ohne Vertrag* entstehen besondere Geschäftsführungsverhältnisse etwa bei Vormundschaft und Testamentsvollstreckung, aber auch beim Fund, §§ 965 ff.

---

1 Dazu GW Rdnr. 226 ff. sowie *Berg,* Hauptprobleme der GoA, JuS 1975, 681 ff.; *Wollschläger,* Grundzüge der GoA, JA 1979, 57 ff., 126 ff., 182 ff.; *P. Schwerdtner,* GoA, Jura 1982, 593 ff.; 642 ff.; *Rödder,* Grundzüge der GoA, JuS 1983, 930 ff.; *Gursky,* AcP 185 (1985) 13 ff.; *Seiler,* Grundfälle zum Recht der GoA, JuS 1987, 368 ff. mit Fortsetzungen, weitere bei *Medicus* SBT vor Rdnr. 610.

2.   Geschäftsführung ohne Auftrag

405   Wo eine solche besondere Regelung fehlt, greifen die Vorschriften über die Geschäftsführung ohne Auftrag (GoA) ein, wenn der Geschäftsführer das Geschäft **für einen anderen besorgen wollte,** § 677. Nicht ausreichend ist daher die gewerbliche »Erbensuche«, die durch den eigenen Erwerbstrieb und nicht durch die Interessen des Erben veranlaßt wird, *BGH* NJW 2000, 72. Ein Irrtum über die Person des Geschäftsherrn schließt die GoA nicht aus, § 686.

> *Bsp.:* A nimmt ein Kind mit nach Hause, das weinend allein auf der Straße steht. A glaubt, es sei das Kind des B, doch ist es in Wahrheit das Kind des C: Hier ist Geschäftsherr C. Hat A sich schuldhaft geirrt, kann das für Schadensersatzansprüche des C aus §§ 678, 677, 280 Bedeutung haben (etwa wenn C Aufwendungen machen mußte, um sein Kind wiederzufinden). Jedoch können im Bsp. die §§ 679, 680 die Haftung des A entfallen lassen oder mildern.

3.   »Unechte« Geschäftsführung ohne Auftrag

406   Wenn zwar ein fremdes Geschäft besorgt wird, aber **nicht für einen anderen**, sind nach § 687 die §§ 677 ff. wenigstens zunächst unanwendbar. Man spricht hier – mißverständlich – von »unechter GoA«.

Allerdings erklärt das Gesetz auch in manchen Fällen dieser Art die §§ 677 ff. für entsprechend anwendbar. Hierhin gehört etwa § 994 II: Er betrifft ja auch Besitzer, die sich für berechtigt halten und daher ihre eigene Angelegenheit zu besorgen glauben: Sie werden entgegen § 687 I wenigstens teilweise nach dem Recht der GoA behandelt. Noch stärker von dem Regelfall der GoA entfernen sich die §§ 1959 I, 1978 I 2, III: Hier ist der Erbe ja zunächst Herr des Nachlasses gewesen, und bei § 1978 ist diese Stellung nicht einmal rückwirkend weggefallen (anders bei § 1959 wegen § 1953 I, II). Die Verwaltung des Nachlasses war also nicht nur subjektiv, sondern auch objektiv eine eigene Angelegenheit des Erben; dennoch wird dieser wie ein auftragsloser Geschäftsführer für den späteren Erben behandelt (vgl. *Olzen*, Jura 2001, 366 ff.).

Folglich können alle diese Normen insoweit (vgl. aber unten Rdnr. 884) nur auf die **Rechtsfolgen der GoA** verweisen: Andernfalls würde die Wirksamkeit der Verweisung an § 687 I scheitern.

II.   Geschäftsführung für einen anderen

407   Nach § 687 entscheidet also über das Vorliegen von GoA regelmäßig der Wille des Geschäftsführers, für einen anderen zu handeln (oben Rdnr. 405 f.).

Dieser »Fremdgeschäftsführungswille« (dazu *Schwark*, JuS 1984, 321 ff.) wird häufig nicht geäußert. Seine Feststellung bereitet daher Schwierigkeiten; nicht selten bleibt er eine Fiktion.

1. Die Zuordnung von Geschäften

a) Zu unterscheiden ist zunächst zwischen den objektiv fremden und den 408 übrigen Geschäften.

Für die **objektiv fremden Geschäfte** ist schon durch die Rechtsordnung eine andere Zuständigkeit begründet als die des Geschäftsführers. Solche Zuständigkeiten schaffen vor allem die absoluten Rechte.

Bsp.: Für die Veräußerung und Nutzung einer Sache ist regelmäßig der Eigentümer zuständig, für die Verwaltung des Nachlasses der Erbe, für die Erziehung der Kinder sind es die Eltern.

Eine solche Zuständigkeit kann sich aber auch aus anderen Gründen ergeben. So ist die Erfüllung einer Verpflichtung Sache des Schuldners, die Sorge für die öffentliche Sicherheit oder Ordnung mit hoheitlichen Mitteln ist Sache der Polizei.

b) Den Gegensatz zu diesen Geschäften mit bestimmter Zuständigkeit bilden die **objektiv neutralen Geschäfte**, die also jedermann vornehmen darf. Hierhin gehört etwa der Erwerb einer Sache.

c) Eine besondere Gruppe bilden die von der öffentlichen Hand wahrzunehmenden Geschäfte: Hier ist eine **öffentlich-rechtliche GoA** durch Private nur unter engen Voraussetzungen möglich[2].

2. Bedeutung der Zuordnung

Diese Unterscheidung ist in doppelter Hinsicht wichtig: 409
Einmal für § **687**. Denn der dort vorausgesetzte Fall, daß ein fremdes Geschäft als eigenes geführt wird, kann nur bei objektiv fremden Geschäften vorliegen (etwa bei der Veräußerung einer fremden Sache). Dagegen wird ein objektiv neutrales Geschäft erst durch den Willen des Geschäftsführers, es als fremdes zu führen, zum (subjektiv) fremden (etwa der Erwerb einer Sache). Nur beim objektiv fremden Geschäft kann der Geschäftsführer auch die Fremdheit kennen.

---

2 Vgl. *BVerwG* NJW 1989, 922 ff. und *Freund*, JZ 1975, 513 ff.; *Schoch*, Jura 1994, 241 ff.; *Bamberger*, Grundfälle zum Recht der GoA im öffentlichen Recht, JuS 1998, 706 ff.

Zum anderen **vermutet** die h.M. (etwa *BGHZ 40, 28 ff.*; *65, 354/357*) bei einem vom Geschäftsführer als objektiv fremd erkannten Geschäft den **Fremdgeschäftsführungswillen.** Dagegen sollen beim objektiv neutralen Geschäft besondere Indizien für das Vorliegen eines solchen Willens nötig sein.

Bsp.: Wenn ein Arzt ein verletztes Kind behandelt, tut er damit etwas, wofür der Sorgeberechtigte zu sorgen hätte: Der Fremdgeschäftsführungswille wird vermutet. Wenn dagegen jemand in einer Auktion eine wertvolle Briefmarke ersteigert, müssen besondere Anzeichen dafür vorliegen, daß er für einen Dritten erwerben will. Andernfalls kann weder er von einem Dritten Ersatz des Kaufpreises fordern (§§ 683, 670), noch kann ein Dritter von ihm die Marke herausverlangen (§§ 681, 667).

3.   Zuordnungsprobleme

410   Häufig ergibt jedoch die rechtliche Zuordnung nicht eindeutig, in wessen Bereich ein Geschäft objektiv gehört. *Beispiele:*

(1) BGHZ 40, 28 ff. (ähnlich *BGHZ 63, 167 ff.*): Die Feuerwehr der Gemeinde G löscht einen Waldbrand, der durch Funkenflug aus den Dampflokomotiven der Bundesbahn verursacht worden ist.

(2) BGHZ 38, 270 ff.: G fährt mit seinem Pkw mäßig schnell über eine Landstraße. Vor ihm radelt H. Als G den H überholen will, wird dieser plötzlich von einem anderen Radfahrer nach links abgedrängt. G steuert seinen Wagen gegen einen Baum, um H nicht zu überfahren.

(3) BGHZ 37, 258 ff.: Der Wirtschaftsberater G vereinbart mit H, daß er dessen Schulden regulieren soll. Dieser Vertrag ist, was G und H nicht wissen, nach dem damals geltenden RechtsberatungsG vom 13.12.1935 nichtig. G erreicht bei den Gläubigern des H bedeutende Schuldnachlässe (vgl. auch *BGHZ 50, 90 ff.*, dieselbe Sache).

a)   Die Rechtsprechung

411   In allen drei Fällen ist der Fremdgeschäftsführungswille zweifelhaft, vom BGH aber doch bejaht worden. Diese Rspr. hat so den Anwendungsbereich von §§ 677 ff. (insbesondere von § 683) erheblich ausgedehnt. Betrachten wir die Begründung dafür im einzelnen:
Im **Fall (1)** ist das Löschen von Bränden sicher Sache der Feuerwehr. Der *BGH* meint jedoch, es handele sich auch um ein Geschäft der Bundesbahn, die (jetzt nach § 1 HaftpflG) zum Ersatz des Brandschadens verpflichtet gewesen sei. Da insofern auch ein objektiv fremdes Geschäft vorliege, werde der Fremdgeschäftsführungswille der Feuerwehr vermutet.

Ganz entsprechend *BGH* NJW 1969, 1205 ff.: Das Motorschiff des H hat auf dem Rhein zwei Anker verloren. Diese werden von der Wasserstraßenverwaltung in Erfüllung ihrer eigenen Verkehrssicherungspflicht geborgen. Trotzdem soll die Bergung auch ein Geschäft des H sein, und dieser soll aus §§ 683, 670 die Kosten ersetzen müssen.

Ähnlich liegt es im **Fall (2)**: In erster Linie ist es sicher Sache des Kraftfahrers selbst, niemanden totzufahren. Der *BGH* stellt aber auf den damals noch geltenden § 7 II StVG a.f. ab: Soweit der Halter nach dieser Vorschrift für einen Unfall nicht ersatzpflichtig gewesen wäre, weil dieser ein für ihn unabwendbares Ereignis dargestellt hätte, besorge er auch ein Geschäft des Geretteten. Die von dem Kraftfahrer gesetzte eigene Betriebsgefahr soll aber dessen Anspruch auf Schadensersatz (§ 683 entsprechend, vgl. unten Rdnr. 428 f.) mindern (§ 254 entsprechend, vgl. unten Rdnr. 429 am Ende).

Einen anderen rechtlichen Aspekt von Rettungsaktionen wie in Fall (2) behandelt *BGHZ 92, 357 ff.* (dazu *Schlund*, JR 1985, 285): Dort hatte die Motorradfahrerin M bei einem unverschuldeten Ausweichmanöver unbeabsichtigt den Kraftwagen des unbeteiligten D beschädigt. Hier war ein für M unabwendbares Ereignis angenommen und daher die Halterhaftung verneint worden, § 7 II 1 StVG a.F. Der *BGH* hat aber auch einen Anspruch D–M aus § 904 S. 2 abgelehnt: Diese Vorschrift verlange eine bewußte und gewollte Einwirkung auf die fremde Sache.

Dagegen ist im **Fall (3)** die Regulierung der Schulden zunächst sicher ein Geschäft des Schuldners H selbst. G hat dieses Geschäft aber ausgeführt, um eine vermeintliche Verpflichtung dem H gegenüber zu erfüllen. Trotz dieses Handelns solvendi causa hat der *BGH* noch Raum für einen Fremdgeschäftsführungswillen gesehen, ebenso etwa auch *BGHZ 101, 393/399*; *BGH* BB 1993, 95/96; NJW 1997, 47/48 (dazu *Einsele*, JuS 1998, 201 ff.); *BGHZ 157, 168/175.*

b) Bedenken

Gegenüber dieser Rspr. ist Skepsis nötig[3]. Denn sie macht § 683 zu einem   **412** gefährlich weiten Mittel des Lastenausgleichs aus Billigkeitsgründen. Wohin man so kommen kann, zeigt besonders deutlich die Problematik der **Abmahn-(Gebühren-) vereine:** Nach *BGHZ 52, 393/399* soll jemand, der unlauteren Wettbewerb betreibt, einem den Schutz des lauteren Wettbewerbs bezweckenden Verein die Kosten einer vorprozessualen Abmahnung ersetzen müssen: Diese helfe nämlich im Interesse des Abgemahnten, einen

---

3 In gleichem Sinn auch *Gursky*, Jur. Analysen 1969, 103 ff.; *Schubert*, NJW 1978, 687 ff.; AcP 178 (1978) 425 ff.; *Schreiber*, Betr. 1979, 1397 ff.; *Esser/Weyers* § 46 II 2c; *Wittmann*, Begriff und Funktion der GoA (1981) 106 ff.; *Hauß*, Festg. Weitnauer (1980) 333 ff. Anders jedoch *Wollschläger*, Die GoA (1976).

kostspieligen Rechtsstreit zu vermeiden (dagegen mit Recht *Hauß*, [Fn. 3] 333/338, vgl. auch *Rud. Roth*, Betr. 1982, 1916 ff.). In Konsequenz dieses Urteils sind Vereine gegründet worden, deren Zweck letztlich nur dahin ging, durch möglichst viele Abmahnungen allenthalben Gebühren zu verdienen. Gegen solche Auswüchse ist dann in § 13 V UWG ein Mißbrauchsvorbehalt eingebaut worden. § 2 III des neuen UnterlassungsklagenG v. 26.11.2001 enthält eine entsprechende, allgemeinere Vorschrift. *BGHZ 149, 371* hält mehrfache Abmahnungen für rechtsmißbräuchlich. Ohne die Ausweitung des Geschäftsführungsrechts wären solche Notbehelfe nicht nötig geworden.

§ 683 ist eben insbesondere auch viel weiter als ein Bereicherungsanspruch, der sonst allenfalls in Betracht kommt: § 683 umfaßt auch den Ersatz nutzloser Aufwendungen (die also den Geschäftsherrn nicht bereichert haben), wenn der Geschäftsführer sie nur für nötig halten durfte (§ 670).

Im Fall (1) müßte also die Bundesbahn die Löschkosten auch dann bezahlen, wenn trotz der Löschversuche der ganze Wald abgebrannt ist (und das, obwohl sie nach § 10 I HaftpflG für Schäden unter Umständen nur ziffernmäßig beschränkt haftet). Und im Fall (2) müßte der Radfahrer (oder müßten seine Erben!) auch für den Schaden aus einem erfolglosen Ausweichversuch aufkommen.

In den Fällen (1) und (3) kommt noch ein anderer Gesichtspunkt hinzu: Bei der GoA ist der Geschäftsführer dem Willen des Geschäftsherrn eindeutig untergeordnet (vgl. unten Rdnr. 422 ff.). Die Feuerwehr erfüllt aber eine eigene öffentlich-rechtliche Pflicht. Daher kann und will sie die privatrechtliche Unterordnung unter den Willen eines Dritten nicht einmal mit der Begrenzung durch § 679 einhalten. Zwar schließt eine Verletzung der Geschäftsführerpflichten (etwa aus § 681) berechtigte GoA nicht aus *(BGHZ 65, 354/356)*. Aber daß der Geschäftsführer diese Pflichten von vornherein nicht erfüllen will, spricht doch gegen seinen Fremdgeschäftsführungswillen. Auch in Fall (3) will der vermeintliche Schuldner nur seine irrig angenommene Pflicht erfüllen. Zudem könnte hier der Weg über § 683 den sonst möglicherweise anwendbaren § 817 ausschalten (vgl. aber zu § 817 *BGHZ 50, 90 ff.:* Die Vorschrift ist unanwendbar auf Nebenleistungen zu der verbotenen Rechtsberatung).

Daß die GoA im Fall (3) nicht recht paßt, hat übrigens auch *BGHZ 37, 258 ff.* bemerkt. Denn der *BGH* verweist dort den G wegen eines Vergütungsanspruchs auf die Leistungskondiktion. Begründet wird das unter dem Erwägung, G habe seine aus einer verbotenen Tätigkeit bestehenden Aufwendungen »den Umständen nach für erforderlich halten« dürfen (§ 670). Aber die Vergütung für G darf nicht von dem Fahrlässigkeitsmaßstab des § 670 abhängen.

Aus diesen Gründen liegt nach meiner Ansicht GoA höchstens im Fall (2) vor (dazu *Frank*, JZ 1982, 737 ff.; *Friedrich*, VersR 2000, 697 ff.). Im Fall (3) sind G und H auf die Leistungskondiktion zu verweisen. Im Fall (1) endlich muß der feuerwehrrechtliche Landesgesetzgeber darüber entscheiden, ob und wie Löschkosten von einem schuldlosen Brandstifter zu ersetzen (oder letztlich aus Steuermitteln zu tragen) sind[4]. Demgegenüber vermengt die Argumentation des *BGH* die Voraussetzungen von § 677 (Fremdgeschäftsführungswille) und § 683 (Nützlichkeit des Geschäfts für einen anderen und dessen daraus zu folgernden Willen).

Bei einer Geschäftsführung durch die öffentliche Hand bleibt zudem noch eine weitere Sachfrage unberücksichtigt: Manche **Dienstleistungen der öffentlichen Hand** sind durch die Steuern abgegolten (z.b. die Aufnahme eines Verkehrsunfalls oder die Verfolgung eines Verbrechens), andere sind es nicht. Beide Arten von Dienstleistungen können anderen Personen nützen, aber nur für die Dienstleistungen der zweiten Art braucht der Begünstigte zu zahlen. Zwischen diesen beiden Arten von Leistungen muß das öffentliche Recht unterscheiden (vgl. etwa *VG Bremen*, NJW 1981, 1227; *VGH Mannheim*, NJW 1992, 1470, auch *BGH* NJW 1990, 1604 f.). Ihm wäre für die besonders zu entgeltenden Leistungen auch die Gebühren- oder Ersatzpflicht des Begünstigten zu entnehmen. Wo das öffentliche Recht hierfür nicht auf die GoA verweist (wie bisweilen im Polizeirecht), wird diese durch die gewaltsame Fiktion des Fremdgeschäftsführungswillens zur Füllung von Lücken des öffentlichen Rechts mißbraucht. Und wo dieses Vorschriften enthält, könnten sie über die GoA sogar umgangen werden (vgl. *BGHZ 65, 384/388 f.; 156, 394 ff.; AG Krefeld*, NJW 1979, 722).

c)   Zurückhaltendere Entscheidungen

Vorsichtiger bei dem »auch fremden« Geschäft ist aber   **413**

BGHZ 54, 157 ff.: Der mit Heizöl beladene Lastzug des H war verunglückt. Das Amt A beseitigte das ausgelaufene Öl und verlangte die Kosten nach §§ 683, 670 von der Haftpflichtversicherung V des H ersetzt (§ 3 Nr. 1 des PflichtversiG v. 5.4.1965 galt für diesen Fall noch nicht; dazu später – mit gleichem Ergebnis – *BGHZ 72, 151 ff.*).

Der BGH hat diesen Anspruch verneint: Zwar möge man die Tätigkeit von A noch als Geschäftsführung für H ansehen können. Jedoch sei V an den Maßnahmen von A **nur mittelbar interessiert** (dieses Argument kehrt wieder in *BGHZ 61, 359/363; 72, 151/153; 82, 323/330*). A habe auch nicht auf den mutmaßlichen Willen von V Rücksicht nehmen wollen. Sehr klar ist diese Begründung freilich nicht: Dem mutmaßlichen Willen des H hat A sich ebensowenig unterordnen wollen. Und daß das Interesse von V nur

---

[4] Ebenso *Larenz* II 1 § 57 I a S. 440; *Esser/Weyers* § 46 II 2d; *Hauß* (vorige Fn.), 333, 342 ff. und im Ergebnis auch *Pesch*, Jura 1995, 361 ff.

indirekt ist, steht der Dringlichkeit dieses Interesses nicht entgegen: Regelmäßig muß ja letztlich V und nicht der (unmittelbar interessierte) H den Schaden tragen.

Zurückhaltend gegenüber der GoA ist auch *BGHZ 62, 186 ff.*: Dort hatten die rechtmäßigen Emissionen des Zementwerks H auf einer benachbarten Straße zur Bildung eines glatten Belags geführt. Durch ihn war es zu mehreren Unfällen gekommen. Deshalb veränderte die straßenbaulastpflichtige Bundesrepublik die Straßendecke und verlangte die Kosten von H ersetzt. Der *BGH* verneint einen Anspruch aus §§ 683, 670: Der Baulastpflichtige betreibe Bauarbeiten regelmäßig in Erfüllung eigener Pflichten. Daher sei ein Fremdgeschäftsführungswille nur bei Vorliegen besonderer Anhaltspunkte anzunehmen, an denen es hier fehle. Unbeachtet geblieben ist dieser Gesichtspunkt aber wieder in *BGHZ 65, 354 ff.* (das Land reinigt eine Bundesstraße von Verunreinigungen aus einer Bimsgrube): Dort ist ein Anspruch aus GoA bejaht worden.

4. Besondere Fallgruppen

414 Zwei häufig vorkommende Fälle mit ähnlicher Problematik seien noch erörtert:

a) Erfüllung eines Vertrages mit einem Dritten

G besorgt aufgrund eines Vertrages mit D Angelegenheiten des H. Hier nimmt die wohl h.M. an, GoA im Verhältnis G–H werde nicht dadurch ausgeschlossen, daß G seine Verpflichtung gegenüber D erfüllen wolle. Ich halte das für unrichtig: Wenn G die Geschäftsbesorgung als Leistung an D erbracht hat, kann er sich auch nur an diesen halten (ebenso *OLG Koblenz*, NJW 1992, 2367). Andernfalls käme man nämlich wieder zur Versionsklage, die das BGB mit Vorbedacht nicht übernommen hat (vgl. Mot. bei *Mugdan* II 487 f. und *Hauß* [oben Fn. 3] 333/334; *Wendlandt*, NJW 2004, 985 ff.; *OLG Hamm*, NJW 1974, 951 ff. zu § 684 S. 1).

Bsp.: Der Abschleppunternehmer G verpflichtet sich durch Werkvertrag mit der Polizei, verbotswidrig geparkte Fahrzeuge abzuschleppen. Hier kann er seine Vergütung aus eigenem Recht nur von der Polizei fordern, nicht aber über §§ 679, 683 von den Haltern oder Fahrern der abgeschleppten Fahrzeuge. Im Ergebnis ebenso *LG München* I, NJW 1978, 48 f., dazu *Schubert*, NJW 1978, 687/688 f. und *Janssen*, NJW 1995, 624.

Wohin die Vermutung eines Fremdgeschäftsführungswillens bei dem angeblich »auch fremden« Geschäft führen kann, zeigt etwa

LG Bonn, FamRZ 1970, 321 f.: Der Ehemann M ist einkommens- und vermögenslos. Seine Frau F unterhält ihn aus ihrem Einkommen. M läßt ein Glaukom als Privatpatient behandeln. Der Träger der Klinik verklagt die F wegen der Behandlungskosten von über 3000,– DM.

Das *LG* hat dieser Klage stattgegeben: F sei dem M nach §§ 1360, 1360a unterhaltspflichtig gewesen. Indem die Klinik die Behandlung gewährt habe, habe sie nicht nur ein eigenes Geschäft geführt (Erfüllung ihres Vertrages mit M), sondern auch eines der F. Insoweit werde der Fremdgeschäftsführungswille der Klinik vermutet. Das sei jedenfalls deshalb anzunehmen, weil F letztlich für die Kosten aufzukommen habe. F hafte daher nach §§ 683, 670.

Ich halte das für falsch: Die Klinik hatte ihren Vertrag mit M zu erfüllen und sonst nichts. Insbesondere ging sie die Unterhaltspflicht der F nichts an. Daher war die Klinik auch nicht verpflichtet, der F die Aufnahme des M anzuzeigen und die Entschließung der F abzuwarten (§ 681 S. 1). Sie brauchte auch die F nicht über die Behandlung des M zu benachrichtigen (§§ 681 S. 2, 666). Endlich würde sie bei schuldhaft schlechter Behandlung des M nicht der F aus Sonderverbindung nach §§ 677, 276, 278 haften. Außer den §§ 683, 670 paßt also keine der Rechtsfolgen der GoA. Daher kann man auch die Zahlungspflicht nicht auf GoA stützen. Der richtige rechtliche Gesichtspunkt war vielmehr im Zeitpunkt der Entscheidung die analoge Anwendung von § 1357 (vgl. oben Rdnr. 89; die ärztliche Behandlung gehörte regelmäßig noch zum häuslichen Wirkungskreis: *BGHZ 47, 75 ff.*). Jetzt paßt der geänderte § 1357 sogar direkt: Regelmäßig betrifft die Heilung eines Familienangehörigen die »Deckung des angemessenen Lebensbedarfs der Familie« (*BGHZ 91, 1/5 ff.,* einschränkend *OLG Saarbrücken,* NJW 2001, 1798, vgl. oben Rdnr. 88).

Freilich versagt diese Lösung nach § 1357 III, wenn die Eheleute getrennt leben. Daß die Klinik dann in einer mißlichen Lage ist, beruht aber letztlich nur darauf, daß sie vorgeleistet hat, ohne sich wegen der Gegenleistung zu sichern. Allerdings läßt sich eine solche Vorleistung ohne Rücksicht auf eine Sicherung wegen der Behandlungskosten in den Heilberufen vielfach nicht vermeiden. Doch sollte man die Hilfe auch in solchen Fällen nicht bei der GoA suchen (ebenso *Hauß,* [oben Fn. 3] 333, 334): Diese läßt für die entscheidenden Billigkeitsargumente nicht den ausreichenden Raum.

b)   Leistungen eines Gesamtschuldners

Ein Gesamtschuldner leistet an den Gläubiger mehr, als er nach Maßgabe des Innenverhältnisses zu den anderen Gesamtschuldnern zu zahlen hat. Hier erkennt auch die h.M. an, daß in diesem Innenverhältnis keine GoA vorliegt (vgl. etwa *Hauß,* aaO. 333):   **415**

Soweit es sich um eine sogenannte **unechte Gesamtschuld** handelt (vgl. unten Rdnr. 916 ff.), ist die Leistung sicher kein Geschäft des anderen Verpflichteten. Denn wenn der »bessergestellte« Gesamtschuldner leistet, wird der andere nicht frei. Und der »schlechtergestellte« muß im Verhältnis zu dem anderen Gesamtschuldner das in der Leistung liegende Opfer stets allein und endgültig tragen.

Bsp.: Leistet bei § 843 IV der Unterhaltsschuldner, bleibt der Schadensersatzanspruch gegen den Schädiger bestehen. Leistet dagegen dieser, kommt für ihn ein Rückgriff gegen den Unterhaltsschuldner ohnehin nicht in Betracht (vgl. ausführlich unten Rdnr. 916 ff.).

Unter diesen Gesichtspunkten wenig befriedigend ist die Begründung von *BGH* NJW 1979, 598 f.: D ist durch einen von S zu vertretenden Unfall erheblich verletzt worden. D wird im Krankenhaus von seinen nächsten Angehörigen G besucht. Dann sollen G die Kosten dieser Besuche nach § 683 von S ersetzt verlangen können. Zugleich soll aber analog § 843 IV der Anspruch des D gegen S unberührt davon bleiben, daß G ihre Aufwendungen selbst getragen haben. Doch wie kann es sich dann noch um ein Geschäft des S handeln? Vorzugswürdig ist es deshalb, die Besuchskosten zu dem nach § 249 zu ersetzenden Heilungsaufwand zu rechnen (so jetzt stets der *BGH*, etwa *BGH* NJW 1990, 1037).

Bei der **echten Gesamtschuld** kann der Gesamtschuldner, der mehr geleistet hat als den im Innenverhältnis auf ihn entfallenden Anteil, gegen die übrigen Gesamtschuldner nach § 426 Rückgriff nehmen. Insoweit haben diese Gesamtschuldner also nur den Gläubiger gewechselt. Deshalb ist auch hier die Zuvielleistung nicht ihr Geschäft. Zudem wäre es sinnlos, den ohnehin schon doppelten Rückgriff nach § 426 I und II (vgl. unten Rdnr. 909) noch um eine weitere Möglichkeit zu ergänzen.

III.   Die unechte Geschäftsführung ohne Auftrag

416   Bei Fehlen des Fremdgeschäftsführungswillens scheidet also GoA aus. Bei objektiv neutralen Geschäften treten dann überhaupt keine Rechtsfolgen ein: Es liegt erlaubte Besorgung eines eigenen Geschäfts vor. Dagegen ist beim objektiv fremden Geschäft einer der beiden Tatbestände von § 687 erfüllt.

1.   Irrtümliche Annahme eines eigenen Geschäfts

§ 687 I betrifft die irrtümliche Besorgung eines fremden Geschäfts als eigenes: Dann soll das Recht der GoA nicht gelten. § 687 I sagt aber nicht positiv, was statt dessen gelten soll. Zu denken ist vor allem an Ansprüche aus

§§ 812 ff. und bei schuldhaftem Irrtum auch aus Delikt. Allerdings sind diese Ansprüche vielfach durch das Eigentümer-Besitzer-Verhältnis ausgeschlossen, nämlich wenn sich die Geschäftsführung auf eine Sache im Besitz des Geschäftsführers bezieht, zu deren Besitz er sich berechtigt glaubt (vgl. unten Rdnr. 595 ff.).

Dabei deckt sich aber § 687 I nicht mit dem Schutz des redlichen Besitzers durch das Eigentümer-Besitzer-Verhältnis. Unter § 687 I fällt nämlich auch, wer beim Besitzerwerb grob fahrlässig gewesen ist (anders § 990 I).

2. Geschäftsanmaßung

§ 687 II behandelt demgegenüber die Geschäftsanmaßung. Auch hier kon-   **417**
kurrieren oft Ansprüche aus Eingriffskondiktion und Delikt.

a) Ansprüche des Geschäftsherrn

§ 687 II geht aber über diese Vorschriften zugunsten des Geschäftsherrn in doppelter Hinsicht hinaus:

aa) Einmal kann der Geschäftsherr nach §§ 687 II, 678 **Schadensersatz** auch für vom Geschäftsführer unverschuldete Folgen verlangen (vgl. unten Rdnr. 428 f.). Denn das in § 678 lediglich geforderte Übernahmeverschulden des Geschäftsführers dürfte bei der Geschäftsanmaßung regelmäßig vorliegen: Niemand wird leicht ohne Verschulden glauben können, er dürfe als fremd erkannte Geschäfte für sich selbst, also zu eigenem Nutzen, besorgen.

Bsp.: G vermietet wissentlich unberechtigt ein Wochenendhaus des H. Dieses brennt ab, weil das fünfjährige Kind des Mieters trotz hinreichender Beaufsichtigung mit Streichhölzern gespielt hat. H kann von G nach §§ 687 II, 678 Ersatz des Brandschadens fordern. Aus § 823 I dagegen wäre ein solcher Anspruch nur dann zu begründen, wenn der Brand noch adäquate Folge der Verletzung des Eigentums (oder des Besitzes) des H durch die Vermietung darstellte. Allenfalls § 848 könnte hier zuverlässig helfen. Jedoch müßte G das Haus dann dem H deliktisch entzogen haben, was für §§ 687 II, 678 unnötig ist.

Bei einem Brand durch Blitzschlag würde dagegen auch der Anspruch aus §§ 687 II, 678 versagen: Hier fehlt sogar der äquivalente Kausalzusammenhang mit der Vermietung: Mieter ziehen den Blitz nicht an.

bb) Zum anderen kann der Geschäftsherr den vom Geschäftsführer **er-**   **418**
zielten Gewinn auch insoweit herausverlangen (§§ 687 II, 681 S. 2, 667), als der Geschäftsherr selbst ihn nicht erzielt hätte. Diese Rechtsfolge bedeutet sicher eine Verschärfung gegenüber dem Schadensersatzrecht, das den Verletzergewinn nur in Sonderfällen erfaßt (etwa § 97 I 2 UrheberRG, vgl.

Däubler, JuS 1969, 49 ff.). Sie ist aber eine Verschärfung auch gegenüber § 816 I 1, wenn man die Herausgabepflicht dort nur auf den Wert des Erlangten gehen läßt (vgl. unten Rdnr. 726).

Daß H den Wert der Vermietung des Wochenendhauses auch dann verlangen kann, wenn er selbst nicht vermietet (und auch sonst nicht genutzt) hätte, folgt freilich schon aus §§ 812 I 1 Alt. 2 (Eingriffskondiktion, vgl. unten Rdnr. 703 ff.), 818 I oder §§ 990 I 1, 987 I. Dem gegenüber erfaßt § 687 II auch den Gewinn, den G mit Glück oder Geschäftstüchtigkeit durch eine Vermietung über den Wert hinaus erzielt hat.

b) Gegenansprüche des Geschäftsführers

419 Wenn der Geschäftsherr die besonderen Ansprüche aus § 687 II 1 erhebt, soll er nach Satz 2 seinerseits dem Geschäftsführer nach § 684 S. 1 verpflichtet sein. Diese Verweisung ist mißglückt. Denn sie scheint in ein juristisches Karussell zu führen: Nach § 684 S. 1 soll ja der Geschäftsherr das durch die Geschäftsführung Erlangte an den Geschäftsführer herausgeben. Umgekehrt kann der Geschäftsherr aber nach §§ 687 II 1, 681 S. 2, 667 das durch die Geschäftsführung Erlangte vom Geschäftsführer fordern!

§ 687 II 2 kann daher nur so verstanden werden: Wenn der Geschäftsherr vom Geschäftsführer dessen Gewinn aus der Geschäftsführung herausverlangt, muß er umgekehrt dem Geschäftsführer dessen Aufwendungen nach Bereicherungsrecht ersetzen. Der Geschäftsführer hat also einen Gegenanspruch aus Aufwendungskondiktion (vgl. unten Rdnr. 895 ff.; 947; 949). Meist wird dieser Anspruch aber nur einen Abzug von dem herauszugebenden Gewinn bedeuten.

Bsp.: Bei der unberechtigten Vermietung des Wochenendhauses (oben Rdnr. 417) kann G von der erzielten Miete abziehen, was er etwa bei der Suche nach einem Mieter für Anzeigen aufgewendet hat. Haben die Mieter nichts gezahlt, sondern nur das Haus in Brand gesteckt, ist ein gleicher Abzug von dem Schadensersatzanspruch des H (§§ 687 II, 678) freilich nicht möglich: Insoweit ist H nicht infolge der Anzeige bereichert worden.

§ 18 Einzelheiten der Geschäftsführung ohne Auftrag

I. Berechtigte und unberechtigte Geschäftsführung

1. Die GoA als Anspruchsgrundlage

a) Wenn die Besorgung eines fremden Geschäfts nach dem Gesagten nicht **420** unter § 687 fällt, kommt die GoA als Anspruchsgrundlage in zwei Richtungen in Betracht:

(1) Für **Ansprüche des Geschäftsherrn** gegen den Geschäftsführer. Diese richten sich regelmäßig auf Herausgabe dessen, was der Geschäftsführer durch die Geschäftsführung erlangt hat, oder auf Schadensersatz.

(2) Für **Ansprüche des Geschäftsführers** gegen den Geschäftsherrn (dazu *Batsch*, AcP 171, 1971, 218 ff.). Sie zielen auf den Ersatz von Aufwendungen; davon werden in beschränktem Umfang auch Schäden erfaßt (vgl. unten Rdnr. 428 f.).

b) Diese Ansprüche hängen maßgeblich davon ab, ob die Geschäftsfüh- **421** rung berechtigt ist: Ist sie das, steht der Geschäftsführer regelmäßig wesentlich besser als bei unberechtigter Geschäftsführung. In dieser Unterscheidung zeigen sich die beiden entgegengesetzten Zwecke der §§ 677 ff.: Einerseits soll dem »guten« Geschäftsführer geholfen werden, der sich uneigennützig und hilfreich fremder Angelegenheiten annimmt, die der Geschäftsherr nicht allein besorgen kann. Andererseits aber soll auch ein Schutz gegen solche »bösen« Geschäftsführer gewährt werden, die sich ungerufen und besserwisserisch in fremde Angelegenheiten mischen, um anderen ihren Willen aufzuzwingen.

Bsp.: G weiß, daß sein Nachbar H verreist ist, und nimmt für diesen ein Paket an: Hier hilft G. Bedenklich wird es dagegen, wenn G die Abwesenheit des H dazu benutzt, um in dessen Garten »Ordnung zu schaffen«. Denn ob H einen verwilderten (»naturnahen«) oder einen geordneten Garten will, muß ihm selbst überlassen bleiben.

2. Unterscheidungskriterien

Das Gesetz bringt den Unterschied zwischen berechtigter und unberechtig- **422** ter GoA nicht schon in § 677 zum Ausdruck. Vielmehr ergibt sich das Unterscheidungskriterium deutlich erst aus der Gegenüberstellung der Rechtsfolgen in den § 683 und § 684: Berechtigte GoA liegt vor, wenn die Übernahme der Geschäftsführung dem Interesse und dem wirklichen oder mutmaßlichen Willen des Geschäftsherrn entspricht; sonst ist sie regelmäßig unberechtigt. In welchem Verhältnis stehen diese Gesichtspunkte zueinander?

a)   Interesse und Wille

Fraglich ist einmal das Verhältnis zwischen Interesse und Willen. *Beispiele:*

(1) G weiß, daß H auf eine Karte zu einem schon ausverkauften Länderspiel versessen ist und dafür auch einen Überpreis zahlen will. Kann G als berechtigter Geschäftsführer für H die Karte, die ihm kurzfristig angeboten wird, zu einem Überpreis kaufen?

(2) Das Kind des H, das bei G zu Besuch ist, erkrankt plötzlich. G weiß, daß H auf die Naturheilkunde schwört und sein Kind nur nach deren Regeln behandeln läßt. Muß G das Kind ebenfalls von einem Naturheilkundigen behandeln lassen? Oder muß er einen Arzt zuziehen, wenn dabei objektiv bessere Heilungsaussichten bestehen?

In beiden Fällen decken sich wirklicher Wille und das (objektiv verstandene) Interesse des Geschäftsherrn H nicht. Nach richtiger Ansicht (*Esser/Weyers* § 46 II 3a, etwas anders *Larenz* II 1 § 57a S. 444) geht hier der Wille vor, auch wenn er (in Grenzen, nicht also bei pathologischer Verschwendung) unvernünftig (also interessewidrig) ist. Denn die GoA soll regelmäßig nicht dazu dienen, andere vor den Folgen des eigenen interessewidrigen Willens zu bewahren. Eine Grenze für die Beachtlichkeit des Willens bildet erst § 679. Daher kann G die Karte im Fall (1) in berechtigter Geschäftsführung auch für einen Überpreis kaufen. Im Fall (2) dagegen bleibt der Wille des H nach § 679 jedenfalls dann unbeachtlich, wenn das Kind gefährlich erkrankt ist.

Dieser Vorrang des Willens ist wichtig etwa auch bei der Mitwirkung an der Erziehung fremder Kinder: Man darf den Eltern nicht die eigenen Erziehungsziele und -methoden aufzwingen, auch wenn diese besser sein sollten.

Die Frage, ob berechtigte GoA vorliegt, hat Bedeutung übrigens auch für das Strafrecht: Berechtigte GoA bildet einen **Rechtfertigungsgrund** (etwa für die ärztliche Behandlung eines Bewußtlosen, vgl. *Schroth,* JuS 1992, 476 ff.).

b)   Wirklicher und mutmaßlicher Wille

423   Fraglich ist auch das Verhältnis zwischen wirklichem und mutmaßlichem Willen. Hier ist der mutmaßliche Wille maßgeblich, wenn ein wirklicher Wille fehlt oder nicht irgendwie erkennbar geworden ist. Der mutmaßliche Wille muß dann regelmäßig aus dem Interesse gefolgert werden.

Bsp.: G vertreibt zeltende Jugendliche aus dem Garten seines verreisten Nachbarn H. H hatte mit einem solchen Eindringen nicht gerechnet und daher für diesen Fall keinen wirklichen Willen gebildet. Er wäre aber, was G nicht wissen konnte, bei Kenntnis der Sachlage sehr einverstanden gewesen, die Jugendlichen kennenzulernen. Hier ist die Geschäftsführung durch G gleichwohl berechtigt: Der maßgebliche mutmaßliche Wille des H ist aus seinem objektiv verstandenen Interesse zu bestimmen.

c) Der falsch eingeschätzte Wille

Übrig bleibt der Fall, daß der Geschäftsführer den maßgeblichen Willen des Geschäftsherrn – auch schuldlos – falsch einschätzt. **424**

Bsp.: G sieht aus der Wohnung des H schwarzen Qualm dringen. G klingelt, doch wird ihm nicht geöffnet. Daraufhin bricht G die Tür auf, um den vermeintlichen Brand zu löschen. Er trifft in der Wohnung den schwerhörigen H, dem nur die Milch übergekocht ist.

Hier geht der maßgebliche Wille des H dahin, die Tür solle nicht aufgebrochen werden. Das konnte G freilich nicht erkennen. In solchen Fällen ist die Geschäftsführung unberechtigt. Insbesondere gilt das auch, wenn der Geschäftsführer bei Fehlen eines wirklichen Willens das Interesse des Geschäftsherrn und damit auch den mutmaßlichen Willen falsch beurteilt. Die Schuldlosigkeit an der Fehleinschätzung bewirkt aber, daß der Geschäftsführer nicht nach § 678 Schadensersatz schuldet.

Hierhin gehört auch der Fall von *OLG Karlsruhe,* VersR 1977, 936 f.: Der Bankräuber R bedroht im Schalterraum der Bank B Kassierer und Kunden mit einer Waffe und fordert Geld. Ein Kunde K springt den R von hinten an, um ihn zu überwältigen. Bei dem dabei entstehenden Handgemenge wird K verletzt. Der hier nach § 539 I Nr. 9c RVO (jetzt § 2 I Nr. 13c SGB VII) verpflichtete Träger der Sozialversicherung S bringt über 17000,– DM zur Heilung des K auf und verlangt diesen Betrag von B ersetzt.

Hier kommt als Anspruchsgrundlage in Betracht, daß K gegen B einen Anspruch aus §§ 683, 670 auf Aufwendungsersatz (= Schadensersatz, vgl. unten Rdnr. 428 f.) erworben haben könnte; dieser Anspruch wäre dann nach § 1542 RVO (jetzt § 116 SGB X) auf S übergegangen. Aber berechtigte GoA ist verneint worden: Die Banken hatten ihre Angestellten angewiesen, drohenden *Geld*verlust nicht unter Gefährdung von Leib oder Leben zu verhindern. Und eine Bedrohung von *Menschen* bestand beim Eingreifen des K nicht. Daher scheitert ein Anspruch K–B schon am entgegenstehenden Willen der B; auch ein Irrtum des K könnte hieran nichts ändern.

Übrigens dürften überhaupt die Abwendung der verbrecherischen Bedrohung eines Menschen oder die Festnahme des Verbrechers kein Geschäft des Opfers der Straftat sein. Vielmehr geht es hier um eine gebührenfrei wahrzunehmende Aufgabe der öffentlichen Hand (vgl. oben Rdnr. 412). Daher sollte der Versicherungsträger für Leistungen nach § 539 I Nr. 9a und c RVO (jetzt § 2 I Nr. 13a und c SGB VII) einen Regreß nur gegen den Verbrecher haben (übergegangene Deliktsansprüche), aber nicht gegen eines der Verbrechensopfer (so neben *Hauß*, [oben § 17 Fn. 3] 333, 339 ff. mit Nachweisen auch *BGH* NJW 1985, 492 f., dazu *Gitter,* JZ 1985, 392 f.).

Weil es auf den wirklichen Willen des Geschäftsherrn ankommt, wird für eine objektiv unnötige Rettungsaktion Aufwendungsersatz nach Geschäftsführungsrecht selbst dann nicht geschuldet, wenn der zu Rettende zurechenbar den unrichtigen Eindruck einer Notlage hervorgerufen hat (z.B. ein Bergsteiger kehrt nicht, wie verabredet, zum Ausgangsort zurück). Vgl. zu solchen Fällen *Stoll,* Festgabe Weitnauer (1980) 411 ff., der den Rettern analog § 829 einen Billigkeitsanspruch geben will. Mir scheint diese Analogie freilich kaum tragfähig: § 829 regelt die rechtswidrige, aber schuldlose Verletzung. Dagegen liegt die Problematik der hier fraglichen Fälle darin, daß die Retter bloß einen von §§ 823 ff. schon objektiv nicht erfaßten primären Vermögensschaden erleiden: Bei einem Körperschaden (z.B. ein Bergwachtmann verletzt sich bei dem unnötigen Rettungsversuch) kann man mit § 823 I helfen (Herausforderung, vgl. unten Rdnr. 653 und *OLG Karlsruhe,* NZV 1990, 230).

d)   Zusammenfassung

425   Die Reihenfolge bei der Maßgeblichkeit lautet also: An erster Stelle steht, sofern nicht § 679 eingreift, der wirkliche Wille. Dieser muß freilich irgendwie – wenn auch nicht gerade dem Geschäftsführer – erkennbar geworden sein. An zweiter Stelle ist der mutmaßliche Wille maßgeblich. Das Interesse des Geschäftsherrn bildet nur ein Mittel zur Feststellung dieses mutmaßlichen Willens. Endlich ist das Interesse alleiniges Kriterium, wenn sich auch ein mutmaßlicher Wille nicht ermitteln läßt.

Zu § 679 vgl. etwa *BGHZ 33, 251 ff.* (vollständiger abgedruckt in NJW 1961, 359 ff.): G hört nachts Hilferufe aus einer Ruine. Er findet dort eine Frau F, auf die der Geisteskranke I mit einem Hammer einschlägt. Bei dem Versuch, der F zu helfen, wird G von I verletzt. G verlangt von H, der für F zuständigen Betriebskrankenkasse, Ersatz seines Verdienstausfalls.

H hatte unter anderem eingewendet, ohne das Eingreifen des G wäre F getötet worden, was für sie – H – weit geringere Aufwendungen verursacht hätte. Der *BGH* (insoweit nur in NJW 1961, 360 abgedruckt) hat diesen Einwand mit Recht als »erstaunlich« bezeichnet; man könnte auch »unverschämt« sagen. Der Einwand ist zudem sachlich unbegründet: Zu den Aufgaben einer Krankenkasse gehört die Krankenpflege, § 2 II SGB V. Sie umfaßt die Maßnahmen, die nötig sind, um ärztliche Hilfe heranzuholen. Dazu gehörte hier zunächst, daß die F vor weiteren Schlägen bewahrt wurde. Die Erfüllung dieser Pflicht liegt im öffentlichen Interesse; daß H diese Pflicht etwa nicht erfüllen wollte, ist schon nach § 679 unbeachtlich.

II. Rechtsfolgen der Geschäftsführung ohne Auftrag

1. Berechtigte GoA

Bei der berechtigten GoA kommen weitaus am häufigsten die folgenden **426** Ansprüche vor:

a) Ansprüche des Geschäftsherrn

Der Geschäftsherr kann vom Geschäftsführer Herausgabe des Erlangten fordern, §§ 681 S. 2, 667. Außerdem kann er Schadensersatz verlangen, wenn der Geschäftsführer bei der Ausführung des Geschäfts in zu vertretender Weise vom wirklichen oder mutmaßlichen Willen des Geschäftsherrn abgewichen ist, § 677 mit § 280 I wegen Pflichtverletzung. Dieser Anspruch versagt nach § 682 gegen einen nicht voll Geschäftsfähigen. Zu vertreten sind regelmäßig Vorsatz und jede Fahrlässigkeit, bei **Notgeschäftsführung** nach § 680 aber nur Vorsatz und grobe Fahrlässigkeit (zu § 680 *Dietrich,* JZ 1974, 535 ff.).
Wirklicher und mutmaßlicher Wille sowie Interesse des Geschäftsherrn sind also doppelt erheblich: Sie bestimmen bei der **Übernahme** der Geschäftsführung, ob berechtigte GoA vorliegt, § 683. Und sie bestimmen bei der **Ausführung** der berechtigten GoA die Pflichten des Geschäftsführers, deren zu vertretende Verletzung ihn schadensersatzpflichtig macht, § 677 mit § 280 I. Beide Fragen dürfen nicht miteinander verwechselt werden!

Bsp.: In dem Bsp. von oben Rdnr. 423 zertritt G bei der Vertreibung der Eindringlinge fahrlässig die Beete im Garten des H. Hier ist die Übernahme der Geschäftsführung berechtigt, die Ausführung dagegen pflichtwidrig. Ob G dem H Schadensersatz schuldet, hängt bei leichter Fahrlässigkeit von der sichtbaren Gefährlichkeit der Eindringlinge ab, § 680.

Für das Verhältnis zwischen Willen und Interesse muß bei der Ausführung dasselbe gelten wie bei der Übernahme der Geschäftsführung (vgl. oben Rdnr. 422 ff.; so auch *Esser/Weyers* § 46 II 4b). Manche (etwa *Palandt/Sprau* § 677 Rdnr. 13) meinen zwar, bei der Ausführung gehe im Gegensatz zur Übernahme das Interesse dem Willen des Geschäftsherrn vor. Aber der Unterschied in der Formulierung zwischen § 677 und § 683 beweist das nicht. Vielmehr zeigt § 681 S. 1, daß auch bei der Ausführung der Wille des Geschäftsherrn maßgeblich sein soll.

Bsp.: H ist verunglückt und liegt bewußtlos im Krankenhaus. G nimmt sich der Kinder des H an, was durch den mutmaßlichen Willen des H oder notfalls durch § 679 gedeckt ist. Auch hier darf G die Kinder nicht so erziehen, wie das dem objektiven Interesse des H entspricht, sondern muß sich möglichst nach dessen Willen richten.

b) Ansprüche des Geschäftsführers

427 Umgekehrt hat der Geschäftsführer gegen den Geschäftsherrn einen Anspruch auf Ersatz der Aufwendungen, die er für erforderlich halten durfte, §§ 683, 670. Bei der Notgeschäftsführung wird für das Urteil über die Erforderlichkeit § 680 entsprechend anzuwenden sein (*BGH* Betr. 1972, 721, str.).

Bsp.: G nimmt sich des H an, den er bewußtlos auf der Straße gefunden hat, und holt einen Arzt. Hier kann G die Aufwendungen für den Arzt dann ersetzt verlangen, wenn H ärztlicher Hilfe nicht bedurfte und G das nur infolge von leichter Fahrlässigkeit nicht bemerkt hat. Die Notlage begründet auch nicht etwa eine Vertretungsmacht des G für H; daher ist G selbst dem Arzt verpflichtet: vgl. *Berg,* NJW 1972, 1117 ff. Fraglich kann bloß sein, ob G überhaupt mit dem Arzt kontrahieren oder diesen nur auf die eine ärztliche Hilfe erfordernde Notlage hinweisen wollte. Das hängt davon ab, wie G dem Arzt gegenüber aufgetreten ist (vgl. dazu *Stoll,* Festgabe Weitnauer, 1980, 411, 413).

428 aa) Zweifelhaft ist dagegen hier (und ebenso beim Auftrag) die folgende Frage: **Aufwendungen** sind regelmäßig nur die willentlich erbrachten Vermögensopfer. Ihren Gegenbegriff bilden **Schäden** als unfreiwillig erlittene Nachteile. Gleichwohl ist anerkannt, daß der Geschäftsführer auch gewisse Schäden nach §§ 683, 670 ebenso ersetzt verlangen kann wie Aufwendungen. Das soll nach h.M. für solche Schäden zutreffen, in denen sich das **typische Risiko** der übernommenen Tätigkeit verwirklicht hat (»tätigkeitsspezifische gesteigerte Gefahr«, so etwa *BGH* NJW 1993, 2234/2235). Diese Abgrenzung ist erheblich enger als die im Schadensrecht allgemein geltende Adäquanz.

Eine solche naheliegende, geschäftstypische Gefahr hat sich etwa in dem Bankräuberbsp. (oben Rdnr. 406) und dem Krankenkassenbsp. (oben Rdnr. 407) verwirklicht. Entsprechend liegt es bei einer Brandverletzung oder selbst dem Tod (hier nach h.M. §§ 844, 845 entsprechend, vgl. unten Rdnr. 836) anläßlich des Versuchs, ein gefährliches Feuer zu löschen.

429 Fraglich ist die **Begründung** für die Einbeziehung von Schäden in den Aufwendungsersatz. Die früher h.M. hat bei naheliegenden Gefahren argumentiert, der Geschäftsführer übernehme hier den Schaden freiwillig.

Dagegen wird aber mit Recht eingewendet, der Geschäftsführer hoffe doch regelmäßig auf einen schadensfreien Ausgang; auch brauche er die Gefährlichkeit nicht zu kennen. Daher wird die Ersatzpflicht des Geschäftsherrn für Schäden heute vielfach als eine eigenständige richterrechtliche Risikohaftung verstanden[1]. *Genius,* AcP 173 (1973) 481 ff. verweist auf den rechtsähnlichen § 110 HGB, nach dem einem Geschäftsführer (dem OH-Gesellschafter) auch bestimmte aus der Geschäftsführung erwachsene Verluste (= Schäden) zu ersetzen sind. Jedenfalls lassen sich auf den Ersatzanspruch des Geschäftsführers einige Vorschriften des Schadensersatzrechts entsprechend anwenden, insbesondere die §§ 254 (wenn der Geschäftsführer sich nachlässig verhalten hat oder wenn die Gefahr auch aus seinem Bereich stammt, etwa *BGHZ 110, 313/317*) und § 844, jetzt auch § 253 II.

bb) Zweifelhaft ist beim Aufwendungsersatz weiter, ob er auch eine Vergütung für die vom Geschäftsführer **aufgewendete Arbeitskraft** umfaßt (dazu *Köhler,* JZ 1985, 359 ff.). Die h.M. bejaht das in Anlehnung an § 1835 III nur dann, wenn die ausgeführte Tätigkeit zu Gewerbe oder Beruf des Geschäftsführers gehört (etwa *BGHZ 65, 384/390*).   **430**

Danach könnte zwar ein Arzt für die Behandlung eines Bewußtlosen eine Vergütung verlangen (und das auch dann, wenn ihm durch die Behandlung keine anderen Einnahmen entgangen sind). Dagegen wäre die Tätigkeit eines Medizinstudenten nicht zu vergüten.

Esser/Weyers § 46 II 4c wollen demgegenüber schon die **Arbeitskraft als Vermögensbestandteil** ansehen (dazu *Hagen,* JuS 1969, 61/66 ff.) und deshalb deren Einsatz stets als freiwilliges Vermögensopfer bewerten. Sie müßten daher auch dem Medizinstudenten »die marktübliche Vergütung für den erwiesenen Dienst« gewähren (aber gibt es insoweit eine Marktüblichkeit?). MünchKomm-*H.H. Seiler* § 683 Rdnr. 25 hält die Verweisung auf die Unentgeltlichkeit des Auftrags für ein Redaktionsversehen des Gesetzgebers. Zur Korrektur stellt *Seiler* darauf ab, ob die Arbeitsleistung nach den Umständen nur gegen Vergütung zu erwarten war. Aber welche anderen Erwartungen kann man angesichts der derzeitigen h.M. haben als diejenigen, die durch eben diese h.M. gerechtfertigt werden?

cc) Wer bei Lebensgefahr oder bestimmten Amtshandlungen Hilfe leistet, genießt überdies **Versicherungsschutz** nach § 2 I Nr. 13 a–c SGB VII, so etwa auch der ausweichende Fahrer von oben Rdnr. 410 Fall (2): *BSG* NJW 1984, 325 f. Dieser Schutz deckt aber nicht ohne weiteres den ganzen Schaden. Daher bleibt für den Geschädigten daneben der Anspruch aus §§ 683,   **431**

---

1 Vgl. etwa *BGHZ 89, 153/157; BGH* NJW 1985, 269 f. und *Larenz* II 1 § 56 III S. 417 ff.; § 57 I b mit weit. Angaben, dazu *H. Honsell,* Die Risikohaftung des Geschäftsherrn, Festgabe von Lübtow (1980) 485 ff.

670 von Bedeutung. Zudem würde ohne die (vorzugswürdige, vgl. oben Rdnr. 424) Annahme eines Regreßverbots der Anspruch des Geschädigten gegen den Geschäftsherrn, soweit der Versicherungsschutz reicht, nach § 116 SGB X auf den Versicherungsträger übergehen.

2. Unberechtigte GoA

432 Bei unberechtigter GoA ergeben sich vor allem die folgenden Ansprüche.

a) Ansprüche des Geschäftsherrn

Der Geschäftsherr kann die unberechtigte GoA genehmigen. Dann gelten die Regeln über die berechtigte GoA. § 684 S. 2 bestimmt das zwar ausdrücklich nur für den Geschäftsführer durch Verweisung auf die §§ 683, 670. Selbstverständlich darf dann aber auch der Geschäftsherr nicht schlechter stehen als bei berechtigter GoA; er muß also die oben Rdnr. 426 genannten Ansprüche haben.

Genehmigt der Geschäftsherr nicht, kann er vom Geschäftsführer nach dem Recht der GoA (außerdem §§ 812 ff., 823 ff.) nur Schadensersatz verlangen, § 678. Dieser Anspruch ist jedoch besonders streng gestaltet: Ein Verschulden bei der Übernahme der Geschäftsführung macht den Geschäftsführer für alles haftbar, was daraus entsteht. Hier zeigt sich der Schutz des Geschäftsherrn gegen unerwünschte Einmischung (vgl. oben Rdnr. 403) besonders deutlich.

Bsp.: H züchtet in seinem Garten Arzneipflanzen. G hält diese schuldlos für Unkraut und rupft sie aus. Hat G seine Gartenarbeit auch nur leicht fahrlässig gegen den Willen des H übernommen, haftet er diesem nach § 678 wegen der ausgerissenen Pflanzen auf Ersatz. Diese Haftung ist gleich der nach §§ 287 S. 2, 848 ein Fall des *versari in re illicita*: Wer sich schuldhaft in einen unerlaubten Zustand begibt, haftet für alle Folgen, auch wenn ihn an diesen kein Verschulden trifft (vgl. auch oben Rdnr. 399).

433 Allerdings wird § 680 auch auf § 678 angewendet.

BGH NJW 1972, 475 ff.: Nach einer gemeinsamen Feier ist H ganz betrunken, G etwas weniger. H setzt sich dennoch in seinen Wagen, um nach Hause zu fahren. Um Unheil zu vermeiden, schiebt G den H zur Seite und führt seinerseits den Wagen. Dabei kommt es zu einem Unfall, dessentwegen G auf Schadensersatz in Anspruch genommen wird.

Hier ist G unberechtigter Geschäftsführer zwar nicht schon deshalb, weil der wirkliche Wille des H der Übernahme des Steuers entgegenstand: Dieser Wille ist wegen der starken Trunkenheit unbeachtlich (analog § 105 II). Die Nichtberechtigung zur Geschäftsführung folgt aber daraus, daß H mutmaßlich nicht von dem stark angetrunkenen G gefahren werden wollte. Trotzdem kann die Ersatzpflicht des G aus § 678 an § 680 scheitern (ebenso *Gursky*, JuS 1972, 637 ff.), nämlich wenn die Übernahme dieser Geschäftsführung nur als leicht fahrlässig zu werten ist. Der BGH hat das hier wegen der Eile, mit der G sich entscheiden mußte, für möglich gehalten. Zugleich soll § 680 auch die Haftung aus konkurrierenden Deliktsansprüchen (etwa § 823 I) mildern.

b)   Ansprüche des Geschäftsführers

Bei Genehmigung der Geschäftsführung steht auch der Geschäftsführer wie **434** bei der berechtigten GoA, § 684 S. 2 (vgl. oben Rdnr. 427 ff.). Ohne eine solche Genehmigung hat er dagegen keinen Anspruch auf Aufwendungsersatz; § 684 S. 1 verweist ihn lediglich auf einen Herausgabeanspruch nach Bereicherungsrecht. Dies ist die sogenannte Aufwendungskondiktion, von der später (unten Rdnr. 895 ff.; 947; 949) noch zu sprechen sein wird.

III. Schema für die §§ 17 und 18

435 (G = Geschäft, GH = Geschäftsherr, GF = Geschäftsführer)

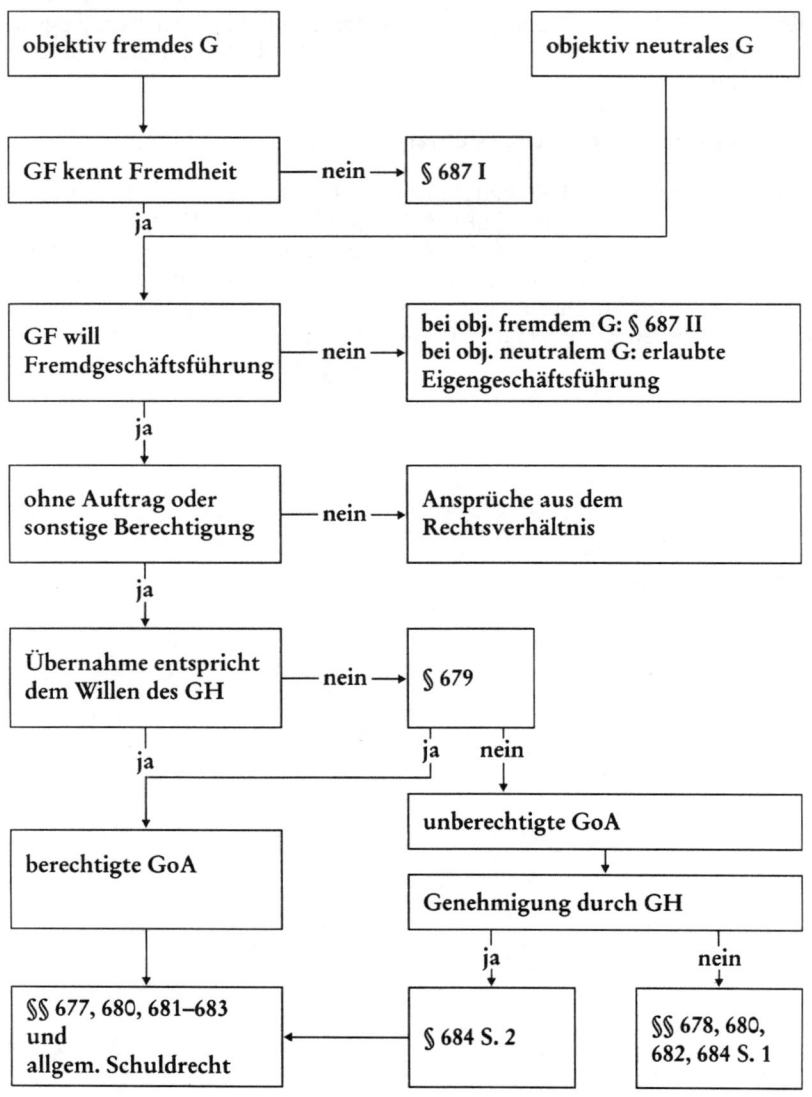

III. Abschnitt   Dingliche Ansprüche

§ 19   Übersicht über die dinglichen Ansprüche[1]

I. Begriff

Der Ausdruck »dinglicher Anspruch« kommt im BGB nur einmal an ziem-   **436** lich versteckter Stelle vor (in § 198). Er ist keineswegs klar. Vielmehr bildet er auf den ersten Blick einen Widerspruch in sich: Ein »Anspruch« ist ein Zweipersonenverhältnis, gekennzeichnet durch Gläubiger und Schuldner (vgl. § 194 I). Bei dem Wort »dinglich« denkt man vielfach an die den absoluten Rechten eigene Wirksamkeit gegen jeden. »Dinglicher Anspruch« bedeutete danach ein »allwirksames Zweipersonenverhältnis«. Was wirklich gemeint ist, zeigt aber ein Blick auf den Prototyp des dinglichen Anspruchs, nämlich den aus § 985: Nicht ein Anspruch, der sich gegen jeden richtet, sondern ein Anspruch, der sich **gegen jeden richten kann** (nämlich gegen jeden Besitzer).

Jedoch ist diese Definition noch zu weit. Gegen jeden richten können sich nämlich auch viele andere Ansprüche, etwa der aus § 823 I (gegen jeden, der eines der dort genannten Schutzobjekte verletzt) oder die Eingriffskondiktion, § 812 I 1 Fall 2. Diese Beispiele zeigen zugleich, daß der dingliche Anspruch auch nicht einfach »Anspruch aus dinglichem Recht« ist: Die Ansprüche aus §§ 823 I, 812 I 1 Fall 2 (Eingriffskondiktion, unten Rdnr. 703 ff.) können gleichfalls auf dem Eigentum des Verletzten beruhen, ohne doch dingliche Ansprüche zu sein.

Am ehesten paßt daher die Definition von *Heck* (SaR §§ 31, 32): Der dingliche Anspruch **verwirklicht das dingliche Recht.** Er steht also auf einer Stufe mit dem schuldrechtlichen Erfüllungsanspruch. Das paßt deshalb, weil auch der dingliche Anspruch keine subjektiven Voraussetzungen (Vertretenmüssen) kennt. Vielmehr entsteht er regelmäßig allein aus einer Beeinträchtigung des dinglichen Rechts. Und da eine solche Beeinträchtigung durch jeden erfolgen kann, vermag jeder Schuldner solcher dinglicher Ansprüche zu werden.

So verwirklicht sich etwa das Eigentum, wenn dem Eigentümer nach § 985 der Besitz oder nach § 1004 die ungestörte Nutzung verschafft wird. Dagegen verwirk-

---

1 Dazu GW Rdnr. 237 ff. sowie *Gernhuber,* BR § 23, vgl. auch *Gast,* Das zivilrechtliche System des Eigentumsschutzes, JuS 1985, 611 ff.; *Mager,* Besonderheiten des dinglichen Anspruchs, AcP 193 (1993) 68 ff.; *Picker,* Der »dingliche« Anspruch, FS F. Bydlinski (2002) 269 ff.

licht etwa § 823 I das Eigentum nicht; dieser Anspruch entspricht vielmehr einem Sekundäranspruch auf Schadensersatz (vgl. oben Rdnr. 205).

II. Einteilung der dinglichen Ansprüche

437 Man kann die dinglichen Ansprüche nach ihrem Ziel und zugleich nach ihrem Grund wie folgt gliedern:

1. Ansprüche auf Herausgabe[2]

a) Aus einem Recht zum Besitz (petitorische Ansprüche; sie schaffen **endgültig** Recht): §§ 985, 1065, 1227. Entsprechende Ansprüche fehlen bei den Grundpfandrechten, weil diese nicht zum Besitz berechtigen.

438 **b) Aus dem Besitz selbst (possessorische** Ansprüche; sie schaffen nur **vorläufig** Recht, weil ihr Ergebnis noch entsprechend dem Recht zum Besitz korrigiert werden kann): § 861 (dazu *Kollhosser,* JuS 1992, 215 ff.).

439 c) Eine **Zwitterstellung** haben die §§ 1007, 2018: § 1007 verlangt zwar nicht *berechtigten* (früheren) Besitz des Gläubigers (das folgt aus § 1007 III 1: Guter Glaube an die Besitzberechtigung genügt, also genügt unberechtigter Besitz). Andererseits läßt die Vorschrift aber auch nicht jeden Besitz genügen, sondern fordert gutgläubig erworbenen. Daß § 1007 meist den petitorischen Ansprüchen zugerechnet wird (etwa *K. Schreiber,* Jura 1993, 440), beruht darauf, daß er im Gegensatz zu § 861 den Besitz zwischen den Parteien endgültig ordnet.

Bei dieser Gelegenheit noch eine **Bemerkung zu** § 1007 (vgl. GW Rdnr. 319 ff.): Diese Vorschrift ist nicht nur unglücklich formuliert, sondern hat auch keine rechte Funktion. Der Anwendungsbereich von § 1007 ist zwar weit, doch werden seine meisten Anwendungsfälle schon durch die §§ 985, 861 gedeckt. Ich würde § 1007 unter den dinglichen Herausgabeansprüchen immer erst an letzter Stelle prüfen. Wenn schon § 985 zum Erfolg führt, kann man § 1007 bei Zeitmangel in der Klausur am ehesten auch ganz weglassen oder nur kurz erwähnen (»In Betracht kommt weiter § 1007«). Wo dagegen bloß § 861 zutrifft (der ja nur vorläufig wirkt) oder sogar auch diese Vorschrift versagt, *muß* für bewegliche Sachen § 1007 geprüft werden. Man erleichtert sich das, wenn man die beiden ersten Absätze der Vorschrift als verschiedene Anspruchsgrundlagen auffaßt, also sie (jeweils mit einem Seitenblick auf Absatz 3) getrennt voneinander erörtert. Wenn man sie zusammenfassen will, ist ein Durcheinander kaum zu vermeiden.

---

2 Zum möglichen Inhalt *Medicus,* JuS 1985, 657 ff.

Die Zwitterstellung von § 2018 erdlich folgt daraus, daß mit diesem Anspruch **jede Zugehörigkeit einer Sache zum Nachlaß** geltend gemacht werden kann. Die Sache kann also entweder hinsichtlich eines Rechtes (etwa der Erblasser war Eigentümer) oder nur hinsichtlich des Besitzes (der Erblasser war nur Entleiher) oder der Buchposition (der Erblasser war zu Unrecht in das Grundbuch eingetragen) zum Nachlaß gehört haben. Denn »etwas« in § 2018 ist ebenso weit wie in § 812 I 1.

2. Ansprüche auf Beseitigung und Unterlassung

Mit den jetzt zu nennenden Ansprüchen kann die Beseitigung von schon   **440** eingetretenen Störungsfolgen und bei Begehungsgefahr die Unterlassung künftiger Störungen verlangt werden. Dabei spreche ich hier von »Begehungsgefahr« (statt, wie üblich, von »Wiederholungsgefahr«), weil schon die naheliegende Gefahr einer erstmaligen Störung den Unterlassungsanspruch auslöst.

a) **Aus einem Recht:** §§ 12, 1004, 1065, 1134 I, 1192 I, 1227. Ähnlichkeit hiermit hat auch der als Spezialvorschrift zu § 1004 zu verstehende § 894 (dazu *Köbler,* JuS 1982, 181 ff.): Dort liegt die Beeinträchtigung des Rechts in der unrichtigen Eintragung. Ähnlich ist es gleichfalls bei § 771 ZPO (dazu *Prütting/Weth,* JuS 1988, 505 ff.): Diese Vorschrift richtet sich gegen die öffentlich-rechtliche Beeinträchtigung des Eigentums durch eine unberechtigte Zwangsvollstreckung.

b) **Aus Sach- oder Rechtsbesitz** (der Schutz ist wie bei oben Rdnr. 438   **441** nur vorläufig): §§ 862, 1029, 1090 II.
Vorschriften, die den §§ 1007, 2018 entsprechen, fehlen hier.

c) **Exkurs:** Für Beseitigungs- und Unterlassungsansprüche bedeutsam ist   **442** die (praktisch meist bei § 1004 behandelte) Frage der **ideellen Störung:** Stellt auch die Beeinträchtigung des ästhetischen Gesamteindrucks einer Sache eine in den Grenzen von § 906 abwehrfähige Störung des Eigentums dar? So hatten sich die Eigentümer eines Wohngrundstücks gegen einen benachbarten Lagerplatz für Baumaterialien *(BGHZ 51, 396 ff.)* und der Eigentümer eines Schloßhotels gegen ein benachbartes Schrottlager *(BGHZ 54, 56 ff.)* gewendet. Vor allem der zweite Fall zeigt deutlich, daß auch solche »ideelle« Störungen erhebliche Vermögensschäden auslösen können.

Der BGH hat wie vor ihm das RG den § 1004 in derartigen Fällen stets verneint: Eine Beeinträchtigung des ästhetischen Empfindens sei den in

§ 906 I aufgezählten Einwirkungen nicht »ähnlich«[3]. Diesem Argument wird von vielen Kritikern (etwa *Baur*, JZ 1969, 432; *Grunsky*, JZ 1970, 785 ff.) vor allem entgegengehalten: Die Anerkennung des allgemeinen Persönlichkeitsrechts könne den Schutz des Eigentums ins Ideelle hinein erweitern. Schon deshalb zwinge der Schluß aus dem Wortlaut von § 906 I nicht mehr. Trotzdem dürfte die Rspr. zutreffen: Die Gegenansicht erstreckt das Herrschaftsrecht im Ergebnis auf das Nachbargrundstück. *OLG Hamm*, NJW 1975, 1035 f. bejaht wenigstens die Möglichkeit eines Schutzes gegen ästhetische Störungen nach Landesrecht; bestätigend *BGHZ 73, 272 ff.*: Dort hatte jemand neben den vom Landesrecht geforderten Holzzaun noch eine Mauer gesetzt; diese zu beseitigen ist er verurteilt worden.

Überschattet wird die Problematik noch vom **öffentlichen Recht:** Dort ist eine Widerspruchs- und Klagemöglichkeit für den beeinträchtigten Nachbarn anerkannt, wenn die Genehmigungsbehörde öffentliches Baurecht mit nachbarschützendem Charakter verletzt hat (**öffentlich-rechtliche Nachbarklage**[4]). Auf diesem Weg kann etwa die Genehmigung zur Errichtung einer Fabrikanlage in einem Wohngebiet bekämpft werden, obwohl § 14 BImSchG einen Abwehranspruch gegen die *errichtete* Anlage ausschließt. Das Verhältnis zwischen diesem öffentlich-rechtlichen Behelf und § 1004 sowie auch § 823 II (dazu *Picker*, AcP 176, 1976, 28 ff.) ist aber noch in vieler Hinsicht klärungsbedürftig (vgl. etwa MünchKomm-*Säcker* § 906 Rdnr. 6 ff.).

3.   Ansprüche auf Befriedigung aus einem Gegenstand

443   Das Recht zur Befriedigung aus einem fremden Gegenstand setzt immer ein Pfandrecht des Gläubigers voraus, entspricht also dem oben bei Rdnr. 437 und 440 genannten Typ. Grundlagen sind die §§ 1113 I, 1191 I, 1199 I,

---

3   Ein Vorbehalt für besonders krasse Fälle aber in *BGH* NJW 1975, 170 mit Anm. *Loewenheim*, ebenda 826 f. *BGHZ 95, 307 ff.* (dazu *Paschke*, JZ 1986, 147) verneint auch einen Unterlassungsanspruch gegen den (nach außen nicht wahrnehmbaren) Betrieb eines Bordells. Unter § 826 gehört dagegen der unglaubliche Fall von *LG Limburg*, NJW-RR 1987, 81: Errichtung eines Galgens mit aufgehängter Puppe an der Grundstücksgrenze.

4   Dazu etwa *Baur/Stürner* § 25 IV 4; *Laufke*, FS Heinr. Lange (1970) 278 ff., auch *Orloff*, Nachbarschutz und Nachbarbeteiligung am Baugenehmigungsverfahren, NJW 1983, 961 ff.; *Wahl*, Der Nachbarschutz im Baurecht, JuS 1984, 577 ff.; *Martens*, NJW 1985, 2302 ff.; *Peine*, Öffentliches und privates Nachbarrecht, JuS 1987, 169 ff.; *Hahn*, Das baurechtliche Nachbarabwehrrecht, JuS 1987, 536 ff.; *H. Geiger*, Zum Verhältnis zwischen öffentlichem und privatem Nachbarrecht, JA 1989, 454 ff.; *Wagner*, Wesentlichkeit = Erheblichkeit?, NJW 1991, 3247 ff.

1204 I. Streng genommen handelt es sich hier aber nicht um echte Ansprüche: Der Eigentümer des belasteten Gegenstandes schuldet nichts, sondern der Pfandgläubiger hat lediglich eine Verwertungsbefugnis (zum Klageantrag »Duldung der Zwangsvollstreckung« *Joost*, Jura 2001, 153 ff.). Ob man hier von »dinglichen Ansprüchen« reden darf, ist daher streitig (vgl. etwa *Westermann/Eickmann* § 93, dagegen *Wolff/Raiser* § 131 Anm. 21). Zu Einreden und Einwendungen gegen die Hypothek vgl. *Coester-Waltjen*, Jura 1991, 186 ff. und unten Rdnr. 768 ff.

4. Weitere dingliche Ansprüche

Dingliche Ansprüche anderen Inhalts sind etwa die Rechte, die der Eigentümer als solcher nach §§ 1047, 1051 ff. gegen den Nießbraucher hat. Auch sie entsprechen stets dem oben bei Rdnr. 437 und 440 genannten Typ, sind also petitorisch.   **444**

III. Eigenarten der dinglichen Ansprüche

1. Fehlen der selbständigen Abtretbarkeit

Die wichtigste Eigenart des dinglichen Anspruchs besteht darin, daß er regelmäßig nicht durch Abtretung von dem Stammrecht getrennt werden kann, aus dem er sich ergibt.   **445**

a) Das war und ist bestritten, entspricht aber heute doch der h.M. Kein Gegenargument bildet insbesondere § 931. Denn diese Vorschrift ist dahin auszulegen, daß der dort genannte Herausgabeanspruch nicht der aus § 985 ist, sondern der aus dem Besitzmittlungsverhältnis (§ 868). Wenn kein mittelbarer Besitz des Veräußerers besteht, wird also nicht die Vindikation abgetreten (die ja gleichfalls fehlen kann, nämlich wenn die Sache besitzlos ist: entlaufener Hund; Wrack auf dem Meeresgrund). Vielmehr erfolgt die Übereignung hier durch bloße Einigung (vgl. etwa *Baur/Stürner* § 51 Rdnr. 37).
   Durch diese Bindung an das Stammrecht unterscheiden sich die dinglichen Ansprüche etwa von Schadensersatzforderungen aus § 823 I.

Bsp.: S hat schuldhaft eine Sache des E beschädigt. Hier kann E die beschädigte Sache veräußern und seinen Schadensersatzanspruch gegen S behalten. E kann auch umgekehrt den Schadensersatzanspruch abtreten und die Sache behalten. Hat dagegen B eine Sache des E in Besitz, so läßt sich der Herausgabeanspruch gegen B aus § 985 nicht vom Eigentum trennen: E kann weder über das Eigentum noch über den Anspruch allein verfügen.

Dabei darf man sich die Bindung des dinglichen Anspruchs an sein Stammrecht aber nicht etwa so vorstellen, als gehe der Anspruch vom Veräußerer auf den Erwerber des Stammrechts über. Denn bei einem Übergang des Herausgabeanspruchs nach §§ 413, 412 müßte der Besitzer dem Erwerber des Stammrechts nach § 404 alle Einreden entgegenhalten können, die gegen den Veräußerer begründet waren. Das kann er aber regelmäßig nicht.

Bsp.: E verleiht sein Grundstück (Leihe beschränkt sich nicht auf bewegliche Sachen, § 598) dem L für ein Jahr. Noch vor Ablauf dieser Zeit verlangt K das Grundstück heraus, an den E es veräußert hat. Hier hat L gegenüber K kein Recht zum Besitz (§ 986 II beschränkt sich auf Veräußerungen nach § 931, folglich auf bewegliche Sachen!).

Dem Gesetz liegt also die Vorstellung zugrunde, der dingliche Anspruch **entstehe beim Erwerber des Stammrechts neu.** Die Konsequenzen hieraus werden freilich für die praktisch wichtigsten Fälle durch die §§ 986 II (in *BGHZ 64, 122 ff.* erweitert auf ein Zurückbehaltungsrecht nach § 273), 566 f., 567 b, 578, 581 II (vgl. auch § 198) erheblich gemildert: Die Hemmung des »alten« dinglichen Anspruchs überträgt sich danach auf den »neuen«.

Hätte im vorigen Beispiel E das Grundstück an L vermietet oder verpachtet oder wäre eine bewegliche Sache verliehen worden, stünde L also besser; vgl. aber für die Leihe § 605 Nr. 1. *BGHZ 60, 235 ff.* und letztens *BGHZ 125, 56/63* lassen freilich auch die Verjährung eines Anspruchs aus § 1004 gegen den Sondernachfolger in das gestörte Eigentum wirken (also soll bei Grundstücken § 902 I 1 nicht anwendbar sein). Dazu mit Recht kritisch *Baur,* JZ 1973, 560 f.; *Picker,* JuS 1974, 357 ff.

446   b) § 857 III ZPO zwingt jedoch trotz der Unabtretbarkeit zu der Annahme, wenigstens die **Ausübung** des dinglichen Anspruchs müsse einem Dritten überlassen werden können. Andernfalls entstünden nämlich bei der Zwangsvollstreckung unüberwindliche Schwierigkeiten. Beispiele:

(1) B hat rechtlos eine bewegliche Sache des E in Besitz. G, ein Gläubiger des E, will diese Sache pfänden, doch ist B zur Herausgabe nicht bereit (vgl. § 809 ZPO).

(2) E ist Eigentümer eines Grundstücks, doch ist im Grundbuch B als Eigentümer eingetragen. G, ein Gläubiger des E, erstrebt die Eintragung einer Zwangshypothek an dem Grundstück (was nach § 39 I GBO die Voreintragung des E voraussetzt).

In beiden Fällen ist die Zwangsvollstreckung durch G nur möglich, wenn dieser zunächst einen dinglichen Anspruch seines Schuldners E durchsetzt: bei (1) den aus § 985, bei (2) den aus § 894. Um diesen Anspruch geltend machen zu können, muß G ihn aber pfänden und sich überweisen lassen. Und das gelingt am ehesten, wenn man entsprechend § 857 III ZPO die Möglichkeit einer Überlassung zur Ausübung annimmt. Bei (2) bedarf G zum Herbeiführen der Grundbuchberichtigung zusätzlich noch des Antragsrechts. Dieses gewährt ihm § 14 GBO: G kann beantragen, daß das Grundbuch durch Eintragung des E berichtigt wird.

2. Die Anwendbarkeit weiterer Schuldrechtsnormen

Die Frage nach der Anwendbarkeit anderer Vorschriften über die Forde- **447** rung auf den dinglichen Anspruch läßt sich nicht einheitlich beantworten.

a) Hauptnormen des Unmöglichkeitsrechts

Das Recht der *Unmöglichkeit* (§§ 275, 280, 281, 283) ist sicher nicht überall anwendbar. So werden die §§ 280, 231, 283 bei § 985 durch die §§ 989, 990 verdrängt. Auch kommt es für § 985 nicht darauf an, ob der Beklagte im schuldrechtlichen Sinne zur Herausgabe vermögend ist. Vielmehr erlischt die Vindikation, sobald der Schuldner nicht mehr Besitzer ist, und zwar selbst dann, wenn er sich den Besitz wieder verschaffen könnte. Erst von der Rechtshängigkeit an ist ein Besitzverlust nach §§ 265, 325 ZPO unbeachtlich.

Bsp.: B besitzt rechtlos eine Sache des E. B veräußert die Sache, bevor er von E auf Herausgabe verklagt worden ist, unter Übergabe an D. Das der Veräußerung zugrunde liegende Schuldverhältnis und diese selbst sind nichtig.

Hier könnte B den an D gegebenen Besitz mit der Leistungskondiktion zurückholen. Hinsichtlich eines schuldrechtlichen Herausgabeanspruchs des E wäre B also nicht unvermögend und könnte noch zur Leistung verurteilt werden. Für die Vindikation dagegen ist B mangels Besitzes nicht mehr passivlegitimiert. Freilich ist für E auch ein neuer Herausgabeanspruch gegen D entstanden.

Dagegen nimmt die h.M. für § 1004 Geltung des Unmöglichkeitsrechts an. Das zeigt sich an einer praktisch bedeutsamen Fallgruppe (vgl. dazu *Lutter* und *Overath*, JZ 1968, 345 ff.).

Bsp.: Der Grundstückseigentümer E wird durch Lärm vom Nachbargrundstück des N belästigt. Dieser Lärm stammt von einer Gastwirtschaft, die N an P verpachtet hat. Kann E gegen N (und nicht nur gegen P) klagen? Hier sind zwei Fragen zu unterscheiden:

aa) Ist N Störer? Das trifft nur dann zu, wenn N dem P das störende Verhalten gestattet oder durch die Verpachtung die Gefahr solcher Störungen erhöht hat. Das wird man bei einer Verpachtung zum Betrieb einer Gastwirtschaft bejahen können (ebenso etwa auch bei Vermietung an eine unzuverlässige Person).

bb) **Ist N zur Beseitigung oder Unterlassung imstande?** *Lutter/ Overath* aaO. verneinen das nur, wenn N keine vertragliche Handhabe gegen P hat (weder Unterlassungsanspruch noch Kündigungsrecht) und überdies die Störungsquelle sich auch nicht im unmittelbaren Besitz des N befindet (so daß § 858 den N an eigenmächtiger Beseitigung hindert). Danach steht also die vertragliche Gestattung der Störung durch N allein einem Anspruch des E aus § 1004 nicht entgegen. Das ist richtig, weil zwei sich widersprechende Ansprüche auch sonst nebeneinander bestehen können (z.B. beim Doppelverkauf). *BGH* JZ 1968, 384 f. läßt eine Verurteilung des N wenigstens dann zu, wenn dieser nicht erwiesenermaßen zur Abhilfe außerstande ist. Das entspricht der für die Unmöglichkeit allgemein geltenden Beweislastverteilung. Darüber hinaus dürfte für die Annahme von Unmöglichkeit bei § 1004 auch der Nachweis nötig sein, P lasse sich nicht einmal durch zumutbare Geldleistungen zur Aufgabe der Störungsbefugnis bewegen.

Lutter/Overath gehen über das Gesagte sogar noch hinaus: Wenn N dem P die Störung gestattet hat und die Störung wegen § 858 nicht eigenmächtig beseitigen darf, soll E wenigstens N und P als Gesamtschuldner (entsprechend § 840) belangen können. Aber das glaube ich nicht: Aus einem Urteil des E gegen N und P könnte N nicht gegen P vollstrecken (vgl. JZ 1968, 354 Fn. 61). Das Urteil schüfe also für N keine Abhilfemöglichkeit.

b)   Andere Unmöglichkeitsvorschriften

448   Fraglich ist auch die Anwendbarkeit der übrigen Vorschriften des Unmöglichkeitsrechts auf dingliche Ansprüche. Zu § 285 vgl. unten Rdnr. 599 (unanwendbar). Zweifelhaft war weiter, was der Eigentümer vom *mittelbaren Besitzer* verlangen kann: bloß Abtretung des Herausgabeanspruchs gegen den Unterbesitzer (so wohl *Baur/Stürner* § 11 Rdnr. 42, 45) oder Herausgabe der Sache selbst. Die zweite Ansicht ist herrschend (etwa *Wieling* I § 12 I 2c mit Belegen) und vorzugswürdig. Im Ergebnis muß das auch nach der Streichung einer dem § 283 a.F. entsprechenden Vorschrift im SMG gelten. Denn die Vollstreckungsmöglichkeit muß unabhängig sein vom Fortbestand des Besitzmittlungsverhältnisses: Besteht dieses noch, so kann sich der Gläubiger (= Eigentümer) den Herausgabeanspruch des Schuldners nach § 886 ZPO überweisen lassen. Ist es aber schon durch Rückgabe der Sache an den Schuldner erloschen, so kann der Gläubiger nach §§ 883, 885 ZPO vorgehen. Dagegen ginge nach Sachrückgabe ein bloß auf Abtretung des Herausgabeanspruchs lautendes Urteil ins Leere.

c)   Schuldnerverzug

449   Bei den Vorschriften über den Schuldnerverzug ist zu unterscheiden:

aa) Nach § 990 II sind sie für die Vindikation auf den unredlichen Besitzer anwendbar. Dieser hat also im Verzug nach §§ 280 II, 286 allen Schaden zu ersetzen, der durch eine schuldhafte Verzögerung der Herausgabe entsteht. Auch ist er nach § 287 S. 2 für zufälligen Sachuntergang während des Verzuges verantwortlich.

bb) Bei der **Hypothek** (entsprechend bei der Grundschuld, § 1192 I) haftet nach § 1146 das Grundstück für **Verzugszinsen**, wenn dem Eigentümer gegenüber die Voraussetzungen vorliegen, unter denen ein Schuldner in Verzug kommt (der Grund für diese gewundene Ausdrucksweise: Der Eigentümer als solcher schuldet ja nichts und kann daher nicht wirklich in Verzug geraten!). Ob außerdem Ersatz **weiteren Verzugsschadens** geschuldet wird, ist zweifelhaft (nein: *Wolff/Raiser* 131 III 3). Jedenfalls aber wäre ein solcher Anspruch nicht mehr durch das Grundpfandrecht gesichert: § 1118 erstreckt es ja auch bei Verzug des persönlichen Schuldners nur auf die **gesetzlichen** Verzugszinsen, weil die nachrangigen Gläubiger wissen müssen, wieviel ihnen höchstens vorgehen kann. **450**

cc) Für **andere dingliche Ansprüche** fehlen ausdrückliche Vorschriften über die Anwendbarkeit der Verzugsregeln. Die Frage ist daher zweifelhaft. **451**

BGHZ 49, 263 ff.: V verkaufte ein Grundstück an K und ließ ihm eine Auflassungsvormerkung eintragen. Da V diesen Verkauf jedoch für ungültig hielt, übereignete er das Grundstück dem D. Deshalb erhielt K das Grundstück erst, nachdem er durch einen Prozeß gegen D dessen Zustimmung nach § 888 I erstritten hatte. Dann verlangte K von D Ersatz des Verzugsschadens von fast 1000000,– DM.

Anspruchsgrundlage können nur die §§ 280 II, 286 sein. Ihre Anwendbarkeit hängt davon ab, ob der dem dinglichen Anspruch des K aus § 888 unterworfene D »Schuldner« war. Der BGH hat das verneint und daher die Klage abgewiesen: § 888 begründe nur einen unselbständigen Hilfsanspruch mit bloß verfahrensrechtlicher Bedeutung (wegen § 19 GBO). Dagegen aber überzeugend *D. Reinicke*, NJW 1968, 788 ff.: Die Klassifizierung des Anspruchs als »Hilfsanspruch« bilde kein Argument für die Anwendbarkeit der Verzugsregeln. Vielmehr dürfe D keinen Freibrief für verzögerliche Behandlung haben, zumal K keinen Ersatzanspruch gegen V zu haben brauche (V allein kann ja gar nicht erfüllen!).

IV.   Die eigene Störungsregelung für dingliche Ansprüche

1.   Das Eigentümer-Besitzer-Verhältnis bei § 985

Gehen wir aus von § 985, der insoweit die deutlichste Regelung hat: Der primäre Herausgabeanspruch erlischt zwar, wenn der Herausgabeschuldner **452** den Besitz verliert. Daraus folgt aber noch nicht, daß der ehemalige Besitzer nun völlig frei wäre. Vielmehr enthalten die §§ 987 ff. (Eigentümer-Besitzer-Verhältnis, vgl. unten Rdnr. 573 ff.) eine umfangreiche Regelung der Folgeansprüche auf Schadensersatz und Nutzungsherausgabe. Diese Folgeansprüche sind keine dinglichen. Sie stehen vielmehr den Forderungen aus §§ 280, 823 I nahe und können daher wie diese vom Eigentum getrennt werden (vgl. oben Rdnr. 445).

Diese nichtdinglichen Folgeansprüche werden aber üblicherweise wegen ihres Sachzusammenhanges gleichwohl unter der Überschrift »dingliche Ansprüche« mitgeprüft. Hieran zeigt sich, daß diese Bezeichnung im Schema des Anspruchsaufbaus keine materiellrechtlich einheitliche Anspruchsgruppe meint.

2.   Weitere gesetzliche Regeln

453   Kraft Verweisung gelten diese Folgeansprüche im Bereich der §§ 1065, 1227 sowie nach § 1007 III 2 auch bei § 1007, und § 2018 hat in den §§ 2019 ff. eine eigene, ähnliche Folgenregelung für den Erbschaftsbesitz. Eine solche fehlt dagegen unzweifelhaft bei § 861. Hier zeigt sich also ein weiterer Unterschied zwischen den §§ 1007 und 861.

Bsp.: Der Eigentümer E hat sein Fahrrad dem L geliehen. Dort wird das Rad von D gestohlen, der es beim Gebrauch alsbald beschädigt. Herausgabe des Rades kann L von D sowohl nach § 861 wie auch nach § 1007 I und II verlangen. Schadensersatz wegen der Beschädigung erhält L aber nur nach §§ 1007 III 2, 990, 989 oder 992, 848 (sowie nach § 823, vgl. unten Rdnr. 607), keinesfalls aber nach § 861.

3.   Entsprechende Anwendung der §§ 987 ff. bei §§ 894, 1004

454   Fraglich ist dagegen, ob die §§ 987 ff. bei anderen dinglichen Ansprüchen entsprechend angewendet werden können. Bedeutung hat das vor allem für die §§ 894, 1004: Diese enthalten keine dem § 1007 III 2 entsprechende Verweisung; überdies braucht der Schuldner hier keineswegs Besitzer zu sein. Dennoch wird die entsprechende Anwendung der §§ 987 ff. vertreten. Beispiele:

(1) *RGZ 114, 266 ff.:* Der Bucheigentümer B hat auf das Grundstück des E Verwendungen gemacht. Daß B sich gegen den Herausgabeanspruch des E aus § 985 nach §§ 994 ff., 1000 verteidigen kann, ist klar. Aber ist diese Verteidigung auch gegen den Berichtigungsanspruch aus § 894 möglich?

(2) *RGZ 158, 40 ff.:* B ist redlicher Bucheigentümer eines Grundstücks, das dem E gehört. B nimmt bei ebenfalls redlichen Dritten Darlehen auf und belastet das Grundstück dafür mit Hypotheken. E verlangt von B nicht nur Grundbuchberichti-

gung hinsichtlich des Eigentums, sondern aus § 1004 auch Beseitigung der nach § 892 wirksam entstandenen Hypotheken.

Das RG hat im **Fall (2)** die Klage E–B hinsichtlich der Hypotheken für unbegründet gehalten: Die Stellung des Bucheigentümers zum Eigentümer sei der des Besitzers zum Eigentümer wesensverwandt. Daher sei das Haftungsprivileg aus §§ 989, 990, 993 I bei § 1004 entsprechend anzuwenden. Die Belastung des Eigentums bedeute dann eine unter § 989 fallende Verschlechterung der herauszugebenden Buchposition. Die Beseitigung dieser Belastung komme dem Schadensersatz gleich. Dazu sei B also nur verpflichtet, wenn er die Belastung nach Rechtshängigkeit oder Unredlichwerden vorgenommen habe (§§ 989, 990). Diese entsprechende Anwendung ist nicht unzweifelhaft, entspricht aber der h.M. (vgl. etwa *BGHZ 41, 30 ff.*).

Im Fall (2) hätte E von B also nur nach § 816 I 1 den Verfügungserlös herausverlangen können. Nach richtiger Ansicht ist das nicht der Darlehensbetrag (zu dessen Rückzahlung B den Gläubigern ja auch weiter verpflichtet bleibt), sondern nur der durch die Möglichkeit zu hypothekarischer Sicherung erlangte Vorteil (insbesondere günstigere Verzinsung). Auch insoweit kommt dem B aber gegebenenfalls § 818 III zugute.

Entsprechend hat das RG auch bei **Fall (1)** argumentiert. Es hat also dem B gegen den Berichtigungsanspruch des E ein Zurückbehaltungsrecht wegen der Verwendungen gewährt. Allerdings hat das RG dabei dieses Zurückbehaltungsrecht – insoweit kaum konsequent – nicht auf § 1000 gestützt, sondern auf § 273 II: Die Buchposition, die B »herausgeben« solle, sei ein Gegenstand, und die Verwendungen auf das Grundstück seien als solche auf das Eigentumsrecht (und damit die Buchposition) anzusehen. *BGHZ 41, 30 ff.* hat diese etwas gewundene Argumentation bestätigt.

Dagegen lehnt der BGH aaO. § 273 II in folgendem Fall ab: B ist als Gläubiger einer Hypothek eingetragen, die sich inzwischen in eine Eigentümergrundschuld verwandelt hat. Der Eigentümer E verlangt von B nach § 894 Grundbuchberichtigung. B macht demgegenüber Verwendungen auf das Grundstück geltend. Hier sei, sagt der BGH, der herausverlangte Gegenstand (die Buchposition hinsichtlich der Hypothek) nicht mit dem Gegenstand identisch, auf den die Verwendungen gemacht worden seien (nämlich das Grundstück). Daher komme nicht § 273 II in Betracht, sondern allenfalls § 273 I. Insoweit fehle jedoch schon die bei Abs. 1 nötige Konnexität (vgl. unten Rdnr. 737).

Als weiterer Fall für eine analoge Anwendung der §§ 987 ff. (oder doch wenigstens der §§ 994 ff., vgl. *Gursky,* JR 1984, 3/6) wird das Verhältnis zwischen dem Eigentümer und demjenigen genannt, dessen Erwerb wegen einer **Vormerkung** nach § 883 II unwirksam ist: die Analogie bejahend *BGHZ 75, 288/291; 81, 296/301* (für das dingliche Vorkaufsrecht, § 1098 II), einschränkend aber *BGHZ 144, 323* mit Anm. *J. Hager,* DNotZ 2001, 325.

V.   Zusammenfassung zu III und IV

455   § 985 als der Prototyp eines dinglichen Anspruchs wird begleitet von den in §§ 987 ff. geregelten Folgeansprüchen. Diese sind zwar nicht selbst dinglich, lassen sich also vom Eigentum trennen. Sie werden aber zweckmäßigerweise im Anschluß an § 985, also an die »Vindikationslage«, erörtert.

Gleiches wie für § 985 gilt für die §§ 1065, 1227 **und 1007.**

Sicher ohne Folgeregelung ist dagegen § 861.

Bei den **§§ 894, 1004** sind die §§ 987 ff. mit Vorsicht entsprechend anzuwenden.

§ 2018 endlich hat in den §§ 2019 ff. seine eigene Folgeregelung.

Neben den eben genannten besonderen Folgeregelungen bleibt an manchen Stellen (etwa bei § 990 II) Raum für die Anwendung der **allgemeinen schuldrechtlichen Störungsregelung** (zu § 278 vgl. unten Rdnr. 798 f.).

§ 20 Anwartschaften[1]

Eine Anwartschaft ist die **Vorstufe zum Erwerb eines Rechts.** Dabei gibt **456** es aber graduelle Unterschiede: Zunächst besteht meist nur eine rechtlich ungesicherte Aussicht auf einen Erwerb. In etwa diesem Sinn erscheinen die »Anwartschaften« neben den (noch schwächeren) »Aussichten« beim Versorgungsausgleich in den §§ 1587 ff. (vgl. *Gernhuber/Coester-Waltjen* § 28 Rdnr. 19). Die hier allein interessierenden privatrechtlichen Anwartschaften können mit dem Fortschreiten des Erwerbsvorgangs immer sicherer werden. Wenn ein gewisser Grad rechtlicher Sicherung erreicht ist, spricht man statt von einer Anwartschaft von einem **Anwartschaftsrecht.** Eine einhellig anerkannte Definition des dafür nötigen Sicherheitsgrades gibt es nicht. Häufig verwendet wird diejenige, die der *BGH* (NJW 1955, 544) von *H. Westermann* (jetzt *Westermann-H. P. Westermann* § 5 III 4a) übernommen hat: Von dem mehraktigen Entstehungstatbestand eines Rechts müßten schon so viele Erfordernisse erfüllt sein, daß der Veräußerer die Rechtsposition des Erwerbers nicht mehr durch einseitige Erklärung zerstören könne[2]. Andere wieder formulieren, der Erwerb des Vollrechts dürfe nur noch vom Erwerber abhängen. Dabei wird es bisweilen für genügend gehalten, daß eine Beeinträchtigung der Rechtsposition des Erwerbers »nach dem normalen Verlauf der Dinge ausgeschlossen ist« *(BGHZ 49, 197/202).*

Doch sind solche Definitionen bereits vom Ansatz her bedenklich. Denn die zu beantwortende Sachfrage geht häufig gerade dahin, ob die Position des Erwerbers wirklich schon beständig ist. Das aber kann man nicht aus dem Vorliegen eines Anwartschaftsrechts folgern. Vielmehr ist regelmäßig gerade umgekehrt die Beständigkeit der Erwerberposition Voraussetzung dafür, daß man ein Anwartschaftsrecht annehmen darf. Daher spreche ich im folgenden zunächst immer nur von »Anwartschaft« (vgl. unten Rdnr. 487).

Die unter dem Stichwort »Anwartschaftsrecht« erörterten Positionen bilden meist Vorstufen für den Erwerb eines **dinglichen Rechts.** Die neuere Lehre erörtert, ob schon diese Vorstufen dem Vollrecht gleichzustellen und wie sie durch dingliche

---

1 Vgl. *Gernhuber*, BR § 13; *Wieling* I § 17; *Wilhelm* Rdnr. 2328 ff.; *P. Schwerdtner,* Anwartschaftsrechte, Jura 1980, 609 ff., 661 ff.; *K. Schreiber,* Anwartschaftsrechte, Jura 2001, 623 ff., kritisch *Marotzke,* Das Anwartschaftsrecht – ein Beispiel sinnvoller Rechtsfortbildung? (1971); *Eichenhofer,* Anwartschaftslehre und Pendenztheorie, AcP 185 (1985) 162 ff.; *W. Krüger,* Das Anwartschaftsrecht – ein Fascinosum, JuS 1994, 905 ff., zuletzt *Lux,* Jura 2004, 145 ff.

2 So etwa auch *BGHZ 45, 186/189 f.; 49, 197/201; 83, 395/399*; in der jüngsten (7.) Aufl. formuliert *H.P. Westermann* noch vorsichtiger.

Ansprüche zu schützen sind. Bisweilen auch ermöglicht ein Anwartschaftsrecht erst den Erwerb des Vollrechts. Deshalb erörtere ich die Anwartschaften an dieser Stelle.

I.   Typische Anwartschaften

457   Allen Anwartschaften ist eigentümlich: Der **Erwerb** eines Rechts muß bereits **eingeleitet** sein, weil andernfalls die Erwerberposition noch nicht geschützt wäre. Dieser Rechtserwerb darf aber auch **nicht vollendet** sein, weil sonst der Erwerber schon das Vollrecht hat. Eine Anwartschaft kann man also nur da finden, wo zwischen der Einleitung und der Vollendung des Vollrechtserwerbs eine gewisse Zeitspanne liegt: Nur dann ist die Frage berechtigt, wie die Position des Erwerbers während dieser Zeitspanne geschützt ist oder verwertet werden kann.

Für eine solche Zeitspanne zwischen Einleitung und Vollendung des Vollrechtserwerbs kommen verschiedene Gründe in Betracht:

1.   Bedingter Erwerb

458   Die Parteien können die Vollendung durch Einfügung einer Bedingung in das dingliche Geschäft aufschieben. Der wichtigste Fall dieser Gruppe ist der Erwerb einer beweglichen Sache unter **Eigentumsvorbehalt** (EV); Bedingung ist hier im Zweifel die vollständige Kaufpreiszahlung, § 449 I[3].

Eine ganz ähnliche Anwartschaft hat der Sicherungsgeber bei Sicherungsübereignung und Sicherungszession, wenn diese durch die Tilgung der zu sichernden Forderung auflösend bedingt sind (vgl. dazu unten Rdnr. 498; 504 f.).

2.   Grundstückserwerb vor Eintragung

459   § 873 verlangt für den Erwerb von Grundstücksrechten Einigung und Eintragung. Insbesondere bei der Übertragung von Grundeigentum (§ 925) hat der Staat dem Grundbuchamt die Kontrolle vieler zusätzlicher öffentlich-rechtlicher Erfordernisse (etwa der Zahlung der Grunderwerbsteuer) übertragen. Auch ist häufig erst über die Ausübung von Vorkaufsrechten der öffentlichen Hand zu entscheiden. Daher vergeht seit der Auflassung und

---

3   Dazu *Gernhuber*, BR § 28; *Wieling* I § 17; *Vieweg/Werner* § 11 Rdnr. 34 ff.; *U. Hübner*, Zur dogmatischen Einordnung der Rechtsposition des Vorbehaltskäufers, NJW 1980, 729 ff.; *Brox,* Das Anwartschaftsrecht des Vorbehaltskäufers, JuS 1984, 657 ff., auch *H. Honsell,* Aktuelle Probleme des Eigentumsvorbehalts, JuS 1981, 705 ff. (aber im wesentlichen zu schuldrechtlichen Fragen).

dem Eintragungsantrag bis zur Eintragung oft lange Zeit. Die zweite typische Fallgruppe für die Problematik der Anwartschaften ergibt sich also bei der Stellung des Grundstückserwerbers zwischen Auflassung und Eintragung (vgl. etwa *Westermann/Eickmann* § 75 I 6; *J. Hager*, Die Anwartschaft des Auflassungsempfängers, JuS 1991, 1 ff.).

3. Hypothekenerwerb vor Valutierung

Die Entstehung eines Grundpfandrechts für den Gläubiger erfordert außer   460
Einigung und Eintragung noch weitere Voraussetzungen: Entweder muß der Ausschluß der Erteilung eines Briefes eingetragen werden (§ 1116 II), oder der Gläubiger muß den Brief erhalten (§ 1117 I), oder es bedarf einer Aushändigungsvereinbarung nach § 1117 II. Bei der Hypothek muß zudem die zu sichernde Forderung entstanden sein, § 1163 I 1 (anders bei der Sicherungsgrundschuld, vgl. unten Rdnr. 496). Wenn **Banken** Hypothekarkredit gewähren, vergeht häufig zwischen der Eintragung der Hypothek und der Auszahlung des Kredits einige Zeit: Die Banken warten ab, bis der mit dem Kredit zu errichtende Bau den Grundstückswert so gesteigert hat, daß die Hypothek auch »sicher« ist. Daraus folgt die dritte typische Fallgruppe für die Anwartschaften: Sie betrifft die Stellung des Gläubigers zwischen Eintragung und Valutierung der Hypothek. Diese Stellung hat wirtschaftliche Bedeutung vor allem wegen ihrer Kehrseite: Dem Eigentümer des zu belastenden Grundstücks verbleibt ja bis zur Valutierung eine (vorläufige) Eigentümergrundschuld, §§ 1163 I 1, 1177 I. Diese muß häufig zur **Sicherung der Zwischenfinanzierung** verwendet werden.

Zu einer solchen Sicherung eignet sich nach h.M. (etwa *Baur/Stürner* § 37 Rdnr. 41 ff.; § 46 Rdnr. 22 ff.) nur die Briefhypothek: Bei ihr kann die vorläufige Eigentümergrundschuld durch schriftliche Abtretung unter Übergabe des Briefes (oder mit Übergabesurrogat) dem Zwischenkreditgeber übertragen werden. Bei der Buchhypothek dagegen kann der Eigentümer über seine vorläufige Eigentümergrundschuld wegen des Fehlens seiner Eintragung nicht verfügen; dazu *Rimmelspacher*, JuS 1971, 14/16 ff. und unten Rdnr. 470 f.

Beim **Pfandrecht an beweglichen Sachen oder Rechten** taucht diese   461
Problematik nicht auf, weil eine dem § 1163 I 1 entsprechende Vorschrift fehlt. Wenn ein solches Pfandrecht für eine künftige Forderung bestellt wird (§ 1204 II), ist also der Vollrechtserwerb nicht bis zur Valutierung aufgeschoben: Der Gläubiger erwirbt das Pfandrecht schon vor Valutierung (*BGHZ 86, 340/347 f.*, str.). § 1113 II und § 1204 II haben demnach trotz gleichen Wortlauts ganz verschiedene Wirkung.

II. Der Schutz der Anwartschaften

1. Der bedingte Rechtserwerb

462 Besprochen werden soll hier zunächst der oben Rdnr. 440 genannte typische Fall: die Rechtsstellung dessen, der eine bewegliche Sache unter aufschiebender Bedingung erwirbt, also regelmäßig des Vorbehaltskäufers. Ihn schützt das Gesetz weitgehend gegen Zwischenverfügungen des Veräußerers und gegen die Vereitelung des Bedingungseintritts.

a) Unwirksamkeit von Zwischenverfügungen

Gegen Zwischenverfügungen des noch berechtigten Veräußerers wird der Erwerber vor allem durch § 161 I geschützt (vgl. auch unten Rdnr. 503).

Bsp.: Der Verkäufer V hat ein Fahrrad unter EV an den Käufer K veräußert und es ihm übergeben. Noch bevor K den Kaufpreis ganz bezahlt hat, veräußert V das Fahrrad nach § 931 unbedingt an D.

Hier hat zwar D vom Berechtigten Eigentum erworben. Nach § 161 I 1 wird dieser Erwerb aber unwirksam, sobald K an V die letzte Rate zahlt: K erwirbt also mit dem Bedingungseintritt ungeachtet der zunächst wirksamen Zwischenverfügung des V Eigentum.

Allerdings erklärt § 161 III zugunsten des Zwischenerwerbers D die Vorschriften über den redlichen Erwerb für anwendbar. Unter den Voraussetzungen der §§ 932 ff. kann D daher endgültig gesichertes (nicht bloß auflösend bedingtes) Eigentum erwerben. Dem steht aber entgegen: Allerdings hält die ganz h.M. (anders *Raiser,* Dingliche Anwartschaften 1961, 70 ff.) den Vorbehaltsverkäufer für den mittelbaren Eigenbesitzer. Dann besteht also zwischen V und K vor Bedingungseintritt ein Besitzmittlungsverhältnis, so daß § 934 Fall 1 erfüllt ist. Ein endgültiger Eigentumserwerb des D scheitert aber regelmäßig an § 936 III, der hier mindestens analog paßt (vgl. *Döring,* NJW 1996, 1443 ff.): Die Anwartschaft des unmittelbaren Besitzers K kann durch Veräußerung nach § 931 nicht erlöschen. § 161 III wirkt also nur, wenn K nicht unmittelbarer Besitzer ist. Das kommt praktisch nur selten vor, am ehesten dann, wenn K die Sache zu einer Nachbesserung an V zurückgegeben hatte.

Weiteres Bsp.: V hat das Fahrrad dem K nicht nach § 929, sondern nach § 930 bedingt übereignet, also den unmittelbaren Besitz behalten. Veräußert V jetzt nach § 929 an den hinsichtlich der ersten Veräußerung gutgläubigen D, so erwirbt dieser nach §§ 161 III, 932 endgültig Eigentum; die Anwartschaft des K erlischt.

Das ist nur konsequent: Unter den genannten Umständen wäre ja sogar das Eigentum des K erloschen, wenn die Veräußerung V–D nach Zahlung der letzten Rate durch K erfolgt wäre. Und die Anwartschaft kann nicht stärker geschützt sein als das Vollrecht.

b) Recht zum Besitz des Erwerbers

Bis zum Bedingungseintritt wird der in § 161 I gewährte Schutz durch **463** § 986 II ergänzt: K darf das Recht zum Besitz, das er aus dem Kaufvertrag dem V gegenüber hat, auch dem Dritterwerber D entgegenhalten. Dieser Schutz ist nötig, weil § 161 einen bis zur Zahlung der letzten Rate durch K wirkenden Eigentumserwerb des D zuläßt: Ohne § 986 II könnte D also bis dahin die Sache als sein Eigentum von K vindizieren.

c) Vereitelung des Bedingungseintritts

Schutz gegen die treuwidrige Vereitlung des Bedingungseintritts gewährt **464** dem Erwerber im allgemeinen § 162 I. Beim Vorbehaltskauf dürfte diese Vorschrift aber weithin unanwendbar sein. Denn die Bedingung besteht hier in der Erfüllung einer Verpflichtung. Der Vorbehaltsverkäufer gerät also (auch wenn er nicht treuwidrig handelt) in Annahmeverzug, wenn er die Annahme der letzten Kaufpreisraten ablehnt. Und hierfür treffen die §§ 372, 378 eine Sonderregelung: Der Käufer kann den Bedingungseintritt dadurch herbeiführen, daß er den Restkaufpreis unter Verzicht auf sein Rücknahmerecht hinterlegt. Daher bleibt bei Annahmeverzug des Verkäufers für die Anwendung von § 162 I kein Raum (bestr.).

d) Erweiterungen des gesetzlichen Schutzes

Der bisher geschilderte Schutz der Stellung des Vorbehaltskäufers ergibt **465** sich aus dem Gesetz. Er genügt für die weitaus meisten Fälle jedem praktischen Bedürfnis. Nur ganz ausnahmsweise kann man fragen, ob ein Anlaß zu seiner Erweiterung besteht.

Bsp. (ähnlich *BGHZ 10, 69 ff.; OLG Karlsruhe,* JZ 1966, 272 f. = NJW 1966, 885 f., dazu *Stoll,* JuS 1967, 12 ff.): Der Eigentümer E übereignet eine Maschine zur Sicherung für eine Forderung nach § 930 an B. Danach verkauft E diese Maschine unter EV gegen Ratenzahlung an K und übergibt sie ihm. B verlangt von K nach § 985 Herausgabe, noch bevor K die letzte Rate an E gezahlt hat.

Hier ist zunächst erheblich, ob K von dem Nichteigentümer E kraft guten Glaubens (§§ 932, 929) eine Anwartschaft erwerben konnte. Das wird heute allgemein bejaht. Denn die h.M. (etwa *BGHZ 10, 69/73 f.*) nimmt schon lange an, daß beim bedingten Rechtserwerb der gute Glaube des Erwerbers nur bei der Übergabe vorzuliegen braucht, aber nicht mehr bei dem späteren Bedingungseintritt. Also hat K schon mit der bedingten Einigung und der Übergabe eine Position erworben, die durch späteres Unredlichwerden nicht wieder zerstört werden kann. Folglich erwirbt K mit Zahlung der letzten Rate an E das Eigentum zu Lasten des B. Zu diesem Zeitpunkt müßte daher B, wenn er die Maschine im Besitz hätte, sie nach § 985 dem neuen Eigentümer K herausgeben.

Fraglich ist daher nur, ob K den Besitz der Maschine auch **vor der Zahlung der letzten Rate** dem Eigentümer B gegenüber behalten darf. § 986 II (oben Rdnr. 463) wirkt hier nicht: B hat sein Eigentum nicht nach § 931 erworben; auch hatte K im Zeitpunkt dieses Erwerbs weder den Besitz noch ein Recht dazu. Ebensowenig gibt der Kaufvertrag mit E dem K ein dem B gegenüber wirkendes Besitzrecht. *BGHZ 10, 69/75* hat dem K gegen die Vindikation des B mit § 242 geholfen *(dolo facit qui petit quod redditurus est* = arglistig handelt, wer verlangt, was er alsbald zurückgeben muss). Dieses Mittel versagt aber, wenn die Zahlung der letzten Rate durch K und damit sein Eigentumserwerb nicht unmittelbar bevorstehen: *Redditurus* meint nur die Pflicht zu *sofortiger* Rückgabe (sonst könnte ja auch etwa ein Vermieter die Sachüberlassung an den Mieter verweigern, weil dieser die Sache später einmal zurückgeben müsse).

In einem solchen Fall des erst später bevorstehenden Eigentumserwerbs des K hat das *OLG Karlsruhe* aaO.[4] aus der gutgläubig erworbenen Anwartschaft ein Recht zum Besitz gefolgert. Mit dieser Begründung ist die auf § 985 gestützte Herausgabeklage B–K abgewiesen worden. Doch ist mir die Richtigkeit fraglich: Die Anwartschaft soll den Eigentumserwerb sichern. Das kann sie aber auch dann, wenn der Anwärter keinen Besitz mehr hat (die für § 929 nötige Übergabe hatte ja zunächst stattgefunden). Daher besteht keine Notwendigkeit, das Eigentum des Dritterwerbers schon gegenüber dem (ja noch keineswegs sicheren) künftigen Eigentum des Anwärters zurücktreten zu lassen; vgl. MünchKomm-*Medicus* § 986 Rdnr. 9.

e) Schutz gegen Gläubiger des Verkäufers

466 Eine ähnliche Problemlage kann entstehen, wenn Gläubiger des noch berechtigten Vorbehaltsverkäufers in die Sache vollstrecken wollen. Solange der Käufer Gewahrsam hat, ist er hiergegen zwar als nicht zur Herausgabe bereiter Dritter (vgl. § 809 ZPO) geschützt. Dieser Schutz versagt aber, wenn sich die Sache noch oder wieder (z.B. zur Ausführung einer Nachbesserung) beim Verkäufer befindet. Dann wird fraglich, ob die Anwartschaft

---

4 Ebenso etwa *Baur/Stürner* § 59 Rdnr. 47; *Westermann/H.P. Westermann* § 39 IV 1c; *Wieling* I I § 17 III 2a mit Belegen in Fn. 69; *Wilhelm* Rdnr. 2341 f., anders etwa *Gudian*, NJW 1967, 1786 ff. *Harke*, JuS 2006, 387/389 vergleicht das Anwartschaftsrecht mit einem Pfandrecht und leitet die Besitzberechtigung des Inhabers aus den §§ 1227, 985 BGB ab.

des Käufers eine **Drittwiderspruchsklage** nach § 771 ZPO begründet (dazu *Frank*, NJW 1974, 2211 ff.).

Diese Vorschrift setzt ein »die Veräußerung hinderndes Recht« des Dritten voraus: Der Dritte müßte also den Vollstreckungsschuldner an einer Veräußerung hindern können. Daran scheint es hier zu fehlen: Der Vollstreckungsschuldner bleibt nach seiner bedingten Veräußerung wegen § 161 I 1 zu weiteren Verfügungen befugt. Denn diese Vorschrift sorgt zugleich dafür, daß solche weiteren Verfügungen dem ersten Erwerber nicht schaden. Und das gilt nach § 161 I 2 auch für »Verfügungen im Wege der Zwangsvollstreckung«. Danach dürfte der bedingte Erwerber kein Widerspruchsrecht nach § 771 ZPO haben.

Trotzdem hat *BGHZ 55, 20 ff.* ein solches Recht bejaht: Seit *RGZ 156, 395* sei anerkannt, daß der Gerichtsvollzieher dem Ersteher in der Zwangsvollstreckung Eigentum nicht rechtsgeschäftlich verschaffe, sondern kraft staatlichen Hoheitsakts. Diese Eigentumsverschaffung sei keine Verfügung im Wege der Zwangsvollstreckung nach § 161 I 2. Der Ersteher erwerbe das Eigentum also endgültig und nicht bloß auflösend bedingt. Damit erlösche dann die Anwartschaft des ersten Erwerbers, und dem müsse dieser über § 771 ZPO zuvorkommen können.

Diese Folgerung ist zwingend, wenn man sich der vollstreckungsrechtlichen Grundauffassung des *BGH* anschließt. Gerade gegen sie hat aber *Säcker*, JZ 1971, 156/159 überzeugende Bedenken erhoben. Beurteilt man dementsprechend den Eigentumserwerb des Erstehers privatrechtlich, so bleibt auf den ersten Blick wegen des dann wieder anwendbaren § 161 für § 771 ZPO kein Raum. Für die Anwendbarkeit dieser Vorschrift kommt nur die folgende Erwägung in Betracht: Wenn man dem Käufer schon vor Restkaufpreiszahlung ein Besitzrecht gegenüber einem rechtsgeschäftlichen Dritterwerber zuerkennt (vgl. oben Rdnr. 465), muß ein gleiches Besitzrecht auch gegenüber Erwerbern im Wege der Zwangsvollstreckung gelten. Die Zwangsvollstreckung durch Versteigerung (§ 814 ZPO) entzöge aber dem Käufer den Besitz. Daher muß der Käufer sie mit § 771 ZPO verhindern können, wenn man entgegen den am Ende von oben Rdnr. 465 geschilderten Bedenken dem *OLG Karlsruhe* aaO. folgt. Vgl. auch *Wilhelm* Rdnr. 1235, der aber anders entscheidet.

Versäumt der Käufer die Drittwiderspruchsklage und verliert er so seine Anwartschaft, kann er nach § 823 I bei Verschulden des vollstreckenden Gläubigers Schadensersatz verlangen: *BGHZ 55, 20/24 ff.* (freilich wird regelmäßig § 254 passen). Zudem kommt unabhängig vom Verschulden ein Bereicherungsanspruch in Betracht: § 812 I 1 Fall 2.

2.   Der Auflassungsempfänger vor Eintragung

467   Von der Auflassung bis hin zu der den Vollrechtserwerb vermittelnden Eintragung festigt sich die Position des Erwerbers stufenweise:

a)   Schutz gegen Widerruf

Bindend, also unwiderruflich (vgl. oben Rdnr. 32) ist die Auflassung meist von Anfang an: Zwar verlangt § 873 II notarielle Beurkundung, während § 925 I die (nicht notwendig zu beurkundende, *BGHZ 22, 312 ff.*) Erklärung vor dem Notar genügen läßt. Aber in der Praxis wird die Auflassung schon wegen §§ 20, 29 GBO praktisch immer beurkundet.

b)   Schutz gegen Verfügungsbeschränkungen

468   Wenn die Eintragung des Erwerbers beim Grundbuchamt beantragt worden ist, schaden auch nachträglich beim Veräußerer eintretende Verfügungsbeschränkungen nicht mehr, § 878. Das gilt insbesondere für den Fall, daß der Veräußerer insolvent wird, § 106 InsO. Den Eintragungsantrag kann der Erwerber nach § 13 I 2 GBO als Begünstigter selbst stellen. Das empfiehlt sich auch, weil ein allein vom Veräußerer gestellter Antrag von diesem auch wieder allein zurückgenommen werden kann, wodurch der Erwerber den Schutz von § 878 verlöre.

c)   Schutz gegen Zwischenverfügungen

469   Der Schutz nach a und b läßt aber dem Veräußerer noch die Möglichkeit, den Erwerb durch Zwischenverfügungen zugunsten Dritter zu hindern.

Bsp.: V läßt dem K ein Grundstück auf; die Eintragung des K als Eigentümer wird beantragt. Noch vor dieser Eintragung läßt V dasselbe Grundstück dem D auf und stellt auch für diesen den nötigen Antrag. Würde hier D eingetragen, so wäre sein Erwerb vollendet, und der bereits begonnene Erwerb des K wäre vereitelt.

Hier greift aber **§ 17 GBO** ein: Mehrere Anträge, die dasselbe Recht (im Beispiel das Eigentum des V) betreffen, sind in der Reihenfolge ihres Eingangs zu erledigen. Nach § 17 GBO wird sich also wahrscheinlich der Rechtserwerb des K (und nicht der des D) durch Eintragung vollenden, wenn diese Eintragung zuerst beantragt worden war.

Daher erstreckt auch § 12 I GBO das Recht zur Einsicht in das Grundbuch auf die noch nicht erledigten Eintragungsanträge: Aus ihnen ergibt sich, mit welchen vorherigen Eintragungen noch gerechnet werden muß.

Aber sicher ist dieser Schutz nicht. Denn erstens gehört § 17 GBO bloß zum **formellen Recht**, das die materielle Rechtslage nicht berührt. Wenn das Grundbuchamt den später eingegangenen Antrag für D zuerst erledigt, wird D also Eigentümer, und K hat das Nachsehen (das allerdings regelmäßig durch einen Schadensersatzanspruch aus Art. 34 GG, § 839 gemildert wird). Zweitens aber kann ein Antrag auch **durch Zurückweisung** (§ 18 I 1 Fall 1 GBO) im Sinne von § 17 GBO **erledigt** werden; dann bricht der Schutz des K ebenfalls zusammen.

BGHZ 45, 186 ff.: E hat dem D ein Grundstück aufgelassen, der Eintragungsantrag ist aber vom Grundbuchamt zurückgewiesen worden. Danach hat E dem G eine Grundschuld bewilligt; diese ist eingetragen worden. Endlich hat D mit einer Beschwerde gegen die Zurückweisung seines Eintragungsantrags seine Eintragung als Eigentümer doch noch erreicht.

G verlangt nun von D, die Zwangsvollstreckung aus der Grundschuld zu dulden. D wendet ein, er habe bereits ein Anwartschaftsrecht auf Erwerb des unbelasteten Eigentums gehabt. Dieses Recht habe G durch den Erwerb der Grundschuld fahrlässig verletzt. G müsse daher nach §§ 823 I, 249 I als Schadensersatz die Löschung der Grundschuld bewilligen.

Der *BGH* hat der Klage des G stattgegeben und folglich die Einrede (§ 853) des D für unbegründet erklärt: Da auch die Zurückweisung des Eintragungsantrags durch das Grundbuchamt eine »Erledigung« darstelle, sei die Position des D seit dieser Zurückweisung nicht mehr durch § 17 GBO gegen Zwischenverfügungen des E gesichert gewesen. Eine derart ungesicherte Stellung begründe kein Anwartschaftsrecht.

Daß diese Entscheidung im Ergebnis richtig ist, zeigt die Erwägung der Vorinstanz (*OLG Celle*): Selbst wenn D schon ohne Eintragung Eigentümer gewesen wäre, hätte G die Grundschuld bei Redlichkeit noch erwerben können. Ein solcher Erwerb hätte keinen Schadensersatzanspruch D–G nach § 823 ausgelöst. Da D aber noch nicht einmal Eigentümer war, dürfe er nicht besser stehen.

Der *BGH* scheint freilich anzunehmen, daß D vor der Zurückweisung seines Eintragungsantrags ein Anwartschaftsrecht gehabt habe[5]. *Kuchinke,* JZ 1966, 797 f. bemerkt hierzu, ein (wirkliches) Recht könne nicht durch einfachen Verfahrensakt (Zurückweisung des Eintragungsantrags) erlöschen; da D *nach* dieser Zurückweisung kein Recht gehabt habe, könne ihm *auch vorher* keines zugestanden haben. Ich halte das für zwingend: Der

---

5 So auch *BGHZ 49, 197 ff.* und *BGHZ 83, 395 ff.,* dagegen aber *Löwisch/ Friedrich,* JZ 1972, 302 ff. Noch weitergehend wollen *Reinicke/Tiedtke,* NJW 1982, 2281/2282 ff. ein Anwartschaftsrecht des Grundstückskäufers allemal schon ohne weiteres mit der Auflassung entstehen lassen. Doch bleibt der hiermit erreichte Schutz weit hinter demjenigen bei den übrigen Fällen des Anwartschaftsrechts zurück.

Schutz durch § 17 GBO ist eben viel schwächer als der durch § 161 I. Man sollte daher den zeitlich gestreckten Erwerb von Grundstücken nicht auf eine Stufe mit dem bedingten Rechtserwerb stellen. Mehr Sicherheit hätte D nur durch eine Auflassungsvormerkung erreichen können, §§ 883, 888: *OLG Hamm,* NJW 1975, 879 f. bejaht daher für den *vormerkungsgesicherten* Auflassungsgläubiger ein Anwartschaftsrecht auch bei Fehlen des Eintragungsantrags. *BGHZ 106, 108 ff.* (dazu *Medicus,* DNotZ 1990, 275 ff.) nennt die Stellung des Eintragungsantrags oder das Vorliegen einer Auflassungsvormerkung alternativ nebeneinander. Doch wird der zuverlässige Schutz des Erwerbers **allein durch die Vormerkung** bewirkt. Diese aber ist dem Anspruch auf Übereignung ohnehin analog § 401 akzessorisch; die Vorstellung eines Anwartschaftsrechts bringt neben diesem Anspruch keinen zusätzlichen Nutzen (vgl. *Habersack,* JuS 2000, 1145 ff.). Ohne eine Vormerkung kommt ein Schutz des Auflassungsempfängers gegen den vorher eingetragenen Erwerber nur nach § 826 in Betracht *(Dieckmann,* FS Schiedermair, 1976, 93 ff.).

d) Schutz gegen Übereilung?

469a Nach bisher ganz h.M. bedurfte ein Vertrag zur **Aufhebung eines Grundstückskaufs** erst dann der Form des § 311 b I, wenn der Käufer schon als Eigentümer des Kaufgrundstücks eingetragen worden war: Erst dann begründete ja die Aufhebungsvereinbarung eine »Pflicht zur Übertragung des Eigentums an einem Grundstück«. Hiervon ist *BGHZ 83, 395 ff.* abgewichen: Die Aufhebungsvereinbarung sei schon dann formbedürftig, wenn der Käufer (etwa durch Auflassung und die Eintragung einer Vormerkung) ein Anwartschaftsrecht an dem Grundstück erworben habe. Ich halte das für unrichtig[6]. Denn nach der vom *BGH* selbst betonten Definition (vgl. oben Rdnr. 456) und nach den gesetzlichen Vorschriften soll das Anwartschaftsrecht den Erwerb gegen *Handlungen des Veräußerers* sichern. Demgegenüber ist die Gewährung von *Übereilungsschutz für den Erwerber* etwas ganz anderes. Dieser Schutz kann auch auf dem vom *BGH* gewählten Weg gar nicht konsequent erreicht werden. Denn der Käufer könnte zunächst sein Anwartschaftsrecht aufheben (z.B. durch Löschung der Vormerkung) und dann den Kauf formlos rückgängig machen[7].

---

6 Ablehnend auch *Reinicke/ Tiedtke,* NJW 1982, 2281/2286 ff.; *Tiedtke,* Betr. 1991, 2273 ff.; *Wilhelm,* Rdnr. 2333.

7 Vgl. dazu unter dem Gesichtspunkt eines Anwaltsverschuldens *BGH* NJW 1993, 3323/3325 f. und *Müller/Michaelis,* NJW 1994, 2742 f.; *Ernst,* ZIP 1994, 605 ff.; *Tiedtke,* JZ 1994, 526 ff.

3.   Der Hypothekar vor Valutierung

Beim Hypothekenerwerb (oben Rdnr. 442) ist die Position des künftigen   **470**
Gläubigers sachenrechtlich sehr weitgehend gesichert:

a)   Buchhypothek

Wenn die Buchhypothek einmal eingetragen ist, steht sie zwar bis zur Valutierung noch dem Grundstückseigentümer als (vorläufige) Eigentümergrundschuld zu. Eine Verfügung über diese Eigentümergrundschuld bedarf
aber nach §§ 1192 I, 1154 III, 873 I der Eintragung. Und eine solche Eintragung soll nach § 39 I GBO nur erfolgen, nachdem zuvor der Betroffene
eingetragen worden ist. Der Grundstückseigentümer als der materiell Betroffene müßte also zunächst seine Eintragung als Grundschuldgläubiger
erreichen, bevor er über seine vorläufige Eigentümergrundschuld verfügen
kann. Zu dieser Eintragung ist nach § 19 GBO eine Berichtigungsbewilli-
gung des als Gläubiger eingetragenen künftigen Inhabers der Hypothek
nötig. Der Anspruch des Eigentümers auf eine solche Bewilligung (§ 894)
ist aber durch Vertrag ausgeschlossen: Die schon vor der Valutierung eingetragene Hypothek sollte ja gerade als Eigentümergrundschuld für eine
spätere Valutierung bereitgehalten werden. Erst wenn sich diese Valutierung zerschlägt (vgl. unten Rdnr. 483), wird der Berichtigungsanspruch aus
§ 894 wieder durchsetzbar.

b)   Briefhypothek

Bei der Briefhypothek liegen die Dinge anders. Auch sie steht zwar dem   **471**
Grundstückseigentümer vor der Valutierung als (vorläufige) Eigentümergrundschuld zu. Aber zu einer Verfügung über diese Eigentümergrundschuld bedarf es nicht nach §§ 1192 I, 1154 II, 873 I der Eintragung ins
Grundbuch. Vielmehr genügen nach §§ 1192 I, 1154 I, 1117 eine schriftliche
Abtretungserklärung und entweder die Übergabe des Hypothekenbriefes
oder ein Surrogat dafür. Eine Verfügung über die Eigentümergrundschuld
ist daher noch möglich und wird auch zur Sicherung der **Zwischenfinanzierung** (vgl. oben Rdnr. 460) häufig vorgenommen. Dabei kommt eine
Verfügung durch Übergabe des Briefes in Betracht, wenn der Grundstückseigentümer diesen noch in Besitz hat. Ist der Brief dagegen schon dem
»endgültigen« Hypothekengläubiger ausgehändigt worden, gilt folgendes:
Die Briefübergabe kann nach §§ 1192 I, 1154 I 1, 1117 I 2, 931 dadurch
ersetzt werden, daß der Grundstückseigentümer sein (vorläufiges) Eigentum an dem Brief (§ 952 II) dem Zwischenkreditgeber überträgt (vgl. dazu
Baur/Stürner § 46 Rdnr. 22 und *BGHZ 53, 60 ff.*).

Hierbei wird die Form von § 1155 nicht eingehalten. Daher ist auch § 892 nicht anwendbar. Folglich kann der Grundstückseigentümer dem Zwischenkreditgeber bloß die Rechtsstellung übertragen, die er selbst hat. Das ist nur eine vorläufige. Denn sobald der schon als Gläubiger eingetragene Anwärter den »endgültigen« Kredit auszahlt, erwirbt er ja die Hypothek. Damit erlischt dann zugleich das aus der vorläufigen Eigentümergrundschuld entstandene vorläufige Grundpfandrecht des Zwischenkreditgebers.

In der Praxis wird deshalb die Position des Zwischenkreditgebers dadurch verstärkt, daß der Grundstückseigentümer ihm auch den Anspruch auf Valutierung abtritt und dies dem »endgültigen« Kreditgeber mitteilt (§ 407 I!). Dann verliert der Zwischenkreditgeber mit der Valutierung zwar seine Sicherheit. Zugleich erhält er aber zur Tilgung seiner Forderung gegen den Grundstückseigentümer das von dem Hypothekenanwärter gezahlte Geld.

III. Übertragung und Erwerb der Anwartschaft

472 Die Frage, ob und wie eine Anwartschaft übertragen (und gepfändet; vgl. unten Rdnr. 485 f.) werden kann, ist nicht weniger wichtig als die Frage nach ihrem Schutz. Denn insbesondere die Anwartschaft des Vorbehaltskäufers verkörpert, wenn bereits ein hoher Kaufpreisbetrag gezahlt worden ist, einen erheblichen wirtschaftlichen Wert. Daher hat die Frage Bedeutung, wie der Erwerber (oder bei der Pfändung seine Gläubiger) über diesen Wert verfügen können.

1. Bei bedingtem Rechtserwerb

a) Erwerb vom Berechtigten

473 Der Vorbehaltskäufer kann seine Anwartschaft ohne Zustimmung des Vorbehaltsverkäufers auf einen Dritten übertragen. Hierüber besteht Einigkeit. Sicher ist auch, daß für diese Übertragung nicht nach §§ 413, 398 die bloße Einigung genügt. Vielmehr bedarf es dazu der Form für die Übertragung des Vollrechts, also der Form von §§ 929 ff. für die Übereignung. Denn die Anwartschaft vermittelt den Erwerb des Vollrechts. Könnte die Anwartschaft selbst durch bloße Einigung übertragen werden, so würde entgegen dem Publizitätsprinzip auch der Erwerb des Eigentums vermittelt, ohne daß der Erwerber irgendeine Art von Besitz erhielte. Das darf nicht sein.

Nach der Veräußerung darf der Veräußerer des Anwartschaftsrechts dem Erwerber den Vollrechtserwerb auch nicht mehr erschweren. Daher kann er insbesondere auch die Bedingung für den Vollrechtserwerb nicht mehr durch Vereinbarung mit seinem eigenen Veräußerer zum Nachteil des Erwerbers verändern. *BGHZ 75, 221 ff.*[8] verneint deshalb mit Recht die Befugnis des Veräußerers, einen einfachen Eigentumsvorbehalt ohne Zustimmung des Erwerbers auf andere Forderungen zu erweitern (so daß deren Tilgung zusätzliche Voraussetzung für den Vollrechtserwerb würde).

b) Redlicher Erwerb vom Nichtberechtigten

Für die Frage, ob eine Anwartschaft vom Nichtberechtigten kraft guten Glaubens erworben werden kann[9], muß unterschieden werden: **474**

aa) Hält derjenige, der eine Sache unter EV erwirbt, den **Veräußerer für den Eigentümer**, ist ein solcher Erwerb sicher möglich. Denn die Anwartschaft bedeutet nur die Vorstufe des Vollrechtserwerbs, und dieser vollzieht sich nach §§ 932 ff. Daß schon vor dem Vollrecht eine Anwartschaft erworben werden kann, bedeutet nur eine Umschreibung dafür, daß beim bedingten Vollrechtserwerb der Erwerber bloß bei der Übergabe gutgläubig sein muß (oben Rdnr. 465).

bb) Streng davon zu unterscheiden ist der (praktisch kaum vorkommende) Fall, daß der **Veräußerer sich fälschlich als Inhaber einer Anwartschaft ausgibt**: Kann hier die dem Veräußerer in Wirklichkeit nicht zustehende Anwartschaft gutgläubig erworben werden? *Beispiele:* **475**

(1) E veräußert ein Fahrrad für 150,– Euro unter EV gegen eine Anzahlung von 20,– Euro an K. Dieser bezahlt nichts mehr auf die Restkaufpreisschuld. Er behauptet aber gegenüber M wahrheitswidrig, er habe schon 100,– Euro abbezahlt. M erwirbt daraufhin die Anwartschaft und zahlt den vermeintlich noch geschuldeten Rest von 50,– Euro an E.

(2) E veräußert ein Fahrrad unter EV an K; dieser leiht es dem L. L behauptet dem M gegenüber, er selbst habe das Fahrrad von E unter EV gekauft, und veräußert seine angebliche Anwartschaft an M.

(3) Wie bei (2), doch hat K das Rad bei E bereits voll bezahlt, als L seine angebliche Anwartschaft an M veräußert.

Die hier in Frage stehende Anwartschaft des Vorbehaltskäufers hängt ab von einer schuldrechtlichen Komponente (vgl. unten Rdnr. 479 ff.): Die Anwartschaft kann nur zum Vollrecht werden, wenn die obligatorische Kaufpreisforderung erfüllt wird.

---

8 Dazu *Forkel*, NJW 1980, 774; *Loewenheim*, JuS 1981, 721 ff.; *Wilhelm* Rdnr. 2355 ff.

9 Dazu *Minthe*, Die Übertragung des Anwartschaftsrechts durch einen Nichtberechtigten, 1998, mit *Gursky*, AcP 199 (1999) 373 ff.

Nahezu **Einmütigkeit** besteht darüber, daß hinsichtlich dieses obligatorischen Teils ein Schutz des guten Glaubens nicht in Betracht kommt; insoweit fehlt ja ein Rechtsscheinträger. Im Fall (1) muß daher M auch den Kaufpreisrest von 80,– Euro noch an E zahlen, wenn er Eigentümer werden will: M hat die Anwartschaft nur mit dem Inhalt erworben, mit dem sie dem Veräußerer K wirklich zustand.

Anders natürlich, wenn K sich als Eigentümer ausgegeben hätte und M insoweit gutgläubig gewesen wäre: Dann hätte M nach § 932 das Eigentum genauso erworben, wie wenn K gänzlich nicht berechtigt gewesen wäre (oben Rdnr. 474).

Im übrigen will die h.M. mit Unterschieden im einzelnen[10] die §§ 932 ff. auf die Anwartschaft entsprechend anwenden, wenn die Kaufpreisforderung, deren Erfüllung Bedingung für den Vollrechtserwerb ist, wirklich besteht. Danach hätte M im Fall (2) die Anwartschaft des K kraft guten Glaubens von L erwerben können. M würde sogar das Eigentum auch dadurch erwerben, daß der nichtsahnende K die noch ausstehenden Raten an E zahlt. Im Fall (3) dagegen wäre ein gutgläubiger Erwerb durch M unmöglich: Es besteht ja keine Kaufpreisforderung mehr, durch deren Erfüllung die Anwartschaft noch zum Vollrecht werden könnte.

Isoliert betrachtet sind diese Folgerungen zwar konsequent. Wenn man sie miteinander vergleicht, erscheinen sie aber ungereimt: Warum soll M im Fall (2) besser stehen als im Fall (3)? Sie zeigen, daß sich eine **derart durch eine schuldrechtliche Komponente mitbestimmte Rechtsposition für den gutgläubigen Erwerb nicht eignet.** *Flume* (AcP 161, 1961, 394 ff.)[11] ist zuzustimmen: Wenn der Erwerber einmal weiß, daß der Veräußerer kein Eigentum hat, ist derjenige Rechtsschein des Besitzes zerstört, auf den man sich vernünftigerweise verlassen darf. Dann vertraut der Erwerber im Grunde nur auf das »Gerede« des Veräußerers, und dieses Gerede hat weder nach dem Gesetz legitimierende Kraft, noch verdient es sie überhaupt. Denn hier gibt es kein ernstzunehmendes wirtschaftliches Bedürfnis nach gutgläubigem Erwerb: Mag der Interessent beim Verkäufer und gegebenenfalls auch bei Zwischenpersonen anfragen, ob die Angaben dessen richtig sind, der da als Anwartschaftsberechtigter auftritt.

---

10 *Raiser,* Dingl. Anwartschaften 36 ff.; *Baur/Stürner* § 59 Rdnr. 38 ff.; *Wieling* I § 17 IV I b, anscheinend auch *Vieweg/Werner* § 11 Rdnr. 58, anders jetzt *Westermann/Gursky* § 45 III 1d S. 369 mit Angabe des Streitstandes.
11 Im Ergebnis ebenso *Wiegand,* JuS 1974, 201/211 f.; *Brox,* JuS 1984, 657/662; *Wilhelm* Rdnr. 2350 ff.; *Gursky* wie Fn. 10.

2. Anwartschaften im Immobiliarsachenrecht

a) Auflassungsempfänger

Für die Rechtsstellung des Auflassungsempfängers (oben Rdnr. 441) treten **476** im Zusammenhang mit der Übertragung keine besonderen Probleme auf. Zwar kann auch diese Position vom Auflassungsempfänger auf einen Dritten übertragen werden. Schon *RGZ 129, 150 ff.* hat es nämlich für zulässig gehalten, daß der Auflassungsempfänger A, ohne selbst als Eigentümer eingetragen zu werden, das Grundstück weiter an einen Dritten D aufläßt; dieser wird dann ohne Zwischeneintragung des A als Rechtsnachfolger des E eingetragen (so auch *BGHZ 49, 197 ff.*).

Das *RG* aaO. hat das folgendermaßen konstruiert: In der Auflassung des Eigentümers E an A liege die Einwilligung (§ 185 I) des E, daß A dem D gegenüber als Nichtberechtigter über das Grundstück verfügen dürfe (entsprechend *BayObLG* NJW 1971, 514 f. zur Einwilligung in Grundstücksbelastungen). Mit Hilfe der Vorstellung einer Anwartschaft des A läßt sich das Bild bei der Veräußerung noch vereinfachen: A verfügt nicht als Nichtberechtigter (mit Einwilligung des Berechtigten) über das Grundstück, sondern als Berechtigter über seine eigene Anwartschaft.

Nach der Stellung des Eintragungsantrags ist die Position des Auflassungsempfängers auch gegen spätere Kenntnis von der Nichtberechtigung des Auflassenden gesichert, § 892 II. Insofern kann man also auch von der Möglichkeit eines redlichen Erwerbs sprechen. Aber die Frage, die bei der Anwartschaft des Vorbehaltskäufers Schwierigkeiten gemacht hat (oben Rdnr. 458), nämlich die nach dem redlichen Erwerb bei einer Veräußerung durch den angeblichen Anwartschaftsberechtigten, taucht hier nicht auf: Da der Auflassungsempfänger selbst noch nicht eingetragen ist, kann er unzweifelhaft nicht mehr als die Position übertragen, die er selbst hat.

b) Hypothekar vor Valutierung

Die Position des Hypothekars vor Valutierung kann ohne jede Schwierig- **477** keit übertragen werden: Der Hypothekar braucht nur die durch die Hypothek zu sichernde (künftige) Forderung in der Form von §§ 1154 f. abzutreten. Dagegen kann der Hypothekar nicht kraft Redlichkeit eine Anwartschaft vom Nichteigentümer erwerben.

Bsp.: Der Bucheigentümer B bestellt G zur Sicherung der Rückzahlungsforderung aus einem später auszuzahlenden Darlehen eine Buchhypothek. Obwohl G inzwischen erfahren hat, daß das Grundstück in Wahrheit dem E gehört, zahlt er das Darlehen noch an B aus.

Hierdurch hat G die Hypothek nicht mehr erwerben können. § 892 II scheint zwar für G zu sprechen, da dieser bei der Stellung des Eintragungsantrags noch redlich war. § 892 II meint aber nach allgemeiner Ansicht (etwa *Westermann/Eickmann* § 84 II 6d) nur den Fall, daß außer der Eintragung alle übrigen Voraussetzungen des Rechtserwerbs erfüllt sind. Fehlt eine solche Voraussetzung noch (wie hier die Entstehung der zu sichernden Forderung), so entscheidet der spätere Zeitpunkt ihres Eintritts. Und zu dieser Zeit war G schon unredlich. Die von einem Nichtberechtigten erworbene Position des G kann daher bis zu ihrem Übergang in das Vollrecht noch durch nachfolgende Unredlichkeit zerstört werden. Es ist auch unnötig, den G hier auf Kosten des E zu schützen: Wenn G rechtzeitig erfährt, daß B nicht berechtigt ist, soll er die Darlehensauszahlung unterlassen (was G tun darf, weil er nur gegen Erwerb der Sicherung auszuzahlen braucht).

478   Daneben bleibt noch der andersartige Fall der **Übertragung einer angeblichen Anwartschaft** auf den Erwerb einer Hypothek. Hier ist der Veräußerer zwar durch den Schein von Buch oder Brief legitimiert. Aber wenn er nur eine Anwartschaft veräußern will, gibt er zu erkennen, daß dieser Schein falsch ist. Daher ist mir ein Erwerb nach § 892 zweifelhaft. Zumindest wäre aber nötig, daß die zu sichernde Forderung überhaupt entstehen kann.

Bsp.: Der unerkennbar geisteskranke E bestellt dem G eine Hypothek für eine künftige Forderung. G tritt die Forderung nach §§ 1154 f. an H ab. Dieser zahlt das Darlehen an E aus: H hatte schon keine Anwartschaft und hat auch jetzt die Hypothek nicht erworben, weil die zu sichernde Forderung nicht entstanden ist.

IV.   Die Abhängigkeit der Anwartschaften von ihrem schuldrechtlichen Bestandteil

1.   Bei bedingtem Rechtserwerb

479   Beim Kauf unter EV besteht die Bedingung für den Eigentumserwerb des Käufers regelmäßig in der vollständigen Zahlung des Kaufpreises. Über diese Bedingung ist der dingliche Teil des Geschäfts von dem obligatorischen Teil abhängig. Daher **entfällt auch die Anwartschaft des Erwerbers, wenn die Kaufpreisforderung wegfällt:** Die Anwartschaft bedeutet ja nur die Möglichkeit zum Erwerb des Vollrechts, und wo diese Möglichkeit nicht mehr besteht, weil die Bedingung nicht mehr eintreten kann, ist auch die Anwartschaft erloschen. So liegt es etwa, wenn der Kaufvertrag angefochten wird oder eine Partei von ihm zurücktritt. Sogar wenn der Käufer – vielleicht wegen einer arglistigen Täuschung durch den Verkäufer – selbst angefochten hat, ist seine Anwartschaft erloschen.

a) Insolvenz des Verkäufers

Unerwartete Ergebnisse drohen bei konsequenter Durchführung dieser   **480**
Regel, wenn der Vorbehaltsverkäufer in Insolvenz fällt.

Bsp.: K hat bei V einen Kühlschrank für 900,– Euro unter EV gekauft. Nachdem
K die Kaufpreisschuld bis auf 50,– Euro getilgt hat, fällt V in Konkurs.

Hier liegt es nahe, § 103 InsO anzuwenden, weil auch V noch nicht vollständig erfüllt, nämlich dem K das Eigentum noch nicht verschafft hat (vgl.
oben Rdnr. 234). Dann müßte der Verwalter des V die Erfüllung des Vertrages wählen können. Tut er das, so läuft alles glatt: K muß den Kaufpreisrest zur Masse zahlen und erwirbt das Eigentum. Wenn aber der Verwalter
nicht Erfüllung wählt, kann er auch den Kaufpreisrest nicht mehr fordern.
Die Kaufpreisschuld des K, deren Erfüllung die Bedingung für den Erwerb
des Eigentums bildet, scheint also erloschen zu sein. Folglich müßte auch
die Anwartschaft des K an dem Kühlschrank erlöschen; K müßte diesen der
Masse zurückgeben und wäre als gewöhnlicher Insolvenzgläubiger auf eine
Schadensersatzforderung gegen die Masse angewiesen. Die Anwartschaft
des K wäre also nicht insolvenzfest, weil ihr obligatorischer Teil es nicht ist.

Dieses Ergebnis wurde überwiegend für untragbar gehalten. Man hat daher versucht, es zu vermeiden oder wenigstens abzumildern. Eine solche
Milderung bedeutete der in der Rspr. (etwa *BGHZ 98, 160/168 f.* mit
Nachweisen) vertretene Satz, die Ausübung des Wahlrechts durch den
Konkursverwalter stehe unter dem Vorbehalt von Treu und Glauben. Daher sollte die Erfüllung nicht abgelehnt werden dürfen, wenn das zu grob
unbilligen Folgen für den Käufer führte (*RGZ 140, 156 ff.; BGH* NJW
1962, 2296 f.). Aber die Berufung auf § 242 BGB ist nicht immer stichhaltig:
Der Insolvenzverwalter tut nur, was seines Amtes ist, wenn er die für die
Masse günstige Wahl trifft.
Die Begründungsschwierigkeiten sind jetzt durch § 107 I InsO beseitigt
worden: Die Erfüllungsablehnung durch den Insolvenzverwalter kann
nicht gegen den Willen des Käufers durchgesetzt werden; dieser behält also
sein Anwartschaftsrecht und erwirbt durch Zahlung der noch ausstehenden
Raten sein Eigentum (vgl. oben Rdnr. 234).

b) Konkurs oder Insolvenz des Käufers

Im Konkurs des Vorbehaltskäufers dagegen wiegen die Schwierigkeiten aus   **481**
103 I InsO weniger schwer: Der Verwalter kann die Erfüllung wählen oder
sie ablehnen. Entscheidet er sich für die Erfüllung, so muß er den Kaufpreisrest als Masseschuld bezahlen (§ 55 I Nr. 2 InsO) und erwirbt das
Eigentum an der Kaufsache. Bei Ablehnung der Erfüllung hat der Verkäu-

fer zwar nur einen Schadensersatzanspruch als nicht bevorrechtigte Forderung (§ 103 II 1 InsO), erhält aber andererseits die verkaufte Sache zurück. Diese Ergebnisse sind sachgerecht und bedürfen keiner Korrektur (anders *Stracke*, KTS 1973, 102 ff.: nur §§ 449, 346).

2. Bei Anwartschaften im Immobiliarsachenrecht

482 a) Der Position des **Auflassungsempfängers** vor Eintragung (oben Rdnr. 459) fehlt auf den ersten Blick die eben geschilderte schuldrechtliche Abhängigkeit. Denn hier wirkt die Eintragung, die zum Vollrechtserwerb noch fehlt, ohne Rücksicht auf einen schuldrechtlichen Anspruch. Ob der Erwerber einen Anspruch auf seinen Erwerb hat, ist nur bereicherungsrechtlich von Bedeutung: Bei Fehlen eines solchen Anspruchs fehlt regelmäßig auch die causa, so daß die Anwartschaft ebenso kondiziert werden kann wie das Vollrecht. Dinglich dagegen kann sich die Anwartschaft selbst in der Insolvenz des Veräußerers noch vollenden, §§ 878 BGB, 106 InsO.

Das ist freilich zu korrigieren, wenn man für die Anwartschaft eine **Vormerkung** für nötig hält (vgl. oben Rdnr. 451). Denn der Schutz durch diese setzt das Bestehen des durch sie gesicherten Übereignungsanspruchs voraus. Mit dessen Erlöschen erlischt also außer der Vormerkung auch der rechtliche Schutz durch die Anwartschaft.

483 **b)** Der Situation beim bedingten Rechtserwerb ähnlicher ist die Anwartschaft des **Hypothekars** vor Valutierung (oben Rdnr. 460). Denn auch hier hängt das Erfordernis, das für den Vollrechtserwerb noch fehlt, mit einer schuldrechtlichen Forderung (nämlich der durch die Hypothek zu sichernden) zusammen: Kann diese Forderung nicht mehr entstehen, so muß auch die Anwartschaft des Hypothekars erlöschen. Das liegt etwa vor, wenn der Vertrag über die Gewährung des durch die Hypothek zu sichernden Darlehens durch Anfechtung oder Rücktritt erledigt worden ist.

V. Einzelfragen zur Anwartschaft bei bedingtem Rechtserwerb

484 Hier sollen noch zwei Probleme besprochen werden, die hauptsächlich für die Anwartschaft bei bedingtem Rechtserwerb diskutiert worden sind.

1. Die Anwartschaft im Haftungsverband[12]

Bsp. (ähnlich *BGHZ 35, 85 ff.*): E kauft bei V Betten unter EV und richtet damit ein Hotel auf seinem Grundstück ein. An diesem Grundstück hat H eine Hypothek. Noch vor Zahlung des Restkaufpreises an V nimmt E bei D ein Darlehen auf und überträgt D zur Sicherung seine Anwartschaft an den Betten entsprechend § 930. Endlich zahlt E den Restkaufpreis an V. H betreibt jetzt die Zwangsvollstreckung in das Grundstück. Demgegenüber verlangt D die Freigabe der ihm übereigneten Betten.

Die Entscheidung hängt davon ab, ob D ein »der Versteigerung entgegenstehendes Recht« (vgl. § 37 Nr. 5 ZVG) hat, oder ob sein Sicherungseigentum für die Hypothek des H haftet. Nach § 1120 erstreckt sich die Hypothek unter anderem auf das Zubehör, das in das Eigentum des Grundstückseigentümers gelangt ist. Zubehör des Hotelgrundstücks sind die Betten nach § 97 I sicher geworden. Fraglich ist dagegen die zweite Voraussetzung, nämlich der Eigentumserwerb durch E.

Außerdem ist freilich zu bedenken, ob nicht vielleicht wieder eine Enthaftung der Betten stattgefunden hat (dazu *Plander*, JuS 1975, 345 ff.). Sie ist möglich nach § 1121 durch Veräußerung und Entfernung und nach § 1122 II durch Aufhebung der Zubehöreigenschaft (dazu *BGHZ 56, 298 ff.*: Einstellung des Hotelbetriebs durch einen Konkursverwalter würde nicht genügen, da sie nicht in den Grenzen einer ordnungsmäßigen Wirtschaft erfolgt). Endlich reicht nach § 1122 I in bestimmten Fällen auch Entfernung ohne Veräußerung. Das alles liegt aber hier nicht vor.

Die Lösung der Eigentumsfrage scheint davon abzuhängen, wie man sich das Schicksal des Eigentums bei Zahlung des Kaufpreisrestes an V vorstellt: Ist das Eigentum zunächst für eine »juristische Sekunde« (dazu *Marotzke*, AcP 191, 1991, 177 ff.) von dem Käufer E erworben worden und erst dann zu D als dem Erwerber der Anwartschaft weitergelaufen (**Durchgangserwerb**)? Oder hat D das Eigentum ohne den Umweg über E erworben (**Direkterwerb**)? Bei der zweiten Lösung wäre E zu keiner Zeit Eigentümer der Betten gewesen. Daraus könnte man folgern, die Betten seien nicht nach § 1120 von der Hypothek erfaßt worden, so daß sich auch der Zuschlag nicht auf sie erstreckte. D hätte dann sein Eigentum an den Betten nicht verloren und könnte nach § 985 von H Herausgabe verlangen.

In dieser Gedankenbahn ist die Diskussion zunächst wirklich weithin verlaufen. Darum war die Entscheidung *RGZ 140, 156/223* so bedeutsam: Das *RG* hatte dort Direkterwerb nur dann angenommen, wenn der Vorbehaltsverkäufer mit einer Veräußerung der Anwartschaft durch den Vorbe-

---

12 Vgl. *Kollhosser*, Der Kampf ums Zubehör (Grundpfandgläubiger und Sicherungseigentümer), JA 1984, 196 ff.; *Scholz*, Das Anwartschaftsrecht in der Hypothekenverbandshaftung, MDR 1990, 679 ff.; *W. Krüger*, JuS 1995, 905/907 ff.; *Mand*, Jura 2004, 221 ff.

haltskäufer einverstanden war. Andernfalls sollte Durchgangserwerb mit der Folge eintreten, daß die Sache für einen Augenblick dem Vorbehaltskäufer gehörte und damit bei diesem in einen Haftungsverband geraten konnte. Bedeutung hat das außer bei § 1120 vor allem auch bei den besitzlosen gesetzlichen Mobiliarpfandrechten nach §§ 562, 567, 578 I, 581 II, 592, 704.

Inzwischen wird überwiegend die Ansicht vertreten, der Erwerber einer Anwartschaft erwerbe das Vollrecht immer und ohne Rücksicht auf das Einverständnis des Vorbehaltsverkäufers direkt. Zugleich hat die h.M. (etwa *BGHZ 35, 85 ff.; BGH* NJW 1965, 1475 f.) aber darauf verzichtet, aus dieser Konstruktion Folgerungen für den Eintritt der unter EV erworbenen Sache in einen Haftungsverband zu ziehen. Vielmehr wird für § 1120 und die gesetzlichen Pfandrechte die **Anwartschaft auf Eigentumserwerb dem Eigentum gleichgestellt** (hierzu methodenkritisch *Kupisch*, JZ 1976, 417 ff.). Speziell die Hypothekenhaftung soll sich also auch auf solche Sachen erstrecken, an denen der Grundstückseigentümer nur eine Anwartschaft auf das Eigentum erworben hat. Die Hypothek soll dann zunächst diese Anwartschaft erfassen und sich später an dem Vollrecht fortsetzen, das aus der Anwartschaft entstanden ist. Damit hat die konstruktive Unterscheidung zwischen Durchgangs- und Direkterwerb ihre Bedeutung verloren.

Im Ausgangsfall ist das nur nach § 930 (also ohne Entfernung von dem Grundstück) erworbene Sicherungseigentum des D mithin »schwächer« als die Hypothek des H. Daher ist dieses Sicherungseigentum kein »der Versteigerung entgegenstehendes Recht« nach § 37 Nr. 5 ZVG. Folglich hätte auch ein Zuschlag in der Zwangsversteigerung dem Ersteher das Eigentum an den Betten nach §§ 90 II, 55 I (nicht II!), 20 II ZVG, 1120, 97 I BGB verschafft (berühmte Paragraphenkette!)[13].

Die Grenzen der Haftung von Anwartschaften für Immobiliarpfandrechte werden jedoch deutlich in

BGHZ 92, 280 ff.[14]: Die Fabrikantin K kaufte von der Daimler-Benz-AG (V) drei Lkw und erhielt diese unter EV. K zahlte einen Teil des Kaufpreises an V; der überwiegende Rest sollte durch die Bank B finanziert werden. B schickte über diesen Betrag an V einen Verrechnungsscheck mit der Bitte, ihr im Gegenzug das Eigentum an den Fahrzeugen zu übertragen. K erklärte sich hiermit einverstanden. Daraufhin erklärte V die Übereignung der Fahrzeuge an B und löste den Scheck ein. K fiel in

---

13 Vgl. etwa *Baur/Stürner* §§ 39 Rdnr. 33 ff.; § 59 Rdnr. 37; *Westermann/Eickmann* § 97 II 2; einen ähnlichen Fall betrifft das lesenswerte Urteil *BGH* NJW 1965, 1475 f.

14 Dazu kritisch *Tiedtke*, NJW 1985, 1305 ff.; 1988, 28 ff.; *Kollhosser*, JZ 1985, 370 ff.; *Marotzke*, AcP 186 (1986) 490 ff.; *M. Reinicke*, JuS 1986, 957 ff.; *Wilhelm*, NJW 1987, 1785 ff.; *Ludwig*, NJW 1989, 1458 ff.

Konkurs. Um den Erlös der Lkw streitet B mit G, die eine Grundschuld am Betriebsgrundstück der K hatte.

Hier hätten nach dem eben zu *BGHZ 35, 85 ff.* Gesagten die Lkw als Grundstückszubehör für die Grundschuld gehaftet, wenn K *ihre Anwartschaft* zur Sicherung auf B übertragen hätte. Die Vorinstanz hatte aber festgestellt, V habe *das Eigentum* auf B übertragen wollen (entsprechend deren »Bitte«, die eine zulässige Bedingung dargestellt habe). Der *BGH* hat das gebilligt und für diesen Fall den Erwerb lastenfreien Eigentums durch B bejaht. Das gelte selbst dann, wenn V und K das Anwartschaftsrecht der K erst nachträglich aufgehoben hätten. Eine solche Aufhebung sei nicht etwa entsprechend § 1276 I unwirksam. Vielmehr müsse der Gläubiger eines Grundpfandrechts schon wegen § 1121 I jederzeit damit rechnen, die Haftung eines Zubehörstücks (im Gegensatz zur Haftung des Grundstücks selbst) wieder zu verlieren. Auch ein Schadensersatzanspruch G–B komme nicht in Betracht: Die Aufhebung eines Anwartschaftsrechts auf den Erwerb des Eigentums an Zubehörstücken verletze einen Grundpfandgläubiger jedenfalls dann nicht widerrechtlich, wenn sie einem Dritten, der den Restkaufpreis finanziere, den Erwerb lastenfreien Sicherungseigentums ermöglichen solle. Im Ergebnis bedeutet diese Entscheidung eine von mir in der Tendenz begrüßte Abschwächung der Bedeutung von Anwartschaften.

2. Die Pfändung der Anwartschaft an beweglichen Sachen

Die Anwartschaft des Vorbehaltskäufers wird um so wertvoller, je mehr **485** dieser auf die Kaufpreisforderung zahlt, je näher er also dem Erwerb des Vollrechts kommt. Damit wächst auch das Interesse der Gläubiger des Vorbehaltskäufers an einer Pfändung der Anwartschaft. Hierfür kommen die Formen der Sachpfändung (§§ 808 f. ZPO) und der Rechtspfändung (§ 857 ZPO) in Betracht: Die Anwartschaft ist ja zunächst von dem durch Sachpfändung zu erfassenden Eigentum verschieden, geht aber bei dem Eintritt der Bedingung in dieses über. Im wesentlichen gibt es hierzu drei Ansichten (ausführlicher *E. Schumann*, § 86 Rdnr. 410 ff.; *Brox/Walker* Rdnr. 807 ff.; *C. Wolf/S. Lange*, JuS 2003, 1180 ff.).

a) *BGH* NJW 1954, 1325 ff. befürwortet die »**Doppelpfändung**«, näm- **486** lich eine Kombination von Sach- und Rechtspfändung (so wohl auch *Vieweg/Werner* § 11 Rdnr. 70 f. mit Belegen). Denn zunächst werde die Anwartschaft als Recht durch die Rechtspfändung erfaßt. Bei Bedingungseintritt setze sich das Pfandrecht aber nicht am Eigentum fort; daher sei auch die Sachpfändung nötig, die anschließend an die Rechtspfändung wirksam werde.

b) *Raiser* (Dingliche Anwartschaften 90 ff., ebenso *Wieling* I § 17 IV 3) läßt die **Sachpfändung** genügen. Ihr gegenüber soll die Drittwiderspruchsklage (§ 771 ZPO) des Vorbehaltsverkäufers ausgeschlossen sein; dieser könne nur nach § 805 ZPO wegen des Restkaufpreises vorzugsweise Befriedigung aus dem Erlös der Sache verlangen. Eine Modifikation der Ansicht *Raisers* bildet eine »Theorie der Rechtspfändung in Form der Sachpfändung« (etwa *Brox/Walker* Rdnr. 812).

c) *Baur/Stürner* § 59 Rdnr. 41 halten demgegenüber die **Rechtspfändung** nach § 857 I ZPO für nötig und ausreichend; das so begründete Pfandrecht soll sich entsprechend §§ 1287 BGB, 847 ZPO nach Bedingungseintritt an der Sache fortsetzen.

d) Ich halte die **Rechtspfändung** (Ansicht c) für **vorzugswürdig**. Denn der Weg a ist aus unnötiger Liebe zum Publizitätsprinzip allzu umständlich. Und gegen den Weg b spricht, daß er dem Vorbehaltsverkäufer die Drittwiderspruchsklage nicht nur gegen die Pfändung, sondern auch gegen die Verwertung der Sache nimmt. Das Recht auf vorzugsweise Befriedigung aus dem Erlös ist dafür kein vollwertiger Ersatz, wenn der Erlös unter dem Restkaufpreis bleibt.

Für die Pfändung der Rechtsposition des **Auflassungsempfängers** vor Eintragung hat auch *BGHZ 49, 197 ff.* den Weg über § 857 ZPO anerkannt; bei Vollrechtserwerb soll der Pfändungsgläubiger entsprechend § 848 II ZPO eine Sicherungshypothek erhalten. Eine solche Hypothek hätte er freilich auch bei schlichter Pfändung des obligatorischen Anspruchs auf Grundstücksübereignung erworben: Die Konstruktion einer Anwartschaftspfändung ist hier sinnlos. Vgl. dazu treffend *Wolfsteiner*, JZ 1969, 154; *Münzberg*, FS Schiedermair, 1976, 439 ff. (für Anspruchspfändung nach § 848 II ZPO).

VI. Anwartschaft und Anwartschaftsrecht

487 Die Eigenschaften der Position des Rechtserwerbers, von denen bisher die Rede war, haben sich im wesentlichen aus einzelnen gesetzlichen Vorschriften ableiten lassen (Ausnahme: die h.M. bei oben Rdnr. 447). Dabei zeigt sich, daß der Schutz der hier erörterten drei typischen Anwartschaften von unterschiedlicher Zuverlässigkeit ist: Relativ schwach ist er für die Stellung des Auflassungsempfängers vor Eintragung (oben Rdnr. 451), stärker ist er in den beiden anderen Fällen. Wieviel Schutz man nun verlangen will, um eine Anwartschaft als **Anwartschaftsrecht** zu bezeichnen, ist weithin Geschmacksfrage; ein Streit darüber bringt wenig ein.

Keinesfalls aber sollte man sich von der Vokabel »Anwartschaftsrecht« blenden lassen (ähnlich *Reinicke/Tiedtke*, NJW 1982, 2281/2283; *Wilhelm* Rdnr. 2329): Nicht weil jemandem ein Anwartschaftsrecht zusteht, hat er eine gesicherte Position, sondern weil und soweit seine Position gesichert ist, darf man von einem Anwartschaftsrecht sprechen. **Den Vorrang bei der Begründung haben stets die einzelnen gesetzlichen Vorschriften**, aus denen sich die Beständigkeit der Erwerberposition ergibt (wie §§ 161, 873 II, 878, 936 III, 986 II). Soweit es im Einzelfall nur auf die in solchen Vorschriften ausdrücklich geregelte Rechtsfolge ankommt, braucht daher kein Wort darüber verloren zu werden, ob ein Anwartschaftsrecht vorliegt. Nur wenn die Beständigkeit der Erwerberposition eine eng begrenzte, »planwidrige« Lücke aufweist (wie sie z.B. die h.M. zu oben Rdnr. 447 bejaht), darf man diese schließen. Erst hierzu kann es dann nützlich sein, sich vor Augen zu halten, welchen rechtlichen Schutz die Erwerberposition in anderer Hinsicht genießt, also ob sie einem Recht nahesteht (vgl. auch *Medicus*, JuS 1967, 385 ff.; *W. Krüger*, JuS 1994, 905/906). Insbesondere kann die Bezeichnung des Anwartschaftsrechts als »wesensgleiches minus« zum Eigentum (etwa *BGHZ 28, 16/21*) in die Irre führen: Vor allem die schuldrechtliche Komponente vieler Anwartschaftsrechte (vgl. oben Rdnr. 462 ff.) bewirkt doch erhebliche Abweichungen von der »Wesensgleichheit«.

§ 21   Fiduziarische Sicherungsrechte[1]

I.   Arten der Treuhand und Gründe der Sicherungstreuhand

1.   Arten der Treuhand

488   Von Treuhand spricht man, wenn der Treugeber dem Treunehmer einen Überschuß an Rechtsmacht einräumt (zur Wirksamkeit oben Rdnr. 126). Das kann zu verschiedenen Zwecken geschehen. Die beiden wichtigsten sind: Der Treunehmer soll das Treugut für den Treugeber verwalten (**Verwaltungstreuhand**; sie ist bisweilen für den Treunehmer uneigennützig), oder das Treugut soll eine Forderung des Treunehmers (= Gläubiger, Sicherungsnehmer, SiN) gegen den Treugeber (= Schuldner, Sicherungsgeber, SiG) sichern (**Sicherungstreuhand**; sie ist für den Treunehmer eigennützig).

In beiden Fällen darf der Treunehmer von seiner Rechtsmacht nur im Rahmen der Zweckbindung Gebrauch machen.

a)   Verwaltungstreuhand

489   Bei der Verwaltungstreuhand trägt man der wirtschaftlichen Zugehörigkeit des Treuguts zum Vermögen des Treugebers dadurch Rechnung, daß man diesem gegen Vollstreckungsmaßnahmen von Gläubigern des Treunehmers die Drittwiderspruchsklage nach § 771 ZPO gewährt. »Treugut« in diesem Sinne ist aber nicht jeder wirtschaftlich fremde und daher herauszugebende Vermögenswert.

BGH NJW 1971, 559 f.: G beauftragt den Rechtsanwalt R zur Einziehung von Forderungen. Auf Mahnung des R zahlt S, ein Schuldner des G, 4000,– DM auf das Postscheckkonto des R. Dieses Konto hatte zuvor nur ein Guthaben von 4,03 DM ausgewiesen. A, ein Gläubiger des R, pfändet das Konto. G klagt gegen A aus § 771 ZPO.

Der *BGH* hat diese Klage für unbegründet gehalten: Daß R dem G aus §§ 675, 667 zur Herausgabe der eingegangenen 4000,– DM verpflichtet sei, genüge für die Annahme von Treugut noch nicht. Zusätzlich sei die **Ab**-

---

1 Dazu *Gernhuber*, BR §§ 20, 26–29; *ders.*, JuS 1988, 355 ff.; *Grunewald* §§ 21, 38 f.; *Reinhardt/Erlinghagen*, JuS 1962, 41 ff.; *Reinicke/Tiedtke*, Kreditsicherung (4. Aufl. 2000) Rdnr. 973 ff. (Sicherungsgrundschuld); *K. Schreiber*, JR 1984, 485 ff. (Sicherungseigentum); *Bülow*, Recht der Kreditsicherheiten (6. Aufl. 2003) 335 ff. sowie die Monographien von *Coing* (1973), *Grundmann* (1995) und *Löhnig* (2006).

sonderung des Treuguts von dem Eigenvermögen des Treunehmers nötig. Dafür wäre die Einrichtung eines Anderkontos für die von den Schuldnern des G gezahlten Beträge in Betracht gekommen. Da R aber auf sein als Privat- und Geschäftskonto benutztes Konto habe zahlen lassen, stehe dieses voll dem Zugriff seiner Gläubiger offen. Das wird gerechtfertigt durch das Bestreben, dem Gesetz fremde Vorzugsrechte einzelner Gläubiger nur ausnahmsweise anzuerkennen; einschränkend aber *BGH* NJW 1993, 2622 (vgl. auch *Canaris*, NJW 1973, 825/828; 830 ff.).

b) Sicherungstreuhand

Die problematischere und im folgenden allein zu besprechende Siche-   **490**
rungstreuhand wird aus verschiedenen Gründen gewählt:

aa) *Eigentumsvorbehalt*

Beim Eigentumsvorbehalt (EV) bräuchte der Verkäufer zur Sicherung seiner Restkaufpreisforderung eigentlich nur ein Pfandrecht an der Kaufsache. Ein solches Pfandrecht scheitert jedoch, weil der Käufer den unmittelbaren Besitz an der Kaufsache endgültig und sofort erhalten soll. Das aber lassen die §§ 1205 ff. nicht zu. Denn sie enthalten keine dem § 930 entsprechende Vorschrift, und § 1253 schließt auch eine pfandrechtserhaltende spätere Übergabe an den Käufer aus.

bb) *Sicherungsübereignung*

Auch bei der Sicherungsübereignung (SiÜ) würde ein Pfandrecht an den   **491**
beweglichen Sachen des Kreditschuldners genügen. Aber zur Sicherung werden regelmäßig Sachen verwendet, an denen der SiG den unmittelbaren Besitz nicht entbehren kann (Betriebsmittel; Waren, die verarbeitet oder weiterveräußert werden sollen). Darum wird von der Verpfändung auf die Übereignung mit ihrem bequemen § 930 ausgewichen.

Gezweifelt worden ist freilich, wie bei der SiÜ das **Besitzkonstitut** beschaffen sein muß; formelhaft ausgedrückt: **abstrakt oder konkret.** Das Problem stammt daher, daß das Verhältnis SiG–SiN genau weder einem der in § 868 genannten Rechtsverhältnisse noch einem anderen Typenvertrag des BGB entspricht. Insbesondere wird das Sicherungsgut dem SiG weder zur Verwahrung (der SiG darf es ja benutzen und braucht es regelmäßig nicht zurückzugeben) noch leihweise (das Kreditverhältnis ist nicht unentgeltlich) überlassen. Trotzdem läßt man die Angabe eines solchen eigentlich unpassenden Rechtsverhältnisses für § 930 genügen. *BGH* NJW 1979, 2308 f. läßt offen, ob schon die bloße Sicherungsabrede ausreicht. Jedenfalls aber genüge die Vereinbarung, der Sicherungsgeber solle im (unmittelbaren) Besitz des Sicherungsgutes bleiben und damit arbeiten dürfen. Das wird sich zumindest durch Auslegung wohl fast immer ergeben. Und wo sich hierüber keine Klarheit gewinnen läßt, folgt die Ungültigkeit schon aus § 155. Das **Dogma vom konkreten Besitzmittlungsverhältnis** ist daneben **überflüssig.**

cc) *Sicherungszession*

492 Statt der Sicherungszession von Forderungen (SiZess., zu ihr *Meyer/von Varel,* JuS 2004, 192 ff.) würde gleichfalls die Verpfändung nach §§ 1273 ff., 1279 ff. ausreichen. Doch verlangt § 1280 hierfür eine Mitteilung an den Drittschuldner (= Schuldner der zu verpfändenden Forderung). Um diese zu vermeiden, weicht man auf die Zession der Forderung aus; hier genügt für die Wirksamkeit nach § 398 die Einigung zwischen SiG und SiN.

Allerdings wird der Drittschuldner bei der Zession nach §§ 407 f. geschützt, solange ihm die Zession noch nicht mitgeteilt worden ist: Insbesondere kann er noch wirksam an den Altgläubiger (= SiG) leisten. Aber die Mitteilung ist bei der Zession – anders als bei der Verpfändung nach § 1280 – kein Wirksamkeitserfordernis. Das zeigt sich etwa bei Pfändungen durch andere Gläubiger des SiG.

Bsp.: SiG hat seine Forderung gegen S an SiN verpfändet, ohne das dem S mitzuteilen. Nun pfändet G aufgrund eines Titels gegen SiG dieselbe Forderung: G hat ein erstrangiges Pfandrecht an der Forderung erhalten, weil die frühere Verpfändung an SiN unwirksam ist.

Hätte SiG die Forderung dagegen dem SiN ohne Mitteilung an S *zediert,* so hätte G kein Pfandrecht erworben, weil die Forderung seinem Vollstreckungsschuldner SiG nicht mehr zustand. SiN könnte die Pfändung also nach § 771 ZPO abwehren (vgl. unten Rdnr. 513). Zahlt S freilich an G, ohne die Zession zu kennen, so wird er nach § 408 II dem SiN gegenüber befreit.

dd) *Sicherungsgrundschuld*

493 Statt der Sicherungsgrundschuld (SiGS)[2] würde eine Verkehrs- oder eine Sicherungshypothek genügen. Trotzdem befindet sich in der Bankpraxis die SiGS auf dem Vormarsch (vgl. *Kollhosser,* JA 1979, 61/63 f.). Die Gründe für diese Bevorzugung sind weniger deutlich als bei den anderen Sicherungsrechten:

Die SiGS ist nicht akzessorisch, sondern nur locker mit einer Forderung verbunden. Diese Verbindung beruht auf dem nicht formbedürftigen Sicherungsvertrag; dieser kann also auch formlos und ohne Eintragung ins

---

2 Zu ihr *Weirich,* JuS 1980, 188 ff.; *Tiedtke,* Jura 1980, 407 ff.; *Eickmann,* ZIP 1989, 137 ff.; *Clemente,* ZIP 1990, 969 ff.; *Reischl,* JuS 1998, 614 ff.

Grundbuch wieder geändert werden. Daher ermöglicht die SiGS eine For-
derungsauswechslung ohne Form und Eintragung. Bei der Hypothek (vgl.
die Eintragungserfordernisse nach § 1115!) gilt ähnliches nur für die
Höchstbetragshypothek, § 1190. Diese aber ist kraft Gesetzes (§ 1190 III)
Sicherungshypothek. Folglich kann über sie kein Brief erteilt werden,
§ 1185 I. Sie ist daher minder verkehrsfähig. Auch ist bei der Höchstbetragshypothek eine Unterwerfung unter die sofortige Zwangsvollstreckung
unmöglich: § 794 I Nr. 5 ZPO fordert nämlich »einen Anspruch, der die
Zahlung einer *bestimmten* Geldsumme zum Gegenstand hat«. Und an
dieser Bestimmtheit fehlt es bei der Höchstbetragshypothek nach h.M.[3]

Neben diesen Vorteilen gegenüber der Hypothek kann die SiGS noch mit einem
weiteren ausgestattet werden: Die Belastung des Grundstücks für einen Dritten
kann geheim bleiben. Wo das bezweckt wird, muß der Eigentümer zunächst eine
Briefgrundschuld für sich selbst eintragen lassen. Diese Grundschuld kann er dann
nach § 1154 zur Sicherung auf einen Dritten übertragen, ohne daß der Dritte oder
auch nur die Umwandlung in eine Fremdgrundschuld im Grundbuch erscheinen.

2. Sicherungstreuhand und zwingendes Sachenrecht

Die fiduziarischen Sicherungsmittel bedeuten vielfach eine Ausschaltung **494**
der sachenrechtlichen Publizitätserfordernisse (vgl. *Hromadka,* JuS 1980,
89 ff.). Trotzdem steht ihre **Zulässigkeit** heute gewohnheitsrechtlich fest:
Rspr. und Rechtswissenschaft haben die Möglichkeit, diese Sicherungsmittel als gesetzwidrig zu verwerfen, inzwischen versäumt. Jedoch wird man
die grundlegenden **Schutzvorschriften für den Verpfänder** (etwa § 1229)
bei der SiÜ entsprechend anwenden müssen; vgl. *Gaul,* AcP 168 (1968)
351 ff.; *Bülow,* WM 1985, 373 ff.; 405 ff. Problematisch ist die **SiÜ unpfändbarer Sachen**: Das *OLG Stuttgart,* NJW 1971, 50 (dazu *Gerhardt,*
JuS 1972, 696 ff.) erblickt darin einen Verzicht auf künftigen Pfändungsschutz und wendet § 138 I an. Dagegen verneinen *Reich,* NJW 1971, 757 f.
und *OLG Frankfurt,* NJW 1973, 104 f. die Sittenwidrigkeit, wohl mit
Recht: Auch eine Veräußerung unpfändbarer Sachen nach § 929 ist ja wirksam (vgl. allgemeiner *Wacke,* JZ 1987, 381 ff.).
     Rechtspolitisch viel drängender als Gesichtspunkte aus dem ohnehin
fragwürdigen und nicht konsequent durchgeführten Publizitätsprinzip
waren jedoch die seit etwa 30 Jahren diskutierten Argumente aus dem
»**Konkurs des Konkurses**«: Die Zulassung neuer, bequemer Sicherungsrechte hatte die Aus- und Absonderungsrechte im Konkurs erheblich ver-

---

3 Die freilich nicht unzweifelhaft ist, vgl. *Stürner,* ZZP 93, 1980, 351 f.; *Hornung,*
   NJW 1991, 1649 ff.

mehrt. Daher blieb für die nicht gesicherten Konkursgläubiger oft nur wenig von dem übrig, was Schuldnervermögen zu sein schien.

II. Komplikationen bei der fiduziarischen Sicherung

1. Unwirksamkeit des Sicherungsvertrages

495 a) Komplikationen ergeben sich einmal bei Unwirksamkeit des Sicherungsvertrages. Darunter verstehe ich die obligatorische Vereinbarung, die sowohl der Kreditgewährung wie auch der Sicherung zugrunde liegt. Daneben stehen die zu ihrer Erfüllung vorgenommenen Verfügungen: Auszahlung des Kredits und Bestellung der Sicherheit. Für diese Verfügungen gilt als Regel das **Abstraktionsprinzip**: Die Bestellung der Sicherheit ist also auch dann wirksam, wenn der Sicherungsvertrag nichtig ist.

Allerdings ist hier – wie überall im Geltungsbereich des Abstraktionsprinzips – auf **Fehleridentität** zu achten. Diese liegt vor, wenn der den Sicherungsvertrag betreffende Nichtigkeitsgrund (etwa Fehlen der vollen Geschäftsfähigkeit) auch die Verfügung erfaßt. Überdies kann die Wirksamkeit des Sicherungsvertrages rechtsgeschäftlich zur *Bedingung* für die Wirksamkeit der Sicherheitsbestellung gemacht werden. Bei der *SiGS* wird allerdings die Bedingung, daß die zu sichernde Forderung wirklich entstanden sei, als Umgehung des § 1192 für unzulässig zu halten sein *(Baur/Stürner* § 45 Rdnr. 40; *Weber,* AcP 169, 1969, 237/242).

b) Ist die fiduziarische Sicherheit trotz Unwirksamkeit des Sicherungsvertrages wirksam bestellt, so kann der SiG das Geleistete mit der *condictio indebiti* nach § 812 I 1 Fall 1 kondizieren. Und gegen eine Geltendmachung des Sicherungsrechts durch den SiN (etwa bei der SiÜ durch Herausgabeanspruch, § 985) hat der SiG die Bereicherungseinrede. Diese versagt nur bei der *SiZess.,* weil sich die Geltendmachung der Forderung gegen den Drittschuldner richtet, dem diese Einrede nicht zusteht.

Bsp.: SiG hat sich durch nichtigen Vertrag dem SiN zur Abtretung einer Forderung gegen S verpflichtet und diese wirksam abgetreten. Wenn hier SiN aus der Forderung gegen S klagt, kann dieser sich nicht auf die Rechtsgrundlosigkeit der Abtretung berufen. SiG muß dann von SiN nach §§ 812 I 1 Fall 1, 818 I (nicht nach § 816 II; SiN war Berechtigter!) den von S erlangten Betrag als dasjenige fordern, was SiN aufgrund der rechtsgrundlos erlangten Forderung erhalten hat.

Die condictio indebiti paßt nur dann nicht, wenn die Sicherheit schon vor Abschluß des Sicherungsvertrages bestellt worden ist, um dessen Abschluß zu fördern. Das geschieht häufig im Verkehr mit Banken: Der SiG stellt zunächst nur einen Kreditantrag; er bestellt aber zugleich schon die Sicherheiten, um ein Dazwischentreten anderer Gläubiger zu verhindern. Hier paßt, wenn der Abschluß des angestrebten Sicherungsvertrages scheitert, nur die Leistungskondiktion nach § 812 I 2 Fall 2 *(condictio ob rem,* vgl. unten Rdnr. 691 f.).

2. Ausbleiben der Valutierung

Komplikationen ergeben sich weiter bei der Nichtvalutierung, also wenn **496** der SiN den Kredit nicht auszahlt, obwohl der Sicherungsvertrag wirksam ist und der SiG die Sicherheit bestellt hat. Wie kann sich der SiG jetzt dagegen wehren, daß der SiN aus der Sicherheit vorgeht?

Viele wenden hier die *condictio ob rem* oder die entsprechende Einrede aus § 821 an: Die Sicherheit könne bei Ausbleiben des Kredits kondiziert werden, weil sie zu dessen Erlangung gegeben worden sei (noch anders *Jäckle*, JZ 1982, 50 ff.). Aber das ist nicht richtig. Denn die Zusage eines verzinslichen Darlehens bedeutet einen gegenseitigen Vertrag. Der SiG mag daher entweder seinen Anspruch auf Valutierung einklagen oder sich von dem Vertrag über § 323 mit Nachfristsetzung lösen. Im zweiten Fall erhält er seine Sicherheit nach Rücktrittsrecht (§ 346) zurück; im ersten Fall besteht für einen Rückgewähranspruch kein Anlaß.

Wenn der SiG nicht zurücktritt, ist für seine Verteidigung gegen die Inanspruchnahme aus der Sicherheit zu unterscheiden:

Bei der SiÜ geschieht die Inanspruchnahme regelmäßig über § 985: Der SiN verlangt Herausgabe »seines« Sicherungsgutes, um es zu verwerten. Hier hat der SiG den Einwand aus § 986: Da das Besitzrecht des SiG mindestens bis zur Fälligkeit der Kreditrückzahlung andauert, kann es vor der Valutierung erst recht nicht erloschen sein.

Bei der SiGS wird oft schon die dingliche Fälligkeit fehlen, wenn diese an die Fälligkeit der zu sichernden – infolge der Nichtvalutierung noch nicht entstandenen – Forderung geknüpft ist (vgl. § 1193). Andernfalls hat der SiG gegen die Grundschuld die dingliche (§§ 1192 I, 1157 S. 1) Einrede aus dem Sicherungsvertrag: Dieser berechtige den SiN zum Vorgehen aus der SiGS erst bei Fälligkeit des Rückzahlungsanspruchs.

Schlechter ist die Lage des SiG auch hier wieder **bei der SiZess.** Denn die zedierte Forderung wird durch Inanspruchnahme des Drittschuldners ausgeübt, und dieser kann sich auf den Sicherungsvertrag regelmäßig nicht berufen (oben Rdnr. 495) und kennt ihn auch oft nicht. Dem SiG bleibt dann bloß ein Schadensersatzanspruch gegen den SiN aus Verletzung des Sicherungsvertrages. Anders ist es nur, wenn die Auslegung des Sicherungsvertrages ergibt, dessen Parteien hätten dem Drittschuldner analog § 328 die Geltendmachung von Einwendungen des SiG überlassen wollen (dazu *Willoweit*, NJW 1974, 974 ff.).

Freilich können die Parteien eine SiZess. von der Bedingung abhängig machen, daß es wirklich zur Entstehung der zu sichernden Forderung kommt. Auf den Nichteintritt dieser Bedingung kann sich dann auch der Drittschuldner berufen. Damit erhält die SiZess. eine gewisse **Akzessorietät.** *BGH* NJW 1982, 275/276 leitet eine solche Akzessorietät auch ohne eine dahin zielende Parteiabrede aus der »Funktion (der SiZess.) und dem beiderseitigen wirtschaftlichen Interesse der Vertragsparteien« ab; hiergegen jedoch mit Recht *Jauernig*, NJW 1982, 268 ff., gegen ihn wiederum *Tiedtke*, Betr. 1982, 1709 ff.

3.   Zusammenfassung

497   Zusammenfassend läßt sich also sagen: Obwohl der SiN Vollrechtsinhaber geworden ist, wird der SiG regelmäßig bei Nichtigkeit des Sicherungsvertrages und bei Nichtvalutierung wirksam gegen die Inanspruchnahme aus der Sicherheit geschützt. Eine Ausnahme bildet nur die SiZess.: Hier richtet sich die Inanspruchnahme ja gegen einen Dritten (den Schuldner der zedierten Forderung), der aus dem Sicherungsvertrag regelmäßig keine Einwendungen herleiten kann.

III.   Die Erfüllung der zu sichernden Forderung

498   Wenn der SiG die zu sichernde Forderung getilgt hat, muß er die Sicherheit zurückerhalten. Unproblematisch ist das **beim EV,** weil der Käufer mit Restkaufpreiszahlung ohne weiteres Eigentum erwirbt. Bei den anderen fiduziarischen Sicherungen ist zu unterscheiden:

1.   Sicherungsübereignung und Sicherungszession

Bei SiÜ und SiZess. kann die Rückzahlung des Kredits zur auflösenden Bedingung für die Übertragung des Eigentums oder der Forderung gemacht werden. Wenn das geschehen ist, fällt das übertragene Recht mit der Rückzahlung von selbst an den SiG zurück. Andernfalls ist eine rechtsgeschäftliche Rückübertragung nötig. Die Pflicht zu ihr folgt aus Wortlaut oder Sinn des Sicherungsvertrages (vgl. oben Rdnr. 495). § 812 I 2 Fall 1 (condictio ob causam finitam) ist daher unanwendbar: Das Bereicherungsrecht braucht man nur bei Unwirksamkeit des Sicherungsvertrages und allenfalls noch beim Auftreten unvorhergesehener Hindernisse, für die sich eine Regelung nicht durch Auslegung des Sicherungsvertrages gewinnen läßt.

Nach einer vordringenden Ansicht soll jedenfalls die SiÜ im Zweifel auflösend bedingt sein. Die Bankpraxis vereinbart aber häufig eine Pflicht zur Rückübertragung; dann ist die Annahme einer auflösenden Bedingung regelmäßig ausgeschlossen: *BGH* NJW 1984, 1184, 1185 f. Doch soll für die Rückabtretung ein konkludentes Verhalten genügen, das schon in der Annahme der Leistung auf die gesicherte Forderung liegen könne (*BGH* BB 1986, 276 f.). Freilich kann ich mir nur schwer vorstellen, wie diese Leistungsannahme etwas für eine Rückübertragung der Sicherheit ergeben soll.

2. Sicherungsgrundschuld

a) Bei der SiGS sind **zwei Möglichkeiten** denkbar (vgl. *Seibert,* JuS 1984,   **499**
526 ff.):

aa) Der SiG **zahlt auf Forderung und SiGS.** Dann ist die Forderung nach § 362 I erloschen, und die SiGS ist zur Eigentümergrundschuld geworden. Daher kann der SiG nach § 894 Grundbuchberichtigung verlangen.

Über dieses Ergebnis herrscht Einigkeit, aber seine Begründung aus dem Gesetz bereitet Schwierigkeiten. Es gibt im wesentlichen zwei Konstruktionsvorschläge für den Übergang der SiGS in eine Eigentümergrundschuld: *RGZ 78, 60 ff.* und *BGH* NJW 1976, 2340/2341 sowie *Westermann/Eickmann* § 117 III; *Baur/Stürner* § 44 Rdnr. 23 ff. helfen mit §§ 1142, 1143. Aber diese Bestimmungen gehen von der Verschiedenheit des Eigentümers und des persönlichen Schuldners aus. – *Wolff/Raiser* § 156 A. 11 berufen sich auf den Gedanken der §§ 1168, 1171. Dies sind jedoch Sonderfälle des Hypothekenrechts, die gleichfalls nicht vollkommen passen. Angesichts dieses Dilemmas stehen die beiden Begründungswege letzten Endes zur Wahl.

bb) Der SiG **zahlt nur auf die Forderung.** Dann muß die SiGS gemäß   **500**
dem Sicherungsvertrag zurückgewährt werden, wenn der Sicherungszweck endgültig erledigt ist, also wenn nicht noch weitere zu sichernde Forderungen entstehen können. Für diesen Rückgewähranspruch wird dem SiG die Wahl zwischen drei Möglichkeiten gelassen[4]: Rückübertragung entsprechend § 1154; Verzicht auf die SiGS entsprechend § 1169 (mit der Folge von § 1168); Aufhebung, § 875. Nur im letzten Fall erlischt die Grundschuld und rücken nachrangige Belastungen auf, während auf den beiden ersten Wegen eine Eigentümergrundschuld entsteht.

b) Darüber, ob nur auf die Forderung oder auch auf die SiGS gezahlt   **501**
wird, entscheidet zunächst der **Wille** des leistenden SiG (**Bankpraxis:** Es wird Zahlung nur auf die Forderung vereinbart; der Schuldner kann dann aber trotzdem auch auf die SiGS zahlen: *BGH* NJW 1976, 2132/2133). Fehlen für diesen Willen – wie meist – konkrete Anhaltspunkte, so ist zu

---

4 *BGHZ 108, 237/244,* dazu *Wilhelm,* JZ 1998, 18 ff.; *BGH* NJW-RR 1994, 847.

bedenken: Die Zahlung auf die SiGS macht ohne besonderen Rückgewährsakt (wie er bei oben Rdnr. 500 nötig ist) diese zur Eigentümergrundschuld (oben Rdnr. 499). Damit steht sie dem Zugriff anderer Gläubiger des SiG offen; ihre neuerliche Verwendbarkeit als Sicherungsmittel für später entstehende Forderungen wird also zweifelhaft. Daher ist Zahlung auch auf die Grundschuld nur dann anzunehmen, wenn der Zahlende den Sicherungszweck für endgültig erledigt hält (dazu *Baur/Stürner* § 45 Rdnr. 43 ff.).

Dabei läßt *BGH* NJW 1969, 2237 ff. zu, daß die Zweckbestimmung der Zahlung noch nachträglich durch Vertrag geändert wird. Insbesondere soll so eine zunächst nur auf die Forderung geleistete Zahlung auf die SiGS erstreckt werden können.

IV. Wirkungen des Sicherungszwecks gegenüber Dritterwerbern des Sicherungsguts

1. Regel: keine Drittwirkung

502   Der SiN darf zwar von dem Überschuß an Rechtsmacht, der ihm bei der fiduziarischen Sicherung eingeräumt wird, nach dem Sicherungsvertrag keinen Gebrauch machen. Aber im Verhältnis zu Dritten wirkt eine solche vertragliche Verfügungsbeschränkung grundsätzlich nicht (§ 137): Der SiN ist hier Vollberechtigter.

Bsp.: SiG hat eine Forderung fiduziarisch an SiN zediert. SiN tritt diese Forderung entgegen dem Sicherungsvertrag an einen Dritten D ab: Dieser hat vom Berechtigten erworben und ist daher unbeschränkt Gläubiger geworden. D braucht also die Forderung insbesondere nicht nach Erledigung des Sicherungszwecks an SiG zurückzuübertragen. Bloß ausnahmsweise (unten Rdnr. 625) kommt ein Schadensersatzanspruch des SiG gegen D aus § 826 oder § 823 II BGB mit §§ 26 f., 266 StGB in Betracht; sonst kann SiG sich nur aus dem Sicherungsvertrag an SiN halten.

Unter Hinweis auf § 137 hat es *BGH* NJW 1968, 1471 auch mit Recht abgelehnt, bei evidenter Überschreitung des Innenverhältnisses die Regeln über den Mißbrauch der Vertretungsmacht anzuwenden (vgl. oben Rdnr. 116). Denn der Treuhänder verfügt im eigenen Namen über eigenes Recht: Er handelt also im Gegensatz zum Vertreter in Selbstbestimmung statt in Fremdbestimmung. Der hinter dieser Gestaltung stehende Parteiwille darf nicht durch eine die Unterschiede verwischende Angleichung mißachtet werden[5].

---

5 So *U. Huber,* JZ 1968, 791 ff. gegen *Kötz,* NJW 1968, 1471 f.; *H. Schlosser,* NJW 1970, 681 ff.; dazu noch *Wank,* JuS 1979, 402 ff.

2.   Drittwirkung in Ausnahmefällen

Aber eine Reihe von gesetzlichen Vorschriften führt in Einzelfällen doch zu   **503**
einer Wirkung des Sicherungszwecks auch Dritten gegenüber.

a)   Eigentumsvorbehalt

Beim Kauf unter EV hat der Käufer ein Anwartschaftsrecht auf den Erwerb
des Eigentums: Die §§ 161, 936 III, 986 II sichern ihn umfassend auch im
Verhältnis zu Dritten (oben Rdnr. 462 f.). In der Insolvenz des Vorbehaltsverkäufers hilft § 107 I InsO (oben Rdnr. 480).

b)   Sicherungsübereignung

Bei der SiÜ muß man unterscheiden: Wenn die Übereignung durch die   **504**
Rückzahlung des Kredits **auflösend bedingt** ist (oben Rdnr. 498), hat der
SiG ein aus den §§ 161, 936 III, 986 II folgendes Anwartschaftsrecht auf
Rückerwerb des Volleigentums. Der SiG ist hier also ebenso wie der Käufer
unter EV umfassend gesichert. Besteht dagegen nur ein **obligatorischer
Rückübereignungsanspruch**, so liegen die Dinge verwickelter.

Bsp.: SiG hat SiN eine Maschine zur Sicherung eines Kredits mit Rückübertra-
gungsklausel übereignet. SiN veräußert die Maschine nach § 931 vertragswidrig an D.

Hier kann D sein Eigentum nicht wieder nach § 161 II verlieren, weil sein
Vormann SiN unbedingter Eigentümer war. Andererseits kann D die Maschine aber auch nicht nach § 985 von SiG herausverlangen: SiG ist dem
SiN gegenüber solange zum Besitz berechtigt, wie SiG seine Pflichten aus
dem Sicherungsvertrag erfüllt, und dieses Besitzrecht wirkt nach § 986 II
auch gegen D. Zudem braucht SiG den Kredit an SiN nur gegen Rückübereignung der Maschine zurückzuzahlen. Wenn SiN zu dieser Rückübereignung unvermögend ist, wird SiG freilich auf einen Schadensersatzanspruch
aus §§ 280, 283 beschränkt.

Hier ist also, wenn auch nicht zu Lasten des SiG, eine verfahrene Situation entstanden, wie sich besonders deutlich an dem Auseinanderklaffen von Eigentum und
Besitzrecht zeigt. Das dürfte auf zwei Wegen bereinigt werden können:

Entweder verlangt SiG von SiN aus den §§ 280 I, III, 283 vollen Schadensersatz
für die Maschine. Dabei kann SiG (nicht aber wegen § 393 auch SiN; der Ersatzanspruch des SiG kann ja auch auf § 826 gestützt werden) gegen den Anspruch des SiN
auf Rückzahlung des Kredits aufrechnen. Wenn SiG den Schadensersatz als Surrogat
der Maschine erhalten hat, wird man sein Besitzrecht gegen D als beendet ansehen
müssen. Denn der Sicherungsvertrag, auf dem dieses Besitzrecht beruht, ist erledigt.
Zudem braucht nach § 255 der SiN den Schadensersatz nur gegen Abtretung der
Rechte wegen der Maschine zu leisten.

Oder D wendet sich aus dem Kaufvertrag an seinen Verkäufer SiN. Unvermögend ist SiN hier zwar nur zur Verschaffung des unmittelbaren Besitzes. Aber da D ohne diesen mit dem Eigentum nichts anfangen kann, treten nach den §§ 281 I 2, 326 I 1 die Folgen des vollen Unvermögens ein. D muß dann, wenn er Rücktritt wählt, das Eigentum nach § 346 wieder an SiN übertragen. Und wenn D Schadensersatz statt der Leistung verlangt, wird man diesen hier nur nach der Surrogationstheorie (oben Rdnr. 241) berechnen können: Weil man den Wert des bloßen Eigentums ohne Besitzrecht nicht angeben kann, versagt die Differenztheorie: Die dort maßgebliche »Differenz« läßt sich nicht ermitteln. Bei Schadensersatzleistung nach der Surrogationstheorie muß D das Eigentum an SiN übertragen. SiN erhält also sowohl beim Rücktritt wie beim Schadensersatz das Eigentum zurück. Damit wird er wieder zur Rückübertragung an SiG vermögend.

c) Sicherungszession

505 Bei der SiZess. wird der SiG gegen einen Dritterwerber der Forderung geschützt, wenn die Zession durch die Rückzahlung des Kredits auflösend bedingt ist (oben Rdnr. 498): Hier verliert der Dritterwerber die Forderung bei Bedingungseintritt wieder nach § 161 II. Sonst dagegen ist die Forderungsabtretung durch den SiN unbedingt wirksam. Dem SiG bleibt dann nur die Möglichkeit, den SiN aus der Verletzung des Sicherungsvertrages in Anspruch zu nehmen.

d) Sicherungsgrundschuld

506 Bei der SiGS wirkt gegenüber einem Dritterwerber zunächst die dingliche Fälligkeit (§ 1193). Neben diesem vorübergehenden Schutz des SiG kann ein dauernder nur über §§ 1192 I, 1157 erreicht werden: Nach § 1157 S. 1 vermag der SiG dem Dritterwerber der SiGS auch Einreden aus dem Sicherungsvertrag entgegenzuhalten. Voraussetzung dafür ist nach §§ 1157 S. 2, 892 jedoch, daß der Dritte die Einrede beim Erwerb der Grundschuld gekannt hat. Wann solche Kenntnis anzunehmen ist, darüber besteht Streit:

RGZ 91, 218/225 hatte den Erwerber schon dann als unredlich angesehen, wenn er nur wußte, daß die Grundschuld SiGS war: Dann habe er nämlich auch gewußt, daß sie nach Rückzahlung des Kredits zurückübertragen werden mußte. Daß der Rückübertragungsanspruch zur Zeit des Erwerbs noch nicht entstanden war, spiele dabei keine Rolle. Diese Entscheidung ist aber im Schrifttum (etwa *Baur/Stürner* § 45 Rdnr. 63 ff.; *Westermann/Eickmann* § 116 IV 2) mit Recht vielfach auf Ablehnung gestoßen. Denn nach der Ansicht des RG steht der Erwerber einer SiGS schlechter als der Erwerber einer Verkehrshypothek: Bei dieser muß nach der Abtretung der Schuldner an den neuen Gläubiger zahlen und kann durch Leistung an den alten Gläubiger nicht mehr freiwerden. Dagegen könnte der

Schuldner bei der SiGS noch an den alten Gläubiger zahlen und dann vom neuen Gläubiger nach §§ 1192 I, 1157, 1169 Verzicht auf die Grundschuld verlangen. Damit würde die SiGS ihrer Verkehrsfähigkeit beraubt. **Entgegen dem *RG* wird man daher sagen müssen, und das hat auch *BGHZ 59, 1 ff.* bestätigt[6]: Gegenüber dem Erwerber einer SiGS sind nur solche Einreden aus dem Sicherungsvertrag möglich, die bei dem Erwerb bereits entstanden und dem Erwerber bekannt waren.** Wenn eine dieser Voraussetzungen fehlt, wird die SiGS in der Hand des Erwerbers zur »isolierten« Grundschuld: Der Sicherungszweck wirkt nicht mehr (*BGHZ 155, 63 ff.*). Der Schutz des SiG gegenüber Dritterwerbern der SiGS ist also nur sehr beschränkt; im übrigen ist der SiG auch hier wieder auf Ansprüche gegen den SiN aus dem Sicherungsvertrag angewiesen.

Ins Grundbuch **eintragungsfähig** ist der Sicherungsvertrag nach überwiegender und richtiger Ansicht nicht. Die Gegenmeinung von *Friedrich,* NJW 1968, 1655 ff. übersieht, daß sie neben der im BGB geregelten Grundschuld unzulässigerweise ein neues Recht mit anderem Inhalt schafft. Und wertungsmäßig spricht gegen die Eintragungsfähigkeit: Müßte ein Erwerber der SiGS den Sicherungsvertrag (und damit auch den Rückübertragungsanspruch nach Erledigung des Sicherungszwecks) voll gegen sich gelten lassen, so würde er einen derart unsicheren Erwerb vernünftigerweise ablehnen. Damit wäre die SiGS weitgehend verkehrsunfähig. **507**

e) Insbesondere die Trennung der Sicherungsgrundschuld von der Forderung

Häufig erörtert wird auch der Fall, daß der SiN seine gesicherte Forderung unbefugt von der SiGS trennt. **508**

Bsp.: SiG hat dem SiN für eine Darlehensforderung eine SiGS bestellt. SiN tritt die Forderung an F und die SiGS an G ab. SiG wird nun doppelt in Anspruch genommen: von F auf Zahlung und von G auf Duldung der Zwangsvollstreckung.

Hier ist SiG gegen F geschützt, weil er diesem nach § 404 entgegenhalten kann, er brauche den Kredit nur gegen Rückgewähr der SiGS zurückzuzahlen. Hierfür ist es gleichgültig, ob man zwischen der Kreditrückzahlung und der Rückgewähr der SiGS eine synallagmatische Verknüpfung annimmt (dann § 320) oder nicht (dann § 273). Dagegen muß SiG die Inanspruchnahme durch G dulden: Da der Rückgewähranspruch des SiG beim

---

6 Anders freilich *Lopau,* NJW 1972, 2253 ff.; JuS 1976, 553 ff., gegen ihn *Baden,* JuS 1977, 75 ff., noch anders *Wilhelm* JZ 1980, 625 ff. *BGHZ 85, 388 ff.* (dazu *Wilhelm,* NJW 1983, 2917 ff.) bekräftigt, damit eine Einrede gegen den Erwerber wirken könne, müsse deren gesamter Tatbestand schon im Zeitpunkt der Abtretung verwirklicht gewesen sein; so auch *Brehm/Berger* § 18 Rdnr. 34 ff. Vgl. weiter *Buchholz,* AcP 187 (1987) 107 ff.

Erwerb der SiGS durch G noch nicht entstanden war, kann SiG diesen Anspruch nicht nach § 1157 gegen G einwenden (oben Rdnr. 506 und *BGH* NJW 1974, 185 ff.).

Freilich kann, wenn der Kredit ratenweise zurückzuzahlen ist, SiG nach dem Sicherungsvertrag nicht bei jeder Rate die Rückgewähr eines entsprechenden Teils der SiGS (bei einer Briefgrundschuld unter Bildung eines Teilbriefs) verlangen. Hier scheint also der Schutz des SiG gegen F nur für die letzte Rate zu wirken (so wohl *Lopau*, NJW 1972, 2254 A. 8). Aber das stimmt nicht: Soweit dem SiG aus der vertragswidrigen Trennung von Forderung und SiGS Schaden entsteht, ist SiN ersatzpflichtig. Und mit dem Anspruch hieraus kann SiG nach § 406 gegenüber F aufrechnen. Zwar entsteht dieser Anspruch erst mit der Abtretung. Aber für § 406 genügt, daß der Grund des Anspruchs (also hier: der Sicherungsvertrag) schon bei der Abtretung vorlag (*BGH* JZ 1962, 92 f.).

3. Exkurs: Veräußerung des mit einer Sicherungsgrundschuld belasteten Grundstücks

509   Die oben Rdnr. 506 und 508 behandelten Fälle betreffen Veräußerungen der SiGS, also einen Wechsel der Rechtszuständigkeit auf der Seite des SiN. Denkbar ist auch der umgekehrte Fall: Der SiG veräußert das mit der SiGS belastete Grundstück. Kann dann der Erwerber dem SiN den Sicherungsvertrag entgegenhalten, wenn der SiN aus der Grundschuld vollstreckt?

Bsp.: SiG hat an seinem Grundstück dem SiN eine SiGS bestellt. Nachdem SiG die zu sichernde Forderung (und nur diese, vgl. oben Rdnr. 500) zurückgezahlt hat, verkauft er das Grundstück an K. Dabei versichert SiG dem K, die Grundschuld sei wegen der Rückzahlung des Kredits »erledigt«. SiN klagt gegen K auf Duldung der Zwangsvollstreckung.

BGH LM Nr. 1 zu § 1169 BGB; *Baur/Stürner* § 45 Rdnr. 777 ff.: Grundsätzlich ist die SiGS gegenüber dem Grundstückserwerber K »isoliert«. K muß also damit rechnen, aus der Grundschuld voll in Anspruch genommen zu werden. Anders ist es nur, wenn der SiG (= Verkäufer) dem K seinen Anspruch aus dem Sicherungsvertrag auf Rückgewähr der Grundschuld abgetreten hatte: Dann kann K diesen Anspruch dem SiN entgegenhalten. Der *BGH* aaO. hat allerdings in einem Fall wie dem geschilderten die Annahme einer »stillschweigenden« Abtretung an K gebilligt. Leichter fällt diese Annahme, wenn der Grundstückserwerber die noch valutierte Grundschuld in Anrechnung auf den Kaufpreis übernommen hat (*BGH* NJW 1991, 1821 f.) oder auch in das Kreditverhältnis eintritt (so im Fall von *BGH* NJW 1986, 2108 ff.). Dagegen scheidet für einen Erwerber des

Grundstücks in der Zwangsversteigerung eine Berufung auf den Sicherungsvertrag grundsätzlich aus, *BGHZ 155, 63 ff.*

V. Die fiduziarische Sicherung in Zwangsvollstreckung oder Insolvenz[7]

1. Eigentumsvorbehalt

Vom EV in der Insolvenz war schon oben Rdnr. 480 f. die Rede, ebenso 510 oben Rdnr. 485 f. von der Pfändung der Anwartschaft des Käufers durch dessen Gläubiger. Eine Pfändung des Noch-Eigentums durch Gläubiger des Verkäufers scheitert meist (sonst vgl. oben Rdnr. 466) an den Gewahrsamsverhältnissen: Der Käufer wird kein »zur Herausgabe bereiter Dritter« im Sinne von § 809 ZPO sein. Es bleibt also nur noch der Fall, daß Gläubiger des Käufers die Sache so pfänden, als sei dieser bereits Eigentümer. Dann muß man dem Verkäufer die Drittwiderspruchsklage aus § 771 ZPO zugestehen (dazu oben Rdnr. 485 f.).

2. Andere Sicherungsrechte

Bei den anderen Sicherungsrechten ist zu unterscheiden:

a) In der Insolvenz des SiN wird dem SiG ein Aussonderungsrecht (§ 47 511 InsO) zugestanden, wenn er die zu sichernde Forderung erfüllt. Das gilt auch dann, wenn die Übertragung nicht unter der auflösenden Bedingung der Rückzahlung vereinbart worden war: Der SiG wird also praktisch so behandelt, als ob eine solche Bedingung bestünde.

b) In der Insolvenz des SiG räumte die Rspr. dem SiN bei SiÜ und Si- 512 Zess. prinzipwidrig nur ein Absonderungsrecht (§§ 50 f. InsO) ein: Der SiN wird also so behandelt, als ob er nicht das Vollrecht hätte, sondern nur ein Pfandrecht (vgl. *BGH* NJW 1978, 632/633).

c) In der Einzelzwangsvollstreckung behandelt die h.M. dagegen SiÜ 513 und SiZess. wie eine Vollrechtsübertragung: Der SiN erhält bei Vollstreckung durch Gläubiger des SiG die Drittwiderspruchsklage nach § 771 ZPO. Vollstreckt ein Gläubiger des SiN (was aber bei der SiÜ wegen §§ 808, 809 ZPO regelmäßig ausgeschlossen ist), so erhält der SiG unter bestimmten Voraussetzungen die Drittwiderspruchsklage nach § 771 ZPO. Welche Voraussetzungen das sind, ist zweifelhaft, dazu ausführlich *BGHZ*

---

7 Dazu *Grunsky*, JuS 1984, 497 ff.

72, 141/144 ff. Dort wird mit guten Gründen verlangt, die Verwertungsreife dürfe noch nicht eingetreten sein: Sobald der SiN selbst zur Verwertung berechtigt sei, dürfe man auch seinen Gläubigern den Zugriff nicht über § 771 ZPO verwehren (vgl. ausführlich *Brox/Walker* Rdnr. 1416 f.).

514   **d) Zusammenfassend** läßt sich also sagen: **Der SiG** wird noch bis zum Eintritt der Verwertungsreife oder nach Rückzahlung des Kredits wie der Berechtigte behandelt. Die Stellung **des SiN** dagegen schwankt: In der Insolvenz wird er wie ein Pfandgläubiger angesehen, in der Einzelzwangsvollstreckung bei SiÜ und SiZess. wie der Vollrechtsinhaber. Diese Unterscheidung zwischen Insolvenz und Einzelzwangsvollstreckung hat einen guten Grund: In der Insolvenz des SiG muß der gesicherte Kredit ohnehin sofort abgewickelt werden. In der Einzelzwangsvollstreckung durch Gläubiger des SiG dagegen ist das unnötig: § 805 ZPO mit seinem Zwang zu sofortiger Abwicklung würde hier also stören, weshalb dem SiN § 771 ZPO gegeben wird.

VI.   Die Verarbeitungsklausel bei Eigentumsvorbehalt und Sicherungsübereignung

515   Ware, die unter EV erworben oder zur Sicherung übereignet wird, soll oft vom SiG noch verarbeitet werden. Eine solche Verarbeitung kann aber nach § 950 dem SiG Eigentum verschaffen: Die Sicherung durch EV oder SiÜ wäre dann nicht »verarbeitungsbeständig«. Die Frage ist, ob und wie dieser Eigentumserwerb durch Vereinbarung (»**Verarbeitungsklausel**«) ausgeschlossen werden kann.

BGHZ 20, 159 ff.: Ein Walzwerk W hatte Bleche unter EV mit Verarbeitungsklausel an den Fabrikanten F geliefert. Dieser verarbeitete die Bleche zu Gehäusen für Hochfrequenzgeräte und übereignete dann diese Geräte zur Sicherung für einen Kredit an die Bank B. W und B streiten um das Eigentum (genauer: darum, ob W nach § 947 I Miteigentum an den Geräten hat).

1.   Fremdwirksame Verarbeitung

516   § 947 I wäre zu verneinen, wenn W sein Eigentum schon vor der Verbindung dadurch verloren hätte, daß F es durch die Verarbeitung der Bleche zu Gehäusen erworben hat, § 950. *BGHZ 20, 159/163 f.* hat das wegen der zwischen W und F vereinbarten Verarbeitungsklausel verneint: Durch diese Klausel habe W die Rolle des »Herstellers« an den Gehäusen aus den von ihm gelieferten Blechen erhalten. Das gelte selbst dann, wenn F bei der Verarbeitung an den EV und die Klausel nicht gedacht habe oder für sich selbst habe verarbeiten wollen. Nur wenn F äußerlich erkennbar von der vereinbarten Art der Verarbeitung abgewichen sei, werde er selbst zum Hersteller; auch ein Verarbeitungsverbot ist wirkungslos (*BGH* NJW 1989, 3213 f.).

Die vom BGH vertretene Ansicht, die wohl herrschend ist, hält also einerseits § 950 entsprechend seiner Stellung im Sachenrecht für zwingend (kritisch *Dolezalek*, AcP 195, 1995, 392 ff.). Andererseits meint sie aber, wer Hersteller sei, könne durch Vereinbarung bestimmt werden. Danach bedeutet also die »Verarbeitungsklausel« die Abrede, der Lieferant oder der Sicherungseigentümer solle Hersteller sein[8].

2. Andere Ansichten

Die eben geschilderte Ansicht ist vor allem wegen ihrer Inkonsequenz – **517** § 950 soll zwingend sein, aber doch Vereinbarungen über den Hersteller erlauben – vielfach auf Widerspruch gestoßen. Von den abweichenden Meinungen seien die drei folgenden genannt:

a) *Flume*, NJW 1950, 841 ff.; *Baur/Stürner* § 53 Rdnr. 15, 20 f., jetzt auch mit umfangreicher Begründung *Dolezalek*, AcP 195 (1995) 392 ff.: § 950 will den Interessenkonflikt zwischen Eigentümer und Verarbeiter lösen. Wo dieser Konflikt schon durch Vereinbarung ausgeräumt ist, kann die Vorschrift daher nicht angewendet werden. Danach stellt die »Verarbeitungsklausel« die Beilegung des Interessenkonflikts dar, der Voraussetzung für die Anwendung von § 950 ist.

Für diese Ansicht wird folgendes Argument verwendet (etwa *Baur/Stürner* § 53 Rdnr. 21): Beim Werkvertrag kenne das BGB keine Übereignungspflicht des Unternehmers. Folglich müsse das vom Besteller gelieferte Material auch nach der Verarbeitung trotz § 950 noch in dessen Eigentum stehen. Das ist zwar richtig, beweist aber nichts: Die Fälle des Werkvertrages sind gerade die der typischen Fremdherstellung (vgl. unten Rdnr. 518). Dagegen besteht in den Fällen wie dem von *BGHZ 20, 159 ff.* (oben Rdnr. 515) zwischen Lieferant und Verarbeiter nur ein Kauf- und kein Werkvertrag: Weder will der Lieferant die Verarbeitung vergüten noch das Produkt abnehmen. Das Werkvertragsrecht ergibt also für solche Fälle kein Argument.

b) *Westermann* (6. Aufl.) § 53 III 2d, e; *Wilhelm* Rdnr. 1074 ff.: § 950 ist **518** zwingend. Er kann nicht durch Vereinbarung, sondern nur dadurch ausgeschaltet werden, daß objektiv eine Lage geschaffen wird, in der typischer-

---

8 Dazu *Wadle*, Das Problem der fremdwirksamen Verarbeitung, JuS 1982, 477 ff. Vgl. auch *Nierwetberg*, NJW 1983, 2235 f. zu der Frage, ob man das Anwartschaftsrecht des Produzenten aus dem bedingten Erwerb selbst dann noch bejahen kann, wenn der Produzent dem Lieferanten über § 950 und die Verarbeitungsklausel neues Eigentum verschafft hat.

weise Fremdverarbeitung stattfindet. Das ist jedenfalls bei solchen Personen gegeben, die in einen Betrieb – etwa als Besitzdiener – eingegliedert sind. Bei Selbständigen entscheidet, ob die **Verarbeitung typischerweise fremdbestimmt ist** (z.B. in Betrieben zur gewerblichen Be- oder Verarbeitung von Waren wie beim Lohnschneider). Danach wären die Verarbeitungsklauseln weithin (auch in dem Fall *BGHZ 20, 159 ff.*) unwirksam.

518a   c) *Westermann/Gursky* § 53 III 2e; *Wieling* I § 11 II 4h; i, wohl auch *Brehm/Berger* § 28 Rdnr. 21 ff.: Der zwingende Charakter des § 950 soll auch nicht wie bei oben b ausgeschaltet werden können. Danach bleibt den Lieferanten nur die folgende Sicherungsmöglichkeit: Sie lassen sich von dem Verarbeiter das verarbeitete Produkt mit Hilfe eines antizipierten Besitzkonstituts vorweg zur Sicherung übereignen. Dabei entsteht freilich das Eigentum nach § 950 zuerst beim Verarbeiter; den Lieferanten gelingt also nur ein Durchgangserwerb.

3.   Lösungsvorschlag

519   Nach meiner Ansicht verdient die Auffassung *Westermanns* (oben b) den Vorzug. Denn die h.M. (oben Rdnr. 516) ist inkonsequent und provoziert nur Formulierungskunststücke in den Allgemeinen Geschäftsbedingungen. Der Ansicht von *Flume* und *Baur* (oben Rdnr. 517) steht entgegen, daß sie den § 950 abdingbar macht; das paßt schlecht zu seinem Zusammenhang mit den §§ 946–948. Auch halte ich es für zu eng, in § 950 den Interessengegensatz Eigentümer–Verarbeiter geregelt zu sehen. Denn dieser Gegensatz läßt sich über die Eigentumsfrage ohnehin nicht sachgerecht lösen. Vielmehr kann § 950 auch den guten Sinn haben, ebenso wie die anderen originären Erwerbsgründe einen klaren Ausgangspunkt für die Beurteilung der Eigentumsverhältnisse zu schaffen: Wo einmal verarbeitet worden ist, hat der objektiv feststellbare, das heißt nicht erst durch Rechtsgeschäft bestimmte Verarbeiter Eigentum erworben.

Damit vermeidet man auch weitgehend die Schwierigkeiten, die sich nach der h.M. und der Ansicht von oben Rdnr. 517 ergeben, wenn Material verschiedener Lieferanten gemeinsam verarbeitet wird, oder wenn der Wert des Endproduktes überwiegend dem Arbeitsanteil entstammt (vgl. zu Einzelheiten *BGHZ 46, 117 ff.* und umfassend *Serick,* Kollisionsfälle im Bereiche der Verarbeitungsklauseln, BB 1975, 381 ff.).

Freilich halte ich die Aussicht, daß sich die hier vertretene Meinung durchsetzen könnte, für sehr gering: Auch an dieser Stelle ist die mißbräuchliche Ausweitung der Kreditsicherung wohl schon zu lange geduldet worden.

4. Zum Wertverhältnis bei § 950 BGB

Einen Sonderfall, in dem es auf das in § 950 II bestimmte Wertverhältnis **520**
(dazu allgemein *BGH* NJW 1995, 2633) ankommt, behandelt

BGHZ 56, 88 ff.: V liefert an die Brennerei B Brennwein (eine Art Rohbrannt-
wein) unter EV. B stellt daraus Weinbrand her und zahlt hierfür den »Branntwein-
aufschlag« (eine mit dem Branntweinmonopol zusammenhängende Abgabe), um die
Freigabe durch den Zoll zu erreichen. Danach übereignet B den Weinbrand sicherungshalber an G. Da B in Konkurs fällt, streiten V und G um das Eigentum.

Da der Weinbrand dem G nicht zu unmittelbarem Besitz übergeben worden ist (vgl. § 933), kann G Eigentum nur nach § 930 erworben haben, also
wenn zunächst B Eigentümer geworden ist. B seinerseits kann, weil er nicht
den Kaufpreis an V bezahlt hat, Eigentum nur nach § 950 erworben haben.
Das setzt voraus, daß der Wert der Verarbeitung nicht erheblich geringer ist
als der Wert des Brennweins. Was ist in diesem Sinne »Verarbeitung«: bloß
die (hier wenig aufwendige) Destillation des Brennweins oder auch die
Zahlung des (dem Werte nach viel höheren) Branntweinaufschlags?

Die Vorinstanz *(OLG Köln)* hatte nur die Destillation berücksichtigt:
§ 950 wolle bloß den Wert der in der Sache verkörperten Arbeit schützen.
Dem hat der *BGH* mit Recht widersprochen: § 950 regele nicht den Konflikt zwischen Arbeit und Kapital (dazu war die Vorschrift auch nie geeignet). Vielmehr gehe es um die einander entgegenstehenden **Interessen mehrerer Unternehmer**: einerseits des Lieferanten und andererseits des Verar-
beiters und seiner Gläubiger. Daher komme es nicht auf den Wert der Arbeit an, sondern auf den Wertzuwachs der Sache beim Verarbeiter. Dieser
Zuwachs werde auch durch die Zahlung des Branntweinaufschlags bestimmt, die das Destillat erst verkehrsfähig mache.

VII. Das Bestimmtheitserfordernis bei Sicherungsübereignung und Sicherungszession

SiÜ und SiZess. sind Verfügungen und unterliegen daher dem Bestimmt- **521**
heitsgrundsatz (Spezialitätsprinzip, vgl. GW Rdnr. 35): Sie können sich nur
auf bestimmte Gegenstände beziehen. Ob diesem Erfordernis genügt ist,
wird oft zweifelhaft, wenn Warenlager oder Kundenforderungen in ihrem
wechselnden Bestand oder nur teilweise zur Sicherung verwendet werden
sollen. Dazu gibt es eine umfangreiche und nicht immer konsequente Rspr.,

deren Kenntnis aber keinesfalls zu dem nötigen paraten Wissen gehört⁹.
Nur das Folgende sei hervorgehoben:

522   1. **Sicher unwirksam** ist eine SiÜ etwa »des halben Lagers« oder »des
Lagers bis zum Wert von 10 000,– Euro« oder von 75 Ferkeln, die gemeinsam mit gleichartigen anderen Ferkeln gehalten werden (*BGH* NJW 1984,
803 f.). Denn hier läßt sich nicht feststellen, welche einzelnen Sachen unter
die SiÜ fallen sollen. Gleiches gilt für eine nicht ohne weiteres klare Sam-
melbezeichnung (»Handbibliothek Kunst«), *BGH* NJW 1992, 1161 f., dort
auch zur Herstellung der Bestimmtheit durch Lagerung in einem eigenen
Raum und durch Kennzeichnung der nicht übereigneten Sachen.

2. Dagegen verzichtet die Rspr. seit *BGHZ 28, 16 ff.* (anders noch *BGHZ
21, 52 ff.*) bei der SiÜ von Sachgesamtheiten auf die **rechtliche Qualifikation.**

Bsp.: Im Warenlager des S befinden sich Waren, die dem S gehören, und Waren, an
denen S nur ein Anwartschaftsrecht hat, weil sie ihm unter EV geliefert und noch
nicht voll bezahlt worden sind. S überträgt der Bank B zur Sicherung »die ihm an
den Waren zustehenden Rechte«. *BGHZ 21, 52 ff.* hatte das für unwirksam gehalten:
S und B müßten eine konkrete Vorstellung darüber haben, an welchen Waren das
Eigentum übertragen werden solle und an welchen nur das Anwartschaftsrecht.
Demgegenüber hat *BGHZ 28, 16 ff.* zugelassen, daß diese Frage bei der SiÜ selbst
noch offenbleibt und erst bei der Verwertung der Sicherheiten geklärt wird. Nach
BGH NJW 1986, 1985/1986 soll dagegen die Bestimmtheit fehlen, wenn die nicht
näher bezeichneten unter EV erworbenen Sachen von der SiÜ ganz ausgeschlossen
sind, so daß also auch nicht das Anwartschaftsrecht des SiG übertragen werden soll.
OLG München, NJW 1987, 1896 f. nimmt Unbestimmtheit nicht schon deshalb an,
weil sich in der sicherungsübereigneten *Wohnungseinrichtung* auch einzelne Sachen
Dritter befinden, wenn der SiN das nicht wußte. *BGH* ZIP 1989, 1584/1586 endlich
verlangt die Erkennbarkeit von Vorbehaltsware auch für »einen außenstehenden
Dritten, der nur die Vereinbarung kennt« (und nicht noch weitere Unterlagen wie
Rechnungen und Kontoauszüge berücksichtigt).

523   3. Bei der Vorauszession läßt die Rspr. **Bestimmbarkeit** genügen (kritisch
P. Schwerdtner, NJW 1974, 1785 ff.). Danach muß die Bestimmtheit der
abgetretenen Forderung erst vorliegen, wenn die SiZess. durch die Entstehung der Forderung wirksam wird. Möglich ist also insbesondere die Abtretung der »Forderung aus dem künftigen Verkauf dieser Sache« (so beim
verlängerten EV), obwohl die Bestimmtheit nach Höhe und Person des
Schuldners (Käufers) erst mit Abschluß des Kaufvertrages eintritt.

---

9 Zu Einzelheiten etwa *Baur/Stürner* § 57 Rdnr. 12 f., § 58 Rdnr. 9; *Wieling* I § 9
VII 4b bb; *Vieweg/Werner* § 12 Rdnr. 8 f. und öfter; *Brehm/Berger* § 33
Rdnr. 6 f.; *Feuerborn*, ZIP 2001, 608 ff.

Schwierigkeiten ergeben sich aber, wenn aus der Verwertung der unter verlängertem EV gelieferten Ware eine Forderung entsteht, die nur zu einem kleinen Teil auf dem Wert dieser Ware beruht.

BGHZ 26, 178 ff.: V hatte dem Bauunternehmer U für 20000,– DM Baueisen verkauft und unter verlängertem EV geliefert. U baute unter Verwendung dieses Eisens aufgrund eines Werkvertrages mit S zwei Wohnhäuser; seine Werklohnforderung gegen S betrug 280000,– DM. Diese Forderung tritt er zur Sicherung an die Bank B ab und teilt das dem S mit. S zahlt daraufhin an B. V klagt gegen B auf Zahlung von 20000,– DM.

Die Klage des V wäre nach §§ 816 II, 408 I, 407 I begründet, wenn U die Werklohnforderung gegen S mindestens zu einem Teilbetrag von 20000,– DM wirksam an V abgetreten hätte. Der BGH hat das aber abgelehnt (und folglich die Klage abgewiesen): Eine Zession der vollen Werklohnforderung widerspreche dem anzunehmenden Parteiwillen (Übersicherung!). Für die Zession eines Teilbetrages aber fehle es an der nötigen Bestimmtheit der Höhe dieses Teiles (vgl. auch *BGHZ 98, 303/309 ff.*).

Der Entscheidung ist zuzustimmen. Denn es ist keineswegs selbstverständlich, daß U an V gerade soviel von der Werklohnforderung abtreten wollte, wie er selbst dem V schuldete (also 20000,– DM, ggf. zuzüglich Verzugszinsen). Wegen des der Werklohnforderung anhaftenden Risikos und wegen der Möglichkeit eines Anwachsens der Forderung V–U um Zinsen und Verzugsschaden wird nämlich oft ein größerer Teil (etwa 120%) zur Sicherung abgetreten. Als Kompromiß läßt *BGHZ 98, 303/309 ff.* – auch für § 307 – eine Klausel genügen, in der sich der Zessionar zur Freigabe verpflichtet, sobald der Nennbetrag der abgetretenen Forderungen die Kreditsumme um 50% übersteigt (vgl. *Graf Lambsdorff*, ZIP 1986, 1524 ff., auch *BGH* NJW 1998, 671/677).

4. Auch bei der SiÜ ist nicht nur wegen § 138, sondern auch wegen § 307 **524** eine **Übersicherung** zu vermeiden. Hierzu muß der SiN zur Freigabe verpflichtet werden, soweit der Wert der Sicherheiten die (bestimmt festzusetzende) Deckungsgrenze nicht bloß vorübergehend überschreitet. Die Folgen des Fehlens einer angemessenen Freigaberegelung sind zwischen mehreren Zivilsenaten des *BGH* streitig gewesen (vgl. schon *Canaris*, ZIP 1996, 1577 ff.; 1997, 813 ff.). Diesen Streit hat der Große Zivilsenat durch Beschluß vom 27.11.1997 entschieden[10]: Er bejaht für die **nachträgliche, nicht nur vorübergehende Übersicherung** (insbesondere wegen der Tilgung eines Teils der zu sichernden Forderung) einen ermessensunabhängigen Freigabeanspruch des SiG. Das folge nach § 157 aus dem fiduziarischen Charakter der Sicherungsabrede sowie aus der Interessenlage der Vertragsparteien. Dabei soll die Grenze für das Entstehen des Freigabeanspruchs

---

10 *BGHZ 137, 212 ff.*; dazu *Herb. Roth*, JZ 1998, 462 ff.; *Gerich*, BB 1998, 801 ff.; *Kindl*, Jura 2001, 92 ff.; ausführlich auch *Baur/Stürner* § 57 Rdnr. 18 ff.

regelmäßig bei 150% des Schätzwertes des Sicherungsguts liegen (vgl. § 237 S. 1). Nach dieser einleuchtenden Entscheidung bleibt das Sicherungsgeschäft selbst gültig, anders dagegen bei ursprünglicher Übersicherung: *BGH* NJW 1998, 2047 f. Auch der Vorrang des verlängerten Eigentumsvorbehalts (unten Rdnr. 526 ff.) soll weiter durch § 138 gewahrt bleiben: *BGH* NJW 1999, 940 f.

VIII. Das Zusammentreffen von verlängertem Eigentumsvorbehalt und Sicherungszession

525 *Bsp.* (ähnlich *BGHZ 30, 149 ff.*): S hat zur Sicherung für einen Kredit alle Forderungen aus dem Verkauf von Lederwaren an die Bank B abgetreten. Danach werden ihm von V Lederwaren unter *verlängertem* EV (mit Verfügungsermächtigung, aber gegen Vorauszession der Kaufpreisforderungen) geliefert. S verkauft die von V bezogenen Waren. Wem steht die Kaufpreisforderung zu, B oder V?

Diese vieldiskutierte Fallgruppe[11] steht im Schnittpunkt der gegensätzlichen Interessen der **Finanzgläubiger** (Banken) und der **Warengläubiger** (Lieferanten). Daß eine dieser beiden Kreditarten wirtschaftlich wertvoller und daher rechtlich stärker zu schützen wäre, läßt sich nicht begründen. Die Entscheidung muß daher nach einem anderen Kriterium erfolgen.

1. Der Vorrang des Eigentumsvorbehalts

526 Der *BGH* hat das Prioritätsprinzip zugrunde gelegt[12]. Danach wäre B Gläubiger geworden. Der *BGH* hat aber in der unbeschränkten Globalzession an B (also wenn B sich auch die Forderungen aus dem Verkauf der unter verlängertem EV gelieferten Ware abtreten lassen wollte) einen Verstoß gegen die §§ 134, 138 gesehen: B stifte den S damit zur Verletzung seines Vertrages mit V an, möglicherweise sogar zur Unterschlagung der Ware (die Verfügungsermächtigung des verlängerten EV ist ja sinngemäß auf den Fall beschränkt, daß V die Forderung aus dem der Verfügung zugrunde liegenden Kaufvertrag erhält). Nach dieser Rspr. **geht also der spätere verlängerte EV der früheren Globalzession praktisch vor.**
In den Fällen *BGH* NJW 1968, 1516 ff. (mit Anm. *Werhahn*) und NJW 1969, 318 ff. (mit Anm. *Werhahn* aaO. 652 f.) hatte die Bank der Betrach-

---

11 Vgl. etwa *Baur/Stürner* § 59 Rdnr. 52; *Westermann/H.P. Westermann* § 39 V 2 e; *Wilhelm* Rdnr. 2467 ff.; *Picker*, JuS 1988, 375 ff.; *Vieweg/Werner* § 11 Rdnr. 17 ff.; *Wolf/Haas*, ZHR 154 (1990) 64 ff.; *Hennrichs*, JZ 1993, 225 ff.
12 Gegen diesen Ausgangspunkt mit beachtlichen Gründen *Beuthien*, BB 1971, 375/ 377 f.; *Esser*, ZHR 135 (1971) 320/325 ff.

tungsweise von *BGHZ 30, 149 ff.* Rechnung tragen wollen. Sie hatte nämlich den Zedenten verpflichtet, den ihm gewährten Kredit vorzugsweise zur Befriedigung derjenigen Gläubiger zu verwenden, die unter verlängertem EV liefern. Aber der BGH hat diese Klausel wenigstens bei einem laufenden Kredit für ungenügend erklärt: Die Globalzession sei nur für den Fall einer Krise gedacht, und dann könne der Kreditnehmer (= Zedent) seine Verpflichtungen eben nicht erfüllen. Da die Bank das wissen müsse, handle sie sittenwidrig (vgl. hierzu *Graf Lambsdorff/Skora*, NJW 1977, 701 ff.).

Für ungenügend hält *BGHZ 72, 308 ff.* auch die Einschränkung der Globalzession durch eine **obligatorische Teilverzichtsklausel** zugunsten der Warenlieferanten: Die Bank verpflichtet sich damit, dem nicht befriedigten Lieferanten diejenigen Forderungen abzutreten, die aus dem Verkauf der von ihm gelieferten Waren stammen, oder ihm den auf diese Forderungen schon eingezogenen Betrag auszuzahlen. Diese Klausel beseitigt nach der Ansicht des *BGH* den Vorwurf der Sittenwidrigkeit nicht, weil sie den Lieferanten zusätzlich mit dem Risiko eines Konkurses der Bank belaste und die Durchsetzung für ihn erschwere. Überzeugend scheint mir diese Begründung freilich nicht: Von einem sittenwidrigen Verhalten der Bank kann wenigstens bei solchem Bemühen um einen billigen Ausgleich schwerlich die Rede sein (vgl. *Steindorff,* ZHR 144, 1980, 652/653).

Wohlwollender behandelt eine Globalzession dagegen *BGH* NJW 1974, 942 f. (dazu *Serick*, BB 1974, 845 ff.): Dort hatten angeblich der Empfänger der Globalzession und seine Anwälte die neue Rechtsprechung des *BGH* gekannt. Dann könne – so meint der *BGH* – angenommen werden, dieser Rechtsprechung habe Rechnung getragen und folglich den verlängerten Eigentumsvorbehalten anderer Lieferanten der Vorrang eingeräumt werden sollen. Ein Anhalt im Wortlaut der Abtretungsurkunde sei hierfür nicht nötig (sehr zweifelhaft).

Richtig aber *BGHZ 69, 254 ff.*: Beim **echten Factoring** (eine Bank kauft die Forderungen des Anschlußkunden und übernimmt den Einzug für eigene Rechnung) ist die Globalzession auch dann nicht sittenwidrig, wenn sie Forderungen aus dem Verkauf von unter verlängertem Eigentumsvorbehalt gelieferter Ware mitumfaßt. Denn der mit dem Factoring bewirkte Forderungsverkauf stehe der erlaubten Einziehung der Forderung gleich, weil in beiden Fällen der Zedent den Gegenwert endgültig erhalte. Dagegen soll nach *BGHZ 82, 50/61* **beim unechten Factoring** (bei dem der Factor die abgetretenen Forderungen für Rechnung des Zedenten einzieht) der Vorrang des EV ebenso gelten wie gegenüber einer Globalzession[13].

---

13 Vgl. *Bette/Marwede,* BB 1979, 121 ff., auch zu weiteren Kollisionsfällen; *Canaris,* NJW 1981, 249 ff.

2.   Gegenargumente

527   **a)** Aber die Begründung des *BGH* für den Ausgangsfall *(BGHZ 30, 149)* läßt wichtige Fragen unbeantwortet: Wieso ist es Aufgabe der Banken, ihre Kunden davon abzuhalten, mit Dritten geschlossene Verträge zu verletzen oder strafbare Handlungen zu begehen? Warum müssen sich nicht etwa auch die Lieferanten darum kümmern, welche Globalzessionen ihre Kunden schon vorgenommen haben (ebenso *Picker*, JuS 1988, 375/378)? Beikommen kann man der Globalzession mit dem wie üblich verstandenen § 138 wohl nur unter dem Gesichtspunkt der **Schuldnerknebelung:** Wenn der Schuldner Ware praktisch nur unter verlängertem EV zu erhalten vermag, legt die Globalzession den Verkauf neubezogener Ware lahm. Und wenn der Schuldner auf den Verkauf solcher Ware angewiesen ist, vermag ihn die Globalzession zu ruinieren. Voraussetzung dafür ist freilich, daß der Schuldner den Bankkredit nicht zum Barkauf neuer Ware verwenden kann.

In *BGH* NJW 1977, 2261 f. (dazu *Graf Lambsdorff/Skora*, BB 1977, 922 ff.) hatte – anders als in den bisher erwähnten Fällen – ein *Lieferant* außer einem verlängerten EV zur Sicherung zusätzlich noch eine Globalzession vereinbart. Der *BGH* hat auch diese Globalzession zugunsten eines *Warengläubigers* wegen der Gefährdung der übrigen Gläubiger für nichtig erklärt. Dagegen beurteilt *BGHZ 94, 105/113 ff.* (bestätigend *BGHZ 98, 303/307*) eine obligatorische Freigabeklausel in einem erweiterten und verlängerten EV günstiger als eine entsprechende Klausel in der Globalzession an eine Bank: Diese EV-Klausel soll den Anforderungen des § 307 genügen; sittenwidrig ist sie also erst recht nicht (vgl. jetzt *K.P. Berger*, ZIP 2004, 1073 ff.).

528   **b)** Über die hier vorgetragene Kritik an der Rspr. geht weit hinaus *Esser*, JZ 1968, 281 ff. und 529 f.; ZHR 135, 330 ff. Er wendet gegen den BGH ein, die mit einer subjektiven Komponente gedachte Sittenwidrigkeit passe nicht. Statt dessen will er § **138 I als objektives Ordnungsprinzip** einsetzen: Wegen Sittenwidrigkeit nichtig seien alle AGB, die dem Gleichbehandlungsgebot von Geld- und Warenkredit nicht Rechnung trügen. Danach müßten also die Parteien die Sicherungsobjekte der Höhe nach aufteilen. Wer hiergegen verstößt und die Sicherheit für sich allein beansprucht, erhielte wegen § 138 I nichts.

Eine Aufteilung befürworten auch *Finger*, JZ 1970, 642 ff. und *Beuthien*, BB 1971, 375 ff. Anders als *Esser* wollen sie jedoch nicht die Parteien über § 138 zu dieser Aufteilung zwingen. Vielmehr soll eine Aufteilung schon *kraft Gesetzes* gelten, so daß sie praktisch vom Richter durchgeführt werden müßte. Hiergegen *Esser*, ZHR 135, 328 f.

3.   Zahlung auf das Verkäuferkonto beim Globalzessionar

529   Eine Abweichung von der normalen Fallgestaltung behandelt

BGHZ 53, 139 ff.: Der Fall liegt zunächst wie üblich: S erhält von B Kredit gegen eine Globalzession seiner Kundenforderungen. Von V bezieht S Material unter verlängertem EV und baut es vertraglich bei D ein. Nun wird aber – abweichend von den Normalfällen – weder die Zession an B noch die in dem verlängerten EV enthaltene Zession an V dem D gegenüber aufgedeckt. Vielmehr zahlt D auf das ihm angegebene Konto des S bei B.

Die aus dieser Zahlung hervorgehende Gutschrift von B für S mindert den Schuldsaldo des S bei B. Die Zahlung kommt also im Ergebnis der B zugute. Aber das beruht nicht auf der – möglicherweise sittenwidrigen – Globalzession. Daher hat V auch keinen Anspruch gegen B, insbesondere nicht aus § 816 II: D hat ja nicht an B als seine vermeintliche Gläubigerin geleistet, sondern an S: B war dabei bloß Zahlstelle. Mit dieser Argumentation hat *BGHZ 53, 139 ff.* die Klage V–B für unbegründet erklärt.

Doch schränkt *BGHZ 72, 316/320 ff.* diese Rspr. erheblich ein: Wenn eine Bank ihre Position als Zahlstelle dazu ausnutzt, die Anforderungen an eine sittengerechte Globalzession zu »unterlaufen«, soll sie sich nach § 242 im Verhältnis zum Vorbehaltsverkäufer so behandeln lassen müssen, als sei die Zahlung an sie selbst auf die nichtige Globalzession hin erfolgt. Damit steht der Anspruch aus § 816 II gegen die Bank wieder offen.

4. Entreicherung des Globalzessionars

Den Banken ungünstig ist die Beurteilung des Entreicherungseinwands durch **530**

BGHZ 56, 173 ff.: V lieferte an S Baustoffe unter verlängertem EV. S baute diese vertraglich bei D ein. Die Bank B hatte dem S gegen eine nichtige (weil sittenwidrige) Globalzession Kredit gewährt. B zog in Unkenntnis dieser Nichtigkeit die Forderung gegen D ein. Gegenüber der Klage des V (richtige Grundlage § 816 II) berief sich B auf § 818 III: Sie habe im Vertrauen auf die Beständigkeit der Einziehung dem S weiteren Kredit gewährt. Um diesen Betrag sei sie, B, entreichert, weil der Kredit im Konkurs des S verloren sei.

Hier scheidet § 818 III nicht schon ohne weiteres wegen § 819 II aus. Denn sittenwidriger Empfang im Sinne dieser Vorschrift erfordert nach der Rspr. das Bewußtsein der Sittenwidrigkeit. Dieses hatte der B gefehlt (auch die Vorinstanz hatte die Globalzession noch für sittengerecht gehalten). Daher müßte die weitere Kreditgewährung an S sowohl unter Kausalitäts- wie unter Vertrauensgesichtspunkten nach § 818 III berücksichtigt werden. Dem hat der *BGH* aber widersprochen: B dürfe das Risiko aus der Unwirksamkeit der Globalzession (richtiger wohl: das Risiko des ungesicherten neuen Kredits an S) nicht auf V abwälzen. Dieses Argument enthält eine Wertung, die sich letztlich aus der Mißbilligung der Globalzession ableitet: Die Mißbilligung wird in den Bereicherungsausgleich hinein fortgesetzt.

Allerdings hätte sich das Ergebnis leichter erreichen lassen, wenn man bei § 819 II das subjektive Erfordernis aufgegeben hätte.

§ 22 Der Erwerb vom Nichtberechtigten kraft Rechtsscheins[1]

Den Eigentumserwerb vom Berechtigten und vom Nichtberechtigten habe ich jetzt in GW Rdnr. 244–290 ausführlich dargestellt. Hier bleiben aber noch einige Spezialfragen zu behandeln, die mit dem (komplizierteren) Erwerb vom Nichtberechtigten zusammenhängen. Dabei geht es um die drei besonders wichtigen Rechtsscheinträger **Besitz, Grundbuch und Erbschein.** Speziell dem Grundbuch entspricht hinsichtlich der Gläubigerschaft von Grundpfandrechten der Brief, wenn die Abtretungserklärungen öffentlich beglaubigt sind, §§ 1155, 1192 I. Dem Erbschein stehen gleich Testamentsvollstreckerzeugnis und Todeserklärung, §§ 2368, 2370 (die Todeserklärung aber nicht hinsichtlich der Richtigkeitsvermutung: § 2370 I nennt § 2365 nicht; die Richtigkeitsvermutung folgt hier nämlich schon aus § 9 I VerschollenheitsG).

Einige Sonderfälle des Redlichkeitsschutzes werden an anderer Stelle erörtert: vgl. für das Handelsrecht oben Rdnr. 105–110, für Wertpapiere unten Rdnr. 760 ff.; nach der h.M. gehören zum Rechtsschein auch die Vollmachtstatbestände von oben Rdnr. 95; 98–102. Weitere Fälle sind entweder sehr selten oder bieten keine besondere Schwierigkeit; insbesondere gleicht die negative Publizität des Vereins- und Güterrechtsregisters (§§ 68, 70, 1412) der des Handelsregisters nach § 15 I HGB.

I. Möglichkeiten des rechtsgeschäftlichen Erwerbs

1. Übersicht

Beim rechtsgeschäftlichen Erwerb eines Rechts kann man folgende Fallgruppen unterscheiden:

a) Veräußerer mit Verfügungsbefugnis

Wenn der Veräußerer die Verfügungsbefugnis hat, genügt zum Erwerb regelmäßig die Einigung zwischen Veräußerer und Erwerber, zu der im Sachenrecht ein Publizitätsakt hinzutreten muß (vgl. oben Rdnr. 26). Bis-

531

532

---

1 Dazu *Gernhuber*, BR § 8; *Grunewald* §§ 36, 37; *H. Westermann*, Die Grundlagen des Gutglaubensschutzes, JuS 1963, 1 ff.; *Wiegand*, Rechtsableitung vom Nichtberechtigten, JuS 1978, 145 ff.; *R. Weber*, Gutgläubiger Erwerb an beweglichen Sachen ..., JuS 1999, 1 ff.; *Medicus*, Besitz, Grundbuch und Erbschein als Rechtsscheinträger, Jura 2001, 294 ff.

weilen bestehen daneben aber auch noch weitere Erfordernisse. So muß beim Erwerb von Grundpfandrechten vielfach die Briefübergabe oder ein Surrogat dafür vorliegen (§§ 1117, 1192 I); bei der Hypothek muß auch die zu sichernde Forderung entstanden sein (§ 1163).

Regelmäßig stammt die Verfügungsbefugnis aus der Innehabung des **materiellen Rechts**. So sind etwa der Sacheigentümer und der Forderungsgläubiger als solche verfügungsbefugt. Ausnahmsweise kann aber die Verfügungsbefugnis einem **Nichtberechtigten** zustehen, und zwar entweder ihm allein oder neben dem Berechtigten.

aa)   Der verlängerte Eigentumsvorbehalt

Beruhen kann die Verfügungsbefugnis eines Nichtberechtigten auf **Gesetz** (etwa §§ 2205 S. 2 BGB, 80 I InsO) oder auf **Rechtsgeschäft**. Einen praktisch wichtigen Fall der rechtsgeschäftlich erteilten Verfügungsbefugnis bildet die Verfügungsermächtigung beim **verlängerten EV**: Der Vorbehaltskäufer darf im Rahmen des gewöhnlichen (oder: ordnungsgemäßen) Geschäftsverkehrs über die noch dem Vorbehaltsverkäufer gehörende Ware wie ein Eigentümer verfügen (vgl. hierzu *BGHZ 104, 129 ff.*). Dabei wird der gewöhnliche Geschäftsgang durch das auch dem Partner erkennbare äußere Erscheinungsbild bestimmt: Ungewöhnlich und daher durch die Ermächtigung nicht mehr gedeckt ist z.B. ein Verkauf weit unter dem Marktpreis; gewöhnlich ist dagegen ein Verkauf zu normalem Preis und in normalen Mengen selbst dann, wenn der Verkäufer (= Vorbehaltskäufer) weit überschuldet ist und kurz vor dem Konkurs steht: *BGHZ 68, 199 ff.* (keine Ersatzaussonderung des Vorbehaltsverkäufers nach § 46 KO, allerdings für den einfachen EV; vgl. jetzt § 48 InsO).

Nicht mehr durch die Ermächtigung gedeckt ist freilich eine Weiterveräußerung, bei welcher der Veräußerer mit seinem Abnehmer die **Unabtretbarkeit der Kaufpreisforderung** vereinbart hat (§ 399): Dann erlangt ja der Erstveräußerer kein Surrogat für sein Eigentum (*BGH NJW 1988, 1210 ff.*, dazu *Wagner*, JZ 1988, 698 ff.). Seit Mitte 1994 wird aber der vereinbarte Abtretungsausschluß durch **§ 354a HGB** vor allem für Forderungen aus beiderseitigen Handelsgeschäften in eigenartiger Weise eingeschränkt.

bb)   Verfügungsermächtigung und bedingte Weiterveräußerung

533 Wenn ein Nichtberechtigter verfügungsbefugt ist, können Zweifel entstehen, wessen Gläubiger in die Sache vollstrecken dürfen.

BGHZ 56, 34 ff.: V verkauft und liefert an K Schokolade unter verlängertem EV. K verkauft und liefert die Schokolade unter EV weiter an D. Vor Zahlung durch K und D pfändet G, ein Gläubiger des K, die Schokolade bei D. V erhebt gegen G Drittwiderspruchsklage nach § 771 ZPO.

Da G hier nicht bloß die (gewiß bestehende) Anwartschaft des K gepfändet hat, kommt als »die Veräußerung hinderndes Recht« des V dessen vorbehaltenes Eigentum in Betracht. Dieses war aber eingeschränkt durch die Einwilligung des V in eine Weiterveräußerung des K. Eine solche Weiterveräußerung (nämlich an D) hatte stattgefunden. Die Vorinstanz *(OLG Hamburg)* hatte daher die Drittwiderspruchsklage des V abgewiesen: Er habe kraft der mit dem verlängerten EV verbundenen Vorauszession zwar die Kaufpreisforderung K–D erworben, aber zugleich sein Eigentum an der Schokolade verloren.

Dem hat der *BGH* widersprochen: Da K an D bloß unter EV veräußert habe, sei die Verfügung des K nur bedingt gewesen. Das Einverständnis des V mit dieser Verfügung bedeute deshalb lediglich, daß D *bei Bedingungseintritt* Eigentümer werden solle. Dazu sei es weder nötig noch sinnvoll, daß das Eigentum sofort von V auf K übergehe. Vielmehr bleibe dieses zunächst bei V, und zwar unter zwei auflösenden Bedingungen: Erstens endet das Eigentum des V durch die Kaufpreiszahlung K–V (dann erwirbt K) und zweitens durch die Kaufpreiszahlung D–K (dann erwirbt D). Solange K den Kaufpreis nicht bezahlt habe, solle er nach dem zwischen ihm und V bestehenden EV kein Eigentum erwerben; zugleich solle V solange den Zugriff von Gläubigern des K abwehren können. Mich überzeugt das trotz der ablehnenden Anm. *von Lehmanns*, NJW 1971, 1403 f. Insbesondere sehe ich keine sittenwidrige Übersicherung des V durch die Kombination der Forderung gegen D und des vorbehaltenen Eigentums. Denn beide Sicherungsmittel stehen hier in einem Zusammenhang: Wenn die Forderung gegen D erfüllt wird, geht auch das Eigentum verloren.

cc)   Widerruflichkeit der Verfügungsermächtigung

Fraglich werden kann auch die Widerruflichkeit der im verlängerten EV enthaltenen Verfügungsermächtigung.   **534**

BGH NJW 1969, 1171: V hatte an K Waren unter verlängertem EV geliefert. K verkaufte diese Waren an D weiter. D bezahlte im voraus einen Teil des Kaufpreises, doch zahlte K nicht an V. Daraufhin widerrief V die Verfügungsermächtigung. Erst dann lieferte K an D. V verlangt die Ware von D heraus.

Die Klage wäre aus § 985 begründet, wenn V noch Eigentümer wäre. Verloren hätte er sein Eigentum nach §§ 929, 185 I, wenn die mit dem verlängerten EV erteilte Einwilligung an K bei der Übereignung K–D noch wirksam gewesen wäre. Das hängt nach § 183 ab von dem »der Erteilung zugrunde liegenden Rechtsverhältnis«, also dem Kauf V–K. Der *BGH* aaO. (enger noch *BGHZ 14, 114 ff.*) hat das richtig so beurteilt: Der Verkauf unter verlängertem EV soll dem K die Disposition über die Ware schon vor Preiszahlung ermöglichen. Daher kann die Verfügungsermächtigung nicht frei widerrufen werden. Anderseits aber soll der verlängerte EV den V sichern. Deshalb muß die Verfügungsermächtigung widerruflich sein, sobald das Verhalten des K diese Sicherung gefährdet. Eine solche Gefährdung lag hier darin, daß K die Kaufpreisforderung gegen D schon zum Teil eingezogen, aber von dem Erlös nichts an V weitergeleitet hatte. Daher war der Widerruf wirksam.

Verloren haben könnte V sein Eigentum also nur durch *redlichen Erwerb* des D: nach § 932, wenn D den K für den Eigentümer halten durfte, und nach § 366 HGB, wenn D an den Fortbestand der Verfügungsbefugnis des K glauben konnte (vgl. unten Rdnr. 567). Um das auszuschalten, wird V die Verfügungsermächtigung also möglichst (auch) durch *Erklärung an D* widerrufen (§ 183 S. 2).

b)   Veräußerer ohne Verfügungsbefugnis

535   Wenn dem Veräußerer die Verfügungsbefugnis fehlt, ist weiter zu unterscheiden:

aa)   Nichtberechtigter Veräußerer

Der Veräußerer ist Nichtberechtigter; ihm fehlt also – wie regelmäßig – die Verfügungsbefugnis nur deshalb, weil ihm das materielle Recht fehlt. Hier greifen die Vorschriften über den Redlichkeitsschutz unbeschränkt ein. Sie ermöglichen den Erwerb trotz der Nichtberechtigung des Veräußerers, wenn außer dem gewöhnlichen Erwerbstatbestand weitere Erfordernisse vorliegen: Das sind regelmäßig objektiv ein **Rechtsschein** und subjektiv die **Redlichkeit** des Erwerbers.

bb)   Berechtigter Veräußerer ohne Verfügungsbefugnis

536   Wenn der Veräußerer Berechtigter ohne Verfügungsbefugnis ist, gelten die §§ 932 ff. nicht direkt (vgl. § 932 I 1 »... wenn die Sache nicht dem Veräußerer gehört ...«). Doch werden sie in vielen Einzelvorschriften für anwendbar erklärt (z.B. §§ 135 II, 161 III, 2113 III, 2211 II). Dagegen umfaßt § 892 I 2 ausdrücklich auch alle relativen, also zugunsten einer bestimmten Person angeordneten Verfügungsbeschränkungen. Der Redlichkeitsschutz durch das Grundbuch reicht insofern also weiter als der durch den Besitz. Ähnlich deckt auch der Erbschein das Nichtvorliegen der typisch erbrechtlichen Verfügungsbeschränkungen (Nacherbfolge und Testamentsvollstreckung, §§ 2366, 2365).

537   Außerhalb jedes Redlichkeitsschutzes stehen die **absoluten Verfügungsbeschränkungen**. Als absolute Veräußerungsverbote versteht die h.M. im BGB die §§ 1365 I 2, 1369 (entsprechend anwendbar nach § 6 S. 2 LPartG). Hier gelten also die Vorschriften über den redlichen Erwerb weder direkt noch entsprechend. Zu demselben Ergebnis gelangt man auch, wenn man in den §§ 1365, 1369 ein Zustimmungserfordernis sieht (vgl. *Gernhuber/*

Coester-Waltjen § 35 Rdnr. 6). Jedoch hat die Rspr. den bedeutsameren § 1365 erheblich eingeschränkt[2].

BGHZ 43, 174 ff.: Der Ehemann M hat ohne Zustimmung seiner Ehefrau F ein Grundstück, das praktisch sein ganzes Vermögen darstellt, an K veräußert. K hat nicht gewußt, daß M kein weiteres Vermögen hat. F verlangt von K nach §§ 1368, 894, daß K die Wiedereintragung des M als Eigentümer bewillige.

Der *BGH* hat die Klage mit einer Begründung abgewiesen, die sich auf Regeln stützt, die früher bei dem inzwischen aufgehobenen § 419 BGB anerkannt waren: Allerdings gelte § 1365 auch für Geschäfte über nur einen einzelnen Gegenstand, wenn dieser praktisch das ganze Vermögen des Veräußerers ausmache (**Einzeltheorie** im Gegensatz zur **Gesamttheorie**: Nach dieser sollten die §§ 419, 1365 nur gelten, wenn Vertragsgegenstand das Vermögen als solches ist). Aber der *BGH* hat seine dem Erwerber ungünstige Grundauffassung durch ein subjektives Erfordernis eingeschränkt: Bei einem Geschäft über einen einzelnen Gegenstand soll § 1365 nur dann anwendbar sein, wenn der **Erwerber gewußt hat**, daß dieser Gegenstand das ganze Vermögen des Veräußerers bildet. Nach *BGHZ 106, 253 ff.* bedarf die Verfügung keiner Genehmigung mehr, wenn schon die Verpflichtung (z.B. wegen Redlichkeit des Erwerbers) wirksam begründet worden ist.

Daß danach die Verfügung in *BGHZ 43, 174 ff.* wirksam ist, folgt also nicht aus § 892 II, sondern ergibt sich durch die einschränkende Interpretation von § 1365. Daher schadet auch bei Mobilien dem Erwerber nur *Kenntnis* davon, daß die Sache das ganze Vermögen des Veräußerers bildet. In der Literatur ist diese **subjektive Theorie** inzwischen trotz einiger Bedenken gleichfalls ganz herrschend geworden (vgl. etwa *Gernhuber/Coester-Waltjen* § 35 Rdnr. 37 ff.; *Baur/Stürner* § 22 Rdnr. 19).

BGHZ 77, 293 ff. beantwortet die früher sehr streitige Frage, wann ein Geschäft »nahezu« das ganze Vermögen des Veräußerers umfaßt: Während in der Literatur eine dem Veräußerer verbleibende Restquote zwischen 10 und 30% als erheblich behauptet worden war (vgl. *Gernhuber/Coester-Waltjen* § 35 Rdnr. 33), hat der *BGH* bei einem kleineren Vermögen schon eine **Restquote von 15%** als erheblich behandelt. Bei größeren Vermögen läßt *BGH* NJW 1991, 1739 f. sogar schon 10% erheblich sein. Durch diesen recht niedrigen Ansatz der maßgeblichen Restquote wird der Anwendungsbereich von § 1365 objektiv wesentlich eingeschränkt.

Ein weiteres Problem ergibt sich beim **Ende des Güterstandes**, insbesondere durch rechtskräftige Scheidung der Ehe oder durch den Tod (vgl.   538

---

2 Vgl. *Sandrock,* FS Bosch (1976) 841 ff.; *Schlechtriem,* JuS 1983, 587 ff.; *Olzen,* Jura 1988, 13 ff.; *Liessem,* NJW 1989, 497 ff.; *C. Wolf,* JZ 1997, 1087 ff.

Künzl, FamRZ 1988, 452 ff.): Soll ein nach §§ 1365, 1369 schwebend unwirksames Geschäft dann wirksam werden (konvaleszieren)? Das wird man nur bejahen können, wenn das Geschäft den Anspruch des genehmigungsberechtigten Ehegatten auf Zugewinnausgleich oder die Zuteilung von Hausrat auch bei abstrakter Betrachtung nicht ungünstig zu beeinflussen vermag *(Gernhuber/Coester-Waltjen* § 35 Rdnr. 73 ff.). Denn bloß unter dieser Voraussetzung steht der Normzweck der §§ 1365, 1369 dem Wirksamwerden nicht im Weg. Bleibt dagegen das Geschäft nach der Scheidung unwirksam, so besteht auch der Anspruch des nichtberechtigten Ehegatten aus § 1368 fort *(BGH* NJW 1984, 609 f.). Ein bloßes Getrenntleben ändert an der Anwendbarkeit der §§ 1365, 1369 nichts (vgl. *OLG Koblenz,* NJW 1991, 3224).

539 Zweifelhaft ist endlich die Rechtslage, wenn der praktisch das ganze Vermögen bildende Gegenstand nicht veräußert wird, sondern **belastet.** Dem Wortlaut nach müßte § 1365 I hier anwendbar sein, weil auch eine solche Belastung eine Verfügung über das Vermögen darstellt. Anders aber nach dem Sinn des § 1365 I die wohl h.M. (vgl. *BGH* FamRZ 1966, 22): Eine Belastung ist nur zustimmungsbedürftig, wenn sie den Wert des Vermögensgegenstandes erschöpft (vgl. *BGHZ 123, 93 ff.).* Danach sind etwa die Bestellung eines Nießbrauchs oder die Belastung durch eine unter dem Grundstückswert bleibende Hypothek zustimmungsfrei. *Gernhuber/ Coester-Waltjen* (4. Aufl. 1994, anders 5. Aufl. § 35 Rdnr. 42) § 35 II 8 wollten überhaupt jede **Grundstücksbelastung** zustimmungsfrei lassen: Insbesondere die Grundpfandrechte führten kaum je zum Verlust des Grundstücks und berührten daher den auf Substanzerhaltung gerichteten Zweck des § 1365 nicht (anders etwa *Baur/Stürner* § 22 Rdnr. 20; zudem dürften inzwischen Grundpfandrechte häufiger zum Eigentumsverlust führen).

2. Sonderfälle: Wirksamkeit wegen der Nichtberechtigung?

540 Seltsamerweise lassen sich Fälle denken, in denen der Erwerb ausnahmsweise gerade deshalb zu gelingen scheint, weil der Veräußerer nicht berechtigt ist, während vom Berechtigten nicht erworben werden könnte. *Beispiele:*

a) Minderjährigkeit des Veräußerers

Ein Minderjähriger veräußert eine fremde Sache: Hier läßt die h.M. Erwerb nach den Redlichkeitsvorschriften zu, weil die Verfügung das Vermögen des Minderjährigen nicht berührt (solche **neutralen Geschäfte** werden entsprechend § 165 für wirksam gehalten). Dagegen ist der Erwerb zweifellos unmöglich, wenn die Sache dem minderjährigen Veräußerer gehört:

Hier bringt die Veräußerung diesem den Nachteil des Rechtsverlustes, § 107.

b)   § 1369 BGB

Noch verzwickter liegt es bei § 1369.   541

(1) Ein Ehegatte veräußert einen Haushaltsgegenstand, der **ihm selbst gehört**: Die Veräußerung ist nach § 1369 ohne die Möglichkeit eines Redlichkeitsschutzes unwirksam, wenn der andere Ehegatte nicht zustimmt. Bei Verfügungen eines Ehegatten im Rahmen von § 1357 wird man freilich die Zustimmung des anderen Ehegatten für entbehrlich halten dürfen.

(2) Ein Ehegatte veräußert einen Haushaltsgegenstand, der **einem Dritten** gehört: Hier ist § 1369 weder seinem Wortlaut noch seinem Schutzzweck nach anwendbar: Die Vorschrift will den Eheleuten nur solche Gegenstände erhalten, die rechtmäßig zur Haushaltsführung verwendet werden (fremde Sachen können ja ohnehin durch Vindikation verlorengehen). Daher ist hinsichtlich Sachen Dritter ein Erwerb vom Nichtberechtigten nach §§ 932 ff. möglich.

(3) Ein Ehegatte veräußert einen Haushaltsgegenstand, der **dem anderen Ehegatten gehört**. Seinem Wortlaut nach ist § 1369 hier gleichfalls unanwendbar; seinem Schutzzweck gemäß wird er aber entsprechend anzuwenden sein[3]. Häufig erlangt diese Analogie aber wegen § 935 keine Bedeutung: Regelmäßig wird der redliche Erwerb schon daran scheitern, daß der Ehegatte, der Eigentümer ist, den Besitz oder Mitbesitz ohne seinen Willen verloren hat.

c)   Lösungsvorschlag

Das Ergebnis der Fälle oben a und b (2) überrascht. Man kann es vermei-   542
den, wenn man folgendermaßen argumentiert: Ein redlicher Erwerb kommt hier nur deshalb in Betracht, weil der Erwerber an das Eigentum des Veräußerers geglaubt hat. Bei Richtigkeit dieser Vorstellung wäre der Erwerb aber aus anderen Gründen (§§ 107 oder 1369) gehindert. Die Redlichkeitsvorschriften wollen den Erwerber nur so stellen, wie er bei Richtigkeit seiner Vorstellung stünde. Daher treffen sie ihrem Sinn nach in den Fällen oben a und b (2) nicht zu, so daß redlicher Erwerb scheitert. Dieses Ergebnis wird dann nicht durch eine (unzulässige) Ausweitung der §§ 107, 1369 gewonnen, sondern durch eine (m.E. zulässige) restriktive Auslegung der Vorschriften über den redlichen Erwerb. Hieran halte ich trotz *J. Schröder*, FamRZ 1979, 643 f. fest: In den genannten Fällen gibt es keinen hinreichenden Grund, den (aus dem Eigentum folgenden) Schutz des bisherigen Eigentümers hinter die nicht schutzwürdigen Erwerbsinteressen desjenigen

---

3 *Gernhuber/Coester-Waltjen* § 35 Rdnr. 53; *Baur/Stürner* § 51 Rdnr. 29; *OLG Köln*, MDR 1968, 586, anders aber viele, etwa *Rittner*, FamRZ 1961, 191 ff.

zurücktreten zu lassen, der auch bei Richtigkeit seiner Vorstellung nicht erwerben könnte[4].

II. Allgemeines zum redlichen Erwerb

1. Die Vermutung aus dem Rechtsscheinträger

543   Die Rechtsscheinträger Besitz[5], Grundbuch und Erbschein können nicht nur redlichen Erwerb ermöglichen. Vielmehr erzeugen sie nach den §§ 1006, 891, 2365 jeweils auch eine *Vermutung* für die Berechtigung des durch den Rechtsschein Ausgewiesenen (*Medicus*, Jura 2001, 294 ff.). Diese Vermutungen sind im einzelnen verschieden ausgestaltet; erwähnt seien folgende Schwierigkeiten:

a) § 1006 gilt, was aus dem Gesetz nicht hervorgeht, nicht im Bereich von § 952 (*BGH* NJW 1972, 2268 f.). Denn bei den dort genannten Papieren spielt der Besitz für den Eigentumserwerb keine Rolle. Als Eigentümer (z.B. eines Sparkassenbuches) kann daher nur vermutet werden, wen das Papier als Gläubiger bezeichnet.

544   **b)** Verändert wird § 1006 auch durch § 1362 (vgl. § 8 I LPartG): Nach dieser Vorschrift kann aus Mitbesitz (der bei Ehegatten für gemeinsam benutzten Hausrat anzunehmen ist: *BGH* NJW 1979, 976/977) auf Alleineigentum und sogar bei Alleinbesitz des einen Ehegatten auf das Eigentum des anderen geschlossen werden. Wenn jedoch der nicht schuldende Ehegatte nachweist, daß er die fragliche Sache schon vor der Ehe besaß, soll zu seinen Gunsten § 1006 II eingreifen, *BGH* NJW 1992, 1162 f.

---

4   Gegen die hier vertretene Meinung auch MünchKomm-*Schmitt* § 107 Rdnr. 34 mit weit. Angaben; *Hommelhoff/Stüsser,* Jura 1985, 654/658; *K. Schreiber,* Jura 1987, 221 ff.; *Wilhelm* Rdnr. 883. Aber meine Ansicht will nicht »den Verkehrsschutz mit dem Minderjährigenschutz vermengen« (so *Hommelhoff/Stüsser* aaO.). Vielmehr soll nur der Eingriff in das Recht des Alteigentümers auf das Maß reduziert werden, das dem durch die §§ 932 ff. beabsichtigten Verkehrsschutz entspricht, wie das ähnlich auch durch die weiteren unten Rdnr. 547–549 genannten Voraussetzungen geschieht. Dem Text zustimmend *Krampe,* Jura 1989, 167 ff.; MünchKomm-*Quack* § 932 Rdnr. 16; *Staudinger/Wiegand* § 932 Rdnr. 10 f.; *Braun,* Jura 1993, 294 ff.; wohl auch *Vieweg/Werner* § 5 Rdnr. 12. In einen größeren Zusammenhang stellt das Problem *von Olshausen,* AcP 189 (1989) 223 ff.
5   *J. Hager,* Verkehrsschutz durch redlichen Erwerb (1990) 239 ff. berichtigt: Nicht der Besitz ist eigentlich der Rechtsscheinträger, sondern die (verwirklichte) »Besitzverschaffungsmacht« des Veräußerers (vgl. schon *Gernhuber,* BR § 8 III 2a; *Westermann/Gursky* § 45 III 1a). Im Text behalte ich aber die übliche Ausdrucksweise trotz ihrer Ungenauigkeit bei.

Für die wirkliche Rechtslage sind bei Haushaltsgegenständen die Surrogation nach § 1370 und etwa sachenrechtliche Wirkungen der »Schlüsselgewalt« (wenn man solche Wirkungen bejaht, vgl. oben Rdnr. 89) zu beachten. Nach *OLG München,* NJW 1972, 542 f. soll an während der Ehe erworbenen Haushaltsgegenständen regelmäßig Gesamthandseigentum beider Ehegatten entstehen ohne Rücksicht darauf, welcher Ehegatte die Sachen erworben und mit wessen Mitteln er sie bezahlt hat; so allgemein schon wegen § 1363 II 1 Halbs. 2 kaum richtig (vgl. *Eichenhofer,* JZ 1988, 326 ff.).

c) § 891 wird für die Verkehrshypothek in § 1138 hinsichtlich der Forde-   **545** rung für anwendbar erklärt.

Was das neben § 891 in direkter Anwendung bedeutet, wird klar aus dem Gegensatz zur Sicherungshypothek, bei der § 1138 nach § 1185 II nicht gilt: Nach § 891 wird nur vermutet, daß die Hypothek besteht, soweit die Forderung nachgewiesen ist (so bei der Sicherungshypothek). Dagegen ist nach § 1138 bei der Geltendmachung der Verkehrshypothek der Nachweis der Forderung entbehrlich.

Bsp.: Auf dem Grundstück des E ist eine Hypothek für eine Forderung des G gegen E eingetragen. Wenn die Entstehung der Forderung bestritten und nicht beweisbar ist, kann G aus einer **Verkehrshypothek** nach §§ 1138, 891 gegen E vorgehen. Anders bei einer **Sicherungshypothek:** Hier nutzt der allein anwendbare § 891 dem G nichts, weil diese Vorschrift ohne den Nachweis der Forderung kein Recht *des G* vermutet (ebensogut kann ein Recht *des E* vorliegen, also eine Eigentümergrundschuld). Weder § 1138 noch § 891 nützen endlich, wenn G aus der Forderung gegen E klagt. Bei der Verkehrshypothek (und nur bei dieser) ist es also denkbar, daß G zwar einen dinglichen Titel gegen E erlangt, aber keinen persönlichen.

2. Vermutungen bei der Behandlung von Fällen

Wenn es in Klausuren auf die dingliche Rechtslage ankommt, prüfen Stu-   **546** denten nicht selten zunächst anhand der §§ 1006, 891, 2365 die vermutete Rechtslage. Das ist regelmäßig sinnlos: Vermutungen gewinnen ja erst dann Bedeutung, wenn sich die wirkliche Rechtslage nicht feststellen läßt. Diese Feststellung ist aber meist das Ziel der Aufgabe, und seine Erreichung wird durch Vermutungen nicht gefördert. Diese sind also nur dort heranzuziehen, wo in der Aufgabe die zur Feststellung der wirklichen Rechtslage nötigen tatsächlichen Angaben fehlen. Und das ist auf der dinglichen Seite äußerst selten.

Wenn es wirklich auf Vermutungen ankommen soll, wird meist sogar ausdrücklich gesagt sein, ein bestimmter Umstand sei nicht mehr feststellbar (vgl. das Bsp. oben Rdnr. 545).

3. Allgemeine Voraussetzungen des redlichen Erwerbs

547 Der Erwerb vom Nichtberechtigten und – soweit zulässig – auch vom Berechtigten ohne Verfügungsbefugnis hat zwei allgemeine Voraussetzungen:

a) Rechtsgeschäftlicher Erwerb

Es muß *rechtsgeschäftlicher Erwerb* vorliegen, weil nur für ihn ein Bedürfnis nach Vertrauensschutz besteht. Unanwendbar sind die Redlichkeitsvorschriften dagegen beim Erwerb in der Zwangsvollstreckung und kraft Gesetzes.

Bsp.: E ist Eigentümer eines Grundstücks, als dessen Eigentümer aber der redliche B eingetragen ist. B hat bei G ein hypothekarisch gesichertes Darlehen aufgenommen und zahlt es noch vor Unredlichwerden zurück: Da der Erwerb der Eigentümergrundschuld kraft Gesetzes (§§ 1163 I 2, 1177 I) erfolgt, steht diese dem E und nicht nach §§ 892 f. dem B zu.

Nur eine scheinbare Ausnahme hiervon ist § 898 ZPO. Denn beim Erwerb nach §§ 894, 897 ZPO ersetzen das Urteil die Einigungserklärung des Veräußerers und die Wegnahme durch den Gerichtsvollzieher die Übergabe: Hier findet also rechtsgeschäftlicher Erwerb in den Formen der Zwangsvollstreckung statt.

Zweifelhaft ist dagegen der Fall von

BGH NJW 1986, 1487 f. (vereinfacht): An dem Grundstück des E ist für G eine erstrangige Grundschuld eingetragen; H hat eine nachrangige Grundschuld. Als G die Zwangsvollstreckung in das Grundstück betreibt, befriedigt H den G und vollstreckt nun seinerseits aus der auf ihn übergegangenen (§§ 268 III 1, 1150, 1192 I) erstrangigen Grundschuld. E wendet dagegen ein, er habe mit G vereinbart, dieser dürfe auf die Grundschuld erst dann zurückgreifen, wenn er bei einer bestimmten anderen Person keine Befriedigung gefunden habe.

Nach §§ 1192 I, 1157 S. 1 kann diese (dingliche) Einrede an sich auch dem H entgegengehalten werden. Da H diese Abrede nicht gekannt hatte, kommt aber nach §§ 1192 I, 1157 S. 2, 892 redlicher einredefreier Erwerb des H in Betracht. Solchen Erwerb hat der BGH jedoch verneint: Der Erwerb der Grundschuld sei hier nicht rechtsgeschäftlich erfolgt, sondern als gesetzliche Wirkung der Zahlung.

Dem hält *Canaris* (NJW 1986, 1488 f., vgl. weiter *Rimmelspacher,* WM 1986, 809 ff.; *Reinicke/Tiedtke,* ebenda 813 ff.) entgegen: Die Auffassung des Grundschulderwerbs als gesetzlicher beruhe nur auf dessen »gesetzestechnischer Einkleidung«. Wirtschaftlich jedoch sei die Ablösung durch H zum Erwerb der Grundschuld des G und damit typischerweise im Vertrauen auf das Grundbuch erfolgt. Das müsse für die Anwendung des § 892 genügen. Auch sollten die §§ 1150, 268 III die Stellung des Ablösungsberechtigten gegenüber einem rechtsgeschäftlichen Erwerb stärken, anstatt sie zu schwächen. Ich möchte dem zustimmen.

b)   Verkehrsgeschäft

Der Erwerb muß auf einem Verkehrsgeschäft beruhen (vgl. *Westermann/* **548**
Gursky § 45 III 1c; *Wieling* I § 10 II 1b). Daran fehlt es nicht schon
bei unentgeltlichem Erwerb: Dieser ist vielmehr auch vom Nichtberechtigten möglich und wird nur schuldrechtlich rückgängig gemacht (oben
Rdnr. 382–389). Dagegen wird das Vorliegen eines Verkehrsgeschäfts in
zwei Fallgruppen verneint:

aa) Wenn auf der **Erwerberseite nur Personen** stehen, die **zugleich auch
Veräußerer** sind. Dieser Fall ist bei völliger Identität von Erwerber und
Veräußerer gegeben (z.B. der als Eigentümer eingetragene Nichtberechtigte
bestellt sich eine Eigentümergrundschuld). Er liegt aber auch dann vor,
wenn neben dem Erwerber noch andere Personen auf der Veräußererseite
stehen (z.B. Auflassung eines Grundstücks von einer OHG an einen Gesellschafter oder von einer Erbengemeinschaft an einen Erben). Dagegen ist
im umgekehrten Fall redlicher Erwerb möglich, nämlich wenn auf der Erwerberseite noch andere Personen neben dem Veräußerer stehen: z.B. Auflassung eines Grundstücks von einem Gesellschafter an die OHG.

Allerdings müssen jeweils alle an dem Erwerbsakt beteiligten Gesamthänder redlich sein. Unredlichkeit des einbringenden Gesamthänders kann daher den Erwerb
ausschließen.

bb) Bei Rechtsgeschäften, die eine **Vorwegnahme der Erbfolge** darstel-   **549**
len. Hier verdient der Erwerber keinen Schutz, weil ihm auch der gesetzliche Erwerb durch Erbgang keine bessere Rechtsstellung verschafft hätte, als
sie seinem Erblasser zustand (oben Rdnr. 547). Wohl aber liegt bei der
Übereignung zur Erfüllung eines Vermächtnisses ein Verkehrsgeschäft vor,
OLG Naumburg, NJW 2003, 3209 f.

III.   Einzelfragen zum Grundbuch[6]

1.   Widerspruch für einen Nichtberechtigten

Der öffentliche Glaube des Grundbuchs wird außer durch widersprechende   **550**
Angaben auf einem Brief (§ 1140) auch durch einen Widerspruch im
Grundbuch zerstört, § 892 I 1. Nach allgemeiner Ansicht (etwa *Baur/*

---

6 Dazu *J. Hager* (oben Fn. 5), 419 f.; *Wiegand,* Der öffentliche Glaube des Grundbuchs, JuS 1975, 205 ff.; *Tiedtke,* Erwerb unbeweglicher Sachen kraft guten Glaubens, Jura 1983, 518 ff.

Stürner § 18 Rdnr. 23) muß der Widerspruch allerdings gerade für den Berechtigten eingetragen sein.

Bsp.: B ist fälschlich als Eigentümer eines dem E gehörenden Grundstücks eingetragen. Ein Dritter D erwirkt mit der Behauptung, in Wahrheit sei er Eigentümer, die Eintragung eines Widerspruchs. Wenn danach B an den redlichen Z veräußert, erwirbt dieser nach § 892: Nur ein Widerspruch für E hätte diesen Erwerb verhindert.

2.   Der Widerspruch bei Veräußerungsketten

551   Fraglich ist die Wirkung des Widerspruchs bei Veräußerungsketten.

RGZ 129, 124 ff.: Der Bucheigentümer B bestellt dem unredlichen H eine Hypothek. Danach wird für den Eigentümer E ein Widerspruch gegen das Eigentum des B eingetragen. Schließlich tritt H die Hypothek (genauer: die gesicherte Forderung) an den redlichen G ab. G klagt aus der Hypothek gegen den inzwischen als Eigentümer eingetragenen E.

Die Entscheidung hängt davon ab, ob G die Hypothek nach § 892 wirksam erworben hat. Das wäre ausgeschlossen, wenn der Widerspruch des E auch bei der Hypothek des H eingetragen worden wäre. Ebenso wird man redlichen Erwerb durch G für ausgeschlossen halten müssen, wenn die Hypothek für H erst nach Eintragung des Widerspruchs gegen das Eigentum des B bestellt worden wäre. Denn dann hätte G aus dem Grundbuch sehen können, daß ein redlicher Erwerb der Hypothek durch H nicht in Betracht kam. In *RGZ 129, 124 ff.* lag es aber anders: Der Erwerb durch H war nicht an dem (damals noch nicht eingetragenen) Widerspruch gescheitert, sondern an der Unredlichkeit, und diese geht aus dem Grundbuch nicht hervor.

Das *RG* hat hier trotzdem redlichen Erwerb durch G verneint: Der Widerspruch gegen das Eigentum richte sich gegen jede Verfügung, als deren Grundlage Eigentum nötig sei, und damit schon gegen die Hypothekenbestellung B–H. Aber das ist unrichtig: Der Widerspruch betrifft diese Hypothekenbestellung nicht, weil er bei ihrer Vollendung noch nicht eingetragen war. G konnte daher annehmen, H habe zumindest kraft Redlichkeit wirksam erworben; G ist also durch § 892 zu schützen (jetzt wohl h.M.; etwa *Wilhelm* Rdnr. 531).

Dafür spricht zudem: Würde der Widerspruch gegen das Eigentum auch eine früher bestellte Hypothek erfassen, so könnte der Hypothekar sein Recht praktisch nicht mehr veräußern. Diese Beeinträchtigung müßte er hinnehmen, obwohl der Widerspruch ohne sein Zutun eingetragen worden ist: Er beruht ja auf einer Bewilligung des Bucheigentümers oder auf einer allein gegen diesen gerichteten einstweiligen Verfügung (§ 899 II). Und für diese einstweilige Verfügung bräuchte der Widersprechende nicht einmal darzutun, das Grundbuch sei auch hinsichtlich der Hypothek unrichtig!

3. Vormerkung und Widerspruch beim redlichen Erwerb

Während der Widerspruch redlicher Erwerb verhindern kann, vermag die   552
Vormerkung[7] ihn in bestimmten Fällen zu ermöglichen.

RGZ 121, 44 ff.: B verkauft das Grundstück, als dessen Eigentümer er fälschlich eingetragen ist, an den redlichen K und läßt diesem eine Auflassungsvormerkung eintragen. Danach erwirkt der Eigentümer E einen Widerspruch gegen die Eintragung des B. Endlich wird K auf die Bewilligung des B hin als Eigentümer eingetragen. E verlangt von K Herausgabe des Grundstücks (§ 985) und die Zustimmung zu seiner, des E, Eintragung als Eigentümer (§ 894).

Beide Ansprüche sind nur begründet, wenn E sein Eigentum nicht durch redlichen Erwerb des K verloren hat. Ein solcher Erwerb scheint daran zu scheitern, daß K erst als Eigentümer eingetragen wurde, als der Widerspruch für E schon im Grundbuch stand (§ 892 II gilt nur für die Kenntnis, nicht für den Widerspruch!). Ein anderes Ergebnis kann nur die vor dem Widerspruch eingetragene Auflassungsvormerkung für K herbeiführen. Dabei stellen sich zwei Fragen.

a) Die Vormerkung für K war **von dem Nichtberechtigten B bewilligt.**   553
K kann also Rechte aus der Vormerkung nur nach §§ 892 f. wirksam erworben haben. Ist der redliche Erwerb einer Vormerkung möglich?
Das wird heute für die *bewilligte* Vormerkung allgemein bejaht (etwa *BGHZ 28, 182 ff.; Baur/Stürner* § 20 Rdnr. 29). Dem ist zuzustimmen: Allerdings begründet die Vormerkung noch kein Recht des Vorgemerkten an dem Grundstück; § 892 ist daher unanwendbar (anders *Wunner,* NJW 1969, 113 ff.). Aber die infolge der Vormerkung eintretende dingliche Gebundenheit des Bewilligenden (§§ 883 II, 888) läßt die Bewilligung doch wie eine Verfügung über das Grundstück erscheinen, so daß § 893 wenigstens entsprechend anzuwenden ist. Ebenso kann nach § 2367 diejenige Vormerkung kraft Redlichkeit erworben werden, die ein durch *Erbschein* Legitimierter bewilligt hat: *BGHZ 57, 341 ff.* Dagegen gibt es bei Fehlen des vormerkungsgesicherten Anspruchs unzweifelhaft keinerlei Redlich-

---

7 Zu ihr *J. Hager,* Die Vormerkung, JuS 1990, 429 ff.; *Görner,* Gutglaubensschutz beim Erwerb einer Auflassungsvormerkung, JuS 1991, 1011 ff.; *K. Schreiber,* Gutgläubiger Vormerkungserwerb, Jura 1994, 493 ff.; *Mülbert,* Der redliche Vormerkungserwerb, AcP 197 (1997) 335 ff. Zu einer Spezialfrage (Vormerkung für künftigen Anspruch) auch *Hepting,* NJW 1987, 865 ff.

keitsschutz: Für das Bestehen des Anspruchs sagen Grundbuch und Erbschein ja nichts (vgl. unten Rdnr. 555).

554 **b)** Fraglich ist weiter, wie die von K redlich erworbene Vormerkung **gegen den Widerspruch** für E **wirkt.** In Betracht kommt Unwirksamkeit des Widerspruchs nach § 883 II. Aber diese Vorschrift paßt nicht direkt, weil die Eintragung des Widerspruchs keine Verfügung über das Grundstück bedeutet. Dennoch läßt die h.M. (etwa *Baur/Stürner* § 20 VI 2c) den Widerspruch nicht gegenüber dem vorgemerkten Erwerbsgläubiger wirken. Das ist richtig: Die Vormerkung kann ihre Aufgabe nur erfüllen, wenn sie den Vorgemerkten nicht bloß gegen abweichende Verfügungen des Veräußerers schützt, sondern auch gegen andere Beeinträchtigungen seines Erwerbs. In *RGZ 121, 44 ff.* hat daher K mit Hilfe der redlich erworbenen Vormerkung das Grundstückseigentum erworben, § 892. So hat im Ergebnis auch das RG entschieden[8].

4. Vormerkung und Erbgang

554a Einen eigenartigen Sonderfall behandelt *BGH* NJW 1981, 447 f.: Dort hatte der redliche Erwerber einer Auflassungsvormerkung den Verkäufer, der ihm die Vormerkung bewilligt hatte, beerbt. Der Vormerkungsgläubiger verlangte von dem inzwischen eingetragenen wahren Eigentümer die Zustimmung nach §§ 883 II, 888. Der *BGH* hat einen solchen Anspruch verneint: Die Vormerkung sei erloschen, weil auch der gesicherte Anspruch auf Übereignung durch Konfusion (Zusammenfallen von Gläubiger und Schuldner) erloschen sei. Das Ergebnis überrascht, weil der Erwerb des vorgemerkten Gläubigers an seiner Stellung als Alleinerbe scheitern soll (und zudem an Zufälligkeiten des zeitlichen Ablaufs, vgl. *Wacke,* NJW 1981, 1577 ff.). Mir ist die Richtigkeit fraglich, zumal der BGH die zu erwägende analoge Anwendung von § 889 mit einem einzigen Satz abgelehnt hat. Das Ergebnis des BGH verteidigt aber *Ebel,* NJW 1982, 724 ff., zur methodischen Seite *Servatius,* JuS 2006, 1060 ff.

5. Spätere Entstehung des vorgemerkten Anspruchs

555 Bei Nichtbestehen des vorgemerkten Anspruchs gibt es keine Vormerkungswirkungen (vgl. oben Rdnr. 553). Wie aber, wenn dieser Anspruch nachträglich entsteht?

---

8 Anders aber *Goetzke* und *Habermann,* JuS 1975, 82 ff. (gegen sie mit Recht *BGH* NJW 1981, 446/447); *Wiegand,* JuS 1975, 205/212.

BGHZ 54, 56 ff. (dazu *Lüke,* JuS 1971, 341 ff.; *Espenhain,* JuS 1981, 489 ff.): V verkauft sein Grundstück an K. Beide sind über einen Kaufpreis von 200000,– DM einig, doch geben sie in dem notariellen Kaufvertrag zur Steuerersparnis nur 175000,– DM an. Alsbald wird für K eine Auflassungsvormerkung eingetragen. Drei Wochen später wird eine weitere Vormerkung für D eingetragen, gerichtet auf Eintragung einer Dienstbarkeit. Endlich wird K als Eigentümer des Grundstücks eingetragen. D begehrt von K nach § 888 I die Zustimmung zur Eintragung der Dienstbarkeit.

Die Entscheidung hängt ab von den beiden Vormerkungen: War die Vormerkung für K wirksam, so ist die spätere Vormerkung für D nach § 883 II unwirksam: D hat dann keinen Anspruch gegen K. War jedoch die Vormerkung für K unwirksam, so ist die Vormerkung für D wirksam mit der Folge von § 888 I.

Zweifel an der Wirksamkeit der Vormerkung für K ergeben sich aus folgendem: Der notarielle Kaufvertrag V–K ist wegen des falsch angegebenen Preises nach § 117 I nichtig. Nichtig war zunächst auch der gewollte Kauf für 200000,– DM nach §§ 117 II, 311 b I, 125. Dieser Vertrag wurde aber nach § 311 b I 2 mit Auflassung und Eintragung wirksam. Die Vormerkung für K kann also gegen die Vormerkung für D nur dann nach § 883 II wirken, wenn

(1) die Vormerkung für K sich auf den Auflassungsanspruch aus dem dissimulierten (mündlichen) Vertrag bezieht (denn der simulierte notarielle Vertrag ist ja nie wirksam geworden), und

(2) entweder die Heilung nach § 311 b I 2 zurückwirkt oder der Anspruch aus dem dissimulierten Vertrag schon vor der Heilung einen künftigen oder bedingten Anspruch im Sinne von § 883 I 2 darstellt.

Der *BGH* verneint in erster Linie schon die Frage (1), wohl mit Recht: Die eingetragene Vormerkung nahm auf den notariellen Vertrag Bezug, so daß sie nur auf einen Anspruch aus diesem Vertrag bezogen werden konnte. Hilfsweise verneint der *BGH* aber auch noch die beiden Fragen zu (2): Eine Rückwirkung der Heilung nach § 311 b I 2 möge zwar dem Parteiwillen entsprechen. Aber das bedeute nichts im Verhältnis zu Dritten (ebenso h.M., etwa *OLG Hamm,* NJW 1986, 136, anders aber *Larenz* I § 5 S. 74). Und ein künftiger Anspruch bestehe vor der Heilung noch nicht, weil der Käufer den Anspruch nicht unabhängig vom Willen des Verkäufers begründen könne. Danach war der Klage des D stattzugeben.

6.   Redlicher Vormerkungserwerb durch den Zessionar

Von der eben behandelten Frage nach der Möglichkeit redlichen Erwerbs   **556** bei Bewilligung einer Vormerkung (oben Rdnr. 553) ist eine andere Frage streng zu unterscheiden: Kann eine Vormerkung bei Abtretung des vorgemerkten Anspruchs kraft Redlichkeit erworben werden? *BGHZ 25, 16 ff.* hat das Problem gestreift. Es würde etwa in folgendem Fall hervortreten:

> Der Bucheigentümer B verkauft das Grundstück an den unredlichen K und läßt ihm eine Auflassungsvormerkung eintragen. K tritt seinen Übereignungsanspruch an den redlichen D ab. Danach erwirkt der Eigentümer E einen Widerspruch gegen die Eintragung des B. Endlich wird D als Eigentümer eingetragen. E verlangt von D Herausgabe des Grundstücks und Zustimmung zur Grundbuchberichtigung.

Auch hier kommt es für die §§ 985, 894 darauf an, ob D das Grundstück nach § 892 zu Eigentum erworben hat. Das müßte wegen § 892 I 1 an dem Widerspruch für E scheitern, wenn dem nicht die Vormerkung entgegensteht. Diese ist hier jedoch – im Gegensatz zu oben Rdnr. 553 – für einen *unredlichen* Käufer bestellt worden; K konnte sie also nicht wirksam erwerben. Möglich bleibt nur ein Erwerb durch den redlichen Zessionar D. Dazu werden zwei Ansichten vertreten:

a) Die eine **verneint** die Möglichkeit redlichen Erwerbs der Vormerkung durch D: Der Erwerb der Vormerkung erfolge bei Abtretung des vorgemerkten Anspruchs nicht durch Rechtsgeschäft, sondern analog § 401 kraft Gesetzes (vgl. oben Rdnr. 547)[9].

b) Dagegen **lassen redlichen Erwerb** der Vormerkung durch den Zessionar des vorgemerkten Anspruchs **zu** etwa *BGHZ 25, 16/23; Westermann/Eickmann* § 84 IV 1 und *Wunner*, NJW 1969, 116 ff. *Wunner* begründet das damit, daß der Erwerb der von § 401 erfaßten akzessorischen Nebenrechte ebenso erfolge wie der des Hauptrechts. Folglich habe D mit dem vorgemerkten Übereignungsanspruch auch die Vormerkung rechtsgeschäftlich erworben. Ähnlich *Westermann/Eickmann* aaO.: Unabhängig von dieser Konstruktionsfrage sei D schutzwürdig.

557   c) Auch ich möchte heute die Entscheidung nicht mehr davon abhängig machen, ob der Erwerb des Nebenrechts nach § 401 als gesetzlicher oder rechtsgeschäftlicher anzusehen ist (vgl. auch oben Rdnr. 547). Eindeutig beantworten läßt sich das ohnehin nicht, weil der Erwerb nach § 401 als gesetzliche Folge eines rechtsgeschäftlichen Erwerbs eine Mittelstellung einnimmt (vgl. *Vieweg/Werner* § 13 Rdnr. 40; § 14 Rdnr. 16). Für wesentlich halte ich vielmehr die Frage nach dem **Bedürfnis**: Muß wirklich die Verkehrsfähigkeit von Übereignungsansprüchen dadurch gesteigert werden, daß man den redlichen Erwerb einer Vormerkung zuläßt? Dabei ist zu

---

9 So *Baur/Stürner* § 20 Rdnr. 52; *Medicus*, AcP 163 (1963) 1 ff.; *Reinicke*, NJW 1964, 2373 ff. und im Ergebnis auch *Wiegand*, JuS 1975, 205/212 f.; *Canaris*, FS Flume I (1978) 371/389 f.; NJW 1986, 1488/1489 (die Vormerkung werde von § 401 nur als unselbständiger Annex der Forderung behandelt); *Wilhelm* Rdnr. 2300.

bedenken, daß die Vormerkung nur das Übergangsstadium bis zur Eintragung überbrücken soll, also bloß eine **vorläufige** Rechtsposition sichert. Es liegt hier ganz anders als bei der Sicherungshypothek, die für eine sehr lange Zeit gedacht sein kann. Zudem geht es bei der Sicherungshypothek um **Geldforderungen.** Und bei ihnen ist das Bedürfnis nach Verkehrsfähigkeit viel größer, weil die Möglichkeit zur Gläubigerauswechslung die Bereitschaft zur Kreditgewährung fördert. Daß die Redlichkeit hinsichtlich des Bestehens einer Sicherungshypothek geschützt wird (freilich nur, wo die Forderung wirklich besteht: § 1185 II), besagt also nichts für die Vormerkung. Für diese möchte ich daher die Möglichkeit redlichen Zweiterwerbs nach wie vor verneinen; so mit anderer Begründung *Kupisch,* JZ 1977, 486/495, wie hier im wesentlichen *Tiedtke,* Jura 1981, 354/367 ff.

IV.   Einzelfragen zum Besitz[10]

1.   Der Nebenbesitz

Bei den §§ 934, 931 ist das Problem des Nebenbesitzes viel erörtert worden.   **558**

a)   Der Ausgangspunkt der Lehre

Ausgegangen ist die Lehre vom Nebenbesitz von folgendem »berühmten« Fall.

RGZ 135, 75 ff.; 138, 265 ff.: E verkauft an V Zucker und behält sich das Eigentum vor. Der Zucker wird bei dem Lagerhalter L für E eingelagert. V gibt sich aber schon vor Restkaufpreiszahlung als Eigentümer aus und veräußert den Zucker, indem er seinen angeblichen Herausgabeanspruch gegen L an den redlichen K abtritt. L stellt dem K einen Namenslagerschein aus, bestätigt aber zugleich dem E, daß er den Zucker für diesen verwahre. Wer ist Eigentümer des Zuckers?

Da V Nichteigentümer war, kann K den Zucker von ihm nur kraft guten Glaubens nach den §§ 934, 931 erworben haben. Da V von L nicht Herausgabe des Zuckers verlangen konnte (§ 934 Fall 1), also nicht mittelbarer

---

10   Dazu *J. Hager* (oben Rdnr. 543 Fn. 5) 225 ff.; *Wiegand,* Der gutgläubige Erwerb beweglicher Sachen nach §§ 932 ff. BGB, JuS 1974, 201 ff.; Fälle des gutgläubigen Erwerbs außerhalb der §§ 932 ff. BGB, JuS 1974, 545 ff.; *Tiedtke,* Erwerb beweglicher (und unbeweglicher) Sachen kraft guten Glaubens, Jura 1983, 460 ff.; *Musielak,* Eigentumserwerb an beweglichen Sachen nach §§ 932 ff. BGB, JuS 1992, 713 ff.; *Zeranski,* Prinzipien und Systematik des gutgläubigen Erwerbs beweglicher Sachen, JuS 2002, 340 ff. Vgl. weiter *Schmitz,* Grundfälle zum Eigentumserwerb an beweglichen Sachen, JuS 1975, 447 ff., 572 ff., 717 ff.; 1976, 169 ff.

Besitzer war (§ 868), hängt die Entscheidung davon ab, ob K wenigstens (mittelbarer) Besitzer des Zuckers geworden ist (§ 934 Fall 2).

aa) Die Rspr. (RG aaO.) bejaht Eigentumserwerb des K: Da der unmittelbare Besitzer L den K als seinen Oberbesitzer anerkannt habe, sei dieser mittelbarer Besitzer geworden. Daher sei § 934 Fall 2 anwendbar.

bb) Dagegen lehnen in der Literatur manche[11] den Eigentumserwerb des K ab: Das doppeldeutige Verhalten des L habe gerade darauf abgezielt, den mittelbaren Besitz des E nicht eindeutig zu zerstören. E und K stünden also, ohne Mitbesitzer zu sein, als mittelbare Besitzer nebeneinander. Und ein solcher Nebenbesitz genüge für § 934 nicht: Die §§ 932 ff. verlangten, daß der Erwerber besitzrechtlich näher an die Sache herankomme als der Eigentümer.

Dem ist zuzustimmen. K hätte den Zucker nach § 934 Fall 2 also nur durch Erlangung des unmittelbaren Besitzes oder dadurch erwerben können, daß L seine besitzrechtliche Beziehung zu E eindeutig abgebrochen hätte. Da L das vermieden hat (und es typischerweise aus Angst vor dem Staatsanwalt auch vermeiden muß), ist E Eigentümer geblieben. Der Lagerschein spielt hier schon deshalb keine Rolle, weil nur der Orderlagerschein Traditionspapier ist (§ 475g HGB).

b) Der Fall von BGHZ 50, 45

559 Anwendbar ist die Lehre vom Nebenbesitz möglicherweise auch im Fall von

BGHZ 50, 45 ff.: V verkauft eine Maschine an K und liefert sie unter EV. Noch vor voller Kaufpreiszahlung nimmt K bei C einen Kredit auf. Zur Sicherheit übereignet K dem C die Maschine unter Vereinbarung eines Besitzkonstituts; dabei gibt K sich als Eigentümer aus. C seinerseits tritt bald darauf alle Rechte aus dieser SiÜ sicherheitshalber an D ab. V und D streiten um das Eigentum.

aa) Sicher ist hier: V hat sein Eigentum nicht dadurch verloren, daß C von K gutgläubig Eigentum erworben hätte. Denn der Erwerb des C erfolgte in

---

11 Etwa *Baur/Stürner* § 52 Rdnr. 24; *Wieling I* § 6 III 3b; *Wolff/Raiser* § 69 A. 22; *Medicus,* FS H. Hübner (1984) 611 ff., mit anderer Begründung (die Eigentumsvermutung aus § 1006 III soll sich auf das Bestehen eines Herausgabeanspruchs gründen) im Ergebnis weithin auch *Picker,* AcP 188 (1988) 511 ff. (doch pflegt das BGB Vermutungen an Sichtbares und nicht an unsichtbare Ansprüche zu knüpfen), im Ergebnis auch *Wilhelm* Rdnr. 995. Anders aber *Tiedtke,* Jura 1983, 460, 465, 468, 469; *Westermann/Gursky* §§ 19 II 4; 48 II 3; undeutlich *Brehm/ Berger* § 27 Rdnr. 76 ff., vgl. auch *Vieweg/Werner* § 2 Rdnr. 39 ff. Differenzierend *Kindl,* AcP 201 (2001) 391 ff.: Gutgläubiger Erwerb soll ausgeschlossen sein, solange die Sache in den Händen der Person ist, der sie der Eigentümer anvertraut hat.

der Form von § 930; Eigentum konnte C also von dem nicht berechtigten K nach § 933 nur durch Übergabe erwerben, die hier fehlt. Erworben hat C folglich bloß das dem K wirklich zustehende Anwartschaftsrecht. Hinsichtlich des Eigentums war C demnach bei seiner Veräußerung an D Nichtberechtigter: D war auf § 934 angewiesen.

bb) *BGHZ 50, 45 ff.* hat die Voraussetzungen der 1. Alternative dieser **560** Vorschrift bejaht: C sei durch das mit K vereinbarte Besitzkonstitut mittelbarer Besitzer geworden und habe seinen Herausgabeanspruch an D abgetreten. Danach hätte D zu Lasten des V Eigentum erworben. Der *BGH* (aaO. 51 f.) hat die Bedenklichkeit dieses Ergebnisses gesehen, aber gemeint, es gleichwohl hinnehmen zu müssen; zu dessen Begründung *Michalski*, AcP 181 (1981) 384/416 ff.

Gezweifelt hat *BGHZ 50, 48 f.* an dem mittelbaren Besitz des C nur unter dem rechtlichen Gesichtspunkt von § 139 (unter Hinweis auf *Wolff/Raiser* § 69 A. 18): Ist das Besitzkonstitut K–C deshalb nichtig, weil der mit dem dinglichen Geschäft primär beabsichtigte Eigentumserwerb des C gescheitert ist? Der *BGH* hat das verneint, weil C doch wenigstens das Anwartschaftsrecht des K habe erwerben können. Aber m.E. paßt § 139 hier überhaupt nicht: Zwar mag man annehmen, daß bei § 930 Einigung und Besitzkonstitut Teile einer Geschäftseinheit (Übereignung) bilden. Aber die Einigung K–C war nicht (etwa wegen §§ 134, 138) nichtig, sondern sie hat nur den Übereignungserfolg nicht herbeigeführt. Solche bloße Erfolglosigkeit meint § 139 nicht (gegen die Anwendbarkeit von § 139 auch *Michalski* aaO. 388 ff.: Die Rechtsfolge der Nichtigkeit passe für Tathandlungen wie die Übergabe nicht).

cc) Zum richtigen Ergebnis führt m.E. auch hier der Nebenbesitz: Wenn **561** K es vermieden hat, den mittelbaren Besitz des V eindeutig zu zerstören (dazu *Hermann Lange*, JuS 1969, 162/164), standen V und C als mittelbare Nebenbesitzer nebeneinander. Mehr als diesen Nebenbesitz konnte dann C auf D nicht übertragen, weil es keinen gutgläubigen Erwerb des Besitzes gibt. Und der Erwerb des bloßen Nebenbesitzes genügt für § 934 nicht. Die Rechtsfigur des Nebenbesitzes bedeutet also nur einen Ausdruck für die richtige Wertung: Wer nicht näher an die Sache heranrückt, als der Eigentümer ihr noch steht, soll nicht zu dessen Lasten von einem Nichtberechtigten erwerben (vgl. dazu *Wacke*, Das Besitzkonstitut als Übergabesurrogat, 1974, 54 ff.).

Bassenge bei *Palandt* § 868 Rdnr. 4 hält im Fall von *BGHZ 50, 45 ff.* Nebenbesitz für unannehmbar: Wenn K die Maschine (unbefugt) an C übereigne, zerstöre er damit das Besitzmittlungsverhältnis zu V. Aber das überzeugt nicht: Die Übereignung ist nur aus der Sicht des C eindeutig. Daneben wird K jedoch regelmäßig die Kaufpreisraten an V weiterzahlen und diesem auch sonst die Übereignung an C verhehlen: K hofft eben typischerweise, daß sein Doppelspiel von niemandem bemerkt wird. Damit bleibt das Verhalten des Besitzmittlers bei der für den Besitz gebotenen Betonung des Faktischen (§ 116 S. 1 gilt nicht!) mehrdeutig.

c)   Nebenbesitz beim Anwartschaftsrecht?

562   Manche (etwa *Paulus,* JZ 1957, 41 ff.; *Westermann* [5. Aufl.] § 19 III 4a) nehmen Nebenbesitz auch in folgendem Fall an:

> K hat Ware von V unter Eigentumsvorbehalt gekauft. Zur Sicherung für einen Kredit überträgt K sein Anwartschaftsrecht an der Ware nach § 930 seinem Gläubiger G.

Dieser Fall unterscheidet sich von dem oben b genannten dadurch, daß K hier nicht sein angebliches Eigentum veräußert, sondern nur das ihm wirklich zustehende Anwartschaftsrecht. Dann aber spricht gegen die Annahme eines Nebenbesitzes von V und G, daß G – anders als V – nicht Eigenbesitzer ist. Denn G weiß ja, daß die Ware noch dem V gehört. Daher ist der Gegenansicht der Vorzug zu geben (etwa *BGHZ 28, 16/27; Baur/Stürner* § 59 Rdnr. 34): G hat erststufigen mittelbaren Fremdbesitz und V letztstufigen mittelbaren Eigenbesitz. Allerdings fällt von hier aus die Erklärung schwer, wie sich G in das ursprünglich direkte Besitzmittlungsverhältnis zwischen V und K einschieben kann. Letztlich geht diese Ungereimtheit aber auf die Anerkennung der Anwartschaft als selbständiges Recht zurück.

2.   Der Geheißerwerb[12]

Weitere Probleme des gutgläubigen Mobiliarerwerbs ergeben sich beim sog. »Geheißerwerb«: Die Übergabe erfolgt nicht zwischen den Parteien des Erwerbsgeschäfts, sondern unter Einschaltung eines Dritten.

a)   Die Übergabe durch einen Dritten auf Geheiß des Veräußerers

563   Für gutgläubigen Erwerb nach § 932 genügt es nicht, daß der Erwerber überhaupt Besitzer wird. Vielmehr muß er den Besitz gerade vom Veräußerer erhalten, weil dieser nur dann als Eigentümer ausgewiesen ist (vgl. § 932 I 2). Der Übergabe durch den Veräußerer wird es aber gleichgestellt, daß ein Dritter die Sache auf Geheiß des Veräußerers übergibt[13].

> *Bsp.:* V hat an K eine Maschine verkauft und geliefert. K stellt aber noch vor der Abnahme fest, daß die Maschine nicht die vereinbarten Maße hat, und stellt sie daher sofort wieder dem V zur Verfügung. V verkauft die Maschine an D und weist K an, die Maschine gleich an D weiterzusenden. K tut das.

---

12 Vgl. *Martinek,* Traditionsprinzip und Geheißerwerb, AcP 188 (1988) 573 ff.
13 Vgl. dazu *von Caemmerer,* JZ 1963, 586 ff.; *Wadle,* JZ 1974, 689 ff.; *Tiedtke,* Jura 1983, 460/463 f.; *Flume,* FS Ernst Wolf (1985) 61 ff.; *Wieling* I § 9 VIII b; *Brehm/Berger* § 27 Rdnr. 22 ff.; *Vieweg/Werner* § 4 Rdnr. 31 ff.

Wenn hier die Maschine dem V gehörte, hat D das Eigentum von V nach § 929 S. 1 erworben, obwohl die Übergabe durch K erfolgt ist. Und wenn die Maschine dem V nicht gehörte, ist gutgläubiger Erwerb des D nach § 932 I 1 möglich.

Der Grund für die Gleichstellung der Übergabe durch den Veräußerer **564** selbst mit der Übergabe auf sein Geheiß hin ist: Daß der Dritte (im Bsp. K) dem Geheiß des Veräußerers zu folgen bereit ist, weist diesen ebenso wie eigener Besitz als den Herrn der Sache aus. Daraus ergibt sich aber auch die Grenze der Gleichstellung: Der Dritte muß sich **wirklich dem Geheiß** des Veräußerers **unterordnen**; es darf nicht nur der Anschein einer solchen Unterordnung entstehen.

BGHZ 36, 56 ff.: K hat bei V Kohle bestellt und im voraus bezahlt; die Kohle soll auf Abruf geliefert werden. Noch vor der Lieferung überträgt V seinen Kohlenhandel auf D. Als K abruft, veranlaßt V den D durch Täuschung zur Lieferung an K.

Der *BGH* hat gutgläubigen Erwerb der zunächst dem D gehörenden Kohle durch K bejaht, m.E. zu Unrecht (ebenso *von Caemmerer* aaO., anders *Wieling* I § 10 IV 6, Übersicht bei *Vieweg/Werner* § 4 Rdnr. 33). Die wirkliche Befolgung eines Geheißes entspricht nämlich dem Rechtsscheintatbestand des Besitzes. Daß K an die Unterordnung des D unter ein Geheiß des V glauben konnte, bedeutet also nur guten Glauben an das Vorhandensein des Rechtsscheinträgers. Dieser Glaube ist aber nicht geschützt; nötig ist stets der durch den wirklich vorhandenen Rechtsscheinträger gestützte gute Glaube an das Recht.

Das zeigt auch folgendes Bsp.: D erklärt dem G, er wolle ihm zum Geburtstag ein Klavier schenken. Das Klavier wird dann dem G auch pünktlich von Leuten des Händlers H gebracht. D hatte aber den H zu der Lieferung durch die Lüge veranlaßt, G wolle ein Klavier zur Ansicht. Hier kann G nicht von D nach § 932 erwerben, weil die Übergabe durch H nicht wirklich auf Geheiß des D erfolgt ist.

BGH JZ 1975, 27 ff. (mit Anm. *v. Olshausen*) läßt es offen, ob *BGHZ 36, 56 ff.* weiter zu folgen sei. Jedenfalls aber müsse es für § 932 genügen, wenn die Lieferung des Dritten »objektiv betrachtet aus der Sicht des Erwerbers« als Leistung des Veräußerers erscheine. Nach meiner Ansicht reicht jedoch auch das nicht; ebenso im Ergebnis *v. Olshausen* aaO.: Der Eigentümer müsse die Sache in dem Bewußtsein liefern, daß ein anderer sie im eigenen Namen an den Empfänger veräußert habe.

b)   Die Übergabe an einen Dritten auf Geheiß des Erwerbers

So wie für die §§ 929 S. 1, 932 I 1 Übergabe durch einen Dritten auf Geheiß **565** des Veräußerers genügt (oben Rdnr. 563 f.), soll nach *BGH NJW 1973, 141 f.* auch Übergabe an einen Dritten auf Geheiß des Erwerbers ausreichen. Die Kombination beider Regeln ergibt die Möglichkeit zu einer

Übereignung, bei der weder Veräußerer noch Erwerber je Besitz haben! Kritisch dazu *Wadle,* JZ 1974, 689 ff., zurückhaltend auch *BGH* JuS 1976, 396 *(K. Schmidt)*: Ob die Aushändigung der Sache an einen Dritten selbst dann der Übergabe an den Erwerbsaspiranten gleichstehe, wenn dieser nicht wenigstens mittelbarer Besitzer werde, solle offenbleiben (später aber bejaht von *BGH* NJW 1999, 425, vgl. weiter *BGH* NJW 1982, 2371 f. [sehr komplizierter Sachverhalt!] mit *K. Schmidt,* JuS 1982, 858). Speziell bei der Durchlieferung im Streckengeschäft (A verkauft an B und dieser an C; die Lieferung erfolgt auf Geheiß des B von A direkt an C) ist der »doppelte Geheißerwerb« (genauer: Veräußerung und Erwerb mit Geheiß von Veräußerer und Erwerber) des B jedoch anerkannt und auch wirtschaftlich sinnvoll (vgl. unten Rdnr. 671).

3.   Veräußerung unter Zustimmung des dritten Besitzers

566 Praktisch nicht ganz selten sind die Fälle, in denen ein Nichtbesitzer veräußert, aber der Besitzer der Veräußerung zustimmt. Hier ist Erwerb kraft guten Glaubens möglich, wenn der Erwerber den zustimmenden Besitzer ohne grobe Fahrlässigkeit für den Eigentümer gehalten hat, *BGHZ 56, 123 ff.* (sehr verwickelter Sachverhalt, vgl. *Wieser,* JuS 1972, 567 ff.): Auch hier weist ja der Besitz denjenigen als Eigentümer aus, an dessen Eigentum der Erwerber glaubt und glauben darf.

4.   Guter Glaube an die Verfügungsmacht

567 **a)** Soweit das **bürgerliche Recht** das Vertrauen auf die Verfügungsmacht des Veräußerers schützt (vgl. oben Rdnr. 536), meint es regelmäßig den Berechtigten ohne Verfügungsmacht. § 1244 bildet allenfalls eine eng begrenzte Ausnahme: Hier weiß der Erwerber zwar, daß der Veräußerer nicht Eigentümer ist. Aber der Erwerber glaubt doch, der Veräußerer habe ein Pfandrecht als Quelle seiner Verfügungsmacht, oder die Pfandveräußerung verstoße nicht gegen bestimmte Vorschriften.

b) Weit darüber hinaus geht das **Handelsrecht** in § 366 HGB. Hier wird der gute Glaube an die Verfügungsmacht des **Nichtberechtigten** allgemein geschützt. Bei § 366 HGB weiß der Erwerber also, daß der Veräußerer kein Recht an der Sache hat, glaubt aber irrig, der Berechtigte habe der Verfügung durch den Veräußerer zugestimmt. Hauptfall ist der Verkaufskommissionär (§§ 383 ff., vgl. auch § 406 HGB), der ja im eigenen Namen über fremde Sachen verfügt. Unter § 366 HGB fällt aber auch die bei Eigentumsvorbehalt und Sicherungsübereignung häufige **Veräußerungsermächtigung.** Vgl. dazu *J. Petersen,* Jura 2004, 247 ff.

Bsp.: Der Kleinhändler K erhält vom Großhändler V Waren. K weiß, daß V die Waren vom Fabrikanten F unter Eigentumsvorbehalt bezogen hat. K glaubt aber ohne grobe Fahrlässigkeit, F habe den V zur Weiterveräußerung ermächtigt. Hier kann K nach §§ 366 I HGB, 932 gutgläubig Eigentum erwerben, während § 932 allein nichts nützen würde. Ausreichend wäre § 932 dagegen, wenn K ohne grobe Fahrlässigkeit glaubte, V habe seine Schuld bei F beglichen und sei daher Eigentümer geworden.

Nach *BGHZ 77, 274 ff.* soll jedoch guter Glaube des K regelmäßig dann zu verneinen sein, wenn K (etwa durch AGB) die Abtretung der gegen ihn gerichteten Kaufpreisforderung des V ausgeschlossen hat (§ 399 Fall 2). Denn K müsse damit rechnen, daß V nur unter verlängertem EV erworben habe. Dann aber sei V zur Weiterveräußerung an K nicht ermächtigt, weil der Erstveräußerer wegen des Abtretungsverbots nicht die Kaufpreisforderung V–K als Gegenwert für das Eigentum erwerben könne. Und daß K mit einem verlängerten EV des Erstveräußerers rechne, zeige gerade das Abtretungsverbot. Das leuchtet ein (vgl. oben Rdnr. 532).

c) Weiter reicht aber § 366 HGB nicht: Weder schaltet er § 935 aus, noch schützt er etwa den guten Glauben an die **Geschäftsfähigkeit** des Veräußerers. Abzulehnen ist auch die von vielen[14] bejahte Ausdehnung des § 366 HGB auf Mängel der **Vertretungsmacht** des Veräußerers, also auf Veräußerungen in fremdem Namen. Denn für das Handelsrecht typisch und daher nach § 366 HGB schutzwürdig ist nur das Handeln in eigenem Namen. Für Mängel der Vertretungsmacht dagegen genügen die Regeln über die Anscheins- (soweit diese anzuerkennen ist) und Duldungsvollmacht sowie § 56 HGB. Diese Regeln gelten dann auch gleichermaßen für die dinglichen Erfüllungsgeschäfte wie für die ihnen zugrundeliegenden Verpflichtungen, während sich § 366 HGB auf die dingliche Seite beschränken und Raum für einen Bereicherungsausgleich lassen würde.

V.   Der Erbschein[15]

1.   Das Prinzip

Beim Erbschein befolgt das BGB eine andere Regelungstechnik als bei den übrigen Rechtsscheinträgern. Denn nach den §§ 2366 f. wird der durch den **568**

---

14 Etwa *K. Schmidt*, HaR § 23 III 1 und JuS 1987, 936 ff.; *Krampe*, Jura 1989, 167, dagegen aber etwa *Wiegand*, JuS 1974, 545/548; *Tiedtke*, Jura 1983, 460/474; *Reinicke*, AcP 189 (1989) 79 ff.; *Canaris*, HaR § 27 Rdnr. 16, kritisch auch *W. Bosch*, JuS 1988, 439 f.
15 Dazu *J. Hager* (oben Rdnr. 543 Fn. 5), 442 ff.; *Wiegand*, Der öffentliche Glaube des Erbscheins, JuS 1975, 283 ff.

Erbschein Ausgewiesene im Verhältnis zu redlichen Dritten nicht schlechthin als der Berechtigte behandelt. Vielmehr soll nur der Inhalt des Erbscheins in den Grenzen des § 2365 als richtig gelten. Für die wichtigste Fallgruppe (ein Nichterbe ist im Erbschein als Erbe bezeichnet) bedeutet das: **Der Erwerb vom Scheinerben wird ebenso beurteilt wie ein Erwerb vom wahren Erben.** Dabei verlangt die h.M. mit Recht nicht, daß der Erwerber den Erbschein gekannt hat (anders *Parodi,* AcP 185, 1985, 362 ff.).

§ 2366 kann sich mit den verschiedensten Erwerbsvorschriften verbinden: Ist der Erbe selbst verfügungsberechtigt, so wird von dem durch Erbschein legitimierten Nichterben nach § 2366 in Verbindung mit den Vorschriften über den Erwerb vom Berechtigten (etwa §§ 398, 873, 925, 929 ff.) erworben. Fehlt dagegen dem Erben die Berechtigung oder ist er Berechtigter ohne Verfügungsmacht, so verbindet sich § 2366 mit den Vorschriften über den Erwerb vom Nicht(verfügungs)berechtigten (etwa §§ 135 II, 892, 932 ff.). Und wenn hiernach ein redlicher Erwerb unmöglich ist (etwa wegen § 935 oder bei Forderungen), wird er auch durch § 2366 nicht möglich.

2.   Fallgruppen

569   Diese Funktion der §§ 2366 f. mögen folgende Beispiele zeigen (dabei heißt der Erblasser X, der wahre Erbe E und der durch Erbschein legitimierte Nichterbe SE).

a)   Mobiliarsachenrecht

(1) X besaß eine ihm gehörende bewegliche Sache. SE findet sie im Nachlaß und veräußert sie an K.

Hier kann K nach §§ 2366, 929 Eigentum erwerben. Das Kriterium der groben Fahrlässigkeit (§ 932 II) spielt also keine Rolle, ebensowenig § 935: K erwirbt ja wegen § 2366 nach derselben Vorschrift, nach der er von E erwerben würde, und bei einem Erwerb von E sind die §§ 932, 935 unanwendbar. An § 935 würde der Erwerb des K wegen § 857 nur dann scheitern, wenn SE nicht durch Erbschein legitimiert wäre.

(2) X hatte von einem Dritten ein diesem gehörendes Buch entliehen. SE findet es im Nachlaß und veräußert es an K.

Hier kommt ein Erwerb des K nach §§ 2366, 929 nicht in Betracht: X und folglich auch E hätten ja nicht nach § 929 veräußern können. Wohl aber kann K von SE ebenso wie von E nach §§ 932, 929 (von SE nur in Verbindung mit § 2366) erwerben, wenn SE durch Erbschein legitimiert ist.

(3) X hatte das Buch dem Eigentümer D gestohlen. SE veräußert es wie vorher an K.

Hier wirkt nun endlich § 935: K hätte wegen dieser Vorschrift von E nicht erwerben können; folglich ist auch ein Erwerb von SE unmöglich.

b)   Immobiliarsachenrecht

(1) X war Bucheigentümer eines dem D gehörenden Grundstücks. SE veräußert das   **570** Grundstück an K.

Zwei Möglichkeiten sind hier denkbar: Einmal kann SE über § 40 I Fall 1 GBO an K übereignet haben, ohne selbst zuvor ins Grundbuch eingetragen worden zu sein. Dann richtet sich der Erwerb des K nach §§ 2366, 873, 925, 892. Zum anderen kann sich SE zunächst auch selbst als Eigentümer haben eintragen lassen. Dann bedarf es des Erbscheins nicht mehr: K erwirbt von SE einfach nach §§ 873, 925, 892.

(2) X war Bucheigentümer eines dem D gehörenden Grundstücks; D hatte gegen die Eintragung des X einen Widerspruch erwirkt. SE veräußert das Grundstück an K.

Redlicher Erwerb des K ist hier jedenfalls unmöglich: Da der Widerspruch den Redlichkeitsschutz durch das Grundbuch zerstört, hätte K auch von E nicht erwerben können. Im vorigen Fall (1) kommt § 892 – der hier durch den Widerspruch ausgeschaltet wird – eben in jeder der beiden Paragraphenketten vor.

(3) SE erlangt die Eintragung als Eigentümer eines Nachlaßgrundstücks. E erwirkt gegen diese Eintragung einen Widerspruch, doch wird der Erbschein für SE einstweilen nicht eingezogen. SE veräußert das Grundstück an K.

Da das Grundstück hier wirklich zum Nachlaß gehört, hätte K es von E nach §§ 873, 925 erwerben können. Daher scheint § 2366 auch einen Erwerb von SE zu ermöglichen. Aber man wird umgekehrt entscheiden müssen: SE hat hier seinen Erbschein dazu verwendet, ins Grundbuch zu kommen (§ 35 I GBO). Danach tritt SE nicht mehr als Erbe auf, sondern als eingetragener Eigentümer (anders bei Veräußerung nach § 40 GBO!). Und da SE das nicht wirklich ist, bedarf es für einen Erwerb durch K des hier wegen des Widerspruchs ausgeschalteten § 892 (ebenso im Ergebnis *Fikentscher,* Schuldrechtspraktikum 1972, 142).

c)   Forderungserwerb

(1) X hatte eine Forderung gegen S. SE tritt diese Forderung an K ab.   **571**

K erwirbt die Forderung bei Redlichkeit von SE nach §§ 2366, 398. Daß das Zessionsrecht im allgemeinen keinen Redlichkeitsschutz kennt, steht nicht entgegen: K wird ja wegen des Erbscheins so behandelt, als erwürbe er vom Gläubiger E.

(2) X hatte eine Forderung gegen S, doch hatte S noch kurz vor dem Erbfall an X geleistet. SE, der den Schuldschein im Nachlaß findet, tritt die vermeintliche Forderung an K ab.

Hier hilft auch § 2366 dem K nicht: Da § 405 nur das Vertrauen auf den Schuldschein über eine Scheinschuld schützt, hätte K die Forderung auch von E nicht erwerben können.

(3) SE verkauft einen Nachlaßgegenstand an D und tritt die Kaufpreisforderung an K ab.

Nach § 2019 I (dazu unten Rdnr. 603a ff.) gehört die Kaufpreisforderung zum Nachlaß, steht also dem E zu. Von diesem könnte K sie folglich erwerben. Daher kann er es auch nach §§ 2366, 398 von SE.

d)   Leistung auf eine Nachlaßforderung

572   (1) Der Nachlaßschuldner S zahlt an SE.

(2) K, der einen Nachlaßgegenstand von SE gekauft hat, zahlt den Kaufpreis an SE.

Bei (1) wird S wegen des Erbscheins nach § 2367 so behandelt, als habe er an E gezahlt, und wird folglich frei. *Bei (2)* dagegen gelten schon die §§ 2019 II, 407 I: K wird durch die Leistung an seinen Verkäufer SE unabhängig davon frei, ob dieser durch einen Erbschein ausgewiesen war.

§ 23 Das Eigentümer-Besitzer-Verhältnis und der Erbschaftsanspruch[1]

Das Eigentümer-Besitzer-Verhältnis (EBV) (wie auch der Erbschaftsanspruch) bildet die Regelung eines dinglichen Herausgabeanspruchs (§§ 985, 2018) und seiner nichtdinglichen Folgeansprüche (vgl. oben Rdnr. 452–454). Seine Bedeutung stammt weniger daher, daß die »Vindikationslage« (die Voraussetzung seiner direkten Anwendung ist, vgl. unten Rdnr. 582 f.) sehr häufig vorkäme. Vielmehr ergibt sich die Anwendbarkeit des EBV meist indirekt aus **Verweisungen** (z.B. § 292 bei der Forderung, über §§ 818 IV, 819, 820 I auch für den Bereicherungsanspruch). Wichtig ist das EBV zudem deshalb, weil es Folgerungen für zahlreiche **Konkurrenzfragen** zuläßt (für §§ 275 ff., 812, 823). Besonders von ihnen wird hier die Rede sein (unten Rdnr. 582–602).

573

I. Zweck der Sonderregelungen

1. Hauptzweck der **Vorschriften über das EBV** ist der **Schutz des redlichen Besitzers** vor Bereicherungs- und Deliktsansprüchen (Mot. bei *Mugdan*, III 219): Wegen § 935 und der Möglichkeit schwer erkennbarer Einigungsmängel oder Verfügungsbeschränkungen kann niemand sicher wissen, ob er rechtsgeschäftlich wirklich das Eigentum oder ein dem Eigentümer gegenüber wirksames Recht zum Besitz erworben hat. Deshalb müßten viele Besitzer schon bei leichter Fahrlässigkeit Ersatzansprüche (§ 823 I) und sogar ohne jedes Verschulden Bereicherungsansprüche fürchten. Kaum jemand könnte daher seines vermeintlich berechtigten Besitzes froh werden.

574

Allerdings muß diese h.M., die den Normzweck der §§ 987 ff. im Schutz des redlichen Besitzers sieht, für manche Fallgruppen die Anwendbarkeit der allgemeinen Vorschriften einräumen (z.B. beim Fremdbesitzerexzeß, unten Rdnr. 586). Daher hat

---

1 Dazu *Gernhuber*, BR § 44; *Grunewald* § 28; *Vieweg/Werner* § 8; *Berg*, Ansprüche aus dem Eigentümer-Besitzer-Verhältnis. 15 Fälle und neun Regeln zu §§ 985–1003 BGB, JuS 1971, 522 f., 636 ff., 1972, 83 ff., 193 ff., 323 ff.; *Schiemann*, Das Eigentümer-Besitzer-Verhältnis, Jura 1981, 631 ff.; *K. Schreiber*, Das Eigentümer-Besitzer-Verhältnis, Jura 1992, 356 ff., 533 ff.; *G. Hager*, Grundfälle zur Systematik des EBV und der bereicherungsrechtlichen Kondiktionen, JuS 1987, 877 ff.; *Olzen*, Der Erbschaftsanspruch, JuS 1989, 374 ff.; *Herb. Roth*, Grundfälle zum EBV, JuS 1997, 518 ff., 710 ff., 897 ff., 1078 ff., 1154 ff.; *ders.*, Das EBV, JuS 2003, 937 ff.; *Ebenroth/Zepernik*, Nutzungs- und Schadensersatzansprüche im EBV, JuS 1999, 209 ff.

man auch den Gegenstandpunkt zur h.M. verteidigt: Die §§ 987 ff. sollten die Anwendbarkeit der allgemeinen Delikts- und Bereicherungsvorschriften unberührt lassen. Vielmehr träten die §§ 987 ff. *neben* diese Vorschriften; die §§ 987 ff. brächten also eine zusätzliche Haftung teils des Besitzers, teils – hinsichtlich der Verwendungen – des Eigentümers (*Pinger*, Funktion und dogmatische Einordnung des EBV, 1973, Zusammenfassung auch in JR 1973, 268 ff.; Besprechung von *Berg*, NJW 1974, 736). Nach meinem Urteil hat *Pinger* im einzelnen viele einleuchtende Argumente gefunden. Dagegen dürfte seine Betrachtungsweise (die auch kaum Anhänger findet) im ganzen der h.M. unterlegen sein. Vielmehr läßt sich das Gesetz leichter von dem Standpunkt aus verstehen, den der Gesetzgeber selbst etwa in § 993 I am Ende recht deutlich ausgedrückt hat: Der Besitzer soll gewisse Haftungsprivilegien haben, die ihm nach der allgemeinen Regelung nicht zustünden.

574a 2. Der eben für das EBV genannte Zweck, den redlichen Besitzer zu schützen, gilt an sich auch für den **Erbschaftsbesitzer**. Das umfaßt denjenigen, der auf Grund eines ihm in Wirklichkeit nicht zustehenden Erbrechts etwas aus der Erbschaft erlangt hat, § 2018, und dessen Erben, *BGH* NJW 1985, 3068 (dazu kritisch *Dieckmann*, FamRZ 1985, 1247 f.). Nach *BGH* FamRZ 1985, 693/694 hört auch nicht auf, Erbschaftsbesitzer zu sein, wer sich inzwischen des angeblichen Erbrechts nicht mehr berühmt.

Bei der Erbschaft ist die Gefahr unrechtmäßigen Besitzes sogar noch größer, weil der erbrechtliche Erwerb des Nachlasses nicht durch Rechtsgeschäft erfolgt: Er kann daher auch nicht nach den Redlichkeitsvorschriften wirksam sein (vgl. oben Rdnr. 547).

a) Vorrangig wirkt beim Erbschaftsanspruch aber ein anderer Zweck: Der **Erbe soll vor dem Verlust von Nachlaßgegenständen geschützt werden**. Juristisch erhält er freilich den Nachlaß und den Besitz des Erblassers (§ 857) sogleich mit dem Erbfall (dazu *Ebenroth/Frank*, JuS 1996, 794 ff.). Tatsächlich erfährt er aber von dem Erbfall, seiner Erbenstellung oder dem Bestand des Nachlasses oft erst nach geraumer Zeit. Bis dahin ist die Gefahr von Verlusten groß. Ihr wollen die §§ 2018 ff. auf folgende Weise vorbeugen:

574b aa) § 2018 ist ein **Gesamtanspruch**. Zwar kann der Erbe nicht einfach »den Nachlaß« herausverlangen, sondern er muß in seinem Klageantrag die einzelnen Gegenstände bezeichnen. Er kann jedoch alle diese Gegenstände in dem **Gerichtsstand** von § 27 ZPO (allgemeiner Gerichtsstand des Erblassers) einklagen, auch solche, die sich nie dort befunden haben.

Das ist wichtig vor allem bei **Grundstücken**: Hier müßten die Einzelklagen (§§ 894, 985) dort erhoben werden, wo das Grundstück liegt; wegen mehrerer Grundstücke an verschiedenen Orten müßte also bei verschiedenen Gerichten geklagt werden, § 24 ZPO. Nach § 27 ZPO ist das unnötig, wenn der Gesamtanspruch erhoben wird.

574c bb) Nach § 2019 I findet **dingliche Surrogation** statt (dazu unten Rdnr. 603a ff.). Der Erbe braucht also den vom Erbschaftsbesitzer weggegebenen Nachlaßgegenständen nicht nachzulaufen, sondern kann die erzielten Surrogate verlangen. Damit bleibt der Nachlaß seinem Wert nach zusammen, und § 27 ZPO wird noch wirksamer.

cc) Bei § 2018 ist – anders als bei § 985 – Anspruchsgrundlage nicht das Eigentum, sondern die **Zugehörigkeit zum Nachlaß**. Daher können mit § 2018 auch Sachen herausverlangt werden, an denen der Erblasser nur den Besitz hatte (etwa ein ihm verliehenes Buch).   **574d**

dd) Der Erbschaftsbesitzer kann Nachlaßsachen **nicht** zu Lasten des Erben **ersitzen**, solange der Erbschaftsanspruch nicht verjährt ist, § 2026. Die Frist von § 937 I (zehn Jahre) wird also durch die von § 197 I Nr. 1 oder Nr. 2 (30 Jahre) überlagert.   **574e**

ee) Der Erbschaftsbesitzer unterliegt ebenso wie andere Personen, die mit dem Nachlaß in Berührung gekommen sind, einer **Auskunftspflicht**, §§ 2027 f. Diesen Auskunftsanspruch kann der Erbe mit seinem Erbschaftsanspruch nach § 2018 als Stufenklage koppeln, § 254 ZPO.   **574f**

b) Beim Erbschaftsanspruch können der durch die §§ 987 ff. bezweckte Schutz des Besitzers und der gleichfalls bezweckte Schutz des Erben zueinander in Gegensatz treten. Dann **entscheidet § 2029 zugunsten der §§ 2019 ff.**: Auch die Einzelansprüche gegen den Erbschaftsbesitzer richten sich inhaltlich nach dem Erbschaftsanspruch. Die §§ 2018 ff. schließen also die §§ 985 ff. zwar nicht aus, bestimmen aber deren Inhalt. Wo dazu Anlaß besteht, sind also die §§ 2018 ff. stets vor den Einzelansprüchen des Erben zu prüfen.   **574g**

II. Übersicht zum Eigentümer-Besitzer-Verhältnis

Die gesetzliche Regelung des EBV ist in den Einzelheiten kompliziert, weil sich dort in wenigen Vorschriften **zwei Differenzierungen** überschneiden. Denn die §§ 987 ff. unterscheiden erstens nach der **Qualität des Besitzers** (redlich, unredlich usw.) und zweitens nach dem **Anspruchsziel** (Schadensersatz, Nutzungen, Verwendungen). Nimmt man diese Verschachtelung auseinander, so ergibt sich folgendes Schema: **575**

1. Unverklagter redlicher Besitzer

a) Besitzerlangung entgeltlich und weder durch verbotene Eigenmacht noch durch strafbare Handlung: **Schadensersatz** nur ausnahmsweise, nämlich nach § 991 II (dazu unten Rdnr. 585) und im Fremdbesitzerexzeß (un-

ten Rdnr. 586), sonst § 993 I am Ende; **Nutzungen** § 993 I, aber bei Sach-
verbrauch oder -veräußerung Bereicherungsansprüche (dazu unten
Rdnr. 597–599); **Verwendungen** §§ 994 I, 995 ff. (zur Konkurrenz mit der
Verwendungskondiktion vgl. unten Rdnr. 892 ff.).

576   **b)** Besitzerlangung durch verbotene Eigenmacht oder strafbare Handlung
(im zweiten Fall wird freilich Redlichkeit kaum denkbar sein): **Schadensersatz** zusätzlich §§ 992, 823 I, 848, 849 (vgl. unten Rdnr. 596); **Nutzungen**
zusätzlich §§ 992, 823 I, 249, 252 (also Ersatz auch für schuldhaft nicht
gezogene Nutzungen, die der Eigentümer selbst gezogen hätte); **Verwendungen** keine Besonderheiten (auch § 850 verweist auf das EBV).

577   **c)** Besitzerlangung unentgeltlich: **Schadensersatz und Verwendungen**
keine Besonderheiten; **Nutzungen** zusätzlich § 988.

578   **d)** Besitzerlangung durch rechtsgrundlose Leistung des Eigentümers:
Schadensersatz und Verwendungen keine Besonderheiten; **Nutzungen**
zusätzlich §§ 812 I 1, Alt. 1, 818 (vgl. unten Rdnr. 600 ff.).

2.   Verklagter oder unredlicher Besitzer

579   **a)** Besitzerlangung weder durch strafbare Handlung noch durch verbotene
Eigenmacht: **Schadensersatz** §§ 989, 990 I, im Verzug bei Unredlichkeit
zusätzlich §§ 990 II, 280 II, 286 f. (vgl. *BGH* ZIP 2004, 80 f.: gilt auch beim
nicht entschuldigten Überbau); **Nutzungen** §§ 987, 990 I, 991 I (dazu unten Rdnr. 584), bei Verzug für den unredlichen Besitzer zusätzlich §§ 990
II, 280 II, 286, 252 (also Ersatz auch für nicht gezogene Nutzungen, die der
Eigentümer über § 987 II hinaus gezogen hätte); **Verwendungen** §§ 994 II,
995, 997 ff. (zur Konkurrenz mit der Verwendungskondiktion vgl. unten
Rdnr. 892 ff.).

580   **b)** Besitzerlangung durch verbotene Eigenmacht oder strafbare Hand-
lung: **Schadensersatz** zusätzlich §§ 992, 823 I, 848, 849 (vgl. unten
Rdnr. 596); **Nutzungen** zusätzlich §§ 992, 823 I, 249, 252 (vgl. oben
Rdnr. 576); **Verwendungen** keine Besonderheiten (§ 850 verweist auf das
EBV).

III.   Die Redlichkeit beim Besitzerwerb durch Gehilfen

581   Vorweg soll eine Sonderfrage behandelt werden: Nicht selten hat der Besitzer den Besitz durch Gehilfen erworben. Soweit es dann auf seine Redlichkeit ankommt (etwa bei §§ 990, 996), entsteht die Frage, ob die Redlichkeit

nach der Person des Besitzers selbst oder nach der seines Gehilfen zu beurteilen ist. Hinsichtlich des Rechtserwerbs nach den Redlichkeitsvorschriften (etwa §§ 892 f., 932 ff.) wird diese Frage durch § 166 klar beantwortet: Regelmäßig kommt es auf den handelnden Gehilfen an. Für die §§ 987 ff. dagegen paßt § 166 seinem Wortlaut nach nicht: Es geht hier ja nicht um »die rechtlichen Folgen einer Willenserklärung« (nämlich der Einigung), sondern um die Qualifikation des Besitzes.

Bsp.: Für den Kaufmann K erwirbt sein Gehilfe G bei dem Nichtberechtigten V Ware, die dem E gehört. Ob diese Ware nach §§ 932, 929 Eigentum des K wird, entscheidet sich bei Fehlen einer Weisung des K wegen § 166 nach dem guten oder bösen Glauben des G. Wenn die Ware nicht Eigentum des K geworden ist, besteht zwischen E und K ein EBV. Ist K insoweit als unredlicher Besitzer anzusehen?

Hier stehen sich im wesentlichen **zwei Ansichten** gegenüber (dazu etwa *Kiefner*, JA 1984, 189 ff.).

a) *BGHZ 32, 53 ff.*; *Hoche*, JuS 1961, 76 ff.; *Wolff/Raiser* § 13 II; *Eike Schmidt*, AcP 175 (1975) 165/168; *Westermann/Gursky* § 14, 3; *Wieling* I § 12 II 3c; *Brehm/Berger* § 8 Rdnr. 20 und ausführlich *Schilken*, Die Wissenszurechnung im Zivilrecht (1983) 269 ff.: **§ 166 gilt entsprechend.** K würde also als unredlicher Besitzer nach § 990 haften, wenn G beim Erwerb der Ware bösgläubig war.

b) *Baur/Stürner* § 5 Rdnr. 15; *Westermann* (5. Aufl.) § 14, 3, anders *Wilhelm* Rdnr. 1243 ff.: § 166 paßt nicht, sondern es gelten **Deliktsregeln**: K haftet nach § 990, wenn er selbst unredlich ist. Bei eigenem guten Glauben haftet er für bösgläubigen Erwerb durch G nur nach § 831, also wenn er sich für G nicht exkulpieren kann.

Die zweite Lösung verdient den Vorzug. Denn die §§ 987 ff. sind Sonderregeln insbesondere zum Deliktsrecht. Sie betreffen also ein Delikt, und dazu paßt nur § 831. Zudem weist *Westermann* aaO. mit Recht auf folgendes hin: Beschädigt G die Ware vor der Besitzergreifung, so haftet K für ihn nur nach § 831. Warum soll K nach §§ 166, 990 ohne Exkulpationsmöglichkeit zum Schadensersatz verpflichtet sein, wenn die Ware nach dem Besitzerwerb beschädigt wird? Das wäre ein Verstoß gegen die sonst geltende Regel, daß Haftungsunterschiede eher im Sinne einer Privilegierung des *besitzenden* Schädigers vorkommen.

Ergänzt werden muß diese Zurechnung freilich durch die **Annahme von Organisationspflichten**: Vor allem in Unternehmen muß Vorsorge getroffen werden, daß der Unternehmer selbst oder seine Organe bestimmte wichtige Vorgänge erfahren. Dadurch soll vermieden werden, daß verzweigte Organisationen durch eine Wissensaufspaltung besser stehen als Einzelpersonen. Vgl. *BGHZ 109, 309/332 f.*; *Medicus* und *Taupitz*, Karlsruher Forum (Beiheft zu VersR) 1994, 4 ff.; 16 ff.; ansatzweise auch *Wilhelm* Rdnr. 1243 ff., kritisch aber *Koller*, JZ 1998, 75 ff. (vgl. jetzt *Medicus*, AT Rdnr. 898 ff. mit weiteren Belegen).

IV.   Verhältnis §§ 985 ff. BGB – Vertrag

1.   Berechtigter und nicht so berechtigter Besitzer

582   Ist der Besitzer dem Eigentümer gegenüber zum Besitz berechtigt, so wird schon § 985 durch § 986 ausgeschlossen. Daher sind auch die §§ 987 ff. als Folgeansprüche der Vindikation ausgeschlossen: Die §§ 987 ff. richten sich also nur gegen den unrechtmäßigen Besitzer. Die Haftung des berechtigten Besitzers dagegen regelt sich allein nach Vertrags- und Deliktsrecht.

Zur Anwendung der §§ 987 ff. in Einzelfällen käme man nur, wenn man den berechtigten Fremdbesitzer als »nicht so berechtigten« Besitzer ansieht, soweit er die Grenzen seines Besitzrechts überschritten hat (**Fremdbesitzer im Exzeß**). Die Vorstellung eines »nicht so berechtigten Besitzers« ist aber für die §§ 987 ff. nicht gut möglich und wird heute überwiegend abgelehnt (vgl. etwa *Wolff/Raiser* § 85 A. 2; 34).

Bsp.: Der Mieter schlägt vertragswidrig Nägel in die Wand. Wie soll man ihn sich als nicht berechtigt vorstellen: Nur für die Zeit, in der er auf die Nägel schlägt? Oder nur hinsichtlich des Wandstückes, in dem die Nägel stecken?

2.   Nicht berechtigter Besitzer

583   Ist dagegen der Besitzer dem Eigentümer gegenüber nicht zum Besitz berechtigt, so ist § 985 jedenfalls dann anwendbar, wenn er nicht durch ein anderes Abwicklungsverhältnis verdrängt wird (vgl. unten Rdnr. 590; 593). Insoweit besteht also die »**Vindikationslage**«, und daher passen auch die §§ 987 ff. Schwierigkeiten bestehen hier nur, wenn **ein dem Eigentümer gegenüber unwirksamer Vertrag** vorhanden ist. Ein solcher Vertrag kann die Haftung des Besitzers gegenüber dem Eigentümer mildern oder verschärfen.

a)   Haftungsmilderung

584   Eine Milderung hinsichtlich der Pflicht zur Herausgabe von Nutzungen (§§ 990, 987) ergibt sich aus § 991 I (dazu *Katzenstein*, AcP 204, 2004, 1 ff.).

Bsp.: B ist unrechtmäßiger redlicher Eigenbesitzer eines Hauses. Er vermietet das Haus an den unredlichen M. Könnte der Eigentümer E hier nach §§ 990, 987 von M

Nutzungsersatz verlangen (also die Zahlung einer Nutzungsentschädigung), so könnte sich M seinerseits aus dem Mietvertrag an B halten, §§ 536 III, 536a, aber § 536c I 2. Das soll § 991 I verhindern.

§ 991 I schützt also bei Redlichkeit des Oberbesitzers den unredlichen Unterbesitzer hinsichtlich der Nutzungen so, als ob dieser selbst redlich wäre. Denn der Schutz des redlichen Oberbesitzers soll nicht durch den Rückgriff des vom Eigentümer belangten unredlichen Unterbesitzers aufgehoben werden. Dieser Gesetzeszweck macht die Anwendbarkeit von § 991 I fraglich, wenn der Rückgriff des Unterbesitzers (z.B. wegen § 536 b) ausgeschlossen ist.

b)   Haftungsverschärfung nach § 991 II

Eine Haftungsverschärfung im Verhältnis zu §§ 989, 990 enthält dagegen   **585** § 991 II: Hinsichtlich der Schadensersatzpflicht soll auch ein redlicher Unterbesitzer dem Eigentümer gegenüber nicht besser stehen, als er seinem Oberbesitzer gegenüber steht. Denn soweit er diesem gegenüber mit einer Haftung rechnen mußte, verdient er auch gegenüber dem Eigentümer keinen Schutz.

Bsp.: Der nicht berechtigte Besitzer B (gleich ob redlich oder nicht) hat das Haus des E an den redlichen M vermietet. M zerstört fahrlässig eine Fensterscheibe. M müßte dem B die Scheibe ersetzen, wenn dieser Eigentümer wäre. Nach § 991 II soll daher M den Ersatz an den wirklichen Eigentümer E leisten; der Schutz des M durch § 993 I versagt. Jedoch wird M entsprechend § 893 (§ 851 paßt nicht: keine bewegliche Sache!) zu schützen sein, wenn er den Ersatz gutgläubig an B geleistet hat.

c)   Anderer Fremdbesitzerexzeß

Den in § 991 II ausgedrückten Gedanken wird man noch in weiteren Fällen   **586** anwenden müssen, die nicht unter den Wortlaut der Vorschrift passen.

Bsp.: Der Eigentümer E selbst vermietet eine Wohnung an M; der Mietvertrag ist nichtig. Hier kommt, wenn M eine Scheibe zerschlägt, ein Schadensersatzanspruch des E aus Vertrag nicht in Betracht. Und da eine Vindikationslage besteht, müßte M bei Redlichkeit durch § 993 I auch gegen einen Anspruch des E aus § 823 I geschützt sein. Das Ergebnis (M braucht die Scheibe nicht zu ersetzen) ist aber sinnlos, weil M nicht annehmen konnte, er dürfe sanktionslos Scheiben zerschlagen.

Allgemein wird man daher sagen müssen (*h.M.*, vgl. etwa *Baur/Stürner* § 11 Rdnr. 32): Der *unrechtmäßige redliche Fremdbesitzer* haftet dem Eigentümer aus § 823 I insoweit auf Schadensersatz, *wie er bei Bestehen seines vermeintlichen Besitzrechts haften würde.* Er haftet also im Fall eines *Fremdbesitzerexzesses.* Auch ein ungültiger Vertrag schützt demnach nur insoweit, als der Schutz durch den Vertrag bei dessen Gültigkeit reichte.

3.   Der nicht mehr berechtigte Besitzer

587 Heftig umstritten ist, ob § 985 (und damit auch die §§ 987 ff.) durch andere Abwicklungsverhältnisse ausgeschlossen werden. Dieser Streit bezieht sich insbesondere auf den Fall, daß eine bis zum Eigentümer hinführende Vertragsbrücke, die den unmittelbaren Besitzer zunächst zum Besitz berechtigt hat, an einer Stelle zusammenbricht.

BGHZ 34, 122 ff.: V hat an K ein Kraftfahrzeug unter Eigentumsvorbehalt verkauft und es ihm übergeben. Das Fahrzeug wird bei einem Unfall beschädigt. K läßt es – wozu er V gegenüber berechtigt (vgl. § 986 I 2) und nach dem Kaufvertrag meist sogar verpflichtet ist – reparieren, und zwar in der Werkstatt des U. Da K die Kaufpreisraten nicht zahlt, tritt V vom Kaufvertrag zurück. Kann V das Fahrzeug von U nach § 985 herausverlangen? Hat U wegen seiner Reparatur ein Zurückbehaltungsrecht nach § 1000?

Die für diesen Fall hauptsächlich vertretenen **drei Lösungsvorschläge** (unten a–c) sind sich darin einig, den U zu schützen. Doch erreichen sie diesen Schutz mit verschiedenen Mitteln: Die ersten beiden Vorschläge stimmen darin überein, daß V gegen U den Anspruch aus § 985 hat. Doch soll dem Anspruch die Einrede aus § 1000 (Weg a) oder die Einwendung aus § 986 (Weg b) entgegenstehen. Der dritte Vorschlag endlich (Weg c) verneint im Verhältnis V–U den Anspruch aus § 985 überhaupt.

a)   Anwendung der §§ 994 ff. BGB

588 Der erste Weg ist der des *BGH*: Allerdings seien die Vorschriften über den Verwendungsersatz (§§ 994 ff.) und damit auch § 1000 nur auf den nicht berechtigten Besitzer anwendbar. Es genüge aber, daß das Besitzrecht des U **zur Zeit des Herausgabeverlangens** des V (durch dessen Rücktritt vom Kaufvertrag) erloschen sei. Kein Hindernis bilde dagegen, daß U seine Verwendungen noch vor dem Rücktritt des V und folglich noch als berechtigter Besitzer gemacht habe. Denn der (damals) berechtigte Besitzer dürfe nicht schlechter stehen als ein von Anfang an unberechtigter.

BGHZ 51, 250 ff. (dazu *Berg*, JuS 1970, 12 ff.) hat aber die Grenze des so erreichbaren Schutzes klargestellt. Dort hatte U den Wagen nach der Reparatur an K herausgegeben, obwohl die Bezahlung ausblieb, und ihn erst später wieder an sich gebracht. Nach Rücktritt von dem Kauf verlangte V den Wagen von U heraus (§ 985). Der *BGH* hat hier ein Zurückbehaltungsrecht des U (§ 1000) wegen § 1002 verneint: Die Rückgabe des Wagens an den (damals noch besitzberechtigten) K stehe einer Herausgabe an den Eigentümer V gleich. Und da U seinen Anspruch auf Ersatz der Verwendungen nicht binnen eines Monats nach dieser Herausgabe gerichtlich geltend gemacht habe, sei der Anspruch nach § 1002 präkludiert. Wenn man den Ausgangspunkt des *BGH* akzeptiert, ist das konsequent.

b)   Gutgläubig erworbenes Unternehmerpfandrecht

Der zweite Weg findet Anhänger vor allem in der Literatur (vgl.   **589**
etwa *Baur/Stürner* § 55 Rdnr. 40; *Wieling* I § 15 XI c; *Wilhelm* Rdnr.
1874, ablehnend aber *Westermann/Gursky* § 128 IV; 133 I; *Brehm/Berger* § 34
Rdnr. 1; *Wiegand,* JuS 1974, 545/546 f.; *Reinicke/Tiedtke,* JA 1984, 202,
213 f.): U könne ein Werkunternehmerpfandrecht nach § 647 gutgläubig
erwerben. Der Wortlaut von § 1257 (»*entstandenes* Pfandrecht«) schließe
nicht aus, die Vorschriften über den gutgläubigen Erwerb eines rechtsgeschäftlichen Pfandrechts (§§ 1207, 932, 934 f.) auf gesetzliche Besitzpfand-
rechte entsprechend anzuwenden (anders *BGHZ 34, 153 ff.; 87, 274/280;
100, 95/101,* zuletzt *BGH* NJW 1992, 2570/2574). Von dieser Anwendbarkeit gehe auch § 366 III HGB aus, wenn dort der gutgläubige Erwerb gesetzlicher Pfandrechte auf Mängel der Verfügungsmacht erstreckt werde.
Dieses gutgläubig erworbene Pfandrecht gebe dem U ein Recht zum Besitz
nach § 986. Vgl. die Übersicht bei *Vieweg/Werner* § 10 Rdnr. 33 f.

Hier sei nochmals bemerkt, daß dem U mit einem Pfandrecht an dem zunächst
wirklich bestehenden Anwartschaftsrecht des K nichts genutzt ist. Denn mit dem
Anwartschaftsrecht wäre auch dieses Pfandrecht durch den Rücktritt vom Kaufvertrag erloschen (vgl. *BGHZ 34, 122/125* und oben Rdnr. 479).

c)   Beschränkung auf vertragliche Rückgabeansprüche

Der dritte Weg wird vor allem von *L. Raiser* vertreten (FS Wolff, 1952,   **590**
123 ff.; *Wolff/Raiser* § 84 I 2 A. 16; JZ 1961, 529 ff. und öfter). Nach seiner
Ansicht hat der Eigentümer, wenn er den unmittelbaren Besitz aufgrund
eines Rechtsverhältnisses weggibt, den Inhalt seines Eigentums eingeschränkt: Zur Wiedererlangung des Besitzes stehe dem Eigentümer daher
§ 985 nicht mehr zur Verfügung. Vielmehr sei er auf den vertraglichen
Rückgabeanspruch aus dem Rechtsverhältnis angewiesen, das der Besitz-
weggabe zugrunde gelegen habe. Diese Auffassung macht also die Vindikation (ebenso wie ihre Folgeansprüche) gegenüber einem vertraglichen
Rückgabeanspruch subsidiär; sie hat sich nicht durchsetzen können.

d)   Bedenken

Jeder dieser drei Lösungsvorschläge stößt auf Bedenken.   **591**

aa) **Gegen BGHZ 34, 122 ff.** (oben a) ist einzuwenden: Zunächst ist
schon sein Argument doppelsinnig, der berechtigte Besitzer dürfe nicht
schlechter stehen als der unberechtigte. Denn das Argument aus der angeblichen Schlechterstellung ist »schlicht irreführend« (so zutreffend *Staudin-
ger/Gursky* vor § 987 Rdnr. 10): Der berechtigte Besitzer steht insgesamt

nicht besser oder schlechter als der nicht berechtigte, sondern *anders* (z.B. mag er einerseits die Nutzungen behalten können, während er andererseits ein Entgelt zahlen muß). Überdies bleibt unklar, als Besitzer welcher Qualität (z.b. redlich oder unredlich) man den U für die Zeit seiner Besitzberechtigung behandeln soll.

Endlich dürfte gegen den *BGH* folgendes sprechen (vgl. *Kaysers,* Der Verwendungsersatzanspruch des Besitzers bei vertraglichen Leistungen 1968, 111 ff.): U, der das Kraftfahrzeug aufgrund eines Vertrages mit K repariert, macht selbst keine Verwendungen. »Verwender« im Sinne der §§ 994 ff. dürfte vielmehr nur sein, wer den Verwendungsvorgang auf eigene Rechnung veranlaßt und ihn steuert[2]. Das trifft allein auf K und nicht auf U zu. Ganz entsprechend entscheidet man ja auch, wenn die Verwendung in einem Bau auf fremdem Boden besteht (z.B. *BGHZ 41, 157 ff.,* unten Rdnr. 877): Verwender ist nur der Bauherr; nicht etwa sind es die einzelnen an der Bauausführung beteiligten Unternehmer. Dabei kommt es auch auf die Besitzverhältnisse an dem Arbeitsprodukt nicht an, weil von ihnen der Steuerungsvorgang nicht abhängt. Wichtig sind sie nur für die Möglichkeit, ein Zurückbehaltungsrecht nach § 1000 auszuüben.

592   bb) **Bei dem Weg über §§ 647, 986** (oben b) entstehen Schwierigkeiten selbst dann, wenn man den redlichen Erwerb eines Unternehmerpfandrechts vom Nichtberechtigten generell anerkennt (vgl. *P. Schwerdtner,* Jura 1988, 251 ff.) oder wenn – wie im Fall von *BGHZ 68, 323 ff.* – ein solches Pfandrecht vereinbart ist. Zweifelhaft bleibt dann nämlich das Vorliegen von gutem Glauben nach den §§ 1257, 1207, 932: Darauf, daß ein Kraftfahrzeug dem gehört, der es fährt, darf man sich heute gewiß nicht ohne weiteres verlassen. Wenigstens bei der Veräußerung von Kraftfahrzeugen kann daher der Besitzer nur durch den Kraftfahrzeugbrief als Eigentümer ausgewiesen werden (vgl. *BGH* NJW 1996, 2226). Diesen Brief pflegt man aber nicht mitzuführen; nach ihm wird bei Reparaturaufträgen auch nie gefragt. Oft erkundigt sich der Unternehmer nicht einmal nach dem Eigentum des Bestellers. Trotzdem hat *BGHZ 68, 323 ff.* (bestätigend *BGHZ 87, 274/280; 100, 95/101*) beim vereinbarten Pfandrecht guten Glauben des Unternehmers bejaht, wenn keine Anhaltspunkte für die Nichtberechtigung des Bestellers vorlagen[3].

BGHZ 68, 323 ff. zeigt zugleich, wie die Praxis sich hilft: In die AGB des Unternehmers wird eine *Verpfändung* des zu reparierenden Wagens aufgenommen (das hält gegen den *BGH* für unzulässig *Picker,* NJW 1978,

---

2 So etwa auch *Staudinger/Gursky* Rdnr. 17 ff. vor §§ 994 ff.; *Beuthien,* JuS 1987, 841/846; anders aber *Berg,* JuS 1970, 14 und die h.M., etwa *Wilhelm* Rdnr. 627.
3 Von mir zunächst bezweifelt, aber wohl doch richtig, vgl. *Berg,* JuS 1978, 86 ff., aber auch *G. Müller,* VersR 1981, 499 ff.

1417 f., zweifelnd auch *Westermann/Gursky* § 128 IV 3, kaum mit Recht: Auch *BGHZ 101, 307 ff.* hat die Verpfändungsklausel bei der Überprüfung der AGB nicht beanstandet). Damit erscheint das **Unternehmerpfandrecht als vertragliches**, und die Frage nach der Möglichkeit des gutgläubigen Erwerbs gesetzlicher Pfandrechte bleibt vermieden.

cc) **Der Weg Raisers** endlich (oben c) läßt für die Vindikation Raum nur   **593** noch bei unfreiwilligem Besitzverlust (so *Raiser* selbst: JZ 1961, 531 A. 8). Hier hilft aber bei beweglichen Sachen schon § 1007 II ohne Rücksicht auf das Eigentum. Die Vindikation verliert also für bewegliche Sachen ihren Sinn. Das entspricht nicht der gesetzlichen Regelung. Daß der Eigentümer sich durch freiwillige Weggabe des unmittelbaren Besitzes der schuldrechtlichen Rücktrittsregelung auch im Verhältnis zu Dritten unterwerfe, bleibt trotz *P. Schwerdtner,* JuS 1970, 64 f. eine nicht begründbare Behauptung.

Zugeben möchte ich *Raiser* nur, daß **zwischen den Parteien** des vertraglichen Rückabwicklungsverhältnisses (im Ausgangsfall also zwischen V und K) die §§ 987 ff. (nicht § 985!) ausgeschlossen sind.

Bsp.: E hat seinen Mietvertrag mit M zum 30.4. wirksam gekündigt. M glaubt aber leicht fahrlässig, die Kündigung wirke erst zum 31.5. Soll M hier etwa durch § 993 I gegen Ansprüche des E aus verspäteter Rückgabe (§ 546a mit § 571) geschützt sein? Das widerspräche dem vertraglichen Haftungsmaßstab von § 276 I 1.

e)   Lösungsvorschlag

Zu wirksamer Hilfe für U muß man daher, soweit nicht eine Verpfän-   **594** dungsklausel (oben Rdnr. 592) wirkt, eine *vierte Lösung* erwägen[4]: Wenn V den K durch Vertrag verpflichtet hat, das Fahrzeug nötigenfalls reparieren zu lassen, so hat er damit in die Begründung der Situation *eingewilligt*, in der das Werkunternehmerpfandrecht nach § 647 kraft Gesetzes entsteht. Da diese Situation selbst durch Rechtsgeschäft hergestellt wird, liegt eine entsprechende Anwendung der §§ 183, 185 I nahe. U hat dann ein Werkunternehmerpfandrecht nicht kraft guten Glaubens, sondern deshalb erworben, weil die einer Verpfändung ähnliche Hingabe zur Reparatur **durch die Einwilligung des Eigentümers gedeckt** ist.

Dagegen hat *BGHZ 34, 122/125* eingewendet, das laufe auf eine unzulässige (oben Rdnr. 29) Verpflichtungsermächtigung hinaus. Aber das trifft nicht zu, weil K den V nicht zur Bezahlung der Reparaturrechnung verpflichtet. Weiter ist gesagt worden *(Raiser,* JZ 1958, 682), V wolle in solchen

---

4 So *OLG Hamm* als Vorinstanz in *BGHZ 34, 122; Benöhr,* ZHR 135 (1971) 144 ff.; *Katzenstein,* Jura 2004, 1 ff. und weitere, Streitstand bei *Westermann/ Gursky* § 133 Fn. 5, ablehnend *Ossig,* ZIP 1986, 558 ff.

Fällen gerade nicht, daß seine Sache für die Vergütungsforderung hafte[5]. Das ist zwar richtig. Aber fraglich bleibt eben doch, ob V die konsentierte Reparatur von ihrer regelmäßigen gesetzlichen Folge, nämlich dem Werkunternehmerpfandrecht (§ 647), trennen kann. Dagegen spricht, daß V sonst die Möglichkeit hätte, sein Kraftfahrzeug durch Einschaltung des K pfandfrei reparieren zu lassen. Endlich wird geltend gemacht, § 185 passe nicht für die Entstehung eines gesetzlichen Pfandrechts *(Raiser* aaO.). Dieser Einwand trifft aber nur die direkte, nicht die entsprechende Anwendung. Für diese spricht vielmehr die Entwicklungsgeschichte der gesetzlichen Pfandrechte: Diese sind entstanden durch die Normierung typischer Fälle der vertraglichen Verpfändung. Beide Pfandrechtsarten sind daher eng miteinander verwandt.

Bei zweifelhafter Zahlungsfähigkeit des K muß V eben für eine das Reparaturrisiko deckende Versicherung sorgen. Mir scheint das richtiger, als wenn man U auf dem Schaden sitzen läßt. Für Schutz des U, freilich unter zu schnellem Verzicht auf dogmatische Einordnung, auch *H. H. Jakobs,* Jur. Analysen 1970, 697 ff.

V.   Verhältnis §§ 987 ff. BGB – Delikt

595   Soweit das EBV reicht – also bei Bestehen einer Vindikationslage –, sind die §§ 823 ff. regelmäßig ausgeschlossen, § 993 I. Denn andernfalls ließe sich der Schutzzweck des EBV speziell für den leicht fahrlässigen Besitzer (oben Rdnr. 574) nicht erreichen. Von dieser Subsidiarität des Deliktsrechts gibt es jedoch Ausnahmen (vgl. *K. Müller,* JuS 1983, 516 ff.):

1. **Der unrechtmäßige Fremdbesitzer** (der rechtmäßige haftet mangels einer Vindikationslage ohnehin deliktisch) **im Exzeß** fällt unter die §§ 823 ff. (oben Rdnr. 586).

596   2. Hat der Besitzer den **Besitz durch strafbare Handlung oder (schuldhafte) verbotene Eigenmacht erlangt,** so gibt § 992 den Weg zum Deliktsrecht frei. Die Vorschrift schließt damit aber nach h.M. (etwa *Westermann/Gursky* § 32 IV 2d) die Anwendbarkeit der §§ 987 ff. nicht aus. Das hatte früher wegen der Verjährung Bedeutung, die aber jetzt für beide Ansprüche nach den §§ 195, 199 läuft.

---

5 Ebenso *OLG Köln,* NJW 1968, 304 und *Berg,* JuS 1970, 13, weitere bei *Westermann/Gurksy,* aaO. Fn. 6.

VI. Verhältnis §§ 987 ff. BGB – Bereicherungsrecht

1. Sachsubstanz und Übermaßfrüchte

Die §§ 987 ff. regeln nur die Ansprüche auf Schadensersatz und Nutzun- 597
gen. Weiter kann also auch ihre durch § 993 I bestätigte Ausschließlichkeit
nicht reichen. Daher ist Bereicherungsrecht unbeschränkt anwendbar, soweit Veräußerung der Sache oder Verbrauch der Sachsubstanz in Frage
stehen (Mot. bei *Mugdan*, III 223). Das ergibt sich auch aus § 993 I: Selbst
der redlichste Besitzer soll die »Übermaßfrüchte« nach Bereicherungsrecht
ersetzen, also die Früchte, die auf Kosten der Sachsubstanz gezogen worden sind. Im einzelnen gilt dabei folgendes:

a) Sachverbrauch

Bei Verbrauch der Sache kann der ehemalige Eigentümer vom Verbraucher
Ersatz nach den §§ 812 I 1, 818 verlangen. Das ist nach h.M. (vgl. unten
Rdnr. 727) stets die Eingriffskondiktion, und zwar auch dann, wenn der
Besitzer den Besitz durch Leistung (des Eigentümers oder eines Dritten)
erlangt hat. Denn der Verbrauch ergreift nicht nur den Gegenstand dieser
Leistung, also den Besitz, sondern auch das durch die Leistung gerade nicht
erlangte Eigentum.

b) Sachveräußerung

Bei Veräußerung der Sache ist zu unterscheiden: 598

aa) Ist sie **dem Eigentümer gegenüber wirksam**, weil der Erwerber kraft
seiner Redlichkeit erwerben konnte oder der Eigentümer genehmigt hat
(§ 185 II 1), so gilt § 816 als Spezialfall der Eingriffskondiktion. Bei einer
Kette unwirksamer Veräußerungen hat der Eigentümer die Wahl, welche
Veräußerung er genehmigen will. Er wird sich dabei durch die Höhe des
Erlöses (auf den der Anspruch nach h.M. geht; vgl. unten Rdnr. 721) und
die Zahlungsfähigkeit des Veräußerers leiten lassen.

Bsp.: Der Dieb D verkauft eine Sache des E für 50 an den Hehler H. Dieser verkauft sie für 100 an den Großhändler G, dieser für 150 an den Kleinhändler K, dieser
für 250 an den Verbraucher V. V endlich gebraucht die Sache einige Zeit und verkauft sie dann für 100 an W. Hier wird E die Veräußerung K–V genehmigen, um die
von K erzielten 250 zu erhalten. Ist K zahlungsunfähig, kann E aber auch etwa die
Veräußerung G–K genehmigen. Eine solche Genehmigung wird für E oft vorteilhaf-
ter sein als die Vindikation seiner inzwischen abgenutzten Sache (die Abnutzung
braucht ja von redlichen Besitzern nicht ersetzt zu werden).

Nach manchen kann diese Genehmigungsmöglichkeit aus § 185 II 1 sogar das Eigentum überleben.

BGHZ 56, 131 ff.: Beim Eigentümer E gestohlenes Leder gelangt zu dem redlichen Händler H. Dieser verkauft es an verschiedene Betriebe, die das Leder weiterverarbeiten. E verlangt von H die Verkaufserlöse.

Wäre das Leder noch unverarbeitet, so gehörte es wegen § 935 noch dem E. Dieser könnte folglich als derzeitiger Eigentümer die zunächst unwirksamen Veräußerungen durch H genehmigen und sich so den Anspruch aus § 816 I 1 verschaffen. Die Verarbeitung hat dem E aber sein Eigentum nach § 950 entzogen; kann er trotzdem noch genehmigen? Der *BGH* bejaht das: Der mit § 816 beabsichtigte Schutz des Eigentümers sei gerade dann besonders dringend, wenn dieser sein Eigentum aus rechtlichen (hier: wegen § 950) oder tatsächlichen Gründen (etwa wegen Vernichtung oder Verbrauch der Sache) nicht mehr nach § 985 geltend machen könne. Daher müsse das weitere Schicksal des Eigentums im Verhältnis E–H bedeutungslos bleiben.

Doch vgl. einschränkend *Medicus,* AT Rdnr. 1028 f.: § 185 II dürfte allenfalls dann analog anzuwenden sein, wenn sich das verlorene Eigentum wenigstens in einem Wertersatzanspruch (§§ 946 ff., 951) fortsetzt. Inzwischen hat auch *BGHZ 107, 340 ff.* sich der in der Lit. h.M. angeschlossen: Die Verfügung eines Nichtberechtigten könne nur von demjenigen wirksam genehmigt werden, der **bei der Genehmigung** selbst die Verfügungsmacht habe. Andernfalls könnte er nämlich durch seine Genehmigung in das Recht des (damaligen) Eigentümers eingreifen.

599 bb) Ist dagegen die Veräußerung **dem Eigentümer gegenüber unwirksam,** also weder anfänglich wirksam noch nachträglich durch Genehmigung wirksam geworden, dann gilt § 816 I nicht. Nach herrschender und richtiger Ansicht (etwa *Wieling* § 1 I 3 mit Fn. 41) kann der Eigentümer in solchen Fällen den Erlös aus der unwirksamen Veräußerung auch **nicht über die §§ 985, 285** (früher § 281) verlangen (etwa *Westermann/Gursky* § 31 V 3b). Denn das würde dazu führen, daß der Eigentümer sein Eigentum behielte und gleichwohl den Erlös bekäme; er wäre also doppelt begünstigt. Umgekehrt würde hier der Veräußerer – selbst der redliche – doppelt belastet: Er müßte den Erlös herausgeben und hätte außerdem noch mit der Mängelhaftung (§§ 437 ff.) seinem Käufer gegenüber zu rechnen. Damit wäre die »Opfergrenze« des § 985 überschritten: Der Besitzer soll nur herausgeben, was er zuviel hat, aber nicht auch noch aus dem eigenen Vermögen zuzahlen müssen. Zudem wäre der Veräußerungserlös ein *Eigentums*surrogat, während der Vindikationsschuldner ja nur den *Besitz* herauszugeben hat; auch deshalb paßt § 285 nicht für den Veräußerungserlös (*Jochem,* MDR 1975, 177 ff.).

Gegen einen unredlichen Besitzer bleiben Schadensersatzansprüche aus § 990 möglich, wenn er durch Veräußerung der Sache die Herausgabe vereitelt hat. Aber dieser Schadensersatz braucht nach § 255 nur gegen Übertragung des Eigentums geleistet zu werden. Auch hier kann also der Eigentümer nicht sein Eigentum behalten und noch zusätzlich dessen Wert verlangen.

2. Reguläre Nutzungen

Hinsichtlich der regulären Nutzungen dagegen bilden die §§ 987 ff. eine abschließende Regelung, § 993 I. Insoweit sind Bereicherungsansprüche also ausgeschlossen. **600**

a) Bereicherungsansprüche bei nichtiger Veräußerung

Die h.M. erkennt jedoch von diesem Grundsatz neben § 988 (vgl. oben Rdnr. 385) noch eine weitere Ausnahme an. Diese ergibt sich aus folgendem:
Veräußert der Eigentümer E eine Sache an D und ist nur das obligatorische Geschäft unwirksam, so ist kein EBV entstanden: Eigentum und Besitz befinden sich ja bei derselben Person, nämlich beim Erwerber D. Die §§ 985 ff. gelten also nicht: E hat gegen D einen Anspruch aus Leistungskondiktion auf Rückübereignung der Sache. Dieser Anspruch umfaßt nach § 818 I die von D gezogenen Nutzungen. Ist dagegen auch das dingliche Geschäft (die Veräußerung) unwirksam, so besteht ein EBV: E kann die Sache von D vindizieren, aber nach den §§ 987 ff. von dem redlichen Besitzer D anscheinend keinen Nutzungsersatz verlangen. Danach stünde E hinsichtlich der Nutzungen besser, wenn er sein Eigentum verloren hat, als wenn er es behalten hätte! Dieses unsinnige Ergebnis läßt sich im wesentlichen auf zwei Wegen korrigieren:
(1) *RGZ (GS) 163, 348 ff.* und *BGHZ 32, 76 ff.* (94; dort weitere Angaben) wollen durch **entsprechende Anwendung von** § 988 helfen: Der rechtsgrundlose Besitzer sei dem unentgeltlichen gleichzustellen, weil auch der rechtsgrundlose Besitzer keine Gegenleistung zu erbringen brauche.
(2) Demgegenüber will die im Schrifttum herrschende Ansicht **Bereicherungsansprüche mit den** §§ 987 ff. **konkurrieren** lassen[6]. Diese Ansicht ist für die Leistungskondiktion richtig (so ausdrücklich *Gernhuber*, BR § 44 IV 3g; *Canaris*, wie Fn. 6), und zwar aus folgendem Grund:
Bei **Zweipersonenverhältnissen** – also wenn der Besitzer den Besitz durch eine Leistung des Eigentümers erhalten hat – führen die Lösungen (1) und (2) zwar zum selben Ergebnis (gegen dieses freilich *Brehm/Berger*

---

6 So etwa *Baur/Stürner* § 11 Rdnr. 38; *Wolff/Raiser* § 85 II 6; *Larenz/Canaris* II 2 § 74 I 1a mit 2b.

§ 8 Rdnr. 33). Hat aber der Besitzer den **Besitz durch die Leistung eines Dritten erlangt,** fallen die Ergebnisse auseinander. Hier zeigt sich die Überlegenheit der Lösung (2).

> *Bsp.:* Der Dieb D hat eine Sache des E an den redlichen B verkauft, der Kaufvertrag ist unerkannt nichtig.

Nach der Ansicht (1) könnte hier E von B nach § 988 Nutzungsersatz verlangen, obwohl B den Kaufpreis an D gezahlt, also für den Erwerb ein Opfer gebracht hat. Dieses Opfer könnte auch im Verhältnis zu E nicht ohne Schwierigkeit berücksichtigt werden. Hier zeigt sich eben, daß man den rechtsgrundlosen Besitzer doch nicht einfach dem unentgeltlichen gleichsetzen darf!

Nach der Ansicht (2) dagegen kann nur D die Nutzungen von B kondizieren, weil B den Besitz durch Leistung des D erhalten hat. Und dem D vermag B seinen Anspruch auf Kaufpreisrückzahlung entgegenzuhalten. E seinerseits kann von D die Nutzungen, die er selbst gezogen hätte, nach §§ 992, 823, 249 ersetzt verlangen. Soweit E die Nutzungen nicht gezogen hätte, kann er sie von D zumindest nach § 687 II fordern. Im Ergebnis kommen die von B herauszugebenden Nutzungen also auch hier zu E, aber auf dem Umweg über D. Dieser Umweg ist nötig, um dem B die Verrechnung seines Vermögensopfers nicht unmöglich zu machen (vgl. auch unten Rdnr. 670).

In *BGHZ 37, 363/368 ff.* hat auch der *BGH* (zu § 816 I 2; vgl. oben Rdnr. 390 a) angedeutet: Der rechtsgrundlose Besitzer kann dem unentgeltlichen nur dann gleichgestellt werden, wenn der Erwerb ohne Vermögensopfer erfolgt ist. Wenigstens das müßte auch bei § 988 gelten.

b) Die Nutzungshaftung Minderjähriger

601 Wenn also der leistende Eigentümer die Nutzungen trotz § 993 I am Ende vom Besitzer als dem Leistungsempfänger kondizieren kann, ergibt sich ein früher viel behandeltes Spezialproblem, das freilich inzwischen durch den Beginn der vollen Geschäftsfähigkeit schon mit dem vollendeten 18. Lebensjahr (§ 2) stark an Bedeutung verloren hat.

> *OLG Hamm,* NJW 1966, 2357 ff.: Der minderjährige M mietet sich bei V ohne die Einwilligung seiner Eltern einen Pkw und benutzt ihn zwei Wochen lang. Gegenüber der Mietzinsforderung des V beruft M sich auf die Verweigerung der Genehmigung durch seine Eltern (§ 109). V erwidert, er verlange dann eben den Wert (§ 818 II) der Gebrauchsvorteile (§ 100) als Nutzungen (§ 818 I).

Das *OLG* hat die Klage des V aus zwei Gründen abgewiesen:

(1) Der Mietvertrag sei bis zur Verweigerung der Genehmigung nicht nichtig gewesen, sondern nur schwebend unwirksam. Auf einen solchen

Vertrag aber werde während des Schwebezustandes **mit rechtlichem Grund** geleistet. Aber daran dürfte nur richtig sein, daß V bis zur Verweigerung der Genehmigung nicht kondizieren kann, sondern zunächst von seinen Rechten aus §§ 108 I, 109 Gebrauch machen muß. Nach der Verweigerung dagegen sind die ausgetauschten Leistungen regelmäßig (Ausnahmen §§ 814, 815) auch für die Zeit des Schwebezustandes zurückzugewähren. In Konsequenz der Ansicht des *OLG* dürfte ja auch umgekehrt M den etwa für die Schwebezeit vorausbezahlten Mietzins nicht zurückverlangen!

(2) Die Gebrauchsvorteile seien bei M **weggefallen (§ 818 III)**. Dabei bleibt aber dunkel, worin hier ein solcher Wegfall liegen soll. Eher ist fraglich, ob M überhaupt einen vermögenswerten Vorteil erlangt hat. Für eine Bejahung spricht auf den ersten Blick, daß der *BGH* die Annehmlichkeiten aus dem Besitz eines Pkw im Schadensrecht für kommerzialisiert hält (unten Rdnr. 824 ff.; das übersieht *Batsch,* NJW 1969, 1743/1746). Um den Geldwert dieser Annehmlichkeit scheint M bereichert zu sein, und zwar unabhängig davon, wieviel und wofür er den Pkw wirklich benutzt hat.

Trotzdem möchte ich im Ergebnis wie das *OLG Hamm* einen Anspruch **602** des V verneinen (anders *Batsch* aaO., gegen ihn *Gursky,* NJW 1969, 2183 ff.): Welche Annehmlichkeiten sich ein Minderjähriger entgeltlich soll verschaffen dürfen, bestimmt nach den §§ 106 ff. sein gesetzlicher Vertreter. Diese Vorschriften betreffen zwar direkt nur eine rechtsgeschäftliche und nicht die bei § 812 in Frage stehende gesetzliche Vergütungspflicht. Aber auch diese (dem Betrage nach freilich bisweilen geringere) gesetzliche Vergütungspflicht widerspricht dem Schutzzweck des Minderjährigenrechts, weil sie den Minderjährigen ähnlichen Gefahren unkontrollierter Vermögensverluste aussetzt. Abgesehen von einer Delikthaftung des M (etwa aus §§ 823 II BGB, 263 StGB mit 1 II, 3 JGG) kann er daher nach §§ 812, 818 nur ersatzpflichtig sein, soweit er durch die Benutzung des Pkw Kosten erspart hat, deren Entstehung dem Willen seiner Eltern entsprach. Vgl. zu einem entsprechenden Fall außerhalb des EBV oben Rdnr. 176 (Flugreisefall) und beim Sachverbrauch oben Rdnr. 230 (Saldotheorie); auch unten Rdnr. 899 dazu, inwiefern § 818 III bei der Begründung des Ergebnisses helfen kann.

3. Exkurs: Der Eigentumserwerb an Sachfrüchten

Für den Inhalt des Anspruchs auf Herausgabe von natürlichen Sachfrüchten **603** ten ist stets die Vorfrage nach dem Eigentum zu beachten (vgl. *Medicus,* JuS 1985, 657 ff.): Soweit der Besitzer diese Sachfrüchte zu Eigentum erworben hat, muß er sie übereignen; andernfalls kann der Eigentümer der Muttersache sie mit dieser vindizieren (bei Verbrauch Wertersatz; oben Rdnr. 597).

Für den redlichen Besitzer folgt der **Eigentumserwerb aus § 955**. Streitig ist hier jedoch, ob bei **Abhandenkommen der Muttersache** § 935 entsprechend anzuwenden ist: Scheitert an dieser Vorschrift der Erwerb der Eier nach § 955, wenn das Huhn gestohlen ist? Eine Ansicht (etwa *Wolff/Raiser* § 77 III 4) bejaht die Analogie zu § 935, wenn das Ei bei dem Diebstahl schon im Huhn angelegt war, also mitgestohlen worden ist. Vorzuziehen dürfte aber die (herrschende) Gegenansicht sein (etwa *Westermann/Gursky* § 57 II 3c; *Wieling* I § 11 III 4b; *Wilhelm* Rdnr. 469): Sie erspart die lästige Frage, wann das Ei zu entstehen begonnen hat. Bei Sachbestandteilen muß freilich § 955 stets durch § 935 ausgeschlossen sein.

Große Bedeutung hat das allerdings schon deshalb nicht, weil § 935 nur für bewegliche Sachen gilt. Bei diesen aber spielt der Erwerb »sonstiger zu den Früchten der Sache gehörender Bestandteile« (§ 955 I 1) praktisch keine Rolle (Schulbsp. sind dagegen die Steine aus einem Steinbruch).

In jedem Falle brauchen der Eigentumserwerb nach § 955 und das Behaltendürfen nach §§ 987 ff. nicht übereinzustimmen. Dann ist die **Zuordnung nach § 955 vorläufig.**

Bsp.: Der redliche unentgeltliche Besitzer erwirbt zwar nach § 955 Eigentum an Früchten und Bestandteilen, muß diese aber nach § 988 (durch Übereignung) herausgeben. Ausnahmsweise kann übrigens auch der umgekehrte Fall (Behaltendürfen trotz Nichterwerbs des Eigentums) vorkommen: Der unredliche Pächter erwirbt an den Früchten kein Eigentum, haftet aber bei Redlichkeit seines Verpächters wegen § 991 I dem Eigentümer der Muttersache nicht.

VII. Besonderheiten beim Erbschaftsanspruch

1. Dingliche Surrogation[7]

603a Die wichtigste Eigenart der §§ 2018 ff. (dazu *Olzen,* Jura 2001, 223 ff.) gegenüber dem EBV ist die Surrogation nach § 2019 I: Zum Nachlaß gehört auch – d.h. es kann auch mit dem Anspruch aus § 2018 herausverlangt werden –, was der Erbschaftsbesitzer durch **Rechtsgeschäft mit Mitteln der Erbschaft** erwirbt. Der Erbe wird also kraft Gesetzes Eigentümer der vom Erbschaftsbesitzer derart erworbenen Sachen und Gläubiger der Forderungen. Beim Erwerb von Immobilien ist das Grundbuch unrichtig, soweit es den Erbschaftsbesitzer als Berechtigten nennt. Zum Zweck der Surrogation vgl. oben Rdnr. 574 c.

---

7 Allgemeiner zur Surrogation vgl. *Gernhuber,* BR § 49; *M. Wolf,* JuS 1975, 643 ff., 710 ff.; 1976, 32 ff., 104 ff.; *Coester-Waltjen,* Jura 1996, 24 ff.

a)   Erwerb mit Mitteln der Erbschaft

Fraglich ist jedoch, was »Erwerb mit Mitteln der Erbschaft« bedeutet: Muß   **603b**
die Weggabe von Nachlaßgegenständen rechtlich wirksam sein, oder genügt
schon die Weggabe des Besitzes? *Beispiele:*

(1) Der Erbschaftsbesitzer ohne Erbschein verkauft aus dem Nachlaß einen Ring
an K. Dieser erwirbt wegen §§ 935, 857 kein Eigentum. Wem steht die Kaufpreisforderung zu, dem Erbschaftsbesitzer oder dem Erben? Wem gehört das von K gezahlte Geld?

(2) Der Erbschaftsbesitzer ohne Erbschein zieht eine Nachlaßforderung ein. Wem
gehört das vom Nachlaßschuldner S Geleistete?

Im Fall (2) ist »Erwerb mit Mitteln der Erbschaft« zweifellos zu verneinen: Gläubiger der Nachlaßforderung ist mit dem Erbfall der wahre Erbe
geworden, § 1922 I. S hat also an einen Nichtgläubiger gezahlt und ist nicht
befreit worden. Der Nachlaß hat daher keinerlei Opfer erlitten. Anders ist
es nur, wenn der Erbe die Leistung des S genehmigt: Dann ist dieser befreit
(§§ 362 II, 185 II 1 Fall 1), und der Leistungsgegenstand steht nach § 2019 I
dem Erben zu.

Im Fall (1) dagegen hat der Nachlaß immerhin den Besitz an dem Ring
verloren. Würde man das für § 2019 I genügen lassen, so könnte der Erbe
aber nicht nur den Kaufpreis verlangen, sondern auch noch von K den Ring
vindizieren.

Daß K hier durch Zahlung des Kaufpreises an den Erbschaftsbesitzer freigeworden ist, selbst wenn die Kaufpreisforderung dem Erben zugestanden haben sollte,
folgt aus §§ 2019 II, 407 I. Insoweit schützt das Gesetz also den redlichen Schuldner
unabhängig vom Vorliegen eines Erbscheins. Der Unterschied zu Fall (2) besteht
darin, daß im Fall (1) K nicht schon beim Erbfall Schuldner war, sondern es erst
durch ein Rechtsgeschäft mit dem Erbschaftsbesitzer geworden ist.

Die ganz h.M. (etwa *Heinr. Lange/Kuchinke* § 41 III 2c) nimmt im Fall
(1) trotz der Unwirksamkeit der Veräußerung Surrogation an; der Verlust
des Besitzes genüge als Opfer des Nachlasses. Wenn man dem folgt, stehen
Kaufpreisforderung und der Kaufpreis selbst spätestens von dem Augenblick an dem Erben zu, in dem der Ring aus dem Nachlaß weggegeben
worden ist. Darüber, wie man einen solchen doppelten Erwerb des Erben
vermeiden kann, besteht Streit. Am richtigsten wird sein, daß der Erbschaftsbesitzer das Erlangte nur **Zug um Zug gegen Genehmigung** der
Verfügung durch den Erben herauszugeben braucht *(Kipp/Coing* § 107 II
1). Der Erbe hat also die Wahl zwischen dem dinglichen Anspruch auf die
unwirksam weggegebene Sache (Vindikation des Ringes von K) und dem
dinglichen (Unterschied zu § 816 I 1 beim EBV!; vgl. oben Rdnr. 598) Anspruch auf den Erlös.

b) Mitverwendung von Eigenmitteln

603c Erfüllt der Erbschaftsbesitzer einen Schuldvertrag nur teilweise aus dem Nachlaß und zum anderen Teil mit Eigenmitteln, so tritt auch die Surrogation nur teilweise ein. Entgegen dem Wortlaut von § 2019 I ist die Surrogation sogar ganz gehindert, wenn der Erwerb nicht von der Person des Erbschaftsbesitzers getrennt werden kann.

> *Bsp.:* Der Erbschaftsbesitzer erwirbt mit Nachlaßmitteln einen **Nießbrauch**. Hier kommt nur ein schuldrechtlicher Anspruch des Erben aus §§ 2021, 818 II auf den Wert des Nießbrauchs in Betracht, wenn nicht der Erbschaftsbesitzer nach §§ 2023 f. Schadensersatz schuldet. Dagegen ist nach *BGHZ 109, 214 ff.* die **Kommanditistenstellung** ein Surrogat der aus dem Nachlaß geleisteten Einlage (anders noch *BGH NJW 1977, 433*, vgl. dazu *Martinek*, ZGR 1991, 74 ff.).

c) Sachfrüchte

603d Unter § 2019 I fallen nicht die vom Erbschaftsbesitzer gezogenen Sachfrüchte. Das folgt aus § 2020 Halbs. 2, der einen Eigentumserwerb des Erbschaftsbesitzers an den Früchten für möglich hält und es insoweit also bei § 955 beläßt. Doch fallen auch diese vom Erbschaftsbesitzer erworbenen Früchte unter § 2018; der Anspruch richtet sich dann nicht nur auf Herausgabe, sondern ausnahmsweise zugleich auf Übereignung.

d) Exkurs: Übersicht zur erbrechtlichen Surrogation

603e Im folgenden sei noch eine Übersicht über die erbrechtlichen Surrogationsfälle gegeben.

Außer in § 2019 ist im Erbrecht noch an zwei anderen Stellen dingliche Surrogation angeordnet: In § 2041 für das Verhältnis zwischen **Miterben** untereinander und in § 2111 für das Verhältnis **Vorerbe-Nacherbe**. Alle drei Vorschriften sind jedoch verschieden formuliert.

aa) § 2111 I stimmt mit § 2019 hinsichtlich des »Erwerbs mit Mitteln der Erbschaft« überein. Dagegen sagt § 2041 »Erwerb durch ein Rechtsgeschäft, das sich auf den Nachlaß bezieht«. Das ist weiter als die §§ 2019, 2111. Beispiele:

(1) Kauf eines Grundstücks zur Abrundung von Nachlaßgrundstücken. Hier ist die Beziehung auf den Nachlaß ohne weiteres gegeben, § 2041 also anwendbar. Die Anwendung der §§ 2019, 2111 würde dagegen voraussetzen, daß das neu erworbene Grundstück mit Nachlaßmitteln bezahlt worden ist.

(2) Kauf eines Kraftwagens, der keine Beziehung zum Nachlaß hat und auch nicht für diesen verwendet werden soll, aber mit Nachlaßmitteln bezahlt wird. Hier sind die §§ 2019, 2111 sicher anwendbar. Dagegen hatte *OGHZ 2, 226 ff.* die Anwendung

von § 2041 abgelehnt, da eine subjektive Beziehung zum Nachlaß fehle. Anders heute die h.M. (etwa *Kipp/Coing* § 114 III 2): § 2041 wolle die Miterben gegen eine Verminderung ihrer Verwaltungs- und Teilungsmasse sichern. Daher müsse für § 2041 schon die objektive Beziehung zum Nachlaß genügen, die sich aus der Bezahlung mit Nachlaßmitteln ergebe. Dem ist zuzustimmen.

Ebenso wie § 2041 sind übrigens auch die *ehegüterrechtlichen* Surrogationsvorschriften formuliert: §§ 1418 II Nr. 3 (Vorbehaltsgut), § 1473 I (Gesamtgut); dazu noch § 1638 II (von der elterlichen Verwaltung ausgeschlossenes Kindesvermögen). Hier gilt dasselbe wie bei § 2041.

bb) **Die §§ 2041 S. 1, 2111 I 1** nennen im Gegensatz zu § 2019 I auch, »was auf Grund eines zur Erbschaft gehörenden Rechts oder als Ersatz für die Zerstörung, Beschädigung oder Entziehung eines Erbschaftsgegenstandes« erworben wird. Ein sachlicher Unterschied zu § 2019 I besteht aber nur hinsichtlich der Sachfrüchte: Für sie tritt im Bereich der §§ 2041, 2111 Surrogation ein, während bei § 2019 I das nach § 955 (nicht durch Rechtsgeschäft) vom Erbschaftsbesitzer erworbene Eigentum nicht auf den Erben übergeht. Im übrigen dagegen gilt für den Erbschaftsanspruch sachlich dasselbe wie nach den §§ 2041, 2111: Daß etwa ein Schadensersatzanspruch wegen Zerstörung einer Nachlaßsache wenigstens im wesentlichen (abgesehen unter Umständen von Nutzungsschäden des Besitzers; vgl. unten Rdnr. 607) dem wahren Erben zusteht, folgt schon daraus, daß sein Eigentum verletzt worden ist und er den Schaden hat. **603f**

Hinsichtlich der Früchte ist beim Vorerben freilich zu beachten, daß diese ihm regelmäßig (Ausnahme § 2133) endgültig gebühren. Eine Surrogation findet dann nach § 2111 I 1 am Ende nicht statt.

2. Andere Einzelheiten des Erbschaftsanspruchs

Abgesehen von § 2019 entsprechen die §§ 2020 ff. weitgehend dem EBV. **603g**

a) Schadensersatz

Für die Haftung bei Rechtshängigkeit oder Unredlichkeit laufen die §§ 2023, 2024 mit den §§ 989, 990 parallel. Die Sondervorschrift in § 2025 S. 2 gegenüber § 992 folgt daraus, daß der Erbschaftsbesitzer die Sachen des Nachlasses wegen § 857 fast immer durch verbotene Eigenmacht erworben haben wird. Daher würde auch der nur leicht fahrlässige Erbschaftsbesitzer fast immer nach § 823 haften, wenn § 2025 gegenüber § 992 keine Milderung brächte. Diese besteht darin, daß der Bruch des nur nach § 857 erworbenen Erbenbesitzes nicht genügt, um die Deliktshaftung auszulösen: Der

Erbe muß den Besitz zunächst tatsächlich ergriffen und gegen diesen Besitz muß sich die Eigenmacht des Erbschaftsbesitzers gerichtet haben.

b)   Nutzungen

603h Eine auf den ersten Blick schwerwiegende Abweichung des Erbschaftsbesitzes gegenüber dem EBV ergibt sich aber aus den §§ 2020, 2021: Auch der redliche Erbschaftsbesitzer muß alle Nutzungen herausgeben, selbst die Sachfrüchte, die er nach § 955 zu Eigentum erworben hat (vgl. oben Rdnr. 603 d). Zudem haftet er für alles, was er nicht mehr herausgeben kann, nach Bereicherungsrecht. Indessen entspricht diese Regelung nur dem § 988: Sie trägt dem Umstand Rechnung, daß der Erbschaftsbesitzer den Nachlaß auf Grund eines vermeintlichen oder vorgeblichen Erbrechts besitzt und daher für den Erwerb kein Opfer gebracht hat.

Anders steht es nur für den vertraglichen Erbschaftserwerber, insbesondere den Erbschaftskäufer, der nach § 2030 einem Erbschaftsbesitzer gleichsteht: Er wird den Erwerb der Erbschaft regelmäßig bezahlt haben.

c)   Verwendungen

603i Eine echte Besserstellung des unverklagten redlichen Erbschaftsbesitzers (für den verklagten oder unredlichen vgl. §§ 2023 II, 2024) hinsichtlich der Verwendungen enthält § 2022: Dieser Erbschaftsbesitzer kann Ersatz aller Verwendungen fordern, nicht nur wie nach §§ 994–996 der notwendigen und der werterhöhenden, § 2022 1 I. Zudem können auch Aufwendungen ersetzt verlangt werden, die sich nicht auf bestimmte Gegenstände beziehen, also etwa die gezahlte Erbschaftsteuer, § 2022 II (soweit diese nicht zurückzuerstatten ist). Endlich wirkt das Zurückbehaltungsrecht nach §§ 2022, 1000 nicht nur für diejenige Nachlaßsache, der die Verwendung gegolten hat, sondern für den ganzen Nachlaß. Es wirkt also selbst dann, wenn die betreffende Sache nicht mehr vorhanden ist.

§ 2022 I 1 ordnet dabei eine Anrechnung der Verwendungen auf die nach § 2021 zu ersetzende Bereicherung an: Insoweit ist der Erbschaftsbesitzer also nicht auf das Zurückbehaltungsrecht angewiesen. Vielmehr findet wie bei § 818 III (vgl. oben Rdnr. 224) eine Saldierung statt.

d)   Zahlung von Nachlaßschulden aus Eigenmitteln

603j Eine eigenartige Sonderrolle gegenüber § 267 spielt endlich § 2022 II; III. Die Vorschrift nennt nämlich den Fall, daß der (redliche) Erbschaftsbesitzer Nachlaßverbindlichkeiten aus Eigenmitteln gezahlt hat. Schuldner solcher Verbindlichkeiten ist aber regelmäßig der wahre Erbe. Da der Erbschaftsbesitzer diese fremde Schuld meist nicht tilgen wollte, ist der Erbe auch nicht nach § 267 befreit worden. Nach allgemeinen Regeln müßte also der Erbschaftsbesitzer das Geleistete von dem Nachlaßgläubiger mit der Leistungskondiktion zurückfordern (vgl. unten Rdnr. 948). Demgegenüber setzt aber § 2022 II; III voraus, daß der Erbschaftsbesitzer wegen seiner Leistung nicht nur das Zurückbehaltungsrecht, sondern sogar Ansprüche gegen die Erben haben kann. Das ist offenbar nur möglich, wenn die Leistung den Erben befreit hat. Dann kommt die Rückgriffskondiktion in Betracht (niemals dagegen wegen § 687 I ein Anspruch aus berechtigter Geschäftsführung ohne Auftrag).

Diese Unstimmigkeit wird folgendermaßen aufzulösen sein (*Kipp/Coing* § 107 IV 5b, vgl. auch *Brox* Rdnr. 586): Der Erbschaftsbesitzer hat hinsichtlich solcher Zahlungen die Möglichkeit zu nachträglicher Änderung der Tilgungsbestimmung. Er erlangt so die **Wahl zwischen der Leistungskondiktion** gegenüber dem Empfänger (dem Nachlaßgläubiger) **und der Rückgriffskondiktion** gegen den Erben. Soweit er die Leistungskondiktion wählt, kann er das Geleistete nicht als Aufwendung gegen den Erben geltend machen. Soweit er dagegen die Rückgriffskondiktion wählt oder über §§ 2022 I 2, 1000 ff. zum Ziel kommt, ist der Erbe durch die Leistung dem Nachlaßgläubiger gegenüber befreit. Damit entfällt zugleich eine Leistungskondiktion gegen den Leistungsempfänger.

Bsp.: Der redliche Erbschaftsbesitzer B zahlt eine Nachlaßverbindlichkeit mit Eigenmitteln an den Gläubiger G. Gäbe es § 2022 nicht, müßte B das Gezahlte von G mit der Leistungskondiktion als *indebitum* zurückfordern. Diese Möglichkeit wird B durch § 2022 nicht genommen. B erhält aber durch diese Vorschrift weitere Möglichkeiten: Er kann das an G Gezahlte nach § 2022 I 1 auf die dem wahren Erben E geschuldete Bereicherung verrechnen. Wo das nicht möglich ist, kann B den Nachlaß zurückhalten (§§ 2022 I 2, 1000) oder sogar mit der Rückgriffskondiktion offensiv gegen E vorgehen. Freilich wird E demgegenüber die Beschränkung seiner Haftung auf den Nachlaß geltend machen dürfen.

Wertvoll sind diese zusätzlichen Möglichkeiten für B vor allem, wenn G zahlungsunfähig ist. Wenn B sich an E hält, ist allerdings dieser dem G gegenüber befreit. Freilich wird man auch hier zugunsten des E die §§ 406 f. entsprechend anwenden müssen (vgl. unten Rdnr. 952 am Ende): Danach wird E insbesondere geschützt, soweit er schon selbst an G geleistet hat.

IV. Abschnitt Ansprüche aus Delikt

§ 24 Probleme des Deliktsrechts[1]

I. Haftung aus Unrecht und Gefährdung

Das Deliktsrecht im weitesten Sinne (der für das Anspruchsschema maß- **604** geblich ist) umfaßt im wesentlichen vier Gruppen von Tatbeständen. Diese werden hauptsächlich durch die folgenden Vorschriften gebildet:

1. Haftung aus **verschuldetem Unrecht**: §§ 823 I und II, 824–826, 830, 839 BGB, 7 III 1 Halbs. 2 StVG.

2. Haftung **aus Unrecht in widerleglich vermutetem Verschulden**: §§ 831, 832, 833 S. 2, 834, 836–838 BGB, 18 StVG, 44, 45 LuftVG.

3. Haftung aus **Gefährdung** ohne Rücksicht auf Unrecht und Verschulden: §§ 231, 833 S. 1 BGB, § 7 I, III 1 Halbs. 1 StVG, §§ 1, 2 HaftpflG, §§ 33 I, II 1, 3; 54 f. LuftVG, §§ 25, 26 AtomG, § 22 WHG, § 1 Prod-HaftG[2]; § 84 ArzneimittelG, § 1 UmweltHG und § 32 GentechnikG.

Die Anwendung der Vorschriften dieser Gruppe wird durch Rechtswidrigkeit und Verschulden nicht ausgeschlossen (häufiger Fehler!). Die Gefährdungshaftung ist eben keine Haftung bloß für rechtmäßiges Verhalten, sondern sie stellt die Fragen nach Rechtswidrigkeit und Verschulden nicht.

4. Haftung für **fremdes Unrecht mit Fremdverschulden**: § 3 HaftpflG, Art. 34 GG.

---

1 Dazu GW Rdnr. 332 f. sowie *Gernhuber*, BR § 40; *Deutsch*, Allgemeines Haftungsrecht (2. Aufl. 1996); *Deutsch/Ahrens*, Deliktsrecht (4. Aufl. 2002); *Brügge-meier*, Deliktsrecht (1986); *Fuchs*, Deliktsrecht (6. Aufl. 2006); *Kötz/Wagner*, Deliktsrecht (10. Aufl. 2006); *Mertens/Reeb*, Grundfälle zum Recht der unerlaubten Handlung, JuS 1971, 409 ff., 525 ff., 586 ff.; 1972, 35 ff.; *Kupisch/Krüger*, Grundfälle zum Recht der unerlaubten Handlungen, JuS 1980, 270 ff., 422 ff., 574 ff., 727 ff.; 1981, 30 ff., 347 ff., 584 ff., 737 ff.; *dies.*, Deliktsrecht (1983); *P. Schwerdt-ner*, Recht der unerlaubten Handlungen, Jura 1981, 414 ff.; 484 ff.; *Canaris*, Schutzgesetze – Verkehrspflichten – Schutzpflichten, 2. FS Larenz (1983) 27 ff.
2 Bei § 1 ProdHaftG dürfte allerdings die Haftungsvoraussetzung des Inverkehr-bringens eines fehlerhaften Produkts stets ein Unrecht bedeuten. Dann handelt es sich um verschuldensunabhängige Haftung aus rechtswidrigem Verhalten, anders aber *Larenz/Canaris* II 2 § 84 VI 1.

In der Gruppe 4 und den wichtigsten Vorschriften der Gruppe 2 gründet sich die Haftung nicht nur auf das eigene Verhalten des Schuldners, sondern auch auf fremdes Verhalten. Ich behandle diese beiden Gruppen daher später (unter Rdnr. 778 ff.) bei der Gehilfenhaftung. Hier bleiben also nur die Gruppen 1 und 3.

II. Haftung aus verschuldetem Unrecht

605 Die mit Abstand wichtigsten Vorschriften dieser Gruppe sind die §§ 823 I, 823 II und 826. Auf sie beschränke ich mich hier (zur Sonderfrage der Verkehrspflicht vgl. unten Rdnr. 641 ff.; zu § 830 I 2 unten Rdnr. 789 ff.).

Bei § 823 ist streng zu beachten, daß dessen beide Absätze zwei grundverschiedene Anspruchsgrundlagen bilden. Jedenfalls in schriftlichen Arbeiten muß daher stets angegeben werden, welcher Absatz gemeint ist. Zudem muß bei § 823 I ein bestimmtes Rechtsgut und bei § 823 II das angewendete Schutzgesetz genannt werden.

Unter den Vorschriften dieser Gruppe unterscheiden sich am deutlichsten § 823 I einerseits und § 826 andererseits: § 823 I ist objektiv eng (Verletzung bestimmter Rechtsgüter) und subjektiv weit (jedes Verschulden). Dagegen ist § 826 subjektiv eng (Vorsatz) und objektiv weit (er schützt das Vermögen schlechthin). Zwischen beiden steht § 823 II: Seine objektiven und subjektiven Erfordernisse richten sich nach dem Schutzgesetz; der durch dieses beabsichtigte Schutz wird durch einen Schadensersatzanspruch ergänzt. Wenn das Schutzgesetz ganz ohne Verschulden verwirklicht werden kann, verlangt § 823 II 2 allerdings für eine Schadensersatzpflicht zusätzlich mindestens leichte Fahrlässigkeit.

1. Handlungs- oder Erfolgsunrecht?

606 Zunächst eine Bemerkung dazu, ob für die Anwendung der Vorschriften dieser Gruppe die im Anschluß an *BGHZ 24, 21 ff.* früher viel behandelte[3], inzwischen aber wieder in den Hintergrund getretene Streitfrage nach dem Wesen des Unrechts (Handlungs- oder Erfolgsunrecht) eine Rolle spielt. Der *BGH* hat in dieser Entscheidung zum Handlungsunrecht tendiert, nämlich angenommen, daß im Straßenverkehr Rechtswidrigkeit bei verkehrsrichtigem Verhalten trotz Eintritt eines Verletzungserfolgs ausgeschlossen sei. Das hat aber für die §§ 823, 826 im Ergebnis keine Bedeutung. Denn jedenfalls das von diesen Vorschriften vorausgesetzte Verschulden kann bei verkehrsrichtigem Verhalten nicht vorliegen. Die Anhänger

---

3 *Nipperdey*, NJW 1957, 1777 ff., ausführlich *Münzberg*, Verhalten und Erfolg als Grundlagen der Rechtswidrigkeit und Haftung, 1966.

des Erfolgsunrechts können demnach in solchen Fällen zwar noch Rechtswidrigkeit annehmen, doch scheitert für sie ein Schadensersatzanspruch am Fehlen von Fahrlässigkeit. Schadensersatzrechtlich handelt es sich also nur um eine Frage der Begründung; sie wird bei den Verkehrspflichten besonders deutlich (vgl. unten Rdnr. 642 ff.).

2. Sonstige Rechte bei § 823 I BGB

Bei § 823 I beschränke ich mich hier (vgl. aber auch unten Rdnr. 641 ff. zu **607** den Verkehrspflichten) auf die Problematik, welche anderen Rechtsgüter als die dort ausdrücklich genannten unter dem Schutz dieser Vorschrift stehen. Zudem werden einige Grenzfälle der Eigentumsverletzung zu berühren sein (unten Rdnr. 613).

a) Besitz

Zu den »sonstigen Rechten« gehören sicher die **beschränkten Rechte an fremder Sache**. Auch das **Anwartschaftsrecht** wird man hierher zu rechnen haben, soweit es überhaupt Anerkennung verdient (vgl. *BGHZ 114, 161 ff.*). Höchst zweifelhaft ist eine Antwort dagegen für den Besitz.

Bsp.: Der Mieter M räumt nach wirksamer Kündigung die Wohnung im Hause des Vermieters V nicht. Daraufhin setzt V den M gewaltsam auf die Straße. Daß V das nicht darf, folgt aus § 858 I; Gegenrechte des M ergeben sich aus §§ 859 I, III, 861. Aber kann M von V auch den Ersatz der Kosten verlangen, die er für Hotelübernachtungen ausgegeben hat (§ 823 I wegen Besitzverletzung)?

aa) Unmittelbarer Alleinbesitz

Nach der früher meist vertretenen Ansicht, der Besitz falle schlechthin unter § 823 I, wäre dieser Ersatzanspruch begründet. Schwierigkeiten würde dann freilich sofort die Frage bereiten, für wie lange Zeit M denn nun die Hotelkosten ersetzt verlangen kann. Das läßt sich ohne Rückgriff auf die Befugnis, die hinter dem Besitz steht, kaum beantworten (vgl. *BGH NJW 1972, 625; 1979, 2034/2035*).

Nach meiner Ansicht[4] ergibt sich die Lösung aus folgendem: Die Worte »sonstiges Recht« in § 823 I sind gedanklich mit dem Eigentum verbunden (Leben, Körper, Gesundheit, Freiheit sind keine Rechte, sondern Rechts- oder Lebensgüter!). Daher muß das »sonstige Recht« **eigentumsähnlich** sein. Das Eigentum hat neben der negativen Seite (**Ausschlußfunktion:**

---

4 AcP 165 (1965) 115 ff., anders formulieren viele, etwa *Esser/Weyers* § 55 I 2b (maßgeblich sei die »sozialtypische Offenkundigkeit«, doch braucht das in der Sache keine Abweichung zu bedeuten).

Abwehrrechte des Eigentümers) auch eine positive (**Nutzungsfunktion,**
vgl. § 903). Der bloße Besitz ähnelt dem Eigentum zwar hinsichtlich der
negativen Seite (§§ 861 f.), nicht aber hinsichtlich der positiven: Der Besitzer als solcher darf die Sache nicht gebrauchen oder sonst nutzen. Daher
hat nur derjenige Besitzer eine eigentümerähnliche Position, dem das Gesetz außer den Abwehrrechten auch positive Befugnisse zuspricht (so wohl
auch *BGH* JZ 1979, 403/404). Das trifft zu bei allen rechtmäßigen Besitzern
(z.B. *BGHZ 137, 89 ff.*). Gleiches gilt aber auch bei manchen unrechtmäßigen wie etwa beim entgeltlichen redlichen Besitzer vor Rechtshängigkeit:
Er darf sogar im Verhältnis zum Eigentümer die Nutzungen behalten,
§§ 987, 988, 990, 993 I (zweifelnd *BGHZ 79, 232/238*). Der schadensersatzrechtliche Schutz des redlich erworbenen Besitzes folgt zudem auch daraus,
daß § 1007 III 2 auf die §§ 989, 990 verweist. Zu eng ist daher die Ansicht[5],
nur der *berechtigte* Besitz falle unter § 823 I. *Wieser*, NJW 1971, 597 ff. ist
denn auch zu einer unklaren Ausnahme gezwungen. Demgegenüber sehen
etwa *Larenz/Canaris* II 2 § 76 II 4f das Schutzobjekt nicht in dem Besitz
selbst, sondern in dem obligatorischen Recht zum Besitz.

Der Ausgangsfall ist nach meiner Ansicht wie folgt zu lösen: M hat einen Schadensersatzanspruch für die Zeit, für die er nach §§ 721, 765a ZPO eine Räumungs-
frist hätte erhalten können. Demgegenüber müßte die Ansicht, die auf das Besitzrecht abstellt, dem M jeden Schadensersatzanspruch versagen, wenn M vor der
(rechtsgestaltenden) Entscheidung über seine Schutzrechte vertrieben worden ist. So
wohl *BGHZ 79, 232/238*; nicht überzeugend dort das weitere Argument, die Frist
nach § 765a ZPO werde nur zur Räumung bewilligt und begründe daher keine
Nutzungsbefugnis: Auch diese Frist dient ja nicht der Räumung, also dem Ziel des
Gläubigers, sondern den Interessen des Schuldners.

Dabei ist die »Nutzungsfunktion« weiter zu verstehen als nur im Hinblick auf die eigentliche Sachnutzung. So kann der Besitzer auch sein Haftungsinteresse ersetzt verlangen (vgl. unten Rdnr. 837), das ihm daraus
entsteht, daß er durch die Verletzung seines Besitzes einem Dritten ersatzpflichtig wird. Ebenso ist das Interesse des Werkunternehmers daran geschützt, mit dem in seinem Besitz befindlichen Werk seine Vertragspflicht
erfüllen (und damit die Gegenleistung verdienen) zu können, *BGH* NJW
1984, 2569/2570. Zur (komplizierten) Schadensberechnung für den
Leasingnehmer bei Zerstörung des geleasten Fahrzeugs *BGHZ 116, 22 ff.*
(dazu *Schnauder,* JuS 1992, 820 ff.).

bb) Besondere Besitzformen

608   Die Anknüpfung des Besitzschutzes durch Schadensersatzansprüche an den
absolut wirkenden Klageschutz nach §§ 861 f. läßt folgende Frage entste-

---

5   Etwa *Wieser*, JuS 1970, 557 ff., auch *T. Honsell,* JZ 1983, 531/532.

hen: Entfallen auch Schadensersatzansprüche, wo der Schutz nach §§ 861 f. nicht besteht? *BGHZ 32, 194/205* hat das für den **mittelbaren Besitzer** bejaht: Da dieser nach § 869 nur gegen Dritte geschützt sei, hafte ihm der unmittelbare Besitzer auch nicht nach § 823 I (sondern nur aus dem Besitzmittlungsverhältnis, z.B. Miete). Nur scheinbar dazu in Widerspruch steht *BGHZ 62, 243 ff.*: Dort sind Schadensersatzansprüche gegen einen **Mitbesitzer** zugelassen worden, obwohl der Besitzschutz für ihn durch § 866 beschränkt ist. Aber diese Vorschrift beruht darauf, daß der Streit unter Mitbesitzern meist zum Rückgriff auf das Recht zum Besitz zwingt. Nur das soll durch § 866 für die §§ 861 f. vermieden werden. Bei § 823 I dagegen ist dieser Rückgriff ohnehin stets nötig, weil es dort nicht bloß um eine vorläufige Entscheidung geht.

cc) Konkurrenzfragen

Bei Schadensersatzforderungen aus der Verletzung beschränkter Sachen-   **609**
rechte, eines Anwartschaftsrechts oder des Besitzes entstehen eigenartige
Konkurrenzprobleme (dazu *Müller-Laube*, JuS 1993, 529/531 ff.).

> *Bsp.:* S zerstört fahrlässig eine Fensterscheibe in dem von M gemieteten Haus des E. M verlangt von S Schadensersatz nach § 249 II. Wie ist S vor einem Anspruch des E geschützt, wenn M den erhaltenen Betrag vertrinkt, statt dafür eine neue Scheibe einsetzen zu lassen?

§ 851 paßt hier schon deshalb nicht direkt, weil keine bewegliche Sache vorliegt; auch kann S gewußt haben, daß M nur Mieter war. Man wird daher dem S nur solche Ersatzleistungen zumuten dürfen, die auch E gegenüber wirken: Naturalrestitution nach § 249 I oder Ersatz der Kosten der bereits eingesetzten Scheibe. Wenn M damit nicht zufrieden ist, braucht S in Analogie zu § 1281 nur an M und E gemeinsam zu zahlen: Dem S bleibt es so erspart, das dem M zustehende Besitzerinteresse und das dem E gebührende Eigentümerinteresse auseinanderzurechnen (das gelänge ohne Kenntnis des Innenverhältnisses ebensowenig wie in dem Fall von § 1281, vgl. auch *Wieser*, FS Laufke, 1971, 135 ff.). Demgegenüber will *Müller-Laube*, JuS 1993, 529/534 f. beim Erwerb unter EV die schadensersatzrechtliche Abwicklung vorrangig dem vertragstreuen Anwartschaftsberechtigten überlassen.

b) Forderungen

Forderungen gehören nach h.M. nicht zu den »sonstigen Rechten«.   **610**
Darüber besteht Einigkeit, soweit die Forderung durch Einwirkung auf die
Person des Schuldners oder den Forderungsgegenstand beeinträchtigt worden ist.

Bsp.: S verletzt A, den Arbeitnehmer des G, so daß G seinen Anspruch auf Arbeitsleistung gegen A zeitweise verliert: G hat keinen eigenen Anspruch gegen S aus § 823 I. Oder: S zerstört die Sache, deren Übereignung A dem G schuldet: Nur A, nicht G kann den S aus § 823 I in Anspruch nehmen.

Dagegen unterstellen manche Eingriffe Dritter in die Forderungszuständigkeit dem § 823 I: Die Zuständigkeit der Forderung, also ihre Zugehörigkeit zum Vermögen des Gläubigers, sei eine absolute Rechtsposition[6]. Ich halte diese Ausdehnung des § 823 I für unrichtig: Man kann die Forderung, die sicher nur ein relatives Recht und daher nicht eigentumsähnlich ist, nicht von ihrer Zuständigkeit trennen. Zudem befremden die Ergebnisse dieser Ausdehnung des § 823 I. Das zeigt folgendes

Bsp.: G hat seine Forderung gegen S an Z abgetreten. S, der hiervon nichts weiß, leistet an G und wird dadurch nach § 407 I befreit. S hat also durch seine Leistung auf die Forderungszuständigkeit eingewirkt, nämlich dem Z seine Forderung entzogen. Nach § 823 I müßte S dem Z hierfür schon bei leichter Fahrlässigkeit haften: S wäre also zwar von der ursprünglichen Schuld nach § 407 I freigeworden (hier schadet ihm nur Kenntnis der Abtretung), müßte aber gleichwohl Schadensersatz leisten! Damit wäre der von § 407 gewollte Schuldnerschutz unerträglich verwässert. G dagegen haftet dem Z ohnehin schon aus § 816 II und dem der Abtretung zugrunde liegenden Kausalverhältnis (etwa Forderungskauf); § 823 I ist also gegenüber Z unnötig.

Otte, JZ 1969, 253 ff. hat überzeugend nachgewiesen, daß ein genügender Schutz des Gläubigers durch andere Vorschriften nur in Sonderfällen bei den §§ 793, 808 zweifelhaft ist: Der nicht berechtigte, aber redliche und unverklagte Inhaber eines Wert- oder Legitimationspapiers zieht die verbriefte Forderung wirksam ein und wird dann entreichert (so daß der Anspruch des Berechtigten aus § 816 II wegen § 818 III entfällt). Doch glaube ich wie *Otte* aaO. 257 f., daß dann Ansprüche des Berechtigten gegen den Zahlungsempfänger nur entsprechend §§ 989 f. und nicht nach § 823 I sachgerecht sind: Der redliche Empfänger darf nur wie der Besitzer gegenüber dem Eigentümer haften.

c)   Recht am eingerichteten und ausgeübten Gewerbebetrieb

611 Weiterhin zweifelhaft ist das »Recht am eingerichteten und ausgeübten Gewerbebetrieb«. Dieses ist zwar von der Rspr. schon seit mehr als 100 Jahren anerkannt, doch wird sein Schutz jetzt mit Recht stark eingeschränkt. Wirklich kann ja auch in einer Wettbewerbswirtschaft der Gewerbebetrieb nicht wie das Eigentum in seinem Bestand geschützt werden:

6 So *Larenz/Canaris* II 2 § 76 II 4g und *Canaris,* FS Steffen (1995) 85 ff.; dagegen aber *Blomeyer* § 2 III 4c; *Esser/Weyers* § 55 I 2b; *Medicus,* FS Steffen 333 ff.; *Hammen,* AcP 199 (1999) 591 ff., vgl. auch *Becker,* AcP 196 (1996) 439 ff.

Kunden, Umsatz und Verdienstmöglichkeit sind dem Unternehmer nicht garantiert, sondern müssen von ihm selbst durch erfolgreiche Teilnahme am Wettbewerb ständig neu behauptet werden. *Larenz/Canaris* II 2 § 81 II 1; 2; IV mit Nachweisen verneinen daher ein Recht am Gewerbebetrieb völlig: Dieses sei dogmatisch unhaltbar und praktisch unnötig (dazu weiter *K. Schmidt*, JuS 1993, 985 ff.).

aa) *Stromkabelfälle*

Wie weit aber auch außerhalb des Wettbewerbsbereichs der Schutz des Gewerbebetriebs hinter dem des Eigentums zurückbleibt, zeigen etwa die Stromkabelfälle: **612**

BGHZ 29, 65 ff.: Der Baggerführer des S hat durch Unachtsamkeit ein zur Fabrik des G führendes Stromkabel zerrissen. Die Fabrik liegt daher einen Tag lang still. G verlangt von S aus §§ 831, 823 I Ersatz des ihm hieraus entstandenen Schadens. Dabei kam als Schutzobjekt nicht das Eigentum an dem Kabel in Betracht (dieses gehörte dem Elektrizitätswerk), sondern nur der Gewerbebetrieb. Der *BGH* hat hier einen Ersatzanspruch verneint: Der Schutz des Gewerbebetriebes durch § 823 I beschränke sich nämlich auf betriebsbezogene Eingriffe, und ein solcher liege nicht vor: Das zerrissene Kabel »hätte genausogut für die Stromlieferung an andere Abnehmer bestimmt sein können«. Diese Begründung überzeugt freilich kaum: Man kann eine Betriebsbezogenheit ja auch für diese anderen Abnehmer bejahen, wenn deren Betriebe gleichfalls auf Strom angewiesen sind. Allgemeiner formuliert *BGH* ZIP 1998, 1033/1035: Es bedürfe »einer Betriebsbezogenheit des Eingriffs, der sich nach seiner objektiven Stoßrichtung gegen den betrieblichen Organismus oder die unternehmerische Entscheidungsfreiheit richten« müsse.

Zudem hat der *BGH* in den Stromkabelfällen einen Schutz des Betriebsinhabers auch nach anderen Vorschriften verneint: Die Bestimmungen der Landesbauordnungen, nach denen bei Bauarbeiten öffentliche Versorgungsleitungen zu schützen sind, bildeten keine **Schutzgesetze** nach § 823 II (so *BGHZ 66, 388 ff.* gegen *BGH* NJW 1968, 1279 ff.). Entsprechend soll § 317 StGB kein Gesetz zum Schutz einzelner Inhaber eines Telefon- oder Fernschreibanschlusses sein (*BGH* NJW 1977, 1147 f.). Und nach *BGH* NJW 1977, 2208 ff. kann der durch den Kabelbruch betroffene Betriebsinhaber Ersatzansprüche auch nicht auf eine **Verletzung des Vertrages** zwischen dem Besteller der Bauarbeiten und dem Bauunternehmer stützen: Dieser Vertrag habe weder Schutzwirkung für Drittgeschädigte, noch erlaube er dem Besteller eine Drittschadensliquidation (vgl. unten Rdnr. 838 ff.).

Anders liegen dagegen Fälle wie der von

BGHZ 41, 123 ff.: Wie in den vorigen Beispielen hatte ein Bagger die Stromversorgung eines Betriebes unterbrochen. Dieser Betrieb ist eine Brüterei: Die in den elektrischen Öfen liegenden, schon angebrüteten Eier verderben infolge des Stromausfalls. Hier hat der *BGH* als Schutzobjekt das **Eigentum** des Betriebsinhabers an den Eiern angesehen und Ersatz ihres Wertes nach § 823 I zugesprochen. Ebenso liegt es, wenn wegen einer Stromunterbrechung eine Kühlanlage ausfällt und deshalb Lebensmittel verderben. Hiergegen aber *G. Hager*, JZ 1979, 53 ff.: Er will mit Rücksicht auf den angeblich beschränkten Schutzzweck der Pflicht, Energieversorgungsanlagen nicht zu beschädigen, auch die »Verderbschäden« ohne Ersatz lassen.

bb) Einschränkung der Bewegungsfreiheit

613 In den Grenzbereich von Verletzung des Eigentums und des Gewerbebetriebes führt auch

BGHZ 55, 153 ff.: Der Schiffahrtsunternehmer S beliefert eine an einem Fleet liegende Mühle. Infolge eines Verschuldens der nichthoheitlich wegeunterhaltspflichtigen Bundesrepublik stürzt die Böschung ein; das Fleet wird so unpassierbar. Ein Schiff des S liegt bei der Mühle und ist durch den Einsturz eingesperrt; die übrigen Schiffe des S können von außerhalb des Fleets die Mühle nicht mehr erreichen. S verlangt von der Bundesrepublik Schadensersatz (vgl. *Möschel*, JuS 1977, 1 ff.).

Der *BGH* hat einen solchen Anspruch wegen des **eingeschlossenen Schiffs** aus **Eigentumsverletzung** bejaht: Das Eigentum werde nicht nur durch Eingriffe in die Sachsubstanz verletzt, sondern auch durch eine Beeinträchtigung der Eigentümerbefugnisse. Diese liege darin, daß das eingesperrte Schiff seinem bestimmungsgemäßen Gebrauch als Transportmittel entzogen worden sei. Die Haftung aus Eingriff in den Gewerbebetrieb des S scheide insoweit wegen ihrer Subsidiarität aus.

In Konsequenz dieser Entscheidung verletzt das Eigentum auch, wer einen fremden Kraftwagen durch falsches Parken an der Abfahrt hindert. Eine Ersatzpflicht folgt hier also schon aus § 823 I, ohne daß für § 823 II der Schutzbereich von Vorschriften der StVO geprüft werden müßte.

Wegen der **ausgesperrten Schiffe** dagegen hat der *BGH* einen Anspruch verneint: Eine Eigentumsverletzung fehle, weil diese Schiffe in ihrer Eigenschaft als Transportmittel nicht betroffen seien (aber wie, wenn sie schon für die Mühle beladen waren und eine Entladung ganz unwirtschaftlich ist?). Und einem Eingriff in den Gewerbebetrieb mangele hier die Betriebsbezogenheit: Die Schiffbarkeit des Fleets gehöre selbst dann nicht zum Gewerbebetrieb, wenn für S die Belieferung der Mühle den Schwerpunkt seines Geschäfts bilde. Andernfalls würde der Gemeingebrauch zum sonstigen Recht bei § 823 I.

Für den Fall des durch einen Fehler leergelaufenen Elbe-Seitenkanals hat *BGHZ 86, 152 ff.* (dazu *Müller-Graff*, JZ 1983, 860 ff.) den hoheitlichen Charakter der inzwischen durch § 7 I WasserstraßenG geregelten, »grundsätzlich privatrechtlichen Verkehrssicherungspflicht« bei Bundeswasserstraßen verneint. Damit bleibt für einen Fehler bei der Verkehrssicherung § 823 I maßgeblich. In diesem Rahmen hat der *BGH* für das auf Schadensersatz klagende Unternehmen, das an dem Kanal den Umschlag und die Lagerung von Gütern betrieb, einen Anspruch verneint: Das Eigentum an den Betriebsanlagen sei nicht verletzt, weil diese benutzbar geblieben und nur die Kunden ausgeblieben seien (S. 155, mir fraglich: Was soll man mit Hafenanlagen ohne Wasser anfangen? Die sind doch nicht nützlicher als ein eingesperrtes Schiff!). Und für einen Eingriff in den Gewerbebetrieb soll wieder die Betriebsbezogenheit fehlen.

Wenig glücklich scheint mir auch die Differenzierung in

BGH NJW 1977, 2264 ff.: Durch ein Verschulden des S kam es in dessen Tanklager zu einem Brand. Wegen der Explosionsgefahr wurde das benachbarte Betriebsgrundstück des G für zwei Stunden polizeilich geräumt. Für weitere fünf Stunden blockierten Polizei- und Feuerwehrfahrzeuge die öffentliche Zufahrt, so daß der Betrieb des G auch in dieser Zeit stillag. G verlangt von S wegen der sieben Stunden Schadensersatz.

Der *BGH* hat hier für die zwei Stunden der polizeilichen Räumung eine Eigentumsverletzung bejaht: Eine solche könne auch ohne Eingriff in die Substanz der Sache vorliegen, wenn deren Benutzung verhindert werde. Dagegen sei für die weiteren fünf Stunden ein Ersatzanspruch zu verneinen: Es wäre »abwegig«, in der kurzfristigen Störung des öffentlichen Verkehrs zu dem Grundstück des G eine Eigentumsverletzung zu sehen. Und für einen Eingriff in den Gewerbebetrieb fehle es an der Betriebsbezogenheit.

Auch hier zeigt sich, wie unsicher die **Abgrenzung der Eigentumsverletzung** ist[7]. Denn die Sperrung der Zufahrt kann die Nutzung des Betriebsgrundstücks ebenso nachhaltig verhindert haben wie die Räumung. Zudem hat die Sperrung erheblich länger gedauert als die Räumung, so daß eine Argumentation mit der kurzen Dauer versagt. Selbst in den Stromkabelfällen (oben Rdnr. 612) kann die Unterbindung der Stromzufuhr die einzig denkbare Nutzung einer Sache (etwa eines Elektromotors oder einer Glühlampe) vollständig verhindern, ohne daß hierin eine Eigentumsverletzung gesehen würde. Nach meiner Ansicht ist die Problematik noch nicht befriedigend gelöst. Unbedenklich scheint mir dagegen *BGHZ 105, 346/350*: Das Eigentum an Forellen wird durch ein Fischfutter mit pharmakologischen Zusätzen verletzt, derentwegen der Verkauf der Forellen verboten wird.

---

7 *Möschel*, JuS 1977, 1 ff.; *Plum*, AcP 181 (1981) 68 ff.; *Medicus*, SBT Rdnr. 795 ff. und monographisch *Boecken*, Deliktsrechtlicher Eigentumsschutz gegen reine Nutzungsbeeinträchtigungen (1995); *Rosenbach*, Eigentumsverletzung durch Umweltveränderung (1997, »Umwelt« ist hier nicht in dem sonst üblichen Sinn gemeint).

cc) Gewerbebetrieb und Wettbewerbsrecht

614 Eine weitere Einschränkung für den Schutz des Gewerbebetriebs durch
§ 823 I bringt *BGHZ 36, 252/256*: Dieser Schutz diene im wesentlichen der
Schließung von Lücken; bei Schädigungen im Wettbewerb könne Schadensersatz daher nur nach den Sondervorschriften des Wettbewerbsrechts (ggf.
in Verbindung mit § 823 II) verlangt werden.

Damit ist m.E. der entscheidende Gesichtspunkt angesprochen: Der Gewerbebetrieb kann nicht in seinem Bestand geschützt werden, sondern nur
gegen bestimmte Verhaltensweisen. Die Aufgabe besteht also darin heraus-
zuarbeiten, welche Verhaltensweisen etwa im Wettbewerb oder im Arbeitskampf unerlaubt sein sollen (etwa *BAG* Betr. 1985, 1695/1696: rechtswidriger Sympathiestreik). Die Normen hierüber gehören dann als Schutzgesetze zu § 823 II. Soweit es solche Normen (z.B. im UWG oder im GWB)
bereits gibt, braucht man § 823 I nicht. Und soweit sie noch fehlen, sollte
man sie über § 826 entwickeln und nicht über § 823 I[8].

Insbesondere zur Abgrenzung gegenüber dem auf Tatsachenbehauptungen be-
schränkten § 824 bei unberechtigter Kritik der Produkte eines Gewerbebetriebes
(**Warentests**) vgl. *Kübler*, JZ 1968, 542 ff. und AcP 172 (1972) 177 ff.; *Schricker*,
ebenda 203 ff. *BGH* NJW 1988, 1589 f. bejaht eine Tatsachenbehauptung, wenn eine
Erklärung »gegenüber dem Leser Wahrheitsgehalt in Anspruch« nimmt, weil der
Verkehr von der Belegbarkeit durch Tatsachen ausgehe. Ähnlich stellt *BGH* VersR
1989, 1048 darauf ab, ob eine Behauptung »der Überprüfung mit den Mitteln des
Beweises zugänglich« ist. Vgl. auch *BGH* JZ 2002, 663 mit Anm. *Kübler* zur Kritik
an einem Verlag.

Vgl. weiter zur negativen Beurteilung gewerblicher Leistungen durch den
»Varta-Führer« *OLG Frankfurt*, NJW 1974, 1568 ff. und durch die »Stiftung Warentest« *BGHZ 65, 325 ff.* (Ski-Sicherheitsbindungen) mit weitem
Spielraum für sachliche Kritik. Weiten Spielraum gewährt auch *BGHZ 90,
113 ff.* (dazu *P. Schwerdtner*, JZ 1984, 1103 ff.) der öffentlichen Kritik an
einem Neubauvorhaben der Bundesbahn.

dd) Unberechtigte Schutzrechtsverwarnung

614a Einer der ersten Anwendungsfälle des deliktischen Schutzes von Gewerbe-
betrieben war die unberechtigte Schutzrechtsverwarnung: Jemand behauptet, ein ihm zustehendes Schutzrecht (Patent usw.) werde durch die Tätigkeit eines Gewerbebetriebs beeinträchtigt, und veranlaßt so den Betriebsinhaber zur Stillegung der Produktion. Hier hatte schon *RGZ 58, 24* die
Anwendung von § 823 I bejaht: Das Schutzrecht bringe dem Berechtigten

---

8 Dazu *Deutsch*, JZ 1963, 385 ff. und zu Einzelheiten etwa *Fikentscher/Heinemann*
   Rdnr. 1572 ff.; *Esser/Weyers* § 55 I 2c, ähnlich auch *Larenz/Canaris* II 2 (wie
   Rdnr. 611).

Vorteile; folglich müsse er auch die korrespondierenden Nachteile tragen, also die Schäden aus einer unberechtigten Verwarnung. Das ist in neuerer Zeit angezweifelt, aber kürzlich vom GSZ (*BGHZ 164, 1 ff.*) bestätigt worden. *BGHZ 165, 311 ff.* erstreckt die Ersatzpflicht sogar auf den Fall, daß der Unternehmer durch die Verwarnung eines seiner Abnehmer behindert wird.

d) Allgemeines Persönlichkeitsrecht

Eine neuere Entwicklung ist die Anerkennung des *Persönlichkeitsrechts* als   **615** Schutzgut von § 823 I. Damit wird der vom BGB vernachlässigte Schutz der Ehre verstärkt, doch reicht das Persönlichkeitsrecht noch hierüber hinaus, etwa beim Schutz der Intimsphäre[9].

Dabei ist das Persönlichkeits*recht* eine juristische Mißgeburt. Denn die einzelnen Ausflüsse der Persönlichkeit wie Ehre usw. lassen sich von der Persönlichkeit selbst nicht trennen. Sie können daher auch nicht Objekt besonderer Rechte werden, sondern sind Teile der Persönlichkeit (also des Rechtssubjekts) selbst. Deshalb stehen sie auf einer Stufe mit Leben, Körper, Gesundheit und Freiheit, aber nicht mit dem Sacheigentum. Der Schutz der Persönlichkeit sollte daher durch Analogie zum Schutz der vier genannten Lebensgüter begründet werden; ein Persönlichkeitsrecht als »sonstiges *Recht*« ist abzulehnen. Dementsprechend war auch geplant, bei einer Neufassung des § 823 I die Persönlichkeit als Schutzgut außerhalb des »sonstigen Rechts« besonders zu nennen.

Bei der Rechtsanwendung besteht die Problematik des Schutzgutes »Persönlichkeit« darin, daß ihm die **klare Abgrenzung fehlt**: Der Schutz *einer* Person behindert regelmäßig die Entfaltungsfreiheit (und damit wohl auch das »Persönlichkeitsrecht«) einer anderen. Der Schutzumfang muß daher erst durch eine **Güter- und Interessenabwägung** festgestellt werden[10].

Hier sei nur auf eine oft verkannte Unterscheidung hingewiesen: Das »allgemeine Persönlichkeitsrecht« ist nicht etwa erst durch das sog. »*Herrenreiterurteil*« (*BGHZ 26, 349 ff.*) anerkannt worden, sondern schon durch *BGHZ 13, 334 ff.* (»*Leserbrief*«) und dann in vielen weiteren Entscheidungen. Die Neuerung durch das Herrenreiterurteil besteht vielmehr darin, daß dort erstmals im Widerspruch zu § 253 a.F. eine **Geldentschädigung wegen des immateriellen Schadens** durch die Persönlichkeitsverletzung zuerkannt worden ist. Die maßgeblich gewordene *Begründung* dafür

---

9 Dazu etwa *P. Schwerdtner*, JuS 1978, 289 ff.; *Brehmer/Voegeli*, JA 1978, 374 ff.; *Stoll*, Jura 1979, 576 ff., auch *Fikentscher/Heinemann* Rdnr. 1584 ff.; *Medicus*, AT Rdnr. 1079 ff.; *Larenz/Canaris* II 2 § 80, alle mit dem Versuch einer Fallgruppenbildung.

10 So schon *BGHZ 13, 334/338; Esser/Weyers* § 55 I 1d, etwas anders *Larenz/Canaris* II 2 § 80 III; IV.

hat der *BGH* aber erst später (in *BGHZ 35, 363 ff.* »*Ginsengwurzel*«) gefunden: Die starke Betonung der Menschenwürde durch Art. 1 I GG zwinge dazu, deren Verletzung mit einer wirksamen zivilrechtlichen Sanktion auszustatten. Soweit die nach § 253 a.f. zulässige Naturalrestitution nicht ausreiche oder ganz unmöglich sei, müsse daher entgegen § 253 a.f. Geldersatz zugesprochen werden. Zugleich hat der *BGH* seine Ansicht aber dahin eingeschränkt, daß eine solche Genugtuung nur bei *erheblichen* Persönlichkeitsverletzungen gefordert werden könne.

Diese dem § 253 a.f. widersprechende Judikatur war bedenklich. Denn aus dem GG läßt sich nicht begründen, daß Persönlichkeitsverletzungen gerade einer zivilrechtlichen Sanktion bedürfen. Daher widersprach § 253 a.f. dem GG nicht. Allerdings wäre eine zivilrechtliche Sanktion wünschenswert. Da der Gesetzgeber ihre Durchsetzung gegen den Widerstand der (hauptsächlich betroffenen) Presse nicht gewagt hatte (dazu *Diederichsen*, Die Flucht des Gesetzgebers aus der politischen Verantwortung im Zivilrecht, 1974, 56 ff.), hat die Rspr. sich eine solche Sanktion selbst geschaffen. Angesichts von Fällen wie denen in *BGHZ 39, 124 ff.* (»*Fernsehansagerin*«) oder in *BGH JZ 1979, 349 ff.* (= *BGHZ 73, 120 ff.*) oder 351 f. (mit Anm. *Deutsch*; Veröffentlichung aus rechtswidrig abgehörtem Ferngespräch) sowie *BGHZ 128, 1 ff.* (dazu *Schlechtriem*, JZ 1995, 363 ff.: erfundenes Interview mit Caroline von Monaco) ist das freilich verständlich: Sie machen deutlich, daß der **Schutz vor der Presse** nicht weniger wichtig ist als der oft viel stärker betonte **Schutz der Presse**. So hat auch *BVerfGE 34, 269 ff.* die richterliche Korrektur des § 253 a.f. als mit dem GG vereinbar erklärt (dazu etwa *Kübler*, JZ 1973, 667 f.).

Übrigens soll ein Geldanspruch wegen einer Verletzung des Persönlichkeitsrechts auch auf die §§ 823 II BGB, 186 StGB gestützt werden können, *BGHZ 95, 212 ff.* Das kann für den Kläger aus Beweisgründen günstiger sein. Für die Höhe der Entschädigung soll nach *BGHZ 128, 1 ff.* auch die Absicht des Schädigers zur Gewinnerzielung (betragssteigernd) berücksichtigt werden (wieder das erdichtete Interview mit Caroline von Monaco).

Inzwischen ist der Geldersatz immaterieller Schäden durch die Neufassung des § 253 wesentlich erweitert worden. Doch erscheint auch dort unter den geschützten Rechtsgütern weder die Ehre noch die Persönlichkeit (ausgenommen bloß die »sexuelle Selbstbestimmung«). Aber die Rspr. zum allgemeinen Persönlichkeitsrecht wird unverändert fortgeführt: Anscheinend wird die dort zu leistende »Genugtuung« nicht mit dem Geldersatz von § 253 II gleichgesetzt.

e)   Ehe

616   Heftig umstritten ist der deliktische Schutz der Ehe[11]. Einerseits hat *BGHZ 6, 360 ff.* der Ehefrau einen **Beseitigungs- und Unterlassungsanspruch**

---

11   Dazu *Gernhuber*, BR § 22 und *Gernhuber/Coester-Waltjen* § 17 Rdnr. 22 ff.

(vgl. unten Rdnr. 628 ff.) gegen den untreuen Ehemann und seine in die Ehewohnung aufgenommene Geliebte gegeben. Damit ist der **räumlich-gegenständliche Bereich der Ehe** als absolut geschützte Position anerkannt worden (ebenso *BGHZ 34, 80/87*)[12]. Andererseits verneint der *BGH* aber in ständiger Rspr. einen Schadensersatzanspruch aus Eheverletzungen.

Bsp.: Die Ehefrau F wird ihrem Mann M mit D untreu. Aus dem Ehebruch der F wird ein Kind geboren. M bezahlt die Entbindungskosten und leistet dem Kind zunächst Unterhalt (§ 1592 Nr. 1). Aus der Durchführung der Ehelichkeitsanfechtung entstehen dem M Kosten, die ihm das vermögenslose Kind als unterlegener Prozeßgegner nicht erstatten kann. Infolge der Ehescheidung verliert M eine einträgliche Beschäftigung im Betrieb seines Schwiegervaters und seine Wohnung in dessen Haus. Endlich erkrankt M wegen der Aufregungen im Zusammenhang mit der Untreue der F. Kann M alle diese Schäden von F und D ersetzt verlangen?

aa) Argumente für die Ablehnung von Ersatzansprüchen

Hinsichtlich des **untreuen Ehegatten** hat der *BGH* die Ablehnung von Ersatzansprüchen hauptsächlich damit begründet, das Familienrecht regele die vermögensrechtlichen Folgen der Ehe abschließend *(BGHZ 23, 215 ff.)*. Hinsichtlich des **Dritten** hat der *BGH* im wesentlichen zwei Gründe angeführt: Die Pflicht zur ehelichen Treue binde nur die Ehegatten und könne daher von dem Dritten nicht verletzt werden. Auch müsse ein Schadensersatzanspruch gegen den Dritten über den Gesamtschuldnerausgleich nach §§ 840, 426, 254 teilweise auf den untreuen Ehegatten zurückwirken und so die abschließende familienrechtliche Regelung stören *(BGHZ 23, 279 ff.)*. Später hat *BGH* JZ 1973, 668 f. mit Anm. *Löwisch* pauschaler argumentiert: Die Untreue des Ehegatten stelle im wesentlichen einen innerehelichen Vorgang dar, der nicht im Schutzbereich des Deliktsrechts liege. Und das müsse sich angesichts der engen Verbindung mit dem Verhalten des untreuen Ehegatten auch auf die Beteiligung des Dritten auswirken. Bestätigt worden ist diese Rspr. von *BGH* NJW 1990, 706 ff. (dort auch alle Nachweise) mit Anm. *Schwenzer* in JZ 1990, 441 f.

Nicht für ausgeschlossen hält *BGHZ 80, 235/238 ff.* jedoch Schadensersatzansprüche gegen die Ehefrau, wenn diese ihrem Ehemann vor der Eheschließung vorgespiegelt hatte, nur er komme als Vater des von ihr erwarteten Kindes in Betracht: Hier gehe es nicht um eine (allein vom Eherecht sanktionierte) Verletzung der ehelichen Treue, sondern um eine (noch dazu voreheliche) Täuschung. Ähnlich läßt *BGH* NJW 1990, 706/708 Schadensersatzansprüche aus § 826 zu.

617

---

12 Dazu etwa *Palandt/Sprau* § 823 Rdnr. 17 f. und kritisch *Struck*, JZ 1976, 160 ff., dem *BGH* zustimmend jedoch *OLG Celle*, NJW 1980, 711 (hierzu *Smid*, JuS 1984, 101 ff.).

bb) Der Gegenstandpunkt

618 In der Literatur halten manche (etwa *Gernhuber/Coester-Waltjen* § 17 Rdnr. 24 mit Nachweisen) die vom *BGH* gegen die Anwendung des § 823 I vorgebrachten Gründe für nicht stichhaltig: Die angeblich abschließende Regelung durch das Familienrecht kann den Dritten nicht schützen. Wenn man den untreuen Ehegatten nicht für ersatzpflichtig hält, wird dieser auch nicht neben dem Dritten Gesamtschuldner und ist daher keinem Rückgriff aus § 426 ausgesetzt. Und daß ein Dritter die Ehe verletzen kann, folgte bis zur Aufhebung des § 172 StGB aus diesem; das dürfte wegen Art. 6 I GG auch jetzt noch gelten.

Auch die Befürworter eines Anspruchs wollen freilich nur einen beschränkten Schutz gewähren: Zu ersetzen sei nur das **Abwicklungsinteresse**, nicht aber das Bestandsinteresse. Dabei umfaßt das erste die Schäden aus der Durchführung der Scheidung und der Ehelichkeitsanfechtung, das zweite dagegen allen Verlust von Vorteilen, der dem treuen Ehegatten aus der Nichtfortführung der Ehe entstanden ist (Einzelheiten bei *Gernhuber/Coester-Waltjen* § 17 Rdnr. 26 ff.). Dabei folgt die Beschränkung auf das Abwicklungsinteresse aus dem begrenzten **Schutzbereich der Norm**.

cc) Lösungsvorschlag

619 Nach meiner Ansicht begründet die Ehe zwar keine eigentumsähnliche Position und daher auch kein »sonstiges Recht«. Absolut geschützt ist aber wenigstens »die Verbindung der Ehegatten zu geschlechtlicher Treue« (*Gernhuber/Coester-Waltjen* § 17 Rdnr. 7). Sie fällt unter § 823 I in Analogie zu den dort genannten Lebensgütern. Als Verletzer tauglich ist jeder Dritte. Er muß aber bloß das Abwicklungsinteresse ersetzen, wie auch beim Verlöbnis durch die §§ 1298 ff. nur das Abwicklungsinteresse geschützt ist. Einen Ersatzanspruch gegen den untreuen Ehegatten möchte ich freilich – anders als beim Verlöbnis – verneinen; insoweit halte ich mit dem *BGH* die familienrechtliche Regelung und diejenige durch § 93a I ZPO für abschließend.

dd) Weitere Rechtsbehelfe

620 Neben dem deliktischen Schutz oder statt seiner kommen wegen der in dem Ausgangsfall genannten Schäden noch einige weitere Rechtsbehelfe in Betracht (vgl. *Engel*, Der Rückgriff des Scheinvaters wegen Unterhaltsleistungen, 1974; *Küppers*, NJW 1993, 2918 ff.):

(1) Soweit M dem Kind **Unterhalt** gewährt hat, geht der Unterhaltsanspruch des Kindes gegen D auf M über, so daß M ihn nach Anfechtung der Ehelichkeit gegen D geltend machen kann. Diese **Legalzession** wird im Anschluß an eine frühere Rspr. *(BGHZ 24, 9 ff.)* in den §§ 1615l III 1, 1607 III ausdrücklich bestimmt (vgl. unten Rdnr. 906; 914).

Neben dieser Legalzession bejaht *BGH* NJW 1981, 2183 f. aber auch einen **Bereicherungsanspruch** des Scheinvaters gegen das Kind. Und nach *BGHZ 78, 201 ff.* soll ein Bereicherungsanspruch auch gegen den Träger der Sozialhilfe gegeben sein, der zunächst für den Unterhalt des Kindes gesorgt und dann gegen den Scheinvater Rückgriff genommen hat (damals nach § 90 BundessozialhilfeG, vgl. unten Rdnr. 907 a).

(2) Die Legalzession umfaßt auch einen **Prozeßkostenvorschuß**, den M dem Kind für den Anfechtungsprozeß gewährt hat (*BGH* JZ 1968, 105 zu § 1709 II a.F.). Denn wie bei § 1360a IV ist ein solcher Vorschuß Teil des Unterhalts.

(3) *BGHZ 57, 229 ff.* (bestätigend *BGHZ 103, 160 ff.*) hat das endlich auch ausgedehnt auf diejenigen **Kosten, die M in dem Anfechtungsprozeß selbst entstanden** sind.

(4) Wegen der **Entbindungskosten** (§ 1615 l) hatte *BGHZ 26, 217 ff.* dem M einen Bereicherungsanspruch gegen den letztlich zahlungspflichtigen D gegeben. Das ist jedoch bedenklich: M hätte den D nur dann befreit, wenn er auf dessen Schuld gezahlt hätte (vgl. unten Rdnr. 948). Daran fehlt es aber regelmäßig: M zahlt auf seine eigene Schuld gegenüber der Klinik, dem Arzt usw. Jetzt dürfte die Legalzession nach §§ 1615l III 1, 1607 III mit § 1615l I auch die Entbindungskosten umfassen.

(5) Für die **Kosten des Scheidungsprozesses** M–F gilt § 93a I ZPO: Sie werden regelmäßig gegeneinander aufgehoben. M kann seinen Kostenteil allenfalls von D nach Deliktsrecht verlangen: Im Verhältnis der Ehegatten untereinander dürfte § 93a I ZPO eine abschließende Regelung sein, die durch Schadensersatzansprüche nicht in Frage gestellt werden darf.

f) Vereinsmitgliedschaft

Nach *BGHZ 110, 323 ff.* (dazu *K. Schmidt*, JZ 1991, 157 ff.; *Deutsch*, VersR 1991, 837 ff.) soll als »sonstiges Recht« auch die Mitgliedschaft in Betracht kommen: Dort hatte ein eingetragener Segelverein einem Mitglied die Teilnahme an einer Bodensee-Regatta verweigert, weil dessen Boot angeblich nicht den Vorschriften entsprach; das Mitglied verlangt deshalb Schadensersatz. Doch dürfte zumindest in dem Verhältnis Mitglied – Verein die aus der Mitgliedschaft stammende Sonderverbindung hinreichend Schutz gewähren, und ein absoluter Schutz der Mitgliedschaft gegen Dritte scheint mir zweifelhaft (ähnlich gegen die h.M. *Hadding*, FS Kellermann, 1991, 91 ff.)[13].

620a

---

13 Für die Mitgliedschaft als »sonstiges Recht« ausführlich, aber mich nicht überzeugend *Habersack*, Die Mitgliedschaft (1996), anders zutreffend *Helms*, Schadensersatzansprüche wegen Beeinträchtigung der Vereinsmitgliedschaft (1998).

3.   Schutzgesetzverletzungen

621   Zu § 823 II läßt sich im allgemeinen nur wenig sagen, weil im Vordergrund die Problematik des im Einzelfall anzuwendenden Schutzgesetzes steht. Dessen voller objektiver und subjektiver Tatbestand müssen erfüllt sein. Bei Strafgesetzen sind also auch die strafrechtlichen Lehren über Schuld und Irrtum maßgeblich. Nur auf das Vorliegen eines Strafantrags wird bei § 823 II allgemein verzichtet; auch § 14 StGB paßt nicht überall.

a)   Schutzgesetze

Ein Schutzgesetz kann vorliegen, wenn eine *Rechtsnorm* (gleich welcher verfassungsrechtlichen Qualität, Art. 2 EGBGB!) mindestens neben der Allgemeinheit auch den einzelnen schützen will. Solche Gesetze sind überaus zahlreich[14]. *BGH* NJW 1980, 1792 f. (dazu *H. Schlosser*, JuS 1982, 657 ff., auch *BGHZ 125, 366/374*) stellt deshalb mit Recht zusätzlich darauf ab, ob die schützenswerten Interessen des Geschädigten nicht schon durch andere Regeln ausreichend berücksichtigt werden. Das wird dort bejaht für die in §§ 27 III 1, 29d I 1 StVZO bestimmte Pflicht zur Abmeldung von Kraftfahrzeugen, für die der Haftpflichtversicherungsschutz abgelaufen ist (zweifelhaft).

Fraglich ist der Schutzgesetzcharakter etwa bei § 858: Diese Norm will ja jedenfalls in erster Linie den Rechtsfrieden wahren und nicht den Besitzer schützen. Wer § 858 dennoch als Schutzgesetz ansieht[15], darf nicht die bei § 823 I geltende Begrenzung des Besitzschutzes (oben Rdnr. 607) illusorisch machen. Insbesondere darf nicht jeder unrechtmäßige Besitzer ersatzberechtigt sein. Am ehesten wird man einen ersatzfähigen Schaden verneinen können, wenn der verlorene Vorteil dem Besitzer nicht gebührte (so im Ergebnis auch *BGHZ 79, 232/237* und *114, 305/311 ff.*; ähnlich *T. Honsell* aaO. 533 ff., allerdings m.E. in Einzelheiten unzutreffend).

b)   Der Schutzbereich des Gesetzes

622   Daß eine Norm überhaupt Schutzgesetzcharakter hat, reicht aber für die Anwendung von § 823 II noch nicht aus. Vielmehr kommt es nach allgemeiner Ansicht weiter darauf an, ob der Schutzbereich der Norm auch den Geschädigten und die Art der Schadenszufügung umfaßt. Man spricht hier auch von **Rechtswidrigkeitszusammenhang**.

---

14 Vgl. etwa *Palandt/Sprau* § 823 Rdnr. 61 ff., einschränkend aber *Knöpfle,* NJW 1967, 697 ff. und grundlegend *Canaris,* 2. FS Larenz (1983) 27, 45 ff.
15 So *Pieper*, FS OLG Zweibrücken (1969) 232 ff.; *Wieser*, JuS 1970, 559; *T. Honsell*, JZ 1983, 531, 532 ff., auch *Larenz/Canaris* II 2 § 76 II 4 f.

Fragen nach dem persönlichen und dem sachlichen Schutzbereich eines Gesetzes treffen zusammen in *BGHZ 29, 100 ff.*: S ist Gesellschafter und Geschäftsführer einer GmbH. G hat dieser GmbH auf Kredit Waren geliefert, als diese bereits insolvenzreif (nämlich überschuldet, § 64 I GmbHG) war. In dem später angemeldeten Konkurs fällt G mit seinen Forderungen aus. Er verlangt nun von S persönlich Schadensersatz aus §§ 823 II BGB, 64 I GmbHG, weil S die Insolvenz schuldhaft verspätet angemeldet habe: Bei rechtzeitiger Anmeldung der Insolvenz wären die Lieferungen auf Kredit unterblieben.

Die erste Frage ist hier, ob **§ 64 GmbHG** gerade die Gesellschaftsgläubiger schützen will, und zwar auch solche, die erst nach Eintritt der Insolvenzreife Gläubiger geworden sind (sog. Neugläubiger). Das hat der *BGH* im Anschluß an das *RG* mit Recht bejaht: § 64 I GmbHG wolle das Schutzbedürfnis der Gläubiger befriedigen, das daraus folge, daß ihnen nur das Gesellschaftsvermögen hafte. Da die Antragspflicht des Geschäftsführers vom Eintritt der Insolvenzreife an fortbestehe, sei auch geschützt, wer erst später Gläubiger werde.

Die zweite Frage ist die nach dem sachlichen Schutzbereich: G hatte sich hier auf den Standpunkt gestellt, § 64 I GmbHG wolle die Teilnahme einer insolventen GmbH am Geschäftsleben verhindern, also Dritte davor schützen, durch Kreditgewährung an eine solche GmbH zu Schaden zu kommen. Wäre das richtig, hätte S die Kaufpreisbeträge voll ersetzen müssen. Der *BGH* (ebenso *BGHZ 100, 19/23; BAG* NJW 1975, 708/710) hat aber den Schutzzweck zunächst enger gesehen: § 64 I GmbHG wolle nur eine weitere Verminderung der Quote verhindern. G könne also unter diesem Gesichtspunkt nur ersetzt verlangen, was er bei rechtzeitiger Antragstellung mehr als Quote erhalten hätte (den sog. »Quotenschaden«). Nur wenn S die Kreditierung betrügerisch herbeigeführt habe, könne G aus §§ 826, 823 II BGB, 263 StGB die vollen Kaufpreisbeträge fordern.

Diese Beurteilung des sachlichen Schutzbereichs von § 64 I GmbHG ist aber durch *BGHZ 126, 181/190 ff.* (kritisch *K. Schmidt*, GesR § 36 II 5b) mit überzeugenden Gründen aufgegeben worden: Die Neugläubiger können also vollen Schadensersatz verlangen; sie müssen so gestellt werden, als wären Konkurs- oder Insolvenzverfahren rechtzeitig beantragt worden. Zum ganzen Fragenkreis umfassend *K. Schmidt*, ZIP 1988, 1497 ff.

Eine gleiche Verpflichtung zum rechtzeitigen Insolvenzantrag besteht übrigens auch bei der **AG und der Genossenschaft**: §§ 92 II AktG, 99 I GenG; ebenso bei bestimmten »kapitalistischen« Formen von OHG und KG: §§ 130 a, 177a HGB. *BGH* NJW 1988, 1789 ff. erstreckt die Haftung auf den **faktischen Geschäftsführer**, der zwar nicht zum Geschäftsführer bestellt ist, aber die Geschäfte der Gesellschaft tatsächlich besorgt. Bei allen Gesellschaftsformen kann diese Antragspflicht in einen schwer zu lösenden Konflikt führen, solange Sanierungsbemühungen noch Erfolg versprechen (der durch den Insolvenzantrag vereitelt würde), vgl. dazu *BGHZ 75,*

96/107 ff. (Herstatt). Für den **Verein** ist in § 42 II 2 die Ersatzpflicht derjenigen Vorstandsmitglieder, die den Insolvenzantrag schuldhaft verzögern, gegenüber den Gläubigern sogar ausdrücklich ausgesprochen. Hier braucht man also § 823 II nicht. In Betracht kommt außerdem eine Haftung aus Verschulden bei Vertragsverhandlungen (vgl. oben Rdnr. 200a).

4. Vorsätzliche sittenwidrige Schädigung

623 Zu § 826 endlich gibt es eine kaum übersehbare Kasuistik (vgl. etwa *Palandt/Sprau* § 826 Rdnr. 20 ff.). Ich beschränke mich hier auf zwei allgemeinere und drei speziellere Fragen.

a) Vorsatz und Schaden

Bei § 823 I steht der Schaden nur auf der Rechtsfolgeseite der Norm. Das Verschulden braucht sich also nicht auf seinen Eintritt oder Umfang zu beziehen, sondern bloß auf die Rechtsgut- oder Rechtsverletzung. Diese ist dann mit dem zu ersetzenden Schaden nur durch Adäquanz und Rechtswidrigkeitszusammenhang verbunden. Ähnlich braucht bei § 823 II nur die Verletzung des Schutzgesetzes verschuldet zu sein. Soweit der Schaden nicht ausnahmsweise (wie in § 263 StGB) zu dessen Tatbestand gehört, steht er also gleichfalls außerhalb des Verschuldens. In schroffem Gegensatz dazu muß bei § 826 der Schaden vom Verschulden – demnach vom Vorsatz – umfaßt sein: Schaden, den der Täter nicht (mindestens eventualiter) gewollt hat, ist aus § 826 nicht zu ersetzen.

BGH NJW 1963, 579 f.: Der Ehemann M kehrte 1945 aus dem Wehrdienst nicht zu seiner Familie zurück, sondern tat sich mit einer anderen Frau zusammen. An seine Familie schrieb M zunächst wahrheitswidrig, er sei in russischer Kriegsgefangenschaft. 1948 brach er den Briefwechsel ab und galt daher als verschollen. Daraufhin zahlte die Sozialversicherung Renten an die Angehörigen des M. Nach dessen Wiederauftauchen verlangte der Versicherungsträger die gezahlten Rentenbeträge von M zurück. Der *BGH* hat die Klage abgewiesen: Die für § 826 nötige Vorstellung des M, seine Angehörigen würden Fremdleistungen in Anspruch nehmen, sei nicht erweislich. M habe nämlich annehmen können, seine Ehefrau stehe in einem Arbeitsverhältnis. Mit fortschreitendem Ausbau der sozialen Sicherung geraten solche Fälle aber zunehmend in den Bereich des dolus eventualis. Zudem kam hier als Anspruchsgrundlage noch § 823 II BGB mit § 170b StGB als Schutzgesetz in Betracht (vgl. *BGH* NJW 1974, 1868 f.).

b) Vorsatz und Sittenwidrigkeit

Vom Vorsatz umfaßt sein muß auch die Sittenwidrigkeit der Schädigung. **624**
Dabei braucht der Täter aber nach allgemeiner Ansicht nur die Tatsachen
zu kennen, aus denen sich die Sittenwidrigkeit ergibt. Dagegen braucht er
sein Verhalten nicht selbst als sittenwidrig erkannt zu haben. Diese Einschränkung soll verhindern, daß dem Täter seine eigenen laxen Anschauun-
gen zugute kommen. In Betracht kommt vorsätzliche sittenwidrige Schädigung insbesondere bei einer gewissenlosen Wahrnehmung eigener Vorteile
ohne Rücksicht auf die Belange Dritter (*BGH* NJW 1991, 3282/3283: un-
richtiges Sachverständigengutachten).

c) Eingriff in fremde Schuldverhältnisse

Die nach § 826 erhebliche Schädigung kann – im Gegensatz zu § 823 I **625**
(oben Rdnr. 610) – auch in der Beeinträchtigung von Schuldverhältnissen
liegen, an denen der Täter selbst nicht beteiligt ist (und zwar auch von einseitigen, *BGH* NJW 1992, 2152 ff.: Vermächtnis). Dabei fragt sich dann,
unter welchen Voraussetzungen hier Sittenwidrigkeit angenommen werden
muß.

Bsp.: E hat sein in X gelegenes Grundstück an die ortsfremde Brauerei K verkauft.
Die in X ansässige Brauerei D erfährt davon. Sie will verhindern, daß K sich in X
niederläßt, und bietet dem E daher einen höheren Kaufpreis. E verkauft und übereignet nun an D. Kann K von D aus §§ 826, 249 I Übereignung des Grundstücks
verlangen? Soweit man das bejaht, kommt man zu einer Art *ius ad rem*, also zu einer
Wirkung des Übereignungsanspruchs K–E gegen Dritte.

In solchen Fällen kann, wenn »Handeln im Wettbewerb« vorliegt, der
Ersatzanspruch auch auf §§ 823 II BGB, 1 UWG gestützt werden; dort
kommt es gleichfalls auf eine häufig noch eher als bei § 826 bejahte Sittenwidrigkeit an. Bedeutung hatte sie vor allem für die Stellung des Außensei-
ters gegenüber einer (jetzt nur noch für Verlagserzeugnisse zugelassenen)
Preisbindung[16]. Die Rspr. hierzu war wenig einheitlich; im allgemeinen
neigte sie aber dazu, die Sittenwidrigkeit leicht zu bejahen, so schon bei
Verleitung zum Vertragsbruch und bei Ausnutzung fremden Vertragsbruchs zur Preisunterbietung.

Freilich soll nach *BGH* NJW 1969, 1293 ff. das einfache »Mitwirken« an fremdem
Vertragsbruch (also das Ausnutzen einer sich bietenden Gelegenheit) nicht genügen,
sondern ein »Hinwirken« auf den Vertragsbruch nötig sein. Andererseits wird aber
ein »Hinwirken« auch dann für möglich gehalten, wenn der andere ohnehin schon
zum Vertragsbruch entschlossen war.

---

16 Vgl. *Plaßmann*, JZ 1962, 463 ff.; 1963, 273 ff., auch *Deutsch*, JZ 1973, 585 ff.

Demgegenüber sollte festgehalten werden: Ob der Schuldner seine relative Verpflichtung erfüllt oder nicht, ist regelmäßig allein zwischen ihm und seinem Gläubiger sanktioniert. Dritte sind durch die Schuldnerpflichten nicht gebunden. Daher kann das »Verleiten zum Vertragsbruch« nur dann sittenwidrig sein, wenn der Dritte sich unerlaubter Mittel (etwa der Täuschung) bedient. Ein höheres Kaufpreisgebot allein (vgl. das Brauereibsp.) halte ich nicht für sittenwidrig, zumal K sich hier durch Vormerkung hätte sichern können. Auch das »Ausnutzen fremden Vertragsbruchs« kann nicht dadurch sittenwidrig werden, daß es zu einer an sich erlaubten Preisüberbietung verwendet wird (vgl. etwa *BGH* NJW 1998, 76 ff.).

d)   Verhältnis von § 826 BGB zu § 138 BGB

626   Fraglich ist weiter das Verhältnis zwischen § 826 und § 138. Das wird schon an dem Brauereibsp. (oben Rdnr. 625) deutlich: Wenn man Sittenwidrigkeit des Kaufvertrages E–D annimmt, ist dieser nichtig, § 138 I. Und wenn man die Nichtigkeit auf das dingliche Vollzugsgeschäft ausdehnt, gehört das Grundstück noch dem E: K kann also nach wie vor die Übereignung aus dem Kaufvertrag von E verlangen, sofern E die an D übertragene Buchposition trotz § 817 S. 2 aus § 894 zurückzufordern vermag (dazu unten Rdnr. 697). Ein Anspruch des K gegen D aus § 826 ist dann unnötig. § 138 kann also, soweit er die schadenbringende Verfügung wirkungslos macht, die Entstehung des für § 826 erheblichen Schadens verhindern. Die nach § 138 zu beurteilende Wirksamkeit dieser Verfügung ist daher stets zu prüfen, bevor ein Schadensersatzanspruch aus § 826 bejaht werden kann.

Weiteres Bsp.: S überträgt seinem Kreditgeber G durch Sicherungsübereignung und Sicherungszession sein ganzes pfändbares Betriebsvermögen. S und G täuschen andere Kreditgeber hinsichtlich dieser Übertragungen und veranlassen sie so zu weiteren Krediten an S. Können diese Gläubiger sich aus § 826 an G halten? Vgl. *BGH* ZIP 1995, 630 ff.; *Koller,* JZ 1985, 1013 ff.

Auch hier stellt sich für § 826 die Vorfrage, ob nicht die Sicherungsübertragungen an G nach § 138 I nichtig sind. Voraussetzung dafür ist, daß man Verfügungen nicht für »sittlich neutral« hält. Die Rspr. pflegt aber im Gegensatz zu ihrer Haltung in anderen Fällen (vgl. unten Rdnr. 697) § 138 I auch auf den Vollzug von Sicherungsvereinbarungen anzuwenden. Dennoch braucht § 138 nicht überall vorzuliegen, wo sonst § 826 gegeben wäre. Deshalb bleibt ein Bereich, in dem trotz vorsätzlicher sittenwidriger Schädigung die Verfügungen wirksam sind und daher § 826 anzuwenden ist.

So im Bsp.: Wenn nur G und nicht auch S auf Gläubigertäuschung ausgegangen ist, liegt § 138 I nicht vor. Dennoch können die getäuschten Gläubiger gegen G klagen, weil dieser sittenwidrig gehandelt hat. Die Sicherungsgeschäfte sind weiter dann wirksam, wenn S und G sich erst nach deren Durchführung zur Gläubigertäuschung entschlossen haben: Auch hier ist § 826 nötig (vgl. auch *Baur/Stürner* § 57 Rdnr. 35 ff.).

e) Verweigerung der Aufnahme in einen Verein

§ 826 kann (zusammen mit § 249 I) auch einen Anspruch auf Aufnahme in   **627** einen Verein begründen, wenn die Versagung der Aufnahme eine sittenwidrige Schädigung bedeutete. Die Rspr. hat das zunächst bei Wirtschaftsvereinen angenommen (etwa *BGHZ 29, 344 ff.*: Händlervereinigung; hier gilt zugleich § 20 VI GWB). *BGH NJW 1969, 316 ff.* hält einen solchen Anspruch aber auch bei Idealvereinen (Sportverband) für denkbar, weil § 826 zugleich immaterielle Rechtsgüter schütze (§ 253 I läßt ja Naturalrestitution auch bei Nichtvermögensschäden zu!). Voraussetzung für § 826 sei aber eine **Monopolstellung** des Vereins und regelmäßig auch, daß der Eintrittswillige die satzungsmäßigen Erfordernisse erfülle. Nach *BGHZ 105, 306 ff.* soll aber sogar eine richterliche Kontrolle dieser Erfordernisse (und damit der Satzung) nach § 242 möglich sein. *BGHZ 93, 151 ff.* läßt statt einer Monopolstellung schon genügen, daß der Verein »im wirtschaftlichen oder sozialen Bereich eine überragende Machtstellung innehat« und der Beitrittswillige am Beitritt wesentlich interessiert ist (dort grundsätzlich bejaht für die IG Metall).

III. Die Ergänzung der Ansprüche auf Schadensersatz durch Unterlassungs- und Beseitigungsansprüche

1. Unterlassungsansprüche

Der Schutz durch Schadensersatzansprüche aus den §§ 823 ff. ist stets **re-**   **628** **pressiv**: Er setzt voraus, daß bereits ein Schaden eingetreten ist, und bezweckt dessen Ausgleich. Rechtspolitisch weit wertvoller ist demgegenüber die Verhinderung künftigen Schadens, also **präventiver** Schutz. Präventiv wirken Schadensersatzansprüche allgemein schon dadurch, daß die Furcht vor einer Ersatzpflicht von schädigenden Handlungen abhalten kann. Noch zuverlässiger wirkt ein Anspruch auf Unterlassung künftiger Rechtsverletzung.

Bsp.: Der Unternehmer U hat erfahren, daß die Auskunftei A ihn aufgrund falscher Nachrichten in ihre Liste der säumigen Zahler aufnehmen will. Mit einem Schadensersatzanspruch gegen A aus § 824 müßte U warten, bis ihm Schaden entstanden ist (etwa durch die Kündigung von Krediten). Zweckmäßig wäre es, wenn U von A sofort verlangen könnte, daß A ihn nicht als säumigen Zahler bezeichne.

Das BGB kennt solche Unterlassungsansprüche für den Eigentümer und andere Inhaber eines absoluten Rechts (§ 1004 und ähnliche Vorschriften, vgl. oben Rdnr. 440 f.). Das ist der sogenannte **negatorische** Schutz. In gleicher Weise wie diese absoluten Rechte schützt das BGB auch bestimmte Rechtsgüter, die Rechten nur ähnlich sind (§§ 12, 862; **quasinegatorischer** Schutz). Dabei wird der Unterlassungsanspruch an Wiederholungsgefahr geknüpft, nämlich daran, daß »*weitere* Beeinträchtigungen zu besorgen« sind. Das erweckt den Eindruck, als müsse zunächst eine erste Beeinträchtigung hingenommen werden.

Gegenüber diesem Gesetzeswortlaut hat die Rspr. den Anwendungsbereich des Unterlassungsanspruchs jedoch in zwei Richtungen erweitert:

a) Der Anspruch wird **schon gegen die erste Beeinträchtigung** gewährt; es genügt, daß diese konkret bevorsteht. Statt von »Wiederholungsgefahr« sollte man daher besser von »Begehungsgefahr« sprechen. Das Vorliegen früherer Beeinträchtigungen indiziert lediglich die Gefahr weiterer Störungen. Dabei wird der Unterlassungsanspruch gegen die erste Beeinträchtigung vielfach als »vorbeugend« bezeichnet. Das führt aber irre, weil *jeder* Unterlassungsanspruch vorbeugt[17]. Entgegen der früheren Rspr. wird es seit Jahrzehnten für unschädlich gehalten, daß die drohende Störung eine **Straftat** darstellt: Der Bedrohte soll sich also in jedem Fall selbst zivilrechtlich wehren können.

b) Unterlassungsansprüche werden auch gewährt, wenn die Bedrohung den in § 823 I genannten **Lebensgütern** oder denjenigen Interessen gilt, denen **§ 824 und die Schutzgesetze von § 823 II** dienen. Man spricht in solchen Fällen oft von deliktischen Unterlassungsansprüchen. Doch ist auch diese Bezeichnung irreführend: Erfüllt zu sein braucht nämlich nicht auch der subjektive Deliktstatbestand der §§ 823 ff. (vor allem kann also Verschulden fehlen). Besser paßt daher die Bezeichnung als »ergänzender« Unterlassungsanspruch, insbesondere bei § 823 II als »schutzgesetzlicher«[18].

2.   Beseitigungsansprüche

629   § 1004 und die ihm ähnlichen Regelungen des negatorischen und quasinegatorischen Schutzes gewähren neben dem Unterlassungsanspruch noch einen Anspruch auf Beseitigung der bereits eingetretenen Beeinträchtigung. Auch das ist gewohnheitsrechtlich auf die anderen deliktisch geschützten

---

17 Vgl. *F. Baur*, JZ 1966, 381 f.; *Münzberg*, JZ 1967, 689 ff.
18 Vgl. wieder *Baur* aaO.; *Larenz/Canaris* II 2 § 86 VII.

Rechtsgüter und Interessen übertragen worden. Neben dem ergänzenden Unterlassungs- gibt es also einen ergänzenden Beseitigungsanspruch.

Seine Voraussetzungen ähneln denen des Unterlassungsanspruchs: Insbesondere erfordert auch der Beseitigungsanspruch kein Verschulden. Allerdings muß die Beeinträchtigung so weit gehen, daß es schon etwas zu beseitigen gibt; Wiederholungsgefahr ist auch hier unnötig. Zudem kann nach *BGHZ 37, 187/191* der Beseitigungsanspruch sogar dann gegeben sein, wenn die Beeinträchtigung zunächst durch § 193 StGB gerechtfertigt war (Widerruf einer in Wahrnehmung berechtigter Interessen aufgestellten, aber jetzt als unwahr erkannten Behauptung).

Das Hauptproblem dieses Beseitigungsanspruchs, das aber in ganz gleicher Weise auch bei den gesetzlich geregelten Beseitigungsansprüchen auftaucht, ist folgendes: Der Inhalt dessen, was als **Beseitigung** verlangt werden kann, muß vom **Schadensersatz** in der Form der Naturalrestitution (§ 249 I) abgegrenzt werden. Denn Schadensersatz kann der Verletzte nach §§ 823 ff. nur bei Verschulden des Täters fordern. Die Beseitigung muß also wesentlich enger sein, damit man über den Beseitigungsanspruch nicht zu einer Schadensersatzpflicht ohne Verschulden kommt[19]. Eine formelartige Abgrenzung ist m.E. noch nicht gelungen.

Anerkannte Fälle der Beseitigung sind etwa der Widerruf einer geschäftsschädigenden Behauptung; die Vernichtung rechtswidrig gemachter Tonbandaufnahmen; das Fortschaffen der durch Sprengung auf das Nachbargrundstück geflogenen Steine (nicht aber etwa der Ersatz der zersprungenen Fensterscheiben).

3.   Beeinträchtigung durch verkehrsrichtiges Verhalten?

Da Unterlassungs- und Beseitigungsanspruch kein Verschulden voraussetzen, kann bei ihnen – anders als beim Schadensersatzanspruch (oben Rdnr. 606) – die Unterscheidung zwischen Erfolgs- und Handlungsunrecht Bedeutung erlangen: Wie, wenn eine Beeinträchtigung durch verkehrsrichtiges Handeln droht oder eingetreten ist?   **630**

Zu dieser schwierigen Frage kann ich hier nur kurz andeuten: Gewiß vermag sich der Unterlassungsanspruch nicht gegen erlaubtes Handeln zu richten. Denn was erlaubt ist, kann nicht zugleich verboten sein. Vom Erfolgsunrecht her muß man daher annehmen, daß das Unrecht des durch

---

19 Dazu etwa *Larenz/Canaris* II 2 § 86 V 3c; d; *Baur/Stürner* § 12 Rdnr. 20 f.; *Mertens,* NJW 1972, 1783 ff.; *Picker:* Der negatorische Beseitigungsanspruch (1972); *ders.,* FS Herm. Lange (1992) 625 ff. sowie *BGHZ 97, 231/236* (dort weiter Beseitigungsbegriff: Verlegung einer neuen Rohrleitung statt der verstopften alten), auch *BGHZ 135, 235 ff.* (Wiederherstellung des durch Baumwurzeln zerstörten Belages eines Tennisplatzes); vgl. *Armbrüster,* NJW 2003, 3087 ff. sowie *Marc Wolf,* Negatorische Beseitigung und Schadensersatz (2006).

eine Handlung unmittelbar verursachten Erfolges auf diese Handlung ausstrahlt (vgl. unten Rdnr. 643). Ich möchte das jedenfalls für die »klassischen« Lebensgüter und Rechte des § 823 I annehmen: Auch einem Kraftfahrer, der alle Verkehrsregeln beachtet hat, »erlaubt« die Rechtsordnung nicht, ein unvorhersehbar auf die Straße gelaufenes Kind zu überfahren. Ebenso ist eine Sprengung rechtswidrig, durch die trotz allen Handelns lege artis unvorhersehbar Steine auf das Nachbargrundstück fliegen. Wegen der Unvorhersehbarkeit kommt hier allerdings ein Unterlassungsanspruch nicht in Betracht. Aber für den Beseitigungsanspruch behält die Rechtswidrigkeit ihre Bedeutung (anders z.B. *Esser/Weyers* § 62 III 1 und *Larenz/Canaris* II 2 § 86 IV 1, die aus § 1004 II folgern, maßgeblich sei eine von der Rechtswidrigkeit zu unterscheidende Duldungspflicht).

IV. Gefährdungshaftung[20]

631 Die Vorschriften dieser Gruppe entsprechen mit Ausnahme nur des § 22 WHG insofern dem § 823 I, als sie die Verletzung bestimmter Lebensgüter oder Rechte voraussetzen. Jedoch tritt hier die Schadensersatzpflicht ohne Rücksicht auf Unrecht und Verschulden ein (vgl. schon oben Rdnr. 604 Nr. 3). Auf die Frage nach Handlungs- oder Erfolgsunrecht kommt es also nicht an.

Im folgenden beschränke ich mich auf wenige besonders wichtige Einzelfragen. Dabei gehe ich von der am häufigsten anzuwendenden Regelung aus, nämlich der durch das StVG; andere Haftungsfälle werden nur nebenbei kurz erwähnt. Zum ProdHaftG vgl. unten Rdnr. 650.

1.   Der Haftende

632 Die Haftung aus § 7 StVG trifft den **Halter**. Das ist nach der Rspr., »wer das Fahrzeug für eigene Rechnung in Gebrauch hat und die Verfügungsgewalt darüber besitzt, die ein solcher Gebrauch voraussetzt« (*BGHZ 13, 351/354*). Dabei bedeutet Verfügungs*gewalt* nicht Verfügungs*macht*; entscheidend ist also nicht das rechtliche, sondern das tatsächliche Herrschaftsverhältnis.

Dieses wird freilich von einer gewissen Dauer sein müssen: Wer ein Auto für einige Tage leiht oder mietet, wird dadurch nicht zum Halter (*BGHZ 116, 200 ff.*). Ebensowenig wird die Polizei zum Halter, wenn sie das Fahrzeug eines betrunkenen

---

20 Vgl. *Deutsch*, Gefährdungshaftung: Tatbestand und Schutzbereich, JuS 1981, 317 ff.; *Medicus*, Gefährdungshaftung im Zivilrecht, Jura 1996, 561 ff.

Fahrers sicherstellt (zudem handelt die Polizei nicht für eigene Rechnung). Halter ist dagegen regelmäßig der Leasingnehmer *(BGHZ 87, 133)*.

Weil es auf die tatsächliche Herrschaft ankommt, ist die Begründung der Haltereigenschaft **kein Rechtsgeschäft**. Viele wollen aber zum Schutz nicht voll Geschäftsfähiger die Regeln über Rechtsgeschäfte entsprechend anwenden (etwa *Larenz/Canaris* II 2 § 84 I 2g für § 833).

Vom Halter sprechen auch die §§ 833 BGB, 33, 53 f. LuftVG. Dagegen haftet nach §§ 1, 3 HaftpflG der **Betriebsunternehmer** und nach §§ 2 HaftpflG, 22 II WHG, 1 UmweltHG der **Inhaber der Anlage**. Neben dem Halter oder statt seiner haftet vereinzelt auch der **unbefugte Benutzer** (Schwarzfahrt, vgl. §§ 7 III 1 StVG, 33 II 1 LuftVG).

2.   Probleme der Halterhaftung

Der Halter haftet nach § 7 StVG nicht für jedes mit dem Kraftfahrzeug   **633** verbundene Risiko. Vielmehr gilt nach § 7 I StVG die Haftung nur für Verletzungen »beim Betrieb eines Kraftfahrzeugs«; § 7 II, III 1 schränkt das noch weiter ein.

a)   Der Betriebsbegriff

»Beim Betrieb« wird von der h.M. ganz weit verstanden, nämlich nicht maschinentechnisch (wenn das Fahrzeug durch seinen Motor bewegt wird), sondern im Hinblick auf den Betriebsvorgang, die Fahrt: Erst wenn diese abgeschlossen ist, befindet sich das Fahrzeug außer Betrieb. Dabei können zur Fahrt auch noch das Be- und Entladen rechnen (dazu *Tschernitschek*, NJW 1980, 205 ff.), ja sogar das Abstellen des Fahrzeugs auf einer Hauptstraße. Das Entladen gehört jedoch nicht schon wegen der dabei verwendeten Maschinenkraft zum Betrieb, wenn eine Sonderfunktion des Fahrzeugs als Arbeitsmaschine dominiert (*BGH* NJW 1975, 1886 ff.: vom Fahrzeugmotor betriebenes Gebläse zum Entladen von Getreide; *BGHZ 71, 212 ff.*: Einfüllen von Öl durch Motorkraft). Gleichfalls nicht mehr zum Betrieb sollen Schäden gehören, die darauf beruhen, daß aus dem in der Garage abgestellten Kraftfahrzeug Benzin ausgelaufen ist (*OLG Nürnberg*, NJW 1998, 85, nur Leitsatz). Wenigstens nicht mehr im Schutzbereich des § 7 StVG soll eine Gehirnblutung liegen, die aus der Aufregung über das betrügerische Verhalten eines Unfallverursachers entstanden ist *(BGHZ 107, 359/366 f.)*. Andererseits ist die körperliche Berührung zwischen dem Fahrzeug und dem Verletzten unnötig: *BGH* NJW 1973, 44 ff.; 1988, 2802 f.

Noch weiter ist der Betriebsbegriff bei der **Eisenbahn**: Hier wird nicht nur für den Zugbetrieb gehaftet, sondern für alle Vorgänge, die mit dem Bahnbetrieb überhaupt zusammenhängen (Unfälle beim Ein- und Aussteigen; zweifelhaft ist das für die weiteren Vorgänge beim Umsteigen).

b)   Unabwendbares Ereignis/Höhere Gewalt

634   Nach § 7 II StVG war bis zum 31.7.2002 die Halterhaftung ausgeschlossen bei einem »unabwendbaren« (also auch mit äußerster Sorgfalt nicht vermeidbaren) Ereignis. Man rechnete dazu etwa das unvermeidbare Aufschleudern von Steinen durch das Kraftfahrzeug oder das unvorhersehbare Hereinlaufen eines Kindes in die Fahrbahn (*KG* VersR 1981, 885). Diese Ausnahme führte aber dazu, daß der Halter gerade manche typischen Gefahren, die sich aus der hohen Geschwindigkeit und der daraus folgenden großen Wucht ergeben, nicht zu tragen brauchte. Doch brachte § 7 II 1 eine Ausnahme von dieser Ausnahme: Das unabwendbare Ereignis durfte »weder auf einem Fehler in der Beschaffenheit des Fahrzeugs noch auf einem Versagen seiner Verrichtungen beruhen«. Danach blieb der Halter für das Ungewöhnliche (Versagen der Bremsen) haftbar, während er für das Gewöhnliche (Aufschleudern von Steinen; langer Bremsweg) nicht haften sollte.

Diese Rechtslage ist seit dem 1.8.2002 durch das Zweite Gesetz zur Änderung schadensersatzrechtlicher Vorschriften geändert worden: Statt auf das »unabwendbare Ereignis« wird jetzt (strenger) auf die **höhere Gewalt** abgestellt. Für deren Vorliegen genügt es nicht, daß das Schadensereignis auch mit höchster Sorgfalt nicht zu vermeiden war. Vielmehr muß es zudem außergewöhnlich und derart betriebsfremd sein, daß man es auch nicht mehr zu dem versicherungsrechtlich aufzufangenden Betriebsrisiko von Kraftfahrzeugen rechnen kann. Etwa das Aufschleudern von Steinen bildet gewiß keine höhere Gewalt.

In den anderen Regelungen der Gefährdungshaftung fehlen solche Ausnahmen ganz (LuftVG, hier nur eine Ausnahme für den Schwarzflug; AtomG) oder sind eng formuliert (regelmäßig gleichfalls **höhere Gewalt**: §§ 1 II, 2 III Nr. 3 HaftpflG; § 22 II 1 WHG, § 4 UmweltHG).

c)   Einschränkung nach dem Schutzzweck?

635   Fraglich ist, wie die Halterhaftung entsprechend ihrem Schutzzweck eingeschränkt werden muß.

BGHZ 37, 311 ff.: H hat seinen Lastwagen für eine Nacht dem D überlassen, damit dieser das Diebesgut aus einem Einbruch abfahren könne. Auf dieser Fahrt wird D von einem Polizisten P kontrolliert. Um den auf dem Trittbrett stehenden P zu töten, fährt D den Wagen gegen einen Betonmast und erreicht so sein Ziel. Das

Land, in dessen Diensten P gestanden hat, macht gegen H die übergegangenen Ersatzansprüche der Angehörigen des P (§ 10 StVG) geltend.

Die Tötung des P ist hier kaum mehr als Unfall (vgl. § 7 II StVG) zu bezeichnen, sondern viel eher als Mord. Zu entscheiden war daher, ob eine solche Verwendung des Fahrzeugs als Waffe noch im sachlichen Schutzbereich des § 7 StVG liegt. Dagegen spricht, daß § 33 I 1 LuftVG die Haftung ausdrücklich auf Schäden »durch Unfall« beschränkt, und daß für die Tierhalterhaftung eine entsprechende Ausnahme allgemein anerkannt ist: Wird ein Tier durch einen Dritten als Werkzeug benutzt, also ein Hund gehetzt oder eine Katze geworfen, so haftet der Halter nicht nach § 833 S. 1.

BGHZ 37, 311 (ähnlich *BGH* NJW 1971, 459 ff.) hat H dennoch aus § 7 StVG verurteilt: Der Schutzbereich dieser Vorschrift umfasse noch den Mord. Ich halte diese Entscheidung mit den auf den ersten Blick widersprechenden Regeln bei § 833 für vereinbar: Ein Kraftfahrzeug ist, anders als ein Tier, eine besonders gefährliche Waffe. Daher mag der Halter auch das gesteigerte Mißbrauchsrisiko tragen.

Sicher außerhalb des Schutzbereichs der Gefährdungshaftung liegt dagegen der Fall von *BGH* NJW 1968, 2287 f.: Durch eine unfallbedingte Untersuchung wird bei dem Verletzten eine Hirnarteriosklerose entdeckt und dieser deshalb früher in den Ruhestand versetzt. Gegen die hierdurch entstehende Verdienstminderung sollen weder § 7 StVG noch § 823 schützen. Zweifelhaft ist dagegen der Fall von *LG Hannover*, VersR 1986, 48 f.: Nach einem Motorradunfall landet ein Rettungshubschrauber, dadurch wird Vieh aufgeregt und verletzt (Zurechnung an den Motorradhalter verneint, wohl mit Recht). Und nach *BGHZ 115, 84 ff.* soll der Verursacher eines Verkehrsunfalls einen Schaden nicht zu ersetzen brauchen, der infolge der Unfallgeräusche durch die Panik von Schweinen in einem nahen Stall mit Intensivtierhaltung entsteht. Derartige Haftungsausnahmen sind durch den Übergang zur höheren Gewalt nicht berührt worden.

d)   Haftungsausschluß gegenüber Nutznießern

Zu erwähnen ist endlich noch eine gegenüber bestimmten Personen angeordnete Ausnahme von der Halterhaftung: Nach §§ 8a I 1 StVG, 45 LuftVG kam sie regelmäßig den **Fahrgästen** nicht zugute, weil diese an dem Betriebsrisiko teilnehmen. **636**

Allerdings war diese Regel nur sehr lückenhaft durchgeführt. Denn die geschäftsmäßig-entgeltlich mit einem Kraftfahrzeug beförderten Personen kamen gleichwohl in den Genuß der (hier sogar unabdingbaren, § 8a II StVG a.F.) Gefährdungshaftung. Schlechthin wurde gehaftet für Personen- und teilweise auch für Sachschäden bei der Eisenbahn (hier gleichfalls unabdingbar nach § 7 HaftpflG). Das oben Rdnr. 634 erwähnte neue Gesetz bestimmt jetzt in § 8 Nr. 2 StVG einen

Haftungsausschluß nur noch für Personen, die beim Betrieb des Kraftfahrzeugs tätig waren (also vor allem für den Fahrer); nach dem neuen § 8a StVG soll die Haftung gegenüber entgeltlich und geschäftsmäßig beförderten Personen nicht ausgeschlossen oder beschränkt werden können (auch nicht durch Individualvertrag).

Eine (sehr spezielle) Einschränkung der Halterhaftung findet sich aber in *BGH* NJW 1974, 234 ff.: Dort hatte sich jemand vom Halter ein Pferd erbeten, um seine bessere Reitkunst zu beweisen, und war dann verunglückt. Der *BGH* hat diesen Unfall mit Recht als nicht mehr vom Schutzzweck der Tierhalterhaftung umfaßt angesehen: Der Verletzte habe hier die Herrschaft über das Tier vorwiegend im eigenen Interesse und in Kenntnis der damit verbundenen Tiergefahr übernommen. Regelmäßig hat aber auch der Reiter Ansprüche aus § 833 gegen den Halter[21].

3.   Generalklausel für die Gefährdungshaftung?

637   Heute erscheint die Aufzählung der Unternehmen und Anlagen, für die nach dem HaftpflG eine Gefährdungshaftung eintreten soll (§ 1: Eisenbahn; § 2: Leitungen), als zu eng. Eine geringfügige Erweiterung hatte freilich 1977 eine Änderung des § 2 HaftpflG gebracht: Seitdem wird auch für Dampf- und Flüssigkeitsleitungen gehaftet. Damit ist das unbefriedigende Ergebnis von *BGHZ 55, 229 ff.* erledigt: Dort hatte nach einem Rohrbruch ausströmendes Wasser ein Haus zerstört; der *BGH* hatte nur mit der Beweislastumkehr nach § 836 helfen können. Derzeit wird über die Einbeziehung der Schlepplifte in § 1 HaftpflG diskutiert. Auch war beabsichtigt, durch eine Änderung des Staatshaftungsrechts (vgl. unten Rdnr. 788) eine öffentlich-rechtliche Gefährdungshaftung einzuführen und so den Fall der versagenden Ampelanlage befriedigend zu regeln (vgl. *BGHZ 54, 332 ff.* ohne Hilfe). Jedoch ist eine Generalklausel als Grundlage einer allgemeineren Gefährdungshaftung vorerst nicht zu erwarten (und wohl auch nicht wünschenswert). Daher können sich immer wieder Fälle ergeben, in denen man die Grundlage für eine Gefährdungshaftung vermißt (etwa *OLG Karlsruhe* VersR 2003, 759 ff. für schnelle Binnenschiffe). Die Praxis hilft hier (z.B. beim Umgang mit Waffen oder Giften) durch die (zum Verschulden führende) Annahme besonders strenger Sorgfaltspflichten (vgl. *Medicus*, SAT Rdnr. 341).

---

21 *BGH* NJW 1977, 2158 f.; 1982, 1589; 1986, 2883; 1992, 907 ff., 2474 ff.; 1993, 2611 f., vgl. *Knütel*, NJW 1978, 297 ff., kritisch *Deutsch*, NJW 1978, 1998 ff.; *Hasselblatt*, NJW 1993, 2577 ff.

4. Konkurrenzfragen

Neben der Gefährdungshaftung sind (bei Verschulden) die Vorschriften **638** über die **Vertrags- und Deliktshaftung** unbeschränkt anwendbar: §§ 16 StVG, 12 HaftpflG, 42 LuftVG, 15 II ProdHaftG, 18 I UmweltHG. Ausnahmen finden sich nur in § 48 LuftVG (sachlich kaum gerechtfertigt) sowie im AtomG. Diese Häufung ist auch oft wichtig, weil der Ersatzanspruch aus Gefährdungshaftung Schwächen hat: Meist ist er durch **Höchstbeträge** beschränkt; er kann bisweilen schon in kurzer Zeit **verwirkt** werden (etwa § 15 StVG). Vor allem aber hat die Gefährdungshaftung bisher **kein Schmerzensgeld** gebracht (Ausnahmen: §§ 833 BGB, 53 III LuftVG). Das ist jetzt durch das neue Gesetz von oben Rdnr. 634 geändert worden. Endlich spielt die Frage nach dem Verschulden des aus Gefährdungshaftung in Anspruch Genommenen ohnehin stets eine Rolle, wenn dieser die Mitwirkung von Verschulden oder Betriebsgefahr des Geschädigten einwendet.

5. Zivilrechtliche Aufopferungsansprüche nach § 904 BGB

Verschuldensunabhängig wie die Ansprüche aus Gefährdungshaftung ist **638a** auch der Schadensersatzanspruch aus § 904 S. 2 aus bewußter und gewollter Einwirkung auf fremdes Eigentum (vgl. *BGHZ 92, 357 ff.*, oben Rdnr. 411). Aber dieser Anspruch hat einen völlig anderen Grund: Er bildet gleichsam den Ersatz für die nach § 904 S. 1 ausnahmsweise ausgeschlossene Untersagungsbefugnis des Eigentümers. Deshalb kann man hier von einem zivilrechtlichen Aufopferungsanspruch reden. Von diesem Zweck her ist zweifelhaft, gegen wen sich der Anspruch richten soll: gegen den Eingreifenden oder gegen den durch den Eingriff Begünstigten (z.B. G zerbricht einen Zaun des E, um den ins Eis eingebrochenen H zu retten: Schulden G oder H dem E Ersatz?). Ich neige eher zur Haftung des Eingreifenden; dieser wird freilich gegen den Begünstigten meist einen Anspruch aus §§ 683, 670 haben.

V. Beeinflussung durch Vertragsrecht

Wenn Deliktsansprüche mit Vertragsansprüchen konkurrieren, beeinflussen **639** sie diese Vertragsansprüche nicht. So bleibt etwa der auf die Bereicherung gerichtete Restanspruch nach § 852 auf die Verjährung konkurrierender Vertragsansprüche ohne Wirkung. Dagegen ist umgekehrt eine Beeinflussung von Deliktsansprüchen durch das (als spezieller gedachte) Vertragsrecht sehr wohl möglich. Für eine solche Beeinflussung kommen vor allem

Haftungsmilderungen und Verjährungsabkürzungen des Vertragsrechts in Betracht; wirken sie auch für konkurrierende Deliktsansprüche?

(1) *BGHZ 54, 264 ff.* (vereinfacht): Der Kfz-Händler V läßt einen Kunden K eine Probefahrt machen. Dabei wird der Wagen durch Verschulden des K zerstört. V klagt nach drei Jahren gegen K auf Ersatz.

(2) *BGHZ 55, 392 ff.* (dazu *Schlechtriem*, JZ 1971, 449 ff.): B läßt in seinen Anhänger von U ein neues Doppelachsaggregat einbauen. U schweißt dieses Aggregat auf, obwohl es hätte verschraubt werden müssen. Daher bilden sich am Rahmen des Anhängers Risse. B macht Schadensersatzansprüche gegen U erst zweieinhalb Jahre nach dem Einbau geltend.

1. Das Problem

Der BGH hat hier bei (1) die kurze **Verjährung** nach §§ 606, 548 auch gegenüber dem Deliktsanspruch des V aus § 823 I durchgreifen lassen; K hat also nicht zu zahlen brauchen. Ebenso haben entschieden *BGHZ 61, 227 ff.* für Deliktsansprüche gegen Hilfspersonen des Mieters und *BGH NJW 1976, 1843 f.* für Deliktsansprüche gegen einen selbständigen Unternehmer, dem der Mieter die Mietsache vertragsgemäß überlassen hatte: Hier entfaltet also die mietvertragliche Verjährung sogar Schutzwirkung für Dritte (vgl. unten Rdnr. 938). Darüber hinaus soll § 548 nach *BGHZ 116, 293 ff.* auch gegen einen dritten Sacheigentümer gelten, wenn dieser mit dem Vermieter geschäftlich eng verflochten ist.

Bei (2) war zunächst fraglich, ob der Ersatzanspruch wegen der Risse im Rahmen aus § 280 mit § 634a I Nr. 1 stammt: Dann wäre er verjährt. Anders als bei (1) hat der BGH die Verjährung des Vertragsanspruchs hier aber nicht auch auf den Deliktsanspruch aus § 823 I wegen der Beschädigung des Anhängers erstreckt; dieser Anspruch ist vielmehr wegen der §§ 195, 199 I, III Nr. 1 noch unverjährt.

BGHZ 55, 398 (ähnlich *BGHZ 96, 221/228 f.*) begründet diese Verschiedenbehandlung so: Bei § 548 bestünden regelmäßig konkurrierende Deliktsansprüche (der Vermieter ist eben meist zugleich Eigentümer oder wenigstens befugter Besitzer). Daher wäre die kurze Verjährung nach Vertragsrecht bedeutungslos, wenn sie nicht auch den Deliktsanspruch erfasse. Dagegen liege bei Werkmängeln weniger häufig zugleich eine Eigentumsverletzung vor. Die kurze Verjährung behalte also auch dann Bedeutung, wenn der im Einzelfall konkurrierende Deliktsanspruch nach den §§ 195, 199 I, III Nr. 1 verjähre. Entsprechend argumentiert auch *BGHZ 66, 315/319 ff.*: Da ein Sachmangel beim Kauf nicht regelmäßig zur Verletzung von absolut geschützten Rechtsgütern des Käufers führe, verjähre der aus einer solchen Verletzung stammende deliktische Ersatzanspruch nach Deliktsrecht ohne Rücksicht auf § 438 I Nr. 3.

Für **Haftungsmilderungen** pflegt man die Frage nach der statistischen Häufigkeit der Konkurrenz nicht zu stellen: Insoweit bejaht man den Vorrang des Vertragsrechts ohne weiteres (z.B. für § 680, vgl. den Fall von *BGH* NJW 1972, 475 ff., oben Rdnr. 433).

2. Lösungsvorschlag

Richtigerweise wird man wohl unterscheiden müssen: **Gesetzlich ange-**   640
ordnete Haftungsmilderungen für Ansprüche aus Sonderverbindung sind regelmäßig eine Prämie für Gefälligkeit, oder sie tragen Notsituationen Rechnung. Dieselben Erwägungen gelten auch gegenüber einer Deliktshaftung; darum muß diese in gleicher Weise gemildert sein. Allerdings läßt der BGH bestimmte Haftungsmilderungen im Straßenverkehr nicht gelten (vgl. unten Rdnr. 930). Bei **vertraglich vereinbarten Haftungsmilderungen** ist es eine Frage der Auslegung, ob die Vereinbarung auch für konkurrierende Deliktsansprüche gelten soll. Regelmäßig wird das zu bejahen sein, doch muß bei AGB die Unklarheitenregel von § 305c II (vgl. oben Rdnr. 70) beachtet werden (aber auch sie fordert wenigstens gegenüber einem Kaufmann nicht allemal die ausdrückliche Erwähnung von Deliktsansprüchen: *BGH* NJW 1979, 2148 f.). Dagegen ist für die **Verjährung** nicht recht einzusehen, warum es dem Deliktstäter nutzen soll, daß er auch noch einen konkurrierenden Vertrag verletzt hat. Deshalb möchte ich die Anwendung einer kürzeren vertraglichen Verjährung auf Deliktsansprüche regelmäßig verneinen, wenn nicht die vertragliche Verjährung durch den konkurrierenden Deliktsanspruch allgemein (fast) jede Bedeutung verlöre (vgl. zu dem Fragenkreis *Schlechtriem*, Vertragsordnung und außervertragliche Haftung, 1972, sowie rechtspolitisch *Deutsch*, FS Michaelis, 1972, 26 ff.).

§ 25   Die Verkehrspflichten[1]

641   Die Lehre von den Verkehrssicherungspflichten (seit *RGZ 102, 372/375* auch häufig und heute üblicherweise »Verkehrspflichten« genannt, hier als VP abgekürzt) ist entstanden im Zusammenhang mit der »rechtswidrigen Verletzung« der in § 823 I genannten Lebensgüter und Rechte. Schwierigkeiten ergeben sich schon daraus, daß auch Gesichtspunkte der Tatbestandsmäßigkeit und der Kausalität hereinspielen. Eine ähnlich komplexe Problematik hat sich bei den »Herausforderungsfällen« ergeben (vgl. unten Rdnr. 653).

I.   Die Funktion der Verkehrspflichten

1.   Die systematische Stellung

642   Nicht selten erscheinen die VPen an zwei verschiedenen Stellen:

a) Erstens beim Delikts*tatbestand*, nämlich im Rahmen des **Handlungsbegriffs**: Ein **Unterlassen** stehe einer Erfolgsherbeiführung durch positives Tun (»verletzen« in § 823 I) nur dann gleich, wenn der Haftende zum Tätigwerden mit dem Ziel der Erfolgsabwendung verpflichtet gewesen sei. In Betracht komme hierfür insbesondere die allgemeine Grundpflicht, sein Verhalten im Verkehr so einzurichten, daß andere nicht gefährdet würden[2].

643   **b) Zweitens** erscheinen die VPen auch bei der **Rechtswidrigkeit**: Bloß **mittelbare Verletzungshandlungen**, bei denen der Verletzungserfolg nicht mehr im Rahmen des Handlungsablaufs liege, sollen durch diesen Erfolg nicht ohne weiteres als rechtswidrig indiziert werden. Vielmehr ergebe sich in solchen Fällen die Rechtswidrigkeit erst aus der Verbindung der Ursächlichkeit mit einem Verhalten, das wegen seiner Gefährlichkeit für die Rechtsgüter anderer von der Rechtsordnung mißbilligt wird. Hierzu hat

---

1 Dazu vor allem *von Bar,* Verkehrspflichten (1980); *ders.,* Entwicklung und Entwicklungstendenzen im Recht der Verkehrs(sicherungs)pflichten, JuS 1988, 169 ff.; zudem *Mertens* und *Steffen,* Verkehrspflichten und Deliktsrecht, VersR 1980, 397 ff.; 409 ff.; *Canaris,* 2. FS Larenz (1983) 27, 77 ff.; *G. Hager,* Zum Begriff der Rechtswidrigkeit im Zivilrecht, FS Ernst Wolf (1985) 133 ff.; *Kleindiek,* Deliktshaftung und juristische Person (1997) S. 20 ff.
2 So *Larenz* I § 27 S. 457; *Larenz/Canaris* II 2 § 76 III 2a.

schon *von Caemmerer*[3] betont, auf die Begehungsform (Tun oder Unterlassen) komme es nicht wesentlich an.

Dabei läßt sich die Bedeutung des meist unbestimmten Begriffs »**mittelbar**« in diesem Zusammenhang präzisieren: Das Wort meint, der mittelbare Verletzer habe zunächst nur eine **Gefahr geschaffen** (z.B. durch das Inverkehrbringen eines Produkts ohne ausreichende Warnhinweise). Die eigentliche (»unmittelbare«) Verletzung wird dann erst durch eine weitere Person herbeigeführt, nämlich etwa durch die Mutter, die ihr Kind an einem zukkerhaltigen Getränk überlang »nuckeln« läßt, oder auch durch den Verletzten selbst (z.B. durch schnelles Fahren auf einem instabilen Motorrad).

2. Begründungsfunktionen der Verkehrspflichten

Das doppelte Vorkommen der VPen führt zu der Frage, wo diese zu prüfen sind: beim Tatbestand oder bei der Rechtswidrigkeit oder an beiden Stellen (etwa bei einer mittelbaren Verletzung durch pflichtwidriges Unterlassen)? **644**

a) Diese Fraglichkeit darf gewiß nicht eine Rückkehr zur **alten Lehre** bewirken, nach der die VPen nur die Rechtswidrigkeit des Unterlassens begründen sollten[4]. Dagegen spricht nämlich schon, daß insbesondere *von Caemmerer* aaO. den Begriff »Unterlassen« als wenig brauchbar erwiesen hat (vgl. weiter *Deutsch/Ahrens*, Deliktsrecht, 4. Aufl. 2002, Rdnr. 40). Dieselbe Erkenntnis findet sich übrigens auch im Strafrecht: Dort ist die Rechtsfigur des »Unterlassens durch Tun« ein bezeichnender Beleg für die Abgrenzungsschwierigkeiten[5]. Auch die heftige Diskussion über die passive Sterbehilfe (der Arzt beendet die lebensverlängernde Behandlung des unheilbar Kranken, vgl. etwa *R. Zimmermann*, NJW 1977, 2101 ff.; *BGHSt 40, 257 ff.*) dreht sich weithin um die Unterscheidung von Tun und Unterlassen.

Bsp. für die zivilrechtliche Problematik: S lädt scharfkantige Blechabfälle auf seinem umzäunten Lagerplatz ab, vergißt aber, die Tür des Zaunes zu verschließen. Daher dringen Kinder ein; eines von ihnen verliert durch das Spielen mit dem Blech ein Auge. Wenn man hier das Gewicht auf das Abladen des Bleches legt (positives Tun), hat S das Kind bei Vorliegen von Adäquanz nach der traditionellen Lehre

---

3 Hundert Jahre deutsches Rechtsleben, FS Dt. Juristentag (1960) II 74 ff. = Ges. Schriften I 481 ff.

4 So etwa *Enneccerus/Lehmann*, Recht der Schuldverhältnisse, 15. Aufl. 1958, § 234 II 2.

5 Vgl. *Sax*, JZ 1975, 137 ff., zudem *G. Freund*, Erfolgsdelikt durch Unterlassen, 1992; *Otto*, Das Problem der Abgrenzung von Tun und Unterlassen, Jura 2000, 549 ff.

rechtswidrig verletzt. Betont man dagegen das Nichtverschließen der Tür (Unterlassen), so sind schon Tatbestandsmäßigkeit oder Rechtswidrigkeit zweifelhaft.

Beide Betrachtungsweisen brauchen freilich nicht zu verschiedenen Ergebnissen zu führen, weil man auch bei Betonung des positiven Tuns immer noch ein Verschulden des S verneinen kann. Aber daß die Begründung je nach der Betrachtungsweise verschieden ausfällt, mag doch befremden.

645   **b)** Zudem läßt die alte Lehre diejenige Funktion ganz unberücksichtigt, deren Erfüllung durch die VPen immer wichtiger wird: nämlich zu begründen, warum ein **Handeln lege artis** auch dann **nicht rechtswidrig** ist, wenn es adäquat kausal eine Verletzung eines der klassischen Lebensgüter oder Rechte des § 823 I bewirkt. Denn auf eine solche **Einschränkung der Rechtswidrigkeitsindikation** kann man nicht verzichten:
In Deutschland wurden 2006 etwa 5000 Menschen als Opfer des Straßenverkehrs getötet. Statistisch ließe sich berechnen, wieviel Tote auf die Fabrikate jedes einzelnen Herstellers entfallen. Die Tötung von Menschen ist hier nicht bloß eine adäquate, sondern sogar eine statistisch sichere Folge von Produktion und Verkauf. Da es sich dabei um positives Tun handelt, müßte nach der traditionellen Lehre die Rechtswidrigkeit indiziert sein. Man bräuchte daher, wenn man die Rechtswidrigkeit dennoch verneinen will, einen Rechtfertigungsgrund. Andernfalls müßte man das Verschulden leugnen, was wegen der statistischen Gewißheit von Verletzungsfolgen seltsam wäre. Für die neue Lehre dagegen sind die Menschenopfer nur mittelbare Folgen: Rechtswidrigkeit (und wohl auch Tatbestandsmäßigkeit) von Produktion und Verkauf hängen davon ab, ob eine VP verletzt worden ist.

3.   Lösungsvorschlag

646   An dieser Stelle kann ich eine nach meiner Ansicht mögliche Lösung der genannten Schwierigkeiten nur andeuten:

a) Um das doppelte Auftauchen der VPen (oben Rdnr. 642 f.) auf eine einheitliche Funktion zurückzuführen, muß man eine Rechtsähnlichkeit von Unterlassen und mittelbarer Verletzung feststellen. Diese Ähnlichkeit dürfte darin liegen, daß beim Unterlassen wie bei der bloß mittelbaren Verletzung die **Adäquanz zur Indikation rechtswidriger Tatbestandserfüllung nicht ausreicht.** Beim **Unterlassen** ist das evident.

Bsp.: G fällt über eine auf der Straße liegende Bananenschale und verletzt sich. Hier ist es sinnlos zu sagen, jeder andere habe den objektiven Tatbestand des § 823 I in indizierter Rechtswidrigkeit erfüllt, weil er die Bananenschale nicht weggeschafft habe.

Ähnlich liegt es aber auch bei der **mittelbaren Verletzung**: An Entwicklung, Produktion und Vertrieb etwa von Kraftfahrzeugen waren und sind Millionen von Menschen beteiligt. Auch hier wäre es sinnlos, für sie alle die Erfüllung des Tatbestandes des § 823 I in indizierter Rechtswidrigkeit anzunehmen, weil durch die Kraftfahrzeuge mit Gewißheit Menschen getötet und verletzt werden.

Hieraus folgt die **einheitliche Funktion der VPen**: Sie sollen den Vorwurf der rechtswidrigen Erfüllung eines Deliktstatbestandes auf einen wesentlich engeren Personenkreis beschränken, als er durch die Adäquanz bestimmt wird. Denn allein für diesen engeren Kreis läßt sich sinnvoll erwägen, ob deren gefährliches Handeln durch ergänzende Unterlassungsansprüche (vgl. oben Rdnr. 628) soll verhindert werden können.

b) Diese einheitliche Funktion ergibt dann auch den Ort, an dem die   **647** VPen zu prüfen sind: gemeinsam mit der haftungsbegründenden Kausalität bei der **Zurechnung des** tatbestandsmäßigen unvorsätzlichen **Verletzungserfolgs zu einer bestimmten Person** als dem Verletzer (ähnlich *Larenz/ Canaris* II 2 § 76 III 2b: Die VPen dienen »zur Konkretisierung des Begriffs der fahrlässigen widerrechtlichen Verletzung i.S. v. § 823 I«).

Das bedeutet etwa in dem Blechbsp. von oben Rdnr. 644: Zunächst wird für den Tatbestand von § 823 I die im Schutzbereich der Norm liegende Körperverletzung festgestellt. Dann wird gefragt, ob dieser Erfolg dem S zuzurechnen ist: (1) weil S eine VP verletzt hat (vgl. unten Rdnr. 652), und (2) als hinreichende Folge dieser Verletzung. Damit ist dann die Rechtswidrigkeit ebenso indiziert, als ob S das Kind unmittelbar durch positives Tun verletzt hätte (etwa durch einen Schlag): Die Indikation kann nur noch durch Rechtfertigungsgründe aufgehoben werden. Zu prüfen bleibt dann weiter bloß die subjektive Vorwerfbarkeit zum Verschulden (vgl. unten Rdnr. 659).

II. Begründung und Umfang von Verkehrspflichten

Hier geht es jetzt um die für das Ergebnis wesentliche Frage, aus welchen   **648** Umständen sich eine VP ergibt und welchen Umfang sie hat (dazu *Larenz/Canaris* II 2 § 76 III 3).

1. Verkehrseröffnung

Der einleuchtendste Grund für einen Teil der VPen ist die (willentliche) Eröffnung eines Verkehrs: Daß der, der einen Verkehr eröffnet, dann auch für die Gefahrlosigkeit des Verkehrs sorgen muß, ist im Grunde nur eine Konsequenz aus dem Verbot des *venire contra factum proprium*. Denn ein solches widersprüchliches Verhalten fällt etwa demjenigen zur Last, der

Kunden in seinen Gefahrenbereich lockt und sie dort ohne den nach der Verkehrsanschauung zu erwartenden Schutz läßt[6].

Zum Verhältnis der Verletzung von VPen zur *culpa in contrahendo* vgl. oben Rdnr. 199.

2. Einwirkung auf einen bestehenden Verkehr

649   VPen werden aber auch durch Einwirkungen auf einen Verkehr begründet, den der Einwirkende nicht selbst eröffnet hat. Wer etwa Bauarbeiten an einer öffentlichen Straße durchführt, hat für den Schutz der Passanten zu sorgen. Ein gesetzliches Beispiel hierfür sind die Pflichten, die in den §§ 836 bis 838 für die Nutznießer an einem Bauwerk vorausgesetzt werden. Diese Vorschriften erlauben auch Rückschlüsse darauf, wem in anderen Fällen die VP obliegt. Noch allgemeiner ergeben sich VPen schon durch die Teilnahme an einem Verkehr; gesetzliche Beispiele hierfür bilden die in der StVO geregelten Pflichten aller Verkehrsteilnehmer.

3.   Sicherungspflichten außerhalb eines Verkehrs

650   Endlich werden VPen auch da angenommen, wo kein »Verkehr« im üblichen Sinne vorliegt, weil es sich nicht um Fortbewegungs- oder Beförderungsvorgänge handelt. Hierhin gehört vor allem die seit 1968 immer wichtiger gewordene **Produzentenhaftung**[7]: Wer ein Produkt herstellt oder importiert und es anderen überläßt (»es in den Verkehr bringt«), muß die aus dem Produkt anderen drohenden Gefahren nach Möglichkeit gering halten. Unterläßt er das schuldhaft, so haftet er jedem, der befugtermaßen in den Gefahrenkreis der Sache gekommen ist. Entsprechendes gilt auch für die Gefahren aus anderen gewerblichen Leistungen.

Die Grundsatzentscheidung *BGHZ 51, 91 ff.* (lesen!) hat diese deliktische Produzentenhaftung schon auf der Grundlage von § 823 I wesentlich wirksamer gemacht: Wenn eine Person oder Sache bei der bestimmungsmäßigen Verwendung eines Industrieerzeugnisses durch einen Fertigungsfehler verletzt wird, soll der Hersteller seine Schuldlosigkeit an diesem Fehler beweisen müssen. Das bedeutet eine **Beweislastumkehr**, die der BGH mit einer Analogie zu den §§ 831–834, 836 und bestimmten Fällen der positiven Vertragsverletzung begründet hat.

---

6 Kritisch zu dieser Argumentation aber *Marburger,* Jur. Analysen 3 (1971) 481/502 A.90.

7 Lit. dazu überaus umfangreich, vgl. etwa die Angaben bei *Medicus,* SBT § 77.

In *BGHZ 51, 91 ff.* hatte ein Tierarzt die Hühner des klagenden Bauern gegen **Hühnerpest** geimpft. Diese verendeten jedoch. Die betreffende Charge des vom beklagten Impfstoffwerk bezogenen Serums war nämlich durch eine bakterielle Verunreinigung wieder aktiv geworden. Ob diese Verunreinigung auf ein Verschulden des Impfstoffwerkes zurückging, ließ sich nicht feststellen. Trotzdem hat der BGH aus § 823 I verurteilt.

Freilich betrifft *BGHZ 51, 91 ff.* direkt nicht den ganzen Bereich der Produzentenhaftung. Denn bei ihr sind folgende *Fallgruppen zu* unterscheiden (vgl. *von Caemmerer,* Ius Privatum Gentium, FS Rheinstein, 1969, 659 ff.):

(1) **Konstruktionsfehler,** die allen Produkten anhaften,

(2) **Fertigungs- oder Kontrollfehler,** die nur einzelne Stücke (»Ausreißer«) eines ordentlich konstruierten Produkts betreffen,

(3) **Anleitungsfehler (Instruktionsfehler):** Das Produkt selbst ist in Ordnung, doch fehlt bei allen oder einzelnen Stücken die Warnung des Verbrauchers vor falscher Anwendung oder unvermeidlichen Nebenfolgen,

(4) nach dem bei der Produktion erreichten Stand von Wissenschaft und Technik **unvermeidbare Fehler** oder *unvorhersehbare* schädliche Nebenfolgen.

Die Beweislastumkehr nach *BGHZ 51, 91 ff.* (und später etwa *BGHZ 59, 303/309*: Lieferung verunreinigten Wassers durch eine Gemeinde) betrifft zunächst nur die Gruppe (2). Doch ist bei den Gruppen (1) und (3) weithin entsprechend zu entscheiden: so für Anleitungsfehler *BGH* NJW 1972, 2217 ff. (dazu *Rebe,* JuS 1974, 429 ff.); 1975, 1827/1829 und für einen Konstruktionsfehler *BGHZ 67, 359/362.* Immerhin muß aber nach *BGHZ 80, 186/191 ff.* ein durch einen Anleitungsfehler Geschädigter zunächst Tatsachen beweisen, aus denen sich für den Hersteller ein Anlaß zu einer Warnung ergab.

Dagegen läßt sich in den Fällen der Gruppe (4) ein Verschuldensvorwurf schon ex definitione nicht erheben. Hier paßt also die vom *BGH* aufgestellte Verschuldensvermutung nicht; vielmehr ließe sich eine Produzentenhaftung nur als Gefährdungshaftung begründen.

Eine solche ist vom deutschen Gesetzgeber zunächst nur für einen Spezialfall angeordnet worden (§ 84 ArzneimittelG). Allgemein gilt seit dem 1.1.1990 das auf eine EG-Richtlinie zurückgehende **ProdHaftG.** Dieses bestimmt in § 1 I 1 eine **verschuldensunabhängige Ersatzpflicht** bei Personen- und Sachschäden. Diese Pflicht trifft nach § 4 ProdHaftG außer dem Hersteller auch den Importeur und ausnahmsweise den Lieferanten.

Doch hat die Haftung nach dem ProdHaftG mehrere **Schwächen;** dies sind vor allem:

(1) Bei Sachschäden muß der Geschädigte einen Selbstbehalt von 500 Euro tragen, § 11 ProdHaftG.

(2) Bei Sachschäden sind Ansprüche eines gewerblichen Verwenders ausgeschlossen, § 1 I 2 ProdHaftG.

(3) Der Sachschaden darf sich nicht auf das fehlerhafte Produkt selbst beschränken, § 1 I 2 ProdHaftG. Dadurch dürfte der Ersatz von »Weiterfresserschäden« (vgl. unten Rdnr. 650 b) ausgeschlossen sein (vgl. *Palandt/ Sprau,* ProdHaftG § 1 Rdnr. 6 mit Nachweisen, auch oben Rdnr. 325).

(4) Für Personenschäden aus demselben Fehler (der bei sehr vielen Produkten wirken kann) gilt eine Haftungsgrenze von insgesamt 85 Mio. Euro, § 10 ProdHaftG.

Überdies wird nicht für Fehler gehaftet, die beim Inverkehrbringen des Produkts nach dem damaligen Stand von Wissenschaft und Technik nicht erkannt werden konnten, § 1 II Nr. 5 ProdHaftG. Daher bedeutet das ProdHaftG gegenüber dem schon mit § 823 I Erreichten keine wesentliche Haftungsverschärfung; wegen der genannten Schwächen des ProdHaftG wird das Schwergewicht auch weiter bei der Haftung aus § 823 I liegen (vgl. § 15 II ProdHaftG). Dieser »Strich des Gesetzgebers« hat also keine »Bibliotheken zu Makulatur« werden lassen, sondern allenfalls die Entstehung weiterer Bibliotheken gefördert!

4.   Verschärfungen und Erweiterungen der verschuldensabhängigen Produzentenhaftung

650a   Die Rspr. hat die auf § 823 I beruhende Produzentenhaftung seit *BGHZ 51, 91 ff.* noch in mehreren Punkten verschärft oder erweitert.

a)   Verantwortlichkeit leitender Angestellter

Nach *BGH* NJW 1975, 1827 ff. soll die für diese Haftung bezeichnende Beweislastumkehr nicht nur den Hersteller selbst treffen, sondern auch einen »Produktionsleiter in herausgehobener und verantwortlicher Stellung« (dort den als Geschäftsleiter tätigen Kommanditisten der Hersteller-KG). Das ist bedenklich, weil der leitende Mitarbeiter als solcher weder am Produktionsgewinn teilhat noch die Unternehmenspolitik bestimmen kann, auch nicht über die Beweismittel des Unternehmens zu verfügen braucht[8].

---

8 Dazu *von Marschall,* VersR 1976, 411/414, auch *Lieb,* JZ 1976, 526 ff.; *Larenz,* FS Hauß (1978) 225/238 f.; *Leßmann,* JuS 1979, 853 ff.

b)   Haftung für Schäden an der Kaufsache selbst

Zweitens ist die Produzentenhaftung verschärft worden durch   **650b**

BGHZ 67, 359 ff.: Die Maschinenfabrik V verkaufte an den Fabrikanten K eine Reinigungsanlage mit einer elektrisch beheizten Flüssigkeit. Der Heizstrom sollte bei Flüssigkeitsmangel durch einen Schwimmerschalter (Wert wenige DM) unterbrochen werden. Da dieser nicht funktionierte, kam es durch Überhitzung zu einem Brand, der die Reinigungsanlage (Wert 20000,– DM) und Vorräte des K (Wert 50000,– DM) zerstörte. K fordert von V 70000,– DM als Schadensersatz.

Gegenüber den gewöhnlichen Sachverhalten der Produzentenhaftung hat dieser Fall zwei Besonderheiten: Zum einen besteht zwischen dem Produzenten V und dem geschädigten Verbraucher K ein **Vertrag**, so daß ein wesentlicher Grund für die Verschärfung der deliktischen Haftung fehlt. Trotzdem hat der *BGH* (S. 363) hier mit dem Deliktsrecht und der Beweislastumkehr gearbeitet (die Vertragshaftung war nach § 477 a.F. verjährt; zu der kurzen kaufrechtlichen Verjährung auf konkurrierende Deliktsansprüche vgl. oben Rdnr. 639). Die Gegenargumente von *Lieb*, JZ 1977, 345 f. haben sich nicht durchgesetzt. Zum anderen und vor allem aber hat der *BGH* (S. 364 f.) dem K Schadensersatz auch wegen der gekauften Reinigungsanlage selbst zuerkannt: Diese sei nicht insgesamt schadhaft geliefert worden (dann bloße Vermögensverletzung, derentwegen nur Ansprüche aus Kauf in Betracht kommen). Vielmehr habe der Schaden sich zunächst auf den Schwimmerschalter begrenzt und erst von da aus die schon dem K gehörende Reinigungsanlage ergriffen (sog. **Weiterfresserschaden**).

Der *BGH* hat seine Ansicht später in NJW 1978, 2241/2242 f. (dazu *Kraft*, JuS 1980, 408 ff.) bestätigt. Dort war ein gebrauchter Sportwagen mit vorschriftswidriger Bereifung verkauft worden. Durch Platzen eines Reifens wurde der Wagen beschädigt. Kaufvertragliche Ersatzansprüche (§ 463 S. 1 a.F.; der Verkäufer hatte »einwandfreien technischen Zustand« zugesagt) waren nach § 477 a.F. verjährt. Der Käufer soll jedoch bei Verschulden des Verkäufers einen Deliktsanspruch haben (§ 823 I): Durch die Beschädigung des Wagens sei ein zusätzlicher Schaden entstanden, der bei der Lieferung noch nicht vorgelegen habe und durch rechtzeitige Auswechslung der Reifen hätte vermieden werden können.

Fast gleichzeitig ergangen sind die beiden Entscheidungen *BGHZ 86, 256 ff.* und *BGH* NJW 1983, 812 ff. Dabei betrifft die erste Entscheidung mehrfache Beschädigungen eines Pkw, weil der Gaszug nicht funktionierte und der Wagen deshalb auch dann noch weiter beschleunigte, wenn der Fuß vom Gaspedal weggenommen worden war. Hier hat der *BGH* einen Deliktsanspruch des Käufers gegen den Hersteller für möglich gehalten: Die weiteren Schäden an dem Wagen seien nämlich nicht »**stoffgleich**« mit dem Unwert, welcher der Kaufsache von Anfang an wegen des Mangels anhaftete *(BGHZ 86, 256/259)*. Dagegen hat *BGH* NJW 1983, 812 ff. solche Stoffgleichheit für Schäden bejaht, die sich aus dem Einsatz einer mangelhaften Kfz-Hebebühne ergeben haben. Indessen wird man zweifeln müssen, ob das Kriterium der Stoffgleichheit zu einer einigermaßen sicheren Abgrenzung verhilft[9].

c)   Haftung für Wirkungslosigkeit

650c Drittens ist die Produzentenhaftung verschärft worden durch *BGHZ 80, 186; 199 ff.* Beide Entscheidungen betreffen Ansprüche von Obstbauern gegen die Erzeuger von Spritzmitteln. Diese Mittel hatten zwar zunächst die gewünschte Wirkung gegen Apfelschorf. Später wurden sie jedoch wirkungslos, weil sich ein neuartiger Pilz gebildet und ausgebreitet hatte, der gegen die Spritzmittel resistent war. Die Obstbauern verlangten Ersatz für den Verlust ihrer Ernte: Bei rechtzeitiger Warnung vor der Resistenz hätten sie den Pilz durch ein anderes Mittel abgewehrt.

Der *BGH* hat solche Ansprüche aus § 823 I wegen des Wirkungsverlustes des Produkts für möglich gehalten. Er hat auch eine Pflicht des Herstellers bejaht, sich über einen solchen Verlust selbst dann noch zu informieren, wenn das Mittel bereits in den Verkehr gebracht worden ist (**Produktbeobachtungspflicht**, vgl. *Michalski*, BB 1998, 961 f.), und notfalls die Verbraucher zu warnen. Die Klagen sind jedoch deshalb abgewiesen worden, weil eine schuldhafte Pflichtverletzung nicht nachgewiesen war. Auf derselben, eine Haftung des Herstellers (dort: einer undichten Dachdeckfolie) grundsätzlich bejahenden Linie liegt *BGH* NJW 1985, 194 f.: Wer zum Schutz von Personen oder Sachen bestimmte, aber wirkungslose Produkte in den Verkehr bringe, könne aus § 823 I ersatzpflichtig sein, wenn es wirksame Produkte gebe.

d)   Der Kupolofenfall

650d *BGHZ 92, 143 ff.*[10]: S betreibt einen genehmigten Kupolofen, dessen Emissionen die zulässigen Grenzwerte nicht erreichen. Trotzdem ist der auf einem nahen Betriebsparkplatz abgestellte Pkw des (bei einer anderen Firma beschäftigten) G an Lack, Glas und Chromteilen beschädigt worden. G führt das auf Eisenoxyd in den Abgasen des Kupolofens des S zurück und verlangt Schadensersatz.

---

9 Vgl. dazu *Stoll*, JZ 1983, 501 ff.; *Schmidt-Salzer*, BB 1983, 534 ff.; *Brüggemeier*, VersR 1983, 501 ff.; *Harrer*, Jura 1984, 80 ff.; *Nickel*, VersR 1984, 318 ff.; *Foerste*, VersR 1989, 455 ff.; *Gsell*, Substanzverletzung und Herstellung (2003), offengelassen in *BGH* NJW 1985, 194/195. Wichtig insbesondere *Steffen*, VersR 1988, 977 ff. einerseits und *Gsell* andererseits.
10 Dazu *Baumgärtel*, JZ 1984, 1108; *Marburger/Herrmann*, JuS 1986, 354 ff.; *J. Hager*, Jura 1991, 303 ff.

Hier hat der *BGH* die §§ 906 II 2 BGB, 14 S. 2 BImSchG als mögliche Anspruchsgrundlagen verneint, da G nicht Eigentümer oder Besitzer des Parkplatzgrundstücks sei. Daher bleibe nur § 823 I. Hierfür hätte G nach allgemeinen Regeln außer der Kausalität (die der *BGH* unterstellt hat) auch Rechtswidrigkeit und Verschulden des S nachweisen müssen. Insoweit hat der *BGH* jedoch entsprechend § 906 II eine Beweislastumkehr angenommen und sich dabei (aaO. S. 150 f.) auf seine Rspr. zur Produzentenhaftung berufen: Ebenso wie der geschädigte Verbraucher habe auch der durch Immissionen Geschädigte keinen Einblick in die Verhältnisse, aus denen der Schaden stamme; andererseits gehöre es zur VP des Emittenten, seine Emissionswerte zu kontrollieren. Der Emittent könne daher eher als der Geschädigte die »emissionsträchtigen Vorgänge« aufklären.

e) Der Hondafall

BGHZ 99, 167 ff. (dazu *Kullmann*, BB 1987, 1957 ff.; *Schmidt-Salzer*, BB 1987, **650e** 721 f.): Der Sohn des Klägers war mit einem Honda-Motorrad bei hoher Geschwindigkeit tödlich verunglückt. Unfallursache war die Instabilität des Motorrads infolge einer erst vom Vorbesitzer angebrachten, nicht von Honda produzierten Lenkradverkleidung. Den Beklagten (Honda und deren Importeur) wurde vorgeworfen, die Benutzer der Honda-Motorräder nicht rechtzeitig vor den Gefahren aus der Lenkradverkleidung gewarnt zu haben.

Die Besonderheit dieses Falles liegt darin, daß das von den Beklagten zu verantwortende Motorrad an sich nicht gefährlicher war, als es Motorräder nun einmal sind. Zu entscheiden war also, ob sich die **Produktbeobachtungspflicht** auch auf von Dritten produziertes Zubehör erstreckt. Die Vorinstanz *(OLG München)* hatte das nur für solches Zubehör bejaht, das der Produzent der Hauptsache selbst empfahl. Der *BGH* (aaO. S. 174 ff.) geht jedoch darüber hinaus: Er erstreckt die Beobachtungspflicht auch auf **übliches Zubehör**, insbesondere wenn dessen Anbringung (z.B. durch Ösen an dem Produkt) vorbereitet ist und das Hauptsacheprodukt ohnehin an der Grenze der »Sicherheitserwartungen der Benutzer« liegt. Aus der Pflicht zur Produktbeobachtung folgt dann eine Pflicht zur **Warnung der Benutzer**, deren schuldhafte Verletzung eine Haftung aus § 823 I begründen kann.

f) Der Mehrwegflaschenfall

BGHZ 104, 323 ff. (dazu etwa *Foerste*, VersR 1988, 958 ff.; *Giesen*, JZ 1988, 969 ff.): **650f** Ein dreijähriges Kind wurde durch das Bersten einer aus Glas bestehenden Mehrweg-Limonadenflasche schwer verletzt. Auf Schadensersatz verklagt wurde der Limonadenabfüller (nicht der Flaschenhersteller). Es ließ sich nicht feststellen, daß der Fehler der Flasche gerade bei dem Beklagten entstanden war.

Deswegen hatte die Vorinstanz (*OLG Frankfurt,* VersR 1987, 469 f.) die Klage abgewiesen. Dieses Urteil hat der *BGH* aufgehoben und die Sache zurückverwiesen: Unter besonderen Umständen komme eine VP des Herstellers in Betracht, »das Produkt (hier also: die gefüllte Flasche) auf seine einwandfreie Beschaffenheit zu überprüfen und den Befund zu sichern«. Eine Verletzung dieser Pflicht könne die Beweislast umkehren: Dann müsse der Hersteller nachweisen, »daß der Mangel des Produkts erst nach Inverkehrgabe des Produkts durch ihn entstanden ist« (S. 333). Die Voraussetzungen, unter denen dieses Urteil gelten will, sind noch nicht voll abzusehen; vgl. später *BGH* NJW 1995, 2161/2162 ff.

g) Der Milupafall

650g   *BGHZ 116, 60 ff.*[11]: Die Beklagte stellt Säuglingsnahrung her, u.a. ein mit Zucker gesüßtes Instant-Tee-Getränk, zudem sog. Nuckel-Flaschen. Der Kläger verlangt Schadensersatz, weil er infolge jahrelangen Nuckelns Zähne durch Karies verloren habe.

Der BGH betont hier zunächst die schon bekannte (oben Rdnr. 650 c; e) Pflicht des Herstellers zur **Produktbeobachtung und Warnung** der Verbraucher. Diese Warnung müsse deutlich erfolgen; sie dürfe nicht zwischen anderen Informationen versteckt sein und müsse den Grund von Gesundheitsgefahren plausibel machen. Daran fehle es, wenn die Warnung in den Zubereitungshinweisen stehe: Eine über die Zubereitung bereits informierte Mutter werde diese Hinweise nicht lesen. Andererseits habe der Geschädigte den Kausalzusammenhang zwischen dem Dauernuckeln und der Karies zu beweisen.

h) Das Hochzeitsessen

650h   *BGHZ 116, 104 ff.* (dazu *Brüggemeier,* ZIP 1992, 415 ff.; *Giesen,* JZ 1993, 675 ff.): M betreibt eine Gaststätte. Die Kläger bestellten dort für sich und 54 Gäste ihr Hochzeitsessen. Der Nachtisch war von F, der Ehefrau des M, zubereitet worden. Die Kläger und weitere Gäste erkrankten an Salmonellen, die bei M in den Nachtisch gelangt waren. Die Kläger fordern von M und F Ersatz wegen der verschobenen Hochzeitsreise, ein Schmerzensgeld sowie die Rückzahlung der für das Essen gezahlten 3000,– DM.

Die Möglichkeit eines Anspruchs auf das Schmerzensgeld ist gegen M aus §§ 823 I, 253 II bejaht und gegen F verneint worden. Dies beruht auf der verschiedenen Beweislast für das Verschulden: Die F ist nicht als Produzentin angesehen worden, weil sie nicht Inhaberin der Gaststätte und daher

---

11 Dazu *Damm,* JZ 1992, 637 ff.; *Graf von Westphalen,* ZIP 1992, 18 ff., vgl. auch *BGH* NJW 1994, 932 ff.; ZIP 1995, 747 ff., dazu *J. Meyer,* ebenda 716 ff.

nicht im Rechtssinn »Produzentin« war (sondern nur Hilfskraft des M). Hinsichtlich der F blieb es also bei der gewöhnlichen Beweislastverteilung: Da die Kläger kein Verschulden nachweisen konnten, war ihre Klage gegen F abzuweisen. Dagegen hat der BGH die Grundsätze der deliktischen Produzentenhaftung mit der Umkehr der Beweislast gegen M angewendet: Daß es sich bloß um einen **Kleinbetrieb** handele und daß die Herstellung des Nachtischs leicht überschaubar sei, mache nichts aus. Denn auch hier fehle dem Abnehmer der Produkte der Einblick in den Produktionsprozeß.

Dagegen verneint der BGH (S. 115) hinsichtlich der verschobenen Hochzeitsreise unter Berufung auf *BGHZ 86, 212 ff.* einen ersatzfähigen Vermögensschaden überhaupt (vgl. unten Rdnr. 830). Andererseits sollen die von den Klägern bezahlten 3000,– DM unter dem Gesichtspunkt der Minderung voll zurückzuzahlen sein (S. 116): Zwar seien die übrigen Teile des Essens mangelfrei gewesen, und es seien auch nicht alle Gäste erkrankt. Aber die rasche Erkrankung vieler Gäste habe doch »das Fest als solches geradezu zerstört«. Daher sei die Leistung des M im ganzen unbrauchbar gewesen.

i)   Der Kondensatorfall

BGHZ 117, 183 ff.[12]: V lieferte an K Kondensatoren (Stückpreis einige Pfennige). K   **650i**
lötete diese in Regler ein, die von einem weiteren Hersteller H in Anti-Blockiersysteme (ABS) für Kraftfahrzeuge eingebaut wurden. Diese Systeme funktionierten nicht. Daher mußte K die Regler von H zurücknehmen und die angeblich fehlerhaften Kondensatoren auswechseln. Dabei entstanden hohe Arbeitskosten sowie an den Gehäusen der Regler erhebliche Schäden. K verlangt von V Ersatz.

Der *BGH* sieht hier einen nach Deliktsrecht (§ 823 I) zu ersetzenden Eigentumsschaden nicht schon in der Fehlerhaftigkeit der Kondensatoren: Insoweit gehe es nur um das Nutzungs- oder Äquivalenzinteresse, dessen Ersatz bloß aus dem Kaufvertrag verlangt werden könne (solche Ansprüche waren verjährt). Allein um dieses Interesse handle es sich auch bei dem Nichtfunktionieren der mit den Kondensatoren bestückten Regler. Dagegen sei das Eigentum des K an den mangelfreien Teilen dieser Regler verletzt worden, weil diese Teile beim Ausbau der mangelhaften Kondensatoren beschädigt werden mußten. Ausdrücklich offen läßt der *BGH*, ob diese Verletzung »bereits durch die Verbindung mit den fehlerhaften Kondensatoren oder erst mit deren Ausbau eingetreten ist«; eine Verletzung schon durch die Verbindung hat dann *BGHZ 138, 230 ff.* bejaht.

---

12 Dazu *Graf von Westphalen,* ZIP 1992, 532 ff.; *Brüggemeier/U.K. Herbst,* JZ 1992, 802 f.; *Hinsch,* VersR 1992, 1053 ff.

Nicht zu entscheiden hatte der BGH hier über die Ersatzfähigkeit von Kosten für einen **Rückruf mangelhafter Produkte**; bejahend *OLG München*, VersR 1992, 1135 f.; *OLG Kaiserslautern*, NJW-RR 1995, 594/597 (zweifelhaft).

j) Der Schlackenfall

650j   *BGHZ 146, 144 ff.*: K kauft von V ein Grundstück, das mit Elektroofenschlacke aufgefüllt war. Diese enthielt Calcium- und Magnesiumverbindungen, die sich durch den Zutritt von Wasser allmählich aufblähten. Die hierdurch eintretende Hebung der Oberfläche zerstörte die dort errichteten Gebäude. K verlangt von V Ersatz, weil der Effekt für diesen voraussehbar gewesen sei.

Der *BGH* hat diesen Anspruch verneint: Das Grundstück sei wegen der ungeeigneten Schlacke von Anfang an fehlerhaft gewesen. Auch die Gebäude hätten »aus rechtlicher Sicht nie in mangelfreiem Zustand existiert«. Vielmehr seien sie erst durch den sukzessiven Einbau des Baumaterials als von Anfang an fehlerhaft entstanden. Es gehe also nicht um das deliktisch geschützte Integritätsinteresse, sondern um die (nur vertraglich zu erfassende) Mangelfreiheit des Grundstücks. Mir ist diese Argumentation sehr zweifelhaft.

5.   Weitere Haftungsgrundlagen

651   Einen Teilbereich der VPen regelt das **G über technische Arbeitsmittel** v. 24.6.1968, BGBl. I 717; dazu *Lukes*, JuS 1968, 345 ff., Neufassung BGBl. 1979 I 1432. Danach müssen technische Arbeitsmittel bis hin zum Spielzeug nach den allgemein anerkannten Regeln der Technik möglichst gefahrlos beschaffen sein. Andernfalls können die Produktion oder das Inverkehrbringen behördlich untersagt werden. Zivilrechtliche Bedeutung hat diese Regelung als Schutzgesetz nach § 823 II, doch führt die so begründete Verschuldenshaftung nicht über die VSPen hinaus (vgl. *BGHZ 116, 104/114 f.*).

Überwiegend zum öffentlichen Recht gehört auch das seit dem 1.8.1997 geltende **Produktsicherheitsgesetz** (BGBl. 1997 I 934, dazu *G. Wagner*, BB 1997, 2489 ff.; 2541 ff.), das freilich nur zugunsten von Verbrauchern gilt. Danach dürfen Produkte nur in den Verkehr gebracht werden, wenn sie sicher sind. Andernfalls können die Behörden vor dem Produkt warnen oder dessen Rückruf anordnen. Inwieweit hieraus über § 823 II oder § 839 BGB, Art. 34 GG private Schadensersatzansprüche abgeleitet werden können, muß sich noch herausstellen. Seit dem 1.5.2004 geht das ProdSiG in einem neuen Geräte- und Produktsicherheitsgesetz v. 6.1.2004 (BGBl. I 2) auf (vgl. *Klindt*, NJW 2004, 465 ff.).

6. Anwendung der Sicherungspflichten

Entschieden sei noch das Blechbsp. von oben Rdn. 644: Einen Verkehr auf **652** dem Abladeplatz hat S nicht eröffnet. Fraglich ist aber, ob er für einen schon bestehenden Verkehr eine Gefahr geschaffen hat. Hinsichtlich von Erwachsenen ist das zu verneinen: Man darf sich darauf verlassen (**Vertrauensgrundsatz**), daß diese nicht rechtswidrig in ein umzäuntes Grundstück eindringen, wenn keine Anhaltspunkte für das Gegenteil vorliegen. Hätte sich ein Metalldieb an dem Blech verletzt, müßte S also keinesfalls Ersatz leisten. Gegenüber Kindern aber gilt der Vertrauensgrundsatz nicht; andererseits braucht man nicht überall und immer mit dem Auftauchen von Kindern zu rechnen. Ich möchte daher die Verletzung einer VP des S nur dann annehmen, wenn das **Eindringen von Kindern wahrscheinlich** (nicht bloß adäquat) war: etwa, weil es schon öfter vorgekommen ist oder sich in der Nähe ein Kinderspielplatz befand[13]. – Vgl. auch *Picker*, AcP 183 (1983) 369/503 f.; *Jan Schröder*, AcP 179 (1979) 567 ff. zur **VSP gegenüber Unbefugten**. *Jan Schröder*, FamRZ 1979, 643 f. verneint die Bedeutung des Vertrauenselements für die Begründung von VSPen; mit Recht anders *von Bar*, Verkehrspflichten (1980) 117 ff., ansatzweise auch MünchKomm-*Wagner*, § 823 Rdnr. 261.

7. Die Herausforderungsfälle

a) Eine besondere Problematik, die eine ähnliche Wertung wie bei den **653** VPen erfordert, begegnet auch bei den Herausforderungsfällen. Beispiele dafür bilden

(1) *BGH JZ 1967, 639 ff.* mit Anm. *Deutsch:* Am Pkw des S brannte die hintere Kennzeichenbeleuchtung nicht ordentlich. Deswegen wollte eine Polizeistreife den S anhalten. Dieser hatte aber keine Fahrerlaubnis und flüchtete mit überhöhter Geschwindigkeit, um der Kontrolle zu entgehen. Bei der anschließenden wilden Verfolgung verunglückte das Polizeifahrzeug. Muß S den dabei entstandenen Schaden ersetzen?

(2) *BGHZ 58, 162 ff.:* Durch einen von S verschuldeten Verkehrsunfall wurde die Fahrbahn gesperrt. Einige nachfolgende Kraftfahrer warteten nicht auf die Räumung der Unfallstelle, sondern umfuhren sie über den neben der Fahrbahn verlaufenden

---

13 Vgl. als ähnliche Fälle etwa *BGH JZ 1973*, 631 f.; *1975*, 285 f., beide mit Anm. *D. Schwab*; *BGH VersR 1992*, 844 ff.; *BGH NJW 1994*, 3348 ff.; *OLG Hamm*, VersR 1972, 1147 f.; *1990*, 913 f.; *1994*, 325 f.; *OLG Stuttgart*, VersR 1977, 64; *OLG Celle*, VersR 1984, 46.; *OLG München*, VersR 1988, 961; *OLG Karlsruhe*, VersR 1992, 1490 f.

Geh- und Radweg. Dabei entstanden erhebliche Schäden, derentwegen die straßenbaulastpflichtige Stadt von S Ersatz verlangt.

(3) *BGHZ 63, 189 ff.* mit Anm. *Deutsch*, JZ 1975, 375 ff.: Der 17jährige S sollte einen Jugendarrest verbüßen, weil er ohne Fahrerlaubnis mit einem Moped gefahren war. Deshalb sollte der Polizist P den S in der Wohnung seiner Eltern festnehmen. S flüchtete durch das Toilettenfenster. P sprang hinterher und fiel in eine Ausschachtung unter dem Fenster. Muß S den Schaden aus der Verletzung des P ersetzen?

Diesen Fällen ist gemeinsam, daß das Handeln des Schädigers S erst auf dem Umweg über einen von S nicht gewollten Entschluß des Geschädigten oder eines Dritten zum Schaden führt (neben den Fällen von unten Rdnr. 834 gleichfalls als **psychische Kausalität** bezeichnet). Der *BGH* hat mit Recht gezögert, dem S die Schädigung schon dann zuzurechnen, wenn dieser Entschluß die adäquate – also nicht ganz unwahrscheinliche – Folge aus dem Handeln des S war (vgl. dazu *Görgens*, JuS 1977, 709 ff.). Vielmehr soll eine solche Zurechnung voraussetzen, daß der Geschädigte oder der Dritte sich zu seinem Entschluß herausgefordert fühlen durfte *(BGHZ 57, 25/31)*. Damit erhält die Rspr. die Möglichkeit, diesen Entschluß auf seine Vernünftigkeit zu kontrollieren (*BGH* NJW 1993, 2234: »wenigstens im Ansatz billigenswerte Motivation«) und insbesondere das von dem Dritten eingegangene Risiko gegen die Dringlichkeit des Anlasses abzuwägen (vgl. auch *BGHZ 132, 164 ff.*).

Freilich ist dem *BGH* eine überzeugende Begründung für das Ergebnis dieser Abwägung nicht immer gelungen. So leuchtet wenig ein, daß im Fall (3) der namentlich bekannte S das Verfolgungsrisiko tragen soll, zumal der BGH ähnliche Fälle umgekehrt entschieden hat (NJW 1971, 1982 f.; 1976, 568 f., ablehnend *Händel*, NJW 1976, 1204). Dagegen dürfte die Haftung des S im Fall (1) mit dem *BGH* zu bejahen sein: Hier mußte die wilde Flucht des unbekannten S den Anschein erwecken, es liege Schlimmeres vor. Dagegen verneint *BGH* NJW 1990, 2885 f. (dazu *Strauch*, VersR 1992, 932 ff.) eine Haftung (auch aus § 7 StVG) zutreffend, wenn der Verfolgte die Verfolgung nicht bemerken konnte.

Abgelehnt hat der *BGH* eine Haftung des S im Fall (2). Mir ist das jetzt (anders früher) sehr zweifelhaft, vgl. *Staudinger-Medicus*, 12. Aufl. 1980, § 249 Rdnr. 68: Zwar sind hier in erster Linie diejenigen ersatzpflichtig, die durch das Umfahren den Geh- und Radweg zerstört haben. Und das Risiko, daß diese Schädiger nicht mehr feststellbar sind, gehört in den Risikobereich der straßenbaulastpflichtigen Stadt. Andererseits befinden sich aber auch die Anlieger im Schutzbereich der Vorschriften über den Straßenverkehr (z.B. bei Verletzung durch ein schleuderndes Auto); das müßte auch für den Straßeneigentümer gelten.

653a   **b)** Diese »Herausforderungsrechtsprechung« (zu ihr *Strauch*, VersR 1992, 932 ff.) wird aber eingeschränkt durch *BGH* VersR 1978, 1141 f. = NJW

1979, 712 (dazu *Ebel,* JuS 1980, 865 ff.): Bei einem Manöver war ein Weide-
zaun zerstört worden. Hierdurch konnten zwei Kühe entlaufen. Sie wurden nicht wiedergefunden und sind offenbar von einem Dritten gestohlen
oder unterschlagen worden. Die Vorinstanz *(OLG Schleswig)* hatte eine
Haftung der verklagten Bundesrepublik wegen dieser Kühe abgelehnt, weil
der Entschluß zum Diebstahl nicht herausgefordert gewesen sei. Demgegenüber hat der *BGH* den Ersatzanspruch wegen der Kühe bejaht: Die
Notwendigkeit einer solchen Herausforderung sei nur für schadensträchti-
ge Entscheidungen *des Geschädigten selbst* entwickelt worden. Allerdings
lag in *BGHZ 58, 162/167* von eben Fall (2) der Entschluß der dritten Kraftfahrer zur Umfahrung des Hindernisses unter Wahrscheinlichkeitsgesichts-
punkten eher näher als im Weidezaunfall die Entscheidung des Dritten, sich
die Kühe anzueignen. Trotzdem dürfte die Beurteilung dieses Falles aus
einem vom *BGH* angedeuteten Grund richtig sein: Die zerstörte Umzäu-
nung sollte nämlich gerade auch vor einem endgültigen Verlust der Kühe
schützen; daher kann die Beeinträchtigung dieses Schutzes die Ersatzpflicht
für den Verlust begründen.

c) Gewissermaßen ein Gegenstück zu den Herausforderungsfällen findet   **653b**
sich in

BGH NJW 1986, 1865 f.: Zwei 14- oder 15jährige Realschüler A und B mischen
Kaliumpermanganat und Schwefelpulver, um einen Raketentreibstoff herzustellen.
Die Stoffe stammen aus den Vorräten des A. Während dieser kurzzeitig den Raum
verlassen hat, spannt B das Rohr mit dem Gemisch in einen Schraubstock und treibt
mit dem Hammer ein dünneres Rohr von oben hinein. Bei der – nahezu unvermeidlichen – Explosion verliert B ein Auge. Er verlangt von A einen Teil (§ 254!) seines
Schadens ersetzt.

Der *BGH* hat hier trotz Bejahung der Deliktsfähigkeit (§ 828 II) eine haf-
tungsrechtliche Zurechnung an A verneint, obwohl das verhängnisvolle
Handeln des B dem gemeinsamen Plan entsprochen hatte: Weder gebe es
ein allgemeines Gebot, andere vor Selbstgefährdung zu bewahren, noch ein
Verbot, sie zur Selbstgefährdung psychisch zu veranlassen. Eine Ausnahme
gelte nur bei Herausforderung des selbstgefährdenden Verhaltens durch die
Schaffung eines billigenswerten Motivs. Daran aber fehle es hier; für B habe
sich bloß das »entschädigungslose allgemeine Lebensrisiko« verwirklicht.

Ein solches »billigenswertes Motiv« findet sich dagegen mit großer Deut-   **653c**
lichkeit in

BGHZ 101, 215 ff.: Der Arzt A hatte die 13jährige T nach einem Sportunfall behandelt und ihr die vermeintlich unheilbar geschädigte linke Niere entfernt. Alsbald
stellte sich heraus, daß T nur diese eine Niere hatte. Deshalb entschloß sich die
Mutter M, der T eine ihrer Nieren zu spenden. M verlangt von dem für A verantwortlichen (§§ 31, 89) Landkreis Ersatz.

Der *BGH* hat diesen Anspruch aus § 823 I bejaht: Auch der Schaden der M sei dem Handeln des A (die Niere der T hätte erhalten werden können) haftungsrechtlich zuzurechnen. Das Einverständnis der M mit der Entfernung ihrer Niere rechtfertige nicht auch gegenüber A. Im Ergebnis hat danach A ein Delikt gegenüber T und M begangen (kritisch *Stoll,* JZ 1988, 153 ff.). Ich halte das Urteil für richtig.

III. Zusammenfassung

654 Zusammenfassend lassen sich folgende Regeln formulieren:

1. Wer eine Gefahrenquelle für andere schafft oder unterhält, muß die Vorkehrungen treffen, die erforderlich und zumutbar sind, um die Gefahren nicht wirksam werden zu lassen.

655 2. Wer durch Nichtbeachtung dieser Pflicht adäquat bewirkt, daß eines der Lebensgüter oder Rechte des § 823 I verletzt wird, wird als Verletzer behandelt: Er hat den Tatbestand des § 823 I in indizierter Rechtswidrigkeit erfüllt.

Dabei ist 2 nur dann genau, wenn man die VPen bei § 823 I ansiedelt. Dagegen spricht, daß die durch die Gerichte geschaffenen VPen vielfach den durch Schutzgesetz bestimmten (und daher zu § 823 II gehörenden) völlig gleichen. In vielen Orten etwa ist die Streupflicht durch Gemeindesatzung oder ähnliches geregelt. Wer eine solche satzungsmäßige Pflicht nicht erfüllt, handelt schlechthin rechtswidrig, also auch dann, wenn niemand verletzt wird; eine Verletzung löst nur zusätzlich die Sanktion des § 823 II aus. Inwiefern soll das anders sein, wenn eine Streupflicht gleichen Inhalts nicht auf Satzung, sondern letztlich auf Richterrecht beruht? Die konstruktive Gleichstellung wird erreicht, wenn man dieses Richterrecht selbst als Schutzgesetz im Sinne von § 823 II ansieht (vgl. oben Rdnr. 621). Freilich wird diese Einordnung der VPen nur vereinzelt vertreten[14]. Wenn man ihr folgt, muß die Regel 2 lauten: »Wer diese Pflicht nicht beachtet, handelt rechtswidrig. Seine Haftung für die schädlichen Folgen bestimmt sich nach § 823 II.«

---

14 So etwa *Deutsch,* JuS 1967, 157; *von Bar,* Verkehrspflichten (1980) 157 ff., dagegen aber mit guten Gründen *Canaris,* 2. FS Larenz (1983) 27/77 ff.; *Picker,* AcP 183 (1983) 369/496 ff.

IV. Einzelheiten zur Verkehrspflicht

1. Haftung bei Einschaltung von Gehilfen

Sehr häufig wird die Erfüllung von VPen anderen Personen übertragen **656**
(dazu *Vollmer*, JZ 1977, 371 ff.).

> *Bsp.* Der Hauseigentümer E hat den Hauswart H angestellt und ihn mit der Erfüllung der VPen betraut. H versäumt das, so daß ein Dritter D verletzt wird. Kann D von E Ersatz verlangen?

§ 273 ist hier unanwendbar: Er erfordert eine Sonderverbindung, wie sie nur ein Schuldverhältnis zwischen Gläubiger und Schuldner schafft, und läßt nicht schon die allgemeine, jedermann gegenüber bestehende VP genügen. Andererseits paßt aber auch § 831 nicht recht: Die Anstellung des H hat nichts daran geändert, daß E selbst verkehrspflichtig geblieben ist. Denn Substitution, also einseitige Auswechslung des Schuldners, sieht das Gesetz nur ausnahmsweise in ganz anderem Zusammenhang (in §§ 664 I 2, 691 S. 2) vor. E kann sich also nicht dadurch exkulpieren, daß er seine Sorgfalt bei der Auswahl des H nachweist. Anders liegt es nur, wenn eine Rechtsnorm die Übertragung der Ausführung zuläßt, wie das bisweilen in Ortssatzungen über die Streupflicht geschieht: Dann bleibt bei dem Übertragenden keine Aufsichtspflicht mehr zurück (*BGH* NJW 1972, 1321 ff.).

In den Regelfällen dagegen geht nach der h.M. (etwa *OLG Düsseldorf*, VersR 1995, 535 f.; *Esser/Weyers* § 55 V 2b) die VP des E mit der Anstellung des H in eine **Aufsichtspflicht** über: E muß sich in angemessenen Abständen davon überzeugen, daß H die VP erfüllt. Wenn E das nicht getan hat, haftet er nicht aus § 831, sondern aus der Verletzung seiner zur Aufsichtspflicht gewordenen VP.

Beides geht allerdings ineinander über, denn die Rspr. stellt auch bei § 831 I 2 für die ordentliche Auswahl auf den Zeitpunkt der Schadenszufügung ab (unten Rdnr. 813). Die Aufsichtspflicht aus § 823 dürfte allenfalls quantitativ schärfer sein.

Eine **Sonderform** der Aufsichtspflicht endlich ist die **Organisations-** **657**
pflicht[15]: Großbetriebe müssen so organisiert sein, daß die Erfüllung der VPen letztlich durch eine Person kontrolliert wird, für die eine Haftung des Betriebsinhabers selbst (regelmäßig über § 31) besteht. Ein Bsp. dafür ist der Fall von *BGH* NJW 1980, 2810/2811: Dort beurteilt der *BGH* die Pflicht eines Verlages, Dritte gegen unwahre Behauptungen (Beteiligung an

---

15 Dazu *Esser/Weyers* § 55 V 3d; *Hassold*, JuS 1982, 583 ff.; *Matuschke/Beckmann*, Das Organisationsverschulden (2000); *von Bar*, Verkehrspflichten (1980) 254 ff., kritisch *Steindorff*, AcP 170 (1970) 93/103 ff.

nationalsozialistischen Menschenversuchen) in einem Sachbuch dieses Verlages zu schützen, überaus streng.

2. Haftung des eingeschalteten Gehilfen

658 In der Begründung fraglich ist die Haftung desjenigen, der die Erfüllung einer fremden VP übernommen hat (also im Bsp. von oben Rdnr. 656 die Haftung des H), gegenüber dem durch Schlechterfüllung verletzten Dritten. Dazu ausführlich *P. Ulmer*, JZ 1969, 163 ff. Auf den Übernahmevertrag (im *Bsp.* den Dienstvertrag E–H) läßt sich die Haftung nicht stützen, weil dieser regelmäßig keine Außenwirkung hat (anders nur, wenn er Vertrag mit Schutzwirkung für Dritte ist, vgl. unten Rdnr. 844 ff.). Zudem braucht eine Verletzung dieses Vertrages nicht vorzuliegen, nämlich weil der andere Partner mit der Nachlässigkeit einverstanden ist (so z.B. im Fall von *OLG Düsseldorf*, NJW 1973, 249 f.: Der Besteller billigt die mangelhafte Befestigung einer schweren Platte durch einen Handwerker, die dann herunterfällt und einen Dritten verletzt). Haften kann der Übernehmer daher nur *aus einer eigenen VP*, weil er selbst einen Verkehr gefährdet hat: oft dadurch, daß er den primär Sicherungspflichtigen in Sicherheit wiegt und so von eigenem Handeln abhält. Allein auf diese Gefahr kommt es an und nicht auf die Wirksamkeit des Übernahmevertrages.

3.   Abgrenzung zum Verschulden

659 Schwierigkeiten bereitet die *Abgrenzung* der Verletzung einer VP von dem Verschulden in Form der Fahrlässigkeit. Denn die Beachtung der im Verkehr (objektiv) erforderlichen Sorgfalt (§ 276 I 2) deckt sich weitgehend mit der Formulierung für den Inhalt der VP (oben Rdnr. 654). Der wesentliche Unterschied besteht aber darin, daß bei der Fahrlässigkeit gefragt wird, aus welchen subjektiven Gründen die VP objektiv nicht erfüllt worden ist.

> *Bsp.:* E ist als Hauseigentümer streupflichtig. Er versäumt aber zu streuen, weil er plötzlich schwer erkrankt, oder weil sein sonst zuverlässiger Wecker nicht abläuft. Hier hat E die Streupflicht objektiv verletzt (was besonders deutlich wird, wenn sie durch Satzung angeordnet ist). Ihn trifft aber unter den genannten Voraussetzungen kein Verschulden; ein anderes Bsp. in *OLG Köln*, VersR 1999, 896.

V. Abschnitt Ansprüche aus ungerechtfertigter Bereicherung[1]

§ 26 Übersicht zum Bereicherungsrecht

I. Funktionen der §§ 812 ff. BGB

1. Bereicherungs- und Rücktrittsrecht

Eine wichtige Aufgabe der §§ 812 ff. ist die Rückgängigmachung von auf **660**
mangelhafter schuldrechtlicher Grundlage ausgetauschten Leistungen.
Insoweit berühren sich die §§ 812 ff. mit den Rücktrittsvorschriften,
§§ 346 ff. (vgl. *Medicus*, JuS 1990, 689 ff.). Zwischen beiden Rückabwick-
lungsformen bestehen aber Unterschiede:

a) Der konstruktive Unterschied

Der erste ist ein nur konstruktiver: Beim Rücktritt wird das gültige Schuldverhältnis hinsichtlich seiner schon erfüllten primären Hauptleistungs-
pflichten in ein Rückgewährschuldverhältnis umgewandelt. Dagegen ist bei
den §§ 812 ff. das auf die Primärleistungen gerichtete Schuldverhältnis entweder schon von Anfang an unwirksam (Nichtigkeit), oder es fällt rückwirkend fort (Anfechtung), oder es endet für die Zukunft ersatzlos (Kündi-

---

1 Vgl. GW Rdnr. 363 ff., vorwiegend didaktisch orientierte Literatur zum Bereicherungsrecht im ganzen (die übrige wird im folgenden im Sachzusammenhang genannt): *Gernhuber*, BR §§ 45–47; *Grunewald* §§ 29 ff.; *Koppensteiner/Kramer*,
Ungerechtfertigte Bereicherung *(2. Aufl. 1988); Reeb*, Grundprobleme des Bereicherungsrechts (1975); *Loewenheim/Winckler*, Grundfälle zum Bereicherungsrecht, JuS 1982, 434 ff. mit vielen Fortsetzungen bis JuS 1987, 541 ff.; *Loewenheim*, Bereicherungsrecht (2. Aufl. 1997); *Beuthien/Weber*, Ungerechtfertigte Bereicherung und GoA (2. Aufl. 1987); *Wieling*, Bereicherungsrecht (4. Aufl. 2007);
P. Schwerdtner, Ungerechtfertigte Bereicherung, Jura 1982, 192 ff., 255 ff., 309 ff.
sowie sehr grundsätzlich *Gödicke*, Bereicherungsrecht und Dogmatik (2002). Vgl.
zudem umfassend *Reuter/Martinek*, Ungerechtfertigte Bereicherung (1983, dazu
Schlechtriem, ZHR 149 (1985) 327 ff.; *Weitnauer*, Betr. 1984, 2496 ff.); *Flume*,
Studien zur Lehre von der ungerechtfertigten Bereicherung (2003) und informativ
zu den neuesten Entwicklungen *Schlechtriem*, Rechtsprechungsübersicht zum Bereicherungsrecht, JZ 1984, 509 ff., 555 ff.; 1988, 854 ff.; 1993, 24 ff., 128 ff., 185 ff.,
eindrucksvoll *Wesel*, NJW 1994, 2594 f. Zum neuen Recht *J. Kohler*, Rücktritts-
rechtliche Bereicherungshaftung, JZ 2002, 682 ff.

gung). Durch die §§ 812 ff. wird also nicht ein altes Schuldverhältnis mit einem neuen Inhalt fortgesetzt, wie das die §§ 346 ff. tun, sondern ein neues, gesetzliches Schuldverhältnis begründet.

b)   Unterschiede im Haftungsmaßstab

661   Der zweite Unterschied betrifft den Rückabwicklungsmaßstab: Nach Bereicherungsrecht ist grundsätzlich nur herauszugeben, was der Schuldner wenigstens dem Werte nach (§ 818 II) noch hat, § 818 III. Dagegen findet nach Rücktrittsrecht eine Verschuldenshaftung statt, soweit das Empfangene nicht mehr vorhanden ist, §§ 346 IV, 280. Aber diese Unterscheidung gilt nicht ausnahmslos.

aa) Einerseits gilt die **Verschuldenshaftung** des Rücktrittsrechts (§§ 346 IV, 280, 347 I) in einigen Fällen (§§ 818 IV, 819, 820 I) auch für die Rückabwicklung nach den §§ 812 ff. Denn die in § 818 IV genannten »allgemeinen Vorschriften« sind (neben § 291) über § 292 die §§ 987, 989 (vgl. *Medicus*, JuS 1993, 705 ff.). Hier haftet also auch der Bereicherungsschuldner bei schuldhaftem Verlust der Bereicherung auf Schadensersatz.

bb) Andererseits richtet sich nach § 346 III 2 in wichtigen Fällen (vor allem Satz 1 Nr. 3) auch die **Rücktrittshaftung nach Bereicherungsrecht**, also vor allem nach § 818 III.
Das hinter diesen auf den ersten Blick verwirrenden Ausnahmen stehende **Prinzip** lautet: Auch der Bereicherungsschuldner soll der vollen Verschuldenshaftung unterliegen, wenn er ausnahmsweise mit seiner Rückgewährpflicht rechnen mußte (§§ 818 IV, 819 I, 820 I) oder seine Unkenntnis sonst keinen Schutz verdient (§ 819 II). Umgekehrt soll der Rücktrittsschuldner wenigstens eine ihm verbliebene Bereicherung herausgeben müssen (§ 346 III 2). Zum Schadensersatz kann ihn eine von ihm zu vertretende Verletzung seiner Rückgewährpflicht nach Kenntnis von dem Rücktrittsgrund verpflichten, § 346 IV (vgl. oben Rdnr. 231a).

2.   Bereicherungsfälle ohne Ähnlichkeit zum Rücktrittsrecht

662   Neben dieser rücktrittsähnlichen Funktion der §§ 812 ff. steht noch eine weitere: Es soll auch ungerechtfertigter Vermögenserwerb ausgeglichen werden, der nicht auf Leistung beruht, also ohne den Willen des Bereicherungsgläubigers eingetreten ist. Gerade diese schwer abgrenzbare Aufgabe hat das Bereicherungsrecht immer wieder in die Gefahr geführt, als ein übergeordnetes Billigkeitsrecht angesehen zu werden. Dahin gehört auch die häufig aufgestellte und etwa von *BGH* NJW 1986, 2700 wiederholte unzutreffende Behauptung, das Bereicherungsrecht unterliege »in besonde-

rem Maße dem Gebot der Billigkeit«. In Wahrheit kann das Bereicherungsrecht aber weithin nur die anderswo (z.B. in der Eigentumsordnung)
getroffenen Wertungen vollziehen. Das wird etwa an § 816 deutlich: Wer
wozu berechtigt ist und welche Verfügungen eines Nichtberechtigten wirksam sind, wird vom Bereicherungsrecht nicht geregelt, sondern vorausgesetzt.

II. Wandlungen in der Lehre von der ungerechtfertigten Bereicherung

1. Die alte Einheitslehre

Der eben genannte Unterschied zwischen der rücktrittsähnlichen und der **663**
ausgleichenden Funktion findet sich auch im Wortlaut des § 812 I 1: Dort
werden genannt die Bereicherung »durch Leistung« und »in sonstiger Weise«. Die alte Lehre hat gleichwohl beide Fallgruppen im wesentlichen nach
nur einer Formel zu lösen versucht. Sie hat nämlich aus den Worten »auf
Kosten« in § 812 I 1 das Erfordernis einer **Unmittelbarkeit der Vermögensverschiebung** gefolgert. Diese sollte vorliegen, wenn der Verlust des
Bereicherungsgläubigers und der Erwerb des Bereicherungsschuldners auf
demselben Vorgang beruhte. Diese Formel war aber teils unrichtig und teils
zu unbestimmt. Die Schwierigkeiten zeigt etwa folgender Fall:

RGZ 60, 24 ff.: S, ein untreuer Schalterbeamter der Post, hat Schulden bei G. Er
fertigt eine Postanweisung auf den Schuldbetrag an G ab, ohne das Geld eingezahlt
zu haben. Die Post hat an G ausgezahlt und verlangt nun von ihm das Geld zurück.

Der Fall betrifft die Situation, die meist vorliegt, wenn das Bereicherungsrecht schwierig wird: Es sind mehr als zwei Personen beteiligt. Deshalb ergibt sich zunächst die Frage, **zwischen welchen beiden Personen**
der Bereicherungsausgleich stattfinden hat. Dabei ist hier allerdings klar,
daß als Bereicherungsgläubiger nur die Post in Betracht kommt; nur sie
kann ja auch den Wunsch haben, etwas zu fordern. Offen ist dagegen die
Frage nach dem Bereicherungsschuldner: G oder S? Die Post muß sich hier
G als Schuldner wünschen; denn S ist zahlungsunfähig und könnte zudem
ohnehin nach dem Beamtenrecht haftbar gemacht werden.

Für die danach entscheidende Frage, ob G Bereicherungsschuldner der
Post ist, hilft die Unmittelbarkeitsformel der alten Lehre nicht zuverlässig
weiter: Die Unmittelbarkeit wäre zu bejahen, wenn man nur auf die dingliche Rechtslage schaut. Denn das dem G übereignete Geld hat zuvor in
Besitz und Eigentum der Post gestanden; insoweit ist die Vermögensverschiebung also unmittelbar zwischen der Post und G erfolgt. Andererseits
könnte G aber durch die Zahlung seine Forderung gegen S verloren haben.
Insofern könnte die Zahlung (unmittelbar?) doch das Vermögen des S ver-

mehrt haben. Auch liegt der Gedanke nicht fern, die Forderung G–S als causa für die Zahlung anzusehen oder den G wegen des Verlustes dieser Forderung als entreichert zu betrachten. Alle diese Gesichtspunkte sind unter der Herrschaft der alten Lehre wirklich vorgetragen worden.

2. Die neuere Trennungslehre

664 Die neue Lehre[2] verzichtet demgegenüber weitgehend auf einheitliche, für alle Bereicherungsfälle geltende Aussagen. Sie unterscheidet vielmehr zwischen einzelnen Bereicherungstatbeständen. Ausgangspunkt ist dabei die Unterscheidung zwischen der Bereicherung durch Leistung (§ 812 I 1 Fall 1, »*Leistungskondiktion*«) und der Bereicherung in sonstiger Weise (§ 812 I 1 Fall 2). Zudem werden auch diese »*Nichtleistungskondiktionen*« nicht als einheitlicher Tatbestand aufgefaßt, sondern weiter zerlegt (wichtigster Unterfall: die Eingriffskondiktion; vgl. unten Rdnr. 703).

Eine solche Aufgliederung des Bereicherungsrechts mag zunächst befremden und als unbequem erscheinen, weil sie keine einheitliche Lösungsformeln mehr gestattet. Ihr großer Vorteil besteht aber darin, daß sie durch die Herausarbeitung und Unterscheidung einzelner Bereicherungstatbestände das Unmittelbarkeitserfordernis entlastet. Auch gelingt es ihr, den Eingriff zu präzisieren und sein (besonders bei § 951 oft problematisches) Verhältnis zur Leistung in den Griff zu bekommen.

3. Kritik und Abwägung

665 Die neue Lehre von der Unterscheidung zwischen Leistungs- und Nichtleistungskondiktionen wird noch oder schon wieder vielfach angegriffen[3]. Bisweilen wird auch eine Rückbesinnung auf das Unmittelbarkeitserfordernis der alten Lehre gefordert[4]. Diesen Kritikern ist zuzugeben, daß es

2 Grundlegend *von Caemmerer*, Bereicherung und unerlaubte Handlung, FS Rabel I (1954) 333 ff. = Ges. Schriften I 209 ff.
3 Vgl. etwa *Kellmann*, Grundsätze der Gewinnhaftung (1969); NJW 1971, 862/863 f.; *Kaehler*, Bereicherungsrecht und Vindikation (1972), insbesondere 156 ff.; *Wilhelm*, Grundlagen und Grenzen des Anspruchs aus ungerechtfertigter Bereicherung (1973); *ders.*, Das Merkmal »auf Kosten« als notwendiges Kriterium der Leistungskondiktion, JuS 1973, 1 ff., in Ansätzen auch *Lieb*, in: MünchKomm § 812 Rdnr. 3 ff.; 31.
4 *Ernst Wolf*, SchuldR II (1978) S. 412 ff., ähnlich *Joachim Wolf*, Der Stand der Bereicherungslehre und ihre Neubegründung (1980) 126 ff.; 164 ff. (wo aber nach meiner Ansicht die Mehrdeutigkeit der Unmittelbarkeit nicht ausgeräumt werden kann).

Grenzfälle gibt, bei denen sich Leistung und Eingriff kaum unterscheiden lassen. Das gilt etwa für den *Flugreisefall* (*BGHZ 55, 128 ff.*, vgl. oben Rdnr. 176): Ob dem Minderjährigen die Beförderung »geleistet« worden ist (durch Anweisung eines Platzes in dem Flugzeug) oder ob er sie sich durch Eingriff »genommen« hat (indem er in Hamburg an Bord geblieben ist), macht kaum einen Unterschied.

Trotzdem halte ich insgesamt die **Vorzüge der neuen Lehre** für so gewichtig, daß ich mich ihr im folgenden anschließe[5]. Diese Vorzüge zeigen sich insbesondere bei der Darstellung. Denn die neue Lehre trägt der Unterscheidung Rechnung, die das Gesetz selbst in § 812 I getroffen hat. Diese Unterscheidung kehrt auch in den §§ 813 ff. wieder. Zudem ist sie von der Rechtsprechung übernommen worden: etwa *BGHZ 68, 276/277; 72, 246/248 f.; 82, 28/30* (dazu unten Rdnr. 686)[6].

Endlich glaube ich nach wie vor, daß die Dogmatik des Bereicherungsrechts derzeit dringend einer gewissen Beständigkeit bedarf. Seit einiger Zeit ist zu sehen, daß Studenten sich selbst bei einfachen Bereicherungsfällen in eine Fülle von Theorien verstricken und dann zu keiner vernünftigen und konsequenten Lösung mehr gelangen. Auch besteht die Gefahr, daß die Rspr. eine Lehre einfach unbeachtet läßt, die ihre Erkenntnisse von gestern schon heute widerruft. Deshalb erscheint mir eine erneute Kehrtwendung nur dann vertretbar, wenn die Einheitslehre evidente und unbestreitbare Vorteile brächte. Das aber halte ich bisher für unbewiesen. In den **Ergebnissen** werden die Unterschiede ohnehin immer geringer; der Streit bezieht sich eher darauf, wie man diese Ergebnisse am besten verallgemeinerungsfähig **darstellen kann**. Eine umfassende Diskussion *dieser* Frage paßt aber keinesfalls in den hier gezogenen Rahmen (das zu *Jan Schröder*, FamRZ 1979, 643 f.).

Aus dem hier vertretenen Standpunkt folgt zunächst die gesonderte Behandlung der Bereicherung durch Leistung (unten Rdnr. 666 ff.). Anschließend wird aus den Fällen der Bereicherung in sonstiger Weise die wichtigste Untergruppe vorweggenommen, nämlich die Bereicherung durch Eingriff (unten Rdnr. 703 ff.). Es bleiben weitere wichtige Fallgruppen der Bereicherung in sonstiger Weise (vgl. unten Rdnr. 892 ff.; 945 ff.). Dagegen lasse ich

---

5 Ebenso etwa *Koppensteiner/Kramer* passim, insbes. S. 5; *Wieling* passim; *Larenz/Canaris* II 2 § 67 I 2 und öfter; *Esser/Weyers* § 47, 3; *Fikentscher/Heinemann* Rdnr. 1422; *Schlechtriem,* SBT Rdnr. 635 ff.; *Staudinger/W. Lorenz* § 812 Rdnr. 1; *Köndgen,* in: Dogmatik und Methode, FS Esser (1975) 55 ff.; *Pinger,* Was leistet der Leistungsbegriff?, AcP 179 (1979) 301 ff.; *Weitnauer,* Die Leistung, FS von Caemmerer (1978) 255 ff.; *Schnauder,* Grundfragen zur Leistungskondiktion bei Drittbeziehungen (1981); *Reuter/Martinek,* Ungerechtfertigte Bereicherung (1983) 59 ff. (mit etwas anderer Terminologie).

6 Vgl. *Mühl,* Wandlungen im Bereicherungsrecht und die Rspr. des BGH, in: De iustitia et iure, Festgabe von Lübtow (1980) 547 ff.

die »Bereicherungsansprüche« des Wertpapierrechts (Art. 89 WG, 58 ScheckG) hier unbesprochen[7]: Diese Ansprüche unterliegen eigenen Regeln; die §§ 812 ff. sind auf sie unanwendbar.

7 Vgl. § 29 I 2 bis zur 5. Aufl. oder etwa *Canaris,* WM 1977, 34 ff.

§ 27 Die Leistungskondiktion[1]

I. Leistungsbegriff und Wertungsfragen

1. Das Abstellen auf den Leistungsbegriff

Ein Teil der jüngeren bereicherungsrechtlichen Literatur hatte in den Mit- **666**
telpunkt der Leistungskondiktion den Leistungsbegriff gerückt (vgl. *Stolte*,
JZ 1990, 220 ff.; *Kamionka*, JuS 1992, 845 ff.; 929 ff.): Leistung sei die bewußte, zweckgerichtete Mehrung fremden Vermögens (seit *BGHZ 58,
184/188* als »gefestigte Rspr.« bezeichnet). Aus dieser Definition hat man
vielfach die Lösung bereicherungsrechtlicher Fragen ableiten wollen. Denn
die Leistungskondiktion wurde als **Rückabwicklung im Leistungsverhältnis** verstanden. Deshalb sollte Kondiktionsgläubiger der Leistende und
Kondiktionsschuldner der Leistungsempfänger sein. Insbesondere bei den
eigentlich problematischen Dreipersonenverhältnissen drehte sich folglich
die Diskussion weitgehend um die Begriffe »Leistender« und »Leistungsempfänger« als die beiden Pole des »Leistungsverhältnisses«.

2. Der Rückgriff auf Wertungen

Gegen diese Art der Argumentation hat sich in einem grundlegenden Auf- **667**
satz *Canaris* gewendet[2]. Er bemängelt vor allem, bei der h.M. komme gegenüber der begrifflichen Herleitung die Begründung der Ergebnisse zu
kurz. Daher bedürfe es einer Besinnung auf die maßgeblichen Wertungskri-
terien. Diese sieht *Canaris*, aaO. 802 f. in den folgenden drei Punkten:

(1) Jeder Partei eines fehlerhaften Kausalverhältnisses sollen ihre Einwendungen gegen die andere Partei erhalten bleiben.

(2) Umgekehrt soll jede Partei vor Einwendungen geschützt werden, die
ihr Vertragspartner aus seinem Rechtsverhältnis zu einem Dritten herleitet
(das bedeutet die schon dem gemeinen Recht bekannte Unzulässigkeit der
exceptio ex iure tertii).

---

1 Vgl. GW Rdnr. 376 ff. und ausführlich *Larenz/Canaris* II 2 §§ 68, 70 sowie
   Schnauder, Der Stand der Rspr. zur Leistungskondiktion, JuS 1994, 537 ff.
2 Der Bereicherungsausgleich im Dreipersonenverhältnis, 1. FS Larenz (1973)
   799 ff., ergänzend in WM 1980, 354/367 ff., teils abweichend aber *Flume*, AcP 199
   (1999) 1 ff.

(3) Das Insolvenzrisiko soll angemessen verteilt werden: Jede Partei soll das und nur das Risiko der Zahlungsunfähigkeit desjenigen tragen, den sie sich selbst als Partner ausgesucht hat.

Unter Anwendung dieser drei Regeln ist *Canaris* vielfach zu gleichen **Ergebnissen** gelangt wie die h.m. (was nicht verwunderlich ist, weil sich die h.M. bei ihrer Begriffsbildung meist von denselben Regeln hat leiten lassen). Bei einigen wichtigen Fragenkreisen haben sich jedoch **Abweichungen** gezeigt, und daraus hat *Canaris* weitere Kritik am Leistungsbegriff der h.M. hergeleitet.

668   Die Anregungen von *Canaris* gestatten auch den didaktisch wichtigen Blick auf die begründenden Wertungen. Um diese Begründung dreht sich daher die folgende Darstellung der wichtigsten Dreipersonenverhältnisse[3]. Andererseits läßt sich freilich weder ein didaktisches noch ein praktisches Bedürfnis danach verkennen, die Ergebnisse der Wertung in **griffigen Formulierungen** zusammenzufassen. Daher sei schließlich (unten Rdnr. 686) noch gefragt, inwieweit der Leistungsbegriff zu der gewünschten Formulierung verhelfen kann. Ein mit der Kontinuität brechender »Abschied vom Leistungsbegriff« (so früher *Canaris*, 1. FS Larenz, 1973, 857) ist damit aber nicht verbunden.

II.   Einzelne Dreipersonenverhältnisse

1.   Die Leistungskette

669   *Bsp.:* A verkauft und liefert (= übergibt und übereignet) eine Sache an B; B verkauft und liefert diese Sache weiter an C.

a)   Nichtigkeit eines Kausalverhältnisses

Wenn hier eines der Kausalverhältnisse nichtig ist, erfolgt die Kondiktion unzweifelhaft **zwischen den Partnern dieses Verhältnisses,** also A–B oder B–C. Ein **Durchgriff** des A auf C kommt nur ausnahmsweise in Betracht, nämlich **nach** § 822: wenn der Kauf A–B nichtig ist und B seinerseits die Sache nicht weiterverkauft, sondern weiterverschenkt hatte und dadurch entreichert ist. Dieser Durchgriff ist notwendig, weil ein Anspruch A–B an § 818 III scheitern würde, und er ist gerechtfertigt wegen der minderen

---

3   Lehrreich *S. Lorenz*, JuS 2003, 729 ff., vertiefend *J. Hager*, 50 Jahre BGH, Festgabe der Wissenschaft (2000), 777 ff., der als weiteren Gesichtspunkt das Risiko der Vorleistung durch eine Partei hinzufügt.

Schutzwürdigkeit des unentgeltlichen Erwerbs durch C (vgl. oben Rdnr. 382 ff.).

Hier werden im Regelfall alle Wertungen von oben Rdnr. 667 eingehalten: Jeder Beteiligte hat nur mit seinem Partner zu tun. Durchbrochen werden die Wertungen zwar bei der Ausnahme nach § 822. Aber diese Durchbrechung ist im Gesetz selbst angeordnet und rechtfertigt sich aus den eben genannten Gründen.

b)   Doppelmangel

Problematisch sein könnte nur der Fall des *Doppelmangels: Beide* Kaufverträge sind nichtig. Auch dann aber soll A nicht direkt von C kondizieren können, sondern sich an B halten müssen, der seinerseits bei C kondizieren muß: Nur so bleiben die Einwendungen aus dem Verhältnis zwischen den Vertragsparteien (etwa § 273) erhalten (vgl. oben Rdnr. 390). Regelmäßig wird ja auch A die Wirksamkeit des Vertrages B–C gar nicht zuverlässig beurteilen können.   **670**

Wenn B noch nicht erfolgreich bei C kondiziert hat, kann man meinen, B brauche letztlich nur seinen Bereicherungsanspruch gegen C an A abzutreten: Es käme dann zu einer »Kondiktion der Kondiktion«. Damit wären jedoch die Wertungen (2) und (3) von oben Rdnr. 667 durchbrochen. Denn wenn A aus der abgetretenen Kondiktion des B gegen C vorgeht, ist er nach § 404 auch den Einwendungen des C gegen B ausgesetzt; auch muß A so das Risiko einer Insolvenz des C tragen. Bei A käme es also zu einer **Kumulation der Risiken** von B und C. Ob man das hinnehmen soll, wird gleich (unten Rdnr. 673) noch zu behandeln sein.

2.   Die »Durchlieferung«

Von Durchlieferung im Streckengeschäft spricht man, wenn in dem Fall von oben Rdnr. 669 A eine bewegliche Sache auf Weisung des B direkt an C liefert. Hier bekommt also A direkt mit C zu tun; aus der Kette von oben Rdnr. 669 wird ein *Dreieck*:   **671**

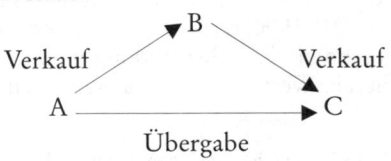

Dabei findet regelmäßig zwischen A und C nicht einfach eine Übereignung nach § 929 S. 1 statt. Denn A wird der Weisung des B oft nicht entnehmen können, daß C das Eigentum erhalten soll und nicht bloß den

Besitz (vielleicht hat B an C nur unter Eigentumsvorbehalt liefern oder bloß vermieten wollen). Daher kann man keine Einigung A–C annehmen, sondern nur einen doppelten *Geheißerwerb*: A übereignet an B, indem er auf dessen Geheiß dem C übergibt; und B übereignet ggf. an C weiter, indem A als Geheißperson des B übergibt (*BGH* NJW 1986, 1166 f.; *J. Hager*, ZIP 1993, 1446 ff., vgl. oben Rdnr. 563 f.).

a)   Der Lösungsansatz

672   Behandelt werden die Fälle der Durchlieferung nach h.M. im ganzen ebenso wie die der Leistungskette (oben Rdnr. 669 f.), weil wertungsmäßig kein Unterschied besteht (auch hier bleibt das Verhältnis B–C dem A fremd): A hat den Durchgriff auf C nur ausnahmsweise unter den Voraussetzungen des § 822. Dagegen findet die Kondiktion regelmäßig bloß zwischen den Partnern des fehlerhaften Kausalverhältnisses statt, und beim Doppelmangel ergibt sich die Frage einer Kondiktion der Kondiktion (oben Rdnr. 670).

b)   Die Kumulation von Risiken

673   Eine zu befürchtende Kumulation der Risiken für A wird für diese Konstellation und überhaupt für die Anweisungsverhältnisse (unten Rdnr. 674) bekämpft von *Canaris*, 1. FS Larenz, 1973, 811 ff. und jetzt *Larenz/Canaris* II 2 § 70 II 2b: Eine Preisgabe der Regeln (2) und (3) von oben Rdnr. 667 sei nicht gerechtfertigt. Denn B habe durch seine Weisung an A zur Lieferung an C selbst die Gefahr geschaffen, daß Einwendungen oder die Insolvenz des C die Rückabwicklung stören könnten. Diese Risiken müsse also bei wirksamer Weisung (sonst vgl. unten Rdnr. 676) B tragen und nicht A. Folglich richte sich die Kondiktion A–B nicht auf Abtretung der Kondiktion B–C, sondern auf Ersatz des Sachwertes.

Diese Ansicht von *Canaris,* die im Ergebnis dem Abstellen auf die »vermögensmäßige Entscheidung« durch *Flume* entspricht (vgl. oben Rdnr. 226), ist auf Zweifel gestoßen: Dem B drohe bei Insolvenz des C ein Schaden[4]. Auch der *BGH* arbeitet weiterhin mit der »Kondiktion der Kondiktion« (etwa *BGH* ZIP 1990, 915/918). Andererseits hat *Canaris* aber auch Zustimmung gefunden[5]. Zur Begründung wird gesagt, B schulde dem A deshalb von vornherein Wertersatz, weil er seinerseits durch die Weisung

---

4   Etwa *Medicus,* NJW 1974, 538/542; *(Koppensteiner/)Kramer* 28 f. mit weit. Angaben.

5   Etwa *Köndgen,* in: Dogmatik und Methode, Festgabe Esser (1975) 55; 73 f.; im Ergebnis ebenso auch MünchKomm-*Lieb,* § 812 Rdnr. 43 f. mit weiteren Angaben.

an A über diesen Wert disponiert habe. Auch ein Wegfall der Bereicherung des B (wegen Undurchsetzbarkeit seiner Kondiktion gegen C) scheide aus, weil B mit seiner Disposition dieses Risiko übernommen habe. Ich kann *Canaris* allenfalls unter dem Vorbehalt folgen, daß die Risikozuweisung an B nicht dem Schutzzweck der den Bereicherungsausgleich veranlassenden Nichtigkeitsnorm widersprechen darf (zustimmend inzwischen *Larenz/ Canaris* II 2 § 70 II 2b bei Fn. 11). Dabei ist zu bedenken, daß diese Risikozuweisung ähnlich der Saldotheorie (vgl. oben Rdnr. 224 ff.) eine **Einschränkung des** § 818 III bedeutet, die insbesondere auch mit den Wertungen des Rücktrittsrechts vereinbar sein sollte (vgl. *Reuter/Martinek*, Ungerechtfertigte Bereicherung (1983) 412 ff.).

3. Anweisungsverhältnisse

a) Die Bedeutungen von »Anweisung«

»Anweisung« ist ein in § 783 definierter **Fachausdruck:** Er bezeichnet eine **674** **schriftliche** Leistungsermächtigung, die demjenigen **ausgehändigt** wird, der den Leistungsgegenstand (meist Geld) letzlich erhalten soll. Die häufig vorkommende Spezialform ist der **Scheck.** Dagegen gibt es reine BGB-Anweisungen im Sinne von § 783 kaum. So entspricht etwa die Postanweisung nicht dem § 783, weil sie nicht dem Zahlungsempfänger ausgehändigt wird, sondern der angewiesenen Post. Die Postanweisung hat also eher die Funktion eines »Frachtbriefs«, der die Geldsendung auf ihrem Weg zum Empfänger begleitet.

Schon der Ausdruck »Postanweisung« zeigt aber, daß selbst im juristischen Sprachgebrauch das Wort »Anweisung« über den Rahmen von § 783 hinaus verwendet wird, also insbesondere auch für bloß mündliche oder nicht dem Begünstigten ausgehändigte Leistungsweisungen. So kann man auch die Weisung B–A bei der Durchlieferung (oben Rdnr. 671) als »Anweisung« bezeichnen.

Bei der **Anweisung im weiteren Sinn** sind folgende Bezeichnungen für die Kausalverhältnisse üblich geworden: das Verhältnis des Anweisenden (B) zum Angewiesenen (A) heißt **Deckungsverhältnis**, das Verhältnis des Anweisenden zum Begünstigten (C, an den also geleistet werden soll) heißt **Valutaverhältnis.** Dagegen wird das Verhältnis zwischen dem Angewiesenen (A) und dem Begünstigten (C) bisweilen **Zuwendungsverhältnis** oder **Vollzugsverhältnis** genannt, weil dort die sichtbare Vermögensbewegung (= Zuwendung) stattfindet.

b)   Lösung der Normalfälle

675   Behandelt werden die Anweisungen ebenso wie die Durchlieferung (oben Rdnr. 672 f.), weil auch hier insbesondere dem A das Valutaverhältnis B–C fremd ist: Bei Mängeln des Deckungsverhältnisses kommt es also zur Kondiktion A–B, bei Mängeln des Valutaverhältnisses zur Kondiktion B–C und bei Doppelmangel zu den Kondiktionen A–B und B–C. Dementsprechend ergibt sich auch hier die Frage nach einer Kumulation der Risiken bei A, für die das oben Rdnr. 673 Gesagte gilt. Und ein Durchgriff A–C ist wieder nur gemäß § 822 möglich.

c)   Insbesondere die fehlerhafte Anweisung

676   aa) Für Anweisungslagen viel erörtert worden ist die Problematik der fehlerhaften Anweisung.

BGHZ 61, 289 ff. (dazu *Wilhelm*, AcP 175, 1975, 304 ff.): B übergab dem C einen auf die Bank A gezogenen Scheck. Noch bevor C den Scheck bei A eingelöst hatte, entstanden zwischen B und C Schwierigkeiten. B sperrte daher den Scheck durch Schreiben an A; diese bestätigte B den Widerruf. Zugleich verlangte B den Scheck von C zurück. C legte den Scheck jedoch bei A vor; dort wurde er infolge eines Versehens eingelöst. A fordert den Scheckbetrag von C zurück.

Diese Rückforderung stellt einen Durchgriff dar. Denn der **Widerruf des Schecks** (dazu *BGHZ 104, 374 ff.*) betrifft nur die Frage, ob die angewiesene Bank A gegenüber ihrem anweisenden Kunden B zur Einlösung des Schecks ermächtigt ist (Deckungsverhältnis): Diese Ermächtigung ist durch den bestätigten Widerruf entfallen; A kann also das Konto des B nicht mehr mit der ausgezahlten Schecksumme belasten und muß eine schon erfolgte Belastungsbuchung rückgängig machen. Dagegen ist C über das Valutaverhältnis bloß mit B verbunden. Nach der Regel von oben Rdnr. 675 bräuchte C also bloß eine Kondiktion des B zu fürchten, und auch diese nur bei Mängeln des Valutaverhältnisses.

Der *BGH* hat hier die Kondiktion A–C abgelehnt. Dabei hat er ausdrücklich offengelassen, wie zu entscheiden wäre, wenn eine gültige Anweisung von vornherein gefehlt hätte (S. 292, etwa bei Anweisung durch einen Geschäftsunfähigen oder bei Fälschung)[6]. Vielmehr hat sich der *BGH* auf den ihm vorliegenden Fall mit seinen Besonderheiten beschränkt: B hatte die Anweisung zunächst wirksam erteilt, und C kannte den Widerruf dieser Anweisung nicht. Dann wird man in der Tat mit dem *BGH* sagen müssen[7]:

---

6   Ebenso *BGHZ 89, 376 ff.*, dazu *Canaris*, JZ 1984, 627 ff.

7   Ebenso *Köndgen*, aaO. 69 f., im Ergebnis auch *Canaris*, WM 1980, 354/356 ff.; *Larenz/Canaris* II 2 § 70 IV 2a (Analogie zu den §§ 170 ff.), vgl. weiter *Flume*, NJW 1984, 464 ff.

B hat mit der Übergabe des Schecks an C eine wirksame Leistungsbestimmung getroffen. Demgegenüber betrifft der Widerruf nur das Verhältnis B–A. Die Nichtbeachtung dieses Widerrufs geht also den C nichts an: Darüber muß zwischen A und B gestritten werden; C hat nur mit B zu tun. Und im Verhältnis zu B kann C den Einlösungsbetrag für den Scheck behalten, wenn ihm diese Summe von B geschuldet wurde[8].

Den Gegenfall entscheidet *BGHZ 87, 393*: Dort war ein gesperrter Scheck irrtümlich eingelöst worden, und der Zahlungsempfänger wußte möglicherweise von der Sperre. Dieses Wissen hat der *BGH* als erheblich bezeichnet; die Bank soll also bei einem unredlichen Empfänger direkt kondizieren dürfen. Ein solcher Empfänger glaube nämlich nicht an eine Leistung des Anweisenden[9]; hier wirke also der Widerruf auch im Außenverhältnis zum Empfänger. Dabei läßt der *BGH* offen, ob die Kondiktion der Bank eine Leistungskondiktion ist (aaO. 398), doch ist dies zu verneinen: Die Bank wollte ja nicht eine Pflicht gegenüber dem Empfänger erfüllen, sondern ihre vermeintliche Pflicht gegenüber dem Anweisenden.

Eine Direktkondiktion der Bank beim Empfänger wird schließlich in Analogie zu §§ 816 (I 2), 822 auch zugelassen, »wenn der Empfänger nach der mit dem Anweisenden im Valutaverhältnis getroffenen Regelung die Leistung unentgeltlich erhalten hat und in der Person des Anweisenden die Voraussetzungen der §§ 818 IV, 819 nicht vorliegen« (*BGHZ 88, 232/237*, dazu *Lieb*, JZ 1983, 960 ff.; W. *Lorenz*, JZ 1984, 190 f.; *Gottwald*, JuS 1984, 841 ff.). Auch hier könnte es sich wieder nur um eine Nichtleistungskondiktion handeln.

bb) Kaum seltener als die Nichtbeachtung eines Widerrufs sind anscheinend die Fälle des **gänzlichen Fehlens einer wirksamen Anweisung.** Hier soll nach der h.M. in der Literatur[10] A unmittelbar bei C kondizieren dürfen. Denn ohne wirksame Anweisung sei das Verhalten des A dem B nicht zurechenbar. Daher müsse B von der Rückabwicklung unberührt bleiben. Freilich muß man dann auch eine Tilgungswirkung der von A bewirkten »Scheinleistung« an C auf eine etwa bestehende Forderung C–B leugnen. C muß also an A selbst dann zurückzahlen, wenn er von B noch etwas zu fordern hat; für C gilt »Wie gewonnen, so zerronnen«.

Auch der *BGH* hat eine solche Direktkondiktion der irrtümlich ohne wirksame Anweisung zahlenden oder überweisenden Bank gegen den

677

---

8 Ebenso *BGHZ 87, 246 ff.*; *OLG Hamm*, ZIP 1986, 907 ff.
9 Ebenso *OLG Hamm* aaO.
10 Etwa *Canaris*, 1. FS Larenz (1973) 821 ff. mit Literaturangaben 801 A.10; (*Koppensteiner/) Kramer*, 31 ff.; *Köndger*, aaO. 69, abweichend *Wieling*, JuS 1978, 801/807 ff.

Empfänger mehrfach bejaht: *BGHZ 66, 362 ff.* (Einlösung eines vom Aussteller nicht unterschriebenen Schecks); *BGHZ 66, 372 ff.* (Überweisung an den falschen Empfänger); *BGHZ 67, 75 ff.* (Wechseleinlösung nach Konkurseröffnung über das Vermögen des zahlungspflichtigen Kunden); *BGH NJW 1987, 185 ff.* (irrtümliche Überweisung des zehnfachen Betrages). In allen vier Fällen (zu den drei ersten *K. Schmidt,* JuS 1976, 748 ff.) hatte jedoch der Empfänger den Mangel der Anweisung gekannt. Ob der *BGH* diese Kenntnis oder den Unterschied zwischen einer bloß mangelhaften Anweisung (so in *BGHZ 61, 289 ff.*) und deren gänzlichem Fehlen für entscheidend hält, war lange Zeit ungewiß. Inzwischen hat *BGHZ 111, 382/386 f.* (vgl. auch *BGH* NJW 1994, 2357 ff.) bei der Anweisung durch einen Geschäftsunfähigen einen Anspruch der Bank gegen den (scheinbar) Anweisenden verneint. Folglich muß die Bank den Bereicherungsausgleich auch von einem redlichen Überweisungsempfänger verlangen können[11]; für dessen Schutz genügt § 818 III.

Auch hier kann es sich nur um eine **Nichtleistungskondiktion** handeln (ebenso *BGH* NJW 1994, 2357/2358, anders *OLG Köln,* BB 1993, 1032 f.): Die Bank hat ja gegenüber dem Empfänger keinen eigenen Zweck verfolgt (also nicht »geleistet«), sondern nur die vermeintliche Anweisung ihres Kunden ausführen (also an diesen »leisten«) wollen.

d) Die Anwendung auf RGZ 60, 24

678 Nach dem Gesagten kann nun auch der Postanweisungsfall *RGZ 60, 24 ff.* von oben Rdnr. 663 gelöst werden: Hier fehlt nicht etwa eine wirksame Anweisung des untreuen Schalterbeamten an die Post. Vielmehr war die Post bloß über das Vorhandensein einer Deckung getäuscht worden: Der Beamte hatte die Einzahlung des zu überweisenden Betrages nur vorgespiegelt. Daher scheidet eine Direktkondiktion der Post gegen den Empfänger des Geldes aus. Für diesen ist vielmehr nur sein Verhältnis zu dem Beamten erheblich: Schuldete dieser, so darf der Empfänger das Geld behalten (ebenso *[Koppensteiner/]Kramer* 35 f.; kritisch *J. Hager,* 50 Jahre BGH (2000) 777/807).

---

11 So auch *Larenz/Canaris* II 2 § 70 IV 2; MünchKomm-*Lieb* § 812 Rdnr. 54 ff.; *Schlechtriem,* SBT Rdnr. 688; noch undeutlich *BGHZ 81, 376/381 f.,* später aber deutlich *BGHZ 147, 145 ff.; 158, 1 ff.; OLG Hamm,* ZIP 2003, 662; *OLG Düsseldorf,* ZIP 2003, 897. Damit dürfte die Frage geklärt sein. *BGHZ 152, 307/313/315* betont noch zusätzlich: Es spiele keine Rolle, daß der Zahlungsempfänger eine Leistung seines Schuldners angenommen habe; das Vertrauen auf einen solchen Anschein werde nicht geschützt.

e) Die angenommene Anweisung

Bei der **Anweisung im technischen Sinn** des § 783 kann noch eine Beson- **679** derheit auftreten: Der Angewiesene wird durch (schriftliche) Annahme auch dem Anweisungsempfänger zur Leistung verpflichtet, § 784. Die aus dem Leistungsbegriff argumentierende Lehre stößt hier auf eine Schwierigkeit: Der Angewiesene (A) schuldet ja jetzt regelmäßig zwei Personen, nämlich dem Anweisenden (B) und dem Anweisungsempfänger (C). A will also mit seiner Zahlung an C beide Verbindlichkeiten erfüllen; er will demnach an B und C »leisten«. Wer ist bei solchem »Handeln im Doppelinteresse« (vgl. *Beuthien,* JuS 1987, 841 ff.) Leistungsempfänger, also Konditionsschuldner?

Trotz dieser begrifflichen Schwierigkeit läßt sich aber ein Ergebnis überzeugend begründen: Kondiktionsschuldner des A kann regelmäßig nur B sein. Denn die Annahme nach § 784 soll die Stellung des C verbessern, indem sie C einen eigenen Anspruch gegen A verschafft. Das darf auch bereicherungsrechtlich die Stellung des C nicht verschlechtern. C braucht also nach der Annahme weiterhin nur mit B abzurechnen und nicht auch mit A, wobei er diesem seine Einreden aus dem Verhältnis mit B nicht entgegenhalten könnte[12].

4. Versprechen der Leistung an Dritte

a) Beim unechten Vertrag zugunsten Dritter, also wenn der Dritte keinen **680** eigenen Anspruch gegen den Versprechenden hat, ist die bereicherungsrechtliche Behandlung nach dem Gesagten klar: Kondiziert wird regelmäßig in dem fehlerhaften Rechtsverhältnis. Der Dritte braucht also nur herauszugeben, wenn sein Verhältnis zum Versprechensempfänger mangelhaft ist, und der Versprechende kann sich nur an den Versprechensempfänger halten. Abweichendes gilt wieder bloß unter den Voraussetzungen von § 822 (vgl. oben Rdnr. 669).

b) Beim echten Vertrag zugunsten Dritter, also wenn ein eigener An- **681** spruch des Dritten gegen den Versprechenden besteht, liegt es zunächst ebenso wie bei der angenommenen Anweisung (oben Rdnr. 679): Der Versprechende ist zwar regelmäßig (vgl. § 335) zwei Ansprüchen ausgesetzt, die er beide erfüllen will. Die vom Leistungsbegriff her argumentierende Ansicht muß daher wieder auf Schwierigkeiten bei der Ermittlung des Leistungsempfängers stoßen. Aber auch hier paßt die Erwägung von oben

---

12 Im Ergebnis ebenso *Canaris,* 1. FS Larenz (1973) 805 ff.; *(Koppensteiner/) Kramer,* 30 f.; *Larenz/Canaris* II 2 § 70 V 2a; MünchKomm-*Lieb* § 812 Rdnr. 52; *Reuter/Martinek* aaO. 485 f.

Rdnr. 679: Die Zuwendung eines eigenen Leistungsanspruchs soll die Stellung des Dritten ebenso verbessern wie eine Annahme der Anweisung die Stellung des Anweisungsempfängers. Das muß sich bereicherungsrechtlich auswirken: Auch der durch den eigenen Anspruch begünstigte **Dritte braucht regelmäßig nur mit dem Versprechensempfänger abzurechnen** und nicht mit dem Versprechenden.

Gerade beim echten Vertrag zugunsten Dritter sind aber **zwei Besonderheiten** zu beachten[13]:

682   aa) **Die erste** hängt damit zusammen, daß der echte Vertrag zugunsten Dritter oft zur **Versorgung des Dritten** verwendet wird (vgl. § 330). Darum werden hier häufig die Voraussetzungen des § 822 erfüllt sein: Der Versprechensempfänger ist durch die Leistung des Versprechenden nicht bereichert, weil er sie dem Dritten unentgeltlich zugewendet hat. Dann kann der Versprechende vom Dritten kondizieren.

683   bb) **Und zweitens** kann, wie schon der (freilich abdingbare, *BGHZ 93, 271 ff.*) § 334 nahelegt, das Rechtsverhältnis Versprechender – Dritter gegenüber dem Rechtsverhältnis Versprechender – Versprechensempfänger **unselbständig sein.** Auch dann spricht manches dafür, daß der Versprechende direkt bei dem (gleichsam nur akzessorisch berechtigten) Dritten soll kondizieren können.

Um diese Frage geht es in dem viel erörterten[14] Fall von

BGHZ 58, 184 ff.: Der Kaufanwärter A schloß mit dem Bauträger B einen Kaufanwärtervertrag. Dabei wurde B durch den Direktionsassistenten C vertreten. Dieser nahm in zwei der drei Vertragsausfertigungen die Klausel auf, an eine Firma X seien 3% Makler-Courtage zu zahlen. X mahnte wenig später die Zahlung an und erhielt sie endlich auf ein von ihr bezeichnetes Konto. Doch existierte X in Wahrheit nicht; hinter dem Konto stand C, der zusätzlich in die eigene Tasche verdienen wollte. A focht die Maklervereinbarung nach § 123 an und verlangte die 3% von C zurück.

Hier ist zunächst schon die Bedeutung der Courtageklausel in den Verträgen A–B fraglich: Liegt ein Versprechen von A an B auf Leistung an X vor, oder hat X selbst, vertreten durch C, mit A kontrahiert? *Canaris* aaO. bejaht die zweite Möglichkeit: Da die für B bestimmte dritte Vertragsausfertigung die Courtageklausel nicht enthielt, habe A nicht annehmen können, daß C auch wegen der Courtage als Vertreter von B auftreten wollte. Wenn man dem folgt (was wohl richtig ist), kommt hier als Leistungsempfänger nur die mit C identische Firma X in Betracht: Die Klage ist begründet.

---

13 Vgl. *(Koppensteiner/)Kramer* 46 ff.; *Köndgen,* aaO. 68 f.; *Larenz/Canaris* II 2 § 70 V 2; *Reuter/Martinek,* aaO. 478 ff.
14 Etwa *Canaris,* NJW 1972, 1196 ff.; *Eike Schmidt,* JZ 1972, 406 ff.; *F. Peters,* AcP 173 (1973) 71 ff.

Nach der vom *BGH* gebilligten Auslegung durch die Vorinstanz stellt die Courtageklausel jedoch ein **Versprechen von A an B** (vertreten durch C) auf Leistung an X dar. Die Vorinstanz hatte dabei nur B (also den Versprechensempfänger) als Leistungsempfänger angesehen und daher die Klage abgewiesen. Dagegen hat der *BGH* einen Anspruch A–C bejaht. Der *BGH* hat sich nämlich der differenzierenden, etwa von *W. Lorenz* (AcP 168, 1968, 286 ff.; JuS 1968, 441 ff.) vertretenen Ansicht angeschlossen: Die Leistung an den Dritten könne »eine auf den Dritten bezogene Zweckrichtung« haben, und dann sei der Dritte Leistungsempfänger. So liege es etwa in den Fällen von § 330, aber auch in dem zu entscheidenden Fall: Durch die Nichtaufnahme in das dritte Vertragsexemplar sei die Maklervereinbarung schon äußerlich gegenüber dem Kaufanwärtervertrag abgesetzt worden; ihre Bedeutung betreffe hauptsächlich das Verhältnis A–X (= C).

Schlagwortartig formuliert lautet diese h.M. also: Beim echten Vertrag zugunsten Dritter ist **Empfänger der Leistung** des Versprechenden, wer **in engerer Verbindung zu dem mit dieser Leistung verfolgten Zweck steht** (regelmäßig also der Dritte).

5. Leistung auf fremde Schuld

Sehr umstritten ist die bereicherungsrechtliche Behandlung der (nicht sehr häufigen) **Drittleistung nach §§ 267, 268**, wenn also der Dritte ohne eine vermeintliche oder wirkliche Anweisung (vgl. *Canaris*, NJW 1992, 868) auf fremde Schuld leistet. Wenn diese Schuld besteht und der Dritte gerade das Geschuldete leistet, wird der Schuldner befreit. Der Dritte kann sich also nicht an den Gläubiger halten (der ja zwar die Leistung erhalten, aber seine Forderung verloren hat), sondern nur an den befreiten Schuldner. Dazu bedarf es, wenn nicht ein Forderungsübergang nach § 268 III eintritt, der Rückgriffskondiktion von unten Rdnr. 950 ff. Anders verhält es sich, wenn die **Schuld**, auf die der Dritte geleistet hat, **nicht wirklich bestanden hat**. **684**

Bsp.: Der Onkel A zahlt die vermeintlichen Mietschulden seines Neffen B beim Vermieter C. B hatte aber, was A nicht wußte, kurz vorher im Lotto gewonnen und die Schulden schon selbst bezahlt. Kann A kondizieren und von wem?

Hier wird vielfach eine **Leistung A–C** bejaht: Im Gegensatz zu den Anweisungsfällen sei es ja A (und nicht B), der C gegenüber den Leistungszweck bestimme. Daher dürfe A bei C kondizieren, und C könne diesem Anspruch keine Einwendungen aus seinem Verhältnis zu B entgegenhalten (etwa wegen inzwischen neu entstandener Mietschulden).

Doch hat sich im Anschluß an *Esser* eine Gegenansicht gebildet[15]: A verfolge einen Zweck (z.b. Schenkung) bloß gegenüber B. Daher könne A regelmäßig auch nur bei B kondizieren. Dagegen brauche C allein mit B abzurechnen (und könne dem B also auch die Einwendungen aus dem Mietverhältnis entgegenhalten). Entsprechend entscheidet für einen Fall von § 415 III (Erfüllungsübernahme) auch *BGHZ 72, 246/248 f.*[16]: A erbringe regelmäßig eine Leistung des B an C und leiste damit zugleich selbst an B. Anders soll es außer bei § 822 nur da liegen, wo A ein Ablösungsrecht (etwa aus §§ 268, 1142) wahrnehmen wolle: Dann verfolge A nämlich einen Zweck (die Ablösung) gegenüber C und nicht gegenüber B (insoweit zustimmend *[Koppensteiner/]Kramer*, 45).

685   Mir selbst fällt eine Entscheidung für die Fälle der Drittleistung besonders schwer: Einerseits spricht für die Ansicht *Essers,* daß ein Streit über das Bestehen der zu tilgenden Forderung zwischen Gläubiger und Schuldner (C und B) ausgetragen gehört. Auch braucht das Nichtbestehen der Schuld nicht allemal den Zweck entfallen zu lassen, den der Dritte (A) gegenüber dem Scheinschuldner (B) verfolgt: Vielleicht etwa wollte der Onkel dem Neffen jedenfalls etwas schenken. Andererseits setzt *Esser* aber voraus, daß der Scheinschuldner B durch die Zahlung des A eine Kondiktion gegen C erwirbt. Und dem steht entgegen, daß B diese Zahlung nicht veranlaßt hat und sie ihm daher ebensowenig zugerechnet werden kann wie bei einer von vornherein unwirksamen Anweisung B–A (oben Rdnr. 677).

Ich möchte das letzte Argument für ausschlaggebend halten. Denn es gewährleistet die **Wertungsgleichheit mit den Anweisungsfällen**, die für das Bereicherungsrecht Modellcharakter haben. Dann bleibt für die **Rückabwicklung nur das Verhältnis A–C**[17]. Daß C gegen A dann keine Einwendungen aus dem Verhältnis C–B hat, ist nicht ungerecht: C konnte ja ohnehin mit einer Zahlung des A nicht rechnen (»wie gewonnen, so zerronnen«, oben Rdnr. 677).

Einen Sonderfall der Leistung auf fremde Schuld behandelt

BGHZ 113, 62 ff. (vereinfacht): Ein Haftpflichtversicherer H glaubt sich seinem Versicherungsnehmer N gegenüber zu einer Ersatzleistung an G verpflichtet. Z behauptet, der Anspruch G–N sei auf ihn übergegangen, und erreicht so die Auszahlung der Ersatzsumme an sich selbst. Später stellt sich heraus, daß weder der

---

15 Etwa *Eike Schmidt,* JZ 1971, 601/606 f.; *Köndgen,* aaO. 67 f.; *Wieling,* JuS 1978, 801 ff.
16 Dazu ablehnend *Weitnauer,* NJW 1979, 2008 ff., ergänzend *BGHZ 82, 28 ff.*
17 Ebenso die h.M., etwa MünchKomm-*Lieb* § 812 Rdnr. 115 ff.; *(Koppensteiner/)Kramer* 41 ff. und im Ergebnis auch *Canaris,* 1. FS Larenz (1973) 847 f. und in *Larenz/Canaris* II 2 § 70 V 3b; *Esser/Weyers* § 48 III 4a, anders konstruieren *Reuter/Martinek,* aaO. 467 ff.

Versicherungsfall eingetreten noch die angebliche Abtretung erfolgt war. H ficht nach § 123 an und verlangt die Zahlung von Z zurück.

In diesem Fall einer bloßen **Scheinzession** (weil dem Zedenten nur der Schein einer Forderung zugestanden hatte) hat der *BGH* (S. 70) mit Recht die Kondizierbarkeit bei dem Scheinzessionar Z angenommen (vgl. *Canaris*, NJW 1992, 868/871). Die eigentliche Problematik der Drittleistung auf nicht bestehende Schuld ergibt sich erst bei einer an sich wirksamen Zession. Doch hat der *BGH* diesen Fall gleich mitentschieden: H habe nicht auf eine eigene Schuld geleistet, sondern auf die vermeintliche Schuld seines Versicherungsnehmers N. Diese Leistung sei nicht auf Weisung des N erfolgt, sondern nach eigenverantwortlicher Prüfung durch H selbst. Daher liege kein Anweisungsfall vor, sondern ein Fall des § 267. Hier stamme die Tilgungsbestimmung von dem zahlenden Dritten (im Bsp. H), so daß dieser selbst seine Leistung kondizieren könne (S. 68 f.). Damit bestätigt der *BGH* die h.M. (oben Fn. 11) über die **Kondizierbarkeit A–C**.

Zu dieser Entscheidung gibt es mehrere Stellungnahmen mit Kritik und Antikritik[18]. Zuzugeben ist bloß, daß sich dieser Fall nicht als Examensaufgabe eignen würde. Das liegt aber an dessen Absonderlichkeit (wann zahlt schon ein Versicherer so unbedacht?) und Kompliziertheit (Vierpersonenverhältnis) und weniger daran, daß es zur Lösung kontroverse Ansichten gibt. Diese betreffen vielmehr nur die (durchaus diskutable) Frage, wann eine Drittleistung im Rechtssinn von dem Schuldner »veranlaßt« ist, und ob es darauf überhaupt ankommen soll. Daß der *BGH* hier eine solche Veranlassung verneint, ist wenigstens vertretbar.

6.   Zession

BGHZ 105, 365 ff.[19]: V war bei F gegen Feuer versichert. Nach einem Brand verlangt er die Auszahlung der Versicherungssumme. F verweigert die Zahlung, weil V den Brand selbst gelegt habe. V tritt seine Forderung gegen F sicherungshalber an B ab. Schließlich zahlt F an B, weil die Brandstiftung nicht zu beweisen sei. Später wird V u.a. wegen Brandstiftung verurteilt. F verlangt die Zahlung von B zurück.   **685a**

Die Behandlung solcher Zessionsfälle war in der Lit. umstritten (Belege bei *BGHZ 105, 368*). Der BGH (ebenso *BGHZ 122, 46 ff.*) hat hier ent-

---

18 *Wertheimer*, JuS 1992, 284 ff.; *H. H. Jakobs*, NJW 1992, 2524 ff.; *Martinek*, JZ 1991, 399 f.; NJW 1992, 3141 ff.; *Canaris*, NJW 1992, 868 ff.; 3143 ff.
19 *Koch*, VersR 1989, 891 ff.; *Schubert*, JR 1989, 371 f.; *Kohler*, WM 1989, 1629 ff.; *Lieb*, Jura 1990, 359 ff.; *Dörner*, NJW 1990, 473 ff.; *W. Lorenz*, AcP 191 (1991) 279 ff.; *Mankowski*, ZIP 1993, 1214 ff.; *Larenz/Canaris* II 2 § 70 V 1 mit weit. Angaben.

schieden, F müsse auch nach der Zession ihren Vertragspartner V in Anspruch nehmen: Diesem gegenüber sei der Zweck der Zahlung bestimmt gewesen. Hinzugefügt hat *BGHZ 105, 365/372* aber, unter besonderen Umständen könne die Leistungskondiktion statt dessen gegen den Zessionar gerichtet werden, etwa wenn dieser die Auszahlung besonders intensiv verlangt habe (so *BGH* NJW 1989, 161 ff.).

Mir scheint eine solche Unterscheidung nach der Intensität des Zahlungsverlangens unrichtig. Vielmehr ist mit der hier an sich wirksamen Zession nach § 398 S. 2 der Zessionar an die Stelle des Zedenten getreten. Es geht also gar nicht um ein Drei-, sondern um ein Zweipersonenverhältnis; Kondiktionsschuldner kann folglich nur der Zessionar B sein (str.). Daß bisweilen (anders als in dem vorliegenden Fall) der Zessionar als Rückzahlungsschuldner weniger sicher ist als der Zedent, gehört zu den Lasten, welche die §§ 398 ff. dem (»abgetretenen«) Schuldner zumuten (ebenso wie etwa diejenige, daß er einen besonders rücksichtsvollen Gläubiger verliert). Regelmäßig aber wird sich die Leistung am ehesten bei demjenigen kondizieren lassen, der sie wirklich erhalten hat.

7.   Die Brauchbarkeit des Leistungsbegriffs

686   Bis hierhin habe ich auf die **Ableitung von Lösungen** aus dem Leistungsbegriff (oben Rdnr. 666) bewußt verzichtet und statt dessen wertungsbestimmte Argumente verwendet. Jetzt bleibt die vorhin (oben Rdnr. 668) schon angekündigte Frage, wie sich die hier begründeten Ergebnisse mit dem herkömmlichen Leistungsbegriff vertragen. Mit anderen Worten: Kann dieser Begriff die erwünschte Kurzformel für die anders begründeten Ergebnisse sein?

Ich möchte das vorsichtig bejahen[20]: In den weitaus meisten Fällen treffen die Konsequenzen aus dem Leistungsbegriff in der Tat zu. So ergibt er insbesondere, daß es bereicherungsrechtlich nicht auf das dingliche Schicksal des Leistungsobjekts ankommt, sondern auf die Zwecksetzung. Beispielsweise ist es gleichgültig, daß der Angewiesene (A) sein eigenes Geld an den Anweisungsempfänger (C) zahlt, daß also die Übereignung im Verhältnis A–C stattfindet. Daß bei C nur der Anweisende (B) kondizieren kann, beruht nämlich darauf, daß für die Leistung an C allein B den Zweck bestimmt und sich des A lediglich als »Leistungsgehilfen« bedient hat. Damit ist das Tatbestandsmerkmal »auf Kosten« in § 812 I 1 für die Leistungskondiktion überflüssig: Es kommt nicht darauf an, wer durch die

---

20 Ebenso *Köndgen,* aaO.; *(Koppensteiner/)Kramer* 48 f.; *Esser/Weyers* § 48 II, kritischer *Larenz/Canaris* II 2 § 70 VI 2, weithin ablehnend MünchKomm-*Lieb* § 812 Rdnr. 31.

Leistung ein Recht verliert. In diesem Sinn ist auch der von *Kellmann*, JR 1988, 97 ff. geprägte Satz richtig: »Erfüllungsgehilfen kondizieren nicht« (nämlich nicht die Leistung, an der sie nur als Gehilfen mitgewirkt haben).

In dem hier angedeuteten Sinn argumentiert auch der *BGH*. So hat der VII. ZS zusammengefaßt *(BGHZ 82, 28/30):* »Entscheidend ist, welchen Zweck die Beteiligten nach ihrem zum Ausdruck gebrachten Willen verfolgt haben. Danach richtet sich auch die einer Zuwendung gegebene Zweckbestimmung, die wiederum für das Leistungsverhältnis maßgebend ist, innerhalb dessen der bereicherungsrechtliche Ausgleich zu vollziehen ist«. Zugleich betont der *BGH* freilich die Ablehnung »jeder schematischen Lösung«[21].

Insbesondere bei den sehr häufigen Geldleistungen durch *Banküberweisung*[22] sind die beteiligten Banken regelmäßig (vgl. aber oben Rdnr. 677) Leistungsgehilfen des Auftraggebers oder des Überweisungsempfängers; die Überweisung wird also bereicherungsrechtlich ebenso behandelt wie eine Barzahlung zwischen diesen beiden Personen.

Allerdings muß man sich der beschränkten Funktion des Leistungsbegriffs als Kurzformel bewußt bleiben: Er kann die Lösung nur für diejenigen Fälle angeben, die bei seiner Formulierung berücksichtigt worden sind. Diese Beschränkung zeigt sich insbesondere, wo ein Schuldner mehrere Gläubiger hat (oben Rdnr. 679; 681) oder wo ein Dritter leistet (oben Rdnr. 684 f.). Auch ist stets an die abweichende Wertung von § 822 zu denken (oben Rdnr. 669, 676).

8. Irrtum über den Leistenden

Kein eindeutiges Ergebnis liefert der Leistungsbegriff endlich auch für eine **687** im Anschluß an *BGHZ 36, 30 ff.; 40, 272 ff.* viel behandelte Frage[23]: Bestimmt sich das Vorliegen eines Leistungsverhältnisses aus der Sicht des Leistenden oder des Zuwendungsempfängers?

---

21 Ebenso *BGHZ 89, 376/381; 105, 365/369, BGH* NJW 1984, 2205 f. mit vielen weiteren Belegen. Inzwischen ist diese dogmatisch hilflose Floskel jedoch wenigstens vom XI. Zivilsenat aufgegeben worden (etwa *BGHZ 158, 1/5 f.*).
22 Dazu *Möschel*, JuS 1972, 297 ff.; *Canaris*, WM 1980, 354 ff. und bei *Larenz/ Canaris* II 2 § 70 IV; *Reuter/Martinek*, aaO. 440 f.
23 Etwa *Baur/M. Wolf*, JuS 1966, 393 ff.; *Köndgen*, aaO. 71 f. mit Angaben, dazu noch *Joerges*, JuS 1975, 514 ff.; *Wieling*, JZ 1977, 291 ff.; MünchKomm-*Lieb* § 812 Rdnr. 32; 48 ff.; *Reuter/Martinek*, aaO. 454 ff.; *Larenz/Canaris* II 2 § 70 III 3.

Bsp.: Der Grundstückseigentümer E bestellt bei A ein schlüsselfertiges Haus und bezahlt den Festpreis. A kauft das in das Haus einzubauende Installationsmaterial im Namen des E bei B. B liefert das Material »wortlos« an die Baustelle; es wird eingebaut. A fällt in Konkurs; B verlangt von E Bezahlung.

Dieser Anspruch kann nicht auf einen Kaufvertrag B–E gestützt werden: Ein solcher Vertrag ist nicht zustande gekommen, wenn E das vollmachtlose Handeln des A nicht genehmigt (§ 177 I). In Betracht kommt aber eine Leistungskondiktion des Materialwertes (§ 818 III). Hierfür müßte zwischen B und E ein Leistungsverhältnis vorliegen. Das ist indessen zweifelhaft: Zwar wollte B an E leisten, dem er sich vertraglich verpflichtet glaubte. Jedoch konnte E annehmen, das Material sei eine Leistung des A, der ja auch die Installation für das schlüsselfertige Haus schuldete. Zur Lösung dieser Frage gibt es im wesentlichen zwei Ansichten:

a)   Der Wille des Leistenden

Die ältere Lehre einschließlich des *RG* (vgl. die Angaben in JuS 1966, 395 A. 27) hatte auf die Willensrichtung des Leistenden abgestellt[24]. Danach hätte im Bsp. B die Leistungskondiktion gegen E, die allerdings durch § 951 I 2 auf Wertersatz beschränkt wird.

Problematisch ist dann freilich, inwieweit E seine Zahlungen an A dem B als Entreicherung nach § 818 III entgegenhalten kann (vgl. unten Rdnr. 725). Nach einer von *Esser* begründeten Ansicht soll zwar das Risiko einer abredewidrig handelnden Zwischenperson (nämlich des A) grundsätzlich bei E bleiben. Doch müsse E als entreichert gelten, wenn auch ein »objektiver Durchschnittsbetrachter« eine Leistung des A angenommen hätte und E im Vertrauen darauf an A gezahlt habe.

b)   Die Sicht des Zuwendungsempfängers

Demgegenüber hat der *BGH* in beiden genannten Entscheidungen das Leistungsverhältnis vom Empfänger E her beurteilt[25]: Maßgebend sei, als wessen Leistung sich die Zuwendung »bei objektiver Betrachtungsweise aus der Sicht des Zuwendungsempfängers« darstelle. Die Literatur hat dem

---

24 Ebenso in neuerer Zeit etwa *Flume*, JZ 1962, 281 f.; *Berg*, NJW 1962, 101 f.; *(Koppensteiner/)Kramer*, 38; *Köndgen*, aaO. 71 f.; *Schlechtriem*, SBT Rdnr. 690; MünchKomm-*Lieb* § 812 Rdnr. 58; 106 ff., dagegen ähnlich der Rspr. *Esser/ Weyers* § 48 III 6b.

25 Ebenso etwa *BGH* JZ 1975, 27 ff. mit Anm. *von Olshausen*, dazu weiter *Lopau*, JuS 1975, 773 ff.; *BGHZ 72*, 246/249, anders *Weitnauer*, NJW 1979, 2008/2010 f. Wie der *BGH* auch *Larenz/Canaris* II 2 § 70 III 3c. Immerhin hat jetzt *BGHZ 152*, 307/313/315 bei der fehlerhaften Anweisung den Glauben des Empfängers daran, die Leistung stamme von einer bestimmten Person, für unbeachtlich erklärt.

vielfach mit der Maßgabe zugestimmt, daß die §§ 133, 157 mindestens entsprechend anzuwenden seien: Entscheidend sei, was dem E nach den Auslegungsregeln über Willenserklärungen erkennbar geworden sei (so etwa *Baur/Wolf*, JuS 1966, 395 ff. mit weiteren Angaben; *Reuter/Martinek*, aaO. 455 f.). Danach wäre E keiner Leistungskondiktion des B ausgesetzt, wenn er die Lieferung für eine Leistung des A halten durfte. Freilich bleibt dann die vom *BGH* hier nicht erörterte Frage, ob nicht B den bei E entstandenen falschen Anschein der Leistungsbestimmung nach § 119 I muß anfechten können: Eine solche Anfechtung wird in anderem Zusammenhang zugelassen *(BGHZ 106, 163/166)*.

c) Lösungsvorschlag

Ich selbst halte folgendes für richtig: E ist nur schutzwürdig, wenn er im **688** Vertrauen auf eine Leistung des A an diesen gezahlt hat. Das spricht gegen die Lösung des *BGH*: Nach ihr ist ja E selbst dann gegen eine Leistungskondiktion des B geschützt, wenn E schon vor der Lieferung des B oder überhaupt noch nicht an A gezahlt hat.

Soweit E danach schutzwürdig ist, muß diese seine Schutzwürdigkeit mit der des B verglichen werden. Und da sprechen die überwiegenden Gründe für die **Schutzunwürdigkeit des B**: Er hat es ja nicht nur unterlassen, sich der Vollmacht des A zu vergewissern, sondern er hat überdies auch auf Kredit geliefert. Dagegen hat E an A erst gezahlt, nachdem dieser seine Leistung anscheinend erbracht hatte. Da also B ohne ausreichende Grundlage dem A vertraut hat, muß er den Schaden aus diesem enttäuschten Vertrauen tragen.

Eine dieser Bewertung entsprechende Konstruktion ist die von *Flume* aaO.: B erhält als Leistender, der dem E nicht verpflichtet war, gegen diesen die Leistungskondiktion. Jedoch kann E nach § 818 III abziehen, was er im Vertrauen auf eine Leistung des A an diesen gezahlt hat. Die Erwägungen gegen einen Abzug des Kaufpreises von unten Rdnr. 725 treffen hier nämlich nicht: B kondiziert ja mit der **Leistungskondiktion** den Wert (§ 818 II) seiner Leistung, während bei § 816 I 1 ein Fall der Eingriffskondiktion vorliegt.

Ausgeschlossen wird der Abzug durch § 819 I nur, wenn E bei seiner Zahlung an A die Rechtsgrundlosigkeit der Leistung des B *gekannt hat.* Dagegen sehe ich hier keine Handhabe zur Anwendung des von *Esser* (oben Rdnr. 687) befürworteten Fahrlässigkeitsmaßstabs. Mir scheint auch das Argument *Essers* unbegründet, E solle grundsätzlich das Risiko abredewidrigen Handelns des A tragen: B hat sich auf die von A behauptete Innenvollmacht verlassen und ist daher nur in den Fällen der Duldungs- und Anscheinsvollmacht zu schützen. Es besteht kein Anlaß, diese Wertung in Abweichung von § 819 I zu korrigieren.

III.   Gründe für die Leistungskondiktion[26]

689   Im Anschluß an die gemeinrechtliche Terminologie wird die Leistungskondiktion üblicherweise in **Fallgruppen** untergliedert. Kriterien hierfür bilden die Umstände, auf denen der Mangel des die Leistung rechtfertigenden Grundes beruht (vgl. *Reuter/Martinek*, aaO. 125 ff.). Bedeutung hat diese Einteilung vor allem für den Ausschluß der Kondiktion (§§ 814, 815, 817 S. 2) und für die Haftungsverschärfung (§§ 819, 820).

1.   Condictio indebiti

Am häufigsten begegnet die condictio indebiti des § 812 I 1 Fall 1: Der rechtliche Grund für die Leistung hat von Anfang an gefehlt. Gemeint sind hier Leistungen solvendi causa, also zur Tilgung einer Verbindlichkeit. Der Tatbestand der condictio indebiti wird daher häufig als »Leistung auf eine Nichtschuld« bezeichnet (es genügt auch eine Schuld aus schwebend unwirksamem Rechtsgeschäft, *BGHZ 65, 123 ff.*). Doch ist das noch zu eng. Denn erstens wird § 812 I 1 Fall 1 durch § 813 auch auf den Fall erweitert, daß die Schuld zwar besteht, aber mit einer **dauernden Einrede** behaftet ist. Und zweitens umfaßt die condictio indebiti darüber hinaus die **erfolglose Leistung** auf eine einredefrei bestehende Schuld.

Bsp.: Der Gattungsschuldner S liefert Ware von schlechterer als mittlerer Art und Güte. Nach § 243 I ist das regelmäßig keine Erfüllung: S bleibt zur Lieferung mindestens mittelguter Ware verpflichtet. Er muß daher die gelieferte schlechtere Ware kondizieren können, obwohl er keineswegs auf eine Nichtschuld geleistet hat. Beim Kauf gelangt man freilich über die §§ 434, 437 Nr. 2 ins Rücktrittsrecht (§§ 323, 326 V, 346 ff.).

Der Grund für die condictio indebiti ist also der **Nichteintritt der** mit der Leistung bezweckten **Befreiung von einer einredefreien Forderung**: Der Leistungsempfänger soll hier die Leistung nicht behalten dürfen, weil er keine Forderung verloren hat, auf die er Erfüllung hätte verlangen können. Abweichendes gilt nur in den Fällen von § 814, also vor allem bei Kenntnis des Leistenden vom Fehlen seiner Verpflichtung.

Diese Vorschrift wird freilich allgemein sehr eng ausgelegt: Bloße Zweifel des Leistenden an seiner Verpflichtung genügen nicht; auch soll § 814 auf Leistungen unter Vorbehalt oder unter dem Druck einer drohenden Zwangsvollstreckung oder erklärtermaßen zur Vermeidung eines empfindlichen Übels (*BGHZ 152, 233*) unan-

---

26   Dazu *Larenz/Canaris* II 2 § 68 I; *(Koppensteiner/)Kramer*, 49 ff. und unkonventionell *Kupisch*, JZ 1985, 101 ff.; 163 ff., gegen ihn *Weitnauer*, JZ 1985, 555 f.

wendbar sein. Andererseits aber ist § 814 unstreitig auf den Fall des § 813 zu erweitern: Auch die Kenntnis einer dauernden Einrede schließt die Rückforderung aus.

2.   Condictio ob causam finitam

Bei der condictio ob causam finitam (§ 812 I 2 Fall 1) hat die Forderung   **690**
zwar im Augenblick der Leistung bestanden. Sie wäre aber später (etwa
durch Eintritt einer auflösenden Bedingung) weggefallen, wenn sie nicht
schon durch die Leistung erloschen wäre. § 814 gilt hier weder direkt noch
entsprechend: Der Leistende war ja im Zeitpunkt seiner Leistung wirklich
verpflichtet; daß er die bloße Möglichkeit kannte, seine Verpflichtung werde später wegfallen, ändert nichts an seiner Leistungspflicht und genügt
daher für § 814 nicht.

Höchstens entsprechend anwendbar könnte der für die condictio ob rem
bestimmte § 815 sein. Aber auch das ist zu verneinen.

BGH JZ 1968, 381 f. mit Anm. *W. Lorenz*: M und F hatten 1949 geheiratet. Dann
bauten beide auf einem der F gehörenden Grundstück ein Haus als Familienwohnung. Nachdem die Ehe 1956 aus Alleinverschulden des M geschieden worden war,
verlangte dieser die von ihm zu dem Hausbau beigesteuerten Mittel von F heraus.

Das OLG Bamberg hatte als Vorinstanz die Klage abgewiesen: Vereinbarter Zweck der Beteiligung des M an dem Bau sei die Errichtung einer Familienwohnung gewesen. Diesen Zweck habe die Scheidung auf die Dauer
vereitelt. Doch stehe der condictio ob rem (§ 812 I 2 *Fall 2*) des M § 815
entgegen, weil M durch seine Eheverfehlungen selbst die Zweckerreichung
vereitelt habe.

Der *BGH* ist dem nicht gefolgt: In solchen Fällen gehe es nicht um
Zweckverfehlung, sondern um späteren Wegfall des Rechtsgrundes, also
um die condictio ob causam finitam nach § 812 I 2 Fall 1. Auf sie aber sei
§ 815 auch nicht entsprechend anwendbar, weil die Vorschrift ähnlich wie
§ 162 nur ein treuwidriges Verhalten während des Schwebezustandes bis
zum Eintritt des bezweckten Erfolges betreffe. Daher sei der Anspruch des
M begründet. Doch müsse M sich seine Ersparnis daraus anrechnen lassen,
daß der Unterhaltsanspruch der F (damals § 58 EheG, jetzt §§ 1569 ff.,
besonders § 1577) gemindert sei, weil sie wegen des eigenen Hauses keine
Aufwendungen mehr für eine Wohnungsmiete habe (zweifelhaft: Daß der
Unterhaltsanspruch bloß im Rahmen der Bedürftigkeit der F besteht, ist
kein besonders auszugleichender Vorteil). Fragen kann man sich nur, ob
solche Fälle nicht eher zum Wegfall der Geschäftsgrundlage passen (vgl. *W. Lorenz*, aaO. 383).

3. Exkurs: Andere Ausgleichsansprüche bei gemeinsamer Lebensführung

690a Wirklich ist in neuerer Zeit der *BGH* gegenüber Bereicherungsansprüchen **zwischen Ehegatten** nach Trennung der Ehe mit Recht sehr zurückhaltend. Vielmehr hat sich die folgende Unterscheidung herausgebildet:

a) Fälle mit Zugewinnausgleich

Bei Vermögensverschiebungen zwischen Ehegatten im gesetzlichen Güterstand (§§ 1363 ff.) soll regelmäßig der **Zugewinnausgleich genügen**, so ausführlich und mit Belegen *BGHZ 115, 132 ff.* (dazu *Tiedtke*, JZ 1992, 334 ff.). Damit wird eine »Ausgleichung nach allgemeinen schuldrechtlichen Regeln im Wege selbständiger Einzelrückabwicklung« (etwa Rücktritt wegen Wegfalls der Geschäftsgrundlage) abgelehnt, und zwar schon wegen der damit verbundenen Schwierigkeiten *(BGHZ 115, 132/135 f.).* Die pauschale Abwicklung über den Zugewinnausgleich nimmt in Kauf, daß die Zuwendung nur dem Werte nach und oft auch nur zur Hälfte an den Geber zurückfließt, §§ 1378 I, 1380.

Ausnahmsweise soll aber auch ein **anderer Ausgleich** zulässig sein, nämlich insbesondere nach den Regeln über den **Wegfall der Geschäftsgrundlage** (jetzt § 313). Das soll aber nur gelten, wenn das Ergebnis des Zugewinnausgleichs »schlechthin unangemessen und (für den Geber) unzumutbar ist«. Dahin gehören einmal die Fälle, in denen der Geber ein besonderes Interesse an der Rückgewähr gerade des zugewendeten Gegenstandes hat, so daß ein bloßer Wertausgleich nicht genügt, *BGHZ 115, 132/138 f.* Weiter kommt aber Unzumutbarkeit auch dann in Betracht, wenn (andere) »Gründe den Rückgriff auf die verdrängten Regeln über den Wegfall der Geschäftsgrundlage unter Berücksichtigung der übrigen konkreten Umstände des Einzelfalls zwingend gebieten«, *BGHZ 115, 132/139.* Das ist etwa denkbar, wenn der Zugewinnausgleich versagt (weil der Empfänger der Zuwendung insgesamt keinen Zugewinn gemacht hat) und der Zuwendende in Not gerät, so daß er eine Schenkung nach § 528 widerrufen könnte. Ähnlich kommt ein den Zugewinnausgleich ergänzender Anspruch wegen Zuwendungen schon in der Verlöbniszeit in Betracht, *BGHZ 115, 261 ff.* Außer dem Ausgleich nach den Regeln über die Geschäftsgrundlage kommen auch **Ausgleichsansprüche nach § 426** in Betracht, wenn ein Ehegatte gemeinsame Schulden allein bezahlt hat, *BGHZ 87, 265 ff.; BGH* NJW 1995, 652 ff., vgl. auch *Wever*, FamRZ 1996, 905 ff.

b) Fälle ohne Zugewinnausgleich

Danach bleiben die Fälle ohne Zugewinnausgleich[27], nämlich bei Güter- **690b** trennung und bei nichtehelichen Lebensgemeinschaften. Hier hat *BGHZ 84, 361 ff.* mit einem **»ehebezogenen Geschäft eigener Art«** gearbeitet (über den Erwerb eines Grundstücks und den Bau eines Familienwohnheims), dessen Geschäftsgrundlage der Fortbestand der Ehe bilde. Ein Ausgleich soll stattfinden, wenn »beim Scheitern der Ehe die Früchte der geleisteten Arbeit in Gestalt einer meßbaren Vermögensmehrung beim anderen Ehegatten noch vorhanden sind« (aaO. S. 368). Ähnlich *BGHZ 127, 48 ff.*, zurückhaltend aber *BGH* NJW 1983, 2933 f. für eine Zuwendung, die erst die Zuneigung des Partners gewinnen soll. Später ist dieses eigenartige ehebezogene Geschäft, das weder eine nichtrechtsgeschäftliche Gefälligkeit noch eine Schenkung darstellen soll, als **»unbenannte** (= typenfremde) **Zuwendung«** bezeichnet worden (so etwa *BGHZ 116, 167/170*, wo freilich für erbrechtliche Fragen Schenkungsrecht angewendet wird, zusammenfassend auch *BGHZ 127, 48 ff.*). *BGHZ 142, 300* hält auch § 822 für anwendbar.

Beim Vorliegen einer entsprechenden Vereinbarung kommt zudem die Annahme einer **BGB-Gesellschaft** »zum Zwecke des Erwerbs und Haltens eines Familienwohnheims« zwischen den Ehegatten in Betracht (*BGH* NJW 1982, 170 ff., dazu kritisch *K. Schmidt*, AcP 182, 1982, 481 ff.). Der Ausgleich erfolgt dann bei der Liquidation nach den §§ 730 ff.

Diese Annahme einer BGB-Gesellschaft ist auch zwischen den Partnern einer nichtehelichen Lebensgemeinschaft möglich (etwa *BGH* JZ 1998, 407 f. mit Anm. *D. Liebs*). Fehlt jedoch – wie meist – eine Vereinbarung, dann soll ein Ausgleich für einseitige Beiträge eines Partners regelmäßig nicht verlangt werden können[28]. In gleichem Sinn formuliert *BGH* NJW 1986, 374 f. (dazu *Battes*, JZ 1986, 240 f.): In einer nichtehelichen Lebensgemeinschaft seien im Zweifel keine verbindlichen Abreden gewollt. Wo es

---

27 Dazu *Schulte*, ZGR 1983, 437 ff.; *Diederichsen*, NJW 1983, 1017 ff.; FamRZ 1988, 889 ff.; *Joost*, JZ 1985, 10 ff.; *Roemer*, BB 1986, 1522 ff.; *Steinert*, NJW 1986, 683 ff.; *Schlüter/Belling*, FamRZ 1986, 465 ff. sowie umfassend *Hausmann*, Nichteheliche Lebensgemeinschaften und Vermögensausgleich (1989), weiter *de Witt/Huffmann*, Nichteheliche Lebensgemeinschaft (2. Aufl. 1986), später *Coester-Waltjen*, NJW 1988, 2035 ff.; *Schwenzer*, JZ 1988, 781 ff.; *Battes*, JZ 1988, 908 ff.; 957 ff.; *Weber*, JR 1983, 309 ff.; *Kollhosser*, NJW 1994, 2313 ff.; *Koch*, FamRZ 1995, 321 ff.
28 *BGHZ 77, 55/58 f.; 84, 388 ff.; BGH* NJW 1981, 1502 f. (dazu *Lippert*, JuS 1982, 17 ff.); *BGH* NJW 1983, 1055; 2375 f.; 1986, 374 f.; 1992, 906 f.; *BGH* JZ 1998, 407 f.; *BGH* FamRZ 1983, 791 ff.; 1213 ff.; *OLG Frankfurt*, FamRZ 1984, 1013 ff.; *OLG Oldenburg*, NJW 1986, 1817 f.

sich ausnahmsweise anders verhalte, lasse sich nicht allgemein vermuten, die Abrede solle nur für die Dauer der Gemeinschaft gelten.

Im einzelnen hat *BGHZ 77, 55 ff.* den Erben des verstorbenen Partners jeden Ausgleichsanspruch sogar wegen Rückzahlungen von fast 40000,– DM verweigert, die dieser Partner allein auf ein gemeinsam aufgenommenes Darlehen geleistet hatte. Auch der im Zweifel hälftige Gesamtschuldnerausgleich nach § 426 soll durch diese »Eigenart« der Beiträge zu einer nichtehelichen Lebensgemeinschaft verdrängt werden (kaum zutreffend). *BGH* NJW 1981, 1502 f. gewährt aber wenigstens aus § 670 einen Anspruch auf Ersatz derjenigen Kosten, die wegen eines Darlehens noch nach dem Ende der Lebensgemeinschaft angefallen sind; *OLG Frankfurt,* NJW 1985, 810 f. hilft mit Geschäftsführung ohne Auftrag.

Daneben will der *BGH* vereinzelt die §§ 730 ff. **entsprechend** selbst dann anwenden, wenn eine Vereinbarung und daher eine BGB-Gesellschaft fehlen. *BGHZ 84, 388 ff.* (bestätigend *BGH* NJW 1986, 51 ff.) bejaht eine solche entsprechende Anwendung, »wenn beide Partner durch gemeinschaftliche Leistungen einen Vermögensgegenstand erworben und hierbei die Absicht verfolgt haben, einen – wenn auch nur wirtschaftlich – gemeinschaftlichen Wert zu erwerben, der von ihnen nicht nur gemeinsam genutzt werden, sondern ihnen nach ihren Vorstellungen auch gemeinsam gehören sollte«. Und das soll »zumindest ebenso« gelten, »wenn die Partner durch beiderseitige Arbeit, finanzielle Aufwendungen und sonstige Leistungen zusammen ein gewerbliches Unternehmen aufbauen, betreiben und als gemeinsamen Wert betrachten und behandeln«. Nach *BGH* NJW 1992, 906/907 soll eine »gemeinschaftliche Wertschöpfung« auch ohne Willensäußerungen angenommen werden können, wenn es sich um »Vermögenswerte von erheblicher wirtschaftlicher Bedeutung« (z.B. einen Hausbau) handelt. Dahinter steht wohl die Absicht, auch denjenigen Partner einer Lebensgemeinschaft zu schützen, der den Abschluß einer Ehe mit Zugewinnausgleich nicht hat durchsetzen können. Doch fehlt hier einstweilen noch die dogmatische Klarheit.

c) **Die gleichgeschlechtliche Lebenspartnerschaft**

690c   Besonders zu behandeln ist seit dem 1.8.2001 die in der Form von § 1 LPartG begründete gleichgeschlechtliche Lebenspartnerschaft. Hier leben die Partner nach § 6 S. 1 LPartG regelmäßig im Güterstand der **Zugewinngemeinschaft**. Dann wird der während der Partnerschaft erzielte Zugewinn wie bei der Ehe (§§ 1371 ff.) ausgeglichen, § 6 S. 2 LPartG. Dieser Ausgleich dürfte ähnlich wie bei der Ehe (vgl. oben Rdnr. 690a) den anderen Ausgleichsbehelfen des Schuldrechts vorgehen.

4.   Condictio ob rem

Die schwierigste und meistumstrittene Gruppe ist die condictio ob rem   **691**
(causa data causa non secuta, § 812 I 2 Fall 2). Kondiktionsgrund ist hier
der Nichteintritt des mit der Leistung »nach dem Inhalte des Rechtsgeschäfts bezweckten Erfolges«. Dafür genügen nicht schon einseitige, wenngleich vom Empfänger erkannte Erwartungen des Leistenden (*BGH* NJW
1973, 612 f.). »Erfolg« bei der condictio ob rem kann auch nicht die Erfüllung einer Verbindlichkeit sein, weil bei Ausbleiben des Erfüllungserfolgs
die condictio indebiti zuständig ist (eben Rdnr. 689). Es bleiben zwei Möglichkeiten:

a)   Leistung ohne Verpflichtung

Entweder man beschränkt die condictio ob rem überhaupt auf die Fälle, in
denen die Leistung nicht auf eine Verpflichtung hin erfolgt[29]. Dann muß der
Leistende ja etwas anderes beabsichtigen als die Erfüllung. Als solche anderen Zwecke kommen in Betracht die Begründung eines Rechtsverhältnisses
(etwa Barkauf, Handschenkung), das Erlangen einer nicht geschuldeten
Gegenleistung (z.B. einer Erbeinsetzung, die eine Dienstleistung vergüten
soll) oder überhaupt ein nicht geschuldetes Verhalten des Empfängers (z.B.
eine bestimmte Verwendung des überlassenen Geldes, eine Eheschließung:
OLG Stuttgart, NJW 1977, 1779 f.).

b)   Leistung zu einem Erfolg jenseits der Erfüllung

Oder aber man erstreckt die condictio ob rem auch auf Leistungen, mit
denen eine Verbindlichkeit erfüllt werden sollte und erfüllt worden ist.
Dann muß der bezweckte Erfolg, dessen Nichteintritt die Kondiktion begründet, ein über die Erfüllung hinausgehender sein[30].

c)   Insbesondere die enttäuschte Vergütungserwartung

Diese Problematik zeigt sich etwa an folgendem   **692**

---

29 So etwa *Esser/Weyers* § 49 II; *Larenz/Canaris* II 2 § 68 I 3a mit d, vgl. auch
    BGH NJW 1975, 776: Vorrang der Rechtsfolgen des Wegfalls der Geschäfts-
    grundlage, zustimmend *Schlechtriem*, SBT Rdnr. 653, ablehnend aber *D. Liebs*,
    JZ 1978, 697 ff.; *Battes*, AcP 178 (1978) 337/ 372 ff.
30 Das läßt die Rspr. bisweilen genügen: so *BGH* NJW 1984, 233 (Verfehlen des
    Schenkungszwecks); ebenso wohl auch *Fikentscher/Heinemann* Rdnr. 1452, teils
    auch *Welker*, Bereicherungsausgleich wegen Zweckverfehlung? (1974); *D. Liebs*,
    JZ 1978, 697 ff. Anders aber *BGH* NJW 1992, 2690 f.

Bsp.: Die Haushälterin H dient dem S 20 Jahre lang nur gegen Kost, Wohnung und ein Taschengeld, weil sie als seine Erbin vorgesehen ist. Aber kurz vor seinem Tod ändert S sein Testament und setzt D zum Alleinerben ein.

Hier hat zwischen H und S jedenfalls dann ein wirksamer Dienstvertrag bestanden, wenn die Erbeinsetzung nicht versprochen werden sollte (sonst §§ 2302, 139, aber wohl »fehlerhafter Dienstvertrag«). Soweit dieser Vertrag reicht, hat H ihre Dienste solvendi causa auf eine bestehende Verpflichtung geleistet. Aber dieser Vertrag bedeutet hier nur eine Teilregelung (trotz *Welker,* aaO. S. 113 f.): Bloß der durch Kost, Wohnung und Taschengeld gedeckte Teil der Dienste wird also solvendi causa geleistet. Dagegen paßt für den übrigen Teil die condictio ob rem. Diese betrifft also **nur Leistungen, die nicht auf eine** (eigene oder fremde) **Verpflichtung hin erbracht worden sind.**

Die neuere Rspr. von *BGH* und *BAG* neigte freilich dazu, die Fälle der enttäuschten Vergütungserwartung für eine Dienstleistung über § 612 statt über § 812 zu lösen. Für diesen vertraglichen Vergütungsanspruch betrug aber die Verjährungsfrist nur zwei Jahre, § 196 I Nr. 8 a.F., die bei der Geltendmachung meist abgelaufen waren. Hilfe konnte dann nur die Annahme einer Stundung (§ 202 I a.F.) bringen (vgl. etwa *BGH* NJW 1965, 1224 f.; *BAG* NJW 1970, 1701 f.). Nach neuem Recht ist die Verjährungsfrist nach den §§ 195, 199 I, IV viel auskömmlicher.

d)   Übertreibungen

693   Bisweilen geht die Rspr. allerdings weit über die Grenzen der condictio ob rem hinaus.

BGHZ 44, 321 ff.: N hatte von seiner Tante T ein Grundstück auf 30 Jahre gepachtet. In einem Testament der T, dessen Kosten N bezahlt hatte, war N als Alleinerbe eingesetzt worden. Daraufhin errichtete N in der Hoffnung, das Pachtgrundstück zu erben, auf diesem ein Gebäude. Später setzte T aber einen Dritten D als Erben ein. Nach dem Tod der T verlangt N von D den Wert des Gebäudes ersetzt.

Der *BGH* hat dieser Klage aus § 812 I 2 Fall 2 stattgegeben. Das ist doppelt falsch: Erstens war die Errichtung des (allein von N genutzten) Gebäudes keine Leistung an die T; schon deshalb kam die condictio ob rem als eine Form der Leistungskondiktion nicht in Betracht[31]. Und zweitens war die Erbeinsetzung nicht der durch die Errichtung des Gebäudes bezweckte Erfolg. Nach § 812 I 2 Fall 2 hätte N daher allenfalls die Testamentskosten und den Wert der nach dem Tod der T erhofften Nutzung kondizieren

---

31 So zutreffend *Esser/Weyers* § 49 II bei Fn. 25 f., auch *Larenz/Canaris* II 2 § 68 I 3e, zweifelnd *BGH* NJW 1970, 136 f.; *BGHZ 108, 256/263* stellt die Nichtleistungskondiktion wegen des eingebauten Materials zur Wahl.

können. Wegen der Substanz des Gebäudes stand ihm allenfalls die Verwendungskondiktion zu.

5.   Condictio ob turpem vel iniustam causam

a) Ein letzter spezieller Tatbestand der Leistungskondiktion ist die condictio ob turpem vel iniustam causam, § 817 S. 1. Große Bedeutung kommt ihr nicht zu. Denn bei Leistungen solvendi causa greift regelmäßig schon die condictio indebiti ein, weil das der Leistung zugrunde liegende Verpflichtungsgeschäft nach § 134 oder § 138 richtig ist. Selbständige Bedeutung hat § 817 S. 1 nur in folgenden Fällen: **694**

aa) **Das Grundgeschäft ist gültig,** weil ein Gesetzes- oder Sittenverstoß allein durch den Empfänger für die §§ 134, 138 nicht genügt. Das gilt etwa bei erpreßten Leistungen (z.B. Schutzgelderpressung): Hier trifft den Leistenden kein Vorwurf.

bb) **Die condictio indebiti ist durch § 814 ausgeschlossen,** weil der Leistende das Fehlen einer Verbindlichkeit kannte.

cc) Die **condictio ob rem versagt,** weil der vereinbarte Erfolg eingetreten ist (z.B. weitere Angriffe gegen den Erpreßten sind unterblieben) oder einer der Ausschlußgründe von § 815 vorliegt.

b) Das früher zweifelhafte Verhältnis zwischen § 817 S. 1 und dem **strafrechtlichen Verfall** des Geleisteten an den Staat ist inzwischen durch § 73 I 2 StGB sachgerecht geregelt: Die Verfallsanordnung unterbleibt, soweit der Verletzte den Vermögensvorteil beanspruchen kann (vgl. *Mayer,* NJW 1983, 1300). **695**

c) Der schwierigste Teil des § 817 ist der in S. 2 bestimmte **Anspruchsausschluß**[32]. Fast einig ist man sich hier bloß über zwei notwendige Korrekturen des Gesetzeswortlauts: Erstens muß § 817 S. 2 auch dann gelten, wenn **nur dem Leistenden** (und nicht zugleich dem Leistungsempfänger) ein Gesetzes- oder Sittenverstoß zur Last fällt: Der Empfänger darf bei einwandfreiem Verhalten nicht schlechter stehen als bei makelhaftem. Und zweitens schließt § 817 S. 2 nicht bloß die Kondiktion nach § 817 S. 1 aus, sondern ebenso **die übrigen Arten der Leistungskondiktion** nach § 812. Darüber hinaus gibt es aber zahlreiche **Streitfragen.** Erwähnt seien die folgenden: **696**

---

32 Dazu etwa *H. Honsell,* Die Rückabwicklung sittenwidriger oder verbotener Geschäfte (1974, stark einschränkend); *Dauner,* JZ 1980, 495 ff.; *Michalski,* Jura 1994, 113 ff.; 232 ff.

697   aa) Ist § 817 S. 2 auch auf **andere als Bereicherungsansprüche** (z.B. aus §§ 985, 894, 667) anzuwenden? Die Rspr. (etwa *BGHZ 39, 87 ff.; BGHZ 63, 365/369*) verneint das ständig mit der Begründung, § 817 S. 2 bilde wegen seines Strafcharakters im Zivilrecht einen Fremdkörper und dürfe daher nicht ausgedehnt werden. Aber die These vom Strafcharakter ist falsch: Bei beiderseitiger Sittenwidrigkeit wäre es sinnlos, den einen Täter zum Vorteil des anderen zu bestrafen. Überdies führt diese Rspr. zu seltsamen Ergebnissen. Da sie nämlich in besonders schweren Fällen der Sittenwidrigkeit auch das Vollzugsgeschäft nach § 138 nichtig sein läßt, macht sie gerade hier § 817 S. 2 praktisch unwirksam.

RGZ 145, 152 ff.: M hatte seiner Ehefrau F ein Grundstück übereignet, um sie zur Erhebung der Scheidungsklage zu veranlassen (M selbst konnte damals als schuldiger Teil die Scheidung nicht erreichen; anders jetzt §§ 1564 ff.). Die Ehe war dann auch auf Klage der F geschieden worden. Das *RG* hat hier angenommen, die (damals noch bejahte; zur heutigen Rechtslage vgl. *Gernhuber/Coester-Waltjen* § 26 Rdnr. 3) Unsittlichkeit erfasse nicht nur den Abfindungsvertrag, sondern auch die Übereignung. M konnte daher das Grundstück nach §§ 894, 985 zurückverlangen! Dagegen wäre er bei Sittenwidrigkeit nur des Grundgeschäfts an § 817 S. 2 gescheitert.

Um solche Absurditäten zu vermeiden, muß man entweder an der Wirksamkeit des Vollzugsgeschäfts festhalten (übliche Begründung: Es sei »sittlich indifferent«). Doch läßt sich das wenigstens bei § 134 häufig nicht durchführen, weil das Verbotsgesetz auch den dinglichen Vollzug ergreift. Und bei § 138 I dürfte das dingliche Geschäft dann nichtig sein, »wenn die Unsittlichkeit gerade im Vollzug der Leistung liegt« (*BGH* NJW 1985, 3006/3007). Daher bleibt wohl nur übrig, **§ 817 S. 2 als allgemeine Rechtsschutzversagung** aufzufassen, die alle Ansprüche ausschließt, zu deren Begründung sich der Gläubiger auf eigenes gesetz- oder sittenwidriges Verhalten berufen muß (»nemo auditur turpitudinem suam allegans«). Diese Ansicht findet in der Literatur viele Anhänger[33], doch führt auch sie noch zu Problemen. Vorzuziehen sein dürfte eine starke Einschränkung des § 817 S. 2 (vgl. *BGH* NJW 1997, 2381/2383).

698   Das gilt jedenfalls, wenn die Anwendung der Vorschrift sinnwidrigerweise den gesetz- oder sittenwidrigen Zustand beständig machen würde. Ein Beispiel bildet die **Bordellpacht** (soweit sie auch heute noch für nichtig gehalten wird, etwa wegen eines besonders hohen Pachtzinses; vgl. *BGHZ 63, 365 ff.*): Wäre hier die Rückforderung des Bordells durch den Verpächter ausgeschlossen, könnte der Pächter das Bordell längere Zeit und mit höherem Gewinn betreiben. Daher muß § 817 S. 2 weichen (*BGHZ 41,*

---

33 Etwa *Baur/Stürner* § 5 Rdnr. 52; *Flume* § 18, 10, stark einschränkend auch *Larenz/Canaris* II 2 § 68 III 3a (den tieferen Grund bilde die Generalprävention); *Esser/Weyers* § 49 IV 2, kritisch MünchKomm-*Lieb* § 817 Rdnr. 26 ff.

341 ff., dazu etwa *Esser/Weyers* § 49 IV 3). Nach *BGHZ 111, 308 ff.* soll
§ 817 S. 2 auch in weiteren Fällen durch § 242 ausgeschlossen werden können (dort: bei einem Wertersatzanspruch des Schwarzarbeiters; zweifelhaft!)[34]. Endlich gehört hierhin die Rückforderung von Leistungen im
Rahmen eines nach dem Schneeballsystem aufgebauten »**Schenkkreises**«
(*BGH* NJW 2006, 45 f., auch *OLG Köln,* NJW 2006, 3288 ff.).

bb) Bei Ausdehnung des § 817 S. 2 über das Bereicherungsrecht hinaus   **699**
wird eine andere Frage um so dringender: **Welches ist die Leistung,** deren
Rückforderung § 817 S. 2 ausschließt? Beispiele:

(1) G überläßt dem S ein Darlehen unter Verabredung eines wucherischen Zinses.

(2) G vermietet Zimmer zu einem horrenden Mietpreis an Gastarbeiter.

(3) G überläßt dem S Auslandsvermögen zur Verwaltung, um es der Devisenbe-
wirtschaftung zu entziehen (vgl. *BGHZ 39, 87 ff.*: »Gerhart Hauptmann«).

In allen Fällen können die obligatorischen Verträge nach § 138 nichtig
sein (bei der Wuchermiete von (2) kommt freilich auch eine geltungserhaltende Reduktion auf den angemessenen Mietzins in Betracht, vgl. *Medicus,*
AT Rdnr. 709). Bei solcher Nichtigkeit kann bei (1) und (2) die vereinbarte
übermäßige Vergütung nicht verlangt werden; bei (3) sind Geschäftsfüh-
rungsansprüche ausgeschlossen. Nach der heute überwiegenden Meinung
bedeutet § 817 S. 2 aber nicht auch den Ausschluß der Rückforderungsan-
sprüche, wenn die Überlassung nach der Parteivereinbarung nicht endgültig
sein sollte. Wo die Leistung nur in der Überlassung auf Zeit besteht, hindert
also § 817 S. 2 die Rückforderung bloß für diese Zeit[35].

Konstruktive Schwierigkeiten ergeben sich freilich, wenn Darlehen, Miete oder
Auftrag *auf unbestimmte Zeit* geschlossen sind: Wie lange soll dann die Rückforderung ausgeschlossen sein? M.E. ist eine Kündigung des nichtigen Vertrages mit den
gesetzlichen Fristen zuzulassen. Diese Kündigung kann zwar den Vertrag nicht
beenden, aber doch die Gebrauchsüberlassung und damit die nach § 817 S. 2 nicht
rückforderbare Leistung zeitlich beschränken.

cc) Fraglich ist weiter, wie es sich mit der **Vergütungspflicht** für die wu-   **700**
cherische Leistung verhält: Daß das wucherische Entgelt nicht gezahlt zu
werden braucht, folgt aus der Nichtigkeit der Abrede. Aber kann der Lei-

---

34   Zur Problematik der Schwarzarbeit vgl. etwa *Köhler,* JZ 1990, 466 ff.; *Medicus,*
AT Rdnr. 651.

35   So etwa *Esser/Weyers* § 49 IV 3; *Flume* § 18, 10e; f.; *Larenz/Canaris* II 2 § 68 III
3c, für Fall (1) auch *RGZ 161, 52 ff.*; *BGH* NJW 1983, 1420/1422; ZIP 1995,
453/454. *Schlechtriem,* SBT Rdnr. 659 bringt freilich zutreffend die Einschränkung, die Gesetz- oder Sittenwidrigkeit dürfe nicht schon in der Kapitalüberlassung selbst liegen.

stende nicht wenigstens ein **angemessenes Entgelt** verlangen (vgl. die Fälle (1) und (2) von oben Rdnr. 699)? Die h.M.[36] verneint das: Der Empfänger brauche die Nutzungen nicht nach § 818 zu vergüten, da § 817 S. 2 den fehlenden Rechtsgrund ersetze. Diese Begründung überzeugt aber nicht: Ob § 817 S. 2 dem Empfänger die Nutzung ohne jede Vergütung lassen will, ist ja gerade die Frage. Für ihre Verneinung spricht, daß § 817 S. 2 sonst doch den verfehlten (oben Rdnr. 697) Strafcharakter erhielte[37].

Eine Pflicht zur Vergütung der rechtsgrundlosen Nutzung bejaht auch *BGHZ 63, 365/368*, und zwar aus §§ 990, 987. Aber diese Vorschriften sind allenfalls dann anwendbar, wenn zwischen den Parteien ein Eigentümer-Besitzer-Verhältnis besteht[38]. Und ich sehe nicht ein, warum die Vergütungspflicht bei der Wuchermiete (dort besteht ein EBV) anders zu entscheiden sein soll als beim Wucherdarlehen (wo ein EBV fehlt).

Zu einer Zahlungspflicht kommt auf eigenartige Weise auch *BGHZ 75, 299/303 ff.* (dazu *Dauner*, JZ 1980, 495/499 ff.). In dem dort zu entscheidenden Fall hatte A Arbeiter angeworben und aus eigener Tasche entlohnt, sie aber dann bewußt gesetzwidrig einem anderen Unternehmer U überlassen. A verlangte von U die in dem Überlassungsvertrag vereinbarte Vergütung, hilfsweise den Wert der von den überlassenen Arbeitern dem U geleisteten Dienste. Hier hat der *BGH* den Vergütungsanspruch an § 134 und den Wertersatzanspruch an § 817 S. 2 scheitern lassen. Doch sei U um den Betrag bereichert, den er durch die Zahlungen des A an die Arbeiter erspart habe. Insoweit scheint der *BGH* an eine Art Rückgriffskondiktion A–U zu denken (sie paßt freilich deshalb nicht recht, weil A an die Arbeiter auf eigene Schuld und nicht auf die Schuld des U geleistet hat). Und auf diese Kondiktion soll § 817 S. 2 unanwendbar sein. Eher als diese Konstruktion überzeugt freilich das vom *BGH* (aaO. S. 306) gleichfalls verwendete Argument, die Bezahlung der Arbeiter werde durch das Verbotsgesetz nicht mißbilligt. Aber Gleiches gilt in den Ausgangsfällen von oben Rdnr. 699 auch für die Zahlung einer angemessenen Gegenleistung.

701   dd) Der Einwand aus § 817 S. 2 gilt unzweifelhaft auch gegen **Rechtsnachfolger** des Leistenden. Die früher (etwa von *BGH* NJW 1962, 483 f.) für den **Konkursverwalter** gemachte Ausnahme ist jetzt von *BGHZ 106,*

---

36 Etwa *RGZ 161, 52 ff.*; *BGH* NJW 1962, 1148 f.; 1983, 1420/1423; *Larenz/ Canaris* II 2 § 68 III 3c.

37 Vgl. *Flume* § 18, 10 f. und *Medicus*, Gedächtnisschr. Dietz (1973) 61 ff., ähnlich *Esser/Weyers* § 49 IV 3, kritisch aber *Dauner*, JZ 1980, 495/502 f., im Ansatz anders (Herleitung aus § 817 S. 1) *Reifner*, JZ 1984, 637, 640. *OLG Düsseldorf*, Zeitschrift für Baurecht 1988, 221 gewährt bei sittenwidrigem Mietvertrag dem Vermieter aus §§ 812 I 1, 818 II einen Anspruch auf Wertersatz.

38 Auch insoweit kritisch *Emmerich*, JuS 1975, 396; *H. Honsell*, JZ 1975, 439/441.

169 ff. mit Recht aufgegeben word≥n[39]: Eine bessere Position, als sie der Gemeinschuldner hatte, kann den Insolvenzgläubigern nur durch Insolvenzanfechtung verschafft werden.

6.   Condictio sine causa

Als Kategorie der Leistungskondiktion wird oft noch die condictio sine   702
causa erwähnt. Die hierzu üblicherweise aufgeführten Fälle gehören aber teils nicht zur Leistungskondiktion, teils lassen sie sich bei den anderen Kategorien (oben Rdnr. 689–694) unterbringen. Die condictio sine causa ist, wie auch ihr farbloser Name zeigt, schon historisch ein Verlegenheitsprodukt. Sie ist regelmäßig entbehrlich (vgl. *Schlechtriem,* SBT Rdnr. 650) und höchstens in ganz seltenen Fällen anwendbar: So etwa, wenn die beabsichtigte Einigung über einen mit der Leistung bezweckten Erfolg (vgl. § 812 I 2 Fall 2) gescheitert ist (z.B. wegen Dissenses).

---

39 Vgl. *Medicus,* Jura 1989, 349 ff., anders *Häsemeyer,* Insolvenzrecht, 2. Aufl. 1998, Rdnr. 28.75.

§ 28 Die Eingriffskondiktion[1]

I. Begriff

703 Die Leistungskondiktion macht eine durch Leistung bewirkte Vermögensverschiebung rückgängig. Den Gegensatz dazu bilden die **Nichtleistungskondiktionen**, § 812 I 1 Fall 2. Ihr wichtigster Unterfall ist nach der jetzt allgemein akzeptierten Terminologie die Eingriffskondiktion. Hier hat sich der Bereicherte etwas durch eigene Handlung (den »Eingriff«) selbst verschafft. Kondizierbar ist das durch den Eingriff Erlangte, wenn es nach der Rechtsordnung einem anderen gebührt.

II. Eingriffsobjekt und Eingriff

Eingriffsobjekt und Eingriffstatbestand bedürfen näherer Bestimmung.

1. Kriterien

704 Dazu sind im wesentlichen *drei Wege* eingeschlagen worden:

a) Der erste Weg stellt ab auf die **Rechtswidrigkeit**. So hatte schon *Fritz Schulz,* der »Entdecker« der Eingriffskondiktion, den kondiktionsauslösenden Eingriff durch seine Rechtswidrigkeit charakterisieren wollen (AcP 105, 1909, 1 ff.). Ähnlich stellt *H.H. Jakobs* (Eingriffserwerb und Vermögensverschiebung, 1963) ab auf die Rechtswidrigkeit der Verwendung fremden Guts.

705 **b)** Später haben sich um eine Präzisierung der Eingriffskondiktion vor allem bemüht *Kellmann,* Grundsätze der Gewinnhaftung, 1969 und *Kleinheyer,* JZ 1970, 471 ff.: Sie bezeichnen als Tatbestand der Eingriffskondiktion die »Ausnützung eines fremden, gegenständlich identifizierbaren Rechtsobjekts« (*Kellmann* S. 84; 110 ff.) oder die »Inanspruchnahme eines dem Gläubiger vorbehaltenen Rechtsguts« (*Kleinheyer,* JZ 1970, 474 ff.).

---

1 Dazu GW Rdnr. 394 ff. sowie *Hüffer,* Die Eingriffskondiktion, JuS 1981, 263 ff.; *Schlechtriem,* Güterschutz durch Eingriffskondiktionen, in: Ungerechtfertigte Bereicherung, Symposion für König (1984) 57 ff.; *Reuter/Martinek,* Ungerechtfertigte Bereicherung (1983) 232 ff.; *Koppensteiner(/Kramer)* 70 ff.; *Elger,* Bereicherung durch Eingriff (2002); *Reuter,* FS Georgiades (2005) 321 ff.

c) Eine letzte Ansicht bestimmt den kondiktionsauslösenden Eingriff   706
durch seinen Widerspruch zur rechtlichen Güterzuordnung; Eingriffsobjekt ist hier der **Zuweisungsgehalt fremden Rechts**[2].

2. Die sachlichen Unterschiede

Diese auf den Zuweisungsgehalt abstellende Ansicht unterscheidet sich von   707
den anderen beiden Meinungen wie folgt:

a) Enger ist sie insofern, als sie nicht jeden rechtswidrigen Eingriff und
jede Inanspruchnahme eines fremden Rechtsguts betrifft.

Bsp.: A, der Hausarzt der berühmten Schauspielerin S, berichtet in seinen Memoi-
ren über die Krankheiten seiner Patientin. Das ist sicher ein rechtswidriger Eingriff
in die Intimsphäre der S und die Inanspruchnahme eines Rechtsguts der S. Die hierauf abstellenden Ansichten müßten also zu einer Eingriffskondiktion S–A kommen,
gerichtet auf einen Teil des von A erzielten Honorars. Dagegen muß die Lehre vom
Zuweisungsgehalt zunächst fragen, ob der hier verletzte Teil der Intimsphäre einen
vermögensrechtlichen Zuweisungsgehalt hat. Das ist zweifelhaft, wird aber zunehmend bejaht.

Oder *BGH* NJW 1964, 1853: Der Mieter M hat ohne Erlaubnis seines Vermieters
V untervermietet. Die Überlassung des Mietbesitzes an den Untermieter ist hier
nicht nur vertragswidrig, sondern auch rechtswidrig: V kann sich hiergegen auch im
Verhältnis zum Untermieter wehren (§ 986 I 2). Trotzdem erlangt V nach Ansicht
des *BGH* (vgl. *Söllner,* JuS 1967, 449 ff. und unten Rdnr. 719) keine Eingriffskondiktion: Die Nutzung der Mietwohnung durch Untervermietung war dem V nicht
zugewiesen (er durfte ja nicht in das Besitzrecht des M eingreifen); der Untermiet-
zins »gebührte« ihm nicht (vgl. auch unten Rdnr. 833 zu der schadensersatzrechtli-
chen Seite des Falles). Das hat *BGHZ 131, 297 ff.* (dazu *Theufel,* JuS 1997, 886 ff.;
Gebauer, Jura 1998, 128 ff.) bestätigt.

b) Andererseits kann die Lehre vom Zuweisungsgehalt aber auch **weiter**   708
sein als die auf die Rechtswidrigkeit abstellende Ansicht. Denn vereinzelt
kommen als Eingriffe in den Zuweisungsgehalt auch **rechtmäßige Eingriffe** in Betracht. Freilich sind solche Fälle recht selten. Denn wo ein Eingriff
durch Rechtsgeschäft oder Gesetz erlaubt ist, wird mit der Erlaubnis meist
die Zuweisung bestimmt. Zudem kann die rechtsgeschäftliche Erlaubnis
eine Leistung darstellen, so daß dann für die Rückabwicklung die Lei-

---

2 So schon *Wilburg,* Die Lehre von der ungerechtfertigten Bereicherung nach
österr. und dt. Recht (1934), aus neuerer Zeit ähnlich *von Caemmerer,* FS Rabel I
(1954) 352/396 ff. = Ges. Schriften I 228/272 ff.; *Esser/Weyers* § 50 I 1a;
Larenz/Canaris II 2 § 69 I 1b und *BGHZ 82, 299/306; 107,117/120 f.,* ebenso
wohl *Schlechtriem,* SBT Rdnr. 664 ff. Ausführlich *Reuter/Martinek,* aaO. 248 ff.;
Koppensteiner(/Kramer), 75 ff.

stungskondiktion zuständig ist. Das gilt etwa, wenn E sein Grundstück unwirksam an P verpachtet hat: P muß die gezogenen Nutzungen auf die Leistungskondiktion des E hin erstatten. Und wo das Gesetz einen Eingriff erlaubt, sorgt es oft schon selbst für den gewünschten Ausgleich (etwa §§ 904 S. 2, 906 II 2).

Vielfach passen denn auch die Fälle nicht, die als Beispiele für eine Eingriffskondiktion aus rechtmäßigem Eingriff genannt werden.

(1) Der Hausmeister H, der die Zentralheizung eines Mietshauses mit den vom Vermieter V angeschafften Kohlen befeuern soll, verwendet versehentlich eigene Kohlen (vgl. etwa *von Caemmerer* aaO. 352; *Kleinheyer*, JZ 1970, 472).

(2) Bereicherung durch einen Naturvorgang (*Fikentscher/Heinemann* Rdnr. 1477): Die Kühe des E grasen die Wiese des N ab.

Allerdings fehlt bei (1) die Rechtswidrigkeit, weil H mit seiner Kohle nach Belieben verfahren konnte. Trotzdem paßt der Fall nicht zur Eingriffskondiktion: Es war ja nicht V, der die Kohle verheizt und sie sich so nutzbar gemacht hat. Vielmehr kann man den Verbrauch eher als Verwendung des H auf das Mietshaus ansehen, so daß die Verwendungskondiktion gegeben ist (unten Rdnr. 898). Und bei (2) liegt immerhin Rechtswidrigkeit wenigstens insoweit vor, als sich das Verhalten der Kühe auf ein Tun oder Unterlassen des E zurückführen läßt: Sie zeigt sich daran, daß N von E aus §§ 862, 1004 die Entfernung der eingedrungenen Kühe verlangen konnte.

3. Lösungsvorschlag

709   Meine eigene Ansicht ergibt sich aus folgendem:

a) Einerseits halte ich die Polemik für unrichtig, die *Kellmann* und *Kleinheyer* gegen den Begriff »Zuweisungsgehalt« gerichtet haben: *Kellmann*, aaO. 90 ff. irrt, wenn er bei den absoluten Rechten die Ausschließungsfunktion in den Vordergrund stellt und die **Nutzungsfunktion** nur als Reflex wertet (dagegen auch *Kleinheyer,* NJW 1971, 650): Daß ich eine mir gehörende Semmel essen darf, ist eher die Hauptsache als ein Reflex aus den mir zustehenden Ansprüchen nach §§ 985, 1004 (vgl. § 903). Und *Kleinheyer* (JZ 1970, 473) hat Unrecht mit seiner Behauptung, der »Zuweisungsgehalt« erlaube die Begründung jedes gewünschten Ergebnisses, das Gesetz gebe über die Zuweisung von Erträgen oder Befugnissen nur »in den seltensten Fällen Auskunft«. Denn damit unterschätzt *Kleinheyer* die **Modellfunktion der Eigentumsregelung** im BGB: Die dort insbesondere durch §§ 903, 987 ff. erteilten Zuweisungen lassen sich vielfach auf andere Rechte übertragen.

Zuzugeben ist freilich, daß das Abstellen auf den Zuweisungsgehalt bei so unbestimmten Rechtspositionen wie dem Gewerbebetrieb oder dem allgemeinen Persönlichkeitsrecht **nicht formelhaft** ein bestimmtes Ergebnis liefern kann (ähnlich *Esser/Weyers* § 50 I 1b; *Larenz/Canaris* II 2 § 69 I 1c). Aber das ist nicht anders, wenn man mit *Kellmann* einen Eingriff in ein »gegenständlich identifizierbares Rechtsobjekt« fordert: Trifft das für Gewerbebetrieb und Persönlichkeitsrecht zu? Dagegen verlangt *Kleinheyer* einfach ein »Rechtsgut«, und das liegt in beiden Fällen gewiß vor. Aber gerade daß *Kleinheyer* hier so ohne weiteres zur Bejahung einer Eingriffskondiktion gelangt, macht bedenklich: Was deliktischen Schutz erhält, muß nicht stets auch kondiktionsrechtlich geschützt sein.

b) Damit ist zugleich gesagt, daß nach meiner Ansicht **Rechtswidrigkeit**   710
nicht für den kondiktionsauslösenden Eingriff **genügen darf**. Denn sie bedeutet nur Verbotensein des Eingriffs oder des durch ihn geschaffenen Zustandes. Hieraus folgt aber noch nicht, daß der vom Verletzer gezogene Vorteil gerade dem Verletzten gebührte. Das zeigt sich besonders deutlich beim Besitz: Seine Verletzung ist nach § 858 auch dann rechtswidrig, wenn dem Besitzer (etwa wegen seiner Unredlichkeit) keinerlei Nutzungen gebühren.

Ein solcher Zuweisungsgehalt wird weiter verneint für die nur durch Schutzgesetz gesicherten Positionen und für das sogenannte Recht am eingerichteten und ausgeübten Gewerbebetrieb. Zweifelhaft ist der Zuweisungsgehalt für das allgemeine Persönlichkeitsrecht sowie für Marken (für Warenzeichen bejahend *BGHZ 99, 244 ff.*). Dagegen haben Patent und Gebrauchsmuster sicher einen Zuweisungsgehalt (vgl. im einzelnen etwa *Reuter/Martinek*, aaO. 249 ff.; MünchKomm-*Lieb* § 812 Rdnr. 211 ff. (mit etwas anderem Ansatz); *Koppensteiner(/Kramer)* 79 ff.; *Larenz/Canaris* II 2 § 69 I 2; *Schlechtriem*, SBT Rdnr. 664 ff., speziell zum Gebrauchsmuster *BGHZ 68, 90 ff.* mit Anm. *Bälz* in JZ 1977, 519 ff.; zum Persönlichkeitsrecht *Schlechtriem*, FS Hefermehl, 1976, 445 ff.). Für die Verwendung eines fremden Namens in der Werbung bejaht eine Eingriffskondiktion *BGHZ 81, 75 ff.* (»Carrera«).

c) Endlich trete ich der auf den Zuweisungsgehalt abstellenden Ansicht   711
auch darin bei, daß es der **Rechtswidrigkeit** für die Eingriffskondiktion **nicht bedarf**. Rechtmäßige kondiktionsauslösende Eingriffe sind allerdings selten (vgl. oben Rdnr. 708), kommen aber doch vor. Hierhin gehört etwa § 816 II: Wer als Zedent die Leistung des Schuldners noch annimmt und damit nach § 407 dem Zessionar die Forderung entzieht, handelt nicht notwendig rechtswidrig (vgl. oben Rdnr. 610). Hier stützt sich die Eingriffskondiktion also schon auf die Verletzung des relativen Rechts.

d) Insgesamt halte ich demnach die auf den Zuweisungsgehalt abstellen-   712
de Ansicht (oben Rdnr. 706) für den besten Ausgangspunkt: Diese läßt insbesondere genügend Raum dafür, das Bereicherungsrecht sachgerecht

vom Deliktsrecht zu unterscheiden. Freilich wird diese Aufgabe nicht schon durch die Bezugnahme auf den »Zuweisungsgehalt« gelöst. Vielmehr muß diese Formel erst mit Inhalt gefüllt werden, wofür bei vermögensrechtlichen Positionen oft ein Blick auf die gesetzliche Regelung des Eigentums weiterhilft.

III. Die Parteien der Eingriffskondiktion

1. Der Gläubiger

713   Die Bestimmung des Gläubigers der Eingriffskondiktion bereitet keine Schwierigkeiten: Es ist derjenige, »auf dessen Kosten« eingegriffen worden ist, weil ihm der durch den Eingriff erlangte Vorteil zugewiesen ist. Solche Zuweisungen ergeben sich nicht nur aus dem Sachenrecht, sondern auch aus dem Schuldrecht: Wenn etwa der Eigentümer seine Sache vermietet hat, erzeugt der Eingriff eines Dritten in ihren Gebrauch eine Eingriffskondiktion des Mieters. Keinen Zuweisungsgehalt hat dagegen der bloße Anspruch auf Herausgabe oder Rückgewähr eines Gegenstandes hinsichtlich dieses Gegenstandes selbst, *BGH* NJW 1993, 1919 f.

2. Der Schuldner

714   Keine Schwierigkeiten bereitet auch die Bestimmung des Schuldners, wenn der Eingriff nur durch eine Person erfolgt ist, die zugleich den Vorteil davon hat. Zweifel können dagegen auftauchen, wenn mehrere an einem Eingriff beteiligt sind.

a)   Die unberechtigte Verfügung

Den wichtigsten Fall dieser Art regelt § 816 (vgl. *J. Petersen*, Jura 2006, 752 ff.): Kondiktionsschuldner ist hier nur der Verfügende (§ 816 I 1) oder der Leistungsempfänger (§ 816 II; zu § 816 I 2 vgl. oben Rdnr. 383). Unberechtigt ist nach *BGH* NJW 1999, 1393 (kritisch *H. H. Jakobs*, JZ 2000, 28 ff.) nicht schon, wer eine Vollmacht des Berechtigten pflichtwidrig ausübt.

Etwa bei § 816 I 1 greifen an sich sowohl der Veräußerer wie der Erwerber in das Eigentum des Berechtigten ein, weil beide in der dinglichen Einigung zusammenwirken. Auch haben beide einen Vorteil: Der Veräußerer wird von der gegen ihn gerichteten Übereignungsforderung des Erwerbers frei, und der Erwerber erhält das Eigentum.

b)   Unberechtigte Nutzungsüberlassung

Jedenfalls nicht direkt unter § 816 I fällt dagegen die unberechtigte Überlas-   **715**
sung zur Nutzung.

Bsp.: V hat erfahren, daß der Strandkorbvermieter E plötzlich erkrankt ist. V vermietet daher die Strandkörbe des E an den gutgläubigen M. Den Erlös behält V für
sich. Hier kommen auf den ersten Blick sowohl V wie auch M als Schuldner einer
Eingriffskondiktion des E in Betracht.

aa) Manche (anders aber jetzt *Canaris* bei *Larenz/Canaris* II 2 § 69 II 1d)
wollen hier § 816 entsprechend anwenden; dann wäre nur der »verfügende«
V Schuldner der Eingriffskondiktion. Aber dagegen spricht, daß § 816 I
eine **wirksame Verfügung** verlangt, während E von M jederzeit hätte vindizieren können.

bb) Nach meiner Ansicht ergibt sich die Lösung regelmäßig aus den   **716**
§§ 987 ff.: Während der Besitzzeit des M bestand zwischen ihm und E eine
Vindikationslage. Daher wird M als redlicher entgeltlicher Besitzer durch
§ 993 I am Ende gegen jeden Anspruch des E wegen der gezogenen Nutzungen geschützt. E kann sich daher allein an den unredlichen (mittelbaren)
Besitzer V halten. Nur diese Lösung paßt auch zu § 536 IV: M wird ja von
der Pflicht zur Zahlung des Mietzinses an V nicht schon dadurch befreit,
daß sich die dingliche Nichtberechtigung des V herausstellt. Befreiend
wirkt vielmehr nur eine Eviktion des M durch E, die aber zugleich auch den
Eingriff in das Eigentum des E beenden würde.
Die Schutzwirkung des § 993 I für M versagt wegen der §§ 990, 987 nur
dann, wenn M unredlich (oder verklagt, § 989) gewesen wäre. Für diesen
Fall paßt aber auch die analoge Anwendung von § 816 I 1 sicher nicht: Der
Unredliche erwirbt ja bei § 816 I kein Eigentum und ist daher gleichfalls
nicht geschützt. Deshalb halte ich die Regelung durch die §§ 987 ff. regelmäßig für ausreichend; eine analoge Anwendung von § 816 I auf die unberechtigte Vermietung oder Verpachtung ist unnötig.

Das bewährt sich auch bei **unentgeltlicher Nutzungsüberlassung**: Hätte V einen
Strandkorb an M *verliehen,* so könnte E von M nach § 988 Nutzungsersatz verlangen. Die analoge Anwendung von § 816 I 2, die zu demselben Ergebnis führen würde, ist also wiederum überflüssig.

cc) Ein Bedürfnis nach analoger Anwendung des § 816 I ist daher nur   **717**
denkbar, **wo die §§ 987 ff. nicht gelten**: wenn der Sachnutzer keinen Besitz
erhalten hat, oder bei der Rechtspacht (§ 581 spricht im Gegensatz zu § 535
nicht von »Sache«, sondern von »Gegenstand«!). Hier dürfte die Analogie
möglich sein, wenn die Nutzungsüberlassung dem Berechtigten gegenüber
faktisch wirksam geworden ist.

c)   Unberechtigter Sachverbrauch

718   Schwierig ist die Bestimmung des Kondiktionsschuldners endlich auch, wenn mehrere am unberechtigten Verbrauch einer Sache beteiligt sind.

> *Bsp.:* Der Bauunternehmer U baut aufgrund eines Werkvertrages mit dem Besteller B in dessen Grundstück unberechtigt Material des E ein.

Als Schuldner für die Eingriffskondiktion des E kommen B (wegen seines Erwerbs nach §§ 94, 946) und U in Betracht. Hier beim Verbrauch helfen im Gegensatz zu dem Fall oben Rdnr. 715, wo es um die Nutzung ging, auch die §§ 987 ff. nicht weiter (vgl. oben Rdnr. 597). In solchen Fällen bestimmt die h.M. den Kondiktionsschuldner auch nicht mittels einer Analogie zu § 816 I. Vielmehr werden diese meist dem Problemkreis des Verhältnisses zwischen Leistung und Eingriff zugeordnet (vgl. unten Rdnr. 727 ff.).

IV.   Der Inhalt der Eingriffskondiktion

1.   Die allgemeine Eingriffskondiktion

719   Was der Berechtigte mit der Eingriffskondiktion im einzelnen verlangen kann, ist umstritten.

> *RGZ 97, 310 ff.* (ähnliche Problematik auch in *BGHZ 132, 198 ff.*): E und N sind Grundstücksnachbarn. N hat das durch eine Dienstbarkeit gesicherte Recht, auf dem Grundstück des E ein Eisenbahngleis zu unterhalten und über dieses Güterwagen zu der auf seinem Grundstück betriebenen Fabrik fahren zu lassen. N kauft weiteres Gelände und vergrößert seine Fabrik; über das Grundstück des E läßt er jetzt Wagen auch auf das neu erworbene Land laufen.
>
> Hier hat N seine durch die Dienstbarkeit festgelegte Berechtigung überschritten und so in das Eigentum des E eingegriffen. Ein Schadensersatzanspruch des E aus § 823 I mag allerdings am Fehlen des Verschuldens oder eines in Geld meßbaren Schadens scheitern. Wohl aber hat das RG eine Eingriffskondiktion E–N bejaht.
>
> Diese Entscheidung ist nicht zweifelsfrei. Denn der Fall ähnelt dem von *BGH NJW 1964, 1853* (unberechtigte Untervermietung durch den Mieter, vgl. oben Rdnr. 707): Auch in dem vom *RG* entschiedenen Fall hätte E selbst das Gleis ja nicht nutzen dürfen. Ein Unterschied besteht aber in folgendem: In dem Untervermietungsfall war der Mieter Besitzer, während in dem Dienstbarkeitsfall die Gleisanlage im Besitz des E stand. Ob dieser Unterschied entgegengesetzte Entscheidungen rechtfertigt, ist mir allerdings zweifelhaft.

Wenn man die Gewährung einer Eingriffskondiktion durch das RG akzeptiert, lassen sich für ihren Inhalt drei **Möglichkeiten** denken:

(1) N muß den **Mehrgewinn** herausgeben, den er durch die unberechtigte Mehrbenutzung der Gleisanlage erzielt hat.

(2) N schuldet, was er durch diese Mehrbenutzung **erspart** hat, also etwa die Mehrkosten, die bei der Beförderung durch Lastkraftwagen über öffentliche Straßen entstanden wären.

(3) N hat den **Wert** der Mehrbenutzung zu ersetzen. Dieser Wert besteht in dem Betrag, der für die Gestattung einer solchen Mehrbenutzung gewöhnlich verlangt und bezahlt wird.

Die wohl h.M. stellt mit Recht ab auf den **Wert des Erlangten** im Sinne der Lösung (3)[3]. Daher spielt es keine Rolle, ob die erweiterte Fabrik des N rentabel arbeitet (was nach Lösung (1) erheblich wäre) und ob durch den Bahntransport Kosten erspart worden sind (worauf Lösung (2) abzielt).

2. Der Spezialfall § 816 I 1

Anders ist der Meinungsstand dagegen für den in § 816 I 1 geregelten Spezialfall der Eingriffskondiktion.   720

BGHZ 29, 157 ff.: A, ein Angestellter der Weberei E, entwendet dort Stoff und veräußert ihn an die Färberei F. Diese veräußert den Stoff nach Bearbeitung an den Händler H, der ihn an seine Kunden verkauft. E verlangt von H nach § 816 I 1 den Kaufpreis, den dieser von den Kunden erzielt hat.

Die Anwendbarkeit von § 816 I 1 auf die Veräußerungen durch H ergibt sich hier aus folgendem: Da A nur Besitzdiener des E war, hatte E den unmittelbaren Besitz an dem Stoff ohne seinen Willen verloren. Nach § 935 waren also zunächst alle Veräußerungen des Stoffes unwirksam. Auch ein Eigentumserwerb der Färberei nach § 950 lag wegen des verhältnismäßig geringen Wertes der Färbung nicht vor. E konnte daher nach seiner Wahl eine der Veräußerungen durch Genehmigung wirksam machen (§ 185) und so das Erfordernis einer wirksamen Veräußerung in § 816 I 1 herbeiführen (vgl. oben Rdnr. 598).
Für den Inhalt des Anspruchs E–H aus § 816 I 1 werden mehrere Ansichten vertreten.

V. Abschnitt *Ansprüche aus ungerechtfertigter Bereicherung*

a) Der Verfügungserlös

721 Der *BGH* aaO. hat, einer ständigen Rspr. folgend, als Inhalt des Anspruchs den Kaufpreis bezeichnet, den H von seinen Kunden erhalten hat. Dabei sollen zwei Umstände grundsätzlich keine Rolle spielen: nämlich erstens, daß E ja ungefärbten (also weniger wertvollen) Stoff verloren hat, und zweitens, daß die von H erzielten Erlöse möglicherweise über dem Wert des (gefärbten) Stoffes lagen. Nur für nicht näher bezeichnete Härtefälle hat der *BGH* (S. 161) angedeutet, seine Lösung könne über § 242 korrigiert werden.

b) Der Wert

722 Demgegenüber lassen manche in der Literatur bei § 816 I 1 ebenso wie bei der allgemeinen Eingriffskondiktion den Wert maßgeblich sein (vgl. etwa *Staudinger/W. Lorenz* § 816 Rdnr. 25 mit Angaben, zweifelnd *Schlechtriem*, SBT Rdnr. 720). Dabei bleibt aber bisweilen offen, welcher Wert gemeint ist: der des gefärbten oder der des ungefärbten Stoffes.

Wenn der Verkaufserlös den Wert unterschreitet, will allerdings auch diese Ansicht nur auf den Verkaufserlös haften lassen. Für den redlichen Veräußerer ergibt sich das aus § 818 III.

c) Kritik und Lösungsvorschlag

723 Zu diesem Meinungsstreit ist kritisch zu sagen:
Die Rspr. stützt ihre Ansicht vor allem auf den Wortlaut des § 816 I 1 (»das durch die Verfügung Erlangte«). Auch die Literatur sieht hierin vielfach ein – sie allerdings nicht überzeugendes – Argument für die Ansicht der Rspr. Damit wird aber dem Gesetzgeber eine Ungenauigkeit unterstellt: Weder die von dem Veräußerer zunächst erlangte Kaufpreisforderung noch der schließlich erlangte Kaufpreis stammen ja wirklich aus der Verfügung über fremdes Gut. Vielmehr sind die Kaufpreisforderung durch den Abschluß des Kaufvertrages und der Kaufpreis durch eine Leistung des Erwerbers erlangt worden.
Demgegenüber kann man das Gesetz aber auch ganz wörtlich nehmen: Der Veräußerer **erlangt** durch seine wirksame Verfügung die **Befreiung von der gegen ihn gerichteten Forderung**, die dem Erwerber aus dem Grundgeschäft (z.B. Kauf) zusteht. Diese Befreiung selbst kann nicht herausgegeben werden. Also muß der Veräußerer nach § 818 II ihren Wert ersetzen. Und dieser bestimmt sich nach dem Wert des Gegenstandes, auf dessen Leistung die Forderung gerichtet war; das Ergebnis entspricht also der Ansicht oben Rdnr. 722 (kritisch aber *Larenz/Canaris* II 2 § 72 I 2).

Die hier gegebene Begründung hat außer dem Vorzug der Gesetzestreue noch einen weiteren Vorteil: Sie läßt § 816 I 1 nicht als Durchbrechung der Regel vom Vorrang der Leistung gegenüber der Eingriffskondiktion erscheinen (vgl. unten Rdnr. 728). Denn der Veräußerer hat zwar den Kaufpreis durch eine Leistung des Erwerbers erhalten, nicht aber auch die – dem Werte nach herauszugebende – Befreiung von seiner Verbindlichkeit: Diese Befreiung stammt vielmehr aus dem in der unberechtigten Verfügung liegenden Eingriff.

Diese Betrachtungsweise bietet freilich allein noch keine Gewähr dafür, daß die Lösung auch wertungsmäßig richtig ist. Doch ergibt sich das m.E. aus folgendem: Die beiden Ansichten oben Rdnr. 721 und 722 unterscheiden sich, wenn eine **Sache über ihrem Wert veräußert** wird. Solche Mehrerlöse werden aber nicht einfach »aus der Sache« erlangt. Vielmehr beruhen sie regelmäßig auf der persönlichen Geschäftstüchtigkeit des Veräußerers. Diese über die Eingriffskondiktion ohne weiteres dem Berechtigten zukommen zu lassen, ist daher nicht gerechtfertigt. Auch *Esser/Weyers* § 50 II 2c betonen, der Gewinn müsse »seinen Ursprung tatsächlich im Vermögen des Berechtigten haben«. Einwände gegen die hier vertretene Ansicht sind deshalb m.E. nur aus dem systematischen Zusammenhang des § 816 I 1 möglich: Der folgende S. 2 geht wohl davon aus, daß der unentgeltliche Veräußerer nichts erlangt, obwohl auch er von einer Verpflichtung befreit worden sein kann, nämlich wenn er die Schenkung zunächst wirksam (§ 518 I!) versprochen hatte.

d)   Sachverbesserungen

Für den Fall von *BGHZ 29, 157 ff.* (vgl. oben Rdnr. 720) folgt aus der hier **724** vertretenen Ansicht: Da die Verfügung des H durch die Genehmigung des E wirksam geworden ist, hat H Befreiung von den auf Eigentumsverschaffung gerichteten Forderungen seiner Abkäufer erlangt. Gegenstand dieser Forderungen war der *gefärbte* Stoff. Daher muß H dem E den Wert des *gefärbten* Stoffes ersetzen. Wenn H den Stoff über seinem Wert verkauft hat, kann er den erzielten Mehrerlös bereicherungsrechtlich behalten.

Damit bekommt E auch den Betrag, um den F den Wert des Stoffes durch die Färbung erhöht hat. Aber das wird dadurch korrigiert, daß dem F insoweit eine Verwendungskondiktion gegen E zusteht: Die Färbung hat sich ja als eine Verwendung auf eine fremde Sache herausgestellt. Das hat sich auch durch die von E ausgesprochene Genehmigung nicht geändert, weil diese nur auf die genehmigten Verfügungen des H zurückwirkt (§ 184). Daher besteht kein Anlaß, dem H in Analogie zu den §§ 996, 999 I ein Abzugsrecht gegenüber der Eingriffskondiktion des E zu gewähren.

e)   **Abzug des gezahlten Preises?**

725   Es bleibt noch die Frage, ob H den an seinen Vormann F gezahlten Erwerbspreis für den Stoff abziehen darf. Eine ständige Rspr. (etwa *BGHZ 14, 7 ff.*) verneint das. Sie stützt sich dabei einmal auf ein nicht tragfähiges Kausalitätsargument: Die Zahlung des Erwerbspreises sei keine Folge der Bereicherung, sondern ihre Ursache. Zweitens aber wird folgender Gesichtspunkt angeführt: Vor der Weiterveräußerung durch H habe E den Stoff von diesem **vindizieren** können. Der Vindikation gegenüber sei eine Berufung auf den an F gezahlten Preis ausgeschlossen gewesen, weil dieser keine Verwendung auf den Stoff darstelle; für die Eingriffskondition aus § 816 I 1, die an die Stelle der Vindikation getreten sei, müsse dasselbe gelten (so etwa *BGHZ 55, 176/179 f.*).

Auch dieses Argument ist nicht so sicher, wie es scheint: Die Eingriffskondition braucht keineswegs in jeder Hinsicht dieselben Eigenschaften zu haben wie die Vindikation. Besser ist der in der Literatur (etwa *Esser/Weyers* § 51 II 2b) verwendete Hinweis auf die Ansprüche, die H wegen des Rechtsmangels aus den §§ 433 I 2, 437 ff. gegen seinen Vormann F hat: Dem H ist die Inanspruchnahme seines (ihm ja bekannten) Vertragspartners eher zuzumuten als dem E die Suche nach dem (ihm vielleicht unbekannten) Schädiger. Ganz überzeugt aber auch dieses Argument vor allem dann nicht, wenn E den Verlust seines Eigentums durch Genehmigung selbst herbeigeführt hat[4]. Eine andere Argumentation findet sich bei *Rengier,* AcP 177 (1977) 418/434 f.: Zwar habe H den Erwerbspreis im Vertrauen darauf bezahlt, den Stoff behalten zu dürfen. Aber dieses Vertrauen habe F hervorgerufen und nicht der kondizierende E; dem E könne der Vertrauensschaden des H also nicht zugerechnet werden.

3.   Zusammenfassung

726   Insgesamt ergibt sich damit für die Ansprüche aus dem Eingriff in fremdes Gut folgende Steigerung:

a) Aus der allgemeinen Eingriffskondition oder bei Verfügungen aus § 816 I 1 schuldet der Eingreifende **unabhängig von seinem Verschulden den Wert** (oben Rdnr. 719; 723). Soweit er weniger als den Wert erlangt hat, kommt Bereicherungswegfall nach § 818 III in Betracht. Hierfür muß der Eingreifende aber regelmäßig unverklagt gewesen sein (§ 818 IV) und darf

---

4 Vgl. etwa *Strutz,* NJW 1968, 141 ff.; *Schnitzler,* JZ 1972, 270 ff. *Canaris* bei *Larenz/Canaris* II 2 § 72 I 2e will in solchen Fällen § 242 anwenden, wenn sich der Berechtigte schon mit § 985 ausreichend hätte schützen können.

460

die Unrechtmäßigkeit des Eingriffs nicht gekannt haben (§ 819 I); sonst unterliegt er der allgemeinen Verschuldenshaftung.

b) Bei Verschulden kann der Eingreifende dem Berechtigten zusätzlich auf **Schadensersatz** aus § 823 I haften. Diese Haftung wird aber bei Vorliegen einer Vindikationslage vielfach durch die §§ 989, 990, 993 I eingeschränkt (Ausnahmen vor allem §§ 991 II und 992).

c) Einen den Sachwert und den Schaden übersteigenden **Mehrerlös** kann der Berechtigte nur nach §§ 687 II, 681, 667 herausverlangen (anders die Rspr.). Voraussetzung dafür ist, daß der Eingreifende den Mangel seiner Berechtigung zu dem Eingriff **kannte**.

Bei der Verletzung von **gewerblichen Schutzrechten und Urheberrechten** gewährte eine ständige Rspr. das Recht auf Gewinnherausgabe freilich auch im Rahmen des Schadensersatzanspruchs. § 97 I 2 UrheberRG hat das dann kodifiziert. Erklären kann man diese Irregularität nur damit, daß die reguläre Schadensberechnung gerade bei solchen Verletzungen besonders schwierig ist (vgl. oben Rdnr. 418).

V. Leistung und Eingriff

Eine Bereicherung »durch Leistung« schließt eine Bereicherung »in sonstiger Weise« schon begrifflich aus. Denn »in sonstiger Weise« bedeutet eben »anders als durch Leistung«. Logisch zwingend folgt daraus der Vorrang der Leistung gegenüber den Nichtleistungskondiktionen aber nur **im Zweipersonenverhältnis**: Hier kann, was »durch Leistung« erlangt worden ist, nicht zugleich »in anderer Weise« erlangt worden sein. Dagegen können **im Dreipersonenverhältnis** eine Leistung (durch eine Person) und etwa ein Eingriff (in das Recht einer anderen Person) durchaus zusammentreffen (etwa bei der Zahlung mit fremdem Geld: Leistung an den Empfänger, zugleich Eingriff in das Eigentum an dem Geld). Aber auch hier kommt man durch das Weiterdenken gesetzlicher Wertungen (etwa des § 816 und der Vorschriften über den redlichen Erwerb vom Nichtberechtigten) häufig zu einem **Vorrang der Leistung gegenüber den Nichtleistungskondiktionen**. Doch sind manche Einzelheiten zweifelhaft[5]. **727**

---

5 Vgl. etwa *H. P. Westermann,* JuS 1972, 18 ff.; *Reuter/Martinek,* aaO. 399 ff.; *(Koppensteiner/)Kramer* 104 ff.; *Fiedler,* JR 1975, 314 ff.; zu § 951 auch *U. Huber,* JuS 1970, 342 ff., 515 ff.

1.   Vorrang nur für das durch Leistung Erlangte

Gewiß ist zunächst: Der Vorrang der Leistungskondiktion kann nur für das gelten, was gerade durch Leistung erlangt ist.

BGHZ 55, 176 ff.: D stiehlt beim Eigentümer E zwei Jungbullen und veräußert sie an F. Dieser verwertet sie gutgläubig in seiner Fleischwarenfabrik. E verlangt von F Wertersatz.

Hier hat F wegen § 935 von D durch Leistung nur den **Besitz** erlangt. Dagegen hat er sich das **Eigentum** nach § 950 selbst verschafft. Daher ist F der Eingriffskondiktion des E aus §§ 951, 812 ausgesetzt[6].

Dem entspricht *BGH* NJW 1992, 2084 f.: Ein Foto des eine bestimmte Brille tragenden Fernsehmoderators Fuchsberger (F) war an die Inhaberin eines Optikergeschäfts (O) gelangt. Diese verwendete des Foto für ihre Werbung in sechs Anzeigen. F, der einer solchen Verwendung nicht zugestimmt hatte, verlangt von O als Ersatz 120000,– DM (!).

Diese Klage ließ sich mangels Verschuldens der O nicht als Schadensersatzanspruch begründen. Dagegen hat der *BGH* (in geringerer Höhe) einen Anspruch aus Eingriffskondiktion bejaht; daß O das Foto durch Leistung ihres Verbandes erhalten habe, mache nichts aus. Das ist richtig: Gegenstand dieser Leistung war gerade nicht das von O verletzte Verwertungsrecht, sondern nur das Foto als Sache.

2.   Die Fälle des § 816 I

728   Sicher umgekehrt zu entscheiden ist dagegen, wenn **durch die Leistung rechtsgeschäftlich Eigentum (oder das vom Empfänger ausgeübte andere Recht) verschafft wird**: Dann hat der Verlierer des Eigentums gegen den Erwerber regelmäßig selbst dann keine Eingriffskondiktion, wenn Leistender ein Dritter ist. Denn gerade das ist ja der Fall des redlichen Erwerbs vom Nichtberechtigten. Und für ihn stellt § 816 I 1 klar, daß der Rechtsverlierer nur von dem (entgeltlichen) Veräußerer kondizieren kann (vgl. oben Rdnr. 714). Bloß bei unentgeltlicher Veräußerung richtet § 816 I 2 die Kondiktion gegen den Erwerber.

Ob dieser § 816 I 2 eine Ausnahme darstellt oder die Regel ausdrückt, hängt davon ab, wie man den Vorrang der Leistungs- gegenüber der Eingriffskondiktion formuliert: Eine Ausnahme bildet § 816 I 2, wenn man sagt, ein Erwerb durch Leistung sei nur mit der Leistungskondiktion (also auch nur vom Leistenden) und nicht mit der Eingriffskondiktion (also auch

---

6 Mißverständlich *Ehmann*, NJW 1971, 612 ff.

nicht von Dritten) angreifbar. Dagegen wird § 816 I 2 zur Regel, wenn man sagt: Nur wer selbst etwas leistet, ist für die Rückforderung auf die Leistungskondiktion angewiesen; wer nicht geleistet hat (wie bei § 816 I der Berechtigte), kann dagegen die Nichtleistungskondiktion verwenden. Von diesen beiden Formulierungen stellt die erste auf den Empfänger und die zweite (so zunächst *Esser*, zustimmend *Eike Schmidt*, AcP 175, 1975, 165/170) auf den Verlierer ab.

Welche der beiden Formulierungen vorzuziehen ist, hat bei § 816 I keine praktische Bedeutung: Die Frage, was Regel ist und was Ausnahme, bleibt angesichts der in § 816 I getroffenen Sachentscheidungen theoretisch.

3.   Verallgemeinerung auf weitere Fallgruppen?

Die praktische Bedeutung zeigt sich aber sofort, wenn man den Anwendungsbereich von § 816 I verläßt.   **729**

BGHZ 56, 228/239 ff. (vereinfacht): Der Baustoffhändler H liefert dem Bauunternehmer U Baumaterial unter EV. U baut das Material in das Grundstück des E ein, bevor er den Kaufpreis an H bezahlt hat.

Hier war U bei dem Einbau Nichteigentümer. Der Eigentumserwerb des E nach §§ 946, 93, 94 beruht also zwar auf einer Leistung, nämlich auf dem Einbau durch U, aber nicht auf einer Leistung des Rechtsverlierers H. Damit wird der Unterschied in den Formulierungen für den Vorrang der Leistungskondiktion bedeutsam: Nach der ersten Formulierung ist die Eingriffskondiktion des H gegen E (§§ 951, 812) ausgeschlossen, weil E durch Leistung erworben hat; nach der zweiten Formulierung ist sie nicht ausgeschlossen, weil nicht H das Eigentum geleistet hat. *BGHZ 56, 228/240 f.* hat (wie schon vorher *BGHZ 40, 272/279*) im Sinne der ersten Formulierung entschieden, also die Klage des H gegen E abgewiesen. Ich halte die **Entscheidung des BGH für richtig**, wenn E das Baumaterial auch dann kondiktionsfrei erworben hätte, wenn es ihm vor dem Einbau von U nach § 932 übereignet worden wäre[7] (vgl. oben Rdnr. 728; also im wesentlichen bei gutem Glauben des E und wenn das Material nicht abhanden gekommen ist). Ob eine solche Übereignung wirklich vorangeht oder nicht, darf keinen Unterschied machen.

---

7 Im Ergebnis ebenso etwa *Baur/Stürner* § 53 Rdnr. 28; *von Caemmerer*, FS Rabel I 372 f. = Ges. Schriften I 249; *Larenz/Canaris* II 2 § 70 II 2a; b; *Schlechtriem*, SBT Rdnr. 693; *(Koppensteiner/)Kramer* 106 ff., dagegen aber etwa *U. Huber*, JuS 1970, 342/346; *H.H. Jakobs*, JuS 1973, 152 ff. Etwas anders auch *Reuter/Martinek*, aaO. 405, doch vgl. *W. Lorenz*, JZ 1984, 615.

4.   Den Erwerberschutz ausschließende Wertungen

730 Daraus folgt zugleich die Entscheidung für den Fall, daß abhandengekommenes Material aufgrund eines Vertrages eingebaut wird: Wäre es zunächst (wegen § 935 wirkungslos) übereignet und dann vom Grundstückseigentümer selbst eingebaut worden, so wäre dieser der Eingriffskondiktion des Alteigentümers ausgesetzt (oben Rdnr. 727). Man wird kaum anders entscheiden können, wenn der Einbau gleich durch den Lieferanten erfolgt[8].

Beim Einbau durch den Lieferanten wird man sagen müssen, das Material sei (anders als das durch eigene Verarbeitung erworbene Fleisch von *BGHZ 55, 176*, vgl. oben Rdnr. 727) durch dessen Leistung erlangt worden. Insofern bedarf also die Formulierung einer Korrektur, wer etwas durch Leistung erlangt habe, sei insoweit keiner Eingriffskondiktion ausgesetzt. Daß in abgelegeneren Fällen auch noch weitere Korrekturen nötig sind, macht *H.P. Westermann*, JuS 1972, 18 ff. wahrscheinlich (zustimmend *[Koppensteiner/]Kramer* 108 f.). Die erwähnte Formulierung ist also bloß eine **Faustregel**; sie steht unter dem Vorbehalt, daß nicht besondere Gründe zu einem abweichenden Ergebnis führen[9]. Aber mit dieser Maßgabe gilt: **Wer etwas durch Leistung erhalten hat, braucht darüber nur mit dem Leistenden im Wege der Leistungskondiktion abzurechnen.**

5.   Insbesondere Fehler bei der Zwangsvollstreckung

730a Zur Problematik des Verhältnisses zwischen Leistungskondiktion und Nichtleistungskondiktion gehört wohl auch der Fall von

BGHZ 68, 276 ff.: E erwirbt in der Zwangsversteigerung ein Grundstück des S. Wegen eines Irrtums des Vollstreckungsgerichts des Landes L erhält der letztrangige Gläubiger H 9000,– DM mehr ausbezahlt als ihm aus der Teilungsmasse gebührten; dagegen muß E über sein Gebot hinaus diesen Betrag an den vorrangigen Gläubiger G nachzahlen. E verlangt diesen Schaden wegen Amtspflichtverletzung von L ersetzt. L verweist demgegenüber auf § 839 I 2: E habe einen Bereicherungsanspruch gegen H.

Der *BGH* hat einen solchen Anspruch verneint (und also die Klage E–L für begründet gehalten): Eine Leistungskondiktion E–H scheide aus, weil E nicht an H geleistet habe (sondern an S). Und eine Eingriffskondiktion

---

8   Ebenso *Westermann/Gursky* § 54, 2; *von Caemmerer*, aaO.; *Larenz/Canaris* II 2 aaO.; *Esser/Weyers* § 50 IV; *Schlechtriem* aaO., anders aber *Kellmann*, JR 1988, 97/100 Fn. 13.

9   Eine ausnahmslos geltende Regel bejahen dagegen *Reuter/Martinek*, aaO. 406; überaus skeptisch gegenüber dem Subsidiaritätsdogma aber *Larenz/Canaris* II 2 § 67 IV 3; § 70 III 2d.

E–H lehnt der *BGH* mit dem Argument ab, es fehle hier an der »Unmittelbarkeit der Vermögensverschiebung«: H sei nicht aus dem Vermögen des E befriedigt worden, sondern aus dem des S.

Im Ergebnis ist das gewiß richtig, doch dürfte bei der Begründung ohne die unklare »Unmittelbarkeit« auszukommen sein: Weil H die 9000,– DM im Rechtssinn durch Leistung des S erhalten hat, braucht er bei Nichtvorliegen einer Ausnahme darüber nur mit S im Wege der Leistungskondiktion abzurechnen (vgl. oben Rdnr. 730).

VI. Abschnitt   Einwendungen

§ 29   Übersicht

I.   Einwendung und Einrede

1.   Die Einrede im Prozeßrecht

In der ZPO heißt »Einrede« jede Tatsachenbehauptung des Beklagten, mit   **731**
der dieser sich anders als durch Bestreiten der klagebegründenden Behauptungen des Klägers verteidigt: Er macht eine **Gegennorm** geltend. Diese kann dem materiellen Recht oder dem Prozeßrecht angehören.

2.   Die Terminologie im materiellen Recht

Im materiellen Recht heißen diejenigen Einreden im Sinne des Prozeß-   **732**
rechts, mit denen Gegennormen aus dem materiellen Recht geltend gemacht werden, **Einwendungen.** Man teilt sie nach der Wirkung (vgl. oben Rdnr. 16) ein in **rechtshindernde** (ein Anspruch entsteht nicht), **rechtsvernichtende** (ein entstandener Anspruch geht wieder unter) und **rechtshemmende** (der entstandene Anspruch bleibt zwar bestehen, wird aber in seiner Durchsetzung gehemmt).

Dabei heißen die rechtshemmenden Einwendungen in der materiellrechtlichen Terminologie **Einreden.** Nach h.M. soll wenigstens ein Teil ihrer Wirkungen davon abhängen, daß der Schuldner sich auf sie beruft. Viele lassen auch eine Geltendmachung außerhalb des Prozesses genügen. Doch ist eine solche außerprozessuale Willensäußerung wohl nur ein Indiz für den maßgeblichen Willen im Prozeß selbst; jedenfalls kann der Beklagte sich im Prozeß noch anders entscheiden und auf die Einrede verzichten (*Larenz/Wolf* § 18 Rdnr. 56).

Die praktische Bedeutung dieses Erfordernisses der Berufung auf die Einrede ist gering (am ehesten noch wirkt es im Versäumnisverfahren, vgl. oben Rdnr. 219–221 zu §§ 273, 320). Zudem müssen auch manche anderen Gegenrechte, die nicht Einrede im technischen Sinn sind, erst durch Gestaltungsakt ausgeübt werden (z.B. Anfechtung, Aufrechnung). Daher hat *P. Schlosser,* JuS 1966, 257/264 ff. die Sonderstellung der Einreden in Zweifel gezogen, teils mit guten Gründen (vgl. *Medicus,* AT Rdnr. 96 ff.).

3.   Die Wirkungsdauer materiellrechtlicher Einreden

733   Endlich kann man die Einreden des materiellen Rechts noch unterscheiden nach der Dauer ihrer Wirkung. So hemmen manche Einreden den betroffenen Anspruch **dauernd** (sie sind peremptorisch, z.B. §§ 214 I, 438 IV 2). Bei anderen ist die Hemmung dagegen nur **vorübergehend** (sie sind dilatorisch, z.B. Stundung, §§ 273, 320). Innerhalb der dauernden Einreden unterscheidet § 813 I weiter danach, ob die in Unkenntnis der Einrede erbrachte Leistung mit der Leistungskondiktion zurückgefordert werden kann. Außerdem gibt es noch andere Verschiedenheiten (vgl. *Jahr*, JuS 1964, 125/127).

II.   Funktion einer Einteilung der Einwendungen

734   1. Die oben Rdnr. 732 genannte Einteilung der materiellrechtlichen Einwendungen in rechtshindernde, rechtsvernichtende und rechtshemmende hat für den Anspruchsaufbau **nur geringen Wert**. Denn die rechtshindernden Einwendungen haben in diesem Aufbau ohnehin keinen eigenen Platz: Sie werden beim Anspruchsgrund neben dessen positiven Voraussetzungen geprüft (vgl. oben Rdnr. 16). So ist etwa für Vertragsansprüche im Rahmen des Vertragsschlusses außer dem Konsens auch die nötige Geschäftsfähigkeit festzustellen. Die Abgrenzung zwischen den Anspruchsvoraussetzungen und den rechtshindernden Einwendungen hängt mit der prozessualen Darlegungslast zusammen; bei unstreitigen Sachverhalten spielt sie daher keine Rolle.

Aber auch der Unterschied zwischen rechtsvernichtenden und rechtshemmenden Einwendungen wiegt gering. Zu dem Erfordernis der Berufung auf die Einrede vgl. schon oben Rdnr. 732; auch kann die Wirkung einer (bloß rechtshemmenden) Einrede so weit reichen, daß von den Anspruchswirkungen fast nichts mehr übrig bleibt (z.B. die Verjährung, wenn keine Sicherungen bestehen, §§ 214 I, 216): Der Übergang zur (rechtsvernichtenden) Einwendung wird damit fließend.

735   2. **Beim Anspruchsaufbau** werden an erster Stelle die anspruchsbegründenden Normen mit den dazugehörenden Hilfsnormen erörtert. Von da her gelangt man an zweiter Stelle zu der Frage, ob der entstandene Anspruch wieder erloschen oder aber nicht durchsetzbar ist, also zu den rechtsvernichtenden und rechtshemmenden Einwendungen. Eine Einteilung der Einwendungen, die das Auffinden der Einwendungsnormen erleichtern soll, muß folglich den **Zusammenhang mit den Ansprüchen**, um deren Vernichtung oder Hemmung es geht, beachten. Dabei werden freilich im folgenden nur die wichtigsten Einwendungen erwähnt.

III. Einteilung von den Ansprüchen her

1. Einwendungen gegen alle Ansprüche

Manche Einwendungen kommen als Gegenrecht gegenüber Ansprüchen   **736**
aller Art in Betracht; sie sind also stets zu bedenken.

a) Das gilt etwa für die **Erfüllung und ihre Surrogate** (vgl. dazu unten
Rdnr. 750 ff.).

b) Gegen Ansprüche aller Art eignet sich auch das **Zurückbehaltungs-**   **737**
recht nach §§ 273, 274. Freilich müssen die Ansprüche hier aus »demselben
rechtlichen Verhältnis« stammen (Konnexität). Dafür genügt sicher ein
nichtiger Vertragsschluß (vgl. oben Rdnr. 225). Die Rspr. läßt aber darüber
hinaus schon einen wirtschaftlichen Zusammenhang ausreichen: § 273 soll
überall gelten, wo es treuwidrig wäre, den einen Anspruch ohne Berücksichtigung des Gegenanspruchs geltend zu machen. Dieser Zusammenhang
kann bei dauernder Geschäftsverbindung sogar zwischen Ansprüchen aus
verschiedenen Verträgen bestehen. Ausgeschlossen ist § 273 allerdings, wo
Aufrechnung möglich wäre, also bei gleichartigen Leistungen: Hier wäre
eine Verurteilung zur Leistung Zug um Zug (§ 274 I) sinnlos.

c) Endlich stehen alle Ansprüche als Zweipersonenverhältnisse unter dem   **738**
Gebot von **Treu und Glauben.** Daher kommt § 242 mit seinen konkreten
Ausprägungen (wie z.B. Verwirkung) stets in Betracht.

2. Einwendungen gegen fast alle Ansprüche

Andere Einwendungen können sich gegen fast alle Ansprüche richten. Sie   **739**
sind daher von der Anspruchsnorm her nur selten auszuschließen.

a) Fast alle Ansprüche können **abgetreten** (§§ 398 ff. BGB mit § 354a
HGB) oder **befreiend übernommen** (§§ 414 ff.) werden. Damit endet das
Recht des alten Gläubigers oder die Verpflichtung des alten Schuldners.
Gleiche Wirkung wie die rechtsgeschäftliche hat auch die Legalzession
(§ 412).
Zu denken ist hier insbesondere an **§ 116 SGB X** (früher § 1542 RVO): Er
verhindert sogar, daß der Verletzte überhaupt Gläubiger des von der Zession erfaßten Ersatzanspruchs wird. Denn die Vorschrift erfordert für den
Rückgriff nicht – wie die anderen Legalzessionsnormen – die eigene Leistung des Rückgriffsgläubigers, nämlich des Sozialversicherungsträgers,
sondern läßt schon seine Leistungs*verpflichtung* genügen. Daher kommt es
auch für den Verjährungsbeginn nach § 199 I Nr. 2 (früher § 852 I) nicht auf
die Kenntnis des Verletzten von Tat und Täter an, *BGHZ 48, 181 ff.* Ent-

scheidend ist vielmehr die Kenntnis des »neuen« Gläubigers, also des Sozialversicherungsträgers.

740   b) Fast alle Ansprüche können auch verjähren, freilich mit sehr verschiedenen Fristen. Unverjährbarkeit folgt vor allem aus §§ 194 II, 898, 902, 924.

741   c) Die meisten Ansprüche können auch **rechtsgrundlos oder durch unerlaubte Handlung erworben** werden, so daß ihnen die §§ 821, 853 entgegenstehen.

742   d) Endlich kommt bei vielen Ansprüchen (Ausnahme vor allem: Ansprüche auf Geldzahlung) Beendigung durch **Unmöglichkeit** (§ 275) in Betracht.

3. Einwendungen gegen Vertragsansprüche

743   Eine besonders wichtige Gruppe von Einwendungen richtet sich gegen vertragliche Ansprüche.

   a) Das gilt zunächst für die **Anfechtung,** §§ 119–124, 142–144 (vgl. oben Rdnr. 132 ff.; 135 ff.; 149 f.). Hier wird der Vertrag mit allen aus ihm hervorgegangenen Ansprüchen rückwirkend beendet; die Rückabwicklung erfolgt nach Bereicherungsrecht (vgl. oben Rdnr. 660).

744   b) Gleichfalls gegen Vertragsansprüche wirkt der **Rücktritt,** insbesondere auch der früher als Wandlung bezeichnete bei Kauf und Werkvertrag (jetzt §§ 323, 440, 636). Hier wird der auf Erfüllung gerichtete Vertrag, soweit er schon erfüllt worden war, in ein Rückgewährschuldverhältnis verwandelt; im übrigen erlöschen die Erfüllungsansprüche (vgl. oben Rdnr. 660). Dem Rücktritt ähnelt der **verbraucherschützende Widerruf,** § 357 I 1. Er steht vor allem dem überrumpelten Verbraucher (§ 312), dem Verbraucher als Abnehmer von Leistungen im Fernabsatz (§§ 312 d, 312 b I) und dem Kreditnehmer beim Verbraucherkredit (§ 505 I) zu. Vgl. oben Rdnr. 329 ff. sowie unten Rdnr. 776a ff.

   Im Gegensatz dazu steht die **Kündigung** (meist bei Dauerschuldverhältnissen, aber auch beim Werkvertrag: §§ 643, 649, 650 I, zudem § 671): Sie läßt regelmäßig die Vergangenheit unberührt und betrifft nur die Zukunft.

745   c) Gegen Ansprüche aus gegenseitigen Verträgen richten sich die §§ 320, 321 (vgl. oben Rdnr. 219 f.).

746   d) Ebenfalls nur den gegenseitigen Vertrag betrifft § 326 I 1: Der Anspruch auf die Gegenleistung erlischt wegen Unmöglichkeit der Leistung, ohne daß es eines Rücktritts (wie bei §§ 323, 326 V) bedarf.

4. Einwendungen gegen handelsrechtliche Ansprüche

Nur Ansprüche aus beiderseitigen Handelsgeschäften (§§ 343 f. HGB) **747**
betrifft das kaufmännische Zurückbehaltungsrecht nach §§ 369 ff. HGB.
Im Gegensatz zu § 273 ist hier aber eine besondere Konnexität (vgl. oben
Rdnr. 737) unnötig. Auch ist § 369 HGB insofern für den Berechtigten
günstiger, als er wegen der pfandrechtsähnlichen Ausgestaltung durch die
§§ 371, 372 HGB nach § 51 Nr. 3 InsO ein Absonderungsrecht gewährt.
§ 273 hat diese Wirkung nur ausnahmsweise beim Verwendungsersatz, § 51
Nr. 2 InsO.

5. Einwendungen gegen Schadensersatzansprüche

Gegen alle Ansprüche auf Schadensersatz können sich der Einwand einer **748**
beachtlichen Reserveursache (unten Rdnr. 848 ff.) und der des Schadensweg-
falls durch Eintritt eines ausgleichungsfähigen Vorteils (unten Rdnr. 854 ff.)
richten.

Dagegen wirkt § 254 rechtshindernd: Soweit das Mitverschulden reicht, entsteht
der Ersatzanspruch erst gar nicht.

6. Einwendungen gegen einzelne Ansprüche

Endlich bleiben noch zahlreiche Einwendungen, die sich nur gegen be- **749**
stimmte einzelne Ansprüche richten. So bezieht sich § 519 auf den Erfüllungsanspruch aus dem Schenkungsversprechen, § 531 beendet die Schenkung als Rechtsgrund, § 1000 betrifft die Vindikation sowie über §§ 1007
III 2, 1065, 1227 einzelne weitere Herausgabeansprüche (zur analogen Anwendung auf andere dingliche Ansprüche vgl. oben Rdnr. 454) und so weiter. Diese Einwendungen sind regelmäßig zumindest durch Verweisung bei
dem Anspruch geregelt, auf den sie sich beziehen, und lassen sich daher
leicht finden.

§ 30 Erfüllung und Erfüllungssurrogate[1]

I. Erfüllung

750 Die Erfüllung ist der normale Erlöschensgrund für alle Arten von Ansprüchen. Voraussetzung ist nach § 362 I die Bewirkung der geschuldeten Leistung an den Gläubiger.

1. Der Leistende

Der Schuldner kommt in dieser Definition nicht vor. Das entspricht § 267 I: Regelmäßig kann statt des Schuldners auch ein Dritter leisten (Ausnahme z.B. § 613 S. 1). Eine andere Frage ist, wie weit der Schuldner Hilfspersonen zuziehen darf: Das kann ihm selbst dann erlaubt sein, wenn Drittleistung ausgeschlossen ist. Denn für ein Verschulden der Hilfspersonen muß der Schuldner nach § 278 einstehen. Dagegen ist § 278 bei Leistung durch einen Dritten unanwendbar: Dort fehlt die Einschaltung durch den Schuldner (vgl. unten Rdnr. 801).

Bedeutung erlangen kann der Unterschied zwischen einer Leistung des Schuldners durch Hilfspersonen und einer Drittleistung auch für die Bestimmung des Gläubigers bei der Leistungskondiktion (vgl. oben Rdnr. 684–686).

2. Der Leistungsempfänger

751 An den Gläubiger muß die Leistung nach § 362 I bewirkt werden, doch ist nach Abs. 2 bei Leistung an einen Dritten § 185 anwendbar. Der Gläubiger kann also insbesondere einen Dritten zum Leistungsempfang ermächtigen: Das ist der unbedenkliche Teil der Einziehungsermächtigung (vgl. oben Rdnr. 30).

Zudem kann ein Dritter kraft Gesetzes empfangsermächtigt sein. Die wichtigsten Fälle sind §§ 370 (Quittung; nur die echte!), 407–409 (bei nicht mitgeteilter Zession oder unrichtiger Zessionsanzeige), § 56 HGB (vgl. oben Rdnr. 109) und die Legitimation durch ein Wertpapier: §§ 793 I 2, 807, 808 I BGB, Art. 40 III WG. Zur gesetzlichen Empfangsermächtigung sind zwei Probleme zu erörtern:

---

1 *Gernhuber*, Die Erfüllung und ihre Surrogate (2. Aufl. 1994); *ders.*, BR § 50; *Grunewald* § 26.

a) Nach §§ 407–409 muß der Gläubiger die Leistung an den Nichtgläubi-   **752** ger »gegen sich gelten lassen«. Kann der Schuldner, statt die Erfüllungsfolgen zu wählen, auch die Folgen der Nichterfüllung geltend machen?

Bsp.: Der Altgläubiger A tritt seine Forderung dem Neugläubiger N ab, ohne den Schuldner S zu benachrichtigen. S, der eine Forderung gegen N hat, zahlt an A. Dann wird N insolvent.

Wenn S hier nach § 407 I durch die Leistung an A auch ohne seinen Willen befreit wäre, erhielte er nur die Insolvenzquote. Da die §§ 407 bis 409 jedoch den Schuldner schützen wollen, wirken sie nur, wenn dieser sich darauf beruft (*RGZ 83, 184/188; BGHZ 52, 150/153*): S kann also von A kondizieren (§ 812 I 1 Fall 1: conditio indebiti) und seine fortbestehende Schuld an N durch Aufrechnung mit seiner Forderung tilgen (§ 94 InsO).

b) Unter § 808 I fällt auch das **Sparbuch**. Hier kann unter besonderen   **753** Umständen die Legitimationswirkung fraglich sein[2].

BGHZ 28, 368 ff.: Die Eltern lassen für ihre Tochter T auf deren Namen ein Sparbuch anlegen und zahlen 3000,– DM ein. Für Rückzahlungen wird eine Kündigungsfrist von zwölf Monaten vereinbart. Die 13jährige T verschafft sich heimlich das Buch und hebt binnen zweier Wochen 2500,– DM ab. Das Geld verbraucht sie. Die Eltern leugnen die Wirksamkeit der Auszahlung.

Wäre T hier Gläubigerin der Sparforderung gewesen, so käme es auf die Zuständigkeit eines **Minderjährigen** zum befreienden Empfang von Leistungen an (vgl. oben Rdnr. 171). Die Vorinstanz hatte jedoch (für den *BGH* bindend) festgestellt, die Forderung stehe den Eltern zu. Daher paßt § 808 I direkt: Die Sparkasse hat an einen nichtberechtigten Inhaber des Sparbuchs geleistet.

Anerkanntermaßen versagt die Legitimationswirkung nach § 808 I, wenn der Leistende die Nichtberechtigung des Inhabers kennt. Obwohl das für die Sparkasse nicht zutraf, hat der *BGH* den Eltern recht gegeben: Die Legitimationswirkung reiche nur so weit, wie die Leistung nach der Urkunde erfolgen dürfe. Das sei hier wegen des Fehlens einer Kündigung nicht der Fall. Doch hing diese Begründung wohl mit dem (inzwischen aufgehobenen) § 22 I des G über das Kreditwesen zusammen (vgl. *BGHZ 64, 278 ff.*, aber auch *Canaris*, Bankvertragsrecht, 2. Aufl. 1981, Rdnr. 1187). Nach *BGH NJW 1976, 2211 f.* soll die Legitimationswirkung von § 808 auch dann nicht eintreten, wenn das Sparbuch einen **Sperrvermerk** bis zur Volljährigkeit des Berechtigten enthält (dort hatte der gesetzliche Vertreter

---

2 Dazu allgemein *Schraepler*, NJW 1973, 1864 ff.; *Pflug*, ZHR 140 (1976) 175 ff. Die Erstreckung auf das Postsparbuch ohne Berechtigungsnachweis bejaht *BGH* NJW 1986, 2104 f.

des berechtigten Kindes das Guthaben abgehoben und für sich verbraucht). Damit dürfte der Zweck des Vermerks richtig getroffen sein. Und nach *BGH* NJW 1988, 2100 f. soll eine **Aufhebung der Sperre** nur mit dem wahren Gläubiger vereinbart werden können, nicht dagegen mit jemandem, der nur durch Sparbuch und Reisepaß des Gläubigers legitimiert ist.

3.   Das Bewirken der Leistung

754   Bewirkt werden muß die geschuldete Leistung. Es genügt also nicht, daß der geschuldete Erfolg ohne Leistung eintritt, etwa durch Zufall (das freizuschleppende Schiff kommt durch eine Sturmflut frei). Solche Zweckerreichung befreit den Schuldner zwar gleichfalls, doch verdient dieser anders als bei Erfüllung wenigstens nicht die volle Gegenleistung (vgl. oben Rdnr. 159).

4.   Die richtige Leistung

755   Gerade die geschuldete Leistung muß bewirkt worden sein. Bei der Gattungsschuld sind die §§ 243 I BGB, 360 HGB zu beachten. Doch kann der Käufer nach den §§ 439, 441 auch schlechtere Sachen erfüllungstauglich machen, indem er Nachbesserung oder Minderung wählt (vgl. oben Rdnr. 260).

II.   Erfüllungssurrogate

756   Wie die Erfüllung wirken Annahme an Erfüllungs Statt (§ 364 I), Hinterlegung unter Verzicht auf das Rücknahmerecht (§ 378), Aufrechnung (§ 389) und mit Einschränkungen auch der Erlaß (§ 397, häufigstes Vorkommen im Rahmen eines Vergleichs, § 779). Von den Problemen aus diesem Bereich seien die folgenden drei erörtert.

1.   Die Inzahlunggabe gebrauchter Sachen

Mit der Annahme an Erfüllungs Statt wird im Anschluß an *BGHZ 46, 338 ff.* oft in Verbindung gebracht die Inzahlunggabe gebrauchter Sachen beim Kauf neuer[3]. Solche Abreden begegnen insbesondere beim Handel mit Kraftfahrzeugen. Zwei Komplikationen sind denkbar.

(1) Der in Zahlung zu gebende Altwagen wird vor der Ablieferung zerstört. Der Händler V verlangt dann auch für denjenigen Teil des Neuwagenpreises Geld, der durch die Hingabe des Altwagens getilgt werden sollte. Dagegen will sich der Käufer K vom Vertrag lösen, da er so viel Geld nicht aufbringen kann oder will.

(2) Der Altwagen ist mangelhaft, etwa weil K die Fahrleistung zu niedrig angegeben oder einen Unfall verschwiegen hat. V weist deshalb den Altwagen zurück und verlangt für den Neuwagen den vollen Preis. K will unter diesen Umständen den Neuwagen nicht mehr.

BGHZ 46, 338 f.[4] hat es in einem Fall vom Typ (2) gebilligt, daß die Vorinstanz die Vereinbarung über den Altwagen als Einräumung einer **Ersetzungsbefugnis** für K gedeutet hatte: Dieser dürfe einen Teil des Kaufpreises für den Neuwagen durch Hingabe des Altwagens tilgen. Hierin liege eine Abrede über eine Annahme an Erfüllungs Statt. Daher seien über § 365 die §§ 323, 440 a.F. (jetzt §§ 323, 326 V) anwendbar: V könne nach Wandlung der Vereinbarung über den Altwagen den vollen Listenpreis für den Neuwagen verlangen. Entsprechend ergibt diese Konstruktion auch für Fälle vom Typ (1) die volle Zahlungspflicht des K: Dessen Ersetzungsbefugnis erlischt durch Unmöglichkeit.

Hieran ist kritisiert worden (vgl. *Larenz* II 11. Aufl. § 63 II), der *BGH* beachte zu einseitig die Interessen des V. Dagegen bleibe unberücksichtigt, daß K den vollen Listenpreis niemals habe zahlen wollen und vielleicht auch durch einen günstigen Verrechnungspreis für den Altwagen einen Vorteil erhalten sollte. *Larenz* (zustimmend *Mayer-Maly*, 1. FS Larenz, 1973, 673 ff.) nimmt daher mit Recht einen **gemischten Vertrag aus Kauf und Tausch** an, ergänzt um die Befugnis des K, statt des Altwagens Geld zu leisten (weil V regelmäßig an dem Altwagen nicht interessiert ist). Dann ist bei (1) der Tauschteil des Vertrages unmöglich geworden, was auch auf den Vertragsrest ausstrahlt. K wird also nach § 275 ohne eine Ersatzpflicht nach § 280 frei, wenn er die Zerstörung des Altwagens nicht zu vertreten hat, und verliert den Anspruch auf die Gegenleistung nach § 326 I 1; andernfalls gilt § 280. Und bei (2) bezieht sich das Rücktrittsbegehren des V auf den ganzen Vertrag. Wenn V den Verkauf des Neuwagens retten will, muß er also hinsichtlich des mangelhaften Altwagens Minderung wählen: Diese bewirkt, daß K den mangelbedingten Minderwert des Altwagens in

---

3 *Oehler,* JZ 1979, 787 ff.; *H. Honsell,* Jura 1983, 523 ff.; *Gernhuber,* Erfüllung aaO. 185 f.
4 Bestätigend *BGHZ 89, 126 ff.,* dazu *Schulin,* JZ 1984, 379 f.; *Schwark,* JR 1984, 239 f.

Geld ausgleichen muß. Freilich soll nach *BGHZ 83, 334 ff.* bei der Inzahlunggabe eines Gebrauchtwagens für sog. Verschleißmängel die Gewährleistung unter bestimmten Umständen »stillschweigend« ausgeschlossen sein.

Wegen der bis Mitte 1990 geltenden vollen Mehrwertsteuerpflicht des Händlers beim Weiterverkauf des Gebrauchtwagens hatte sich eine andere Gestaltung durchgesetzt: Der Händler vermittelt lediglich den Weiterverkauf für den Kunden (**Agenturvertrag**). Dabei übernimmt der Händler das Risiko, daß ein bestimmter Mindestpreis erzielt wird. Zugleich stundet er dem Kunden in dieser Höhe den Kaufpreis für den Neuwagen. Zur Sicherung des Kunden soll diese Vereinbarung nur aus wichtigem Grund gekündigt werden können (vgl. *BGH* NJW 1978, 1482 f.; *Medicus*, SBT Rdnr. 86 ff.; *Behr*, AcP 185, 1985, 401 ff.). Diese Gestaltung ist jetzt zur Vermeidung der §§ 474 ff. (der als Verkäufer auftretende Altbesitzer ist regelmäßig selbst Verbraucher, so daß § 474 I 1 nicht vorliegt) wieder aufgelebt. Das soll nur ausnahmsweise ein unzulässiges Umgehungsgeschäft bedeuten (Rn. 312).

2. Unbare Zahlung

757 Geldschulden werden vielfach statt durch Barzahlung durch Überweisung auf ein Bank- oder Postgirokonto des Gläubigers getilgt. Das fällt unter § 362 I, ist also Erfüllung, wenn man auch das durch die Überweisung verschaffte Buchgeld als »geschuldete Leistung« wertet. Tut man das dagegen nicht, so kommt nur Annahme an Erfüllungs Statt in Betracht, und dazu bedarf es nach § 364 I des Einverständnisses des Gläubigers.

Zwar wird dieses Einverständnis schon mit der Mitteilung der Kontonummer erklärt. Sogar wenn der Schuldner das Konto durch einen Dritten erfahren hat, wird der Gläubiger mit der Überweisung oft wenigstens nachträglich einverstanden sein. Aber bisweilen kommt diese ihm ungelegen: etwa wenn sein Konto überzogen war und ihm deshalb von der Bank nichts ausgezahlt wird. Dann hängt das Freiwerden des Schuldners von der Bewertung der Überweisung ab.

BGH NJW 1953, 897 f. hat Erfüllung verneint[5]. Auch bedeute die Errichtung des Kontos noch nicht das für § 364 I nötige Einverständnis. Aber zumindest ist seitdem der bargeldlose Zahlungsverkehr noch üblicher geworden. Daher sollte man heute die Überweisung wenigstens dann unter § 362 I fallen lassen, wenn sie nicht ausgeschlossen wird und entweder es sich um einen größeren Betrag handelt oder der Gläubiger keine Vorsorge

---

5 Ebenso in anderem Zusammenhang auch *BGHZ 98, 24/30*, dazu kritisch *Canaris*, Bankvertragsrecht aaO. Rdnr. 1021 ff.

für die Annahme von Barzahlungen getroffen hat (ähnlich *Gernhuber,* Erfüllung aaO. 206 ff.).

Freilich kann **in Sonderfällen** auch Abweichendes gelten. Das zeigt der Fall von

OLG Hamm, NJW 1988, 2115 f.: Eheleute hatten gemeinsam eine Trinkhalle betrieben; wegen der dabei entstandenen Verluste wies das auf den Namen der Ehefrau F lautende Konto einen Schuldsaldo von 6000,– DM auf. Zur Sicherung hatte die Mutter des Ehemanns M ein Sparbuch hinterlegt. Die Ehe wurde geschieden; M zahlte 2400,– DM Unterhalt an F auf deren defizitäres Konto. Daraufhin gestattete die Bank der Mutter des M eine entsprechende Abhebung von ihrem Sparbuch.

Hier hat das *OLG* die Leistung des M mit Recht nicht als Erfüllung der Unterhaltsschuld gelten lassen: Im Ergebnis war diese Leistung ja nicht der Gläubigerin F zugute gekommen, sondern der Mutter des zahlenden M. Zudem widerspricht es ganz allgemein dem Zweck einer Unterhaltsleistung, wenn diese auf ein defizitäres Konto erfolgt und daher nicht für den Unterhalt verwendet werden kann.

3.   Teilklagen und Aufrechnung

Von Forderungen, die über hohe Beträge lauten, wird oft aus Kostengründen zunächst nur ein *Teil* eingeklagt (früher war das meist etwas mehr als die Revisionssumme von damals 60000.– DM, § 546 ZPO a.F., diese Grenze spielt jetzt wegen des Übergangs zur Zulassungsrevision nach § 543 ZPO keine Rolle mehr): Kann der Beklagte eine Aufrechnung gerade gegen den eingeklagten Teil richten, oder muß er sich auf den Rest der Forderung verweisen lassen?

758

Bsp.: G meint, von S 100000,– Euro fordern zu können, und klagt davon 50000,– Euro ein. S erklärt die Aufrechnung mit einer älteren Gegenforderung von ebenfalls 50000,– Euro.

Die hier von S gewünschte Wirkung der Aufrechnung wäre für G besonders ungünstig, weil die Klageforderung rückwirkend wegfiele (§ 389). Damit erschiene die Klage als von Anfang an unbegründet, so daß G folgerichtig auch die Prozeßkosten tragen müßte[6]. Trotzdem ist anerkannt, daß der Aufrechnende den Teil der Hauptforderung bestimmen kann, gegen den er aufrechnen will (vgl. *BGHZ 56, 312/314*). Zudem gilt das Verbot der Teilleistung von § 266 für die Aufrechnung nicht: § 389 (*»soweit* sie sich decken«) impliziert nämlich die nur teilweise Tilgung durch Aufrechnung.

---

6 So die bis 2003 h.M. Doch hat *BGHZ 155, 392/398 ff.* das für § 91a ZPO maßgebliche »erledigende Ereignis« erst in der Aufrechnungserklärung gesehen (frdl. Hinweis von Herrn RA Klaus Neufang, Bonn).

Daher kann S hier die Klage des G wirklich zum Scheitern bringen. G vermag das nur dadurch zu verhindern, daß er seinerseits schon vor dem Prozeß durch Aufrechnung die Gegenforderung des S tilgt und dann aus der ihm verbliebenen Restforderung klagt.

BGHZ 56, 312 ff. betraf freilich einen etwas anderen Fall: Dort hatte S nicht aufgerechnet, sondern sich gegen den eingeklagten Teil einer Werklohnforderung auf Minderung berufen. Das hat der *BGH* nicht zugelassen: Im Gegensatz zur Aufrechnung betreffe die Minderung die ganze Werklohnforderung und nicht einen Teil; S könne daher die Wirkung der Minderung nicht gegen einen bestimmten Teil der Forderung richten. Aber diese Begrifflichkeit überzeugt schon deshalb kaum, weil auch der *BGH* die Minderung schließlich doch gegen einen bestimmten Teil der Forderung wirken läßt, nämlich den nicht eingeklagten. Besser wäre das Ergebnis des *BGH* m.E. so zu begründen: Das Schutzbedürfnis des Klägers gegenüber der Minderung wiege schwerer, weil er diese im Gegensatz zur Aufrechnung nicht vor dem Prozeß selbst vollziehen könne.

§ 31   Der Verlust von Einwendungen

Einwendungen gehen verloren, wenn die Voraussetzungen der sie begrün-   **759**
denden Norm nicht mehr vorliegen. So erlischt etwa ein Zurückbehaltungsrecht mit der Forderung, derentwegen es ausgeübt wird. Das ist selbstverständlich. Daneben gibt es aber noch weitere Gründe für den Verlust von
Einwendungen. Davon soll hier die Rede sein.

I.   Übertragung von Wertpapieren

1.   Schuldrecht und Sachenrecht

Im forderungsrechtlichen Wertpapier verbinden sich die schuldrechtliche   **760**
Forderung und das dem Sachenrecht angehörende Eigentum am Papier.
Gerade die Frage, ob eine Einwendung eine Veräußerung »überlebt«, ist in
Schuld- und Sachenrecht verschieden geregelt. Beispiele:

(1) S verspricht dem G durch Vertrag eine Leistung. G tritt seine Forderung aus
diesem Versprechen an N ab. Wenn jetzt S sein Versprechen gegenüber G nach § 119
anficht, fällt die Forderung rückwirkend weg. Das kann S nach § 404 auch dem N
entgegenhalten: Der Mangel der Forderung ist also »veräußerungsbeständig«.

(2) S übereignet dem G eine bewegliche Sache, dieser übereignet sie weiter an N.
Ficht jetzt S seine Übereignung an G nach § 119 an, so wird G zwar rückwirkend
Nichtberechtigter. Bei gutem Glauben hat N aber trotzdem nach §§ 932, 142 II
wirksam Eigentum erworben. Hier ist der Eigentumsverlust des S also durch die
Veräußerung G–N endgültig geworden; der Mangel der Übereignung S–G ist »nicht
(genauer: nur beschränkt, nämlich nur gegenüber einem Bösgläubigen) veräußerungsbeständig«.

Es ist nun offenbar unzweckmäßig, wenn bei Wertpapieren für die verbriefte Forderung andere Regeln gelten sollen als für das verbriefende Papier. Denn sonst kann es geschehen, daß Gläubiger der Forderung und
Eigentümer des Papiers verschiedene Personen sind. Daher muß sich der
Gesetzgeber entscheiden: Entweder er überträgt die sachenrechtlichen
Regeln auf die verbriefte Forderung und macht diese damit dem einwen-
dungsfreien Erwerb kraft Redlichkeit zugänglich. Oder aber er läßt das
Eigentum am Papier nach Zessionsrecht übergehen und schneidet damit
regelmäßig (Ausnahme § 405) jeden gutgläubigen Erwerb ab.

2.   Die beiden Wertpapiertypen

761   Der Gesetzgeber hat von jeder dieser beiden Möglichkeiten Gebrauch gemacht (vgl. *Medicus*, SBT Rdnr. 561 ff.):

a) Die erste (**Primat des Sachenrechts**) gilt bei den zum Umlauf bestimmten Papieren, die damit für den Verkehr geeignet werden. Das sind die Inhaber- und die technischen Orderpapiere (Wechsel, Scheck und die sechs in § 363 HGB genannten Papiere), auf die manche die Bezeichnung »Wertpapier« beschränken wollen. **Hier folgt** also grundsätzlich **das Recht aus dem Papier dem Recht am Papier.**

Mit diesem Primat des Sachenrechts darf nicht die ganz andere sachenrechtliche Wirkung verwechselt werden, die drei der erwähnten Orderpapiere für die Übergabe der in ihnen genannten Ware haben: Die Übergabe des Papiers ersetzt die Übergabe der Ware (vgl. *K. Schmidt*, HaR § 24 III). Solche »*Traditionspapiere*« sind der Orderlagerschein (§ 475g HGB), der Ladeschein (§ 448 HGB) und das Konossement (§ 650 HGB). Nach *BGHZ 49, 160 ff.* kann Ware, über die ein Traditionspapier ausgestellt worden ist, abweichend von § 931 sogar nur unter Übergabe dieses Papiers übereignet werden. Entsprechend schützt nach *BGH* NJW 1979, 2037 f. § 934 nicht den guten Glauben daran, über die Ware gebe es keinen Namenslagerschein und keine die Abtretung des Herausgabeanspruchs erschwerenden Vereinbarungen. Kein Traditionspapier ist aber der **Kraftfahrzeugbrief**. Vielmehr gilt für ihn **§ 952 analog**: Wenn das Kraftfahrzeug durch Einigung und Übergabe (oder ein Surrogat) übereignet wird, geht also das Eigentum an dem Brief kraft Gesetzes auf den Erwerber über (*BGH* NJW 1978, 1854 f.).

762   b) Den zweiten Weg (**Primat des Schuldrechts**) hat der Gesetzgeber dagegen in § 952 gewählt: **Hier folgt das Recht am Papier dem Recht aus dem Papier.** Diese Regel gilt insbesondere für das **Sparbuch**: Dieses gehört dem Gläubiger der verbrieften Forderung. Ausnahmsweise ist freilich bei Hypotheken, Grund- und Rentenschulden ein redlicher Erwerb des Pfandrechts (und damit auch des Eigentums am Brief) nach §§ 1155, 892, 1138, 1192 I, 1199 I möglich.

3.   Sonderregeln für den Verlust von Einwendungen

763   Allerdings ergibt sich bei den sachenrechtlichen Wertpapieren (oben Rdnr. 761) die Möglichkeit zu einredefreiem Erwerb der Forderung kraft Redlichkeit meist nicht direkt aus den §§ 932 ff. Denn vielfach gibt es Sonderregelungen (am wichtigsten § 796 BGB, Art. 16 II, 17 WG, dazu *U. Huber*, FS Flume II, 1978, 83 ff.). Nach ihnen stehen nicht alle Einwendungen gleich. Vielmehr sind gerade hinsichtlich der Veräußerungsbeständigkeit **drei Gruppen** zu unterscheiden:

a) **Persönliche Einwendungen** aus dem Verhältnis des Schuldners zu einem bestimmten Inhaber wie z.B. Stundung oder ungerechtfertigte Bereicherung, wenn der Rechtsgrund für die Hingabe des Wertpapiers fehlt (z.B. die Kaufpreisforderung ist durch Rücktritt erloschen). Solche Einwendungen gehen bei Veräußerung des Wertpapiers regelmäßig unter; nur ganz ausnahmsweise (Art. 17 WG) wirken sie gegen den Erwerber.

b) **Dingliche** (also prinzipiell gegen jeden Inhaber wirkende) **Einwen-** **764** **dungen bei zurechenbar veranlaßtem Rechtsschein** wertpapiermäßiger Haftung. Hierhin gehören die meisten Einwendungen wie Irrtum und arglistige Täuschung, sogar die Nichtigkeit der Hingabe des Wertpapiers wegen Wuchers (§ 138 II »sich gewähren läßt«). Alle diese Einwendungen gehen verloren, wenn das Papier von einem gutgläubigen Dritten erworben wird (entsprechend Art. 16 II WG); sie sind also nur beschränkt veräußerungsbeständig.

c) **Dingliche Einwendungen ohne zurechenbar veranlaßten Rechts-** **765** **schein** wertpapiermäßiger Haftung. Dazu gehören etwa die Einwendungen der Fälschung (vgl. Art. 7 WG) oder der mangelnden Geschäftsfähigkeit: Sie wirken gegen *jeden* Inhaber des Wertpapiers ohne Rücksicht auf dessen Redlichkeit, sind also voll veräußerungsbeständig.

Weitere Einzelheiten gehören ins Wertpapierrecht (vgl. etwa *Canaris*, Einwendungsausschluß im Wertpapierrecht, JuS 1971, 441 ff. sowie in *A. Hueck/Canaris*, Recht der Wertpapiere (12. Aufl. 1986) § 9).

II. Übertragung pfandrechtsgesicherter Forderungen

Außer durch Verbriefung (oben Rdnr. 760 ff.) kann eine Forderung noch **766** auf andere Weise mit einer körperlichen Sache verbunden werden: An der Sache wird ein Pfandrecht für die Forderung bestellt. Auch dann tritt die Frage auf, ob eine Veräußerung der Forderung dem Schuldrecht oder dem Sachenrecht untersteht. Im zweiten Fall kann die Rechtsstellung des redlichen Erwerbers besser sein, als es die Position des Veräußerers gewesen ist.

1. Akzessorische Pfandrechte

Hypothek und Mobiliarpfandrecht sind der gesicherten Forderung akzes- **767** sorisch. Insbesondere bestimmt sich die Zuordnung des Sicherungsrechts nach der Zuordnung der Forderung (Zuständigkeitsakzessorietät): Mit der

Übertragung der Forderung geht das Sicherungsrecht auf den neuen Gläubiger über (vgl. *Medicus,* JuS 1971, 497/499 f.; *Gernhuber,* BR § 26).

a) Dieses Denkmodell wird konsequent durchgeführt beim **Mobiliarpfandrecht:** Die Forderung ist nach den §§ 398 ff. abzutreten, und das Pfandrecht folgt nach § 1250. Der neue Gläubiger erwirbt das Pfandrecht also, ohne daß hinsichtlich der Pfandsache eine Übergabe oder ein Surrogat nötig wäre. Vielmehr kann er sich den Besitz notfalls nach §§ 1227, 985 verschaffen.

Bei diesem Pfandrechtserwerb kraft Gesetzes gibt es für die Forderung keine sachenrechtliche Komponente. Insbesondere gelten für Einwendungen allein die §§ 404 ff. Der neue Gläubiger muß sich dieselben Einwendungen entgegenhalten lassen wie der alte, und zwar sowohl bei Geltendmachung der Forderung wie bei Geltendmachung des Pfandrechts (§ 1211).

768   **b)** Kraft Gesetzes zusammen mit der Forderung wird zwar auch die **Hypothek** erworben, § 1153. Aber hier kann die gesicherte Forderung nicht einfach nach §§ 398 ff. übertragen werden. Vielmehr bedarf es regelmäßig der Formen des Immobiliarsachenrechts: bei der **Buchhypothek** der Einigung und Eintragung (§§ 1154 III, 873), bei der **Briefhypothek** der Einigung mit schriftlicher Abtretungserklärung und der Briefübergabe oder eines Surrogats (§§ 1154 I, 1117), wobei die Schriftform der Abtretungserklärung durch Eintragung der Abtretung ersetzt werden kann (§ 1154 II). Eine Ausnahme bildet nur die Höchstbetragshypothek: Hier kann die Forderung von der Hypothek getrennt und nach §§ 398 ff. übertragen werden, § 1190 IV.

769   Soweit die Forderung nach §§ 873, 1154 übertragen wird, ist hinsichtlich des Verlustes von Einwendungen zu unterscheiden (vgl. *Coester-Waltjen,* Jura 1991, 186 ff.):

Bei der **Sicherungshypothek** kann der Schuldner nach § 404 alle Einwendungen gegen die Forderung dem neuen Gläubiger entgegenhalten. Diese wirken nach § 1137 allemal auch gegen die Hypothek (§ 1185 II schließt § 1138 aus!). Genau wie beim Mobiliarpfand (oben Rdnr. 767) hat hier also der neue Gläubiger weder bei der Durchsetzung der Forderung noch bei der Durchsetzung des dinglichen Sicherungsrechts eine bessere Position als der alte. Die durch Sicherungshypothek oder Mobiliarpfand gesicherte Forderung ist eben nicht verkehrsfähiger als eine ungesicherte.

770   Anders ist es bei der Normalform der Hypothek, die deshalb auch **Verkehrshypothek** heißt. Hier beschränkt § 1138 durch die Verweisung auf § 892 die Möglichkeit des Eigentümers, die Haftung seines Grundstücks dadurch abzuwehren, daß er nach § 1137 auf Einreden des persönlichen Schuldners zurückgreift: Diese Möglichkeit entfällt bei Redlichkeit des Erwerbers. Damit geht hier aber anders als bei verbrieften Forderungen (oben Rdnr. 760 ff.) nicht die Einrede gegen die Forderung selbst verloren, sondern nur die Wirkung der Einrede gegen die Hypothek. Das bedeutet eine Beschränkung der Durchsetzungsakzessorietät: Entgegen § 1137 kann die Hypothek ausnahmsweise durchgesetzt werden, obwohl die persönliche Schuldklage scheitern würde (vgl. oben Rdnr. 545).

Von § 1138 zu unterscheiden ist § 1157: Beide Vorschriften verweisen zwar wegen Einreden auf § 892. Aber während § 1138 Einreden gegen die Forderung betrifft, deren Wirkung von § 1137 auf die Hypothek erstreckt wird, meint § 1157 die direkt gegen die Hypothek gerichteten Einreden: Auch diese können durch redlichen Erwerb verlorengehen.

2. Die Sicherungsgrundschuld

Des Unterschieds wegen sei hier nochmals (vgl. oben Rdnr. 493) die durch   **771**
Sicherungsgrundschuld gesicherte Forderung erwähnt. Dort ist die Verbindung zwischen Forderung und dinglichem Sicherungsrecht nicht akzessorisch, sondern **fiduziarisch**, nämlich auf dem Sicherungsvertrag beruhend. Daher ist rechtstechnisch vieles anders als bei der Hypothek: Die Grundschuld folgt bei der Übertragung nicht der Forderung, sondern muß selbständig übertragen werden; auch fehlt für die Einreden gegen die Forderung eine dem § 1137 entsprechende Vorschrift. Trotzdem wird ein der Durchsetzungsakzessorietät ähnliches Ergebnis erzielt, weil die Einreden aus dem Sicherungsvertrag und die Bereicherungseinrede unter §§ 1192 I, 1157 fallen. Der dadurch gewährte Schutz ist bereits geschildert worden: oben Rdnr. 496; 499–501; 506–508 sowie *Buchholz*, AcP 203 (2003) 786 ff.

III. Feststellungsverträge

Im Schuldrecht herrscht Typenfreiheit. Daher sind nach § 311 I Verträge   **772**
möglich, in denen eine Partei gegenüber der anderen eine Verpflichtung anerkennt, ohne daß dadurch ein neuer Schuldgrund geschaffen werden soll (so daß die §§ 780–782 jedenfalls nicht direkt passen). Solche **deklaratorischen (bestätigenden) Schuldanerkenntnisse** kommen etwa in folgenden Beispielen in Betracht:

(1) A und B sind in einen Verkehrsunfall verwickelt. A hat getrunken und will deshalb verhindern, daß die Polizei gerufen wird. Er erklärt daher dem B: »Ich habe die Alleinschuld« oder »Ich will für Ihren Schaden aufkommen«. Kann B eine Klage allein auf dieses Versprechen gründen? Kann A sich damit verteidigen, in Wahrheit sei B alleinschuldig oder doch wenigstens mitschuldig?

(2) Der Bauunternehmer U will von seiner Bank B Kredit. Als Sicherheit bietet U der B die Zession von Kundenforderungen an, unter anderem einer Forderung gegen

K. B fragt bei K an, ob die Forderung in Ordnung gehe. Als K bejaht, erhält U den Kredit. Kann K der B jetzt noch entgegenhalten, U habe nur mangelhaft gebaut und könne daher nicht die volle Vergütung verlangen? Oder der Bauvertrag mit U sei wegen arglistiger Täuschung angefochten?

Einer solchen Forderungsanerkennung gegenüber dem Zessionar ähnelt die **Drittschuldnererklärung** nach § 840 I Nr. 1 ZPO; diese ist aber kein deklaratorisches Schuldanerkenntnis (so jedoch *OLG München,* NJW 1975, 174 ff., dagegen *Benöhr,* NJW 1976, 174 f.), sondern bloße *Wissenserklärung:* Sie bindet den Drittschuldner nicht, sondern kehrt nur die Beweislast um und begründet bei schuldhaft falscher Auskunft eine Schadensersatzpflicht nach § 840 II 2 ZPO: *BGH* NJW 1978, 44 f.

Die Fälle (1) und (2) ergeben die folgenden Probleme[1].

1.   Rechtliche Bindung

773   Zunächst muß durch Auslegung ermittelt werden, ob überhaupt eine rechtliche Bindung vorliegt (vgl. oben Rdnr. 371 f.). Zweifelhaft ist das insbesondere bei nicht hinreichend überlegten Äußerungen an der Unfallstelle (vgl. *LG Essen,* NJW 1972, 1721). Wo die Bindung verneint wird, ist die Äußerung nur ein (frei zu würdigendes und auch die Beweislast nicht notwendig umkehrendes) Indiz für die Leistungspflicht des Anerkennenden: so z.B. *BGHZ 66, 250 ff.* für das Anerkenntnis der Zahlungspflicht durch einen Versicherer, oder *OLG Düsseldorf,* NJW 1990, 2560 für eine Erklärung »Ich fühle mich für den entstandenen Schaden voll verantwortlich«.

In den Ausgangsfällen kann die Bindung bei (2) nicht verneint werden: Bei einer Anfrage durch eine Bank mußte K damit rechnen, daß es um Geld ging und daher mehr als eine unverbindliche Auskunft erwartet wurde. Und bei (1) spricht es für eine Verbindlichkeit, wenn sich B – dem A erkennbar – auf dessen Angabe verläßt und auf polizeiliche Feststellungen verzichtet (vgl. *Larenz/Canaris* II 2 § 61 II 2a). Freilich hat *BGH* NJW 1984, 799 f. in einem ähnlichen Fall eine volle Bindung verneint: Die Erklärung, an einem Unfall alleinschuldig zu sein, soll regelmäßig keinen rechtsgeschäftlichen Charakter und daher nur beweisrechtliche Folgen haben. Ähnlich unterscheidet *BGH* NJW 1986, 2571 ff. für die Bestätigung, ein Darlehen empfangen zu haben, zwischen einer bloßen Wissenserklärung und einer Erklärung mit rechtsgeschäftlicher Bedeutung.

2.   Folgen der Bindung

774   Wo eine Bindung überhaupt bejaht wird, bleibt durch Auslegung deren Umfang festzustellen: Das Anerkenntnis kann entweder nur die **Beweislast**

1 Dazu etwa *Larenz/Canaris* II 2 § 61 II 2; *Lindacher,* JuS 1973, 79 ff. und umfassend *Kübler,* Feststellung und Garantie (1967).

umkehren mit der Folge, daß die Unfallschilderung des Anerkenntnisempfängers als richtig vermutet wird (das sieht als Regelfall an *OLG Celle*, VersR 1980, 482 f.). Der Anerkennende kann aber auch mit materiellrechtlicher Wirkung auf einzelne **Einwendungen verzichten** wollen. Davon können bloß bestimmte einzelne Einwendungen oder alle Einwendungen aus einem bestimmten Umstand betroffen sein (z.B. alle Einwendungen aus Baumängeln). Schließlich mögen auch Bestehen und Durchsetzbarkeit eines Anspruchs überhaupt außer Streit gestellt werden sollen.

Vor allem für diesen letzten Fall paßt die Bezeichnung als »deklaratorisches« Anerkenntnis nicht, wenn die Schuld erst begründet wird. Trotzdem bleibt ein Unterschied zu Schuldversprechen und -anerkenntnis nach §§ 780 f.: Diese sind als abstrakte Verträge bei Fehlen einer causa kondizierbar (§ 812 II; vgl. oben Rdnr. 43). Dagegen ist das »deklaratorische« Anerkenntnis kausal und bedarf daher keiner weiteren causa mehr, um kondiktionsfest zu sein.

Bei der Ermittlung des Umfangs der Bindung ist die Rspr. mit Recht zurückhaltend: Nach *BGH* JZ 1968, 633 f. soll das Anerkenntnis nur die Einwendungen ausschließen, die dem Anerkennenden bekannt sind (ähnlich *BGH* NJW 1973, 2019 f.; 1984, 1346 f.). Und *BGH* NJW 1971, 2220 erlaubt einem Geschäftsungewandten sogar noch die Berufung auf die Nichtigkeit eines Vertrages wegen Versagung der nötigen Genehmigung, mit deren Erteilung der Anerkennende nur gerechnet hatte. *BGHZ 104, 18/24* endlich läßt ein deklaratorisches Schuldanerkenntnis schon dann nach den §§ 134, 138 nichtig sein, wenn es zwar nicht selbst gegen Gesetz oder gute Sitten verstößt, aber sich auf ein gesetz- oder sittenwidriges Geschäft bezieht.

In den Ausgangsfällen ist danach A bei (1) z.B. nicht gehindert vorzubringen, er habe erst jetzt erfahren, daß B keine Fahrerlaubnis besitze. Und bei (2) kann K noch die Baumängel und Anfechtungsgründe geltend machen, die ihm bei dem Anerkenntnis unbekannt waren.

3.   Schriftformerfordernis?

Je mehr Streitpunkte ein »deklaratorisches« Anerkenntnis erledigt, um so gefährlicher wird es für den Anerkennenden. Diese Gefahr ist noch größer als bei einem abstrakten Anerkenntnis nach § 781, das bei irrtümlicher Erteilung kondizierbar ist, während das »deklaratorische« Anerkenntnis keiner weiteren causa bedarf (vgl. oben Rdnr. 774). Daher ist es erwägenswert, das Schriftformerfordernis von §§ 780 f. (vgl. aber §§ 782 BGB, 350 HGB) auf das deklaratorische Anerkenntnis auszudehnen. Doch ist das unnötig, wenn man mit der Rspr. den irrtümlich Anerkennenden schon

775

durch einschränkende Auslegung des Anerkenntnisumfangs schützt (vgl. oben Rdnr. 774).

775a   Lehrreich für die Abgrenzung zwischen deklaratorischem und konstitutivem Schuldanerkenntnis ist *BGH* NJW 1980, 1158 f. Dort hatte eine Ehefrau F ihrem Ehemann M in einem Schuldschein bestätigt, von ihm zur Abdeckung bestimmter Schulden 150000,– DM darlehensweise erhalten zu haben. Nach der Scheidung machte M diesen Betrag geltend. Demgegenüber bestritt F den Erhalt des Geldes; der Schuldschein habe nur gegenüber Dritten Bedeutung erlangen sollen. Hier hatte die Vorinstanz *(OLG Stuttgart)* ein deklaratorisches Schuldanerkenntnis bejaht: Mit ihm habe F auf die Einwendung verzichtet, die Auszahlung des Darlehens sei unterblieben. Dagegen hat der *BGH* mit Recht ein konstitutives Schuldanerkenntnis angenommen, wenn M und F das Darlehen nur als fiktiven Schuldgrund angegeben hatten: Dann habe kein Zweifel zwischen den Parteien bestanden, den ein deklaratorisches Schuldanerkenntnis hätte ausräumen können. Wenn F das Schuldanerkenntnis bei Fehlen einer Gegenleistung schenkweise erteilt habe, sei also nach § 518 I 2 die (hier fehlende) notarielle Beurkundung nötig. Die Geltendmachung scheitere folglich an § 125. Entsprechend entscheidet *BGH* VersR 1981, 1158/1160 für ein Schuldanerkenntnis nach einem möglicherweise bloß vorgetäuschten Unfall.

4.   Exkurs: Sachenrechtliche Feststellungsverträge

775b   Im Fall von *BGHZ 98, 160 ff.* (dazu *Henckel*, JZ 1987, 359 ff.) war zwischen den Parteien streitig, ob AGB Vertragsinhalt geworden waren, die einen Eigentumsvorbehalt enthielten. Im Laufe dieses Streits erkannte der Erwerber endlich den EV an. Später wurde jedoch erneut gestritten: Der Erwerber machte wieder die Unwirksamkeit des EV geltend; auch eine (konkludent erklärte) Rückübereignung an den Veräußerer komme nicht in Betracht, weil das für § 930 nötige Besitzkonstitut fehle.

Demgegenüber hat der *BGH* (aaO. S. 165 ff.) einen wirksamen Feststellungs-(Bestätigungs-)vertrag über das Eigentum bejaht. Er bedeute, daß zwischen den Vertragsparteien über das Eigentum nicht mehr gestritten werden könne. Die Voraussetzungen der §§ 929 ff. bräuchten nicht erfüllt zu sein. Andererseits kämen aber auch eine Wirkung gegenüber Dritten und ein gutgläubiger Erwerb vom Nichtberechtigten nicht in Betracht. Im Ergebnis wird damit dem Feststellungsvertrag über eine sachenrechtliche Frage bloß eine relative Wirkung zuerkannt.

IV. Fremdfinanzierte Abzahlungsgeschäfte[2] und Leasing

1. Abzahlungskauf und ähnliches

a) Beim wichtigsten Abzahlungsgeschäft, nämlich beim Abzahlungskauf, **776** wird der Kredit häufig nicht vom Verkäufer V gegeben (weil dieser selbst nicht das dazu nötige Kapital hat). Vielmehr erhält der Käufer K ein Darlehen von einer Teilzahlungsbank B: Dieses wird direkt an V ausgezahlt und tilgt die Kaufpreisschuld des K (sog. **B-Geschäft**). K ist dann der B aus Darlehen statt dem V aus Kauf verpflichtet. Wirtschaftlich gesehen droht auch hier der Verlust von Einwendungen: Nichtigkeit des Kaufvertrages sowie Nichterfüllung, Schlechterfüllung oder Rücktritt durch V können ja nicht ohne weiteres dem Rückzahlungsanspruch der B entgegengehalten werden.

Besonders deutlich wird die Gefahr des Verlustes von Einwendungen bei der **fremdfinanzierten Ehevermittlung auf Abzahlung:** Wenn hier der Kunde das als Vergütung an den Ehemakler ausgezahlte Darlehen dem Geber zurückzahlen muß, wird § 656 ausgeschaltet. M.E. sollte man das nicht zulassen. Zu der »modernen« Variante der elektronischen **Partnervermittlung** vgl. *BGHZ 112, 122 ff.:* § 656 gilt hier entsprechend.

Beim **Abzahlungskauf** ging die h.M. unter dem AbzG von der **Trennung von Kauf und Darlehen** aus. Doch ist den Gefahren, die daraus für K drohten, auf mehreren Wegen begegnet worden. Insbesondere hat man unter bestimmten Voraussetzungen eine rechtliche Verbindung zwischen Kauf und Darlehen angenommen: Ihretwegen konnte der Käufer manche Einwendungen aus dem Kauf auch dem Darlehensgeber (der Bank) entgegenhalten (sog. **Einwendungsdurchgriff**, Darstellung in der 15. Aufl.).

b) Seit dem 1.1.1991 hat das auf einer EG-Richtlinie beruhende **776a** VerbrKrG die recht unübersichtlich gewordene Situation vereinfacht: Unter bestimmten Voraussetzungen sollte der Kauf (oder ein anderes Geschäft, § 9 IV VerbrKrG) ein mit dem Kreditvertrag **verbundenes Geschäft** bilden: nämlich wenn der Kredit der Finanzierung des Kaufpreises diente und beide Verträge als wirtschaftliche Einheit anzusehen waren, § 9 I 1 VerbrKrG. Als Regelbeispiel für solche wirtschaftliche Einheit hat § 9 I 2 VerbrKrG den Fall genannt, daß »der Kreditgeber sich bei der Vorbereitung oder dem Abschluß des Kreditvertrages der Mitwirkung des Verkäufers bedient«. Dabei ist es insbesondere um Fälle gegangen, in denen der Verkäufer die Kreditformulare bereithielt und dem Käufer bei deren Aus-

---

2 Zur Problematik *Gernhuber,* BR § 17 II und *ders.,* Austausch und Kredit im rechtsgeschäftlichen Verbund, 1. FS Larenz (1973) 455 ff.; *Vollkommer/Koch,* Der Einwendungsdurchgriff bei drittfinanzierten Rechtsgeschäften, Jura 1980, 469 ff.

füllung half, auch die Formulare dann an die Bank weiterleitete. Seit dem 1.1.2002 ist die Problematik in den §§ 358, 359 noch ausführlicher geregelt.

Rechtsfolgen der Vertragsverbindung nach § 358 III sind die folgenden:

(1) Das dem Verbraucher als Kreditnehmer zustehende **Widerrufsrecht** wirkt auch gegenüber dem finanzierten Geschäft, z.B. dem Kauf, § 358 II. Umgekehrt wirkt auch ein Widerruf des Kaufs usw. gegen den Kreditvertrag, § 358 I. Hierauf ist nach § 358 V der Käufer besonders hinzuweisen. Das schützt den Käufer davor, an den einen Vertrag gebunden zu sein oder sich gebunden zu glauben, wenn er sich von dem anderen Vertrag lösen will und kann.

(2) Bei Abzahlungsgeschäften mit einem finanzierten Preis von mehr als 200,– Euro richten sich **Einwendungen des Käufers** aus dem Kauf regelmäßig auch gegen den Kreditvertrag, § 359 S. 1. Bei Mängeln muß freilich zunächst die Nacherfüllung fehlgeschlagen sein, ehe die Kreditrückzahlung verweigert werden darf, § 359 S. 2.

Ob durch diese Regelung alle Probleme der Vertragsverbindung erledigt werden, ist zweifelhaft: Soll bei Krediten bis zu 200,– Euro der Käufer wegen eines Einwendungsdurchgriffs wirklich völlig schutzlos bleiben? Und wie verhält es sich bei Krediten, bei denen die Voraussetzungen des Verbraucherbegriffs von § 13 nicht erfüllt sind, z.B. weil ein kleinerer Gewerbetreibender Kreditnehmer ist? Mir scheint nicht ausgeschlossen, daß die Rspr. in solchen Fällen sich nicht mit den beiden Wegen von oben Rdnr. 149 begnügt, sondern noch zusätzlich auf die schon zum AbzG entwickelten Regeln zurückgreifen wird (grundsätzlich verneinend aber *BGH* ZIP 2004, 606 ff., vgl. dazu *Medicus*, FS Bülow, 2007, 55/64 ff.). Denn § 242, auf den diese Regeln weithin gestützt waren, ist keine auf »Verbraucher« beschränkte Norm. Insoweit wäre dann eine **Rechtsvereinfachung** durch das VerbrKrG und jetzt durch die §§ 358 f. **weithin verfehlt** worden.

776b   c) Besondere Bedeutung hat die Problematik der Vertragsverbindung in folgendem Zusammenhang erlangt: Etwa seit 1992 wurden durch besonders ausgebildete, organisierte Werber massenhaft in Haustürsituationen **Immobilien** (Hausgrundstücke, Eigentumswohnungen) **angeboten**. Dabei wurden unrichtige Angaben über den Wert oder den zu erwartenden Ertrag gemacht. Zur Finanzierung des Kaufpreises sollte der Käufer ein Bankdarlehen aufnehmen. Dieses wurde durch den Werber vermittelt und durch ein Pfandrecht an der Immobilie gesichert (Realkredit). Nach der alten Fassung des HWiG und des VerbrKrG schien es für den Käufer kein Widerrufsrecht zu geben. Dem hat der *EuGH* (NJW 2002, 281 ff. »*Heininger*«) durch eine richtlinienkonforme Auslegung der einschlägigen Vorschriften abgeholfen; das BGB ist dem inzwischen angeglichen worden (vor allem in § 312a).

776c   Doch war die Freude der Anleger über die so gewonnene Möglichkeit zum Widerruf verfrüht. Der zuständige XI. ZS des BGH hat diese Möglichkeit zwar übernommen (*BGHZ 150, 248/263*). Aber er hat einen **Einwendungsdurchgriff** nach § 9 VerbKrG **verneint:** Der Realkreditvertrag und das mit dessen Hilfe zu finanzierende Grundstücksgeschäft seien nicht als zu einer wirtschaftlichen Einheit verbundene Geschäfte anzusehen (aaO. S. 263). Daher berühre der Widerruf des Kreditvertrages gegenüber der Bank die Wirksamkeit des Kaufvertrages grundsätzlich nicht (dazu etwa *Franzen*, JZ 2003, 321 ff.). Das hat der Gesetzgeber inzwischen mit eng begrenzten Ausnahmen in den neuen § 358 III 3 übernommen (dazu etwa *Schmidt-Kessel*, ZGS 2002, 311 ff.; *Timmerbeil*, NJW 2003, 569 ff.). Folglich konnte der enttäuschte Käufer zwar den Kreditvertrag widerrufen; er musste den Kredit aber mit der üblichen Verzinsung sofort zurückzahlen und blieb auf der erworbenen Immobilie sitzen. Das hatten das *LG Bochum* (NJW 2003, 2612 ff., Schulte ./. Badenia) und das *OLG Bremen* (NJW 2004, 2238 ff.) für richtlinienwidrig gehalten, weil kein ausreichender Verbraucherschutz gewährleistet sei, und dem *EuGH* entsprechende Fragen vorgelegt (dazu *Hoffmann*, ZIP 2004, 49 ff.). Der *BGH* hat dem *LG Bochum* alsbald widersprochen (NJW 2004, 153 f.). Das *BVerfG* ZIP 2004, 62 ff. hat die Rechtsprechung des *BGH* als »verfassungsrechtlich nicht zu beanstanden« eingestuft. Schließlich hat der *EuGH* über die Ersuchen aus Bochum und Bremen in zwei Urteilen vom 25.10.2005 entschieden (NJW 2005, 3551 ff.; 3555 ff.). Dort hat er überwiegend einen Richtlinienverstoß des *BGH* verneint. Doch findet sich am Ende der beiden Urteile eine verbraucherfreundliche Einschränkung: Der als Käufer auftretende Verbraucher solle von bestimmten Risiken der Anlage entlastet werden, wenn die Bank ihn nicht über sein Widerrufsrecht belehrt habe und er die Risiken durch einen Widerruf hätte vermeiden können.

Die dogmatische Umsetzung dieser Bemerkung ist zweifelhaft (vgl. *BGHZ 168, 1* Rdnr. 29). Dabei hat der *BGH* aaO. Rdnr. 37 offengelassen, ob zur Belehrung über den Widerruf eine Pflicht oder nur eine Obliegenheit besteht (anders *BGH* NJW 2007, 357 Rdnr. 41: Pflicht). Denn jedenfalls hat der *BGHZ 168, 1* Rdnr. 38 einen Einwendungsdurchgriff am Fehlen der Kausalität scheitern lassen: Das Anlagerisiko sei in dem zu entscheidenden Fall schon vor der Kreditaufnahme eingegangen worden. Doch hat der *BGH* aaO. Rdnr. 47 ff. dem Verbraucher in besonders krassen Fällen mit einem Schadensersatzanspruch geholfen (vgl. unten Rdnr. 776d). Der bisher bestehende, kaum zu rechtfertigende Unterschied zwischen der Rspr. des XI. und derjenigen des II. ZS (Beitritt zu einem Immobilienfonds) ist jedenfalls beseitigt (vgl. *BGH* NJW 2006, 1955/1957 Rdnr. 28)

Übrigens kommt auch eine **Haftung der Bank für die Werber** aus den §§ 311 II, 280 I (c.i.c.) regelmäßig nicht in Betracht. Denn die Bank schuldet regelmäßig Beratung nur über den Kreditvertrag (vgl. *BGH* ZIP 2003, 1240 ff.), nicht dagegen über die vom Kreditnehmer zu erwerbende Immobilie. Folglich ist auch der Werber nicht in die Erfüllung einer Pflicht gerade

776d

der Bank eingeschaltet (§ 278, vgl. unten Rdnr. 801). Eine Ausnahme gilt nur, wenn und soweit die Bank nicht bloß als Kreditgeber auftritt, sondern auch in anderen Rollen, etwa wenn sie Bauträger der zu verkaufenden Immobilie war (etwa *BGH* ZIP 2003, 1240 ff.). Weiter haftet die Bank, wenn sie selbst den Erwerb empfohlen hat (*BGH* ZIP 2004, 452 ff.). *BGHZ 168, 1* Rdnr. 53 ff. fügt den Fall hinzu, dass ein »institutionelles Zusammenwirken« einen »konkreten Wissensvorsprung« der Bank hinsichtlich einer arglistigen Täuschung des Kreditnehmers durch Leute des Verkäufers ergibt.

2.   Leasing

776e   **a)** Mit dem Wort »Leasing« werden sehr verschiedene Geschäfte bezeichnet (vgl. etwa *Larenz/Canaris*, II 2 § 66 I und II; *Schlechtriem*, SBT Rdnr. 250 ff. und umfassend *Martinek*, Moderne Vertragstypen I, 1991, §§ 3 V, 4). Für die Anwendung der §§ 358, 359 und insbesondere des durch sie ermöglichten Einwendungsdurchgriffs kommt nur das sog. **Finanzierungsleasing** in Betracht. Bei diesem erhält der Leasingnehmer (LN) die Sache für eine – gemessen an deren »Lebensdauer« – verhältnismäßig lange Zeit. Und die für fremdfinanzierte Geschäfte kennzeichnende Dreipersonenbeziehung entsteht nur, wenn als Leasinggeber (LG) nicht der Hersteller der Sache auftritt (dann sog. **Herstellerleasing**), sondern ein Dritter: Dieser übernimmt dann regelmäßig den Erwerb und die Finanzierung der vom LN beim Hersteller ausgesuchten oder bestellten Sache. Anders als ein Vermieter (§§ 535, 536c) verpflichtet sich der LG aber nur zur Überlassung und nicht auch zur Instandhaltung der Sache. Vielmehr hat hierfür der LN zu sorgen (zur Vereinbarkeit mit § 307 vgl. etwa *Lieb*, Betr. 1988, 946 ff.); der LG tritt lediglich seine Ansprüche gegen den Hersteller an den LN ab.

Eine Anwendung der §§ 358 f. auf solche Leasinggeschäfte scheitert aber oft schon an § 13. Denn diese werden vor allem von Personen abgeschlossen, die nicht als »Verbraucher« gelten. Ausnahmsweise kann es aber auch anders liegen. Für diesen Fall hatte § 3 II Nr. 1 VerbrKrG die Anwendung einzelner Vorschriften des VerbrKrG auf Finanzierungsleasingverträge ausgeschlossen. Daraus ergab sich durch Gegenschluß, daß die übrigen Vorschriften anwendbar sein können. Zu ihnen gehörten die §§ 7, 9 VerbrKrG. Doch war die Anwendbarkeit von § 9 **VerbrKrG** auf Leasinggeschäfte streitig: § 9 VerbrKrG ging davon aus, daß der Verbraucher Vertragspartner von **Kauf und Darlehen** ist. Dagegen hatte der Leasingnehmer einen Vertrag allein mit dem Leasinggeber; in zwei Verträge ist hier nur der

Leasinggeber verwickelt[3]. Der neue § 358 erwähnt das Leasing nicht mehr, doch bestimmt § 500 die entsprechende Anwendung der §§ 358, 359 auf Finanzierungsleasingverträge zwischen einem Unternehmer und einem Verbraucher. Insoweit gilt der Einwendungsdurchgriff dieser Vorschriften auch beim Finanzierungsleasing.

b) Für den wichtigen Fall eines **Rücktritts** des **Leasingnehmers** gegenüber dem Lieferanten des Leasingguts hatte der *BGH* vor dem VerbrKrG die folgende Lösung entwickelt: **776f**

Der LG pflegt eine eigene Mängelhaftung auszuschließen und statt dessen seine kaufvertraglichen Gewährleistungsansprüche gegen den Lieferanten an den LN abzutreten. Das war auch unbedenklich, weil typischerweise der LN die Leasingsache ausgesucht hat und daher deren Mängeln näher steht, als es der LG tut (etwa *BGHZ 106, 304/309*). Doch sollte mit der Wandlung des Kaufs durch den LN die **Geschäftsgrundlage** des Leasingvertrags wegfallen. Dieser Wegfall sollte zudem zurückwirken; auch sollte der LG sich gegenüber den Rückzahlungsansprüchen des LN im wesentlichen nicht auf den Wegfall seiner Bereicherung berufen dürfen *(BGHZ 109, 139 ff.)*. Im Ergebnis hat der *BGH* so die in dem Leasingvertrag vereinbarte Risikoverteilung korrigiert. Zu kritisieren war insoweit zumindest die dies verschleiernde Begründung[4]. Dieser zweifelhafte Lösungsweg ist jetzt infolge der §§ 358 f., 500 überflüssig: Im Umfang dieser Vorschriften kann sich der Verbraucher als LN gegenüber dem Unternehmer als LG folglich auf Mängel des Leasinggegenstandes berufen.

---

3 Vgl. *Martinek*, aaO. § 5 II 2; § 7 I 1, anders *Larenz/Canaris*, II 2 § 66 IV 3.
4 Vgl. ausführlich *Canaris*, AcP 190 (1990) 410/416 ff. und bei *Larenz/Canaris* II 2 § 66 IV 2; *Lieb*, Betr. 1988, 2495 ff.; WM 1992 Sonderbeilage Nr. 6; *Martinek*, aaO. § 7 III.

VII. Abschnitt   Sonderfragen

Die vorhergehenden Abschnitte I bis V gingen von der Einteilung nach   **777**
Anspruchsgrundlagen aus, und Abschnitt VI behandelte Einwendungen.
Einige wichtige Fragen lassen sich aber in dieses Schema nicht recht einfügen, weil sie weder bloß von einer einzigen Anspruchsgrundlage noch von
einer bestimmten Einwendung abhängen. Kennzeichnend für das Auftauchen dieser Fragen ist vielmehr das **Anspruchsziel:** Schadensersatz (unten
Rdnr. 778 ff.; 815 ff.), Verwendungsersatz (unten Rdnr. 874 ff.) und Rückgriff (unten Rdnr. 905 ff.).

§ 32   Schadensersatzpflichten aus dem Verhalten Dritter[1]

I.   Handlungs- und Gefährdungshaftung

Regelmäßig ist jede Person nur für ihr eigenes Handeln verantwortlich;   **778**
Ausnahmen hiervon sind die Haftung für das Verhalten von Organen, Vertretern und Gehilfen. Dieses **Prinzip der Verschuldenshaftung** gilt aber
nur für die Normen, in denen die Verantwortlichkeit überhaupt an
menschliches Handeln geknüpft ist. Den Gegensatz dazu bildet die **Gefährdungshaftung** (vgl. oben Rdnr. 604; 631 ff.): Hier hat eine Person (der
Halter oder Unternehmer) für ein sachlich begrenztes Risiko einzustehen
regelmäßig ohne Rücksicht darauf, wer die Gefahr verwirklicht. Insoweit
umfaßt also die Gefährdungshaftung auch eine Haftung für fremdes Handeln, ohne daß es einer besonderen Zurechnungsnorm bedürfte.

Bsp.: H ist Halter eines Kraftfahrzeugs. Sein Fahrer F verletzt mit diesem Fahrzeug den G. Hier haftet H dem G im Rahmen der §§ 10 ff. StVG schon nach § 7 I,
III 2 StVG als Halter auf Schadensersatz. § 831 ist insofern also unnötig; gebraucht
wird er nur, wenn G mehr verlangt, als ihm nach dem StVG zusteht.

Ausgenommen von dieser gegenständlich bestimmten Haftung sind aber die Folgen von gewissen Fällen der unbefugten Benutzung (»Schwarzfahrt« und
»Schwarzflug«) (vgl. § 7 III StVG, 33 II LuftVG).

---

1 *H. Westermann,* Haftung für fremdes Handeln, JuS 1961, 333 ff.; 382 ff.; *Kupisch,*
Die Haftung für Erfüllungsgehilfen (§ 278 BGB), JuS 1983, 817 ff.; *ders.,* Die Haf-
tung für Verrichtungsgehilfen (§ 831 BGB), JuS 1984, 250 ff.; *K. Schreiber,* Die
Haftung für Hilfspersonen, Jura 1987, 647 ff., neuere Lit. bei *Medicus,* SAT vor
Rdnr. 318.

II.   Tatbestandsgruppen

779   Die Vorschriften über die Verantwortlichkeit für das Verhalten Dritter lassen sich unter verschiedenen Gesichtspunkten gliedern (vgl. *H. Westermann* aaO.). Am wichtigsten ist die Einteilung nach der Verantwortung innerhalb oder außerhalb einer **Sonderverbindung** (dazu *Medicus,* JuS 1986, 665/668 ff.).

1.   Haftung für alle zum Ersatz verpflichtenden Handlungen

Beide Haftungsarten werden nach h.M. (etwa *Palandt/Heinrichs* § 31 Rdnr. 2) umfaßt vor allem von den §§ 31, 86, 89: Für die Haftung der juristischen Person soll es hier genügen, daß das **Organ** irgendeine zum Schadensersatz verpflichtende Handlung begangen hat. Diese Vorschriften begründen demnach allein keinen Schadensersatzanspruch und bilden daher auch allein keine Anspruchsgrundlage. Vielmehr weisen diese Normen nur die Haftung einer anderen Person zu. Daher muß stets eine weitere Norm (z.B. §§ 280, 823 I) mitzitiert werden, aus der sich die Voraussetzungen der Schadensersatzpflicht ergeben.

Eine andere, nach meiner Ansicht (vgl. *Medicus,* AT Rdnr. 1135) zutreffende Ansicht wendet dagegen die §§ 31, 86, 89 nur außerhalb einer Sonderverbindung an: Die Organperson selbst haftet ja aus der Sonderverbindung regelmäßig nicht persönlich, so daß bei ihr auch keine »zum Schadensersatz verpflichtende Handlung« vorliegt. Nach dieser Auffassung gehört die Organhaftung zu den Fällen von unten Rdnr. 781 ff.; innerhalb einer Sonderverbindung wird für die Organperson also nach § 278 gehaftet (vgl. unten Rdnr. 780: die Organperson ist »gesetzlicher Vertreter«).

Bei **Delikten** haften das Organ und die juristische Person regelmäßig nebeneinander: Auch das Organ persönlich entgeht der Anwendung des Deliktsrechts nicht. Eine Ausnahme macht *BGH* NJW 1974, 1371 ff. jedoch bei § 831, wenn ein Verrichtungsgehilfe einer GmbH geschädigt hat: Hier hafte als Geschäftsherr nur die GmbH und nicht auch deren Geschäftsführer persönlich, der den Verrichtungsgehilfen eingestellt hatte. Auch sonst treffen Sicherungspflichten häufig bloß die juristische Person und nicht auch das Organ persönlich[2].

---

2   Vgl. *BGHZ 109, 297 ff.* und *Krebs/Dylla-Krebs,* Betr. 1990, 1271 ff.; *Medicus,* FS W. Lorenz (1991) 155 ff.; *ders.,* ZGR 1998, 570 ff.; *ders.,* GmbHR 2002, 809 ff.; *Grunewald,* ZHR 157 (1993) 451 ff.; *Lutter,* ebenda 464 ff.

2. Haftung in einer Sonderverbindung

Nur die Haftung innerhalb einer Sonderverbindung regelt für **Erfüllungs-** **780**
gehilfen und gesetzliche Vertreter vor allem § 278: Er erweitert das, was
der aus dieser Sonderverbindung Verpflichtete zu vertreten hat. Daher ist
auch § 278 allein nicht Anspruchsnorm. Vielmehr kann er nur gemeinsam
mit einer anderen Norm (etwa §§ 280, 311a II) zitiert werden: § 278 füllt
dort ebenso wie § 276 das Tatbestandsmerkmal des »Vertretenmüssens«
aus.

Eine konkurrierende **eigene Vertragshaftung** des Erfüllungsgehilfen (oder – so
auch im folgenden – des gesetzlichen Vertreters) dem Geschädigten gegenüber fehlt
hier regelmäßig: Der Erfüllungsgehilfe selbst ist ja nicht Partner der Sonderverbindung. Dagegen kann er dem Geschädigten **deliktisch** haften. Auch kommt bei Mängeln der Vertretungsmacht neben der Haftung des angeblich Vertretenen aus culpa in
contrahendo (§ 311 II, III) in Verbindung mit §§ 280, 278 eine Eigenhaftung des
Gehilfen aus § 179 in Betracht (vgl. oben Rdnr. 120). Zu weiteren Fällen einer Eigenhaftung des Gehilfen bei culpa in contrahendo vgl. oben Rdnr. 200 ff.

Gleichfalls auf eine Sonderverbindung beschränkt, aber noch schärfer als
§ 278 sind die §§ 428, 462 HGB. Hier haften nämlich Frachtführer und
Spediteur für **»ihre Leute«** (= Bediensteten) schlechthin ohne Rücksicht
darauf, ob sich der Beförderungsschuldner gerade ihrer zu der konkreten
Beförderung bedient hat. Denn der Zusatz in den §§ 428, 462 HGB (»deren
er sich zur Ausführung der Beförderung bedient«) bezieht sich nur auf die
vorher genannten »anderen Personen«, nicht auf die »Leute« (Bediensteten).

Zweifelhaft ist aber, ob der Beförderungsschuldner auch für solche Leute haften
soll, deren Anstellung den Schadenseintritt nicht wenigstens erleichtert hat. *H.
Westermann*, JuS 1961, 333/340 bringt folgendes *Bsp.*: Der Frachtführer S hat seinen
Fahrer F mit der Beförderung der Ware des G beauftragt. Der von F gesteuerte Lkw
stößt mit einem Wagen zusammen, den D, ein anderer Fahrer des S, lenkt. Dabei
wird die Ware des G zerstört. *H. Westermann* verneint hier die Haftung des S für D
nach § 428 HGB: D hätte ebensogut als Fahrer eines Dritten den Zusammenstoß
verschulden können.

3. Haftung außerhalb einer Sonderverbindung

Die Haftung außerhalb einer Sonderverbindung betreffen vor allem die §§ 3 **781**
HaftpflG, 831 (sowie nach vorzugswürdiger Ansicht auch die §§ 31, 86, 89,
vgl. oben Rdnr. 779).

Dabei bedeutet »außerhalb einer Sonderverbindung« nicht, daß das Fehlen einer
Sonderverbindung zwischen dem Geschädigten und dem Ersatzpflichtigen Haftungsvoraussetzung wäre. Gemeint ist vielmehr nur, daß es auf das Bestehen einer

Sonderverbindung nicht ankommt: Die Schädigung muß jedenfalls ein Delikt, sie kann aber zugleich auch eine Vertragsverletzung sein.

a)   Haftung für Repräsentanten

Die (häufig übersehene) Haftung des Unternehmers für seine Repräsentanten nach § 3 HaftpflG bedeutet Verantwortlichkeit für fremdes Unrecht und fremdes Verschulden. Hinsichtlich des Beweises gelten die allgemeinen Regeln: Der Geschädigte muß Unrecht und Verschulden des handelnden Repräsentanten nachweisen. Das wird ihm allenfalls durch eine Beweisführung prima facie erleichtert. Eine Exkulpation durch den Unternehmer (wie bei § 831; vgl. unten Rdnr. 782) kommt hier nicht in Betracht, weil eigenes Unrecht und Verschulden des Unternehmers für § 3 HaftpflG überhaupt bedeutungslos sind.

§ 3 HaftpflG kann **mit § 831 konkurrieren.** Dabei ist § 831 für den Geschädigten dann günstiger, wenn dieser ein Verschulden des Repräsentanten nicht nachweisen und der Unternehmer sich nicht exkulpieren kann.

Die **Eigenhaftung des Repräsentanten** richtet sich nach § 823; sie tritt also in den Fällen von § 3 HaftpflG stets ein.

b)   Haftung für Verrichtungsgehilfen

782   Komplizierter ist die Struktur von § 831. Hier braucht der Verrichtungsgehilfe nur rechtswidrig gehandelt zu haben; dann wird vermutet, daß die rechtswidrige Schädigung kausal auf ein Verschulden des Geschäftsherrn zurückgeht. Die Exkulpation des Geschäftsherrn entkräftet diese Vermutung. Dabei genügt, daß entweder die Kausalitäts- oder die Verschuldensvermutung widerlegt wird.

Das hat der BGH in seiner berühmten Entscheidung zum **Handlungsunrecht** (*BGHZ 24, 21 ff.,* vgl. oben Rdnr. 606) nicht genügend berücksichtigt. Dort kam in Betracht, daß der Kläger durch verkehrsrichtiges Verhalten der Verrichtungsgehilfen der Beklagten verletzt worden war. Der BGH hat für diesen Fall die Haftung der Beklagten aus § 831 deshalb abgelehnt, weil das verkehrsrichtige Verhalten der Gehilfen einen Rechtfertigungsgrund bilde; für § 831 fehle also eine rechtswidrige Schädigung.

Dieser im Ergebnis zweifelhafte konstruktive Aufwand war hier überflüssig (so mit anderer Begründung auch *Eike Schmidt,* AcP 175, 1975, 165/170): Bei Nachweis verkehrsrichtigen Verhaltens der Gehilfen wäre nämlich zugleich die Kausalitätsvermutung von § 831 I 2 widerlegt gewesen. Denn auch ein sorgfältig ausgesuchter und überwachter Gehilfe kann sich nicht besser als verkehrsrichtig verhalten (so ständig das RG und etwa *BGHZ 12, 94 ff.,* später auch BGH VersR 1975, 447/449).

Im Ergebnis kommt es daher für § 831 trotz des anscheinend abweichenden Wortlauts weitgehend auch auf **Verschuldenselemente beim Verrichtungsgehilfen** an, nämlich auf dessen **Fehlverhalten**, doch wird dieses als Bestandteil der Kausalität vermutet. Ohne Verschulden des Gehilfen haftet der Geschäftsherr nach § 831 regelmäßig nur in zwei Fällen: Einmal, wenn der Mangel des Verschuldens auf den §§ 827, 828 beruht. Und zum anderen, wenn der Gehilfe einem Verkehrskreis angehört, der nur minderen Sorgfaltsanforderungen unterliegt (z.B. alte Leute). In beiden Fällen wird zugleich die Exkulpation des Geschäftsherrn mangels sorgfältiger Auswahl regelmäßig mißlingen.

Die **Eigenhaftung des Gehilfen** richtet sich nach §§ 823 ff. Sie setzt zwar zusätzlich Verschulden des Gehilfen voraus, doch wird dieses nach dem eben Gesagten regelmäßig gegeben sein.

c) Rechtspolitisches

Die Exkulpationsmöglichkeit bei § 831 ist oft als ungerecht empfunden **783** worden. Daher ist man vielfach ins Vertragsrecht ausgewichen, um zu der schärferen Gehilfenhaftung nach § 278 zu gelangen: etwa bei der culpa in contrahendo und dem Vertrag mit Schutzwirkung für Dritte (vgl. unten Rdnr. 800). Schon seit Jahrzehnten wird eine Streichung der Exkulpationsmöglichkeit erwogen. Doch würde auch hierdurch der Unterschied zu § 278 nicht völlig beseitigt. Denn erstens muß der Verrichtungsgehilfe im Gegensatz zum Erfüllungsgehilfen »sozial abhängig« sein (vgl. unten Rdnr. 811). Und zweitens läßt sich eine Haftung für den gesetzlichen Vertreter auch weiterhin nur über § 278 begründen. Die Frage nach dem Bestehen einer Sonderverbindung (vgl. unten Rdnr. 798–800) würde also durch die Änderung des § 831 nicht für alle Fälle bedeutungslos.

Keinesfalls darf aber, wie es in schriftlichen Arbeiten häufig geschieht, die Kritik an § 831 I 2 in dem Sinn übernommen werden, daß man einfach das Gelingen der Exkulpation unterstellt: Dieses Verfahren stellt praktisch die in § 831 enthaltene Verschuldensvermutung gegen den Geschäftsherrn auf den Kopf und übertreibt das rechtspolitische Problem noch.

d) Ähnliche Haftungsfälle

Der Haftung des Geschäftsherrn für Verrichtungsgehilfen ähneln die §§ 831 **784** II, 832. Während aber § 831 eine Sorgfaltspflicht bei der Anstellung des Gehilfen postuliert, fehlt ein solches Merkmal in § 832: Hier werden die Sorgfaltspflichten nicht erst durch eine Handlung (nämlich die Anstellung) begründet, sondern sie ergeben sich aus der Aufsichtspflicht über den Minderjährigen.

Die Bedeutung der §§ 831 II, 832 II liegt darin, daß ebenso wie bei den §§ 834, 838 eine Verletzung der *vertraglichen* Aufsichtspflicht ausnahmsweise (vgl. oben Rdnr. 658) zu *deliktischer* Haftung führt. Dabei besteht die Vertragshaftung des die Aufsichtspflicht Verletzenden nur gegenüber dem Vertragspartner, die Deliktshaftung zumeist gegenüber Dritten. Im Verhältnis der §§ 831, 832 und ihrer beiden Absätze zueinander bestehen mannigfache Konkurrenzmöglichkeiten.

Bsp.: Die Kinderschwester S beaufsichtigt das fünfjährige Kind K fahrlässig schlecht; daher steckt dieses die Scheune des G in Brand. Hier haftet K dem G wegen § 828 I allenfalls nach §§ 823 I, 829. S haftet dem G nach § 832 II. Die Eltern des K, die S angestellt haben, können dem G nach §§ 831 I und 832 I haften: nach § 831 I, weil S Verrichtungsgehilfin war, und nach § 832 I, weil die Überlassung des K an die schlecht ausgesuchte S eine Verletzung der gesetzlichen Aufsichtspflicht der Eltern über K bedeutet. S endlich haftet den Eltern unter Umständen wegen Schlechterfüllung des Dienstvertrages, wenn diese aus ihrer Haftung gegenüber G einen Vermögensschaden haben (Haftungsinteresse, vgl. unten Rdnr. 837). Dagegen kommt wegen dieses Schadens eine Deliktshaftung der S gegenüber den Eltern nicht in Betracht (anders, wenn diese selbst eine Eigentumsverletzung erlitten hätten, vgl. *OLG Karlsruhe,* OLGZ 1977, 326 ff.).

4. Insbesondere Amts- und Staatshaftung[3]

a) Die derzeitige Gesetzeslage

784a Nach § 839 haftet der Beamte für bestimmte Pflichtverletzungen, und nach Art. 34 GG übernimmt der Staat (genauer: die Körperschaft, die dem Beamten das fehlerhaft ausgeübte Amt anvertraut hat: *BGHZ 53, 217 ff.*) diese Haftung. Damit ist die Verantwortlichkeit **zweistufig** geordnet: § 839 **begründet** die Haftung, und Art. 34 GG **verlagert** sie auf den Staat. Man spricht hier von »mittelbarer Staatshaftung« oder »Amtshaftung«.

b) Die Amtshaftung

785 Die nach diesen Vorschriften begründete Haftung ähnelt derjenigen nach § 3 HaftpflG: Verschulden ist nur bei dem handelnden Beamten nötig, nicht dagegen bei dem regelmäßig letztlich haftenden Staat. Doch weicht § 839 insofern von der Haftung nach § 3 HaftpflG ab, als er nicht nur Schäden aus der Verletzung bestimmter deliktisch geschützter Güter umfaßt. Vielmehr genügt für die Amtshaftung regelmäßig **jeder Vermögensschaden,**

---

3 Dazu umfassend *Ossenbühl,* Staatshaftungsrecht (5. Aufl. 1998); *Bender,* Staatshaftungsrecht (3. Aufl. 1981); *Krohn,* Enteignung, Entschädigung, Staatshaftung (1993); *Windthorst/Sproll,* Staatshaftungsrecht (2. Aufl. 2007).

der durch die Verletzung einer dem Geschädigten gegenüber bestehenden Amtspflicht herbeigeführt worden ist.

Einschränkungen der Amtshaftung ergeben sich außer nach § 839 I 2; II; III aber vor allem aus zwei Gesichtspunkten:

aa) Erstens muß die Amtspflicht **gerade dem Geschädigten** gegenüber bestehen. Darum ging es etwa in

BGHZ 58, 96 ff.: Bei einem Verkehrsunfall wird G von dem Kfz des S verletzt. S ist bei dem ausländischen Versicherer A haftpflichtversichert; A fällt in Konkurs. G verlangt von der Bundesrepublik Schadensersatz: Diese habe den A nicht hinreichend geprüft und diesem daher die Zulassung zum Betrieb der Kfz-Haftpflichtversicherung nur unter Verstoß gegen Amtspflichten erteilt.

Der *BGH* hat die Klageabweisung gebilligt: Die Amtspflicht zur Überprüfung der Haftpflichtversicherer bestehe nicht gegenüber dem einzelnen Verkehrsopfer (m.E. zweifelhaft). Dagegen bejaht *BGHZ 74, 144 ff.* eine dem einzelnen Einleger gegenüber bestehende Amtspflicht des Bundesaufsichtsamts für das Kreditwesen, ein »Wertbriefe« ausgebendes Unternehmen daraufhin zu überprüfen, ob es unerlaubt genehmigungsbedürftige Bankgeschäfte (Entgegennahme von Einlagen) betreibt. Ebenso soll nach *BGHZ 75, 120 ff.* das Bundesaufsichtsamt gegenüber den Einlagegläubigern einer Bank (Herstatt!) Amtspflichten haben, wenn bekannt wird, daß die Bank ihr Eigenkapital durch umfangreiche Devisentermingeschäfte gefährdet[4]. Freilich hat inzwischen § 6 III des Kreditwesengesetzes das Bundesaufsichtsamt auf die Wahrnehmung öffentlicher Interessen beschränkt, für Verfassungswidrigkeit jedoch *Schenke/Ruthig*, NJW 1994, 2324 ff.

Derzeit geht es vielfach um Bebauungspläne, bei denen Altlasten (Mülldeponien usw.) nicht berücksichtigt worden sind (sog. **Überplanung von Altlasten**): Wer wird durch die hier verletzten Amtspflichten geschützt (z.B. auch spätere Erwerber?) und wogegen (z.B. nicht bloß gegen Gesundheits-, sondern auch gegen primäre Vermögensschäden?)[5].

bb) Zweitens kann nach dem **Zweck der Amtspflicht** auch der Ersatz für bloße **Vermögensverletzungen** ausnahmsweise **ausgeschlossen** sein.   **785a**

BGH NJW 1973, 463 ff. (dazu *Brandenburg*, JuS 1974, 710 ff.): Der Frachtführer G befördert mit Lkw einen Container des E. Dabei wird der Container beschädigt, weil ein Ast zu tief in die Straße ragt. G muß dem E Ersatz leisten und verlangt den

---

4 Zu diesem wichtigen Fragenkreis »Wirtschaftsaufsicht und Haftung« vgl. *Papier*, JuS 1980, 265 ff.; *Kopf/Bäumler*, NJW 1979, 1871 ff.; *Püttner*, JZ 1982, 47 ff.
5 Vgl. dazu *BGHZ 106, 323 ff.; 108, 224 ff.; 109, 380 ff.; 113, 367 ff.; 116, 215 ff.* (dazu *Ossenbühl*, JZ 1992, 1074 f.); *117, 363 ff.; 121, 65 ff.; 123, 363 ff.*, zu den Amtspflichten bei der Aufstellung eines Bebauungsplans auch *BGHZ 110, 1 ff.*

an E zu zahlenden Betrag nun seinerseits von dem für die Verkehrssicherung zuständigen Land ersetzt.

Wäre hier die Verkehrssicherung privatrechtlich zu beurteilen, so hätte nach § 823 I nur E als Eigentümer des beschädigten Containers von dem Land Ersatz verlangen können, nicht aber G (wenn man nicht auch den berechtigten Besitz des G an dem Container für verletzt hält). Der *BGH* hat angenommen, das beklagte Land habe durch die öffentlich-rechtliche Ordnung der Verkehrssicherung diesen Umfang der Ersatzpflicht nicht erweitern wollen. Darum falle das Vermögen als solches hier nicht in den Schutzbereich der Amtspflicht; ebenso *BGHZ 66, 398 ff.* Ähnlich stellt auch *BGHZ 69, 128/138 ff.* für die Staatshaftung gegenüber den durch den Fluglotsenstreik betroffenen Reiseunternehmern auf den Eingriff in deren Gewerbebetrieb und nicht einfach auf deren Vermögensschaden ab.

c) Die Eigenhaftung des Beamten

786 Die Eigenhaftung des Beamten gegenüber dem Geschädigten wird ausgeschlossen, soweit Art. 34 GG reicht, also grundsätzlich bei Ausübung öffentlicher Gewalt. Hier kommt dann nur ein Rückgriff der haftenden Anstellungskörperschaft gegen den (zumindest grobfahrlässigen) Beamten nach dem Beamtenrecht in Betracht.

Dagegen ist eine **Eigenhaftung** des Beamten aus § 839 **denkbar,**

(1) wenn dieser nicht in Ausübung öffentlicher Gewalt gehandelt, aber doch eine Amtspflicht verletzt hat (z.B. der selbstliquidierende beamtete Arzt an einer Universitätsklinik, *BGHZ 85, 393 ff.,* aber auch *BGHZ 120, 376 ff.,* weiter *BGH* NJW 2003, 2309/2311),

(2) wenn die Haftung der Anstellungskörperschaft durch eine besondere Vorschrift ausgeschlossen ist.

Dabei sind aber folgende, die Eigenhaftung **einschränkende Gesichtspunkte** zu bedenken:

(1) Außerhalb des Bereiches der Ausübung öffentlicher Gewalt kann der Staat für den Beamten nach §§ 89, 30, 31, 831 oder auch wegen Vertragsverletzung in Verbindung mit § 278 haften. Diese privatrechtliche Staatshaftung bildet für den Geschädigten eine anderweitige Ersatzmöglichkeit, die seinen Anspruch gegen den nur fahrlässig handelnden Beamten nach § 839 I 2 ausschließt.

(2) Soweit die Amtshaftung nach Art. 34 GG durch besondere Vorschriften ausgeschlossen ist, muß stets geprüft werden, ob diese Vorschriften nicht auch die Beamtenhaftung aus § 839 ausschließen wollen. Für den Postdienst war das durch § 11 II des G über das Postwesen vom 28.7.1969

(*Sartorius* Nr. 910) klargestellt: Nur der vorsätzlich handelnde Bedienstete haftet selbst (Beispiel: *OLG Koblenz*, VersR 1986, 771 f.: vorsätzliche Nichtbeachtung von Sicherheitsvorschriften durch Postbedienstete).

(3) Der Beamtenbegriff ist da, wo § 839 allein gilt, wesentlich enger als in der Verbindung von § 839 mit Art. 34 GG. Denn für den unmodifizierten § 839 ist das Beamtenrecht maßgeblich. Dagegen genügt für § 839 in Verbindung mit Art. 34 GG jede Person, der öffentliche Gewalt anvertraut ist (also insbesondere auch Angestellte).

d)   Die Notarhaftung

Eine wichtige Spezialvorschrift aus dem Bereich der Beamtenhaftung ist   **787**
§ 19 BNotO für den Notar. Dieser ist nach § 1 BNotO nicht eigentlich Beamter; für ihn tritt auch die Amtshaftung nach Art. 34 GG nicht ein, § 19 I 4 BNotO. Andererseits haftet der Notar aber auch nicht ohne weiteres für Hilfspersonen nach § 278, weil er entweder selbst handeln muß oder seine Amtspflicht bei der Heranziehung der Hilfsperson enden kann: *BGH* NJW 1976, 847 f.

e)   Die Subsidiarität der Staatshaftung

Die **Subsidiarität** der Staatshaftung (§ 839 I 2, dazu *Lörler*, JuS 1990,   **788**
544 ff.) mochte für die Eigenhaftung des Beamten noch sinnvoll gewesen sein, um dessen Entschlußfreudigkeit zu stärken. Für die Staatshaftung dagegen bedeutet die Subsidiarität ein sachlich ungerechtfertigtes Fiskusprivileg. Dementsprechend baut der *BGH* auch seit geraumer Zeit die Wirkung des § 839 I 2 ab: Die Lohnfortzahlung des Arbeitgebers (*BGHZ 62, 380 ff.*, dazu *Futter*, JZ 1975, 66 ff.) und eine Erhöhung der Grundrente nach dem BundesversorgungsG (*BGHZ 62, 394 ff.*) sollen keine »anderweitige Ersatzmöglichkeit« im Sinne von § 839 I 2 darstellen, ebensowenig Leistungen eines Kaskoversicherers (*BGHZ 85, 230 ff.*). Und nach *BGHZ 68, 217 ff.* soll die Subsidiarität regelmäßig nicht gelten, wenn ein Amtsträger bei der Teilnahme am allgemeinen Straßenverkehr einen Unfall verursacht[6].

BGHZ 75, 134 ff. verneint die Subsidiarität sogar für eine Haftung wegen einer Verletzung der hoheitlich ausgestalteten Straßenverkehrssicherungspflicht. In dem dort entschiedenen Fall hatte die Frau F mit dem Wagen ihres Mannes M unvorsichtig einen noch unfertigen Weg der Gemeinde G befahren. Dabei wurde der Wagen beschädigt, als er gegen einen verkehrs-

---

6 Dazu etwa *Lässig*, JuS 1978, 679 ff.; *Stoll*, FS Hauß (1978) 349 ff.; *Kahlke*, VersR 1981, 604 ff. Allgemein zur Subsidiarität *Medicus*, JuS 1977, 637 ff.

widrig über das Straßenniveau herausragenden Kanaldeckel stieß: Nach
Ansicht des *BGH* soll M sich hier an G halten können und braucht sich
nicht nach § 839 I 2 auf Ansprüche gegen F verweisen zu lassen. Ähnlich
entscheiden *BGHZ 118, 368 ff.; 123, 102 ff.* Dagegen wird Subsidiarität der
Amtshaftung bejaht, wenn ein schädigender Amtsträger bei der Teilnahme
am Straßenverkehr Sonderrechte nach § 35 I StVO in Anspruch nimmt,
BGHZ 85, 225 ff.

5. Mehrheit von Deliktsbeteiligten

789   Als eine letzte Fallgruppe aus dem Bereich der Haftung für Dritte kann
man endlich noch den immer wichtiger werdenden § 830 I 2 verstehen[7]: Ein
an einer unerlaubten Handlung Beteiligter muß unter Umständen auch für
Schäden einstehen, die nicht er verursacht hat, sondern möglicherweise ein
anderer Beteiligter (»alternative Kausalität«). Die Bedeutung dieser Vorschrift hat sich inzwischen von der Wirtshausschlägerei zum Straßenverkehr und zu gewalttätigen oder sonst unerlaubten Demonstrationen verlagert. Dabei geht es vor allem um drei Fragen:

(1) Gilt § 830 I 2 auch gegen Personen, die nur aus Gefährdung haften?

(2) Ist ein räumlicher und zeitlicher Zusammenhang zwischen dem Tätigwerden der mehreren Beteiligten nötig?

(3) Greift § 830 I 2 auch dann ein, wenn die Haftung eines Beteiligten für
den ganzen Schaden feststeht?

790   **Frage (1)** ist zu bejahen. So können aus § 830 I 2 auch haften der Kfz-
Halter *(BGH NJW 1969, 2136 ff.)* und der Tierhalter *(BGHZ 55, 96 ff.)*.
Die Problematik der weiteren Fragen (2) und (3) zeigt sich gut in

BGHZ 55, 86 ff.: S gerät mit seinem Pkw schuldhaft von der Straße ab. Dabei
wird von den mitfahrenden Eheleuten die Frau F verletzt, vielleicht auch der Mann
M. Beide werden dann in einem Krankenwagen abtransportiert. Dieser stößt 15
Min. nach dem Unfall und 2,5 km von der Unfallstelle entfernt mit einem von D
schuldhaft ins Schleudern gebrachten Lkw zusammen. F wird erneut verletzt; M ist
jedenfalls jetzt verletzt.

791   Zu **Frage (2)** hat hier der *BGH* zwar eine in der Literatur (*Gernhuber*, JZ
1961, 148/152) vertretene Ansicht abgelehnt, § 830 I 2 meine nur die Beteiligung an der Auseinandersetzung über die Schadensteilung. Andererseits
hält der *BGH* aber wohl auch nicht mehr streng an der alten Regel fest,

---

7 Dazu etwa *Ries*, AcP 177 (1977) 543 ff.; *Brehm*, JZ 1980, 585 ff.; *Schantl*, VersR
1981, 105 ff., weitere bei *Medicus*, SBT vor Rdnr. 929.

Schadensursache müsse ein »tatsächlich einheitlicher, örtlich und zeitlich zusammenhängender Vorgang« sein. Vielmehr billigt der *BGH* die Ansicht der Vorinstanz (OLG Hamm): § 830 I 2 sei anwendbar, wenn wegen des räumlichen und zeitlichen Zusammenhangs mehrerer Ereignisse die Ursächlichkeit eines einzelnen Ereignisses für einen Schaden nicht mehr festgestellt werden könne. Das trifft in *BGHZ 55, 86* zu. Ein weiterer häufiger Anwendungsfall ist, daß ein Opfer eines Verkehrsunfalls auf der Straße liegenbleibt und dort noch von weiteren Fahrzeugen überfahren wird; welches Fahrzeug welche Verletzungen verursacht hat, läßt sich nicht mehr feststellen (vgl. *BGH* NJW 1969, 2136 ff. und *BGHZ 72, 355 ff.*, dazu unten Rdnr. 792 a).

In diesen Zusammenhang gehört auch die viel diskutierte **Grohnde-** **792** **Entscheidung BGHZ 89, 383 ff.** Dort ging es um die Haftung einzelner Demonstranten für die Schäden aus einer gewaltsamen Großdemonstration auf dem Gelände des künftigen Kernkraftwerks Grohnde. Dabei hat der *BGH* die zentrale Frage, ob man eine solche räumlich und zeitlich weit ausgedehnte Großdemonstration als eine einzige unerlaubte Handlung ansehen kann, im Ansatz verneint (Abweichendes gilt für eine überschaubare Hausbesetzung, *BGHZ 63, 124 ff.*, sowie für eine Kleindemonstration, *OLG Hamm*, VersR 1985, 505 f.). Das hat Folgen vor allem für den hier in erster Linie anwendbaren »strafrechtlichen Teil« von § 830 (Abs. 1 S. 1, Abs. 2), der auf Mittäterschaft, Anstiftung und Beihilfe abstellt. Dabei geraten strafrechtliche Probleme in den Vordergrund, aber auch die Frage, welche der von den Demonstranten verletzten Vorschriften Schutzgesetze (§ 823 II) zugunsten der Verletzten darstellen (dazu ausführlich *Stürner*, JZ 1984, 525 ff.). Zu § 830 I 2 hat der *BGH* lediglich geäußert, die Vorschrift diene nicht der Überwindung von Zweifeln hinsichtlich der Teilnahme an einer unerlaubten Handlung. Insbesondere könne nach § 830 I 2 nicht ein Teilnehmer für Schäden verantwortlich gemacht werden, die womöglich schon entstanden waren, bevor dieser Teilnehmer sich der Demonstration verantwortlich angeschlossen hatte (dazu *Stürner*, JZ 1984, 525/526). Diese Ansicht trifft zwar zu, doch ist vielleicht schon die Fragestellung zu eng. In dem hier gezogenen Rahmen kann die Problematik aber nicht mit der nötigen Ausführlichkeit behandelt werden.

Zu **Frage (3)** von oben Rdnr. 789 endlich ist zu bedenken: In *BGHZ 55,* **792a** *86* hätte man sich wenigstens für F auf den Standpunkt stellen können, S hafte schon nach den Regeln der Adäquanz für allen Schaden. Denn durch die erste Verletzung der F habe S den Krankentransport nötig gemacht, mit dem wegen der besonderen Eile die Gefahr weiterer Verletzungen adäquat verbunden gewesen sei. In solchen Fällen hält insbesondere *Gernhuber*, JZ 1961, 148 § 830 I 2 für unanwendbar: Die Vorschrift setze voraus, daß ein Ersatzanspruch nach den allgemeinen Regeln an der Unmöglichkeit des

Kausalitätsnachweises scheitere. *BGHZ 55, 86 ff.* ist dem zunächst nicht gefolgt: Ein durch § 830 I 2 geschütztes Interesse an der Mithaftung des Zweittäters könne auch bestehen, wenn der voll haftende Ersttäter nicht feststellbar oder vermögenslos sei. Dagegen spricht freilich: Gerade in den vom *BGH* gemeinten Fällen müßte ja auch der Zweittäter mit seinem Rückgriff (§§ 840 I, 426) gegen den Ersttäter scheitern, so daß ihn die volle Haftung besonders hart träfe.

Der *BGH* hat denn auch seinen ursprünglichen Standpunkt mehr und mehr abgeschwächt. So hat *BGHZ 60, 177 ff.* die Unanwendbarkeit des § 830 I 2 eingeräumt, wenn möglicherweise der Geschädigte den Schaden mitverursacht hat. Und nach *BGHZ 67, 14 ff.* soll für § 830 I 2 jedenfalls in der Regel kein Raum sein, wenn ein Beteiligter aus erwiesener Verursachung haftet. *BGHZ 72, 355 ff.* endlich hat die ältere Rspr. ganz aufgegeben: Dort hatte zunächst A den Mofafahrer M angefahren, so daß dieser auf die Fahrbahn stürzte und dort liegenblieb. Wenig später bremste B mit seinem Wagen nicht rechtzeitig, erfaßte daher den M und schleifte ihn 13m weit mit. M starb bald darauf. Hier hat der BGH (kritisch *Fraenkel*, NJW 1979, 1202 f.) Ersatzansprüche gegen B wegen des Todes mit guten Gründen (es gibt aber auch starke Gegengründe!) verneint: Dieser Tod sei jedenfalls eine adäquate Folge des ersten Zusammenstoßes, nämlich der durch ihn bewirkten hilflosen Lage des M, und daher dem A zuzurechnen; § 830 I 2 scheide dann aus (dazu *Deutsch*, NJW 1981, 2731 ff.). Eine Haftung des B kommt nach der Ansicht des BGH nur in Betracht, wenn die tödliche Verletzung nachweislich erst aus dem zweiten Zusammenstoß stammt: Dann braucht man § 830 I 2 für die Haftungsbegründung ja nicht; die Haftung beruht vielmehr auf § 823 I.

Festzuhalten bleibt aber, daß der Schaden **nicht durch eine andere Ursache** entstanden sein darf. So waren im Fall von *BGH* NJW 2001, 2538 in einem Keller gelagerte Filme des E durch von oben eingedrungenes Wasser verdorben worden. Ein Klempner K hatte ein Loch in die Kellerdecke gebohrt; es gab aber noch ein zweites Loch, durch welches das Wasser gleichfalls eingedrungen sein konnte: Entgegen dem *BGH* haftet K hier dem E nicht analog § 830 I 2 (vgl. *Eberl-Borges*, NJW 2002, 949): Der Verursacher des zweiten Lochs braucht ja nicht unerlaubt gehandelt zu haben.

III. Einzelfragen der Organhaftung

1. Handelsgesellschaften

793   Die Organhaftung nach § 31 (oben Rdnr. 779) gilt, abgesehen von den Erweiterungen in den §§ 86, 89, nach allgemeiner Ansicht weit über den

rechtsfähigen Verein hinaus. Sie umfaßt nämlich alle Handelsgesellschaften mit eigener Rechtspersönlichkeit, überdies sogar die OHG und die KG.

Dabei wird der **Organbegriff** weit gefaßt: Es genügt, daß »durch die allgemeine Betriebsregelung oder Handhabung bedeutsame, wesensmäßige Funktionen der juristischen Person (dem Organ) zur selbständigen, eigenverantwortlichen Erfüllung zugewiesen sind«, daß also das Organ die juristische Person auf diese Weise repräsentiert *(BGHZ 49, 19 ff.)*. Nicht entscheidend ist die Vertretungsmacht *(BGH NJW 1972, 334 f.:* Chefarzt). Unter §§ 30, 31 kann z.b. auch der Leiter einer Bankzweigstelle fallen: *BGH NJW 1977, 2259 ff.*

2. Andere Personenvereinigungen

Fraglich dagegen ist die Haftung bei der BGB-Gesellschaft und beim nichtrechtsfähigen Verein, für den § 54 S. 1 auf das Recht der Gesellschaft verweist. **794**

a) BGB-Gesellschaft

Für die BGB-Gesellschaft bedarf es zunächst einer **Vorbemerkung**: Seit einer Arbeit von *Flume* (ZHR 136, 1972, 177 ff.) hat sich im Gesellschaftsrecht eine neue Auffassung gebildet (sog. »Gruppenlehre«)[8]. Diese Auffassung, die *BGHZ 146, 341 ff.* übernommen hat, will zwar überwiegend die BGB-Gesellschaft nicht zur juristischen Person machen (vgl. *Ulmer,* AcP 198, 1998, 119 ff.). Doch soll sie unter bestimmten Voraussetzungen mit einer **Teilrechtsfähigkeit** ausgestattet werden, die etwa derjenigen entspricht, die von den §§ 124, 161 II HGB für OHG und KG angeordnet wird. Das soll gelten für Gesellschaften, die drei Anforderungen genügen: Sie müssen über ein vom Gesellschaftervermögen zu unterscheidendes Gesamthandsvermögen verfügen, sie müssen durch ihre Organe am Rechtsverkehr teilnehmen und sie müssen eine eigene »Identitätsausstattung« haben (wie Name oder Firma). Folgt man dieser Lehre, so gibt es zwei Arten von BGB-Gesellschaften: solche, die den genannten Anforderungen genügen und der OHG oder der KG ähneln, und alle übrigen.

Die Vor- und Nachteile dieser Lehre können hier nicht mit der nötigen Gründlichkeit diskutiert werden. Daher soll die folgende Darstellung von der traditionellen (und auch nach der neuen Lehre für manche BGB-Gesellschaften fortgeltenden) Auffassung ausgehen. Auf mögliche Abwei-

---

8 Zu ihr etwa *Ulmer,* AcP 198 (1998) 113 ff.; *Hadding,* ZGR 30, 2001, 712 ff.; *H. Baumann,* JZ 2001, 895 ff.; *Ulmer/Steffek,* NJW 2002, 330 ff., kritisch *Cordes,* JZ 1998, 545 ff.; *Beuthien,* JZ 2003, 969 ff.; *Elsing,* BB 2003, 909 ff., zuletzt *Canaris,* ZGR 2004, 69 ff.; *Altmeppen,* NJW 2004, 1563 ff.

chungen der neuen Lehre wird aber kurz hingewiesen; vorzügliche Darstellung bei *K. Schmidt*, Gesellschaftsrecht (4. Aufl. 2002) § 60 II; III, ausführlich *Hasenkamp*, Die Haftungsbeschränkungen bei der Gesellschaft bürg. Rechts, 2003.

Im rechtsgeschäftlichen Bereich ist auszugehen von der Vertretungsmacht, die nach § 714 im Zweifel der Geschäftsführungsbefugnis entspricht. Der danach vertretungsberechtigte Gesellschafter kann alle übrigen rechtsgeschäftlich als Gesamtschuldner (§ 427) verpflichten; kraft Gesetzes tritt eine Mitverpflichtung der übrigen Gesellschafter hier (anders als nach § 128 HGB bei der OHG) nicht ein (»Theorie der Doppelverpflichtung«), so noch *BGH* ZIP 1990, 610/612 f.; NJW-RR 1994, 98 f. Aber der Wille zur Nichtverpflichtung einzelner Gesellschafter muß dem Geschäftspartner deutlich gemacht werden, dazu *Habersack*, JuS 1993, 1 ff.; *Gummert*, ZIP 1993, 1063 ff. Unterläuft bei der Erfüllung einer solchen Verpflichtung ein Verschulden des handelnden Gesellschafters, so haben die übrigen dieses wegen § 425 zwar nicht schon als Gesamtschuldner zu vertreten. Doch ist § 278 anwendbar, wenn der handelnde Gesellschafter von den übrigen in die Erfüllung einer eigenen Verpflichtung eingeschaltet war (unten Rdnr. 801). Das liegt vor, wenn dieses Handeln durch den Gesellschaftsvertrag oder einen Beschluß gedeckt ist.

Nach der **»Gruppenlehre«** soll § 714 entgegen seinem Wortlaut nur die Vertretung der BGB-Gesellschaft (also nicht diejenige der Gesellschafter persönlich) betreffen. Doch wird eine persönliche Haftung der Gesellschafter (mit nicht einheitlicher Begründung) gleichfalls bejaht (so etwa *BGHZ 142, 315; 146, 341*, einschränkend aber *BGHZ 150, 1/5 ff.*, vgl. *Reiff*, ZGR 2003, 550 ff. mit Belegen). Damit hat der *BGH* die Akzessorietätstheorie anerkannt. Freilich will er aus Gründen des Vertrauensschutzes für Altverträge weiterhin die dort vorgesehenen Haftungsbeschränkungen gelten lassen. Zudem soll für als BGB-Gesellschaften organisierte geschlossene Immobilienfonds »angesichts der Eigenarten dieser Gesellschaften« (nämlich als Mittel der Kapitalanlage) sogar bei Neuverträgen die unbeschränkte gesamtschuldnerische Haftung auch durch AGB abbedungen werden können (aaO. S. 853). Eine weitere wichtige Ausnahme erwägt *BGHZ 154, 370/377 f.* (Berufsfehler bei Angehörigen freier Berufe).

Auf § 278 kommt es nicht an, wo das **Verschulden ausnahmsweise Gesamtwirkung** hat, weil sich nämlich »aus dem Schuldverhältnis ein anderes ergibt« (so § 425 I). Das gilt insbesondere für die **Anwaltssozietät**: Hier haften für ein Verschulden eines Sozius auch die übrigen *(BGHZ 56, 355 ff.)*. Die als Sozii auftretenden Anwälte nehmen nämlich eine Art gemeinsamen »guten Ruf« für sich in Anspruch: Man erwartet von ihnen gemeinsam mehr als von jedem einzelnen Sozius. Diesem Anspruch muß dann regelmäßig auch eine Haftung aller für alle entsprechen (ähnlich wie bei der OHG, deren Kredit gleichfalls auf der Haftung aller Gesellschafter beruht, zustimmend *Flume*, PersGes 319 ff.). Nach *BGHZ 70, 247 ff.* gilt die Gesamtwirkung selbst dann, wenn nur nach außen der Anschein des Bestehens einer Sozietät hervorgerufen worden ist. *BGHZ 97, 273 ff.* erweitert diese Regel auf die eine **Gemeinschaftspraxis betreibenden Ärzte**; weiter *BGH NJW 1990, 827 f.* auf eine **Steuerberater-Sozietät**.

Bei Delikten[9] paßt § 831 weithin schon deshalb nicht, weil regelmäßig 795 der handelnde Gesellschafter den übrigen gleichberechtigt ist: Es fehlt die für § 831 nötige Weisungsgebundenheit (vgl. unten Rdnr. 811). Daher kann die Vorschrift allenfalls dann angewendet werden, wenn ein Gesellschafter ausnahmsweise weisungsgebunden für die Gesellschaft handelt.

Bsp. für die Haftungslage nach der h.M. (vgl. *BGHZ 45, 311 ff.*, kritisch *K. Schmidt* § 60 III 4c): Ehemann M und Ehefrau F betreiben gemeinsam eine *kleine* Tankstelle (damals wie jetzt – nun nach den §§ 1 II, 105 II HGB – ohne Eintragung in das Handelsregister keine OHG, bei der § 31 eingreift, sondern eine BGB-Gesellschaft). F schraubt an dem Wagen eines Kunden K das Bremsventil nicht ordentlich zu, so daß die Bremsen ausfallen und K bei einem Unfall verletzt wird. K verlangt von F und M als Gesamtschuldnern Schadensersatz einschließlich eines Schmerzensgeldes.

Hier ist der Anspruch gegen F aus Vertrag und aus den §§ 823 I, 253 II begründet. Für einen Vermögensschaden haftet auch M aus Pflichtverletzung (§ 280 I) mit § 278, sofern er nach §§ 714, 427 durch F gesamtschuldnerisch verpflichtet worden war. Dagegen paßt § 831 nicht, weil F weder als Ehefrau noch als gleichberechtigte Gesellschafterin den Weisungen des M unterworfen war. Gleiches gilt auch nach der »Gruppenlehre«.

Für eine Deliktshaftung wird teils mit einer Analogie zu § 31 gearbeitet. Sie ergibt sich für die »Gruppenlehre« ohne weiteres (vgl. *Ulmer*, aaO. S. 144). Im Umfang der von dieser Lehre erfaßten Gesellschaften ist dieser Analogie auch jedenfalls zuzustimmen[10]. Sie führt aber nicht zu einer persönlichen Haftung der an dem Delikt unbeteiligten Gesellschafter. Vielmehr haften diese entsprechend wie auch sonst im Kernbereich des § 31 nur mit ihrem Anteil am Gesellschaftsvermögen; weiterführen dürfte nur eine Analogie zu § 128 HGB (so *BGHZ 142, 315, 318 ff.*; *K. Schmidt* § 60 III 2 mit Belegen). Dagegen dürfte für andere, der »Gruppenlehre« nicht unterfallende Gesellschaften für eine Analogie zu § 31 höchstens ausnahmsweise Raum sein. Denn bei Fehlen des Gesellschaftsvermögens paßt die Vorschrift überhaupt nicht. Und ohne ein organisiertes Auftreten im Rechtsverkehr kann man kaum von »Organen« sprechen, was eine Analogie ebenfalls hindert.

---

9 Dazu etwa *Flume*, FS H. Westermann (1974) 119 ff. und PersGes 339 ff.; JurPers 393 ff.; *Sellert*, AcP 175 (1975) 77 ff.; *Beuthien*, Betr. 1975, 774 ff.; *Lindacher*, JuS 1982, 36 ff.; *K. Schmidt*, Handelsrecht aaO. § 60 II 4; III 4c.
10 Angaben zum Meinungsstand bei *Ulmer*, AcP 198 (1998) 144 A. 122; abgelehnt hat die Analogie noch *BGHZ 45, 311, 312*.

b)   Nichtrechtsfähiger Verein

796   Besser paßt § 31 für den nichtrechtsfähigen Verein, dessen Vermögen wirklich durch den Vorstand repräsentiert wird. Hier hatte zwar das *RG*, dem
Wortlaut des § 54 S. 1 gehorchend, die Regeln über die BGB-Gesellschaft
angewendet. Doch überwiegen inzwischen mit Recht die Stimmen, die auf
den nichtrechtsfähigen Idealverein § 31 analog anwenden wollen[11], der
freilich nur zu einer Haftung mit dem Vereinsvermögen führt. Eine neben-
herlaufende persönliche Haftung der Mitglieder aus § 831 ist dann abzulehnen. Dementsprechend beschränkt man durch Satzungsauslegung regelmäßig auch die Haftung aus Rechtsgeschäften des Vorstands auf das Vereinsvermögen: Weiter reiche die Vertretungsmacht des Vorstandes nicht.
Daneben tritt bei jedem nichtrechtsfähigen – insoweit anders als beim
rechtsfähigen – Verein die persönliche Haftung der handelnden Organper-
sonen nach § 54 S. 2. Diese persönliche Haftung gilt auch dann, wenn der
Handelnde Vertretungsmacht hat oder der vertretene Verein nach § 177
genehmigt. Ausgeschlossen werden kann § 54 S. 2 nur durch die individuell
vereinbarte Beschränkung der Haftung auf das Vereinsvermögen.

3.   Organhaftung bei Überschreitung der Vertretungsmacht?

797   Problematisch wird die Organhaftung, wenn das Organ dadurch Schaden
anrichtet, daß es seine Vertretungsmacht überschreitet (vgl. oben Rdn. 121).

Bsp.: Ein Vorstandsmitglied V einer AG, das nur zur Gesamtvertretung berechtigt
ist (vgl. § 78 II 1 AktG), schließt allein ein Rechtsgeschäft mit D ab. Die AG verweigert die Genehmigung nach § 177. Dann ist sie an das Rechtsgeschäft sicher nicht
gebunden, und V haftet nach § 179. Aber haftet daneben auch die AG aus culpa in
contrahendo mit § 31?

Hier ist einerseits zu bedenken, daß die Beschränkung der Vertretungsmacht die juristische Person gegen rechtsgeschäftliche Schädigungen durch
das Organ schützen soll. Bei juristischen Personen des öffentlichen Rechts
kann durch Beschränkungen der Vertretungsmacht zudem eine Aufsicht
bezweckt sein. Andererseits soll nach dem Sinn der §§ 31, 89 die juristische
Person im Rechtsverkehr nicht besser stehen als eine natürliche Person.
Daher ist eine Organhaftung für culpa in contrahendo zu bejahen, wenn
das Organ wenigstens **für die Anbahnung von Vertragsverhandlungen
zuständig** war (ähnlich *Flume*, JurPers 391). Freilich dürfte diese Haftung
besser mit § 278 zu begründen sein als mit § 31 (vgl. oben Rdnr. 779).

11 Vgl. etwa *H. Westermann*, JuS 1961, 336; *Larenz*, AT § 10 VI 4; *Medicus*, AT
Rdnr. 1157; *Sellert*, AcP 175 (1975) 98 ff.; *Flume*, JurPers 393; *Palandt/Heinrichs*
§ 54 Rdnr. 12.

Daneben kommt auch eine **Deliktshaftung** nach § 31 in Betracht (etwa für einen Betrug durch die Organperson, *BGHZ 98, 148 ff.*, dazu *Dieckmann*, WM 1987, 1473 ff.).

Bei Körperschaften des öffentlichen Rechts taucht die gleiche Frage auch beim **Formmangel** auf, vgl. *Flume* § 15 III 4b. *BGHZ 6, 330 ff.* (bestätigend *BGHZ 92, 164/175 f.*) hat die Haftung für culpa in contrahendo hier grundsätzlich anerkannt. Freilich macht der *BGH* die Einschränkung, das negative Interesse dürfe dem positiven nicht gleichkommen; m.E. zu Recht (vgl. oben Rdnr. 185, anders aber *Flume*, JurPers 392 Fn. 82). Zurückhaltend auch *BGH* NJW 1972, 940 ff. bei Mängeln der Vertretungsmacht. Doch hat jetzt *BGHZ 142, 51/62 ff.* die Einschränkung aufgegeben.

IV. Einzelfragen zu § 278 BGB

1. Sonderverbindung

§ 278 setzt eine Sonderverbindung voraus. Dazu genügt jedes gesetzliche **798** oder vertragliche Schuldverhältnis, unter Umständen auch ein öffentlich-rechtliches (*BGHZ 54, 299 ff.*, dazu *Götz*, JuS 1971, 349 ff.). Besonders zu erwähnen ist folgendes:

a) Dingliche Ansprüche

Ausreichend ist schon die durch einen dinglichen Anspruch geschaffene Sonderverbindung. Auf die Anwendbarkeit von § 278 kommt es aber erst dann an, wenn etwa im Eigentümer-Besitzer-Verhältnis das Verschulden des Besitzers rechtserheblich ist (§§ 987 II, 989, 990).

Bsp.: Der redliche Besitzer B gibt vor Rechtshängigkeit seinem Angestellten A eine dem E gehörende Sache in Verwahrung. Wenn die Sache durch Verschulden des A untergeht, haftet B nicht: Er würde ja auch für eigenes Verschulden nicht haften. Dagegen ist B nach Rechtshängigkeit oder Unredlichwerden im Rahmen der §§ 989, 990 für A nach § 278 verantwortlich.

Hiermit nicht verwechselt werden darf die andere Frage, ob sich die Unredlichkeit des B aus seiner eigenen Person oder aus der des A bestimmt (vgl. dazu oben Rdnr. 581).

Ebenso wie der Herausgabeanspruch aus § 985 genügt für § 278 auch der Beseitigungsanspruch aus § 1004. Daher haftet der Gläubiger bei der Vollstreckung in eine schuldnerfremde Sache für seinen Rechtsanwalt, der trotz Nachweises des Drittrechts die Sache erst verspätet freigibt (*BGH* JZ 1973, 29 ff. mit Anm. *Henckel*): § 771 ZPO schließt hier den materiellrechtlichen Beseitigungsanspruch nicht aus, sondern begrenzt nur seine Durchsetzung.

b) Nachbarliches Gemeinschaftsverhältnis

799 Umstritten ist die Anwendbarkeit von § 278 BGB im »nachbarlichen Gemeinschaftsverhältnis« (vgl. *Brox,* Zur Lösung nachbarrechtlicher Interessenkollisionen, JA 1984, 182 ff.):

BGHZ 42, 374 ff.: A und B sind Nachbarn; ihre Häuser haben eine gemeinsame Giebelmauer, die auf der Grundstücksgrenze steht. Im Krieg wird das Haus des A zerstört. Beim Wiederaufbau belastet D, der Architekt des A, die Giebelmauer so stark, daß diese Schaden leidet. B verlangt von A Schadensersatz.

Der *BGH* hat hier zunächst die Frage aufgeworfen, ob die Nachbarschaft allein eine Sonderverbindung begründet. Das hat er mit der h.M. verneint (vgl. etwa *Baur/Stürner* § 5 Rdnr. 16): Das »nachbarliche Gemeinschaftsverhältnis« beschränke nur die Rechtsausübung in bestimmtem Umfang, erzeuge aber keine selbständigen Ansprüche.

Anders (für eine Sonderverbindung mit Anwendung des § 278) insbesondere *Westermann-H. P. Westermann* § 63 I 3. Dieser Streit entscheidet vor allem über die Haftung für den **Architekten** bei Schäden durch unsachgemäße Grundstücksvertiefung (§§ 909, 278) und beim Überbau. *BGHZ 42, 63 ff.* wendet beim Überbau § 166 an; kaum mit Recht, weil dieser Überbau einem Rechtsgeschäft nicht einmal ähnelt. *BGH* NJW 1977, 375 verneint dagegen die Zurechnung eines Verschuldens des **Bauunternehmers** und seiner Gehilfen.

In *BGHZ 42, 374 ff.* kam aber zu der bloßen Nachbarschaft noch die **gemeinsame Giebelmauer** hinzu. Für gemeinsame Grenzeinrichtungen verweist § 922 S. 4 auf die §§ 741 ff. (vgl. § 743 II) und damit auf das Recht der Sonderverbindungen. Wenigstens deshalb hätte hier § 278 angewendet werden sollen *(Baur/Stürner* aaO., aber str.).

Der *BGH* (S. 379 f.) hat § 278 dennoch abgelehnt. Die Begründung überzeugt nicht: Die hinsichtlich der gemeinschaftlichen Einrichtungen bestehenden Rechte und Pflichten seien »sachenrechtlicher Natur«. Daraus folgt keineswegs die Unanwendbarkeit von § 278, weil dieser keine *schuldrechtliche* Sonderverbindung voraussetzt. Allerdings halten *BGHZ 72, 289 ff.; 85, 375 ff.* bei Grundstücksvertiefungen, die einem Gebäude auf dem Nachbargrundstück die Stütze entziehen, einen **verschuldensunabhängigen nachbarrechtlichen Ausgleichsanspruch** aus § 906 II 2 für möglich, von dem jedoch fraglich ist, ob der dort bestimmte »angemessene Ausgleich in Geld« ebenso weit reicht wie der Schadensersatz.

c) Andere Fallgruppen

800 Darüber hinaus hat man noch in einigen weiteren Fallgruppen eine Sonderverbindung konstruiert, vor allem bei der **culpa in contrahendo** (vgl. oben Rdnr. 199 f.) und dem **Vertrag mit Schutzwirkung für Dritte** (vgl. unten Rdnr. 844–846). Ein Ziel dieser Konstruktionen ist es gerade, § 831 mit

seiner lästigen Exkulpationsmöglichkeit zu vermeiden und die Anwendbarkeit von § 278 zu begründen. Unabhängig von der Exkulpation sind
aber Fälle wie der von

BGHZ 95, 144 ff. (dazu *K. Schreiber,* JR 1986, 110): Auf dem Grundstück des E
ist für das Grundstück des G ein Wegerecht eingetragen. G verpachtet das herrschende Grundstück an P. Dieser benutzt den Weg übermäßig und beschädigt hierdurch das dienende Grundstück. E verlangt von G Schadensersatz.

Ein solcher Anspruch kann wegen Verletzung der gesetzlichen Pflicht aus
§ 1020 S. 1 begründet sein, wenn G nach § 278 das Verhalten des P zu vertreten hat (§ 831 scheidet hier schon deshalb aus, weil P gegenüber G nicht
weisungsgebunden ist). Diese Verantwortlichkeit hat der *BGH* entgegen
einem früheren Urteil mit Recht bejaht: § 1020 S. 1 begründe (ebenso wie
Satz 2) ein gesetzliches Schuldverhältnis (und damit eine Sonderverbindung) zwischen den beiden beteiligten Eigentümern.

2. Einschaltung durch den Schuldner

a) Erfüllungsgehilfe im Sinne von § 278 ist nur derjenige, dessen sich der   **801**
Schuldner zur Erfüllung seiner Verbindlichkeit bedient. Der Schuldner
muß den Gehilfen also in die Erfüllung eingeschaltet haben; der Gehilfe
muß mit dem Willen des Schuldners tätig geworden sein. Dafür folgende
Fälle:

(1) G läßt seinen von S fahrlässig beschädigten Kraftwagen in der Werkstatt des U
reparieren. Auf einer Probefahrt fährt U den Wagen zu Schrott.

(2) S hat es übernommen, den kranken G zu pflegen. Als S eines Tages ausbleibt,
springt U, der Untermieter des G, ein. U gibt dem G falsche Medizin, so daß sich
dessen Krankheit verschlimmert.

In beiden Fällen hat S für das Verhalten von U nicht nach § 278 einzustehen. Zwar war S bei (1) nach §§ 823 I, 249 I zur Reparatur des Wagens
verpflichtet (daß S die Reparatur vielleicht gar nicht selbst ausführen konnte, spielt keine Rolle). Aber hier hat nicht S, sondern G den U eingeschaltet
(und damit den Weg über § 249 II gewählt). Und bei (2) ist U als Geschäftsführer ohne Auftrag eingesprungen; seine Einschaltung beruht also gleichfalls nicht auf dem Willen des S.

Ähnlich liegt der Fall, daß ein vom Schuldner unbeauftragter Dritter an den
Gläubiger nach § 267 leistet: Der Schuldner haftet für ihn nicht nach § 278 (vgl. oben
Rdnr. 750).

Mit der Ablehnung des § 278 **in Fall (1)** ist aber noch nicht entschieden,
daß S nicht für den von U angerichteten weiteren Schaden aufkommen

müßte. Eine solche Ersatzpflicht des S besteht vielmehr, wenn der weitere Schaden noch adäquate Folge des von S zuerst angerichteten ist. Dabei kann S nicht geltend machen, U sei Erfüllungsgehilfe des G, so daß dieser sich ein Verschulden des U nach §§ 254 II, 278 selbst anrechnen lassen müßte. Denn einer solchen Anwendung des § 278 steht die Risikoerwägung von unten Rdnr. 820 entgegen. Das war heftig umstritten; wie hier entscheidet aber seit *BGHZ 63, 182 ff.* die h.M. Ähnlich kann man auch bei **Fall (2)** fragen, ob das unsachgerechte Eintreten des U noch adäquate Folge des Ausbleibens des S und daher von diesem zu verantworten ist.

802   b) Bei der Heranziehung von **weiteren Hilfspersonen** durch den Erfüllungsgehilfen ist zu unterscheiden: War der Schuldner hiermit einverstanden, so haftet er auch für diese weiteren Hilfspersonen nach § 278. Diese Haftung entfällt nur, wenn ausnahmsweise **Substitution** erlaubt ist (vgl. §§ 664 I 2, 691 S. 2). War dagegen der Schuldner nicht einverstanden, so liegt in der Einschaltung weiterer Hilfspersonen regelmäßig schon ein Verschulden des ersten Erfüllungsgehilfen, für das ebenfalls § 278 gilt.

3.   Grenzen des § 278

803 **Weisungsgebunden** wie der Verrichtungsgehilfe (vgl. unten Rdnr. 811) braucht der Erfüllungsgehilfe nicht zu sein. Daher kommt nach *BGHZ 62, 119 ff.* sogar ein Notar als Erfüllungsgehilfe in Betracht (dazu aber einschränkend *Lüderitz*, NJW 1975, 1 ff.). Trotzdem hat *Fikentscher* (9. Aufl. 1997, nicht mehr in der 10. Aufl.) Rdnr. 515 § 278 auf **Monopolbetriebe** wie Bahn und Post nicht angewendet. Zur Begründung hat er erstens auf die Monopolstellung solcher Unternehmen verwiesen. Doch hindert diese den Schuldner rechtlich nicht, selbst zu befördern. Und rein tatsächlich zur Heranziehung von Erfüllungsgehilfen gezwungen sind die meisten Schuldner. Zweitens hat *Fikentscher* argumentiert, die Anwendung von § 278 könnte die schuldnerfreundliche Holschuldregel (§ 269) weitgehend in ihr Gegenteil verkehren. Aber das ist schief: Wo wirklich Holschuld (oder Schickschuld) vorliegt, kommt § 278 schon deshalb nicht in Betracht, weil der Transport dann nicht mehr zur Erfüllung der Verbindlichkeit gehört. Anzusetzen ist vielmehr bei der Frage, wie weit die in § 278 enthaltene Garantie des Schuldners bei der Bringschuld oder anderen erfolgsbetonten Schulden reichen soll.

a)   Die Reichweite der Garantie des Schuldners

804 Die Problematik zeigt sich etwa in folgender Fallgruppe:

S schuldet dem G die galvanische Verzinkung von Blechen binnen bestimmter Frist. (1) Der von S benutzte Strom aus dem öffentlichen Netz fällt wegen eines schuldhaften Fehlers in dem Elektrizitätswerk für drei Tage aus. (2) Die eigene Stromversorgung des S fällt wegen eines Verschuldens seiner Arbeiter für drei Tage aus. In beiden Fällen kann S nicht rechtzeitig leisten. Gerät er in Schuldnerverzug (§§ 286, 278)?

Allerdings ersetzt S bei (1) die eigene Stromversorgung durch die Abhängigkeit vom öffentlichen Netz, so daß der Grund für die Anwendung von § 278 an sich vorläge. Wenn man die Vorschrift dennoch nicht anwendet, so läßt sich das m.E. am besten damit erklären, daß der Verkehr die Abhängigkeit von öffentlichen Versorgungsträgern hinnimmt. Daher paßt die in § 278 bestimmte Garantiehaftung nicht: Niemand kann glauben, S wolle das Funktionieren der öffentlichen Versorgung garantieren. Daher muß die Vertragsauslegung nach § 157 ergeben, ob der Schuldner auch für von ihm nicht zu kontrollierende Gehilfen einzustehen hat: *Lüderitz*, NJW 1975, 1/6 ff. Daß es auf den Garantiewillen des Schuldners ankommt, folgt jetzt auch aus § 276 I 1 (»Übernahme einer Garantie«).

Davon weichen die folgenden anderen Begründungen wohl nur in Nuancen ab: Treu und Glauben (so *BGHZ 50, 32 ff.*: Nichthaftung für ein Versehen der Bundesbahn), oder: Geschuldet werde von vornherein nur die »Abgabereife« der Leistung an den eigenverantwortlichen Dritten (*Esser/Eike Schmidt* § 27 I 1).

Bei (2) dagegen liegt der Grund für das Versagen nicht so eindeutig außerhalb des Garantiebereichs. Hier ist also § 278 anzuwenden. Dazu paßt, daß die Versorgung aus dem öffentlichen Netz schon wegen des Verbundsystems wesentlich zuverlässiger zu sein pflegt als die aus einer eigenen Anlage.

Schwierigkeiten bereitet dann freilich eine **weitere Variante**: S hat außer dem Anschluß an das öffentliche Netz auch ein eigenes Notstromaggregat; beide fallen aus. Müßte hier S für sein eigenes Personal nach § 278 haften, so schadete ihm letztlich die Vorsicht, die in der Installation des Aggregats liegt. Daher muß man in solchen Fällen die Haftung verneinen.

b) Der Umfang der Verpflichtung des Schuldners

Die Rspr. zu Kauf und Werkvertrag legt allerdings noch eine andere Frage nahe: Fällt nicht die Stromversorgung schon deshalb aus dem Bereich von § 278, weil S nicht Strom schuldet, sondern nur die Verzinkung von Blechen? **805**

BGHZ 48, 118 ff.: Die Weberei V liefert von K bestellten Trevira-Stoff mangelhaft, weshalb K Schaden entsteht. Der Mangel geht darauf zurück, daß der von V mit der Ausrüstung des Stoffes beauftragte D schuldhaft schlecht gearbeitet hat. Der BGH hat hier eine Haftung des V für D nach § 278 abgelehnt: Auch bei Vorliegen nicht eines Kaufes, sondern eines Werklieferungsvertrages K–V sei V nicht zur Herstellung des Stoffes verpflichtet gewesen, sondern nach § 651 I 1 a.F. nur zur Übergabe und Übereignung. In *diese* Pflicht sei D nicht eingeschaltet worden.

Dagegen sprachen aber schon die Eingangsworte des § 651 I 1 a.F.: »Verpflichtet sich der Unternehmer, das Werk ... herzustellen«. Die Vorschrift leugnete also keineswegs die Pflicht des Unternehmers zur Herstellung des Werkes (ebensowenig wie das der neue § 651 tut). Daher wäre D bei Annahme eines Werklieferungsvertrages Erfüllungsgehilfe des V gewesen. Entsprechend ist bei reinen Werkverträgen (vgl. das Bsp. oben Rdnr. 804) zu entscheiden: Geschuldet wird grundsätzlich nicht nur die Endleistung (Übergabe des fertigen Werkes), sondern auch die Werkherstellung mit den nötigen Vorbereitungen. Die Nichthaftung für ein Verschulden des Elektrizitätswerks kann deshalb nicht einfach damit begründet werden, es sei kein Strom geschuldet gewesen. Anders lag es bei einem Werklieferungsvertrag hinsichtlich derjenigen Personen, die dem Unternehmer **bloß Einzelteile** für die Herstellung des Produkts lieferten (z.B. *BGH* NJW 1978, 1157 f.: Ventile für eine Heizungsanlage, oder beim Werkvertrag *BGHZ 95, 128 ff.*: Gründungsarbeiten durch einen Vorunternehmer): Für solche Personen dürfte ebenso wie für Lieferanten eines Verkäufers § 278 ausscheiden (vgl. unten Rdnr. 806). Dagegen soll die Vorschrift für denjenigen passen, der einem Bauunternehmer mangelhaften Beton liefert: *OLG Karlsruhe*, NJW-RR 1997, 1240.

c) Insbesondere das Herstellerverschulden beim Kauf

806 Noch problematischer ist die Anwendbarkeit von § 278 bei reinen Kaufverträgen. Diskutiert wird hier insbesondere, inwieweit der Verkäufer ein Verschulden des Herstellers wie eigenes zu vertreten hat.

Regelmäßig liegt der Verkauf erst nach Fertigstellung des Produkts. Dann wird § 278 bisweilen mit der Begründung abgelehnt, der Produzent könne in die Erfüllung der erst später entstandenen Verbindlichkeit des Verkäufers nicht mehr eingeschaltet werden (vgl. etwa *H. Westermann*, JuS 1961, 341). Aber das überzeugt nicht, weil sich der Verkäufer die Vorteile der Arbeitsteilung auch durch den Einsatz Dritter schon *vor* Abschluß konkreter Verkaufsverträge zunutze machen kann. Insbesondere beim Beschaffungskauf würde es zu Zufallsergebnissen führen, wenn die zeitliche Reihenfolge zwischen dem Handeln des Herstellers und dem Kaufabschluß über die Anwendbarkeit von § 278 entscheiden sollte.

Daher muß man hier auf das **Auftreten des Verkäufers** abstellen: Danach hat derjenige Verkäufer, der bloß als »Verteiler« auftritt, mit Herstellung und Prüfung der Ware nichts zu tun. Hier ist also der Hersteller nie Erfüllungsgehilfe (anders *Esser/Eike Schmidt* § 27 I 2). Dagegen erwartet der

Verkehr von demjenigen Verkäufer, der seine Sachkunde herausstellt und sich meist auch bezahlen läßt (»Fachgeschäft«), eine eigene Prüfung der Ware wenigstens auf erkennbare Mängel. Soweit solche Verkäufer ihre Pflicht zu mangelfreier Lieferung (also nicht eine Pflicht *zur Herstellung!*) schuldhaft verletzen, haften sie für eigenes Verschulden. Dieses kann etwa im Unterlassen einer Prüfung der Ware oder in der Nichtbeachtung von Reklamationen anderer Kunden liegen (vgl. oben Rdnr. 296).

4. Der gesetzliche Vertreter

Nach § 278 hat der Schuldner auch ein Verschulden seines gesetzlichen Vertreters wie eigenes zu vertreten. Problematisch ist diese Vorschrift vor allem, wenn man sie über § 254 II 2 auch im Deliktsrecht anwendet (dazu unten Rdnr. 865–871). Abgesehen davon ist folgendes bemerkenswert: **807**

a) Diese Alternative des § 278 ist **mißverständlich formuliert** (vgl. *Esser/ Eike Schmidt* § 27 II).

Bsp.: Das fünfjährige Kind K schuldet dem G Übereignung eines Grundstücks. V, der verwitwete Vater des K, leistet trotz Mahnung erst verspätet. G verlangt von K aus den §§ 280, 286 den Ersatz seines Verzugsschadens.

Schuldnerverzug des K liegt hier nach § 286 IV nicht vor, wenn K die Nichtleistung nicht zu vertreten hat. Nach §§ 276 I 2, 828 I ist K selbst verschuldensunfähig. Daher wäre es sinnlos, dem K ein (untechnisches; V selbst ist ja nicht Schuldner des G!) Verschulden des V »wie eigenes« zuzurechnen. Gemeint sein kann vielmehr nur, daß K so haften muß, wie V als Schuldner haften würde. Dem K wird also nicht nur das Verschulden des V zugerechnet, sondern auch dessen Verschuldensfähigkeit: Da K durch V im Rechtsverkehr repräsentiert wird, werden **alle haftungsbegründenden Merkmale** bei K und V **zusammengerechnet.**

b) Unter den Begriff des »gesetzlichen Vertreters« bei § 278 rechnet man   **808** allgemein auch die Personen, die meist als »**Partei kraft Amtes**« bezeichnet werden (Insolvenz-, Zwangsverwalter, Testamentsvollstrecker usw.). Das ist richtig: Auch die »Partei kraft Amtes« repräsentiert den Schuldner im Rechtsverkehr ebenso wie ein gesetzlicher Vertreter.

c) Ein Unterschied zwischen § 278 und § 31 folgt aus § 278 S. 2 einerseits   **809** und § 276 III andererseits: Bei Erfüllungsgehilfen kann die **Haftung für Vorsatz** durch Individualvertrag im voraus ausgeschlossen werden, bei Organen nicht. Wegen der Ähnlichkeit des gesetzlichen Vertreters mit einem Organ wird man aber § 278 S. 2 auf den gesetzlichen Vertreter nicht anwenden dürfen (*Esser/Eike Schmidt* § 27 II 1a, anders *Flume*, JurPers

397 f.). Gleiches muß für die Organhaftung aus Sonderverbindung gelten, wenn diese Haftung mit § 278 und nicht mit § 31 begründet wird (vgl. oben Rdnr. 779).

810   d) Wo **Gesamtvertretung** besteht, genügt ebenso wie bei der Organhaftung schon das Verschulden eines einzigen Vertreters *(RGZ 110, 145 ff.)*. Das gilt insbesondere auch für die Eltern, § 1629 I 2.

V.   Einzelfragen zu § 831 BGB

1.   Die Weisungsgebundenheit

811   Für die Verrichtungsgehilfen des § 831 wird, anders als bei § 278 (vgl. oben Rdnr. 803), »soziale Abhängigkeit« vom Geschäftsherrn gefordert. Dieses Erfordernis folgt aus dem Haftungsgrund des § 831: Der Geschäftsherr wird als durch seinen Gehilfen »mittelbar handelnd« angesehen; deshalb wird ihm die von dem Gehilfen verursachte rechtswidrige Schädigung zugerechnet. Diese Zurechnung setzt voraus, daß der Geschäftsherr die Tätigkeit seines Gehilfen zu steuern vermag. Die Rspr. läßt dafür schon genügen, daß der Geschäftsherr die Gehilfentätigkeit »jederzeit beschränken, entziehen oder nach Zeit und Umfang bestimmen kann« *(BGHZ 45, 311 ff.; Einzelheiten bei Sellert, AcP 175, 1975, 77/79 ff.)*. Eine soziale Unterordnung des Gehilfen ist also unnötig. Daher kann man das irreführende Wort »soziale Abhängigkeit« durch den auch nicht genau treffenden, aber besseren Begriff »Weisungsgebundenheit« ersetzen (er kommt auch bei § 855 vor, ist aber dort wohl etwas enger). So können »Testesser« auch als freie Mitarbeiter Verrichtungsgehilfen für den Verlag eines Restaurantführers sein *(BGH ZIP 1998, 39 ff.)*.

Solche Weisungsgebundenheit wird beim Werkvertrag regelmäßig verneint, was freilich wegen § 649 nicht ganz zu der Definition der Rspr. paßt. Dagegen ist die Gebundenheit beim Dienstvertrag meist gegeben. Wohl zu weit geht aber *BGH LM* § 823 (Hb) Nr. 5, wo ein Rechtsanwalt im Verhältnis zum Mandanten noch Verrichtungsgehilfe sein soll. *Von Caemmerer,* Festgabe Weitnauer (1980) 261/271 stellt auf die **Eingliederung** des weisungsgebundenen Gehilfen in das Unternehmen oder den Haushalt des Geschäftsherren ab. Daran fehlt es für den Rechtsanwalt, aber z.B. auch für den Taxifahrer im Verhältnis zum Fahrgast. Ein Ehegatte kann im Verhältnis zum anderen nur durch die besondere Übernahme einer weisungsgebundenen Tätigkeit zum Verrichtungsgehilfen werden (z.B. Übernahme der Verwaltung des Vermögens des anderen Ehegatten).

2. Die Exkulpation

Für die Exkulpation nach § 831 I 2 ist besonders wichtig der **Nachweis** **812** **sorgfältiger Auswahl** des Verrichtungsgehilfen. Die h.M. bezieht dieses Beweiserfordernis auf den Zeitpunkt der schädigenden Handlung. Das bedeutet zweierlei:

a) Wer zunächst nicht sorgfältig ausgewählt ist, kann dennoch als sorgfältig ausgewählt gelten, wenn er sich seit der Anstellung bis zum Schadenseintritt **längere Zeit bewährt** hat. Dann läge nämlich sorgfältige Auswahl vor, wenn er kurz vor dem Schadenseintritt angestellt worden wäre.

Bsp.: G stellt den F als Fahrer ein, obwohl dieser kurz vorher wegen einer Trunkenheitsfahrt verurteilt worden ist. Zunächst führt F sich fünf Jahre einwandfrei. Erst dann greift er plötzlich wieder zur Flasche und verursacht betrunken einen Unfall: G kann sich exkulpieren.

b) Umgekehrt genügt aber auch die einmalige Sorgfalt bei der Anstellung **813** nicht. Vielmehr muß der Geschäftsherr sich bei längerer Dienstzeit des Gehilfen davon überzeugen, ob dieser weiterhin als ordnungsgemäß ausgewählt angesehen werden kann. Man gelangt so zu einer gewissen **Kontrollpflicht** des Geschäftsherrn.

Bsp.: G stellt den bisher ordentlichen F als Fahrer an. Bald danach entdeckt F seine Liebe zum Alkohol; er erscheint über längere Zeit mehrfach betrunken zum Dienst. Wenn F dann einen Trunkenheitsunfall verschuldet, kann G sich nicht exkulpieren.

3. Aufsichts- und Organisationspflichten

Von der eben genannten Kontrollpflicht zu unterscheiden ist die den Ge- **814** schäftsherrn treffende Aufsichtspflicht, wenn er dem Gehilfen die Erfüllung eigener Verkehrspflichten überläßt. Sie bildet den beim Geschäftsherrn verbleibenden Rest der Verkehrspflicht und gründet sich auf § 823 I (vgl. oben Rdnr. 656); sie ist strenger als die Kontrollpflicht aus § 831 I 2. Zudem kommt vor allem bei Großbetrieben noch eine gleichfalls auf § 823 gestützte Organisationspflicht in Betracht (vgl. oben Rdnr. 657).

§ 33 Probleme des Schadensrechts[1]

I. Aufbaufragen

815 Bei der Erörterung von Schadensersatzansprüchen ist zweierlei zu unterscheiden:

1. Die Frage, **ob überhaupt ein ersatzfähiger Schaden** entstanden ist, gehört zum **Tatbestand** der Anspruchsnorm. Denn das Regelungsproblem der Norm (ob der Schaden abgewälzt werden kann und auf wen) stellt sich bei Fehlen eines Schadens nicht. Doch genießt die Frage nach dem »Ob« des Schadens keinen logischen Vorrang vor anderen Tatbestandsmerkmalen. Daher ist insoweit die Reihenfolge der Prüfung logisch gleichgültig.

Wenn das »Ob« eines ersatzfähigen Schadens zweifelhaft ist, empfiehlt es sich allerdings, diese Frage gleich zu Anfang zu prüfen. Denn mit ihrer Verneinung kann man sich die Erörterung aller auf Schadensersatz gerichteten Anspruchsgrundlagen mit einem Schlag ersparen. Ein Beispiel bildet etwa die Schadensersatzklage wegen einer durch Putzfrauen zerstörten »Fettecke« von Beuys (vgl. *Richard/Junker*, JuS 1988, 686 ff., freilich im Ergebnis bedenklich).

816 2. Dagegen steht die Frage nach dem **Umfang des zu ersetzenden Schadens** meist auf der **Rechtsfolgeseite** der Anspruchsnorm. Zudem kann die Antwort auf diese Frage von der Eigenart der Anspruchsnorm abhängen. So gibt es etwa für die Haftung aus § 7 StVG in § 12 StVG bestimmte Höchstbeträge. Auch können sich verschiedene Anspruchsnormen in ihrem »Schutzbereich« unterscheiden. Daher kann die Frage nach dem Anspruchsumfang nur im Anschluß an eine konkrete Anspruchsnorm erörtert werden. Und da meist nicht das »Ob« des Schadens zweifelhaft ist, sondern das »Wieviel«, wird man die Schadensfrage insgesamt regelmäßig erst am Schluß der Anspruchsgrundlage zu prüfen haben.

---

1 Dazu grundlegend *Herm. Lange/G. Schiemann*, Schadensersatz (3. Aufl. 2003), zudem *Gernhuber*, BR §§ 41–43; *Deutsch*, Allgem. Haftungsrecht (2. Aufl. 1995) S. 495 ff.; *Deutsch/Ahrens*, Deliktsrecht (4. Aufl. 2002) S. 193 ff.; *Gursky*, Art und Umfang des zu ersetzenden Schadens, Jura 1979, 57 ff.; *Medicus*, Schadensersatz und Billigkeit, VersR 1981, 593 ff.; *ders.*, Ansprüche auf Schadensersatz, JuS 1986, 665 ff.; *P. Schwerdtner*, Grundzüge des Schadensersatzrechts, Jura 1987, 142 ff., 304 ff., 475 ff.; *C. Huber*, Das neue Schadensersatzrecht (2003).

II. Schadensbegriff und Ersatzarten

Ausgangsfall: Bei einem von S zu verantwortenden Unfall wird der Pkw des G **817** beschädigt. Die Reparatur würde 1000,– Euro kosten. Der recht alte Pkw war aber vor dem Unfall bloß 800,– Euro wert.

1. Die beiden Möglichkeiten der Schadensberechnung

Regelmäßig betrifft ein Schadensereignis wenigstens zunächst ein bestimmtes Vermögensstück (wie hier den Pkw des G). Dann gibt es zwei Möglichkeiten zur Erfassung des Schadens:

(1) Man kann den Schaden in der **Verschlechterung des Pkw** sehen. Schadensersatz bedeutet dann regelmäßig entweder

(a) Reparatur durch S (§ 249 I) oder

(b) Zahlung der Reparaturkosten durch S (§ 249 II 1, vielleicht – das ist streitig – auch § 250).

(2) Man kann den Schaden aber auch in der **Minderung** sehen, die der **Gesamtwert des Vermögens** des G durch den Unfall erlitten hat. Ermittelt wird dieser Minderwert, indem man den Wert des wirklichen Vermögens von dem Wert abzieht, den das Vermögen ohne das Schadensereignis hätte. Schadensersatz bedeutet dann den Ausgleich dieses Minderwertes durch eine Geldzahlung von S an G (§ 251).

In der äußeren Form sind also die Ersatzleistungen nach (1 b) und (2) gleich: S zahlt an G Geld. Aber der zu zahlende Geldbetrag wird verschieden berechnet: bei (1 b) nach den Reparaturkosten (im Bsp. 1000,– Euro) und bei (2) nach der Vermögensminderung (im Bsp. 800,– Euro abzüglich des Restwertes des beschädigten Pkw, dazu *BGH* NJW 1992, 903).

In solchen Fällen muß freilich berücksichtigt werden, daß der Geschädigte sich (etwa bei der Wahl von Wohnung und Arbeitsplatz) regelmäßig auf den Besitz eines Kraftfahrzeugs eingestellt hat. Daher entstünden weitere Schäden, wenn der Geschädigte kein Ersatzfahrzeug erhielte. Um sie zu vermeiden, wird als Vermögensminderung der Betrag angesehen, der zur Anschaffung eines Ersatzwagens nötig ist (**Wiederbeschaffungswert**)[2].

---

2 Dazu etwa *BGH* NJW 1972, 1800 ff. mit *Medicus,* JuS 1973, 211 ff., ausführlich *Jordan,* VersR 1978, 688 ff., zudem *BGHZ 115, 364 ff.*

2.   Integritäts- und Wertinteresse

818   a) Beide Berechnungsweisen erfassen also den vollen Schaden (**Totalrestitution**). Daß im Bsp. bei (2) ein geringerer Betrag herauskommt als bei (1 b), bedeutet demnach keine Beschränkung des Schadensersatzes, wie sie etwa durch die Adäquanztheorie oder die Lehre vom Schutzbereich der Norm eintritt. Vielmehr beruht der Unterschied allein auf der **Verschiedenheit des** verwendeten **Schadensbegriffs**: Bei (1) wird der Schaden am Integritätsinteresse gemessen, also dem Interesse des Geschädigten daran, daß sein Vermögen in seiner konkreten Zusammensetzung erhalten bleibt. Dagegen wird der Schaden bei (2) an dem Wertinteresse (Summeninteresse) ermittelt, also dem Interesse des Geschädigten an der Erhaltung seines Vermögens nur dem Werte nach.

Dabei bezeichnet man den Ersatz des Integritätsinteresses als **Naturalrestitution** (§§ 249 I und II, vielleicht auch 250) und den Ersatz des Wertinteresses als **Geldersatz** (§ 251). Naturalrestitution sind also auch die Geldzahlungen nach §§ 249 II und vielleicht auch 250!

Der *BGH* (etwa *BGHZ 115, 364/368*) hält freilich, abweichend von dem hier vertretenen Standpunkt, auch die **Wiederbeschaffung** eines gleichwertigen Gebrauchtwagens für eine Form der Naturalrestitution nach § 249 II. Im Ergebnis verfährt der *BGH* aber ebenso, wie wenn er Geldersatz nach § 251 I annähme; insbesondere wendet er der Sache nach § 251 II 1 an (vgl. sofort).

819   b) **Regelmäßig** schützt das BGB das **Integritätsinteresse**. Denn dessen Ersatz steht an der Spitze der Regelung (§ 249). Der Geschädigte soll eben nicht gezwungen sein, das betroffene Rechtsgut gleichsam an den Schädiger zu »verkaufen«. Ausnahmen hiervon gibt es nur bei Unmöglichkeit, Unzulänglichkeit (§ 251 I) oder Unzumutbarkeit (§ 251 II) der Naturalrestitution.

Im Ausgangsfall ist § 251 II nach der Praxis regelmäßig erfüllt, wenn die Mehrkosten der Reparatur 30% des Wiederbeschaffungswerts übersteigen: *BGHZ 115, 364 ff.; 375 ff.* Anders freilich, wenn G ein besonderes (auch immaterielles: *Medicus*, JuS 1969, 449/452 f.) Interesse an der Reparatur gerade dieses Wagens hätte. Vgl. *Gursky*, Wert des verletzten Rechtsguts und Begrenzung der Wiederherstellungskosten, in: 25 Jahre Karlsruher Forum (1983) 101 ff. Seit dem 1.9.1990 gilt eine Sondervorschrift (§ 251 II 2) für die **Heilung verletzter Tiere**. Allerdings soll es hier nicht mehr um ein besonderes immaterielles Interesse des Eigentümers gehen, sondern um den »Eigenwert« des Tieres selbst. Aber ob der Eigentümer die aufwendige Heilung vornehmen läßt, liegt doch bei ihm.

3. Prognosefehler bei § 251 II

Fraglich wird die Anwendbarkeit von § 251 II, wenn sich das Mißverhältnis **820** zwischen Herstellungsaufwand und Wertinteresse erst zu spät herausstellt.

Bsp.: Bei einem von S zu verantwortenden Unfall wird der Pkw des G beschädigt. In der Reparaturwerkstatt des U wird dem G gesagt, der Schaden lasse sich voraussichtlich für 500,– Euro beheben. Nach Durchführung dieser Reparatur stellt sich aber ein bis dahin nicht erkennbarer weiterer Unfallschaden heraus, dessen Behebung nochmals 500,– Euro kostet. G verlangt von S. 1000,– Euro. S will jedoch wegen § 251 II nur 700,– Euro zahlen, da dies der Wiederbeschaffungswert (vgl. oben Rdnr. 817) sei.

RGZ 71, 212 ff. hat in einem ähnlichen Fall § 251 II angewendet und als Schadensersatz nur den geringeren Betrag zuerkannt: Wenn der Geschädigte die Reparatur selbst durchführen lasse, treffe ihn die Gefahr, daß diese sich zu spät als unwirtschaftlich herausstelle. Ich (JuS 1969, 451) halte das für unrichtig: Nach § 249 I kann G in erster Linie verlangen, daß S die Reparatur durchführen läßt. Dann trägt S das Reparaturrisiko und damit insbesondere auch die Gefahr von Prognosefehlern. Demgegenüber will § 249 II dem G nur den Zwang ersparen, die beschädigte Sache ausgerechnet dem Schädiger S anzuvertrauen: Allein deshalb soll G die Reparatur selbst veranlassen dürfen. Zu diesem Normzweck paßt es nicht, das Reparaturrisiko auf G zu überwälzen (vgl. auch oben Rdnr. 801). Daher ist § 251 II im Bsp. richtigerweise unanwendbar. Entsprechend hat *RGZ 99, 172 ff.* den Schädiger die zusätzlichen Aufwendungen tragen lassen, die durch schuldlos erfolglose Herstellungsversuche des Geschädigten entstanden waren. Auch *BGH NJW 1972, 1800 ff.* (bestätigend *BGHZ 115, 364/370)* belastet mit dem Prognoserisiko regelmäßig den Schädiger. Eine Ausnahme soll nur gelten, wenn der Geschädigte sich in zweifelhaften Fällen nicht um eine Einigung mit dem Schädiger bemüht hat (dazu *Medicus,* JuS 1973, 211/213).

III. Vermögens- und Nichtvermögensschaden

Für Nichtvermögensschäden läßt § 253 II eine Geldentschädigung (also den **821** Ersatz nach § 251, vgl. oben Rdnr. 817) ohne Rücksicht auf die Anspruchsgrundlage nur unter denjenigen Voraussetzungen zu, die bisher für deliktische Ersatzansprüche nach § 847 a.F. gegolten haben: Nötig ist eine Verletzung von Körper, Gesundheit, Freiheit (oder sexueller Selbstbestimmung). Dagegen genügt eine bloße Eigentums- oder Vermögensverletzung nicht. Der Eigentümer kann also auch weiterhin nicht etwa deshalb ein Schmerzensgeld verlangen, weil die zerstörte Taschenuhr ein teures Andenken an seinen verstorbenen Großvater gewesen sei; hier bleibt es bei der Regel von

§ 253 I. Doch haben sich schon vorher verschiedene Wege herausgebildet, auf denen § 253 I mehr oder weniger beiseite geschoben wird. Die damit zusammenhängenden Fragen sind praktisch wichtig.

1. Naturalrestitution

Zweifelsfrei durch das Gesetz gedeckt ist freilich die Gewährung von Naturalrestitution. Dazu gehören die beiden Wege des § 249, also auch die Zahlung der Herstellungskosten nach § 249 II.

Bsp.: G ist durch einen von S verschuldeten Unfall im Gesicht verletzt worden. Wenn G die Narben durch eine kosmetische Operation beseitigen läßt, fallen die Kosten hierfür nicht unter § 253 II, sondern unter § 249 II.

Der Ersatzanspruch nach § 249 II besteht übrigens nach h.M. regelmäßig auch dann, wenn der Geschädigte die Herstellung, deren Kosten er fordert, nicht ausführen läßt: § 249 II verlangt nicht, daß der Geschädigte die Herstellung, deren Kosten er fordert, wirklich vornehmen läßt (*R. Weber,* VersR 1992, 527 ff.). Zu dem sich daraus ergebenden Ersatz sog. **fiktiver Schäden** ausführlich *R. Weber,* VersR 1990, 934 ff. Jedoch soll nach *BGHZ 63, 295 ff.* (dazu kritisch *Jochem,* JR 1975, 327 ff.) der Anspruch auf die Operationskosten nach § 242 ausnahmsweise ausgeschlossen sein, wenn diese Kosten bei einer geringfügigen Körperverletzung eine dem Verletzer unzumutbare Höhe erreichen: Der Geschädigte soll dann mit einem höheren Schmerzensgeld vorlieb nehmen müssen. Und nach *BGHZ 97, 14 ff.* (dazu *Zeuner,* JZ 1986, 640 f.) soll bei einer Körperverletzung der Schadensersatz überhaupt auf die wirklich entstandenen Kosten beschränkt bleiben; ausgeschlossen ist also etwa ein Geldersatz wegen eines zwar gerechtfertigten, aber dennoch vermiedenen Krankenhausaufenthalts (m.E. richtig). Bei Sachbeschädigung wird jetzt die **Umsatzsteuer** nur ersetzt, soweit sie wirklich angefallen ist, § 249 II 2 (auch bei Ersatzbeschaffung, *BGH* ZIP 2004, 1212 ff.).

2. Kommerzialisierung

822 Bedeutungsvoller, aber auch hinsichtlich der Vereinbarkeit mit § 253 fraglicher ist die Tendenz zur Kommerzialisierung von Nichtvermögensgütern.

a) Die Fragestellung

Die hierfür wesentliche Fragestellung ist schon längst bekannt.

Bsp.: S verletzt den G, der sich auf dem Wege zu einer Theatervorstellung befindet. G muß wegen seiner Verletzung ei.ig einen Arzt aufsuchen und versäumt daher die einmalige Vorstellung; seine Karte verfällt. Umfaßt der dem G zu leistende Schadensersatz auch den Preis der Karte?

Das für die Karte bezahlte Geld hat G nicht durch das Verhalten des S verloren: G hatte ja das Geld schon vor dem Unfall und ohne auch nur äquivalenten Kausalzusammenhang mit diesem ausgegeben. Durch den Unfall eingebüßt hat G bloß den Besuch der Theatervorstellung, und der durch sie vermittelte Genuß fällt nicht unter die in § 253 II genannten Rechtsgüter. Dennoch wollen hier manche dem G den für die Karte gezahlten Preis ersetzen. Denn der wesentliche gesetzgeberische Grund für § 253 I bestehe darin, daß die Schwierigkeiten bei der Umrechnung von Nichtvermögensgütern in Geld vermieden werden sollten. Und dieser Grund greife hier nicht ein: Das immater:elle Gut, die Theatervorstellung von einem bestimmten Platz aus sehen zu können, habe einen durch den Preis der Karte festgelegten Wert; dieser sei also kommerzialisiert (kritisch *Köndgen*, AcP 177, 1977, 1 ff., zum Ganzen *Medicus*, in: 50 Jahre BGH, Festgabe Wissenschaft (2000) I 201 ff.).

Danach würde § 253 I hier nur ausschließen, daß G ein *besonderes* immaterielles Interesse an dem Besuch der Vorstellung geltend machen kann (**Affektionsinteresse**, Liebhaberwert), z.B. er höre gerade die Sängerin dieses Abends besonders gern; ihm sei die Aufführung daher mehr wert gewesen als den Preis der Karte.

b) Der Seereisefall

Von der Rspr. ist diese Tendenz aufgenommen worden in *BGH NJW* 1956, **823** 1234 f. Dort war durch Verschulden eines Zollbeamten das Urlaubsgepäck eines Ehepaares nicht an Bord eines Vergnügungsdampfers gekommen. Den Eheleuten war der Genuß der Seereise gemindert, weil sie »nicht in gewohnter und angemessener Weise Wäsche und Kleidung wechseln« konnten. Der BGH hat den durch Kleiderwechsel bei der Seereise (Preis 1800,– DM) erhofften Genuß als kommerzialisiert angesehen: Der Ehemann hat 100,– DM, die Ehefrau 200,– DM als Schadensersatz erhalten.

Gegen diese Entscheidung bestehen aber selbst dann Bedenken, wenn man die Kommerzialisierungslehre anerkennt. Denn kommerzialisiert ist nur der durch die Seereise insgesamt erhoffte Genuß. Dagegen ist der Teil dieses Genusses, der erst durch angemessene Kleidung vermittelt wird, weder ein quantifizierbarer Teil des Gesamtgenusses noch für sich kommerzialisiert. Ob man das durch § 287 ZPO überbrücken darf, ist sehr fraglich. Denn im Grunde gerät man so in den Schätzungsbereich, den § 253 I verschließt (so auch *LG Freiburg*, NJW 1972, 1719 ff. mit guter Begründung). Man kann auch nicht mit *Grunsky* (Aktuelle Probleme zum

Begriff des Vermögensschadens 1968, 84) argumentieren, ein Schiffsurlaub, bei dem die Mitnahme von Gepäck ausgeschlossen sei (nebenbei: gibt es das überhaupt?), koste weniger. Denn erstens werden ja nicht gleiche Schiffsreisen mit und ohne Gepäckbeförderung angeboten, so daß der Unterschied »seinen Preis« hätte. Und zweitens hat der *BGH* auch gar nicht auf einen Preisunterschied abgestellt, sondern auf die Beeinträchtigung des Genusses (daher die verschiedene Bemessung des Ersatzes für Mann und Frau!).

c) Entschädigung für Nutzungsentgang

824 In der praktisch wichtigsten Fallgruppe geht es um den Ersatz der Vorteile, die sich aus dem Besitz eines Pkw ergeben: Der Geschädigte behilft sich während der Reparaturzeit seines beschädigten Pkw ohne einen Mietwagen, verlangt aber doch (fiktive) Mietkosten ersetzt. Der *BGH*[3] hat dem mit (freilich erheblichen) Abzügen stattgegeben, weil die Annehmlichkeiten aus dem Besitz eines Pkw kommerzialisiert seien. Und *BGHZ 85, 11 ff.* (ergänzend *BGH* NJW 1983, 2139 f.) hat eine solche Nutzungsentschädigung auch auf den Fall der vertragswidrigen Vorenthaltung eines Pkw erstreckt.

aa) Stützen ließe sich eine solche Entschädigung für den Nutzungsentgang auf § 249 II: Naturalrestitution bedeutet, daß der Geschädigte während der Reparaturzeit einen Ersatzwagen hat; die dafür nötigen Kosten muß der Schädiger vorschießen. Ob der Geschädigte dieses Geld dann wirklich für die Miete eines Ersatzwagens verwendet, bleibt ihm überlassen (wie auch sonst bei § 249 II, vgl. oben Rdnr. 821). Schlüssig ist das freilich nicht, wenn man den Anspruch nach § 249 II an die fortbestehende Möglichkeit der Herstellung knüpft (so *Bötticher,* VersR 1966, 301 ff.; *Esser/Eike Schmidt* § 32 I 2a). Denn der Geschädigte kann Ersatz für seinen Nutzungsausfall regelmäßig erst nach der Reparatur erhalten: Ein dann noch gemieteter Wagen wäre kein Ersatzwagen mehr, sondern ein Zweitwagen. Freilich scheint wenigstens auf den ersten Blick die Verknüpfung des Anspruchs nach § 249 II mit dem Fortbestand der Herstellungsmöglichkeit wenig glücklich: Dem Schädiger käme so eine Verzögerung seiner Leistung zugute. Gegen dieses Argument aber *Medicus,* VersR 1981, 593/598 f.

Umstritten ist die Frage nach der Bedeutung des Fortbestehens der Herstellungsmöglichkeit auch in anderem Zusammenhang: Kann der Eigentümer eines beschädigten Kfz seinen Schaden noch »auf Reparaturkostenbasis« (also über § 249 II) berechnen, wenn er den Wagen nicht repariert, sondern beim Kauf eines Ersatzwagens in Zahlung gegeben hat? Bejahend *BGHZ 66, 239 ff.* für die Reparaturkosten, dagegen verneinend für den Anspruch wegen des Nutzungsentgangs: Hinsichtlich

---

3 *BGHZ* 40, 345 ff.; 45, 212 ff. (dazu *Stoll,* JuS 1968, 504 ff.).

der Nutzung soll die Wirklichkeit maßgeblich sein, nämlich der Umstand, daß der Geschädigte alsbald einen neuen Wagen erhalten hat. Vgl. dazu *Medicus*, Unmittelbarer und mittelbarer Schaden (1977) 15 f.; 37 ff. und in Deutsches Autorecht (DAR) 1982, 352/358 ff.; *Grunsky*, NJW 1983, 2465 ff.; *R. Weber*, VersR 1990, 934 ff. Bei Grundstücken soll nach *BGHZ 81, 385 ff.* nach einer Veräußerung nicht mehr auf Reparaturkostenbasis abgerechnet werden können. Dem widerspricht freilich *BGHZ 99, 81 ff.* (dazu *Köhler*, JZ 1987, 248 f.): Der zur Mängelbeseitigung nötige Betrag kann auch dann gefordert werden, wenn der Gläubiger den Mangel nicht beseitigen lassen will. Der Ersatz solcher »fiktiver« Schäden wird inzwischen aber durch § 249 II 2 vorausgesetzt und nur hinsichtlich der Umsatzsteuer verneint.

bb) Vor allem *Bötticher*, aaO. und im Ansatz auch *Esser-Eike Schmidt*   **825** kommen aber zu einem (dem Betrage nach anderen) Ersatz wegen des Nutzungsausfalls auf folgendem Wege[4]: Der Pkw-Halter hat für den Pkw laufende Aufwendungen (Steuer, Versicherung, auch Zinsentgang für das investierte Kapital und Entwertung des alternden Wagens). Mit diesen Aufwendungen will er die Nutzung des Pkw erkaufen. Die Aufwendungen sind also vergeblich, solange die bezweckte Nutzung wegen des schädigenden Ereignisses ausfällt. Das wird von manchen als Vermögensschaden angesehen, der über § 251 I zu ersetzen sei (**Frustrierungsgedanke**).
Sehr zurückhaltend gegenüber diesem Gedanken ist mit Recht die Rspr. So will ihm *BGHZ 71, 234/237 ff.* (dazu *Eike Schmidt*, JuS 1980, 636 ff.) für vertragliche Ersatzansprüche nur das Gewicht einer **widerleglichen Rentabilitätsvermutung** geben: Man könne davon ausgehen, daß zur Erlangung eines Vorteils gemachte Aufwendungen durch diesen wieder eingebracht würden (kritisch *Müller-Laube*, JZ 1995, 529 ff.). Aber bei der nichtgeschäftlichen Verwendung eines Pkw paßt diese Vermutung von vornherein nicht. Auch der neue § 284 (vgl. oben Rdnr. 242) gewährt jetzt den Ersatz frustrierter Aufwendungen nur anstelle des Schadensersatzes *statt der Leistung*, also nicht im Deliktsrecht.

cc) Nach dem Frustrierungsgedanken müßte Ersatz zudem konsequen-   **826** terweise auch zugesprochen werden, wenn nicht der Pkw beschädigt (oder vorenthalten, *BGHZ 88, 11 ff.*), sondern der **Halter verletzt** wird und dessen Aufwendungen für den Pkw aus diesem Grunde vergeblich sind (so in der Tat *Frößler*, NJW 1972, 1795 f.). Aber wo ist dann die Grenze: Darf der Verletzte auch Ersatz des Mietzinses seiner Wohnung verlangen, die er wegen des Krankenhausaufenthalts nicht benutzen kann? Gegen einen solchen Ersatz bei Verletzung des Verfügungsberechtigten mit Recht *Zeuner*, AcP 163 (1964) 380 ff.; *BGH* NJW 1968, 1778 ff.: Die Verletzung beseitige zugleich den Bedarf des Verletzten nach einem Pkw. Wenn man diese Begründung akzeptiert, läßt sich der Frustrierungsgedanke m.E. nicht mehr

---

4 Vgl. *Esser/Eike Schmidt* § 31 III; *Eike Schmidt*, JuS 1980, 636 ff.

halten. Ein weiteres, nach meiner Ansicht zwingendes Argument gegen den Frustrierungsgedanken bringen *Herm. Lange/G. Schiemann*, Schadensersatz (3. Aufl. 2003) § 6 IV S. 257 f., zustimmend *BGHZ 98, 182/199*: Der Geschädigte kann nicht (durch seine Aufwendungen) selbst darüber bestimmen dürfen, was einen Vermögensschaden darstellt und wie hoch dieser zu bewerten ist.

Eine deutliche Absage an den Frustrierungsgedanken findet sich auch in *BGHZ 55, 146 ff.*: G war von S derart verletzt worden, daß G eine für neun Jahre gepachtete Jagd mindestens ein Jahr lang nicht ausüben konnte. Der *BGH* hat einen Ersatz der auf dieses Jahr entfallenden und daher unnützen Ausgaben für die Jagd abgelehnt. Dabei hat er ausdrücklich auf die »Gefahr einer unübersehbaren Ausdehnung der Ersatzpflicht« durch die Frustrierungstheorie hingewiesen[5].

Aber auch zu der von *Zeuner* aaO. vertretenen **Bedarfstheorie** paßt nicht *BGHZ 63, 203 ff.*: Dort hatte jemand sein Auto deshalb nicht benutzen können, weil ihm zu Unrecht der Führerschein entzogen worden war. Obwohl der Bedarf nach einem Auto fortbestand, hat der III. ZS eine abstrakte Nutzungsentschädigung verweigert: Der Geschädigte, so argumentierte der III. ZS, hätte seinen Bedarf auch durch einen Mietwagen nicht decken können (aber doch durch einen Wagen *mit Fahrer!*). Ebenso hat derselbe Senat auch in *BGHZ 65, 170 ff.* entschieden (dazu *Hans Stoll*, JZ 1976, 281 ff.). Demgegenüber gewährt der (für Schadensersatzfragen überwiegend zuständige) VI. ZS die Nutzungsentschädigung selbst dann, wenn zwar der Eigentümer den Wagen nicht hätte benutzen können, aber doch ein Familienangehöriger (*BGH* NJW 1974, 33 f.) oder sogar nur die Verlobte (*BGH* NJW 1975, 922 f.). Damit wird die Bedarfsfrage von der Person des Eigentümers weithin gelöst.

827   dd) Inkonsequent ist die Stellungnahme des *BGH* zur **Höhe der geschuldeten Nutzungsentschädigung**: Nach *BGHZ 56, 214 ff.* soll ein die gebrauchsunabhängigen Gemeinkosten (Steuer, Versicherung, Kapitalverzinsung usw.) maßvoll übersteigender Betrag als Entschädigung genügen. Der BGH gelangt so zu Summen in Höhe von etwa einem Drittel der (fiktiven) Mietwagenkosten. Aber damit spart dann der auf einen Mietwagen verzichtende Geschädigte doch überwiegend in die Tasche des Schädigers, was der *BGH* gerade vermeiden wollte. Auch paßt die Bezugnahme auf die Gemeinkosten nicht zur Ablehnung des Frustrierungsgedankens.

828   ee) Für die Lösung dürfte von folgendem auszugehen sein (anders *Jahr*, AcP 183, 1983, 725 ff. unter Hinweis auf § 849): Es gibt heute kaum ein Gut, das nicht gegen Geld erhältlich wäre, und für die meisten Güter läßt sich auch ein Marktpreis ermitteln. Wenn man in allen diesen Fällen über die Kommerzialisierung zu einem Vermögensschaden kommen könnte,

---

5 Den Versuch einer Einschränkung bringt *Larenz*, Festgabe Oftinger (1969) 151 ff., doch hat *Larenz* I § 29 II c die Frustrationstheorie wenig später ganz aufgegeben. Vgl. auch *Stoll*, JZ 1971, 593 ff.

bliebe von § 253 I nicht viel übrig: Die fortschreitende »Vermarktung« würde zu einer wesentlichen und rechtlich unkontrollierten Erweiterung des Geldersatzes führen. Daher **darf man in der Kommerzialisierung allein noch keinen hinreichenden Grund für die Annahme eines Vermögensschadens sehen** (ebenso *Herm. Lange/G. Schiemann*, Schadensersatz aaO. S. 256). Das anerkennt auch der *BGH*, soweit er bei manchen anderen Sachen als Kraftfahrzeugen einen abstrakt berechneten Geldersatz für den Nutzungsentgang verweigert (vgl. unten Rdnr. 829). Auch die Höhe der bei Kraftfahrzeugen gewährten Nutzungsentschädigung (vgl. oben Rdnr. 827) paßt nicht zur Kommerzialisierung.

Fragen muß man dann freilich, warum bei Kraftfahrzeugen überhaupt eine (wenn auch niedrige) abstrakte Nutzungsentschädigung gewährt wird. Man kann das – wenig befriedigend – mit der besonderen Rolle begründen, die das Kraftfahrzeug heute weithin spielt. Überzeugender scheint mir folgender Ansatz: Wenn der geschädigte Kfz-Halter nennenswerten Fahrbedarf hatte und daher einen Mietwagen genommen hat, muß der Schädiger die Mietwagenkosten (abzüglich der ersparten Abnutzung des eigenen Wagens des Geschädigten) ersetzen. Es liegt daher im Interesse der Schädiger (und ihrer Haftpflichtversicherer), den Geschädigten trotz seines Bedarfs davon abzuhalten, Mietwagenkosten entstehen zu lassen. Dafür mag sich die »abstrakte Nutzungsentschädigung« in Höhe von etwa einem Drittel der Mietwagenkosten eignen: Sie bedeutet dann eine dem Geschädigten für seine **Sparsamkeit gewährte Prämie** (vgl. *Staudinger/Medicus*, 12. Aufl. 1980, § 253 Rdnr. 33–36).

ff) Die eben angedeuteten dogmatischen Unzulänglichkeiten haben sich **829** am deutlichsten bei der Frage gezeigt, ob die Rspr. zur Nutzungsentschädigung bei Kraftfahrzeugen **auf andere Sachen (insbesondere Grundstücke) auszudehnen** ist. Der V. ZS hat einen solchen Fall nach dem damals geltenden § 137 GVG (jetzt § 132 II GVG) dem GS mit einem ausführlich begründeten Beschluß vorgelegt und dabei eindrucksvoll gegen eine Ausdehnung votiert (NJW 1986, 2037 ff., dazu etwa *Zeuner*, JZ 1986, 395 ff.). Der GS hat jedoch entgegengesetzt entschieden (*BGHZ 98, 212 ff.*, dazu etwa *Medicus*, Jura 1987, 240 ff.; NJW 1989, 1889 ff.; *Schiemann*, JuS 1988, 20 ff.): Ein Nutzungsrecht (insbesondere das Eigentum) erschöpfe sich nicht im bloßen »Haben«, sondern es solle dem Berechtigten die Verwirklichung seiner Lebensziele ermöglichen. Daß dies zeitweilig verhindert werde, dürfe nicht bloß monetär gesehen werden. Denn sonst werde derjenige unangemessen benachteiligt, der seine Güter nicht erwerbswirtschaftlich einsetze (und daher keinen nach § 252 erfaßbaren Gewinnentgang habe). Doch will der GS diesen Geldersatz auf »**Wirtschaftsgüter von allgemeiner, zentraler Bedeutung für die Lebenshaltung**« beschränken.

Diese Entscheidung kann die dogmatischen Zweifel kaum beenden. Schwer einzuordnen ist schon die eben genannte Beschränkung: Beim Schadensersatz (etwa bei den Reparaturkosten) spielt es ja auch sonst keine Rolle, ob die beschädigte Sache für die Lebenshaltung wichtig ist oder bloß dem Luxus dient. Auch sagt der GS fast nichts zur Höhe der Nutzungsentschädigung. Daß hierfür Anhaltspunkte fehlen, hängt notwendig mit einer Inkonsequenz der Entscheidung zusammen: Von der Ablehnung einer monetären Betrachtung führt eben keine Brücke zu einem Geldersatz, wenn man nicht an eine Art Schmerzensgeld denkt (dem aber bei Sachschäden § 253 I entgegensteht). Anders gesagt: Der bloße Entzug der Gebrauchsmöglichkeit bedeutet nicht schon deshalb einen Vermögensschaden, weil er in manchen Fällen (vor allem bei gewerblicher Nutzung) einen solchen herbeiführt. Daß insbesondere auch der V. ZS nicht wirklich überzeugt worden ist, zeigen dessen neuere Entscheidungen in NJW 1987, 771/772; 1992, 1500 f. (keine Nutzungsentschädigung bei Zweitwohnung).

d) Freizeit und Urlaub

830 Umstritten sind die Kommerzialisierung und die Unanwendbarkeit von § 253 endlich für die Freizeit und speziell für den Urlaub. Die Diskussion hat sich vor allem entzündet an

OLG Frankfurt, NJW 1967, 1372 f.: G hatte bei S einen Bungalow in Spanien gemietet. G reiste zwar mit seiner Familie termingemäß an, erhielt aber den Bungalow auch nach eintägigem Warten nicht. Daraufhin fuhr G wieder zurück. Er verlangt von S u.a. den Arbeitslohn für fünf Tage (vier nutzlose Reisetage und ein Wartetag). Das OLG hat ihm Recht gegeben: Die »ungestörte Ausnutzung von Urlaubstagen« sei weitgehend kommerzialisiert.

Gegen dieses Urteil ist eingewendet worden, ob ein Urlaub beeinträchtigt sei, hänge von den subjektiven Empfindungen des Betroffenen ab (*Heldrich,* NJW 1967, 1737 ff.). Das ist richtig und sollte vor einer Ausdehnung des Geldersatzes wegen verdorbener Freizeit warnen (so auch *BAG* NJW 1968, 221 ff.). Insbesondere bedeutet es noch nicht ein Mißlingen der Erholung, wenn bloß die geplante Art des Urlaubs vereitelt wird (so *BGHZ 60, 214 ff.:* Sauerland statt Adria; *80, 366 ff.*). Dagegen möchte ich in dem Bungalow-Fall für die fraglichen fünf Tage das Fehlen jeder Erholung nach der Lebenserfahrung (also objektiv) bejahen.

Mit gleicher Tendenz entscheidet *BGHZ 63, 98 ff.*[6]: Ein Fabrikant flog mit einem Reiseveranstalter für zwei Wochen an die rumänische Schwarzmeerküste. Die Reiseleistungen hatten schwerwiegende Mängel, die eine

---

6 *Grunsky,* NJW 1975, 609 ff.; *Stoll,* JZ 1975, 252 ff. und – überwiegend ablehnend – *H. Honsell,* JuS 1976, 222 ff.

»Quelle ständigen Ärgers« bedeuteten. Hier ist dem Fabrikanten nicht nur eine Minderung des dem Veranstalter zu zahlenden Entgelts zuerkannt worden. Vielmehr hat der *BGH* auch die Urlaubszeit als solche für kommerzialisiert erklärt. Das gelte nicht nur für einen Arbeitnehmer, sondern auch für einen selbständigen Gewerbetreibenden: Dieser erkaufe sich die Urlaubszeit durch einen Verzicht auf Einnahmen oder durch die Einstellung einer Ersatzkraft. Wenn der mit diesem Opfer verfolgte **Erholungszweck** »**gänzlich oder in erheblichem Umfang**« verfehlt werde, müsse auch eine Entschädigung für die verdorbene Urlaubszeit gezahlt werden. Zugleich betont der *BGH* aber nochmals, daß Mängel der Reiseleistungen regelmäßig den Urlaub nicht schon als »vertan« erscheinen lassen könnten und daher allein durch Minderung der Gegenleistung auszugleichen seien. *BGHZ 77, 116 ff.* erstreckt den Ersatzanspruch auf den Fall der einfachen Nichtleistung (der Urlaub wurde zu Hause verbracht, vgl. *OLG München*, NJW 1984, 132 f.) und die nicht berufstätige Ehefrau.

Seit dem 1.10.1979 ist die Frage für den **Reisevertrag** (§ 651a I) gesetzlich geregelt: Nach § **651f II** soll der Reisende bei Vereitelung oder erheblicher Beeinträchtigung der Reise auch wegen der nutzlos aufgewendeten Urlaubszeit eine »angemessene Entschädigung in Geld« verlangen können. Doch hat diese Norm **weitere** Probleme aufgeworfen. Denn es war fraglich, ob dies eine weitere gesetzliche Ausnahme von § 253 I bilden sollte. Wenn man das bejaht (so jetzt auch *Palandt/Heinrichs* § 253 Rdnr. 2), kann die Schadensberechnung von der Höhe des Arbeitsentgelts gelöst werden; auch können Personen ohne Arbeitseinkommen entschädigungsberechtigt sein.

Dementsprechend hat *BGHZ 85, 168 ff.* einem Schüler eine Entschädigung wegen verdorbenen Urlaubs zuerkannt. Andererseits wird dann aber fraglich, ob außerhalb des Anwendungsbereichs der §§ 651a ff. – also außerhalb eines Reisevertrags – noch eine Entschädigung wegen verdorbenen Urlaubs in Betracht kommt. Die Grundsatzentscheidung *BGHZ 86, 212 ff.* des (VI.) Deliktssenats verneint eine solche Entschädigung für **Deliktsansprüche** (anders noch *KG* NJW 1970, 474: Hundebiß vereitelt den Erfolg eines Kuraufenthalts). Freilich kann bei Körperverletzungen der »Urlaubsschaden« bei der Bemessung des Schmerzensgeldes berücksichtigt werden. Bei **Verträgen** außerhalb der §§ 651 a ff. soll für eine analoge Anwendung von § 651f II entscheiden, ob eine »durch den Vertragskonsens geprägte Kommerzialisierung des Urlaubsgenusses« vorliegt *(BGHZ 86, 212/216).* Nach *BGH* NJW 1985, 906 f. soll das in Betracht kommen, wenn allein ein Ferienhaus oder eine Ferienwohnung für Urlaubszwecke geschuldet wird (wie im Ausgangsfall des *OLG Frankfurt*); ebenso *BGH* NJW 1992, 3158/3160 mit Darstellung des Streitstandes. Dagegen lehnt *BGHZ 130, 128 ff.* die Anwendung von § 651f II auf die Charter einer Hochseeyacht regelmäßig ab: Entscheidend sei der »besondere Vertragsinhalt (nämlich die hier fehlende Verpflichtung des Veranstalters), eine Urlaubsreise erfolgreich zu gestalten«.

3. Erweiterung des § 253 II

831   Außer durch den Kommerzialisierungsgedanken kann die Wirkung des § 253 I auch abgeschwächt werden durch die extensive Auslegung der Ausnahmevorschriften. Dazu eignet sich aber allenfalls § 253 II. Der *BGH* ist diesen Weg bisher nur einmal gegangen (*BGHZ 26, 349 ff.*: »Herrenreiter«, vgl. oben Rdnr. 615): Die Verletzung des Rechtes am eigenen Bild ähnele der Freiheitsentziehung. Aber damit sind die Grenzen der zulässigen Analogie sicher überschritten.

4. Verdrängung des § 253 I durch das Grundgesetz

832   In der Rspr. durchgesetzt hat sich demgegenüber seit *BGHZ 35, 363 ff.* (»Ginsengwurzel«) der Gedanke, bei Persönlichkeitsverletzungen werde § 253 I durch Art. 1 I GG verdrängt. Von den Bedenken hiergegen war schon oben Rdnr. 615 die Rede. Über Persönlichkeitsverletzungen hinaus trägt das Argument zudem sicher nicht.

5. Entgangene Gegenleistung für eine Benutzungserlaubnis

833   Ein letzter Versuch zur Einschränkung von § 253 I läuft darauf hinaus, die Verletzung darin zu sehen, daß der Verletzer nicht zuvor eine Erlaubnis des Verletzten eingeholt hat: Wenn der Verletzte diese nur gegen Entgelt erteilt hätte, bildet das Entgehen einen Vermögensschaden.

BGHZ 20, 345 ff.: Ein Hersteller von Motorrollern veröffentlichte Bilder des Schauspielers Paul Dahlke, die diesen auf einem Fabrikat der Firma zeigten. In Wahrheit gehörte der Roller dem Photographen; P.D. hatte nicht gewußt, daß die Aufnahmen zur Werbung für den Roller bestimmt waren. Der *BGH* hat den Photographen, der P.D. vorsätzlich getäuscht hatte, verurteilt: Als Schadensersatz geschuldet werde der Betrag, der an Schauspieler für die Gestattung derartiger Werbeaufnahmen üblicherweise gezahlt werde. Dieser Weg ähnelt dem oben Rdnr. 822 ff. erwähnten: Teilbereiche der Persönlichkeit können unter bestimmten Umständen kommerzialisiert sein.

Möglich ist das natürlich nur, wo es Anhaltspunkte für die Höhe eines solchen üblichen Entgelts gibt. Daher ist *BGHZ 26, 349 ff.* diesen Weg mit Recht nicht gegangen (die Werbung eines Brauereibesitzers für ein Sexualmittel kennt kein übliches Entgelt).

Diese für das Urheberrecht durch § 97 I 2 UrheberRG sanktionierte Art der Schadensberechnung nach der **entgangenen Lizenzgebühr** (zu ihr *Däubler,* JuS 1969, 49 ff.) wäre an sich auch beim Eingriff in Vermögensgüter denkbar. Der *BGH* macht aber von ihr regelmäßig keinen Gebrauch. Freilich kann der mit der Eingriffskondiktion zu fordernde Wertersatz zum selben Ergebnis führen (vgl. oben Rdnr. 719).

BGH NJW 1964, 1853: Der Mieter M hat ohne Erlaubnis seines Vermieters V untervermietet. Eine solche Erlaubnis wird häufig nur gegen eine Erhöhung des Mietzinses erteilt (vgl. § 549 II 2 a.F., jetzt durch § 540 zumindest nicht ausgeschlossen). Kann V von M nachträglich den Betrag verlangen, um den der Mietzins bei Einholung der Erlaubnis erhöht worden wäre? Der BGH hat das verneint (ebenso jetzt *BGHZ 131, 297/300 ff.*). Vgl. auch oben Rdnr. 707, 719 zu der bereicherungsrechtlichen Seite des Falles.

IV. Die Tendenzen zum Ersatz von Drittschaden

1. Drittschaden und mittelbarer Schaden

Zunächst sind hier zwei Begriffe klarzustellen, die oft verwechselt werden.   **834**

a) Schadensersatz erhält regelmäßig nur, wer selbst in seinen geschützten Rechtsgütern verletzt worden ist: der Eigentümer der zerstörten Sache bei 823 I, der Gläubiger einer gestörten Verbindlichkeit. Ersetzt verlangen kann der Verletzte dann auch nur den ihm selbst entstandenen Schaden, also das *Gläubigerinteresse.* Im Unterschied dazu heißt der Schaden, der bei anderen Personen eintritt, Drittschaden. Er ist mangels einer Anspruchsgrundlage regelmäßig nicht ersatzfähig.

Kein Drittschaden liegt vor, wenn durch ein Ereignis gleichzeitig oder nacheinander mehrere Personen in ihren rechtlich geschützten Gütern verletzt werden. *Bsp.:* Eine Mutter erleidet beim Anblick ihres überfahrenen Kindes einen **Nervenschock.** Hier hat der Kraftfahrer zunächst den Körper des Kindes verletzt. Hieraus hat sich dann weiter eine Verletzung der Gesundheit der Mutter ergeben. Nur deswegen und nicht wegen der Verletzung des Kindes hat die Mutter einen Ersatzanspruch aus §§ 823 I, 253 II, wenn man die »psychische Kausalität« genügen läßt (so zutreffend die h.M. mit *BGHZ 56, 163 ff.*; Adäquanz liegt hier jedenfalls vor). Eine Abgrenzung des geschützten Personenkreises (sollen auch Fremde ersatzberechtigt sein?) versucht *Berg,* NJW 1970, 515 f. – Ein weiteres Bsp. bildet der »Nierenfall« von oben Rdnr. 653 c.

b) Vom Drittschaden zu unterscheiden ist der **mittelbare Schaden.** Dieser Begriff ist dem BGB zwar fremd: Dieses wollte den mittelbaren Schaden ebenso ersetzen wie den unmittelbaren. Aber die Lehre und die Vertragspraxis bedienen sich dieser Differenzierung manchmal zur Begrenzung des   **835**

Ersatzes. Dabei werden als »mittelbar« Schadensfolgen bezeichnet, die von dem die Ersatzpflicht begründenden Umstand weiter entfernt sind als der »unmittelbare« Schaden. Vgl. unten Rdnr. 850 f.

2. Sonderregelungen

836 Entgegen der oben Rdnr. 834 genannten Regel gewähren einige Sondervorschriften ausnahmsweise den Ersatz von Drittschaden. Sie gehören fast alle dem Deliktsrecht an: §§ 844, 845 BGB und dem § 844 entsprechend etwa die §§ 10 I 2, II StVG, 5 I 2, II HaftpflG, 35 I 2, II LuftVG. Nach den gesetzlichen Regeln für das Vertragsrecht kann Drittschaden nur nach § 618 III ersetzt verlangt werden, außerdem noch bei der Haftung nach § 701: Diese Vorschrift stellt nicht darauf ab, ob die eingebrachten Sachen dem Gast gehören. Die Rspr. hat diesen Ersatz von Drittschäden zwar auf manche Werkverträge und Auftragsverhältnisse ausgedehnt. Dennoch bleibt der so zu erreichende Ersatz von Drittschaden in engen Schranken.

Einem zeitlichen Wandel war unter den genannten Vorschriften freilich § 845 ausgesetzt. Überholt ist nämlich die Anwendung gerade für diejenigen Fälle, für welche die Vorschrift ursprünglich vor allem gedacht war: Die im Haushalt arbeitende **Ehefrau wird verletzt,** so daß eine Haushaltshilfe angestellt werden muß. Die dem § 845 zugrunde liegende Vorstellung sah das folgendermaßen: Aus § 823 I anspruchsberechtigt ist die Ehefrau, aber nur wegen ihres eigenen Schadens. Jedoch bringt die Kosten für die Haushaltshilfe regelmäßig der Ehemann auf. Insoweit fehlt also ein eigener Schaden der Frau. Und für den Ehemann bedeuten die Kosten bloßen Vermögensschaden, den er nach allgemeinem Deliktsrecht (Ausnahme § 826) vom Schädiger nicht ersetzt verlangen könnte. Diese Lücke wollte § 845 durch Gewährung eines besonderen Anspruchs für den Ehemann schließen. § 845 war daher schon früher unnötig, wo die Ehefrau selbst (etwa aus ihrem Vorbehaltsgut) die Aushilfskraft bezahlte.

Von dieser Grundvorstellung ist *BGHZ 38, 55 ff.* abgewichen: Seit der Durchführung der **Gleichberechtigung** brauche die Ehefrau ihre Arbeitskraft nicht mehr unentgeltlich im Haushalt einzusetzen. Vielmehr erfülle sie durch die Arbeitsleistung ihre Unterhaltspflicht (§ 1360 S. 2). Der Wegfall der Arbeitskraft **infolge Verletzung** bedeute also einen eigenen Schaden der Ehefrau. Daß der Mann diesen Wegfall durch Anstellung einer Hilfskraft ausgleiche, sei nach § 843 IV unbeachtlich. Insoweit war also § 845 unnötig geworden.

Noch einen Schritt weiter ist *BGHZ (GS) 50, 304 ff.* gegangen: Der ersatzfähige Schaden an der Arbeitskraft der Ehefrau brauche dem Betrage nach nicht mit den Aufwendungen für eine Ersatzkraft zusammenzufallen.

Vielmehr könnten diese nur einen Anhaltspunkt für die Schadensbemessung geben. Und nach *BGH* NJW 1974, 1651 ff. (dazu *Denck,* ebenda 2280 ff.) soll nicht die von der verletzten Ehefrau gesetzlich geschuldete Arbeitsleistung maßgeblich sein, sondern die ohne die Verletzung tatsächlich erbrachte.

Die Rechtslage **bei Tötung der Ehefrau,** also wenn für sie ein eigener Ersatzanspruch nicht in Betracht kommt, behandelt *BGHZ 51, 109 ff.*: Dann sei der Ehemann nach § 844 II ersatzberechtigt. Denn da die Ehefrau durch die Haushaltsführung ihren Beitrag zum Familienunterhalt leiste, bedeute ihre Tötung den Ausfall des Unterhaltspflichtigen. Wesentlich ist diese Konstruktion insofern, als sich in den Sondergesetzen über die Gefährdungshaftung regelmäßig nur dem § 844 II entsprechende Vorschriften finden (etwa §§ 10 II StVG, 5 II HaftpflG), aber nicht auch solche, die dem § 845 gleichen. Die Ersatzpflicht nach StVG oder HaftpflG ist also durch die neue Auffassung von der Hausarbeit der Ehefrau erweitert worden.

Darüber hinaus ergeben sich aus der neuen Sicht noch weitere Fragen: Gibt es eine Entschädigung hinsichtlich der ausfallenden Dienstleistungen eines Ehegatten im **Beruf oder Geschäft** des anderen? Denn seit der Streichung der gesetzlichen Mitarbeitspflicht der Ehefrau nach § 1356 II a.F. ist zweifelhaft, ob die Dienstleistungspflicht im Beruf oder Geschäft des anderen Ehegatten noch auf Gesetz beruht (weil die gesetzliche Unterhaltspflicht erfüllt wird, so *Holzhauer,* JZ 1977, 729) oder nicht (so *Diederichsen,* NJW 1977, 217/220 f., der aber mit Recht trotzdem die Anwendbarkeit von § 844 II anstrebt). *BGHZ 77, 157 ff.* stützt den Ersatzanspruch des überlebenden Ehegatten wegen der ihm geschuldeten Dienste des Getöteten auf § 844 II. Maßgeblich sei aber nicht die vor der Tötung tatsächlich erbrachte Unterhaltsleistung, sondern nur diejenige, die als ehelicher Unterhalt geschuldet gewesen sei (Abgrenzung sehr zweifelhaft). Andererseits wollen *BGHZ 77, 157/164; BGH* NJW 1969, 2005 ff. wegen ausfallender **Dienste der Kinder** (§ 1619) weiter § 845 anwenden (anders *Kilian* ebenda; zum Verhältnis zu einem eigenen Ersatzanspruch des Kindes *BGHZ 69, 380 ff.*: Dieser Anspruch geht vor!). Erheblich eingeschränkt wird der Ersatzanspruch jetzt freilich durch *BGHZ 137, 1 ff.* = JZ 1998, 362 ff. mit krit. Anm. *Gernhuber*: keine Dienstpflicht des Kindes nach § 1619, wenn dieses seine volle Arbeitskraft für eine entgeltliche Erwerbstätigkeit einsetzt.

Bei § 844 II soll nach *BGH* NJW 1972, 1130 f.; VersR 1973, 84 ff. der **Ersatzanspruch** wegen des Ausfalls der Ehefrau zwischen dem Witwer und den gleichfalls unterhaltsberechtigten Kindern **geteilt** werden. Ein praktikabler Maßstab für diese Teilung läßt sich freilich kaum angeben. Daher dürfte der **Weg über § 432** vorzuziehen sein: Der Schadensersatz ist an alle Unterhaltsberechtigten gemeinsam zu leisten; die interne Aufteilung braucht den Schädiger nicht mehr zu kümmern (vgl. *Medicus,* JuS 1980, 697, 700 f.).

3.   Haftungsinteresse

837 Gleichfalls noch keiner konstruktiven Anstrengungen zum Ersatz von Drittschaden bedarf es, soweit ein Haftungsinteresse des potentiellen Ersatzgläubigers reicht: Es macht den fremden Schaden zum eigenen. Ob das vorliegt, ist daher stets zuerst zu prüfen.

Bsp. (ein weiteres oben Rdnr. 350 am Ende): Ein Angestellter A des Kaufmanns S hat dem G, einem Vertragspartner des S, durch eine falsche Auskunft fahrlässig einen Vermögensschaden zugefügt. Hier hat S insofern einen eigenen Schaden, als er dem G aus Pflichtverletzung (§ 280 in Verbindung mit § 278) auf Schadensersatz haftet. Diesen Haftungsschaden kann S von A wegen schuldhafter Verletzung des Dienstvertrages ersetzt verlangen (wenn nicht die arbeitsrechtlichen Regeln über die Haftungsbeschränkung für Arbeitnehmer eingreifen). Bevor S den Ersatzanspruch des G befriedigt hat, muß A dadurch Ersatz leisten, daß er den S von der Forderung des G befreit (§ 249 I).

BGHZ 59, 148 ff. betont mit Recht, daß die Belastung mit Ansprüchen auch für eine völlig vermögenslose Person (entschieden für einen Verein) einen Schaden darstellt (anders das *RG*). Freilich wird hier der das Haftungsinteresse deckende Ersatzanspruch im Ergebnis meist nur dem geschädigten Dritten nützen, der nach Pfändung und Überweisung dieses Anspruchs gegen den Drittschuldner vorgehen kann.

4.   Schadensliquidation im Drittinteresse

838 Soweit der potentielle Ersatzgläubiger keinen eigenen Schaden – auch kein Haftungsinteresse – hat, kommt die Schadensliquidation im Drittinteresse in Betracht. Bei ihr verlangt derjenige, in dessen Person die Voraussetzungen einer Anspruchsnorm mit Ausnahme des Schadens erfüllt sind, **fremden Schaden** ersetzt. Natürlich ist das nur da sinnvoll, wo der so konstruierte Anspruch oder der auf ihn geleistete Ersatz letztlich dem Geschädigten zugute kommt. Auch muß der Geschädigte den Ersatz wollen, was aber regelmäßig zu vermuten ist (*BGHZ 128, 371 ff.*).

Bsp.: Der Versendungsverkäufer V hat die ordentlich verpackte Ware an den Käufer K abgeschickt. Unterwegs wird diese durch ein Verschulden der Transportperson T zerstört. Wenn hier V – wie regelmäßig – noch Eigentümer der Ware war, kann er dem Grunde nach von T aus § 823 I oder aus dem Transportvertrag Ersatz verlangen. Wegen § 447 fehlt dem V aber ein Schaden: K muß den Kaufpreis ja trotz Zerstörung der Ware bezahlen (auch beim Gattungskauf wegen § 243 II). Der eigentlich geschädigte K hat aber für einen Anspruch gegen T keine Grundlage: § 823 I scheitert am fehlenden Eigentum (oder Besitz) des K, und den Transportvertrag hat K nicht abgeschlossen.

Hier ist der Schaden aus einem für T zufälligen Grund, nämlich wegen des Vorliegens der Voraussetzungen von § 447, von V auf K verlagert. Daher soll nach der herkömmlichen Ansicht V von T den Schaden des K ersetzt verlangen können. Diesen seinen Anspruch gegen T muß V dann nach §§ 275 I, 285 als stellvertretendes Kommodum für die zerstörte Ware an K abtreten. Bei der Drittschadensliquidation wird das Schadenserfordernis der anspruchsbegründenden Norm also durch einen Trick erfüllt: Dem potentiell Ersatzberechtigten wird im Verhältnis zum Schädiger der fremde Schaden wie eigener zugerechnet. Zweifelhaft ist hier der **Umfang des zu ersetzenden Schadens**: Soll er auf den Betrag beschränkt werden, der ohne die Schadensverlagerung bei dem Gläubiger entstanden wäre? Eine solche Begrenzung ist wohl regelmäßig abzulehnen (Ausnahme *BGH* NJW 1995, 1282/1283). Denn die Verlagerung kann auch zu einem geringeren Schaden führen, und das kommt gewiß dem Schädiger zugute.

Sehr kritisch gegenüber der Drittschadensliquidation ist freilich *Hagen,* Die Drittschadensliquidation im Wandel der Rechtsdogmatik (1971). *Hagen* will außer in den Fällen der mittelbaren Stellvertretung die Drittschadensliquidation durch andere Rechtsfiguren ablösen. Doch bleiben die Ergebnisse wohl im wesentlichen gleich[7].

5.   Verträge mit Schutzwirkung für Dritte

Die Ausgangslage bei der Drittschadensliquidation wird gekennzeichnet   **839** durch das Auseinanderfallen von Ersatzberechtigtem und Geschädigtem. Eben diese Ausgangslage findet sich auch bei den üblicherweise so genannten Verträgen mit Schutzwirkung für Dritte. Beide Konstruktionen betreffen daher das gleiche Problem. So könnte man etwa beim Versendungskauf (oben Rdnr. 838) einen Schadensersatzanspruch für K auch dadurch gewinnen, daß man den Transportvertrag V–T als Vertrag mit Schutzwirkung für den Empfänger K konstruiert. Dann hat K gegen T direkt einen Ersatzanspruch. Umgekehrt ließen sich die üblicherweise unter Berufung auf eine vertragliche Schutzwirkung entschiedenen Fälle auch mit der Drittschadensliquidation lösen.

Bsp.: Das Kind K des Mieters M kommt in dem vernachlässigten Treppenhaus zu Fall und verletzt sich. Ein Deliktsanspruch des K gegen den Vermieter V möge daran scheitern, daß V sich für seinen Hauswart H exkulpieren kann (§ 831 I 2) und seine eigene Aufsichtspflicht erfüllt hat (vgl. oben Rdnr. 656). Hier pflegt man zu sagen, K

---

7 Zustimmung zu *Hagen* etwa bei *Larenz* I §§ 27 IV b am Ende; 29 I b; *Esser/Eike Schmidt* § 34 IV 1, ablehnend dagegen *Berg,* JuS 1977, 365 f. Ein anderer Lösungsansatz findet sich bei *Junker,* Die Vertretung im Vertrauen im Schadensrecht (1991, dazu *Hagen,* AcP 192, 1992, 568 ff.).

stehe im Schutzbereich des Mietvertrages M–V. Man gelangt so mit Hilfe des rettenden § 278 zu einem vertraglichen Schadensersatzanspruch K–V. Das Ergebnis wäre wirtschaftlich gleich, wenn man den Vertragspartner M bei V den Schaden des K liquidieren ließe.

Der konstruktive Unterschied besteht in folgendem: Bei der Drittschadensliquidation wird der Schaden zur Anspruchsgrundlage, bei der vertraglichen Schutzwirkung die Anspruchsgrundlage zum Schaden gezogen. Im ersten Fall klagt also (vor einer etwa erfolgenden Abtretung) der Nichtgeschädigte, im zweiten der Geschädigte.

6. Abgrenzungsfragen

840 Hinsichtlich des Anwendungsbereichs beider Konstruktionen und ihrer Abgrenzung voneinander bestehen viele Zweifel[8].

a) Die Rspr. hat lange die Drittschadensliquidation überwiegend bei Sach- und Vermögensschäden und den Vertrag mit Schutzwirkung für Dritte bei Körperschäden angewendet. Gegen diese Unterscheidung sprach aber, daß sich beide Konstruktionen von ihrem Ansatz her gleichermaßen zum Ersatz von Schäden aller Art eignen. Insbesondere läßt sich bei dem »Vertrag« mit Schutzwirkung für Dritte der Ersatz von Vermögensschäden nicht ausschließen. Der *BGH* hat die genannte Abgrenzung dann auch schon früh aufgegeben (*BGHZ 49, 350/354 f.; NJW 1968, 1929/1931; 1977, 2073/2074*).

841 **b)** Richtig ist vielmehr die folgende, inzwischen auch vom *BGH* (etwa NJW 1968, 1931) mehrfach betonte Unterscheidung: Die **Drittschadensliquidation** bezweckt nur den Ausgleich einer vom Schädiger her gesehen zufälligen **Verlagerung des Schadens**. Dadurch wird also das kalkulierbare Risiko des Schädigers nicht erhöht: Er haftet nur, wo er eine Haftung erwarten mußte.

So in dem Bsp. von oben Rdnr. 838: T konnte nicht voraussehen, daß dem V wegen § 447 kein Schaden entstehen würde: V konnte ja mit K auch eine andere Regelung der Preisgefahr getroffen oder die Ware nicht kaufweise versendet haben.

---

8 *Berg*, NJW 1968, 1325 f.; 1969, 1172 f.; 1978, 2018 f.; MDR 1969, 613 ff.; Jur. Analysen 2 (1970) 687 ff.; JuS 1977, 363 ff.; *Ries*, Grundprobleme der Drittschadensliquidation und des Vertrages mit Schutzwirkung für Dritte, JA 1982, 453 ff.; *Canaris*, Die Haftung des Sachverständigen zwischen Schutzwirkungen für Dritte und Dritthaftung aus culpa in contrahendo, JZ 1998, 603 ff. Vgl. auch in der FS Medicus (1999) die Beiträge von *H. Honsell* (S. 211 ff.), *Picker* (S. 397 ff.) und *Schlechtriem* (S. 529 ff.).

Dagegen führt der **Vertrag mit Schutzwirkung für Dritte** regelmäßig (aber mit Ausnahmen!) zu einer **Vermehrung des Risikos:** Der Schuldner haftet in diesen Fällen nicht bloß, wenn der sich im Schutzbereich befindende Dritte geschädigt wird, sondern ebenso auch für Schädigungen des Gläubigers. Hier wird also nicht statt für Schäden des Gläubigers für die eines Dritten gehaftet. Vielmehr werden die Risiken gehäuft.

7. Einzelheiten

Daraus ergeben sich dann auch mehrere Einzelheiten bei beiden Rechtsinstituten.   **842**

a) Drittschadensliquidation

aa) Es muß wirklich eine **Schadensverlagerung** gegeben sein. Dafür ist erforderlich, daß der Schuldner mit dem **Schadenseintritt beim Gläubiger rechnen mußte** und sein Risiko daraufhin kalkulieren konnte. So argumentiert etwa *BGHZ 51, 91/96* in dem Hühnerpestfall (vgl. oben Rdnr. 650; vorher ebenso *BGHZ 40, 91 ff.*): Dort hatte ein Impfstoffwerk Impfstoff an einen Tierarzt verkauft. Deshalb brauchte das Werk nicht damit zu rechnen, der Arzt werde eigene Hühner impfen (und sie dann wegen eines Mangels des Impfstoffs verlieren). Daher konnte der Arzt nicht die Schäden der von ihm betreuten Hühnerhalter liquidieren.

Für die Drittschadensliquidation hätte sich dagegen geeignet der Fall von

BGHZ 49, 350 ff.: M hatte von V Geschäftsräume in dessen Haus gemietet. V veräußerte das Hausgrundstück an K. Danach kam es wegen einer schon beim Vertragsabschluß vorhandenen Rauchrohröffnung zu einem Brand. Dabei wurden in dem Geschäft außer Waren des M auch solche eines Dritten D zerstört. D verlangt von K Schadensersatz.

Ein Ersatzanspruch hinsichtlich der Waren des D kann hier mangels Verschuldens des K nur auf § 536a I (früher § 538) gestützt werden. Der Anwendung dieser Vorschrift scheint entgegenzustehen, daß den Mietvertrag nicht K abgeschlossen hatte, sondern V. Der *BGH* hat aber mit Recht bejaht, daß die Garantiehaftung aus § 538 auch den Erwerber des Mietobjekts trifft, der nach §§ 580, 571 (jetzt §§ 566, 578) in den Mietvertrag eingetreten ist.

Im übrigen hat der *BGH* (ebenso *BGH* JZ 1968, 304) angenommen, auch die Ware des D befinde sich im Schutzbereich des Mietvertrages K–M. Dagegen dürfte eher eine typische Schadensverlagerung vorliegen: K mußte damit rechnen, für alle Waren zu haften, die M in dem Laden aufbewahrte. Denn sie alle konnten dem M gehören. Daß in Wahrheit ein Teil davon im Eigentum des D stand, war für K rechtlich zufällig und daher kalkulatorisch bedeutungslos; ähnlich *Söllner,* JuS 1970, 159/164. Auch *BGHZ 70, 327 ff.* betont, der Untermieter sei regelmäßig nicht in den Schutzbereich des Hauptmietvertrages einbezogen; er müsse sich mit den Vertragsansprüchen gegen seinen Vermieter (den Hauptmieter) begnügen.

843   bb) Die Drittschadensliquidation wird **ausgeschlossen durch** die Gefahr, daß der Schaden *beim Gläubiger und beim Dritten* eintreten kann. Denn dann handelt es sich um Fälle der **Risikohäufung.**

b)   Vertrag mit Schutzwirkung für Dritte

844   Für den Vertrag mit Schutzwirkung für Dritte[9] müssen strengere Voraussetzungen gelten, weil der Schuldner dort regelmäßig durch die Risikohäufung belastet wird.

aa) Die – allerdings vielfach uneinheitliche – Rspr. kennt für eine **erste Fallgruppe** im wesentlichen drei Kriterien:

(1) Der Dritte muß sich in **Leistungsnähe** befinden, also den Gefahren einer Schlechtleistung etwa ebenso stark ausgesetzt sein wie der Gläubiger selbst. Das trifft z.B. bei der Wohnungsmiete für die Hausangehörigen des Mieters und beim Kauf einer Maschine für das vom Käufer für diese Maschine bestimmte Bedienungspersonal zu.

845   (2) Der Gläubiger muß ein **Interesse am Schutz des Dritten** haben. Ein solches Interesse kann sich vor allem daraus ergeben, daß der Gläubiger dem Dritten unterhaltspflichtig oder zum Ersatz verpflichtet ist, wenn der Dritte durch die mangelhafte Leistung Schaden erleidet. Für den letzten Fall ist bei Bestehen eines Dienstverhältnisses zwischen dem Gläubiger und dem Dritten besonders an § 618 zu denken.

Für die Frage, wie intensiv der Gläubiger am Schutz des Dritten interessiert sein muß, gibt es in der Rspr. zwei verschiedene Ansätze: Vor allem bei Körper- und Sachschäden wird die Formulierung verwendet, der Gläubiger müsse »**sozusagen für das Wohl und Wehe des Dritten mitverantwortlich**« sein, weil er ihm zu Schutz und Fürsorge verpflichtet sei (etwa *BGHZ 51, 91/96,* zum zweiten Ansatz vgl. unten Rdnr. 846a).

846   (3) Die beiden eben genannten Umstände müssen dem Schuldner der Leistung **beim Vertragsabschluß erkennbar** gewesen sein. Zu dieser Be-

---

9 Dazu etwa *von Caemmerer,* FS Wieacker (1978) 311 ff.; *P. Schwerdtner,* Jura 1980, 493 ff.; *Strauch,* JuS 1982, 823 ff.; 1987, 947 ff.; *Assmann,* JuS 1986, 885 ff. und kritisch *Ziegler,* JuS 1979, 328 ff.; *Sonnenschein,* JA 1979, 225 ff. (gegen sie *BGH* NJW 1982, 2431). Zum Problembereich Mieter/Untermieter noch *E. Krause,* JZ 1982, 16 ff.

schränkung gelangt die Rspr. schon deshalb, weil sie die Schutzwirkung regelmäßig durch Vertragsauslegung nach § 157 gewinnt: Für diese kommen ja nur die dem Gegner erkennbaren Umstände in Betracht.

Gerade diese Herleitung der Schutzwirkung wird allerdings in der Literatur kritisiert: Der angebliche Parteiwille sei meist nur fiktiv; in Wahrheit werde hier das Gesetz korrigiert. Zudem bestehe ein gleiches Korrekturbedürfnis auch bei gesetzlichen Schuldverhältnissen[10] und bei nichtigen Verträgen[11]. Man hat diese Korrektur daher entweder auf die Annahme von Gewohnheitsrecht *(Gernhuber)* oder auf das Vertrauensprinzip *(Canaris)* stützen wollen. Aber auch wenn man das bejaht (dazu oben Rdnr. 199), darf auf die von der Rspr. geforderte Erkennbarkeit für den Vertragsschuldner nicht verzichtet werden: Er muß sehen können, welches Risiko er eingeht.

bb) Dagegen wird bei einer **zweiten Fallgruppe** für primäre Vermögens- **846a** schäden (wie sie z.B. durch eine unrichtige Auskunft entstehen können) auf das Erfordernis einer Mitverantwortlichkeit des Gläubigers für das Wohl und Wehe des Dritten verzichtet: Auch ohne das Vorliegen einer solchen Verantwortlichkeit könne der Dritte in den Schutzbereich des Vertrages ausdrücklich oder **stillschweigend einbezogen** sein (so etwa *BGH* VersR 1989, 375/376; JZ 1985, 951 f.; *BGHZ 127, 378 ff.* mit Anm. *Medicus* in JZ 1995, 308 f., vgl. oben Rdnr. 371).

BGH JZ 1995, 306/308 stellt jetzt zutreffend klar: Bei den »Wohl und Wehe-Fällen« stehen Gläubiger und Dritter gewissermaßen im **gleichen Lager.** Doch kann unter gewissen Voraussetzungen eine Schutzwirkung auch für solche Dritte bejaht werden, deren Interessen **gegenläufig zu denen des Gläubigers** sind. So sollte in dem dort entschiedenen Fall ein vom Eigentümer bestelltes Wertgutachten für ein zu verkaufendes Grundstück ersichtlich gegenüber Kaufinteressenten verwendet werden. Dann soll der Gutachter solchen Dritten sogar dann haften müssen, wenn er seinen Vertrag mit dem Eigentümer nicht verletzt hat, weil dieser die Nichtberücksichtigung wertmindernder Umstände wünschte. Im Ergebnis zustimmend auch *Canaris,* JZ 1995, 441 ff. Nach *BGH* NJW 1998, 1059 ff. soll es den Gutachter auch nicht entlasten, daß er Angaben seines Auftraggebers ungeprüft übernommen hat, wenn er dies nicht hervorhebt. Allerdings kann in solchen Fällen der Schaden regelmäßig nur bei einer einzigen Person (nämlich dem Dritten) eintreten (vgl. *Medicus,* FS Schlechtriem, 2002, 613 ff.). Daher ist es hier auch eher gerechtfertigt, diesen Dritten in den Schutzbereich des Vertrags einzubeziehen. Freilich paßt das nicht recht zu *BGHZ 51, 91/96* und zu der Annahme von Drittschadensliquidation bei

---

10 *Gernhuber;* FS Nikisch (1958) 249/266 f., vgl. auch JZ 1962, 553 ff.
11 *Canaris,* JZ 1965, 475/477 f., ähnlich *U. Müller,* NJW 1969, 2169 ff.

der Schadensverlagerung. Nach dem SMG kann man erwägen, die Einwirkung eines Dritten auf einen fremden Vertragsschluß bei dem neuen § 313 III unterzubringen. Vgl. dazu *J. Koch*, AcP 204 (2004) 59 ff. und *Plötner*, Die Rechtsfigur des Vertrags mit Schutzwirkung für Dritte und die sog. Expertenhaftung (2003, dazu *Schlechtriem*, AcP 203, 2003, 855 f.).

8. Ansprüche Dritter bei Nichterfüllung?

847 Besondere Schwierigkeiten bereitet folgender Fall:

> *BGH* JZ 1966, 141 ff.: Der Erblasser E hatte eine Tochter T und eine Enkelin K, die von einem anderen, vorverstorbenen Kind des E stammte. E wollte T zur Alleinerbin einsetzen und K nur mit einem Vermächtnis bedenken. Zur Beratung über die dafür nötigen Maßnahmen holte T ihren Anwalt A. Da E kein privatschriftliches Testament errichten wollte, versprach A, alsbald mit einem Notar wiederzukommen. Dieses Versprechen hielt A trotz Mahnung nicht ein. E verstarb ohne Testament und wurde nach § 1924 von T und K je zur Hälfte beerbt. T verlangt nun von A Ersatz für die ihr entgangene Nachlaßhälfte abzüglich des Vermächtnisses und der Kosten der Testamentserrichtung.

a) Der *BGH* glaubte sich hier an die Feststellungen der Vorinstanz gebunden: Partner des Vertrages mit A über die Besorgung eines Notars war nur E (nicht auch T), und T sollte auch nicht nach § 328 einen Erfüllungsanspruch aus diesem Vertrag haben. Dennoch hat der *BGH* gemeint, T falle in den Schutzbereich des Vertrages. Daher ist T der geforderte Schadensersatz dem Grunde nach zuerkannt worden.

Aber das weicht von der sonstigen Rspr. ab: Der Schaden der T ist hier nämlich nicht durch Schlechterfüllung des A entstanden, sondern durch schlichte Nichterfüllung der Hauptpflicht.

847a b) Zunächst hatte ich daher die Entscheidung *BGH* JZ 1966, 141 ff. für *unrichtig* gehalten: Was T hier verlangt, sei Schadensersatz wegen Nichterfüllung. Und den könne sie nur fordern, wenn ihr auch ein Erfüllungsanspruch zugestanden hätte (also bei Vorliegen eines echten Vertrages zugunsten der T oder dann, wenn T selbst Partnerin des Vertrages mit A gewesen wäre, vgl. dazu *W. Lorenz*, JZ 1966, 143). Doch neige ich jetzt zur entgegengesetzten Ansicht wegen des Arguments *von Caemmerers* (FS Wieacker 321 f.), der Fall dürfe nicht anders entschieden werden als bei einem Formfehler der Urkundsperson (allerdings kann der Erblasserwille dort leichter zu beweisen sein). Dann aber liege Schlechtleistung vor, und für einen Schadensersatzanspruch bestehe kein Hindernis. Drittschadensliquidation scheidet hier übrigens nach der alten Rechtsprechung schon deshalb aus, weil eine Schadensentstehung bei E selbst ausgeschlossen war (vgl. oben Rdnr. 842).

Alle diese Schwierigkeiten bestehen nicht, wenn ein **Notar** einen Erwerb von Todes wegen durch einen Fehler bei der Testamentserrichtung vereitelt: Hier ergibt sich der Ersatzanspruch aus § 19 BNotO, der wie § 839 eine Haftung auch für Vermögensschäden Dritter bestimmt. Daher bedarf es hier keiner Drittschadensliquidation: *OLG Hamm,* NJW 1970, 1793.

c) Ganz anders löst solche Fälle *Kegel,* FS Flume I (1978) 545 ff.: Das Versagen der Urkundsperson dürfe nicht zu einer **Verdoppelung der Erbenstellung** führen, also dazu, daß es neben dem Erben kraft Erbrechts auch noch einen kraft Schadensersatzrechts gebe. Daher habe die erbrechtliche Form hinter den »besseren« Erblasserwillen zurückzutreten: Der durch den Formfehler Begünstigte (in *BGH* JZ 1966, 141 also K) müsse den Nachlaß an den durch diesen Fehler Benachteiligten (also T) herausgeben; die Urkundsperson hafte dann nur für Zusatzschäden (z.B. Rechtsverfolgungskosten). Mir scheint das Hinweggehen über das erbrechtliche Formgebot jedoch allzu kühn[12].

847b

V.   Die Wirkung von Reserveursachen (»hypothetische Kausalität«)

1.   Der Ausgangspunkt

Ein vieldiskutiertes Problem zeigt sich an folgendem

848

Schulfall: S zerschlägt durch Unachtsamkeit in einem Hotel eine Fensterscheibe. Wenig später zerstört eine Explosion alle Scheiben in der ganzen Gegend. Kann G, der Eigentümer des Hotels, von S trotzdem Ersatz verlangen?

Hier ist durch das Verhalten des S zunächst dem G ein Schaden entstanden. Derselbe Schaden wäre aber wenig später auch durch die Explosion (»Reserveursache«) eingetreten. Diese hat freilich an der schon zerschlagenen Scheibe nicht mehr wirksam werden können und ist insofern als Ursache für die Zerstörung dieser Scheibe hypothetisch geblieben. Dennoch scheint eine Schadensberechnung durch Vermögensvergleich (oben Rdnr. 817 [2]) zu ergeben, daß G durch S keinen meßbaren Schaden erlitten hat: Auch ohne das Handeln des S wäre die Scheibe jetzt (durch die Explosion) zerstört. Ein von S verursachter Schaden des G scheint deshalb nur dann vorzuliegen, wenn die hypothetische Zerstörung der Scheibe durch die Explosion einen Ersatzanspruch des G ausgelöst hätte (etwa gegen den Urheber der Explosion oder gegen eine Versicherung). Denn dieser Ersatzanspruch ist dem G entgangen, weil S die Scheibe schon vorher zerstört hatte.

---

12 Vgl. auch *R. Zimmermann,* Doppelerben?, FamRZ 1980, 99 ff. sowie zu einer ähnlichen Situation *Schlitt/Seiler,* NJW 1994, 1325 ff.

Daher besteht im wesentlichen Einigkeit über folgendes: Die Reserveursache bleibt unbeachtet, wenn sie selbst einen Ersatzanspruch des Geschädigten ausgelöst hätte. In solchen Fällen braucht also die Problematik der »hypothetischen Kausalität« nicht aufgerührt zu werden. Vgl. etwa *BGH* NJW 1967, 551 f. und *Larenz* I § 30 I.

2. Der Streitstand

849 Dagegen herrscht im übrigen Streit. Dabei sind außer einer Meinung, nach der die Reserveursache sonst voll berücksichtigt werden soll (*Esser/Eike Schmidt* § 33 IV), im wesentlichen zwei Ansichten zu unterscheiden.

a) Die ältere, überwiegend auch vom *RG* vertretene Ansicht hat **Reserveursachen** regelmäßig **unbeachtet** lassen wollen: Der einmal entstandene Schadensersatzanspruch gegen den Erstschädiger gehe nicht wieder unter. Berücksichtigt werden sollten nur solche wertmindernden **»Schadensanlagen«**, die bereits bei dem ersten schädigenden Ereignis real gegeben waren.

Bsp.: S tötet fahrlässig den G. Dieser litt, wie sich bei der Sektion herausstellt, an einer Geschwulst und wäre in zwei Jahren ohnehin gestorben. Hier können die Hinterbliebenen des G von S den ihnen entgehenden Unterhalt nach § 844 II nur für zwei Jahre ersetzt verlangen. – Bloß für solche Fälle paßt übrigens auch der Name »überholende Kausalität«: Die mit der Geschwulst beginnende Kausalreihe wird durch eine andere, von S in Gang gesetzte überholt.

850 **b)** Eine neuere, oft auch vom *BGH* vertretene Ansicht spielt sich mit vielen Abweichungen im einzelnen auf folgende Linie ein: Es sei zu unterscheiden zwischen **verschiedenen Schadensarten** (vgl. oben Rdnr. 835), die *Larenz* I § 30 I S. 525 als »Objektschaden« und »Vermögensfolgeschaden« umschreibt: Beim ersten sei die Reserveursache stets unbeachtlich, beim zweiten dagegen beachtlich.

Bsp.: S zerstört fahrlässig den Kraftwagen des Handelsvertreters G. Bald darauf bricht wegen eines politischen Konflikts die Treibstoffversorgung zusammen; privater Kraftfahrzeugverkehr wird daher unmöglich. Hier muß S den Wert des zerstörten Wagens (= Objektschaden) voll ersetzen. Dagegen braucht er den Verdienst- oder Nutzungsausfall des G (= Vermögensfolgeschaden) nur solange zu vergüten, wie G den Wagen wirklich hätte benutzen können.

Entsprechend muß im Ausgangsfall (oben Rdnr. 848) S den Wert der Fensterscheibe trotz der folgenden Explosion ersetzen. Nur der Ersatz für den Nutzungsausfall des G wegen der Unbenutzbarkeit des Hotelzimmers wird von der Explosion zeitlich begrenzt.

851 **c)** Hiermit stimme ich im Ergebnis weitgehend überein, möchte aber etwas anders formulieren. Denn den wesentlichen Grund für die Verschiedenbehandlung der beiden Schadensteile sehe ich im **Zeitfaktor:** Der »nähere« Schaden (*Larenz:* Objektschaden) entsteht sofort mit der Verletzung. Insoweit trifft das Argument des *RG* zu, der einmal entstandene Schadensersatzanspruch solle nicht wieder nachträglich untergehen. Dafür spricht vor allem die Erwägung, insoweit habe der Geschädigte die Sachgefahr gegen die Risiken eingetauscht, die mit der Realisierung seines Ersatzanspruchs zusammenhängen. Deshalb sei es nicht angemessen, diese Risiken durch die Berücksichtigung von Reserveursachen noch um die Sachgefahr zu vermehren (vgl. *Niederländer,* AcP 153, 1954, 41 ff.). Dagegen entwickelt sich der »entferntere« Schaden (*Larenz:* Vermögensfolgeschaden) erst im Lauf der Zeit. Deshalb kann man hier den Inhalt des Ersatzanspruchs nur unter Berücksichtigung später eintretender Umstände ermitteln. Dazu gehören Umstände, die dem Geschädigten günstig sind (z.B. verbesserte Verdienstmöglichkeiten). Dann liegt es nahe, auch die dem Geschädigten ungünstigen Umstände (wie z.B. Reserveursachen) zu berücksichtigen. Dabei mag man den sofort vorhandenen Schaden »unmittelbar« und den sich erst entwickelnden »mittelbar« nennen. Vgl. *Medicus,* Unmittelbarer und mittelbarer Schaden, 1977.

3.   Berufung auf rechtmäßiges Alternativverhalten

Recht häufig wird eine Reserveursache in einer besonderen Form geltend   852
gemacht: Der Schädiger wendet ein, er hätte den rechtswidrig verursachten Schaden auch rechtmäßig herbeiführen können (Berufung auf rechtmäßiges Alternativverhalten).

BAG NJW 1970, 1469 f.: S hat sich bei G zum 1.9. als Chefarchitekt verpflichtet. Zwei Wochen vorher teilt S dem G mit, er werde seinen Dienst nicht antreten. G sucht durch Inserate einen Ersatzmann und verlangt die Anzeigekosten von S ersetzt. Dieser wendet ein, er hätte jedenfalls mit einer Frist (zu ihrem Beginn vgl. *BAG* NJW 1974, 1399) von drei Monaten kündigen können; dann wären die Anzeigekosten gleichfalls (nur etwas später) entstanden.

Das *BAG* hatte diesen Einwand zunächst für unbeachtlich gehalten: Andernfalls bliebe der Arbeitsvertragsbruch des S weitgehend sanktionslos. Damit wurde jedoch die Präventivfunktion des Schadensersatzes überbewertet. Zuzustimmen ist vielmehr *von Caemmerer*[13]: Entscheidend ist, ob die verletzte Pflicht gerade den eingetretenen Schaden verhindern sollte; nur bei Fehlen dieses **Pflichtwidrigkeitszusammenhanges** hat die Berufung auf das rechtmäßige Alternativverhalten Erfolg.

---

13 Das Problem der überholenden Kausalität (1962) 30 ff. = Ges. Schriften I 445 ff.,
    ebenso etwa *Larenz* I § 30 I.

853 Danach hätte in *BAG* NJW 1970, 1469 der Ersatzanspruch verneint werden müssen: Die verletzte Pflicht zum Arbeitsantritt sollte nicht die fristgemäße Kündigung verhindern. Vorsichtiger hat dann schon formuliert *BAG* NJW 1976, 644 f. (dem *BAG* folgend *Beitzke*, Sammlg. arbeitsrechtl. Entscheidungen 1976, 195 f.). Endlich haben sich *BAG* NJW 1980, 2375 f.; 1981, 2430 f.; 1984, 2846 (dazu *Beitzke*, Arbeitsrechtliche Praxis § 276 BGB Vertragsbruch Nr. 8) sogar ganz dem hier vertretenen Standpunkt angeschlossen und einen Anspruch auf Ersatz der Anzeigekosten verneint.

Anders zu bestimmen war der Zweck der verletzten Schutzpflicht dagegen in der berühmten Entscheidung zur Ersatzpflicht der Gewerkschaft nach dem schleswig-holsteinischen Metallarbeiterstreik: Die dort verletzte Friedenspflicht sollte einen Arbeitskampf möglichst ganz vermeiden und ihn nicht nur um einige Tage verschieben; die Gewerkschaft schuldete daher Ersatz des vollen Schadens und nicht nur des »Verfrühungsschadens« *(BAGE 6, 321 ff.)*.

Jedenfalls unberücksichtigt bleibt aber beim Schadensersatzanspruch wegen eines **rechtswidrigen Verwaltungsakts**, daß der Gesetzgeber eine ausreichende Grundlage hätte schaffen können *(BGHZ 63, 319 ff.)*: Das Erfordernis der Gesetzmäßigkeit der Verwaltung kann nicht durch eine bloß hypothetische Gesetzmäßigkeit ersetzt werden (einschränkend aber *BGHZ 127, 223 ff.*).

Ein wichtiger Anwendungsfall der Berufung auf rechtmäßiges Alternativverhalten findet sich dagegen bei der **Arzthaftung**: Der wegen mangelhafter Aufklärung verklagte Arzt wendet ein, der Patient würde sich mit der riskanten Operation auch bei gehöriger Aufklärung einverstanden erklärt haben. Doch erschwert die Rspr. hier mit Recht den Beweis (vgl. *BGH* NJW 1994, 2414 f., vgl. auch *Steffen*, FS Medicus, 1999, 637 ff.).

VI. Vorteilsausgleichung

854 Nicht selten wird das Vermögen des Geschädigten durch das schädigende Ereignis nicht nur vermindert, sondern zugleich auch vermehrt. So wird etwa der Hinterbliebene, der seinen Unterhaltsanspruch verloren hat (§ 844 II), häufig Leistungen aus einer Lebensversicherung oder als Erbe seines Unterhaltspflichtigen den Nachlaß erhalten. Bei der Schadensberechnung durch Vermögensvergleich (oben Rdnr. 817 [2]) scheinen alle diese durch das Schadensereignis hervorgerufenen Vorteile den Schaden von selbst zu mindern. Demgegenüber ist aber bei der Anrechnung solcher Vorteile Zurückhaltung geboten (vgl. *Thiele*, AcP 167, 1967, 193 ff.): Vor dem Vermögensvergleich bedarf es einer **wertenden Entscheidung** darüber, welche Posten in die Vergleichsrechnung eingestellt werden dürfen (vgl. zu dieser Vorteilsausgleichung *Herm. Lange*, JuS 1978, 649 ff. und *Herm. Lange/G. Schiemann*, Schadensersatz aaO. § 9).

1. Adäquanz

Zunächst hat man das nötige Wertungskriterium in dem Gedanken der   **855**
Adäquanz gesucht: Nur adäquat mit dem Schadensereignis zusammenhängende Vorteile sollten angerechnet werden. Das wird jetzt jedoch zunehmend aufgegeben: Es hat zwar einen guten Sinn, den Schädiger nur für
adäquate – also vorhersehbare – *Nachteile* haften zu lassen. Aber es ist
sinnlos, ihm einen *Vorteil* deshalb nicht zugute kommen zu lassen, weil er
diesen nicht vorhersehen konnte[14].

2. Fallgruppen

Daher findet sich in der neueren Literatur und Rspr. neben dem unbe-   **856**
stimmten Hinweis auf Treu und Glauben überwiegend die Bildung von
Fallgruppen, in denen die Anrechnung nicht erfolgen soll. Wichtig sind
dabei vor allem die folgenden.

a) Mangel an Kausalität zwischen Vor- und Nachteil

Sicher ist zunächst, daß Vorteile nicht angerechnet werden können, die der
Geschädigte ohnehin erhalten hätte. Das gilt etwa für den Stammwert der
Erbschaft *(BGHZ 8, 325 ff.)*; angerechnet werden kann allenfalls, was ohne
die Schädigung etwa für Unterhaltsleistungen verbraucht worden wäre
(BGH NJW 1979, 760/761, vgl. *John,* JZ 1972, 543 ff.; *Ackmann,* JZ 1991,
967/969). Dabei muß die unbewiesen gebliebene Möglichkeit unbeachtlich
sein, daß der Erblasser sich noch anders besinnen und die Erbschaft einem
Dritten hätte hinterlassen können.

b) Vom Geschädigten »erkaufte« Vorteile

Von der Anrechnung auszunehmen sind weiter alle Vorteile, die der Ge-   **857**
schädigte oder sein Erblasser durch Leistungen vor dem Schadensfall selbst
erkauft hat. Dazu gehören insbesondere Zahlungen von Versicherungen aus
Anlaß des Schadensfalls und die vertragliche Entgeltfortzahlung des Arbeitgebers.

Ein anderer Ausdruck für diese Regel ist, daß die Versicherung oder der Arbeitgeber einerseits und der Schädiger andererseits allenfalls unechte Gesamtschuldner
sind (vgl. unten Rdnr. 916): Der Schädiger wird durch die Leistung eines anderen

---

14 So etwa *Esser/Eike Schmidt* § 33 V 3 pr.; *Larenz* I § 30 II a; *Herm. Lange,* JuS
    1978, 649/651.

Verpflichteten nicht befreit; vielmehr geht häufig der Anspruch des Geschädigten gegen den Schädiger auf den Zahlenden über.

c) Freiwillige Zuwendungen Dritter

858 Ähnlich wird regelmäßig bei freiwilligen Zuwendungen Dritter zu entscheiden sein: Der Dritte kann den Schädiger entlasten, indem er nach § 267 auf dessen Ersatzschuld zahlt. Wenn der Dritte das nicht tut, wird er nur den Geschädigten begünstigen wollen; dann findet keine Vorteilsanrechnung statt (so etwa *BGHZ 10, 107 ff.* für freiwillige Leistungen des früheren Arbeitgebers; vgl. unten Rdnr. 924). Ähnlich liegt auch der Fall von

BGHZ 49, 56 ff. (dazu *Hadding,* JuS 1969, 407 ff.): Der zur Vornahme von Schönheitsreparaturen verpflichtete Mieter M zieht aus, ohne diese erledigt zu haben. Der Vermieter V vermietet die Wohnung zum doppelten Mietpreis an D, der zudem noch die Wohnung auf eigene Kosten instandsetzt. V verlangt von M 1200,– DM wegen der nicht ausgeführten Reparaturen.

Hier war dem M seine Primärpflicht zur Ausführung der Reparaturen spätestens dadurch unmöglich geworden, daß D die Wohnung instandsetzte. Daher kommt für V nur noch ein Schadensersatzanspruch in Betracht, §§ 280 I, III, 283. Diese Vorschrift ist hinsichtlich ihres Schadenserfordernisses auch begründet. Denn der *BGH* hat es mit Recht abgelehnt, die Leistung des von V beigebrachten D auf die Verpflichtung des M anzurechnen. Anders wäre nur zu entscheiden, wenn D sich gegenüber dem M zur Instandsetzung verpflichtet hätte. Bei Angebotsüberhang am Wohnungsmarkt könnte der Fall übrigens zu oben Rdnr. 857 gehören: V mag die Instandsetzung durch D »erkauft« haben, indem er mit diesem einen geringeren Mietzins vereinbarte. Dann kommt die Leistung des D dem M schon deshalb nicht zugute.

Noch anders löst einen ähnlichen Fall *BGHZ 77, 301 ff.*[15]: Dort hatte ein Pächter die geschuldeten Schönheitsreparaturen nicht ausgeführt, doch wären diese durch einen nach dem Ende der Pacht erfolgten Umbau ohnehin nutzlos geworden. Der *BGH* hält hier eine durch Auslegung zu füllende Lücke des Pachtvertrages für denkbar: Dann entspreche es nach § 242 dem mutmaßlichen Willen der Vertragsteile, »dem Verpächter anstelle des wirtschaftlich sinnlos gewordenen Anspruchs auf Durchführung von Schönheitsreparaturen einen entsprechenden Geldanspruch zu geben (§ 157)«. Dagegen argumentiert *Rückert,* AcP 184 (1984) 105 ff. mit dem förderlichen Hinweis auf § 323 (aaO. 146 ff., jetzt § 326 I 1): Wenn die Übernahme der Schönheitsreparaturen Teil der vom Mieter zu erbringen-

---

15 In gleichem Sinn auch *BGHZ 92, 363 ff.,* dazu *Sonnenschein,* JZ 1985, 430 ff.; *Emmerich,* JuS 1986, 16 ff.

den Gegenleistung ist, kommt man auch ohne Verschulden des Mieters zu einem Ausgleich nach den §§ 326 IV, 346. Anders als den Anspruch auf die Schönheitsreparaturen beurteilt *BGHZ 96, 141 ff.* (dazu *Sonnenschein,* JZ 1986, 288 ff.) den Anspruch des Vermieters auf Beseitigung von Umbauten: Wenn dieser Anspruch sinnlos werde, könne der Vermieter keinen Geldausgleich verlangen.

d) Eigene überpflichtmäßige Anstrengungen des Geschädigten

Regelmäßig nicht anrechenbar sind endlich auch die Vorteile aus der eige-   **859** nen Tätigkeit des Geschädigten, soweit diese über die Schadensminderungspflicht nach § 254 II 1 hinausgeht (*BGH* NJW 1974, 602 ff.; VersR 1987, 1239/1240).

Bsp.: Nach dem von S verschuldeten Tode ihres Ehemannes nimmt die Witwe G ihre bei der Heirat abgebrochene schriftstellerische Arbeit wieder auf und schreibt einträgliche Romane: Das geht regelmäßig über § 254 II 1 hinaus und kommt daher dem S nicht zugute (S ist ja auch an dem Risiko der Schriftstellerei nicht beteiligt).

Daß aber die Regel von der Nichtanrechenbarkeit der Erträge aus überpflichtmäßiger Arbeit auch Ausnahmen haben muß, zeigt der Fall von

BGHZ 55, 329 ff.: S beschädigt den Fahrschulwagen des G. Während der Reparaturzeit müssen Fahrstunden ausfallen, an denen G 1500,– DM verdient hätte. G holt diese Stunden jedoch vollständig nach, obwohl er schon normalerweise von 6.30 bis 20 Uhr Fahrstunden erteilte.

Der *BGH* hat hier Vorteilsausgleichung deshalb in Erwägung gezogen, weil G nicht unbedingt seine Schadensminderungspflicht überschritten habe. *Lieb* (JR 1971, 371 ff.) widerspricht dem mit Recht: Angesichts des langen Arbeitstages des G hätte es ihm nicht als Mitverschulden (§ 254 II 1) angerechnet werden können, wenn er die Nachholung unterlassen hätte. Das Problem liegt hier vielmehr darin, daß G **insgesamt keine zusätzliche Arbeit** geleistet hat. In solchen Fällen wird man den Nachteil der nachgeholten Arbeit gegen den Vorteil der (obschon erzwungenen) Freizeit während der Reparatur verrechnen können. Allenfalls kommt zugunsten des G ein Ausgleich nach Art der arbeitsrechtlichen Mehrarbeitsvergütung in Betracht (*Lieb* aaO.).

3. Der ausgleichsbegründende Zusammenhang

Angesichts dieses umfangreichen Negativkatalogs kann man sich fragen,   **860** wann denn die Vorteilsausgleichung überhaupt zulässig ist (*Bsp.:* beim Schadensersatzanspruch wegen Verdienstentgangs die ersparten Fahrkosten, *BGH* NJW 1980, 1787 f.). Eine allgemeine **positive Formulierung** hierfür ist jedoch schwierig. *Thiele*, AcP 167 (1967) 193 ff. stellt auf den »notwendigen inneren Zusammenhang von Vorteil und Nachteil« ab. Eine solche Notwendigkeit soll nur dann gegeben sein, wenn der Vorteil nicht auch ohne den Nachteil hätte eintreten können.

Bsp. (von *Heck,* SchuldR § 15, 2): Ein Bauer erkrankt an einem eingeklemmten Bruch und muß zur Operation in die Stadt getragen werden. Ein betrunkener Träger läßt die Trage fallen: Der Bauer verstaucht sich zwar die Hand, aber die Einklemmung löst sich. *Heck* will hier die ersparten Operationskosten auf den Ersatzanspruch wegen der verstauchten Hand anrechnen. Anders *Thiele* aaO. 198: Der notwendige Zusammenhang fehle, da der Sturz die Einklemmung auch ohne die Verstauchung hätte lösen können (m.a.W.: Die Einklemmung ist nicht durch die Verstauchung gelöst worden, sondern durch den Sturz).

Aber die Formel *Thieles* paßt nicht überall. So müßte sie etwa in dem Fall von *BGHZ 49, 56 ff.* zur Anrechnung führen: Wenn die Schönheitsreparaturen schon von M ausgeführt worden wären, hätte D die Wohnung nicht mehr instandsetzen können.

Ähnlich liegt es bei der **Verletzung einer Ausbietungsgarantie** *(RGZ 91, 213 ff.; 100, 255 ff.):* S hat sich dem Hypothekengläubiger G verpflichtet, bei einer Zwangsversteigerung des belasteten Grundstücks so viel zu bieten, daß die Hypothek des G gedeckt ist. Da S nicht bietet, muß G das Grundstück selbst ersteigern. Dem Anspruch des G auf Schadensersatz wegen Nichterfüllung hält S entgegen, G habe das Grundstück unter Wert erworben. *Thiele* 239 will diesen Vorteil anrechnen. Anders mit Recht das *RG:* Die Garantie habe G davor schützen sollen, das Grundstück selbst erwerben zu müssen; daher könne der Erwerb nicht als Vorteil angerechnet werden. S muß hier also den vollen Erwerbspreis ersetzen und das Grundstück selbst übernehmen. Anders kann aber zu entscheiden sein, wenn der Erwerb der gesicherten Forderung und des Grundstücks geschäftlichen Charakter haben: *RGZ 80, 155 ff.* und *Herm. Lange,* JuS 1978, 649/653.

4.   Vorteilsausgleichung und normativer Schaden

861   Eigenartige Schwierigkeiten entstehen, wenn die Annahme eines Schadens beim Gläubiger auf einem juristischen Kunstgriff, nämlich dem »normativen Schadensbegriff« (dazu *Medicus,* JuS 1979, 233 ff.) beruht.

OLG Celle, NJW 1969, 1765 f.: Das Kind K wird von S verletzt und muß zur Heilung ins Krankenhaus. K verlangt die Krankenhauskosten von S ersetzt.

Hier scheint ein Abzug für die ersparten Kosten der häuslichen Verpflegung unmöglich: Diese Ersparnis ist ja nicht bei K eingetreten, sondern bei dessen Eltern. Trotzdem hat das OLG mit Recht anders entschieden: Der Schaden des K lasse sich nur über § 843 IV begründen; in Wahrheit liege er bei den Eltern. Daher müsse auch für die Vorteilsausgleichung auf die Eltern abgestellt werden.

VII. Vorhaltekosten

Ein weiteres Problem des Schadensersatzes ist etwa im Zusammenhang mit   **862** der Diskussion über die Rechtsfolgen von Ladendiebstählen erörtert worden: Es geht um Aufwendungen, die der Geschädigte schon vor der Schädigung gemacht hat, um diese zu verhindern oder deren Folgen gering zu halten.

1. Berücksichtigung von Vorhaltekosten

Dabei handelt es sich im wesentlichen um zwei Fallgruppen.

a) Typisch für die **erste Gruppe** ist

BGHZ 32, 280 ff. (dazu etwa *Niederländer,* JZ 1960, 617 ff.): Bei einem von S zu verantwortenden Unfall war ein Großraumtriebwagen der Bremer Straßenbahn-AG schwer beschädigt worden. Während der Reparaturzeit von 100 Tagen ließ die AG ersatzweise einen Triebwagen mit Anhänger aus ihrer Betriebsreserve fahren. Von S verlangte die AG außer den Reparaturkosten des Großraumtriebwagens auch Abschreibung, Verzinsung und Unterhaltungskosten für den Reservetriebwagen mit Anhänger ersetzt.

Der BGH hat das gebilligt, obwohl diese Kosten durch den konkreten Unfall nicht einmal äquivalent kausal bedingt waren: Wenn der Geschädigte nach § 254 II zur Geringhaltung von Schäden verpflichtet sei, müsse der hierdurch begünstigte Schädiger auch die nötigen Aufwendungen ersetzen. In einer späteren Entscheidung hat der *BGH* diese Regel mit der inzwischen anerkannten *(BGHZ 40, 345 ff.,* vgl. oben Rdnr. 824) Entschädigung für Nutzungsausfall koordiniert *(BGH* NJW 1966, 589 f.); vgl. auch *BGHZ 70, 199 ff.*

b) Die Fälle der **zweiten Gruppe** stammen von der *GEMA* (»Gesellschaft   **863** für musikalische Aufführungs- und mechanische Vervielfältigungsrechte«). Diese verlangt von Personen, die von ihr – der GEMA – wahrgenommene Urheberrechte verletzen, das Doppelte des normalen Entgelts: Damit sollen die Kosten der umfangreichen Überwachungsorganisation auf die Rechtsverletzer abgewälzt werden. Der *BGH* hat diese umstrittene Praxis mehrfach gebilligt *(BGHZ 17, 376 ff.; 59, 286 ff.).* Dabei hat er freilich Verallgemeinerungen durch den Hinweis auf die besondere Verletzlichkeit von Urheberrechten vorgebeugt.

2. Bedenken

864 Gegenüber dieser Rspr. sind Bedenken anzumelden (vgl. etwa *Larenz* I § 29 IIf. mit weiteren Angaben). Sie beruhen vor allem darauf, daß der Verzicht auf das Kausalitätserfordernis kaum mehr absehbare Konsequenzen haben kann: Müssen dann nicht z.b. auch die Kosten der Lenkradschlösser und der Diebstahlversicherung für Kraftfahrzeuge auf die ertappten Autodiebe abgewälzt werden?

Solche Konsequenzen haben sich etwa bei der Diskussion um die zivilrechtlichen Folgen von **Ladendiebstählen** gezeigt[16]. *Canaris*, NJW 1974, 523 ff. meint nämlich, die Kosten für die Überwachung (Warenhausdetektive, Fernsehkameras usw.) könnten auf die ertappten Warendiebe umgelegt werden (freilich nur bis zum Wert der gestohlenen Waren, S. 525). Ich halte hier schon das Ergebnis für befremdlich: Ein Diebstahl käme danach um so teurer, je aufwendiger die Waren bewacht werden. Demgegenüber sollte sich der Bewachungsaufwand eher dadurch bezahlt machen, daß er die Zahl der erfolgreichen Diebstahlsfälle vermindert. In Wahrheit ist diese Bewachung ohnehin nur der Rest dessen, was früher bei personalintensiveren Verkaufsmethoden an Aufsicht gegeben war und gleichfalls nicht auf ertappte Diebe abgewälzt werden konnte.

Demgemäß hat denn auch *BGHZ 75, 230 ff.* (dazu *Deutsch*, JZ 1980, 102 ff.; *Pecher*, JuS 1981, 645 ff.) einen Anspruch auf Ersatz der Überwachungskosten verneint. Dagegen sind die durch den konkreten Diebstahl verursachten Kosten (Abwicklungskosten, übliche Fangprämie, dazu *LG Berlin*, Betr. 1984, 1029) dem Bestohlenen mit Recht zuerkannt worden.

VIII. Mitwirkendes Verschulden des Geschädigten

1. Verantwortlichkeit des Geschädigten für Dritte

865 Die am stärksten umstrittene Frage bei § 254 ist, welche Bedeutung § 254 II 2 mit seiner Verweisung auf § 278 hat.

a) Kind und Eltern

OLG Celle, NJW 1969, 1632 f.: Der fünfjährige K fährt auf seinem Kinderfahrrad aus einer Seitenstraße plötzlich in die vorfahrtberechtigte Hauptstraße. Dabei wird K von dem die Hauptstraße befahrenden S angefahren und verletzt. K fordert von S

---

16 Dazu etwa *Canaris*, NJW 1974, 521 ff.; *Wollschläger*, NJW 1976, 12 ff.; *Deutsch*, Verhandlungen 51. DJT 1976 I E 43 ff.; *Musielak*, JuS 1977, 531 ff.; *Hagmann*, JZ 1978, 133 ff.

Schadensersatz. S möchte K dessen grob verkehrswidriges Verhalten oder die mangelnde Beaufsichtigung durch seine Eltern entgegenhalten.

Daß dem K sein **eigenes Fehlverhalten** nicht über § 254 I (oder § 9   **866**
StVG) schadet, wird fast allgemein angenommen. Denn das dort als Voraussetzung genannte Verschulden müsse für K wegen § 828 I verneint werden. Berücksichtigungsfähig könne daher nur das **Aufsichtsverschulden der Eltern** sein. Dazu gibt es zwei Ansichten:

aa) Eine in der *Literatur* vertretene Meinung (differenzierend aber *La-*   **867**
renz I § 31 I d) sieht in § 254 II 2 eine **Rechtsfolgeverweisung auf** § 278.
Danach soll K sich das Verschulden seiner gesetzlichen Vertreter anrechnen lassen müssen: Bei einer Rechts*folge*verweisung stört es ja nicht, daß eine der Voraussetzungen des § 278 (nämlich das Bestehen einer Sonderverbindung zwischen K und S) bei der Schadensentstehung gefehlt hat.

bb) Die von der *Rspr.* (etwa *BGHZ 1, 248 ff.*, später etwa *116, 60/74*) befolgte Ansicht dagegen versteht § 254 II 2 als **Rechtsgrundverweisung**.
Daher verlangt sie für eine Verschuldensanrechnung nach § 278 die Existenz einer Sonderverbindung zwischen Schädiger und Geschädigtem.
Dann kann dem K ein Verschulden seiner Eltern nur in zwei Fällen entgegengehalten werden: wenn eine Sonderverbindung K–S schon bei der Schädigung bestand, oder wenn das Verschulden bei der Schadensminderung (§ 254 II 1) unterläuft (denn dann hat die Schädigung selbst bereits einen Ersatzanspruch K–S und folglich eine Sonderverbindung erzeugt). Außer § 278 sollen zwar auch die §§ 831, 31 angewendet werden können. Aber diese Vorschriften passen für das Verhältnis Kind – Eltern überhaupt nicht.

b)   Andere Wege zur Entlastung des Schädigers

aa) Hiervon weichen schon im Ausgangspunkt ab *Esser/Eike Schmidt* § 35 I   **868**
3b: Auch sie kommen zwar zur Nichtanrechnung des Aufsichtsverschuldens außerhalb einer Sonderverbindung (aaO. S. 261). Doch hat nach ihrer Ansicht das »Verschulden« in § 254 I eine andere Bedeutung als in §§ 276 I, 828. Denn in den §§ 276 I, 828 sei nur das haftbarmachende Verschulden geregelt. Dagegen betreffe § 254 I das anspruchsmindernde Fehlverhalten. Auf dieses sei **§ 828 unanwendbar**; es gehe hier um andere Wertungen (nämlich um eine »kind- und jugendspezifische Schutzzone«).

Übrigens kommt auch die Rspr. bisweilen zur Verhaltensanrechnung: Sie wendet nämlich **§ 829** bei § 254 **entsprechend** an: Wo die Verschuldensfähigkeit des Verletzten fehlt, soll ihm seine Mitwirkung an der Schadensentstehung wenigstens billigkeitshalber angerechnet werden können. Und dieses Billigkeitserfordernis wird bisweilen schon dann als erfüllt angesehen, wenn der Verletzte *wesentlich* an der Schadensentstehung beteiligt war (so das *OLG Celle* im Ausgangsfall: K soll einen

Schadensteil selbst tragen; dagegen *Knippel,* NJW 1969, 2016 f.). Zurückhaltender demgegenüber *BGH* NJW 1969, 1762 f.: Diese Billigkeit setze zudem die dem § 829 entsprechenden Vermögensverhältnisse voraus, also insbesondere »Leistungsfähigkeit« des Kindes.

Nach *BGH* NJW 1973, 1795 f. soll § 829 nicht einmal dann anwendbar sein, wenn die Schadensfolgen für das Kind durch eine Sozialversicherung aufgefangen werden: Entscheidend sei nicht die Zumutbarkeit einer Schadensbeteiligung für den Geschädigten, sondern die Unzumutbarkeit der Belastung des Schädigers. Und nach *BGH* NJW 1979, 973 f. soll gegen solche Unzumutbarkeit sprechen, daß der Schädiger durch eine Haftpflichtversicherung geschützt wird.

868a   bb) Ein weiterer Weg, auf dem man trotz Verneinung der §§ 254, 278 zu einer Entlastung des Drittschädigers kommen kann, könnte sich aus folgendem ergeben (so *BGH* NJW 1979, 973 f.): Wenn auch der nachlässige Elternteil dem Kind haftet (insbes. aus § 823), ist er zusammen mit dem Drittschädiger **Gesamtschuldner.** Der Drittschädiger kann dann über § 426 gegen diesen Elternteil Rückgriff nehmen. *BGHZ 103, 338 ff.* hat dies aber inzwischen aufgegeben, vgl. unten Rdnr. 932.

c)   Abwägung

869   **Vorzugswürdig** ist die Ansicht von oben Rdnr. 867 a bb, also das Abstellen auf die Deliktsfähigkeit des verletzten Kindes. Denn der Gesetzgeber selbst hat diese Ansicht dem neuen § 828 II zugrunde gelegt. Damit wollte er nämlich dem Wunsch nach verstärktem Schutz von Kindern im Straßenverkehr entsprechen (vgl. etwa *BGH* NJW 1990, 1483/1484 sowie § 3 II a StVO). Dieser Schutz soll dadurch erreicht werden, daß § 828 II den Beginn der (beschränkten) **Deliktsfähigkeit bei Verkehrsunfällen** von dem vollendeten 7. auf das vollendete 10. Lebensjahr heraufgesetzt hat. Denn Kinder dieses Alters können sich im Straßenverkehr noch nicht einigermaßen sicher bewegen; insbesondere fehlt ihnen typischerweise noch die Fähigkeit zum Abschätzen von Geschwindigkeiten (etwa eines herankommenden Fahrzeugs). So sollte (ebenso wie durch den Übergang vom unabwendbaren Ereignis auf die höhere Gewalt in § 7 II StVG, vgl. oben Rdnr. 634) die **Anspruchsberechtigung von Kindern verbessert** werden. Das gelingt aber nur, wenn man bei § 254 den Ersatzanspruch des Kindes bloß mindert, wenn dieses deliktsfähig ist.

d)   Aufsichtspflichten

870   Ein für § 254 erhebliches Fehlverhalten kann sich aus der Verletzung von Aufsichtspflichten ergeben.

BGHZ 33, 136 ff. (leicht verändert): V, der Vormund des geisteskranken S, veruntreut jahrelang eine für S eingehende Rente. Das wird möglich, weil das zuständige Vormundschaftsgericht des Landes B seine Kontrollpflicht über V schuldhaft vernachlässigt.

Der *BGH* hat hier umständlich und wenig überzeugend eine Begründung dafür gesucht, warum S sich bei seinem Ersatzanspruch gegen B das Verschulden des V nicht anrechnen zu lassen braucht. Richtig dürfte sein: Eigenes Fehlverhalten des S kommt nicht in Betracht. Denn B und V hatten gerade die Aufgabe, dem S die Sorge für sein Vermögen abzunehmen. Und ein Verschulden des V braucht S schon deshalb nicht zu vertreten, weil S keine Aufsichtspflicht hat, in deren Erfüllung V (als gesetzlicher Vertreter) eingeschaltet sein könnte: Gerade das Vormundschaftsgericht und nicht S sollte ja den V beaufsichtigen!

Entsprechend argumentiert mit dem Schutzzweck der verletzten Obliegenheit auch *BGHZ 96, 98 ff.* Daher wird es dort einem Krankenhausträger versagt, sich auf ein in einem Selbstmordversuch liegendes Mitverschulden eines Patienten zu berufen, der gerade wegen der Selbstgefährdung zu behandeln war: Diese Gefahr abzuwenden sei in der konkreten Situation allein Sache des Krankenhausträgers und nicht des Patienten gewesen.

e)   **Konkurrenz von Vertrags- und Deliktsansprüchen**

Schwierigkeiten ergaben sich hinsichtlich der §§ 254 II 2, 278, wenn der   871
Geschädigte Ersatz sowohl aus Delikt wie aus einem Vertrag fordern kann,
der zu seinen Gunsten eine Schutzwirkung entfaltet.

BGH NJW 1968, 1323 f.: Das Kind K des Mieters M war von dem unzulänglich geschützten Balkon der Mietwohnung gestürzt. Auf Schadensersatz verklagt ist neben anderen auch der vom Hauseigentümer E angestellte Hausverwalter H. Der Streit geht darum, ob sich K im Verhältnis zu H ein Verschulden des M anrechnen lassen muß.

Die Nichtanzeige des Mangels an dem Balkon (vgl. oben Rdnr. 350) fällt hier nur dem M zur Last (§ 536 c), weil K nicht Mieter war. Dieses Verschulden des M könnte K also nur über §§ 254 II 2, 278 angerechnet werden. Das setzt nach der h.M. eine Sonderverbindung voraus. Der *BGH* hat hier eine solche Sonderverbindung H–K bejaht: K falle noch in den Schutzbereich des Hausverwaltervertrages E–H, daher sei der Anspruch K–H nach §§ 254 II 2, 278 gemindert. Das ist richtig, soweit sich der Anspruch des K gerade auf das Recht der Sonderverbindung stützt, also auf die Schutzwirkung des Vertrages E–H: Wenn K den Vorteil dieser Schutzwirkung ausnützt, muß er auch den Nachteil tragen. Doch meine ich im Gegensatz zum *BGH*, daß die Schutzwirkung dem K dann nicht schaden darf, wenn dessen Ersatzanspruch schon nach Deliktsrecht begründet wäre.

Denn sonst würde die vertragliche Schutzwirkung, die doch dem K nützen soll, ihn in solchen Fällen schlechter stellen: Er erhielte wegen §§ 254 II 2, 278 weniger, als er ohne die Schutzwirkung nach Deliktsrecht bekäme[17].

2. Insbesondere die Bewahrungsgehilfen

872 Für den »Bewahrungsgehilfen« bestimmen einige Sondervorschriften, der Geschädigte müsse sich dessen mitwirkendes Verschulden wie eigenes anrechnen lassen (§§ 9 StVG, 4 HaftpflG, 6 I ProdHaftG, 11 UmweltHG, 34 LuftVG, 27 AtomG). Dabei ist aber der Begriff des Bewahrungsgehilfen ausdrücklich auf denjenigen beschränkt, der die tatsächliche Gewalt über eine **Sache** ausübt. Die Rspr. (oben Rdnr. 867; ebenso ein Teil der Literatur) gelangt daher zu verschiedenen Ergebnissen je nachdem, ob die Aufsicht über eine Sache oder über eine Person vernachlässigt worden ist.

Bsp.: X hat auf seinem Fahrrad sein Kind K und einen Koffer seiner Ehefrau F mitgenommen. X fährt nicht äußerst rechts und stößt daher mit dem zu schnell entgegenkommenden Kraftfahrer S zusammen. K wird verletzt, der Koffer wird beschädigt. Hier muß sich F auf ihren Ersatzanspruch gegen S das mitwirkende Verschulden von X anrechnen lassen (§§ 9 StVG, 254 BGB). Dagegen findet keine Anrechnung zu Lasten von K statt.

Nach *BGH* NJW 1992, 1095 f. soll aber der Schadensersatzanspruch von Miteigentümern (z.B. Eheleuten) wegen der Verletzung einer gemeinschaftlichen Sache durch das Verschulden auch nur eines Miteigentümers zugleich für die anderen gemindert werden.

3. Unnötige Mietwagenkosten

873 Bei Kfz-Schäden kann der Geschädigte regelmäßig auch den Ersatz der Mietwagenkosten verlangen, die er bis zur Ausführung der Reparatur oder zur Beschaffung eines Ersatzwagens aufgewendet hat (abzüglich des Betrages für die ersparte Abnutzung des eigenen Wagens). Die gewerblichen Vermieter haben hierfür vielfach nach besonderen **Unfallersatztarifen** abgerechnet, die wesentlich über den sonst geforderten Tarifen lagen. Der *BGH* ist beim Ersatz dieser Mehrkosten zunächst recht großzügig gewesen: Eine Überschreitung des Normaltarifs begründe kein Mitverschulden des Geschädigten, wenn dieser die Mehrkosten nicht ohne weiteres habe erkennen können (*BGHZ 132, 373/378 f.*). Inzwischen ist der *BGH* aber seit *BGHZ 163, 19/22 ff.* strenger: Ein höherer Tarif für Unfallersatzwagen

---

17 *Medicus*, NJW 1962, 2081 ff., anders *Denck*, JuS 1976, 429 ff. (mich nicht überzeugend).

müsse durch besondere unfallbedingte Leistungen des Vermieters gerechtfertigt sein. Fehle es daran, so habe der Geschädigte zu beweisen, daß ihm
mit zumutbaren Anstrengungen kein besserer Tarif zugänglich gewesen sei
(vgl. *Schiemann*, JZ 2005, 1058 ff.). Doch muß der Vermieter darauf hinweisen, der erhöhte Tarif werde von der gegnerischen Haftpflichtversicherung
womöglich nicht voll erstattet (*BGH* NJW 2006, 2618). Vgl. letztens *Herr-
ler*, VersR 2007, 582 ff.

§ 34 Verwendungen auf fremde Sachen

I. Terminologie

874 Das BGB spricht teils von Aufwendungen (z.B. in §§ 256, 257, 284, 304, 347 II, 526, 669, 683), teils von Verwendungen (z.B. in §§ 273 II, 347 II, 994 ff.). Beide Begriffe decken sich nicht.

1. Aufwendungen

Regelmäßig bedeutet »Aufwendung« allein das *freiwillig* erbrachte Vermögensopfer (vgl. dazu *Klaus Müller,* JZ 1968, 769 ff.). Nur ausnahmsweise werden unter diesen Begriff (vor allem bei den §§ 670, 683) auch bestimmte unfreiwillige Opfer (Schäden) gerechnet (oben Rdnr. 428 f.).

2. Verwendungen

875 Demgegenüber ist der Begriff der »Verwendung« teils weiter, teils aber auch enger.

a) **Weiter** ist der Verwendungsbegriff insofern, als dem Verwendenden das Vermögensopfer nicht bewußt geworden zu sein braucht (so daß auch die Kategorie der »Freiwilligkeit« nicht paßt). Das zeigt sich besonders deutlich an den Verwendungen des redlichen Eigenbesitzers: Dieser glaubt ja, die in seinem Besitz befindliche Sache gehöre ihm. Daher kann er Verwendungen auf diese Sache nicht als Opfer erkennen. Vielmehr liegt nach seiner Ansicht nur eine Verschiebung innerhalb seines eigenen Vermögens vor.

Bsp.: B ist redlicher Besitzer eines dem E gehörenden Hausgrundstücks. B läßt das Dach des Hauses neu decken und bezahlt dafür 5000,– Euro. Dieser Betrag kommt dem B nach seiner Vorstellung selbst zugute; er weiß nicht, daß in Wahrheit E begünstigt ist. – Allerdings spricht etwa § 2022 II, III bei insoweit gleicher Sachlage dennoch von »Aufwendungen«; die Terminologie des BGB ist in diesem Punkt also uneinheitlich.

876 b) Daß »Verwendung« gegenüber »Aufwendung« enger ist, kommt in mehrfacher Hinsicht in Betracht.

aa) Eine Beschränkung des Verwendungsbegriffs wird verdeutlicht durch § 2381: Dort ist in Abs. 1 von »Verwendungen« und in Abs. 2 von »anderen Aufwendungen« die Rede. »Aufwendungen« erscheint hier also als der auch die »Verwendungen« umfassende Oberbegriff. Ähnlich stellt jetzt

556

auch § 347 II den (notwendigen) »Verwendungen« die »anderen Aufwendungen« gegenüber. In § 2381 beziehen sich die »Verwendungen« auf die Erbschaft; bei den »anderen Aufwendungen« des § 2381 II fehlt dieser Zusatz; ähnlich auch § 2022 III. Insofern kann man Verwendungen als **»gegenstandsbezogene Aufwendungen«** bezeichnen. Bei § 347 II ist das allerdings weniger deutlich. In § 547 II a.F. hat der neue § 539 I das Wort »Verwendungen« sogar ohne ersichtlichen Grund durch »Aufwendungen« ersetzt. Auf den terminologischen Unterschied ist daher wenig Verlaß.

bb) Aber auch innerhalb des Rahmens der Gegenstandsbezogenheit hat   877
der *BGH* den Verwendungsbegriff weiter eingeschränkt. Von diesem sollen nämlich solche Aufwendungen ausgenommen sein, welche die Sache **grundlegend verändern**.

BGHZ 41, 157 ff. (vgl. *BGHZ 27, 204 ff.*): Der unrechtmäßige Besitzer B hat auf dem Grundstück des E einen Teil eines achtstöckigen Wohnblocks errichtet. E verlangt das Grundstück nach § 985 heraus; B macht ein Zurückbehaltungsrecht nach §§ 996, 1000 geltend. Der *BGH* hat § 996 abgelehnt: Die Bebauung habe den Charakter des Grundstücks (auf dem früher ein Altersheim betrieben worden war) verändert. In solchen Fällen bestehe auch für die Anwendung der §§ 994 ff. kein vernünftiges wirtschaftliches Bedürfnis.

Diese Begründung geht davon aus, solche sachändernden Aufwendungen dürften nicht den Vorschriften über Verwendungen unterstellt werden. Dem ist aber zu widersprechen[1]. Auch der *BGH* hat die selbstgeschaffene Gesetzeslücke schließlich mit § 242 füllen müssen.

cc) **Nicht notwendig** ist für das Vorliegen von Verwendungen, daß sie   878
den **wirtschaftlichen Wert** der Sache **erhöht** haben (*BGHZ 131, 220/223*). Dieser Satz ist zwar für § 996 bedeutungslos, weil dort ohnehin nur werterhöhende Verwendungen ersetzt werden. Er kann aber etwa bei § 2022 I 1 eine Rolle spielen.

Bsp.: Der redliche unverklagte Erbschaftsbesitzer ruft den Tierarzt zu der erkrankten Nachlaßkuh. Die Kuh stirbt dennoch, vielleicht sogar schon vor Eintreffen des Arztes. Hier würde es an einer Werterhöhung fehlen.

Dennoch müssen dem Erbschaftsbesitzer die Arztkosten nach § 2022 I 1 ersetzt werden. Dieser könnte sie nämlich nach §§ 683, 670 sogar als Geschäftsführer ohne Auftrag ersetzt verlangen. Dann darf er aber als unverklagter redlicher Besitzer nicht schlechter stehen, weil er nicht einmal bewußt in fremde Angelegenheiten eingegriffen hat und ebenso wie der Ge-

---

1 So auch *Haas*, AcP 176 (1976) 1/13 ff.; *Canaris*, JZ 1998, 344/347 f.; *Staudinger/ Gursky*, Rdnr. 8 vor §§ 994 ff. und für die Bebauung von Grundstücken *Wieling* I § 12 V 3c, anders *Waltjen*, AcP 175 (1975) 109/136 f.

schäftsführer keine Nutzungen behalten darf (§ 2020). Daher ist die Beschränkung des Verwendungsbegriffs auf werterhöhenden Aufwand nicht
allgemein richtig. Genügen muß vielmehr, daß der Aufwand einem Gegenstand zugute kommen sollte (so auch *Baur/Stürner* § 11 Rdnr. 55).

II.   Arten der Verwendungen

879   Die Verwendungen werden üblicherweise eingeteilt in **notwendige, nützli-
che und luxuriöse.** Diese Unterscheidung spielt etwa für die §§ 994 ff. eine
gewisse Rolle. Fraglich ist aber, **von wessen Standpunkt her** die Art einer
Verwendung beurteilt werden soll. Beispiele:

(1) B ist redlicher Besitzer eines Hausgrundstücks. Als das Haus baufällig wird,
läßt B es mit erheblichen Kosten abstützen. Nach den Plänen des Eigentümers E
sollte das Haus jedoch abgerissen und das Grundstück anders bebaut werden. Dem
E sind jetzt die von B errichteten Stützen nur im Wege.

(2) (von *Endemann*): Der redliche Besitzer B dressiert den Hund des E mit hohen
Kosten. Da der Hund jetzt Kunststücke auszuführen vermag, würde ein Zirkus für
ihn einen hohen Preis zahlen. E aber ist Bauer und braucht den Hund zur Bewachung; die Kunstfertigkeit des Hundes nutzt E nichts.

Legt man hier den von B verfolgten Zweck zugrunde, so sind bei (1) die
Verwendungen notwendig und bei (2) wenigstens nützlich. E müßte sie also
nach §§ 994 I 1, 996 ersetzen. Damit würde auf E ein erheblicher Druck
dahin ausgeübt, seinen eigenen Zweck aufzugeben und den Zweck des B zu
übernehmen: Sonst wäre der Verwendungserfolg praktisch verloren. Bei (2)
kann E sogar gezwungen sein, den Hund zu verkaufen, um die Verwendungen überhaupt nutzbar machen zu können. Trotzdem wird man dem
Urteil über die Notwendigkeit oder Nützlichkeit der Verwendungen nicht
etwa den von E verfolgten Zweck zugrunde legen dürfen, und zwar aus
zwei Gründen:
Der erste ist die **Unterscheidung in § 994**: Nach dessen Abs. 2 soll der
verklagte oder unredliche Besitzer nach dem Recht der GoA behandelt
werden. Für ihn soll also unterschieden werden je nachdem, ob die Verwendung dem Willen oder Interesse des E entsprach (dann §§ 683, 670)
oder nicht (dann §§ 684, 812; vgl. unten Rdnr. 884). Der unverklagte redliche Besitzer soll offenbar besser behandelt werden. Dazu paßt, daß für ihn
der Wille des E unerheblich bleibt.
Und zweitens ist zu bedenken: Der unverklagte redliche Besitzer ist für
Zerstörung oder Beschädigung der Sache nicht verantwortlich: Er soll
seine Besitzerrolle ohne eigenen Verlust wieder beenden können. Die Änderung des Sachzwecks ähnelt einer Beschädigung. Konsequenterweise
muß der Eigentümer daher auch eine solche Änderung hinnehmen; anders

gesagt: Dem Besitzer darf daraus kein Nachteil entstehen, daß seine Verwendungen nicht der Zwecksetzung des Eigentümers entsprechen.

Insgesamt meine ich daher: Bei §§ 994 I, 996 sind Notwendigkeit und Nützlichkeit von Verwendungen jedenfalls dann an dem *vom Besitzer* verfolgten Zweck zu messen, wenn der Eigentümer diesen Zweck - notfalls durch Veräußerung der Sache - übernehmen kann. Bedeutung erlangt die Zwecksetzung des Eigentümers erst für den Verwendungsersatz nach Bereicherungsrecht[2].

III. Übersicht über die Rechtsfolgen aus Verwendungen

Verwendungen **auf die eigene Sache** treffen mit ihren Vorteilen und Nachteilen ohnehin den Verwendenden. Hier kommen Rechtsfolgen und insbesondere ein Anspruch auf Verwendungsersatz regelmäßig nicht in Betracht. Ausnahmen bestimmt das Gesetz nur, wenn die Sache später einem Dritten zufällt (etwa §§ 2125, 2185, 2381). Auch eine abweichende Regelung durch Vertrag ist möglich und keineswegs selten. Sie begegnet etwa, wenn sich der Vermieter-Eigentümer die von ihm für die Renovierung der Mietwohnung aufgewendeten Kosten vom Mieter ersetzen läßt.

Eigentlich problematisch - und davon soll im folgenden allein die Rede sein - sind jedoch Verwendungen **auf fremde Sachen**. Denn hier trifft der Aufwand den Verwendenden, während der Vorteil einem anderen - meist dem Eigentümer - zufließt. Daher muß ein Ausgleich zugunsten des Verwendenden erwogen werden.

Umgekehrt kann es auch sein, daß die Verwendungen die Sache für den Eigentümer entwertet haben. So mag etwa der dressierte Hund in dem Bsp. (2) von oben Rdnr. 879 für den Bauern, dem er gehört, als Wachhund wertlos geworden sein: Er macht vor Einbrechern Männchen, statt sie zu beißen. Solche *negativen Verwendungsfolgen* können nur durch **Schadensersatzansprüche** und teilweise auch durch negatorische Beseitigungsansprüche (vor allem aus § 1004) ausgeglichen werden, soweit nicht die §§ 989 ff. entgegenstehen.

1. Inhalt des Verwendungsersatzes

Die nächstliegende Rechtsfolge aus Verwendungen auf fremde Sachen ist ein Ersatzanspruch für den Verwendenden. Dabei kann das Anspruchsziel verschieden sein:

880

881

---

2 So *Staudinger/Gursky* § 994 Rdnr. 9 und unten Rdnr. 899.

a) Der Anspruch kann sich richten auf Ersatz des **Betrages der Verwendungen** ohne Rücksicht auf die durch sie bewirkte Werterhöhung. So liegt es etwa bei den §§ 994 I, 995, 2022 I. Danach kann der redliche Besitzer vom Eigentümer die Kosten einer notwendigen Abstützung des Hauses selbst dann ersetzt verlangen, wenn dieses dennoch vor der Herausgabe infolge eines Erdbebens eingestürzt ist.

882   **b)** Der Anspruch kann umgekehrt bestimmt sein durch den **Wert des Verwendungserfolges** ohne Rücksicht auf den Betrag der hierfür aufgewendeten Kosten. Das gilt im Prinzip (vgl. aber unten Rdnr. 900) für die Verwendungskondiktion. Für den Verwendenden kann diese Lösung günstiger oder ungünstiger sein als die oben Rdnr. 881 genannte.

So bestimmt sich beim Bau auf fremdem Boden der Bereicherungsanspruch des Bauenden aus §§ 951 I 1, 812 I 1 Fall 2 regelmäßig nach dem Zeitwert des Gebäudes (bestr., z.T. anders der *BGH*). Dieser Wert kann über, aber auch unter den Baukosten liegen.

883   **c)** Weiter ist eine **Kombination** der Berechnungsarten von oben Rdnr. 881 und 882 möglich: Ersetzt werden die aufgewendeten Kosten bis zum Wert des Verwendungserfolges. Diese Regelung ist etwa in den §§ 996, 2023 II und geringfügig modifiziert auch in § 102 vorgesehen. Sie ist von den drei genannten Arten die für den Verwendenden ungünstigste.

884   **d)** Ein differenzierter Berechnungsmaßstab endlich ist da anzulegen, wo das Gesetz auf die Vorschriften über die **Geschäftsführung ohne Auftrag** verweist (etwa in den §§ 539 I, 994 II). Dann ist nämlich zwischen berechtigter und unberechtigter GoA zu unterscheiden: Für Verwendungen, die dem wirklichen oder mutmaßlichen Willen des Eigentümers entsprechen, werden nach §§ 683, 670 die **vollen Kosten ersetzt;** es gilt also die oben Rdnr. 881 genannte Regelung. Dagegen kann für alle anderen Verwendungen, die der Eigentümer nicht genehmigt, nach §§ 684 S. I, 818 II in der Regel **Wertersatz** verlangt werden.

Das ist auf den ersten Blick verwunderlich. Denn offensichtlich muß der Verwendende, der wie ein berechtigter Geschäftsführer behandelt wird, eher besser stehen als ein unberechtigter. Im Widerspruch dazu kann aber der Kostenersatz nach § 670 ungünstiger sein als der Wertersatz nach den §§ 684 S. 1, 818 II. Das muß korrigiert werden (vgl. unten Rdnr. 900).

2.   Wegnahmerecht

885   In manchen Fällen gewährt das Gesetz dem Verwendenden statt eines Anspruchs auf Verwendungsersatz oder wahlweise neben diesem ein *Wegnahmerecht.* So etwa §§ 539 II, 601 II 2, 997, vgl. auch § 951 II. Allerdings

gilt das nur für Verwendungen, die durch eine Sachverbindung (§ 997 I) oder das Hinzufügen einer »Einrichtung« (§§ 539 II, 601 II 2) bewirkt worden sind. Dabei ist »Einrichtung« insofern weiter, als hier die hinzugefügte Sache Eigentum des Verwendenden geblieben sein kann.

Bsp.: Der Mieter baut eine Badewanne ein. Sie wird nicht nach § 946 als wesentlicher Bestandteil Eigentum des Grundstückseigentümers, sondern gehört wegen § 95 II weiter dem Mieter. Das Wegnahmerecht entspricht in solchen Fällen der Vindikation.

Dieses Wegnahmerecht kann jedoch in vielen Fällen abgewendet werden: durch »angemessene Entschädigung« nach § 552 I, durch Ersatz mindestens des Wertes des abgetrennten Bestandteils nach § 997 II. Überdies mindert die Wegnahme den Wert des Wegzunehmenden oft erheblich, und der Wegnehmende seinerseits ist nach § 258 S. 1 verpflichtet (vgl. unten Rdnr. 902). Daher ist das Wegnahmerecht wirtschaftlich meist viel weniger wert als ein Anspruch auf Verwendungsersatz. Deshalb sollte das Bestehen eines solchen Anspruchs stets zuerst geprüft werden, wenn nicht ausdrücklich nur nach einem Wegnahmerecht gefragt ist.

IV. Grundlagen für Ansprüche auf Verwendungsersatz

1. Vertrag

Vorrangig zu prüfen ist stets, ob zwischen dem Verwendenden und dem **886** durch die Verwendung Begünstigten ein Vertrag besteht. Denn die durch diesen geschaffene Regelung verdrängt, soweit sie reicht, alle anderen Anspruchsgrundlagen. So muß man etwa die §§ 539 II, 552 für den Mieter im Verhältnis zum Vermieter als abschließende Regelung ansehen.

BGH NJW 1967, 2255 ff.: M hat Räume von V gemietet, in denen vorher eine Drogerie betrieben worden war. Nach dem auf zehn Jahre fest geschlossenen Mietvertrag sollte M diese Räume auf eigene Kosten zum Betrieb einer Gastwirtschaft umbauen. Als M den Umbau hat durchführen lassen, wird ihm jedoch die Konzession verweigert. M zieht aus und verlangt von V die Umbaukosten ersetzt.

Ohne die vorzeitige Vertragslösung wären alle Ansprüche des M durch den Mietvertrag ausgeschlossen. Das würde insbesondere auch für die §§ 946, 951, 812 gelten. Etwas anderes kommt hier nur in Betracht, weil die zehnjährige Mietzeit nicht durchgehalten worden ist, in der M seine Verwendungen »abwohnen« sollte. Der *BGH* hat hier § 812 I 2 Fall 1 angewendet (condictio ob causam finitam; vgl. oben Rdnr. 690). Dieser Anspruch geht aber nicht auf den Wert der eingebauten Stoffe, sondern auf den Betrag, den V für den Rest der vorgesehenen Mietzeit des M infolge des Umbaus an Miete mehr erzielen kann.

Wie in diesem Bsp. entsteht bei Verträgen auch sonst häufig kein vertraglicher Anspruch auf Verwendungsersatz, weil das in der Verwendung liegende Opfer bereits durch die Gegenleistung des anderen Teils abgegolten ist. Besonders deutlich zeigt sich das beim Werkvertrag: Der Werklohn umfaßt alle Aufwendungen des Unternehmers. Nur wenn der Werklohnanspruch wegen einer Vertragsstörung entfällt, treten die »Auslagen« des Unternehmers in § 645 I wieder hervor.

2. Überbau

887   Eine die allgemeinen Verwendungsregeln völlig ausschließende Sonderregelung gilt auch für den »entschuldigten« (also nach § 912 I zu duldenden) Überbau. Hier verdrängt der analog anzuwendende § 95 I 2 die §§ 94, 946; auch der auf dem Nachbargrundstück stehende Teil des Bauwerks gehört also dem Überbauenden (etwa *Baur/Stürner* § 25 Rdnr. 13). Daher fehlt schon eine Verwendung auf das Nachbargrundstück; die Rechtsfolgen ergeben sich allein aus den §§ 912 II ff. Gleiches gilt nach *BGHZ 62, 141 ff.* auch für den im Einverständnis mit dem Eigentümer des überbauten Grundstücks erfolgten (»rechtmäßigen«) Überbau sowie für den **Eigengrenzüberbau:** Der Eigentümer selbst baut über die Grenze zwischen zwei ihm gehörenden Grundstücken; später gelangen diese in verschiedene Hände, vgl. *BGH NJW 1988, 1078 f.* – Das Stammgrundstück soll in solchen Fällen nach den Absichten des Erbauers zu ermitteln sein, *BGHZ 110, 298 ff.*

Dagegen nimmt die h.M. beim **unentschuldigten Überbau** an, das Eigentum an dem Bauwerk sei an der Grundstücksgrenze vertikal geteilt (*BGHZ 27, 204 ff.*; *Baur/Stürner* § 25 Rdnr. 11). Hier kann der Überbauende also Anspruch auf Verwendungsersatz haben.

3. Verarbeitung

888   Ansprüche auf Verwendungsersatz scheiden gleichfalls aus, wenn der Verwendende durch Verarbeitung nach § 950 Eigentümer der vormals fremden Sache wird. Denn dann kommt der Verwendungserfolg dem Verwendenden ohne weiteres selbst zugute. Zu erörtern bleiben in diesem Fall also nur Ansprüche dessen, der sein Eigentum verloren hat (insbesondere nach den §§ 951 I, 812 ff., vgl. unten Rdnr. 895 ff.).

4. Geschäftsführung ohne Auftrag

Nach Vertrag, Überbau und Verarbeitung ist bei der Prüfung von Ansprü- **889**
chen auf Verwendungsersatz die Geschäftsführung ohne Auftrag zu bedenken. Denn Verwendungen auf eine fremde Sache sind für den Verwendenden regelmäßig ein objektiv fremdes Geschäft. Wegen § 687 muß aber noch
der Fremdgeschäftsführungswille hinzukommen, damit die §§ 683, 670
(berechtigte GoA) oder die §§ 684 S. 1, 812 (unberechtigte GoA) direkt
anwendbar werden (vgl. oben Rdnr. 407 ff.). Ein solcher Fremdgeschäftsführungswille fehlt insbesondere, wenn der Verwendende das Geschäft für
sein eigenes hält, etwa weil er glaubt, Eigentümer zu sein, § 687 I. Dann
kann das Recht der GoA nur über § 994 II oder über ähnliche Verwei-
sungsvorschriften angewendet werden. Dagegen kommt eine direkte
Anwendung der GoA für Verwendungen in Betracht, die ein Miterbe über
sein Notverwaltungsrecht aus § 2038 hinaus auf eine Erbschaftssache
macht; die §§ 994 ff. stehen hier mangels einer Vindikationslage nicht
entgegen (*BGH* NJW 1987, 3001 f.).

Bei Verwendungen aufgrund eines **unerkannt nichtigen Vertrages** sind m.E. die
§§ 683, 670 durch § 687 I ausgeschlossen. Denn hier wollte der Verwendende nicht
ein fremdes Geschäft besorgen, sondern eine eigene Pflicht erfüllen (vgl. oben
Rdnr. 412). Daher kommen nur die §§ 994 ff. oder 812 I 1 Fall 1 (Leistungskondiktion) in Betracht (vgl. unten Rdnr. 894).

5. Eigentümer-Besitzer-Verhältnis und Erbschaftsanspruch

In ihrer Durchsetzbarkeit besonders gestaltete (§§ 1000–1003; 2022 I 2) **890**
Ansprüche auf Verwendungsersatz gelten im Eigentümer-Besitzer-
Verhältnis und beim Erbschaftsanspruch: §§ 994 ff., 2022 ff. Beide Vor-
schriftengruppen setzen nach richtiger Ansicht das Bestehen einer Vindika-
tionslage im Zeitpunkt der Vornahme der Verwendungen voraus (vgl. oben
Rdnr. 587 f.; 591 gegen *BGHZ 34, 122 ff.*).

Vgl. dazu den Fall *BGH* NJW 1967, 2255 ff. (oben Rdnr. 886): Dort hatte M die
Verwendungen während des Vertrages gemacht, diesen aber vorzeitig aufgelöst. Der
BGH hat die Anwendbarkeit der §§ 994 ff. mit Recht verneint. Gewiß dürfte nichts
anderes gelten, wenn M nach der Vertragslösung nicht gleich ausgezogen und daher
nachträglich eine Vindikationslage entstanden wäre.

6. Bereicherungsrecht

Endlich bleibt für Ansprüche auf Verwendungsersatz das Bereicherungs- **891**
recht. Davon soll im folgenden ausführlich die Rede sein.

V.   Insbesondere die Kondiktion von Verwendungen

1.   Arten der Bereicherungsansprüche

892   Bereicherungsansprüche können dem Verwendungsersatz in verschiedener Weise dienen.

a)   Leistungskondiktion

Soweit die Verwendung eine Leistung des Verwendenden darstellt, greift die Leistungskondiktion ein. Da jedoch die Leistung als »bewußte und zweckgerichtete Mehrung fremden Vermögens« definiert wird (oben Rdnr. 666), kommen die meisten Verwendungsfälle für die Leistungskondiktion nicht in Betracht (vgl. *M. Wolf*, AcP 166, 1966, 188 ff.; 206 ff.). Im einzelnen gilt folgendes:

aa) **Der redliche Eigenbesitzer** zuzüglich des grob fahrlässigen hält die Verwendung stets nur für eine Verschiebung innerhalb *seines Vermögens* (vgl. oben Rdnr. 875). Er leistet daher nicht an den Eigentümer.

893   bb) **Der den Mangel seines Besitzrechts kennende Eigenbesitzer** weiß zwar, daß die Verwendung von Rechts wegen dem Eigentümer zugute kommt. Aber er will das nicht, da er die Sache als ihm gehörend besitzt, § 872. Folglich leistet auch er nicht an den Eigentümer.

Bsp.: D stiehlt den Pkw des E und läßt ihn neu lackieren. Dann kann D von E Wertersatz (§ 818 II) für die Lackierung nicht nach § 812 I 1 Fall 1 verlangen. Vielmehr kommen nur Ansprüche nach §§ 850, 994 II in Betracht, wenn die Verwendung notwendig war. Zu der umstrittenen Konkurrenz von § 812 I 1 Fall 2 vgl. unten Rdnr. 895 ff.

894   cc) **Als möglicher Gläubiger einer Leistungskondiktion bleibt also nur der Fremdbesitzer:** Allein er kann durch eine Verwendung die Mehrung fremden Vermögens beabsichtigen.

Bsp.: V hat sein sehr verwohntes Haus für drei Jahre an den Bauunternehmer U vermietet. U soll als Gegenleistung keinen Mietzins zahlen, sondern das Haus renovieren. Der Vertrag V–U ist nichtig.

Hier müßte U den Wert der durchgeführten Renovierung von V mit der Leistungskondiktion ersetzt verlangen können. Fraglich ist das nur deshalb, weil zugleich eine Vindikationslage bestand und die §§ 994 ff. vom Bereicherungsrecht abweichen. Diese Abweichung zeigt sich besonders deutlich, wenn U die Nichtigkeit des Vertrages infolge grober Fahrlässigkeit nicht gekannt hat, also unredlicher Besitzer war: Für seine Kondiktion ist das unschädlich, während er nach den §§ 994 ff. Ersatz nur wegen notwendiger

Verwendungen verlangen könnte (§ 994 II). Hier liegt eine Leistung und zugleich eine Verwendung vor (anders *M. Wolf* aaO. 207 ff.). Daher wird man sagen müssen: Die Leistungskondiktion des Besitzers auf Verwendungsersatz ist hier neben den §§ 994 ff. ebenso anwendbar, wie man das umgekehrt für die Leistungskondiktion des Eigentümers auf Nutzungsersatz annimmt (vgl. oben Rdnr. 600). Folglich kann auch der grobfahrlässige U den Wert der Renovierung kondizieren[3].

b) Verwendungskondiktion aus § 951 BGB

Verwendungen auf fremde Sachen bewirken häufig einen Rechtsverlust **895** durch Verbindung (§§ 946, 947 II). Wenn der Verwendende diesen Rechtsverlust selbst erleidet, nämlich weil er eigene Sachen mit der fremden verbindet, kommt für ihn ein Anspruch wegen Bereicherung in sonstiger Weise in Betracht, §§ 951 I 1, 812 I 1 Fall 2. Auch für diese Verwendungskondiktion ist ähnlich wie für die Leistungskondiktion (oben Rdnr. 894) das **Verhältnis zu den §§ 994 ff. fraglich.**

Bsp.: B besitzt unrechtmäßig ein Grundstück des E und errichtet darauf aus eigenem Material ein Haus. Vgl. auch den Fall von *BGHZ 41, 157 ff.* (oben Rdnr. 877).

Hier könnte B von E nach Bereicherungsrecht Wertersatz auch bei grobfahrlässiger Unkenntnis von dem Mangel seines Besitzrechts verlangen. Dagegen ist er nach den §§ 994 ff. als unredlicher Besitzer wieder auf den Ersatz der notwendigen Verwendungen beschränkt, zu denen der Hausbau regelmäßig nicht gehört. Im übrigen bleibt ihm nur das bei Gebäuden wirtschaftlich meist wertlose Wegnahme- und Aneignungsrecht nach § 997.

aa) Zu dieser Konkurrenzfrage werden im wesentlichen **die folgenden 896 Ansichten** vertreten:

(1) Der BGH hält über § 951 I begründete Bereicherungsansprüche neben den §§ 994 ff. für ausgeschlossen. In *BGHZ 10, 171 ff.* ist er allerdings dennoch zu einem Bereicherungsanspruch gelangt, indem er die sachverändernde Bebauung nicht als Verwendung angesehen hat (vgl. oben Rdnr. 877). Dagegen hat *BGHZ 41, 157 ff.* selbst in einem solchen Fall § 951 für ausgeschlossen gehalten: Die §§ 994 ff. bildeten eine **abschließende Regelung** auch für Aufwendungen ohne Verwendungscharakter.

Denselben Ausgangspunkt wie der *BGH* hat auch *Waltjen*, AcP 175 (1975) 109/132 ff. Sie will jedoch dem Besitzer dadurch helfen, daß sie bei nach §§ 994 ff. nicht ersatzfähigen Verwendungen weithin mit einer Genehmigung durch den Ei-

---

3 *Staudinger/Gursky* vor § 994 Rdnr. 45, weithin ebenso, aber zusätzlich nach dem Zweck der Nichtigkeitsnorm differenzierend, *Larenz/Canaris* II 2 § 74 I 1c mit Belegen.

gentümer arbeitet. Diese soll darin liegen, daß der Eigentümer die Sache in ihrer umgestalteten Form nutzt. Aber wenn die Sache einmal umgestaltet worden ist, kann der Eigentümer sie oft entweder nur in der neuen Form oder überhaupt nicht nutzen. Daß er auf die Nutzung nicht ganz verzichten will, kann dann auch nicht den Erklärungswert einer Genehmigung haben.

(2) *M. Wolf*, AcP 166 (1966) 199 ff. lehnt die vom *BGH* befürwortete Einschränkung des Verwendungsbegriffs ab. Zugleich hält er die §§ 994 ff. für eine abschließende Regelung (so im wesentlichen auch *Westermann/ Gursky* § 54, 5; *H. H. Jakobs,* AcP 167, 1967, 370 ff.). Er gelangt daher bei Vorliegen einer Vindikationslage zum vollständigen Ausschluß von Ansprüchen aus Bereicherung in sonstiger Weise⁴.

(3) Möglich ist es endlich, die §§ 951, 812 im Prinzip **neben den §§ 994 ff.** gelten zu lassen. Man kommt so zu einer für den Besitzer, insbesondere den unredlichen, günstigen Lösung. Diesen Standpunkt hat *Canaris*, JZ 1996, 344/346 ff. mit eindrucksvollen Argumenten unterstützt.

897   bb) Dazu ist **kritisch** zu sagen: Die Ansichten (1) und (2) vermeiden zwar einerseits jede Störung der §§ 994 ff. durch konkurrierende Bereicherungsansprüche. Sie führen aber andererseits dazu, daß der besitzende Verwender wesentlich schlechter steht als der nichtbesitzende. Denn dieser kann ja Verwendungsersatz nach Bereicherungsrecht verlangen, ohne durch die §§ 994 ff. beschränkt zu werden. Für eine solche Ungleichbehandlung sehe ich keinen einleuchtenden Grund. Zudem steht § 951 II 1 im Wege: Danach sollen die Vorschriften über den Verwendungsersatz unberührt bleiben; § 951 soll also offenbar *neben* jenen Vorschriften anwendbar sein.

Deshalb muß die Konkurrenzfrage im Sinne der Ansicht (3) gelöst werden⁵. Die sich daraus ergebene Besserstellung insbesondere des unredlichen Besitzers gegenüber den §§ 994 ff. läßt sich wie folgt begründen: Die §§ 994 ff. regeln nur die Verwendungen, die der Eigentümer dem Besitzer **ersetzen muß**, um trotz § 1000 wieder in den Besitz seiner Sache zu gelangen (ähnlich *Canaris*, JZ 1996, 334/348 f.). Daß das Gesetz den Kreis dieser Verwendungen eng zieht, und zwar besonders dem unredlichen Besitzer gegenüber, erklärt sich mit der Rücksicht auf den Eigentümer: Dieser läuft ja Gefahr, seine Sache nicht auslösen zu können, wenn der Betrag der zu

---

4 Ebenso die ganz h.M., vgl. etwa *Staudinger/Gursky* vor §§ 994 ff. Rdnr. 43; *Reuter/Martinek*, Ungerechtfertigte Bereicherung (1983) 699 ff. und sehr entschieden *Wieling* I § 12 V 6.

5 So auch *(Koppensteiner)/Kramer* 207 ff.; *Eike Schmidt,* AcP 175 (1975) 165/172; *Staudinger/W. Lorenz*, Rdnr. 24 vor §§ 812 ff. und jetzt vor allem *Larenz/Canaris* II 2 § 74 I 3. Freilich bleiben die Gegenargumente von *Reuter/Martinek*, aaO. 699 ff. bedenkenswert.

ersetzenden Verwendungen seine liquiden Mittel übersteigt. Demgegenüber regeln die §§ 951, 812 die andere Frage, ob der Eigentümer die durch die Verwendungen bewirkte Wertsteigerung seiner Sache **ersatzlos behalten darf.** Insoweit steht der Eigentümer nicht unter demselben gefährlichen Zahlungszwang, der zum Sachverlust führen kann. Allerdings hat auch insoweit der Verwendende regelmäßig ein Zurückbehaltungsrecht (§ 273 II). Aber der Eigentümer kann doch den Bereicherungsanspruch und damit auch das auf diesem beruhende Zurückbehaltungsrecht abwenden, indem er die Wegnahme des bereichernden Verwendungserfolges verlangt (anders *Canaris*, JZ 1996, 346/349). Das ergeben die Regeln über die aufgedrängte Bereicherung (vgl. unten Rdnr. 899): Der Eigentümer braucht im Ergebnis nach Bereicherungsrecht nur zu ersetzen, was ihm *nach seiner eigenen Zwecksetzung* von den Verwendungen wirklich nützlich ist.

Mit anderen Worten: Die §§ 994 ff. bestimmen, was der Besitzer vom Eigentümer gegen Herausgabe der Sache jedenfalls verlangen kann. Demgegenüber regelt das Bereicherungsrecht, was der Eigentümer an den besitzenden oder nichtbesitzenden Verwender leisten muß, *wenn er den Verwendungserfolg haben will.* Ein Widerspruch besteht insoweit nicht zu den §§ 994–996, sondern allenfalls zu § 997 II letzter Teil. Denn dort heißt es, das Wegnahmerecht des Besitzers könne durch Ersatz des Wertes abgewendet werden, den der Bestandteil nach der Abtrennung hat. Das ist häufig (etwa beim Abriß eines Gebäudes) erheblich weniger als der Wert ohne die Abtrennung. Aber § 997 II fügt »mindestens« hinzu. Damit läßt er m.E. die Möglichkeit offen, daß der vom Eigentümer zur Abwendung der Wegnahme zu zahlende Betrag nach Bereicherungsrecht auch höher liegen kann.

Der Ausgangsfall (der unrechtmäßige Besitzer B hat auf dem Grundstück des E gebaut) ist also folgendermaßen zu lösen:

War B **unredlich,** so hat er gegenüber der Vindikation des E kein Zurückbehaltungs- und Befriedigungsrecht nach §§ 1000, 1003, weil seine Verwendungen nach den §§ 994 bis 996 nicht ersatzfähig sind. B bleibt insoweit nur das Wegnahmerecht nach § 997. Dessen Ausübung kann E aber abwenden, wenn er den B nach Bereicherungsrecht befriedigt (vgl. unten Rdnr. 899 f.).

War B **redlich,** so hat er zusätzlich die §§ 996, 1000, 1003. Insoweit **muß** E also zahlen, auch wenn ihm die Bebauung seines Grundstücks subjektiv ungelegen kommt. Eine Einschränkung ergibt sich hier aber daraus, daß die Werterhöhung noch bei der Rückerlangung des Besitzes bestehen muß (§ 996 am Ende).

c) Verwendungskondiktion außerhalb von § 951 BGB

Der Bereicherungsanspruch aus den §§ 951, 812 I 1 Fall 2 gründet sich auf den Rechtsverlust durch die §§ 946 ff. Er läßt also alle Verwendungen unberücksichtigt, die nicht in der Verbindung von Sachen bestehen, sondern

898

namentlich im Aufwand von Arbeit (vgl. etwa *BGHZ 131, 220 ff.*). Insoweit muß, wenn die Arbeit nicht als Leistung erbracht worden ist (dazu oben Rdnr. 894), ein Anspruch wegen Bereicherung in sonstiger Weise direkt aus § 812 I 1 Fall 2 hergeleitet werden können. Auch das ist eine Form der Verwendungskondiktion. Ihre Existenz ergibt sich daraus, daß etwa die §§ 539 I, 601 II 1, 687 II 2, 994 II auf § 684 S. 1 verweisen, der seinerseits ins Bereicherungsrecht weiterverweist.

§ 951 I 1 ist also streng genommen insofern überflüssig, als die Verwendungskondiktion ohnehin eingreift. Er stellt aber klar, daß der Rechtserwerb nach den §§ 946–950 nicht einen (gesetzlichen) Rechtsgrund hat.

Auch die §§ 994 ff., 2022 ff. umfassen Verwendungen, die nicht unter § 951 fallen, weil sie etwa in Arbeitsaufwand bestehen. Deshalb ergibt sich hier gleichfalls die Frage nach dem Verhältnis zum Bereicherungsrecht. Sie muß ebenso entschieden werden wie bei § 951 (vgl. oben Rdnr. 897).

2. Das Problem der aufgedrängten Bereicherung

899 Für die beiden Fälle der Verwendungskondiktion (oben Rdnr. 897 f.) entsteht häufig das Problem der aufgedrängten Bereicherung[6].

BGHZ 23, 61 ff.: P hatte vom Eigentümer E ein Grundstück gepachtet. Nach dem Pachtvertrag durfte P nur Kleinbauten errichten, die E nach dem Ende der Pacht zu ihrem Wert übernehmen sollte. P errichtete jedoch ein massives Gebäude. Nach der Kündigung verlangt er von E Wertvergütung für dieses vertragswidrig errichtete Gebäude nach den §§ 951, 812.

Oder das Bsp. von oben Rdnr. 893: Der Dieb hat den gestohlenen Pkw des E neu lackieren lassen und verlangt dafür mit der Verwendungskondiktion Ersatz (vgl. o. Rdnr. 897).

Das Besondere an diesen Bereicherungsansprüchen ist, daß E etwas vergüten soll, was er nicht haben wollte, was ihm also aufgedrängt worden ist. Gegen eine Leistungskondiktion schützt in ähnlichen Fällen § 814. Diese Vorschrift paßt aber für die Verwendungskondiktion nicht, weil die Verwendungen nicht zur Erfüllung einer Verbindlichkeit gemacht worden sind. Daher bedarf es hier einer anderen Einschränkung.

BGHZ 23, 61 ff. hat § 1001 S. 2 angewendet: E werde von der Verwendungskondiktion dadurch frei, daß er dem P das unerwünschte Gebäude

---

6 Zusammenstellung des Meinungsstandes bei *Haas,* AcP 176 (1976) 4 ff.; Münch-Komm-*Lieb* § 812 Rdnr. 258 ff. und jetzt *Larenz/Canaris* II 2 § 72 IV, vgl. *Reuter/Martinek,* aaO. 544 ff.; *Koppensteiner(/Kramer)* 166 ff.

zum Abbruch überlasse. Eine bessere, in der Literatur[7] häufig verwendete Argumentation ist die folgende: Soweit der Bereicherte die Beseitigung des Verwendungserfolges verlangen kann (z.b. aus §§ 823 I, 989, 990, jeweils mit 249; 1004), darf er diesen **Beseitigungsanspruch** der Verwendungskondiktion einredeweise entgegenhalten. Damit wird die Durchsetzung der Kondiktion dauernd gehemmt: Der Verwendende bleibt praktisch auf die Wegnahme angewiesen.

Doch werden auch hiermit noch nicht alle Fälle der aufgedrängten Bereicherung erfaßt. Denn erstens braucht die Verwendung nicht immer eine Verletzung des Eigentums darzustellen, so daß Beseitigungsansprüche ausscheiden. Z.B. darf man das Ausbessern von Roststellen an einem Pkw nicht ohne Gewalt als Schaden (§ 249) oder Beeinträchtigung des Eigentums (§ 1004) ansehen. Und zweitens kann § 1004 auch bei einer Eigentumsverletzung ausgeschlossen sein, weil die §§ 989 ff. entsprechend gelten (vgl. oben Rdnr. 454).

Bsp.: Der redliche unverklagte Besitzer B hat auf dem Grundstück des E einen Betonbunker errichtet. Dessen Abbruch würde B erheblich mehr kosten als nutzen. Hier braucht B das Grundstück nur so herauszugeben, wie es ist; gegen den Beseitigungsanspruch des E ist er durch die analoge Anwendung von § 993 I am Ende geschützt. Vgl. dazu *F. Baur*, AcP 160 (1961) 465/490 ff.

Auch in solchen Fällen darf das Fehlen eines Schadensersatz- oder Beseitigungsanspruchs nicht dazu führen, daß der Wert einer aufgedrängten Bereicherung unbeschränkt ersetzt verlangt werden kann. Vielmehr muß man entweder schon den Wert des Erlangten (§ 818 II) nach einem subjektiven Maßstab begrenzen: Dann ist das Vermögen des Begünstigten nur insoweit vermehrt, als dieser sich den Verwendungserfolg wirklich zunutze macht (vgl. *Koppensteiner[/Kramer]* 168 ff.). Oder man wendet, wie *Larenz* (FS von Caemmerer, 1978, 209/224 ff.) ausführlich begründet hat, § 818 III auch dann an, wenn das Erlangte für den Empfänger schon anfangs keinen Nutzen bringt (und nicht erst später nutzlos wird). Nach beiden Ansichten ist in dem Bunkerbsp. eine Kondiktion des B erst möglich, wenn E den Bunker nutzt oder bei der Veräußerung des Grundstücks wegen des Bunkers einen höheren Preis erzielt (ebenso *Larenz/Canaris* II 2 § 72 IV 2). Entsprechend erzeugt die Lackierung des Pkw einen Bereicherungsanspruch nur, wenn der Eigentümer eigene Aufwendungen für eine neue Lackierung spart oder den Pkw zu einem höheren Preis verkauft. Fragen kann man allerdings, ob dem Berechtigten eine Realisierung seines Wertzuwachses (etwa durch einen Verkauf) obliegt. Ich möchte das nur etwas zurückhaltender bejahen, als das bei *Larenz/Canaris* II 2 § 72 IV 3d geschieht.

---

7 So etwa *Baur/Stürner* § 53 Rdnr. 33, vgl. auch *M. Wolf*, JZ 1966, 476 ff.

3.   Begrenzung der Verwendungskondiktion

900   Daneben besteht aber noch eine weitere Schwierigkeit bei der Bemessung des Inhalts einer auf Wertersatz gerichteten Verwendungskondiktion: Wie insbesondere die beiden Absätze von § 994 zeigen, sieht das BGB in dem Verwendungsersatz nach Bereicherungsrecht (§§ 994 II, 684 S. 1, 818 III) gegenüber dem Kostenersatz (§ 994 I) die für den Verwendenden ungünstigere Lösung. Dasselbe folgt aus einem Vergleich von § 683 mit § 684 S. 1 (vgl. oben Rdnr. 884). Im Widerspruch dazu kann aber der Wert des Verwendungserfolges höher sein als die zu seiner Erzielung aufgewendeten Kosten.

Bsp.: Der unrechtmäßige Besitzer B hat das Dach auf dem Hause des E durch einen Bekannten günstig für 4000,– Euro decken lassen. Diese Reparatur hätte normalerweise 5000,– Euro gekostet und ist daher auch so viel wert. Hier könnte B als redlicher unverklagter Besitzer von E nach § 994 I nur 4000,– Euro verlangen. Dasselbe würde nach §§ 994 II, 683, 670 gelten, wenn B zwar unredlich war, aber die Erneuerung des Daches dem Willen des E entsprach. Dagegen könnte der unredliche B für eine Dachreparatur gegen den Willen des E nach §§ 994 II, 684 S. 1, 818 II 5000,– Euro fordern.

Diese Besserstellung des »schlechteren« Besitzers ist sinnlos. Um sie zu vermeiden, muß man den Betrag des auf die Verwendungskondiktion hin zu leistenden Wertersatzes **durch die aufgewendeten Kosten begrenzen**[8]. Im Bsp. kann B also in keinem Fall mehr als 4000,– Euro verlangen. Wohl aber erhielte er als unberechtigter Geschäftsführer nur weniger, wenn der Wert des neuen Daches unter 4000,– Euro läge.

4.   Abgrenzung der Aufwendungskondiktion

901   Keine Verwendungen liegen dagegen vor, wenn auf eine unwirksame Anweisung oder von einem Dritten nach § 267 auf eine nicht bestehende Schuld gezahlt wird. Denn in beiden Fällen ist die Zahlung keine Verwendung auf einen bestimmten Gegenstand (vgl. oben Rdnr. 876). Die zur Rückforderung gegebenen Nichtleistungskondiktionen (oben Rdnr. 677; 685) sind also keine Verwendungskondiktionen. Andererseits können sie aber auch keine Rückgriffskondiktionen sein (vgl. unten Rdnr. 950): In beiden Fällen ist ja der, auf dessen Schuld gezahlt worden ist, nicht frei geworden, und die Kondiktion richtet sich auch nicht gegen ihn. Die genannten Nichtleistungskondiktionen sind also von eigener Art; im An-

---

8   So etwa *Baur/Stürner* § 53 Rdnr. 33 am Ende; *Klauser,* NJW 1965, 513/516 f.; *Haas,* AcP 176 (1976) 24, anders aber insoweit *Koppensteiner(/Kramer),* 169, auch *Reuter/Martinek,* aaO. 548 f.

schluß an die oben Rdnr. 876 geschilderte Terminologie kann man sie (sonstige) Aufwendungskondiktionen nennen (denn die Aufwendungen umfassen ja auch die Verwendungen).

VI.   Einzelfragen zum Wegnahmerecht

1.   Gründe und Durchführung der Wegnahme

Viele Vorschriften des BGB räumen dem Verwendenden ein Wegnahme-   **902** recht ein (§§ 459 S. 2, 539 II, 601 II 2, 997, 1049 II, 1216 S. 2, 2125 II). Dieses steht bisweilen wahlweise neben Ansprüchen auf Verwendungsersatz; in anderen Fällen dagegen bildet es das einzige Recht des Verwendenden.

Wenn es zur Wegnahme kommt, ist § 258 zu beachten: Der Wegnahmeberechtigte muß die Sache auf seine Kosten in den vorigen Stand setzen. Er kann also das Wegnahmerecht nur entweder ganz oder gar nicht ausüben. Daher darf etwa beim unentschuldigten Überbau die Wegnahme nicht auf diejenigen Teile des Bauwerks beschränkt werden, die sich mit Vorteil abtrennen lassen (Türen, Fenster usw.): Wenn der Überbauende diese Teile haben will, muß er den ganzen Überbau beseitigen (*BGH* NJW 1970, 754 f., noch immer dieselbe Sache wie *BGHZ 27, 204; 41, 157*).

2.   Wegnahmerechte und § 951 I 2 BGB

Problematisch ist für das aus einer Verbindung (§§ 946 f.) entstandene Weg-   **903** nahmerecht § 951 I 2. Denn diese Vorschrift erklärt einen Wiederherstellungsanspruch für ausgeschlossen, während nach § 951 II 1 Wegnahmerechte unberührt bleiben sollen und in § 951 II 2 sogar noch erweitert werden (vgl. unten Rdnr. 904). Das erscheint deshalb als widersprüchlich, weil die Wegnahme nach § 258 die Wiederherstellung des alten Zustandes bedeutet.

Der Widerspruch ist so zu lösen (vgl. *H. H. Jakobs,* AcP 167, 1967, 350/376 ff.): § 951 I 2 will nur verhindern, daß Bereicherungsansprüche auf die naturale Herausgabe des Erlangten gerichtet werden: Sie sollen auf Wertersatz (§ 818 II) beschränkt bleiben, damit die Erfüllung des Bereicherungsanspruchs nicht zur Vernichtung wirtschaftlicher Werte führt. Dagegen läßt § 951 I 2 ein nicht auf die §§ 812 ff. gegründetes Wegnahmerecht unberührt. Dieses kann nämlich deshalb eher zugelassen werden, weil es im Gegensatz zu der Kondiktion des Erlangten durch § 258 beschränkt ist (oben Rdnr. 902) und zudem häufig von dem Eigentümer der Hauptsache durch Wertersatz abgewendet werden kann. Ganz unberührt bleiben durch

§ 951 I 2 übrigens auch Schadensersatz- oder Beseitigungsansprüche des Verwendungsempfängers (vgl. oben Rdnr. 899).

3. Wegnahmerecht des Nichtbesitzers?

904 Problematisch ist schließlich auch § 951 II 2. Diese Vorschrift erweitert nach ihrem Wortlaut den § 997 auf den Fall, daß die den Rechtsverlust bewirkende Verbindung nicht vom Besitzer der Hauptsache durchgeführt worden ist. Streit herrscht darüber, ob dieses erweiterte Wegnahmerecht auch einem Nichtbesitzer zustehen soll (was nach § 258 S. 2 generell möglich ist)[9].

BGHZ 40, 272 ff.: G hat in den Neubau des Grundstückseigentümers E Herde eingebaut. G wollte diese Herde an E leisten, E durfte den Einbau jedoch als Leistung eines Dritten ansehen. Der *BGH* hat Eigentumsverlust des G an den Herden nach § 946 angenommen und einen Bereicherungsanspruch gegen E (§§ 951, 812) wegen des Primats der Leistung verneint (vgl. oben Rdnr. 727 ff.). Für G kam daher nur ein Wegnahme- und Aneignungsrecht nach §§ 951 II 2, 997 in Betracht. G war jedoch nicht Besitzer des Grundstücks.

Der *BGH* hat deshalb, dem engen Wortlaut von § 951 II 2 folgend, ein Wegnahmerecht für G verneint: Die Gewährung eines solchen Rechts auch an den Nichtbesitzer würde den Ausschluß des Wiederherstellungsanspruchs in § 951 I 2 völlig aushöhlen. Demgegenüber wendet die in der Literatur h.M. (vgl. *Baur/M. Wolf* aaO. mit weiteren Angaben) § 951 II 2 auch auf den Nichtbesitzer an. Einen Mittelweg geht *H. H. Jakobs* aaO. 387 ff.: Er erstreckt das Wegnahmerecht zwar auf den Nichtbesitzer, beschränkt es jedoch auf die Fälle, in denen dieser nicht einen mindestens gleichwertigen Anspruch auf Verwendungsersatz in Geld hat. Diese auf die Entstehungsgeschichte gestützte Interpretation erscheint vorzugswürdig; nach ihr ist das Wegnahmerecht des § 951 II 2 für denjenigen, der sein Eigentum durch Verbindung verloren hat, nur das letzte Hilfsmittel.

---

9 *Baur/M. Wolf,* JuS 1966, 393/398 f.; *H.H. Jakobs,* AcP 167 (1967) 350/385 ff.

§ 35 Der Rückgriff (Regreß)

I. Übersicht

Der Rückgriff ist ebenso wie der Verwendungsersatz (oben Rdnr. 874 ff.) **905**
weithin ein Spezialfall des Aufwendungsersatzes. Dabei besteht die Besonderheit des Rückgriffs in folgendem: An den gewöhnlichen Fällen des
Aufwendungsersatzes sind nur zwei Personen beteiligt: eine, die das in der
Aufwendung liegende Opfer erbracht hat und dafür Ersatz verlangt; eine
andere, die durch dieses Opfer begünstigt worden ist und es daher ersetzen
soll. Dagegen sind an den **Rückgriffsverhältnissen** ausnahmslos **drei Personen** beteiligt: Die eine (Leistender) hat eine Leistung erbracht und verlangt dafür Ersatz. Ihr Anspruch richtet sich aber nicht gegen den Empfänger dieser Leistung (die zweite Person, den Gläubiger). Rückgriffsschuldner
ist vielmehr ein Dritter, den die Leistung irgendwie begünstigt hat, oder der
zu der Leistung rechtlich stärker verpflichtet war als der Leistende. Dabei
ist es **Ziel des Rückgriffs**, das in der Leistung liegende Opfer von dem
Leistenden auf eine dritte Person abzuwälzen.

1. Rückgriffstechniken

Für diese Abwälzung kennt unser Recht verschiedene Rückgriffstechniken. **906**

a) Legalzession (cessio legis)

Am häufigsten verwendet wird die Legalzession *(cessio legis)*: Der Anspruch des Gläubigers gegen den durch die Leistung »begünstigten« Dritten erlischt nicht, sondern geht auf den Leistenden über. Die Begünstigung
wird also dadurch vermieden, daß für den Dritten bloß ein Gläubigerwech-
sel stattfindet.

Der Vorteil einer solchen cessio legis für den Rückgriffsgläubiger ist, daß
dieser mit der auf ihn übergehenden Forderung des Gläubigers auch Vor-
zugs- und akzessorische Sicherungsrechte erwirbt, §§ 412, 401. Ein Nachteil zeigt sich bei der Verjährung: Der Leistende muß sich als Rechtsnachfolger des Gläubigers den vor dem Übergang bereits verstrichenen Teil der
Verjährungsfrist anrechnen lassen.

Eine cessio legis ist angeordnet etwa in den §§ 268 III, 426 II, 774 I, 1143 I, 1150,
1225, 1249, 1607 II 2, III, 1608 S. 3, 1615l III 1, 1584 S. 3 BGB, 67 VVG, 116 SGB X
(dort geht freilich der Anspruch sofort über, so daß sich auch der Verjährungsbeginn
nach dem Zessionar richtet). Hierzu kommt § 6 EFZG, der Schadensersatzansprü-

che eines Arbeitnehmers, der seine Arbeitsvergütung weiter erhält, auf den Arbeitgeber übergehen läßt.

b) Pflicht zur rechtsgeschäftlichen Abtretung

907   Eine unbequeme Ersatzlösung für die cessio legis ist der Weg, den das Gesetz etwa in den §§ 255, 285 I gewählt hat: Hier geht der Anspruch des Gläubigers nicht schon kraft Gesetzes auf den Leistenden über, sondern muß eigens abgetreten werden. Nach dieser Abtretung ist die Stellung des Leistenden aber nicht anders als bei der cessio legis; insbesondere gilt auch hier § 401 (und zwar direkt, also nicht über § 412).

c) Übergang nach Anzeige

907a   In der Mitte zwischen Legalzession und rechtsgeschäftlicher Abtretung steht endlich der eigenartige Rückgriffsweg von § 93 SGB XII. Der regreßvermittelnde Anspruch gegen bestimmte Dritte (vgl. etwa *Muckel*, Sozialrecht § 13 Rdnr. 30; *BGHZ 155, 57 ff.*) geht erst infolge einer schriftlichen *Überleitungsanzeige* auf den Regreßgläubiger über. Ebenso früher § 37 BundesausbildungsförderungsG (BAFöG; inzwischen gilt auch hier eine Legalzession); vgl. dazu *OVG Berlin*, NJW 1976, 988 f.: Für die Rechtmäßigkeit der Überleitungsanzeige sollte genügen, daß der Geförderte *möglicherweise* einen Unterhaltsanspruch gegen seine Eltern habe. Doch hängt der Erfolg des Regresses früher wie auch jetzt letztlich davon ab, ob der Unterhaltsanspruch wirklich besteht. Dazu wichtig *BGHZ 69, 190 ff.,* einschränkend aber *BGHZ 107, 376 ff.:* Eine Zweitausbildung brauchen die Eltern regelmäßig nicht zu bezahlen (auch wenn diese nach öffentlichem Recht zu fördern sein sollte[1]). Wichtig dazu auch *BGH* NJW 1981, 574 ff. (abl. *E. Schwerdtner*, JZ 1981, 399 f.): Wegen § 1612 II können die Eltern sogar dem volljährig gewordenen Kind den Unterhalt regelmäßig naturaliter (also in ihrem Haushalt) gewähren. Dadurch können sie zugleich die Lebensführung des Kindes beeinflussen. Zu dieser Problematik vgl. *Gernhuber/Coester-Waltjen* § 46 Rdnr. 25 ff.; *Schütz*, NJW 1992, 1086 ff.; *Buchholz*, FamRZ 1995, 705 ff. und zu Einzelheiten *BGH* NJW 1983, 2198 ff. (Anforderungen an die Bestimmung des Unterhalts durch die Eltern); *OLG Hamm*, NJW 1983, 2203 f. (das elterliche Bestimmungsrecht soll nicht dadurch unterlaufen werden können, daß ein Dritter dem Kind Geld leistet und von den Eltern Ersatz verlangt).

---

1 Dazu vgl. *Diederichsen,* NJW 1977, 1776 ff.; *Wahrendorf,* JZ 1977, 798 f. *BGHZ 104, 224 ff.* behandelt die zusätzliche Frage, wer das Bestimmungsrecht nach Trennung oder Scheidung der Eltern ausüben kann.

d)   Besondere Rückgriffsansprüche

Statt oder neben der Forderungsabtretung kann das Gesetz für den Rück-   **908**
griff auch einen eigenen, neuen Anspruch schaffen. Das hat für den Rückgriffsberechtigten den Vorteil, daß dieser Anspruch oft erst mit der Leistung entsteht und daher auch erst mit ihr zu verjähren beginnt. Andererseits gelten für diesen Anspruch die §§ 412, 401 nicht; etwa bestehende
Sicherungsrechte gehen also verloren. Ein Beispiel für solche besonderen
Rückgriffsansprüche ohne Legalzession findet sich jetzt für die Lieferan-
tenkette beim Verbrauchsgüterkauf in § 478 II, V (dort als Aufwendungsersatz bezeichnet) mit einer Sonderregel für die Verjährung in § 479.

e)   Kombinationsregresse

Deshalb kann das Gesetz auch, wo es dem Rückgriffsberechtigten die Vor-   **909**
teile beider Wege eröffnen will, die Möglichkeiten a und d kombinieren.
Das tut besonders deutlich § 426: Sein Abs. 1 entspricht dem Weg d, sein
Abs. 2 dem Weg a. Weitere Fälle eines eigenen Rückgriffsanspruchs sind die
§§ 670, 683 (die allerdings nicht nur dem Rückgriff dienen, sondern allgemein dem Aufwendungsersatz). So kommt etwa auch der beauftragte Bürge
zu einem doppelten Regreß: Zessionsregreß nach § 774 I, Mandats-
(Auftrags-)regreß nach § 670 (vgl. unten Rdnr. 913).

Der Unterschied zwischen den Wegen a und d zeigt sich auch im Prozeß. *Bsp.:* G
ist von A und B durch eine unerlaubte Handlung geschädigt worden. G verklagt
zunächst den A und wird rechtskräftig abgewiesen. Dann verklagt er B und erhält
vollen Ersatz zugesprochen. Wenn B nun gegen A Rückgriff nehmen will, ist ihm
der Weg über §§ 840, 426 II wegen § 325 I ZPO verschlossen. Ein Rückgriff nach
§§ 840, 426 I wäre dagegen nicht gehindert: Insoweit ist B nicht Rechtsnachfolger
des G.

f)   Allgemeine Rückgriffskondiktion

Wo das Gesetz keine besondere Grundlage für einen Rückgriff geschaffen   **910**
hat, kommt endlich ein Bereicherungsanspruch in Form der Rückgriffskondiktion in Betracht. Diese ist also in ähnlicher Weise subsidiär wie die Verwendungskondiktion (oben Rdnr. 886 ff.); sie kann daher erst am Ende
besprochen werden (unten Rdnr. 948 ff.).

2.   Rückgriffsgründe

Als Grund für einen Rückgriff genügt nicht schon, daß eine Leistung einen   **911**
Dritten begünstigt hat.

Bsp.: Ersetzt der Brandstifter den Schaden, so wird damit auch die Feuerversicherung gegenüber dem Geschädigten frei. Trotzdem steht dem Brandstifter kein Rückgriff zu; er kann nicht etwa vom Geschädigten nach § 255 die Abtretung des Anspruchs gegen die Versicherung verlangen. Selbst eine Rückgriffskondiktion scheidet hier sicher aus.

a)   Besondere Rückgriffsgründe

Die besonderen Rückgriffsgründe lassen sich etwas vereinfacht wie folgt gliedern:

aa) Die Gewährung eines Rückgriffs kann dem Umstand Rechnung tragen, daß **der Leistende** neben dem Begünstigten gleich- oder besserstufig **selbst schuldet.** Hier hat der Leistende nämlich im Verhältnis zum Gläubiger nur das getan, wozu er verpflichtet war, während im Verhältnis zum Mitschuldner eine solche Verpflichtung fehlen kann. Fälle dieser Art sind der Rückgriff unter Gesamtschuldnern nach § 426 (auch unter Mitbürgen, §§ 769, 774 II) oder der Rückgriff des Bürgen gegen den Hauptschuldner, § 774 I. Auch die §§ 67 VVG, 116 SGB X gehören hierher. Das Problem liegt hier in der Frage nach der abgestuften Stellung der mehreren Schuldner (vgl. unten Rdnr. 916–918).

912   bb) Häufig genügt es für den Rückgriff auch, daß der Leistende zwar nicht selbst Schuldner war, ihm aber doch ein **Rechtsverlust drohte,** den die Leistung verhindern sollte. Beispiele hierfür sind die §§ 268 III, 1143 I, 1150, 1225, 1249.

Eine Ausnahme besteht jedoch bei der **Gesamthypothek** im Verhältnis der Eigentümer der belasteten Grundstücke untereinander. Hat einer der Eigentümer bezahlt, so erwirbt er nämlich nicht schon aus der Gesamthypothek einen Rückgriff gegen die Eigentümer der anderen Grundstücke. Denn die §§ 1173 I, 1181 II bestimmen im Gegensatz zu §§ 1143 I, 1225 nicht den Forderungsübergang auf den Leistenden. Auch § 426 ist hier nicht entsprechend anwendbar: Die Gesamthypothek ist »regreßlos«. Nur soweit der Leistende aus einem Rechtsgrund außerhalb der Gesamthypothek Rückgriff nehmen kann, geht die Hypothek an den Grundstücken der Regreßschuldner auf ihn über, §§ 1173 II, 1182. Vgl. dazu *Baur/Stürner* § 43 Rdnr. 22 ff.; *Westermann/Eickmann* § 108 V 4.

913   cc) Einen weiteren Rückgriffsgrund bildet die **Veranlassung** der Leistung **durch den Rückgriffsschuldner** selbst. Hierauf beruhen der Rückgriff des Beauftragten gegen den Auftraggeber, § 670, und der Anspruch des Arbeitnehmers gegen den Arbeitgeber bei Schädigung Dritter aus einer zum Ersatz verpflichtenden Schlechtleistung (hier hat der Arbeitgeber die Leistung und damit mittelbar auch veranlaßt, daß der Arbeitnehmer dem Dritten ersatzpflichtig geworden ist). Dabei ist das früher geltende Erfordernis, daß

es sich um eine *schadensgeneigte* Arbeit handeln müsse, inzwischen aufgegeben worden (vgl. *BGH* NJW 1994, 856).

Der Rückgriff nach § 670 steht auch dem Bürgen oder dem Verpfänder zu, wenn Verbürgung oder Verpfändung im Auftrag des Schuldners erfolgt sind. Hier verbindet sich also dann ähnlich wie bei § 426 der Rückgriff mittels einer cessio legis (oben Rdnr. 906: §§ 774 I, 1143 I, 1225) mit einem eigenen Rückgriffsanspruch. Zum Vorteil dieser Kombination vgl. oben Rdnr. 909.

Am ehesten in diese Gruppe paßt auch der Rückgriff beim **Verbrauchsgüterkauf** nach den §§ 478, 479: Der Unternehmer, der an den Verbraucher verkauft hat, soll einen Rückgriff gegen seinen Vormann (Zwischenhändler oder Hersteller) haben, wenn der Mangel schon bei diesem vorhanden war. Hierfür gewährt § 478 II einen Rückgriffsanspruch. Wichtiger ist aber § 479 II, III: Die Verjährung der Ansprüche in der Rückgriffskette (die häufig bis zum Hersteller reichen wird) soll erst zwei Monate ablaufen, nachdem die Ansprüche des Verbrauchers (bzw. des Vormanns) erfüllt sind (Ablaufhemmung). Hier wird also die kurze Verjährung von § 438 I Nr. 3 weithin suspendiert. Allerdings soll die Verjährung allemal nach fünf Jahren eintreten, § 479 II 2.

dd) Eine vierte Gruppe von Fällen wird dadurch charakterisiert, daß das **914** **Eintreten des Leistenden erwünscht** ist und dieser daher durch den Rückgriff schadlos gehalten werden soll. So liegt es bei dem berechtigten Geschäftsführer ohne Auftrag, § 683, und bei der Erfüllung von Unterhaltspflichten, wenn primär ein anderer den Unterhalt schuldet, §§ 1607 II 2, III, 1608 S. 3, 1615l III 1, 1584 S. 3.

b) Allgemeine Rückgriffskondiktion

Soweit schließlich ein solcher besonderer Rückgriffsgrund fehlt, kommt als **915** schwächste Regreßform nur die Rückgriffskondiktion aus § 812 I 1 Fall 2 in Betracht (oben Rdnr. 910). Der Unterschied zu den vorher genannten »qualifizierten« Fällen zeigt sich sehr deutlich bei einem Vergleich der von § 267 mit § 268: § 268 erleichtert dem Ablösungsberechtigten nicht nur die Befriedigung des Gläubigers (§ 267 II gilt nicht; auch Hinterlegung und Aufrechnung sind möglich, § 268 II). Vielmehr ordnet § 268 III auch eine cessio legis und damit einen besonderen Weg für den Rückgriff an, während § 267 vom Rückgriff schweigt: Hier kommt eben, wenn nicht einer der genannten besonderen Rückgriffsgründe vorliegt (etwa berechtigte Geschäftsführung ohne Auftrag), nur die schwache Rückgriffskondiktion in Betracht.

II. Einzelfragen zu § 426 BGB[2]

916 Die allgemeinste und daher wichtigste Regreßnorm ist § 426. Hierzu gibt es jedoch eine Reihe von Zweifeln.

1. Zweifel um den Anwendungsbereich von § 426 BGB

Fraglich ist schon, ob § 426 überall da gilt, wo von mehreren Schuldnern »jeder die ganze Leistung zu bewirken verpflichtet, der Gläubiger aber die ganze Leistung nur einmal zu fordern berechtigt ist« (§ 421).

a) Die Rspr. hat das bisher durchweg verneint. Denn sie hat zwischen **echter und unechter Gesamtschuld** unterschieden: Nur für die echte soll § 426 gelten, für die unechte dagegen nicht. Als Kriterium für das Vorliegen echter Gesamtschuld ist bis vor kurzem angegeben worden ein **innerer Zusammenhang** der mehreren Verpflichtungen im Sinne einer rechtlichen Zweckgemeinschaft. *BGHZ 59, 97/100* und *BGH* JZ 1984, 230/231 lassen aber offen, ob an diesem Erfordernis festzuhalten ist.

917 **b)** Demgegenüber hat die h.M. in der *Literatur* das Kriterium des »inneren Zusammenhangs« schon seit einiger Zeit als nichtssagend abgelehnt. Statt dessen wird jetzt darauf abgestellt, ob die Verpflichtungen der mehreren Schuldner wenigstens typischerweise »**gleichstufig**« oder »**gleichrangig**« sind (*Larenz I* § 37 I mit weit. Angaben): Nur dann soll § 426 anwendbar sein. Der Gegenfall fehlender Gleichstufigkeit ist zunächst »scheinbare Gesamtschuld« genannt worden; bisweilen wird für ihn die Bezeichnung »Gesamtschuld« sogar völlig vermieden (etwa auch in *BGHZ 106, 313/318 ff.*).

Dieser Ansicht obliegt es freilich anzugeben, unter welchen Voraussetzungen Gleichstufigkeit gegeben sein soll. Diese wird bejaht zunächst für die Fälle, in denen das Gesetz Gesamtschuld anordnet (etwa §§ 427, 431, 769, 840). Doch geht man darüber noch hinaus. So sollen Gesamtschuldner etwa auch Personen sein, von denen die eine aus Delikt und die andere aus Vertrag für denselben Schaden haftet (wichtiger vom Wortlaut des § 840 nicht erfaßter Fall). Und nach *BGHZ 85, 375/386 f.* soll es für eine analoge

---

2 Vgl. *Ehmann,* Die Gesamtschuld (1972); *Thiele,* Gesamtschuld und Gesamtschuldnerausgleich, JuS 1968, 149 ff.; *Reinicke/Tiedtke,* Kreditsicherung (4. Aufl. 2000) 1 ff.; *Selb,* Mehrheit von Gläubigern und Schuldnern (1984); *Winter,* Teilschuld, Gesamtschuld und unechte Gesamtschuld (1985); *Goette,* Gesamtschuldbegriff und Regreßproblem (1974); *Preißer,* Grundfälle zur Gesamtschuld im Privatrecht, JuS 1987, 208 ff.; 289 ff.; 628 ff.; 710 ff.; 797 ff.; 961 ff.; *Riering,* Gemeinschaftliche Schulden (1991); *K. Schreiber,* Die Gesamtschuld, Jura 1989, 353 ff.

Anwendung von § 840 genügen, daß der eine Schuldner aus Delikt auf Schadensersatz und der andere aus § 906 II 2 auf Ausgleich haftet.

Eine allgemeine Formel für die gesetzlich nicht angeordneten Fälle der Gesamtschuld versucht *Larenz* aaO.: Bei rechtsgeschäftlich begründeten Pflichten entscheide der erkennbare Sinn und Zweck, bei gesetzlichen Pflichten könne eine Analogie (zu den gesetzlichen Gesamtschuldanordnungen) weiterhelfen. Gegen die Annahme von Gesamtschuld spreche es, wenn das Gesetz einen der mehreren Schuldner im Innenverhältnis allein mit der Leistungspflicht belaste.

Für den praktisch häufigsten Fall der auf Schadensersatz gerichteten Schuld mehrerer hat *G. Dilcher* formuliert (JZ 1967, 110/113 ff.; 1973, 199 ff.): Gesamtschuld liege nur vor, wenn jeder Schuldner **an der Schadensverursachung beteiligt** gewesen sei. Wer dagegen ohne Verursachungsbeitrag hafte (z.B. der Schadensversicherer oder der Unterhaltsschuldner, vgl. § 843 IV), sei mit dem Verursacher nicht Gesamtschuldner.

2. Lösungsvorschlag

Die Frage nach dem Umfang der Gesamtschuld ist nur sinnvoll als Frage nach dem **Anwendungsbereich der Normen über die Gesamtschuld.** Die praktisch wichtigste dieser Normen ist § 426. Folglich sollte man von »Gesamtschuld« nur da sprechen, wo § 426 paßt. Daran fehlt es aber in allen Fällen einer speziellen, den § 426 verdrängenden Regreßregelung: Insbesondere bei spezialgesetzlichen Zessionsanordnungen paßt § 426 II sicher nicht, und auch § 426 I wird dort allgemein nicht angewendet. Danach muß man für eine Entscheidung zwischen den beiden Ansichten von oben Rdnr. 916 und 917 auf die Funktion der Schuldnerhäufung abstellen: **918/9**

a) In den Fällen der **gesetzlichen Gesamtschuldanordnungen** besteht für den Gläubiger regelmäßig kein Unterschied hinsichtlich der Belangbarkeit seiner Schuldner: Jeder von mehreren Vertragspartnern (§ 427), Bürgen (§ 769) oder Deliktstätern (§ 840) kann unerreichbar, zahlungsunwillig oder insolvent sein. Dann bedeutet die Gesamtschuldanordnung die **optimale Sicherheit für den Gläubiger:** Er wird schon dann voll befriedigt, wenn nur ein einziger Schuldner leistungsfähig ist. Zudem entgeht er bei teilbarer Leistung der sonst durch § 420 begründeten Notwendigkeit, seine Forderung nach Maßgabe des ihm oft unbekannten Innenverhältnisses aufzuteilen. **920**

b) Ganz anders verhält es sich etwa in den Fällen von §§ 67 **VVG,** 116 **SGB X** (früher § 1542 RVO): Hier ist der Versicherungsträger ein typischerweise erreichbarer und solventer Schuldner. Auch ist der Anspruch gegen ihn von subjektiven Voraussetzungen (Verschulden) unabhängig und **921**

somit regelmäßig leicht beweisbar. Für den Gläubiger bedeutet also schon dieser Anspruch gegen den Versicherungsträger hinreichende Sicherheit. Daher ist der konkurrierende Anspruch gegen den Drittschädiger nicht mehr für den Gläubiger interessant, sondern nur noch für den in Vorlage gegangenen Versicherungsträger, und zwar als **Regreßmittel.** Deshalb betrachten die spezialgesetzlichen Zessionsanordnungen in den §§ 67 VVG, 116 SGB X allein diesen Gesichtspunkt. In den §§ 478, 479 ist auf eine Schuldnerhäufung sogar verzichtet worden, so daß eine Gesamtschuld von vornherein ausscheidet. Vielmehr muß sich in der Vertriebskette jeder an seinen unmittelbaren Vormann wenden.

922 **c)** Daraus folgt nun die Deutung der Abgrenzungskriterien »innerer Zusammenhang« (oben Rdnr. 916) und »Gleichstufigkeit« (oben Rdnr. 917): Bei der (echten) Gesamtschuld dienen die mehreren Forderungen demselben Zweck, nämlich der Sicherung und Befriedigung des Gläubigers. Insofern hängen sie zusammen oder stehen auf gleicher Stufe. Dagegen sind in den übrigen Fällen die **Zwecke verschieden:** Der eine Schuldner sichert und befriedigt allein schon den Gläubiger, während der andere Schuldner typischerweise nicht an den Gläubiger leistet, sondern nur dem Regreß dient.

Freilich paßt diese Typik nicht überall. So kann man etwa bei § 774 I nicht sagen, die Forderung gegen den Hauptschuldner sei nur als Regreßmittel für den Bürgen und nicht auch als Befriedigungsmittel für den Gläubiger interessant. Daß das Verhältnis Bürge – Hauptschuldner nicht unter die §§ 421 ff. fällt, hat vielmehr einen anderen Grund: Die Forderung des Gläubigers gegen den Bürgen ist nach §§ 767 ff. der Hauptschuld akzessorisch. Sie ist also anders als nach §§ 422 ff. geregelt.

3. Der Rückgriff nach Entgeltfortzahlung

923 Eines der praktisch wichtigsten »Versorgungsverhältnisse« im Sinne von oben Rdnr. 921 ist das **Arbeitsverhältnis** geworden. Rückgriffsfragen tauchen hier auf, wenn der Arbeitgeber das Entgelt zahlen mußte, obwohl die Arbeit nicht geleistet worden ist aus einem Grund, den ein Dritter zu verantworten hat.

Ausgangsfall also: Der dem G zur Arbeit verpflichtete A wird durch einen von S zu verantwortenden Unfall zeitweise arbeitsunfähig.

a) Hier fragt sich zunächst, ob A von G die **Fortzahlung** von Lohn, Gehalt oder Besoldung **verlangen kann.** Das ist für viele Fälle durch (meist einseitig, nämlich zugunsten des A, zwingende) Normen bestimmt, etwa §§ 616 BGB, 3 EFZG und die Beamtengesetze. Soweit eine solche (auch tarifvertragliche) Vorschrift fehlt, kann eine Fortzahlungspflicht einzelvertraglich vereinbart werden (vgl. etwa *BGH* NJW 1971, 1136).

b) Soweit A die Fortzahlung verlangen kann, wird bei ihm ein von S zu   **924**
ersetzender **Erwerbsschaden** fraglich. Man kann das sehen als Frage der
Vorteilsausgleichung: Ein Erwerbsschaden ist zu bejahen bei Nichtanrechnung der Fortzahlung. Und eine solche Nichtanrechnung läßt sich rechtfertigen, weil die Fortzahlung von A erkauft worden ist (oben Rdnr. 857: auch
die Fortzahlung ist ja ein Teil der von G geschuldeten Gegenleistung), oder
weil eine Anrechnung dem sozialen Zweck der Fortzahlung widerspräche
(oben Rdnr. 858). Auf das gleiche läuft es hinaus, wenn man den Schaden
des A im Verhältnis zu S als »normativ« bezeichnet: Gemeint wird damit
ein Posten, der rechtlich (meist wegen eines Rückgriffs) wie ein Schaden
behandelt wird, ohne wirtschaftlich ein Schaden zu sein (vgl. *Medicus*, JuS
1979, 233 ff.). Konstruktiv anders zwar *Larenz* I § 30 II d: A liquidiere in
Wahrheit den Schaden des G. Doch vgl. dagegen *Lieb*, JZ 1971, 358/361:
Der Ausfall des A wird bei G häufig durch unbezahlte Mehrarbeit anderer
ausgeglichen, ohne daß dem G ein meßbarer Schaden entstünde; der normative Schaden des A ist gerade unabhängig von den Verhältnissen bei G.

Ausdrückliche Anordnungen des Gesetzgebers über einen Erwerbsschaden des A trotz Fortzahlung fehlen. Die Überleitung des Ersatzanspruchs
A–S auf G (s. sogleich) setzt aber den Erwerbsschaden voraus.

c) Endlich fragt sich dann, wie der nach oben Rdnr. 924 begründete   **925**
Ersatzanspruch A–S zu G gelangt. Einer **Überleitung** an G bedarf es
nämlich. Denn wenn überhaupt jemand, dann hat G einen Schaden. Diese
Überleitung erfolgt durch Legalzession: bei Arbeitnehmern einschließlich
der zur Berufsbildung Beschäftigten (§ 6 EFZG) und bei Beamten (§§ 87a
BBeamtenG, 52 Beamtenrechtsrahmen G).

4.   Gleichheit des Schuldinhalts?

Regelmäßig schulden bei der Gesamtschuld mehrere Personen eine nach   **926**
Art und Umfang gleiche Leistung. Die neuere Rspr. läßt aber von diesem
Erfordernis einige Abweichungen zu. Diese Erweiterung des Gesamt-
schuldbegriffs soll über § 426 einen Rückgriff auch in Fällen ermöglichen,
in denen er durch Vertrag oder Gesetz nicht angeordnet ist.

BGHZ (GS) 43, 227 ff.: Der Bauunternehmer U hat mangelhaft gebaut, der Architekt A hat seine Aufsichtspflicht verletzt. Der Bauherr H erhält seinen ihm hierdurch entstandenen Schaden von A ersetzt. A will gegen U Rückgriff nehmen. Vgl.
Wussow, NJW 1974, 9 ff.

Als Anspruchsgrundlage kommt § 426 in Betracht, wenn A und U Gesamtschuldner waren. Aber § 427 paßt schon deshalb nicht, weil beide sich
nicht gemeinschaftlich verpflichtet hatten. Zudem schuldete zunächst nur A

dem H Schadensersatz, während H von U vorerst (§ 635) bloß Mängelbe-seitigung verlangen konnte. Dennoch hat der *BGH* hier Gesamtschuld angenommen, so daß dem A der Rückgriff gegen U nach §§ 426, 254 (vgl. unten Rdnr. 928) geöffnet war. *BGHZ 51, 275/277* anerkennt eine Gesamt-schuld sogar dann, wenn H von U Wandlung verlangt (§ 634 I 3 a.F., jetzt als Rücktritt nach §§ 634 Nr. 3, 323). Hierin unterscheiden sich die Ver-pflichtungen von A und U in ihrem Inhalt sogar noch stärker voneinander. Für die Gesamtschuld soll aber genügen, daß die Haftung von A und U auf demselben Mangel beruht und die Leistung des einen dem anderen wenig-stens teilweise zugute kommen kann. Nach *OLG München,* Betr. 1988, 1443 soll diese gesamtschuldnerische Haftung durch AGB nicht wirksam ausgeschlossen werden können. *BGH* NJW 1994, 2231 f. bejaht eine ge-samtschuldnerische Haftung auch für Bauunternehmer und Vermieter, wenn Sachen des Mieters durch einen Baumangel beschädigt werden: Folg-lich kann der Vermieter gegen den Bauunternehmer nach § 426 Rückgriff nehmen. Weit auch *BGHZ 155, 265 ff.*: Gesamtschuldnerisch haften Bau-unternehmer mit verschiedenen Gewerken, wenn die Mängel nur einheit-lich beseitigt werden können.

5.   Ansprüche auf Veräußerungserlös und Schadensersatz

927   Viel erörtert worden[3] ist die Entscheidung

BGHZ 52, 39 ff.: D stiehlt bei E Geräte und verkauft sie an den gutgläubigen K. K veräußert die Geräte in seinem Geschäft an Dritte weiter. E genehmigt diese Veräu-ßerungen (§ 185 II Fall 1) und verlangt von K den Erlös (§ 816 I 1). Wenig später erhält E von D vollen Ersatz seines Schadens. K verlangt jetzt von E aus eigenem und abgetretenem Recht des D den inzwischen gezahlten Veräußerungserlös zurück.

Hier ist vom Ergebnis her klar, daß E nicht den Veräußerungserlös und den vollen Schadensersatz behalten darf. *BGHZ 29, 157 ff.* hatte diese Häu-fung auf folgendem Weg vermeiden wollen: Nach § 255 brauche D Ersatz für den Verlust der Geräte nur gegen Abtretung der Ansprüche aus dem Eigentum zu leisten. Zu ihnen gehöre auch der Anspruch aus § 816 I. Wenn E den Veräußerungserlös bereits eingezogen habe, verwandele sich der Anspruch des D auf Abtretung in einen Anspruch auf Herausgabe des Erlöses. Dieser von D an K abgetretene Anspruch begründe die Klage K–E.
Dieser Konstruktion hat *von Caemmerer,* JR 1959, 462 ff. mit Recht ent-gegengehalten: Eine Abtretung des Anspruchs aus § 816 an D sei sinnlos, weil D von seinem redlichen Abnehmer K den Veräußerungserlös wegen

---

3 Dazu etwa *Kühne,* JZ 1969, 565 ff.; *Reeb,* JuS 1970, 214 ff.; *G. Dilcher,* JZ 1973, 199/201.

des Kaufvertrages D–K doch nicht verlangen könne. Auch ist nicht einzusehen, warum K hier für seinen Anspruch den Umweg über D soll machen
müssen.

Daher ist *BGHZ 52, 39* einen anderen Weg gegangen: D und K seien Gesamtschuldner des E gewesen, weil sie – wenn auch aus verschiedenen
Gründen (§ 823 und § 816 I) – für den Verlust derselben Sache hafteten.
Nach § 422 habe also die Zahlung D–E auch die Forderung E–K getilgt.
Daher habe K nach der Leistung des D auf eine Nichtschuld gezahlt. Folglich könne K das Gezahlte mit der Leistungskondiktion von E zurückverlangen.

Diese Lösung ist angegriffen worden von *G. Dilcher,* JZ 1973, 199 ff.: Bei
Schadensersatzansprüchen komme als Gesamtschuldner nur in Betracht,
wer den Schaden mit *verursacht* habe, und daran fehle es bei K. Dem ist
zwar zuzugeben, daß regelmäßig Gesamtschuldner eines Schadens nur die
Mitverursacher sind (vgl. oben Rdnr. 917). Doch möchte ich eher eine Ausnahme von dieser Regel anerkennen als – wie *G. Dilcher* es will – § 255 in
schwer begrenzbarer Weise ausweiten. Denn diese Vorschrift ist gegenüber
§ 426 nachteilhaft: Sie erfordert eine besondere Abtretung und erlaubt zudem keinen Teilregreß (anders § 426 analog § 254: unten Rdnr. 928). Daher
nimmt der *BGH* sogar Subsidiarität von § 255 gegenüber § 426 an[4]. Im
wesentlichen dürfte *BGHZ 52, 39* zutreffen.

Übrigens »stimmt« im Ausgangsfall die Konstruktion des *BGH* unter Umständen
auch, wenn K vor D an E zahlt: Da K von D wegen §§ 440, 325 a.F. (jetzt §§ 437 ff.)
vollen Ausgleich verlangen konnte, erwarb K mit seiner Zahlung an E nach § 426 II
den Anspruch E–D. Wenn D in Unkenntnis hiervon nochmals an E leistet, kann D
nach §§ 412, 407 befreit werden (vgl. oben Rdnr. 752). K kann sich dann aus § 816 II
an E halten und spart auch hier den Umweg über den (vielleicht insolventen) D.

Eine noch andere Lösungskonstruktion schlägt für den Ausgangsfall vor
Eike Schmidt, AcP 175 (1975) 165/172: Mit der Entgegennahme des Schadensersatzes von D genehmige E die Veräußerung D–K. Damit falle K
nachträglich als Kondiktionsschuldner des E weg (K hat jetzt rückwirkend
als Berechtigter verfügt) und könne das auf seine Verpflichtung aus § 816 I
1 Geleistete seinerseits kondizieren. Doch hat diese Konstruktion gegenüber der vom *BGH* gewählten den Nachteil, daß sie einer Genehmigungsfiktion bedarf. Auch versagt sie, wenn D nur einen Teil des Schadens ersetzt.

---

4 So *BGHZ 59, 97/102,* (dazu kritisch *Rüßmann,* JuS 1974, 292 ff.; *Larenz* I § 37 I
   A. 20); *BGH* JZ 1984, 230/232 (mit krit. Anm. *Reinicke/Tiedtke).*

6.   Regreßbehinderung durch Haftungsbeschränkung

928   Besondere Fragen ergeben sich bei der Regreßbehinderung durch vertragliche oder gesetzliche Haftungsbeschränkung. Zur Einführung diene der Fall von

> *BGHZ 12, 213 ff.:* S nimmt den G in einem Kraftfahrzeug mit; die Haftung des S wird ausgeschlossen. Durch das Verschulden des S und eines Dritten D ereignet sich ein Unfall, bei dem G verletzt wird.

Hier wären **ohne den Haftungsausschluß** S und D Gesamtschuldner des G nach §§ 823, 840. Daher könnte D, wenn er an G vollen Schadensersatz geleistet hat, nach § 426 gegen S Rückgriff nehmen. Für den Umfang dieses Rückgriffs wird heute allgemein § 254 (oder hier §§ 9, 17 StVG) entsprechend angewendet; diese Vorschrift wird demnach als »andere Bestimmung« im Sinne von § 426 I angesehen. Inwieweit D gegen S Rückgriff nehmen könnte, hinge also im wesentlichen von dem Ausmaß ihrer schuldhaften Mitwirkung an dem Unfall ab.

Nun ist aber **wegen des Haftungsausschlusses** S nicht Schuldner des G geworden; zwischen S und D kann also auch keine Gesamtschuld entstanden sein. Folglich müßte ein Rückgriff D–S nach § 426 mangels einer Gesamtschuld scheitern: Der vertragliche Haftungsverzicht G–S würde zu Lasten des an ihm unbeteiligten D wirken. Entsprechend läge es, wenn S dem G wegen eines zwischen ihnen bestehenden Rechtsverhältnisses schon kraft Gesetzes (z.B. nach §§ 708, 1359, 1664 I) nicht jede Fahrlässigkeit zu vertreten hätte und daher im Einzelfall nicht haftete.

a)   Lösung zu Lasten des privilegiert haftenden Schädigers

929   Diese Wirkung des Haftungsausschlusses zu Lasten eines Dritten durch Ausschaltung des Rückgriffs nach § 426 hat der *BGH* lange Zeit im Ergebnis für unerträglich gehalten. Er hat daher dem Drittschädiger D den Rückgriff gegen S genauso zugesprochen, als ob der Haftungsausschluß nicht bestünde (Rückgriff aufgrund eines fingierten Gesamtschuldverhältnisses). Damit ist der Dreipersonenkonflikt G–D–S zu Lasten des S gelöst worden: S büßt über den Rückgriff des D die Vorteile aus dem Haftungsverzicht des G wieder ein. So haben entschieden *BGHZ 12, 213 ff.* für den vertraglichen Haftungsverzicht und *BGHZ 35, 317 ff.* für die gesetzliche Haftungsbeschränkung nach § 1359.

930   Einen noch radikaleren Weg geht *BGHZ 46, 313 ff.* Dort hatten Bekannte einen Wagen für eine gemeinsame Heimfahrt gemietet; die Kosten sollten gleichmäßig verteilt werden. Derjenige, der als einziger eine Fahrerlaubnis hatte, steuerte den Wagen. Infolge seiner geringen Fahrpraxis kam er von der Straße ab; die Mitfahrer wurden verletzt. Deren Ersatzansprüchen hielt der Fahrer § 708 entgegen. Der *BGH* hat hier zwar das Vorliegen einer BGB-Gesellschaft angenommen. Er hat jedoch im Gegensatz zu *BGH* VersR 1960, 802 f. die Anwendung des § 708 unter anderem deshalb abgelehnt, weil der **Straßenverkehr keinen Raum für individuelle Sorglosigkeit** lasse. Konsequenterweise hat der *BGH* später auch die Haftungserleichterung nach § 1359 für den Straßenverkehr abgelehnt *(BGHZ 53, 352 ff.; 61, 101 ff.; 63, 51/57 ff.;* *BGH* NJW 1992, 1227/1228)[5], und gleiches müßte für die §§ 690, 1664 I gelten, zudem jetzt auch für § 4 LPartG. Vgl. *Deutsch,* JuS 1967, 496 ff.

Aber das Argument des *BGH* überzeugt nicht: Mit der durch das Verkehrsstrafrecht sanktionierten Pflicht zur Anwendung aller Sorgfalt ist eine zivilrechtliche Beschränkung der Haftung im Verhältnis zu bestimmten Personen sehr wohl vereinbar (so wohl auch *BGH* JZ 1972, 88 f. für den Luftverkehr, dazu *Brandenburg,* JuS 1974, 16 ff.). Andernfalls müßte man jeden Haftungsverzicht, auch den vereinbarten, im Straßenverkehr für unwirksam halten. So läßt sich also das Problem der Regreßbehinderung nicht lösen. Dem *BGH* folgt allerdings heute die h.M.[6]. Eine andere Begründung gibt *Larenz,* FS H. Westermann (1974) 299 ff.: Fehlverhalten im Straßenverkehr betreffe typischerweise auch andere. Daher gebe es dort keine »eigenen Angelegenheiten« im Sinne des § 708 (m.E. nicht überzeugend).

Doch auch der von *BGHZ 12, 213; 35, 317* bejahte Rückgriff über ein fingiertes Gesamtschuldverhältnis ist problematisch. Er führt nämlich zu der Konsequenz, daß der nur beschränkt haftende S nichts zu leisten braucht, wenn er für den Unfall allein verantwortlich ist: Gegen einen direkten Anspruch des Geschädigten G schützt ihn der Haftungsverzicht, und auch der Rückgriff eines Drittschädigers D kommt dann nicht in Betracht: D ist ja nicht ersatzpflichtig und braucht daher an G keinen Schadensersatz zu leisten. S steht also nach der Ansicht des *BGH* besser, wenn er allein verantwortlich ist, als wenn er bloß teilverantwortlich wäre. Das halte ich für unerträglich.   **931**

b)   Andere Lösungsmöglichkeiten

Daher bleiben nur die beiden anderen denkbaren Wege: Entweder man läßt den Drittschädiger D auf dem ganzen Schaden sitzen, wenn der andere Unfallbeteiligte S infolge eines Haftungsausschlusses nicht haftet und daher kein Gesamtschuldverhältnis entsteht. Dafür spricht immerhin, daß D auch   **932**

---

5   Immerhin sollen Schadensersatzansprüche zwischen Ehegatten wegen § 1353 I 2 unter Umständen nicht unbeschränkt geltend gemacht werden können, vgl. etwa *BGH* NJW 1988, 1208 ff.
6   Vgl. etwa E. *Böhmer,* NJW 1969, 595 f., gegen ihn jedoch *Döpp,* ebenda 1472.

dann den ganzen Schaden allein tragen müßte, wenn außer ihm ein Delikts-
unfähiger oder ein Naturereignis an der Schadensentstehung mitgewirkt
hätte.

Der *BGH* hat diese Lösung zu Lasten des Drittschädigers später in
BGHZ 103, 338/346 ff. unter Aufgabe des in *BGHZ 35, 317 ff.* vertretenen
Standpunkts in folgendem Fall angewendet: Ein Kind war durch das Verschulden seiner Eltern und der beklagten Stadt auf einem Spielplatz verletzt
worden. Einer Haftung der Eltern gegenüber ihrem Kind stand § 1664 I
entgegen. Der *BGH* hat hier der Stadt weder einen Rückgriff gegen die
Eltern zugebilligt noch die Haftung gemindert; die Stadt mußte also endgültig den ganzen Schaden tragen[7]. Zur Begründung der Lösung des *BGH*
müßte man § 1664 I (gleichzubehandeln wären § 1359 und § 4 LPartG)
auch als Schutznorm für die Familie gegen Ansprüche Dritter verstehen
(vgl. *J. Hager,* NJW 1989, 1640/1649). Dieser Satz wird aber vom *BGH*
nicht ausgesprochen.

Oder aber man kürzt den Anspruch des Geschädigten gegen den Drittschädiger von vornherein um den Betrag, den der Drittschädiger ohne den
Haftungsausschluß durch den Rückgriff nach § 426 hätte ersetzt verlangen
können. Das hat *Hans Stoll,* FamRZ 1962, 64 ff. für den vertraglichen Haftungsverzicht vorgeschlagen: Soweit der Geschädigte durch seinen Haftungsverzicht den Rückgriff des Drittschädigers vereitelt habe, sei sein
Ersatzanspruch verwirkt. Beim gesetzlichen Haftungsausschluß (etwa
§ 1359) versage der Verwirkungsgedanke freilich.

c) Lösungsvorschlag

933 Mir scheint die zuletzt genannte Lösung zu Lasten des Geschädigten wenigstens regelmäßig vorzugswürdig, und zwar ohne Beschränkung auf den
vertraglichen Haftungsverzicht. Denn diese Lösung ist die gerechteste: Sie
belastet denjenigen, dessen Interessen durch den vertraglichen oder gesetzlichen Haftungsausschluß ohnehin abgewertet sind[8].

934 Auch der BGH selbst hat diese Lösung in Teilbereichen übernommen.

BGHZ 51, 37 ff. (mit Anm. *Sieg* in JZ 1969, 263 f., vgl. auch JuS 1969, 293): Der
Friseurmeister S stieß auf der Fahrt zu einer seiner Filialen aus eigenem Verschulden
mit einer Straßenbahn der Stadtgemeinde D zusammen. Dabei wurde sein Lehrmäd-
chen G schwer verletzt. Da es sich um einen Arbeitsunfall handelte, erbrachte die

---

7 Kritisch dazu etwa *Herm. Lange,* JZ 1989, 48 ff.; *Muscheler,* JR 1994, 441 ff.
8 So etwa *Jürgen Prölss,* JuS 1966, 400 ff.; *Medicus,* JZ 1967, 398 ff.; *Esser/Eike
   Schmidt* § 39 II 2b; *Thiele,* JuS 1968, 149/157; mit Einschränkungen auch *Luckey,*
   VersR 2002, 1213 ff. Vgl. weiter *Wendlandt,* Jura 2004, 325 ff.; *Stamm,* NJW 2004,
   811 ff.

Berufsgenossenschaft B an G erhebliche Leistungen. Diese verlangt sie von D ersetzt.

An sich wäre hier D der G aus § 1 HaftpflG ersatzpflichtig, und diesen nach § 116 SGB X übergegangenen Anspruch macht B nun geltend. Hätte es sich nicht um einen Arbeitsunfall gehandelt, so wäre neben D auch S (aus § 823 I und ggf. aus dem Ausbildungsvertrag) ersatzpflichtig gewesen. D hätte also wegen der von ihr zu zahlenden Beträge gegen S Rückgriff nehmen können (und zwar wegen der überwiegenden Mitverursachung durch S in vollem Umfang). Da aber ein Arbeitsunfall vorlag (der Unfall gehört hier nicht zur »Teilnahme am allgemeinen Verkehr«, weil S zu einer seiner Filialen fuhr), haftete S der G nach § 104 SGB VII nicht.

Der oben Rdnr. 929 geschilderten Rspr. hätte es entsprochen, D zwar gegenüber G voll haften zu lassen, ihr dann aber aus einem fingierten Gesamtschuldverhältnis den Rückgriff auf S zu geben. Daher hätte die Klage B–D Erfolg haben müssen. Trotzdem hat der *BGH* sie abgewiesen: Nach dem Sinn von § 104 SGB VII dürfe B gegen D keinen Rückgriff nehmen, weil S ohne die Haftungsfreistellung durch § 104 SGB VII im Verhältnis zu D den Schaden allein hätte tragen müssen.

Dieser Entscheidung ist zuzustimmen. Doch paßt sie zu § 116 SGB X (nach dem B dieselben Rechte hatte wie G) nur dann, wenn man auch der G keinen Anspruch gegen D gibt, also den Konflikt G–S–D zu Lasten von G löst. Dieser von *BGHZ 51, 37* noch offengelassenen Konsequenz hat sich *BGHZ 54, 177 ff.* weiter genähert (dazu *Helle*, NJW 1970, 1917 f., vgl. aber *BGHZ 58, 355/359*). Inzwischen hat der VI. ZS die Kürzung des Anspruchs gegen den außerhalb des Sozialversicherungsverhältnisses stehenden Zweitschädiger auch dann bejaht, wenn nicht der Sozialversicherungsträger klagt, sondern der Geschädigte selbst (etwa auf Schmerzensgeld): *BGHZ 61, 51 ff.*[9]. Damit ist die Lösung zu Lasten des Geschädigten für den Bereich von § 106 III SGB VII konsequent durchgeführt (zusammenfassend *BGHZ 110, 114/117*), und *BGHZ 94, 173 ff.* hat sie auf Beamte erweitert. Ob die Rspr. das auf weitere Haftungsprivilegien übertragen wird, bleibt abzuwarten; für die besondere eherechtliche »Stillhaltepflicht« aus § 1353 (vgl. oben Rdnr. 930 Fn. 5) beim Schmerzensgeld verneinend *BGH NJW 1983, 624 ff.*

Selb (FS W. Lorenz, 1991 S. 245 ff.) bemerkt richtig: Die eben geschilderte »Lösung zu Lasten des Geschädigten« bedeutet eine **Korrektur der Gesamtschuldanordnung in § 840**, weil sie zu einer Teilschuld des Drittschädigers gelangt. Daher muß begründet werden, warum § 840 für be-

---

9 Außerdem *BGH* NJW 1976, 1975 f.; 1987, 2669 ff., dazu *Burkert/Kirchdörfer,* JuS 1988, 341 ff., zuletzt *BGHZ 157, 9/12 ff.*

stimmte Fallgruppen nicht zutrifft (z.B., weil § 106 SGB VII an Tätermehr-heiten nicht denkt, vgl. *Selb*, aaO. S. 248).

d)   Ähnliche Problemlagen

935   Jedenfalls paßt die eben befürwortete Lösung am besten zur Behandlung einiger ähnlicher Fälle.

aa) Das trifft einmal für die Vorschriften zu, nach denen sich der Geschä-digte ein Mitverschulden seines **Bewahrungsgehilfen** anrechnen lassen muß (vgl. oben Rdnr. 872).

Bsp.: G hat dem S einen Koffer zum Transport in einem Kraftwagen übergeben. Bei einem von S und einem Dritten D verschuldeten Unfall wird der Koffer zerstört. Hier muß sich G das Verschulden des S auf den Ersatzanspruch gegen D selbst dann anrechnen lassen, wenn neben D auch S für den Schaden haftet, so daß D gegen S Rückgriff nehmen könnte. Diese Lösung geht also zu Lasten des Geschädigten G.

936   bb) Auf derselben Linie liegt auch eine bekannte Entscheidung zum **Haf-tungsprivileg des Arbeitnehmers** (dazu etwa *Walker*, JuS 2002, 736 ff.; *Hanau/Adomeit*, Arbeitsrecht, 13. Aufl. 2005, Rdnr. 712 f.).

BAGE 5, 1 ff. vgl. *BGHZ 27, 62/65:* Ein Arbeitnehmer S hatte einen Arbeitskolle-gen G durch Fahrlässigkeit verletzt. Wenn hier G von S nach § 823 I Schadensersatz verlangen kann, kommt für S gegen den Arbeitgeber D nach arbeitsrechtlichen Grundsätzen ein Freistellungs- oder Ersatzanspruch in Betracht. Der Schaden könn-te also auf D weitergewälzt werden, obwohl dieser nach den §§ 104 f. SGB VII seinen Arbeitnehmern nur bei Vorsatz oder der Teilnahme am allgemeinen Verkehr haften soll.

Hier hatte der Geschädigte G seinen Ersatzanspruch gegen den Schädiger S sicher nicht verwirkt. Trotzdem hat das *BAG* diesen Anspruch mit Rück-sicht auf die sonst eintretende Belastung des privilegiert haftenden Arbeit-gebers verneint. Diese Haftungsfreistellung des Arbeitskollegen ist jetzt in § 105 SGB VII übernommen worden, und zwar auch für die Fälle, in denen dem gemeinsamen Arbeitgeber kein Rückgriff droht.

Die Grenzen der so erreichbaren Entlastung zeigt aber *BGHZ 108, 305 ff.*[10]. Dort hatte ein Arbeitnehmer einen Kraftwagen beschädigt, den sein Arbeitgeber geleast hatte. Der Arbeitgeber war zahlungsunfähig; der Leasinggeber klagte daher aus § 823 I gegen den Arbeitnehmer. Hier hat der *BGH* konsequent entschieden, die Milderung der Arbeitnehmerhaftung wirke nicht auch gegen den an dem Arbeitsverhältnis nicht beteiligten Lea-

---

10 Dazu *Denck,* JZ 1990, 175 ff.; *Baumann,* BB 1990, 1833 ff.; *Gitter,* NZV 1990, 415 ff., ebenso *BGH* NJW 1994, 852 ff.

singgeber (kritisch etwa *H. Baumann*, BB 1994, 1300 ff.; *Otten*, Betr. 1997, 1618 ff.).

cc) Geändert werden kann das eben genannte harte Ergebnis aber durch **937** eine **Haftungsfreizeichnung zugunsten Dritter** (dazu *Blaurock,* ZHR 146, 1982, 238 ff.).

BGH JZ 1962, 570 f.: D hatte die Bewachung eines Bauplatzes dem Wachdienst W übertragen. Nach dem Vertrag sollte die Haftung des W für Schäden ausgeschlossen sein, die sich aus der Bedienung von Öfen ergaben. A, ein Arbeitnehmer des W, setzte durch unvorsichtigen Umgang mit einem Ofen einen Arbeitswagen in Brand. D verlangt von A Schadensersatz.

Hier hatte W ausdrücklich nur seine eigene Haftung ausgeschlossen. Der *BGH* hat aber mit Recht angenommen, dieser Haftungsausschluß erstrecke sich auf A, da W sonst den arbeitsrechtlichen Rückgriff des von D in Anspruch genommenen A fürchten müsse. Auch hier wird der Dreipersonenkonflikt also wieder zu Lasten des Geschädigten gelöst.
Noch darüber hinaus geht **938**

BGHZ 49, 278 ff.: V hatte an M einen Kleinbus vermietet. F, der Fahrer des M, zerstörte den Bus fahrlässig. V klagt zwei Jahre, nachdem er das Fahrzeugwrack zurückerhalten hatte, aus § 823 I gegen F. Dieser beruft sich auf Verjährung.

Zwar war hier die Verjährung für F nach §§ 195, 199 noch nicht eingetreten. Wohl aber hätte M sich nach § 548 auf Verjährung berufen können, und zwar auch gegenüber einem deliktischen Anspruch (§ 831) des V (so schon *RGZ 66, 363 ff.*). *BGHZ 49, 280 f.* hat dann die Regel aus dem Wachdienstfall von JZ 1962, 570 f. auf die Verjährungsfrage erweitert: Wenn F aus schadensgeneigter Arbeit gegen M Rückgriff nehmen könne, müsse auch F sich auf die rasche Verjährung nach § 548 berufen dürfen: Andernfalls werde der durch § 548 beabsichtigte Schutz des M illusorisch.
Boeck, NJW 1969, 1469 ff. hat gegen diese Entscheidung eingewendet, sie erweitere die Schutzwirkung des Haftungsprivilegs von M unzulässig: Es fehle die auch beim Vertrag mit Schutzwirkung für Dritte nötige enge persönliche Beziehung zwischen M und F (vgl. oben Rdnr. 845). Doch überzeugt mich diese Kritik nicht. Denn die Erstreckung des § 548 auf F ergibt sich hier nicht erst durch eine Auslegung des Mietvertrages V-M zugunsten des F. Vielmehr folgt diese Erstreckung schon daraus, daß M selbst gegen den arbeitsrechtlichen Rückgriff des F geschützt werden soll. Die Begünstigung des F ist also nicht Selbstzweck, sondern nur ein Mittel, um dem M die kurze Verjährung nach § 548 ungeschmälert zu erhalten. Freilich versagt diese Argumentation, wenn der dritte Schädiger keinen Rückgriffsanspruch gegen den durch § 548 geschützten Mieter hat.

III. Sonderfragen beim Rückgriff des Bürgen

1. Bürgschaft und Pfandrecht

939 Viel diskutierte[11] Schwierigkeiten ergeben sich, wenn für eine Forderung verschiedene Sicherheiten bestehen.

> *Bsp.:* Für die Schuld des S bei G hat B sich verbürgt und E an seinem Grundstück eine Hypothek bestellt. Zahlt S, so läuft alles glatt: Die Bürgschaft erlischt, die Hypothek wird Eigentümergrundschuld. Wenn aber B zahlt, müßte er nach § 774 I 1 die Forderung G–S erwerben, und zwar nach §§ 412, 401 gesichert durch die Hypothek am Grundstück des E. Zahlt umgekehrt E, so scheint nach § 1143 II die Forderung G–S auf ihn überzugehen, und zwar gesichert durch die Bürgschaft des B, §§ 412, 401.

Danach sieht es so aus, als sei der zuerst leistende Sicherungsgeber im Vorteil: Er erwirbt mit der Forderung des Gläubigers die andere Sicherung und kann sich aus dieser befriedigen. Mit Recht wird das überwiegend für unerträglich gehalten. Am häufigsten werden die folgenden beiden Lösungen vertreten:

940 a) Der **Bürge** soll **bevorzugt** werden: Wenn er leistet, soll er die Hypothek erwerben; dagegen soll die Bürgschaft erlöschen, wenn der Eigentümer des belasteten Grundstücks leistet. Begründet wird das mit § 776: Diese Vorschrift zeige, daß das Gesetz den Bürgen wegen seiner persönlichen Haftung besser stellen wolle als andere, nur mit einem bestimmten Vermögensstück haftende Sicherungsgeber. Denn es erlösche ja nicht auch umgekehrt die Hypothek, wenn der Gläubiger sein Recht gegen einen Bürgen aufgibt[12].

941 b) Die Regelung des Gesetzes für **Mitbürgen** (§§ 769, 774 II, 426) soll entsprechend gelten. Das bedeutet: Wer zuerst zahlt, erwirbt das andere Sicherungsrecht im Zweifel zur Hälfte; das Risiko des Rückgriffs gegen den Hauptschuldner wird also unter die Sicherungsgeber verteilt[13]. Diese Lö-

---

11 Dazu etwa *Pawlowski,* JZ 1974, 124 ff.; *Finger,* BB 1974, 1416 ff., auch *Tiedtke,* BB 1984, 1 ff. sowie *Bayer/Wandt,* JuS 1987, 271 ff. (zu Sicherungsgrundschuld und Bürgschaft, vgl. *BGH* NJW 1982, 2308 f.); *Mertens/Schröder,* Jura 1992, 305 ff.; allgemeiner *Steinbach/Lang,* WM 1987, 1237 ff.; *Tiedtke,* WM 1990, 1270 ff.; *Sitzmann,* BB 1991, 1809 ff.; *Ehlscheid,* BB 1992, 1290 ff.; *H. Meyer,* JuS 1993, 559 ff.

12 So etwa *Reinicke/Tiedtke,* Kreditsicherung (4. Aufl. 2000) Rdnr. 1111, dagegen *Esser/Weyers* § 40 IV 3.

13 So etwa *Esser/Weyers,* aaO.; *Westermann/Gursky* § 129 IV 3; *Wolff/Raiser* § 140 V 1; § 165 II; *Hüffer,* AcP 171 (1971) 470 ff.; *Finger,* BB 1974, 1416 ff. sowie *Larenz/Canaris* II 2 § 60 IV 3a.

sung ist vorzugswürdig und wird jetzt auch vom *BGH* vertreten: *BGHZ 108, 179 ff.; BGH* ZIP 1991, 647 ff.; NJW 1992, 3228 ff. Denn die §§ 1143 I 2, 1225 S. 2 verweisen auf § 774 und damit auf den Bürgenregreß; also sieht das Gesetz den Verpfänder- und den Bürgenregreß als gleichwertig an. Freilich kann zwischen den Beteiligten Abweichendes vereinbart werden (*BGH* NJW 1982, 2308 f.).

Warum verweist übrigens § 1143 I 2 nur auf § 774 I, während § 1225 den ganzen § 774 nennt? Antwort: Der entsprechende Fall zu § 774 II ist bei § 1143 die Gesamthypothek, § 1132 I 1, bei der sich ein Regreß nach §§ 1143 II, 1173 richtet, vgl. oben Rdnr. 912. Dagegen bestimmt sich der Rückgriff bei einer Mehrheit von Mobiliarpfändern für eine Forderung nach den §§ 1225, 774 II, 426.

2. Bürgschaft und Gesamtschuld

Schwierigkeiten bestehen auch, wenn Gesamtschuldner und Bürgen zusammentreffen. **942**

BGHZ 46, 14 ff. = NJW 1966, 1912 f. (dort mit Tatbestand): V hat an K einen Lastzug verkauft. K nimmt zur Finanzierung des Kaufpreises bei der Teilzahlungsbank T ein Darlehen auf, für dessen Rückzahlung sich auch V als Gesamtschuldner verpflichtet. Zusätzlich verbürgt sich B. Als die Verpflichtung notleidend wird, zahlt B an T. B will gegen V Rückgriff nehmen.

a) Der *BGH* hat hier angenommen, B habe sich nur für K (und nicht auch für V) verbürgt. Daher wirke eine Zahlung des B an T im Verhältnis zu V ebenso wie eine Zahlung durch K. B erlange also nach § 774 I zwar den Anspruch T–K. Dagegen gehe der Anspruch T–V nicht auf B über, weil auch K diesen Anspruch bei eigener Zahlung nicht erworben hätte. Denn im Verhältnis K–V habe K das Darlehen allein aufzubringen, weil es wirtschaftlich den von K an V zu zahlenden Kaufpreis bilde. Der Anspruch T–V soll also durch die Zahlung B–T erloschen sein.

Daraus folgt weiter: Hätte V an T gezahlt, so wäre ein Rückgriff gegen K nach §§ 426 II, 412, 401 durch die Bürgschaft des B gesichert. Hätte dagegen K gezahlt, so wären V und B endgültig befreit.

Dieses Ergebnis überrascht. Denn danach kann ein **Bürge für nur einen Gesamtschuldner schlechter stehen als die übrigen Gesamtschuldner**: Diese können gegen ihn Rückgriff nehmen, er aber nicht gegen sie. Die landläufige Vorstellung, die Bürgschaft sei weniger gefährlich als ein Schuldbeitritt, wäre also insoweit unrichtig.

b) Demgegenüber bezweifeln *Esser/Eike Schmidt* § 39 III 3c bei Gesamtschulden aus einheitlichem Schuldgrund (z.B. nach § 427) schon den Ausgangspunkt des *BGH*, nämlich die Möglichkeit einer Beschränkung der **943**

Bürgschaft auf bloß einen Gesamtschuldner (hier auf K). Vielmehr bestehe die Sicherheit für die abgelöste Forderung schlechthin.

944   c) Entgegen *Esser/Eike Schmidt* ist die Möglichkeit einer Bürgschaft für eine Einzelforderung aus einem Gesamtschuldverhältnis zu bejahen (so auch *Reinicke/Tiedtke*, oben Fn. 12, Rdnr. 330). Denn wegen § 425 kann sich die Gesamtschuld den einzelnen Schuldnern gegenüber verschieden entwickeln. Und da die Bürgenschuld nach § 767 I durch die Veränderungen der Hauptschuld mitbestimmt wird, muß sich feststellen lassen, welche Hauptschuld für die Bürgenschuld maßgeblich sein soll.

> *Bsp.:* S und T schulden dem G gesamtschuldnerisch; B hat sich verbürgt. Nach Fälligkeit mahnt G allein den S; dann schuldet nach § 425 II auch nur dieser Verzugszinsen. Daß B nach § 767 I 2 für die Zinsschuld einzustehen hat, kann nur bejaht werden, wenn B sich nicht bloß für T verbürgt hat.

Dagegen glaube ich, daß das zwischen den Gesamtschuldnern geltende Ausgleichsverhältnis nicht ohne weiteres auch den Rückgriff des Bürgen bestimmen darf (anders *Reinicke/Tiedtke*, aaO. Rdnr. 331). Das zeigt gerade der Sachverhalt von *BGHZ 46, 14 ff.* (oben Rdnr. 942) sehr deutlich: Letzten Endes soll K den Kaufpreis aufbringen; die Verpflichtungen von V und B sind nur Sicherungsmittel, deren Form von dem Verlangen der T bestimmt worden ist. Über den internen Ausgleich zwischen V und B (§ 426 I 1 analog) ist damit noch nichts gesagt. Vielmehr hängt alles davon ab, ob B im Verhältnis zu V und K deshalb die Bürgenstellung erhielt, weil er diesen gegenüber privilegiert sein sollte. Wenn das zu bejahen ist, wird man dem B den Rückgriff gegen V und K zu geben haben. Wenn sich dagegen ein solcher Wille zur Besserstellung des B nicht ermitteln läßt, möchte ich B entsprechend § 426 I 1 **dem V gleichstellen**. Denn bezogen auf das ganze Rechtsverhältnis sollten beide nur die Verpflichtung K–T sichern. Das paßt auch zu der oben Rdnr. 941 vertretenen Gleichstellung von Bürgen und Verpfändern.

> In *BGHZ 46, 14 ff.* könnte dann also B bei Zahlungsunfähigkeit von K zur Hälfte gegen V Rückgriff nehmen. Entsprechend hätte V, wenn er die T befriedigt hätte, zur Hälfte von B Ausgleich verlangen können.

IV.   Der Rückgriff nach Geschäftsführungs- und Bereicherungsrecht

1.   Rückgriff aus besonderen Gründen

945   Als Ausgangspunkt diene folgendes

> *Bsp.:* S schuldet dem G; ein Dritter D zahlt diese Schuld. Dann ist S dem G gegenüber nach § 362 freigeworden (vgl. oben Rdnr. 750).

a) In vielen Fällen ist die Frage nach dem Rückgriff D–S unproblematisch: Hat D **auf Anweisung** des S gezahlt, so ist er bei der Anweisung auf Schuld durch seine Zahlung dem S gegenüber freigeworden, § 787 I. Folglich bedarf er keines besonderen Rückgriffs. Und wenn D im **Auftrag** des S gehandelt hat, steht ihm der Rückgriff nach § 670 zu. Endlich kommt, wenn D ein **Ablösungsrecht** hatte, eine cessio legis nach § 268 III oder den Sondervorschriften des Pfandrechts (§§ 1143 I, 1150, 1225, 1249) in Betracht. Die übrigbleibenden Fälle sind verhältnismäßig selten.

Nicht hierher gehört der **Bürge.** Denn er zahlt regelmäßig auf seine eigene Bürgenschuld, nicht auf die Verbindlichkeit des Hauptschuldners (ungenau insoweit der Wortlaut von § 766 S. 3). Die Bürgenzahlung hat daher mit § 267 nichts zu tun.

b) Bei den übrigen Fällen ist zunächst zu fragen, ob D als **berechtigter** **946** **Geschäftsführer ohne Auftrag** gezahlt hat (vgl. oben Rdnr. 422 ff.). Er hat dann über § 683 wieder den Rückgriff gegen S nach § 670. Bei der Zahlung von Unterhaltsschulden kommt es hier nach § 679 auf einen entgegenstehenden Willen des S nicht an. D muß aber stets wissen, daß es sich um eine fremde Schuld handelt, § 687 I.

Insoweit sind manche Vorschriften des **Familienrechts** günstiger, die eine cessio legis vorsehen: §§ 1607 II 2, III, 1608 S. 3, 1615l III 1, 1584 S. 3. Denn diese cessio legis wird nicht dadurch gehindert, daß der Leistende sich selbst für in erster Linie verpflichtet hält (etwa weil er von den näheren Verwandten oder der Leistungsfähigkeit des geschiedenen Ehegatten nichts weiß). Ein Geschäftsführungsanspruch wäre hier durch § 687 I ausgeschlossen.

c) In dem so weiter eingeengten Feld ist die nächste Gruppe die **unbe-** **947** **rechtigte Geschäftsführung ohne Auftrag** (vgl. oben Rdnr. 422 ff.): D will zwar mit der Zahlung ein fremdes Geschäft besorgen, doch entspricht das nicht dem beachtlichen (§ 679) Willen des S. Hier verweist § 684 S. 1 auf Bereicherungsrecht, wenn S die Geschäftsführung nicht genehmigt (ob das eine Rechtsgrund- oder Rechtsfolgeverweisung darstellt, ist umstritten, hat aber kaum Bedeutung). Zu § 684 S. 1 kommt man auch bei der unechten Geschäftsführung in der Form der **Geschäftsanmaßung** über § 687 II 2 (vgl. oben Rdnr. 419). Hier ist allerdings Voraussetzung, daß S den D als Geschäftsführer behandelt, also sich die Leistung des D an G zunutze macht.

2. Abgrenzung zwischen Leistungs- und Rückgriffskondiktion

Die bedeutsamste Frage bei dieser Verweisung ins Bereicherungsrecht ist **948** die Abgrenzung zwischen der Leistungs- und der Rückgriffskondiktion[14].

14 Zur Notwendigkeit einer eigenen Rückgriffskondiktion vgl. MünchKomm-*Lieb* § 812 Rdnr. 186, auch *Larenz/Canaris* II 2 § 69 II 2.

a) Betrachten wir zunächst die **Leistung auf vermeintlich eigene Schuld** (dazu *Koppensteiner[/Kramer]* 102 f.).

Beispiele: (1) D glaubt irrtümlich, er habe sich für S bei G wirksam verbürgt, und zahlt »als Bürge« an G. Wegen § 766 S. 3 darf die Bürgschaft hier freilich nicht bloß wegen Formmangels unwirksam gewesen sein!

(2) D glaubt, sein Hund habe G gebissen, und ersetzt diesem den Schaden. In Wahrheit ist G von dem Hund des S gebissen worden.

Bei (1) stellt die Zahlung des D an G eine Leistung auf die eigene Bürgenschuld des D dar. Da diese Schuld in Wahrheit nicht bestand, hat D gegen G die Leistungskondiktion aus § 812 I 1 Fall 1 (condictio indebiti). Eine Rückgriffskondiktion D–S kommt hier schon deshalb nicht in Betracht, weil die Zahlung die Schuld des S nicht getilgt und S daher nichts erlangt hat.

Ganz ähnlich hat D **bei (2)** erkennbar auf seine eigene Deliktsschuld leisten und nicht als Dritter (§ 267) die Deliktsschuld des S erfüllen wollen. Daher steht wiederum dem D gegen G die Leistungskondiktion zu; S hat durch die Zahlung nichts erlangt und scheidet schon deshalb als Kondiktionsschuldner aus.

Die Leistung auf eine vermeintlich eigene Schuld löst daher fast immer nur die Leistungskondiktion des Leistenden gegen den Empfänger aus und nicht die Rückgriffskondiktion gegen den wirklichen Schuldner. Ausnahmen kommen nur nach unten Rdnr. 951 in Betracht.

949 **b)** Aber auch die **Leistung auf** eine (wirklich bestehende, sonst oben Rdnr. 685) **fremde Schuld** soll nach einer von *Esser* begründeten Ansicht zu einer Leistungskondiktion führen: Geleistet sei, um den Rechtsgrund »berechtigte GoA« (mit dem Rückgriff nach §§ 683, 670) entstehen zu lassen, Kondiktionsgrund sei die Verfehlung dieses Zwecks. Und *Eike Schmidt,* AcP 175 (1975), 165/172 scheint deshalb eine von der Leistungskondiktion verschiedene Rückgriffskondiktion überhaupt für ausgeschlossen zu halten. Doch das wäre bei §§ 687 II 2, 684 S. 1 sicher falsch: Hier fehlt ja mit dem Fremdgeschäftsführungswillen schon der für die Leistung nötige Wille zur Mehrung fremden Vermögens. Aber auch bei Vorliegen des Fremdgeschäftsführungswillens braucht die unberechtigte GoA keineswegs immer daraus zu resultieren, daß eine beabsichtigte berechtigte Geschäftsführung mißlungen ist: Der Geschäftsführer (= zahlender Dritter) kann ja den entgegenstehenden Willen des Geschäftsherrn (= befreiter Schuldner) kennen (so *Koppensteiner[/Kramer]* 103). Wenigstens dieser Fallbereich von § 267 bleibt also für die Rückgriffskondiktion.

Bsp.: D zahlt die Restkaufpreisschuld des Abzahlungskäufers S beim Verkäufer G. D will nämlich bei S in die Kaufsache vollstrecken, ohne eine Drittwiderspruchsklage (§ 771 ZPO) des G fürchten zu müssen. § 268 mit seinem Zessionsregreß paßt hier schon deshalb nicht, weil D vor der Pfändung an der Kaufsache noch keinerlei Recht hat.

3. Voraussetzungen der Rückgriffskondiktion

Danach kommt eine Rückgriffskondiktion nur unter folgenden Voraussetzungen in Betracht: **950**

(1) Es muß auf fremde Schuld geleistet worden sein; sonst ist der Schuldner nicht befreit worden.

(2) Diese Schuld muß wirklich bestanden haben; sonst kann es ja gleichfalls zu keiner Befreiung kommen.

(3) Endlich darf auch der Rückgriff nicht schon in anderer Weise geregelt sein (z.B. durch § 670 oder eine Legalzession, oben Rdnr. 945 f.). Denn dieser Rückgriff aus anderen Vorschriften bedeutet, daß der Schuldner nur den Gläubiger gewechselt und daher gleichfalls nichts Kondiktionsfähiges erlangt hätte.

Demgegenüber will *von Caemmerer,* FS Dölle I (1963) 135/147 ff. = Ges. **951**
Schriften I 348 ff. den Anwendungsbereich der Rückgriffskondiktion wesentlich erweitern. Wer auf vermeintlich eigene Schuld geleistet hat, soll nämlich diese **Tilgungsbestimmung seiner Leistung nachträglich ändern** können: Er soll seine Leistung als auf die fremde Schuld erfolgt behandeln dürfen. Er erhält damit statt seiner Leistungskondiktion gegen den Empfänger eine Rückgriffskondiktion gegen den – nunmehr befreiten – Schuldner. Dieses Wahlrecht kann dem Leistenden sehr gelegen kommen.

Es möge etwa in dem Hundebsp. von oben Rdnr. 948 G unerreichbar oder ein vermögensloser Landstreicher und S wohlsituiert sein: Wenn hier D seine Zahlung an G nachträglich auf die Schuld des S »umdirigieren« könnte, dürfte er gegen S Rückgriff nehmen, weil er dessen Schuld bei G getilgt hat.

Ein solches Wahlrecht kommt am ehesten bei § 2022 II; III in Betracht: Wenn dort der redliche Erbschaftsbesitzer wegen seiner Leistungen auf Nachlaßverbindlichkeiten gegen den Erben Regreß nehmen kann, folgt daraus auch die Befreiung der Erben von diesen Verbindlichkeiten (vgl. oben Rdnr. 603j). Gegen eine allgemeine Anerkennung des Wahlrechts bestehen jedoch erhebliche Bedenken[15]. So kann etwa S inzwischen schon

---

15 Vgl. etwa *W. Lorenz,* Rechtsvergleichung und Rechtsvereinheitlichung, FS Institut Heidelberg (1967) 267 ff.; *Esser/Weyers* II § 48 III 6a, anders *Reuter/Martinek,* Ungerechtfertigte Bereicherung (1983) 473 ff., vermittelnd *Stolte,* Jura 1988, 246 ff., auch *Larenz/Canaris* II 2 § 69 III 2c.

selbst an G gezahlt haben; durch das Wahlrecht des D könnte S in die mißliche Lage kommen, nun seinerseits von G kondizieren zu müssen. Auch mag im Verhältnis S–G eine Aufrechnungslage bestanden haben, deren Ausnützung durch das Dazwischentreten des D vereitelt würde. Endlich wird in der Insolvenz des G durch das Wahlrecht des D die Masse verkürzt: Diese würde den Anspruch gegen S verlieren, was dem Sinn des § 91 InsO widersprechen könnte. Ich möchte daher ein Wahlrecht des D wenigstens regelmäßig verneinen. Der *BGH* hat freilich ein solches Wahlrecht, ohne sich allgemein festzulegen, »jedenfalls im vorliegenden Fall« bejaht (nämlich für einen Unfallversicherungsträger, der irrtümlich Leistungen für ein verunglücktes Kind erbracht hatte und nun gegen dessen Vater Rückgriff nehmen wollte): *BGH* NJW 1986, 2700 f.

4. Der »aufgedrängte« Rückgriff

952   Bei der Rückgriffskondiktion tritt noch eine weitere Frage auf, die dem Problem der »aufgedrängten Bereicherung« bei der Verwendungskondiktion ähnelt (vgl. oben Rdnr. 899). Denn bei unbeschränkter Zulassung der Rückgriffskondiktion könnte sich jeder durch Zahlung fremder Schuld zum Gläubiger des Schuldners machen.

Bsp.: D will das Grundstück seines Nachbarn N erwerben, doch ist dieser zum Verkauf nicht bereit. Daraufhin zahlt D die Schulden des N bei G und geht mit der Rückgriffskondiktion gegen N vor, um dessen Grundstück zur Zwangsversteigerung zu bringen.

Die bei der Verwendungskondiktion brauchbaren Hilfsmittel versagen hier offenbar: N hat gegenüber der von D herbeigeführten Tilgung seiner Schulden keinen Schadensersatz- oder Beseitigungsanspruch, den er der Kondiktion einredeweise entgegenhalten könnte. Und wenn die Forderung G–N einredefrei war, läßt sich auch die Bereicherung des N nicht leugnen (oben Rdnr. 899).

Gegenüber dem aufgedrängten Rückgriff kann man auch nicht mit dem (entsprechend anzuwendenden) § 814 helfen[16]. Denn diese Vorschrift ist auf die Leistungskondiktion zugeschnitten und paßt für den Rückgriff nicht: Wer als auftragsloser Geschäftsführer oder gar in Geschäftsanmaßung (§ 687 II, vgl. oben Rdnr. 949) fremde Schulden begleicht, weiß regelmäßig, daß er dazu nicht verpflichtet ist. Die für die Rückgriffskondiktion in Betracht kommenden Fälle würden also in allzu großer Zahl dem § 814 zum Opfer fallen.

---

16 Dagegen wohl auch *BGH* NJW 1976, 144; *von Caemmerer,* FS Rabel I 360 ff. = Ges. Schriften I 237 ff.; MünchKomm-*Lieb* § 812 Rdnr. 105.

Doch darf der Schuldner von Rechts wegen überhaupt nicht damit rechnen, seinen Gläubiger zu behalten: Die Forderungsabtretung ist nach § 398 ohne Mitwirkung des Schuldners möglich. Anders liegt es bloß bei rechtsgeschäftlichem Ausschluß der Abtretbarkeit nach **§ 399 Fall 2**. Nur wo die Rückgriffskondiktion eine Umgehung dieser Vorschrift bedeutet, wird man sie also für ausgeschlossen halten müssen. Andernfalls ist auch der »aufgedrängte Rückgriff« zulässig.

Ein sinnvoller Schuldnerschutz läßt sich jedoch über die **§§ 404, 406 ff.** erreichen[17]. Dafür spricht die Funktionsgleichheit des Rückgriffs nach Bereicherungsrecht mit einem Rückgriff nach Zessionsrecht, bei dem die §§ 404 ff. direkt oder über § 412 anwendbar sind. Zumindest darf der Gläubiger eines Bereicherungsrückgriffs nicht besser stehen als der eines Zessionsrückgriffs: § 268 (Abs. 3: Zessionsrückgriff) will den Gläubiger eher gegenüber § 267 (Bereicherungsrückgriff) privilegieren. Insbesondere bleiben also dem Schuldner auch beim Bereicherungsrückgriff analog § 404 und unabhängig von § 818 III alle Einreden erhalten, die dem ursprünglichen Gläubiger hätten entgegengehalten werden können. Auch kann analog § 407 noch eine Leistung an den alten Gläubiger befreien. Endlich verjährt der Bereicherungsanspruch wegen der Befreiung von einer Verbindlichkeit ebenso wie diese selbst *(BGHZ 89, 82/87)*.

---

17 So *Canaris*, 1. FS Larenz (1973) 799/845 und bei *Larenz/Canaris* II 2 § 69 III 2b; MünchKomm-*Lieb* § 812 Rdnr. 106.

Register

(Die Angaben verweisen auf die Randziffern einschließlich der Fußnoten.)
Die Hauptfundstellen sind durch *Kursivdruck* bezeichnet.

Gesetzesregister

Sachregister

Entscheidungsregister

1969, 1293	625
1969, 1380	145
1969, 1625	150
1969, 1708	70
1969, 1762	868
1969, 2005	836
1969, 2136	790 f.
1969, 2237	501
1970, 136	693
1970, 701	149
1970, 754	902
1970, 1038	176
1970, 1915	179
1971, 421	221
1971, 459	635
1971, 557	179
1971, 559	489
1971, 701	116
1971, 1136	923
1971, 1982	653
1971, 2220	774
1972, 45	58
1972, 150	14
1972, 334	793
1972, 475	433; 639
1972, 580	379
1972, 625	607
1972, 678	371
1972, 820	60
1972, 940	797
1972, 1130	836
1972, 1321	656
1972, 1800	817; 820
1972, 2217	650
1972, 2268	543
1973, 44	633
1973, 141	565
1973, 463	785a
1973, 612	691
1973, 1605	195
1973, 1645	34
1973, 1790	175
1973, 2019	774
1974, 33	826
1974, 185	508
1974, 234	636
1974, 602	859
1974, 849	253

1974, 942	526
1974, 991	61
1974, 1371	779
1974, 1651	836
1974, 1705	372
1974, 1868	623
1974, 1887	39
1974, 2319	399
1975, 43	183
1975, 170	442
1975, 344	207
1975, 382	398
1975, 776	691
1975, 922	826
1975, 1827	650 f.
1975, 1885	115
1975, 1886	633
1975, 2011	315c
1975, 2101	101
1976, 144	952
1976, 565	165b
1976, 568	653
1976, 847	787
1976, 1843	639
1976, 1975	934
1976, 2132	501
1976, 2211	753
1976, 2340	499
1977, 36	207
1977, 375	799
1977, 433	603c
1977, 950	377
1977, 1147	612
1977, 2072	183
1977, 2073	840
1977, 2120	365
1977, 2158	636
1977, 2208	612
1977, 2259	793
1977, 2261	527
1977, 2264	613
1978, 41	150
1978, 44	772
1978, 632	512
1978, 696	34
1978, 1157	805
1978, 1482	756
1978, 1854	761

1988, 1210	532
1988, 1321	194
1988, 1589	614
1988, 1789	622
1988, 2100	753
1988, 2109	109
1988, 2597	162
1988, 2731	393; 399
1988, 2802	633
1988, 3012	117
1989, 161	685a
1989, 3213	516
1990, 513	371
1990, 706	617
1990, 827	794
1990, 1037	415
1990, 1483	869
1990, 1604	412
1990, 1915	196
1990, 2678	86
1990, 2885	653
1991, 352	371
1991, 691	113
1991, 1739	537
1991, 1821	509
1991, 3282	624
1992, 903	817
1992, 906	690b
1992, 907	636
1992, 912	315c
1992, 1095	872
1992, 1161	522
1992, 1162	544
1992, 1227	930
1992, 1500	829
1992, 1501	193
1992, 1503	195
1992, 2084	727
1992, 2152	625
1992, 2474	636
1992, 2570	589
1992, 2690	691
1992, 2759	68
1992, 3228	941
1993, 1919	713
1993, 2234	428; 653
1993, 2611	636
1993, 2622	489

1993, 3073	371
1993, 3323	469a
1994, 515	268
1994, 852	936
1994, 856	913
1994, 932	650g
1994, 1528	124
1994, 2231	926
1994, 2357	677
1994, 2414	853
1994, 3348	652
1995, 190	132a
1995, 652	690a
1995, 953	130; 398 f.
1995, 1282	838
1995, 1671	75
1995, 2161	650f
1995, 2633	520
1996, 2226	592
1997, 47	411
1997, 2381	697
1998, 76	625
1998, 302	150
1998, 983	19
1998, 1059	846
1998, 1066	68
1998, 2047	524
1999, 425	565
1999, 940	524
1999, 1026	384
1999, 1181	224
1999, 1393	714
2000, 72	405
2001, 2538	792a
2002, 1038	124
2002, 1497	116
2002, 1870	320
2003, 2309	786
2003, 3341	275
2003, 3493	275
2004, 153	776c
2004, 287	55
2004, 513	412
2005, 884	230
2005, 973	253a
2005, 976	132a
2005, 1039	312
2005, 1430	172b

NJW	1973, 104	494
NJW	1974, 1568	614
FamRZ	1984, 1013	690b
NJW	1985, 810	690b
Betr.	1986, 1065	179
VersR	1987, 469	650f

21. OLG Hamm

NJW	1966, 2357	602
NJW	1970, 1793	847a
VersR	1972, 1147	652
NJW	1975, 879	469
NJW	1975, 1035	442
NJW	1982, 1105	113
NJW	1983, 2203	907a
VersR	1985, 505	792
NJW	1986, 136	555
ZIP	1986, 907	676
NJW	1988, 2115	757
VersR	1990, 913	652
VersR	1994, 325	652
NJW-RR	1995, 205	150
ZIP	2003, 662	677

22. OLG Kaiserslautern

NJW-RR	1995, 594	650i

23. OLG Karlsruhe

JZ 1966, 272		
(=NJW 1966, 88)		465; 466
NJW	1971, 619	128
OLGZ	1977, 326	784
VersR	1977, 936	424
NZV	1990, 230	424
VersR	1992, 1490	652
NJW-RR	1997, 1240	805
VersR	2003, 759	637

24. OLG Koblenz

VersR	1986, 771	786
NJW	1991, 3224	538
NJW	1992, 2367	414

25. OLG Köln

NJW	1968, 304	594

MDR	1968, 586	541
NJW	1973, 1798	99
OLGZ	1974, 8	63
VersR	1988, 381	209
BB	1993, 1032	677
VersR	1999, 896	659
NJW	2006, 3288	698

26. OLG München

NJW	1972, 542	544
NJW	1975, 174	772
NJW	1984, 132	830
NJW	1987, 1896	522
Betr.	1988, 1443	926
VersR	1988, 961	652

27. OLG Naumburg

NJW	2003, 3209	549

28. OLG Nürnberg

NJW	1998, 85	633

29. OLG Oldenburg

NJW	1975, 1788	270
NJW	1986, 1817	690b
VersR	2003, 1262	369
ZGS	2004, 75	312

30. OLG Saarbrücken

NJW	2001, 1798	414

31. OLG Stuttgart

NJW	1969, 612	175
NJW	1973, 806	105
VersR	1977, 64	652
NJW	1977, 1779	691
VersR	1994, 867	367

32. LG Berlin

Betr.	1984, 1029	864

33. LG Bochum

NJW	2003, 2612	776c

Besonders wichtige Entscheidungen

Hier werden einige besonders wichtige Entscheidungen nochmals kurz zusammengestellt: mit Fundstelle, Andeutung des Sachverhalts und dem wesentlichen Inhalt. Die Reihenfolge entspricht derjenigen, in der die Entscheidungen in diesem Buch besprochen worden sind.

BGHZ 91, 324 Sparkassenfall: Eine Bürgschaftserklärung wird ungewollt (also ohne Erklärungsbewußtsein) fahrlässig ausgesprochen. Der *BGH* hält diese Erklärung nicht für nichtig, sondern für anfechtbar (Rdnr. 130).

BGHZ 55, 128 Flugreisefall: Ein Minderjähriger erlangt rechtsgrundlos einen Flug von Hamburg nach New York. Obwohl der Minderjährige dort sofort wieder abgeschoben wird, bejaht der *BGH* einen Bereicherungsanspruch auf den Wert des Fluges (Rdnr. 176; 665).

RGZ 117, 121 Edelmannfall: Die Form des § 313 (jetzt § 311b I) bleibt unbeachtet, weil der Versprechende sich auf sein »Edelmannswort« beruft. Das *RG* hat eine Verbindlichkeit abgelehnt (Rdnr. 181). Der *BGH* hat später unter Berufung auf § 242 bisweilen anders entschieden, besonders bemerkenswert BGHZ 23, 249 zur formlosen Hoferbenbestimmung (Rdnr. 181; 186; 192).

BGHZ 21, 319 Hamburger Parkplatzfall: Die bloße Benutzung einer gebührenpflichtigen Parkfläche soll **selbst** dann einen Vertragsanspruch auf das Entgelt begründen, wenn der Benützer die Zahlung von vornherein abgelehnt hat (Rdnr. 189; 192). Diese vieldiskutierte Entscheidung zum faktischen Vertrag ist aber später fast ohne Folgen geblieben.

RGZ 78, 239 Linoleumrollen: Schon aus den Eintritt in Vertragsverhandlungen sollen sich Sorgfaltspflichten ergeben, für deren Verletzung durch einen Gehilfen nach § 278 (jetzt in Verbindung mit § 311 II 1 Nr. 2) gehaftet wird. Diese Entscheidung bildet den Beginn der Tendenz, die schon durch § 823 I geschützten Rechtsgüter bei engem Kontakt zwischen Geschädigtem und Schädiger noch zusätzlich durch Ansprüche aus culpa in contrahendo (bzw. Vertrag mit Schutzwirkung für Dritte) zu schützen (Rdnr. 199).

BGHZ 126, 181 Grundsatzentscheidungen zur Haftung Dritter aus culpa in contrahendo. Diese Haftung trifft regelmäßig nur denjenigen, der Partei des beabsichtigten Vertrages werden will, nicht aber seine Vertreter oder Verhandlungsgehilfen. Hiervon hatte die Rspr. zwei allgemeinere Ausnahmen zugelassen: Haften kann ein an Vertragsverhandlungen beteiligter Dritter, wenn er an dem Vertragsschluß persönlich interessiert war oder besonderes Vertrauen gerade für sich in Anspruch genommen hatte. Beide Gesichtspunkte haben aber nicht zueinander gepaßt, weil ein Eigeninteresse eher gegen eine besondere Vertrauenswürdigkeit spricht. Die Entscheidung löst diesen Widerspruch, indem sie das Eigeninteresse als Haftungsgrund nur noch unter ganz besonderen Umständen gelten läßt; fast allein soll entscheiden, daß der Dritte Vertrauen für sich selbst in Anspruch genommen hat (Rdnr. 200a f.). Vgl. jetzt § 311 III.

BGHZ 93, 23 Kartoffelpülpe: Durch die leichtfahrlässige Verletzung einer Aufklärungspflicht wird das Erhaltungsinteresse des Beschenkten verletzt. Der *BGH* wendet die primär für Leistungspflichten geltenden Haftungsmilderung nach § 521 jedenfalls dann an, wenn die verletzte Schutzpflicht »im Zusammenhang mit dem Vertragsgegenstand steht« (Rdnr. 209 a).

BGHZ 80, 153 Verbraucherkredit: Der Darlehenszins enthält u.a. eine Prämie für das Risiko, daß der Gläubiger den Kredit nicht zurückerlangen kann. Die Höhe dieses Risikos wächst mit der Unsicherheit des Schuldners. Daher könnte der Zins bei sehr unsicheren Schuldnern hohe Sätze erreichen. Die genannte Entscheidung begründet aber bei Verbraucherkrediten eine Obergrenze, die zwar nicht allemal verbindlich ist, deren Überschreitung sich aber praktisch nur schwer rechtfertigen läßt: den doppelten Satz des von der Deutschen Bundesbank monatlich ermittelten und veröffentlichten Schwerpunktzinses. Infolge dieser Entscheidung (und einiger weiterer) sind zahlreiche Kredite nach § 138 I als nichtig eingestuft worden, weil es sich um »wucherähnliche Geschäfte« handele (Rdnr. 253 a). Zur Rückabwicklung solcher Kredite vgl. Rdnr. 699 f.

RGZ 99, 1 galizische Eier: Bei der Gattungsschuld wird trotz § 279 (jetzt § 276 I 1: Übernahme eines Beschaffungsrisikos) für untypische Leistungshindernisse (dort: feindliche Besetzung) nach § 242 eine Garantiehaftung des Schuldners verneint (Rdnr. 268).

BGHZ 107, 249 Tankverwechslung: Durch das Versehen des Verkäufers wird das gekaufte Superbenzin in den Tank des Käufers für Normalbenzin gefüllt; dagegen gelangt das Normalbenzin in den Tank für Superbenzin. Der Käufer erleidet hierdurch Schaden, klagt aber erst nach Ablauf der Frist von § 477 (jetzt § 438). Das Problem des Falles ist darin gesehen worden, ob das Abgefülltsein in den falschen Tank eine Eigenschaft (und damit einen Mangel) des Kraftstoffs darstellt. Der *BGH* hat das verneint; hinter der begrifflichen Begründung steht wohl der Wunsch, dem verfehlten § 477 auszuweichen. Jetzt kann der Fall anders gelöst werden. (Rdnr. 307b).

BGH NJW 1974, 1705 Lottofall: Für eine unentgeltliche Geschäftsbesorgung (Erledigung von Lottoscheinen) wird ein Rechtsbindungswille nicht schlechthin verneint, aber doch insoweit, als aus einer Pflichtverletzung hohe Schäden drohen (nämlich der Entgang von Lottogewinnen, Rdnr. 372).

BGHZ 97, 372 Pillenfall: In einer nichtehelichen Lebensgemeinschaft unterläßt die Frau abredewidrig empfängnisverhütende Maßnahmen; der Mann verlangt von ihr Ersatz der Beträge, die er als Vater für das daraufhin geborene Kind aufwenden muß. Der *BGH* hält den Anspruch für unbegründet: Im Zweifel fehle bei der Abrede über die Empfängnisverhütung schon ein Rechtsbindungswille; zumindest sei für den Intimbereich eine Rechtsbindung nicht möglich (Rdnr. 372a).

RGZ 83, 223 Bonifatiusfall: Eine Schenkungsofferte wird erst überbracht, nachdem der Versprechende gestorben ist. Das *RG* hat § 2301 (und damit Unwirksamkeit) bejaht; der BGH dürfte heute anders entscheiden (Rdnr. 392 ff.).

BGHZ 98, 226 »Goldene Worte« des BGH zur Umgehung des Erbrechts durch Geschäfte unter Lebenden mit Wirkung auf den Todesfall: Hervorgehoben wird insbesondere die Gefahr einer Benachteiligung der Pflichtteilsberechtigten (Rdnr. 397).

BGHZ 68, 225: Grundsatzentscheidung zu der schwierigen Grenzziehung zwischen Erb- und Gesellschaftsrecht (Klärung gegenüber BGHZ 22, 186). Vgl. Rdnr. 402.

BGH (GSZ) NJW 1998, 671 (= BGHZ 137, 212): Grundsatzentscheidung zur Freigabe fiduziarischer Globalsicherheiten. Umstritten war die Frage, ob der Sicherungsvertrag einen vom Ermessen des SiN unabhängigen Anspruch des SiG auf die Rückgabe nicht mehr benötigter Sicherheiten enthalten müsse. Wenn man das bejahte, ergab sich die weitere Frage, ob die dann eintretende Unwirksamkeit (oder Teilunwirksamkeit) des Sicherungsvertrages (nach § 138 BGB oder § 9 AGBG, jetzt § 307) auch die Wirksamkeit der Sicherung beeinträchtigte. Der GSZ hat die Problematik in einer den SiN schonenden Weise gelöst: Der Freigabeanspruch folge schon aus dem fiduziarischen Charakter der Sicherheit, selbst wenn der Sicherungsvertrag ihn nicht oder nur unangemessen regele. Nach dem Rechtsgedanken von § 237 S. 1 entstehe der Freigabeanspruch regelmäßig, soweit der Schätzwert des Sicherungsguts den Betrag der zu sichernden Forderungen um mehr als 50% überschreite. Die Frage nach der Unwirksamkeit der Sicherung wegen des Fehlens einer angemessenen Freigaberegelung bleibt damit vermieden (Rdnr. 524).

RGZ 135, 75; 138, 268 Zuckerfall: Ein Lagerhalter mittelt unberechtigt einem Dritten den Besitz an dem eingelagerten Zucker, ohne das dem Einlagerer erkennbar zu machen. Das *RG* hat hier bloßen »Nebenbesitz« des Dritten verneint und diesem vollen (mittelbaren) Besitz zugesprochen; der Dritte konnte daher nach § 934 Eigentümer des Zuckers werden (Rdnr. 558).

BGHZ 34, 122; 34, 153: Grundsatzentscheidungen zu den Rechten des Unternehmers, der ein dem Besteller nicht gehörendes Kraftfahrzeug repariert hat: Der *BGH* verneint die Möglichkeit, ein gesetzliches Unternehmerpfandrecht nach §§ 647, 1257 gutgläubig zu erwerben. Dagegen bejaht er ein Zurückbehaltungsrecht nach §§ 1000, 994, 996 (zweifelhaft insbesondere, wenn der Besteller zur Zeit der Reparatur noch ein Recht zum Besitz hatte, vgl. Rdnr 587 ff.).

BGHZ 24, 21 Straßenbahnfall: Der *BGH* bejaht für Verletzungen im Straßen- und Bahnverkehr einen (vom Schädiger zu beweisenden) »Rechtfertigungsgrund des verkehrsrichtigen Verhaltens«. Die hiermit sich andeutende Hinwendung des *BGH* zum »Handlungsunrecht« ist aber fast folgenlos geblieben (Rdnr. 606; 782).

BGHZ 29, 65 Stromkabelfall;
41, 123 Bruteierfall;
55, 153 Fleetfall: Entscheidungen zur Abgrenzung der Eigentumsverletzung (mit unklarem Ergebnis) und zur Beschränkung des Schutzumfangs des Rechts am eingerichteten und ausgeübten Gewerbebetrieb (Rdnr. 612 f.)

BGHZ 65, 325 Ski-Sicherheitsbindung: Die Stiftung Warentest hat für ihre Tests gegenüber einer Haftung aus § 824 und wegen Verletzung des Rechts am Gewerbebetrieb weiten Spielraum (Rdnr. 614).

BGHZ 13, 334 Leserbrief: Anerkennung des Allgemeinen Persönlichkeitsrechts bei § 823 I. Dieses soll verletzt sein, wenn etwas als eigene Meinungsäußerung eines Anwalts dargestellt wird, was dieser nur namens seines Mandanten geäußert hat (Rdnr. 615).

BGHZ 26, 349 Herrenreiter;
35, 363 Ginsengwurzel: Gewichtige Eingriffe in das Allgemeine Persönlichkeitsrecht sollen zur Geldentschädigung (Genugtuung) auch wegen eines Nichtvermögens-schadens verpflichten (Rdnr. 615; 831 f.).

BGHZ 51, 91 Hühnerpest: Mangelhaftes Serum läßt die geimpften Hühner erkranken. Diese Entscheidung bildet die Grundlage der Rechtsprechung zur Produzentenhaftung: Diese wird unter Umkehr der Beweislast für das Verschulden auf Deliktsrecht (regelmäßig § 823 I) gestützt (Rdnr. 650 ff.).

BGHZ 67, 359 Schwimmerschalter: Das Versagen eines kleinen Teils der gekauften Maschine (nämlich des Schwimmerschalters) führt zu erheblichen weiteren Schäden. Hier hat der *BGH* die deliktische Produzentenhaftung bejaht, obwohl zwischen dem Produzenten und dem Geschädigten ein Vertrag bestand; zudem soll die Ersatzpflicht aus § 823 I den über den Schwimmerschalter hinausreichenden Schaden umfassen (Rdnr. 650b).

BGHZ 80, 186; 80, 199 Apfelschorffälle: Erweiterung der Produzentenhaftung auf Schäden aus der Wirkungslosigkeit des Produkts (nämlich von Spritzmitteln gegen Apfelschorf), wenn der Benutzer von der Verwendung eines anderen, wirksamen Produkts abgehalten worden ist. Doch wird hier die schuldhafte Verletzung der zugrunde liegenden »Produktbeobachtungpflicht« nicht ohne weiteres vermutet (Rdnr. 650c).

BGHZ 92, 143 Kupolofen: Auf einen Betriebsparkplatz abgestellte Personenkraftwagen werden durch den Auswurf eines Kupolofens beschädigt (§ 823 I). Der *BGH* hat hier analog § 906 II für Rechtswidrigkeit und Verschulden des Emittenten eine Beweislastumkehr zugunsten des Geschädigten bejaht (Rdnr. 650d).

BGHZ 99, 167 Hondafall: Der Fahrer eines Honda-Motorrads war verunglückt, weil dieses durch eine nicht von Honda stammende und erst später angebrachte Lenkradverkleidung instabil geworden war. Der *BGH* bejaht eine Produktbeobachtungs- (und eine daraus folgende Warnungs)pflicht des Motorradherstellers nicht nur für dessen eigenes unverändertes Produkt, sondern auch für übliches und gefährliches Zubehör (Rdnr. 650e).

BGHZ 104, 323 Mehrwegflaschenfall: Ein Kind wird durch eine berstende Mehrweg-Limonadenflasche verletzt. Es läßt sich nicht feststellen, ob die Flasche schon beim Verlassen des Abfüllbetriebs des verklagten Getränkeherstellers schadhaft war (was regelmäßig Voraussetzung für eine Produzentenhaftung ist). Der *BGH* erwägt in solchen Fällen eine Befundsicherungspflicht: Deren Verletzung durch die Beklagte kehre die Beweislast um (Rdnr. 650 f).

BGHZ 116, 60 Milupa: Der *BGH* verschärft hier die Anforderungen an die Warnpflicht für den Hersteller eines für die Gesundheit (Karies) gefährlichen Nahrungsmittels: Diese Warnung muß deutlich hervorgehoben und sie darf nicht zwischen anderen Hinweisen (Zubereitungsanleitung) versteckt sein (Rdnr. 650g).

BGHZ 116, 104 Hochzeitsessen: Der *BGH* beantwortet hier die bisher nicht entschiedene Frage, ob die Regeln der deliktischen Produzentenhaftung (*BGHZ 51, 91* Hühnerpest) bloß für Großbetriebe mit industriellen Produktionsverfahren gelten sollen. Das wird verneint: Auch bei Kleinbetrieben mit einfachen Arbeitsabläufen (Bereitung von Nachtisch in einer kleinen Gaststätte) fehle dem Geschädigten jeder Einblick, so daß hier die Beweislast für das Verschulden gleichfalls beim Hersteller liegen müsse (Rdnr. 650h).

BGHZ 58, 162 Gehwegfall: Beschädigung eines Gehwegs durch Kraftfahrzeuge, die einer Unfallstelle ausweichen. Der *BGH* verneint insoweit eine Haftung des für den Unfall Verantwortlichen, weil dieser die Beschädigung des Gehwegs nicht »herausgefordert« habe (Rdnr. 653 f.).

BGHZ 101, 215 Nierenfall: Eine Tochter verliert durch einen ärztlichen Kunstfehler ihre einzige Niere; daraufhin spendet die Mutter eine ihrer Nieren. Der *BGH* läßt den Arzt (und den Krankenhausträger) aus § 823 I auch der Mutter auf Schadensersatz haften: Die Fehlbehandlung der Tochter habe das Opfer der Mutter herausgefordert und daher auch diese zurechenbar rechtswidrig verletzt (Rdnr. 653c).

BGHZ 36, 30 Idealheimfall: Irrtum über den Leistenden bei Vertretung ohne Vertretungsmacht; wichtig zur Nutzbarmachung des Leistungsbegriffs durch den *BGH*: Abstellen auf den Erkenntnishorizont des Leistungsempfängers (Rdnr. 687 ff.).

BGHZ 115, 132 Ausgleich von Zuwendungen unter Partnern, wenn die Partnerschaft auseinandergeht: Wertvolle Zuwendungen zwischen Eheleuten beruhen regelmäßig auf der Annahme, die Ehe werde lebenslang fortbestehen. In dieser Annahme könnte man eine Geschäftsgrundlage sehen; eine Scheidung könnte dann als Grundlagenstörung Rückgewährsansprüche auslösen. Die genannte Entscheidung verneint das regelmäßig, wenn zwischen den Eheleuten der gesetzliche Güterstand der Zugewinngemeinschaft bestanden hat: Dann verdränge den Zugewinnausgleich Ausgleichsansprüche nach allgemeinem Vermögensrecht. Abweichendes soll nur in seltenen Ausnahmenfällen bei (streng zu beurteilender) Unzumutbarkeit für den Zuwendenden gelten (Rdnr. 690a).

BGHZ 116, 167 unbenannte Zuwendungen: Bei Gütertrennung und in nichtehelichen Lebensgemeinschaften gibt es keinen Zugewinnausgleich. Hier sind verschiedene Wege zur (auch nur selten zugelassenen) Rückforderung von Zuwendungen entwickelt worden (etwa Geschäftsgrundlage, Gesellschaft, Gemeinschaft). Dabei wird die Zuwendung (ebenso wie bei Zugewinngemeinschaft) grundsätzlich nicht als Schenkung aufgefaßt. Vielmehr bilde sie ein keinem gesetzlichen Typ unterfallendes, unbenanntes Geschäft (sog. »Innominatkontrakt«). Doch soll sie im Erbrecht (z.B. bei § 2287) regelmäßig wie eine Schenkung behandelt werden, also insbesondere im Verhältnis zu Dritten (Rdnr. 690b).

BGH NJW 1964, 1853 unberechtigte Untervermietung: Der Vermieter soll gegen den Mieter weder die Eingriffskondiktion noch ohne weiteres Ansprüche auf Schadensersatz haben (Rdnr. 707; 719; 833).

RGZ 97, 310 Anschlußgleis: Die unberechtigte Mehrbenutzung eines Anschlußgleises soll auch bei Fehlen eines Schadens eine Eingriffskondiktion auf den Wert dieser Benutzung gewähren (Rdnr. 719).

BGHZ 55, 176 Jungbullen: Wer das Eigentum an gestohlenen Jungbullen erst durch Verarbeitung erwirbt, ist gegen die Eingriffskondiktion des Alteigentümers nicht deshalb geschützt, weil er den Besitz durch eine (entgoltene) Leistung des Diebes erhalten hatte (Rdnr. 725; 727; 730).

BGHZ 150, 248 und öfter: Beim bankfinanzierten Immobilienkauf verneint der *BGH* in der Regel eine Vertragsverbindung (§§ 358 f.) zwischen dem Kreditvertrag und dem Kauf. Danach haftet die Bank regelmäßig nicht für Mängel der (von einem Dritten verkauften) Immobilie (Rdnr. 776b ff.). Vgl. jetzt § 358 III 3.

BGHZ 109, 139 Wandlung beim Leasing: Beim Leasing steht gewöhnlich neben den Leasingvertrag zwischen LG und LN ein weiterer Vertrag über die Anschaffung des Leasingguts (regelmäßig ein Kauf zwischen LG und einem Lieferanten). Der LG tritt dem LN seine Gewährleistungsrechte aus diesem Kauf ab. Wenn der Leasingnehmer gegenüber dem Lieferanten wandelt (jetzt: zurücktritt), liegen Rückwirkungen auf den Leasingvertrag nahe. Der *BGH* wollte das Problem über einen rückwirkenden Wegfall der Geschäftsgrundlage und modifizierte Bereicherungsansprüche lösen: sehr zweifelhaft (Rdnr. 776 f); die neuen §§ 358 f., 500 dürften die Konstruktion des BGH weithin überflüssig machen.

BGHZ 106, 323; 108, 224; 109, 380 und öfter überplante Altlasten: Gemeinden haben mehrfach durch Altlasten verseuchte Grundstücke als Bauland ausgewiesen. Die hieraus abzuleitenden Amtshaftungsansprüche führen zu der Frage, welche Personen (Alteigentümer, späterer Erwerber, Bauträger) sich mit welchen Rechtsgütern (Gesundheit, Eigentum, Vermögen) im Schutzbereich der verletzten Amtspflicht befinden. Der *BGH* hat in mehreren Entscheidungen den Schutzbereich ziemlich weit bestimmt (Rdnr. 785).

BGHZ 89, 383 Grohnde: Die Anwendung des § 830 auf die Teilnehmer an einer unfriedlich verlaufenden Großdemonstration wird eingeschränkt (Abgrenzung zu BGHZ 63, 124 für eine überschaubare Hausbesetzung) (Rdnr. 792).

BGHZ 142, 315: Mit dieser Entscheidung hat der II. ZS des *BGH* eine veränderte Behandlung der BGB-Gesellschaft eingeleitet und das in mehreren folgenden Entscheidungen fortgesetzt: Die BGB-Gesellschaft soll regelmäßig eine beschränkte, dem § 124 HGB angenäherte Rechtsfähigkeit haben. Trotzdem sollen die Gesellschafter für die Gesellschaftsverbindlichkeiten auch persönlich haften; diese Haftung soll auch durch einen einschränkenden Firmenzusatz (»GbR mbH«) nicht ausgeschlossen werden können, sondern nur durch individuelle Vereinbarungen mit dem jeweiligen Gläubiger. Die Konsequenzen aus dieser neuen Behandlung sind noch nicht voll ausgeschöpft, auch wird von *Canaris* (ZGR 2004, 69 ff.) die Verfassungsmäßigkeit dieser Rechtsfortbildung weithin verneint (Rdnr. 794 f.).

BGHZ 48, 118 Trevira: Der Lieferant ist nicht Erfüllungsgehilfe (§ 278) des Verkäufers in dessen **Verhältnis** zum Käufer (Rdnr. 805). Das bedeutete eine Weichenstellung zugunsten der deliktischen Produzentenhaftung, die dann durch *BGHZ 51, 91* (vgl. oben) wirksam geworden ist.

BGH NJW 1956, 1234 Seereise(Reisegepäck)fall: Der *BGH* gewährt eine Geldentschädigung dafür, daß auf einer Seereise das Gepäck nicht zur Verfügung stand: Einführung des Gedankens der Kommerzialisierung, orientiert am Reisepreis (Rdnr. 823).

BGHZ 40, 345 Übertragung des Kommerziallisierungsgedankens auf den zeitweisen Ausfall der nichtgeschäftlichen Nutzung eines PKW: dort entschieden für einen Betrag von 37,20 DM, aber mit Folgekosten von weit über einer Milliarde DM (Rdnr. 824 ff.; 862).

BGHZ (GSZ) 98, 212 Grundsatzentscheidung zu der mit *BGHZ 40, 345* beginnenden Diskussion um eine Geldentschädigung für Nutzungsentgang: Bei deliktischer Verletzung (doch kann bei Vertragsverletzung kaum Abweichendes gelten) wird die Entschädigung über Kraftfahrzeuge hinaus bejaht für »Wirtschaftsgüter von allgemeiner zentraler Bedeutung für die Lebenshaltung« (dort bejaht für eine Villa). Die damit angedeutete Ausnahme für Luxusgüter ist aber weder hinsichtlich der Abgrenzung noch hinsichtlich der dogmatischen Einordnung klar (Rdnr. 829).

BGHZ 63, 98 Schwarzmeerküste: verdorbener Urlaub als Vermögensschaden anerkannt; jetzt Regelung in § 651f II (Rdnr. 830).

BGHZ 20, 345 Paul Dahlke: Begründung eines Schadensersatzanspruchs mit dem Entgehen des Entgelts für eine Nutzungserlaubnis, wo eine solche von einem Schauspieler für Werbeaufnahmen entgeltlich erteilt zu werden pflegt (Rdnr. 833).

BGH JZ 1985, 951 Konsulfall: Über die Erteilung einer erkennbar wichtigen, aber unentgeltlichen Auskunft (über den Wert eines Grundstücks an den dänischen Konsul) wird ein Vertrag angenommen; dieser soll zudem Schutzwirkung für Dritte (die das Grundstück beleihende Hypothekenbank) haben (Abkehr von der Wohl- und Wehe-Rechtsprechung, vgl. Rdnr. 371; 846a).

BGH JZ 1995, 306 Gutachterfall: Bei einem Grundstücksverkauf verwendet der Verkäufer ein von ihm bestelltes, auf einen unrichtig hohen Wert lautendes Gutachten: Dann soll der Gutachter dem Käufer ersatzpflichtig sein, obwohl der Verkäufer (= Besteller des Gutachtens) die Nichtberücksichtigung der wertmindernden Umstände gewünscht hatte, so daß keine Vertragsverletzung durch den Gutachter vorlag. In dieser Entscheidung hat der *BGH* zur Drittschutzwirkung von Verträgen erstmals deutlich zwei Fallgruppen unterschieden: nämlich die »Wohl- und Wehe-Fälle«, bei denen der Gläubiger und der geschädigte Dritte »im gleichen Lager« stehen, und andere Fälle, bei denen die Interessen des Gläubigers zu denen des Dritten gegenläufig sind (hier: der Gläubiger ist an einer hohen Wertangabe interessiert, während dem kaufwilligen Dritten an einer niedrigen Bewertung gelegen ist, Rdnr. 846a).

BGHZ 75, 230: Grundsatzentscheidung zu Schadensersatzansprüchen gegen den Ladendieb: Diese Ansprüche umfassen zwar eine angemessene Fangprämie, die der Bestohlene einem Dritten aus Auslobung schuldet, aber nicht auch einen Anteil an den allgemeinen Sicherungskosten (Rdnr. 864).

BGHZ 12, 213 Ausgangsentscheidung zur »Regreßbehinderung durch Haftungsbeschränkung«: Eine solche Beschränkung soll im Verhältnis zu einem Mitschädiger nicht wirken, so daß dieser aus einem »hinkenden Gesamtschuldverhältnis« nach § 426 gegen den privilegiert Haftenden Rückgriff nehmen kann. Doch hat der *BGH* diese Konstruktion insbesondere gegenüber den Haftungsausschlüssen des Sozialversicherungsrechts nicht durchgehalten (Rdnr. 928 ff.): Die Beteiligung des haftungsfreien Mitschädigers soll die Ersatzpflicht des Dritten mindern. Jetzt *(BGHZ 103, 338)* läßt der *BGH* unter Umständen aber auch den Dritten regreßlos allein auf dem ganzen Schaden sitzen (Rdnr. 932). Damit finden sich derzeit in der Rechtsprechung alle drei denkbaren Lösungen ohne klare Abgrenzung voneinander vertreten.